plurall

Parabéns!
Agora você faz parte do **Plurall**, a plataforma digital do seu livro didático! Acesse e conheça todos os recursos e funcionalidades disponíveis para as suas aulas digitais.

Baixe o aplicativo do **Plurall** para Android e IOS ou acesse **www.plurall.net** e cadastre-se utilizando o seu código de acesso exclusivo:

AAAPHGRDS

Este é o seu código de acesso Plurall. Cadastre-se e ative-o para ter acesso aos conteúdos relacionados a esta obra.

@plurallnet

@plurallnetoficial

SOMOS EDUCAÇÃO

PROJETO MÚLTIPLO

LINGUAGENS e suas Tecnologias

Celso Melo Filho

Bacharel em Música pela Universidade Federal de Uberlândia (UFU-MG)
Mestre em Artes pela Universidade Estadual Paulista "Júlio de Mesquita Filho" (Unesp-SP, São Paulo)
Músico, ator, escritor e educador, com experiência em programas de ação cultural da cidade de São Paulo, como o Programa de Iniciação Artística (PIÁ) e a Escola Municipal de Iniciação Artística de São Paulo (Emia)
Redator da Base Nacional Comum Curricular (BNCC) do Ensino Fundamental

Gerson Rodrigues

Mestre em Artes (Pedagogia do Teatro) e licenciado em Artes Cênicas pela Escola de Comunicações e Artes da Universidade de São Paulo (ECA-USP)
Especialista em Artes Visuais, Intermeios e Educação pelo Instituto de Artes da Universidade Estadual de Campinas (Unicamp-SP)
Membro do grupo de pesquisa da Escola Currículo e Conhecimento (ECCo) da Faculdade de Educação da Universidade de São Paulo (USP)
Ator, diretor teatral, gestor cultural e docente na rede municipal de ensino de Guarujá (SP)
Fez parte da Comissão de Especialistas da Base Nacional Comum Curricular (BNCC) do Ensino Fundamental (2ª versão)

Gláucia Luiz

Mestra em Letras na área de Estudos Comparados de Literaturas de Língua Portuguesa pela Faculdade de Filosofia, Letras e Ciências Humanas da Universidade de São Paulo (FFLCH-USP)
Bacharela em Letras pela FFLCH-USP
Licenciada em Letras (Português) pela Faculdade de Educação da Universidade de São Paulo (USP)
Bacharela em Psicologia pelo Centro Universitário Padre Anchieta
Pós-graduanda em Dependência Tecnológica: Intervenções Multidisciplinares na Universidade Caxias do Sul
Professora de Língua Portuguesa na rede particular de ensino em São Paulo e formadora de professores na rede pública

Isabel Filgueiras

Licenciada em Educação Física, mestra e doutora em Educação pela Universidade de São Paulo (USP)
Docente do Programa de Pós-Graduação *Stricto Sensu* em Educação Física da Universidade São Judas Tadeu (USJT-SP)
Redatora da Base Nacional Comum Curricular (BNCC) do Ensino Médio

Silvia de Andrade

Bacharela em Letras pela Faculdade de Filosofia, Letras e Ciências Humanas da Universidade de São Paulo (FFLCH-USP)
Licenciada em Letras (Português) pela Faculdade de Educação da Universidade de São Paulo (USP)
Professora de Língua Portuguesa, coordenadora da área de Linguagens e suas Tecnologias e coordenadora pedagógica de Ensino Médio na rede privada de ensino em São Paulo (SP)
Especialista em Computação Aplicada à Educação pelo Instituto de Ciências Matemáticas e de Computação da Universidade de São Paulo (ICMC-USP)

Simone Lima

Mestra em Artes pelo Instituto de Artes da Universidade Estadual Paulista "Júlio de Mesquita Filho" (Unesp-SP, São Paulo)
Licenciada em Educação Artística com Habilitação em Artes Plásticas pela Universidade Estadual Paulista "Júlio de Mesquita Filho" (Unesp-SP, Bauru)
Artista visual, escritora e professora, com experiência em programas de ação cultural da cidade de São Paulo, como o Programa de Iniciação Artística (PIÁ) e a Escola Municipal de Iniciação Artística de São Paulo (Emia)
Redatora da Base Nacional Comum Curricular (BNCC) do Ensino Fundamental e do Ensino Médio

Valeska Figueiredo

Doutora em Artes Cênicas pela Universidade Estadual de Campinas (Unicamp-SP)
Mestre em Educação e graduada em Psicologia pela Universidade Federal de Santa Catarina (UFSC)
Diretora, coreógrafa, bailarina, artista-professora e pesquisadora em dança
Atua em psicologia na área clínica integrando sua prática psicoterapêutica com conhecimentos da dança

ENSINO MÉDIO

VOLUME ÚNICO | PARTE A

Corpo, arte e cultura

editora ática

editora ática

Presidência: Mario Ghio Júnior

Vice-presidência de educação digital: Camila Montero Vaz Cardoso

Direção editorial: Lidiane Vivaldini Olo

Gerência editorial: Julio Cesar Augustus de Paula Santos

Coordenação editorial: Mariangela Secco Dall Olio

Edição: Luciane Ortiz de Castro

Aprendizagem digital: Renata Galdino (ger.), Beatriz de Almeida Pinto Rodrigues da Costa (coord. Experiência de Aprendizagem), Carla Isabel Ferreira Reis (coord. Produção Multimídia), Daniella dos Santos di Nubila (coord. Produção Digital), Rogerio Fabio Alves (coord. Publicação) e Vanessa Tavares Menezes de Souza (coord. Design Digital).

Planejamento, controle de produção e indicadores: Flávio Matuguma (ger.), Juliana Batista (coord.) e Jayne Ruas (analista)

Revisão: Letícia Pieroni (coord.), Aline Cristina Vieira, Anna Clara Razvickas, Carla Bertinato, Daniela Lima, Danielle Modesto, Diego Carbone, Elane Vicente, Kátia S. Lopes Godoi, Lilian M. Kumai, Malvina Tomáz, Marília H. Lima, Patrícia Rocco S. Renda, Paula Freire, Paula Rubia Baltazar, Paula Teixeira, Raquel A. Taveira, Ricardo Miyake, Shirley Figueiredo Ayres, Tayra Alfonso e Thaise Rodrigues

Arte: Fernanda Costa da Silva (ger.), Catherine Saori Ishihara (coord.), Daiane Alves Ramos (edição de arte)

Diagramação e Edição de arte: WYM Design

Iconografia e tratamento de imagem: Roberta Siqueira Ribeiro Bento (ger.), Iron Mantovanello Oliveira, Thaisi Albarracin Lima (editores iconográficos), Roberta Freire (pesquisa iconográfica) e Fernanda Crevin (tratamento de imagens)

Licenciamento de conteúdos de terceiros: Roberta Bento (ger.), Jenis Oh (coord.), Liliane Rodrigues, Raísa Maris Reina, Sueli Ferreira (analistas de licenciamento)

Design (capa): Erik Taketa (coord.), Gustavo Vanini (proj. gráfico)

Foto de capa: Olena Yakobchuk/Shutterstock

Avenida Paulista, 901, 6º andar – Bela Vista
São Paulo – SP – CEP 01310-200
http://www.somoseducacao.com.br

Dados Internacionais de Catalogação na Publicação (CIP)

Projeto Múltiplo : Linguagens e suas Tecnologias / Celso Amancio de Melo Filho...[et al]. -- São Paulo : Ática, 2023.

Outros autores: Gerson da Silva Rodrigues, Gláucia Luiz, Isabel Porto Filgueiras, Silvia Leticia de Andrade, Simone Laiz de Morais Lima, Valeska Marlete Guimarães Figueiredo
ISBN 978-85-0819-798-9 (aluno)
ISBN 978-85-0819-796-5 (professor)

1. Ensino médio 2. Língua portuguesa (Ensino Médio) 3. Artes visuais (Ensino Médio) 4. Dança (Ensino Médio) 5. Música (Ensino Médio) 6. Teatro (Ensino Médio) 7. Educação física (Ensino Médio) I. Melo Filho, Celso Amancio de

22-0169 CDD 373

Angélica Ilacqua – CRB-8/7057

2023
1ª edição
1ª impressão
De acordo com a BNCC.

Impressão e acabamento HRosa Gráfica e Editora

Uma publicação SOMOS EDUCAÇÃO

Apresentação

Bem-vindo, estudante!

Esta obra da área de Linguagens e suas Tecnologias, que integra Arte, Educação Física e Língua Portuguesa, foi pensada para levar você a fruir, analisar, produzir e usar as diferentes linguagens presentes nos diversos campos de atuação humana. Nesse processo, você vai ampliar suas possibilidades de atuar social e culturalmente, expressando gestos, sentimentos, impressões, ideias, opiniões e criações. Em resumo, trabalhará diferentes formas de entender e experimentar o mundo.

Os estudos, as leituras, as análises e as experimentações propostas colocarão você no centro do processo de aprendizagem ao valorizar os seus conhecimentos e os seus interesses para a ampliação de repertórios. Por meio de cada atividade, você terá a possibilidade de desenvolver competências e habilidades essenciais para continuar a aprender autonomamente, para compreender os processos históricos e sociais relacionados a fenômenos linguísticos, artísticos e de cultura corporal, para valorizar a diversidade cultural, a singularidade humana e usar o conhecimento para a construção de uma sociedade justa e democrática.

Cada unidade aborda diferentes conhecimentos de Arte, Educação Física e Língua Portuguesa, que se integram por meio de um tema comum que também se relaciona a outros aspectos de nossa vida em sociedade e a outras áreas do conhecimento. Você será convidado a realizar diferentes experimentações, debates, pesquisas, criações e ainda a mobilizar seus conhecimentos em produções compartilhadas com a escola e a comunidade, por diferentes meios, incluindo as plataformas digitais.

Esta obra é composta por seis livros, que podem ser utilizados na ordem em que for mais adequada ao planejamento dos professores. A coleção possibilitará, durante os três anos de Ensino Médio, o envolvimento dos estudantes com cada um dos componentes curriculares, em experiências diversificadas.

Esperamos que o percurso com o **Projeto Múltiplo Linguagens e suas Tecnologia**s traga para você e seus colegas novos significados e novas relações com as artes, com as práticas corporais e com a nossa língua, além de auxiliá-lo na construção de seus caminhos de expressão e comunicação e na elaboração de seu projeto de vida.

Boa jornada!

Os Autores

Conheça seu livro

As partes deste material estão organizadas em unidades e, em cada parte, você encontrará textos, boxes e seções. Conheça a seguir a estrutura delas.

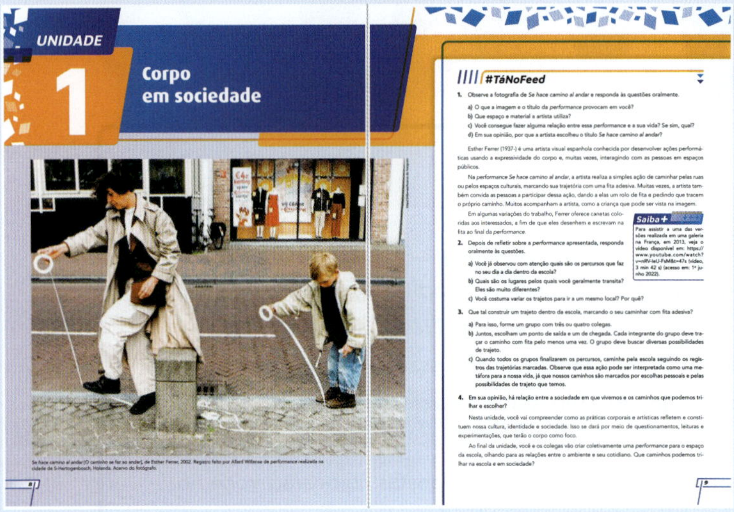

#TáNoFeed

No início das unidades, essa seção propõe atividades introdutórias convidando para uma reflexão inicial sobre um tema específico para que você possa debater sobre ele com os colegas.

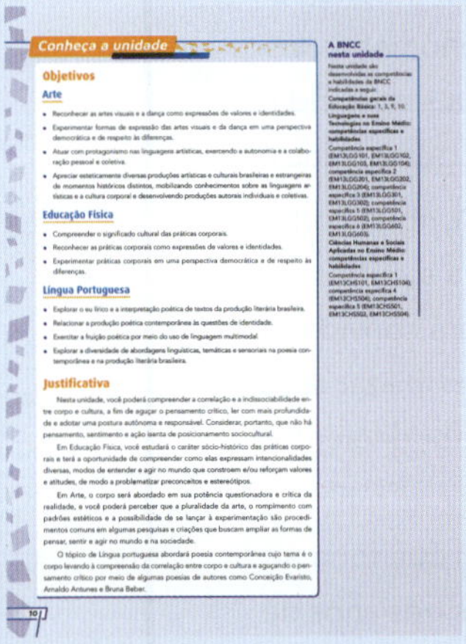

Conheça a unidade

Apresenta os objetivos de aprendizagem e justificativa da unidade, trazendo também um quadro com as competências e as habilidades da BNCC mobilizadas.

Experimentação

Sugestões de atividades práticas com base no assunto que está sendo desenvolvido.

Para ir mais longe

Traz desdobramentos ou complementos de informações referentes ao conteúdo abordado.

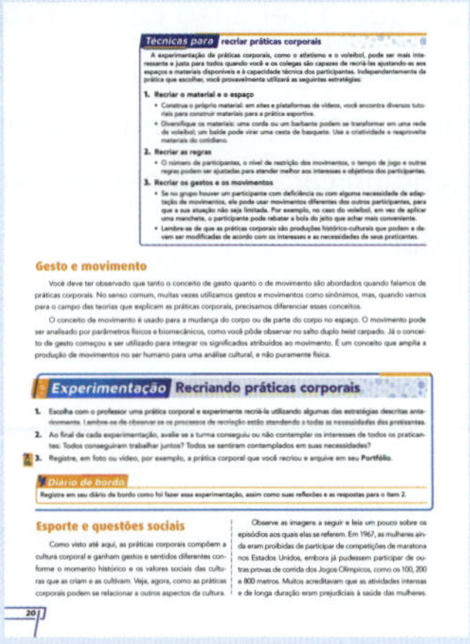

Técnicas para...

Apresenta etapas para realizar uma tarefa a partir de uma linguagem específica.

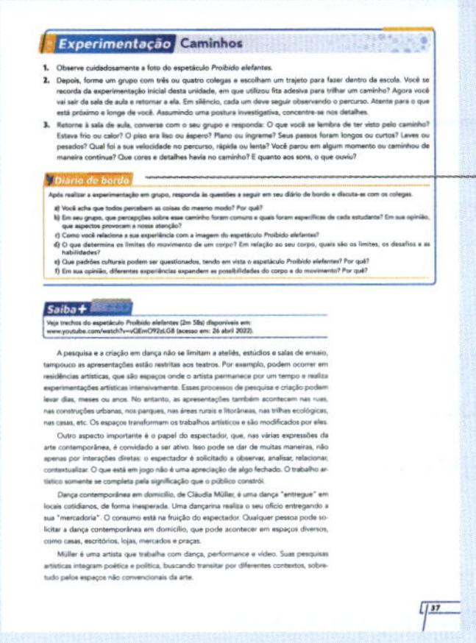

Diário de bordo

Indica momentos e informações que devem ser registrados. Os registros feitos no diário de bordo poderão ser sempre retomados, especialmente nos momentos em que você sentir necessidade de rever conclusões, perceber o processo vivenciado ao longo de uma experiência ou atividade, ou ainda reconhecer aprendizagens conquistadas.

Saiba+

Traz informações adicionais, muitas vezes sobre a vida e a obra da pessoa em estudo, além de sugestões de livros, *sites*, filmes e vídeos relacionados com algum assunto abordado na unidade.

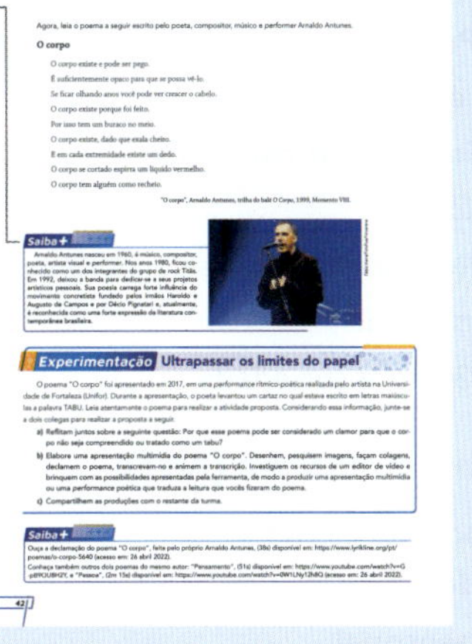

Este ícone indica que haverá um trabalho com uma das faixas disponíveis na coletânea de áudios que acompanha a obra.

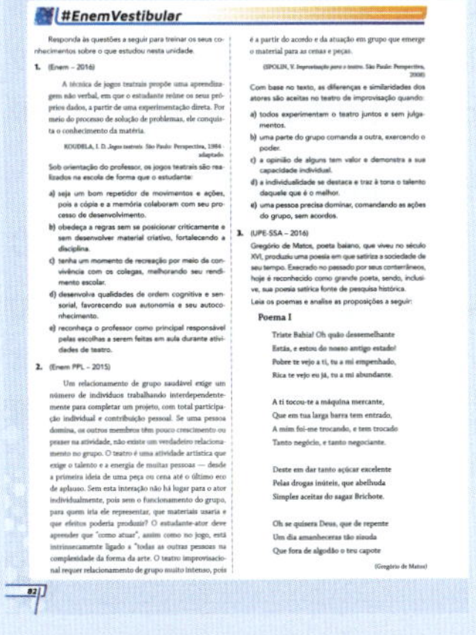

#EnemVestibular

Essa seção traz uma seleção de questões do Enem e dos principais vestibulares do país relacionada ao conteúdo estudado na unidade.

#Multiplicar

Esta seção encerra a unidade propondo um projeto ou algumas atividades práticas e colaborativas com o objetivo de aplicar o conhecimento adquirido durante o estudo.

Meu portfólio

Ao longo das unidades, você encontrará solicitações para que guarde algumas produções no portfólio. A ideia é que você possa rever todo o processo realizado durante o período de estudos.

Sumário

Bruno Vargas/Shutterstock

UNIDADE 1

Corpo em sociedade

Se hace camino al andar [O caminho se faz ao andar], de Esther Ferrer, 2002. Registro feito por Allard Willense de *performance* realizada na cidade de S-Hertogenbosch, Holanda. Acervo do fotógrafo.

Allard Willense/Acervo do fotógrafo

#TáNoFeed

1. Observe a fotografia de *Se hace camino al andar* e responda às questões oralmente.

a) O que a imagem e o título da *performance* provocam em você?

b) Que espaço e material a artista utiliza?

c) Você consegue fazer alguma relação entre essa *performance* e a sua vida? Se sim, qual?

d) Em sua opinião, por que a artista escolheu o título *Se hace camino al andar*?

Esther Ferrer (1937-) é uma artista visual espanhola conhecida por desenvolver ações performáticas usando a expressividade do corpo e, muitas vezes, interagindo com as pessoas em espaços públicos.

Na *performance Se hace camino al andar*, a artista realiza a simples ação de caminhar pelas ruas ou pelos espaços culturais, marcando sua trajetória com uma fita adesiva. Muitas vezes, a artista também convida as pessoas a participar dessa ação, dando a elas um rolo de fita e pedindo que tracem o próprio caminho. Muitos acompanham a artista, como a criança que pode ser vista na imagem.

Em algumas variações do trabalho, Ferrer oferece canetas coloridas aos interessados, a fim de que eles desenhem e escrevam na fita ao final da *performance*.

Saiba+

Para assistir a uma das versões realizada em uma galeria na França, em 2013, veja o vídeo disponível em: https://www.youtube.com/watch?v=nRV-IeU-FsM&t=47s (vídeo, 3 min 42 s) (acesso em: 1º junho 2022).

2. Depois de refletir sobre a *performance* apresentada, responda oralmente às questões.

a) Você já observou com atenção quais são os percursos que faz no seu dia a dia dentro da escola?

b) Quais são os lugares pelos quais você geralmente transita? Eles são muito diferentes?

c) Você costuma variar os trajetos para ir a um mesmo local? Por quê?

3. Que tal construir um trajeto dentro da escola, marcando o seu caminhar com fita adesiva?

a) Para isso, forme um grupo com três ou quatro colegas.

b) Juntos, escolham um ponto de saída e um de chegada. Cada integrante do grupo deve traçar o caminho com fita pelo menos uma vez. O grupo deve buscar diversas possibilidades de trajeto.

c) Quando todos os grupos finalizarem os percursos, caminhe pela escola seguindo os registros das trajetórias marcadas. Observe que essa ação pode ser interpretada como uma metáfora para a nossa vida, já que nossos caminhos são marcados por escolhas pessoais e pelas possibilidades de trajeto que temos.

4. Em sua opinião, há relação entre a sociedade em que vivemos e os caminhos que podemos trilhar e escolher?

Nesta unidade, você vai compreender como as práticas corporais e artísticas refletem e constituem nossa cultura, identidade e sociedade. Isso se dará por meio de questionamentos, leituras e experimentações, que terão o corpo como foco.

Ao final da unidade, você e os colegas vão criar coletivamente uma *performance* para o espaço da escola, olhando para as relações entre o ambiente e seu cotidiano. Que caminhos podemos trilhar na escola e em sociedade?

Conheça a unidade

Objetivos

Arte

- Reconhecer as artes visuais e a dança como expressões de valores e identidades.
- Experimentar formas de expressão das artes visuais e da dança em uma perspectiva democrática e de respeito às diferenças.
- Atuar com protagonismo nas linguagens artísticas, exercendo a autonomia e a colaboração pessoal e coletiva.
- Apreciar esteticamente diversas produções artísticas e culturais brasileiras e estrangeiras de momentos históricos distintos, mobilizando conhecimentos sobre as linguagens artísticas e a cultura corporal e desenvolvendo produções autorais individuais e coletivas.

Educação Física

- Compreender o significado cultural das práticas corporais.
- Reconhecer as práticas corporais como expressões de valores e identidades.
- Experimentar práticas corporais em uma perspectiva democrática e de respeito às diferenças.

Língua Portuguesa

- Explorar o eu lírico e a interpretação poética de textos da produção literária brasileira.
- Relacionar a produção poética contemporânea às questões de identidade.
- Exercitar a fruição poética por meio do uso de linguagem multimodal.
- Explorar a diversidade de abordagens linguísticas, temáticas e sensoriais na poesia contemporânea e na produção literária brasileira.

Justificativa

Nesta unidade, você poderá compreender a correlação e a indissociabilidade entre corpo e cultura, a fim de aguçar o pensamento crítico, ler com mais profundidade e adotar uma postura autônoma e responsável. Considerar, portanto, que não há pensamento, sentimento e ação isenta de posicionamento sociocultural.

Em Educação Física, você estudará o caráter sócio-histórico das práticas corporais e terá a oportunidade de compreender como elas expressam intencionalidades diversas, modos de entender e agir no mundo que constroem e/ou reforçam valores e atitudes, de modo a problematizar preconceitos e estereótipos.

Em Arte, o corpo será abordado em sua potência questionadora e crítica da realidade, e você poderá perceber que a pluralidade da arte, o rompimento com padrões estéticos e a possibilidade de se lançar à experimentação são procedimentos comuns em algumas pesquisas e criações que buscam ampliar as formas de pensar, sentir e agir no mundo e na sociedade.

O tópico de Língua portuguesa abordará poesia contemporânea cujo tema é o corpo levando à compreensão da correlação entre corpo e cultura e aguçando o pensamento crítico por meio de algumas poesias de autores como Conceição Evaristo, Arnaldo Antunes e Bruna Beber.

A BNCC nesta unidade

Nesta unidade são desenvolvidas as competências e habilidades da BNCC indicadas a seguir.

Competências gerais da Educação Básica: 1, 3, 9, 10.

Linguagens e suas Tecnologias no Ensino Médio: competências específicas e habilidades

Competência específica 1 (EM13LGG101, EM13LGG102, EM13LGG103, EM13LGG104); competência específica 2 (EM13LGG201, EM13LGG202, EM13LGG204); competência específica 3 (EM13LGG301, EM13LGG302); competência específica 5 (EM13LGG501, EM13LGG502); competência específica 6 (EM13LGG602, EM13LGG603).

Ciências Humanas e Sociais Aplicadas no Ensino Médio: competências específicas e habilidades

Competência específica 1 (EM13CHS101, EM13CHS104); competência específica 4 (EM13CHS504); competência específica 5 (EM13CHS501, EM13CHS502, EM13CHS504).

Identidade nas práticas corporais (Educação Física)

Natee K Jindakum/Shutterstock

Jogar bola é uma brincadeira popular entre crianças de várias partes do mundo.

AYAKA NAITO/AFP/Getty Images

A jogadora da seleção brasileira Marta (com uniforme amarelo e azul) disputando uma partida profissional contra a seleção da Zâmbia nos Jogos Olímpicos de Tóquio, realizados em 2021.

1. Observe as imagens e responda oralmente.

a) O que lhe permite reconhecer o futebol nas duas imagens?

b) Alguma das situações representadas é mais familiar para você? Por quê?

c) Há diferenças e semelhanças entre o modo de jogar futebol em cada imagem? Considere os movimentos corporais, as possíveis intenções dos praticantes, o espaço e as vestimentas.

Você observou uma das múltiplas práticas corporais que o ser humano criou ao longo da história. Chamamos de práticas corporais todas as manifestações culturais nas quais a linguagem corporal sobressai às outras linguagens do ser humano, como a linguagem verbal e as linguagens artísticas. São práticas corporais: esportes, danças, jogos, brincadeiras, lutas, ginásticas e práticas corporais de aventura.

Toda prática corporal nasce e se desenvolve historicamente como cultura humana. O futebol, por exemplo, é uma prática corporal cuja sistematização é atribuída aos ingleses, que o praticavam e o descreveram no século XVI, embora registros históricos demonstrem a prática de outros jogos utilizando bolas e os pés desde o século XII. Nesses primórdios, os jogos eram violentos e desorganizados. Eram jogados nas ruas e chegaram a ser proibidos. Gradativamente, ganharam regras, técnicas e competições com árbitros, pontuação e premiação, até que, no século XIX, o futebol passou a figurar como prática esportiva nas escolas inglesas. Em 1888, a Inglaterra foi, também, o primeiro país a organizar uma liga de clubes de futebol. Hoje, ele é a prática corporal mais cultivada e assistida em todo o mundo.

O futebol como prática corporal pode ser vivenciado em diversos contextos e com vários objetivos, ou seja, apresenta formas diferentes de codificação e significação dos movimentos, dependendo das intencionalidades dos praticantes e do contexto cultural.

É considerado um esporte quando sua prática envolve a comparação do desempenho dos times e as regras são formais e definidas por instituições que padronizam as competições, como as federações e confederações de futebol. Isso garante que o esporte seja praticado exatamente da mesma forma em diferentes países, possibilitando, por exemplo, competições internacionais.

Há, ainda, significados do futebol como prática de lazer e convívio social ou de educação, ou mesmo como prática para cuidar da saúde. Isso ilustra o caráter cultural das práticas corporais, pois elas se modificam com o tempo e com os significados atribuídos por seus praticantes.

Isso também acontece com outros esportes, como o atletismo e o voleibol. Mas essas práticas corporais podem ser experimentadas com outras intencionalidades, como recreação, socialização, educação ou convivência familiar, visto que nós, seres humanos, somos dotados da capacidade de produzir novos significados para nossas experiências, transformando a cultura constantemente.

Essa variedade de usos e significados das práticas corporais interessa a muitos pesquisadores da área de Ciências Humanas e Sociais, como historiadores e antropólogos. Alguns desses profissionais verificaram que os esportes e outras práticas corporais, como os jogos e as brincadeiras, as lutas, as ginásticas e as danças, apresentavam sentidos e características diversas conforme o momento histórico em que foram criados, os valores culturais da época e sua apropriação por parte dos praticantes. Constataram, ainda, que essas práticas se modificam a ponto de se misturarem. Assim, por exemplo, uma apresentação de caratê mostra apenas uma luta, mas, quando vivenciada no Campeonato Brasileiro de Karatê, a luta ganha contornos de esporte de combate, em uma competição com regras controladas externamente pelas federações esportivas, com premiação dos vencedores.

2. Observe as duplas de imagens e reflita sobre os exemplos de mudança histórica nas práticas corporais do esporte.

Hulton Archive/Getty Images

Uma das primeiras Olimpíadas, retratada em pintura em vaso cerâmico da Grécia antiga, de autor desconhecido, século V a.C.

ANDREJ ISAKOVIC/AFP/Getty Images

Nos Jogos Olímpicos de Tóquio, em 2021, na corrida de 100 metros, três atletas jamaicanas, Elaine Thompson-Herah, Shelly-Ann Fraser-Pryce e Shericka Jackson, ganharam, respectivamente, medalhas de ouro, prata e bronze.

Hulton Archive/Getty Images

Jovens praticam voleibol, em North Ockendon, Inglaterra, 1952.

KAZUHIRO NOGI/AFP/Getty Images

Jogo do Campeonato Mundial de Voleibol entre Brasil e Camarões, em Osaka, Japão, 2019.

a) Compare os locais de prática e as vestimentas dos indivíduos que você observou nas imagens.

b) Compare os movimentos corporais utilizados nos esportes retratados nas imagens.

Historiadores do esporte admitem que o fenômeno esportivo tem origem em diferentes culturas e pode ser considerado um fenômeno humano universal, de socialização. No entanto, as corridas praticadas na Grécia antiga tinham sentidos muito diferentes dos da atualidade. Historiadores da Antiguidade admitem que os gregos não conheciam a palavra "esporte", mas desenvolviam competições de corrida, luta e lançamento nos festivais religiosos públicos. Os vencedores eram premiados e honrados como heróis. As atividades físicas também eram um meio de educação, de uso do tempo livre e de busca por um ideal de beleza corporal.

O voleibol foi criado em 1895, nos Estados Unidos, por William Morgan (1870-1942), para ser um jogo mais leve e de menos contato que o basquete. Hoje, observando as competições mundiais, é possível notar que o esporte se modificou bastante; seu alto nível físico, técnico e tático se diferencia muito do que era praticado na época em que foi criado.

Para ir mais longe Olimpíadas

Você sabia que, na Grécia antiga, apenas os homens podiam participar das Olimpíadas? As mulheres eram proibidas até mesmo de assistir aos jogos. E a exclusão das mulheres não acontecia apenas no campo esportivo.

Naquele período, as mulheres também não podiam participar de decisões políticas nem tinham direito à propriedade. Diferentes sentidos eram atribuídos à prática esportiva e à realização dos Jogos Olímpicos na Antiguidade: a celebração aos deuses e o culto à força física e à beleza corporal.

As competições de corrida, lançamento e salto das Olimpíadas da Grécia antiga deram origem ao que hoje conhecemos como atletismo, categoria que conta, também, com lançamentos, arremessos e provas que combinam essas práticas de diferentes formas.

Havia, ainda, outras modalidades nos Jogos Olímpicos, como diferentes tipos de luta, corrida de cavalo e corrida com armas. As competições de corrida da época revelam características da identidade grega e seus valores.

Atualmente, as corridas de atletismo presentes nos Jogos Olímpicos são transmitidas em tempo real para o mundo todo, e as mulheres também participam, tanto como atletas quanto como espectadoras.

Na Antiguidade, os competidores corriam nus, sem calçados, e não havia pistas ou ginásios estruturados. Atualmente, os atletas utilizam roupas e calçados especiais, ganham dinheiro com publicidade e tornam-se, muitas vezes, celebridades mundiais, como é o caso do velocista jamaicano Usain Bolt (1986-).

A indústria cultural e os esportes

O esporte é um dos fenômenos sociais de maior destaque no mundo contemporâneo. Os eventos esportivos movimentam grandes somas de recursos e envolvem profissionais de diferentes áreas. A divulgação do esporte movimenta o consumo e faz com que ele seja um dos principais produtos da indústria cultural contemporânea. Em cada época histórica, seus sentidos se modificam e espelham mudanças tecnológicas e econômicas.

"Indústria cultural" é uma expressão criada pelos alemães Theodor Ludwig Wiesengrund-Adorno (1903-1969) e Max Horkheimer (1895-1973). Eles criaram essa expressão para criticar o processo de "industrialização" da arte e da cultura, alegando que esse fenômeno gera a sobreposição de interesses econômicos à produção artística e cultural, tratando os espectadores como potenciais consumidores de produtos culturais e de outros bens de consumo associados a elas. Para Adorno e Horkheimer, a indústria cultural evidencia uma mudança radical na dinâmica de produções culturais, pois não são mais os sujeitos que as direcionam, mas, sim, os interesses mercadológicos, que fazem com que a criação de produções culturais obedeça à mesma lógica de produção em série das indústrias de produtos. Assim como na arte, críticos das sociedades capitalistas advogam que as práticas corporais também se tornaram objeto da indústria cultural, direcionando espectadores para seus interesses de mercado.

Nota-se que muitas das práticas disseminadas pela indústria cultural global por meio de grandes eventos esportivos representam apenas parte do patrimônio cultural de práticas corporais, e não a maioria dos povos que tradicionalmente foram excluídos ou dominados. Por exemplo, no Brasil e no mundo, pouco se fala das práticas corporais de povos africanos ou de povos originários da América Latina, como os povos indígenas andinos e brasileiros. Esse fato ocorre porque, segundo alguns historiadores, como o britânico Eric Hobsbawm (1917-2012), e antropólogos, como o estadunidense Clifford Geertz (1926-2006), a cultura de povos colonizados tende a ser apagada pelos colonizadores, os quais, além de dominarem a terra conquistada, impõem seus valores e práticas culturais. Nações com mais poder econômico e militar têm, portanto, mais poder de disseminar suas práticas corporais. Observe, por exemplo, que muitos dos esportes mais populares no mundo foram criados na Europa (futebol, handebol) e nos Estados Unidos (basquetebol, voleibol).

A transformação cultural também acontece com outras práticas que usam a linguagem corporal como forma prioritária de expressão, como os jogos e as brincadeiras, as danças, as lutas, as ginásticas e as práticas corporais de aventura.

Saiba+

Ludwig Wiesengrund-Adorno (1903-1969) e Max Horkheimer (1895-1973) foram filósofos da teoria crítica e estudavam diferentes campos da sociedade com base no referencial do filósofo e sociólogo alemão Karl Marx (1818-1883).

Observe as imagens a seguir, relativas ao *skate*, prática corporal de aventura urbana, e algumas de suas possibilidades.

santypan/Shutterstock

Lazer.

lhorib/Shutterstock

Busca pelo melhor desempenho em manobras que arriscam limites de altura e velocidade.

O *skate* é praticado com diferentes intencionalidades: o lazer individual, o deslocamento pela cidade, o desafio corporal de manobras de alto rendimento no esporte e o lazer em grupo. Além disso, trata-se de uma prática que envolve diferentes sujeitos, como uma jovem em momento casual, um adulto jovem vestido com roupas sociais, um jovem praticante da modalidade com manobras, um pai com seu filho.

O lugar que essas pessoas ocupam na sociedade interfere no modo como a prática do *skate* é legitimada socialmente. Inúmeros jovens praticantes da modalidade têm dificuldade de usar espaços públicos para a prática, pois, muitas vezes, as culturas juvenis são entendidas como menos importantes e significativas. Isso tem relação com a visão do jovem na sociedade, geralmente associada a rebeldia e subversão de regras. Por isso, os *skatistas* costumam se unir para reivindicar espaços para a expressão das práticas da modalidade. Um exemplo aconteceu em São Paulo (SP), mais especificamente em uma das praças mais conhecidas da cidade, a praça Roosevelt. O espaço era frequentado por jovens *skatistas* desde os anos 1980, por apresentar obstáculos como bancos, degraus e percursos planos para a prática das manobras do *skate*; no entanto, eles eram constantemente abordados por agentes da prefeitura que buscavam impedir o uso desse espaço.

Isso é um exemplo da disputa que há entre regras de uso dos espaços públicos e praticantes do *skate*. Em muitos locais, essa prática é proibida, o que ilustra como a inserção cultural das práticas corporais envolve processos de disputa e busca por legitimidade marcadas por conflitos entre atores sociais diversos.

Saiba +

O *skate* passou a ser modalidade olímpica em 2020 e, em 2021, estreou nos Jogos Olímpicos de Tóquio. Foi disputado em duas categorias: *street*, que teve como ganhadores da medalha de prata os brasileiros Rayssa Leal e Kelvin Hoefler, e *park*, que também teve medalha de prata para o Brasil, com Pedro Barros.

Veja o vídeo indicado abaixo para acessar informações sobre o *skate* como modalidade olímpica, conhecer os *skatistas* que disputaram o campeonato e ver animações e esquemas que mostram a pista e demonstrações das principais manobras. Disponível em: https://interativos.ge.globo.com/olimpiadas/especial/skate-olimpico-2021 (acesso em: 19 maio 2022).

Brincadeiras

Veja como diferentes usos e intencionalidades permeiam outro conjunto de práticas corporais: as brincadeiras. Observe as imagens.

Chris Minihane/Getty Images

Guerreiro massai empina pipa em montanha do Quênia, 2008.

Pond Saksit/Shutterstock

Crianças brincam de pega-pega em parque.

Westend61/Getty Images

Idosos brincam de amarelinha em parque em Mannheim, Alemanha, 2017.

View Stock RF/Getty Images

Avós levam neta para andar de bicicleta e empinar pipa.

As brincadeiras são práticas corporais cujas regras são criadas livremente pelos praticantes. Embora muitas vezes se apresentem codificadas com nomes e regras próprias, como amarelinha e pega-pega, podem receber outros nomes e ser praticadas de infinitas formas, conforme a liberdade e a criatividade dos participantes e o contexto cultural.

As brincadeiras mostradas nas imagens, por exemplo, foram criadas em algum momento histórico, mas se transformaram com o tempo, sendo influenciadas pelos usos concretos que as pessoas fazem delas. Por isso costumamos dizer que as brincadeiras fazem parte da identidade cultural de seus praticantes. Assim, os brasileiros de determinada região podem ter um modo de usufruir das brincadeiras diferente do de brasileiros de outras regiões.

Há, ainda, as brincadeiras criadas por outros povos, como os africanos e os orientais.

A questão é que, muitas vezes, o *status* social do povo que cria determinada prática corporal não é tão reconhecido e, consequentemente, essa prática corporal não é tão disseminada. Por exemplo, você provavelmente conhece mais brincadeiras de origem europeia do que brincadeiras indígenas ou africanas, porque, na história do Brasil colonizado, os indígenas e os africanos tinham menor reconhecimento social. Isso também acontece com grupos de pessoas de uma mesma sociedade: a brincadeira dos idosos não é tão reconhecida socialmente quanto a das crianças, assim como o uso da cidade pelos *skatistas* não é tão reconhecido como outros usos desses espaços.

Isso acontece porque o conjunto de práticas corporais e significações atribuídas a elas, também chamado de cultura corporal, está imerso em relações de poder e busca por legitimação.

3. Observe as duas imagens de práticas de dança a seguir. A primeira mostra jovens praticando uma dança de rua; a segunda, o balé clássico.

oneinchpunch/Shutterstock

Dançarinos de *break*.

Aksonov/Getty Images

Dançarinos de balé.

a) Você acha que os jovens que se apresentam dançando na rua são respeitados em sua forma de apropriação da dança? Por quê?

b) O balé clássico é mais valorizado socialmente do que a dança de rua? Por quê?

Lutas

Outro exemplo de práticas corporais são as lutas, nas quais acontecem disputas corporais entre os participantes, que usam movimentos técnicos e táticos para dominar, imobilizar, atingir, desequilibrar ou retirar o oponente do espaço de prática. As lutas estão presentes em diversas culturas e épocas. Atualmente, em muitas sociedades, as lutas também têm sido apropriadas como forma de condicionamento físico, como retratado na imagem ao lado.

Em muitas culturas, as lutas se associam a rituais de preparação para a guerra ou de confirmação da posição social do sujeito, como observado em algumas lutas indígenas brasileiras.

Blanscape/Shutterstock

Mulher treinando boxe tailandês (*muay thai*).

Dwi Prayoga/Shutterstock

Caci, luta indígena tradicional da Indonésia, 2017.

4. Você provavelmente conhece pouco sobre as lutas de culturas indígenas, mas sabe algo a respeito do judô ou do boxe, lutas presentes em grandes eventos esportivos e difundidas em todo o mundo. Em sua opinião, por que isso ocorre?

Experimentação Práticas corporais

Reflita sobre as questões a seguir e registre suas respostas no diário de bordo. Em seguida, compartilhe-as com o professor e os colegas.

1. Que práticas corporais você já experimentou? Vale lembrar práticas de esportes, jogos e brincadeiras, danças, ginásticas, lutas e práticas corporais de aventura urbanas (como *skate* e *parkour*) e na natureza (como caminhada de aventura, surfe e canoagem).
2. Alguma dessas práticas faz parte da tradição cultural da região onde você mora? Se sim, qual?
3. Quais dessas práticas você conhece por acompanhar transmissões na televisão e/ou na internet?
4. Você já parou para pensar na diversidade de práticas corporais existentes no Brasil e no mundo? Por que algumas dessas práticas corporais são mais ou menos conhecidas por você? Quem define, por exemplo, que esportes têm mais espaço na mídia ou, ainda, que danças, ginásticas, lutas e jogos devem ser ensinados na escola?
5. Há práticas corporais que você realiza, mas nunca foram abordadas na escola? Por que você acha que isso ocorre?

Diário de bordo

Depois de registrar suas respostas no diário de bordo, compare-as com as dos colegas. Coletivamente, façam um levantamento, reunindo as seguintes informações:

- Que práticas corporais foram mais e menos citadas nas respostas à primeira questão?
- Os colegas reconheceram a mesma tradição de práticas corporais urbanas? E quanto às práticas corporais na natureza?
- A turma apresentou as mesmas referências acerca de práticas corporais conhecidas em transmissões televisivas na internet e na televisão?
- Como a turma percebe o tratamento dado pela mídia às práticas corporais? É igual ou desigual?
- Como a turma percebe a escolha de práticas corporais que foram trabalhadas na escola até agora?

Combine com o professor e o restante da turma como vocês podem trocar experiências sobre as práticas corporais citadas durante as aulas práticas de Educação Física.

Práticas corporais e sentidos

Ao listar, compartilhar e experimentar práticas corporais com a turma, reconhecendo as diferentes intencionalidades e os significados dessas práticas, você mobilizou conhecimentos sobre a cultura corporal.

Quando você percebe as diferenças de intencionalidade, contexto e significado das práticas corporais, está observando a inserção cultural dessas práticas. As questões culturais presentes nas práticas corporais não envolvem apenas escolhas e intenções pessoais; elas também integram valores e visões de mundo. Por exemplo, provavelmente cada estudante da turma tem experiências bastante distintas com o futebol e o *skate*. Talvez poucos tenham aprendido ou praticado futebol ou *skate* com a mãe ou outras mulheres. Isso porque, durante muito tempo, o futebol e o *skate*, como muitas outras práticas esportivas, foram vistos como práticas masculinas. Ou seja, a definição sobre que práticas corporais são ou não adequadas para homens e mulheres é uma questão cultural permeada de ideias machistas e sexistas, transformando-se conforme a sociedade se modifica.

Perceber como as práticas corporais são permeadas de significados culturais e sociais contribui para que você possa se posicionar de forma ética e responsável diante de seus diferentes usos e significados, além de permitir que tome consciência de tais práticas e aprofunde sua capacidade de interagir com elas.

O antropólogo estadunidense Clifford Geertz realizou estudos que ajudam a entender a importância de reconhecer os significados culturais dos movimentos corporais. Para esclarecer, o autor utilizou o exemplo de três pessoas piscando. Imagine a seguinte situação: você observa três jovens diferentes (A, B e C). Os três contraem os músculos das pálpebras, mas você não vê apenas o movimento de piscar; você percebe que a pessoa A pisca porque apresenta um "tique nervoso", a pessoa B pisca para comunicar uma ironia, e a pessoa C pisca para debochar do tique nervoso do jovem A. O significado atribuído ao ato de piscar muda a compreensão dos efeitos do movimento. Se você não vê o contexto e os significados, possivelmente não tem boas condições para interagir ou se posicionar em relação a movimentos de piscar, seja para acolher o jovem com o tique nervoso, não causando constrangimento social a ele, seja para entender a ironia do jovem B ou para criticar o deboche do jovem C. Ou seja, perceber os significados das práticas corporais lhe permite interagir e fazer escolhas mais conscientes, além de se comunicar com mais clareza.

A análise cultural ajudou pesquisadores do campo da Educação Física a reconhecer que as práticas corporais não se restringem apenas ao treinamento físico, técnico ou tático, mas também envolvem atitudes que precisam ser refletidas, especialmente se a intenção é propagar valores democráticos.

Até o momento, você observou como as práticas corporais revelam sentidos das sociedades e culturas em que foram criadas e como sofrem transformações quando apropriadas por outros grupos culturais.

O antropólogo francês Marcel Mauss (1872-1950) afirmava que o corpo é o primeiro e o mais importante instrumento da cultura humana. É, ao mesmo tempo, matéria-prima e ferramenta da cultura. Por isso, ao estudar as práticas corporais, é preciso compreender os sentidos culturais a elas atribuídos e como se modificam.

Técnicas corporais

Leia um trecho do texto "Técnicas corporais", escrito por Marcel Mauss em 1924, e preste atenção aos exemplos que ele traz sobre a natação e a corrida.

> [...] Os polinésios não nadam como nós, minha geração não nadou como nada a geração atual [...]. Um exemplo nos fará compreender isso imediatamente, a nós, psicólogos, biólogos, sociólogos. Outrora nos ensinavam a mergulhar depois de ter aprendido a nadar. E, quando nos ensinavam a mergulhar, nos diziam para fechar os olhos e depois abri-los dentro d'água. Hoje a técnica é inversa. Começa-se toda aprendizagem habituando a criança a ficar dentro d'água de olhos abertos. Assim, antes mesmo que nadem, as crianças são treinadas sobretudo a controlar reflexos perigosos, mas instintivos dos olhos, são antes de tudo familiarizadas com a água, para inibir seus medos, criar uma certa segurança, selecionar paradas e movimentos. Há, portanto, uma técnica do mergulho e uma técnica da educação do mergulho que foram descobertas em meu tempo. E vejam que se trata claramente de um ensino técnico, e que há, como para toda técnica, uma aprendizagem do nado. Por outro lado, nossa geração, aqui, assistiu a uma mudança completa de técnica: vimos o nado a braçadas e com a cabeça fora d'água ser substituído pelas diferentes espécies de crawl. Além disso, perdeu-se o costume de engolir água e de cuspi-la. Pois os nadadores se consideravam, em meu tempo, como espécies de barcos a vapor. Era estúpido, mas, enfim, ainda faço esse gesto: não consigo desembaraçar-me de minha técnica. Eis aí, portanto, uma técnica corporal específica, uma arte gímnica aperfeiçoada em nosso tempo [...]. Imaginem que meu professor de ginástica, um dos melhores formados em Joinville, por volta de 1860, ensinou-me a correr com os punhos colados ao corpo: movimento completamente contraditório a todos os movimentos da corrida; foi preciso que eu visse os corredores profissionais de 1890 para compreender que devia correr de outro modo.
>
> MAUSS, Marcel. *Sociologia e Antropologia*. Tradução de Paulo Neves. São Paulo: Cosac Naify, 2003. p. 402.

No esporte, existem muitos exemplos de mudanças culturais que ocorreram na execução e no ensino das técnicas corporais, como a criação do chute de bicicleta no futebol, em que o jogador inclina o corpo para trás e, no ar, dá um pontapé na bola, que passa por cima da própria cabeça, e a criação do salto duplo *twist* carpado na ginástica artística, em que o ginasta dá uma pirueta de giro em torno de si, seguida por um mortal duplo carpado (com joelhos e tronco estendidos, mas com o quadril dobrado).

Mark Dadswell/Getty Images

Daiane dos Santos (1983-), ginasta brasileira, criou o salto duplo *twist* carpado em uma apresentação de solo na final do Campeonato Mundial de Ginástica Artística em Melbourne, Austrália, 2005.

Acervo Iconographia/Reminiscências

O futebolista brasileiro Leônidas da Silva (1913-2004) inovou ao criar o chute de bicicleta. Na foto, uma partida no estádio do Pacaembu, São Paulo (SP), 1940.

5. Que outros exemplos de transformações e inovações em técnicas corporais você conhece? Conte ao professor e aos colegas.

A perspectiva de Marcel Mauss é interessante porque nos mostra que as técnicas corporais, ou seja, os gestos que executamos nas práticas corporais, são construções culturais e se modificam com o tempo. Por isso, ao aprendermos uma nova prática corporal, podemos nos inspirar nos gestos de atletas ou outros praticantes, mas o mais importante é construirmos nossos próprios gestos, as próprias formas de atingir os objetivos que desejamos com a prática, para que ela seja significativa para a nossa experiência pessoal e social.

Técnicas para recriar práticas corporais

A experimentação de práticas corporais, como o atletismo e o voleibol, pode ser mais interessante e justa para todos quando você e os colegas são capazes de recriá-las ajustando-as aos espaços e materiais disponíveis e à capacidade técnica dos participantes. Independentemente da prática que escolher, você provavelmente utilizará as seguintes estratégias:

1. Recriar o material e o espaço

- Construa o próprio material: em *sites* e plataformas de vídeos, você encontra diversos tutoriais para construir materiais para a prática esportiva.
- Diversifique os materiais: uma corda ou um barbante podem se transformar em uma rede de voleibol; um balde pode virar uma cesta de basquete. Use a criatividade e reaproveite materiais do cotidiano.

2. Recriar as regras

- O número de participantes, o nível de restrição dos movimentos, o tempo de jogo e outras regras podem ser ajustadas para atender melhor aos interesses e objetivos dos participantes.

3. Recriar os gestos e os movimentos

- Se no grupo houver um participante com deficiência ou com alguma necessidade de adaptação de movimentos, ele pode usar movimentos diferentes dos outros participantes, para que a sua atuação não seja limitada. Por exemplo, no caso do voleibol, em vez de aplicar uma manchete, o participante pode rebater a bola do jeito que achar mais conveniente.
- Lembre-se de que as práticas corporais são produções histórico-culturais que podem e devem ser modificadas de acordo com os interesses e as necessidades de seus praticantes.

Gesto e movimento

Você deve ter observado que tanto o conceito de gesto quanto o de movimento são abordados quando falamos de práticas corporais. No senso comum, muitas vezes utilizamos gestos e movimentos como sinônimos, mas, quando vamos para o campo das teorias que explicam as práticas corporais, precisamos diferenciar esses conceitos.

O conceito de movimento é usado para a mudança do corpo ou de parte do corpo no espaço. O movimento pode ser analisado por parâmetros físicos e biomecânicos, como você pôde observar no salto duplo *twist* carpado. Já o conceito de gesto começou a ser utilizado para integrar os significados atribuídos ao movimento. É um conceito que amplia a produção de movimentos no ser humano para uma análise cultural, e não puramente física.

Experimentação Recriando práticas corporais

1. Escolha com o professor uma prática corporal e experimente recriá-la utilizando algumas das estratégias descritas anteriormente. Lembre-se de observar se os processos de recriação estão atendendo a todas as necessidades dos praticantes.
2. Ao final de cada experimentação, avalie se a turma conseguiu ou não contemplar os interesses de todos os praticantes: Todos conseguiram trabalhar juntos? Todos se sentiram contemplados em suas necessidades?
3. Registre, em foto ou vídeo, por exemplo, a prática corporal que você recriou e arquive em seu **Portfólio**.

Diário de bordo

Registre em seu diário de bordo como foi fazer essa experimentação, assim como suas reflexões e as respostas para o item 2.

Esporte e questões sociais

Como visto até aqui, as práticas corporais compõem a cultura corporal e ganham gestos e sentidos diferentes conforme o momento histórico e os valores sociais das culturas que as criam e as cultivam. Veja, agora, como as práticas corporais podem se relacionar a outros aspectos da cultura.

Observe as imagens a seguir e leia um pouco sobre os episódios aos quais elas se referem. Em 1967, as mulheres ainda eram proibidas de participar de competições de maratona nos Estados Unidos, embora já pudessem participar de outras provas de corrida dos Jogos Olímpicos, como os 100, 200 e 800 metros. Muitos acreditavam que as atividades intensas e de longa duração eram prejudiciais à saúde das mulheres.

Naquele ano, a alemã Kathrine Switzer (1947-) driblou a organização da Maratona de Boston, preenchendo a ficha de inscrição, que não pedia a identificação do sexo, com suas iniciais e seu sobrenome. No meio da prova, os fotógrafos notaram a presença da garota, que foi atacada por Jock Semple (1903-1988), um corredor e treinador escocês, que tentou impedi-la de prosseguir na competição. Com a ajuda do namorado e de outros corredores, a atleta livrou-se do agressor e entrou para a história como a primeira mulher a participar de uma maratona oficial naquele país, embora seu resultado não tenha sido reconhecido pela organização do evento.

No ano seguinte, em 1968, nos Jogos Olímpicos do México, os atletas estadunidenses Tommie Smith (1944-) e John Carlos (1945-) subiram ao pódio na competição de 200 metros rasos do atletismo como medalhistas de ouro e bronze, respectivamente. Durante a execução do Hino Nacional estadunidense, ambos protestaram pelos direitos civis da população negra, fazendo o gesto criado pelo movimento Panteras Negras, com punhos erguidos.

Quase cinquenta anos depois, em 2016, a questão racial nos Estados Unidos ainda se mostrou ligada ao esporte. Na liga de futebol americano, na execução do Hino Nacional, o atleta estadunidense Colin Kaepernick (1987-) ajoelhou-se em protesto contra as constantes agressões da polícia americana a jovens negros. Seu ato marcou o movimento Black Lives Matter, criado em 2013 e que permanece vivo e atuante até os dias de hoje. A partir daí, o gesto de ajoelhar-se foi repetido por outros atletas e pessoas que participavam de protestos de rua.

Paul Connell/The Boston Globe/Getty Images

Kathrine Switzer sendo empurrada durante a Maratona de Boston, Estados Unidos, 1967.

Erik McGregor/LightRocket/Getty Images

Manifestação Black Lives Matter, contra a brutalidade policial, Nova York, Estados Unidos, 2017.

John Dominis/The LIFE Picture Collection/Getty Images

Tommie Smith e John Carlos fazendo o gesto dos Panteras Negras no pódio durante os Jogos Olímpicos da Cidade do México, México, 1968.

Observe novamente a expressão corporal e os gestos presentes nas imagens. Eles dizem muito sobre o potencial dos gestos para comunicar significados, mas, se não sabemos o contexto em que foram produzidos, interpretamos as imagens de forma limitada. Ajoelhar-se, por exemplo, é um movimento com muitos sentidos possíveis, como fazer preces, pedidos de casamento, receber o título de cavaleiro na Inglaterra, ser castigado ou simplesmente abaixar-se para pegar algo que caiu no chão. Com a ação de Colin Kaepernick, o gesto foi ressignificado. Por isso, ao apreciarmos e realizarmos práticas corporais, precisamos compreender os elementos extralinguísticos presentes: o contexto e a intencionalidade das pessoas que as produzem.

Experimentação Gesto e sociedade

1. Você já presenciou alguma manifestação de racismo ou de desigualdade entre homens e mulheres nas práticas corporais? Já identificou outros conflitos ou questões sociais associados às práticas corporais? Organize-se em grupo com três ou quatro colegas e, juntos, discutam as questões apresentadas.
2. Em seguida, levantem uma temática que o grupo considere socialmente relevante.
3. Feito isso, vocês deverão criar um gesto ou um conjunto de gestos que integre o grupo e represente o questionamento ou a crítica de vocês à temática social levantada.
4. Quando tudo estiver pronto, apresentem os gestos ao restante da turma, contando um pouco da opinião e do posicionamento de vocês em relação à temática escolhida. A experimentação desses gestos poderá integrar o processo de produção da ação performática proposta na unidade.
5. Registre a apresentação do gesto, em foto ou vídeo, por exemplo, e arquive em seu **Portfólio**.

Diário de bordo

Registre em seu diário de bordo a temática que o grupo escolheu para essa experimentação, o gesto que criaram e como foi a apresentação para a turma. Inclua em seus registros as opiniões e as reflexões que fizerem ao longo da atividade.

A ligação entre as práticas corporais e os temas contemporâneos, como o racismo e a desigualdade entre homens e mulheres, ilustra bem o ponto de vista de Marcel Mauss e de outros autores das Ciências Humanas que influenciaram pesquisadores brasileiros da área de Educação Física, como Jocimar Daolio, Carmen Lúcia Soares, Valter Bracht e Mauro Betti, a considerar os aspectos históricos e sociais na pesquisa e no ensino das práticas corporais. Esses profissionais questionaram a ênfase dada ao estudo do corpo biológico e passaram a trazer discussões acerca dos valores, dos significados e das intenções inerentes à prática de jogos e brincadeiras, danças, ginásticas, esportes, lutas e práticas corporais de aventura nos diferentes grupos culturais. Para eles, não é possível estudar as práticas corporais sem entender o que elas representam para a sociedade.

Nessa concepção, as práticas corporais não podem ser consideradas apenas modos de estimular os sistemas fisiológicos e anatômicos do corpo humano. Seu ensino e sua disseminação cultural devem contribuir para a melhor compreensão de valores, pontos de vista, visões de mundo e identidades de seus praticantes, de modo a construirmos uma sociedade mais democrática, justa e que tenha espaço para diferentes grupos culturais se desenvolverem. Preconceitos de toda natureza, violências e desigualdades precisam ser combatidos, mas isso só é possível quando essas temáticas são trazidas à tona e discutidas por todos. Foi exatamente isso que os atletas dos episódios mostrados anteriormente procuraram fazer.

A cultura corporal é o conjunto de práticas e significações historicamente construídas pelo ser humano e tem a linguagem corporal como seu principal constituinte. Como qualquer outra forma de linguagem, as práticas corporais são fenômenos sociais que se desenvolvem por processos que não se restringem às relações concretas de interação entre os participantes e interlocutores, mas envolvem o contexto cultural no qual acontecem.

Cartaz de campanha da Câmara dos Deputados contra o racismo no futebol, 2014.

Da mesma forma que as práticas corporais podem reproduzir valores sociais não condizentes com as sociedades democráticas, também podem ser instrumentos de propagação de críticas e novos valores. Por isso, governos e sociedade civil têm realizado ações e campanhas para combater, por exemplo, a desigualdade de gênero e o preconceito racial no esporte, gerando novas camadas de significados e valores para essas práticas.

O corpo na arte contemporânea (Arte)

Paulo Bruscky/Acervo do artista

Paulo Bruscky/Acervo do artista

Registros fotográficos da *performance*/ação *O que é a arte? Para que serve?*, de Paulo Bruscky, 1978. Realizada em Recife (PE). Acervo do artista.

1. Observe as imagens da obra *O que e á arte? Para que serve?*, do artista pernambucano Paulo Bruscky (1949-). Depois, reflita sobre as questões a seguir e registre suas respostas no diário de bordo.

a) O que você imagina que o artista propôs nesse trabalho?

b) Onde ele está nas fotos?

c) Ele tem algo que o diferencia das outras pessoas que estão em volta? Se sim, o quê?

d) Se você estivesse em meio a essas pessoas, acha que perceberia a presença do artista? Por quê?

e) Agora, observe a legenda e repare em que ano a obra foi realizada. Qual era o contexto político-social do Brasil nessa época? Em sua opinião, essa informação revela pistas sobre possíveis significados da obra?

f) Observe que a legenda também traz a seguinte informação: "Registro fotográfico da *performance*/ação". O que você entende por isso?

Saiba+

Helder Tavares/Folhapress

Paulo Bruscky (1949-) nasceu no Recife, Pernambuco. Formou-se em jornalismo e, por muito tempo, realizou sua produção artística de modo independente do mercado da arte, sendo incompreendido e marginalizado. Em 1976, uma de suas exposições individuais foi censurada pelo regime militar. Seu processo artístico sempre esteve mais atrelado ao desejo de realizar do que de expor as obras. Dessa maneira, o artista sempre atuou de forma muito livre, sem se submeter a censuras estéticas ou repressoras. Atualmente, tem obras em diversos acervos, como o do Museu de Arte Moderna (MoMA) e o do Museu Guggenheim, ambos em Nova York, nos Estados Unidos; no Tate, em Londres, Inglaterra; e no Museu de Arte Moderna de São Paulo (MAM).

Em *O que é a arte? Para que serve?*, o artista propôs um trabalho que refletisse o contexto político-social ditatorial ao realizar uma *performance* na rua, de modo independente e criticando as regras do sistema das artes com perguntas que sugeriam reflexões. Para a realização desse trabalho, ele criou placas com os dizeres "O que é a arte? Para que serve?" e pendurou-as no corpo, remetendo-se aos trabalhadores que penduram placas com propagandas nas ruas da cidade, informalmente chamados de "homens-sanduíche".

2. Reflita sobre as questões a seguir e discuta-as oralmente com os colegas.

a) Em sua opinião, o que é arte?

b) Em quais espaços você acha que a arte acontece?

c) Você identifica a presença da arte em sua vida cotidiana?

Katrin Schoof/Acervo da fotógrafa

Self Unfinished [Si mesmo inacabado], de Xavier Le Roy, 1998, realizada em Berlim, Alemanha. Fotografia de Katrin Schoof. Acervo da fotógrafa.

A obra *Self Unfinished*, do artista francês Xavier Le Roy (1963-), propõe discussões sobre a relação entre corpo vivo e objeto, ou seja, entre humano e máquina. Nessa dança, com duração de 50 minutos, o corpo, o contorno do figurino e os movimentos criam formas e deslocamentos pelo espaço que geram imagens de criaturas fantásticas e semi-humanas.

Xavier Le Roy é um artista da dança e *performer* que vem trabalhando com muitas companhias e coreógrafos pelo mundo. Seu trabalho questiona as relações entre espectador e artista, assim como busca dissolver as fronteiras que separam sujeito e objeto, animal e humano, máquina e humano, natureza e cultura, espaço público e espaço privado, configuração e desconfiguração.

3. Observe a fotografia da *performance* e responda oralmente às questões. Depois, compartilhe suas respostas com os colegas.

a) Que relação você percebe entre o corpo e os objetos?

b) Para você, o que diferencia esse corpo e seu movimento do que acontece no cotidiano?

c) A tradução do título dessa criação é "Si mesmo inacabado". Será que há casos em que estamos totalmente prontos para algo? O que você pensa sobre o significado desse título?

Saiba+

Para assistir à *performance* de Xavier Le Roy, veja o vídeo disponível em https://youtu.be/G3rv1TeVEPM. Acesso em: 26 abril 2022.

As duas obras apresentadas são consideradas arte contemporânea. Como se nota nelas, o corpo é entendido de forma correlacionada aos seus contextos, ou seja, o corpo e o mundo transformam-se mútua e constantemente. O corpo é propositivo, pensante e inquieto. Assim, a arte expressa um intenso compromisso com questões políticas e sociais. Ela não apenas expõe o que acontece no mundo, como também propõe outros modos de pensar e atuar nele. Está implicada em percebê-lo, refleti-lo e transformá-lo de algum modo.

Por ter um foco na experiência, a pesquisa e a criação artística acontecem tanto durante a construção do trabalho quanto no seu compartilhamento com o público. Processo e produto são indissociáveis para a arte contemporânea.

Para entender melhor essas questões, você vai trabalhar temas como o corpo na arte contemporânea, especialmente na *performance* e na dança.

Performance: corpo, hibridismo e contemporaneidade

O século XX foi marcado pelo surgimento de diversos movimentos artísticos ao redor do mundo, em diálogo com os acontecimentos e as transformações sociais. A maioria desses movimentos tinha como premissa o caráter inovador, experimental e de expansão de valores e linguagens artísticas. Além disso, questionavam o papel da arte na sociedade, buscando, entre outros aspectos, a libertação e o rompimento com as tradições, assim como possíveis relações entre a arte e a vida cotidiana.

Em meio a esse contexto, o filósofo estadunidense John Dewey (1859-1952) apresentou pensamentos de arte como experiência, compreendendo-a como "resultado da interação entre uma criatura viva e algum aspecto do mundo em que ela vive", provocando reflexões sobre o distanciamento entre determinadas manifestações artísticas e a vida das pessoas.

Tony Vaccaro/Getty Images

Jackson Pollock ao lado de algumas de suas obras, em seu estúdio em Nova York, Estados Unidos, 1953.

New York Times Co/Getty Images

John Cage preparando o piano com moedas e parafusos, 1949. Fotografia de Irving Penn.

A arte da *performance* foi criada em meio a essa efervescência, que buscava abandonar as convenções e experimentar novos modos de criar e produzir arte, mesclando características de diferentes linguagens na criação de uma arte híbrida.

Muitas foram as experiências e manifestações até chegar ao uso corrente do termo *performance* nas artes. O artista estadunidense Jackson Pollock (1912-1956), já na década de 1940, desenvolveu uma técnica conhecida por *dripping painting* [pintura com respingos] em que pintava com a tela no chão, arremessando respingos de tinta e rompendo com a tradição do uso do cavalete, do pincel e da paleta. Para ele, a realização do trabalho era um encontro da relação gestual e corporal com o material. Na década de 1950, o músico estadunidense John Cage (1912-1992) começou a criar músicas utilizando sons do cotidiano, incorporando ruídos, vozes e o silêncio. Cage também realizou acontecimentos interartísticos, que buscavam integrar as linguagens em espetáculos ou *happenings*.

Para ir mais longe — Ensino de Arte

John Dewey foi psicólogo, filósofo, educador e cientista político e social. Para ele, sem experiência não existe vida, e essa experiência acontece na relação entre o eu e o mundo. Ele considerava que a arte é o "lugar" em que a experiência acontece de maneira mais intensa.

Suas ideias também influenciaram a educação, principalmente o ensino de Arte. No Brasil, muitas propostas da pesquisadora e professora fluminense Ana Mae Barbosa (1936-) são pautadas pelas ideias de Dewey e modificaram a abordagem da arte nas escolas.

Você pode pesquisar mais a respeito de Ana Mae Barbosa e do ensino de Arte no Brasil. Tenha em mente que este material didático é pautado em algumas das ideias de Ana Mae, que compreendem que vida, experiência e aprendizagem caminham juntas e se completam.

Happening e arte sensorial

O *happening* é uma forma de arte que combina diferentes linguagens artísticas, tendo como principal característica a imprevisibilidade do acontecimento em tempo real. Os *happenings* são permeados por improvisações, acasos e espontaneidade, buscando total rompimento entre a arte e a vida e promovendo uma mudança na relação entre artista e público. No *happening*, o público não está separado da obra; ao contrário, ele colabora para a experiência da ação, participando e sendo parte da obra.

O artista estadunidense Allan Kaprow (1927-2006), conhecido como precursor do *happening* no universo da arte, desenvolveu uma série chamada *Kaprow: 18 Happenings in 6 Parts* [Kaprow: 18 *happenings* em 6 partes] para a inauguração de um espaço artístico denominado "centro de energia", em Nova York, Estados Unidos, em 1959.

Esse *happening* consiste em um material gráfico que, quando aberto, é um pôster e, quando fechado, vira uma carta, oferecendo pistas ao público para que participe do evento, que teve duração de seis dias.

Já o artista polonês Tadeusz Kantor (1915-1990) produziu encenações, pinturas, desenhos, cenografias, esculturas, *performances* e *happenings*. Em um de seus trabalhos mais conhecidos, ele rege as ondas do mar, incorporando a realidade ao mesmo tempo que a recria.

Allan Kaprow/Arquivo Histórico Wanda Svevo/Fundação Bienal São Paulo

Kaprow: 18 Happenings in 6 Parts: frente e verso do convite-carta-pôster-declaração, de Allan Kaprow, 1959.

Eustachy Kossakowski/Cortesia do Museu de Arte Moderna de Varsóvia, Polônia/© Coleção Anka Ptaszkowska

Happening panorâmico do mar, de Tadeusz Kantor, 1967. Realizado na Polônia. Fotografia de Anka Ptaszkowska. Coleção Anka Ptaszkowska. Museu de Arte Moderna de Varsóvia, Polônia.

4. Após observar a imagem da obra de Kantor, responda oralmente às questões a seguir, debatendo-as com os colegas.

a) Você acha que é possível que uma manifestação artística, como um *happening*, aconteça em um local público, ao ar livre, por exemplo? Por quê?

b) Em sua opinião, há um lugar para a manifestação artística acontecer? Por quê? Ela pode ocorrer também no espaço escolar?

c) Você acredita que, ao produzirmos arte em meio a uma paisagem ou em espaços como a escola, mudamos nossa maneira de perceber e sentir o lugar e de nos relacionarmos com ele? Por quê?

Saiba +

Para saber mais sobre a obra de Kantor, assista ao vídeo (3m 28s) disponível em www.youtube.com/watch?v=2pVr1lqqgQo (acesso em: 26 abril 2022). Nele é possível ver informações sobre a exposição Máquina Tadeusz Kantor realizada pelo Sesc Consolação em 2015, em São Paulo (SP), ano em que foi celebrado o centenário do artista. O vídeo também mostra exemplos de *performances* (há atores "performando" na exposição), além de dar um panorama da obra do artista e de como se pensa e se constrói uma exposição.

Experimentação Comunicação sensorial

1. Forme dupla com um colega. Fiquem um de frente para o outro, em silêncio, durante alguns minutos. É importante que vocês estabeleçam confiança e conexão um com o outro.

2. Em seguida, um integrante da dupla deve fechar os olhos, enquanto o outro será seu guia em um trajeto sensorial pela sala. O guia deve caminhar com o colega, guiando-o pelo braço com cuidado e atenção, observando se não há nada no caminho que possa machucá-lo. Nesse caminhar, o guia também será responsável por estimular diferentes sentidos, como audição, paladar, etc. Para fazer isso, é possível oferecer objetos com diferentes texturas para o colega tocar com as mãos ou com os pés, por exemplo. É possível, ainda, propor que o colega sinta o gosto do próprio salivar, perceba cheiros distintos, etc.

3. Depois de realizar o trajeto, o colega que foi guiado deve ficar de olhos fechados e em silêncio por mais um minuto. Então, devem trocar de lugar.

4. Registre essa experimentação e arquive em seu **Portfólio**.

Diário de bordo

Quando finalizarem a experimentação, registre as suas impressões sobre esse processo no diário de bordo, desenhando ou escrevendo. Para isso, pense em questões como: O que sentiu? O que provocou esse sentimento? Algo mudou na sua percepção do próprio corpo? E na relação com o colega? E na relação com o espaço?

No mesmo período e com as mesmas características híbridas, alguns artistas brasileiros começaram a explorar a arte sensorial. Na década de 1970, o artista fluminense Hélio Oiticica (1937-1980), em parceria com o cineasta mineiro Neville d'Almeida (1941-), realizou um conjunto de ambientes para montar em espaços públicos. Nomeados de *Cosmococa* ou *quasi-cinemas*, esses ambientes tinham o intuito de provocar experiências corporais multissensoriais por meio de projeções de vídeos e diferentes espaços de interação. Nesse trabalho, o corpo do público é ativo e participante da obra.

Saiba+

Assista ao vídeo (2m 9s) disponível em https://youtu.be/k9EaeN8h4yE (acesso em: 26 abril 2022) para ver Neville d'Almeida falando sobre o trabalho que criou em parceria com Hélio Oiticica.

Antonio Salaverry/Shutterstock

A galeria *Cosmococa* abriga um conjunto de ambientes desenvolvidos por Hélio Oiticica e Neville d'Almeida. Instituto Inhotim, Brumadinho (MG), 2019.

5. Você já teve contato com algum trabalho artístico em que tenha participado ativamente da obra? Se sim, comente sua experiência. Se não teve, como você imagina que se sentiria?

6. Reflita sobre as questões a seguir e anote as respostas em seu diário de bordo.

   a) Você se lembra da última vez em que sentiu um cheiro, um gosto, um som ou uma textura diferente do habitual? Em sua opinião, um estímulo corporal sensorial amplia a nossa percepção sobre o próprio corpo?

   b) O que é habitual para o seu corpo? E o que não é?

   c) Os conteúdos e as referências abordados apresentam um contexto em que artistas diversos buscavam romper com o que era tradicional na arte e ampliar as possibilidades de manifestações artísticas, relacionando-as à vida das pessoas e ao cotidiano. Se você pudesse propor na própria vida transformações que fugissem do "tradicional", quais seriam? E para a sua vida em sociedade?

Grupo Fluxus

Em 1961, na Alemanha, foi fundado o grupo Fluxus, que tinha como base a criação e a realização de *performances*. Esse grupo era formado por artistas de diferentes linguagens e de distintos lugares do mundo, como os alemães Joseph Beuys (1921-1986) e Wolf Vostell (1932-1998), o coreano Nam June Paik (1932-2006), o francês Ben Vautier (1935-), a japonesa Yoko Ono (1933-) e o estadunidense Ben Patterson (1934-2016). Eles eram antinacionalistas e propunham a tese de que qualquer pessoa poderia fazer arte e qualquer coisa poderia substituir a arte. Criticavam o avanço industrial, realizando *performances* em ritmos muito lentos e incorporando à ação o acaso, os acidentes e as interferências. Planejavam *performances* como se fossem receitas culinárias, escritas em pedaços de papel e feitas para que qualquer um deles pudesse realizá-las, garantindo o anonimato e afirmando a obra como criação coletiva. Dessa maneira, também criticavam o individualismo enaltecido nas artes por meio da figura do artista.

Em 1983, a 17ª Bienal de Arte de São Paulo dedicou uma ala à produção e à documentação da trajetória do grupo, que chegou ao fim em 1978.

Exercício do ego n. 3, do grupo Fluxus, 1983. Realizada na 17ª Bienal de São Paulo (SP), esta *performance* trazia uma parede em que se lia: "Produtos produtos por toda parte produtos de arte. Que posso fazer? Por que fazer? Pela glória? Pelas meninas. Fluxus talvez preferisse (não arte) (antiarte) (vida arte) mas talvez sejamos todos corruptos também. Por isso estou dormindo hoje dia 14 de outubro". Fundação Bienal São Paulo, São Paulo (SP).

Saiba +

Conheça um pouco mais as experiências e os pensamentos do grupo Fluxus, contados pelo artista Ben Patterson no vídeo (3m 30s) disponível em https://youtu.be/2qMONmYxcqk (acesso em: 26 abril 2022).

Para saber mais sobre a Bienal de Arte, acesse o *site* oficial do evento: http://www.bienal.org.br/exposicoes (acesso em: 26 abril 2022).

Corpo e *performance*: experiências de vida

A artista portuguesa Helena Almeida (1934-2018) desenvolveu trabalhos de *performance* voltados para a autorrepresentação, em uma relação entre corpo, espaço e obra, em que o próprio corpo é objeto e suporte da obra. Ela utilizou diversos recursos em suas *performances*, como pintura, desenho, gravura, instalação, fotografia e vídeo.

A artista paulistana Renata Felinto (1978-) desenvolve um trabalho com base em seus repertórios culturais e experiências de vida, discutindo a identidade da mulher negra na sociedade, a ancestralidade e a globalização política e social.

Nesse trabalho, a artista caracteriza-se de uma representação oposta ao seu fenótipo de mulher negra e sai para caminhar na rua Oscar Freire, na cidade de São Paulo (marco representacional da classe média alta paulistana). Ao realizar essa ação, ela propõe reflexões sobre as noções de etnia e classe, criticando a branquitude, seus sistemas de privilégios e os mecanismos de violência, repressão e exclusão da mulher negra na sociedade brasileira.

Renata Felinto/Acervo da artista

Também quero ser sexy, *performance* de Renata Felinto, 2012. Acervo da artista.

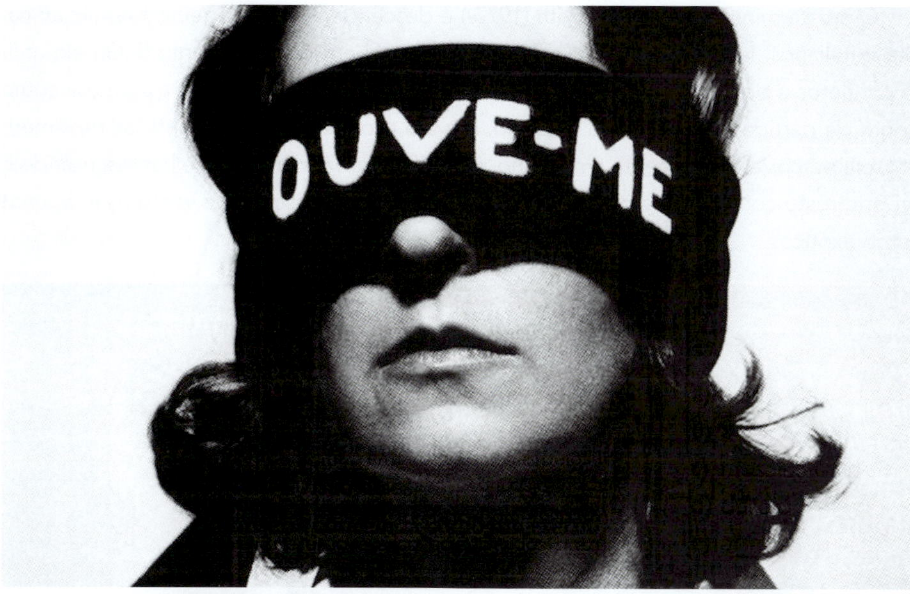

Helena Almeida/http://www.bocabienal.org

Ouve-me, de Helena Almeida, 1978. BoCA – Biennial of Contemporary Arts, Lisboa, Portugal.

Saiba +

Acesse o *site* oficial de Renata Felinto (https://renatafelinto.com, acesso em: 26 abril 2022) para saber mais sobre sua trajetória e seu pensamento e conhecer outros trabalhos da artista.

Acesse o *site* do Museu Nacional de Arte Contemporânea do Chiado, de Portugal (www.museuartecontemporanea.gov.pt/pt/artistas/ver/82/artists, acesso em: 26 abril 2022) para conhecer mais sobre Helena Almeida e suas produções.

Experimentação Performance e sociedade

Diário de bordo

Reflita sobre as questões a seguir e anote as respostas em seu diário de bordo.

a) Que questões você levantaria para debater e refletir sobre a sociedade em que vive?
b) Em sua opinião, que temas a sociedade precisa discutir com mais frequência?
c) Quais são as dúvidas e os questionamentos que afligem a sua vida pessoal e em sociedade?

1. Forme um grupo com quatro colegas e escolham uma questão que considerem relevante para debater com a turma toda. Depois, formem uma única roda e estabeleçam um tempo para discutir os temas selecionados pelos grupos.

2. Ao terminar, voltem aos grupos iniciais e criem um panfleto com as questões discutidas e/ou com frases e reflexões que tenham surgido durante a conversa coletiva. Distribuam os panfletos pela escola e lembrem-se de criar registros da ação por meio de fotografia ou vídeo, por exemplo.

Como visto até aqui, a *performance* e o *happening* são artes híbridas, ou seja, mesclam elementos de diversas linguagens artísticas. Para o artista que as realiza, o corpo é ativo na potência do criar. Há muitas maneiras de "performar", criar e apresentar *performances* e *happenings*. O artista pode, por exemplo, ter contato direto com o público, sugerindo a participação dele ou até mesmo convidando-o diretamente a participar. *Performances* e *happenings* podem ocorrer em espaços tradicionais de arte, como museus e galerias, ou em espaços distintos, como a rua e a escola, valendo-se de suportes de registro como vídeo, fotografia e texto.

O artista mineiro Paulo Nazareth (1977-) é descendente de indígenas Krenak, africanos e italianos. Morador da comunidade do Palmital em Belo Horizonte (MG), ele utiliza panfletos e *performances* em deslocamento em suas criações, tendo a sua casa como ponto de partida e de início do trabalho. Em um projeto chamado "Notícias de América", ele percorre o continente americano, a fim de mapear outros semelhantes, usando o próprio rosto como base e problematizando o olhar de pessoas que veem os indígenas como exóticos.

Paulo Nazareth/Acervo do artista

Sem título, da série "Notícias de América", de Paulo Nazareth, 2011/2012 (impressão fotográfica sobre papel algodão, 18 cm × 24 cm). Na foto, o artista segura uma placa que diz "My image of exotic man for sale" (Minha imagem de homem exótico à venda). Acervo do artista.

Em 2016, a pesquisadora Giovana Ellwanger realizou um trabalho acadêmico sobre a arte de Paulo Nazareth. Veja um trecho do que ela escreveu sobre o artista:

> Habitar em uma favela, segundo o artista, é "uma cultura, um modo de vida". Isso se reflete claramente em sua produção, quando muitas vezes parte, preferencialmente, do espaço da favela, para inserir-se no meio artístico. Os panfletos demonstram isso, uma vez que o artista os vende em uma banca na Feira do Palmital, espaço de comércio informal.

ELLWANGER, Giovana. *A arte de Paulo Nazareth:* perspectivas locais e globais em sua criação. Dissertação (Mestrado em Artes Visuais), Universidade Federal do Rio Grande do Sul, 2016. p. 38-39. Disponível em: https://www.lume.ufrgs.br/handle/10183/150901. Acesso em: 26 abril 2022.

Saiba +

Conheça o trabalho de outras artistas que também trabalham com *performance*. Assista ao vídeo (3m 59s) *Arte perfomática*, disponível em https://www.youtube.com/watch?v=NmHT9um8p0w (acesso em: 26 abril 2022), com as *performers* pernambucanas Flávia Pinheiro e Juliana Notari, definindo a *performance* e falando sobre suas visões e experiências.

Todo corpo move

Gustavo Ciríaco/http://gustavociria.co

Onde o horizonte se move, de Gustavo Ciríaco, 2012. *Performance site specific* realizada em Guimarães, Portugal.

Dirigido pelo fluminense Gustavo Ciríaco (1969-) em parceria com sete *performers*, *Onde o horizonte se move* levanta questões com base no próprio ambiente em que acontece, sendo considerado um *site specific*. Dialogando com o ambiente, incorporando-o e/ou transformando-o, trata-se de uma criação que se constrói segundo a perspectiva da paisagem, da observação da arquitetura, dos costumes dos transeuntes, dos horizontes da cidade, entre outros aspectos reelaborados artisticamente pelos *performers*.

Gustavo Ciríaco trabalha de modo transversal entre as artes do espetáculo e as artes visuais. O hibridismo entre linguagens artísticas coloca as artes em diálogo com diferentes áreas do conhecimento, como a Sociologia, a Antropologia, a Psicologia e a Biologia.

7. Observe a imagem anterior e reflita sobre estas questões:

a) É possível distinguir artistas e espectadores?

b) Você poderia dizer que todas as pessoas estão dançando? O que lhe dá indícios desse fato? Por quê?

A dança tem como principais componentes o corpo, o movimento e o gesto. Como foi exposto em **Educação Física**, há uma diferença entre movimento e gesto. O movimento abrange os elementos fisiológicos e biomecânicos e tem uma capacidade expressiva, que pode ou não ser empregada com alguma intencionalidade. O gesto expressa narrativas culturais, isto é, está impregnado de sentidos construídos socialmente. Todo gesto é um movimento, mas nem todo movimento é um gesto.

Experimentação Explorando a intencionalidade

1. Forme um grupo com três ou quatro colegas e, com base no que foi discutido, escolham alguma intencionalidade para compor uma pequena dança, que pode, por exemplo, expressar uma emoção.

2. Compartilhe com os colegas do grupo alguns gestos e movimentos que remetem ao que se pretende comunicar. A ideia não é reproduzir uma dança da maneira que aconteceu em determinada situação, mas pode-se recordar alguma intenção do movimento e recriá-la no grupo.

3. Após criarem a dança, apresentem-na coletivamente aos outros grupos e conversem sobre essa experiência.

4. Registre a apresentação, em foto ou vídeo, por exemplo, e arquive em seu **Portfólio**.

Diário de bordo

Depois das apresentações e conversas realizadas na experimentação, anote no diário de bordo as suas reflexões com base em experiências anteriores com dança. Relate o que mais chamou sua atenção no processo de construção dessa dança em grupo.

Dança na contemporaneidade

Quando o tema é arte contemporânea, o primeiro pensamento de muitas pessoas é que se trata de uma arte que acontece no tempo presente. Isso também ocorre com o termo "dança contemporânea". Mas essa não é exatamente a definição do conceito, e o que aparentemente parece simples é, na realidade, bastante complexo. Atualmente, é possível encontrar criações artísticas baseadas em entendimentos muito diferentes de arte, inclusive contrastantes.

Dança contemporânea é algo plural. Não há um modelo fixo a seguir ou um pensar e fazer homogêneos. O caminho não é a reprodução de uma técnica, de um tema ou método específico. Cada artista tem suas inquietações e estratégias de pesquisa e experimentação em arte. Muitos são os meios para desenvolvê-la.

Por vezes, o incomum compõe as criações artísticas contemporâneas, e estas se lançam ao desafio de desenvolver um papel crítico em sua correlação com o mundo e a sociedade. Essa arte não apenas apresenta o que percebe, mas também propõe maneiras de atuar. Uma criação artística é entendida, então, como uma concepção de arte e uma forma de conceber a vida.

Com um olhar crítico, os artistas partem de seus contextos e os redimensionam. A dança, nessa perspectiva, recorre a muitos conhecimentos das artes em diferentes momentos históricos e dialoga com outras áreas do conhecimento. Não à toa, os hibridismos entre as linguagens artísticas, assim como o diálogo com a Sociologia, a Antropologia, a Psicologia, a Biologia, etc., marcam a arte contemporânea.

Em *Tempo e espaço: os solos de marrabenta*, o artista moçambicano Panaibra Gabriel Canda (1975-) desconstrói a ideia de corpo colonizado africano, apoiando-se em uma pesquisa que integra parte da história sobre a ex-colônia portuguesa Moçambique e a atual situação geopolítica do país. A *performance* é acompanhada pelo músico Jorge Domingos, que toca, ao vivo, a marrabenta. O músico participa da cena, ocupa o palco, relacionando-se com a dança de Panaibra. A marrabenta é uma música urbana típica de Moçambique, e os portugueses comumente a relacionam a ideais revolucionários. É uma marca da resistência das populações negras de Moçambique em um cenário de conflito, opressão e racismo que perdura desde a colonização até os dias atuais.

Tempo e espaço: os solos de marrabenta, de Panaibra Gabriel Canda, 2010.

Arthur Fink/Acervo do fotógrafo

Entrevista com Panaibra Gabriel Canda

Leia um trecho da entrevista que a jornalista Marina Brandão fez com Panaibra Gabriel Canda.

> MB – Ao retirar a dança de seu contexto, os gestos não perdem seu significado?
>
> PG – Quero justamente libertar esses gestos, para "ressignificá-los". Quem disse que uma dança, por mais tradicional que seja, só pode ser realizada dentro de um determinado ritmo? Se tirarmos o ritmo predeterminado, podemos reinventar essa gestualidade, criando novos contextos.

BRANDÃO, Marina. Panaibra Gabriel Canda, bailarino: 'A dança é um exercício de democracia'. *O Globo*, 23 nov. 2016. Disponível em: https://oglobo.globo.com/sociedade/conte-algo-que-nao-sei/panaibra-gabriel-canda-bailarino-danca-um-exercicio-de-democracia-20522434. Acesso em: 26 abril 2022.

Saiba+

Assista ao vídeo (3m 2s) disponível em https://youtu.be/m9JzdW7B61c (acesso em: 26 abril 2022) e conheça melhor o trabalho *Tempo e espaço: os solos de marrabenta.*

8. Com base na imagem e no trecho da entrevista, responda oralmente às questões.

a) Em sua opinião, pode-se dizer que esse é um trabalho de dança e de música?

b) Você identifica possíveis hibridismos entre diferentes áreas do conhecimento? Quais? De que forma isso acontece?

c) Há aspectos históricos, sociais e culturais presentes nesse trabalho artístico? Como eles aparecem?

Na mesma entrevista, o artista discorre sobre a relação entre dança e música, afirmando: "Quando se fala em dança, imaginamos um corpo sendo regido pela música. Mas, se pensarmos em um maestro, percebemos que o corpo é que compõe a música. [...] Apesar de o maestro ser um músico, toda a composição musical é influenciada por sua gestualidade. O corpo é o compositor".

9. Observe detalhadamente os elementos que compõem a cena: os artistas, seus movimentos, seus figurinos, os chocalhos amarrados nas pernas do dançarino, os objetos de cena, a iluminação, o chão, etc. Então, forme dupla com um colega e conversem sobre as seguintes questões:

a) Como você acha que a dança e a música se integram nessa criação?

b) Após assistir ao vídeo, você acha que é possível saber se a dança segue a música ou se a música acompanha a dança? Por quê?

c) Você já dançou sem música? Como foi essa experiência?

d) Você já produziu música com o corpo por meio de movimentos, como bater palmas, bater em diferentes partes do corpo ou pisar no chão?

e) Você já assistiu a alguma apresentação de dança e música com percussão corporal, isto é, por meio de movimentos e sons criados no próprio corpo? Se sim, como foi essa experiência?

f) Você já pensou em reinventar uma dança que conhece? Como faria isso?

Experimentação Libertando gestos

1. Lembre-se da experimentação anterior e pense se é possível "libertar" ainda mais esses gestos de suas referências. Reúna-se novamente nos grupos de desenvolvimento da experimentação anterior e recordem alguns gestos e movimentos que criaram. Juntos, elaborem transformações para eles.

2. Discutam como foi a experiência e relatem à turma o que mudou para vocês depois disso. Você percebe ter "libertado" ainda mais o seu gesto? Por quê? O que mudou em relação à sua referência inicial de movimento? Qual é a diferença do contexto de onde você trouxe o gesto e da experiência dele nesse momento em sala de aula?

3. Faça registros das transformações gestuais e arquive em seu **Portfólio**.

Diário de bordo

Anote em seu diário de bordo o que foi discutido nessa experimentação e as respostas que encontraram para as reflexões que surgiram.

O filósofo italiano Giorgio Agamben (1942-), em seu livro *O que é o contemporâneo? e outros ensaios*, discute a noção de contemporâneo. O autor tem uma série de livros publicados que propõem reflexões críticas que vão da Literatura às Artes Plásticas, da Filologia à Antropologia, passando pela Teologia e pela política. Nesses estudos, ele afirma que o contemporâneo é aquilo que percebe e expressa uma possibilidade para além do contexto observado. É quando o inusitado aparece. Não relata uma certeza, mas o que surpreende por ser inesperado. Não quer dizer novo nem fantástico. O contemporâneo possibilita observar as coisas por meio de prismas que não sejam os comuns. O que se expressa e se comunica pode ser invisível aos olhos da maioria. Não à toa, a arte contemporânea ainda causa muitos estranhamentos. Em suma, o contemporâneo não inventa novidades nem reproduz o que existe; ele apresenta o que poderia ser, o que não se vê, mas que por aí está.

Proibido elefantes, com concepção, direção e coreografia do potiguar Clébio Oliveira, é um espetáculo da Cia. Giradança, de Natal (RN). O trabalho propõe reflexões sobre o olhar como via de mão dupla para a compreensão do meio, considerando que o modo de olhar para as coisas é fruto dos contextos em que se vive, ao mesmo tempo que o entendimento do mundo parte do olhar sobre ele.

Criada em 2005 pelos bailarinos Anderson Leão e Roberto Morais com a proposta de pesquisar a dança por meio de estudos da contemporaneidade e da criação de uma linguagem própria, a Cia. Giradança baseia-se no conceito de corpo diferenciado, pautado na diversidade, promovendo experiências no campo artístico que rompem preconceitos e limites preestabelecidos.

Brunno Martins/Acervo do fotógrafo

Proibido elefantes, da Cia. Giradança, 2012.

Experimentação Caminhos

1. Observe cuidadosamente a foto do espetáculo *Proibido elefantes*.
2. Depois, forme um grupo com três ou quatro colegas e escolham um trajeto para fazer dentro da escola. Você se recorda da experimentação inicial desta unidade, em que utilizou fita adesiva para trilhar um caminho? Agora você vai sair da sala de aula e retornar a ela. Em silêncio, cada um deve seguir observando o percurso. Atente para o que está próximo e longe de você. Assumindo uma postura investigativa, concentre-se nos detalhes.
3. Retorne à sala de aula, converse com o seu grupo e responda: O que você se lembra de ter visto pelo caminho? Estava frio ou calor? O piso era liso ou áspero? Plano ou íngreme? Seus passos foram longos ou curtos? Leves ou pesados? Qual foi a sua velocidade no percurso, rápida ou lenta? Você parou em algum momento ou caminhou de maneira contínua? Que cores e detalhes havia no caminho? E quanto aos sons, o que ouviu?

Diário de bordo

Após realizar a experimentação em grupo, responda às questões a seguir em seu diário de bordo e discuta-as com os colegas.

a) Você acha que todos percebem as coisas do mesmo modo? Por quê?
b) Em seu grupo, que percepções sobre esse caminho foram comuns e quais foram específicas de cada estudante? Em sua opinião, que aspectos provocam a nossa atenção?
c) Como você relaciona a sua experiência com a imagem do espetáculo *Proibido elefantes*?
d) O que determina os limites do movimento de um corpo? Em relação ao seu corpo, quais são os limites, os desafios e as habilidades?
e) Que padrões culturais podem ser questionados, tendo em vista o espetáculo *Proibido elefantes*? Por quê?
f) Em sua opinião, diferentes experiências expandem as possibilidades do corpo e do movimento? Por quê?

Saiba+

Veja trechos do espetáculo *Proibido elefantes* (2m 58s) disponíveis em: www.youtube.com/watch?v=vQEmO92zLG8 (acesso em: 26 abril 2022).

A pesquisa e a criação em dança não se limitam a ateliês, estúdios e salas de ensaio, tampouco as apresentações estão restritas aos teatros. Por exemplo, podem ocorrer em residências artísticas, que são espaços onde o artista permanece por um tempo e realiza experimentações artísticas intensivamente. Esses processos de pesquisa e criação podem levar dias, meses ou anos. No entanto, as apresentações também acontecem nas ruas, nas construções urbanas, nos parques, nas áreas rurais e litorâneas, nas trilhas ecológicas, nas casas, etc. Os espaços transformam os trabalhos artísticos e são modificados por eles.

Outro aspecto importante é o papel do espectador, que, nas várias expressões da arte contemporânea, é convidado a ser ativo. Isso pode se dar de muitas maneiras, não apenas por interações diretas: o espectador é solicitado a observar, analisar, relacionar, contextualizar. O que está em jogo não é uma apreciação de algo fechado. O trabalho artístico somente se completa pela significação que o público constrói.

Dança contemporânea em domicílio, de Cláudia Müller, é uma dança "entregue" em locais cotidianos, de forma inesperada. Uma dançarina realiza o seu ofício entregando a sua "mercadoria". O consumo está na fruição do espectador. Qualquer pessoa pode solicitar a dança contemporânea em domicílio, que pode acontecer em espaços diversos, como casas, escritórios, lojas, mercados e praças.

Müller é uma artista que trabalha com dança, *performance* e vídeo. Suas pesquisas artísticas integram poética e política, buscando transitar por diferentes contextos, sobretudo pelos espaços não convencionais da arte.

Ines Correa/Acervo da fotógrafa

Dança contemporânea em domicílio, de Cláudia Müller, 2012. Atuação em hospital da cidade do Rio de Janeiro (RJ).

10. Observe a imagem da apresentação de Cláudia Müller. Depois, forme dupla com um colega e discutam as questões a seguir.

a) Onde essa dança acontece?

b) Em sua opinião, quais são os espaços convencionais e os não convencionais para a dança? Por quê?

c) É possível identificar, na imagem, quem é a artista e quem são os espectadores? Por quê?

d) Quando essa dança acontece, ela altera o cotidiano do lugar?

e) Em sua opinião, a dança é uma mercadoria? Por quê? O que define o valor da arte?

f) Sabendo que as respostas são pessoais e o que interessa são suas observações, impressões e sensações, apresente oralmente à turma o que você e sua dupla perceberam.

Saiba +

Veja trechos da apresentação de Cláudia Müller (13m 59s) disponíveis em https://www.claudiamuller.com/danca-contemporanea-em-domicilio-2005/ (acesso em: 26 abril 2022).

Experimentação Desafio

1. Forme um grupo com três ou quatro colegas. Lembre-se de que, na experimentação **Explorando a intencionalidade**, você recordou gestos e movimentos de danças a que já assistiu ou de que já participou. Na experimentação **Libertando gestos**, você buscou "libertar" essa dança de suas referências e, na experimentação **Caminhos**, fez um percurso de observação pela escola.
2. Agora, em grupo, escolham alguns daqueles gestos e movimentos experimentados anteriormente, troquem-nos entre si, repitam-nos algumas vezes e organizem conjuntamente uma pequena dança. Não é preciso que fique igual às suas referências; sintam-se livres para modificá-las.

   Agora um desafio! Façam essa dança enquanto se deslocam de um local a outro da escola, deixando que o espaço e o deslocamento transformem o movimento. Combinem em grupo como farão isso juntos, adequando-se às características do local. É necessário que toda a turma se organize, pois cada grupo deverá assistir aos outros.
3. Ao final, conversem sobre essa experiência e reflitam sobre questões como: Essa dança estava em um lugar convencional ou não convencional? Como o espaço transformou o movimento? Como a dança modificou os locais utilizados da escola? Para você, como foi fazer e como foi assistir?
4. Registre a dança e o deslocamento realizado, em foto ou vídeo, por exemplo, e arquive em seu **Portfólio**.

Diário de bordo

Anote em seu diário de bordo o que foi discutido, as questões e as ideias que surgiram com base nessa experimentação.

Ao pensar a contemporaneidade na dança, o foco está no corpo em correlação com o ambiente. Muitas práticas corporais podem ser solicitadas durante o processo de pesquisa, para que se construam movimentos e gestos integrados ao que se pretende discutir. Entre essas práticas, estão as diferentes abordagens da própria dança, artes marciais, ioga, pilates, capoeira, esporte, teatro, meditação, etc. Junto a isso, levam-se em consideração as experiências vividas desde o nascimento até o momento presente. Tudo o que se experiencia compõe cada corpo e seu repertório de movimento.

O corpo dançante é composto de vivências pessoais e sociais, e é justamente isso que interessa à dança contemporânea. Por isso, o movimento não se baseia em uma mesma técnica e padrões homogêneos. O gesto não é transmitido e reproduzido. A pesquisadora de dança Laurence Louppe disse que:

> [...] a dança elabora um movimento que não é transmitido e que não reclama os valores exemplares de um grupo, voltando a sublinhar o aspecto não somente artístico, mas antropológico, da revolução contemporânea do corpo.

LOUPPE, Laurence. *Poética da dança contemporânea*. Lisboa: Orfeu Negro, 2012. p. 52.

Saiba +

Laurence Louppe (1938-2012), historiadora, conferencista e investigadora francesa, é considerada uma das maiores teóricas da dança contemporânea. Atuou como crítica de dança e professora universitária. Propôs uma teoria do movimento por meio da reflexão sobre aspectos da história da dança, dos modos de recepção, dos seus elementos constituintes e do seu papel crítico e social.

Associação Sentiers/http://www.sentiers.fr

O corpo na poesia contemporânea (Língua Portuguesa)

O corpo também é tema de outra importante expressão artística: a literatura. A seguir você terá a oportunidade de se encantar por poemas escritos por poetas contemporâneos que olham para o corpo ora como expressão de uma identidade, ora como canal e código para a revelação dos sentimentos, ora como síntese da própria existência.

Leia os textos atentamente. Observe que legados eles carregam da herança modernista e quais temáticas desvelam que os tornam representações de um fazer poético alinhado aos problemas do nosso tempo. Depois, responda às questões e anote o que julgar mais importante em seu diário de bordo.

Meu corpo igual

Na escuridão da noite
meu corpo igual
fere perigos
adivinha recados
assobios e **tantãs**.

Na escuridão igual
meu corpo noite
abre vulcânico
a pele étnica
que me reveste.

Na escuridão da noite
meu corpo igual,
boia lágrimas, oceânico,
crivando buscas
crivando sonhos
aquilombando esperanças
na escuridão da noite.

EVARISTO, Conceição. *Poemas de recordação e outros movimentos*. Belo Horizonte: Nandyala, 2008. p. 22.

tantã: Instrumento de percussão, uma espécie de tambor.
crivar: Passar pelo crivo, fazer um exame minucioso.

Saiba+

Conceição Evaristo, ou Maria da Conceição Evaristo de Brito, nasceu em 1946, em Belo Horizonte, Minas Gerais. Poeta, romancista e contista, é considerada uma das mais importantes representantes da literatura contemporânea no Brasil.

1. Explicite os sentidos possíveis para o jogo que explora a combinação entre as palavras "corpo", "noite" e "igual".
2. O léxico desse poema (a seleção de palavras) reflete a consciência das marcas históricas presentes no corpo da mulher negra. Que palavras ressaltam essa consciência?
3. Releia a última estrofe e, por meio de sua interpretação, diferencie o momento presente do eu lírico de sua projeção para o futuro. Explique sua resposta, destacando versos que comprovem a sua leitura.

O poema que você lerá agora é da poeta Bruna Beber. Durante a fruição do poema, observe como o corpo ali representado é decisivo para a expressão do sentimento.

A violência

vontade constante
de dizer te quero tanto
dela me distraio
mas você me abraça
e de repente todo
o mundo não tem
membros superiores
e então me beija
eu poderia matar
todas as plantas
tenho muito ar
até que sinto
na ponta dos dedos
a coragem de dizê-la.

BEBER, Bruna. *Rua da Padaria*. Rio de Janeiro: Record, 2013.

Saiba +

Bruna Beber é poeta, tradutora e mestre em teoria literária. Nasceu em 1984 no Rio de Janeiro e se mudou para São Paulo em 2007, um ano depois de lançar seu primeiro livro de poesia, *A fila sem fim dos demônios descontentes*. O poema em estudo foi publicado no livro *Rua da Padaria*, de 2013. Muitos de seus textos já foram reunidos em antologias e *sites* de diversos países além do Brasil, como Alemanha, Argentina, Estados Unidos e Itália.

4. Destaque as expressões físicas que desencadeiam a expressão do sentimento do eu lírico.
5. Compare o segundo e o último verso e explicite as diferenças semânticas do verbo "dizer".
6. Discuta com um colega os versos a seguir. Que interpretação vocês fazem deles?
   a) "e de repente todo
   o mundo não tem
   membros superiores"
   b) "eu poderia matar
   todas as plantas
   tenho muito ar"
7. Por meio de que linguagem o eu lírico consegue expressar o seu desejo?
8. Converse com um colega: Na opinião de vocês, qual seria a relação entre o título "A violência" e o conteúdo do poema?

Saiba +

Assista à *performance* da poeta, coreógrafa e folclorista, estilista e ativista peruana Victória Santa Cruz, (3m 22s) disponível em: www.artequeacontece.com.br/o-grito-de-victoria-santa-cruz-uma-mulher-negra-latino-americana-e-caribenha/ (acesso em: 26 abril 2022).

Agora, leia o poema a seguir escrito pelo poeta, compositor, músico e *performer* Arnaldo Antunes.

O corpo

O corpo existe e pode ser pego.
É suficientemente opaco para que se possa vê-lo.
Se ficar olhando anos você pode ver crescer o cabelo.
O corpo existe porque foi feito.
Por isso tem um buraco no meio.
O corpo existe, dado que exala cheiro.
E em cada extremidade existe um dedo.
O corpo se cortado espirra um líquido vermelho.
O corpo tem alguém como recheio.

"O corpo", Arnaldo Antunes, trilha do balé *O Corpo*, 1999, Momento VIII.

Saiba+

Arnaldo Antunes nasceu em 1960, é músico, compositor, poeta, artista visual e *performer*. Nos anos 1980, ficou conhecido como um dos integrantes do grupo de *rock* Titãs. Em 1992, deixou a banda para dedicar-se a seus projetos artísticos pessoais. Sua poesia carrega forte influência do movimento concretista fundado pelos irmãos Haroldo e Augusto de Campos e por Décio Pignatari e, atualmente, é reconhecida como uma forte expressão da literatura contemporânea brasileira.

Fábio Vieira/FotoRua/Fotoarena

Experimentação Ultrapassar os limites do papel

O poema "O corpo" foi apresentado em 2017, em uma *performance* rítmico-poética realizada pelo artista na Universidade de Fortaleza (Unifor). Durante a apresentação, o poeta levantou um cartaz no qual estava escrito em letras maiúsculas a palavra TABU. Leia atentamente o poema para realizar a atividade proposta. Considerando essa informação, junte-se a dois colegas para realizar a proposta a seguir.

a) Reflitam juntos sobre a seguinte questão: Por que esse poema pode ser considerado um clamor para que o corpo não seja compreendido ou tratado como um tabu?

b) Elabore uma apresentação multimídia do poema "O corpo". Desenhem, pesquisem imagens, façam colagens, declamem o poema, transcrevam-no e animem a transcrição. Investiguem os recursos de um editor de vídeo e brinquem com as possibilidades apresentadas pela ferramenta, de modo a produzir uma apresentação multimídia ou uma *performance* poética que traduza a leitura que vocês fizeram do poema.

c) Compartilhem as produções com o restante da turma.

Saiba+

Ouça a declamação do poema "O corpo", feita pelo próprio Arnaldo Antunes, (38s) disponível em: https://www.lyrikline.org/pt/poemas/o-corpo-5640 (acesso em: 26 abril 2022).

Conheça também outros dois poemas do mesmo autor: "Pensamento", (51s) disponível em: https://www.youtube.com/watch?v=G-pB9OU8H2Y, e "Pessoa", (2m 15s) disponível em: https://www.youtube.com/watch?v=0W1LNy12h8Q (acesso em: 26 abril 2022).

Poesia contemporânea

Como você vem acompanhando ao longo desta unidade, as características da arte pós-moderna refletem um diálogo com o legado modernista, ora trazendo desdobramentos desse diálogo, ora intensificação. (BYLAARDT, 2021). Isso se revela na maior autonomia para a criação artística, para o uso de materiais e espaços, para o uso do corpo como sujeito (na expressão do artista), como objeto (algo sobre o qual se pensa) e como suporte (algo que carrega a própria manifestação artística). Assim, uma das principais marcas da produção pós-moderna é falta de uniformidade, de um projeto único que englobe a proposta.

Com a produção literária brasileira, a dinâmica é bastante semelhante. Na poesia, encontra-se uma liberdade tanto formal quanto conceitual, que permite ao poeta experimentações ilimitadas. Estas podem recair sobre a exploração de temas sociais, amorosos e, também, sobre a própria poesia. Em todas as situações, a linguagem torna-se objeto de estudo, de análise, como se guardasse a potência que faz emergir a forma singular como o sujeito se coloca no mundo.

Nos dois poemas estudados, "Meu corpo igual" e "A violência", o eu lírico promove uma fusão entre o verbal e o não verbal, entre o sentido da palavra e a experiência do próprio corpo. Em "Meu corpo igual", o corpo é tradução de uma história e sente na percepção de si os efeitos de uma realidade que antecede a própria existência. Em "A violência", o corpo é suporte e código para a transmissão de uma mensagem, o que permite o emprego do verbo "dizer" em suas acepções, sendo uma delas não mediada pela emissão do som, da língua verbal.

A diversidade de abordagens linguísticas, temáticas e sensoriais na poesia contemporânea brasileira é de uma riqueza somente possível de ser reconhecida por meio da leitura dos poetas e das poetisas que fazem parte desse grupo.

Experimentação Antologia de poesia contemporânea brasileira

Que tal compor uma antologia temática de poemas contemporâneos? Esse exercício exige um mergulho na leitura de poemas e da biografia dos autores.

Para essa atividade, junte-se a um ou dois colegas, se preferir. Delimitem um tema. Algumas sugestões: corpo, expressões do feminino, resistência, sociedade, denúncia, o fazer poético. Busque os poemas em *sites* oficiais dos autores, nos livros da biblioteca ou em livros que o grupo tenha ou queira adquirir.

Façam uma apresentação de cada um dos poetas selecionados em breves biografias e disponham um poema por página, optando por ilustrá-lo ou não. Por fim, escrevam um texto de apresentação, no qual justifiquem a seleção do tema e as escolhas. As antologias devem ser compartilhadas por meio de uma pasta. Se houver tempo, organizem um sarau, para que cada grupo declame, ao menos, três dos poemas selecionados.

Você verá quanto esse trabalho poderá despertar você e seus colegas para a beleza e a profundidade da poesia.

Experimentação Estudo compartilhado

Esta atividade propõe uma técnica de estudo que se inicia individualmente e, depois, acontece de forma compartilhada.

Comece pesquisando as principais características da poesia brasileira contemporânea; busque destacar os autores cujas obras são exigidas por alguns vestibulares. Para isso, utilize *sites*, livros, *podcasts*, vídeos e todos os tipos de material que tiver disponível.

Ao longo da pesquisa, você deve realizar as seguintes atividades:

a) Elencar as principais características da poesia contemporânea brasileira.

b) Indicar o nome de alguns poetas e poetisas de destaque.

c) Escolher um poema e traçar uma breve análise dele.

Após finalizar as atividades, junte-se a dois colegas e compartilhe os dados que você pesquisou. Se estiver se preparando para o vestibular, essa é uma técnica que pode ser usada para o estudo de diferentes disciplinas.

#EnemVestibular

Responda às questões a seguir para treinar os seus conhecimentos sobre o que estudou nesta unidade.

1. (Enem – 2019)

Mídias: aliadas ou inimigas da educação física escolar?

No caso do esporte, a mediação efetuada pela câmera de TV construiu uma nova modalidade de consumo: o esporte telespetáculo, realidade textual relativamente autônoma face à prática "real" do esporte, construída pela codificação e mediação dos eventos esportivos efetuados pelo enquadramento, edição das imagens e comentários, interpretando para o espectador o que ele está vendo. Esse fenômeno tende a valorizar a forma em relação ao conteúdo, e para tal faz uso privilegiado da linguagem audiovisual com ênfase na imagem cujas possibilidades são levadas cada vez mais adiante, em decorrência dos avanços tecnológicos. Por outro lado, a narração esportiva propõe uma concepção hegemônica de esporte: esporte é esforço máximo, busca da vitória, dinheiro... O preço que se paga por sua espetacularização é a fragmentação do fenômeno esportivo. A experiência global do ser-atleta é modificada: a sociabilização no confronto e a ludicidade não são vivências privilegiadas no enfoque das mídias, mas as eventuais manifestações de violência, em partidas de futebol, por exemplo, são exibidas e reexibidas em todo o mundo.

BETTI, M. **Motriz**, n. 2, jul.-dez. 2001 (adaptado).

A reflexão trazida pelo texto, que aborda o esporte telespetáculo, está fundamentada na

a) distorção da experiência do ser-atleta para os espectadores.
b) interpretação dos espectadores sobre o conteúdo transmitido.
c) utilização de equipamentos audiovisuais de última geração.
d) valorização de uma visão ampliada do esporte.
e) equiparação entre a forma e o conteúdo.

2. (Enem – 2013)

O jogo é uma atividade ou ocupação voluntária, exercida dentro de certos e determinados limites de tempo e de espaço, segundo regras livremente consentidas, mas absolutamente obrigatórias, dotado de um fim em si mesmo, acompanhado de um sentimento de tensão e de alegria e de uma consciência de ser diferente da "vida quotidiana".

HUIZINGA, J. **Homo ludens**: o jogo como elemento da cultura. São Paulo: Perspectiva, 2004.

Segundo o texto, o jogo comporta a possibilidade de fruição. Do ponto de vista das práticas corporais, essa fruição se estabelece por meio do(a)

a) fixação de táticas, que define a padronização para maior alcance popular.
b) competitividade, que impulsiona o interesse pelo sucesso.
c) refinamento técnico, que gera resultados satisfatórios.
d) caráter lúdico, que permite experiências inusitadas.
e) uso tecnológico, que amplia as opções de lazer.

3. (Simulado Enem SAS – 2013)

Avião, amarelinha, pega-pega, corda, pião. Brincadeira é coisa séria, e para que ela possa acontecer precisamos oferecer tempo e espaço adequados para nossas crianças. Mas, será que isso tem acontecido nos dias de hoje em grandes centros urbanos ou mesmo no interior do país? Quantas crianças vemos brincando pelas ruas, ocupando praças e parques com imaginação e movimento? Devemos sempre nos lembrar de nossas brincadeiras infantis, pois elas, além de integrar e alegrar nossa memória, fizeram parte de nossa formação social, intelectual e afetiva. Através de nossas brincadeiras, socializamos, nos definimos e introjetamos muitos dos hábitos culturais da vida adulta. O brincar é a linguagem da criança, e é imprescindível para um pleno desenvolvimento infantil. Podemos dizer que, com o passar do tempo, o brincar cedeu lugar a outras atividades que afastaram nossas crianças do exercício da criatividade e da liberdade de expressão. E por que isso aconteceu? A diminuição do brincar criativo é um fato, e suas consequências são múltiplas. As crianças da atualidade perderam as ruas e ganharam as telas. Com a saída das mães para o mercado de trabalho, o aumento da violência urbana e, principalmente, a falta de espaços públicos convidativos e adequados às brincadeiras infantis, o brincar livre e espontâneo saiu de cena e os aparatos eletrônicos convidam nossas crianças à paralisia em frente às telas.

FONTENELLE, Lais. **Tempo e espaço para brincar**. Disponível em: https://criancaeconsumo.org.br/noticias/tempo-e-espaco-para-brincar. Acesso em: 26 abril 2022.

Analisando as brincadeiras e os jogos como importantes instrumentos de interação social, pode-se inferir que ambos

a) possibilitam o diálogo entre pessoas de diferentes faixas etárias, mas impedem o entrosamento entre pessoas de classes sociais distintas.
b) sofreram as primeiras interferências nas suas configurações, precisamente, nos últimos anos do século XX, devido às modificações do espaço urbano.

c) desenvolvem múltiplas habilidades tanto de ordem motora quanto de ordem cognitiva nas vivências dos brincantes.

d) foram aperfeiçoados pela introdução do aparato eletrônico advindo do universo *on-line*, tornando desnecessária a preocupação com a motricidade.

e) compreendem o conjunto de regras como algo imutável e mantenedor de um intenso diálogo com os aspectos socioculturais.

4. (Enem – 2019)

Educação para a saúde mediante programas de educação física escolar

A educação para a saúde deverá ser alcançada mediante interação de ações que possam envolver o próprio homem mediante suas atitudes frente às exigências ambientais representadas pelos hábitos alimentares, estado de estresse, opções de lazer, atividade física, agressões climáticas etc. Dessa forma, parece evidente que o estado de ser saudável não é algo estático. Pelo contrário, torna-se necessário adquiri-lo e construí-lo de forma individualizada constantemente ao longo de toda a vida, apontando para o fato de que saúde é educável e, portanto, deve ser tratada não apenas com base em referenciais de natureza biológica e higienista, mas sobretudo em um contexto didático-pedagógico.

GUEDES, D. P. **Motriz**, n. 1, 1999.

A educação para a saúde pressupõe a adoção de comportamentos com base na interação de fatores relacionados à

a) adesão a programas de lazer.

b) opção por dietas balanceadas.

c) constituição de hábitos saudáveis.

d) evasão de ambientes estressores.

e) realização de atividades físicas regulares.

5. (Enem – 2018)

Texto I

Reprodução/Enem, 2018.

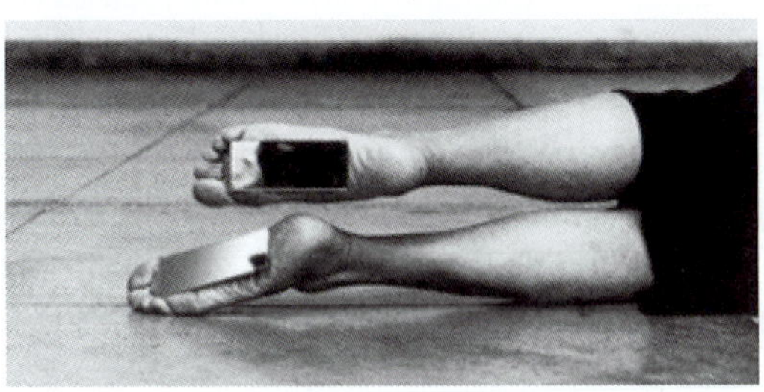

ALMEIDA, H. *Dentro de mim*, 2000. Fotografia P/B. 132 x 88 cm. Faculdade de Belas-Artes da Universidade de Lisboa.

Texto II

A *body art* põe o corpo tão em evidência e o submete a experimentações tão variadas, que sua influência estende-se aos dias de hoje. Se na arte atual as possibilidades de investigação do corpo parecem ilimitadas – pode-se escolher entre representar, apresentar, ou ainda apenas evocar o corpo – isso ocorre graças ao legado dos artistas pioneiros.

SILVIA, P. R. Corpo na arte, *body art*, *body modification*: fronteiras. II Encontro de História da Arte: IFCH-Unicamp 2006. Adaptado.

Nos textos, a concepção de *body art* está relacionada à intenção de:

a) estabelecer limites entre o corpo e a composição.

b) fazer do corpo um suporte privilegiado de expressão.

c) discutir políticas e ideologias sobre o corpo como arte.

d) compreender a autonomia do corpo no contexto da obra.

e) destacar o corpo do artista em contato com o expectador.

6. (Enem – 2013)

Reprodução/Enem, 2013.

NAZARETH, P. *Mercado de Artes / Mercado de Bananas*. Miami Art Basel, EUA, 2011. Disponível em: www.40forever.com.br. Acesso em: 31 jul. 2012. (Foto: Reprodução)

(Tradução da placa: "Não me esqueçam quando eu for um nome importante.")

A contemporaneidade identificada na performance/instalação do artista mineiro Paulo Nazareth reside principalmente na forma como ele

a) resgata conhecidas referências do modernismo mineiro.

b) utiliza técnicas e suportes tradicionais na construção das formas.

c) articula questões de identidade, território e códigos de linguagens.

d) imita o papel das celebridades no mundo contemporâneo.

e) camufla o aspecto plástico e a composição visual de sua montagem.

7. (UEL-PR – 2018)

Reprodução/UEL, 2018.

Figura 1 (Rivane Neuenschwander. *Mal-entendido*, casca de ovo, areia, água, vidro e fita mágica, 2000).

Leia o texto a seguir.

A produção de Rivane Neuenschwander caracteriza-se por uma atenção incomum ao detalhe. É um olhar que implica inclinar-se, deslocar-se do ponto de vista cotidiano de um bípede ereto, ver o chão e vê-lo de perto, sempre através de uma lente de aumento. [...] Opera-se uma mudança de escala, não na imagem, mas em nosso ponto de vista, em nossa percepção.

(Adaptado de: ZACCAGNINI, C. Rivane Neuenschwander. In: PEDROSA, A. (org.) **Através**: Inhotim. Brumadinho, MG: Instituto Inhotim, 2008. p. 310.)

Com base no texto, na figura 1 e nos conhecimentos sobre arte contemporânea, assinale a alternativa correta sobre o trabalho de Rivane Neuenschwander.

a) Constitui um circuito por meio do qual é possível conferir no cotidiano as relações que, até então, eram invisíveis.

b) Requer que a percepção seja ativada por um movimento, e isso resulta em olhar para o mundo de modo acelerado.

c) Demonstra a alteração do campo perceptual de modo que o ponto de vista cotidiano apreenda os grandes eventos.

d) Repercute os sentidos da vida cotidiana ligados à alimentação e, por essa razão, nos apresenta elementos advindos dela.

e) Sugere que os objetos presentes no cotidiano, como texto, copo, água e ovo, são obras de arte.

8. (Enem Libras – 2017)

TEXTO I

KAPROW, a. *Yard: environments, situations, spaces.* 1961. Sculputure Garden at Martha Jackson Gallery, Nova York.

TEXTO II

KAYE, N.; STRICKLAND, R.; BUSHNELL, A. *Deep Walls*, 2033.

Os registros fotográficos de *Yard* e *Deep Walls* apresentam uma característica comum a muitas obras de arte contemporânea, que se traduz no convite à

a) fruição coletiva.

b) estimulação do olhar.

c) projeção de imagens.

d) contemplação crítica.

e) interação com a obra.

9. (Enem – 2020)

Retrato de homem

A paisagem estrita
ao apuro do muro
feito vértebra a vértebra
e escuro.
A geração dos pelos
sobre a casca e os rostos
em seus diques de sombra
repostos.
Os poços com seu lodo
de ira e de tensão:
entre cimento e fronte
— um vão.
As setas se atiram
às margens de ninguém,
ilesas a si mesmas
retêm.
Compassos de evasão
entre falange e rua
sondando a solitude
nua.
E na armadura de coisa
salobra, um só segredo:
a polpa toda é fruição
de medo.

ARAÚJO, L.C. **Cantochão**. Belo Horizonte: Imprensa Publicações. Governo do Estado de Minas Gerais, 1967.

No poema, a descrição lírica do objeto representado é orientada por um olhar que

a) desvela sentimentos de vazio e angústia sob a aparente austeridade.

b) expressa desilusão ante a possibilidade de superação do sofrimento.

c) contrapõe a fragilidade emocional ao uso desmedido da força física.

d) associa a incomunicabilidade emocional às determinações culturais.

e) privilegia imagens relacionadas à exposição do dinamismo urbano.

10. (Enem – 2018)

Quebranto

às vezes sou o policial que me suspeito
me peço documentos
e mesmo de posse deles
me prendo e me dou porrada
às vezes sou o porteiro
não me deixando entrar em mim mesmo
a não ser
pela porta de serviço
[...]
às vezes faço questão de não me ver
e entupido com a visão deles
sinto-me a miséria concebida como um eterno começo
fecho-me o cerco
sendo o gesto que me nego
a pinga que me bebo e me embebedo
o dedo que me aponto
e denuncio
o ponto em que me entrego.
às vezes!...

CUTI. **Negroesia**. Belo Horizonte: Mazza, 2007. (fragmento).

Na literatura de temática negra produzida no Brasil, é recorrente a presença de elementos que traduzem experiências históricas de preconceito e violência. No poema, essa vivência revela que o eu lírico

a) incorpora seletivamente o discurso do seu opressor.

b) submete-se à discriminação como meio de fortalecimento.

c) engaja-se na denúncia do passado de opressão e injustiças.

d) sofre uma perda de identidade e de noção de pertencimento.

e) acredita esporadicamente na utopia de uma sociedade igualitária.

11. (Enem – 2019)

Essa lua enlutada, esse desassossego
A convulsão de dentro, ilharga
Dentro da solidão, corpo morrendo
Tudo isso te devo.
E eram tão vastas
As coisas planejadas, navios,
Muralhas de marfim, palavras largas
Consentimento sempre.
E seria dezembro.
Um cavalo de jade sob as águas
Dupla transparência, fio suspenso
Todas essas coisas na ponta dos teus dedos
E tudo se desfez no pórtico do tempo
Em lívido silêncio.
Umas manhãs de vidro
Vento, a alma esvaziada, um sol que não vejo
Também isso te devo.

HILST, H. **Júbilo, memória, noviciado da paixão**. São Paulo: Cia. das Letras, 2018.

No poema, o eu lírico faz um inventário de estados passados espelhados no presente. Nesse processo, aflora o

a) cuidado em apagar da memória os restos do amor.

b) amadurecimento revestido de ironia e desapego.

c) mosaico de alegrias formado seletivamente.

d) desejo reprimido convertido em delírio.

e) arrependimento dos erros cometidos.

12. (Enem – 2019)

A viagem

Que coisas devo levar
nesta viagem em que partes?
As cartas de navegação só servem
a quem fica.
Com que mapas desvendar
um continente
que falta?
Estrangeira do teu corpo
tão comum
quantas línguas aprender
para calar-me?
Também quem fica
procura
um oriente.
Também
a quem fica
cabe uma paisagem nova
e a travessia insone do desconhecido
e a alegria difícil da descoberta.
O que levas do que fica,
o que, do que levas, retiro?

MARQUES, A. M. In: SANT'ANNA, A (Org.). **Rua Aribau**. Porto Alegre: Tag, 2018.

A viagem e a ausência remetem a um repertório poético tradicional. No poema, a voz lírica dialoga com essa tradição, repercutindo a

a) saudade como experiência de apatia.

b) presença da fragmentação da identidade.

c) negação do desejo como expressão de culpa.

d) persistência da memória na valorização do passado.

e) revelação de rumos projetada pela vivência da solidão.

Performance coletiva

Agora, em conjunto com a turma, vocês vão planejar, propor e realizar uma ação performática com base nas aprendizagens e experimentações desta unidade.

A proposta é vocês se organizarem em pequenos grupos com quatro ou cinco estudantes para realizar essa ação de modo colaborativo. Para que o processo seja cooperativo, todos precisam ter seu espaço garantido para se expressar, questionar e propor ideias. O respeito às diferentes ideias é fundamental, e o exercício mais importante é debater opiniões e chegar a consensos por meio do diálogo e de atitudes democráticas. Para isso, você e seus colegas trabalharão com a metodologia ativa de aprendizagem entre pares. As variadas experiências e saberes que cada um de vocês desenvolveu sobre o tema poderão ser articuladas, debatidas e refletidas em grupo. Assim, será possível trocar ideias e argumentar com base no que foi aprendido, a fim de desenvolver uma *performance*.

Haverá três etapas principais: planejamento, preparação e realização. Durante esse trabalho, pensem também nos registros que vão fazer: fotos, vídeos, pinturas, desenhos, textos, etc. Decidam se todo o grupo ou apenas uma pessoa ficará responsável por essa tarefa, mas lembrem-se de que quem fizer os registros também deverá ser participante da *performance*/ação.

Procedimentos

1. Escolham algum espaço da escola para realizar a ação. Para isso, observem alguns locais durante um período e confiram se é adequado em termos de espaço e iluminação e se o fluxo de pessoas é relativamente grande. Afinal, não adianta realizar uma ação em um local por onde ninguém passa. Lembrem-se de que o lugar pode ser uma sala, um corredor, um canto, a biblioteca ou qualquer outro que julgarem adequado.
2. Recordem-se dos estudos sobre os gestos e seus diferentes usos nas práticas corporais, que vocês realizaram em Educação Física, e sobre os gestos e movimentos artísticos em danças e *performances*, que vocês estudaram em Arte. Vocês podem realizar uma pesquisa de artigos científicos, criações artísticas, entrevistas, etc. que abordem o gesto na internet.
3. Lembrem-se, também, de que o gesto pode expressar e comunicar diferentes emoções, sensações e pensamentos ao manifestar opiniões, comemorar um acontecimento, questionar uma ação, reivindicar mudanças, etc. Procurem conectar a ação performática às questões sociais presentes nas práticas corporais estudadas na unidade do capítulo. Tenham em mente que a ação performática é uma experiência artística que questiona nossos contextos e manifesta reflexões sobre aspectos de nossa vida.
4. Elenquem os objetivos da *performance*: O que querem provocar e sensibilizar? O que pretendem expressar com seus gestos? Há algo que gostariam de questionar, propor, transformar no ambiente escolar? Pensem em gestos que expressem e comuniquem algo relacionado ao cotidiano na escola.
5. Troquem entre si informações e experiências sobre o tema, de modo a aprofundar sua pesquisa. Essa etapa é muito importante, pois o compartilhamento das diferentes perspectivas de compreensão de cada estudante sobre o que foi abordado ao longo desta unidade possibilitará a ampliação dos estudos.
6. Definidos os objetivos, planejem as ações de ocupação do lugar escolhido. Experimentem alguns gestos e movimentos para compor essa *performance* e dialogar com o espaço. Lembrem-se de que os objetivos, o planejamento e as ações devem estar imbricados.

7. Definam se a *performance* ocorrerá uma única vez ou em ações diárias diversas. Se as ações forem diárias, delimitem um período para elas acontecerem; por exemplo, todos os dias por uma semana ou uma vez a cada três dias durante um mês. Delimitem, ainda, um tempo para a ação, como vinte minutos, duas horas...
8. Assim que definirem o local, dia e hora da apresentação, conversem com o professor e a coordenação da escola e peçam autorização. Certifiquem-se, também, de que a ação poderá ser realizada sem atrapalhar outras pessoas da escola.
9. Planejem como serão os registros: Quem vai fazê-los? Como essa pessoa poderá participar da ação e registrá-la ao mesmo tempo?
10. Fiquem atentos no dia da apresentação para perceber como o público está reagindo e se algo mudou na rotina escolar.
11. Combinem se os integrantes da ação precisarão utilizar alguma caracterização, como fantasias ou maquiagem. Caso decidam que sim, especifiquem quem será o responsável por isso e não se esqueçam de levar todo o material necessário no dia combinado.
12. Depois que tudo estiver planejado, cada grupo realizará a sua *performance*. Vocês poderão realizá-las de surpresa ou comunicá-las às outras turmas, de maneira que todos se planejem para assisti-las.

Depois de realizarem a ação performática, organizem os registros e compartilhem-nos com o restante da turma. Então, realizem um grande debate, discutindo o processo de criação do trabalho. Utilizem as seguintes questões para iniciar a conversa e refletir:

Como se deu a escolha do espaço, dos gestos e das questões que ele mobiliza?

Como vocês integraram as opiniões e sugestões? Todos conseguiram se colocar?

Na mesma conversa, comentem como foi assistir aos demais trabalhos:

Que questões foram elaboradas com base em suas experiências de vida e o contexto escolar? O que vocês pensam a respeito disso?

Em sua opinião, as *performances* alteraram o cotidiano da escola? Como? Elas propõem outras formas de habitar a escola? Quais?

Como o público reagiu?

Diário de bordo

Registrem individualmente, no diário de bordo, as impressões sobre a ação performática realizada e os processos de criação e apresentação.

Compartilhem as fotos e os vídeos com os professores, para que, por meio da análise desse material, vocês possam pensar em novas ideias e projetos de ações performáticas.

Meu portfólio

Nesta unidade, você e os colegas estudaram os gestos e movimentos nas práticas corporais, percebendo como é importante analisar o contexto cultural e social de cada gesto para, então, interpretá-lo. Viram também como o corpo tem forte potencial de expressão artística. Os movimentos e gestos podem carregar essa expressividade e comunicá-la de variadas maneiras.

Por meio de inúmeras experimentações, você fruiu, apreciou, analisou, refletiu, criou e produziu práticas corporais e artísticas. Com a turma, teve um papel autoral nesses processos, relacionando conhecimentos presentes nesta unidade e seus saberes provenientes de outras experiências de vida. Ao mesmo tempo, desenhou relações com contextos sociais e culturais, o que permitiu perceber que corpo e cultura são inseparáveis: um constrói o outro, ambos inseridos em uma sociedade.

Na montagem do seu portfólio, você deve ter organizado as suas produções durante todo esse processo. Agora, retome os trabalhos que compõem o seu portfólio, desde rascunhos e projetos até registros em fotos e vídeos de apresentações. Lembre-se de que todo o processo criativo é importante, e não apenas o produto final; por isso, aqui não podem faltar as diversas versões de uma mesma produção. Retome todas as anotações que fez no diário de bordo. Essa consulta poderá ajudá-lo a perceber quais aspectos você foi desenvolvendo e aperfeiçoando ao longo do trabalho.

UNIDADE 2

Improvisações

O músico Hermeto Pascoal (1936-) toca chaleira durante apresentação na cidade de Nova York, Estados Unidos, 2010.

#TáNoFeed

Improviso e improvisação são termos muito recorrentes em diversas práticas artísticas e culturais. O significado de cada um, no entanto, mostra que não são exatamente sinônimos:

> **improviso**
>
> adjetivo
>
> **1** que se improvisou; inopinado, repentino, imprevisto substantivo masculino
>
> **2** tudo aquilo que é feito ou dito sem preparação, sem ensaio prévio
>
> **improvisação**
>
> substantivo feminino
>
> **1** ato ou efeito de improvisar(-se)

INSTITUTO ANTÔNIO HOUAISS. *Dicionário Houaiss*. Disponível em: https://houaiss.uol.com.br/. Acesso em: 30 maio 2022.

Vemos então que "improviso", empregado como substantivo masculino, é o produto resultante do ato de improvisar, ou seja, da improvisação.

Jack Vartoogian/Getty Images

1. Para começar a entender melhor essas ideias, observe a foto em que Hermeto Pascoal é retratado tocando uma chaleira em um de seus *shows* e leia a seguir o trecho de uma entrevista dada pelo músico alagoano. Depois, converse com os colegas sobre as questões propostas.

> [...] Eu não faço muita coisa premeditada. Às vezes, as pessoas dão o instrumento, instrumentos ótimos, mas são fabricados, são instrumentos prontos e eu não gosto de coisas prontas porque eu já toco flauta, saxofone, esses instrumentos convencionais. Prefiro, por exemplo, chegar na sua casa e você tem uma panela. Aí, você pega uma pasta comum, de botar livro e digo: "Você quer fazer um som com essa pasta?" Pego essa pasta e faço um som, sem bolar, sem nada e vai acontecendo na hora. Faço um som sozinho, sem instrumento nenhum. O instrumento sou eu. Estou preparado para tudo. Você quer fazer um som dentro da água ou quer fazer um som com areia... é uma infinidade, tanta coisa que não dá pra contar...

PASCOAL, Hermeto. [Entrevista cedida a] Página da música, jul. 2002. Apud ARRAIS, Marcos A. G. *A música de Hermeto Pascoal*: uma abordagem semiótica. 2006. Dissertação (Mestrado em Semiótica e Linguística Geral) – Faculdade de Filosofia, Letras e Ciências Humanas, Universidade de São Paulo, São Paulo, 2006, p. 6. Disponível em: https://www.teses.usp.br/teses/disponiveis/8/8139/tde-01082007-144148/publico/TESE_MARCOS_AUGUSTO_GALVAO_ARRAIS.pdf. Acesso em: 30 maio 2022.

a) O que você pensa dessa fala de Hermeto Pascoal?

b) Qual é a relação da fala do músico com a foto apresentada?

c) Como essa fala se relaciona com a ideia de improvisação?

d) Você já fez algo sem planejamento? Em que situações isso ocorre em sua vida?

e) Hermeto menciona objetos cotidianos como uma panela e uma pasta de guardar livros. O que esses objetos representam para o artista? Qual é a relação deles com instrumentos como a flauta e o saxofone?

f) Você já improvisou algo com um objeto? Já experimentou fazer som com um copo, por exemplo?

Ao longo desta Unidade, veremos que a improvisação, em diferentes expressões culturais, leva em conta não só o momento e a inspiração, mas também algumas técnicas e o respeito às regras determinadas para a sua produção.

Durante seus estudos, você será motivado a apreciar e experimentar diferentes formas de improvisar na música e no teatro, explorando recursos como os objetos cotidianos e as expressões vocal e corporal. Além disso, verá como a improvisação pode estar presente nas criações poéticas, como os improvisos no *rap* das batalhas de MC's e nos desafios de cantoria do repente.

As experimentações que você vivenciará com os colegas e os repertórios que vocês vão mobilizar, conhecer e analisar nesta unidade serão fundamentais para que organizem, juntos, um grande sarau de improvisos. Sarau é um encontro organizado para que os participantes compartilhem criações e produções artísticas e culturais diversas, tanto autorais como de outros criadores.

Você pode estar se perguntando: "Então, terei que improvisar?". Considerando o tema desta unidade, seria o ideal, mas também é possível levar para o sarau da turma uma ou mais produções realizadas até aqui. Então, para dar vida ao evento, você e os colegas poderão explorar as formas de expressão que serão apreciadas e experimentadas aqui. Essas produções podem tanto ser criadas durante o sarau, mobilizando os aprendizados de improvisação, quanto retomadas a partir das atividades da unidade. O importante é que, partindo da improvisação, cada um realize as propostas de produção e se prepare para mostrar o que expressa melhor suas aprendizagens e seus repertórios.

Conheça a unidade

Objetivos

Arte

- Utilizar a linguagem musical em seus contextos de escuta, fruição e criação, valorizando-a como fenômeno social, cultural e histórico, sensível a seus diversos contextos.
- Identificar processos de construção histórico-social das práticas de improvisação musical.
- Conhecer e fruir as manifestações teatrais de grupos e artistas que desenvolvem seus trabalhos com base na improvisação cênica.
- Participar de vivências teatrais de maneira a desenvolver habilidades ligadas a autoexpressão, trabalho coletivo, escuta e percepções espacial, sonora e visual.

Língua Portuguesa

- Conhecer três gêneros poéticos distintos, verificando que a situação de produção e os elementos contextuais devem ser mobilizados na construção do sentido de cada texto.
- Desenvolver habilidades de leitura envolvendo processos de antecipação, levantamento de hipóteses e verificação.
- Produzir textos autorais mobilizando o repertório linguístico e estilístico, com especial atenção ao emprego das rimas em textos poéticos.

Justificativa

Os estudos das práticas de improvisação, enquanto expressões culturais ligadas aos diversos contextos sociais, culturais e artísticos, visam favorecer o engajamento em processos criativos que permitam mobilizar as referências estéticas e as experiências de vida, aliando a elas as contribuições dadas por artistas que se expressam em diferentes linguagens.

Conhecer o improviso em diferentes manifestações artísticas e culturais amplia as possibilidades expressivas, na medida em que une o aparentemente espontâneo a convenções que precisam ser antecipadas pelo improvisador.

A BNCC nesta unidade

Nesta unidade são desenvolvidas as competências e habilidades da BNCC indicadas a seguir.

Competências gerais da Educação Básica: 3, 4, 9.

Linguagens e suas Tecnologias no Ensino Médio: competências específicas e habilidades

Competência específica 1 (EM13LGG103, EM13LGG104); competência específica 2 (EM13LGG201, EM13LGG203, EM13LGG204); competência específica 3 (EM13LGG301); competência específica 4 (EM13LGG401, EM13LGG402); competência específica 5 (EM13LGG501); competência específica 6 (EM13LGG602, EM13LGG603, EM13LGG604).

Língua Portuguesa no Ensino Médio: campos de atuação social, competências específicas e habilidades

Todos os campos de atuação social

EM13LP01 (competência específica 2);
EM13LP02 (competência específica 1);
EM13LP06 (competência específica 1);
EM13LP08 (competência específica 1);
EM13LP10 (competência específica 4);
EM13LP13 (competência específica 1);
EM13LP16 (competência específica 1,4).

Campo artístico-literário

EM13LP46 (competências específicas 6);
EM13LP47 (competência específica 3,6);
EM13LP49 (competências específicas 1,6);
EM13LP51 (competência específica 3);
EM13LP52 (competências específicas 1, 2).

Ciências Humanas e Sociais Aplicadas no Ensino Médio: competências específicas e habilidades

Competência específica 1 (EM13CHS101).

Improvisação na música (Arte)

Joseph Sohm/Shutterstock

Músicos tocando *jazz* em rua de New Orleans, Louisiana, Estados Unidos, 2021.

Você já observou um instrumentista tocando? Já teve a impressão de que ele criava a música no momento de sua execução?

A música foi, por muitos séculos, transmitida somente pela oralidade e, ainda hoje, essa é uma de suas formas de difusão. Em contextos que não utilizam uma forma de escrita musical, todo conhecimento é passado por meio da prática, tocando, interagindo e improvisando.

A escrita musical ocidental desenvolveu-se ao longo de vários séculos até chegar a uma notação precisa, como as partituras que circulam hoje em dia. No entanto, inicialmente, a escrita musical não pretendia registrar tudo, mas indicar o essencial, cabendo aos músicos complementar com sua personalidade e com improvisação. Para você, o que seria improvisação na música? O que você imagina que um músico precisa saber para poder improvisar?

As partituras são representações escritas de música. Na música ocidental, elas seguem um padrão com notas escritas em folhas pautadas, ou seja, com linhas que guiam a escrita da composição.

Observe a seguir a partitura do concerto "A primavera", do compositor italiano Antonio Vivaldi (1678-1741). Perceba como as notas se organizam na pauta.

Petrucci Music Library/imslp.org

Fragmentos da partitura de "A primavera", de Antonio Vivaldi, 1723 (concerto para violino em mi maior nº. 1).

Saiba +

Assista ao vídeo do violinista Itzhak Perlman interpretando "A primavera", de Antonio Vivaldi (3m 45s). Nesse vídeo, além de ver o violinista e a orquestra tocando, é possível acompanhar a partitura durante a execução da música. Disponível em: https://www.youtube.com/watch?v=YyJ9493hbZQ. Acesso em: 30 maio 2022.

Em contextos como o da música de concerto de tradição europeia, comumente chamada "música clássica", todo o arranjo musical que ouvimos está escrito com precisão em sua partitura. Mas, mesmo nesse caso, nem sempre foi assim. Por volta de 1700, a música europeia era feita com muito improviso, apesar de os músicos seguirem uma partitura impressa.

Nesse período, que na história das artes é conhecido como Barroco, os músicos realizavam improvisos como um recurso de ornamentação para as composições, acrescentando pequenos grupos de notas rápidas enquanto tocavam, ou fazendo pequenas alterações na melodia que estava escrita. Veja o quadro do pintor francês André Bouys (1656-1740) retratando músicos de sua época, em destaque o compositor francês Michel de La Barre (1675-1745).

Wikipedia/Wikimedia Commons/Galeria Nacional, Londres, Inglaterra.

La Barre e outros músicos, de André Bouys, c. 1710 (óleo sobre tela, 160 cm × 127 cm). Galeria Nacional, Londres, Inglaterra.

Para ir mais longe Barroco

O Barroco foi um período da história da arte compreendido entre os séculos XVI e XVIII, aproximadamente. Com origem na península Itálica, essa estética foi difundida principalmente pela Europa, mas também chegou ao Brasil e se desenvolveu no país durante o período colonial, com influências na arquitetura, na música e na literatura. Entre suas principais marcas estão o rebuscamento e a valorização dos detalhes, como é o caso da expressiva ornamentação das composições musicais, da presença de contrastes (como a contraposição de claro e escuro na pintura ou de densidades sonoras nas obras musicais) e de desequilíbrios, como os jogos de luz e sombra e as contorções exageradas nas formas.

Na pintura *O tocador de alaúde*, de Caravaggio (1571-1610), por exemplo, é possível observar como a luz funciona para destacar elementos do aposento escuro, como a figura do jovem, as flores, as frutas, os instrumentos musicais e a partitura.

Wikipedia/Wikimedia Commons/Museu Hermitage, São Petersburgo, Rússia.

O tocador de alaúde, de Caravaggio, 1595-1596 (óleo sobre tela, 94 cm × 119 cm). Museu Hermitage, São Petersburgo, Rússia.

Saiba+

O músico catalão Jordi Savall (1941-) é um especialista em tocar música antiga na atualidade. Ele utiliza instrumentos construídos entre os séculos XVI e XVIII e reconstitui os modos de tocar. No vídeo indicado a seguir, Savall faz uso de uma viola da gamba, instrumento de cordas que precedeu os violinos e violoncelos, e toca um trecho de composição daquela época conhecido como "tema e variações", um gênero criado a partir de registros que os compositores faziam das próprias improvisações. O compositor dessa obra, Marin Marais (1656-1728), valeu-se de um tema chamado "Folia" (que significa "loucura"), uma melodia de origem espanhola muito usada em improvisações na época e que foi trabalhada em forma de variações por vários compositores.

Para assistir ao vídeo (1m 16s) *Variação sobre as Folias de Espanha* – extrato de Jordi Savall (La Rêveuse: Les Folies d'Espagne, de Marin Marais), acesse: https://youtu.be/ZqVMiIq8LHo (acesso em: 24 jan. 2022).

Olga Besnard/Shutterstock

Hermeto Pascoal e a improvisação instrumental

Compositor, arranjador e multi-instrumentista, Hermeto Pascoal nasceu no interior de Alagoas. Começou a fazer música ainda na infância, explorando o som de objetos e da natureza. Seu primeiro instrumento convencional foi uma sanfona de oito baixos, com a qual se apresentava em festas de sua cidade, como os bailes de forró em que tocava com o irmão desde os 11 anos de idade.

Hermeto usa a palavra "mistura" como uma chave para compreender sua música, a qual ele chama de "música universal", pois abrangeria todos os estilos bem-tocados e bem-misturados. Leia a seguir uma fala de Hermeto a respeito desse conceito de "música universal":

> "Quando falo de 'música universal', [...] falo da que é feita a partir do que a pessoa é e ouve. E eu ouço muitas coisas, também música espanhola. Por isso, toco quando me dá na telha e nunca me censuro. Se me chamam dos Estados Unidos para tocar em um festival de jazz, pois muito bem, mas conste que o que eu faço é 'música universal': esse é o meu jeito."

MARTÍNEZ, Chema G. Hermeto Pascoal: "Miles Davis me chamou para lutar boxe e lhe dei um cruzado em pleno rosto", *El País*, 17 jul. 2018. Disponível em: https://brasil.elpais.com/brasil/2018/07/17/politica/1531853240_373749.html. Acesso em: 30 maio 2022.

Jack Vartoogian/Getty Images

Hermeto Pascoal tocando berrante em apresentação em Nova York, Estados Unidos, 2010.

A música de Hermeto realmente é uma grande mistura de ritmos, **timbres**, instrumentos e invenção. É uma música com sotaque do Nordeste brasileiro, que se utiliza muito de ritmos como o baião e de instrumentos típicos do forró, mas que também tem um trabalho com os timbres e com imprevisibilidades que a aproxima de compositores de vanguarda, além de apresentar um tipo de construção musical que a relaciona ao *jazz*, especialmente pelo modo como as **seções** de improviso acontecem.

timbre: propriedade dos sons que possibilita identificar e distinguir a fonte sonora.
seção: possível divisão que pode ser identificada em uma música, geralmente caracterizada pela entrada de melodias diferentes, mudanças de andamento e ritmo, entre outros aspectos.

1. Para compreender melhor o fazer musical de Hermeto Pascoal e refletir sobre seu processo de criação, ouça um trecho da música "Era pra ser e não foi", faixa do álbum *Brasil*, Universo, gravado em 1986 por Hermeto Pascoal & Grupo.

a) O que você achou dessa música?

b) O que ela tem de semelhante ou diferente em relação a outras músicas que você conhece?

c) Em algum momento você percebeu se a música remete a algum estilo de música brasileira que você conhece?

d) Você identificou algum trecho que pareça improvisado?

e) Quais instrumentos musicais você consegue perceber?

Saiba+

Ao longo de sua carreira musical, Hermeto Pascoal viveu em diversas cidades do Nordeste, como Recife e Caruaru, em Pernambuco, e João Pessoa, na Paraíba. Nessa trajetória, trabalhou com outros artistas e grupos, como o paraibano Sivuca (1930-2006), e na Orquestra Tabajara, criada na Paraíba, na década de 1930. Na década de 1950, mudou-se para o Sudeste, onde integrou o grupo Quarteto Novo, em São Paulo (SP). Em 1969, viajou para os Estados Unidos, onde gravou seu primeiro disco próprio, *Hermeto* (Nova York: Buddah Records, 1971), e fez parcerias com nomes importantes do *jazz*, como Miles Davis (1926-1991) e Chick Corea (1941-2021). Retornando ao Brasil, o artista prosseguiu sua carreira lançando diversos discos e realizando turnês nacionais e internacionais. Entre 1996 e 1997, construiu o *Calendário do som* (São Paulo: Senac, 1999), livro que reúne os registros de 366 composições criadas ao longo de um ano, entre 23 de junho de 1996 e 22 de junho de 1997, data de seu aniversário.

Robin Little/Redferns/Getty Images

Para conhecer outros trabalhos de Hermeto Pascoal, visite o *site* oficial do artista. Disponível em: https://www.hermetopascoal.com.br/. Acesso em: 30 maio 2022.

Para assistir a uma entrevista com Hermeto Pascoal, acesse https://youtu.be/jdXw4OvrsbU (10 min), (acesso em: 30 maio 2022.). Nessa entrevista, Hermeto Pascoal fala do seu jeito de fazer arte e conta um pouco do processo de criação do livro *Calendário do som*.

Assista ao vídeo *Hermeto Pascoal – A música universal*, dirigido por Antonio Torriani (Brasil: O2 Filmes, 2019, 5 min), disponível em https://www.youtube.com/watch?v=Qrclrw8lYK8 (acesso em: 30 maio 2022.). Nesse vídeo, Hermeto Pascoal fala mais do conceito de música universal que ele explora no seu fazer artístico. No mesmo canal é possível assistir a outros vídeos e ouvir trechos de várias gravações do artista.

Experimentação Escuta em movimento

1. Agora, você e os colegas vão escutar a música "Era pra ser e não foi", de Hermeto Pascoal, de um jeito diferente, uma maneira de escutar música que chamamos de escuta ativa. Ao realizá-la, tente perceber os seguintes detalhes:

a) Três momentos em que a música muda seu andamento, ou seja, sua velocidade. Existem andamentos mais lentos e mais rápidos em relação a outros. Você percebe quando essa música muda o andamento?

b) Um momento de improvisação.

c) Um momento de retorno de algo que já foi escutado.

2. A seguir, vocês vão escutar a música novamente colocando o corpo em movimento. Abram espaço na sala e experimentem caminhar enquanto a música é executada. Procurem acompanhar os diferentes andamentos dessa música, inventem formas de se movimentar que dialoguem com cada um desses momentos e prestem atenção em seu corpo.

3. Ao final, converse com os colegas sobre a experiência de realizar essa atividade.

a) O que você achou dela? Que diferença foi possível perceber em relação à primeira atividade de escuta da música "Era pra ser e não foi" que você realizou?

b) Ao se movimentar acompanhando a execução da música, como o seu corpo ficou quando o andamento estava mais lento? Como ele se movimentou quando a música estava mais acelerada?

4. Registre, em foto ou vídeo, por exemplo, a movimentação que realizaram durante a execução da música. Arquive o registro que fizer em seu **Portfólio**.

Diário de bordo

Registre em seu diário de bordo as respostas que foram elaboradas para as perguntas que surgiram durante a conversa com os seus colegas sobre a experimentação que realizaram.

Improvisações no *jazz*

Entre as ideias de "mistura" e de "música universal", Hermeto firma-se como um músico multifacetado. Ele próprio afirma:

> "Sou um músico de *jazz* quando toco *jazz*. É uma parte, uma parte forte de minha música. Mas é apenas uma das coisas que faço, não é a única."

PASCOAL, Hermeto. [Entrevista cedida a] Revista Eletrônica Brazil-Brasil, [s.d.]. Apud ARRAIS, Marcos A. G. *A música de Hermeto Pascoal*: uma abordagem semiótica. 2006. Dissertação (Mestrado em Semiótica e Linguística Geral) – Faculdade de Filosofia, Letras e Ciências Humanas, Universidade de São Paulo, São Paulo, 2006, p. 13. Disponível em: https://www.teses.usp.br/teses/disponiveis/8/8139/tde-01082007-144148/publico/TESE_MARCOS_AUGUSTO_GALVAO_ARRAIS.pdf. Acesso em: 30 maio 2022.

E você, sabe o que é *jazz*?

Foi no século XX, com o surgimento do *jazz*, que a improvisação na música popular começou a ser mais sistematizada e a influenciar as práticas de música popular de diversos países.

O *jazz* é um gênero musical com muitas variações e fusões que surgiu no final do século XIX, na cidade de New Orleans, nos Estados Unidos, como um legado cultural da população afrodescendente do país, que desenvolveu um tipo de música popular a partir de elementos da sua música religiosa, dos instrumentos das bandas marciais e de muita improvisação. O *jazz*, então, tornou-se um importante movimento cultural que contribuiu para o reconhecimento e a legitimidade da cultura negra estadunidense.

Orquestra de *jazz* Carter e King, em Houston, Estados Unidos, 1921.

Irv Kline/Redferns/Getty Images

Ella Fitzgerald durante apresentação em clube de *jazz* na Filadélfia, Estados Unidos, 1963.

As improvisações no *jazz* acontecem sobre uma base harmônica, ou seja, enquanto um músico faz um solo improvisado, os outros instrumentos do grupo executam simultaneamente o acompanhamento (a percussão, os **acordes** e as notas mais graves, chamadas de linha do baixo).

acorde: conjunto de três ou mais notas que soam simultaneamente, fundamental para a construção da base harmônica.

Em suas diversas vertentes, o *jazz* também tem diferentes maneiras de improvisar. Por exemplo, no *jazz* de New Orleans, também chamado de *dixieland*, há a improvisação coletiva, ou seja, com todos os músicos improvisando ao mesmo tempo. No *bebop*, considerado o início do *jazz* moderno, as improvisações têm mais complexidade, com maior ênfase na técnica, enquanto no *free jazz* ela rompe com os moldes do *jazz* mais tradicional e explora sonoridades menos comuns.

A improvisação é algo tão característico do *jazz* que até mesmo os cantores desenvolveram um modo de improvisar com a voz, o chamado *scat singing*. No *scat singing*, os cantores criam contornos melódicos sobre a base harmônica, explorando diferentes velocidades e mostrando a amplitude vocal ao pronunciar sílabas soltas e fazer vocalizações, sem a preocupação com a formação de palavras e com significados semânticos.

O artista pioneiro do *scat singing* foi Louis Armstrong (1901-1971) e, ao longo da história do *jazz*, diversas vozes se destacaram nessa técnica, como Ella Fitzgerald (1917-1996) e Sarah Vaughan (1924-1990).

2. Para conhecer o estilo de improvisação, ouça a música "Lullaby of Birdland", uma composição de George Shearing (1919-2011), com letra de George David Weiss (1921-2010) e interpretação de Sarah Vaughan, gravada em 1954, disponível em https://www.ouvirmusica.com.br/sarah-vaughan/665631/ (acesso em: 3 jun. 2022).

a) Você percebe quando se inicia a seção de improvisação?

b) Quais instrumentos você identifica improvisando?

c) O que você percebe de diferente na voz de Sarah Vaughan quando ela começa a improvisar?

Saiba+

Sarah Lois Vaughan nasceu em uma família de músicos amadores, em Nova Jersey, Estados Unidos. Em sua infância, aprendeu a tocar piano, órgão e cantou em coros de igreja. Ela iniciou sua carreira em apresentações de músicos amadores no teatro Apollo, do Harlem, em Nova York, em 1942. A partir de então, a artista passou a trabalhar como cantora e pianista em *big bands*, os grupos musicais de *jazz*.

A partir de 1945, Sarah começou a aparecer em programas de TV e, durante a década de 1950, fez turnês pelos Estados Unidos e pela Europa.

Sua vasta extensão vocal, aliada à técnica, ao virtuosismo e à interpretação, colocou Sarah Vaughan entre as principais cantoras de *jazz* do século XX.

Robin Little/Redferns/Getty Images

Para ir mais longe Improvisação e música popular

A improvisação sempre fez parte do fazer musical das mais diversas culturas. Muitos artistas da música popular passaram a gravar discos no decorrer do século XX, quando se desenvolveu a indústria fonográfica. A convivência com as gravadoras, o crescimento do rádio e as apresentações em *shows* que percorriam diversas localidades possibilitaram a troca de saberes entre esses artistas populares e outros músicos que tinham uma formação mais ligada às escolas de música e conservatórios.

O *jazz* é um exemplo importante de improvisação em música porque ele influenciou diversas de suas práticas na música popular ao longo do século XX, além de ter possibilitado a valorização da música negra estadunidense e de seus artistas, como Miles Davis e Nina Simone (1933-2003), entre outros.

Por conta da popularidade alcançada, o *jazz* também exerceu uma forte influência em diversos gêneros musicais que surgiram depois, como o *rock* e o *rap*. No Brasil, essa influência está presente na Bossa Nova e em gerações de artistas como Hermeto Pascoal, que, além de utilizar improvisações à maneira do *jazz*, usa o improviso em suas criações como uma constante pesquisa sonora, explorando a sonoridade de objetos, de falas e até de sons emitidos por animais.

Hermeto é um dos muitos representantes daquilo que chamamos de música popular brasileira, que engloba artistas de diferentes trajetórias, com diversos procedimentos e influências vindas da oralidade, da escrita musical e da improvisação. Assim, surgiram notáveis figuras, como a cirandeira pernambucana Lia de Itamaracá (1944-) e o cantor e instrumentista mineiro Tião Carreiro (1934-1993), importante nome da música sertaneja de raiz, entre muitos outros.

David Redfern/Redferns/Getty Images

Nina Simone em apresentação para uma emissora de TV em Londres, Reino Unido, 1966.

Cesar Borges/Fotoarena

Lia de Itamaracá em apresentação de roda de ciranda em Guarulhos (SP), 2019.

Experimentação Improvisando com objetos

Agora, você vai realizar um exercício de improviso em grupo, pesquisando sonoridades de objetos que não foram feitos para serem utilizados como instrumentos musicais. Se acharem interessante, essa criação poderá ser incorporada como uma das apresentações artísticas do sarau da turma.

1. Para começar, busquem os objetos da sala de aula que produzam algum som quando percutidos, como carteiras, cadeiras, canetas, etc.
2. Experimentem a sonoridade desses objetos e escolham o que acharem mais interessante.
3. Continuem a explorar as diferentes maneiras de fazer som com os objetos escolhidos e tentem observar alguns aspectos importantes: É possível fazer um som suave? Um som muito forte? Um som longo? Um som curto?
4. Quando cada grupo escolher o seu som, façam uma roda.
5. Determinem um andamento comum para todos seguirem e comecem a improvisar. Marquem o ritmo batendo os pés. Se possível, registrem a atividade em vídeo para que possam avaliar o desempenho de cada um. Guardem esse registro em seus **Portfólios**.
6. Agora, um de cada vez, seguindo o ritmo das batidas de pé na roda, cada integrante vai improvisar sons com o objeto que escolheu. Explorem o que acharam mais interessante na pesquisa sonora que fizeram.
7. Ao final, reúnam-se para uma conversa e compartilhem impressões sobre essa experiência.

   Procurem refletir sobre a forma como cada um explorou os sons dos objetos escolhidos.

   Pensem também no momento de improvisação coletiva e em como os diferentes sons "se comportaram" ao serem executados simultaneamente.

Diário de bordo

Registre em seu diário de bordo as reflexões que fizeram sobre a exploração sonora executada e como foi realizar uma improvisação coletiva.

Improvisação no teatro

Muitas vezes, o ato de improvisar está presente também na vida cotidiana, até mesmo na escola. Você já percebeu isso? No livro *Natureza e sentido da improvisação teatral* (São Paulo: Perspectiva, 1991), a autora Sandra Chacra propõe reflexões a esse respeito. Leia um trecho a seguir.

> A improvisação tem uma história longa, tão antiga como a do homem. Ela vem desde as épocas primitivas, perdurando como manifestação até o presente. Todas as formas de arte tiveram uma de suas origens na improvisação. O canto, a dança e os rituais primitivos assumiram formas dramáticas num jogo em que um dos polos é a atualidade improvisada.
>
> CHACRA, Sandra. *Natureza e sentido da improvisação teatral*. São Paulo: Perspectiva, 1991. p. 24.

Como afirma a autora, as improvisações têm raízes na própria história dos rituais primitivos da humanidade e foram importantes para a origem de diferentes manifestações da arte. Mas você já imaginou de que forma a improvisação pode contribuir para as criações teatrais?

A improvisação é componente fundamental tanto em apresentações teatrais populares, nas ruas e praças, em feiras livres, etc., quanto em produções com orçamentos milionários, como no caso dos grandes musicais. Em cada uma dessas categorias do fazer teatral a improvisação tem um papel diferente, mas sua essência é a mesma.

Apresentação de teatro de rua do 28º Festival de Teatro, em Curitiba (PR), 2019.

3. Observe a fotografia da apresentação de teatro de rua.

a) Você já assistiu a algum espetáculo desse tipo? Em caso positivo, compartilhe com os colegas essa experiência.

b) O que você acha que um artista de teatro precisa saber para improvisar?

c) Como você acha que a improvisação pode estar presente no teatro de rua? E em uma apresentação realizada em uma casa de espetáculos?

Diário de bordo

Registre as suas respostas em seu diário de bordo e as experiências compartilhadas entre os colegas que já viram um espetáculo de rua.

É possível pensar a improvisação a partir de um fluxo que vai do estímulo à ação. Veja, por exemplo, a expressão em latim *Ex nihilo nihil fit*, atribuída ao filósofo grego Parmênides (530 a.C.-460 a.C.), que significa "nada surge do nada". A ideia é que as coisas são criadas a partir de algo, de uma referência ou de um estímulo. O dramaturgo alemão Bertolt Brecht (1898-1956) escreveu um texto que dialoga com essa expressão, chamado "De nada, nada virá". A improvisação teatral funciona da forma que ambos indicam: é preciso algo que provoque a imaginação e desafie a colocá-la em ação de maneira espontânea por meio do corpo e da voz.

4. Para compreender melhor a ideia de improvisação e do fluxo gerador da ação, você e os colegas vão apreciar seis exemplos de estímulos. Cinco deles estão apresentados a seguir; o sexto será proposto pelo professor. Na sua opinião, como eles poderiam ser usados como fontes para a criação de improvisações teatrais? Converse com os colegas e o professor e registre as ideias que achar interessantes no diário de bordo.

Linha transversal, de Wassily Kandinsky, 1923 (óleo sobre tela, 141 cm × 202 cm). Museu Solomon R. Guggenheim, Nova York, Estados Unidos.

Capoeira, de Maria Auxiliadora, 1970 (técnica mista sobre tela, 69,5 cm × 75 cm × 1,5 cm). Museu de Arte de São Paulo (Masp), São Paulo (SP).

Mulher caminha pela calçada em frente a grafite dos coletivos NoGenta e Contraconsciência, no centro do Rio de Janeiro (RJ), 2020.

Sergio Ranalli/Pulsar Imagens

Dança da taquara no pátio da aldeia Aiha, da etnia Kalapalo, em Querência (MT), 2018.

Cinco elementos
aos manos & minas do movimento Hip-Hop

A palavra cantada
juventude municiada
tomou de assalto
palcos praças ruas
rimando verbos consequentes

A palavra tocada
orquestra em **didjei** vinil
criatividade nos dedos
rotação vudum-vudum-vudum
A palavra dançada
B. Boy
B. Girl
passo lunar
compasso moinho
corpo robótico
em múltiplas formas flutua

A palavra grafitada
muros paredes
tela nua
mural dos excluídos
vestindo traços coloridos
em jato *spray*
A palavra revolucionária
becos vilas **cohabs** morros favelas
periféricas páginas cotidianas
dialeto de preto
raio-X do gueto
em ritmo Che-Marx-Martin-Malcon-Mandela-
-Zumbinianos

KIBUKO, Oubí Inaê. Cinco elementos. Revista *Palmares*: cultura afro-brasileira, Brasília, DF, n. 1, p. 40, ago. 2005. Disponível em: http://www.palmares.gov.br/wp-content/uploads/2011/02/revista01.pdf. Acesso em: 30 maio 2022.

cohab: sigla de "conjunto habitacional".
didjei: *DJ*; *disc jockey*.
b.boy: *break boy*; dançarino de *break*.
b.girl: *break girl*; dançarina de *break*.

Experimentação Do estímulo à improvisação

Após analisar os estímulos apresentados na página anterior e conversar com os colegas e o professor, que tal experimentar fazer uma cena improvisada? Antes, porém, é necessário realizar um aquecimento da imaginação e do corpo – sem a voz ainda. Para isso, escolham um espaço amplo da escola, como um anfiteatro ou mesmo a sala de aula com as mesas e cadeiras afastadas, e sigam as instruções a seguir.

1. Aquecimento: objeto invisível.

- Façam uma roda com a turma.
- Um de vocês irá ao centro da roda e deverá imaginar e manipular um objeto invisível, de maneira que todos entendam que objeto é esse. Deve-se prestar atenção no tamanho, no peso e no formato desse objeto, se ele é quente ou frio, se é rígido ou maleável, etc.
- Em seguida, assim que ficar claro o que está sendo manipulado, o jogador passa esse objeto para alguém da roda, que deve recebê-lo e transformá-lo em outra coisa imaginária e, de novo, tentar mostrar o que é.
- O jogo continua até que todos tenham ido ao centro, criado e demonstrado seus objetos invisíveis.

2. Agora que vocês já aqueceram a imaginação, vamos às improvisações das cenas utilizando o corpo e a voz.

- Escolham um dos estímulos mostrados anteriormente. Lembrem-se também do sexto estímulo proposto pelo professor. Se acharem interessante, pensem nas músicas de Hermeto Pascoal e Sarah Vaughan que vocês escutaram e, se necessário, ouçam-nas novamente.
- Analisem novamente o estímulo escolhido, seu contexto, que temas (imagens, sujeitos, situações) podem ser percebidos, qual sensação ou emoção desperta, etc.
- Escolham um ou dois temas que vocês observaram e sigam para a criação da cena, sem combinar mais nada. Deixem que as falas, as ações e as reações de vocês aconteçam espontaneamente a partir da interação coletiva no jogo cênico.
- Exemplo: Digamos que vocês escolheram o grafite e, após analisá-lo rapidamente, chegam à conclusão de que as crianças estão brincando em um parque. Nesse caso, "crianças brincando no parque" pode ser o tema motivador da improvisação. O que vai acontecer, que outros brinquedos há nesse parque, quem está lá, quais as conversas, etc., tudo isso vai depender da imaginação de vocês.

3. Depois de realizar essa experimentação, façam uma conversa coletiva para trocar impressões sobre a atividade.

a) Como o tema escolhido foi desenvolvido na cena improvisada? Essa cena fluiu com naturalidade ou teve momentos truncados?

b) Que recursos vocês utilizaram nessa improvisação?

c) De que forma o aquecimento contribuiu para a criação da cena?

4. Registre, em foto ou vídeo, por exemplo, a cena improvisada que realizarem e arquive o registro feito em seu **Portfólio**.

Diário de bordo

Durante a conversa coletiva sobre a atividade, procurem analisar como vocês podem tirar ideias para incorporar ao sarau que vão organizar e do qual participarão ao final da unidade. Anotem os principais pontos dessa conversa no diário de bordo.

A *commedia dell'arte*

Historicamente, foi no século XVI que a improvisação teve seu primeiro grande destaque como técnica de criação e encenação de teatro, por meio da *commedia dell'arte*. Surgido na Itália, esse gênero teatral aprofundou as propostas dos espetáculos de teatro popular da Idade Média, contrapondo-se à declamação de textos já escritos, repletos de regras morais e ensinamentos sobre virtudes, criados por autores humanistas e praticados em ambientes aristocráticos como palácios, academias de belas-artes e ciências. A *commedia dell'arte* foi capaz de mudar a lógica de submissão do acontecimento teatral ao texto (peças escritas) e colocar o trabalho corporal e de improvisação do ator como principal elemento na encenação.

A origem da *commedia dell'arte* está ligada a apresentações populares de artistas de rua que aconteciam de forma itinerante pelas praças e feiras livres das vilas. Com o tempo, esses artistas organizaram-se para formar grupos mambembes e criar roteiros básicos para apresentações, chamados de *canovacci*, que continham apenas as sequências de ações dos personagens, que serviam para os atores e atrizes improvisarem os diálogos e as movimentações no palco, com uso de acrobacias, música e elementos cômicos.

Cada ator desses grupos costumava se especializar em um personagem fixo, com os mesmos figurinos e estilos de movimentação corporal. Alguns desses personagens, como Pierrô, Arlequim e Colombina, são comuns até hoje no Carnaval. Mas isso não tornava os espetáculos repetitivos, pois a dinâmica sempre se renovava, bem como o local de exibição, a plateia e o uso da improvisação.

Língua de Colombina (Carnaval), de Konstantin Somov, 1915 (guache e aquarela sobre papel, 29,2 cm × 22,5 cm). Museu Estatal Russo, São Petersburgo, Rússia.

Pierrô e Arlequim, de Paul Cézanne, c. 1888 (óleo sobre tela, 102 cm × 81 cm). Museu Pushkin, Moscou, Rússia.

Saiba+

Leia a matéria "Quem são o Pierrô, o Arlequim e a Colombina?", publicada em *Superinteressante*, 18 abr. 2011, disponível em https://super.abril.com.br/mundo-estranho/quem-sao-o-pierro-o-arlequim-e-a-colombina (acesso em: 30 maio 2022). Essa matéria apresenta os três personagens mais conhecidos da *commedia dell'arte* e fala da sua popularização nos festejos de Carnaval.

Assista ao filme *A viagem do capitão Tornado*. Direção: Ettore Scola. Itália/França: Lume Filmes, 1990 (132 min).

O filme aborda uma trupe mambembe de atores e atrizes que representam os personagens clássicos da *commedia dell'arte*, mostrando uma época de declínio desse tipo de teatro na Europa.

Hoje em dia, muitas formas teatrais que se baseiam no trabalho físico do ator e na improvisação cênica têm a *commedia dell'arte* como fonte inspiradora ancestral. Esse é o caso, por exemplo, do grupo Teatro a Bordo, um projeto de teatro itinerante brasileiro que se apresenta em espaços públicos. No lugar das carroças usadas pelas trupes da *commedia dell'arte*, o grupo utiliza um caminhão com painéis solares que produzem energia para que o espetáculo aconteça.

Rodrigo Montaldi/Divulgação

Apresentação do grupo Teatro a Bordo, em Capão Bonito (SP), 2019.

Saiba+

Para conhecer mais o trabalho do Teatro a Bordo e sua proposta de uso de tecnologia atual para dar vida às histórias por meio da energia solar, acesse o *site* do grupo, disponível em: https://www.institutoccr.com.br/projetos/cultura/105544-teatro-a-bordo (acesso em: 30 maio 2022).

Para ir mais longe — Improvisação e grandes produções teatrais

Não são apenas as peças de teatro de grupos amadores e mambembes que recorrem à improvisação nos seus processos de criação. Mesmo nos grandes espetáculos teatrais que ficam em cartaz por longos períodos, como os famosos musicais da Broadway, por exemplo, que são ensaiados rotineiramente e têm praticamente todos os seus componentes cênicos (texto, cenário, iluminação, sonoplastia, movimentação dos atores, etc.) pensados e revisados durante o processo, pode haver pequenas variações na apresentação para o público.

Diferentemente do que acontecia na *commedia dell'arte*, muitas vezes há um revezamento entre os atores para representar os mesmos papéis de um musical. Por isso, pode acontecer de cada um imprimir alguma marca em sua atuação. Da mesma forma, as reações das diferentes plateias podem servir de estímulo para alguma fala ou ação corporal improvisada, que também pode surgir a partir de imprevistos no andamento da peça como forma de contornar esquecimento de falas, reparar defeitos e falhas técnicas, etc.

Noam Galai/Getty Images

Atores em cena do musical *Cats* (Gatos), de Andrew Lloyd Webber, durante apresentação na Broadway, em Nova York, Estados Unidos, 2016. O espetáculo estreou em 1982 e ficou 18 anos em cartaz, até o ano 2000.

Viola Spolin e os jogos teatrais

criações coletivas: processo de construção do espetáculo em que o texto é gerado pelo jogo dos atores em cena que, guiados ou não por um diretor, debruçam-se sobre um tema, uma história ou qualquer outro tipo de material.

Após o período de auge da *commedia dell'arte*, a improvisação voltaria a ser um grande foco dos processos de criação teatral no século XX, com trabalhos como os *happenings* e as *performances*, os processos colaborativos, as **criações coletivas** das companhias teatrais e de dança da atualidade e o sistema de jogos teatrais criado pela estadunidense Viola Spolin (1906-1994).

A improvisação teatral é importante tanto na perspectiva praticada na escola (com jogos que auxiliam no desenvolvimento das habilidades de expressão, de concentração, da capacidade de escuta e trabalho em grupo, de se expor e falar em público, de controle emocional e no conhecimento de alguns aspectos da linguagem teatral) quanto na perspectiva em que a improvisação é usada como técnica de formação de atores e na criação de espetáculos teatrais.

Tanto na perspectiva educacional quanto na da criação artística, os estímulos utilizados para improvisar podem ser materiais (sonoros, visuais, táteis, etc.) ou imateriais (memórias, emoções ou sensações). Mas a improvisação só acontece se houver disponibilidade para entrar no jogo, aceitar os desafios, mesmo sem saber aonde eles levarão, de modo a conduzir o percurso com o uso consciente e expressivo de gestos, da voz, da escuta, da imaginação e da reação instantânea diante da interação com os demais envolvidos.

Oficina de jogos teatrais, de Viola Spolin, década de 1960.

O trabalho de Viola Spolin seguiu por esses caminhos, propondo não só aos estudantes de teatro, mas também ao público geral que se expressassem de modo mais livre e espontâneo, dentro do limite das regras estabelecidas. Seus jogos são fundamentados em problemas a serem resolvidos a partir de uma estrutura dramática baseada nas perguntas "Onde? Quem? O quê?" (que remetem, respectivamente, ao espaço cênico/ambiente, aos personagens e à ação de cena) e um foco para cada jogo, denominado ponto de concentração. Tudo isso deve ser garantido por um acordo de grupo entre os jogadores.

5. A experimentação *Do estímulo à improvisação* proposta anteriormente, para que você e os colegas criassem uma improvisação a partir dos estímulos apresentados, foi baseada nos jogos teatrais de Viola Spolin. Agora, troque ideias com a turma e busquem identificar a estrutura dramática (Onde? Quem? O quê?) da improvisação que vocês criaram.

Diário de bordo

Anote em seu diário de bordo as ideias que surgiram durante a conversa com os seus colegas e o que vocês identificaram na estrutura dramática da improvisação que criaram.

Saiba +

Viola Spolin nasceu em Chicago, Estados Unidos. Entre as décadas de 1950 e 1970, dedicou-se à prática e ao estudo de maneiras de fazer com que jogos de improvisação teatral pudessem auxiliar as pessoas a liberar sua espontaneidade e a utilizar o teatro para se expressarem artisticamente, por meio de uma estrutura de ensino-aprendizagem que isola em segmentos as técnicas da linguagem teatral. Dessa dedicação surgiu um elaborado sistema de jogos teatrais.

Para saber mais sobre a vida e obra de Viola Spolin, acesse o *site* (em inglês): https://www.violaspolin.org/ (acesso em: 30 maio 2022). Esse é o *site* da organização que administra o legado intelectual da autora e diretora teatral.

Para compreender melhor a ideia de criação coletiva em teatro, acesse: http://enciclopedia.itaucultural.org.br/termo622/criacao-coletiva (acesso em: 30 maio 2022) e leia o verbete *Criação coletiva*. Enciclopédia Itaú Cultural de Arte e Cultura Brasileiras. São Paulo: Itaú Cultural, 2020.

Técnicas para escrever uma cena teatral

As improvisações teatrais podem ser utilizadas para criar textos dramáticos, desde cenas curtas até peças inteiras. Nas artes cênicas, o trabalho de escrever textos teatrais é chamado de dramaturgia e o profissional responsável pela redação é o dramaturgo.

Você pode praticar a escrita das cenas que improvisou com o seu grupo. Para isso, reúna-se com os colegas do grupo e sigam as orientações abaixo:

1. Retomem as definições de "onde", "quem" e "o que" que vocês utilizaram nas improvisações e anotaram no caderno. Com isso, terão a base do que será o texto escrito: os lugares, os personagens e as situações que aconteceram na cena.
2. Relembrem as falas que disseram durante as improvisações e anotem na sequência em que elas apareceram. Caso faltem alguns trechos do diálogo, converse com os colegas e criem as partes faltantes. Organizem o texto de modo que tenha começo, meio e fim.
3. Coloquem entre parênteses, no início e, ao longo do texto, as indicações da movimentação dos personagens, do momento de entrada e saída de cena, indiquem a utilização de músicas, a descrição de cenários e outros detalhes que julgarem importantes para a compreensão do texto.
4. Após finalizarem a escrita, enviem o texto para apreciação de seus professores de Arte e Língua Portuguesa.

   Além da estrutura dramática (Onde? Quem? O quê?), veja a seguir outras quatro essências do jogo teatral: foco, fisicalização, instrução e avaliação.

Foco

É o problema a ser resolvido durante uma improvisação. Por exemplo: o foco pode ser mostrar que você está em uma montanha-russa em movimento. Para isso, você precisará usar a imaginação, o corpo e a interação com objetos (imaginários ou físicos) e pessoas para criar fisicamente a experiência de estar em uma montanha-russa.

Fisicalização

Trata-se de mostrar fisicamente com ações, gestos e movimentos as reações, emoções, sensações e pensamentos que os jogadores tiverem durante o jogo de improvisação. Por exemplo: se um jogador imaginar que está em um lugar muito gelado, ele precisa fisicalizar esse lugar, ou seja, mostrar com seu corpo o quanto está frio.

Instrução

É o conjunto de orientações e informações passadas pelo condutor do jogo aos jogadores antes e durante a realização das improvisações. No início, a instrução apresenta as condições básicas (onde, quem, o que e o foco). No decorrer da ação, as instruções servem para que os jogadores mantenham o foco na resolução do problema cênico. A instrução serve ainda para indicar a finalização de um jogo.

Avaliação

Acontece geralmente após uma série de improvisações e serve para que o grupo diga aos jogadores se eles conseguiram ou não cumprir o objetivo de resolver o problema cênico. Também é o momento de os jogadores se autoavaliarem, manifestando suas impressões e as dificuldades encontradas ao realizar a improvisação.

A avaliação permite que sejam feitas sugestões de como os participantes poderiam ter reagido às interações e, com isso, a possibilidade do "rejogo", ou seja, de se refazer a cena tentando utilizar as sugestões dadas pelos demais jogadores.

Experimentação Jogo do espelho

Que tal experimentar a ideia do foco, proposta nos jogos teatrais de Viola Spolin? Leiam abaixo a descrição do jogo e sigam as orientações do professor para realizá-lo.

1. Divididos em duplas, vocês devem se posicionar um de frente para o outro, a uma distância de cerca de dois braços estendidos. Um jogador será A e o outro será B.
2. Definam quem começará os movimentos, que devem ser amplos no início. A ideia é que uma pessoa reflita todos os movimentos da outra, até mesmo as expressões faciais, como acontece no espelho, olhando sempre olho no olho. O foco, então, é refletir exatamente o movimento da outra pessoa, na mesma velocidade e sem desviar o olhar.
3. Depois de um tempo vocês devem trocar, seguindo a orientação do professor: quem comandou o movimento agora será o espelho.
4. Registre, em foto ou vídeo por exemplo, a realização do jogo do espelho e guarde o registro em seu **Portfólio**.
   - Ao finalizar, façam a avaliação.
   - Na sua opinião, existe diferença entre espelho e imitação?
   - Você conseguiu perceber claramente quando era você que iniciava o movimento e quando era o espelho?
   - Você acha que conseguiu permanecer com o foco durante todo o jogo? Por quê?

Diário de bordo

Registre em seu diário de bordo as respostas que elaborou para as questões avaliativas.

Improvisação e expressão poética (Língua Portuguesa)

Reprodução/Museu do Louvre, Paris, France.

Charlatões italianos, de Karel Dujardin, 1657 (óleo sobre tela, 450 cm × 520 cm). Museu do Louvre, Paris, França.

Nesta unidade, em Arte são apresentados diferentes tipos de improvisação musical e teatral. Mas você já imaginou como a improvisação pode ser explorada para construir a expressão poética artístico-literária?

A própria *commedia dell'arte* é um exemplo de expressão que pode ser analisada também sob o olhar da criação artístico-literária. Nela, as improvisações produziam discursos e construíam sentidos nos contextos específicos em que circulavam socialmente, explorando improvisações por meio de recursos expressivos do corpo, da voz, do espaço cênico e também da língua.

Da mesma forma, você verá adiante outras produções essencialmente baseadas na língua, com foco na improvisação, como as batalhas de rimas de *rap* e repente, contextualizadas enquanto expressões significativas da criação poética.

Freestyle: improvisação no *rap*

MC: termo que abrevia a expressão "mestre de cerimônias".
Norte: Zona Norte de Belo Horizonte (MG).

Para iniciar a exploração do tema da improvisação em Língua Portuguesa, acompanhe a seguir a transcrição do primeiro *round* da semifinal do Duelo de **MC's** ocorrido em 8 de setembro de 2019, em Belo Horizonte (MG). Os participantes apresentam versos de *freestyle*, um subgênero do *rap*, cuja característica é a letra improvisada, feita na hora, segundo os próprios praticantes.

Bruno Vargas/Shutterstock

Batalha de MC's em Pinheiro Machado (RS), 2019.

Você conhece esse tipo de poesia? Sabe quando ela começou a ser produzida no Brasil? Em que contexto social ela surge e quais grupos representa?

Leia a seguir a transcrição das letras improvisadas pelos mineiros Samy Fernandes, a MC Colombiana, e Warley Alves de Deus, o MC Wad. Acesse o *link* https://www.youtube.com/watch?v=fvi3vq9U67M (acesso em: 30 maio 2022) para assistir ao vídeo do duelo, ouvi-los improvisando e, assim, captar o clima de batalha. Tente observar quais são as regras e o que está em jogo nesse duelo. Aproveite para indicar quem, na sua opinião, deveria ir para a final.

Wad *vs* Colombiana (Semifinal) — Duelo de MC's

Colombiana

Eu sei, mano, que cê age na coerência
E pra bater de frente cê é da **Norte**, ocê tem competência
Por isso eu paro e te analiso
Cê é competente, eu sou também, não bato continência, mas tenho juízo
Então, vai vendo, por isso que eu me aprofundo
E eu vejo que na visão ocê num tá bom
Cê pode até ser competente, só que aqui
Infelizmente não vai dar pra você nesse som.

Wad

Não precisa bater continência, sem animal,

Porque a batalha é nós dois, é de igual pra igual

Eu tô falando de questão e de nível racional

Então nem venha me julgar como um ser boçal,

Porque, quando eu rimo, eu faço verso e fecho o ciclo

Você veio pra batalhar ou pra me dar elogio?

Só que cê não entende, olha só, eu vou explicar

Na próxima que cê volta, eu duvido contra-atacar.

Colombiana

Eu vim pra batalhar, só que o seu papo é torto

Batalho, sei reconhecer, criança sempre se sente melhor que os outros

Então, vai vendo que a ideia mais provada:

Consigo ganhar sem ter que fazer você de escada.

Wad

Eu quero ser melhor que eu, esse que é o meu corre

Se eu for melhor do que ontem, hoje pra mim tá pela ordem.

Então cê me entende, olha o que eu tenho pra dizer

Eu quero me aprimorar, não ser melhor que você.

Colombiana

Não é ser melhor que mim, mano, é ser eficaz

É saber que você pode estudar mais

Não quero ser melhor que ocê, mano, mas a rima é cabulosa

O que é... eu quero é sair daqui vitoriosa.

Wad

Cê pode estudar também, sem papo torto

Porque eu aprendi que conhecimento nunca é pouco

Por mais que eu saiba, entende, é um palpite

Eu tenho o que aprender e o céu é o meu limite.

Colombiana

Conhecimento não é pouco, sem patifaria

Mas ele vai ser pouco, quando você almejar sabedoria

Por isso me mantenho com os meus

Sabedoria, mano, ela não vem de livro, quem capacita é Deus.

Wad

Eu sou um sábio, difícil de te explicar

Eu sou um tipo de sábio que sabia que o sabiá não sabia assobiar

Entende, essa é que é minha poesia

Eu te respondi sua pergunta. Quem tem mais sabedoria?

[...]

WAD *vs* Colombiana (semifinal) – Duelo de MC's, 8 set. 2019. Belo Horizonte, MG, 2019. 1 vídeo (4 min 48 s). Publicado pelo canal Família de Rua. Disponível em: https://www.youtube.com/watch?v=fvi3vq9U67M. Acesso em: 30 maio 2022.

MC Wad improvisa em duelo com MC Colombiana, na semifinal do Duelo de MC's, Belo Horizonte (MG), 2019. Observe para quem ele dirige o olhar e o gesto de sua mão, como forma de intensificar a expressão do improviso. Colombiana concentra-se no improviso do adversário, mas não o segue com os olhos.

MC Wad e MC Colombiana cumprimentam-se com a plateia ao fundo durante a semifinal do Duelo de MC's, Belo Horizonte (MG), 2019.

1. Em uma batalha de MC's, é possível dizer que há dois textos sendo produzidos.

a) Justifique essa afirmação.

b) Sobre o contexto mais imediato de produção dos textos, quem fala em cada um deles na batalha transcrita anteriormente? Em que situação acontecem essas falas?

c) Quais são, em sua opinião, as dificuldades próprias desse tipo de produção do *freestyle*, na situação em que os autores se encontram?

2. Quais são, em sua opinião, os critérios para vencer uma batalha de MC's?

3. Observe a seguir alguns termos que fazem parte do universo das competições de rimas:

batalha: forma de nomear a competição de poesia entre MC's.

duelo: forma de nomear a competição.

***round*:** refere-se às etapas vivenciadas pelas duplas em cada batalha.

***vs*:** marca para indicar a oposição entre os participantes da batalha.

Esses termos antecipam a dinâmica da competição. Considerando o uso dessas palavras, indique o conteúdo que pode compor os improvisos das batalhas de MC's.

4. Além do conteúdo dos versos do *freestyle*, há um importante elemento na composição da forma desse gênero de poesia. Que elemento é esse? Destaque o primeiro exemplo dessa ocorrência em cada um dos improvisos.

5. Uma das etapas do Duelo de MC's, do qual os dois improvisos em estudo fazem parte, consistiu em alternar entre os competidores ciclos de improvisação de 35 segundos, em um movimento de ataque e contra-ataque (ou resposta). Esse movimento integraria o primeiro *round*. Sem temática definida, cada improviso traz diferentes estratégias e tangencia alguns temas, de modo a desequilibrar o interlocutor e a impressionar público e jurados.

a) No diário de bordo, reproduza a tabela a seguir. Complete-a destacando de cada um dos improvisos ao menos um verso que corresponda aos itens da coluna "Tipo de movimento".

Tipo de movimento	Colombiana	Wad
Desqualificação do oponente	\\\\\\\\\\\\\\\\\\\\\\\\\\\\\\\\	\\\\\\\\\\\\\\\\\\\\\\\\\\\\\\\\
Autoelogio	\\\\\\\\\\\\\\\\\\\\\\\\\\\\\\\\	\\\\\\\\\\\\\\\\\\\\\\\\\\\\\\\\
Referência ao próprio fazer poético	\\\\\\\\\\\\\\\\\\\\\\\\\\\\\\\\	\\\\\\\\\\\\\\\\\\\\\\\\\\\\\\\\
Referência à própria batalha, à cultura ou à linguagem de MC's	\\\\\\\\\\\\\\\\\\\\\\\\\\\\\\\\ \\\\\\\\\\\\\\\\\\\\\\\\\\\\\\\\	\\\\\\\\\\\\\\\\\\\\\\\\\\\\\\\\ \\\\\\\\\\\\\\\\\\\\\\\\\\\\\\\\

b) Como você avalia a forma de tratamento entre os competidores? Justifique sua resposta.

c) Quais versos se enquadram em mais de um tipo de movimento?

d) Considerando todos os elementos, o que está em jogo na disputa por meio das provocações entre MC's?

6. Assista ao vídeo da batalha novamente e analise apenas o primeiro *round*.

a) Em quais momentos o público ovaciona cada um dos competidores MC's?

b) Em sua opinião, a que isso se deve?

c) Considerada a batida forma de acompanhamento da criação do improviso, fica claro que nem todas as palavras "se encaixam" naturalmente nos versos. Nesses casos, qual é o artifício adotado pelos MC's para fazer com que suas ideias "caibam" no verso?

7. Ouça atentamente a terceira e quarta estrofes.

a) Em relação a essas estrofes, o volume de voz começa baixo e vai aumentando ou o contrário, começa alto e vai diminuindo? Em sua opinião, a que isso se deve?

b) Há diferenças de intensidade entre os competidores nas finalizações dos versos? Isso, para você, contribui para a adesão da plateia a um dos MC's? Justifique sua resposta.

8. Observe a imagem da batalha de MC's. Assistindo a uma batalha de MC's, é possível constatar pela reação do público que o ponto alto do improviso é a rima em combinação com o tipo de informação que ela revela do oponente e para o oponente. Em sua opinião, que tipo de expectativa um improviso cria no público?

9. A variedade linguística adotada no texto está mais próximo da língua escrita formal, da língua oral formal ou da língua oral informal? Justifique sua resposta.

10. Pense na situação de produção dos improvisos (quem improvisa os versos, para quem, em qual situação, com qual intencionalidade) e explique sua relação com o nível de formalidade adotado na composição dos textos.

Diário de bordo

Além de reproduzir a tabela com o "Tipo de movimento" em seu diário de bordo, registre as respostas e reflexões levantadas nas perguntas dessa atividade.

11. Veja a seguir os critérios técnicos de avaliação que fizeram parte do regulamento da edição de 2017 do Duelo de MC's Nacional nas seletivas do Espírito Santo.

[...] Critérios técnicos de avaliação:

– Combatividade (Ataque/Resposta);

– *Flow* (Dicção, Ritmo, Métrica, Interpretação)

– Contexto;

– Criatividade (Vocabulário/Conhecimento/Improviso/Postura).

Cabe, sobretudo, aos juízes a análise técnica das batalhas. As posturas, falas e ações que fazem com que um/a MC perca pontos ou até mesmo seja desclassificado/a são:

Penalidades:

– Preconceitos (Racismo, Machismo, Homofobia, Fascismo, Transfobia e de quaisquer naturezas);

– Tocar de forma desrespeitosa o/a adversário/a;

– Inserir terceiros (Familiares, Companheiros/as, Amigos/as, etc.) de forma desnecessária e desrespeitosa na batalha.

Desclassificação:

– Agressão física de quaisquer naturezas ao/à adversário/a, juízes, apresentador, DJ ou público. [...]

Duelo de MC's Nacional. Regulamento – Duelo de MC's Nacional 2017 – Seletivas. Espírito Santo, 11 set. 2017.

Suponha que esses critérios tenham sido usados no julgamento da batalha entre Wad e Colombiana. Baseando-se neles, aponte qual improviso seria o vencedor do primeiro *round*. Defenda sua escolha, justificando as qualidades do improviso em cada um dos critérios técnicos apontados: combatividade, *flow*, contexto e criatividade.

Para ir mais longe — Variação linguística

A língua é viva e sofre variações de diversas ordens.

Uma língua pode variar no tempo: palavras caem em desuso, novas palavras são acrescentadas ao vocabulário, a ortografia se altera, termos ganham novas funções gramaticais, etc. Uma língua também pode variar de região para região: pode-se usar predominantemente "tu" em uma região do Brasil e "você" em outras, por exemplo; além disso, um mesmo objeto ou alimento pode ter várias denominações (por exemplo: mandioca, aipim e macaxeira designam um mesmo tubérculo).

Pode haver, ainda, variações de um grupo social para outro: nas diferentes profissões há jargões; diferentes grupos sociais podem adotar vocabulário e construções de frases diversas. Para um grupo, por exemplo, concordar o verbo com o sujeito pode ser condição para a aceitação social; para outro, não.

Uma língua pode ter diferentes níveis de formalidade e isso está ligado à maior ou menor proximidade das normas prescritas nas gramáticas.

Em qualquer situação, a língua representa a identidade de um grupo e segue regras próprias sempre reconhecidas por seus falantes.

Batalhas de MC's

Expressão artística de uma parte dos jovens que habitam principalmente as periferias urbanas, as batalhas de MC's, ou simplesmente batalhas de rimas, pertencem à cultura *hip-hop*, da qual o *rap* faz parte.

O termo *rap* está presente nos dicionários de língua inglesa desde o século XIV e significa algo como "bater" ou "criticar". Segundo Ricardo Teperman, em seu livro *Se liga no som: as transformações do rap no Brasil*, esse termo, muito antes do surgimento do *rap* como música, já aparecia nos contextos de jogos de improvisação e insulto verbal entre negros de algumas cidades dos Estados Unidos. O *rap* como gênero musical surgiu no Bronx, um distrito de Nova York, e o termo foi compreendido como sigla para *rhythm and poetry* (ritmo e poesia), a despeito da sua acepção original. De qualquer modo, a constituição do *rap* nos Estados Unidos dá-se na década de 1970 a partir das rimas improvisadas dos MC's nas festas de rua, movidas a equipamentos de som e microfones acoplados em caminhões.

O *rap* brasileiro tem relação com dois elementos considerados muito importantes para a constituição do *hip-hop*: o conhecimento (repertório cultural) e a politização. Jovens das periferias urbanas, inicialmente do Rio de Janeiro e de São Paulo, encontraram nas letras de *rap* uma espécie de grito-denúncia das mazelas sofridas por eles e por seus pares em situações de abuso de poder, dada sua condição de pobreza e de impossibilidade de enfrentamento das desigualdades.

O improviso das batalhas de rima, como gênero textual, é uma forma poética cujos versos devem acompanhar a batida de uma música. Os improvisadores, chamados de MC's, devem criar seus versos no momento da batalha, diante do público e dos organizadores, dirigindo-se ora a seu oponente, ora ao próprio público, exaltando as próprias qualidades como improvisador e desqualificando o desempenho do adversário. Essa é uma produção que deve integrar, necessariamente, rimas surpreendentes, rico vocabulário, conhecimento da cultura *hip-hop* e temas sociais.

Além das batalhas de MC's, os improvisadores podem participar de batalhas do conhecimento. Nesse caso, os adversários improvisam no momento em que um tema é dado pela comissão organizadora do evento.

Repente: improvisação na literatura popular

Desafio malcriado João Santana e Chico de Assis

Vega: estrela mais brilhante da constelação de Lira.

João Santana

Quem queria assistir um desafio
Entre Chico de Assis e João Santana
Vai notar que sou eu o mais bacana
E que é ele o mais fraco e arredio
Eu nas frases que digo me confio
E quando esquenta o rojão ninguém me pega
Já Francisco cantando nada alega
Que possui baixo status é visível
Se eu baixar trinta vezes o meu nível
Ainda canto melhor que o meu colega.

Chico de Assis

Você pode ser bom numa bodega
Com os dez beberrões na sua frente
Mas pra o público que está aqui presente
Seu estilo atrasado é muito brega
Pois não fala em alfa, beta e **Vega**
Não conhece o que é filosofia
A palavra paleontologia
Não faz parte do seu vocabulário
Leia tudo o que for dicionário
Pra poder me vencer na cantoria.

João Santana

Se você não souber biologia
Como ocorre os processos de meiose
Transdução de DNA, mitose,
Mutação, seleção e endogamia
Se você não souber filosofia
Nas palavras de Sócrates e Platão
Se você não souber que Salomão,
Airão deu torrões na Galileia
Se desculpe na frente da plateia
E abandone de vez a profissão.

Chico de Assis

Eu cantando elucido **Poseidon**
Inundando a planície é de **Elêusis**.
A porfia de **Zeus** com outros deuses
E o formato do corpo de **Tritão**
Eu explico que Brotos é trovão
Geia é terra e **Urano** é o grande céu
Que o primeiro **hecatom** quebra em areal
E atentar contra **Méthis** é inútil
Mas você pelo fato de ser inútil
A cabeça só presta pra chapéu.

João Santana

Você pode mover arranha-céu
E elevar o valor da verve ao cubo
Mas no pódio dos versos onde eu subo
Sua mão não alcança o meu troféu.
Se você não souber por que o véu
Na Arábia é usado com frequência
Se você não souber que a existência
Do **xaxado** se deve aos cangaceiros,
Não vou mais persistir nesses roteiros,
Pois já vi que lhe falta inteligência.

Chico de Assis

O meu verso é completo de essência
Cheira mais que jasmim e rosa, dália.
Porque falo no povo da Somália
De guerrilha, fulgor e resistência.
Na história da nossa independência
Tiradentes por mim sempre é lembrado
Chico Mendes é imortalizado
Por lutar em defesa da floresta
E pra cantar essas coisas João não presta
Porque é totalmente alienado.

João Santana

O meu verso é um mundo ornamentado
Por sublimes auroras boreais
Arco-íris, cometas e cristais
Fazem parte do meu grande legado
Já você desse campo foi privado
E coisas lindas não canta nem de cor
Não distingue o soldado do major
Não conhece as medidas de distância
E pelo peso da sua ignorância
Se eu cantasse sozinho era melhor.

DESAFIO malcriado: João Santana e Chico de Assis – Repentistas martelo, (3 min 48 s), Brasília, 2006. Publicado pelo canal João Santana. Disponível em: https://youtu.be/AjJ7yUhzN8A. Acesso em: 30 maio 2022.

Poseidon: na mitologia grega, deus dos mares.
Elêusis: cidade grega onde, na Antiguidade, eram realizados cultos às deusas agrícolas Deméter e Perséfone.
Zeus: na mitologia grega, deus dos céus e raios, pai dos deuses olímpicos.
Tritão: deus grego que habitava o fundo do mar, filho de Poseidon.
Geia: também chamada de Gaia, é a Mãe-Terra na mitologia grega.
Urano: divindade grega que personificava o céu.
hecatom: hecatombe; sacrifício de animais feitos aos deuses na Grécia antiga.
Méthis: deusa grega da saúde, proteção e das virtudes.
xaxado: dança de origem pernambucana.

Você acabou de ler a transcrição do desafio entre o potiguar Chico de Assis e o brasiliense João Santana. Se possível, assista também ao vídeo desse desafio (disponível em: https://youtu.be/AjJ7yUhzN8A; acesso em: 30 maio 2022). Verifique quais são os temas apresentados, porque eles aparecem e qual a forma poética em que os versos se enquadram.

A improvisação, na literatura popular, não é uma marca apenas do *rap*. São tradicionais na cultura nordestina os desafios de repente. Nesses desafios, dois cantadores, acompanhados por sua viola, alternam-se em cantorias improvisadas a partir de regras rígidas de versificação, métrica e rima.

Saiba+

Chico de Assis nasceu em Alexandria (RN) e desde a infância ouvia cantorias. Aos 15 anos apresentou-se pela primeira vez e, aos 19, já era profissional. Morou em diversos estados do Nordeste, onde apresentou programas de rádio.

João Santana nasceu em Brasília (DF). Formado em Engenharia Ambiental, começou a ouvir as cantorias nos discos que a família tinha em casa. Assim, passou a ensaiar seus repentes. Conheceu Chico de Assis em 1999 e, um ano depois, com muita preparação e entrosamento, os dois passaram a se apresentar juntos.

Depois de ler atentamente os versos do "Desafio malcriado", responda às questões a seguir.

12. Considerando o conteúdo explorado pelos cantadores:

a) Que áreas do conhecimento são citadas, direta ou indiretamente, ao longo das estrofes?

b) Como os cantadores se autoelogiam?

c) De que forma os cantadores desqualificam o adversário?

d) Considerando as respostas apresentadas anteriormente, responda: Que tipo de habilidade é requerida pelos cantadores para esse desafio?

13. Compare todas as estrofes (conjunto de linhas poéticas divididas por um espaçamento maior do conjunto de versos seguintes).

a) As estrofes têm o mesmo número de versos (cada linha poética)? Quantos?

b) As rimas ocorrem sempre nos mesmos versos? Se sim, em quais?

c) Observe o esquema a seguir com a contagem das sílabas dos três primeiros versos dessa poesia, juntamente com a indicação da regularidade de tônicas na terceira, sexta e décima sílabas.

1	2	3	4	5	6	7	8	9	10	Sílaba átona
Quem	que	ria	as	sis	tir	um	De	as	fio	
Em	tre	Chi	co	de - As	sis - e	Jo	ão	San	ta	na
Vai	no	tar	que	sou	eu	o	Mais	ba	ca	na

Depois, reproduza o quadro no diário de bordo e conte as sílabas dos dois primeiros versos da sexta estrofe, a última improvisada por Chico de Assis.

d) Considerando essas observações sobre a forma poética, indique quais são, além do conteúdo, os outros desafios impostos para os cantadores.

14. Compare todas as estrofes (conjunto de linhas poéticas divididas por um espaçamento maior do conjunto de versos seguintes) em relação à:

- métrica imposta para esse tipo de desafio;
- beleza, qualidade ou relevância das rimas;
- escolha do vocabulário;
- coerência interna da estrofe (as ideias expostas na estrofe fazem sentido?).

Junte-se a um colega que tenha escolhido a mesma estrofe (se mais ninguém escolheu a mesma estrofe que você, siga trabalhando sozinho nessa tarefa) e preparem uma apresentação da análise realizada por vocês. Procurem despertar a atenção dos demais colegas para os elementos observados por vocês nessa análise.

Diário de bordo

Além de reproduzir o quadro com a contagem das sílabas em seu diário de bordo, registre as respostas e reflexões levantadas nas perguntas dessa atividade. Anote também como foi a experiência de fazer a análise das estrofes e como foi a apresentação da sua análise.

Desafios de repente

Presente em diversos estados do Nordeste brasileiro e naqueles em que há imigrantes nordestinos, o repente é um gênero de poesia cantada que envolve a disputa entre dois cantadores que improvisam sobre rígidas regras de rima e métrica. Para vencer a disputa, cada improvisador busca mostrar sua superioridade sobre o oponente, explorando rico vocabulário e conhecimentos de diferentes áreas, destacando suas qualidades e desqualificando o adversário quanto ao fazer poético.

Os cantadores de repente costumam ser relacionados aos trovadores portugueses, poetas populares que percorriam várias regiões para apresentar seus versos ao som de sua viola.

No repente, há variações na organização dos versos e na métrica. Cantadores que participam de desafios devem dominar boa parte delas. As formas poéticas mais comuns são: as sextilhas, compostas de estrofes de seis versos, em que o primeiro verso rima com o terceiro, e o quinto e o segundo versos rimam com o quarto e o sexto; e as septilhas, compostas de estrofes de sete versos, em que o segundo verso rima com o quarto e o sétimo, o quinto verso rima com o sexto, e o primeiro e o terceiro versos são livres.

O "Desafio malcriado", de João Santana e Chico de Assis, foi um improviso em martelo, uma forma poética adotada no repente que consiste na composição de estrofes de dez versos decassílabos (dez sílabas poéticas por estrofe), com as sílabas tônicas recaindo necessariamente sobre a terceira, a sexta e a décima sílabas.

Em um improviso, nem sempre o cantador consegue essa proeza, entretanto, é bastante comum a façanha, sobretudo porque o improvisador pensa os versos de modo a fazê-los "caber" no ritmo determinado para a cantoria.

Poesia satírica

As imprecações contra adversários não são parte apenas do *rap* ou do repente. Na segunda metade do século XVII, na Bahia, Gregório de Matos, importante poeta barroco, produzia **poemas satíricos** de tom moralista, por meio dos quais desqualificava as pessoas que o criticavam, denunciava desmandos de autoridades, criticava o comportamento do povo baiano e as atitudes oportunistas e interesseiras.

Um estudioso da obra de Gregório de Matos, baseado em informações de que o poeta estava sempre acompanhado de uma viola e era reconhecido pela cadência de seus versos, defende que o poeta, que recebeu a alcunha de Boca do Inferno, foi improvisador e precursor dos repentistas brasileiros. Acompanhe a seguir um poema satírico de Gregório de Matos.

poema satírico: poema que ridiculariza indivíduos ou instituições, muitas vezes como forma de denúncia.
pasguate: palerma, idiota.
néscio: ignorante, desprovido de conhecimento.
motejar: escarnecer, zombar.
mourejar: trabalhar muito, arduamente.
de valha: além dos limites.
consoante: rima em que todos os versos são idênticos a partir da última vogal tônica.

Queixa-se o poeta da plebe ignorante e perseguidora das virtudes

Que me quer o Brasil, que me persegue?
Que me querem **pasguates**, que me invejam?
Não veem que os entendidos me cortejam?
E que os nobres é gente que me segue?

Com seu ódio a canalha que consegue?
Com sua inveja os **néscios** que **motejam**?
Se quando os néscios por meu mal **mourejam**,
fazem os sábios que a meu mal me entregue?

Isto posto, ignorantes e canalha,
se ficam por canalha, e ignorantes
no rol das bestas a roerem palha.

E se os senhores nobres e elegantes
não querem que o soneto vá **de valhas**,
não vá, que tem terríveis **consoantes**.

MATOS, Gregório de. Queixa-se o poeta da plebe ignorante e perseguidora das virtudes. *In*: WISNIK, José M. (org.). *Poemas escolhidos de Gregório de Matos*. São Paulo: Companhia das Letras, 2010. p. 47.

Saiba+

Reprodução/Fundação Biblioteca Nacional, Rio de Janeiro, RJ.

Gregório de Matos (1636-1695/1696) foi um dos mais importantes poetas brasileiros de seu tempo. Nasceu em Salvador (BA), estudou em colégio jesuítico e se formou em Direito, em Coimbra, Portugal. Foi juiz em Lisboa e, durante esse período, tomou contato com as obras de Camões (1524-1580) e com a poesia barroca. Aos 47 anos, voltou para a Bahia, onde exerceu os cargos de vigário-geral e tesoureiro-mor, mas não exerceu essas funções por muito tempo por se negar a executar as ordens determinadas pela Igreja.

Depois de alcançar certa notoriedade como advogado, abandonou tudo e virou andarilho. Passa a tomar contato com a vida baiana e a satirizar seus personagens por meio de sua poesia. Por conta da língua afiada e das críticas aos desmandos políticos e administrativos da Bahia, acabou recebendo a alcunha de Boca do Inferno. Sua obra, no entanto, não é marcada apenas pelos textos satíricos. Gregório de Matos escreveu líricas amorosas, poemas religiosos, filosóficos e moralistas.

Por meio de sua poesia revelou as tensões do homem barroco, dividido entre a fidelidade a Deus e o desejo pelo reino eterno e a consciência dos prazeres mundanos e sua necessidade de vivenciá-los.

Releia o poema de Gregório de Matos e, em seguida, responda às perguntas propostas.

15. O eu lírico divide as pessoas em dois grupos.

a) Quais são esses grupos?

b) Que termos o eu lírico usa para referir-se às pessoas de cada um dos grupos?

16. O eu lírico revela ter um poder e faz uma ameaça àqueles que não quiserem perder a condição de senhores e nobres em seu poema.

a) Que poder é esse? Qual verso justifica sua resposta?

b) Como os nobres senhores devem agir?

17. As inversões são uma marca bastante comum nos poemas barrocos. Nesse tipo de construção, as frases não atendem à ordem sintática composta de sujeito-verbo-complemento. Se, de um lado, elas criam um obstáculo à compreensão mais imediata do poema, de outro, possibilitam o respeito à forma poética. Além disso, podem realçar uma ou outra ideia ao deslocar um dos termos de sua ordem original.

Compare os versos da segunda estrofe com a versão reescrita na ordem direta. Que termos perdem destaque com a nova organização?

Estrofe original	Estrofe na ordem direta
Com seu ódio a canalha que consegue? Com sua inveja os néscios que motejam? Se quando os néscios por meu mal mourejam, fazem os sábios que a meu mal me entregue?	Que a canalha consegue com seu ódio? Que os néscios motejam com sua inveja? Se quando os néscios mourejam por meu mal, os sábios fazem que me entregue a meu mal?

Diário de bordo

Anote em seu diário de bordo as respostas e reflexões para essa atividade e as suas percepções sobre o poema de Gregório de Matos.

O gênero lírico e as formas poéticas

Os improvisos da batalha entre os MC's Colombiana e Wad, os improvisos do desafio de repente entre João Santana e Chico de Assis e o poema satírico de Gregório de Matos têm em comum o fato de serem expressões do **gênero lírico**.

Na Grécia antiga, foi concebida uma teoria para classificar as diversas obras literárias. Ao longo da história, essas classificações, muitas vezes, caíram em descrédito, mas hoje são aceitas como um dos meios para o estudo da literatura.

Assim, para as narrativas (em prosa ou em verso) que relatam as ações dos personagens transcorrendo em tempos e espaços determinados, tem-se o **gênero épico** ou **gênero narrativo**. Para o desenvolvimento de ações dos personagens diante de um espectador, tem-se o **gênero dramático**. E para a expressão da subjetividade de um eu, tem-se o **gênero lírico**, do qual trataremos mais detalhadamente.

Em sua origem, na Grécia antiga, os poemas eram acompanhados de um instrumento musical chamado lira, daí o nome "lírico". A poesia seguiu ligada à música, sendo acompanhada de outros instrumentos até por volta do século XV. Apesar da separação, o poema continuou carregando em sua estrutura as marcas dessa origem; por isso, a maior parte dos poemas tem como importantes características formais a organização em estrofes, a harmonia rítmica, além das rimas como apoio à musicalidade.

A temática inicialmente assentada na expressão das emoções, dos sentimentos, de um "eu lírico" também se diversificou com o passar do tempo e comporta hoje conteúdos filosóficos, sociais, cotidianos, além de uma forte reflexão sobre o próprio fazer poético.

A seguir, você vai conhecer um pouco mais alguns componentes, formas e estruturas que compõem o gênero lírico. Essas informações possibilitam ao leitor do poema uma maior compreensão de uma certa dinâmica implicada no fazer poético. O reconhecimento dessa dinâmica pode levar a uma maior aproximação das interações entre forma e conteúdo, o que, em geral, leva ao prazer estético, à fruição.

Eu lírico e eu poético

O eu poético refere-se ao eu do poema e, visto como elemento que constitui o próprio texto, deve ser compreendido como um "ente" distinto do poeta, do autor do poema. Na poesia lírica, esse eu poético é chamado de eu lírico.

Podemos encontrar poetas mulheres expressando em seus poemas um eu poético masculino, assim como há poetas homens expressando vozes femininas ou mesmo de um homem bastante diferente de si. Da mesma forma, há poetas homens e mulheres adultos que dão voz a um eu poético infantil.

Formas líricas

As formas líricas mais conhecidas são: elegia, poema lírico que trata de acontecimentos tristes; écloga, poema que retrata a vida bucólica dos pastores em um ambiente campestre; ode, com tom de louvação, exalta valores nobres; e soneto, poema de 14 versos, divididos em dois quartetos e dois tercetos, que apresenta nas duas primeiras estrofes o desenvolvimento de um tema e, nas duas últimas, sua conclusão. Surgida no Renascimento, trata-se de uma das formas líricas mais conhecidas.

18. Responda:

a) Qual dos três textos lidos no tópico *Improvisação e expressão poética* nesta unidade é um soneto? Você conseguiu identificar a exposição do tema e sua conclusão?

b) Troque ideias com a turma: os improvisos do *rap* e dos repentes podem ser acrescentados a essa lista de formas poéticas? Justifique sua resposta. Se sim, como você os caracterizaria?

Diário de bordo

Anote em seu diário de bordo as respostas e as ideias trocadas com os colegas sobre os improvisos do *rap* e dos repentes.

Aspectos estruturais da poesia

As **rimas** são as semelhanças entre os sons finais (a partir da última vogal tônica) de um verso. Conforme a distribuição das rimas ao longo de uma estrofe, elas podem ser classificadas como **emparelhadas**, quando o esquema seguido é AABBCC; **intercaladas** ou **opostas**, quando o esquema seguido é **A**BB**A**; **cruzadas** ou **alternadas**, quando o esquema seguido é **A**B**B**A; **encadeadas**, quando a tônica do final de um verso coincide com uma sílaba do interior do verso seguinte; **misturadas**, quando as rimas são aleatórias, não correspondendo a nenhum dos demais esquemas.

19. Responda:

a) Qual é o tipo de rima encontrada nos improvisos dos MC's Wad e Colombiana?

b) E nos repentes de Chico de Assis e João Santana?

c) Como esses tipos de rima se relacionam com as formas poéticas adotadas nos improvisos?

Metrificação

Os versos de um poema podem ser **regulares**, quando apresentam o mesmo número de sílabas poéticas, ou **irregulares** ou **livres**, quando o número de sílabas poéticas é diferente.

Para conhecermos a métrica de um verso, devemos contar as sílabas poéticas até a última sílaba tônica. Veja, por exemplo, um dos versos de Gregório de Matos: "Que é discreta a fortuna em seus reveses". Observe que nas sílabas 1, 4 e 7 ficam na mesma sílaba poética a palavra terminada por vogal e a palavra seguinte se iniciada também por vogal.

1	2	3	4	5	6	7	8	9	10 Última sílaba tônica	Sílaba átona
Que é	dis	cre	ta a	for	tu	na em	seus	re	Ve	ses

Os metros mais comuns na poesia são os seguintes:

Redondilha menor: verso composto de cinco sílabas poéticas.

Redondilha maior: verso composto de sete sílabas poéticas.

Decassílabo: verso composto de dez sílabas poéticas.

Alexandrino ou dodecassílabo: verso composto de doze sílabas poéticas.

A compreensão das diferentes manifestações artísticas não pode prescindir do conhecimento de alguns caminhos que ora seguem paralelos, ora se entrecruzam até culminarem na origem de uma obra, de um estilo ou de um projeto literário que, a despeito de ser novo, carrega em si muito do legado daquilo que o precedeu.

O *rap*, por exemplo, nasceu no Bronx, distrito de Nova York, nos Estados Unidos, e carrega como legado elementos dos cantares de negros africanos levados para as Américas como escravizados. Mas imigrantes jamaicanos também influenciaram essa cultura, ao levar os costumes de festas de rua acompanhadas de equipamentos de som. Os repentistas nordestinos, de modo semelhante, são comumente relacionados aos trovadores ibéricos, às cantorias itinerantes acompanhadas de violas. Gregório de Matos, poeta barroco, carrega em sua poesia elementos indicadores de uma formação poética clássica.

Ao comparar as três produções poéticas, ficam claras as diferenças, mas as semelhanças também são muito marcantes. Todos atendem a, no mínimo, um elemento formal característico do gênero lírico criado na Grécia. O conhecimento dessas formas basilares possibilita a abertura para a fruição de qualquer expressão poética. Que tal experimentar essa produção?

Técnicas para produção de um *rap*, repente ou soneto

Veja a seguir algumas dicas para a produção de um *rap*, de um repente e de um soneto. Se você se sentir confiante para improvisar, não hesite em explorar essa forma de expressão no sarau da turma.

- Se escolheu o *rap*, selecione a batida correspondente ao ritmo do estilo, sinta a batida da música e, despretensiosamente, coloque versos quaisquer que correspondam ao ritmo. Concluído esse primeiro exercício, defina um tema e um objetivo para sua produção. Veja algumas sugestões, mas conte com o fato de esta ser uma produção de tema livre: crítica a um problema social; elogio ao *hip-hop* ou a outro tipo de cultura urbana; elogio à cultura nordestina ou, mais especificamente, ao talento dos repentistas; valorização da escola e da educação; importância da participação política na juventude.
  Compreendido como os versos podem se encaixar no ritmo da música de acompanhamento, faça uma lista de palavras importantes para a exposição do seu tema e busque rimas entre elas. Esteja com um dicionário à mão ou consulte um *site* de rimas e de sinônimos. Faça combinações que surpreendam os seus espectadores. Apresente para um colega os seus versos, acompanhados do ritmo escolhido. Verifique se ele compreendeu a mensagem e peça críticas e sugestões.

- Se escolheu o repente, determine a forma: Os versos serão de sete (redondilha maior) ou de dez sílabas (decassílabos)? As estrofes serão compostas de seis (sextilha), sete (septilha) ou dez versos? Lembre-se de que as rimas, no repente, devem ser alternadas.
  Pesquise o ritmo de viola que melhor acompanha a forma poética escolhida (os grandes repentistas não contam as sílabas, eles apenas memorizam o ritmo no qual devem "caber" os versos) e brinque de encaixar palavras aleatoriamente.

  Concluída essa primeira parte, defina um tema e um objetivo para sua produção. Faça uma lista de palavras importantes para a exposição desse tema e busque rimas entre elas. Esteja com um dicionário à mão ou consulte um *site* de rimas e de sinônimos. Faça combinações que surpreendam os seus espectadores.

  Componha duas ou três estrofes que expressem com clareza a sua mensagem e apresente para um colega os versos acompanhados do ritmo escolhido. Verifique se ele compreendeu a mensagem e esteja aberto a críticas e sugestões.

- Se escolheu o soneto, selecione o conteúdo a ser expresso: pode ser um sentimento, uma homenagem a um amigo ou familiar, a descrição de um objeto, a exposição de um conteúdo escolar, uma declaração de amor ou de uma desilusão amorosa, uma cena do seu cotidiano ou uma crítica social, etc.
  Escreva de forma livre as ideias que expressam o conteúdo selecionado. Em seguida, distribua essas ideias em quatorze versos de dez sílabas cada. Delimite os lugares em que recairão as rimas. Para obter as rimas, você pode usar a ordem inversa. Recorde este verso de Gregório de Matos:

  "Com seu ódio a canalha que consegue?". Se esse verso fosse empregado na ordem direta, ele seria escrito da seguinte maneira: "Que a canalha consegue com seu ódio?". Se escrito assim, seria necessário, em lugar de "entregue", no quarto verso da segunda estrofe, colocar um termo que rimasse com "ódio". Daí a importância dessas inversões para manter a musicalidade do poema.

Responda às questões a seguir para treinar os seus conhecimentos sobre o que estudou nesta unidade.

1. (Enem – 2016)

A técnica de jogos teatrais propõe uma aprendizagem não verbal, em que o estudante reúne os seus próprios dados, a partir de uma experimentação direta. Por meio do processo de solução de problemas, ele conquista o conhecimento da matéria.

KOUDELA, I. D. *Jogos teatrais*. São Paulo: Perspectiva, 1984 - adaptado.

Sob orientação do professor, os jogos teatrais são realizados na escola de forma que o estudante:

a) seja um bom repetidor de movimentos e ações, pois a cópia e a memória colaboram com seu processo de desenvolvimento.

b) obedeça a regras sem se posicionar criticamente e sem desenvolver material criativo, fortalecendo a disciplina.

c) tenha um momento de recreação por meio da convivência com os colegas, melhorando seu rendimento escolar.

d) desenvolva qualidades de ordem cognitiva e sensorial, favorecendo sua autonomia e seu autoconhecimento.

e) reconheça o professor como principal responsável pelas escolhas a serem feitas em aula durante atividades de teatro.

2. (Enem PPL – 2015)

Um relacionamento de grupo saudável exige um número de indivíduos trabalhando interdependentemente para completar um projeto, com total participação individual e contribuição pessoal. Se uma pessoa domina, os outros membros têm pouco crescimento ou prazer na atividade, não existe um verdadeiro relacionamento no grupo. O teatro é uma atividade artística que exige o talento e a energia de muitas pessoas — desde a primeira ideia de uma peça ou cena até o último eco de aplauso. Sem esta interação não há lugar para o ator individualmente, pois sem o funcionamento do grupo, para quem iria ele representar, que materiais usaria e que efeitos poderia produzir? O estudante-ator deve aprender que "como atuar", assim como no jogo, está intrinsecamente ligado a "todas as outras pessoas na complexidade da forma da arte. O teatro improvisacional requer relacionamento de grupo muito intenso, pois é a partir do acordo e da atuação em grupo que emerge o material para as cenas e peças.

(SPOLIN, V. *Improvisação para o teatro*. São Paulo: Perspectiva, 2008)

Com base no texto, as diferenças e similaridades dos atores são aceitas no teatro de improvisação quando:

a) todos experimentam o teatro juntos e sem julgamentos.

b) uma parte do grupo comanda a outra, exercendo o poder.

c) a opinião de alguns tem valor e demonstra a sua capacidade individual.

d) a individualidade se destaca e traz à tona o talento daquele que é o melhor.

e) uma pessoa precisa dominar, comandando as ações do grupo, sem acordos.

3. (UPE-SSA – 2016)

Gregório de Matos, poeta baiano, que viveu no século XVI, produziu uma poesia em que satiriza a sociedade de seu tempo. Execrado no passado por seus conterrâneos, hoje é reconhecido como grande poeta, sendo, inclusive, sua poesia satírica fonte de pesquisa histórica.

Leia os poemas e analise as proposições a seguir:

Poema I

Triste Bahia! Oh quão dessemelhante
Estás, e estou do nosso antigo estado!
Pobre te vejo a ti, tu a mi empenhado,
Rica te vejo eu já, tu a mi abundante.

A ti tocou-te a máquina mercante,
Que em tua larga barra tem entrado,
A mim foi-me trocando, e tem trocado
Tanto negócio, e tanto negociante.

Deste em dar tanto açúcar excelente
Pelas drogas inúteis, que abelhuda
Simples aceitas do sagaz Brichote.

Oh se quisera Deus, que de repente
Um dia amanheceras tão sisuda
Que fora de algodão o teu capote

(Gregório de Matos)

Poema II

Horas contando, numerando instantes,
Os sentidos à dor, e à glória atentos,
Cuidados cobro, acuso pensamentos,
Ligeiros à esperança, ao mal constantes.

Quem partes concordou tão dissonantes?
Quem sustentou tão vários sentimentos?
Pois para a glória excedem de tormentos,
Para martírio ao bem são semelhantes.

O prazer com a pena se embaraça;
Porém quando um com outro mais porfia,
O gosto corre, a dor apenas passa.

Vai ao tempo alterando a fantasia,
Mas sempre com vantagem na desgraça,
Horas de inferno, instantes de alegria.

(Gregório de Matos)

I. Além de poeta satírico, o Boca do Inferno também cultivou a poesia lírica, composta por temas diversificados, pois nos legou uma lírica amorosa, erótica e religiosa e até de reflexão sobre o sofrimento, a exemplo do poema II.

II. Considerado tanto poeta cultista quanto conceptista, o autor baiano revela criatividade e capacidade de improvisar, segundo comprovam os versos do poema I, em que realiza a crítica à situação econômica da Bahia, dirigida, na época, por Antônio Luís da Câmara Coutinho.

III. Em *Triste Bahia*, poema I, musicado por Caetano Veloso, Gregório de Matos identifica-se com a cidade, ao relacionar a situação de decadência em que se encontram tanto ele quanto a cidade onde vive. O poema abandona o tom de zombaria, atenuando a sátira contundente para tornar-se um quase lamento.

IV. Os dois poemas são sonetos, forma fixa herdada do Classicismo, muito pouco utilizada pelo poeta baiano, que desprezou a métrica rígida e criou poesia em versos brancos e livres.

V. Como poeta barroco, fez uso consciente dos recursos estéticos reveladores do conflito do homem da época, como se faz presente na antítese que encerra o II poema: "Horas de inferno, instantes de alegria".

Estão CORRETAS apenas

a) I, II, III e V.
b) I, II e IV.
c) IV e V.
d) I, III e IV.
e) I, IV e V.

4. (Enem – 2014)

Quando Deus redimiu da tirania
Da mão do Faraó endurecido
O Povo Hebreu amado, e esclarecido,
Páscoa ficou da redenção o dia.
Páscoa de flores, dia de alegria
Àquele Povo foi tão afligido
O dia, em que por Deus foi redimido;
Ergo sois vós, Senhor, Deus da Bahia.
Pois mandado pela alta Majestade
Nos remiu de tão triste cativeiro,
Nos livrou de tão vil calamidade.
Quem pode ser senão um verdadeiro
Deus, que veio estirpar desta cidade
O Faraó do povo brasileiro.

DAMASCENO, D. (Org.). *Melhores poemas*: Gregório de Matos. São Paulo: Globo, 2006.

Com uma elaboração de linguagem e uma visão de mundo que apresentam princípios barrocos, o soneto de Gregório de Matos apresenta temática expressa por

a) visão cética sobre as relações sociais.
b) preocupação com a identidade brasileira.
c) crítica velada à forma de governo vigente.
d) reflexão sobre os dogmas do cristianismo.
e) questionamento das práticas pagãs na Bahia.

5. (UPE-SSA – 2012)

Sobre a literatura barroca no Brasil, analise as seguintes afirmativas.

I. O Barroco é uma escola literária cuja base de formação histórica e social se relaciona a reflexões que remetem o leitor a uma literatura caracterizada por ideias que são opositivas ao tempo que são também profundamente críticas.

II. Gregório de Matos, um dos expoentes do barroco brasileiro, construiu sua obra literária fundamentado em três princípios, a saber: o amor é uma ilusão; a crença religiosa é irrelevante para o ser humano; os políticos não têm ideologia.

III. A estética barroca, embora seja aqui relacionada à produção literária, não é necessariamente uma arte posta exclusivamente a serviço da literatura. De verdade, nenhuma estética está restrita a uma estética do texto literário.

IV. Nos textos narrados em seus Sermões, Padre Vieira lança mão de alguns recursos que se podem dizer barrocos. Entre eles, identificamos o paradoxo, ou seja, a possibilidade de construir sempre ideias convergentes e biunívocas.

V. A poesia de Gregório de Matos não se confunde com a prosa de Padre Vieira no âmbito da linguagem apresentada na maneira como ambos se dispõem a trazer para o leitor as problemáticas da época dos quais tais autores fazem parte.

Está CORRETO o que se afirma em

(A) I, II e III.
(B) I, III e V.
(C) II, III e IV.
(D) II, IV e V.
(E) III, IV e V.

6. (UEM – 2014)

Sobre o estilo musical Jazz é correto afirmar:

a) Uma das principais características do Jazz é o uso da improvisação. Esta, por sua vez, é baseada em um tema musical, geralmente apresentado ao início da performance.

b) A partir de 1920 o Jazz passa a ser conhecido em todo o mundo. Porém, no Brasil, foi somente nos últimos dez anos que ele passou a influenciar a produção musical de compositores brasileiros, entre os quais podemos destacar Hermeto Pascoal.

c) O desenvolvimento dos intérpretes vocais no Jazz, na sua origem, teve influência das práticas musicais desenvolvidas nos cultos protestantes.

d) O Jazz influenciou a produção musical, mesmo de compositores da chamada música erudita, a exemplo do compositor Maurice Ravel, que incorporou elementos jazzísticos em algumas de suas obras.

e) O Jazz surge ainda no século XIX, na Inglaterra, sob a influência da música europeia ocidental, e chega aos Estados Unidos na década de 1920, por meio dos colonizadores europeus que se refugiram nesse país durante a Segunda Guerra Mundial.

7. (Enem – 2020)

Sou o coração do folclore nordestino
Eu sou Mateus e Bastião do Boi-bumbá
Sou o boneco de Mestre Vitalino
Dançando uma ciranda em Itamaracá
Eu sou um verso de Carlos Pena Filho
Num frevo de Capiba
Ao som da Orquestra Armorial
Sou Capibaribe
Num livro de João Cabral
Sou mamulengo de São Bento do Una
Vindo no baque solto de maracatu
Eu sou um auto de Ariano Suassuna
No meio da Feira de Caruaru
Sou Frei Caneca do Pastoril do Faceta
Levando a flor da lira
Pra Nova Jerusalém

Sou Luiz Gonzaga

E sou do mangue também

Eu sou mameluco, sou de Casa Forte

Sou de Pernambuco, sou o Leão do Norte

LENINE; PINHEIRO, P.C. Leão do Norte. *In*: LENINE; SUZANO, M. *Olho de peixe*. São Paulo: Velas, 1993 (fragmento).

O fragmento faz parte da canção brasileira contemporânea e celebra a cultura popular nordestina. Nele, o artista exalta as diferentes manifestações culturais pela

a) valorização do teatro, música, artesanato, literatura, dança, personagens históricos e artistas populares, compondo um tecido diversificado e enriquecedor da cultura popular como patrimônio regional e nacional.
b) identificação dos lugares pernambucanos, manifestações culturais, como o bumba meu boi, as cirandas, os bonecos mamulengos e heróis locais, fazendo com que essa canção se apresente como uma referência à cultura popular nordestina.
c) exaltação das raízes populares, como a poesia, a literatura de cordel e o frevo, misturadas ao erudito, como a Orquestra Armorial, compondo um rico tecido cultural, que transforma o popular em erudito.
d) caracterização das festas populares como identidade cultural localizada e como representantes de uma cultura que reflete valores históricos e sociais próprios da população local.
e) apresentação do Pastoril do Faceta, do maracatu, do bumba meu boi e dos autos como representação da musicalidade e do teatro popular religioso, bastante comum ao folclore brasileiro.

8. (Enem – 2013)

Até quando?

Não adianta olhar pro céu

Com muita fé e pouca luta

Levanta aí que você tem muito protesto pra fazer

E muita greve, você pode, você deve, pode crer

Não adianta olhar pro chão

Virar a cara pra não ver

Se liga aí que te botaram numa cruz e só porque Jesus

Sofreu não quer dizer que você tenha que sofrer!

GABRIEL, O PENSADOR. **Seja você mesmo (mas não seja sempre o mesmo)**. Rio de Janeiro: Sony Music, 2001 (fragmento).

As escolhas linguísticas feitas pelo autor conferem ao texto

a) caráter atual, pelo uso de linguagem própria da internet.
b) cunho apelativo, pela predominância de imagens metafóricas.
c) tom de diálogo, pela recorrência de gírias.
d) espontaneidade, pelo uso da linguagem coloquial.
e) originalidade, pela concisão da linguagem.

Sarau de improvisos

Você e os colegas, ao longo desta unidade, estudaram a improvisação na música, no teatro e na literatura. Agora, é o momento de se organizarem para mostrar as experimentações realizadas ao longo desta unidade e para criar e apresentar outras produções, improvisadas ou não.

Para isso, vocês vão realizar um sarau de improvisos. Sarau é um evento cultural, geralmente realizado entre pessoas conhecidas, para o compartilhamento de produções artísticas, que podem ser autorais ou não. Nesse caso, o foco principal são as criações improvisadas, mas também é possível apresentar outros tipos de produção.

Ellen Faria/Sarau das Pretas

Sarau das Pretas no Festival Pé na África, 2020.

Instituto Federal Maranhão/Ascom/https://acailandia.ifma.edu.br

Estudantes apresentam-se na terceira edição do Sarau Poético do Instituto Federal do Maranhão (IFMA), campus Açailândia (MA), 2018.

Procedimentos

1. Combine com os colegas e o professor dia e horário para o sarau. Estabeleçam também o tempo de duração do evento.
2. Definam um espaço da escola para realizar o sarau. Pode ser interessante um espaço mais amplo, como um anfiteatro, o pátio ou a quadra de esportes.
3. Decidam se vão convidar colegas de outras turmas ou familiares. Essa decisão também impacta a escolha do espaço, por conta do tamanho, assim como do tempo de apresentação de cada participante e o número máximo de apresentações.
4. Elaborem uma lista para a inscrição das apresentações, como a sugerida a seguir.

Prefeitura Municipal de Vitória da Conquista/https://www.pmvc.ba.gov.br

Sarau Jovem, em Vitória da Conquista (BA), 2017.

Título	Autor(es)	Tipo de produção	Será improvisada?	Tempo estimado de duração
\\\\\\\\	\\\\\\\\\\\\	\\\\\\\\\\\\\\\\\\	\\\\\\\\\\\\\\\\\\	\\

5. Assim que a lista estiver completa, organizem a ordem de apresentações e montem um quadro com os horários de cada uma.

   Se o evento for aberto para convidados, divulguem essa programação por meio de cartazes na escola e das redes sociais. Nesses materiais, também é preciso informar o nome do evento, descrever brevemente sua proposta e informar data, horário e local em que vai acontecer. Veja um exemplo a seguir.

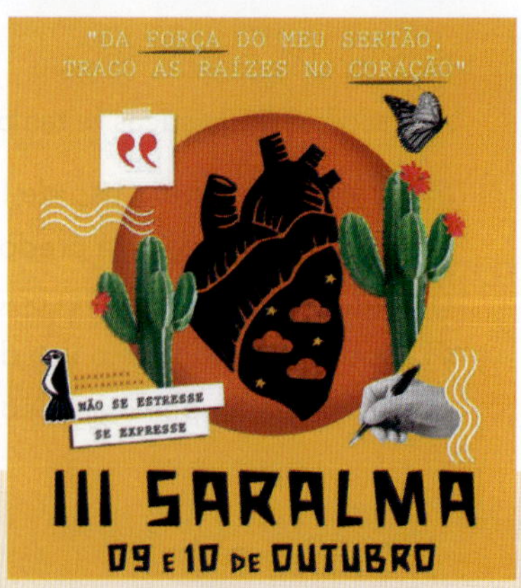

Universidade Federal Rural do Semi-Árido/https://assecom.ufersa.edu.br

Material de divulgação do III SarAlma, sarau promovido pela Universidade Federal Rural do Semi-Árido (Ufersa), campus Angicos (RN), 2019.

6. Elejam alguém da escola para ser o apresentador do sarau. Pode ser um professor, um membro da comunidade escolar, ou mesmo um de vocês.
7. Convidem algum artista mais experiente da comunidade para encerrar o sarau com um improviso. Pode ser um repentista, um *rapper*, um ator de teatro, um músico.
8. Combinem coletivamente os protocolos de participação, por exemplo:

   Todos devem permanecer em silêncio no momento das apresentações.

   São proibidos comentários depreciativos ou desrespeitosos (todos estão fazendo o seu melhor).

   Nenhuma apresentação pode incitar preconceito, violência ou sugerir qualquer tipo de discriminação.

   O mais importante é, nesse momento de apresentação e compartilhamento das produções, experimentar mais um pouco e com liberdade o tópico tão discutido ao longo do capítulo: o da improvisação.
9. Formem comissões para a divisão de tarefas, como as sugeridas a seguir.

   Comissão 1: responsável pela montagem do equipamento de som e preparação do espaço de apresentação.

   Comissão 2: grupo responsável pela organização da ordem das apresentações.

   Comissão 3: grupo responsável pela produção dos cartazes e convites.

   Comissão 4: grupo responsável pelo registro (em foto e vídeo) do evento.

   Comissão 5: responsável por convidar artistas da comunidade para as apresentações finais.
10. Arquivem as fotos e os vídeos feitos para registrar o sarau em seu **Portfólio**.

Diário de bordo

Registre em seu diário de bordo as impressões que tiveram da experiência de organizar e participar de um sarau coletivamente. Caso tenham convidado mais pessoas para participar, anotem o que conseguiram observar a respeito do comportamento e das reações do público.

Compartilhem também as fotos e os vídeos com os professores, para que, a partir da análise desse material, vocês possam trabalhar e aprimorar aspectos como o volume de voz, a entonação e a postura para outras situações em que isso se fizer necessário.

Meu portfólio

Nesta unidade, você e os colegas estudaram a importância da improvisação em diferentes práticas de linguagem. A obra de Hermeto Pascoal e o *jazz* demonstram a riqueza de possibilidades criativas na música. No teatro, a improvisação é base tanto para a criação e a manutenção de espetáculos profissionais quanto para o desenvolvimento de habilidades expressivas, de comunicação e interação com outras pessoas. Já em Língua Portuguesa, você viu que o *rap* e o repente têm em comum a improvisação e o fato de serem expressões do gênero lírico, assim como os sonetos do poeta barroco Gregório de Matos.

Como você relaciona a improvisação na música, no teatro e na literatura? Ela possui características semelhantes nas três formas de linguagem? Se achar interessante, faça um esquema gráfico que demonstre as semelhanças e as diferenças das improvisações nessas três linguagens.

Na montagem do seu portfólio, você deve ter organizado as suas produções durante todo esse processo. Agora, retome os trabalhos que compõem o seu portfólio, desde rascunhos e projetos até registros em fotos e vídeos de apresentações. Lembre-se de que todo o processo criativo é importante e não apenas o produto final, por isso aqui não podem faltar as diversas versões de uma mesma produção. Retome também todas as anotações que fez no diário de bordo. Essa consulta poderá ajudá-lo a perceber quais aspectos você foi desenvolvendo e aperfeiçoando ao longo do trabalho.

UNIDADE

3 Corpo em cena

© Pascal Victor/ArtComPress/Bridgeman Images/Easypix Brasil

Espetáculo *Café Müller*, criado e interpretado pela coreógrafa alemã Pina Bausch (1940-2009), em 1978. Esse registro é do espetáculo apresentado na cidade de Paris, França, em 2014.

Outro registro fotográfico do espetáculo de dança--teatro *Café Müller*, da companhia Tanztheater Wuppertal Pina Bausch, Paris, França, 2014.

© Pascal Victor/ArtComPress/Bridgeman Images/Easypix Brasil

#TáNoFeed

O espetáculo *Café Müller*, conhecido por suas metáforas sobre solidão, encontros e desencontros humanos, foi criado e interpretado pela coreógrafa alemã Pina Bausch (1940-2009) em 1978, com outros cinco bailarinos da companhia. Embora Pina não tenha definido suas obras como dança-teatro, seus trabalhos são conhecidos por integrar essas linguagens. Se possível, assista a trechos do espetáculo disponíveis em plataformas de compartilhamento de vídeos da internet.

1. Observe as imagens e repare no cenário, composto de objetos do cotidiano, como mesas e cadeiras, e como os corpos e os movimentos dos bailarinos interagem com esses objetos. Em uma das imagens, a dançarina interage com uma cadeira. Observe a postura dela: a posição da cabeça, a curvatura das costas, os pés apoiados no alto e as mãos fornecendo apoio para o tronco. Repare também como a outra bailarina, ao fundo, estabelece contato com a parede. Então, responda às questões:

a) Que significados essas imagens provocam em você?

b) Você já parou para refletir sobre as relações entre os seus movimentos corporais e os espaços e os objetos do seu cotidiano?

c) Observe as cadeiras no espaço da sala de aula. Como o seu corpo interage com esse objeto tão recorrente de seu cotidiano?

d) Em silêncio, procure recordar os incômodos e os momentos agradáveis da relação do seu corpo com a cadeira escolar. Se possível, feche os olhos e perceba seus pontos de apoio: que partes do seu corpo tocam a cadeira? Como estão posicionados os seus braços, as suas mãos e a sua cabeça? Você se sente confortável nela?

e) Em seguida, com cuidado para não se machucar e com a orientação do professor, você vai explorar outros usos e movimentos com a cadeira, como:

- Encolher-se nela, fechando todo o corpo, em posição fetal.
- Abrir-se em um movimento mais expansivo, alongando o corpo como quem espreguiça depois de horas sentado.
- Sentar-se de lado, de frente e de costas, colocando os pés no alto, cruzando e descruzando as pernas.
- Levantar-se e explorar as possibilidades de interagir com a cadeira usando diferentes partes do corpo: pés, cabeça, ombros, cotovelos, joelhos, quadris. Explore também alguns movimentos no espaço que circunda a cadeira.

  Se você variar a velocidade (mais lento ou mais rápido) e o ímpeto (mais forte, pesado ou mais leve, suave), as possibilidades são infinitas.

Nesta unidade, os tópicos de Educação Física e Arte convidam você a explorar as possibilidades expressivas do corpo em diálogo com perspectivas de estudo da consciência corporal e da produção do movimento expressivo.

Ao final da unidade, com base em suas aprendizagens e no levantamento de dados, por meio de entrevistas e da prática de pesquisa em grupo focal, você vai elaborar uma apresentação cênica para questionar e ampliar as potencialidades do corpo e dos movimentos no cotidiano escolar.

Conheça a unidade

Objetivos

Arte

- Entender o corpo correlacionado ao seu contexto.
- Expressar-se e comunicar-se por meio da dança.
- Refletir sobre a função do corpo no trabalho com teatro contemporâneo.
- Compreender e praticar técnicas corporais de preparação do ator.
- Observar e identificar padrões gestuais, vocais e posturais em diferentes pessoas.
- Conhecer o corpo e refletir sobre ele nas artes circenses.
- Conhecer algumas modalidades das artes circenses e sua estética.

Educação Física

- Compreender o papel da consciência corporal no processo criativo em dança e no uso do corpo no cotidiano.
- Experimentar e criar gestos e movimentos em práticas de dança e expressão corporal, conectados com as culturas juvenis.

Língua Portuguesa

- Exercitar a antecipação da leitura, baseando-se nos conhecimentos sobre elementos do contexto histórico da obra.
- Relacionar as escolhas de caracterização do personagem à intencionalidade na construção do sentido do texto.

Justificativa

Por meio do trabalho com consciência corporal, dança, teatro e circo, você vai experimentar o corpo, a expressividade e as culturas juvenis e refletir sobre eles. Essa experiência vai ajudá-lo a desenvolver o pensamento crítico pela fruição de criações artísticas nacionais e internacionais, contextualizando-as histórica, social e culturalmente.

A observação de gestos e o compartilhamento de referências culturais promovem o diálogo e o respeito às diferenças.

Ao longo da unidade você vai construir criações artísticas individual e coletivamente, aguçando o olhar estético, bem como a capacidade de integrar opiniões, resolver conflitos, discutir perspectivas.

A BNCC nesta unidade

Nesta unidade são desenvolvidas as competências e habilidades da BNCC indicadas a seguir.

Competências gerais da Educação Básica:1, 2, 3, 6, 9.

Linguagens e suas Tecnologias no Ensino Médio: competências específicas e habilidades: Competência específica 1 (EM13LGG101,EM13LGG102, EM13LGG103, EM13LGG104); competência específica 2 (EM13LGG201, EM13LGG202, EM13LGG204); competência específica 3 (EM13LGG301, EM13LGG302, EM13LGG303); competência específica 5 (EM13LGG501, EM13LGG502, EM13LGG503); competência específica 6 (EM13LGG601, EM13LGG602, EM13LGG603, EM13LGG604).

Língua Portuguesa no Ensino Médio: campos de atuação social, competências específicas e habilidades

Todos os campos de atuação social

EM13LP01 (competência específica 2).

Campo artístico-literário

EM13LP52 (competências específicas 1, 2).

Ciências Humanas e Sociais Aplicadas no Ensino Médio: competências específicas e habilidades

Competência específica 1 (EM13CHS101, EM13CHS104); competência específica 5 (EM13CHS503).

Dança, consciência corporal e culturas juvenis (Educação Física)

Frames do documentário *A alma da gente*, dirigido por Helena Solberg e David Meyer (Brasil: 2013, 83 min).

Observe as imagens reproduzidas de cenas do documentário *A alma da gente*, de 2013, dirigido pelos cineastas Helena Solberg (1938-) e David Meyer (1972-). O filme conta a história de um grupo de 62 jovens, de 11 a 18 anos, que participou do Corpo de Dança da Maré, coordenado pelo coreógrafo, educador e fisioterapeuta paulista Ivaldo Bertazzo (1949-) na comunidade Complexo da Maré, no Rio de Janeiro (RJ). No projeto foram produzidos três espetáculos de dança: *Mãe gentil*, de 2000, *Folias guanabaras*, de 2001, e *Dança das marés*, de 2002. O documentário acompanha os ensaios do grupo e mostra entrevistas com os jovens, que falam sobre seus sonhos e suas perspectivas de vida em dois períodos: em 2002, durante a preparação do espetáculo *Dança das marés*, e dez anos depois, em 2012, para que, já adultos, avaliassem de que forma a participação no projeto trouxe transformações em suas vidas.

Com música composta e executada ao vivo pelo Grupo Uakti e textos escritos pelo médico e escritor brasileiro Drauzio Varella (1943-), tendo como ponto de partida os depoimentos dos jovens, *Dança das marés* aborda passagens, preocupações e anseios da adolescência.

Saiba+

Para assistir ao *trailer* do filme *A alma da gente* (1min 52s), acesse https://www.youtube.com/watch?v=CuOgFAjP9gI (acesso em: 27 abr. 2022).

Acesse também o canal oficial do documentário, disponível em: https://www.youtube.com/channel/UCEIRZavSqD5x9k0VQ19mmwg (acesso em: 27 abr. 2022), e veja depoimentos de vários artistas que participaram do lançamento do filme.

1. Observe com atenção as imagens e, se possível, as cenas do documentário e responda às questões no diário de bordo.

a) Observe o olhar e os gestos dos dançarinos. São gestos que você realiza ou poderia realizar quando dança? Por quê?

b) Você já observou esses gestos em outras práticas de dança?

c) Em sua opinião, são gestos simples ou complexos de aprender e realizar? Por quê?

d) Você já participou de algum projeto gratuito ou de aulas de dança na comunidade em que vive? Se sim, como foi essa experiência?

Diário de bordo

Além das respostas a essas perguntas, registre em seu diário de bordo a sua opinião e as suas impressões sobre *A alma da gente*.

Para ir mais longe — Culturas juvenis

O conceito de **culturas juvenis** é utilizado para designar práticas culturais que demarcam as identidades dos jovens, diferenciando-os das crianças e dos adultos e marcando determinados estilos de vida e práticas culturais da moda, da música, da dança, dos esportes, da literatura, entre outras. Nessas múltiplas culturas, os jovens muitas vezes partilham interesses, constroem laços afetivos e usam espaços sociais da cidade para se manifestar em encontros coletivos.

O conceito é usado no plural porque não é possível falar em uma única cultura juvenil: a juventude é vivida de múltiplas formas. As culturas juvenis misturam-se e modificam-se com o tempo. Certamente os grupos e as práticas culturais dos quais seus familiares adultos participavam já não são os mesmos que você cultiva.

Saiba +

As culturas juvenis têm sido exploradas por pesquisadores de diversas áreas, principalmente da Educação e da Sociologia. Um exemplo é o trabalho desenvolvido no programa Observatório da Juventude, da Faculdade de Educação da Universidade Federal de Minas Gerais (UFMG). Para conhecer a iniciativa, acesse: http://observatoriodajuventude.ufmg.br/juviva-conteudo/05-02.html#04 (acesso em: 27 abr. 2022).

2. Agora, observe os gestos dos dançarinos do grupo pernambucano FunkNáticos, especializado em criar coreografias e apresentações de dança de rua, misturando os estilos ***funk style***, ***locking*** e ***popping***.

funk style: estilo de dança de rua que surgiu na Califórnia, Estados Unidos. É o precursor do *popping* e do *locking*.

locking: dançado originalmente no movimento *funk*, esse estilo de dança trava os movimentos articulares e, com membros relaxados, cria efeitos robóticos.

popping: nesse estilo, os movimentos de contrair e relaxar rapidamente os músculos envolvidos na dança criam a ideia de que o corpo é empurrado nas batidas fortes da música; também são utilizadas poses entre os passos.

Peu Ricardo/Diário de Pernambuco

Jovens do grupo de dança pernambucano FunkNáticos, que tem participado de apresentações, festivais e projetos de dança em Pernambuco, no Nordeste brasileiro.

Depois de observar as imagens acima com atenção, responda às questões:

a) Como são os olhares dos dançarinos do grupo?

b) E os gestos com as mãos? Você já experimentou dançar usando esse recurso?

c) Como são as suas experiências com dança? Você acha fácil ou difícil dançar? Por quê?

d) Que outros movimentos de dança comuns em culturas juvenis você conhece e/ou pratica?

e) Em sua opinião, o que é preciso para aprender a dançar?

A dança de rua, também conhecida como *street dance*, mescla diferentes estilos. Ela foi desenvolvida tendo como base a cultura *hip-hop* estadunidense, nas décadas de 1960 e 1970, e, desde então, influencia culturas juvenis de muitos países, principalmente com o advento da internet, que ampliou globalmente as formas de disseminação das culturas juvenis. Os estilos de dança de rua são dinâmicos e constantemente reinventados, tendo como marca a ocupação dos espaços urbanos: ruas, praças, parques e espaços culturais.

Os estilos de dança de rua também foram adotados em academias privadas, projetos sociais, grandes eventos esportivos, videoclipes musicais e apresentações de artistas. Dessa maneira, os estilos de dança de rua foram incorporados a espetáculos apresentados em espaços de teatros e centros culturais, agregando recursos de iluminação, figurino e cenário, combinados com gestos de expressão corporal de outros estilos de dança e música. Um exemplo é a dança do passinho, cuja imagem ilustra a abertura desta unidade e que você também vai apreciar com as vivências artísticas a seguir.

Dança do passinho

A dança do passinho, inspirada originalmente no *funk*, foi criada por jovens de comunidades do Rio de Janeiro (RJ) e circulava desde os anos 2000 em bailes de comunidades, onde os dançarinos criavam competições – conhecidas como batalhas – para escolher quem dançava melhor. Em 2008, quando um dos jovens da comunidade do Jacarezinho publicou um vídeo na internet dançando com os amigos, a dança repercutiu e se transformou em um fenômeno cultural, despertando o interesse de outros grupos culturais, se expandindo por outras culturas juvenis. Muitos jovens que se dedicavam à dança do passinho começaram a participar de programas de entrevistas e reportagens e a ocupar espaços culturais da cidade. Depois, criaram o próprio grupo de apresentação em espetáculos de dança em eventos e espaços culturais.

Reginaldo Azevedo/Raphoto.com.br

Cena de *O espetáculo*, da Cia. de Dança Passinho Brazil, direção de Henrique Talmah, 2014.

Christian Petersen/Getty Images

Apresentação da dança do passinho na abertura das Olimpíadas do Rio de Janeiro, no Brasil, em 2016.

A visibilidade dessa dança inspirou a produção do documentário chamado *A batalha do passinho*, de 2012, dirigido pelo cineasta Emílio Domingos (1972-). No mesmo ano, a dança do passinho integrou-se à música erudita em um **flash mob** no metrô do Rio de Janeiro (RJ). Junto com os violoncelistas do Duo Santoro, os jovens cantaram versões de *funks*, acompanhadas de *beatbox* (sons de percussão executados pela boca) enquanto dançavam.

A dança do passinho também é reconhecida internacionalmente. Fez parte do encerramento das Olimpíadas de Londres, em 2012; foi incluída na apresentação da cantora estadunidense Beyoncé (1981-) no Rock in Rio, em 2013; foi incluída nos vídeos oficiais da emissora de televisão BBC sobre a Copa do Mundo de Futebol, em 2014, no Brasil; e foi apresentada na abertura das Olimpíadas do Rio de Janeiro, em 2016. Em 2018, foi considerada patrimônio cultural imaterial do Rio de Janeiro.

Leia excertos de um texto sobre a dança do passinho publicado em um *site* de notícias voltado para questões que afetam as comunidades cariocas. Em seguida, leia o depoimento de um dos jovens praticantes da dança do passinho em uma reportagem publicada sobre o documentário *A batalha do passinho*.

flash mob: apresentação em grupo que ocupa um espaço público sem aviso prévio, de forma repentina e rápida. O intuito é criar um momento de ruptura do cotidiano e chamar a atenção para uma temática específica.

Diário de bordo

Durante a leitura dos textos, registre no diário de bordo palavras ou expressões que apoiem a sua compreensão ou os pontos que você quer propor para discutir com a turma.

Estigmatização da cultura do *funk*

Porque o passinho é tipicamente dançado ao som do *funk* carioca, a dança recebeu muito do estigma associado ao estilo musical. *Funk* carioca, uma fusão das batidas do *funk* norte-americano e ritmos afro-brasileiros originado nos anos 70 e 80, enfrentou criminalização e críticas por ser associado a músicas cujas letras ultrapassam os limites do senso comum ao retratar violência, drogas e referências sexuais. Muitos artistas dizem que estão falando sobre a sua realidade e apontam para outros gêneros musicais que também incluem temas tabus, mas que não enfrentam reações com a mesma magnitude. Para muitos, a criminalização do *funk*, e por extensão a criminalização do passinho, é uma expressão da criminalização da pobreza.

[...]

Passinho e mudanças sociais

Acredita-se que o passinho é capaz de ajudar a amenizar a tensão entre diferentes favelas, uma vez que os dançarinos têm a capacidade de ultrapassar barreiras que separam territórios comandados por traficantes rivais. O passinho dá aos praticantes uma afirmação do seu valor enquanto indivíduos.

Para os dançarinos do passinho, ele dá a jovens homens negros, o grupo demográfico mais propenso a ser vítima de violência policial e coerção ao mundo do tráfico de drogas, um refúgio da violência e meios alternativos de ganhar status e dinheiro. O passinho tem um cunho político inerente através da afirmação do orgulho da cultura negra e da favela em um país que historicamente estigmatiza ambos.

Também inerente ao movimento do passinho é o senso de comunidade e pertencimento. Muitos dançarinos referem-se aos seus colegas como "família" e os mais veteranos possuem um sentimento de responsabilidade como guias da próxima geração, não somente na dança, mas em suas escolhas de vida.

Saiba+

Assista ao vídeo desse *flash mob* (2min 39s), disponível em: https://www.youtube.com/watch?v=O0EqgLk_wc8 (acesso em: 3 fev. 2022), e observe a integração dos violoncelistas com os dançarinos de passinho.
Para assistir a outro vídeo com *flash mob* de passinho (2min 23s), acesse: https://www.youtube.com/watch?v=Aq0Bixcd94I (acesso em: 27 abr. 2022).

O passinho também ajudou a romper o sexismo dentro da comunidade da dança. Ele criou um espaço para homens mostrarem suas habilidades na dança, desafiando a noção preconcebida de que apenas mulheres podem fazer apresentações de dança. Os movimentos divertidos e unissex da coreografia também permitem que os homens desafiem a expectativa de demonstrações de hipermasculinidade.

Essa desconstrução de regras de gênero indiretamente abriu a possibilidade para artistas mulheres entrarem em cena e usarem o funk e o passinho como meios de empoderamento. Inicialmente, quando dançarinas entravam no passinho, elas enfrentavam discriminação e exclusão. Embora garotas estivessem envolvidas em batalhas de passinho desde 2012, havia uma regra implícita que dizia que um homem não podia perder para uma mulher.

Mario Tama/Getty Images

Jovens de comunidades cariocas participam de batalha do passinho, Rio de Janeiro (RJ), 2015.

Em 2015, finalmente, foi criada para as meninas uma categoria própria na Batalha do Passinho da Cidade Alta, uma vitória para aquelas que esperavam por reconhecimento em um estilo dominado pelos homens.

[...]

CRONIN, Sarah. A história do passinho e sua chegada às Olimpíadas de 2016. *RioOnWatch*, 20 ago. 2016. Disponível em: https://rioonwatch.org.br/?p=21737. Acesso em: 27 abr. 2022.

A seguir, acompanhe o depoimento de Cebolinha, um jovem carioca que difunde a dança do passinho e que está no documentário *A batalha do passinho*:

[...] "O passinho é a minha arte, a minha profissão. Dou aulas e faço até alguns shows. A dança já me levou até para fora do país. Participar do filme contando um pouco sobre a nossa história, a nossa luta, é muito gratificante", disse Cebolinha, que acrescentou ainda que espera que o passinho seja eternizado. "Quero que passem cem anos e ainda lembrem do nosso trabalho. Com o filme, a nossa arte ficará eternizada nas imagens e também na memória das pessoas [...].

SOARES, Renata. 'Passinho' vira filme e mostra expansão da cultura funk no Rio. *G1*, 2 out. 2013.

Você apreciou duas formas de inserção de jovens em práticas de dança. Na primeira, eles participaram de um projeto de dança coordenado por Ivaldo Bertazzo. Nesse projeto, os jovens tiveram a oportunidade de participar de um corpo de dança e produzir espetáculos. Na segunda, eles criaram grupos e coletivos de dança por conta própria e passaram a se apresentar em espaços urbanos e culturais da cidade. Essas experiências conectam-se porque ambas trazem possibilidades de ampliar reflexões sobre a dança e práticas com ela, chamando a atenção para diversos pontos, como a relação entre a dança e a condição juvenil, permeada por marcadores sociais de um lado e a dança como forma de expressão subjetiva de outro. É importante perceber que conhecer perspectivas de aprendizagens da dança que valorizam o sujeito dançante e seus processos de criação traz possibilidades de emancipação e de reflexão crítica para as práticas de dança que você aprecia e cria.

3. Depois da leitura dos dois textos, reflita sobre as seguintes questões e discuta suas percepções com os colegas:

a) Marcadores sociais (por exemplo, a classe social, o gênero, o local de moradia e a cor da pele) afetam o modo como as práticas corporais são inseridas na sociedade?

b) Você identifica essa questão em outras práticas de dança? Quais?

c) Em algum momento você experimentou ou testemunhou preconceitos ou discriminações, de qualquer natureza, em suas práticas corporais ou de pessoas com quem você convive? O que isso significou para você?

d) Você acha que há diferenças entre o reconhecimento de uma dança criada pelos jovens e uma dança trazida por projetos sociais? Qual delas tem mais chance de ser legitimada socialmente? Por quê?

Experimentação Criação e identificação de estilos de dança das culturas juvenis

1. Forme um grupo com mais três ou quatro colegas e conversem sobre estilos musicais e de dança de que vocês gostam. Depois, escolham uma música e preparem alguns passos para apresentar aos colegas sem que eles saibam o estilo ou a música que vocês escolheram.
2. Então, apresentem os passos sem a música e sem dizer nada, como em uma sessão de mímica, para que o restante da turma adivinhe o estilo e/ou a música.
3. Quando finalizarem as apresentações e adivinhações, conversem sobre a atividade: Quais gestos, expressões e movimentos possibilitaram a identificação do estilo?
4. Registrem as apresentações em foto ou vídeo, por exemplo, e guardem os registros no **Portfólio**.
5. Após a conversa, experimentem, com músicas, todas as danças trazidas pelos grupos. Cada grupo fica responsável por ensinar aos demais os passos da dança que apresentou, mas sem a preocupação de dançar perfeitamente. O intuito é brincar, interagir e experimentar diferentes estilos de dança.
6. Ao final, converse com os colegas sobre os sentimentos que a atividade gerou. Para a conversa, sigam as questões propostas:

a) Há pessoas que se sentem tímidas para dançar ou acham que não sabem dançar?

b) Que estratégias vocês utilizaram para aprender e ensinar os passos das danças apresentadas?

c) O grupo criou um clima de colaboração para que todos participassem sem se sentirem constrangidos ou envergonhados?

d) Todos se envolveram na atividade?

e) Retome a discussão dos textos e converse com os colegas sobre as possíveis influências de marcadores sociais, como classe social, cor da pele e gênero, no reconhecimento social, nos preconceitos e nos estereótipos relacionados às danças escolhidas e experimentadas na aula.

Diário de bordo

Anote no diário de bordo as suas opiniões, impressões e pontos da discussão que achou relevantes.

As contribuições do coreógrafo Ivaldo Bertazzo

Para Ivaldo Bertazzo, todas as pessoas são seres dançantes, mas no processo de aprendizagem da dança é preciso favorecer a consciência corporal e o refinamento de gestos e movimentos por meio de experimentações e estudos. Para ele, a consciência dos movimentos na dança possibilita novos modos de estar e se posicionar no mundo, permitindo que as pessoas desenvolvam as próprias potencialidades gestuais para a vida. O gesto dançante nasce da individualidade dos cidadãos dançantes e não da mera cópia de gestos ou técnicas exteriores ao sujeito.

O coreógrafo afirma que o corpo é o nosso primeiro instrumento de conhecimento e transformação. Ele viajou o mundo para pesquisar danças de diferentes culturas a fim de incorporar gestos diversificados em seus trabalhos. Em seus projetos, consciência corporal e expressividade tornaram-se mais importantes do que gestos codificados repetidos à exaustão pelos bailarinos.

O coreógrafo rompeu com a visão de que a dança só pode ser praticada por pessoas que dominam a técnica. Para isso, ele utiliza conhecimentos da biomecânica do aparelho locomotor humano para criar exercícios e experiências de dança que favoreçam a ampliação da consciência corporal dos praticantes, sejam eles jovens, sejam adultos ou idosos. Mais importante do que a busca por estética corporal, o movimento consciente permite compreender a relação entre todas as partes do corpo e suas combinações, respeitando a diversidade dos corpos.

Ações cotidianas, como caminhar, sentar-se, pegar objetos, subir e descer escadas, que realizamos de forma automática todos os dias, precisam ser observadas. Como pisamos e como usamos a nossa coluna vertebral, nossos ossos, músculos e nossas articulações? Prestar atenção em nossos gestos permite que possamos ter mais conforto e prazer, tanto nas ações cotidianas quanto nas práticas corporais, como a dança.

Se nos movimentamos apenas de forma automática e sem consciência corporal, perdemos a possibilidade de refinar e aperfeiçoar os nossos gestos. Para isso, é preciso estabelecer contato consciente com nossos gestos cotidianos: reparar como usamos nossos apoios, nosso alinhamento postural e como cada parte do corpo se relaciona com a outra. Esse trabalho de consciência corporal pode ser realizado com o uso de objetos e ações simples, como você vai experimentar logo a seguir.

Ivaldo Bertazzo durante uma de suas aulas. O coreógrafo está em primeiro plano na foto, vestido de preto.

4. Reflita sobre as questões a seguir e registre suas ideias e observações no diário de bordo.

a) Você observa seus gestos cotidianos? De que maneira?

b) Como é a sua postura na escola e em casa?

c) Nos próximos dias, procure prestar mais atenção nas sutilezas de seus gestos cotidianos: execute-os de forma mais lenta e preste mais atenção nas sensações que eles geram.

Diário de Bordo

Além de anotar em seu diário de bordo as suas ideias e observações sobre as perguntas apresentadas, registre também as percepções que surgiram ao prestar atenção em seus gestos cotidianos, o que você observou a respeito desses gestos e a sensação que eles geram.

Experimentação Apoio dos pés

Se possível, consiga uma bolinha de borracha pequena ou uma bolinha de tênis e posicione-a abaixo do calcanhar de um dos pés. Use o peso do corpo para pressioná-la e vá movimentando a bolinha até que ela perpasse toda a sola do pé, chegando à extremidade onde os dedos se articulam com o metatarso. Então, pressione a bolinha até o limite que conseguir, mas sem sentir dor; para algumas pessoas, a pressão da bolinha pode causar desconforto ou até dor, então fique atento para respeitar o seu limite e não se machucar.

Sinta como a musculatura da sola do pé relaxa e se abre. Após explorar toda a sola do pé com a bolinha, coloque o pé de novo no chão e compare os apoios que ele oferece com os apoios do pé que ainda não foi ativado pelo exercício. Repita todo o processo no outro pé. Para finalizar, avalie como você sente o corpo e a distribuição do peso nos pés e nas pernas depois da experiência.

Rudolf Laban: um método de conhecimento corporal e criação de gestos

O coreógrafo e pesquisador húngaro Ruldof Laban (1879-1958), que você também vai estudar aqui, integrando e complementando suas aprendizagens, é outra referência importante para pensarmos novas formas de aprender dança.

Para Laban, a dança é um processo criativo, no qual exploramos as qualidades expressivas do corpo e do movimento. Os gestos cotidianos podem se transformar em dança quando exploramos as suas qualidades. Para ele, os gestos têm uma dimensão tangível, de execução e alcance de objetivos, como pegar um objeto no chão, e uma dimensão intangível, ou seja, a forma como nos movimentamos em termos de fluência, velocidade, ritmo e peso.

É justamente na dimensão intangível que a dança criativa acontece, trazendo expressividade aos gestos da dança. Para percebê-la, Laban propõe o estudo e a prática de quatro elementos do movimento:

planos: referem-se a diferentes alturas nas quais os gestos podem ser executados.
níveis: referem-se à dimensão do espaço em termos de recorte horizontal, vertical e de profundidade.

Espaço: os **planos** do movimento do corpo e suas partes; os **níveis** (alto, médio e baixo) que utilizamos para nos mover; as direções e os contrastes espaciais do movimento.

Força ou peso: os níveis de esforço que usamos em cada movimento (forte, passivo, leve, fraco, pesado).

Tempo: envolve ritmo, pulso, duração, velocidade.

Fluência: movimentos fluidos ou pausados, recortados.

Saiba+

Para conhecer alguns exercícios de alongamento do coreógrafo Ivaldo Bertazzo, acesse: https://casa.abril.com.br/bem-estar/conheca-o-metodo-de-alongamento-de-ivaldo-bertazzo (acesso em: 27 abr. 2022).

Experimentação Explorando movimentos

Com o professor e os colegas, explore possibilidades de movimento ao ritmo de músicas de estilos diversificados.

1. Em pé, explore movimentos articulares das diferentes partes do corpo, realizando um aquecimento leve. Comece pela cabeça: Quais movimentos você consegue realizar para a frente e para trás, para os lados e na diagonal? Desça para os ombros: O que é possível fazer movimentando apenas essa parte do corpo?
2. Siga para os braços: Quais movimentos são possíveis de executar usando os cotovelos e os punhos, por exemplo? Explore também o que é possível fazer com as mãos: Como elas podem dançar?
3. Siga explorando movimentos do tronco, dos quadris, joelhos e pés, sempre procurando descobrir as múltiplas possibilidades de cada articulação.
4. Em seguida, combine os movimentos articulares com deslocamentos pelo espaço. Individualmente, explore caminhar para a frente, para trás, para os lados, na diagonal e em círculos e escolha uma ou mais articulações para compor seus gestos ao se deslocar. Não há certo e errado, não há regras predefinidas; o importante é a liberdade de expressão. As possibilidades são infinitas.
5. Se possível, registre em fotos, por exemplo, os movimentos explorados por vocês. Guarde os registros em seu **Portfólio**.
6. Lembre-se de observar os movimentos dos colegas e explorar também algumas possibilidades que eles descobriram. Depois, conversem sobre a vivência:
   a) Como foi a experiência de explorar possibilidades livres de movimentos dançantes pensando apenas em conhecer o próprio corpo? O que você sentiu?
   b) Em sua opinião, é possível usar essas experiências de experimentação e diversificação de movimentos em danças das culturas juvenis que você conhece? Por quê?

Diário de bordo

Anote em seu diário de bordo as conversas que teve com os colegas sobre essa vivência, o que sentiu enquanto explorava os movimentos e o que observou durante a experimentação.

Laban comparava a composição de gestos da dança à composição da linguagem oral. Assim como as palavras são formadas por letras, os gestos são formados por elementos de espaço, tempo, esforço e fluência. Na técnica de dança criativa não há estilo preconcebido; pratica-se toda a gama de gestos a partir da combinação de elementos. Para explorar os elementos, é necessário perguntar-se:

De onde provém o impulso do movimento?

Que espaços cada parte do corpo alcança?

Que trajetórias os movimentos criam no espaço?

Laban considerava as sessões de dança como experiências de estudo dos gestos e propunha a experimentação diversificada de práticas de criação em dança utilizando os elementos tempo, espaço, peso e fluência combinados com oito gestos básicos: socar ou arremeter, dar lambadas leves ou chicotear, pressionar, flutuar, dar toques ligeiros ou pontuar, cortar o ar, torcer, deslizar.

Experimentação Movimentos cotidianos

Com os colegas, escolha uma música e explore, no ritmo dela, gestos cotidianos com diferentes partes do corpo. Lembre-se dos elementos do movimento descritos por Laban – espaço, tempo, fluência e peso – e desloque-se pelo espaço incluindo gestos inspirados em atividades do seu dia a dia, como lavar e pendurar roupas, escovar os dentes, usar o computador ou celular, levantar-se da cama, sentar-se, preparar comida e usar o transporte público.

A ideia é não se prender à imitação literal dos gestos, mas trazer elementos dançantes e variações estéticas dessas ações. Também é possível criar variações do exercício e inserir gestos ligados a profissões, atividades culturais e artísticas, por exemplo.

Registre a sua pesquisa e os movimentos explorados; depois, guarde suas anotações no **Portfólio**.

Diário de bordo

Ao final dessa experimentação, registre no diário de bordo as sensações e as descobertas durante o momento em que você explorou os movimentos.

Técnicas para elaborar um roteiro de perguntas

Você pode utilizar as seguintes estratégias:

1. Selecione alguns tópicos para que os participantes façam livres associações por meio de uma expressão ou palavra-chave. Então, peça a eles que respondam o que acham sobre aquele tema ou o que relacionam com ele. Por exemplo: gestos cotidianos, sociedade e dança, expressões corporais das culturas juvenis.
2. Selecione imagens que apresentem alguns temas relacionados à pesquisa, como jovens em movimentos cotidianos e pessoas dançando, e peça aos participantes que falem sobre essas imagens.
3. Crie algumas questões referentes ao tema e peça aos participantes que respondam apenas com gestos.

Grupo focal

O grupo focal é uma estratégia de entrevista na qual grupos de seis a dez pessoas discutem um tema (foco) social a partir da perspectiva de cada sujeito e da interação entre eles. A utilização de entrevistas em grupo focal é bastante disseminada na pesquisa social, pois tem a vantagem de fornecer ao pesquisador diferentes ângulos e pontos de vista sobre o tema em foco. Cada participante, ao ouvir a opinião do colega, pode trazer ideias complementares ou diferentes, somando elementos à discussão colocada em pauta. Em grupo, as pessoas geralmente são mais inclinadas a acolher novas ideias. Além disso, a interação em grupo é uma situação próxima do dia a dia, por isso permite que as entrevistas sejam mais naturais. Outra vantagem é que o nível de envolvimento emocional tende a ser maior na entrevista em grupo do que em uma entrevista individual. Essa estratégia de pesquisa é interessante em processos colaborativos de produção de conhecimentos, pois mais vozes são ouvidas.

A pesquisa em grupo focal vai apoiar a conexão entre a sua produção, a gestualidade de culturas juvenis e questões importantes para os jovens da região em que vive na criação da dança. Ao longo da unidade, você investigou gestos e movimentos que compõem o seu cotidiano e contextos social e cultural. Agora, a ideia é expandir essas questões para diferentes olhares e pontos de vista para que a criação final tenha uma potência estética mais ampla e conectada com a comunidade escolar.

Para desenvolver a pesquisa, você deverá formar um grupo com mais cinco ou seis colegas e definir, junto com eles, os objetivos da entrevista, elaborando um roteiro de questões relacionadas ao trabalho na unidade. Lembre-se de que o intuito da entrevista é pesquisar as experiências gestuais de outros estudantes da escola, mas o foco é o grupo que vai definir. Por exemplo: gestos dos adultos que incomodam os jovens, gestos mais usados no cotidiano, gestos que o grupo considera importantes para a expressão de sentimentos, gestos que ilustram atividades que o grupo gosta de fazer. Depois de definir esse foco, elaborem questões para apoiar a interação com os participantes do grupo focal.

Depois de realizado o planejamento da entrevista em grupo focal, você e os colegas vão convidar de seis a dez estudantes de 14 a 18 anos para compor o grupo focal. É importante que haja equilíbrio de gênero e que os estudantes sejam de turmas escolares variadas, para haver maior representatividade. Procurem evitar compor um grupo só com participantes com pontos de vista muito próximos ao de vocês.

Ao convidarem os participantes, expliquem o objetivo da pesquisa e agendem uma data e um horário para a conversa. O tempo médio para esse encontro deverá ser de uma hora e trinta minutos, não devendo ultrapassar duas horas, para não ficar muito cansativo.

Para o dia da conversa, você e os colegas devem preparar uma ficha que cada participante deve preencher, contendo espaços para nome, idade, gênero, bairro em que reside, atividades extraescolares que realiza e outras informações que vocês considerarem relevantes.

Durante a realização do grupo focal, você e os colegas devem escolher um ou dois representantes que vão atuar e interagir como mediadores e fazer as perguntas aos participantes. Os demais integrantes do grupo podem atuar como observadores responsáveis por fazer registros escritos sobre os gestos e os movimentos que compõem os discursos não verbais.

Técnicas para mediar um grupo focal

Você pode utilizar as seguintes estratégias:

1. Apresentar-se aos participantes e retomar a temática e os objetivos da discussão do grupo.
2. Solicitar a cada participante que se apresente brevemente.
3. Agradecer a participação de cada um.
4. O moderador deve encorajar e estimular a participação ativa de todos os presentes, ressaltando que não há resposta certa ou errada.
5. Zelar e garantir que todas as interações sejam respeitosas, democráticas e éticas, recusando qualquer forma de preconceito e discriminação.
6. Estimular a conciliação de ideias e opiniões caso alguma divergência surja entre os participantes.
7. Estimular os participantes a comentar uns as falas dos outros para favorecer a colaboração.
8. Manter o foco de todo o grupo, cuidando para que a discussão não se desvie muito do tema proposto.
9. Terminada a participação, o moderador deve agradecer a todos pela participação.

Já os observadores devem anotar tudo aquilo que se destaca nos discursos verbais, mas, principalmente, o que observarem nos discursos não verbais, ou seja, nos gestos e nos movimentos dos participantes. Lembrem-se de que esse material fará parte de uma criação cênica sobre as culturas juvenis. Por isso, registrem tudo em folhas à parte e guardem-nas para uso futuro.

Depois da realização do grupo focal, voltem a se reunir em grupo e descrevam, também em folhas à parte, pontos fortes e marcantes do processo. Procurem registrar a diversidade de opiniões, considerando também pontos divergentes e como foram trabalhados durante o grupo focal.

A intencionalidade na dança (Arte)

Riso é uma criação do Núcleo key zetta e cia. e dá forma ao riso como acontecimento no corpo. Para o desenvolvimento desse trabalho, o grupo perguntou-se o que acontece nos corpos e no espaço quando o riso se propaga. E, a partir dessa questão, eles perceberam que o corpo, o riso, a dança e o humor encontram nuances variadas e se afirmam como formas de resistência. Durante as apresentações, o riso e os movimentos dos artistas invadem os corpos dos espectadores, e vice-versa, possibilitando que o riso se alastre rápida e continuamente. O Núcleo key zetta e cia. é dirigido pela diretora, coreógrafa e dançarina Key Sawao e por Ricardo Iazzetta, formado na The Juilliard School, em Nova York, Estados Unidos, e em práticas orientais de movimento. Para potencializar os processos artísticos, o grupo agrega outros dançarinos e artistas, promove diálogos e pesquisas em dança e possíveis inter-relações com outras áreas do conhecimento.

Ines Correa/https://mitsp.org

Cena do espetáculo *Riso*, do Núcleo key zetta e cia., 2017.

Saiba +

Assista ao clipe do espetáculo *Riso*, do Núcleo key zetta e cia.

Riso (2min 42s). Disponível em: https://www.youtube.com/watch?v=q7hXAPSVTcQ. Acesso em: 27 abr. 2022.

1. Observe a imagem e assista ao vídeo. Em seguida, faça as seguintes atividades:

a) Escreva no diário de bordo o que acontece nos corpos e no espaço quando alguém ri.

b) Com o restante da turma, posicione-se em um círculo, de modo que todos possam se ver o tempo todo. Comecem a rir e deixem-se contaminar pelas risadas uns dos outros. Mantenham essa proposta por cinco ou dez minutos. Enquanto estiver rindo, perceba como o seu corpo reage ao riso e como o riso do outro provoca ou não o seu riso. Conversem sobre as seguintes perguntas: O que o riso pode expressar? O que o riso pode comunicar?

Diário de bordo

Além de escrever no diário de bordo o que acontece nos corpos e no espaço no momento em que alguém ri, faça anotações sobre as suas sensações relacionadas à atividade do riso feita com a turma. Escreva também as reflexões e as respostas que surgiram com base nas duas perguntas do item **b**. Ao final dessa experimentação, registre no diário de bordo as sensações e descobertas durante o momento em que você explorou os movimentos.

Album/Fotoarena/www.fotoarena.com.br

Frame do filme *Pina*, dirigido por Wim Wenders, 2011 (Alemanha, 106 min).

A imagem acima é do filme *Pina*, de 2011, do cineasta alemão Wim Wenders (1945-). A obra é um documentário cinematográfico em 3D sobre a trajetória artística da bailarina, coreógrafa e diretora alemã Pina Bausch, artista mencionada anteriormente nesta unidade.

2. Observe a imagem e responda:

a) Onde os artistas estão? Que tipo de relação eles estabelecem entre si?

b) Que sensação lhe causa ver uma mulher apoiando um homem em suas costas e outra mulher olhando a cena de longe? Por quê?

c) Em sua opinião, o que se pode discutir sobre as relações afetivas a partir dessa imagem? O que você acha que é necessário em uma relação afetiva?

As criações de Pina Bausch junto à sua companhia, a Tanztheater Wuppertal, basearam-se no cotidiano, nas experiências de vida dos bailarinos e em informações coletadas nos diferentes lugares por onde viajaram em suas turnês. Da sua passagem pelo Brasil, a artista criou o espetáculo *Água*, de 2001, um olhar breve e estrangeiro sobre o país, em que reúne impressões de uma artista sensível sobre a diversidade cultural brasileira, partindo de uma perspectiva europeia.

Cenas do espetáculo *Água*, de Pina Bausch, 2002.

O espetáculo *Água*, de Pina Bausch, foi construído de forma colaborativa com os bailarinos e a equipe, como aconteceu com muitos trabalhos da coreógrafa.

3. Observe as imagens do espetáculo *Água* e responda às questões:

a) Que aspectos do Brasil parecem ter chamado mais a atenção da artista? Por quê?

b) Em sua opinião, esses aspectos são importantes para refletir sobre o Brasil? Por quê?

c) Se você fosse eleger elementos principais da história, geografia, cultura e sociedade brasileiras, quais você escolheria? Por quê?

Os espetáculos de Pina Bausch costumavam ser desenvolvidos de forma colaborativa, ou seja, por meio de uma estrutura horizontal, na qual todos os envolvidos se colocavam, compartilhavam experiências, propunham e debatiam suas ideias. O que mais interessava a Pina Bausch não era como os artistas se moviam, mas o que os movia. A dança é um ato de intencionalidade do corpo para expressar e comunicar sentimentos, ações, pensamentos, conceitos, julgamentos, entre outros. Durante a dança, movimentos e percepções das próprias experiências de vida são processados de maneira a expandir imagens e sentidos. O corpo e o ambiente são correlacionados e corresponsáveis um pelo outro; assim, o dentro e o fora do corpo são indissociáveis. Por isso, a dança trabalha com o que é interno e externo ao corpo, simultaneamente.

Pina Bausch atualizou o conceito de dança-teatro, uma herança de Rudolf Laban e do trabalho dele.

Corpo e movimento

Como visto anteriormente, Rudolf Laban foi um bailarino, coreógrafo e educador que desenvolveu um sistema de movimento. Laban desenvolveu grande parte do seu trabalho na Alemanha, mas seus estudos atravessaram fronteiras geográficas e momentos históricos, estando presentes até os dias de hoje e pautando inúmeros processos de pesquisa, criação, ensino e aprendizagem em dança.

Laban questionou e criticou premissas, como a de "perfeição", rigidez técnica ou mecânica, substituindo-as pela noção de expressão criativa. Os elementos propostos e desenvolvidos por Laban tratam os movimentos de uma maneira ampla. Na pesquisa de movimento, é possível reconhecer esses elementos, identificar os que estão sendo priorizados, fazer escolhas entre isolar, associar, sobrepor, fragmentar, destacar, concatenar, etc. São infinitos os caminhos para acioná-los, mesmo porque Laban não propôs um modelo de trabalho, mas elementos que podem ser explorados amplamente.

Lebrecht Music Arts/Bridgeman ImagesBridgeman Images/Easypix Brasil

Rudolf Laban.

Experimentação Qualidade de movimento

Com a turma, escolha um lugar amplo na escola para realizar esta proposta.

1. Dividam-se em quatro grupos e sorteiem um elemento do movimento corporal – tempo, peso, espaço e fluência – para cada grupo.
2. Então, cada grupo deve desenvolver esse elemento e suas qualidades de movimento por meio da ação de andar. Todos do grupo precisam prestar atenção e manter o andar sob a mesma qualidade de movimento.

   Quem pegar "tempo" vai precisar variar o andar entre o rápido, lento, crescente e decrescente. Quem pegar "peso", vai experimentar andar firme e suave.
   No caso do "espaço", será em deslocamentos por meio de retas, curvas, com passos curtos ou longos.
   E quanto à "fluência", o andar será contínuo, com pausas, intermitente. Em todos, o andar pode ser para a frente, para trás, de lado, etc.
3. Depois da atividade prática, reflita e converse sobre a experiência com o restante da turma seguindo questões como estas: Como foi realizá-la? Como era estar atento a si e ao mesmo tempo ao outro para conseguir conciliar os elementos do movimento? Você estava mais atento a si ou ao outro? Em sua opinião, no grupo você era mais conduzido ou era quem mais conduzia?
4. Fotografe ou filme o momento da experimentação, os diferentes gestos, movimentos e deslocamentos que fizeram. Guarde os registros em seu **Portfólio**.

Diário de bordo

Anote em seu diário de bordo as reflexões que você fez a respeito das questões que surgiram, assim como as suas impressões sobre essa atividade de experimentação.

Dança: expressividade e comunicação

Reprodução/Acervo Grupo X de Improvisação em Dança

Cena do espetáculo *Se você quiser...*, do Grupo X, Salvador (BA), 2018.

A expressividade em dança depende de uma troca constante entre as experiências pessoais e coletivas. Por isso, não há uma técnica ou um método indispensável à dança: cada um desenvolverá certos elementos em prol de outros e, desse modo, trará entendimentos diversos sobre o mundo. A improvisação é um meio de investigação da expressividade do corpo e do movimento, assim como a exploração dos sentidos e a percepção das transformações do corpo em cada situação.

O trabalho *Se você quiser...*, do Grupo X, integra componentes da história do grupo, reunindo elementos de espetáculos anteriores, da memória dos dançarinos e da interação com o público. Ele foi criado para ambientes externos e conta com improvisações, possibilitando que os intérpretes-criadores reconfigurem o trabalho em tempo real, a partir dos encontros com os espectadores e com o espaço.

O Grupo X de Improvisação em Dança foi fundado em 1998, como projeto de extensão da Escola de Dança da Universidade Federal da Bahia (UFBA), pelos professores Fafá Daltro e David Iannitelli. O grupo desenvolve pesquisa acadêmica e criação artística, focando na improvisação cênica como eixo condutor da dança e em questões relacionadas à acessibilidade. A improvisação em dança pode acontecer sem acordos prévios, cujo fim é a própria experimentação, ou com acordos anteriormente definidos, quando se escolhem algumas condições e regras para a improvisação, podendo-se almejar muitos objetivos diferentes, como desenvolver estudos do corpo e do movimento para, com base neles, compor uma dança.

Experimentação Partilha do movimento

Observe a imagem que traz a cena do espetáculo *Se você quiser...*, do Grupo X, exibida anteriormente. Forme um grupo com mais três ou quatro colegas para trocar experiências sobre dança. Nesse grupo, certamente há movimentos e gestos que todos conhecem. Escolham alguns deles, selecionem uma música e organizem uma pequena dança que integre esses diferentes movimentos e gestos. É uma oportunidade de vocês desenvolverem seus conhecimentos de forma ativa e por meio da troca com os colegas.

O desafio é construir essa dança unindo as experiências de movimento de todos os integrantes do grupo, que inclusive podem ser ações cotidianas, como aquelas que você realiza em casa, na escola e em outros lugares que frequenta.

Organizem a dança como quiserem; não é necessário que todos façam tudo igual e ao mesmo tempo, mas todos devem participar dos movimentos escolhidos e experimentá-los. Quando tudo estiver planejado, apresentem a dança ao restante da turma e conversem sobre a experiência seguindo as questões:

Há movimentos comuns entre vocês? De que contextos eles vêm?

Determinado movimento é igual para todos que o realizam? Por quê?

O que você identificou de comum e de diferente nas formas de se mover mesmo quando partiam de uma mesma referência?

Diário de bordo

Ao final das discussões, anote suas impressões e ideias no diário de bordo.

Para que uma dança comunique algo, é preciso que atinja o espectador e crie sentidos para ele. O significado de um trabalho não está fechado; o artista é impulsionado por questões inspiradoras, mas não tem o domínio de tudo o que a sua criação pode gerar. A arte tem a capacidade de expandir ou até mesmo de se deslocar de uma ideia inicial, pois depende das interpretações dos espectadores. Por esse motivo, a arte atravessa fronteiras e épocas com facilidade. Ainda assim, faz diferença quando o espectador tem alguma familiaridade com o contexto de um trabalho artístico. Obviamente, mesmo sem conhecer algum código de dança, é possível para o espectador ter sensações e imagens no contato com a obra artística, mas quanto maior for a aproximação com a linguagem, com os processos de pesquisa e criação, maior será a interação do espectador com a obra.

A Cia. de Dança Passinho Brazil, do Rio de Janeiro (RJ), surgiu de um projeto para a realização de um espetáculo de dança urbana e acabou desenvolvendo uma linguagem particular que legitimou o passinho como manifestação urbana carioca, como visto anteriormente. O passinho é constituído por referências do frevo, da capoeira, do *breaking*, do samba, do pagode, entre outros ritmos e danças afro-brasileiras marcados pela percussão.

Anderson Freire/Acervo do fotógrafo

Cenas do espetáculo *Favela digital*, da Cia. de Dança Passinho Brazil, no Recife (PE), 2017.

Reprodução/Instagram @passinhobrazil

A Cia. de Dança Passinho Brazil, do Rio de Janeiro (RJ), desenvolveu uma linguagem particular que legitimou o passinho como manifestação urbana carioca.

4. Observe as imagens da Cia. de Dança Passinho Brazil e responda às questões:

a) Você reconhece, na dança do passinho, algumas referências que fazem parte de suas experiências em dança? Se sim, quais?

b) Que outras referências em dança você conhece?

Nas imagens da Cia. de Dança Passinho Brazil, é possível ler a frase "e eu falo pra vocês". Isso lança um problema: O que eles nos dizem? É possível responder a essa pergunta fazendo uso de estratégias pautadas no raciocínio lógico. Para isso, alguns procedimentos para decompor a cena serão sistematizados: reconhecer padrões, resolver a questão e analisar todo o processo, de modo a elaborar um pensamento crítico sobre ele. Com isso, além de apreciar e fruir as cenas de forma mais profunda, você poderá relacioná-las com outras experiências e construir e aprofundar conhecimentos.

Saiba+

Assista ao espetáculo *Favela digital*, da Cia. de Dança Passinho Brazil, disponível em: https://youtu.be/8gffw75oiow (5min 20s). (acesso em: 26 maio 2022).

5. Em dupla, sigam as etapas e anotem as informações no diário de bordo.

a) Observem as imagens da Cia. de Dança Passinho Brazil e, se possível, assistam ao vídeo indicado no boxe **Saiba+**, separando e descrevendo os seguintes componentes da cena: corpo, movimento e espaço. Anotem tudo o que identificarem e acharem relevante para a análise e compreensão do espetáculo, por exemplo: quem são os bailarinos; como estão vestidos; que movimentos e gestos fazem e de que forma; como se distribuem no espaço; etc. Para compreender o problema apresentado, é fundamental distinguir as informações que a cena oferece.

b) A partir das descrições realizadas, façam o exercício de reconhecer alguns padrões nos corpos, nos movimentos e no espaço. Por exemplo: Vocês percebem uma sensação geral de entusiasmo na cena? Ou percebem que eles realizam movimentos semelhantes, mas que também ressaltam características pessoais? Façam isso com o máximo de elementos que puderem identificar.

c) Com base nas informações selecionadas no item **a** e no reconhecimento de certos padrões nas cenas feito no item **b**, procurem responder à pergunta inicial: O que eles nos dizem? Para isso, elaborem um texto que apresente os elementos observados, a escolha de alguns deles e o raciocínio que levou vocês a essa conclusão. Incluam sensações, imagens, pensamentos e sentimentos perante essas cenas.

d) Ao finalizarem, leiam o artigo "Márcia Milhazes e sua arte de sofisticação e rigor", da crítica de dança Helena Katz, disponível em: http://www.helenakatz.pro.br/midia/helenakatz51495298383.pdf (acesso em: 27 abr. 2022). Durante a leitura, observem como os elementos da cena estão correlacionados com a experiência de fruição e com outros saberes de diferentes áreas do conhecimento.

e) Ainda em duplas, retomem o texto que escreveram no item **c** sobre o trabalho da Cia. de Dança Passinho Brazil e desenvolvam uma análise crítica relacionando os aspectos que levantaram de outras experiências e conhecimentos. Para isso, escrevam um texto em que vocês estabeleçam diálogos entre o espetáculo *Favela digital* e outros saberes. Vocês podem, por exemplo, integrar a dança com conteúdos de História, das culturas juvenis, das Ciências Sociais, entre outras. Assim, a Arte é compreendida em sua ampla potência de construção de conhecimento.

f) Para finalizar, formem grupos com seis integrantes, compostos de três duplas, e leiam em voz alta os textos produzidos. Então, discutam as semelhanças e as diferenças dos processos de resolução do problema inicial.

Diário de bordo

Usem o diário de bordo para registrar todas as anotações referentes às etapas realizadas na atividade 5.

Experimentação Juventude na dança

Forme um grupo com mais três colegas e selecionem danças e músicas de que vocês gostem. Então, retomem a pesquisa com entrevistas em grupo focal que vocês realizaram em Educação Física e lembrem-se dos gestos e movimentos que compunham as danças e expressões dos jovens participantes. Releiam suas anotações, reflitam sobre essas danças e analisem em que eventos ou situações acontecem. Então, conversem sobre as seguintes questões:

- O que vocês sabem dessas danças?
- Quais são as origens e referências delas?
- Elas existem em outras cidades?
- São manifestações da cultura brasileira ou de outro país?
- Acontecem de forma diferente e em momentos e lugares distintos?
- Relacionam-se ou representam algum grupo social? Qual?
- Podem caracterizar-se como uma atividade econômica desse grupo? Por quê?
- O que essa manifestação artística expressa e o que comunica sobre a dança brasileira?

Se não souberem responder a alguma questão, em casa, pesquisem na internet, leiam artigos de jornais e revistas, críticas de arte, entrevistas com pesquisadores e artista, etc. e troquem o máximo possível de informações.

Diário de bordo

Anote em seu diário de bordo as conclusões a que você chegou com base nessa experimentação.

Como você já estudou, para que o movimento se torne dança, ele precisa expressar e comunicar algo. Para haver dança é preciso uma capacidade de se autorressignificar continuamente, tanto em quem dança quanto em quem frui. Uma dança é uma produção de conhecimento, pois questiona, reflete, critica, reforça ou propõe outras visões de mundo. Ela expõe atitudes físicas e simbólicas perante a arte e a vida.

É preciso lembrar que, na dança contemporânea, diferentes referências podem se entrecruzar e novos conhecimentos podem surgir dos encontros. É preciso estar atento às crenças em verdades absolutas ou a modos rígidos de pesquisar e criar; o que percebemos depende do que fazemos, do que sabemos que fazemos ou do que desejamos fazer.

Eu elas é um solo de Juliana Moraes (1976-) que busca desconstruir comportamentos tomando por base o questionamento de gestos e posturas considerados femininos no Ocidente, especialmente a partir dos anos 1950. A artista move-se intensamente, acumulando gestos em diferentes partes do corpo e em inúmeras combinações. A maior parte do trabalho transcorre em silêncio, com o corpo criando variações rítmicas por meio de repetições, acelerações e interrupções de ações corporais. De forma exaustiva, ela finaliza a cena provocando uma sensação de sufocamento. Será que a mecanização do corpo feminino sufoca?

Cris Lyra/Flickr

Registro da *perfomance/* ação *Eu elas*, de Juliana Moraes, 2017.

O trabalho aborda a identidade feminina construída em processos complexos de submissão e resistência. Em cena, a intérprete lida, no tempo presente, com as imposições e estratégias de seu corpo perante posturas e gestos que ela aprendeu desde a infância.

Ao longo da vida, aprendemos posturas e gestos que nos categorizam em determinados grupos sociais. Sem nos darmos conta, repetimos esses gestos e posturas constantemente. Também exigimos do outro certas posturas que satisfaçam a representação prévia que temos dele. São configurações definidas por convenções sociais, mas, por serem acordos construídos histórica e culturalmente, são passíveis de transformação ou, ao menos, poderiam ser. Especialmente sobre a ideia de feminino, essa condição é muito forte. Questionar padrões de corpo, de beleza, de postura e de gesto é uma forma de atuar socialmente, respeitando as diferenças e promovendo a autonomia.

Experimentação Reconfigurações do corpo

1. Forme um grupo com mais três ou quatro colegas. Juntos, escolham gestos e movimentos investigados na **Experimentação – Partilha do movimento** e na **Experimentação – Juventude na dança**, ou seja, provenientes de danças vivenciadas por vocês e da pesquisa em grupo focal.
2. Retomem as qualidades de movimentos corporais estudados anteriormente. Experimentem reinventar esses movimentos fazendo-os de modo mais rápido ou mais lento, mais firme ou mais suave, mais controlado ou contínuo; desloquem-se mais ou menos no espaço; façam-nos maiores ou menores do que costumam; criem pausas em momentos inesperados; etc.
3. Depois de ter explorado esses movimentos de várias maneiras, escolham algumas delas para organizar uma dança. Quando tiverem uma versão pronta da dança, perguntem-se: A que ela me remete? Por quê?
4. Intensifiquem imagens, sensações, pensamentos que essa dança lhes provoca, trocando ideias com o grupo até vocês encontrarem um tema e um título para essa dança. Então, mostrem-na aos demais colegas de turma.
5. Ao final, conversem sobre a experiência: O que mudou no movimento? Como foi construir a dança, modificá-la e encontrar sua intencionalidade? Em sua opinião, houve expressão e comunicação nessa dança? Por quê?

O corpo no teatro

Neste trecho, você dará continuidade ao trabalho sobre o corpo em cena, mas agora pelo viés teatral. Também vai estudar como atores preparam e utilizam o corpo de forma expressiva para criar coreografias, personagens, espetáculos e, principalmente, para se comunicarem e interagirem entre si e com os espectadores. Esse conhecimento poderá auxiliar você a perceber, compreender e fazer uso da comunicação corporal, que é responsável por grande parte da forma como transmitimos nossas mensagens durante uma interação presencial com outras pessoas.

Sesc Paraty/https://www.youtube.com

Cena do espetáculo *Café com queijo*, do Grupo LUME, Campinas (SP), 2017.

O grupo LUME (Núcleo Interdisciplinar de Pesquisas Teatrais) foi criado, em 1985, por Luís Otávio Burnier (1956-1995), Carlos Roberto Simioni (1958-), Ricardo Puccetti (1964-) e Denise Garcia (1955-). Os atores do grupo LUME utilizam uma técnica própria, chamada mimese corpórea, baseada em pesquisa e seleção de gestos corporais de pessoas e, com base nessa pesquisa, desenvolvem gestualidades para compor os personagens. A gestualidade e as características vocais das pessoas são observadas e registradas por meio de escritos, fotografias, gravações de áudio e da própria memória dos artistas. Depois, são levadas para a sala de ensaio com o objetivo de serem **teatralizadas** e utilizadas em **colagens cênicas** em que os atores agrupam trechos de depoimentos, ações físicas e vocais para transformá-los em personagens.

Assista a um trecho do espetáculo *Café com queijo*, criado em 1999, disponível em: https://www.youtube.com/watch?v=XhSxaSUK51c (acesso em: 27 abr. 2022). Perceba os detalhes dos gestos, as expressões faciais, a postura dos corpos e a distribuição espacial dos atores. Repare que todos esses elementos cênicos estão dispostos de maneira a colaborar para que se crie um **jogo cênico** acolhedor, emocionante e de troca entre os atores e a plateia.

teatralizar: adaptar gestos, ações e expressões à linguagem teatral de maneira a torná-los representáveis no teatro.

colagem cênica: ação de juntar características vocais e corporais de diferentes pessoas e origens para compor um personagem.

jogo cênico: é aqui entendido como a interação que acontece tanto entre os atores em cena como entre eles e a plateia.

Nesse processo, infinitos arranjos podem ser criados, desde os que se aproximam fielmente a uma pessoa até a elaboração de personagens compostos de elementos oriundos de diferentes pessoas, sempre buscando se distanciar de estereótipos. Paralelamente à composição dos personagens, os atores acionam suas preparações psicofísicas para articular os elementos de seus personagens em um todo orgânico, que deve ser interiorizado por eles, de maneira a evitar a mera repetição mecânica de gestos e vozes, deixando a atuação mais fluida e convincente.

Saiba+

Acesse o *site* http://www.lumeteatro.com.br/repertorio-artistico/espetaculos/cafe-com-queijo para conhecer mais o espetáculo do grupo LUME (vídeo, 2min 02s), (acesso em: 16 maio 2022).

Experimentação Observando padrões corporais

Como visto, parte do trabalho com a técnica do LUME é fazer pesquisa e observação de pessoas em seu cotidiano, procurando perceber a gestualidade corporal e vocal e o padrão comportamental delas.

1. Quando você estiver no intervalo, na saída ou na entrada das aulas, observe alguns dos colegas sem revelar a eles que você os está observando. Faça isso com respeito e ética e, caso alguém se incomode, explique a atividade e procure outras pessoas para observar.
2. Durante essa observação, procure identificar as características de padrão gestual e vocal, postura, biorritmo, e até os comportamentos sutis dos colegas. Observe também o tônus muscular, as formas de olhar, etc. Se achar interessante, retome os elementos de movimento de Rudolf Laban (tempo, peso, espaço e fluência e suas gradações: pequeno/grande, longo/curto, fraco/forte, pesado/leve, etc.) para auxiliar na observação.
3. Registre essas informações na memória e, assim que puder, escreva-as no diário de bordo.
4. No dia indicado pelo professor, converse com o restante da turma sobre o que foi observado.

Diário de bordo

Ao anotar as informações em seu diário de bordo, lembre-se sempre de ser respeitoso, não agir com preconceitos e discriminações e não criar estereótipos.

O corpo e suas interações com outras pessoas, objetos, sons, imagens e sensações são a base do trabalho com o teatro. É por meio dos cinco sentidos físicos (tato, olfato, gustação, audição e visão) que todos nós nos entendemos e nos comunicamos com o mundo à nossa volta.

Desde a década de 1970, a vertente teatral baseada em práticas corporais, chamada por alguns estudiosos de teatro físico, colocou o trabalho corporal do ator como um importante elemento de criação, desvinculando-o da supremacia do texto dramático que, até então, era o condutor do teatro. Dessa forma, o corpo passou a ser um importante meio de produção de simbologias e sentidos na linguagem cênica, gerando processos criativos e espetáculos muito visuais, em que a gestualidade e a movimentação muitas vezes substituem o próprio texto teatral, os cenários e outros elementos de cena.

Muitos artistas, como Laban, Pina Bausch e o próprio grupo LUME, preocuparam-se com a rigidez mecânica dos atores e bailarinos e desenvolveram formas de equilibrar o rigor técnico e a espontaneidade. Entre eles estava o polonês Jerzy Grotowski (1933-1999), considerado um dos principais diretores teatrais do século XX a propor formas de evitar um possível "teatro morto", em que as representações perdessem frescor e vida ao longo das apresentações.

Para Grotowski, equilibrar o binômio técnica-espontaneidade é fundamental para o trabalho do ator, pois é esse equilíbrio, em conjunto com o contato e a interação entre atores e público, que pode gerar um acontecimento teatral dinâmico, vivo, vibrante e significativo. O diretor classifica esse binômio em dois polos complementares: o polo artificial (técnico e estrutural) e o polo orgânico (sensações, interações e emoção).

No primeiro polo estão as ações de preparação física do ator: o pleno domínio gestual e de uso da voz e a criação de códigos e signos corporais para estabelecer interação com o público. No segundo polo estão as formas e os momentos de interação entre os atores e destes com a plateia, que despertam sensações, emoções, memórias e trazem frescor e novidade à cena.

Alguns exemplos de gêneros teatrais que se valem do domínio técnico do corpo e preservam significados profundos das culturas tradicionais de seus povos são as formas de teatro clássico oriental, como a *Ópera de Pequim*, da China, o *Teatro Noh (Nô)* e o *Teatro Kabuki*, do Japão, e o *Teatro-dança Kathakali*, da Índia. Vamos estudar alguns desses exemplos a seguir.

Teatro Noh

Cena de *Teatro Noh*, Londres, Reino Unido, 2014.

Noh significa "habilidade", "talento". É conhecido como teatro de máscaras porque, geralmente, é como o protagonista (*shite*) e seu acompanhante, ambos espíritos, aparecem nas apresentações, usando vestimentas pesadas com várias camadas de tecido. Também é conhecido como teatro das essências, em que prevalece o mínimo de movimentos, chamados *kata*.

Kathakali

O Kathakali (*katha*, "estória"; *kali*, "jogo") é uma manifestação cultural e religiosa que une dança e teatro, originária do Kerela, no extremo sul da Índia. Os atores representam personagens do universo mítico-religioso indiano, como deuses, seres sobrenaturais e demônios. Uma de suas funções é transmitir os ensinamentos dos Vedas (escrituras sagradas do hinduísmo).

Os movimentos corporais dos atores do Kathakali têm alto grau de refinamento, principalmente das expressões faciais, de grande simbologia. A maquiagem e os ornamentos utilizados nas apresentações são complexos, pois as cores representam personagens ou espíritos da natureza, como se pode ver na imagem exibida ao lado, do teatro-dança Kathakali, realizado em Kochi, na Índia, em que a pintura facial verde representa selvagens com características heroicas.

Bobinsonkb/Wikipedia/Wikimedia Commons

Teatro-dança Kathakali, Kochi, Índia, 2010.

Experimentação O estado de presença cênica

Junto com a turma e o professor, escolham um espaço amplo em que vocês possam se movimentar livremente. O professor vai colocar música e sons de diferentes ritmos e estilos. Vocês só precisarão se movimentar seguindo os estímulos sonoros que estão ouvindo: a ideia é explorar livremente gestos e movimentos diferentes e inusitados.

Sigam as instruções do professor, que, de tempos em tempos, vai pausar os sons. Nessas pausas, vocês devem parar de se movimentar, ficando totalmente imóveis, sentindo apenas a própria respiração e as sensações geradas em seus corpos. Esse é o princípio da presença cênica expandida e do estado de atenção necessário para a atuação teatral. O professor também apresentará outras instruções e variações para esta atividade.

Vivencie a experiência com os colegas, percebendo as possibilidades do corpo em movimento.

Diário de bordo

Ao final da experimentação, registre suas impressões, sensações e ideias no diário de bordo; elas poderão ser úteis para a atividade final desta unidade.

O corpo nas artes circenses

Nas artes circenses, muitos artistas colocam seus corpos em situações que dependem de grande habilidade, destreza e força física, muitas vezes em ações que trazem riscos.

Reprodução/Divulgação

Irmãos Olimpo, artistas brasileiros, apresentando-se com número de força e equilíbrio em circo na Espanha, 2017.

6. Observe a imagem com atenção e responda às questões:

a) O que mais chama a sua atenção? Por quê?

b) Que sensações isso lhe causa? Por quê?

c) Você já viu uma apresentação artística como essa? Como foi a experiência?

Uma apresentação circense, geralmente, é composta de uma série de pequenas apresentações das mais variadas habilidades. Essas apresentações são chamadas, no linguajar circense, de "números". Ao longo da história, o circo deu espaço para muitas modalidades artísticas, como a música, o teatro e a dança. Mas existem alguns tipos de apresentação que identificamos como circenses mesmo que sejam apresentadas fora do espaço de um circo.

Observe essa e as próximas imagens e veja se reconhece essas modalidades de circo, apontando, oralmente, o nome de cada uma delas.

Apresentação de artistas em circo, em São Paulo, 2017.

Muitas das modalidades acrobáticas têm sua definição vinculada aos equipamentos utilizados em sua apresentação, que são chamados de "aparelhos". Assim, o trapézio ou a cama elástica, por exemplo, são alguns dos "aparelhos circenses".

Perceba que, nas três imagens anteriores, há elementos variados que compõem a cena, como o figurino e a iluminação. Mas a centralidade de todos esses números encontra-se principalmente no corpo e na realização de uma proeza, de uma habilidade que se apresenta como sobre-humana. Por exemplo, um trapezista, aos olhos do público, parece desafiar as leis da Física ao passar a ideia de voo, de mergulho no ar.

Mario Fernando Bolognesi, um dos principais pesquisadores das artes circenses no Brasil, diz:

> A transgressão do natural e a realização do impossível acabam sendo as características básicas do espetáculo circense. [...] A proeza delimita o extraordinário. A educação corporal específica do circo induz à realização de atos impossíveis aos homens, no cotidiano.

BOLOGNESI, Mario Fernando. *Palhaços*. São Paulo: Editora Unesp, 2003. p. 187.

Apresentação da dupla Duba e André Becker, os Irmãos Becker, 2014.

Artistas se apresentam no *Cirque Du Soleil*, na Espanha, em 2020.

O corpo dos acrobatas trabalha a ideia de "corpo sublime". "Sublime" diz respeito à qualidade de ultrapassar o comum, transcender e superar aquilo que é ordinário, como se desafiasse as leis naturais, buscando algo sobre-humano. O corpo sublime dos acrobatas é um corpo em condições de força e equilíbrio que vão além das realizações da vida cotidiana. E, como um ingrediente importante para fisgar o interesse do público, além da apresentação de habilidades extraordinárias, está o suspense diante da possibilidade da falha. O medo da queda do trapezista coloca o público diante da perspectiva da morte, que, nesse caso, não é apenas simbólica.

Como nos lembra mais uma vez Mario Bolognesi:

> Na execução do sublimado triplo salto-mortal o artista jamais pode se entregar ao acaso.
>
> BOLOGNESI, Mario Fernando. *Palhaços*. São Paulo: Editora da Unesp, 2003. p. 100.

JohnTahan/Shutterstock

Trapezistas durante apresentação em Quebec, Canadá, 2012.

Alamy/Fotoarena

Imagem do Circo Imperial da China durante apresentação em São Petersburgo, Rússia, 2015.

Mesmo que os circos tenham, cada vez mais, aprimorado seus equipamentos e a segurança dos artistas, sempre há a possibilidade de falha. Essa tensão diante do risco faz parte do modo como as artes circenses prendem a atenção do público. Entre um salto e outro do trapezista, diante do abismo que há entre seu corpo e o público, até a respiração da plateia se encontra em suspensão.

Saiba +

Você pode assistir a alguns vídeos de apresentações circenses acessando os *sites* indicados a seguir. Que sensações as apresentações evocam em você?

- Assista à apresentação de trapézio fixo pelo duo espanhol-australiano Amnoticos (7min 25s), disponível em: https://www.youtube.com/watch?v=wpaRXKNGJqY&list=RDQMHe1PwpOBWVk&start_radio=1 (acesso em: 27 abr. 2022).
- Para conhecer o aparelho "trapézio voador", em apresentação (8min 5s) no Festival Mondial du Cirque de Demain, em Paris, acesse: https://www.youtube.com/watch?v=RGk1sW1qReE (acesso em: 27 abr. 2022).
- Veja uma apresentação de contorcionismo por artistas do circo estadunidense UniverSoul Circus (11min 10s), disponível em: https://www.youtube.com/watch?v=jEPnGSYUmMw (acesso em: 27 abr. 2022).
- Assista a uma apresentação de malabarismo pela dupla brasileira Irmãos Becker (6min 51s), disponível em: https://www.youtube.com/watch?v=aaSthw_-5qg (acesso em: 27 abr. 2022).

7. Muitas outras formas de arte e esporte também trabalham com a ideia de realização de uma habilidade extraordinária. Reflita sobre o assunto e converse com os colegas sobre as seguintes questões:

a) Quais são as suas habilidades? E as dos colegas?

b) Alguém tem experiência com as artes circenses?

c) Alguém faz algo que considere surpreendente ou fora do comum?

d) Você conhece o *slackline*? É um tipo de esporte que se assemelha muito aos números de corda bamba. Você já viu ou praticou essa atividade?

O sublime dos acrobatas e o grotesco dos palhaços

Nem tudo em um espetáculo circense é tensão. A dramaturgia do espetáculo traz outras sensações e possibilidades de apresentação e representação do corpo. Em oposição à tensão de uma acrobacia há o relaxamento cômico, trabalhado por uma das figuras que, ao longo da história das artes circenses, se tornou central: o palhaço.

O corpo do palhaço é a extrema contraposição do corpo sublime do trapezista. No palhaço, tudo é disforme, exagerado; as ações mais simples do cotidiano assumem grande dificuldade, como se a figura que o palhaço nos traz fosse incapaz dos gestos mais corriqueiros. Esse é o corpo grotesco, ou seja, um corpo risível, estranho, uma caricatura do corpo humano.

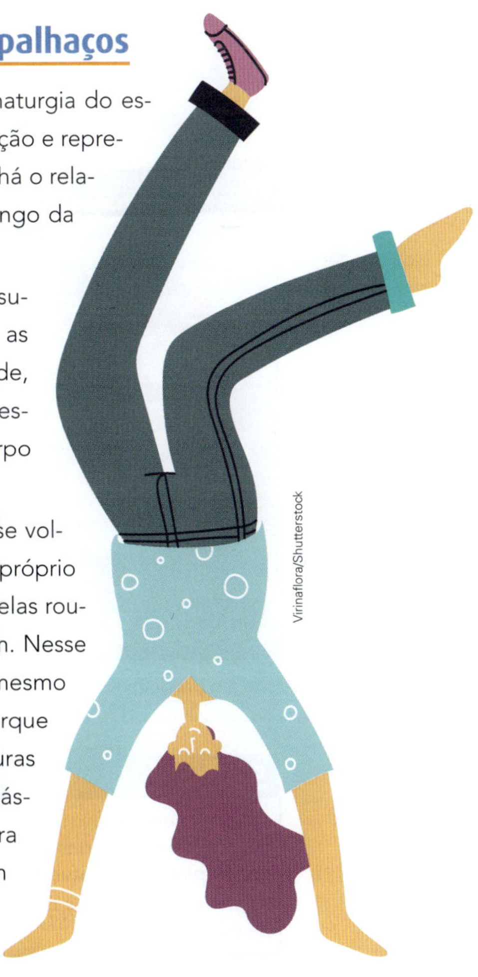
Virinaflora/Shutterstock

Para a criação de um palhaço, é comum que os artistas se voltem para as próprias incapacidades, enfatizando tudo que o próprio corpo tenha de mais ridículo. As dimensões são ampliadas pelas roupas largas ou apertadas, a boca aumentada pela maquiagem. Nesse sentido, o palhaço consegue ser um personagem que é, ao mesmo tempo, universal e único em cada artista. Ele é universal porque sua imagem é facilmente reconhecida por pessoas de culturas muito diferentes, especialmente pela presença da pequena máscara do rosto: o nariz vermelho. Ao mesmo tempo, a maneira de criar a maquiagem traz uma outra máscara que é também pessoal, bem como os elementos do próprio ridículo que cada artista escolhe trazer à cena.

Conheça dois dos grandes nomes da arte dos palhaços no século XX. O da fotografia ao lado é o espanhol Charlie Rivel (1896-1983).

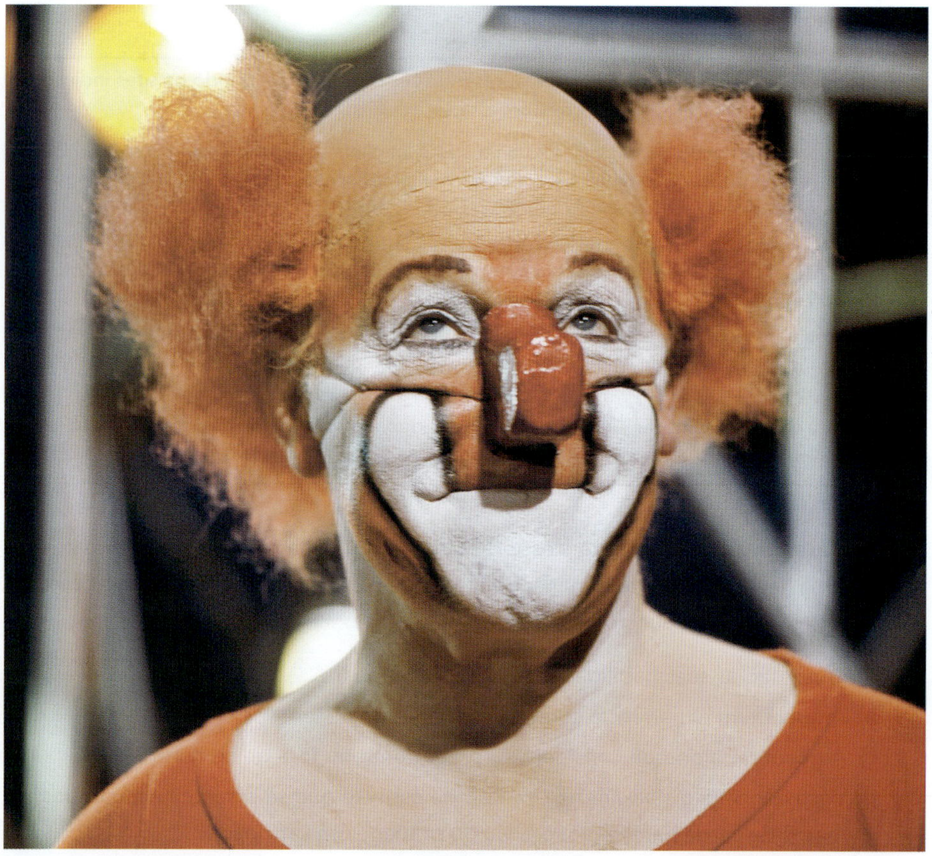

Arthur Grimm/Hulton Archive/United Archives/Getty Images

Sérgio Neves/Estadão Conteúdo

Este é o brasileiro Roger Avanzi (1922-2018), o Palhaço Picolino.

Saiba +

Assista a uma entrevista (6min 35s) de 2013 com a Companhia La Mínima de Circo, integrada pelos atores Domingos Montagner (1962-2016), Fernando Paz e Fernando Sampaio, disponível em: https://www.youtube.com/watch?v=Fc_agGuZnEg. Acesso em: 12 abr. 2022.

Na entrevista, o grupo de São Paulo fala sobre técnicas e estéticas circenses exploradas ao longo de sua trajetória.

Auto: um gênero dramático (Língua Portuguesa)

"Auto" é um texto do gênero dramático, de origem medieval. Essa palavra foi usada em Portugal, durante a Idade Média, para designar qualquer obra encenada. Com o passar do tempo, foi definido como qualquer peça de curta duração, em geral, escrita em versos, abordando temas religiosos ou profanos, com elementos cômicos e alegóricos.

A seguir, você vai conhecer um trecho do *Auto da Barca do Inferno*, uma das obras teatrais mais conhecidas de Gil Vicente. Representado para a rainha dona Maria I (1734-1816), de Portugal, esse texto teatral teve a primeira versão impressa em 1517. A peça, toda escrita em redondilha maior (versos de sete sílabas), versa sobre o destino das almas que chegam a um **braço de mar**, onde estão ancorados dois **batéis**: um seguirá para o paraíso, o outro para o purgatório ou inferno, onde embarcarão figuras representativas da sociedade (a nobreza, o clero, a classe dos artesãos, a classe judicial; a dos agiotas e ladrões, a dos mistificadores) que não atenderam aos preceitos morais e religiosos da época.

braço de mar: canal confinado entre duas ilhas ou uma ilha e o continente.
batéis: pequenos barcos.

1. O trecho destacado para leitura retrata a chegada de um frade, acompanhado de uma dama, ao batel do inferno. Observe como se dá essa chegada. Relacione os gestos adotados pelos personagens e verifique como esses gestos ajudam a compor suas características. Anote as suas observações e impressões no diário de bordo.

Auto da Barca do Inferno

Vem um FRADE com uma Moça na mão, e um broquel e uma espada na outra, e um casco debaixo do capelo; e ele mesmo fazendo a baixa começou a dançar, dizendo:

Frade – Tai-rai-rai-ra-rã; ta-ri-ri-rã;

ta-rai-rai-rai-rã; tai-ri-ri-rã: tã-tã; ta-ri-rim-rim-rã. Huhá!

Diabo – Que é isso, padre?! Que vai lá?

Frade – Deo gratias! Sou cortesão.

Diabo – Danças também o **tordião**?

Frade – Por que não? Vê como sei!

Diabo – Pois entrai, eu **tangerei**

e faremos um serão.

E essa dama, porventura?

Frade – Por minha a tenho eu,

e sempre a tive de meu,

Diabo – Fizeste bem, que é lindura!

Não vos punham lá censura

no vosso convento santo?

Frade – E eles fazem outro tanto!

Diabo – Que preciosa **clausura**!

Entrai, padre reverendo!

Frade – Para onde levais gente?

Diabo – Para aquele fogo ardente

que não temestes vivendo.

Frade – Juro a Deus que não te entendo!

E este **hábito** não me val?

Diabo – Gentil padre mundanal,

a Belzebu vos encomendo!

Frade – Corpo de Deus consagrado!

Pela fé de Jesus Cristo,

que eu não posso entender isto!

Eu hei de ser condenado?

Um padre tão namorado

tordião: dança renascentista em compasso ternário.
tanger: guiar, conduzir, referindo-se à dança.
clausura: local fechado, referência ao convento em que o frade vive e cujas regras deve seguir.
hábito: referência à vestimenta eclesial, o que, no entender do padre, daria a ele condição para seguir para o céu.

e tanto dado à virtude?
Assim Deus me dê saúde,
que eu estou maravilhado!
Diabo – Não façamos mais detença.
Embarcai e partiremos:
tomareis um par de remos.
Frade – Não ficou isso na **avença**.
Diabo – Pois dada está já a sentença!
Frade – Por Deus! Essa seria ela?
Não vai em tal caravela
minha senhora Florença?
Como? Por ser namorado
e folgar c'uma mulher?
Se há um frade de perder,
com tanto salmo rezado?!
Diabo – Ora estás bem arranjado!
Frade – Mas estás tu bem servido.
Diabo – Devoto padre marido,
haveis de ser cá pingado...
[...]
Começou o frade a dar lição d'esgrima com a espada e o broquel, que eram d'esgrimar, e diz desta maneira:
Frade – Deo gratias! **Demos caçada**!
Então logo um contra, sus!
Um **pendente**, ora sus!
Esta é a primeira levada.
Alto! Levantai a espada!
Talho largo, e um **revés**!
E logo colher os pés,
que todo o ai não é nada!
[...]
Tornou a tomar a Moça pela mão, dizendo:
Prossigamos nossa história,
Não façamos mais detença.
Dai cá a mão, minha Florença:
Vamos à barca da Glória!
Começou o Frade a fazer o tordião e foram dançando até o batel do Anjo desta maneira:
Frade – Ta-ra-ra-rai-rã; ta-ri-ri-ri-rã;
rai-rai-rã; ta-ri-ri-rã; ta-ri-ri-rã.
Huhá!
[...]

VICENTE, Gil. *Auto da Barca do Inferno*. Disponível em: http://www.dominiopublico.gov.br/download/texto/bv000107.pdf. Acesso em: 27 abr. 2022.

avença: acordo, combinado.
dar caçada: iniciar o ataque.
pendente: golpe dado de cima para baixo.
talho: golpe dado da direita para a esquerda.
revés: golpe dado da esquerda para a direita.

2. Perceba que, para apresentar o Frade, Gil Vicente escolheu uma cena que pudesse antecipar algumas marcas desse personagem. Agora reflita:

a) Qual é a relação entre a aparição do Frade dançando, em seguida dançando o tordião acompanhado de uma dama, os tipos de objeto que ele portava e sua sentença condenatória?

b) Qual é o papel do corpo e da gestualidade na construção desse personagem?

3. O Diabo diverte-se com as faltas cometidas pelo Frade e, em virtude delas, faz algumas perguntas, alguns comentários que são imediatamente rebatidos.

a) Que frases, ideias e reflexões o Frade usa para justificar ou reagir às acusações e aos comentários do Diabo?

b) Por que o Frade julgava ser "merecedor" do paraíso?

4. Hoje, vocês salvariam esse frade da condenação à qual Gil Vicente o legou? Por quê?

Responda às questões a seguir para treinar os seus conhecimentos sobre o que estudou nesta unidade.

1. (IFRN – 2011)

É invisível e interior, mas determina a lentidão ou a rapidez da encenação. No caso do texto, as ênfases podem ser dadas em diferentes palavras; no caso do movimento, as ações podem ser agrupadas em diferentes velocidades e intensidades. Em qualquer um dos casos, é possível mexer no andamento, falando/agindo mais rápido ou mais lento. O conceito refere-se

a) aos ressonadores.
b) ao tempo-ritmo.
c) às justaposições.
d) à polifonia.

2. (Unespar – 2010)

Essa diretora e coreógrafa, falecida em junho de 2009, foi a criadora da dança-teatro ou *tanztheater*, nos anos 1970, na Alemanha. Sua companhia, o Wuppertal Dance Theater, prima por um repertório originalíssimo, provocando controvérsias. Brigando com a estética convencional, ela utiliza atores-dançarinos, que não precisam esconder barrigas salientes, costas arqueadas, pernas e axilas cabeludas ou óculos de míope. Situações inesperadas estão sempre presentes em suas obras, tais como em *Árias* (1979), onde os bailarinos se jogam em uma piscina, com a figura de um hipopótamo em tamanho natural. Trata-se de:

a) Pina Bausch.
b) Susanne Linke.
c) Reinhilde Hoffmann.
d) Hanya Holm.
e) Mary Wigman.

3. (Fuvest-SP – 2007)

E chegando à barca da glória, diz ao Anjo:
Brísida. Barqueiro, mano, meus olhos,
prancha a Brísida Vaz!
Anjo. Eu não sei quem te cá traz...
Brísida. Peço-vo-lo de giolhos!
Cuidais que trago piolhos,
anjo de Deus, minha rosa?
Eu sou Brísida, a preciosa,
que dava as môças aos molhos.
A que criava as meninas para os cônegos da Sé...
Passai-me, por vossa fé,
meu amor, minhas boninas,
olhos de perlinhas finas!
(...)

Gil Vicente, *Auto da barca do inferno.*
(Texto fixado por S. Spina)

a) No excerto, a maneira de tratar o Anjo, empregada por Brísida Vaz, relaciona-se à atividade que ela exercera em vida? Explique resumidamente.

b) No excerto, o tratamento que Brísida Vaz dispensa ao Anjo é adequado à obtenção do que ela deseja, isto é, levar o Anjo a permitir que ela embarque? Por quê?

Leia o texto para responder às questões de 4 a 6.

Vem um Sapateiro com seu avental e carregado de fôrmas, chega ao **batel** infernal, e diz:

Hou da barca!
Diabo – Quem vem aí?
Santo sapateiro honrado,
como vens tão carregado?
Sapateiro – Mandaram-me vir assim...
Mas para onde é a viagem?
Diabo – Para a terra dos danados.
Sapateiro – E os que morrem confessados
onde têm sua passagem?
Diabo – Não cures de mais linguagem!
que esta é tua barca, esta!
Sapateiro – Renegaria eu da festa
e da barca e da barcagem!
Como poderá isso ser, confessado e comungado?
Diabo – Tu morreste excomungado,
não no quiseste dizer.
Esperavas de viver;
calaste dez mil enganos,
tu roubaste bem trinta anos
o povo com teu mister.
Embarca, pobre de ti,
que há já muito que te espero!
Sapateiro – Pois digo-te que não quero!
Diabo – Que te pese, hás de ir, si, si!

(Gil Vicente. *Auto da Barca do Inferno*. Adaptado.)

batel: pequena embarcação.

4. (Famema-SP – 2020)

Na situação apresentada, o sapateiro

a) espanta-se com a ideia de ir para o inferno, mas o diabo admite que não pode levá-lo por ter sido um homem cristão em vida.

b) opõe-se à ideia de ir para o inferno, alegando que fora religioso em vida, mas o diabo o relembra dos pecados cometidos.

c) mostra entusiasmo por seguir na embarcação do diabo e reconhece que, mesmo tendo sido religioso, acha justa a punição.

d) sujeita-se à ordem do diabo e toma lugar em sua embarcação, com a esperança de que sua disposição para o trabalho ainda possa salvá-lo.

e) confronta o diabo, considerando que este possa se intimidar ao descobrir que fora um homem religioso em vida.

5. (Famema-SP – 2020)

O texto transcrito de Gil Vicente assume caráter

a) moralizante, uma vez que traz explícita crítica aos costumes do personagem.

b) educativo, pois o personagem reconhece seu erro e, ao final, é perdoado.

c) humorístico, com intenção de entreter mais do que condenar comportamentos.

d) doutrinário, considerando a devoção do personagem à religião quando em vida.

e) edificante, já que o comportamento do personagem se torna exemplo a seguir.

Para responder às questões 6 e 7, leia o excerto de Auto da Barca do Inferno do escritor português Gil Vicente (1465?-1536?). A peça prefigura o destino das almas que chegam a um braço de mar onde se encontram duas barcas (embarcações): uma destinada ao Paraíso, comandada pelo anjo, e outra destinada ao Inferno, comandada pelo diabo.

Auto da Barca do Inferno (excerto)

Vem um Frade com uma Moça pela mão [...]; e ele mesmo fazendo a **baixa** começou a dançar, dizendo

Frade: Tai-rai-rai-ra-rã ta-ri-ri-rã; Tai-rai-rai-ra-rã ta-ri-ri-rã; Tã-tã-ta-ri-rim-rim-rã, huha!

Diabo: Que é isso, padre? Quem vai lá?

Frade: **Deo gratias**! Sou cortesão.

Diabo: Danças também o **tordião**?

Frade: Por que não? Vê como sei.

Diabo: Pois entrai, eu **tangerei** e faremos um serão. E essa dama, porventura?

Frade: Por minha a tenho eu, e sempre a tive de meu.

Diabo: Fizeste bem, que é lindura! Não vos punham lá censura no vosso convento santo?

Frade: E eles fazem outro tanto!

Diabo: Que preciosa **clausura**! Entrai, padre reverendo!

Frade: Para onde levais gente?

Diabo: Para aquele fogo ardente que não temestes vivendo.

Frade: Juro a Deus que não te entendo! E este **hábito** não me **val**?

Diabo: Gentil padre **mundanal**, a Belzebu vos encomendo!

Frade: Corpo de Deus consagrado! Pela fé de Jesus Cristo, que eu não posso entender isto! Eu hei de ser condenado? Um padre tão namorado e tanto dado à virtude? Assim Deus me dê saúde, que eu estou maravilhado!

Diabo: Não façamos mais **detença** embarcai e partiremos; tomareis um par de remos.

Frade: Não ficou isso na **avença**.

Diabo: Pois dada está já a sentença!

Frade: Por Deus! Essa seria ela? Não vai em tal caravela minha senhora Florença? Como? Por ser namorado e folgar c'uma mulher? Se há um frade de perder, com tanto salmo rezado?!

Diabo: Ora estás bem arranjado!

Frade: Mas estás tu bem servido.

Diabo: Devoto padre e marido, haveis de **ser cá pingado**...

(Auto da Barca do Inferno, 2007.)

baixa: dança popular no século XVI.
Deo gratias: Graças a Deus.
tordião: outra dança popular no século XVI.
tanger: fazer soar um instrumento.
clausura: convento.
hábito: traje religioso.
val: vale.
mundanal: mundano.
detença: demora.
avença: acordo.
ser cá pingado: ser pingado com gotas de gordura fervendo (segundo o imaginário popular, processo de tortura que ocorreria no inferno).

6. (Unesp-SP – 2017)

No excerto, o escritor satiriza, sobretudo,

a) a compra do perdão para os pecados cometidos.

b) a preocupação do clero com a riqueza material.

c) o desmantelamento da hierarquia eclesiástica.

d) a concessão do perdão a almas pecadoras.

e) o relaxamento dos costumes do clero.

7. (Unesp-SP – 2017)

Assinale a alternativa cuja máxima está em conformidade com o excerto e com a proposta do teatro de Gil Vicente.

a) "O riso é abundante na boca dos tolos."

b) "A religião é o ópio do povo."

c) "Pelo riso, corrigem-se os costumes."

d) "De boas intenções, o inferno está cheio."

e) "O homem é o único animal que ri dos outros."

8. (Enem – 2014)

Essa forma de dança social (folclórica) desenvolveu-se como parte dos costumes e tradições de um povo que expressa sua manifestação cultural. Transmitida de geração a geração, é uma das formas de dança mais antigas, datando desde a época das culturas tribais evoluídas que estabeleceram ligação com as grandes civilizações da história da humanidade. A principal característica dessa dança é a integração, socialização, prazer, divertimento, respeito aos costumes e tradições.

HASS, A. N; GARCIA, A. Ritmo e Dança. Canoas: Ulbra, 2003 (fragmento).

As danças folclóricas, sendo uma expressão das diferentes manifestações da dança

a) distinguem-se das demais pelo refinamento técnico dos seus gestos e movimentos e pela complexidade dos seus elementos coreográficos.

b) compreendem expressões culturais brasileiras diversificadas como o maracatu, o funk, a catira, o boi-bumbá, o hip hop e o baião.

c) são contextuais, pois seus gestos e coreografias fazem referência a situações da vida cotidiana e/ou expressam visões de mundo de uma comunidade.

d) possuem qualidades rítmicas e expressivas secundárias em relação aos significados sociais, culturais e representacionais.

e) reforçam tendências de massificação social e de dispersão de sentidos da vida comunitária, favorecendo a universalização de valores culturais.

9. (Enem – 2020)

Atualmente os jovens estão imersos numa sociedade permeada pela tecnologia. Nesse contexto, os jogos digitais são artefatos muito empregados. Videogames ativos ou exergames foram introduzidos como forma de permitir que o corpo controlasse tais jogos. Como resultado, passaram a ser vistos como uma ferramenta auxiliar na adoção de um estilo de vida menos sedentário, com efeitos positivos sobre a saúde. Tem-se defendido que os exergames podem contribuir para a prática regular de atividade física moderada, bem como promover a interação entre jogadores, reduzindo o sentimento de isolamento social. Por outro lado, argumenta-se que os exergames não podem substituir a experiência real das práticas corporais, pois não motivam a longo prazo a prática permanente de atividades físicas.

FINCO, M. D.; REATEGUI, E. B.; ZARO, M. A. Laboratório de exergames: um espaço complementar para as aulas de educação física. Movimento, n. 3, 2015 (adaptado).

Pela sua interatividade, os exergames apresentam-se como possibilidade para estimular o(a)

a) exercitação física, promovendo a saúde.

b) vivência de exercícios físicos sistemáticos.

c) envolvimento com atividades físicas ao longo da vida.

d) jogo por meio de comandos fornecidos pelo videogame.

e) disputa entre jogadores, contribuindo para o individualismo.

#Multiplicar

Cotidiano na cena

Mario Tama/Getty Images

Competidores se aquecendo para participar de concurso de dança do passinho, Rio de Janeiro (RJ), 2015.

Para a produção final, você vai utilizar as experiências corporais e artísticas vividas ao longo desta unidade. Tenha em mãos as suas anotações sobre as entrevistas feitas na pesquisa em grupo focal, realizada na área de Educação Física, e também os registros feitos no diário de bordo. Agora, tudo isso vai ser retomado e transformado em dança.

Em síntese, você e os colegas vão produzir uma dança integrando informações da pesquisa em grupo focal, das práticas corporais desenvolvidas em Educação Física, dos conhecimentos de Língua Portuguesa sobre o gênero dramático e das experiências artísticas vividas em dança, teatro e circo durante a unidade.

Serão selecionados gestos e movimentos do seu repertório, dos colegas de turma e de outros jovens, ou seja, aqueles experimentados no dia a dia, em casa, na escola, no transporte público, nas festas, em cursos extracurriculares, etc. Então, eles serão transformados conjuntamente.

Procedimentos

1. Definam o que vai fazer parte dessa dança, isto é, quais contextos e questões a dança vai abordar. Para isso, selecionem quais referências de movimentos, gestos, momentos e lugares vão compô-la, lembrando que as anotações feitas durante a pesquisa em grupo focal são fundamentais para fazer essas escolhas. Juntos, reflitam o que querem questionar, mostrar ou transformar com essa dança que será criada: Tem a ver com o cotidiano em casa, na escola, nos transportes, nas festas ou em outros locais?
2. Desenvolvam essas ideias e questões em termos cênicos, por exemplo: se há um ambiente em que os corpos se agitam e não há muito espaço, isso pode ser transposto em cena. Tenham em mente que também é possível ir mudando a situação por meio do movimento e da relação entre os corpos.
3. Uma vez escolhidos os gestos e movimentos, retomem os elementos de movimento propostos por Rudolf Laban: tempo, peso, espaço e fluência.
4. Organizem então esses elementos em forma de uma composição de dança. Avaliem também se vale utilizar alguma música e/ou texto falado e, em caso positivo, qual seria e por quê. Retomem a atividade de *A intencionalidade na dança*, que explora o pensamento computacional, e lembrem-se de como cada elemento que compõe a cena está relacionado com a experiência de fruição; por isso deve ser pensado e planejado com atenção.

5. Escolham figurinos e, se acharem interessante, algum elemento cênico, como cadeiras, papéis ou pequenos objetos.
6. Lembrem-se de que a dança deve ser desenvolvida coletivamente, respeitando as opiniões e as particularidades de cada integrante do grupo. Para garantir isso, conversem sobre as divergências e busquem soluções democráticas. Saber escutar e saber a sua hora de falar, assim como ceder e conciliar, são atitudes esperadas nesse momento.
7. Finalizada a criação da dança, ensaiem algumas vezes e busquem captar o que mais a dança pode propor. Há sempre uma intenção inicial, mas isso não impede que novas ideias e objetivos surjam ao longo dos ensaios. Discutam juntos: O que essa dança expressa? O que ela comunica? Há diferentes possibilidades de interpretação?
8. Deem um título à dança e escolham um espaço na escola para compartilhá-la com outras turmas. Definam também como vocês querem que o público se coloque: ao redor de vocês, na frente, em meia-lua, etc.

   No dia da apresentação, lembrem-se de que não há um jeito certo ou errado de se expressar. A expressão é livre, o único compromisso de vocês é comunicar. Não se preocupem se o público não entender exatamente a intenção inicial, pois a arte possui infinitas formas de interpretação. Não é por um caminho lógico que a fruição artística e estética acontece.

   Antes da apresentação, combinem com o professor e a turma como serão os registros: Haverá foto, vídeo, relato escrito, desenho, pintura ou outra forma? Quem será responsável por registrar? Não se esqueçam de registrar as reações do público também! Boa *performance*!

   Depois da apresentação, converse com a turma sobre as impressões, sensações, emoções, sentimentos e pensamentos que o trabalho gerou em cada um. Para essa conversa, reflita:

   O que você percebeu de pessoal e coletivo nas cenas que surgiram?

   O que provém de um ambiente em comum?

   O que essa dança criada e apresentada por vocês tem a ver com o seu contexto juvenil, seus comportamentos e pensamentos sobre o mundo?

   Como vocês desenvolveram o processo de criação colaborativamente? Como você negociou suas ideias?

   Como você se sentiu ao se apresentar?

   Como a pesquisa em grupo focal contribuiu para a criação?
9. Arquivem os registros feitos (fotos e vídeos) em seu **Portfólio**.

Meu portfólio

Nesta unidade, você conheceu experiências de danças vividas e criadas por jovens e experimentou práticas de consciência corporal e de dança na área de Educação Física. Em Arte, foi possível conhecer muitas maneiras de o corpo se movimentar para expressar e comunicar suas mais diferentes intencionalidades. As capacidades de movimento foram ampliadas e conectadas aos gestuais do seu cotidiano e às danças que você conhece. Em diferentes propostas, você estudou a gestualidade e o movimento na dança, no teatro e nas artes circenses, compartilhando suas experiências. Em Língua Portuguesa, você pôde perceber como um texto dramático pode se relacionar com as práticas teatrais, pautadas na gestualidade e na expressão dos atores.

Na montagem do seu **Portfólio**, você deve ter organizado as suas produções durante todo esse processo. Agora, retome os trabalhos que compõem o seu **Portfólio**, desde rascunhos e projetos até registros em fotos e vídeos de apresentações. Lembre-se de que todo o processo criativo é importante e não apenas o produto final, por isso aqui não podem faltar as diversas versões de uma mesma produção. Retome também todas as anotações que fez no diário de bordo. Essa consulta poderá ajudá-lo a perceber quais aspectos você foi desenvolvendo e aperfeiçoando ao longo do trabalho.

Diário de bordo

Registre em seu diário de bordo as impressões que tiveram da experiência de criar e apresentar uma dança coletiva com base nos movimentos do cotidiano. Caso tenham convidado mais pessoas para participar, anotem o que conseguiram observar a respeito do comportamento e das reações do público.

Compartilhem também as fotos e os vídeos com os professores, para que, a partir da análise desse material, vocês possam refletir sobre os movimentos e, se acharem oportuno, aprimorá-los.

UNIDADE 4

Narrativas híbridas

Cartaz de divulgação da animação *A Terra a gastar*, de Cassia Mary Itamoto e Celina Kurihara, 2009.

#TáNoFeed

Observe o cartaz de divulgação do **curta-metragem** *A Terra a gastar*, produzido por Cassia Mary Itamoto e Celina Kurihara (São Paulo, 2009, 6 min).

> **curta-metragem**: filme com duração de até 30 minutos.

Esse curta foi criado como trabalho final de graduação do curso de Arquitetura e Urbanismo da Faculdade de Arquitetura e Urbanismo da Universidade de São Paulo (FAU-USP).

1. Com os colegas e o professor, assista ao curta-metragem *A Terra a gastar*, disponível em: https://www.youtube.com/watch?v=FO4Zc0nAKRw (acesso em: 10 fev. 2022), antes de responder às questões propostas.

a) O curta-metragem *A Terra a gastar* é um exemplo da expressão "uma história puxa outra", com uma estrutura que costuma ser chamada de história acumulativa. Você conhece outras histórias acumulativas?

b) Por que você acha que foi usada uma estrutura acumulativa em *A Terra a gastar*?

c) Em sua opinião, que reflexões o filme pretende despertar no espectador?

d) Observe os traços, as cores e os movimentos e relacione todos esses elementos à música e à narrativa do curta. Como forma (as escolhas para a composição das cenas) e conteúdo foram associados?

e) Essa narrativa foi apresentada como um curta-metragem de animação. Você acha que ela poderia ter sido apresentada de outra forma? Essa outra maneira produziria o mesmo sentido? Atingiria a audiência do mesmo modo?

f) O curta *A Terra a gastar* foi exibido em diversos festivais de cinema infantil. Em sua opinião, há narrativas específicas para cada público?

Frames da animação *A Terra a gastar*, de Cassia Mary Itamoto e Celina Kurihara, 2009.

Como você acha que os autores de uma obra decidem seu público-alvo? Qual o papel social deles ao definirem essa audiência? Como será que eles imaginam ser seus leitores e espectadores? E em função das expectativas sobre os seus leitores, que escolhas temáticas e linguísticas fazem?

Nesta unidade, você trabalhará com os conceitos contexto sócio-histórico de produção e circulação de uma obra e, com base nisso, verificará algumas marcas dessas condições, como intencionalidades e relação entre os temas e as questões próprias de determinado momento ou de determinada situação.

Complementa esse estudo a discussão das diferentes formas de recepção de um texto. Afinal, se de um lado existe a situação de produção, de outro existe a situação de recepção. Leitores diferentes acionam experiências distintas na relação com uma obra, o que também contribui para a construção do sentido dela.

Nesta unidade serão trabalhadas também a análise e a fruição de diferentes filmes, destacando aspectos da linguagem audiovisual para o desenvolvimento de processos de criação artística. Ao final, você e os colegas vão criar uma mostra digital para compartilhamento dos vídeos e das demais produções escritas ao longo desta unidade. Para isso, poderão explorar ferramentas e formatos de publicação, como *blogs* ou *sites*.

Conheça a unidade

Objetivos

Arte

- Fruir e apreciar filmes brasileiros contemporâneos, em especial dos gêneros de animação e ficção em curta-metragem, analisando elementos da linguagem audiovisual.
- Participar e se expressar em processos de criação autorais de modo individual, coletivo e colaborativo, utilizando diferentes mídias e recursos tecnológicos e considerando seus funcionamentos.
- Elaborar roteiros, vídeos, *sites/blogs* para produzir e compartilhar criações e compreender os processos de elaboração e compartilhamento.

Língua Portuguesa

- Conhecer a relação entre texto e condições de produção e recepção, identificando os objetivos e usos da linguagem para determinado público leitor e reconhecendo os elementos linguísticos que colaboram para efeitos expressivos no texto.
- Conhecer e explorar o gênero conto, mobilizando seus elementos narrativos e composicionais.
- Analisar os efeitos de sentido decorrentes de escolhas para a composição de imagens.
- Reconhecer as marcas da estrutura composicional de uma resenha e, por meio delas, produzir comentários apreciativos e críticos sobre filmes ou outras produções audiovisuais.
- Selecionar e utilizar recursos textuais e expressivos adequados para a criação de obras autorais em diferentes gêneros (conto, roteiro) e mídias (filme de um minuto, curta-metragem), considerando a adequação do tema e da linguagem ao público-alvo.

Justificativa

Por meio das atividades propostas nesta unidade, você passará pela experiência de leitura e estudo de gêneros ligados direta ou indiretamente ao universo do audiovisual. Com isso, deverá planejar e produzir contos, resenhas e roteiros, editar e reescrever trabalhos com a finalidade de publicá-los ou de transformá-los em outra linguagem, como um vídeo, por exemplo. Ao fazer essa passagem do verbal para o audiovisual, serão mobilizados novos recursos e novas maneiras de comunicar, e você poderá refletir sobre intencionalidade, recepção e sobre seu papel de autor atento ao contexto social e histórico mais imediato.

A BNCC nesta unidade

Nesta unidade são desenvolvidas as competências e habilidades da BNCC indicadas a seguir.

Competências gerais da Educação Básica: 3, 5, 9, 10.

Linguagens e suas Tecnologias no Ensino Médio: competências específicas e habilidades

Competência específica 1 (EM13LGG101, EM13LGG103, EM13LGG104, EM13LGG105); competência específica 3 (EM13LGG301, EM13LGG302); competência específica 6 (EM13LGG602, EM13LGG603); competência específica 7 (EM13LGG703, EM13LGG704).

Língua Portuguesa no Ensino Médio: campos de atuação social, competências específicas e habilidades

Todos os campos de atuação social

Competência específica 1 (EM13LP02, EM13LP14, EM13LP15); competência específica 3 (EM13LP17); competência específica 7 (EM13LP18).

Campo artístico-literário

Competência específica 6 (EM13LP46); competências específicas 1 e 2 (EM13LP52); competências específicas 1 e 3 (EM13LP53).

Ciências da Natureza e suas Tecnologias no Ensino Médio: competências específicas e habilidades

Competência específica 2 (EM13CNT206, EM13CNT207).

Ciências Humanas e Sociais Aplicadas no Ensino Médio: competências específicas e habilidades

Competência específica 1 (EM13CHS106).

Pequenas narrativas: o conto (Língua Portuguesa)

As narrativas acompanham o ser humano desde o momento em que nasce. Contar histórias é inerente ao humano. Em alguns momentos do dia, ouvimos alguém dizer: "Deixa eu te contar uma coisa...". E você? Gosta de ouvir e contar histórias? Quando foi a última vez que ouviu uma boa narrativa?

Você vai estudar um conto exemplar de como o hábito de contar histórias faz parte do dia a dia. Na sequência, verá também um conto que foi transformado em um curta-metragem e, por fim, o roteiro de um curta-metragem adaptado de um conto popular.

Diário de bordo

Durante a leitura dos textos, registre no diário de bordo palavras e/ou expressões que apoiem a sua compreensão ou os pontos que você quer propor para discutir com a turma.

Agora, você vai conhecer a história de seu Liberato, no conto *A ilha da Maré*, publicado no livro *Velhos amigos* (Cotia: Ateliê Editorial, 2019), escrito pela psicóloga e escritora paulista Ecléa Bosi (1936-2017), uma escutadora de casos atenta e uma contadora de histórias sensível, que nos traz personagens que parecem conhecidos de tanta proximidade transmitida ao leitor.

Capa do livro *Velhos amigos*, de Ecléa Bosi (Cotia: Ateliê Editorial, 2019).

A ilha da Maré

O táxi parou de novo; outro engarrafamento. O chofer parecia tão cansado como eu. Via seus ombros magros e pelo espelhinho captei um olhar azul e preciso.

Parecia velho. Mas por que a chama de teimosia nos olhos? Sorri, então, e pegamos a conversar.

"Estou há quarenta anos rodando na praça, batendo os costados por aí. Vida dura.

Sempre morei em Santo Amaro, desde que casei. Atrás da nossa casa só tinha eucalipto. Depois veio o progresso, asfaltaram a rua e aquilo virou um inferno. Quando derrubaram o último eucalipto para abrir a marginal, a minha mulher foi lá, arrancou um pedaço da casca e pendurou na parede da sala. Hoje ela conta pros vizinhos novos:

'É o que restou do bosque, vejam só!'

Joana é assim. Não esquece nada. As duas filhas, graças a Deus, estudaram o que quiseram. Dei duro, comi um pão amargo no começo, mas elas estudaram. Casaram já faz muito tempo. E a vida ficou um pouco mais aliviada. Cheguei a juntar uns **cobres**. Joana queria mobília nova. As meninas se envergonham dos nossos cacarecos. Um dia falei:

cobres: dinheiro.
cocuruto: cume; o ponto mais elevado de alguma coisa.

'Pronto, Joana, vai escolher teu sofá, tua mesa, teus móveis. Toma o dinheiro.'

Mas ela não quis. Tem mãe na Bahia e encasquetou de visitar a velha. Fui amarrado, contra a vontade, mas ela preferiu assim...

Agora é que vem a loucura da minha vida. Ouça: um compadre deles estava querendo vender uma ilhota que tinha herdado. Ficava retirada no mar, na direção da embocadura do rio, e não lhe servia para nada. Comprei a ilha.

Eu, Liberato, que nunca paguei fiado, que nunca dei um passo maior que as pernas, comprei uma ilha. Eu, que deixei meus móveis cair aos pedaços para não pagar prestação, comprei uma ilha.

Voltei para cá sem um tostão no bolso, dia e noite no batente.

Todos diziam: 'Seu Liberato ficou louco!'.

E o pior é que Joana me acompanhou. Antes de voltar para São Paulo, fomos de canoa nos despedir da ilha. Era só capim e pedra. Subimos o pico e Joana começou:

'Vamos fazer a casa aqui no **cocuruto**?'

E eu:

'Vamos.'

'Vamos plantar mangueiras e coqueiros e jaqueiras tudo em roda, até embaixo, na beira do mar?'

'Vamos.'

'A gente pode plantar dendê e ir vender na embocadura do rio, lá no entreposto.'

'Mas nós não temos barco, Joana!'

Voltamos para São Paulo. A gente economizava, mandava um dinheirinho para lá. Aos poucos, conseguimos plantar as frutas em círculos, como ela queria. Anos depois, pudemos levantar uma cabana lá no alto. É um cômodo só, mas amplo. E o que se avista das janelas!

O mais difícil foi a lancha a motor. São muito caras, mas agora já vou dar entrada numa. Então, sim, podemos ir morar na ilha. Tenho aposentadoria e posso vender o dendê para ajudar. E as mangas.

Joana e eu já ficamos velhos e faz dez anos que a ilha está esperando nós dois."

O táxi parou. Paguei e desci. Seu Liberato me estendeu um cartão pela janela.

"Se um dia for para lá, dê uma esticada até Rio Verde. Chegando no lugar é só perguntar pela ilha da Maré. Todos me conhecem e dá para avistar da praia muito bem, quando o tempo está claro, e a maré, baixa."

Ergui o braço, acenando na calçada, como se estivesse no cais. Adeus, seu Liberato!

De repente comecei a enxergar: atrás dos prédios, do barulho atroz das buzinas... Lá longe, na direção da embocadura do rio... As mangueiras se espelhavam na água, uma orla de areias brancas, a ilhota...

Era o porto dos olhos cansados de Liberato.

BOSI, Ecléa. A ilha da Maré. *In*: BOSI, Ecléa. *Velhos amigos*. São Paulo: Cia. das Letras, 2003.

Saiba+

Ecléa Bosi foi uma psicóloga, escritora e professora emérita de Psicologia Social da Universidade de São Paulo (USP). Nos seus estudos acadêmicos, investigou as leituras de operárias e as memórias dos idosos, com um olhar especial voltado a grupos sociais fragilizados, como as mulheres trabalhadoras de baixa renda. Assim, conseguiu se dedicar a ouvir e reunir de forma sensível relatos diversos que dão voz aos que ainda não conseguiram se manifestar e contar suas histórias.

Leia a entrevista "Ecléa Bosi: Narrativas sensíveis sobre grupos fragilizados", de Mariluce Moura, publicado na *Pesquisa Fapesp*, ed. 218, abr. 2014, disponível em: https://revistapesquisa.fapesp.br/eclea-bosi-narrativas-sensiveis-sobre-grupos-fragilizados (acesso em: 10 fev. 2022).

Nessa entrevista, Ecléa Bosi conta a respeito da sua ligação com as histórias, do seu apreço pelas narrativas dos grupos fragilizados e da importância de dar voz a eles.

Leia esta definição de conto:

[...] o conto expressa apenas uma "fatia", um "momento" da vida humana, um fragmento expressivo de todo. É dessa intencionalidade que surge a técnica de construção de conto: concentração de elementos (e não expansão, como acontece no romance); uma só célula dramática, um único eixo temático, um único conflito. Os quatro elementos básicos que entram em sua composição (personagens, factos, ambiente e tempo), são iguais ao romance, apresentam-se condensados, conduzidos sem desvios para o desfecho final. O conto exige, acima de tudo, a arte da alusão, sugestão... [...]

COELHO, Nelly N. Conto. *In: E-Dicionário de Termos Literários*, 29 dez. 2009. Disponível em: https://edtl.fcsh.unl.pt/encyclopedia/conto/. Acesso em: 30 maio 2022.

1. Agora, responda às questões propostas a seguir.

a) Releia este trecho: "o conto expressa apenas uma 'fatia', um 'momento' da vida humana [...]". É possível dizer que isso acontece na história lida anteriormente? O que é narrado?

b) Você deve ter notado que há dois planos narrativos nessa história. Quais são eles? Como você os diferenciou?

2. Apesar do cansaço do motorista, o narrador reconhece nele uma "chama de teimosia". Considerando o conto como um todo, o que isso pode representar?

3. O conto tem como característica poucos personagens e um tempo e espaço delimitados. Como é possível reconhecer isso no texto?

4. Toda a paisagem do entorno da casa de seu Liberato mudou com o chamado "progresso" e Joana sentiu muito essa mudança. Como isso se relaciona com o desejo de morar na ilha?

5. Existe algum momento em que os planos narrativos se encontram?

O gênero conto

O conto narra um fragmento, uma "fatia" de vida com um número de personagens, tempo e espaço reduzidos se comparado ao romance. Surgiu da tradição oral, sendo posteriormente registrado pela escrita. É importante notar que o conto não tem compromisso direto com o real, podendo aproximar-se ou distanciar-se dele, dependendo da intencionalidade do autor. Segundo o *E-Dicionário de Termos Literários*:

> Desde as origens, o conto é definido, formalmente, pela brevidade: uma narrativa curta e linear, envolvendo poucas personagens; concentrada em uma única acção, de curta duração temporal e situada num só espaço. Dessa necessidade de brevidade, deriva a grande arte do conto que, mais que qualquer outro gênero em prosa, exige que o escritor seja um verdadeiro alquimista na manipulação da palavra.
>
> Por muitas que tenham sido as discordâncias entre escritores e teóricos acerca da forma "conto" (Mário de Andrade chegou a dizer: "É conto tudo o que o escritor chamar de conto".), um dado persiste como indiscutível, ao analisarmos em conjunto aqueles consagrados pelos tempos: a brevidade ou densidade dramática e sedução de linguagem. Enquanto o romance se constrói com várias células dramáticas, pois procura expressar a vida humana em seu todo complexo, através de um conflito individual, o conto expressa apenas uma "fatia", um "momento" dessa vida, um fragmento expressivo do todo. É dessa intencionalidade que surge a técnica de construção de conto: concentração de elementos (e não expansão, como acontece no romance); uma só célula dramática, um único eixo temático, um único conflito. Os quatro elementos básicos que entram em sua composição (personagens, factos, ambiente e tempo) são iguais ao romance e apresentam-se condensados, conduzidos sem desvios para o desfecho final. O conto exige, acima de tudo, a arte da alusão, da sugestão... daí o ter-se transformado na forma predileta das narrativas fantásticas e de suspense.

COELHO, Nelly N. Conto. *In: E-Dicionário de Termos Literários*, 29 dez. 2009. Disponível em: https://edtl.fcsh.unl.pt/encyclopedia/conto/. Acesso em: 30 maio 2022.

Como afirma Nelly N. Coelho, os autores precisam ser "alquimistas das palavras" para condensar aquilo que desejam contar. Para tanto, utilizam recursos estéticos capazes de acrescentar o que foi perdido pela transposição do oral para o escrito.

Ao pensar na escrita do conto, é fundamental considerar os elementos estruturantes desse gênero textual: narrador, personagens, espaço e tempo. Além disso, é importante trabalhar com os recursos textuais que garantem o engajamento do leitor. A descrição das cenas e dos personagens é um desses recursos para auxiliar na construção, não só do ambiente, mas também das sugestões de ações e personalidades.

A ideia de condensação é importante para garantir que o texto conte o essencial, deixando um espaço para o imaginário e o engajamento do leitor.

Assim, é fundamental, para analisar um conto, considerar, além de suas características composicionais, a interação entre os diferentes aspectos da situação de produção para a construção do sentido que o leitor dará a ele.

Veja quais são os elementos da situação ou do contexto de produção de um texto:

- o enunciador (Qual é o papel social a adotar para escrever?)
- o objetivo comunicativo a atingir (O que se pretende como texto a ser produzido? Para que serve o texto que produzo? Quais são as expectativas?)

- o destinatário (A quem se dirige o texto? Quais são as características particulares do meu leitor? Qual é seu estatuto? Como adaptar-se a ele?)
- o lugar social (Quais são as características da instituição em que o texto vai circular?)

DOLZ, Joaquim; GAGNON, Roxane; DECÂNDIO, Fabrício. *Produção, escrita e dificuldades de aprendizagem*. Campinas: Mercado de Letras, 2010.

Do conto ao curta

No conto *A ilha da Maré*, seu Liberato encontrou uma ilha para levar uma vida sem o "barulho do progresso". Um local em que pudesse viver com sua esposa desfrutando a vida na natureza, aliviado do cansaço de anos de trabalho.

A interação entre o homem e a natureza tem sido tema de diversas histórias e muitas delas revelam a tensão criada pelo ser humano que avança sobre ela, tirando-a da frente para alcançar seus objetivos ao mesmo tempo que a deseja, reconhecendo-a como fundamental para a vida.

Essa relação é apresentada pelo romancista, contista e poeta português José Saramago (1922-2010) em outro conto da língua portuguesa: *A maior flor do mundo*. Os livros desse grande autor, único escritor de língua portuguesa a receber um Prêmio Nobel de Literatura, em 1998, são dirigidos predominantemente para o público adulto.

Essa narrativa é uma exceção em sua obra, pois é direcionada, a princípio, ao público infantil. O temor em não conseguir contar uma história para crianças leva o escritor-narrador a imaginar como seria essa história se ele fosse capaz de contá-la. O conto foi transformado em um curta de animação pelo uruguaio Juan Pablo Etcheverry (1975-).

Acompanhe o início da narrativa, observando a linguagem empregada e o ideal de história para crianças pensado pelo escritor.

Capa do livro *A maior flor do mundo*, de José Saramago (São Paulo: Companhia das Letrinhas, 2001).

A maior flor do mundo

As histórias para crianças devem ser escritas com palavras muito simples, porque as crianças, sendo pequenas, sabem poucas palavras e não gostam de usá-las complicadas.

Quem me dera saber escrever essas histórias, mas nunca fui capaz de aprender, e tenho pena. Além de ser preciso saber escolher as palavras, faz falta um certo jeito de contar, uma maneira muito certa e muito explicada, uma paciência muito grande – e a mim faltam-me pelo menos a paciência, do que peço desculpa.

Se eu tivesse aquelas qualidades todas, poderia contar, com pormenores, uma linda história que um dia inventei, mas que, assim como a vão ler, é apenas o resumo de uma história, que em duas palavras se diz... Que me seja desculpada a vaidade se eu até cheguei a pensar que a minha história seria a mais linda de todas as que se escreveram desde o tempo dos contos de fadas e princesas encantadas... Há quanto tempo isso vai!

[...]

Não se temam, porém, aqueles que fora das cidades não **concebem** histórias nem sequer infantis [...].

concebem: ato de conceber, de formar na mente uma ideia; inventam, imaginam.

SARAMAGO, José. *A maior flor do mundo*. São Paulo: Companhia das Letrinhas, 2001.

6. Agora, responda às questões propostas a seguir.

a) O fato de o próprio autor se colocar como personagem e compartilhar com o leitor sua visão do que seria uma "história para crianças" pode ter que intencionalidade? Releia o primeiro e o segundo parágrafos e destaque trechos que comprovem sua resposta.

b) Que expectativas são pressupostas pelo narrador ao dizer aos leitores: "Não se temam, porém, aqueles que fora das cidades não concebem histórias nem sequer infantis"?

c) Que elementos linguísticos tornam possível reconhecer que o narrador estabelece uma interlocução direta com o leitor?

7. Releia o seguinte trecho:

> As histórias para crianças devem ser escritas com palavras muito simples, porque as crianças, sendo pequenas, sabem poucas palavras e não gostam de usá-las complicadas.

SARAMAGO, José. *A maior flor do mundo*. São Paulo: Companhia das Letrinhas, 2001.

8. Agora, responda:

a) Você concorda com o narrador? Em sua opinião, para ser compreendido por uma criança, esse conto deveria ser escrito de uma forma mais simples?

b) Proponha uma reescrita para esse trecho.

Curta-metragem

Você já se perguntou como os personagens ganham vida nas telas? Como as diferentes linguagens são combinadas para a produção de um filme? Como se planeja uma narrativa que será vista e não lida? Como dar vida às cenas descritas, às ações narradas?

Para tentar responder a essas questões, você estudará o curta-metragem *A maior flor do mundo*, uma versão para o cinema do conto de José Saramago, que foi adaptado e transformado em uma animação em 2007.

Reprodução/Pancho Casal

Cartaz do filme *La flor más grande del mundo* [A maior flor do mundo], de Juan Pablo Etcheverry, 2007 (Espanha, 10 min).

Ficha técnica
Curta-metragem: *A maior flor do mundo*
País: Espanha
Ano: 2007
Gênero: Animação
Duração: 10 min
Realização: Juan Pablo Etcheverry
Vozes: José Saramago
Argumento: Juan Pablo Etcheverry
Música original: Emilio Aragón
Ilustrações: Diego Mallo
Produção: Pancho Casal
Censura: Livre

Assista ao curta *A maior flor do mundo*, disponível em: https://vimeo.com/3691184 (acesso em: 10 fev. 2022) e, depois, responda às questões a seguir.

9. No curta-metragem, é possível perceber a passagem de um narrador em terceira pessoa para um narrador-personagem. Como isso se deu?

Reprodução/Pancho Casal

Frame do curta--metragem *A maior flor do mundo*, de Juan Pablo Etcheverry (Espanha, 2007, 10 min).

10. É possível afirmar que o menino empreendeu uma jornada para salvar a flor? Justifique sua resposta com trechos do vídeo.

11. Após a jornada, o menino descansa sob a flor; esta, por sua vez, como se retribuísse o gesto dele, o acolhe e o protege. O que é possível inferir dessa relação?

De acordo com o *Dicionário Priberam*:

moral da história

- Lição ou ensinamento que se pode retirar de um acontecimento ou história narrados. = MORALIDADE

MORAL. *Dicionário Priberam*. Disponível em: https://dicionario.priberam.org/moral_da_história. Acesso em: 7 jul. 2021.

12. No conto, após o salvamento da flor, as pessoas da aldeia diziam que quando o menino saísse de lá faria coisas grandiosas. Nesse momento do texto, o narrador afirma que essa é a moral da história.

a) Como pode ser entendida a moral da história?

b) Por que o narrador/autor apresenta essa "moral da história"?

Leia a seguir um trecho da autobiografia do autor do conto e, depois, responda às questões.

Autobiografia de José Saramago

Nasci numa família de camponeses sem terra, em Azinhaga, uma pequena povoação situada na província do Ribatejo, na margem direita do rio Almonda, a uns cem quilómetros a nordeste de Lisboa. Meus pais chamavam-se José de Sousa e Maria da Piedade. José de Sousa teria sido também o meu nome se o funcionário do Registo Civil, por sua própria iniciativa, não lhe tivesse acrescentado a **alcunha** por que a família de meu pai era conhecida na aldeia: Saramago. (Cabe esclarecer que saramago é uma planta herbácea espontânea, cujas folhas, naqueles tempos, em épocas de carência, serviam como alimento na cozinha dos pobres). Só aos sete anos, quando tive de apresentar na escola primária um documento de identificação, é que se veio a saber que o meu nome completo era José de Sousa Saramago... [...]

SARAMAGO, José. Autobiografia de José Saramago. *Fundação José Saramago*. Disponível em: https://www.josesaramago.org/biografia/. Acesso em: 7 jul. 2021.

alcunha: denominação ou qualificativo, geralmente fundado em alguma particularidade física ou moral do indivíduo ao qual ele se atribui.

Cover/Getty Images

José Saramago.

13. Ao escrever sua autobiografia, Saramago escolheu nos contar como surgiu esse sobrenome que não vinha nem da mãe nem do pai, mas sim de uma "alcunha" da família. O escritor conta aos leitores uma particularidade de sua vida, descrevendo como "ganhou" esse sobrenome.

José Saramago afirma que a criação de um estilo próprio como escritor iniciou-se em 1979, quando escreveu a obra *Levantados do chão*, cujo enredo apresenta Portugal ainda rural, local em que predominavam as narrativas orais, passadas de geração em geração sem que se usasse a palavra escrita.

a) Que aspectos da biografia do autor podem ser relacionados à história infantil criada por ele?

b) Ao pensar sobre como representar determinados contextos (país, população, etc.), o que você acha que um escritor deve ter em vista? Como criar uma realidade por meio da ficção?

c) Compare o conto *A ilha da Maré* com a história de *A maior flor do mundo*. Na sua opinião, qual das duas narrativas se aproxima mais das crianças? Justifique sua resposta resgatando características de ambos os textos.

d) Então, na sua opinião, escrever para crianças e adultos é a mesma coisa?

14. Observe agora estas imagens do curta. Para que aspectos do espaço elas chamam a atenção?

Frames do curta-metragem *La flor más grande del mundo* [*A maior flor do mundo*], de Juan Pablo Etcheverry (Espanha, 2007, 10 min).

Técnicas para escrever um conto

Ao final desta unidade, você produzirá um curta-metragem. Ele poderá ter como argumento um conto escrito por você, e ambos serão compartilhados por meio de um *blog* ou *site* organizado pelo professor e a turma, na seção *#Multiplicar*.

Ecléa Bosi, ao escrever o conto *A ilha da Maré*, dá voz a um personagem que se transforma em narrador da própria história ao contar um fragmento de sua vida. Que fragmento de vida seria o tema da sua história? Você daria voz a outro narrador? Que história vivida, ouvida ou inventada você contaria? Para iniciar seu conto, é importante responder a algumas perguntas que podem compor o planejamento de seu texto:

- Quem contará essa história?
- Quem participará dela?
- Qual é o enredo? Por qual aventura passará(ão) seu(s) personagem(s)? Qual será o desfecho?
- Onde se passará essa história?
- Quando ocorre essa história? Quantos planos haverá?
- Para quem ela será contada? Para adultos, para jovens de sua idade ou para crianças?
- Que cuidados com a linguagem serão necessários em função da escolha desse público leitor?
- Haverá uma moral da história, como acontece nas fábulas? Haverá uma lição a ser aprendida, como acontece nos contos maravilhosos?

Após responder a essas perguntas, pense também se gostaria de defender uma causa em sua história, como a valorização e preservação da natureza, a redução do consumo desenfreado, o respeito por todas as pessoas, por todos os povos, o incentivo à solidariedade, ou outro tema que leve o leitor a refletir com base na observação das ações dos personagens.

Experimentação Escrita de conto

Agora, é sua vez de produzir uma história.

1. O planejamento de seu conto é uma parte importante da produção. Organize o plano no diário de bordo. Você pode montá-lo utilizando setas indicativas:

- Quem? (personagem) ⇒ o que acontece? (fragmento narrado/ fato) ⇒ onde? (ambiente/espaço) ⇒ quando? (tempo).
- O plano ajuda a visualizar o encadeamento das ações. É fundamental, ao iniciar a escrita, saber qual será o desfecho desejado.

2. Durante a produção de sua história:

- Planeje a descrição. Descrever é retratar, detalhar, delinear, ou seja, é criar cenas, cenários e personagens por meio de palavras capazes de levar os leitores a visualizar o que é narrado.

> Para a literatura, descrever é levar o leitor a conhecer o tema descrito, a conhecer o personagem, seu espaço, seus sentimentos, seus pensamentos, suas emoções, suas características físicas e psicológicas, o tempo, a localização. É, na verdade, uma fotografia apresentada pelo escritor. [...]

DERRADI, Carol. A importância da descrição no texto. *Blog 11 Editora*. Disponível em: https://www.11editora.com.br/index.php/blog/coluna-da-carol/. Acesso em: 30 maio 2022.

Virinaflora/Shutterstock

- Selecione os recursos linguísticos. Na narrativa de Saramago, ele constrói o herói e usa alguns recursos linguísticos para dimensionar a trajetória do menino; um deles é a hipérbole, ao mostrar quantas vezes e por quais caminhos o pequeno teve de passar. Nesse sentido, é fundamental destacar que recursos utilizará para transmitir a mensagem que deseja.

3. Releia seu conto, procurando encontrar respostas às seguintes questões, em um exercício de autoavaliação.

- Há personagens, espaço, conflito e desfecho bem delimitados?
- A linguagem empregada na composição do conto é adequada ao público leitor?
- O tema e sua abordagem são compreensíveis ao seu público?
- Há recursos de linguagem que revelam preocupação em integrar conteúdo e forma?
- A narrativa é envolvente, ou seja, ela prende a atenção do leitor?

4. Submeta seu conto à avaliação de um colega e avalie o conto dele seguindo os mesmos critérios.

5. Avalie as sugestões dadas pelo colega e faça os ajustes que achar necessários. Ao final, guarde seu conto, porque ele pode ser transformado em um roteiro para ser filmado.

Diário de bordo

Registre em seu diário de bordo as percepções que surgiram ao longo do processo de escrita do conto. Observe e anote aquilo que chamou a sua atenção ao ler o conto escrito pelo colega.

Resenha

Ao lermos um texto ou ao assistirmos a um vídeo, tecemos comentários apreciativos, nem sempre tão críticos, mas bastante opinativos. Expressar um julgamento sobre obras literárias, filmes, peças de teatro, exposições artísticas é algo comum no universo jornalístico, uma vez que há seções específicas nos veículos em que esses textos são publicados.

O gênero discursivo responsável pela divulgação crítica dessas obras é a resenha crítica. Esse gênero exige informações sobre o conteúdo e o contexto das obras e análise crítica de quem as produz. É bastante comum a resenha ser pensada como um texto próximo do resumo, mas a diferença se dá pelo uso da crítica e da apreciação do objeto resenhado.

A resenha, ao mesmo tempo que apresenta a obra, destaca seus aspectos relevantes e até curiosos. A seguir, você lerá uma resenha crítica sobre o curta-metragem *A maior flor do mundo.*

A beleza de Saramago em *A maior flor do mundo*

O livro infantil *A maior flor do mundo*, uma bela história do célebre escritor português José Saramago, foi lançado no Brasil em 2001. Nesta obra, o autor narra a história de um menino e de uma flor prestes a morrer, como se fosse apenas o esboço do que ele teria contado se tivesse o poder de fazer o impossível: escrever a melhor história de todos os tempos.

Na narrativa, o autor transforma-se em personagem e conta a história de um menino que mora na cidade e vai até o fim do mundo para salvar uma flor que está para morrer. Uma crítica ao crescimento desenfreado das cidades e ao devastamento das vidas, não apenas das flores, *A maior flor do mundo* é uma magnífica história para crianças de todas as idades.

Em 2007, a Continental Animación produziu um curta-metragem baseado no livro, todo construído em massinha. A animação, que tem direção de Juan Pablo Etcheverry, trilha sonora executada pela Orquestra Sinfônica de Tenerife e apoio da Unicef, ganhou o prêmio de melhor animação do Anchorage International Film Festival. Uma delicadeza que vale a pena ser conferida.

Filme e livro são indicados para educadores e para estudantes. Assista ao vídeo e viaje pelo mundo de Saramago e pelos encantos da língua infantil.

A BELEZA de Saramago em "A maior flor do mundo". Conteúdo extraído da Plataforma do Letramento, um ambiente virtual mantido pelo CENPEC Educação (www.cenpec.org.br). Disponível em: http://www.plataformadoletramento.org.br/acervo-dica-letrada/233/a-beleza-de-saramago-em-a-maior-flor-do-mundo.html. Acesso em: 19 jun. 2020.

15. O gênero resenha prevê uma estrutura com quatro etapas: apresentação, descrição, avaliação e recomendação. É possível reconhecer essas etapas no texto lido? Justifique sua resposta.

16. É possível perceber que o autor da resenha fez comentários apreciativos tanto do livro quanto do curta-metragem. Retire do texto palavras e/ou expressões que exemplificam esse caráter avaliativo do texto.

17. A resenha caracteriza-se por apresentar as ideias centrais do objeto resenhado. Isso acontece nesse texto? Justifique.

18. Por que o autor faz referência aos prêmios que o curta-metragem recebeu?

A resenha crítica

A resenha crítica é um gênero discursivo bastante difundido na esfera jornalística, podendo ter como tema um livro, uma exposição, um espetáculo artístico, um filme, entre outros. É escrita com a finalidade de apresentar uma descrição e uma análise crítica do objeto resenhado.

Boas resenhas atraem o público, pois o auxiliam na escolha do conteúdo ofertado. Imagine chegar em uma livraria sem ter uma obra específica em mente e deparar-se com uma infinidade de livros. Como escolher? Quais os critérios avaliativos para essa escolha? Uma boa resenha pode ajudar, uma vez que funcionará como indicador de qualidade.

Esse gênero textual é bastante utilizado também no meio acadêmico para avaliar criticamente uma produção intelectual. A resenha pode apresentar uma avaliação positiva ou negativa do objeto resenhado, sugerindo, em alguns casos, que a leitura de determinado texto não é uma boa opção.

Você pode se perguntar: A resenha considera apenas a apreciação do resenhador? A resposta a essa pergunta é "não só". Para a avaliação crítica ser relevante, é necessário que esteja pautada em alguns critérios importantes. A resenha de um filme, por exemplo, deve apresentar um resumo do enredo, apontando a (in)coerência da narrativa, uma avaliação baseada em aspectos composicionais audiovisuais, podendo destacar o elenco e os prêmios que recebeu, evidenciando, assim, a relevância (ou não) dessa obra para o cinema em geral.

Técnicas para produzir uma resenha crítica

Para escrever uma resenha crítica, é fundamental seguir as quatro etapas apresentadas anteriormente:

1. Apresentação: dados e informações da obra e do autor.
2. Descrição: detalhamento do conteúdo e do contexto da obra.
3. Avaliação: comentários apreciativos e críticos sobre a obra.
4. Recomendação: convite à fruição da obra.

É importante destacar que a etapa de avaliação não deve estar restrita a apenas uma parte do texto; ela deve compor outros parágrafos por meio de uma seleção lexical adequada, como visto no texto "A beleza de Saramago em *A maior flor do mundo*":

> uma bela história do célebre escritor [...]
>
> A maior flor do mundo é uma magnífica história [...]

Observe que os adjetivos "bela", "célebre" e "magnífica" reforçam a apreciação e o ponto de vista do resenhador. É importante também apresentar alguns argumentos, como prêmios, citações de outros especialistas no tema, etc.

Experimentação Produzindo uma resenha

Neste momento, você produzirá uma resenha crítica de um dos curtas-metragens estudados nesta unidade.

1. Registre, no diário de bordo, os aspectos fundamentais da resenha crítica, garantindo em sua estrutura os aspectos fundamentais:
   - apresentação do objeto resenhado: destaque título, diretor, possíveis prêmios e uma síntese do enredo, sem dar pistas do desfecho;
   - apreciação desse objeto: recupere detalhes relevantes, que possam ser objeto de críticas ou elogios. Nesse momento, você pode recorrer a adjetivos;
   - convite (ou não) para conhecer o que foi exposto: finalize seu texto, destacando por que o curta apresentado merece ou não ser visto.
2. Siga as instruções fornecidas no boxe *Técnicas para produzir uma resenha crítica* e escreva uma primeira versão do seu texto.
3. Leia-o e verifique se ele ficou coerente.
4. Troque-o com um colega para que ele dê sugestões de melhoria. Avalie também a produção dele e faça apontamentos que possam ajudar a aprimorar a escrita.
5. Faça os ajustes que julgar necessários e finalize seu texto. O objetivo de sua resenha crítica é apontar os aspectos mais relevantes sobre o curta-metragem e convidar o leitor a vê-lo. Ela será publicada ao final desta unidade, na seção *#Multiplicar*.

Diário de bordo

Registre em seu diário de bordo as percepções que surgiram ao longo do processo de escrita da resenha crítica. Observe e anote aquilo que chamou sua atenção ao ler a resenha escrita pelo colega.

O roteiro

Roteiro, argumento ou guião é o texto produzido para uma apresentação audiovisual, que é usado tanto em peças publicitárias televisivas e de áudio, como as produzidas para rádio e *podcasts*, quanto no cinema, em curtas e longas-metragens. Entre um conto e uma adaptação audiovisual há sempre um roteiro. Mas por que não transpor o conto diretamente para um filme?

Por que, afinal, é preciso pensar em outro gênero textual para dar vida a uma história? Isso é o que vamos procurar descobrir no estudo do roteiro do curta *A estória da figueira*, que remete a uma cantiga popular de mesmo nome. Esse acalanto, baseado em um conto popular homônimo, ganhou uma versão audiovisual em 2006 e é resultado de um trabalho de conclusão de curso de Julia Zakia (1982-), apresentado à Escola de Comunicação e Artes (ECA) da Universidade de São Paulo (USP).

A cantiga narra a história de uma menina que morava com o pai viúvo e era bastante agradada pela vizinha, cujo interesse era casar-se com o pai dela. Todos os dias a vizinha chamava a pequena e dava-lhe pão com mel. Como o pai era cego, a menina usava um guizo no pescoço para que ele soubesse onde ela estava. Um dia a vizinha pediu à menina que lhe desse o guizo e convencesse o pai a casar-se com ela. Assim fez a menina, porém a advertiu dizendo que não seria bom para ela. Após o casamento, a madrasta passou a maltratar a menina, impunha-lhe o castigo de vigiar uma figueira e impedir que os passarinhos comessem os figos. Um dia, enquanto seu pai estava fora, viajando, a menina adormeceu e, como os pássaros bicaram os figos, a madrasta mandou que o jardineiro abrisse uma cova e a enterrasse viva. Quando voltou de viagem, o pai da menina perguntou pela filha e a madrasta afirmou que ela tinha ido embora. Ele não acreditou na mulher e mandou o jardineiro cavar perto da figueira de onde ouviu o choro da menina.

Conheça agora um trecho do roteiro:

A estória da figueira

1 – INTERIOR – CASA/COZINHA – DIA (a casa é composta somente de uma cozinha, há uma cama, mas tudo é caracterizado como cozinha) Um feixe de luz natural entra pela janela de uma cozinha, a luz dourada do amanhecer ilumina uma bancada de madeira.

Sobre a bancada, veem-se ingredientes culinários: um saco de estopa com farinha de trigo, um ovo inteiro e dois outros já partidos, leite numa garrafa de vidro grosso e manteiga caseira bem amarela e mole.

Acompanhamos cada um desses ingredientes, um a um até chegar num recipiente onde eles já estão misturados.

Uma mão feminina entra em quadro e adiciona uma pitada de um pó cor de canela.

Ouve-se em *off* a voz da VIZINHA, no tempo exato da revelação de cada ingrediente.

VIZINHA (*off*)

— Essa receita só pode ser preparada com: farinha, ovos, leite, manteiga e uma pitada de encanto.

2 – EXTERIOR – CAMINHO DE FLORES – DIA

Uma MENINA caminha com dificuldade contra um forte vento. O vento balança seus cabelos, seu vestido, o mato e as flores ao redor. Ouve-se o som de um guizo que está atado ao seu pescoço. Ao fundo vemos uma casinha de sítio (casa do PAI), alguns animais pastando e sons de passarinhos.

Conforme ela caminha, o vento vai diminuindo nela até parar de vez. O som do guizo também para. O vento continua forte dos dois lados da menina; abriu-se, por encanto, apenas um corredor sem vento para ela caminhar.

Para ela tudo fica calmo, ela sorri e saltita alegremente.

A menina passa por uma plaquinha de madeira na qual se lê VIZINHA e chega a uma casa.

A porta já está aberta.

3 – INTERIOR – CASA DA VIZINHA – DIA

A casa é alegre, colorida e com flores. Uma mulher bonita e rosada, vestida com um avental claro e com os cabelos presos em um coque, acaba de tirar bolinhos do forno à lenha.

Ela percebe a chegada da menina e sorri.

VIZINHA

— Ah querida!

Olha o que está te esperando!

A menina sorri de volta e pega um bolinho.

A vizinha vai até a bancada ainda com o resto dos ingredientes da sequência 1 e com o dedo indicador pega um pedaço de um favo de mel fresquinho. Passa o mel sobre o bolo da menina. O mel derrete com o calor do bolo.

Elas sorriem.

A menina leva o bolo à boca enquanto a vizinha lambe o resto de mel que havia em seu dedo.

Elas sorriem novamente.

4 – EXTERIOR – BARRANCO – DIA

Um senhor (PAI da menina) é visto de costas descendo um barranco. Ele caminha com certa dificuldade, apoiando seu cajado no chão. Alterna movimentos com o cajado da esquerda para a direita, orientando-se através disso pelo caminho tortuoso do barranco.

Ele é cego. Os sons são mais presentes e decompostos nas sequências em que está sozinho.

O senhor continua descendo.

Escuta-se o mesmo som do guizo da menina, o senhor estica a cabeça para ouvir melhor e segue em direção ao som.

[...]

6 – EXTERIOR – FRENTE DA CASA DA VIZINHA – DIA

A vizinha cochicha algo no ouvido da menina. A menina escuta com atenção, sempre concordando com a cabeça.

A menina desata o nó de seu próprio guizo e o entrega à vizinha, que satisfeita entra em casa.

A menina sai em disparada pelo caminho de flores.

[...]

8 – EXTERIOR – FINAL DO BARRANCO – DIA

O pai caminha de costas, continua a ser orientado pelo som do guizo, mas vê-se que é a vizinha na janela de sua casa que chacoalha o guizo da menina para atraí-lo. Seu cabelo não está mais preso em um coque, está solto e ela não usa mais o avental de cor clara.

Ele se aproxima da casa da vizinha.

Quando está quase chegando à janela, escuta o choro da menina que vem de outra direção e desvia seu caminho.

A vizinha, irritada, sai da janela.

9a – INTERIOR – CASA DO PAI – NOITE

A menina e o pai estão na mesa da sala, ele, de costas, termina de dar uma última colherada de sopa para a filha. Assopra bem a colher para esfriar a sopa e dá na boca da menina.

A menina desvia da colherada, brincando com a cegueira do pai, ele tenta achar sua boca até que ela toma a sopa.

Silêncio dentro de casa, o som da menina tomando a sopa é o mais presente na cena.

Ele se levanta e caminha até entrar em seu quarto.

Ela o acompanha com o olhar.

Os ambientes da casa são separados por véus já amarelados pela poeira.

Não há paredes.

9b – INTERIOR – QUARTO DO PAI – NOITE

O pai se senta na cama, ainda de costas (o pai sempre aparecerá de costas, em contraluz ou planos mais fechados de partes de seu corpo. Importante frisar que nenhuma vez vemos seu rosto, durante todo o filme).

Ela vai atrás dele, sempre em silêncio. Os dois conversam por pensamento, portanto a boca não se abre quando há diálogo.

ORLANDI, Julia Zakia. *A estória da figueira*. Monografia (Graduação em Audiovisual) – Escola de Comunicações e Artes, Universidade de São Paulo, São Paulo, 2006.

19. Após a leitura desses trechos do roteiro de *A estória da figueira*, que aspectos se destacam nas cenas?

20. O texto mostra que o pai da menina é cego. De que forma o roteirista marca essa característica do personagem por meio de imagens? Retire trechos do texto que comprovem sua resposta.

21. Releia o seguinte trecho:

> (o pai sempre aparecerá de costas, em contraluz ou planos mais fechados de partes de seu corpo. Importante frisar que nenhuma vez vemos seu rosto, durante todo o filme)

a) Qual é a função desse trecho entre parênteses?

b) Por que é importante escolher e determinar o ângulo de visão do espectador?

22. É possível perceber que há apenas uma fala em voz alta e o uso da voz da vizinha em *off*. Qual pode ser a intenção do roteirista ao marcar essa diferença?

23. Qual é a importância do espaço para a história? Como se marca a mudança de cada lugar?

24. Outra questão importante a observar é a passagem do tempo. Como reconhecemos esse aspecto no roteiro?

O roteiro auxilia no direcionamento das filmagens, pois, ao indicar ângulo ou foco de visão, constrói o foco narrativo da história. As notações de cenografia, figurino, vozes em *off* ou diretas são essenciais para atenderem à intencionalidade do filme.

Experimentação Roteiro

Você conheceu alguns curtas e estudou o roteiro de um deles. Deve ter observado que esse gênero tem um papel importante na produção audiovisual. Neste momento, você é o roteirista. Volte ao conto produzido nesta unidade e prepare-se para transformá-lo em um roteiro.

1. Pense na sequência de cenas e na descrição que compõe cada uma delas. Para isso, use palavras que auxiliem na visualização dos componentes da narrativa: Como marcar a passagem do tempo? Como caracterizar o espaço? Que objetos e detalhes estão presentes? Qual será o foco da câmera? Será em plano aberto, uma visão ampla do espaço e dos personagens? Ou apenas um feixe de luz? Veremos o rosto dos personagens? Ouviremos a voz deles?

É fundamental que esteja claro o conceito de sugestão para deixar espaço para as inferências do espectador.

2. Pensar no roteiro de um filme exige imaginar as cenas em detalhes: Que elementos devo destacar em uma cozinha? Em um quintal? Dentro de um carro?

3. Em um roteiro não cabe usar adjetivos que não podem ser ditos, mas precisam, ser descritos por meio de comportamentos. Reflita: como podemos mostrar irritação, ansiedade, dúvida, medo?

Sentimentos	Comportamentos observáveis
Ansiedade	Olhar o relógio a todo momento, roer unhas, etc.
Dúvida	Olhar fixamente para um ponto, colocar a mão no queixo, etc.
Medo	Arregalar os olhos, gritar, esconder-se, etc.
Raiva	Cerrar o punho, elevar a voz, etc.

Cadmium_Red/Shutterstock

Observe o modelo de tabela a seguir para auxiliar a responder a essas perguntas com exemplos de comportamentos.

4. Após finalizar o roteiro, você poderá utilizá-lo na filmagem do curta e divulgá-lo na seção *#Multiplicar*.

Diário de bordo

Registre, no diário de bordo, a sequência de cenas de seu roteiro. Você pode organizar em quadros; lembre-se da clareza no detalhamento: O ambiente é interno? Externo? Sob qual ângulo os personagens serão mostrados?

Lembre-se de que esse é um trabalho coletivo, por isso as anotações devem ser específicas para todos que participarem da produção do curta.

Saiba+

O texto "Como fazer um roteiro", de Mônica Wojciechowski, publicado em *Academia Internacional de Cinema*, 7 dez. 2017 (disponível em: https://www.aicinema.com.br/como-fazer-um-roteiro/, acesso em: 10 fev. 2022), apresenta nove passos que os roteiristas costumam usar para fazer seus roteiros, com exemplos e modelos para *download*.

No vídeo *Estruturas de roteiro* (15 min), disponível em: https://www.youtube.com/watch?v=AAqO-ictKdw (acesso em: 10 fev. 2022), você vai encontrar diferentes estruturas de roteiro mais comuns no teatro e no audiovisual.

Narrativa em audiovisual (Arte)

A narrativa em audiovisual é o resultado de um conjunto de elementos que compõem o filme. Com base no roteiro e no trabalho dos profissionais envolvidos, é possível construir **o que contar** e **como contar**.

Veja a seguir alguns tipos de narrativa cinematográfica.

Narrativa linear: é a narrativa mais comum. A história tem um fio condutor com início, meio e fim, no qual os personagens são apresentados no início da história, até que se chegue a um conflito e a suas consequências, e termina com um desfecho e a resolução final.

Narrativa binária: acontece quando há duas histórias paralelas independentes que, a partir de determinado ponto, se cruzam e seguem juntas até o final.

Narrativa circular: é uma narrativa em que a história termina onde começa, concluindo um círculo.

Narrativa fragmentada: nessa narrativa, a história é contada por meio de recortes para apresentar diferentes cenas, fontes, histórias, entrevistas, etc. É muito utilizada em documentários, por exemplo.

Esses tipos de narrativa têm dois formatos mais comuns: **curta-metragem**, filme com duração de até 30 minutos, e **longa-metragem**, filme com duração de pelo menos 70 minutos. Entre esses dois tipos há também os filmes de **média-metragem**.

Assista aos dois curtas-metragens sugeridos a seguir e observe como a narrativa de ambos os trabalhos foi realizada.

- *A estória da figueira*, dirigido por Julia Zakia (São Paulo, 2006, 17 min). Disponível em: https://portacurtas.org.br/filme/?name=a_estoria_da_figueira (acesso em: 10 fev. 2022).

- *Os filmes que não fiz*, dirigido por Gilberto Scarpa (Minas Gerais, 2008, 16 min). Disponível em: https://portacurtas.org.br/filme/?name=os_filmes_que_nao_fiz (acesso em: 10 fev. 2022).

Frame do curta-metragem *A estória da figueira*, de Julia Zakia (Brasil, 2006, 17 min).

Frame do curta-metragem *Os filmes que não fiz*, de Gilberto Scarpa (Brasil, 2008, 16 min).

1. Para exercitar os conceitos estudados, com base nos filmes a que você assistiu, responda às questões a seguir.

a) Como você classificaria a narrativa do curta-metragem *A estória da figueira*?

b) Como a narrativa do curta-metragem *Os filmes que não fiz* foi construída?

Animação audiovisual

A animação é a arte de criar ilusão de vida e movimento em desenhos, objetos, bonecos e pessoas. Nos filmes de animação, a ilusão de movimento é alcançada por meio da junção de imagens fixas que encaminham sequências de movimento. Cada fotograma (imagem) é criado individualmente para depois serem agrupados. Para um segundo de filme são produzidos 16 ou mais fotogramas. O cinema utiliza 24 imagens por segundo, enquanto o vídeo tem cerca de 30 imagens. Quanto maior a quantidade de imagens por segundo, maior é a qualidade da ilusão de movimento.

A seguir, leia a ficha técnica do filme e observe as imagens.Elas são *frames* do curta-metragem *Pajerama*, do cineasta paulista **Leonardo Cadaval** (Brasil, 2008, 9 min), disponível em: https://portacurtas.org.br/filme/?name=pajerama (acesso em: 10 fev. 2022).

Ficha técnica
Curta-metragem: *Pajerama*
Gênero: Animação
Subgênero: Aventura, infantojuvenil
Diretor: Leonardo Cadaval
Duração: 9 min
Ano: 2008
Formato: 35 mm
Cor: Colorido
País: Brasil — Local de produção: SP
Produção: Mayra Lucas, Paulo Boccato
Coprodução: Glaz Entretenimento
Roteiro: Leonardo Cadaval
Edição: Leonardo Cadaval
Direção de arte: Leonardo Cadaval
Empresa(s) produtora(s): Neoplastique Entretenimento
Edição de som: Ruggero Ruschioni
Produção executiva: Mayra Lucas, Michele Lavalle
***Design* dos personagens:** Leonardo Cadaval
Música: Ruggero Ruschioni
Desenho de som: Ruggero Ruschioni
Classificação indicativa: Livre.
Sinopse: Um menino indígena é pego numa torrente de experiências estranhas, revelando mistérios de tempo e espaço.

Frame do curta-metragem *Pajerama*, de Leonardo Cadaval (Brasil, 2008, 9 min).

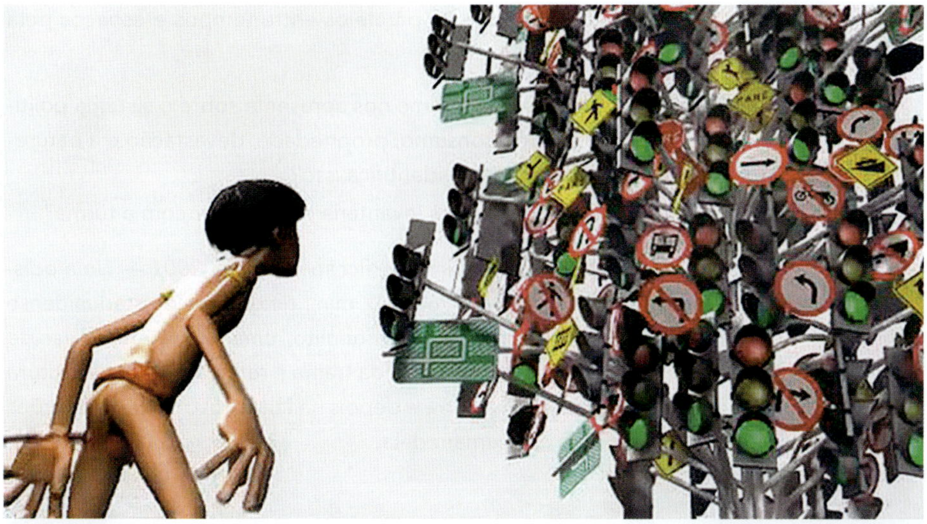

Frame do curta-metragem *Pajerama*, de Leonardo Cadaval (Brasil, 2008, 9 min).

Saiba+

Leonardo Cadaval é graduado em Arquitetura e Urbanismo pela Universidade de São Paulo (USP). Atua na produção e na direção de filmes de animação e trabalha com publicidade.

Seu primeiro curta foi *Terminal* (2001), que ganhou sete prêmios, incluindo o do Festival de Gramado e o do Anima Mundi.

Pajerama foi seu segundo curta-metragem e rendeu ao diretor um prêmio no Festival de Oberhausen, na Alemanha, além de outros seis prêmios.

Para consultar palavras da família linguística tupi-guarani, acesse o *Dicionário ilustrado Tupi-guarani*, disponível em: https://www.dicionariotupiguarani.com.br. A pesquisa dos vocábulos pode ajudar você a compreender o contexto de alguns termos citados no filme *Pajerama*.

2. Depois de assistir ao filme, responda às questões propostas.

a) O que acontece no filme? Quais as impressões que você teve?

b) Você acha que esse filme trata de algum aspecto da realidade? Qual? Que reflexão você acha que ele propõe?

c) Você se identifica com o personagem do filme? Por quê?

d) Como você imagina que esse filme foi realizado?

e) Há falas no filme? Como a história é contada?

3. Assista ao filme novamente com a atenção voltada para a escuta da trilha sonora.

a) Você considera que a trilha sonora do filme amplia os sentidos e as percepções em relação à história contada?

b) Você acha possível contar uma história por meio do som?

4. O que o título do filme nos diz sobre a história? Você conhece a palavra tupi "pajerama"? Faça uma pesquisa sobre o significado dela.

5. O filme apresenta uma história em que há paralelos entre tempos e espaços pela perspectiva de um menino indígena.

   a) Quais são as possíveis reflexões que o filme nos apresenta sobre o sistema político e econômico, suas relações de consumo, propriedade, devastação e a natureza? Em quais momentos do filme você identifica isso?

   b) Com base no filme, quais questões você levantaria para refletir com a turma?

6. A animação *Pajerama* faz referência ao filme de ficção científica *2001 — Uma odisseia no espaço* (Estados Unidos: MGM, 1968, 142 min), dirigido pelo estadunidense Stanley Kubrick (1928-1999). No filme há um monólito, uma pedra retangular de grandes proporções, que representa o mistério da trama e refere-se a uma estrutura extraterrestre. Ela aparece primeiro na Terra e depois na Lua, provocando alterações no comportamento dos que se aproximam dela.

Alamy/Fotoarena

Frame do filme *2001 — Uma odisseia no espaço*, de Stanley Kubrick (Estados Unidos e Reino Unido, 1968, 142 min). Nessa cena é possível ver o monólito.

   a) Como o monólito figura em *Pajerama*? Você acha que ele influencia a história de alguma forma?

   b) Após conhecer a referência da obra de Kubrick, mudou a sua percepção em relação ao filme *Pajerama*? Que outras interpretações e análises você faria?

Diário de bordo

Registre, no diário de bordo, as percepções que surgiram ao assistir às produções audiovisuais indicadas.

Saiba+

A organização não governamental **Ecofalante** atua nas áreas de cultura, educação e sustentabilidade, produzindo filmes, documentários e programas de televisão de cunho educativo e voltados a temáticas socioambientais. Essa ONG também realiza a Mostra Ecofalante de Cinema Ambiental, um importante evento audiovisual sul-americano dedicado a temas socioambientais.

No *site* da ONG, disponível em: http://ecofalante.org.br (acesso em: 10 fev. 2022), é possível assistir a diversos desses filmes.

Técnicas de animação

Existem diferentes técnicas de animação. Conheça algumas a seguir.

Virinaflora/Shutterstock

Animação bidimensional: consiste em animar imagens planas. Entre elas, há desenhos animados, animações em acetato, animação com imagens recortadas, animação com grânulos muito finos, pintura animada, etc.

Um exemplo de animação bidimencional é é o longa-metragem *Kiriku e a feiticeira*, animação franco-belga de 1998, dirigida por Michel Ocelot. Ele é o primeiro filme de uma triologia: *Kiriku e os animais selvagens* (2005) e *Kiriku, os homens e as mulheres* (2015).

Alamy/Fotoarena

Frame de *Kiriku e a feiticeira*, de Michel Ocelot (França, Bélgica e Luxemburgo, 1998, 74 min).

Animação em *stop motion*: em inglês, significa "movimento parado" e consiste em produzir movimento com base em uma sequência de fotografias de objetos imóveis: bonecos, plasticina, objetos, etc. Há também a *pixilation*: animação com pessoas.

Muito antes de os computadores serem utilizados nos processos de animação em audiovisual, o artista Norman McLaren (1914-1987) explorou e desenvolveu a *pixilation* em seus filmes, nos anos 1950. Essa técnica é também uma forma de *stop motion*, mas com a presença de atores, como acontece em *A Chairy Tale* [*A cadeira*] (Canadá, 1957, 10 min).

A Chairy Tale [*A cadeira*], de Norman McLaren (Canadá, 1957, 10 min).

Animação sem câmera: consiste em realizar as pinturas à mão, riscando e pintando diretamente na película, como no filme *Hen Hop* [*Pulo de galinha*], de Norman McLaren (Canadá, 1942, 3 min). Você pode assistir ao *trailer* dessa produção no *link* https://www.nfb.ca/film/hen_hop (acesso em: 12 fev. 2022). O diretor Norman McLaren desenhou diretamente em um filme de 35 mm com caneta e tinta comuns e a cor foi adicionada opticamente.

Frame de *Hen Hop* [*Pulo de galinha*], de Norman McLaren (Canadá, 1942, 3 min).

Animação sem filme: há muitas técnicas de animação sem o uso de câmera, como o *flipbook*, o fenaquistoscópio e o zootrópio.

Pavloonka/Shutterstock

Exemplo de *flipbook*.

Wikipedia/Wikimedia Commons

Fenaquistoscópio. Quando o disco gira, dá a ilusão de movimento das imagens.

Wikipedia/Wikimedia Commons

Zootrópio.

Roteiro e estrutura visual no audiovisual

Na linguagem cinematográfica, a noção de enquadramento é fundamental. Já observou como você enquadra as fotos e os filmes que realiza?

Enquadrar é também escolher o que o filme quer apresentar em cada momento, mostrando ao espectador o universo visual da história. O principal componente do enquadramento é o plano, que define a estrutura da fotografia do filme. Ao escolhermos um plano, determinamos a distância entre a câmera e o elemento principal que está sendo filmado. No cinema, o tipo de câmera, o tipo de lente e a iluminação são elementos fundamentais para o desenvolvimento do filme.

Diretora de fotografia e operadora de câmera, Silvia Gangemi, durante filmagem no Rio de Janeiro (RJ), 2013.

Veja no esquema a seguir os principais tipos de plano de enquadramento utilizados no audiovisual.

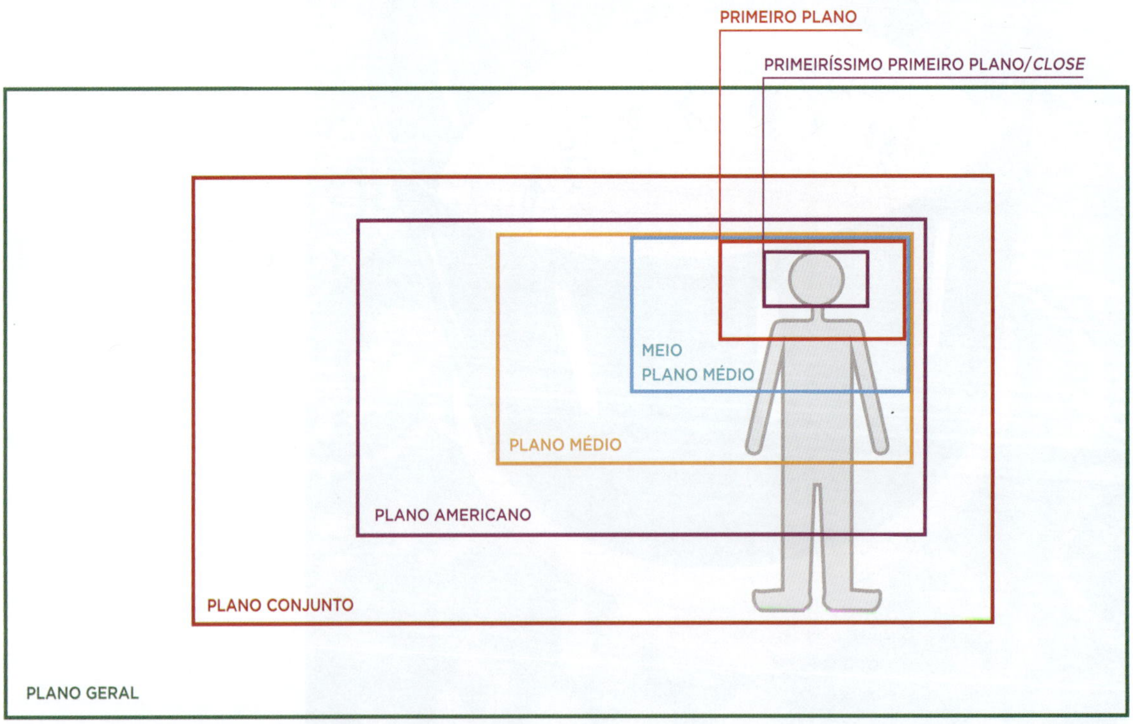

Tipos de plano de enquadramento utilizados no audiovisual.

Outro elemento importante do enquadramento é o ângulo. Veja os três tipos de ângulo mais comuns no cinema e na fotografia:

- **Ângulo normal:** a câmera focaliza a pessoa na altura dos olhos, em um plano horizontal.
- **Ângulo alto (*plongée*):** a câmera focaliza a pessoa ou o objeto de cima para baixo.
- **Ângulo baixo (contra-*plongée*):** a câmera focaliza a pessoa ou o objeto de baixo para cima.

No cinema e no audiovisual, muitas vezes também é utilizado o plano-sequência, em que a filmagem da ação ocorre de maneira contínua e sem cortes, podendo, em uma mesma sequência, serem explorados diferentes ângulos de filmagem.

7. Depois de assistir ao plano-sequência do filme *Durval Discos* (disponível em: https://www.artofthetitle.com/title/durval-discos, acesso em: 12 fev. 2022), dirigido por Anna Muylaert, com direção de fotografia de Jacob Solitrenick (Brasil, 2002, 103 min), responda:

Reprodução/Europa Filmes

Cartaz de *Durval Discos*, de Anna Muylaert, com direção de fotografia de Jacob Solitrenick (Brasil, 2002, 96 min). O filme inicia-se com um plano-sequência de 4 min 36 s.

a) Como você imagina que essa filmagem foi realizada?

b) Será que houve ensaio e planejamento? Por quê?

c) Você consegue identificar a sincronicidade entre os atores e a filmagem? De que maneira?

Saiba+

Para assistir ao vídeo *Tipos de Planos e Ângulos de Câmera | Glossário*, 2020 (4 min 12 s), publicado no canal Diorama, acesse: https://youtu.be/mN7Ziafr1xU (acesso em: 12 fev. 2022). Esse vídeo apresenta os diferentes tipos de plano e ângulo da câmera.

No *site Primeiro Filme*, disponível em: http://www.primeirofilme.com.br/site/o-livro/enquadramentos-planos-e-angulos (acesso em: 12 fev. 2022), você pode conhecer exemplos de diferentes planos e ângulos ao ler o texto *Enquadramento: planos e ângulos*.

Experimentação Explorando diferentes tipos de plano e ângulo e criando um plano-sequência

Material: Máquina fotográfica digital ou celular.

1. Reflita sobre as seguintes questões: O que você gostaria de propor para retratar a imagem da escola? O que a escola representa para você? O que você gostaria de destacar? Que outros olhares e percepções podem emergir e fazer refletir sobre esse espaço?

2. Agora, caminhe com os colegas pela escola observando os diferentes ambientes. Nesse momento, você vai fotografar o que mais chama a sua atenção.

- Procure explorar os detalhes que não são observados no dia a dia, como os cantos, por exemplo.
- Experimente também diferentes maneiras de segurar a câmera e explore novas possibilidades de ângulos. Por exemplo, você pode agachar, sentar, deitar, subir em algo, fotografar de baixo para cima ou de cima para baixo, etc.

3. Depois dessa exploração, escolha um lugar e algo que será o elemento principal para experimentar os diferentes planos de fotografia de cinema. Pode ser uma pessoa, um objeto, um elemento da natureza (árvore, pedra, flor, planta, etc.).

4. Então, fotografe esse elemento de diferentes tipos de plano, desde o plano *close* até o plano geral, no total de sete fotografias. Lembre-se de que, ao fotografar planos, você também pode explorar os ângulos.

5. Veja as fotografias que tirou e verifique os planos e os ângulos explorados.

6. Escolha um desses lugares explorados. Lembre-se de que, com base nesse lugar, você criará o seu vídeo.

7. Durante a gravação do plano-sequência, você poderá explorar diferentes maneiras de se deslocar no espaço com a câmera na mão. Observe o que quer filmar, como e por quê.

- Você pode planejar um trajeto, experimentando diferentes ângulos, conforme a sequência e o caminhar acontecem.
- É possível também explorar diferentes velocidades e movimentações da câmera.
- Você pode, ainda, realizar um plano-sequência fixo, com a câmera parada, caso deseje destacar ou apresentar algo que necessite dessa pausa.

8. Agora, grave um plano-sequência de 15 segundos desse lugar, ou partindo dele. Ao utilizar a câmera, ou o celular, mantenha-a na posição horizontal, que em geral é a utilizada nos filmes.

9. Organize o material e apresente-o à turma. Você pode fazer isso por meio de projeção em uma sala ou na tela do computador.

Diário de bordo

Registre, no diário de bordo, como foi a experiência de fotografar na escola.

- O que você achou mais interessante?
- O que descobriu nesse processo?
- A sua percepção em relação ao espaço se alterou?
- Você gostou de fotografar?
- Como você descreveria as suas escolhas?

Produção de um filme de 1 minuto

Ao contrário dos filmes de curta, média e longa-metragem, os filmes de 1 minuto, por terem um tempo condensado, fazem outro tipo de narrativa. Em 1 minuto não cabe uma história, mas o desenvolvimento de uma ideia ou conceito. E, para transformar essa narrativa em filme, um caminho é produzir sentidos e emoções por meio de imagens que geram significados para o espectador.

Por exemplo, se no seu filme você quiser transmitir determinada ideia, o seu exercício será pensar em quais imagens podem gerar esses sentidos. Supondo que o seu roteiro seja sobre a amizade e o amor, o seu exercício será pensar em quais imagens dão ou podem construir o sentido de amizade e amor. Dessa forma, ao elaborar o seu roteiro, pense em qual é a ideia principal e, com base nela, quais imagens criar. Procure não apresentar imagens estereotipadas, mergulhe no sentimento e nas metáforas da ideia.

O Festival do Minuto brasileiro foi criado em 1991, é pioneiro no mundo e influenciou a criação desse mesmo formato de festival em mais de cinquenta países. O festival nacional seleciona e veicula filmes de estudantes, amadores e profissionais do audiovisual.

Virinaflora/Shutterstock

Saiba +

Acesse o *site* oficial do Festival do Minuto, disponível em: http://www.festivaldominuto.com.br, (acesso em: 12 fev. 2022), para conhecer e apreciar diversos filmes de 1 minuto.
Acesse o *link* do Minuto Escola para assistir a todas as aulas do curso de introdução ao audiovisual a partir do Formato Minuto. Disponível em: https://www.youtube.com/playlist?list=PLEYDwvJOvS4dDlWMqUmuwOKGDSxq2mFUp (acesso em: 31 maio 2022).

Experimentação Adaptação de roteiro e criação de filme de 1 minuto

Neste momento, você vai adaptar em grupo um dos roteiros já elaborados em Língua Portuguesa considerando os contos criados para a realização de um filme de 1 minuto.

1. Forme um grupo com mais duas pessoas. Juntos, escolham um dos roteiros já criados pelos membros do grupo para a elaboração do vídeo. Lembrem-se de que:

- Vocês podem ler os roteiros novamente, escolher um, ou até mesmo elaborar um novo roteiro, combinando ideias.
- É possível produzir uma animação ou uma *live action* (termo utilizado para definir os trabalhos que são realizados por atores reais).
- O roteiro para um vídeo de 1 minuto difere do roteiro de curta ou longa-metragem, já que é preciso condensar a ideia central e apresentá-la nesse tempo reduzido.

2. Para o planejamento do filme, façam a adequação do roteiro com base na seguinte estrutura:

a) Desenvolvam o argumento principal em uma única linha.

b) Desenvolvam o conflito, também em uma única linha.

c) Se houver personagens, definam-nos, assim como as cenas e os diálogos. Lembrem-se de que é um filme de 1 minuto.

d) Se for um filme com imagens apenas, definam que imagens desejam capturar.

3. Agora, com os roteiros criados, pensem em como vão apresentar essa ideia por meio de um vídeo. Para isso, vejam algumas perguntas para nortear a escolha do trabalho:

- O que gravar?
- Onde gravar?

Virinaflora/Shutterstock

- Como gravar?
- Quais planos utilizar?
- Terá cortes e edição ou será um plano-sequência? Que ângulos usar?
- Haverá figurino, cenário, objetos? Trilha sonora? Efeitos de edição, cor, montagem?

4. Escolham as locações, ou seja, onde vão gravar. Para isso, explorem o espaço e façam alguns ensaios e experimentações com a câmera antes de gravar.
5. Definam as funções de cada um do grupo e, se quiserem, alternem-se durante o processo.
6. Gravem o vídeo.
7. Assistam à gravação, editem e finalizem conforme o planejado. Editar é o momento de escolher as cenas, fazer cortes, junções, compor com a trilha sonora. Para isso, utilizem algum *software* gratuito de edição de vídeos e busquem tutoriais de como usá-lo.
8. Escolham um título para o trabalho com menção ao conto selecionado e elaborem os créditos finais com o nome dos envolvidos e com as funções que ocuparam.
9. Quando tudo estiver pronto, apresentem o vídeo à turma.
10. Depois da apresentação, contem como foi o processo: criação e escolha do conto, criação do roteiro, planejamento, filmagem e edição.
11. Assistam aos outros filmes, colaborando positivamente para o processo de produção dos colegas.

Diário de bordo

Ao final, registrem, no diário de bordo, as etapas do desenvolvimento do processo de adaptação do roteiro até o momento do compartilhamento do vídeo.

- O que foi mais marcante?
- O que vocês consideraram importante registrar?
- Que questões e ideias emergiram?

Saiba +

Cinemateca brasileira. Disponível em: https://www.cinemateca.org.br/ (acesso em: 19 jun. 2020). Acesse o *site* da instituição responsável pela preservação e difusão da produção audiovisual brasileira.

Sociedade Brasileira de Estudos de Cinema e Audiovisual (Socine). Disponível em: https://www.socine.org/ (acesso em: 19 jun. 2020). Acesse o *site* para conhecer a Socine, criada com o objetivo de promover a realização e o intercâmbio de pesquisas e estudos de cinema e audiovisual.

Virinaflora/Shutterstock

Responda às questões a seguir para treinar os seus conhecimentos sobre o que estudou nesta unidade.

1. (UnB-DF – 2017)

Luiz Antônio Pilar. Fotografia do curta-metragem brasileiro *O papel e o mar*. Disponível em: www.lapilar.com.br.

Hoje o mundo das mídias tem afetado substancialmente o conceito e a prática da arte, transformando a criação artística no interior da sociedade midiática. É suficiente considerar o fato de que, em meios despontados no século XX, como o cinema, os produtos da criação artística e da produção midiática não são mais tão fáceis de ser distinguidos com clareza. Ainda hoje, em certos meios intelectuais, há uma controvérsia sobre se o cinema seria uma arte ou um meio de comunicação de massa. Já houve um tempo em que se podia distinguir com total clareza entre uma cultura elevada, densa, secular e sublimada e, de outro lado, uma subcultura dita "de massa", banalizada, efêmera e rebaixada ao nível da compreensão e da sensibilidade do mais rude dos mortais. A cisão entre os vários níveis de cultura não parece tão cristalina. Em nossa época, o universo da cultura se mostra muito mais híbrido e turbulento do que o foi em qualquer outra época.

Arlindo Machado. *Arte e mídia: aproximações e distinções*.
Internet: (com adaptações).

Considerando o texto e a fotografia apresentados acima, julgue o item.

Cabe ao fotógrafo o projeto da luz do filme; ele concebe as características dos tipos de iluminação para cada plano da imagem.

a) Correta

b) Errada

2. (UnB-DF – 2014)

Desde o século XIX, depois da invenção da fotografia, do incremento do jornal, do surgimento do cinema e da explosão da publicidade, passo a passo, a era de Gutenberg foi cedendo seu espaço exclusivo – de alta cultura e de linguagem tão próxima quanto possível da pureza de meios (a escrita) – para linguagens cada vez mais híbridas, das quais o cinema e, então, a televisão são exemplos. Durante mais de três quartos do século XX, de um lado, o texto escrito mantinha-se como detentor dos valores da ciência, do conhecimento e do saber, enquanto, de outro lado, os meios de informação e entretenimento, marcados pela explosão do som e da imagem, tomavam crescentemente conta da paisagem cultural. Entre ambos, a arte mantinha sua sabedoria sobre o reino da sensibilidade. O advento da *web* e da linguagem que nela circula, a hipermídia, trouxe, entretanto, intensas transformações nessa distribuição de papéis e funções culturais. Tudo começou a misturar-se.

Fernand Léger. *Film Ballet Mécanique* (Filme Balé Mecânico), 1927. Internet: <www.youtube.com>

Lúcia Santaella. *A ecologia pluralista da comunicação: conectividade, mobilidade, ubiquidade.* São Paulo: Paulus, 2010, p. 64 (com adaptações).

Considerando o texto e a imagem apresentados, julgue o item.

As "linguagens cada vez mais híbridas" (*l*.6) incluem elementos estéticos visuais, cênicos e musicais.

a) Certo

b) Errado

3. (Insper-SP – 2013)

Figura 1

A Criação de Adão, de Michelangelo. 1508-12. Capela Sistina.

Figura 2

A recriação do afresco de Michelangelo sugere

a) a retomada do princípio clássico da mimese, conceito artístico que valorizava a capacidade de imitação de um artista.

b) a tentativa de desconstruir conceitos de arte renascentistas, por meio da ridicularização de um paradigma do Classicismo.

c) o tom de humor garantido, na paródia, pela atualização de alguns elementos da obra clássica, preservando ainda traços que permitam o reconhecimento da obra original.

d) a crítica à postura conservadora que o ser humano preserva ao longo dos séculos diante de situações cotidianas.

e) a condenação da presunção do ser humano, que sempre se julgou capaz de criar grandes obras.

4. (Enem – 2020)

A vida às vezes é como um jogo brincado na rua: estamos no último minuto de uma brincadeira bem quente e não sabemos que a qualquer momento pode chegar um mais velho e avisar que a brincadeira já acabou e está na hora do jantar. A vida afinal acontece muito de repente – nunca ninguém nos avisou que aquele era mesmo o último Carnaval da Vitória. O Carnaval também chegava sempre de repente. Nós, as crianças, vivíamos num tempo fora do tempo, sem nunca sabermos dos calendários de verdade. [...] O "dia da véspera do Carnaval", como dizia a avó Nhé, era dia de confusão com roupas e pinturas a serem preparadas, sonhadas e inventadas. Mas quando acontecia era um dia rápido, porque os dias mágicos passam depressa deixando marcas fundas na nossa memória, que alguns chamam também de coração.

ONDJAKI. *Os da minha rua*. Rio de Janeiro: Língua Geral, 2007.

As significações afetivas engendradas no fragmento pressupõem o reconhecimento da

a) perspectiva infantil assumida pela voz narrativa.
b) suspensão da linearidade temporal da narração.
c) tentativa de materializar lembranças da infância.
d) incidência da memória sobre as imagens narradas.
e) alternância entre impressões subjetivas e relatos factuais.

5. (Enem – 2020)

Na sua imaginação perturbada sentia a natureza toda agitando-se para sufocá-la. Aumentavam as sombras. No céu, nuvens colossais e túmidas rolavam para o abismo do horizonte... Na várzea, ao clarão indeciso do crepúsculo, os seres tomavam ares de monstros... As montanhas, subindo ameaçadoras da terra, perfilavam-se tenebrosas... Os caminhos, espreguiçando-se sobre os campos, animavam-se quais serpentes infinitas... As árvores soltas choravam ao vento, como carpideiras fantásticas da natureza morta... Os aflitivos pássaros noturnos gemiam agouros com pios fúnebres. Maria quis fugir, mas os membros cansados não acudiam aos ímpetos do medo e deixavam-na prostrada em uma angústia desesperada.

ARANHA, J. P. G. *Canaã*. São Paulo: Ática, 1997.

No trecho, o narrador mobiliza recursos de linguagem que geram uma expressividade centrada na percepção da

a) relação entre a natureza opressiva e o desejo de libertação da personagem.
b) confluência entre o estado emocional da personagem e a configuração da paisagem.
c) prevalência do mundo natural em relação à fragilidade humana.
d) depreciação do sentido da vida diante da consciência da morte iminente.
e) instabilidade psicológica da personagem face à realidade hostil.

6. (Enem – 2019)

Os subúrbios do Rio de Janeiro foram a primeira coisa a aparecer no mundo, antes mesmo dos vulcões e dos cachalotes, antes de Portugal invadir, antes do Getúlio Vargas mandar construir casas populares. O bairro do Queím, onde nasci e cresci, é um deles. Aconchegado entre o Engenho Novo e Andaraí, foi feito daquela argila primordial, que se aglutinou em diversos formatos: cães soltos, moscas e morros, uma estação de trem, amendoeiras e barracos e sobrados, botecos e arsenais de guerra, armarinhos e bancas de jogo do bicho e um terreno enorme reservado para o cemitério. Mas tudo ainda estava vazio: faltava gente. Não demorou. As ruas juntaram tanta poeira que o homem não teve escolha a não ser passar a existir, para varrê-las. À tardinha, sentar na varanda das casas e reclamar da pobreza, falar mal dos outros e olhar para as calçadas encardidas de sol, os ônibus da volta do trabalho sujando tudo de novo.

HERINGER, V. *O amor dos homens avulsos*. São Paulo: Cia. das Letras, 2016.

Traçando a gênese simbólica de sua cidade, o narrador imprime ao texto um sentido estético fundamentado na

a) excentricidade dos bairros cariocas de sua infância.
b) perspectiva caricata da paisagem de traços deteriorados.

c) importância dos fatos relacionados à história dos subúrbios.

d) diversidade dos tipos humanos identificados por seus hábitos.

e) experiência do cotidiano marcado pelas necessidades e urgências.

7. (Enem – 2019)

Menina

A máquina de costura avançava decidida sobre o pano. Que bonita que a mãe era, com os alfinetes na boca. Gostava de olhá-la calada, estudando seus gestos, enquanto recortava retalhos de pano com a tesoura. Interrompia às vezes seu trabalho, era quando a mãe precisava da tesoura. Admirava o jeito decidido da mãe ao cortar pano, não hesitava nunca, nem errava. A mãe sabia tanto! Tita chamava-a de ( ) como quem diz ( ). Tentava não pensar as palavras, mas sabia que na mesma hora da tentativa tinha-as pensado. Oh, tudo era tão difícil. A mãe saberia o que ela queria perguntar-lhe intensamente agora quase com fome depressa antes de morrer, tanto que não se conteve e — Mamãe, o que é desquitada? — atirou rápida com uma voz sem timbre. Tudo ficou suspenso, se alguém gritasse o mundo acabava ou Deus aparecia — sentia Ana Lúcia. Era muito forte aquele instante, forte demais para uma menina, a mãe parada com a tesoura no ar, tudo sem solução podendo desabar a qualquer pensamento, a máquina avançando desgovernada sobre o vestido de seda brilhante espalhando luz luz luz.

ÂNGELO. I. Menina. In: *A face horrível*. São Paulo: Lazuli, 2017.

Escrita na década de 1960, a narrativa põe em evidência uma dramaticidade centrada na

a) insinuação da lacuna familiar gerada pela ausência da figura paterna.

b) associação entre a angústia da menina e a reação intempestiva da mãe.

c) relação conflituosa entre o trabalho doméstico e a emancipação feminina.

d) representação de estigmas sociais modulados pela perspectiva da criança.

e) expressão de dúvidas existenciais intensificadas pela percepção do abandono.

8. (Enem – 2018)

Vó Clarissa deixou cair os talheres no prato, fazendo a porcelana estalar. Joaquim, meu primo, continuava com o queixo suspenso, batendo com o garfo nos lábios, esperando a resposta. Beatriz ecoou a palavra como pergunta, “o que é lésbica?”. Eu fiquei muda. Joaquim sabia sobre mim e me entregaria para a vó e, mais tarde, para toda a família. Senti um calor letal subir pelo meu pescoço e me doer atrás das orelhas. Previ a cena: vó, a senhora é lésbica? Porque a Joana é. A vergonha estava na minha cara e me denunciava antes mesmo da delação. Apertei os olhos e contraí o peito, esperando o tiro. [...]

[...] Pensei na naturalidade com que Taís e eu levávamos a nossa história. Pensei na minha insegurança de contar isso à minha família, pensei em todos os colegas e professores que já sabiam, fechei os olhos e vi a boca da minha vó e a boca da tia Carolina se tocando, apesar de todos os impedimentos. Eu quis saber mais, eu quis saber tudo, mas não consegui perguntar.

POLESSO, N. B. Vó, a senhora é lésbica? *Amora*. Porto Alegre: Não Editora, 2015 (fragmento).

A situação narrada revela uma tensão fundamentada na perspectiva do

a) conflito com os interesses de poder.

b) silêncio em nome do equilíbrio familiar.

c) medo instaurado pelas ameaças de punição.

d) choque imposto pela distância entre as gerações.

e) apego aos protocolos de conduta segundo os gêneros.

Blog ou site

Agora, com toda a turma, você vai planejar e criar um *blog* ou *site* para compartilhar os contos e os vídeos de 1 minuto realizados nesta unidade. Veja a seguir duas páginas da internet que podem servir de inspiração.

Reprodução da página inicial do *site* da Fundação José Saramago.

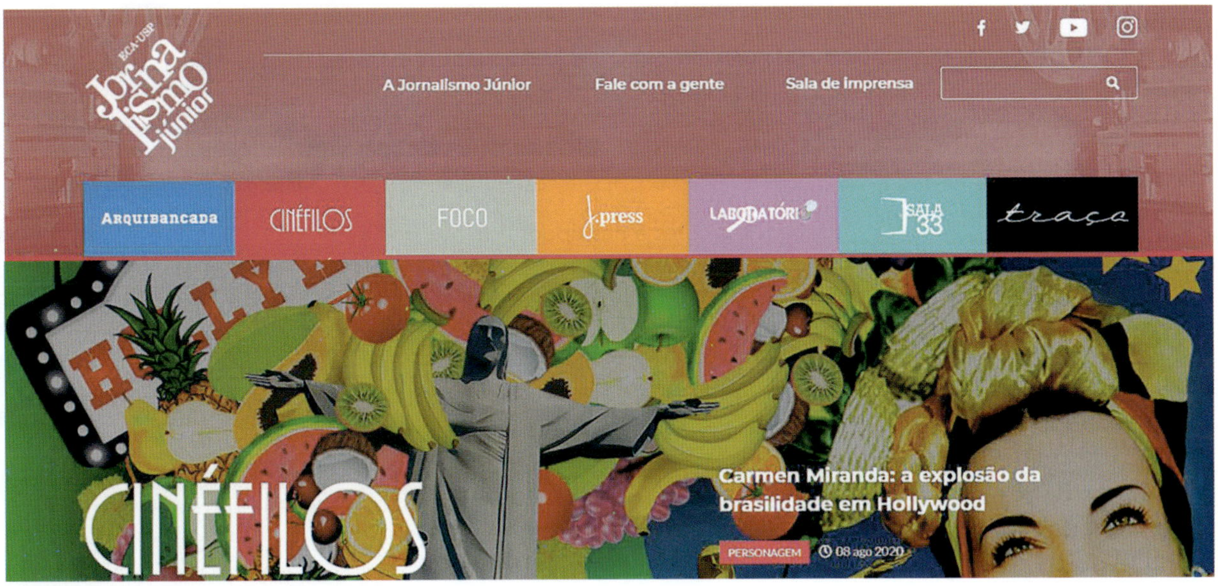

Reprodução da página inicial do *blog* Cinéfilos, da Jornalismo Júnior.

Saiba+

A Fundação José Saramago é a instituição responsável por difundir e preservar o legado de José Saramago. Para encontrar mais informações da vida e da obra do escritor, visite o *site* oficial: https://www.josesaramago.org (acesso em: 12 fev. 2022).

O *blog* Cinéfilos é produzido pelos estudantes de Jornalismo da Escola de Comunicações e Artes da Universidade de São Paulo (ECA-USP), organizados em uma empresa júnior ligada ao curso. Nesse *blog* são publicadas matérias e resenhas de filmes diversos. Disponível em: http://jornalismojunior.com.br/cinefilos (acesso em: 12 fev. 2022).

A proposta é que vocês trabalhem juntos e de maneira colaborativa. Para isso, todos precisam ter seu espaço garantido para se expressarem, questionarem, proporem ideias, procurando chegar a acordos e consensos mútuos, por meio do diálogo e de atitudes democráticas.

Para a realização de um *site* ou *blog*, primeiro, você pode refletir sobre estas questões:

- A quem se destina?
- Qual é a importância de compartilhar processos de pesquisa e criação?
- O que eu quero compartilhar? Por quê?
- O que quero destacar? Por quê?
- Este *site/blog* é pessoal ou coletivo? Qual é a diferença entre realizar uma plataforma coletiva e uma plataforma pessoal?
- Como criar acordos e sugerir ideias?
- Eu aprendo com o outro? O que ele me ensina?

Então, deve decidir coletivamente:

- Qual será o nome do *blog*?
- Quem será o administrador responsável?
- O que vocês querem destacar no *site/blog*? Vão abrir para comentários e interações públicas?
- Como se dará esse espaço de compartilhamento de processos e informações?

Depois, devem pensar coletivamente em propostas objetivas para essa criação:

- Elaborem propostas de *layout* (identidade visual).
- Pensem nas cores e nas tipografias que gostariam de utilizar.
- Haverá um padrão de postagem? Troquem ideias e sugestões até chegarem a um acordo. Realizem as postagens dos textos e dos vídeos.

Virinaflora/Shutterstock

Diário de bordo

Registre em seu diário de bordo as impressões que teve da experiência de planejar e criar coletivamente um *blog* ou um *site* e o que achou do resultado.

- Revisem o material.
- Conversem sobre o resultado do *blog* e façam os ajustes finais.

  E, no momento final, é hora do compartilhamento.

- Compartilhem e divulguem.
- Criem um cronograma de checagem e análise de visualizações, comentários, interações e de vida do *site/blog*: Quanto tempo pretendem deixá-lo no ar? Por quê?

Meu portfólio

Ao longo desta unidade, você teve contato com diferentes formas de contar uma história. Leu um conto e assistiu à adaptação dele para um curta de animação. Ao comparar esses dois processos, pôde perceber que diferentes mídias criam possibilidades diversas de representação e de significação de uma mesma narrativa. Essa ideia se amplia um pouco mais com o contato com o roteiro de um curta-metragem adaptado de um conto tradicional. Lendo esse gênero textual, certamente você pôde verificar que um texto pode não contar apenas uma história, mas conter instruções sobre as formas como essa história deve ser contada, caso seja adaptada para o vídeo. Ao estudar uma resenha, você teve contato com os recursos linguísticos e os conhecimentos específicos necessários para realizar uma crítica responsável sobre uma obra de arte.

Ao adentrar no universo do audiovisual, você se aproximou dos recursos técnicos envolvidos na produção de vídeos e realizou exercícios de experimentação desses recursos, tais como a produção de um vídeo de animação, o estudo de enquadramentos, planos e ângulos das imagens para produção de filmes, assim como conheceu os diferentes tipos de narrativa e elementos do audiovisual para o desenvolvimento de projetos e criações autorais.

Na montagem do seu portfólio, você deve ter organizado as suas produções durante todo esse processo. Agora, retome os trabalhos que compõem o seu portfólio, desde rascunhos e projetos até registros em fotos e vídeos de apresentações.

Consulte as explicações sobre a organização do portfólio. Lembre-se de que todo o processo criativo é importante e não apenas o produto final; por isso, aqui não podem faltar as diversas versões de uma mesma produção.

Retome também todas as anotações que fez no diário de bordo; elas vão ajudar muito, tanto na construção do portfólio quanto no retrospecto de suas ideias e impressões.

Não deixe de colocar a data em que cada produção foi realizada: assim, ao consultar o portfólio, você terá condições de verificar sua história de aprendizagem. Essa consulta poderá ajudá-lo a perceber quais aspectos você desenvolveu e aperfeiçoou ao longo do trabalho.

Virinaflora/Shutterstock

Respostas #EnemVestibular

Unidade 1

1. (Enem – 2019): A.
2. (Enem – 2013): D.
3. (Simulado Enem SAS – 2013): C.
4. (Enem – 2019): C.
5. (Enem – 2018): B.
6. (Enem – 2013): C.
7. (UEL-PR – 2018): A.
8. (Enem Libras – 2017): E.
9. (Enem – 2020): A.
10. (Enem – 2018): A.
11. (Enem – 2019): B.
12. (Enem – 2019): E.

Unidade 2

1. (Enem – 2016): D.
2. (Enem PPL – 2015): A.
3. (UPE-SSA – 2016): A.
4. (Enem – 2014): C.
5. (UPE-SSA – 2012): B.
6. (UEM – 2014): A, C e D.
7. (Enem – 2020): C.
8. (Enem – 2013): D.

Unidade 3

1. (IFRN – 2011): B.
2. (Unespar – 2010): A.
3. (Fuvest – 2007)

   a) Resposta: *O Auto da Barca do Inferno*, de Gil Vicente, usa a expressão verbal dos personagens para marcar a posição social dos falantes. Portanto, a linguagem é aqui um elemento caracterizador; no caso de Brísida Vaz, podemos perceber em sua linguagem indícios da atividade que exercera em vida. No tratamento com o Anjo, a personagem faz uso de uma linguagem sedutora, porém artificialmente empregada.

   b) Resposta: Não, o tratamento que Brísida Vaz dispensa ao Anjo não é adequado para que ela consiga sua ida ao céu. Com a sua linguagem afetada, a personagem faz o oposto do que deveria, revelando as atitudes que teve para realizar encontros entre padres e moças. Brísida comete um equívoco: deduz que o Anjo apoia a luxúria. No entanto, ele retrata uma moral implacável: ao saber da relação de Brísida com o clero e seus desvios, não cede lugar a ela em sua barca.
4. (Famema-SP – 2020): B
5. (Famema-SP – 2020): A
6. (Famema-SP – 2020): B
7. (Unesp-SP – 2017): E
8. (Enem – 2014): C
9. (Enem – 2020): A
10. (Enem – 2020): A

Unidade 4

1. (UnB-DF – 2017): A
2. (UnB-DF – 2014): A
3. (Insper-SP – 2013): C
4. (Enem – 2020): A
5. (Enem – 2020): B
6. (Enem – 2019): B
7. (Enem – 2019): D
8. (Enem – 2018): B

Lista de siglas das atividades extraídas de provas oficiais

Enem: Exame Nacional do Ensino Médio
Enem PPL: Exame Nacional do Ensino Médio Para Pessoas Privadas de Liberdade e Jovens Sob Medida Socioeducativa
Enem Libras: Exame Nacional do Ensino Médio em Língua Brasileira de Sinais
Famema-SP: Faculdade de Medicina e Enfermagem de Marília
Fuvest: Fundação Universitária para o Vestibular
IFRN: Instituto Federal do Rio Grande do Norte
Insper-SP: Instituto de Ensino e Pesquisa
UEL-PR: Universidade Estadual de Londrina
UnB: Universidade de Brasília
Unespar: Universidade Estadual do Paraná
Unesp-SP: Universidade Estadual Paulista
UPE SSA: Sistema Seriado de Avaliação da Universidade de Pernambuco

PROJETO MÚLTIPLO

LINGUAGENS e suas Tecnologias

Celso Melo Filho

Bacharel em Música pela Universidade Federal de Uberlândia (UFU-MG)
Mestre em Artes pela Universidade Estadual Paulista "Júlio de Mesquita Filho" (Unesp-SP, São Paulo)
Músico, ator, escritor e educador, com experiência em programas de ação cultural da cidade de São Paulo, como o Programa de Iniciação Artística (PIÁ) e a Escola Municipal de Iniciação Artística de São Paulo (Emia)
Redator da Base Nacional Comum Curricular (BNCC) do Ensino Fundamental

Gerson Rodrigues

Mestre em Artes (Pedagogia do Teatro) e licenciado em Artes Cênicas pela Escola de Comunicações e Artes da Universidade de São Paulo (ECA-USP)
Especialista em Artes Visuais, Intermeios e Educação pelo Instituto de Artes da Universidade Estadual de Campinas (Unicamp-SP)
Membro do grupo de pesquisa da Escola Currículo e Conhecimento (ECCo) da Faculdade de Educação da Universidade de São Paulo (USP)
Ator, diretor teatral, gestor cultural e docente na rede municipal de ensino de Guarujá (SP)
Fez parte da Comissão de Especialistas da Base Nacional Comum Curricular (BNCC) do Ensino Fundamental (2ª versão)

Gláucia Luiz

Mestra em Letras na área de Estudos Comparados de Literaturas de Língua Portuguesa pela Faculdade de Filosofia, Letras e Ciências Humanas da Universidade de São Paulo (FFLCH-USP)
Bacharela em Letras pela FFLCH-USP
Licenciada em Letras (Português) pela Faculdade de Educação da Universidade de São Paulo (USP)
Bacharela em Psicologia pelo Centro Universitário Padre Anchieta
Pós-graduanda em Dependência Tecnológica: Intervenções Multidisciplinares na Universidade Caxias do Sul
Professora de Língua Portuguesa na rede particular de ensino em São Paulo e formadora de professores na rede pública

Isabel Filgueiras

Licenciada em Educação Física, mestra e doutora em Educação pela Universidade de São Paulo (USP)
Docente do Programa de Pós-Graduação *Stricto Sensu* em Educação Física da Universidade São Judas Tadeu (USJT-SP)
Redatora da Base Nacional Comum Curricular (BNCC) do Ensino Médio

Silvia de Andrade

Bacharela em Letras pela Faculdade de Filosofia, Letras e Ciências Humanas da Universidade de São Paulo (FFLCH-USP)
Licenciada em Letras (Português) pela Faculdade de Educação da Universidade de São Paulo (USP)
Professora de Língua Portuguesa, coordenadora da área de Linguagens e suas Tecnologias e coordenadora pedagógica de Ensino Médio na rede privada de ensino em São Paulo (SP)
Especialista em Computação Aplicada à Educação pelo Instituto de Ciências Matemáticas e de Computação da Universidade de São Paulo (ICMC-USP)

Simone Lima

Mestra em Artes pelo Instituto de Artes da Universidade Estadual Paulista "Júlio de Mesquita Filho" (Unesp-SP, São Paulo)
Licenciada em Educação Artística com Habilitação em Artes Plásticas pela Universidade Estadual Paulista "Júlio de Mesquita Filho" (Unesp-SP, Bauru)
Artista visual, escritora e professora, com experiência em programas de ação cultural da cidade de São Paulo, como o Programa de Iniciação Artística (PIÁ) e a Escola Municipal de Iniciação Artística de São Paulo (Emia)
Redatora da Base Nacional Comum Curricular (BNCC) do Ensino Fundamental e do Ensino Médio

Valeska Figueiredo

Doutora em Artes Cênicas pela Universidade Estadual de Campinas (Unicamp-SP)
Mestra em Educação e graduada em Psicologia pela Universidade Federal de Santa Catarina (UFSC)
Diretora, coreógrafa, bailarina, artista-professora e pesquisadora em dança
Atua em psicologia na área clínica integrando sua prática psicoterapêutica com conhecimentos da dança

ENSINO MÉDIO

VOLUME ÚNICO | PARTE **B**

Múltiplas vozes

editora ática

Sumário

Ricardo Teles/Pulsar Imagens

Van Campos/Fotoarena

UNIDADE

1 Ritmos e corporalidades brasileiros

Sergio Pedreira/Pulsar Imagens

#TáNoFeed

1. Observe a imagem e ouça o samba de roda "Marinheiro só", interpretado pela cantora e percussionista baiana **Dona Edith do Prato** (1916-2009), que faz parte do álbum *Vozes da purificação*, gravado em 2003. Acompanhe a letra reproduzida a seguir. Você conhece essa canção?

Marinheiro só

Eu não sou daqui
Marinheiro só
Eu não tenho amor
Marinheiro só
Eu sou da Bahia
Marinheiro só
De São Salvador
Ô, marinheiro, marinheiro

Marinheiro só
Quem te ensinou a nadar
Marinheiro só
Foi o tombo do navio
Marinheiro só
Foi o balanço do mar
Marinheiro só
Lá vem, lá vem

Marinheiro só
Como vem faceiro
Marinheiro só
Todo de branco
Marinheiro só
Com o seu bonezinho
Marinheiro só

Canção popular (domínio público).

Escute novamente o samba de roda, experimentando mobilizar o corpo com palmas e movimentos. Siga as orientações.

- Forme uma roda com os colegas da turma e escutem a gravação mexendo o corpo e sentindo o ritmo da música.
- As palmas são uma característica do samba de roda baiano. Experimentem bater palmas enquanto escutam a gravação.

A melodia dessa canção é em formato de "pergunta e resposta", ou seja, há uma voz que lança um trecho da melodia e o coro a complementa, como se fosse a resposta a uma pergunta. Dividam a turma em dois grupos; um deles somente para cantar a resposta "Marinheiro só". Vocês também podem escolher alguém que faça o solo, cantando as perguntas para o grupo todo responder.

Saiba +

Edith Oliveira Nogueira, conhecida como **Dona Edith do Prato**, nasceu em Santo Amaro da Purificação (BA) e ficou conhecida por apresentar-se usando uma faca e um prato como instrumentos de percussão. Ela cantava sambas de roda tradicionais da região do Recôncavo.

Em seguida, em uma grande roda, conversem com os colegas a respeito das seguintes questões: vocês conhecem outra canção constituída por pergunta e resposta? Qual? O que vocês sabem sobre essa canção? Compartilhem suas experiências e referências.

Diário de bordo

Depois de cantar e bater palmas, converse com os colegas sobre essa experiência e anote, em seu diário de bordo, o que foi discutido pela turma.

a) Você já havia participado de alguma manifestação cultural parecida?
b) Na cidade ou na comunidade em que vive, você já viu algo que lembre esse samba de roda ou já participou de alguma atividade desse tipo?

Nesta unidade, você vai conhecer manifestações da cultura brasileira como essa que foi apresentada, as danças de roda e algumas brincadeiras, além de estudar o contexto que levou ao surgimento do samba urbano como conhecemos hoje.

Grupo *Samba de Roda Filhos da Terra* canta e dança, Terra Nova (BA), 2019.

A proposta é fazer isso de forma criativa e lúdica. Para apropriar-se desses conhecimentos e dessas experiências e compartilhá-los, será realizada uma pesquisa-ação, por meio da qual você poderá propor, a um grupo de faixa etária diferente da sua, uma oficina lúdica baseada em manifestações da cultura brasileira, como a ciranda, as danças circulares e os diversos jogos e brincadeiras. Dessa forma, você atuará e refletirá sobre sua ação simultaneamente. Essa pesquisa será descrita minuciosamente por meio de um relatório a ser divulgado para compartilhar os saberes produzidos.

Conheça a unidade

Objetivos de aprendizagem

Arte

- Refletir sobre as danças afro-brasileiras e estabelecer um diálogo com estudos de Ciências Humanas, analisando os processos de colonialidade dos dias atuais.
- Criar danças tendo como referência manifestações culturais brasileiras.
- Conhecer um pouco do contexto musical carioca da virada do século XIX para o século XX, que levou ao surgimento do samba urbano.
- Relacionar e compreender os contextos e as similaridades de diferentes exemplos musicais.

Educação Física

- Compreender o papel das culturas brasileiras no processo de produção de práticas corporais.
- Refletir sobre os usos da cultura para o lazer, a educação e a saúde.
- Valorizar danças e brincadeiras na integração comunitária e na busca pelo bem-estar.

Língua Portuguesa

- Conhecer e compreender o relatório de pesquisa como um texto de divulgação científica, identificando sua estrutura, sua organização e a hierarquização de suas informações.
- Reconhecer e utilizar verbos no presente e no pretérito do indicativo na produção de relatório de pesquisa.
- Produzir um relatório de pesquisa baseado na pesquisa-ação, considerando sua adequação às condições de produção e seu contexto sócio-histórico de circulação.

Justificativa

Nesta unidade, você vai conhecer algumas manifestações culturais brasileiras, destacando-se, sobretudo, o corpo, a dança, a música, as brincadeiras e os jogos. Aspectos regionais, históricos e culturais serão apresentados à luz de suas particularidades regionais, mostrando o caráter lúdico, festivo, criativo, mas, sobretudo, de resistência de uma cultura híbrida. Muitos conflitos marcaram a história do Brasil e, por meio de nossa cultura, foi possível perpetuar, transformar e territorializar os ensinamentos de nossos ancestrais. Para entender o presente, é preciso olhar para o passado e atualizá-lo. O conhecimento e a vivência da diversidade cultural brasileira são fundamentais para a valorização de nosso patrimônio cultural, bem como para o reconhecimento de comunidades e artistas que vivenciam suas tradições.

A BNCC nesta unidade

Nesta unidade são desenvolvidas as competências e habilidades da BNCC indicadas a seguir.

Competências gerais da Educação Básica: 1, 2, 3, 4, 7

Linguagens e suas Tecnologias no Ensino Médio: competências específicas e habilidades

Competência específica 1 (EM13LGG101, EM13LGG103, EM13LGG104); competência específica 2 (EM13LGG201, EM13LGG202, EM13LGG203, EM13LGG204); competência específica 3 (EM13LGG301, EM13LGG302, EM13LGG303, EMLGG305); competência específica 4 (EM13LGG402); competência específica 5 (EM13LGG501, EM13LGG502, EM13LGG503); competência específica 6 (EM13LGG601, EM13LGG602, EM13LGG603, EM13LGG604); competência específica 7 (EM13LGG703)

Língua Portuguesa no Ensino Médio: campos de atuação social, competências específicas e habilidades

Todos os campos de atuação social

EM13LP01 (competência específica 2); EM13LP02 (competência específica 1); EM13LP11 (competência específica 7); EM13LP15 (competências específicas 1 e 3); EM13LP18 (competência específica 7)

Campo das práticas de estudo e pesquisa

EM13LP29 (competências específicas 2 e 3); EM13LP30 (competência específica 7); EM13LP31 (competência específica 1); EM13LP32 (competência específica 7); EM13LP33 (competência específica 3); EM13LP34 (competência específica 3); EM13LP35 (competência específica 7)

Ciências Humanas e Sociais Aplicadas no Ensino Médio: competências específicas e habilidades

Competência específica 1 (EM13CHS101, EM13CHS103, EM13CHS104); competência específica 5 (EM13CHS504); competência específica 6 (EM13CHS601)

Danças afro-brasileiras (Arte)

Falar em danças afro-brasileiras é tratar de uma diversidade que engloba culturas de matrizes africanas, indígenas e europeias. Histórica e socialmente, essa relação não se deu de maneira tranquila. Ocorreram muitos conflitos e lutas. As danças afro-brasileiras são marcadas pela resistência de diversos povos negros e indígenas, oprimidos pela hegemonia da cultura europeia dos colonizadores no Brasil. Essas relações de poder opressivas persistem nos tempos atuais.

As danças afro-brasileiras fazem parte de muitas culturas brasileiras. Mas, para começar, o que é cultura?

O conceito de "cultura" é bastante complexo e multidisciplinar. É discutido por diferentes áreas do conhecimento, que buscam definir algo extremamente plural e dinâmico. De modo geral, a cultura diz respeito às formas como se constroem sentidos para o mundo.

A cultura parte das experiências vividas e de como elas são simbolizadas por grupo e por pessoa. Pode-se dizer que, no Brasil, não há apenas uma cultura, mas várias, que muitas vezes podem sobrepor-se e influenciar-se mutuamente.

A cultura refere-se a processos simbólicos de um povo. Porém, um povo não é uma unidade, um corpo homogêneo. Por exemplo, o que chamamos de "identidade brasileira" é algo extremamente diverso e, em muitos aspectos, é também antagônico e conflitante – por isso, é mais apropriado falar em "identidades brasileiras", no plural.

Historicamente, houve uma distinção que classificou a cultura dos povos colonizadores de "cultura erudita" e a cultura dos povos colonizados e oprimidos de "cultura popular". Essa foi uma estratégia de hegemonia e de manutenção da dominação social, cultural, política, histórica e econômica.

Por isso, é preciso muito cuidado ao empregar a expressão "cultura popular", pois ela pode tanto enfatizar essa separação de culturas e criar juízos de valor como ser utilizada para reverter essa visão e discutir mecanismos de resistência diante de relações de opressão e de supremacia de uns grupos sobre outros.

Jongo

O jongo é um exemplo entre as variadas danças afro-brasileiras de que se tem registro. Dependendo da localidade, é também chamado de caxambu, tambu, batuque e tambor. É uma dança-canto-música afro-brasileira que exerceu forte influência no samba do Rio de Janeiro. Trata-se de uma manifestação cultural praticada em comunidades remanescentes dos quilombos do Vale do Paraíba, na região Sudeste do Brasil. Sua origem vem de povos africanos bantos, formados por centenas de grupos étnicos provenientes de uma região da África que atualmente corresponde sobretudo aos territórios de Angola e do Congo.

Parte desses povos foi sequestrada das terras onde vivia e escravizada no Brasil para trabalhar em fazendas de café e de cana-de-açúcar. Por meio do jongo, eles se comunicavam por mensagens corporais sonoras e verbais herméticas, isto é, compreensíveis apenas para os grupos sociais que estavam familiarizados com a linguagem.

Luciana Whitaker/Pulsar Imagens

Apresentação do grupo de jongo Núcleo de Arte e Cultura de Campos no bairro Parque Leopoldina, Campos dos Goytacazes (RJ), 2019.

Luciana Whitaker/Pulsar Imagens

Apresentação do grupo de jongo do Quilombo Boa Esperança, em Presidente Kennedy (ES), 2019.

Saiba +

Para conhecer um pouco mais o jongo, acesse o *link* e assista aos vídeos:

Jongo no Sudeste, disponível no Portal Iphan – Minas Gerais: http://portal.iphan.gov.br/pagina/detalhes/59/ (acesso em: 4 maio 2022). Há várias informações sobre essa forma de expressão afro-brasileira.

Dança – Pontão de Cultura do Jongo, disponível em: https://www.youtube.com/watch?v=BSmWU7bmU-c (acesso em: 4 maio 2022) (vídeo, 2 min 50 s). É possível ver como acontece uma roda de jongo nesse vídeo.

Curta! Danças Regionais – Jongo, disponível em: https://www.youtube.com/watch?v=T7yuMyf-bno&t=9s (acesso em: 4 maio 2022). (vídeo, 4 min 30 s). Nesse vídeo, Monique Pereira, pesquisadora de danças populares da Universidade Federal do Rio de Janeiro, fala sobre o jongo.

Chico Ferreira/Pulsar Imagens

Apresentação do Grupo de jongo Núcleo de Arte e Cultura de Campos, em Campos dos Goytacazes (RJ), 2019.

O local onde acontece o jongo é chamado de terreiro e nessa prática é marcante o uso de tambores, sendo os principais o caxambu, o candongueiro e o *ngoma*, chamado também de "tambor de aflição". O jongo é movido pelos "pontos", que são canções com letras que falam das origens do jongo e das transformações diante das necessidades produzidas pelos contextos sociais dos praticantes.

O jongo acontece em roda. É uma dança de umbigada, na qual dois dançarinos se aproximam com os braços para cima e expandem a barriga para a frente, quase encostando um umbigo no outro. Essa ação acontece ao longo da dança, quando há troca de pares ou entradas e saídas da roda. A umbigada também está presente em outras danças afro-brasileiras, como o samba e o coco.

Em síntese, o jongo é uma dança composta de marcação dos pés no chão no ritmo da música, de giros, cantoria, palmas, brincadeiras e olhares.

1. Observe as fotos das rodas de jongo e, se possível, assista ao vídeo *Dança – Pontão de Cultura do Jongo*. Depois, converse com os colegas e com o professor.

a) O que você percebe em relação às roupas dos jongueiros?

b) Qual sensação lhe causa o movimento apresentado na imagem?

c) Será que estar descalço interfere no movimento? Como?

d) Você já assistiu a uma apresentação de dança de roda ou participou dela? Qual? Como foi?

e) Você conhece algum movimento desse tipo? Mostre-o aos colegas.

Coco

O coco é uma manifestação cultural originária da região Nordeste do Brasil que entrelaça elementos de canto, música e dança de matrizes africanas e indígenas. Embora seja comum no litoral, acredita-se que tenha surgido nas regiões do Agreste e do Sertão e que tenha sido criado por povos negros escravizados que colhiam e quebravam coco. Enquanto batiam as cascas do coco, faziam versos e rimas sobre seu cotidiano, transmitiam seus conhecimentos e suas histórias e criavam músicas e danças. Por meio de um processo de trocas culturais entre povos indígenas e afro-brasileiros, o coco foi se constituindo como uma importante manifestação da cultura brasileira.

Costuma ser executado em roda ou em fila. As batidas dos pés no chão, denominadas tropel ou tropé, mostram influências do toré indígena. É também uma dança de umbigada, em que os participantes trocam esses movimentos entre si e com os pares vizinhos. No coco de toré, mais marcado pela cultura indígena, a umbigada não é comum. O coco tem marcação de ritmo por meio das pisadas dos pés no chão, das batidas das palmas das mãos e das cantorias.

O Coco Raízes de Arcoverde foi fundado em 1992 por Lula Calixto e pelas irmãs Lopes, na cidade de Arcoverde, situada no Agreste pernambucano. A sonoridade do grupo tem uma marcação forte e ligeira, caracterizada por batidas dos pés no chão com tamancos de madeira, acompanhadas do pandeiro, do surdo, do triângulo e do ganzá. Em suas músicas e danças, há uma mistura de elementos do samba e dos folguedos de roda.

Selma Ferreira da Silva (1935-2015), mais conhecida como Dona Selma do Coco, foi uma das mais importantes "coquistas" do Brasil. Ela aprendeu o ritmo do coco com os pais, no interior de Pernambuco, na Zona da Mata. Ela vendia tapioca no Alto da Sé, no município de Olinda (PE), e chamava a atenção dos compradores e turistas cantando coco. Apoiada por outros artistas da cena musical pernambucana da década de 1990, ela tornou-se cada vez mais conhecida e ganhou notoriedade nacional e internacional. Sua música era marcada pela irreverência e pelo humor.

O coco foi declarado Patrimônio Imaterial Brasileiro pelo Instituto do Patrimônio Histórico e Artístico Nacional (Iphan). É uma marca da resistência de nossos ancestrais negros e indígenas, etnias ainda hoje oprimidas e marginalizadas.

Cesar Diniz/Pulsar Imagens

Apresentação do grupo de coco Cia Trupe de Artes, Pirapora do Bom Jesus (SP), 2019.

Laila Santana/Pref. Olinda/Flickr/Creative Commons 2.0

Dona Selma do Coco no 12º Encontro Pernambucano de Coco, Olinda (PE), 2011.

Marco Antonio Sá/Pulsar Imagens

Grupo Samba de Coco da Mussuca no Encontro Cultural de Laranjeiras (SE), 2013.

Saiba +

Para ouvir o *Coco de toré*, acesse: https://www.youtube.com/watch?v=uins0ktKKqk (acesso em: 4 maio 2022) (vídeo, 5 min 53 s).

Para conhecer o *Coco Raízes de Arcoverde – PE*, acesse: https://www.youtube.com/watch?v=IjRpdVE1XR8 (acesso em: 4 maio 2022) (vídeo, 5 min 8 s).

Para conhecer Selma do Coco, assista ao vídeo *Prêmio Culturas Populares – 2018*, disponível em: https://www.youtube.com/watch?v=_LwEWTWWTDw (acesso em: 4 maio 2022) (vídeo, 5 min 45 s).

Experimentação As batidas do coco

Nesta atividade, você vai experimentar o ritmo do coco ao som da música "Oh! Sinhá", de domínio público, interpretada pelo grupo Coco Raízes de Arcoverde (disponível em: https://www.youtube.com/watch?v=qjXBA8l4cOs, acesso em: 23 jun. 2022).

1. Com os colegas, acesse o *link* e ouça a música. Afastem as carteiras e as cadeiras da sala de aula, fazendo uma grande roda.

2. Com o acompanhamento da música tocando o ritmo do coco e/ou dando o ritmo com palmas, você vai marcar o acento forte da canção batendo o pé direito na frente do corpo. O objetivo é experimentar o ritmo, bater as palmas das mãos e os pés no chão do seu jeito.

3. Experimentem trocar de lugar ou, se preferirem, façam duplas no centro da roda, as quais podem ser trocadas à medida que a dança for acontecendo.

4. Após a experimentação, converse com os colegas sobre as questões.

a) Como foi dançar, em um grande grupo, batendo os pés no chão e a palma das mãos?

b) Como a dança e a música se relacionaram?

c) O que você percebeu quanto às imagens, aos sons e aos movimentos realizados?

Com base no que foi apresentado até aqui, realize uma pesquisa em casa sobre as manifestações culturais da região em que vive. Investigue na internet, converse com familiares, amigos e/ou moradores sobre o tema. Se houver algum espaço cultural na cidade, você pode visitá-lo e obter informações. Adote uma postura investigativa e curiosa para desenvolver esse estudo. Elenque suas questões e as respostas encontradas. Tome nota do que puder coletar e faça suas análises.

Na próxima aula, em grupos de cinco a seis estudantes, compartilhe o que você produziu e, juntos, debatam e reflitam sobre as manifestações culturais de sua região. Registre em seu **Portfólio** o que encontrou em seus estudos e as ideias que surgiram no debate com os colegas.

Diário de bordo

No final da conversa com os colegas, anote, em seu diário de bordo digital, suas conclusões e o que você já sabe sobre danças afro-brasileiras.

A resistência

A pesquisadora Eloisa Rosa, mestre em *Performances* Culturais, bailarina e professora, aponta três formas de resistência das "danças populares": persistência, transformação e territorialidade.

A persistência preserva, ao longo do tempo, componentes da estrutura de origem. Está vinculada à memória, à ancestralidade, à tradição, à religiosidade e aos símbolos.

A segunda forma de resistência consiste em transformar-se por meio de processos de adaptação a seus contextos. Isso acontece até mesmo pela abertura às experiências pessoais e sociais de um grupo. Estabelece-se, assim, como manifestação do cotidiano aliada aos rituais de certa comunidade.

Vera Athayde/Acervo da fotógrafa

Cena do espetáculo *Olhos nas costas e um riso irônico no canto da boca*, de Luciane Ramos Silva. São Paulo (SP), 2017.

E aqui já se tem a terceira forma de resistência: a territorialidade que contempla o pertencimento a uma região e a suas histórias.

Olhos nas costas e um riso irônico no canto da boca é um trabalho de dança que questiona o que se define como semelhante e como diferente. Em uma perspectiva crítica, aborda o corpo como criador de discurso, refletindo sobre estereótipos e estigmas. Essa criação propõe um sentido contra-hegemônico e contraestigmatizante para lidar com o conceito de identidade. Luciane Ramos Silva (1977-), criadora-intérprete do trabalho, é bailarina e antropóloga e realiza uma pesquisa de campo na África do Oeste, desde 2009. Sua prática artística e pedagógica está baseada em técnicas e poéticas afro-orientadas. Questionando-se sobre o que acontece nos contextos não hegemônicos da dança, a artista constrói uma arte engajada politicamente e propõe uma estética comprometida com processos descolonizadores, ou seja, que possibilite uma apreensão da experiência sensível por perspectivas que se oponham a pensamentos, sentimentos e ações colonizadoras.

A África é um grande continente, onde há diversos povos, inúmeras culturas, diferentes danças e uma multiplicidade de elementos simbólicos. Cada região, etnia ou grupo tem gestos e ritmos específicos, que, quando se relacionam, compõem danças. Isso aconteceu aqui no Brasil como resultado da diáspora africana.

Muitos povos distintos foram sequestrados e trazidos para cá escravizados, entre eles: banto, ioruba, fon e jeje. Por isso, as danças afro-brasileiras têm origem em uma cultura híbrida, formada por diferentes povos, com histórias diversas.

No país, tradições e experiências de povos de matrizes africanas, indígenas e europeias combinaram-se por meio de muitos confrontos, convergências e divergências. As danças afro-brasileiras têm um papel social e político fundamental, pois expandem o olhar sobre o corpo para além das imposições violentas da colonialidade.

Saiba+

Para conhecer um pouco mais as danças afro-brasileiras, leia o artigo de Fernando M. C. Ferraz, retratando historiografias e memórias de futuro, disponível em: https://www2.sesc.com.br/wps/wcm/connect/7deb697e-9ee1-445c-a419-90d150ca0d22/Dan%C3%A7as+negras.pdf?MOD=AJPERES&CACHEID=7deb697e-9ee1-445c-a419-90d150ca0d22 (acesso em: 14 jun. 2022).

2. Depois de conhecer algumas das danças afro-brasileiras, responda às seguintes questões:

a) Entre as danças apresentadas, havia alguma que você não conhecia? Qual?

b) A origem de que dança despertou mais sua curiosidade? E quais são as características dela?

Experimentação Jogo de imagem corporal

A turma deve ser dividida em dois grupos para experimentar um jogo de imagem corporal.

1. Após se dividirem, fiquem dispostos em duas fileiras, uma de frente para a outra, em lados opostos da sala. Isto é, para cada estudante de um lado, haverá um estudante do outro.

2. Pense em gestos e movimentos que você costuma fazer em seu cotidiano. O professor baterá a primeira palma e, depois desse comando, todos os estudantes de um lado correrão para o centro e criarão, com o corpo, uma imagem que se refira a algum gesto que lhe seja familiar. Cada um fará isso a seu modo, de maneira independente e ocupando o espaço como quiser. Não é preciso manter a fila, mas, sim, posicionar-se no centro. Lembre-se de que é uma imagem, ou seja, uma pausa, como uma "estátua". Os outros estudantes observam, prestando atenção em todos os detalhes.

3. Na próxima palma do professor, os estudantes que estão parados na imagem voltam a seus lugares. Então, os estudantes da outra fileira correm para o centro e ocupam o mesmo espaço do colega correspondente, recriando a imagem do corpo dele. Lembre-se de que cada estudante tem um parceiro específico para realizar a proposta.

4. O professor bate a terceira palma e esse grupo retorna. Depois, repete, de modo a trocar quem começa criando a imagem e quem a reconstitui.

Diário de bordo

No final, converse com os colegas e com o professor sobre o que aconteceu, seguindo as questões.

a) Como foi observar a referência de sua imagem corporal no outro?

b) Havia semelhanças? Havia diferenças?

c) Como foi reconstituir o gesto do outro com o próprio corpo?

d) O que se pode concluir dessa experiência?

Anote suas constatações no diário de bordo.

A transmissão das danças afro-brasileiras, como grande parte das manifestações culturais, deu-se por meio oral e gestual. Pela fala e pela observação do corpo e do movimento, essas danças vêm sendo contadas e experimentadas.

Uma importante referência das danças afro-brasileiras é a fluminense Mercedes Baptista (1921-2014), a primeira bailarina negra do Theatro Municipal do Rio de Janeiro. Nesse contexto, ela teve a oportunidade de conhecer a estadunidense Katherine Dunham (1909-2006), que trouxe ao Brasil sua técnica de danças negras haitianas. A partir de então, Mercedes começou a desenvolver uma técnica própria, produzindo e divulgando a dança afro-brasileira. Em 1951, fundou o Ballet Folclórico Mercedes Baptista. As fontes de pesquisa da artista eram a própria experiência como bailarina, a técnica proposta por Dunham, os rituais religiosos e as danças tribais africanas, além dos movimentos e dos gestos dos orixás (divindades do candomblé e umbanda, religiões afro-brasileiras).

Lilian Solá Santiago, Marianna Monteiro/Terra Firme Digital/SESC TV

Mercedes Baptista em *frame* do documentário *Balé de pé no chão: a dança afro de Mercedes Baptista*, direção de Lilian Solá Santiago e Marianna Monteiro, 2005, Brasil (51 min 9 s).

Nos últimos anos, vem crescendo o número de pesquisas acadêmicas, de documentários em audiovisual, de entrevistas, entre outras formas de registrar e compartilhar os conhecimentos vindos dos muitos modos de expressão da cultura brasileira. Os espaços das danças afro-brasileiras têm sido ampliados, mas ainda há muito a conquistar.

A noção de colonialidade traz à discussão um projeto da modernidade que legitima hierarquias sociais, étnicas, territoriais, culturais, epistêmicas e de gênero que geram subordinação e fazem que saberes, experiências e formas de vida sejam desvalorizadas e exploradas.

O conceito de "decolonialidade" foi desenvolvido por pensadores latino-americanos, como Aníbal Quijano (1928-2018), Walter Mignolo (1941-), Ramón Grosfoguel (1956-), Catherine Walsh (1964-) e Nelson Maldonado-Torres. É uma forma de atuar criticamente diante dos legados colonizadores e de superar a proposta de dominação presente na colonialidade.

No Brasil, assim como outros países que viveram historicamente processos de colonização, a colonialidade mantém-se presente nas relações de opressão sobre certos grupos étnico-raciais. Há supremacia de alguns grupos sobre outros, principalmente por questões raciais. Enquanto não houver uma mudança nesse sentido, o racismo continuará guiando o pensamento e as ações da sociedade.

Dessa maneira, as danças afro-brasileiras são espaços de questionamento dessas estruturas de dominação e violência, pois elas afirmam resistência e propõem outras narrativas sociais baseadas em pensamentos contra-hegemônicos, ou seja, que se opõem à dominação ideológica de um grupo social sobre o outro.

> Nenhum gesto separa-se de seu contexto. As formas culturais estão engajadas no corpo e o corpo participa ativamente em uma tessitura contínua. Neste campo de produção de conhecimento crítico sobre as estéticas e poéticas afro-orientadas em seus enlaces, em fluxo ou em tensão, com as epistemologias baseadas em logos eurocêntricos, nos comprometemos em anunciar ferramentas e questionar os elementos determinantes de relações de força onde a dança, campo de produção de saber privilegiado para mover mundos, precisa se amplificar e pluralizar-se para não sucumbir aos regimes de poder-saber que se querem universais.
>
> SILVA, Luciane. *Corpo em diáspora*: colonialidade, pedagogia de dança e técnica Germaine Acogny. Tese (Doutorado em Artes) – Instituto de Artes, Universidade Estadual de Campinas, p. 253. Campinas, 2017.

3. Depois de ler a citação sobre a imposição da colonialidade no corpo e nas culturas brasileiras, qual é a ação social das danças afro-brasileiras nos dias atuais?

A companhia *Gumboot Dance Brasil* foi fundada em 2008 pelo coreógrafo e diretor Rubens Oliveira. A proposta do grupo consiste em pesquisar e difundir o *Gumboot*, uma dança criada por trabalhadores das minas de carvão, ouro e diamantes da África do Sul, no século XIX. Em condições de trabalho quase escravo, esses trabalhadores comunicavam-se entre si no interior das minas por meio de batidas dos pés no chão com as botas. Eles provinham de etnias diferentes, com idiomas distintos, e essa era uma estratégia fundamental para compartilharem informações, mesmo com as limitações da linguagem verbal. Pelo fato de as minas serem muito escuras, eles desenvolveram códigos sonoros variados para diversas situações, como perigo, ferimento, etc. O espetáculo *Yebo* trata da exploração e do sofrimento desses trabalhadores e de suas famílias.

Kelson Barros/www.agendadedanca.com.br

Cena do espetáculo *Yebo*, do grupo Gumboot Dance Brasil, direção de Rubens Oliveira, São Paulo (SP), 2015.

Saiba+

Você pode assistir ao vídeo *Balé de Pé no chão – a dança afro de Mercedes Baptista* (vídeo, 51 min 46 s) e saber mais da trajetória dessa artista acessando: https://www.youtube.com/watch?v=x9CMU4aayjU.

Para assistir ao trecho do espetáculo *Yebo* do *Gumboot Dance Brasil*, acesse: https://www.youtube.com/watch?v=bR1OrKS4t2A (vídeo, 1 min 52 s).

Ritmos brasileiros

Você já ouviu algum chorinho? Trata-se de um estilo de música muito comum na primeira metade do século XX, no Rio de Janeiro.

4. Escute com atenção a música "Gaúcho (Corta-jaca)", composta pela maestrina fluminense Chiquinha Gonzaga (1847-1935), e observe a pintura *Chorinho*, do pintor paulista Candido Portinari (1903-1962). Depois, responda às questões.

Chorinho, de Candido Portinari, 1942 (painel a têmpera sobre tela, 225 cm × 300 cm). Museu Nacional de Arte Contemporânea, Lisboa, Portugal.

a) Você conhece essa música?

b) De qual gênero você acredita que ela seja? Por quê?

c) Você a identifica como música brasileira? Justifique sua resposta.

d) Em sua opinião, qual é a relação da canção com a obra de Portinari? Você identifica os instrumentos musicais presentes na pintura?

Saiba+

Assista ao vídeo da cantora Lysia Condé, disponível em: https://www.youtube.com/watch?v=4wfrA54BMZg (vídeo 6 min 48 s), onde ela conta a noite do escândalo e faz uma interpretação do *Corta-Jaca* com letra de Machado Careca (1850-1920).

A música instrumental que você ouviu recebeu o título de "Gaúcho (Corta-jaca)" quando foi criada, em 1895, mas é popularmente conhecida somente como "Corta-jaca", que acabou dando nome a esse gênero de música e dança. Essa composição também é definida como tango brasileiro ou "tanguinho" em suas partituras e hoje aparece no repertório de grupos de choro, um gênero musical igualmente chamado de chorinho.

A aparente confusão em torno do gênero dessa música revela aspectos do cenário musical brasileiro na virada do século XIX para o século XX. Naquela época, surgiram novos tipos de dança e música que misturavam os modelos vindos da Europa com outros que estavam ligados às práticas das populações negras, em manifestações que eram genericamente chamadas de "rodas de batuque".

Essa composição de **Chiquinha Gonzaga** é, na realidade, um maxixe. O termo "corta-jaca" refere-se a uma dança brasileira pouco difundida. E ele foi usado para disfarçar o verdadeiro gênero: o maxixe, que, com outros gêneros, como o lundu, a polca e o samba de roda baiano, deu origem ao samba urbano. A composição em questão ficou mais conhecida como "Corta-jaca", provavelmente por causa do "escândalo do Corta-jaca", protagonizado por Nair de Teffé (1886-1981), a esposa do presidente Hermes da Fonseca (1855-1923), em 1914. Na ocasião, ela cantou essa música de Chiquinha Gonzaga em um evento no Palácio do Catete, o que acabou se tornando um escândalo por tratar-se de um maxixe, considerado vulgar e indecente na época.

Gaúcho (Corta-Jaca)

Neste mundo de misérias
Quem impera é quem é mais folgazão
É quem sabe cortar a jaca nos requebros
De suprema, perfeição, perfeição.
É quem sabe cortar a jaca nos requebros
De suprema, perfeição.

Ai, ai, como é bom dançar, ai!
Corta-jaca assim, assim, assim
Mexe com o pé!
Ai, ai, tem feitiço tem, ai!
Corta meu benzinho assim, assim!

Esta dança é buliçosa
Tão dengosa que todos querem dançar
Não há ricas baronesas nem marquesas
Que não saibam requebrar, requebrar
Não há ricas baronesas nem marquesas
Que não saibam requebrar

Este passo tem feitiço
Tal ouriço faz qualquer homem coió
Não há velho carrancudo nem sisudo
Que não caia em trololó, trololó
Não há velho carrancudo nem sisudo
Que não caia em trololó

Quem me vê assim alegre
No Flamengo por certo se há de render
Não resiste com certeza, com certeza
este jeito de mexer, de mexer
Não resiste com certeza, com certeza
este jeito de mexer!

Um flamengo tão gostoso
Tão ruidoso vale bem meia-pataca
Dizem todos que na ponta está na ponta
Nossa dança corta-jaca, corta-jaca!
Dizem todos que na ponta está na ponta
Nossa dança corta-jaca!

Música de Chiquinha Gonzaga e letra de Machado Careca, 1895.

Saiba +

Francisca Edwiges Neves Gonzaga, ou **Chiquinha Gonzaga**, foi compositora, pianista e regente. Alcançou um reconhecimento profissional e uma liberdade que eram vetados às mulheres de sua época. Ela lecionou piano e frequentou as rodas dos chorões e da boemia carioca. Compôs mais de duas mil obras, além de fazer a música para 77 peças de teatro e operetas. Foi uma defensora dos direitos autorais e fundou a Sociedade Brasileira de Autores Teatrais (SBAT), que se encontra em atividade até a atualidade.

Para conhecer mais da vida e da obra de Chiquinha Gonzaga, visite o *site* oficial da artista, disponível em: https://chiquinhagonzaga.com/wp (acesso em: 9 fev. 2022).

Reprodução/Editora Zahar

A seguir, você vai estudar gêneros musicais que existem em contextos indissociáveis de suas danças, tendo características próprias, tanto com relação ao jeito de dançar como a seus ritmos estruturais. Assim, são termos que dizem respeito a diferentes linguagens artísticas.

Um dos gêneros populares mais ligados à origem do samba é o lundu, que nos registros dos séculos XVIII e XIX é associado tanto a um gênero de canção como a um tipo de dança que misturava a percussão das rodas de batuque com os movimentos da dança espanhola denominada fandango.

A dança do lundu, de Johann Moritz Rugendas, 1835 (litografia a partir de desenho original). Fundação Biblioteca Nacional, Rio de Janeiro (RJ).

Danse Lundu, de Louis-Jules-Frédéric Villeneuve, 1835.

A dança aceita nos salões, especialmente das classes médias, era a polca, considerada "civilizada" por ser uma criação europeia. À medida que a polca também começou a popularizar-se, recebeu influência do lundu e sofreu modificações nos movimentos. Esse novo estilo foi chamado de maxixe, que, no linguajar da época, referia-se a algo vulgar, imoral (o uso desse termo veio do fruto do maxixe, que era abundante no bairro da Cidade Nova, na cidade do Rio de Janeiro, onde viviam as classes menos favorecidas e onde a dança se desenvolveu).

Naquele período, antecessor ao rádio e às gravações fonográficas, as classes menos favorecidas tinham suas festas e seus bailes animados por grupos de músicos amadores chamados "chorões", que recebiam esse nome pelo "estilo chorado de tocar". Esses grupos, geralmente formados por violões, cavaquinhos e flautas (além de outros instrumentos de sopro), contribuíram para as modificações e os trânsitos ocorridos entre os gêneros.

Um gênero musical diz respeito a aspectos estruturais de um tipo de composição; músicas que são do mesmo gênero têm características comuns.

Nos casos citados, e que também são danças, o ritmo é um aspecto marcante. Entretanto, o ritmo é um dos elementos que podem compor a estrutura de um gênero; existem outros, como a forma, a instrumentação e até o contexto social em que tais músicas eram praticadas.

Por volta de 1870, o "choro" ainda não era um gênero musical, mas um jeito de tocar, o que diz respeito ao tipo de instrumento que se usava e ao contexto mais amador e menos rigoroso quanto à habilidade técnica dos músicos, por exemplo. Os chorões tocavam vários gêneros da época, como lundus, maxixes, polcas, valsas, modinhas.

À medida que o maxixe se tornava popular, começou a figurar nas peças de teatro musicado da época, mas com outros nomes. Como era considerado vulgar e indecente, o maxixe não era aceito pelos editores de partituras.

Assim, compositores da época inventavam outras nomeações, como polca-lundu, tango brasileiro ou tanguinho. Por esse motivo, a composição estudada de Chiquinha Gonzaga foi definida por ela como dança do corta-jaca.

O samba

O samba é ao mesmo tempo um ritmo, uma dança e um gênero musical. É um ritmo porque suas composições são estruturadas em um tipo de marcação particular, mas também um gênero porque há outras características estruturais nas composições, além do ritmo, desdobrando-se ainda em diferentes subgêneros e estilos. Há o samba de roda, de origem baiana e mais ligado à tradição oral, originário da região do Recôncavo Baiano, no século XIX, que migrou com os baianos para o Rio de Janeiro e contribuiu para o surgimento dos sambas urbanos, como o samba-canção, o samba de partido-alto, o samba-exaltação, o samba-enredo e até vertentes mais recentes, como o samba-*rock* paulista. É também uma dança, com movimentos corporais que o caracterizam.

Acervo Arquivo Nacional/Wikipedia/Wikimedia Commons Domínio Público

O músico Ernesto dos Santos, o Donga, em 1972.

Em meio a toda essa mistura cultural, havia ainda as "casas das tias baianas", importantes pontos de encontro entre músicos diversos, como os chorões e os artistas baianos que trouxeram a prática do samba de roda e de outras manifestações da Bahia. Elas eram chamadas de "tias", de um modo coloquial e afetivo, por promoverem encontros que englobavam a religiosidade afro-brasileira, a culinária e os contextos festivos.

Desses encontros, em especial os promovidos por Hilária Batista de Almeida (1854-1924), a Tia Ciata, surgiram os primeiros ranchos carnavalescos, que começaram a fazer desfiles de Carnaval e, posteriormente, tornaram-se os cordões carnavalescos. Segundo o pesquisador José Ramos Tinhorão (1928-2021), o primeiro samba carioca teria surgido na casa de Tia Ciata, como uma obra coletiva de um grupo de velhos foliões baianos e gente da "moderna classe média baixa carioca", e era um ritmo ainda próximo ao maxixe.

O "nascimento oficial" do samba urbano aconteceu por intermédio de um dos frequentadores da casa de Tia Ciata, o músico Ernesto dos Santos (1890-1974), o Donga, que registrou na Biblioteca Nacional uma canção definida como "samba carnavalesco", chamado "Pelo telefone". Esse samba, gravado em 1917, foi sucesso no Carnaval daquele ano.

O samba como o compreendemos vem de um contexto de miscigenação entre danças, como o lundu e o maxixe, o samba de roda baiano e as marchas dos ranchos carnavalescos. Esses ranchos foram o berço do que viriam a ser as escolas de samba cariocas.

No decorrer do século XX, o samba desenvolveu-se em diferentes estilos e vertentes, mas como um tipo de canção. Já o choro, herdeiro também de todo esse contexto e carregando o nome dos grupos de músicos populares, desenvolveu-se principalmente como um gênero da música instrumental – embora alguns choros tenham letra e sejam também cantados. O choro dividiu-se em subgêneros, como o choro-canção.

Samba de roda ou roda de samba?

O samba de roda é um tipo de samba particular da região do Recôncavo Baiano e não tem o mesmo significado de "roda de samba". Roda de samba é o nome de grupos que, no samba urbano, se organizam para tocar sambas em roda, muitas vezes em bares e áreas boêmias das cidades, em um contexto de apresentação musical mais informal, no qual as pessoas dançam e cantam junto aos músicos.

O samba e as rodas de samba fazem parte da cultura carioca. Uma das mais tradicionais rodas de samba da cidade acontece na Pedra do Sal, onde antigamente existia um mercado de escravos e há um monumento histórico.

Você conhece em sua cidade ou região algum grupo de "samba de roda"? E "rodas de samba", você conhece alguma?

LuizSouza/Shutterstock

Roda de samba na cidade do Rio de Janeiro, 2016.

5. Ouça o samba "Pelo telefone", composição de Donga, em gravação feita em 1917 por Manuel Pedro dos Santos (1870-1944), que era conhecido como Baiano. O que você percebe de semelhante entre esse samba e a composição "Gaúcho (Corta-jaca)", de Chiquinha Gonzaga?

6. Escute com os colegas mais um exemplo de samba, o samba-canção de Antônio Candeia Filho (1935-1978) "Preciso me encontrar", na versão gravada por Agenor de Oliveira (1908-1980), o Cartola, em 1976 (disponível em: https://immub.org/album/cartola-ii. Acesso em: 4 maio 2022).

a) Após escutar esse samba, escute novamente o samba de roda "Marinheiro Só", cantado por Dona Edith do Prato, citado na seção *#TáNoFeed*.

b) Você percebe semelhanças entre esses dois exemplos? Quais? Comente com os colegas.

Diário de bordo

Busque, em *sites* de compartilhamento de vídeos ou em plataformas de *streaming* de música, um exemplo de samba e apresente-o aos colegas.

Conversem e vejam se vocês percebem semelhanças ou diferenças entre os exemplos encontrados e os trabalhados nesta unidade. Verifiquem também se os exemplos de vocês se enquadram em algum subgênero do samba, como o samba-canção, o samba-exaltação ou o samba-enredo.

Anotem no diário de bordo as informações e impressões levantadas.

Cirandas (Educação Física)

A ciranda é uma manifestação da cultura brasileira inicialmente cultivada por pescadores, trabalhadores do campo e operários da construção civil em Pernambuco e na Paraíba, no início do século XX. Ela integra movimentos de dança em roda, cantos coletivos e acompanhamento musical. Em uma grande roda, os participantes, de mãos dadas, cantam e dançam, marcando o ritmo com os pés, também possibilitando o improviso de movimentos, o que a configura como uma brincadeira coletiva.

Por permitir a inserção de pessoas de todas as idades, sexos e etnias em uma única roda, sem limite máximo ou mínimo de participantes, a ciranda é considerada uma manifestação cultural inclusiva que favorece relações democráticas. As mãos unidas e a possibilidade de todos se olharem e se movimentarem no mesmo ritmo contribuem para sentimentos de união e integração.

O interesse pela ciranda como objeto de pesquisa e os primeiros estudos sobre sua história e suas características coincidem com o momento em que a sociedade brasileira reconheceu o papel das culturas de diferentes grupos sociais na identidade do país. Entretanto, seu reconhecimento ainda não está livre de conflitos e pontos de vista divergentes.

Saiba+

Você pode assistir ao vídeo de uma ciranda gravada em Itamaracá, Pernambuco, acessando: https://www.youtube.com/watch?v=3Pt3pjLjBog (vídeo, 2 min 56 s). Observe os passos e a expressividade corporal dos praticantes comandados pela cirandeira Lia de Itamaracá.

Cesar Diniz/Pulsar Imagens

Apresentação de ciranda da Cia Trupé de Artes durante o Arraial Arte na Rua, em Pirapora do Bom Jesus (SP), 2019.

View Apart/Shutterstock

Situações que envolvem elementos da ciranda podem ser observadas em muitos momentos da vida social.

Brincadeiras de roda são muito frequentes no início da vida escolar.

Danças e brincadeiras de roda são observadas nas diferentes matrizes que compõem a cultura brasileira: indígena, portuguesa e africana. A ciranda apresenta instrumentos e ritmos comuns a manifestações de origem afro-brasileira, mas é sabido que as brincadeiras e as danças de roda portuguesas trazidas pelos colonizadores também podem ter influenciado a criação da ciranda.

Em Pernambuco, por exemplo, a ciranda popularizou-se simultaneamente na região litorânea e em áreas interioranas da Zona da Mata Norte. Ela foi praticada a princípio em locais ao ar livre, como nas faixas de areia das praias, nos terreiros e nas pontas de rua, por grupos de trabalhadores que se reuniam no final do dia ou nas folgas do trabalho. Esses momentos de lazer, como apontam estudiosos sobre o tema, não representavam apenas descanso do trabalho, mas também o encontro social e o desenvolvimento de elementos estéticos, criativos e musicais combinados com a expressividade corporal. No livro *Ciranda: dança de roda, dança da moda*, publicado em 1979 pela Universidade Federal de Pernambuco, o pesquisador Evandro Rabello descreve a ciranda como uma prática aberta à participação de pessoas de todas as idades, sexos, etnias e condição social e econômica.

Gradativamente, a classe média pernambucana interessou-se pela ciranda e inseriu-a em clubes e restaurantes, que começaram a oferecê-la como espetáculo para seu público. Além disso, a partir da década de 1970, os festivais de ciranda tornaram-se atrações turísticas da cidade do Recife (PE). A manifestação também foi difundida por intelectuais e artistas que buscavam romper com a problemática diferenciação entre cultura popular e erudita e valorizar a identidade do povo pernambucano.

Amarildo Oliveira/TUCUPI Imagens

Apresentação do grupo Ciranda Tradicional, com o tema: "*Sapiens*? Teoria da involução humana", no 22º Festival de Ciranda de Manacapuru (AM), 2018.

Para ir mais longe Os movimentos da cultura do Recife

De 1960 a 1964 funcionou no Recife, capital de Pernambuco, o Movimento de Cultura Popular. Criado com o apoio da prefeitura, de artistas, de intelectuais e de estudantes universitários, o movimento buscava valorizar a cultura como forma de ampliar a participação social e a consciência política das pessoas com menor poder aquisitivo, segregadas e estigmatizadas pelas políticas de educação e cultura. Os protagonistas do movimento acreditavam que a valorização das práticas culturais criadas pelo povo, como a ciranda, aliada ao acesso à educação, principalmente por meio da alfabetização, poderiam favorecer a construção de uma sociedade mais justa e igualitária, conforme previsto pela Constituição Federal Brasileira.

Em 1970, outro importante movimento de valorização da cultura foi criado pelo professor e escritor paraibano Ariano Suassuna (1927-2014) na Universidade Federal de Pernambuco (UFPE): o Movimento Armorial do Recife. Os idealizadores do movimento defendiam que era possível integrar a "arte popular" e a "arte erudita" em todas as linguagens artísticas. O movimento foi um dos principais responsáveis por divulgar a literatura de cordel, a xilogravura e as manifestações culturais presentes em festas tradicionais.

Esses movimentos são considerados pioneiros na ampliação das discussões acerca da importância da diversidade cultural e dos direitos de todas as camadas sociais à livre expressão e à participação cidadã.

Reprodução/Memorial J. Borges

Xilogravura do cordelista pernambucano J. Borges (1935-) retratando uma roda de ciranda com mulheres.

A ciranda tornou-se tão popular em Pernambuco que, em 2019, foi sancionada uma lei que determinou 10 de maio como o Dia Estadual da Ciranda. A data faz referência ao nascimento do pernambucano Antônio Baracho da Silva (1907-1988), o Mestre Baracho, considerado o rei da ciranda no estado. A prática da ciranda pernambucana também foi assimilada em outras regiões do país, nas quais ganhou novos sentidos. No estado do Amazonas, por exemplo, na cidade de Manacapuru, desde 1997, no mês de agosto, é realizado o Festival de Ciranda de Manacapuru, organizado por três grupos tradicionais da cidade: o Grêmio Recreativo Flor Matizada, a Associação Folclórica Unidos dos Bairros – Ciranda Tradicional e o Grupo Recreativo e Folclórico Guerreiros Mura, que competem entre si e são avaliados por jurados que atribuem pontuação para categorias como enredo, fantasia, banda, música e personagens. Na tradição do Festival de Ciranda de Manacapuru, a ciranda incorpora elementos do Bumba meu Boi e do Carnaval.

Amarildo Oliveira/TUCUPI Imagens

Festival de Ciranda de Manacapuru (AM), em 2011.

A transmutação das "culturas populares" para outros contextos e cenários, como *shows* em eventos turísticos e casas de espetáculo, trouxe a preocupação com a descaracterização dessas práticas em favor de interesses da indústria cultural. Ao mesmo tempo que a massificação pode contribuir para que mais pessoas conheçam e valorizem essas manifestações, as apropriações pelo mercado de entretenimento desfiguram muitas das características genuínas dessas práticas, como a espontaneidade, a participação igualitária e a integração social.

Manifestações como a ciranda têm sido consideradas importantes para a formação de valores democráticos e de cidadania participativa. Seu caráter coletivo, no qual todos são incluídos, fortalece a noção de coletividade em contraposição às tendências individualistas da contemporaneidade.

A música que rege a ciranda é tradicionalmente puxada pelo mestre e seus músicos, que ficam no centro da roda, acompanhados pelo canto de cirandeiros e cirandeiras (nome dado aos integrantes das cirandas). No vídeo a que assistiu no início deste tópico, em que se mostra a ciranda em Itamaracá, você pôde observar a participação dos músicos e os instrumentos que eles tocam. Em cirandas realizadas como espetáculo turístico, é comum os músicos ficarem fora da roda, geralmente sobre um palco com microfones e aparelhagem de som.

A responsabilidade de iniciar e comandar a animação é atribuída ao mestre, que, em muitos casos, também toca o ganzá. Considerado o integrante mais importante de uma ciranda, o nome do mestre costuma servir de identificação: Ciranda de Baracho, Ciranda de Lia, etc. O mestre utiliza um apito para apoiar os comandos de ritmo e movimento que realiza na roda de ciranda.

Ismar Ingber/Pulsar Imagens

Ganzá, instrumento musical utilizado na ciranda.

Saiba+

Busque exemplos nas artes visuais que trazem a ciranda como prática corporal e pesquise obras que mostrem o lúdico em outras práticas corporais. Procure em livros ou na internet a obra *Ciranda*, de Julio Brigatto, trabalhos de Cândido Portinari, como: *Meninos brincando* (1955), *Cambalhota* (1958), *Meninos no balanço* (1960), *Futebol* (1935), *Meninos soltando pipas* (1947), *Roda infantil* (1932) e *Moleques pulando cela* (1958) e obras de Ivan Cruz, como: *Corrida de rolimã* (2005), *Jogando pião* (2005) e *Crianças na praça* (2003). Observe esses trabalhos com os colegas e o professor e compartilhem suas próprias experiências lúdicas.

Delfim Martins/Pulsar Imagens

Zabumba, instrumento musical utilizado na ciranda.

Uma ciranda pode ter diversos instrumentos em sua composição. Os mais comuns são zabumba (bombo), taril, ganzá e maraca. Entretanto, em Pernambuco, também é comum uma formação mais variada, com instrumentos de sopro, como saxofone, clarinete, trombone ou pistom. Assista novamente ao vídeo da ciranda em Itamaracá e observe o músico que toca ganzá e os demais com os outros instrumentos.

A também pernambucana Dona Duda (1923-2022) e o Mestre Baracho são conhecidos mestres cirandeiros do país. Entretanto, a pernambucana Maria Madalena Correia do Nascimento (1944-), popularmente conhecida como **Lia de Itamaracá**, é a cirandeira mais popular do Brasil desde a década de 1960, após a cantora capixaba Teca Calazans (1940-) incorporar versos cantados pela cirandeira em uma de suas composições: "Esta ciranda quem me deu foi Lia, que mora na ilha de Itamaracá".

Saiba +

Em 1997, Lia ganhou visibilidade como cantora e, em 2000, lançou o disco *Eu sou LIA*, seu segundo álbum, pois em 1977 ela já havia lançado *A rainha da ciranda*. Em 2005, recebeu o título de Comendadora da Ordem do Mérito Cultural do Governo Federal com outros onze representantes da cultura pernambucana e foi eleita Patrimônio Vivo da Cultura do Estado de Pernambuco.

Para saber mais sobre Lia de Itamaracá, leia Entrevista – Lia de Itamaracá e a "ciranda no meio do mundo", José Eduardo Bernardes e Marina Duarte de Souza, publicada no portal Brasil de Fato, disponível em: https://www.brasildefato.com.br/2020/02/27/entrevista-lia-de-itamaraca-e-a-ciranda-no-meio-do-mundo (acesso em: 11 fev. 2022.).

Janire Moraes/MinC/Flickr/Creative Commons 2.0

A ciranda pode ser realizada com movimentos de improvisação, coreografados ou mesmo aleatórios e individuais, sem perder o ritmo e a marcação da música.

O movimento mais popular dessa dança inicia-se pela formação de uma roda com as pessoas de mãos dadas, simulando o balanço das ondas do mar ao som do zabumba, que marca o pulso forte da ciranda. Então, os participantes pisam com o pé esquerdo à frente (dentro da roda) e, posteriormente, pisam com o mesmo pé atrás (fora da roda). Para a ciranda girar para o lado direito, esse movimento deve ser executado com o pé esquerdo cruzando à frente da perna direita.

Com inspiração em outras danças, alguns movimentos foram incorporados na ciranda, como o movimento de caminhar para dentro e para fora da roda, uma roda dentro da outra com os participantes frente a frente ou de costas uns para os outros, e, ainda, um dos participantes soltando uma das mãos de outro integrante e "puxando" o grupo pelo espaço como no "caracol" das quadrilhas de festas juninas.

Experimentação Dançando ciranda

Agora, você vai experimentar os passos de ciranda com os colegas.

1. Selecionem músicas gravadas no ritmo da ciranda e canções tradicionais dessa prática. Vocês podem encontrar vídeos com a demonstração de passos de ciranda em plataformas de compartilhamento de vídeos da internet.
2. Percebam a combinação entre a marcação do pulso da música e os passos. O importante não é reproduzir a coreografia, mas inspirar-se nos movimentos tradicionais e, ao mesmo tempo, improvisar e criar modos próprios para a turma dançar.

Diário de bordo

Registre em seu diário de bordo como foi fazer essa experimentação, assim como suas reflexões sobre como se sentiu ao inspirar-se nos passos vistos em vídeos e/ou ao criar modos diferentes de dançar.

Nesta unidade, você vai explorar uma prática de pesquisa conhecida como pesquisa-ação, na qual o levantamento de dados ocorre por meio do diagnóstico da realidade e da proposição de uma intervenção. Para isso, neste momento, você começará a experimentar processos de levantamento de dados com os colegas e com pessoas da comunidade escolar.

Diário de bordo

Para iniciar o percurso da pesquisa-ação, forme dupla com um colega. Primeiro, cada um responde individualmente às questões e faz o registro no diário de bordo. Em seguida, conversem para avaliar pontos comuns e diferentes da experiência pessoal. Depois, compartilhem as respostas e anotem as impressões e as respostas do colega.

a) Quais são suas experiências com brincadeiras e danças de roda?
b) Com quem você aprendeu essas brincadeiras e danças e que sentimentos experimentou?
c) Você teve pouco acesso à cultura de brincadeiras e danças de roda? Em caso afirmativo, por quais motivos?
d) Você observou formas de exclusão relacionadas a brincadeiras e danças de roda?

Neste momento, vocês estão praticando de maneira informal algumas estratégias de pesquisa, como a entrevista informal e os registros escritos, que poderão ser utilizados na pesquisa-ação proposta mais à frente na unidade.

Virinaflora/Shutterstock

Grupo Cultural Meninas de Sinhá

No Brasil, podemos encontrar outras danças e músicas derivadas da ciranda, como ciranda de embolada ou ciranda de galope, ciranda das praias, ciranda coco de roda e ciranda de folia. Também existem diversas brincadeiras e cantigas de roda que integram adultos e crianças e estão presentes em festas tradicionais, como as festas juninas e as festas do divino.

O grupo mineiro Meninas de Sinhá foi criado em 1996 por mulheres idosas moradoras do bairro Alto de Vera Cruz, na periferia da cidade de Belo Horizonte (MG), seguindo a iniciativa de dona Valdete Cordeiro (1939-2014).

Slawek Przerwa/Acervo do fotógrafo

Apresentação do Grupo Cultural Meninas de Sinhá, Wroclaw, Polônia.

Diana Gandra/Acervo da fotógrafa

Integrantes do Grupo Cultural Meninas de Sinhá tocam instrumentos durante apresentação na praça da Assembleia, Belo Horizonte (MG), 2019.

Saiba+

No *site* oficial do grupo, você poderá obter mais informações e conhecer o repertório das Meninas de Sinhá. Disponível em: http://meninasdesinha.org.br (acesso em: 5 maio 2022).

Meninas de Sinhá ganhou notoriedade pela pesquisa, sistematização e difusão de cantigas de roda. As mulheres reconheceram nas brincadeiras e nas cantigas de roda uma forma de se unir e cuidar da saúde mental e corporal. A pesquisadora Adriana Dias Gomide Araújo (1974-), em sua tese de doutorado, utiliza as entrevistas com as integrantes para evidenciar a importância do grupo na vida dessas mulheres idosas. Leia alguns depoimentos.

> "Eu cuidava só dos meus filhos. E eu sou eu, né? Eu mereço ser alguém. O grupo me fez muito bem, muito bem mesmo. Eu comecei a lembrar que eu sou gente também, indiferente de ser mãe, de ter marido, eu também cuido de mim... As cantigas são uma volta à alegria. A gente tá avançando na idade e buscar a memória mais infantil dá um equilíbrio na gente". (Isabel).
>
> "Imagina só: eu canto hoje e queria que o grupo enchesse bastante de gente, fosse unido. A minha participação no grupo mudou muito a minha vida. Quando penso coisa ruim e estou lá, eu distraio e esqueço... Olha, eu nunca tive amiga para brincar. Agora tenho, para brincar de roda. A música me fez muito bem". (Doralice).

ARAÚJO, Adriana Dias Gomide. *Apropriações de sentidos de um grupo cultural de cantigas de roda*. 2014. Tese (Doutorado em Educação) – Universidade Estadual de Campinas, São Paulo, 2014. p. 37. Disponível em: http://www.repositorio.unicamp.br/Busca/Download?codigoArquivo=457153. Acesso em: 5 maio 2022.

A pesquisadora também percebe, no percurso do grupo, como as apresentações em festivais, projetos e escolas contribuíram para rentabilizar o trabalho. Apesar desse benefício, ele ainda se assemelha ao processo de espetacularização das cirandas, já que o dinheiro não é revertido integralmente para as protagonistas do Grupo Cultural Meninas de Sinhá:

> Elas viraram mercado! [...] Tem que fazer projeto para ganhar dinheiro. Pra quem ganhar dinheiro? Isso foi uma discussão que eu tive, muito séria e muito honesta. Por que fulana ganha cinco mil e essas mulheres ganham duzentos? Não tem lógica! Se eu é quem faço a arte, a arte é toda minha. Elas é que cantam, elas é que dançam, elas é que encantam. Sabe? A arte são elas (sic). Então alguém ganha dinheiro pra mostrar aquela arte bonita. Eu não consigo entender!

ARAÚJO, Adriana Dias Gomide. *Apropriações de sentidos de um grupo cultural de cantigas de roda*. 2014. Tese (Doutorado em Educação) – Universidade Estadual de Campinas, São Paulo, 2014. p. 41. Disponível em: http://repositorio.unicamp.br/Busca/Download?codigoArquivo=457153. Acesso em: 23 jun. 2022.

Raquel Mendes/Secretaria de Cultura/Prefeitura de Belo Horizonte, MG.

Cartaz do espetáculo *Balaio de Sinhá – Raiz, Agulha, Rosário e Pião*, do Grupo Cultural Meninas de Sinhá, Belo Horizonte (MG), 2018.

No início, o grupo reunia-se para conversar e costurar. Depois, passou a resgatar brincadeiras da infância e cantigas de roda. Cada integrante fez um levantamento das cantigas que conhecia e, com gravadores em punho, pesquisou outras cantigas, com pessoas mais velhas da comunidade. A pesquisa resultou em um repertório sistematizado e rico da tradição de cantigas e brincadeiras de roda brasileiras.

1. Agora que você conheceu um pouco do Grupo Cultural Meninas de Sinhá e o papel dessas mulheres idosas no resgate de tradições, brincadeiras e cantigas brasileiras, elabore algumas questões e entreviste uma pessoa idosa da comunidade. Siga as orientações do boxe *Técnicas para realizar uma entrevista*. Lembre-se de registrar no diário de bordo as questões criadas, o perfil da pessoa entrevistada (idade, profissão e endereço) e tome nota dos relatos e das informações obtidos durante a entrevista.

Técnicas para realizar uma entrevista

1. Elabore questões que sejam relevantes para a pesquisa de resgate de tradições, brincadeiras, danças e cantigas. Observe como determinados pontos trazidos pelos depoimentos da pessoa entrevistada podem inspirar sua conversa com ela.
2. Coloque essas questões em uma ordem, de forma que facilite a conversa.
3. Antes de iniciar, explique a pesquisa ao entrevistado e pergunte se ele aceita participar. Pergunte também se autoriza o registro da entrevista em áudio ou vídeo. Lembre-se de que é essencial haver ética e transparência nas pesquisas sociais.
4. Inicie a entrevista fazendo suas perguntas, mas deixe a pessoa livre para se expressar e fazer as complementações que considerar relevantes.
5. Além de gravar em áudio ou vídeo, tome nota dos principais pontos do depoimento.
6. Depois, troque as informações com os colegas. Esse material vai compor a pesquisa-ação em uma etapa posterior.

Experimentação Brincadeiras de infância

Agora, você vai relembrar as brincadeiras de sua infância e vivenciá-las nesta atividade.

1. Organizem-se em grupos de seis integrantes e compartilhem brincadeiras, danças e cantigas mais comuns da infância de vocês.

2. Façam uma lista com essas práticas. Depois, escolham uma delas para apresentar à turma e experimentá-la.

3. Organizem com o professor o dia e o local para realizar as brincadeiras que cada grupo elegeu. Verifiquem se é necessário trazer materiais ou músicas.

4. Experimentem também as brincadeiras pesquisadas com as pessoas idosas da comunidade ou as convidem para ensinar essas brincadeiras na escola.

5. Durante e depois das vivências, é importante que vocês observem as próprias sensações e os efeitos da brincadeira nos colegas. Arquive em seu **Portfólio** a lista que produziu na etapa 2 e as anotações feitas nessa experimentação.

Diário de bordo

Após as experimentações, compartilhem o que sentiram ao rememorar as brincadeiras de infância. Discutam, ainda, se há mudanças nos espaços e nas formas de brincar das gerações posteriores. Depois, anotem no diário de bordo tudo o que foi discutido.

Para ir mais longe — Aprender e ensinar brincadeiras: o exemplo da pipa

No levantamento que você fez com os colegas e idosos da comunidade, muitas brincadeiras tradicionais devem ter sido mencionadas. Na maioria das vezes, a brincadeira remete às memórias da infância, e, como você já estudou nesta unidade, as manifestações do brincar podem incluir certos interesses e mobilizar todas as faixas etárias.

As brincadeiras compõem um vasto conjunto de práticas da cultura popular e representam identidades culturais. Elas também sofrem influências históricas, culturais, sociais e econômicas e, por isso, estão diretamente associadas aos hábitos e modos de vida (cultura) de cada época e povo.

A brincadeira de pipa exemplifica claramente como a cultura é transmitida e criada em grupos heterogêneos. Para brincar, é preciso dominar as técnicas de confecção e de empinar o brinquedo, por isso crianças maiores e menores, adolescentes, jovens e adultos interagem para brincar, o que exemplifica o valor das brincadeiras para a convivência familiar e comunitária.

No entanto, essa divertida disputa no ar entre pipas ou papagaios pode ser muito perigosa. Com o intuito de cortar a linha da pipa de outros empinadores, muitos passaram a utilizar uma substância perigosa, conhecida popularmente como cerol ou cortante, que contém uma diversidade de materiais em sua composição.

O uso do cerol aumentou consideravelmente os acidentes fatais, tanto por descarga elétrica, por causa da alta condução de energia em linhas que contêm pó de ferro, como por cortes graves sofridos por quem solta pipa e por quem passa perto do fio em que foi passado cerol.

Dessa forma, há algumas orientações importantes para brincar de pipa com segurança. Veja-as a seguir:

- Não empine pipas próximo a redes elétricas, postes de energia ou fios e antenas.
- Prefira locais abertos, como praças, parques, campos de futebol ou terrenos livres de construções.
- Nunca utilize linhas metálicas, cerol, cortante, "linha chilena" ou qualquer outra substância cortante. Além de serem proibidas por lei em muitos estados, são altamente perigosas para você e para quem passa por perto.
- Caso a pipa ou linha enrosque em fios durante a brincadeira, abandone-a rapidamente e não tente removê-la, pois muitas vezes pode ocorrer um curto-circuito ou uma descarga elétrica. Nunca tente retirá-la dos fios com outros materiais, como varas, canos ou bambus.
- Durante as chuvas, além do risco de estragar seu brinquedo, a pipa pode conduzir descarga elétrica de forma similar ao que ocorre com os para-raios e provocar choque elétrico na pessoa que segura a linha.
- Evite subir em lajes ou em outros lugares suspensos, pois, com a empolgação da brincadeira, uma simples distração pode causar uma queda fatal.

Zurijeta/Shutterstock

Como em várias partes do mundo, no Brasil a pipa recebe nomes e formatos distintos, conforme os materiais disponíveis e a forma de brincar de cada região.

Danças circulares

Tania Herbsthofe/www.jornalcruzeiro.com.br

Grupo de dança circular, Sorocaba (SP), 2019.

David P. Lewis/Shutterstock

Pessoas dançando ao ar livre durante as festividades do 100º aniversário de Parks Canada em 2011.

Nowaczyk/Shutterstock

Pessoas de mãos dadas praticando a dança nacional da Sardana, em Barcelona. É um tipo de dança de roda típica da Catalunha.

Reprodução/Prefeitura Municipal de Jundiaí, SP.

Grupo pratica dança circular no Jardim Botânico, Jundiaí (SP), 2014.

Além da transformação em espetáculo, a cultura de brincadeiras e danças tradicionais de roda tem sido utilizada como estratégia de promoção da saúde. Na década de 1970, o coreógrafo e pesquisador polonês Bernhard Wosien (1908-1986) observou o potencial meditativo das danças de roda e adaptou passos de danças tradicionais europeias para a experimentação em roda. Ele denominou sua criação com a expressão "danças circulares", justamente por priorizar a vivência de danças de roda. O trabalho de Wosien influenciou profissionais de dança do mundo todo, gerando o chamado "movimento de danças circulares", que se fundamenta no estudo das danças tradicionais de diferentes culturas visando trazer para a contemporaneidade seus benefícios ao sentimento de união e expressão de grupos.

Essas danças chegaram ao Brasil na década de 1980, como estratégia de integração social, atividade física para idosos e atividade complementar na promoção da saúde física e psicológica. Hoje, podem ser encontradas em grupos interessados em vivências de lazer, em atividades educacionais, no desenvolvimento de dinâmicas de grupo e em atividades físicas. Em 2017, as danças circulares passaram a ser consideradas, segundo Portaria n. 849 do Governo Federal, Prática Integrativa e Complementar em Saúde a ser oferecida no Sistema Único de Saúde (SUS), dado o crescimento de pesquisas que comprovam seus efeitos terapêuticos. Leia o conceito de dança circular apresentado na legislação de saúde no Brasil:

> [...] Dança Circular é uma prática de dança em roda, tradicional e contemporânea, originária de diferentes culturas, que favorece a aprendizagem e a interconexão harmoniosa entre os participantes. Os indivíduos dançam juntos, em círculos, e aos poucos começam a internalizar os movimentos, liberar a mente, o coração, o corpo e o espírito. Por meio do ritmo, da melodia e dos movimentos delicados e profundos os integrantes da roda são estimulados a respeitar, aceitar e honrar as diversidades.
>
> O principal enfoque na Dança Circular não é a técnica, e sim o sentimento de união de grupo, o espírito comunitário que se instala a partir do momento em que todos, de mãos dadas, apoiam e auxiliam os companheiros. Assim, ela auxilia o indivíduo a tomar consciência de seu corpo físico, harmonizar o emocional, trabalhar a concentração e estimular a memória.
>
> As danças circulares podem criar espaços significativos para o desenvolvimento de estados emocionais positivos, tornando-se um recurso importante no contexto de grupos, uma vez que estimulam a cooperação, despertam o respeito ao outro, a integração, a inclusão e o acolhimento às diversidades. A prática tem o potencial mobilizador da expressão de afetos e de reflexões que resultam na ampliação da consciência das pessoas.
>
> No círculo trabalha-se o equilíbrio entre o indivíduo e o coletivo, o sentimento de pertinência e do prazer pela participação plena dos processos internos de transformação, promovendo o bem-estar, a harmonia entre corpo-mente-espírito, a elevação da autoestima, a consciência corporal, entre outros benefícios.

BRASIL. Ministério da Saúde. Portaria n. 849, de 27 de março de 2017. Disponível em: http://bvsms.saude.gov.br/bvs/saudelegis/gm/2017/prt0849_28_03_2017.html. Acesso em: 5 maio 2022.

Saiba+

Para conhecer um pouco mais sobre as danças circulares, acesse o *site* https://dancacircular.com.br/ (acesso em: 23 jun. 2022).

Diário de bordo

Faça uma breve pesquisa na cidade e/ou estado onde você mora sobre grupos de danças circulares existentes na região. Anote em seu diário de bordo algumas informações, como nome dos grupos, local e horários dos encontros, faixa etária dos participantes e outras informações que julgar importantes.

As danças circulares são praticadas sob a orientação de uma pessoa que apresenta a coreografia inicialmente sem música, para que os participantes conheçam, pratiquem e memorizem os passos. Em seguida, trechos ou toda a coreografia, dependendo da complexidade, são executados com a música.

Para facilitar a aprendizagem das danças circulares, é possível iniciar com movimentos simples de deslocamento na roda e, em seguida, explorar diferentes direções e ritmos, passos cruzados, movimentos dos braços em combinação com os deslocamentos e movimentos de transferência de peso. Na próxima etapa, dependendo das habilidades dos participantes, podem-se incluir giros e coreografia com pares e troca de pares. O mais importante não é a habilidade para dançar, mas a conexão proporcionada pela dança.

Experimentação — Pesquisa e prática de dança circular

Nessa experimentação, você vai pesquisar vídeos de danças circulares e experimentar coreografias com a turma, trabalhando habilidades de pesquisa e mediação cultural com os colegas.

1. Dividam-se em grupos de seis estudantes. Façam uma pesquisa de vídeos que ensinem práticas de danças circulares.
2. Escolham uma coreografia para aprendê-la e, depois, ensiná-la para o restante da turma.
3. Cada grupo conduz a prática de dança circular escolhida, ensinando os movimentos para a turma.

Diário de bordo

Ao final da experimentação, compartilhem as sensações e os desafios da vivência e registrem no diário de bordo o que vocês fizeram para que possa ser retomado no momento da prática de pesquisa-ação.

Pesquisa-ação: intervenção na comunidade

Nesta unidade, você vai produzir uma **pesquisa-ação** utilizando as temáticas estudadas e as informações das entrevistas realizadas para criar uma intervenção na comunidade.

A pesquisa-ação é uma modalidade da pesquisa qualitativa que assume o compromisso com a transformação da sociedade por meio da intervenção no campo de investigação. Para autores consagrados da pesquisa qualitativa, como Norman Denzin e Yonna Lincoln, o principal desafio da pesquisa qualitativa na atualidade é relacioná-la às necessidades e aos objetivos da construção de sociedades democráticas livres e à busca de soluções para problemas da vida real.

Sua elaboração se efetiva por meio do diagnóstico de um problema concreto que precisa de ações práticas para ser solucionado. Nesse tipo de pesquisa, não é necessário incluir muitos sujeitos ou usar recursos de quantificação de dados. A preocupação central da investigação é o processo de construção da intervenção na sociedade.

Os dados da pesquisa-ação são coletados no ambiente natural das pessoas que dela participam, e o significado atribuído pelos próprios sujeitos é o mais importante. Lembre-se, por exemplo, das respostas de sua dupla durante as perguntas sobre as vivências com brincadeiras na infância e das informações obtidas com as entrevistas das pessoas idosas da comunidade.

Os estudos qualitativos têm como objetivo compreender a experiência humana do ponto de vista das subjetividades, e não do ponto de vista das relações de causa e efeito objetivas. Por isso, a investigação qualitativa comunica-se por meio da descrição da experiência.

A pesquisa quantitativa, por sua vez, preocupa-se com a objetividade dos dados coletados e busca comparações e soluções para os problemas de investigação por meio do uso de medidas estatísticas, como a média de pessoas que concordam ou não com determinado assunto, e não com a descrição das nuances de opinião, como faz a pesquisa qualitativa.

As duas modalidades de pesquisa têm funções diferentes e se complementam. A escolha pela realização de pesquisas qualitativas ou quantitativas depende do objeto de pesquisa, do tempo e dos recursos disponíveis. A pesquisa qualitativa surgiu das necessidades de investigação das Ciências Humanas, mediante a adoção de métodos que buscam dar conta da complexidade e da subjetividade da experiência humana.

A pesquisa-ação é orientada por dois objetivos: o objetivo prático, relacionado à produção de soluções para o problema enfrentado e de transformações no contexto, e o objetivo de conhecimento, ligado à produção de novos conhecimentos sobre a situação investigada.

Durante o estudo desta unidade, você conheceu o valor das danças e das brincadeiras para idosos e grupos culturais tradicionalmente excluídos das políticas públicas.

A proposta da pesquisa-ação é que você analise as informações obtidas para criar uma intervenção social com um grupo de idosos da comunidade. Para isso, você deverá usar as práticas corporais, como danças de roda e brincadeiras, para criar, por exemplo, uma oficina de dança circular. Assim, você poderá observar os efeitos dessa intervenção. A experiência de pesquisa também poderá sensibilizar seu olhar para o papel dos idosos como portadores das memórias e da história da cultura.

Virinaflora/Shutterstock

Para a realização dessa pesquisa, siga as orientações:

1. Forme um grupo de cinco a oito integrantes.
2. Conversem sobre o foco da pesquisa: retomem os registros do diário de bordo e definam o problema que a intervenção de vocês vai abordar; revejam os textos e os conceitos da unidade e escolham com quem, onde e como vocês vão realizar a intervenção.
3. Elaborem uma carta-convite para os participantes, reservem o espaço e preparem os materiais necessários para a realização da intervenção.
    - Na carta, informem cuidadosamente os participantes sobre os objetivos da pesquisa e peçam a autorização deles para usar registros de observação por escrito, em áudio e vídeo. É importante não constranger as pessoas nem obrigá-las a participar. Se possível, acessem e leiam a Resolução n. 510, de 7 de abril de 2016, que trata da ética na pesquisa com seres humanos. Disponível em: http://conselho.saude.gov.br/resolucoes/2016/Reso510.pdf (acesso em: 9 fev. 2022).
4. Escolham os instrumentos que vocês vão utilizar para apresentar o ponto de vista do público-alvo acerca da intervenção: entrevista informal com registro em notas de campo ou entrevista gravada. Vocês também podem utilizar fotografias e vídeos para registrar o momento da intervenção.
5. Lembrem-se de coletar dados com as pessoas que vão participar da pesquisa antes e depois da intervenção.
6. Definam papéis para cada integrante do grupo.
7. Retomem a experiência de planejar e executar uma atividade para os colegas e façam um planejamento cuidadoso das atividades que vão compor a oficina. Lembrem-se de acolher os participantes.
8. Durante a realização da intervenção, registrem o maior número possível de informações que possam alimentar a escrita do relatório de pesquisa no tópico de Língua Portuguesa.

Relatório de pesquisa (Língua Portuguesa)

Ao longo desta unidade, você conheceu, vivenciou e pesquisou diversas manifestações culturais. Agora, com base nesses estudos, você produzirá um relatório de pesquisa. Esse gênero discursivo materializa, por meio da linguagem escrita, o conhecimento produzido em diferentes áreas. Nesse sentido, produzir um relatório de pesquisa bem fundamentado é importante para mostrar que todos os saberes podem estar em interação.

Saber organizar as ideias sobre o tema pesquisado é fundamental para que o conhecimento possa ser, além de sistematizado, difundido. E o que é um relatório?

> É a exposição escrita na qual se descrevem fatos verificados mediante pesquisas ou se historia a execução de serviços ou de experiências. É geralmente acompanhado de documentos demonstrativos, tais como tabelas, gráficos, estatísticas e outros. (UFPR, 1996)

PASSOS, Rosemary; SANTOS, Gildenir C. Como elaborar um relatório técnico científico. Faculdade de Educação da Unicamp. Disponível em: https://www.fe.unicamp.br/como-elaborar-um-relatorio-tecnico-cientifico. Acesso em: 7 fev. 2022.

Saiba +

- Confira a estrutura básica de um relatório de pesquisa no *site:* https://www.iag.usp.br/~eder/guia_relatorio.pdf (acesso em: 9 fev. 2022).

Irina Adamovich/Shutterstock

Todo relatório tem início com uma ideia.

Frenggo/Shutterstock

Para que a ideia possa ser explicada e questionada, é necessário que uma pesquisa seja realizada.

Blan-k/Shutterstock

A junção e a apresentação dos dados, sejam positivos, sejam negativos ou apenas explicativos, compõem o que chamamos de relatório.

Ao falarmos em relatório de pesquisa, você deve ter em mente que esse gênero discursivo faz parte de um campo mais amplo de estudos sobre determinado tema. Para que seja produzido, antes é necessário o desenvolvimento de uma pesquisa completa, que considere a escolha do tema e de um método, a coleta de dados por meio de instrumentos como questionários e/ou entrevistas, entre outros, os resultados e a discussão para uma possível conclusão.

Pesquisa completa

Agora, você vai conhecer a estrutura de um relatório de pesquisa. Os elementos pré-textuais, como capa, folha de rosto e sumário, compõem a primeira parte, em que são apresentados o nome do(s) autor(es), o título do trabalho, o ano e o lugar de produção e o título da instituição. Funcionam como uma apresentação e um convite para o leitor.

Veja a seguir o sumário de um relatório produzido por pesquisadores da Universidade de São Paulo (USP), cujo título é *Relatório de pesquisa "Percepções dos pós-graduandos da Universidade de São Paulo sobre a ocorrência de plágio no ambiente universitário"*.

1. **Analise a imagem do sumário: é possível perceber que ele apresenta uma divisão em tópicos que abrangem o conteúdo da pesquisa. Após realizar a análise, você consegue identificar qual é o tema da pesquisa e em quais tópicos do sumário essa informação pode ser encontrada?**

Os elementos textuais que compõem o corpo do relatório são introdução, metodologia, resultados e sua análise e conclusão (ou considerações finais). Observe que a introdução do trabalho é subdividida em duas partes, que contextualizam o leitor em relação ao assunto e ao tema estudado. Leia, a seguir, o trecho inicial do trabalho.

SUMÁRIO

Universidade de São Paulo/Sistema Integrado de Bibliotecas da USP

FERREIRA, Sueli M. S. P. *et al.* Relatório de pesquisa "Percepções dos pós-graduandos da Universidade de São Paulo sobre a ocorrência de plágio no ambiente universitário". *AGUIA*, São Paulo, 2013. Disponível em: https://docplayer.com.br/66437308-Percepcoes-dos-alunos-pos-graduandos-da-usp-sobre-a-ocorrencia-de-plagio-em-trabalhos-academicos.html. Acesso em: 4 maio 2022.

ORIGEM E CONCEITUAÇÃO DO PLÁGIO

No século II a.C. o Direito Romano tinha uma legislação específica para um tipo de crime que consistia no sequestro de pessoas livres que eram tornadas escravas. Com o intuito de coibir esta apropriação fraudulenta da vida alheia, foi criada a Lex Fabia de Plarigriis (MANSO, 1987). Entretanto, o conceito de *plagiarius* (sequestrador) que era atribuído às pessoas que se apropriavam da vida alheia foi aplicado também a quem se apropriava de obra alheia, como, por exemplo, poemas. O registro disto na história cabe ao poeta romano Marcus Valerius Martialis, que reiteradas vezes refere-se, em sua obra, a uma categoria de falsos poetas que declamavam os poemas de Marcial como se fossem deles (LEITE, 2008). De fato, no livro I, nos Epigramas 29 e 53, pode-se constatar que o poeta romano recorre às autoridades romanas queixando-se de um certo Fidentine ao qual chama de "plagiário" porque estava "sequestrando" seus poemas (MARTIALIS, 1867).

[...]

Contudo, o plágio só passou a ser considerado oficialmente uma fraude autoral com o surgimento da primeira Lei de Direitos Autorais, o Estatuto de Anne, em 1710, quando a ideia de autor como proprietário de uma obra foi instituída oficialmente (CHARTIER, 1999).

A partir de então, o plágio é entendido como um crime enquadrado nas legislações de Direitos Autorais que existem ao redor do mundo e que no Brasil é a Lei 9 610/98. Em suma, tais legislações resguardam os direitos de pessoas físicas ou jurídicas que conceberam originalmente obras intelectuais, artísticas, comerciais, tecnológicas, entre outras, coibindo que as mesmas venham a ser apropriadas indevidamente por outros, prática chamada de contrafação na lei brasileira, de acordo com a qual os responsáveis por tal prática ficam "sujeitos às sanções civis e penais cabíveis" (BRASIL, 1998).

SIGNIFICADO DO PLÁGIO

De acordo com o *Dicionário Houaiss* (2009), plágio é o "ato ou efeito de plagiar; apresentação feita por alguém, como de sua própria autoria, de trabalho, obra intelectual etc. produzido por outrem", definição semelhante à que é encontrada no *Dicionário Aurélio*: "Assinar ou apresentar como seu (obra artística ou científica de outrem). Imitar (trabalho alheio)" (FERREIRA, 1986, p. 249).

[...]

O PLÁGIO ACADÊMICO

[...]

Academicamente o plágio é analisado como um problema relacionado à desonestidade e não simplesmente uma infração de direitos autorais, como pode ser constatado nas diretrizes relacionadas à conduta científica.

[...]

TaLyDes/Shutterstock

As más condutas graves mais típicas e frequentes são as seguintes: (a) A fabricação ou afirmação de que foram obtidos ou conduzidos dados, procedimentos ou resultados que realmente não o foram. (b) A falsificação ou apresentação de dados, procedimentos ou resultados de pesquisa de maneira relevantemente modificada, imprecisa ou incompleta, a ponto de poder interferir na avaliação do peso científico que realmente conferem às conclusões que deles se extraem. (c) O plágio ou utilização de ideias ou formulações verbais, orais ou escritas de outrem sem dar-lhe por elas, expressa e claramente, o devido crédito, de modo a gerar razoavelmente a percepção de que sejam ideias ou formulações de autoria própria.

FERREIRA, Sueli M. S. P. *et al.* Relatório de pesquisa "Percepções dos pós-graduandos da Universidade de São Paulo sobre a ocorrência de plágio no ambiente universitário". *AGUIA*, São Paulo, 2013. p. 8-10. Disponível em: https://docplayer.com.br/66437308-Percepcoes-dos-alunos-pos-graduandos-da-usp-sobre-a-ocorrencia-de-plagio-em-trabalhos-academicos.html. Acesso em: 4 maio 2022

Saiba+

Para saber mais sobre o plágio e como ele é detectado em outros ambientes, acesse: https://stj.jusbrasil.com.br/noticias/3174944/plagio-quando-a-copia-vira-crime (acesso em: 9 fev. 2022).

2. É possível perceber que os autores organizam o início da introdução por meio da hierarquização de algumas informações. Descreva essa organização.

3. Por que é necessária uma hierarquização das informações?

4. Releia os trechos a seguir.

I – "[...] o conceito de *plagiarius* (sequestrador) que era atribuído às pessoas que se **apropriavam da vida alheia foi aplicado** também a quem **se apropriava** de obra alheia, como, por exemplo, poemas [...]"

II – "[...] o plágio é entendido como um crime enquadrado nas legislações de Direitos Autorais que existem ao redor do mundo e que no Brasil é a Lei 9 610/98. [...]"

Agora responda:

a) Quais foram os tempos verbais utilizados nos trechos I e II?

b) Qual pode ser o motivo para a alteração do tempo verbal de um trecho para o outro?

5. No fim de alguns parágrafos, há indicações de referências bibliográficas. Por que elas foram utilizadas?

6. Após fazer uma abordagem histórica do tema, os autores conceituam plágio. Por que eles apresentaram o conceito de plágio acadêmico separadamente?

7. Releia o trecho sobre os problemas encontrados em trabalhos acadêmicos e responda: Pode-se considerar que plágio é o pior problema encontrado em um trabalho acadêmico?

Leia, agora, um trecho da "Metodologia do trabalho" desse relatório de pesquisa.

[...]

A população da pesquisa englobou 22 438 estudantes de pós-graduação, matriculados na Universidade de São Paulo (USP), em dezembro de 2012. A decisão de delimitar o universo da pesquisa aos alunos de pós-graduação levou em consideração a maior vivência acadêmica e melhor domínio das normas bibliográficas desse público em relação aos alunos de graduação. [...]

A formulação do instrumento de pesquisa [...] abrangeu cenários diversificados da ocorrência de plágio em ambiente universitário, favorecendo a identificação de fatores que contribuem para a formação da percepção dos estudantes em relação ao tema tratado. As opções de respostas foram concebidas para estimular a livre manifestação de opinião dos estudantes em relação ao plágio e a identificação do nível de conhecimento das normas de citações e referências bibliográficas, finalizando com a indicação do perfil demográfico dos participantes. A estrutura do questionário se compõe de 30 questões de múltipla escolha, contendo três perguntas com opções de respostas abertas para o monitoramento das ideias dos respondentes. Ao planejar o desenho do formulário, optou-se pela utilização de uma sequência lógica de apresentação das questões, que foram agrupadas em três partes descritas a seguir.

Parte A – Escala de opinião/atitudes – Questões de 1 a 14

Parte B – Conhecimento sobre citações e referências – Questões de 15 a 24

Parte C – Informações demográficas – Questões de 25 a 30

Adotou-se a ferramenta SurveyMonkey (http://pt.surveymonkey.com/) para a criação do questionário *online* pela facilidade de elaboração e acesso ao formulário, oferecendo também recursos complementares como a emissão [de] relatórios da pesquisa.

A etapa preliminar da pesquisa consistiu de uma avaliação do questionário por um grupo de 7 estudantes, que observaram aspectos como o tempo despendido para as respostas, extensão do questionário, grau de dificuldade das respostas e clareza dos enunciados.

A divulgação da pesquisa e o convite à participação se efetivaram por meio de mensagem de *e-mail*, contendo o *link* de acesso ao questionário, encaminhada pelo Departamento de Informática da Universidade a todos os alunos de pós-graduação da USP. [...]

FERREIRA, Sueli M. S. P. *et al.* Relatório de pesquisa "Percepções dos pós-graduandos da Universidade de São Paulo sobre a ocorrência de plágio no ambiente universitário". *AGUIA*, São Paulo, 2013. p. 35-36. Disponível em: https://www.researchgate.net/publication/282877886_PERCEPCOES_DOS_ALUNOS_POS-GRADUANDOS_DA_USP_SOBRE_A_OCORRENCIA_DE_PLAGIO_EM_TRABALHOS_ACADEMICO. Acesso em: 9 fev. 2022.

8. A parte textual "Metodologia do trabalho" descreve o método de pesquisa desenvolvido no trabalho. Resuma esse trecho utilizando paráfrases, sem alterar o sentido do texto original. Antes de iniciar o resumo, releia o fragmento e destaque as principais ideias de cada parágrafo.

9. Ao comparar o texto original com sua paráfrase, aponte quais foram as principais alterações necessárias para manter o sentido original.

Você deve ter percebido que no trecho que descreve o método de trabalho foram utilizados verbos no presente do indicativo e no pretérito perfeito do indicativo.

Observe algumas orações:

"A população da pesquisa **englobou** 22 438 estudantes de pós-graduação [...]"

"A formulação do instrumento de pesquisa [...] **abrangeu** cenários diversificados [...]"

"A estrutura do questionário se **compõe** de 30 questões de múltipla escolha [...]"

"**Adotou-se** a ferramenta SurveyMonkey [...]"

Ao observar os verbos em destaque, note que a maioria está no pretérito perfeito do indicativo, uma vez que, em um relatório de pesquisa, é narrado o que foi realizado. Perceba que uma das orações está no presente do indicativo. Esse tempo verbal foi usado porque se trata da descrição do questionário.

Para o início de uma pesquisa, como vimos, é preciso partir de uma hipótese, uma suposição de algo que pode ou não ocorrer. No relatório estudado, temos a visão sobre o uso do plágio por alunos do ensino superior e também a história do termo para que os estudantes percebam que esse problema já existia no passado. Por isso, todos os verbos utilizados foram escritos no modo indicativo, ou seja, a forma de se apresentar algo que de fato ocorreu.

Características semânticas do verbo:

- Tempo: propriedade semântica do verbo. Observe:

"A etapa preliminar da pesquisa **consistiu** de uma avaliação do questionário por um grupo de 7 estudantes [...]"

A etapa preliminar da pesquisa **consiste** de uma avalição do questionário por um grupo de 7 estudantes.

A etapa preliminar da pesquisa **consistirá** de uma avalição do questionário por um grupo de 7 estudantes.

Você deve ter observado que as três sentenças apresentam os verbos em três tempos distintos:

- Presente: simultâneo ao momento da fala.
- Passado: anterior ao momento da fala.
- Futuro: posterior ao momento da fala.

É importante notar que esses valores temporais estão relacionados ao que se pode chamar de tempo cronológico, tempo imaginário e outro atemporal; assim, segundo o linguista Ataliba Castilho:

Quando descrevemos "um estado de coisas" que coincidem com o tempo cronológico, temos o tempo real; quando usamos o tempo que não coincide com o tempo real, temos o tempo fictício, ou seja, o chamado "uso metafórico das formas verbais". Dentro desse uso, há:

- presente universal: no qual se encaixam verdades universais;
- presente histórico: corresponde ao passado do tempo cronológico;
- presente pelo futuro: corresponde ao futuro do tempo cronológico;
- presente atemporal: quando descrevemos situações permanentes.

10. Observe a seguir o título das notícias e identifique qual tempo verbal foi utilizado:

> Adele é acusada de plagiar sucesso de Martinho da Vila; compare canções.
>
> *Folha de S.Paulo* – 10 set. 2021 às 19h48.
>
> Juliette apresenta capa de seu 1º EP e é acusada de plágio.
>
> Agora. *Folha Uol* 2 set. 2021 às 3h14.

Diário de bordo

Considerando o que foi trabalhado nesta unidade, junte-se aos colegas e escolham um tema para a realização da pesquisa. Depois de tê-lo selecionado, façam uma breve pesquisa e, individualmente, registre em seu diário de bordo um resumo. Em seguida, pensem, em conjunto, na melhor maneira de divulgar a pesquisa efetuada por vocês. Além dos elementos textuais, o que mais é importante apresentar ao leitor? Registrem as respostas.

É importante ressaltar que os anexos e as referências de um relatório de pesquisa compõem os chamados elementos pós-textuais.

#EnemVestibular

Responda às questões a seguir para treinar seus conhecimentos sobre o que estudou nesta unidade.

1. (Unicamp-2021)

Em 10 de outubro de 1810, Adandozan (1797-1818), rei do Daomé, no atual Benim, enviou uma carta para o Brasil endereçada a Dom João, príncipe regente, acompanhada de uma lista de presentes contendo objetos de prestígio cujo uso era privilégio real. Uma parte dos artefatos descritos na carta integrava o acervo do Museu Nacional, que foi destruído em um grande incêndio no ano de 2018. Entre os objetos que Adandozan usou para presentear Dom João, destacavam-se o trono do rei daomeano (imagem ao lado), cetros, bengalas, bolsa, sandália e abanos.

(Adaptado de SOARES, Mariza de Carvalho. Trocando galanterias: a diplomacia do comércio de escravos, Brasil Daomé, 1810-1812. *Afro-Ásia*, Salvador, n. 49, p. 229-271.)

Reprodução/Unicamp-SP, 2021.

Com base no excerto e na imagem:

a) cite e explique uma das funções assumidas pelos objetos no âmbito da diplomacia estabelecida entre Brasil e África no começo do século XIX;

b) descreva o impacto da destruição destes objetos no incêndio do Museu Nacional para o Brasil e para o Benim.

2. (Enem-2014)

Por onde houve colonização portuguesa, a música popular se desenvolveu basicamente com o mesmo instrumental. Podemos ver cavaquinho e violão atuarem juntos aqui, em Cabo Verde, em Jacarta, na Indonésia, ou em Goa. O caráter nostálgico, sentimental, é outro ponto comum da música das colônias portuguesas em todo o mundo. O kronjong, a música típica de Jacarta, é uma espécie de lundu mais lento, tocado comumente com flauta, cavaquinho e violão. Em Goa não é muito diferente.

De acordo com o texto de Henrique Cazes, grande parte da música popular desenvolvida nos países colonizados por Portugal compartilha um instrumental, destacando-se o cavaquinho e o violão. No Brasil, são exemplos de música popular que empregam esses mesmos instrumentos:

a) Maracatu e ciranda.

b) Carimbó e baião.

c) Choro e samba.

d) Chula e siriri.

e) Xote e frevo.

3. (Enem-2009)

A música pode ser definida como a combinação de sons ao longo do tempo. Cada produto final oriundo da infinidade de combinações possíveis será diferente, dependendo da escolha das notas, de suas durações, dos instrumentos utilizados, do estilo de música, da nacionalidade do compositor e do período em que as obras foram compostas.

Figura 1

Reprodução/Enem, 2009.

Figura 2

Reprodução/Enem, 2009.

Figura 3

Reprodução/Enem, 2009.

Figura 4

Fotos: Reprodução/Enem, 2009.

Figura 1: http://images.quebarato.com.br/photos/big/2/D/15A12D_2.jpg.
Figura 2: http://ourinhos.prefeituramunicipal.net/dados/fotos/2009/07/07/normal.
Figura 3: http://www.edmontonculturalcapital.com/gallery/edjazzfestival/JazzQuartet.jpg.
Figura 4: http://www.filmica.com/jacintaescudos/archivos/Led-Zeppelin.jpg.

Das figuras que apresentam grupos musicais em ação, pode-se concluir que o(os) grupo(s) mostrado(s) na(s) figura(s)

a) 1 executa um gênero característico da música brasileira, conhecido como chorinho.

b) 2 executa um gênero característico da música clássica, cujo compositor mais conhecido é Tom Jobim.

c) 3 executa um gênero característico da música europeia, que tem como representantes Beethoven e Mozart.

d) 4 executa um tipo de música caracterizada pelos instrumentos acústicos, cuja intensidade e nível de ruído permanecem na faixa dos 30 aos 40 decibéis.

e) 1 a 4 apresentam um produto final bastante semelhante, uma vez que as possibilidades de combinações sonoras ao longo do tempo são limitadas.

4. (Enem PPL-2019)

O frevo é uma forma de expressão musical, coreográfica e poética, enraizada no Recife e em Olinda, no estado de Pernambuco. O frevo é formado pela grande mescla de gêneros musicais, danças, capoeira e artesanato. É uma das mais ricas expressões da inventividade e capacidade de realização popular na cultura brasileira. Possui a capacidade de promover a criatividade humana e também o respeito à diversidade cultural. No ano de 2012, a Unesco proclamou o frevo como Patrimônio Imaterial da Humanidade.

PORTAL BRASIL. Disponível em: www.brasil.gov.br. Acesso em: 10 fev. 2013.

A característica da manifestação cultural descrita que justifica a sua condição de Patrimônio Imaterial da Humanidade é a

a) conversão dos festejos em produto da elite.

b) expressão de sentidos construídos coletivamente.

c) dominação ideológica de um grupo étnico sobre outros.

d) disseminação turística internacional dos eventos festivos.

e) identificação de simbologias presentes nos monumentos artísticos.

5. (Cespe/UnB-CPRM/2013 DF)

Apesar das variações existentes em função do tipo de pesquisa científica realizada, os processos de pesquisa, de maneira geral, envolvem planejamento, coleta de dados, análise e interpretação dos dados e redação do relatório. A respeito das fases da pesquisa científica, julgue os itens subsequentes.

a) 43 Questionário é uma técnica de investigação composta por um conjunto de questões feitas a determinadas pessoas para obter informações pertinentes à pesquisa científica.

b) 44 Na pesquisa científica, a elaboração do relatório de pesquisa é indispensável, visto que os resultados da pesquisa só terão valor se puderem ser comunicados a outros interessados.

c) 45 A realização de pesquisas científicas prescinde da formulação do problema.

d) 46 A análise de dados tem como objetivo organizar os dados de forma a responder ao problema proposto para a investigação, ao passo que a interpretação de dados busca relacionar as respostas obtidas com os conhecimentos anteriormente relatados.

6. (Enem-2018)

A imagem da negra e do negro em produtos de beleza e a estética do racismo

Resumo: Este artigo tem por finalidade discutir a representação da população negra, especialmente da mulher negra, em imagens de produtos de beleza presentes em comércios do nordeste goiano. Evidencia-se que a presença de estereótipos negativos nessas imagens dissemina um imaginário racista apresentado sob a forma de uma estética racista que camufla a exclusão e normaliza a inferiorização sofrida pelos(as) negros(as) na sociedade brasileira. A análise do material imagético aponta a desvalorização estética do negro, especialmente da mulher negra, e a idealização da beleza e do branqueamento a serem alcançados por meio do uso dos produtos apresentados. O discurso midiático-publicitário dos produtos de beleza rememora e legitima a prática de uma ética racista construída e atuante no cotidiano. Frente a essa discussão, sugere-se que o trabalho antirracismo, feito nos diversos espaços sociais, considere o uso de estratégias para uma "descolonização estética" que empodere os sujeitos negros por meio de sua valorização estética e protagonismo na construção de uma ética da diversidade.

Palavras-chave: Estética, racismo, mídia, educação, diversidade

SANT'ANA, J. *A imagem da negra e do negro em produtos de beleza e a estética do racismo. Dossiê: trabalho e educação básica. Margens Interdisciplinar*. Versão digital. *Abaetetuba*, n. 16, jun. 2017 (adaptado).

O cumprimento da função referencial da linguagem é uma marca característica do gênero resumo de artigo acadêmico. Na estrutura desse texto, essa função é estabelecida pela

a) impessoalidade, na organização da objetividade das informações, como em "Este artigo tem por finalidade" e "Evidencia-se".

b) seleção lexical, no desenvolvimento sequencial do texto, como em "imaginário racista" e "estética do negro".

c) metaforização, relativa à construção dos sentidos figurados, como nas expressões "descolonização estética" e "discurso midiático-publicitário".

d) nominalização, produzida por meio de processos derivacionais na formação de palavras, como "inferiorização" e "desvalorização".

e) adjetivação, organizada para criar uma terminologia antirracista, como em "ética da diversidade" e "descolonização estética".

7. (Cespe/UnB-CPRM/2013 DF)

A respeito do relatório de pesquisa, julgue os itens que se seguem.

a) 47 Os apêndices e os anexos de um relatório, em geral, contêm tabelas, quadros, gráficos e outras informações elaboradas pelo próprio autor que não figuram no texto.

b) 48 O relatório de pesquisa deve ser impessoal, objetivo, claro e conciso.

c) 49 O relatório de pesquisa deve apresentar o problema investigado e sua inserção em um contexto mais amplo, incluindo o conhecimento disponível sobre o assunto.

d) 50 A introdução pode incluir três itens do relatório: o objetivo, a justificativa e a metodologia.

8. (Ibade-Prefeitura de Vitória/ES-2019)

Existem questões éticas da pesquisa e do trabalho acadêmico. Há algumas áreas de má conduta científica, e quando alguém utiliza ideias, textos ou ilustrações de outras pessoas como se fossem seus, isto é considerado:

a) falsificação.

b) plágio.

c) dupla publicação.

d) registro incorreto de dados.

e) fabricação de dados.

9. (Enem-2018)

Farejador de Plágio: uma ferramenta contra a cópia ilegal

No mundo acadêmico ou nos veículos de comunicação, as cópias ilegais podem surgir de diversas maneiras, sendo integrais, parciais ou paráfrases. Para ajudar a combater esse crime, o professor Maximiliano Zambonatto Pezzin, engenheiro de computação, desenvolveu junto com os seus alunos o programa Farejador de Plágio.

O programa é capaz de detectar: trechos contínuos e fragmentados, frases soltas, partes de textos reorganizadas, frases reescritas, mudanças na ordem dos períodos e erros fonéticos e sintáticos.

Mas como o programa realmente funciona? Considerando o texto como uma sequência de palavras, a ferramenta analisa e busca trecho por trecho nos *sites* de busca, assim como um professor desconfiado de um aluno faria. A diferença é que o programa permite que se pesquise em vários buscadores, gerando assim muito mais resultados.

Disponível em: http://reporterunesp.jor.br. Acesso em: 19 mar. 2018.

Segundo o texto, a ferramenta Farejador de Plágio alcança seu objetivo por meio da

a) seleção de cópias integrais.
b) busca em *sites* especializados.
c) simulação da atividade docente.
d) comparação de padrões estruturais.
e) identificação da sequência de fonemas.

10. (Enem-2019)

A rede é, antes de tudo, um instrumento de comunicação entre pessoas, um laço virtual em que as comunidades auxiliam seus membros a aprender o que querem saber. Os dados não representam senão a matéria-prima de um processo intelectual e social vivo, altamente elaborado. Enfim, toda inteligência coletiva do mundo jamais dispensará a inteligência pessoal, o esforço individual e o tempo necessário para aprender, pesquisar, avaliar e integrar-se a diversas comunidades, sejam elas virtuais ou não. A rede jamais pensará em seu lugar, fique tranquilo.

LÉVY, P. *A máquina universo*: criação, cognição e cultura informática. Porto Alegre: Artmed, 1998.

No contexto das novas tecnologias de informação e comunicação, a circulação de saberes depende da

a) otimização do tempo.
b) confiabilidade dos *sites*.
c) contribuição dos usuários.
d) quantidade de informação.
e) colaboração de intelectuais.

11. (Enem-2015)

Em junho de 1913, embarquei para a Europa a fim de me tratar num sanatório suíço. Escolhi o de Clavadel, perto de Davos-Platz, porque a respeito dele me falara João Luso, que ali passara um inverno com a senhora. Mais tarde vim a saber que antes de existir no lugar um sanatório, lá estivera por algum tempo Antônio Nobre. "Ao cair das folhas", um de seus mais belos sonetos, talvez o meu predileto, está datado de "Clavadel, outubro, 1895". Fiquei na Suíça até outubro de 1914.

BANDEIRA, M. *Poesia completa e prosa*. Rio de Janeiro: Nova Aguilar, 1985.

No relato de memórias do autor, entre os recursos usados para organizar a sequência dos eventos narrados, destaca-se a

a) construção de frases curtas a fim de conferir dinamicidade ao texto.
b) presença de advérbios de lugar para indicar a progressão dos fatos.
c) alternância de tempos do pretérito para ordenar os acontecimentos.
d) inclusão de enunciados com comentários e avaliações pessoais.
e) alusão a pessoas marcantes na trajetória de vida do escritor.

12. (Enem - 2015)

A rapidez é destacada como uma das qualidades do serviço anunciado, funcionando como estratégia de persuasão em relação ao consumidor do mercado gráfico. O recurso da linguagem verbal que contribui para esse destaque é o emprego

Reprodução/Enem, 2015.

a) do termo "fácil" no início do anúncio, com foco no processo.
b) de adjetivos que valorizam a nitidez da impressão.
c) das formas verbais no futuro e no pretérito, em sequência.
d) da expressão intensificadora "menos do que" associada à qualidade.
e) da locução "do mundo" associada a "melhor", que quantifica a ação.

Produção e divulgação de um relatório de pesquisa em grupo

Você viu que um relatório de pesquisa é composto da seguinte estrutura:

Elementos pré-textuais

- Capa
- Página de rosto
- Sumário

Elementos textuais

- Introdução
- Metodologia
- Resultados e análise de dados
- Conclusão (ou considerações finais)

Drazen Zigic/Shutterstock

A divulgação de relatórios de pesquisa é importante para que o conhecimento produzido nas instituições de ensino e pesquisa circule socialmente.

Elementos pós-textuais

- Anexos
- Referências

Para organizar o relatório, é importante fazer uma curadoria das informações coletadas ao longo da pesquisa. Lembre-se de que é preciso hierarquizar os conteúdos; para isso, siga os procedimentos listados na sequência.

Procedimentos

1. Na capa: escolha um título que explicite o foco da pesquisa que você realizou após a coleta de dados com os participantes da oficina de dança ou brincadeira que você criou. O título deve ser objetivo e ajudar o leitor a identificar o tema da pesquisa.

2. Na introdução: o objetivo dessa parte do texto é contextualizar o leitor sobre o tema e o recorte abordado. Você deve apresentar os principais conceitos trabalhados e as informações históricas que considerar relevantes.

- Use verbos nos pretéritos perfeito e imperfeito do indicativo quando fizer sequências expositivas e descritivas. Já nos trechos argumentativos, use verbos no presente do indicativo.

3. Na metodologia: retome as características da pesquisa-ação para informar ao leitor a abordagem metodológica utilizada. Depois, descreva os instrumentos de coleta e análise que você utilizou, como entrevistas, observações ou questionários. Explique como convidou os sujeitos a participar e quantas pessoas foram envolvidas. Informe ao leitor quais foram os procedimentos éticos que você adotou. Nessa parte, você pode comentar as limitações do método e eventos não previstos que atrapalharam o desenvolvimento da pesquisa.

4. Nos resultados e na análise dos dados: apresente trechos dos dados coletados, especialmente de observações e entrevistas que realizou com os participantes da oficina. Na pesquisa-ação, é importante dar voz aos sujeitos da pesquisa. Então, componha o relatório com falas literais deles. Se coletou dados com o uso de fotografias, complemente a descrição dos resultados tecendo comentários sobre as imagens.

- Na análise dos dados, é importante que você crie categorias para a organização, por exemplo. Agrupando os dados, você consegue facilitar a discussão e integrá-la às leituras que realizou. Apresente as referências bibliográficas em diálogo com os dados.

5. Nos anexos: você aprendeu a contemplar os aspectos éticos da pesquisa-ação. Então, nessa parte apresente o modelo do termo de consentimento que as pessoas assinaram para realizar a pesquisa.

    - Você também pode incluir roteiros de entrevista e observação e alguns exemplos dos dados brutos, como um questionário respondido por algum participante.

6. Nas referências: apresente toda a fonte de pesquisa. É fundamental elencar *sites* visitados e obras consultadas. Existe uma padronização das referências comumente utilizada: a NBR-6023, de novembro de 2018, elaborada pela Associação Brasileira de Normas Técnicas (ABNT).

Divulgação do relatório

Com o relatório finalizado, é o momento de pensar em como divulgá-lo. Como apresentar a pesquisa aos colegas e à comunidade escolar?

Crie uma estratégia para que os participantes da pesquisa tenham acesso ao relatório. Como você viu, no processo de pesquisa-ação a investigação é compartilhada com os sujeitos para que seus resultados possam gerar melhorias na comunidade. Para isso, vocês podem se organizar em pequenos grupos e conversar sobre os desafios encontrados durante a realização da pesquisa.

Escolham algum *software* que possa auxiliá-los na visibilidade da pesquisa-ação.

Para que o resultado de sua pesquisa seja compartilhado em diversas plataformas, você pode utilizar alguns aplicativos que auxiliam na criação de *templates* específicos para cada rede. São eles: o Canva (https://www.canva.com/pt_br), o Adobe Spark (https://www.adobe.com/br/express) e o Crello (https://crello.com/pt). Uma opção é criar um resumo e compartilhar em suas redes sociais.

Saiba+

Na faculdade, os relatórios de pesquisa muitas vezes transformam-se em trabalhos apresentados em congressos e consequentemente são publicados. Você sabia que o trabalho pode ser inserido no currículo Lattes? Acesse o *site*: http://www2.unicentro.br/lmqqa/files/2017/04/ORIENTA%C3%87%C3%95ES-PARA-PREENCHIMENTO-DO-CURRICULO-LATTES.pdf. Nele, há orientações de como preencher o currículo *Lattes*.

Meu portfólio

Nesta unidade, você e os colegas conheceram, pesquisaram e experimentaram diversas manifestações culturais brasileiras e refletiram sobre a diversidade que compõe a identidade do povo brasileiro.

Nos tópicos *Danças afro-brasileiras* e *Ritmos brasileiros (Arte)*, você refletiu sobre a relação entre corpo e cultura do ponto de vista de estudos das Ciências Humanas, incluindo o conceito de decolonialidade, e apreciou e experimentou manifestações culturais brasileiras, por meio da análise da música e da cultura do jongo, do coco e do samba. Essas aprendizagens foram integradas ao tópico *Cirandas (Educação Física)*, no qual você refletiu sobre as práticas corporais da cultura brasileira no âmbito das brincadeiras e danças de roda, entre elas a tradição de empinar pipas.

Por meio da pesquisa-ação, você vivenciou um trabalho científico, coletou dados e entrevistou pessoas, o que possibilitou atuar ativamente junto a um grupo social por meio de intervenções. No tópico *Relatório de pesquisa (Língua Portuguesa)*, você teve a oportunidade de conhecer a estrutura e os objetivos do gênero textual relatório de pesquisa para produzir o relatório de divulgação científica de sua pesquisa-ação.

Na montagem de seu portfólio, você deverá retomar todas as produções realizadas na unidade, desde rascunhos e projetos até registros em fotos e vídeos de apresentações. Lembre-se de que todo o processo criativo é importante e não apenas o produto final; por isso, aqui não podem faltar as diversas versões de uma mesma produção. Retome também todas as anotações que fez no diário de bordo; elas vão auxiliar muito na construção do portfólio. Não deixe de colocar a data em que cada produção foi realizada; assim, ao consultá-lo, você terá condições de verificar sua história de aprendizagem. Essa consulta poderá ajudá-lo a perceber quais aspectos você desenvolveu e aperfeiçoou ao longo do trabalho.

UNIDADE

2

Culturas dos povos indígenas

Reprodução/Acervo do artista

A árvore de todos os saberes, de Jaider Esbell, 2013 (acrílico sobre tela, 230 cm × 250 cm). Acervo do artista.

#TáNoFeed

1. Observe a imagem da página anterior e reflita sobre as questões propostas.

a) Que sensações essa obra desperta em você?

b) Como são a árvore e o rio criados pelo artista nessa obra?

c) Para você, o que uma árvore simboliza? E um rio? No contexto da obra, que significados você atribui a esses elementos?

d) É possível estabelecer alguma relação entre essa obra e a sua vida? Qual?

A obra *A árvore de todos os saberes* foi apresentada pelo artista indígena makuxi, Jaider Esbell (1979-2021), durante a exposição coletiva ¡MIRA! – Artes visuais dos povos indígenas, em 2014, na Universidade Federal de Minas Gerais (UFMG), em Belo Horizonte, que reuniu artistas do Brasil, da Bolívia, da Colômbia, do Equador e do Peru.

Concebida para ser exposta na Organização das Nações Unidas (ONU), a obra tinha como proposta a criação de um painel coletivo que contasse com a contribuição artística de diferentes povos da Amazônia e de outros povos indígenas das Américas. Para isso, o artista criou diversos círculos nas raízes e nos galhos nessa imensa árvore.

Saiba+

Para conhecer mais essa obra e o trabalho de Jaider Esbell, acesse o *site* oficial do artista, disponível em: http://www.jaideresbell.com.br (acesso em: 5 maio 2022).

Esses espaços foram preenchidos com assinaturas culturais que simbolizam a imagem que identifica e especifica cada povo, reconhecendo as particularidades de cada cultura reunidas nessa obra em uma mesma árvore, atravessada por um rio.

2. Agora, leia o texto para, em seguida, conversar com a turma sobre o que se pede.

O que é ser indígena no Brasil hoje?

[...]

"O índio brasileiro hoje tem que ter orgulho de suas raízes e ter consciência do passado. Renovar seus conhecimentos e acima de tudo saber lidar com o mundo atual.

Muitos não índios ainda têm uma visão atrasada em relação ao indígena. Mas eles esquecem que também somos seres humanos, que estamos sempre em mutação e seguindo o ritmo da vida e do universo.

Várias coisas nossas passam também para a sociedade não indígena. A terra não foi descoberta sem indígena."

Ysani Kalapalo, da etnia Awati e Kalapalo,
ativista e empreendedora social, 26 anos

ORENSTEIN, José. "O que é ser indígena no Brasil hoje, segundo 3 jovens e 2 antropólogos." *Nexo Jornal*, 29 abr. 2017. Seção Expresso. Disponível em: https://www.nexojornal.com.br/expresso/2017/04/29/O-que-é-ser-indígena-no-Brasil-hoje-segundo-3-jovens-e-2-antropólogos. Acesso em: 24 jun. 2022.

Segundo dados do censo realizado pelo Instituto Brasileiro de Geografia e Estatística (IBGE) em 2010, na época havia cerca de 817 mil indígenas entre o total de 190 milhões de brasileiros. De acordo com os levantamentos, eles estavam distribuídos em 305 povos, que falam 274 línguas indígenas diferentes. No entanto, estima-se que no século XVI os povos indígenas que viviam no território nacional antes da colonização portuguesa somavam mais de 2 milhões de habitantes.

a) Que relações podemos estabelecer entre a obra de Jaider Esbell e o depoimento de Ysani Kalapalo? Você reconhece pontos de vista em comum?

b) Ao compararmos a população indígena presente no território brasileiro no século XVI com os dados do IBGE de 2010, notamos um decréscimo populacional. A que fatores isso pode ser atribuído?

c) Você consegue identificar a presença de estereótipos em relação à imagem dos indígenas em seu contexto comunitário? O que você pensa sobre a necessidade de rompê-los?

Nesta unidade, você vai estudar as produções da arte e da cultura corporal de diferentes etnias e povos indígenas da América Latina. Com isso, poderá ampliar seu repertório e conhecimento sobre a própria identidade, uma vez que muitos aspectos dessas culturas foram incorporados por nós, enquanto tantos outros correm o risco de se apagarem. Nesse sentido, buscou-se aqui trazer o repertório cultural e artístico por meio da voz dos próprios indígenas, enfatizando assim a importância de que eles sejam os narradores da própria história.

Ao final, você produzirá com os colegas uma fotorreportagem sobre o tema, a fim de experimentar e explorar esse gênero discursivo que será estudado ao longo da unidade e que é muito utilizado em *sites*, jornais e revistas.

Conheça a unidade

Objetivos de aprendizagem

Arte

- Fruir, apreciar e valorizar obras artísticas indígenas contemporâneas de diferentes localidades e etnias.
- Desenvolver, de modo coletivo e colaborativo, pesquisa, criação e compartilhamento de trabalhos em artes visuais.

Educação Física

- Valorizar as práticas corporais indígenas na contemporaneidade e suas relações e interações com o mercado e a mídia.
- Compreender a relação entre a colonização europeia na América Latina e os processos de apagamento das culturas indígenas.

Língua Portuguesa

- Reconhecer os gêneros reportagem, artigo científico e relato.
- Reconhecer as marcas de parcialidade e imparcialidade presentes em textos, analisando os efeitos de sentidos provocados pela escolha do autor.

Justificativa

Estudar práticas de linguagens na perspectiva dos povos indígenas permite o acesso à informação, ao conhecimento e à reflexão do lugar dos indígenas na sociedade contemporânea, em especial na América Latina. Desse modo, a unidade aborda questões que envolvem a relação entre cultura e sociedade, refletindo sobre os processos tanto de discriminação quanto de legitimação das práticas esportivas e culturais indígenas.

A BNCC nesta unidade

Nesta unidade são desenvolvidas as competências e habilidades da BNCC indicadas a seguir.

Competências gerais da Educação Básica:
3, 4, 7, 9

Linguagens e suas Tecnologias no Ensino Médio: competências específicas e habilidades

Competência específica 1 (EM13LGG101, EM13LGG102, EM13LGG103, EM13LGG104); competência específica 2 (EM13LGG201, EM13LGG202, EM13LGG203, EM13LGG204); competência específica 3 (EM13LGG301, EM13LGG302, EM13LGG303); competência específica 5 (EM13LGG501, EM13LGG502, EM13LGG503); competência específica 6 (EM13LGG601, EM13LGG602, EM13LGG603, EM13LGG604); competência específica 7 (EM13LGG701, EM13LGG703)

Língua Portuguesa no Ensino Médio: campos de atuação social, competências específicas e habilidades

Todos os campos de atuação social

EM13LP01 (competência específica 2);
EM13LP02 (competência específica 1);
EM13LP15 (competências específicas 1, 3);
EM13LP18 (competência específica 7)

Campo das práticas de estudo e pesquisa

EM13LP29 (competências específicas 2, 3);
EM13LP30 (competência específica 7);
EM13LP31 (competência específica 1);
EM13LP32 (competência específica 7);
EM13LP33 (competência 3); EM13LP34 (competência específica 3); EM13LP35 (competência específica 7)

Ciências Humanas e Sociais Aplicadas no Ensino Médio: competências específicas e habilidades

Competência específica 1 (EM13CHS101, EM13CHS103, EM13CHS104); competência específica 5 (EM13CHS504); competência específica 6 (EM13CHS601)

Jogos indígenas (Educação Física)

Revista Eletrônica de Jornalismo Científico/www.comciencia.br

Manifestação nos Jogos dos Povos Indígenas, 2017.

Reprodução: Amazônia Wakeboarding

Jair de Souza, indígena karapanã amazonense, é o primeiro atleta de *wakeboard* de origem indígena no Brasil. Foto de divulgação do evento Amazônia Wakeboarding, 2019.

Grupo Bandeirantes/www.noticias.band.uol.com.br

Jovens indígenas do Amazonas conquistaram medalhas no 8º Campeonato Brasileiro de Base, realizado no Centro Brasileiro de Tiro com Arco, em Maricá (RJ), 2015.

1. Observe as imagens anteriores e reflita.

a) Que temas e contextos você identifica nelas?

b) Observe, na fotografia dos I Jogos Mundiais Indígenas, a presença de uma faixa. Que sentidos você atribui a essa mensagem considerando o contexto?

c) Você conhece jogos e esportes de origem indígena? E atletas indígenas de competições oficiais?

d) Jogos e esportes indígenas recebem o mesmo destaque na mídia que outros jogos e esportes da cultura global? Por que você acha que isso acontece?

Diário de bordo

Faça anotações no diário de bordo sobre as suas reflexões e as da turma a respeito das questões suscitadas durante a apreciação das imagens. Você retomará esses registros ao fim da unidade.

Os jogos que envolvem habilidades corporais já marcavam forte presença no cotidiano dos povos indígenas que habitavam a América desde antes da chegada dos europeus. Praticados individualmente ou em grupos, eles eram parte fundamental na organização econômica, social e cultural das comunidades de diferentes etnias. A prática de jogos poderia estar relacionada ao campo religioso, aos momentos de lazer que favoreciam a integração da comunidade, ou mesmo ao desenvolvimento do condicionamento físico exigido para as tarefas do cotidiano.

Pesquisadores das áreas de História e Antropologia relatam que há jogos de diferentes civilizações que se originaram no contexto das práticas religiosas. É o caso de muitos dos jogos competitivos com bola, como você verá a seguir. Há, ainda, aqueles que surgiram das atividades cotidianas praticadas fora de seus fins utilitários, como as competições de arco e flecha registradas entre indígenas brasileiros. Nesse caso, o objetivo de uso do arco e da flecha deixa de ser a caça e passa a ser a comparação da habilidade de cada jogador com o instrumento. Assim, também, certos jogos envolvem até hoje a demonstração da força física e da capacidade de enfrentar desafios naturais de um indivíduo ou de um grupo.

Para compreender melhor como esse processo de esportivização se dá, você vai conhecer um jogo de bola mesoamericano, criado pela civilização olmeca, e que é exemplo de prática que acontecia em contexto ritualístico e depois se transformou em esporte.

Saiba+

Para conhecer mais o jogo e seu equipamento, assista ao vídeo (em espanhol, sem legenda) produzido pelo Instituto Nacional de Antropologia e História (INAH), do México. Disponível em: https://www.youtube.com/watch?v=IkgWXYBD62Q (acesso em: 6 maio 2022) (vídeo, 5 min 48 s).

Assista a uma reportagem (em espanhol, sem legenda) que mostra um pouco do Segundo Torneio de Bola Mesoamericano Ullamaliztli, realizado em Teotihuacán, no México, em 2017. Disponível em: https://www.youtube.com/watch?v=39CwfHscPPc (acesso em: 6 maio 2022) (vídeo, 3 min 04 s).

Nesse jogo, duas equipes adversárias devem tocar a bola até conseguirem lançá-la em direção ao alvo da equipe oponente – um aro de pedra no alto do campo de jogo. Não é permitido tocá-la com as mãos ou com os pés, apenas braços, coxas, tronco, cabeça e quadril são permitidos. Observe, nas imagens, como era o campo, em forma de T ou de I romano, e a bola, confeccionada em látex (matéria-prima para a borracha, extraída da seringueira), utilizados então nessa prática esportiva.

CassielMx/Shutterstock

Campo de jogo de bola mesoamericano datado de cerca de 500 a.C., no Monte Albán, Oaxaca, México.

Evgeny Haritonov/Shutterstock

Antiga bola de borracha sólida usada em jogos pelos maias.

Chico Sanchez/Alamy/Fotoarena

Jogadores maias durante uma partida de Ullamaliztli, no torneio da Copa do Mundo realizado em Quintana Roo, no México.

Entre os astecas e os maias, povos pré-colombianos da América Latina, o jogo de bola mesoamericano foi denominado Ullamaliztli e Pok-ta-Pok, respectivamente. Há registros arqueológicos de que a prática do Ullamaliztli, pelos astecas, envolvia a morte dos componentes do time perdedor. O jogo simbolizava a luta entre o Sol e a Lua e os sacrifícios humanos eram uma forma de cultuar o Sol para que o bem prevalecesse. O jogo de bola com significado religioso também foi encontrado em sítios arqueológicos em grande parte dos espaços de culto religioso dos maias.

Quando os espanhóis chegaram à América Central, na região onde hoje é o México, o Pok-ta-Pok era praticado pelos povos indígenas locais. Na época, um grupo de indígenas foi enviado à Espanha para apresentar o jogo ao rei colonizador, como forma de ilustrar o caráter "exótico" dos habitantes da nova terra.

Gradativamente, os jogos de bola foram perdendo o sentido ritualístico e deixaram de envolver sacrifícios humanos. O alemão Norbert Elias (1897-1990) e o britânico Eric Dunning (1936-2019), pesquisadores da sociologia do esporte, explicavam que o controle das emoções e da violência é uma das características do processo de estruturação social, que culmina, nesse caso, na criação de jogos e esportes nos quais o embate corporal e a violência da guerra são transportados para contextos em que podem ser vivenciados sem oferecer riscos à vida e à segurança dos praticantes. Para os pesquisadores, o esporte é imitação de uma luta da vida real, e a destreza física permite o confronto corporal sem promover ferimentos ou mortes. Com essa análise, Elias e Dunning procuravam compreender o poder de mobilização e contágio social observado no esporte moderno. Eles relacionavam a devoção dos torcedores de futebol a um processo equivalente à devoção religiosa.

No Brasil, os povos indígenas parecis, iranxes, mamaindês e enawenê-nawês, de Mato Grosso, praticam o Xikunahity, um esporte realizado com uma bola confeccionada em látex, com dinâmica similar à do jogo de bola mesoamericano. Nele, os participantes dividem-se em duas equipes de seis a doze jogadores, que não podem tocar na bola com os pés ou com as mãos, mas apenas com a cabeça. As equipes permanecem em seus respectivos campos e o objetivo do jogo é lançar a bola para o campo do adversário, sem que o time oponente consiga devolvê-la.

Buda Mendes/Getty Images

Jogadores em uma partida de Xikunahity durante os Jogos Mundiais dos Povos Indígenas, realizados em Palmas (TO), 2015.

Jogadores em uma partida de Xikunahity durante os Jogos Mundiais dos Povos Indígenas, realizados em Palmas (TO), 2015.

Experimentação Jogando bola

Material

- bolas (basquete, vôlei, futebol, etc.)

Organize, com os colegas e o professor, a partida de um jogo com bola criado por vocês. A ideia é que possam experimentar ações corporais que desafiem os conhecimentos que já dominam sobre os esportes modernos com bola, como o futebol, o basquete e o vôlei.

1. Em conjunto, criem as regras do jogo. Vocês podem estabelecer, por exemplo, quais partes do corpo podem ser usadas no toque de bola e qual o desafio que as equipes devem cumprir (acertar o alvo do time adversário, não deixar a bola cair, etc.). Elaborem também um sistema de pontos e definam o tempo de duração da partida.
2. Depois, organizem-se em times, que podem ter de seis a doze participantes cada um.
3. Façam um sorteio das rodadas, definindo quais times e em que ordem vão jogar.
4. Durante a partida, um colega ou o professor podem fazer o papel de árbitro, verificando o cumprimento das regras e a pontuação.
5. Ao final da partida, organizem uma roda de conversa sobre a experiência: O jogo foi divertido? Quais foram os principais desafios enfrentados?
6. Se quiser, realize uma pesquisa sobre outros jogos indígenas e organize uma coleção de imagens de referência para arquivar no **Portfólio**. Você poderá utilizá-las mais adiante, na criação da fotorreportagem.

Diário de bordo

Faça registros no diário de bordo: desenhos, descrição dos jogos, fatos interessantes que você notou durante as vivências práticas, etc.

A importância dos jogos nas diversas culturas

Há muitas formas de definir jogo, por exemplo, usando sinônimos: jogar pode ser considerado recreação ou diversão. Nessas definições, o prazer da atividade lúdica é o ponto comum dos termos associados ao jogo. No entanto, a ideia de prazer e divertimento não é característica exclusiva do jogar, já que também é possível se divertir em outras atividades, como ir ao cinema, conversar com os amigos ou ler um livro. Por isso, os termos não podem ser aplicados de forma isolada para conceituar "jogo".

Mario Friedlander/Pulsar Imagens

Crianças indígenas parecis jogando futebol de cabeça na aldeia Quatro Cachoeiras, em Mato Grosso, 2016.

Estudiosos das Ciências Humanas, ao perceberem a presença de jogos em diferentes culturas, começaram a investigar o papel e a importância desse tipo de atividade para o desenvolvimento humano e a vida em sociedade. O historiador holandês Johan Huizinga (1872-1945) é um exemplo. Em seu livro *Homo Ludens: o jogo como elemento da cultura*, escrito no final dos anos 1930 e ainda hoje uma referência sobre o assunto, o autor definiu o conceito de jogo como uma atividade voluntária, que apresenta regras, é realizado em determinado espaço e tempo da vida social, e tem fim em si mesmo, diferenciando-se das atividades cotidianas obrigatórias.

Para Huizinga, o jogo é a primeira forma de conhecimento – das leis, da guerra, da poesia, da filosofia e da arte. Para ele, mesmo atividades motivadas por necessidades de sobrevivência, como a caça, envolvem elementos lúdicos do jogo. Por isso, o autor entendia que a cultura nasce sob a forma de jogo, dada a relevância que essa atividade tem em diversos processos culturais humanos.

Outra possibilidade para definir e explicar o termo pode ser associá-lo a ideias de liberdade, de separação da vida corrente, de incerteza, da existência de regras, entre outras.

2. Realize uma entrevista com seus pais ou familiares mais velhos. Para isso, crie algumas perguntas com o objetivo de investigar a percepção deles a respeito dos jogos e suas experiências do passado.

a) Como as pessoas que você entrevistou entendem os jogos?

b) De acordo com as experiências relatadas, qual a relação dos jogos descritos com os atuais da nossa cultura?

De acordo com Jacques Henriot (1923-2020), pesquisador francês do Laboratório de Estudos sobre o Jogo e o Brinquedo da Universidade de Paris, na França, o conceito de jogo está fundado no modo como cada cultura convenciona o lugar dessa atividade na vida cotidiana e nas relações sociais. Isso quer dizer que, para entender seu significado, seria necessário compreender a ideia geral do que as sociedades convencionaram como jogo ao longo do tempo, e não somente observar situações que parecem abarcar a ideia de jogo como entendemos hoje. O autor acredita que, para haver jogo, é preciso haver consciência do jogo e de que esse conhecimento deve ser partilhado por um grupo de pessoas.

Nessa perspectiva, a compreensão do caráter lúdico de atividades culturais, como os jogos indígenas, não é possível apenas pela observação ou pela participação direta em um jogo em particular; é preciso que se compreenda o sentido da palavra e de seu uso na cultura de origem. Os estudos em História e Antropologia ajudam-nos a enxergar a diversidade de significados que diferentes culturas podem atribuir aos jogos, o que é fundamental quando buscamos compreender melhor não só a cultura da qual fazemos parte, mas também outras, distintas, que praticam jogos como uma de suas atividades sociais.

Para ir mais longe **Colonização**

Quando os europeus chegaram à América do Sul, no século XVI, encontraram uma diversidade de povos. Portugueses, espanhóis, franceses e holandeses invadiram as terras dos habitantes ameríndios e iniciaram um processo de imposição de suas práticas culturais, como seus jogos, por exemplo, negando as práticas culturais nativas.

A criação dos Estados nacionais, também chamados de Estados-nações, enfatizou ainda mais o apagamento das culturas locais, pois o processo compreende que todos os habitantes de um país compartilham de forma homogênea a mesma identidade, as mesmas características culturais, o mesmo idioma, etc. Ao suporem uma identidade única de brasileiros, argentinos, mexicanos ou bolivianos, as políticas de Estado na América Latina promoveram ações para garantir tal homogeneização cultural, desvalorizando as culturas indígenas (e, consequentemente, suas práticas corporais) ou considerando-as apenas objetos folclóricos.

É possível que, nas suas experiências esportivas, você tenha tido pouco contato com manifestações das culturas corporais de matriz ameríndia. Isso pode ter se dado porque, geralmente, expressões culturais de matrizes europeia e estadunidense tendem a estar mais representadas em diversos espaços da sociedade brasileira, como a escola, a mídia, a universidade, os centros de cultura e espetáculos. Trata-se de uma consequência desse processo colonizador que caracterizou o desenvolvimento das sociedades latino-americanas e nos afeta até hoje.

3. Leia trechos de depoimentos dos artistas indígenas Denilson Baniwa (1984-) e Katu Mirim (1986-), que usam as redes sociais para promover campanhas de combate aos estereótipos.

Indígenas lançam campanha contra estereótipos para o Dia do Índio: 'Não precisamos de outras pessoas para nos definirem'

Em 2018, o artista visual Denilson Baniwa, 35 anos, escreveu um poema sobre os estereótipos sobre indígenas usados nas escolas no Dia do Índio, comemorado no dia 19 de abril. Juntamente com a página Visibilidade Indígena, ele começou uma campanha espontânea contra atitudes como pintura facial em crianças "com canetinhas hidrocor" e cocares de papel.

"Muitas vezes algumas pessoas não reconhecem os índios como eles são atualmente, porque acham que somos como foi reproduzido nas escolas e na televisão: um índio nu, vivendo na natureza. E isso não é mais realidade. Meu poema foi para falar sobre isso, de olhar para o índio de 2019 e não mais para o de 1500", diz Denilson. [...]

Indígenas em 2019

A ativista Katu Mirim liderou a campanha #ÍndioNãoÉFantasia contra o uso de penas, pinturas corporais e cocares que remetem a povos indígenas no carnaval deste ano. De acordo com a indígena, trata-se de racismo e não homenagem.

[...]

"A escola sempre reforçou o estereótipo do indiozinho pelado e selvagem. A professora dava um desenho do índio que só usava uma folhinha pra cobrir os genitais, pintávamos o desenho, fazíamos cocar de papel e quando colocavam na minha cabeça diziam: 'Você é índia selvagem' e batiam na boca. Nunca vi a escola falar a verdade sobre nós", diz ela.

[...]

Para Katu, a ignorância causa danos aos índios. "Hoje existem etnomídias que abordam essas questões e informação. Não se pode mais errar e continuar reforçando esses estereótipos que ajudam a nos inviabilizar, estereótipos que contribuem com nosso genocídio."

Como abordar o tema nas escolas

[...]

Para o artista [Denilson], uma maneira adequada de abordar o Dia do Índio nas escolas seria falar da diversidade e importância deles.

"Índio não é tudo igual e não fala tudo tupi. Existem mais de 300 etnias, que falam mais de 300 idiomas. É importante saber que os indígenas são diferentes no Sul, no Nordeste, no Norte, no Sudeste e no Centro-Oeste. São visões diferentes de mundo e de cultura. Essa diversidade é importante para a formação do Brasil e entendimento do país enquanto território nacional."

VIEIRA, Bárbara Muniz. Indígenas lançam campanha contra estereótipos para o Dia do Índio: 'Não precisamos de outras pessoas para nos definirem'. *G1*, São Paulo, 19 abr. 2019. Disponível em: https://g1.globo.com/sp/sao-paulo/noticia/2019/04/19/indigenas-lancam-campanha-contra-estereotipos-para-o-dia-do-indio-nao-precisamos-de-outras-pessoas-para-nos-definirem.ghtml. Acesso em: 15 jun. 2022.

Saiba+

O artigo "Características do esporte moderno segundo Elias e Dunning", de Carlos Martins e Helena Altmann, publicado no *X Simpósio Internacional: Processo Civilizador*, Campinas, 2007, fala sobre a definição do esporte moderno enquanto conceito. O texto discute os principais aspectos de sua dinâmica e a diversidade de suas práticas usando como parâmetro a relação do esporte com o processo civilizador. Disponível em: http://www.uel.br/grupo-estudo/processoscivilizadores/portugues/sitesanais/anais10/Artigos_PDF/Carlos_J_Martins.pdf. Acesso em: 23 jun. 2022.

Agora veja o cartaz criado por Katu Mirim, ao qual a reportagem se refere.

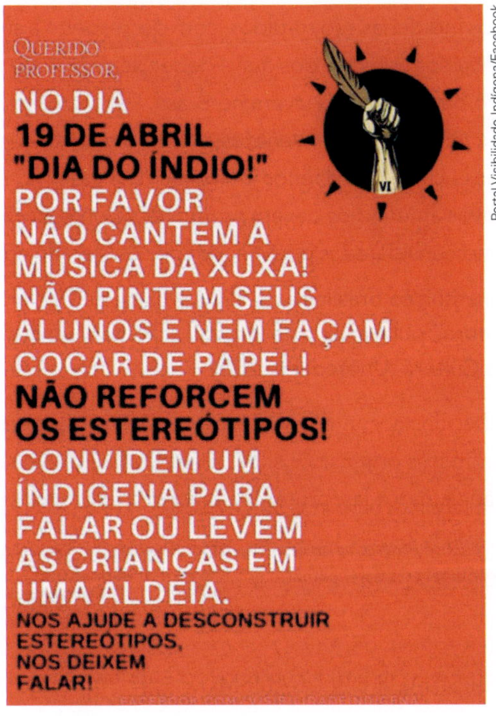

Portal Visibilidade Indígena/Facebook

Cartaz da campanha da página Visibilidade Indígena sobre o Dia do Índio, criado em 2019 por Katu Mirim e compartilhado por ela nas redes sociais.

a) Você sabe o que é o Dia do Índio e por que foi criado? Faça uma pesquisa sobre o assunto.

b) A escola em que você estuda já fez comemorações no Dia do Índio? Se sim, como foram essas ocasiões?

c) A quais estereótipos Katu Mirim se refere no cartaz e de que maneira eles costumam ser reforçados?

d) Você reconhece algum desses estereótipos nas experiências que teve em comemorações dessa data?

e) Como você se posiciona diante da visão crítica dos artistas da reportagem sobre o uso de fantasias indígenas na escola? Considere que a crítica também vale para outros contextos, como o das festas de Carnaval.

Os povos indígenas originários ofereceram resistência à força colonizadora e os que sobreviveram procuraram manter suas tradições e lutar pelo reconhecimento de seus direitos até hoje. Diversos movimentos indígenas contemporâneos questionam o modelo de exclusão de suas culturas e adotam postura combativa em defesa de causas que envolvem seu povo e seu entorno. Tais grupos defendem, por exemplo, que não é possível valorizar as culturas indígenas e seu papel na formação cultural brasileira se os povos não tiverem assegurado o direito à terra e à participação cidadã nas diferentes esferas da vida pública.

Um exemplo da presença de movimentos de resistência indígena contemporâneos foram os protestos durante as competições dos I Jogos Mundiais dos Povos Indígenas em 2015. Na ação, atletas das etnias participantes paralisaram o evento para exibir cartazes e palavras de ordem criticando as políticas de demarcação das terras indígenas; as invasões de territórios indígenas por fazendeiros, garimpeiros e madeireiros; a falta de investimentos públicos na melhoria das condições de vida desses povos; e a ausência de representatividade das etnias indígenas nos diferentes setores da sociedade brasileira. Pelo mesmo motivo, as etnias indígenas krahôs e apinajés, ambas do Tocantins, decidiram boicotar o evento. Eles também criticaram o lema do encontro, "O importante é celebrar", uma vez que, para eles, não há motivo para celebração se não houver garantia do direito à terra previsto na Constituição brasileira.

A maneira como os povos indígenas são tratados, com desrespeito a suas culturas e a usurpação de suas terras e recursos naturais, dos quais dependem para sua sobrevivência, não é um problema exclusivo das etnias que vivem no Brasil. Em outros países da América Latina, como Bolívia, Peru, Chile, Equador, Venezuela, Colômbia e México, também se observam questões e conflitos acerca dos direitos indígenas. Por esse motivo, tem se fortalecido a ideia de que os povos ameríndios devem promover sua integração para enfrentar problemáticas que, mesmo consideradas particularidades locais, são comuns a todos.

4. Leia o artigo 231 da Constituição brasileira de 1988 e parte da Declaração Universal sobre a Diversidade Cultural, publicada pela Organização das Nações Unidas para a Educação, a Ciência e a Cultura (Unesco) em 2002:

> Art. 231. São reconhecidos aos índios sua organização social, costumes, línguas, crenças e tradições, e os direitos originários sobre as terras que tradicionalmente ocupam, competindo à União demarcá-las, proteger e fazer respeitar todos os seus bens.

BRASIL. *Constituição da República Federativa do Brasil de 1988*. Brasília, DF: Presidência da República, 2020. Disponível em: www.planalto.gov.br/ccivil_03/constituicao/constituicao.htm. Acesso em: 20 jun. 2022.

> IDENTIDADE, DIVERSIDADE E PLURALISMO
>
> Artigo 2 – Da diversidade cultural ao pluralismo cultural
>
> Em nossas sociedades cada vez mais diversificadas, torna-se indispensável garantir uma interação harmoniosa entre pessoas e grupos com identidades culturais a um só tempo plurais, variadas e dinâmicas, assim como sua vontade de conviver. As políticas que favorecem a inclusão e a participação de todos os cidadãos garantem a coesão social, a vitalidade da sociedade civil e a paz. Definido desta forma, o pluralismo cultural constitui a resposta política à realidade da diversidade cultural. Inseparável de um contexto democrático, o pluralismo cultural é propício aos intercâmbios culturais e ao desenvolvimento das capacidades criadoras que alimentam a vida pública.

UNESCO. *Declaração Universal sobre a Diversidade Cultural*, 2002. Disponível em: https://www.oas.org/dil/port/2001%20Declara%C3%A7%C3%A3o%20Universal%20sobre%20a%20Diversidade%20Cultural%20da%20UNESCO.pdf. Acesso em: 20 jun. 2022.

Agora, responda às questões.

a) Você conhece os direitos legais dos povos indígenas no Brasil?

b) A que motivos você associa a criação da Declaração Universal sobre a Diversidade Cultural pela Unesco?

c) Que relações podem ser estabelecidas entre o direito à terra e o respeito ao pluralismo cultural dos povos indígenas?

d) De que forma eventos e práticas de jogos indígenas podem favorecer a garantia dos direitos e das premissas da Declaração Universal sobre a Diversidade Cultural?

Diário de bordo

Registre no diário de bordo as mudanças que você observa em seu modo de interpretar a cultura indígena após as discussões propostas até este ponto da unidade.

A compreensão das práticas corporais de uma cultura por pessoas de outra cultura é influenciada pela visão de mundo do sujeito que a observa. O diferente, muitas vezes, é tratado como exótico, em um sentido pejorativo, sem uma compreensão genuína e respeitosa da cultura do outro. Por isso, é preciso escutar os próprios indígenas e promover espaços em que eles tomem decisões sobre o modo como querem expressar suas manifestações culturais.

Os jogos dos povos indígenas no Brasil

No *Atlas do Esporte no Brasil*, publicação que buscou reunir informações sobre a experiência esportiva brasileira, os jogos tradicionais indígenas são definidos como atividades lúdicas de caráter corporal que apresentam múltiplos sentidos de acordo com cada etnia. Podem ser praticados como parte de rituais, para pedir proteção a aspectos importantes do cotidiano indígena, como a chuva, a fertilidade da terra, a força dos guerreiros e o sucesso na guerra; e também podem ser praticados como homenagem ou agradecimento. Em algumas etnias, os jogos acontecem em rituais de passagem para a vida adulta, como provas físicas que preparam o jovem e confirmam que ele está apto para ser considerado adulto. Em muitas delas os jogos também apresentam função recreativa e festiva. Não há premiações para ganhadores e perdedores, apenas reconhecimento social.

Na atualidade, iniciativas de resgate dos jogos indígenas têm visado promover tais práticas em eventos, festivais e encontros de etnias indígenas. É o caso dos Jogos dos Povos Indígenas, realizados no Brasil desde 1996, e que deram origem a duas edições dos Jogos Mundiais dos Povos Indígenas. A primeira edição do evento internacional foi realizada em 2015, em Palmas (TO), e teve a participação de etnias indígenas da América do Norte (Estados Unidos, Canadá e México), da América do Sul (Argentina, Peru, Chile, Bolívia, Colômbia, Paraguai e Brasil), da América Central (Guatemala, Nicarágua, Panamá e Costa Rica), da África (Etiópia e Gâmbia), da Europa (Rússia, Guiana Francesa e Finlândia), da Ásia (Mongólia, Filipinas e Paquistão) e da Oceania (Nova Zelândia).

O Brasil já realizou treze edições dos Jogos dos Povos Indígenas. Os eventos envolveram lideranças indígenas com apoio e recursos do governo brasileiro e de bancos e empresas estatais. Ao longo dos anos, diferentes etnias participaram dos jogos, embora nem todas tenham estado presentes em cada edição. Mais de 75 etnias indígenas brasileiras, em algum momento, participaram dos Jogos dos Povos Indígenas.

Observe a linha do tempo a seguir e saiba mais sobre cada um desses jogos.

- **1996** Goiânia (GO) — **I Jogos dos Povos Indígenas**
- **1999** Guaíra (PR) — **II Jogos dos Povos Indígenas**
- **2000** Marabá (PA) — **III Jogos dos Povos Indígenas**
- **2001** Campo Grande (MS) — **IV Jogos dos Povos Indígenas**
- **2002** Marapanim (PA) — **V Jogos dos Povos Indígenas**
- **2003** Palmas (TO) — **VI Jogos dos Povos Indígenas**
- **2004** Porto Seguro (BA) — **VII Jogos dos Povos Indígenas**
- **2005** Fortaleza (CE) — **VIII Jogos dos Povos Indígenas**
- **2007** Olinda (PE) — **IX Jogos dos Povos Indígenas**
- **2009** Paragominas (PA) — **X Jogos dos Povos Indígenas**
- **2011** Porto Nacional (TO) — **XI Jogos dos Povos Indígenas**
- **2013** Cuiabá (MT) — **XII Jogos dos Povos Indígenas**
- **2015** Parque Indígena do Xingu (MT) — **XIII Jogos dos Povos Indígenas**

Saiba+

Conheça a Federação Mexicana de Jogos e Esportes **Autóctones** e Tradicionais (FMJDAT) e os eventos que ela promove, alguns deles com similares na América Latina. Para saber mais sobre essa organização, acesse o *site* oficial, disponível em: http://www.juegosautoctonos.com/en/home (acesso em: 6 maio 2022).

autóctones: aqueles que são originários da região onde habitam ou se encontram.

Povos que participaram dos Jogos dos Povos Indígenas ao longo de suas edições		
Apinajé (TO)	Kamayurá (MT)	Suyá (MT)
Arara (PA)	Kanela (MA)	Tapeba (CE)
Araweté (PA)	Karajá (TO)	Tapirapé (MT)
Assurini (PA)	Kayabi (MT)	Tembé (PA)
Avá-canoeiro (GO)	Krahô (TO)	Terena (MS)
Awá (Guajá) (MA)	Krenak (MG)	Terena (MS)
Bakairi (MT)	Kuikuro (MT)	Tabajara (CE)
Bororo (MT)	Manoki Irantxe (MT)	Tremembé (CE)
Cinta larga (RO)	Matis (AM)	Trumai (MT)
Enawenê-nawê (MT)	Maxakali (MG)	Tukano (AM)
Erikbatsa (MT)	Mehinako, Xingu (MT)	Umutina (MT)
Fulni-ô (PE)	Munduruku (PA)	Uru-Eu-Wau-Wau (RO)
Gavião (RO)	Nambikwára (RO)	Waiwai (PA)
Gavião Parkatejê (PA)	Ofaié (MS)	Wajãpi (AC)
Guarani (SP)	Pankararu (PE)	Waimiri Atroari (AM)
Guarani (PA)	Parakanã (PA)	Waurá, Xingu (MT)
Guató (MS)	Pareci Halíti (MT)	Xakriabá (MG)
Hixkariana (AM)	Paresí (MT)	Xavante (MT)
Iranxe Manoki (MT)	Pataxó (BA)	Xerente (TO)
Javaé (TO)	Potiguara (PB)	Xikrin (PA)
Kaapor (PA)	Rikbaktsa (MT)	Xokleng (SC)
Kadiwéu (MS)	Sateré Mawé (AM)	Xukuru-Kariri (AL)
Kaingang (PR)	Shanenawa (AC)	Yanomami (RR)
Kaiowá (MS)	Suruí (PA)	Yawanawá (AC)
Kalapalo (MT)	Suruí (RO)	Yawalapiti (MT)

Nos I Jogos Mundiais dos Povos Indígenas, os participantes competiram em dezesseis modalidades, descritas a seguir.

Futebol masculino e feminino: seguem as regras oficiais da Confederação Brasileira de Futebol, mas com tempo de jogo reduzido para dois tempos de 20 minutos com 5 minutos de intervalo, para os homens, e dois tempos de 15 minutos com intervalo de 10 minutos, para as mulheres.

Corrida: são duas modalidades de provas de velocidade e resistência, que contam com a participação de homens e mulheres. Os atletas percorrem 100 metros ou 5 quilômetros (corrida de fundo, prova de maior duração em que o trajeto é combinado antes entre todos).

Corrida com tora: cada equipe escolhe dez participantes, os quais se revezam e se ajudam a correr duas voltas na arena de jogo carregando uma tora de madeira, geralmente de palmeira de buriti, que pode chegar a pesar até 120 quilos.

Ricardo Teles/Pulsar Imagens

Corrida com tora. Registro de prova dos I Jogos Mundiais dos Povos Indígenas, em Palmas (TO), 2015.

Arremesso de lança: cada participante pode arremessar sua lança três vezes. O vencedor é aquele que conseguir alcançar a maior distância nas três tentativas.

Ricardo Teles/Pulsar Imagens

Arremesso de lança. Registro de prova dos I Jogos Mundiais dos Povos Indígenas, em Palmas (TO), 2015.

Arco e flecha: os participantes têm três tentativas para acertar um alvo com o desenho de um peixe localizado a 30 metros de distância. Cada área do alvo conta pontos e vence quem somar mais pontos.

Asahi Shimbun/Getty Images

Arco e flecha. Registro de prova dos I Jogos Mundiais dos Povos Indígenas, em Palmas (TO), 2015.

Cabo de força: as equipes colocam-se em lados opostos da corda e tentam puxar os oponentes até que uma fita colocada no meio da corda passe para seu próprio campo. Cada equipe pode indicar dez participantes titulares e dois reservas.

Ricardo Teles/Pulsar Imagens

Cabo de força. Registro de prova dos I Jogos Mundiais dos Povos Indígenas, em Palmas (TO), 2015.

Canoagem: é praticada em canoas indígenas que são sorteadas no momento da prova, pois apresentam pesos diferentes. Cada participante pode levar o próprio remo, mas de acordo com moldes tradicionais indígenas. Participam apenas os homens, que remam em duplas por um percurso de cerca de 1 quilômetro. Vence quem chegar primeiro.

Buda Mendes/Getty Images

Canoagem. Registro de prova dos I Jogos Mundiais dos Povos Indígenas, em Palmas (TO), 2015.

Natação: prova de travessia em águas abertas (rios ou lagos), em percurso que pode variar de 500 a 800 metros. Participam homens e mulheres, mas com largadas diferentes.

Xikunahity: jogo de bola que você conheceu no início desta unidade, praticado pelos Pareci, Iranxe, Mamaindê e Enawenê-nawê, de Mato Grosso.

Jawari: jogo no qual dois jogadores devem lançar dardos usando um propulsor para atingir o corpo um do outro, praticado pelos povos indígenas do Alto Xingu.

Akô: uma espécie de corrida de revezamento na qual quatro jogadores se revezam utilizando uma varinha de bambu que é passada de mão em mão para definir a vez de cada jogador correr, praticado pelos Gavião Parkatêjê e Kikateje, do sul do Pará.

Kagót: jogado por duas equipes com arco e flecha de ponta de palha ou coco, para não causar ferimentos. Os jogadores precisam acertar o adversário com um tiro de flecha. É praticado pelos Xikrin e Kayapó, do Pará.

Kaipy: competição de acertar o alvo usando arco e flecha, praticada pelos Gavião Parkatêjê e Kikateje, do sul do Pará.

Ronkrãn: divididos em dois times, os jogadores usam um bastão de madeira para rebater uma bola feita de coco. Os jogadores formam duas fileiras frente a frente e posicionam a bola no meio; o objetivo é rebater a bola provocando sua saída pela linha de fundo. É praticado pelos Kayapó, do Pará.

Peikrãn: jogo de peteca colaborativo, no qual todos têm de se esforçar para não deixar a peteca cair, praticado por comunidades indígenas de Minas Gerais.

Saiba +

Para aprofundar a pesquisa, assista ao documentário *Índios Somos Nós*, produzido pela TV Brasil durante a primeira edição dos Jogos Mundiais dos Povos Indígenas, realizada em 2015 na cidade de Palmas (TO). O vídeo (26 m 45 s) está disponível em: www.ebc.com.br/especiais/indios-somos-nos (acesso em: 20 jun. 2022).

Alguns grupos indígenas consideram a realização dos Jogos dos Povos Indígenas uma oportunidade de promover a valorização e a preservação de suas culturas, em especial da cultura corporal, integrando as diferentes etnias e chamando a atenção da coletividade para a inserção desses povos na sociedade.

5. Leia o ponto de vista de **Marcos Terena** (1954-), um dos idealizadores dos Jogos Mundiais dos Povos Indígenas, no trecho a seguir.

> "Queremos que os Jogos Mundiais dos Povos Indígenas promovam a conscientização dos índios e o resgate de nossa identidade a partir dos esportes. Não é uma competição entre etnias, tampouco uma busca por medalhas", aponta Marcos Terena, articulador internacional do Comitê Intertribal Memória e Ciência Indígena (ITC), que está à frente da organização dos jogos. [...]
>
> "Quando vira apenas um campeonato, perde-se a fraternidade e a reciprocidade dos povos. Competir vai contra o pensamento dos povos indígenas", explica Terena. "Apesar disso, precisamos estabelecer regras essenciais para evitar que os Jogos sejam vistos como um momento folclórico dos índios. Estimulamos as seletivas e os treinamentos para que os atletas possam chegar ainda mais organizados".

MENDES, Nathália. Jogos Mundiais Indígenas não são as "Olimpíadas" dos povos tradicionais. *Agência Brasil*, 16 out. 2015. Disponível em: https://agenciabrasil.ebc.com.br/geral/noticia/2015-10/jogos-mundiais-indigenas-nao-sao-olimpiadas-dos-povos-tradicionais. Acesso em: 20 jun. 2022.

Saiba+

Marcos Terena é um líder da etnia xané, que vive em Mato Grosso do Sul. Desde jovem, envolveu-se nos movimentos pela defesa dos direitos indígenas. O grupo de futebol que ele liderava na década de 1970, conhecido como União das Nações Indígenas (Unind), foi reconhecido como um dos primeiros grupos de ação política sobre os direitos indígenas.

Marcelo Camargo/Agência Brasil

Nem todos concordam com a posição de Terena. Há grupos que consideram que o evento, ao propor a esportivização das práticas corporais indígenas, atende a outros interesses que não a preservação das culturas desses povos.

Leia, agora, o trecho de uma nota pública do povo apinajé com os motivos de sua não participação na primeira edição dos Jogos Mundiais dos Povos Indígenas, em 2015.

> Dessa forma não podemos aceitar e participar de um evento de caráter midiático e sensacionalista que tem por finalidade usar imagem dos povos indígenas para distorcer os fatos e mentir no exterior; ocultando a verdadeira realidade e o sofrimento dos povos indígenas do Brasil. Citamos a situação da falta de demarcação e regularização dos territórios tradicionais reivindicados pelos povos Avá Canoeiro, Guarani Kaiowá, Tupinambás, Pataxó, Canela e outros.
>
> Verificamos também o abandono e o sucateamento das estruturas de atendimento à saúde indígena. Lembramos que nesse momento difícil de incertezas e insegurança centenas de terras demarcadas e regularizadas também estão sendo invadidas e ameaçadas por madeireiros, mineradoras, fazendeiros, arrendatários, extrativistas e pescadores.

POVO APINAJÉ. Nota pública do povo Apinajé, sobre os jogos mundiais indígenas. *Terras Indígenas (ISA)*, 21 set. 2015. Disponível em: https://terrasindigenas.org.br/pt-br/noticia/155439. Acesso em: 20 jun. 2022.

Agora, organize-se em uma roda de conversa com os colegas e debatam sobre as questões a seguir, a respeito da esportivização dos jogos indígenas no contexto do evento dos Jogos Mundiais dos Povos Indígenas.

a) Considerando o que vocês estudaram até o momento e o depoimento de Marcos Terena, como se dá a esportivização dos jogos indígenas nos Jogos Mundiais dos Povos Indígenas?

b) Em oposição, qual a crítica que o povo apinajé fez ao processo de esportivização dos jogos indígenas com a promoção do evento?

Estudiosos da sociologia do esporte, como Elias e Dunning, afirmam que grande parte das modalidades praticadas na atualidade são variações de jogos tradicionais que passaram pelo processo de esportivização. Mas muitas práticas de jogos tradicionais ainda se mantêm como cultura lúdica. Utilizando referenciais da antropologia do esporte e do jogo, o antropólogo José Ronaldo Mendonça Fassheber aborda o conceito de etnodesporto indígena como a prática de atividades físicas tanto em jogos tradicionais de suas etnias como na apropriação do esporte que circula no mundo globalizado. Trata-se do modo como cada etnia se apropria da lógica esportiva sem perder a identidade local. Para o autor, esse conceito contribui para um olhar menos colonizador sobre a cultura de jogos e esportes nas comunidades indígenas contemporâneas.

Experimentação Jogos indígenas

1. Retome as modalidades praticadas nos Jogos dos Povos Indígenas que foram descritas nesta unidade e avalie quais delas podem ser adaptadas para a experimentação no contexto da escola.
2. Conheça outros jogos indígenas descritos no livro *Jogos e brincadeiras na cultura Kalapalo*, organizado por Marina Herrero e Ulysses Fernandes, que mostra práticas dessa etnia que habita o Parque Indígena do Xingu (MT):
   - Kopü: conhecida pelos povos não indígenas como "peteca", o jogo envolve número flexível de praticantes. Uma pessoa rebate a peteca para outra, e todos procuram mantê-la no ar. Se a peteca cai no chão, o participante que a deixou cair recebe cócegas dos demais.
   - Ukigue Humitsutu: é um jogo no qual os participantes devem correr emitindo um som pelo tempo que conseguirem. Quando não conseguirem mais emitir o som sem interrompê-lo, devem parar de correr para recuperar o fôlego. O desafio é correr dessa maneira a maior distância possível.
   - Heiné Kuputisu: trata-se de uma corrida com saltos dados em um único pé, envolvendo equilíbrio e resistência. O objetivo é alcançar a linha de chegada, colocada a cerca de 100 metros de distância, sem trocar de pé.
3. Organize com o professor a experimentação desse repertório e realize uma dessas modalidades com os colegas de grupo. Lembrem-se de que vocês podem adaptar os materiais e as regras, se for necessário. Se quiserem, pesquisem outros jogos, do povo kalapalo ou de outras etnias indígenas brasileiras e latino-americanas, para criar mais momentos de experimentação com a turma. Se fizer a pesquisa, arquive em seu **Portfólio** as anotações feitas a respeito desses jogos.
4. Antes das práticas, retomem os combinados quanto a regras e atitudes dos jogadores. Durante a execução do jogo, estejam atentos às escolhas de gestos e movimentos e às atitudes para com os colegas, incluindo e respeitando todos. Após o término da atividade, organizem rodas de conversa para avaliar os gestos e movimentos nos jogos, as estratégias coletivas e individuais adotadas pelos jogadores, a inclusão ou não de todos os estudantes, além de outras sensações e questões que vocês acharem importantes.

Artistas indígenas (Arte)

Neste momento você vai estudar produções de artistas indígenas que estão inseridos no circuito da arte, participando de exposições e compartilhando suas produções. Ao trabalhar, estudar e reconhecer esses artistas, você compreenderá a importância de dar voz a eles. É essencial que eles mesmos sejam narradores das próprias histórias, por isso devemos reconhecer seus trabalhos e os modos de construção de conhecimento.

Conhecimento e dignidade, de Jaider Esbell, 2012 (acrílica sobre tela, 120 cm × 230 cm). Instituto Pipa, Rio de Janeiro (RJ).

1. Observe a imagem da obra *Conhecimento e dignidade*, de **Jaider Esbell**, artista que você conheceu no início da unidade. Depois, converse com um colega sobre as questões a seguir.

   a) O que mais lhe chama a atenção nessa imagem? Como são as imagens, as cores, as formas e as texturas?

   b) Como você interpreta essa imagem?

   c) A obra foi criada por um artista indígena. Essa informação lhe traz outra percepção em relação à obra? Por quê?

Saiba +

Jaider Esbell (1979-2021) foi artista, escritor e produtor cultural indígena do povo makuxi, grupo localizado na bacia do rio Branco (RR). O artista já declarou que não teve formação profissional em Arte e que seu trabalho é a expressão de suas vivências. Em 2016, foi indicado ao prêmio Pipa, uma das maiores premiações brasileiras de arte contemporânea. Em 2021, a obra de Esbell foi destaque na 34ª Bienal Internacional de Arte de São Paulo.

"Não fui para a universidade de artes, então meu trabalho é a expressão de toda a minha vivência. Eu sempre acredito que a arte é feita através de um lápis que tem duas pontas: a ponta do presente que fixa no presente, e a ponta de trás que se fixa no passado. Sou Macuxi, os Macuxi moram no Brasil, Venezuela e Guiana, antigamente Guiana Inglesa, hoje só Guiana. Nossa realidade, assim como as demais realidades ameríndias, é muito complexa, muito rica, rica de diversidade e de comunicação. Sou Macuxi, mas venho representando no mínimo onze etnias, que é o coletivo que eu represento. Temos um projeto coletivo artístico e cultural indígena chamado 'A reinvenção do tempo na perspectiva dos netos de Macunaíma: artistas indígenas roraimenses e suas cosmovisões em artes visuais tradicionais e contemporâneas'. Embora Macunaíma não seja o único deus das onze etnias, foi um consenso utilizar o nome dessa divindade pela representatividade de transcendência que teve, através da fama que se adquiriu no Brasil, especialmente através do livro de Mário de Andrade (embora nosso trabalho de Macunaíma não tenha nada a ver com o trabalho de Mário de Andrade). Esse projeto coletivo está começando a se ramificar por várias vertentes, e tem a data inicial de 2011, quando a gente colocou todo o projeto no papel".

ESBELL, Jaider. "Eu sonho em ter um grande caminhão para colocar todo mundo dentro e passar um mês numa aldeia, um mês na outra, para construir essa cultura coletiva". *Mundo Amazónico*, v. 5, p. 253-259, 2014. Disponível em: https://revistas.unal.edu.co/index.php/imanimundo/article/view/45805/48338. Acesso em: 25 fev. 2022.

Para ir mais longe **Sobre o Macunaíma de Mário de Andrade**

Macunaíma: o herói sem nenhum caráter é uma obra literária de Mário de Andrade, publicada em 1928, considerada um marco do modernismo na literatura brasileira. Para a realização dessa obra, Mário de Andrade pesquisou diversas culturas indígenas. E, diferentemente das narrativas pesquisadas, o livro narra as aventuras do personagem chamado Macunaíma, anti-herói que representa o povo brasileiro.

O livro também foi adaptado para filme em 1969, com o nome de *Macunaíma: sem caráter, mas cheio de graça*. Roteiro e direção de Joaquim Pedro de Andrade, com o ator Grande Otelo como protagonista.

2. Agora, reflita sobre as questões a seguir e converse sobre elas com os colegas.

   a) O que você sabe das culturas indígenas da América?

   b) De que maneira os indígenas tendem a ser apresentados nas imagens que você costuma ver deles? Essa tendência ainda é estereotipada? Por quê?

3. Leia a citação:

> "É importante que as escolas comecem a pensar os indígenas como seus contemporâneos, ou seja, como grupos que estão vivendo este mesmo tempo, com todas as suas facilidades tecnológicas e, mesmo assim, procurando manter vivas suas tradições. Assim, todos poderão perceber que são povos que lutam por dignidade e pelo direito de manter suas formas ancestrais de vida".
>
> MUNDURUKU, Daniel. In: GUIMARÃES, Alexandre Henrique Monteiro; FRADE, Isabela Nascimento. *Espaço crítico*: discursividades sobre a (in)visibilidade indígena na escola. Matéria-Prima, Lisboa, v. 6, n. 3, p. 37-54, 2018.

Agora, dê a sua opinião: de que forma podemos ter mais acesso aos conhecimentos indígenas nas escolas?

Saiba +

Para assistir ao depoimento de Jaider Esbell no Pipa 2016, acesse o *site* oficial do prêmio: www.premiopipa.com/pag/jaider-esbell (vídeo, 3 min 30 s) (acesso em: 6 maio 2022).

Para conhecer a Galeria Jaider Esbell de Arte Indígena Contemporânea, acesse: www.youtube.com/watch?v=luPlglBD7RE (vídeo, 1 min 33 s) (acesso em: 6 maio 2022).

Para ver o depoimento de Jaider Esbell gravado durante o evento Mekukradjá – Círculo de Saberes de Escritores e Realizadores Indígenas, em agosto de 2018, em São Paulo (SP), acesse: www.youtube.com/watch?v=DRS30rVoqlU (vídeo, 7 min 59 s) (acesso em: 6 maio 2022).

Para conhecer a página destinada ao artista no *site* da Bienal Internacional de São Paulo, acesse: http://34.bienal.org.br/artistas/7339 (acesso em: 6 maio 2022).

Tales Bedeschi/Caixa Cultural, Salvador (BA).

Retrato da artista Arissana Pataxó pintando a obra *Takap*, em exposição na Caixa Cultural de Salvador (BA), 2018.

A artista visual pataxó Arissana Pataxó (1983-) vive na comunidade indígena urbana Coroa Vermelha, na Bahia, e vem desenvolvendo uma produção artística voltada para a temática indígena no mundo contemporâneo. Ela cursou graduação em Artes Plásticas na Universidade Federal da Bahia (Escola de Belas Artes-UFBA), é mestra em Estudos Étnicos e Africanos e também atuou como professora de Arte em uma escola da comunidade pataxó.

Uma das obras da artista, chamada *Mikay*, que significa "pedra que corta", é um facão de cerâmica que traz a frase "O que é ser índio para você?", e questiona os estereótipos sobre pessoas indígenas. A própria artista conta que já escutou muitos desses estereótipos e relatou em uma entrevista: "Disseram que eu não era índia por ser educada e ter etiqueta". Leia a seguir um trecho dessa entrevista, em que ela fala sobre o assunto.

> [...] "Cada pessoa tem um índio fictício na cabeça. Essa imagem é construída pelos livros de literatura, pelas escolas, pela mídia. Mas nós somos um povo que vive na floresta e também na cidade. É uma diversidade muito grande. É um erro considerar que índio é tudo igual", explica. [...] "É muito relevante para o Brasil, pois algumas pessoas ignoram que nós existimos. Acham que os índios viveram somente no passado. Alguns só pensam na região amazônica, mas há índios em todos os lugares do Brasil, inclusive na Bahia". [...]

TAKASHIMA, Aline. "Disseram que eu não era índia por ser educada e ter etiqueta." *Claudia*, 22 out. 2016. Disponível em: https://claudia.abril.com.br/noticias/disseram-que-eu-nao-era-india-por-ser-educada-e-ter-etiqueta/. Acesso em: 20 jun. 2022.

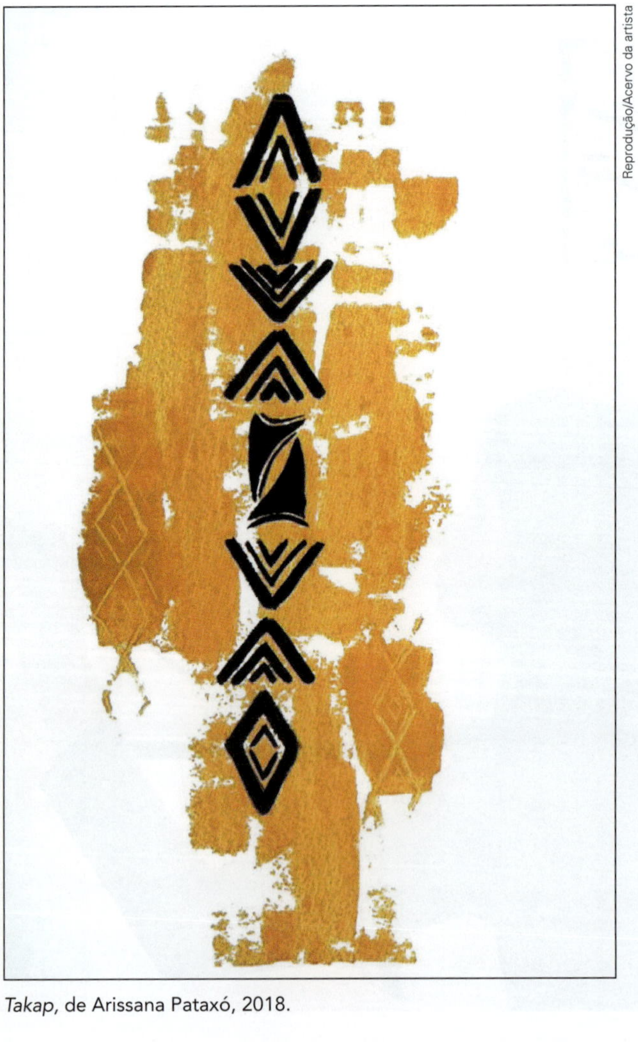

Takap, de Arissana Pataxó, 2018.

4. Agora, reflita sobre as questões a seguir e converse com os colegas.

a) Após ler o trecho do texto 'Disseram que eu não era índia por ser educada e ter etiqueta', na sua opinião, quais mudanças ocorreram com o passar do tempo sobre a vida indígena?

b) Como você e os colegas podem contribuir para a diminuição da disseminação dos estereótipos indígenas?

Saiba+

Para assistir ao depoimento de Arissana Pataxó no Pipa 2016, acesse o *site* oficial do prêmio, disponível em: www.premiopipa.com/pag/arissana-pataxo (vídeo, 2 min 55 s) (acesso em: 15 jun. 2022).

Cobra-Canoa da Transformação, de Feliciano Lana, 2016 (aquarela, dimensões desconhecidas). Museu da Amazônia (MUSA), Manaus (AM).

O artista Feliciano Pimentel Lana (1937-2020), de nome indígena Kenhiporã, que significa "filho dos desenhos dos sonhos", foi uma liderança do povo desana, cuja denominação é Imiko-masã, ou "A Gente do Universo". Ele nasceu na comunidade desana de São João Batista, no rio Tiquié, noroeste amazônico, e mudou-se com a família para São Gabriel da Cachoeira (AM) na década de 1990. Em suas pinturas, o artista aborda temas relacionados à natureza, ao trabalho e ao cotidiano de homens e mulheres locais, mas, principalmente, a narrativas históricas e mitológicas de seu povo. Suas pinturas também fazem parte do acervo do Museu de Arte de Belém (Mabe) e do Museu da Amazônia (MUSA).

5. Observe a obra *Cobra-Canoa da Transformação* e converse com os colegas sobre a seguinte questão: Você identifica na obra de Feliciano Lana elementos que remetem à ancestralidade dele? Quais?

De acordo com a antropóloga francesa Dominique Buchillet (1951-2018), a tradição oral tukano conta que:

> [...] os ancestrais da humanidade subiram o curso dos rios Amazonas, Negro, Uaupés e seus afluentes, partindo do Oceano Atlântico numa canoa – a "Canoa-de-Transformação". Durante a viagem, iam parando em numerosas "casas de Transformação", nas quais faziam festas. A viagem subaquática na Canoa-de-Transformação é assimilada à humanização e maturação progressiva dos ancestrais da humanidade. Eles saíram por terra, entre as cachoeiras de Ipanoré, no médio rio Uaupés. Foi nesse lugar que a diferenciação entre brancos e índios aconteceu. O ancestral dos brancos foi então em direção ao sul, enquanto os índios subiram o curso dos rios e afluentes procurando um lugar bom para viver. [...]

RICARDO, Carlos Alberto (org.). *Povos indígenas no Brasil: 1996/2000*. São Paulo: Instituto Socioambiental, 2000. p. 34. Disponível em: https://pib.socioambiental.org/pt/%22Nosso_saber_n%C3%A3o_est%C3%A1_nos_livros!%22. Acesso em: 20 jun. 2022.

De acordo com o desana Luiz Gomes Lana (1992), na história de origem do povo, o Yebá-goãmi, demiurgo dos desanas, deu para eles, segundo suas palavras, "o poder da memória, a faculdade de guardar tudo na memória, os cantos, as danças, as cerimônias, as rezas para curar as doenças... Nós guardamos tudo isso na nossa memória! Nosso saber não está nos livros!".

Saiba+

Você pode ler o relato do desana Luiz Gomes Lana, de outros indígenas e de antropólogos em "Palavras Indígenas", na obra *Povos Indígenas no Brasil*, 1996/2000, do Instituto Socioambiental, p. 35. Disponível em: https://books.google.com.br/books?id=u8aMrNNDjlEC&pg=PA34&lpg=PA34&dq#v=onepage&q&f=false (acesso em: 3 jun. 2022).

Para conhecer um pouco do Museu da Amazônia, visite o *site* disponível em: https://museudaamazonia.org.br/pt/ (acesso em: 3 jun. 2022).

No *site* oficial do Museu de Arte de Belém (Mabe) é possível conhecer algumas obras que fazem parte do seu acervo. Para isso acesse o *link* do museu, disponível em: https://mabe.belem.pa.gov.br/ (acesso em: 3 jun. 2022).

6. Depois de ler o trecho citado, reflita sobre as questões a seguir.

a) Você identifica nesse texto elementos da obra *Cobra-Canoa da Transformação*, de Feliciano Lana?

b) Percebe como a oralidade histórica de sua cultura está presente no trabalho do artista? Por quê?

c) Na obra de Feliciano, é possível identificar a importância de um indígena contar a própria história, seja por meio de imagens, seja por meio de textos? Por quê?

Nas culturas indígenas, muitas histórias, como as da origem de um povo, são preservadas não em livros, mas em registros visuais, como as pinturas e, principalmente, na memória dos indivíduos que fazem parte do grupo, sendo transmitidos oralmente – o que chamamos de memória oral. Diversos saberes são resguardados dessa forma, como os cantos, as danças, as cerimônias, a culinária, as rezas para curar doenças, entre outros.

Marcos Amend/Pulsar Imagens

Indígenas da etnia Enawenê-Nawê durante o ritual Yaõkwa, em Mato Grosso, janeiro de 2020.

Cadu de Castro/Pulsar Imagens

Crianças indígenas da etnia Guarani brincando de peteca, no núcleo Cachoeira da aldeia Rio Silveira, em Bertioga, em 2021.

Anahy Modeneis/Shutterstock

Cestas coloridas feitas pelos guaranis.

Mulheres guaranis mbya exercendo a tradição oral indígena ao contar histórias sobre o milho para as crianças. Aldeia Kalipety, Parelheiros, São Paulo, 2017.

Mulheres e crianças indígenas saterê-mawé fazendo artesanato na aldeia Inhaã-Bé, Igarapé do Tiú, Floresta Amazônica, Manaus, Amazonas, 2018.

Diário de bordo

Converse com pessoas da região em que vive e pergunte a elas se conhecem histórias do local e da comunidade. Anote no diário de bordo os depoimentos que escutar.

7. Agora, reflita:

- Qual é a importância da preservação das tradições orais e culturais dos povos indígenas?

Experimentação Pintura coletiva

Agora, você vai criar, em um grupo de até quatro participantes, uma pintura coletiva para expressar os conhecimentos e as visões que têm sobre os povos e as culturas indígenas, considerando tudo o que debateram até este momento da unidade.

Material

- tintas diversas (guache, acrílica ou pigmentos naturais, como terra, folhas e flores)
- superfície grande para pintura (lona, tecido branco ou papel *kraft*)

1. Separem os materiais e escolham um espaço amplo para trabalhar. Se possível, forrem a mesa ou o chão com jornais velhos. Quanto aos materiais, se quiserem, produzam as próprias tintas com matérias-primas naturais.

Neste momento, quais imagens vêm à mente quando vocês pensam na palavra "indígena"? Que questões consideram importantes apresentar na obra que vão compor?

O grupo pode pesquisar imagens e textos produzidos por indígenas ou extraídos da mídia para apoiar o processo de criação ou ser aproveitados como matéria-prima na obra (nesse caso, vocês podem usar outras técnicas além da pintura, como a colagem).

2. Depois de realizada a pintura, converse com o grupo sobre o trabalho: Como foi a experiência de planejar e criar uma obra coletiva e colaborativa? O que acharam do resultado? As ideias de todos os integrantes do grupo foram consideradas?

3. Ao final, apresentem a obra do grupo à turma e compartilhem com os colegas como foi o processo de criação e as escolhas que fizeram.

Diário de bordo

Registre no diário de bordo como se deu o processo de criação coletiva. Documente, também, suas percepções pessoais: O que marcou você no processo? Como se deu a sua participação? Há algum ponto que gostaria de aprofundar?

Saiba +

Acesse www.youtube.com/watch?v=Cirpl_a_FJI para assistir ao filme *Pelas águas do Rio de Leite*, dirigido por Aline Scolfaro (Brasil: Instituto Socioambiental, 2018, 74 min). Classificação: livre. O filme tem animações do artista Feliciano Lana e narra o mito da origem do povo desana.

O artista colombiano Abel Rodríguez (1944-), do povo nonuya, localizado em Peña Roja, na Amazônia colombiana, trabalha com o processo de investigação da natureza da região onde vive, produzindo pinturas da vegetação e estabelecendo uma relação de diálogo entre o tempo e a observação da natureza.

Leia um trecho de um artigo publicado pelo artista, em que ele fala sobre seu trabalho. Em seguida, observe com atenção a imagem de uma obra de Abel Rodríguez.

> Nós praticamos e gerenciamos todo o conhecimento que tem a ver com a vida dos seres, dos tempos, do mundo, do ar e da água. Portanto nosso conhecimento está sempre com a selva, o ar, o sol, as estrelas, a água e a terra, que é nossa mãe.

A terra é nossa mãe porque é nela que se produz tudo. Nela, temos que nos sustentar para ter vida. E se não houvesse terra, se não houvesse sol, ar, água, então nossa vida não existiria.

RODRÍGUEZ, Abel. Así es como se empezó a enseñar, a sacar la figura de lo que se conoce. *Mundo Amazónico*, v. 5, 2014. p. 287. Disponível em: https://revistas.unal.edu.co/index.php/imanimundo/article/view/45812/48343. Acesso em: 20 jun. 2022. (Traduzido pelos autores.)

Ciclo anual en las altas terrazas de la selva tropical [Ciclo anual nos altos terrenos da selva tropical], de Abel Rodríguez, 2007 (tinta sobre papel, 50 cm × 70 cm). Museu de História Natural, Kassel, Alemanha.

8. Após observar a obra de Abel Rodríguez, podemos identificar os elementos da natureza representados conforme a sua experiência cotidiana. Quais questões da sua vida diária você selecionaria para manifestar artisticamente? Por quê?

Diário de bordo

Agora, reflita sobre as questões propostas a seguir e escreva suas percepções no diário de bordo.

1. Como você imagina que o artista realizou essa pintura? Quanto tempo você acha que ele se dedicou na elaboração dela?

2. Você percebe a presença do artista nessa obra? De que maneira?

3. Como você estabelece contato com a natureza? Em algum momento se sentiu parte dela? Como foi essa experiência?

4. Como é a sua relação com o ambiente em que vive? Você se sente parte desse meio?

Reportagem (Língua Portuguesa)

VectorMine/Shutterstock

A reportagem é um gênero discursivo do campo jornalístico e é veiculada em diferentes meios de comunicação, como revistas, televisão, rádio, *sites* e outros.

Moremar/Shutterstock

Toda reportagem tem um profissional que a apresenta ou a escreve, o repórter.

Tomnamon/Shutterstock

As reportagens abordam temas relevantes relacionados à sociedade, à política, à ciência e à cultura.

GoodStudio/Shutterstock

Para coletar informações ou relatos sobre o tema abordado na reportagem, é comum os repórteres entrevistarem pessoas especializadas ou envolvidas com o tema.

1. Leia o texto a seguir e responda ao que se pede.

As exposições de arte indígena por vir. E seu espaço hoje

Dois dos principais museus de São Paulo preparam exibições. O 'Nexo' falou com as curadoras Naine Terena e Sandra Benites e o antropólogo Aristóteles Barcelos Neto sobre as disputas em torno do assunto.

Pelo menos duas grandes exposições dedicadas à produção artística indígena estão no horizonte de importantes instituições de arte brasileiras.

A primeira é a mostra "Véxoa: Nós sabemos", que exibirá o trabalho de artistas de diferentes povos indígenas e regiões do país a partir de julho de 2020, na Pinacoteca do Estado de São Paulo. A segunda, chamada "Histórias indígenas", terá uma abordagem mais global e ocupará o Masp (Museu de Arte de São Paulo) em 2021, ano em que a instituição dedica sua programação ao tema também com palestras, seminários e oficinas, como tem feito com diferentes eixos temáticos desde 2016.

O Masp anunciou em dezembro de 2019 a contratação de Sandra Benites como curadora adjunta. Guarani Nhandewa, Benites é doutoranda em Antropologia Social pelo Museu Nacional da Universidade Federal do Rio de Janeiro e a primeira curadora indígena a fazer parte da equipe do museu paulista. Já a curadoria da exposição da Pinacoteca é assinada exclusivamente por uma mulher indígena, Naine Terena, do povo Terena, de Mato Grosso do Sul. Ela é doutora em Educação e professora na Faculdade Católica de Mato Grosso.

A visão das curadoras

A exposição "Véxoa: Nós sabemos" nasceu de uma provocação "acerca das coleções [de museus] e da própria história da arte", disse ao Nexo a curadora da exposição da Pinacoteca, Naine Terena. Ela afirma que, nessas narrativas, os indígenas "estão em uma linha de apagamento enquanto realizadores".

Terena destaca o protagonismo indígena na exposição, tanto na produção de artistas e coletivos quanto em sua curadoria.

"O desafio é trazer para o público as mais diversas produções e vê-las a partir de suas potências e não dos cânones ocidentais. É fazer com que o público compreenda que a arte indígena tem sua estrutura e existe", disse.

Ela destaca que, para todas as instituições que se propõem a fazer exposições sobre o tema, o desafio é "adentrar o universo da arte indígena", selecionando e categorizando as obras. "No nosso caso, os artistas estão conduzindo nosso entendimento da produção, das relações e da complexidade de um momento tão importante".

"É necessário que a história [indígena] seja contada por nós mesmos", reforça em entrevista ao Nexo a curadora adjunta do Masp Sandra Benites. "As instituições, como museus, escolas, públicas ou privadas, deveriam ter esse espaço. É um conhecimento que a gente repassa."

Benites acredita que a arte é uma ferramenta poderosa para contar a história indígena e dialogar com não indígenas. "Tivemos uma história muito devastadora, muito cruel, de muita violência, de apagamento, que tentou acabar com os indígenas. É muito doloroso contá-la, mas é necessário colocar de maneira metafórica, para impactar esse outro que não tem conhecimento nenhum sobre nós. Aqui no Brasil, muitos dos brasileiros têm desconhecimento total sobre a nossa história e quando se depara com a nossa existência têm uma visão totalmente distorcida", disse.

Ela considera um grande desafio representar a diversidade das centenas de povos indígenas na exposição. Benites afirma que levará essas questões para a curadoria de "Histórias indígenas", que está sendo construída junto a outros profissionais e que ela define como um espaço de negociação e disputa. "[Estar na curadoria] é apenas um passo que eu dou para começar a pensar junto. É um processo, não é de um dia para outro que essas questões vão se resolver. A exposição é um início para que nossa história esteja mais próxima à visão dos indígenas. É essa a importância de eu estar lá, de estabelecer uma conversa. Acredito que isso pode quebrar aos poucos essa visão dos 'juruá' [termo guarani para os não indígenas], de como eles pensam a arte e como contam a história".

A definição do que é 'arte indígena'

Ao longo dos últimos cinco séculos, a produção artística de povos indígenas tem estado submetida a um sistema colonial. É o que diz ao Nexo Aristóteles Barcelos Neto, museólogo, antropólogo e professor da Universidade de East Anglia, no Reino Unido. Ele destaca que esse sistema tem uma percepção específica sobre o quê, entre o que é produzido por indígenas, pode ser considerado arte.

Essa concepção tem a ver com parâmetros como a técnica usada pelos artistas, a forma de exposição, o suporte – uma pintura a óleo sobre tela, por exemplo – e por quem e como as obras são adquiridas. É uma classificação própria à arte ocidental, que vem sendo aplicada à arte indígena, segundo Barcelos. Isso resulta em uma distinção, feita no mundo das artes, entre arte e artesanato indígena. [...]

"Quando nós antropólogos falamos de arte indígena, estamos falando de muitos objetos que têm sentido utilitário, mas que, pela qualidade estética, pelas particularidades plásticas que têm, são, para nós, arte", disse Barcelos.

A arte indígena exposta nos museus de arte moderna e contemporânea está normalmente restrita a determinadas técnicas e suportes, sem contemplar o que é considerado "artesanato". [...]

Somado à questão da distinção entre arte e artesanato, isso explica, em parte, o fato de museus de arte brasileiros historicamente não terem investido em coleções de arte indígena. "A exclusão dos índios do sistema de arte foi muito prolongada entre nós", declara. "Eles aparecem de maneira episódica: uma grande exposição a cada 10 ou 20 anos. É como se eles aparecessem quando é conveniente, sem estar no programa permanente, sem fazer parte de um projeto de aquisição [de obras] de longo prazo".

LIMA, Juliana Domingos de. As exposições de arte indígena por vir. E seu espaço hoje. *Nexo Jornal*, 31 jan. 2020. Seção Expresso. Disponível em: https://www.nexojornal.com.br/expresso/2020/01/31/As-exposições-de-arte-indígena-por-vir.-E-seu-espaço-hoje. Acesso em: 24 jun. 2022.

a) Você deve ter notado que o título da reportagem – "As exposições de arte indígena por vir. E seu espaço hoje" – apresenta duas marcações de tempo. Quais são?

b) Por que a jornalista optou por fazer referência a esses diferentes tempos já no título da reportagem?

Releia o **olho** da reportagem:

Dois dos principais museus de São Paulo preparam exibições. O 'Nexo' falou com as **curadoras** Naine Terena e Sandra Benites e o antropólogo Aristóteles Barcelos Neto sobre as disputas em torno do assunto.

olho: em um texto jornalístico, é um trecho em destaque que tem a função de explicá-lo e anunciar o que o texto apresentará.
curadoras: são as pesquisadoras responsáveis pela idealização de uma exposição, isto é, da seleção das obras que a compõem e da maneira como serão arranjadas no espaço expositivo, articulando um discurso pelo agrupamento e pela organização delas.

c) Em comparação com o título, qual seria o objetivo do olho?

d) O que se quer dizer com "as disputas em torno do assunto"? E o que se pode inferir da fala das curadoras e do antropólogo?

e) Inicialmente, o texto faz referência às exposições que ocorrerão em São Paulo (SP), no Masp e na Pinacoteca. Por que esses dois eventos ganharam destaque?

f) A reportagem abre espaço para mostrar a "visão das curadoras". Por que há esse destaque?

g) Naine Terena chama a atenção para o desafio de organizar a exposição de forma que o público a reconheça a partir de "suas potências e não dos cânones ocidentais". O que a curadora quis dizer com essa fala?

h) Por que é fundamental que a história indígena seja contada pelos próprios indígenas? Qual é a importância da arte nesse contexto?

i) Segundo a reportagem, é possível afirmar que a "disputa" pelo espaço estará resolvida com a presença dessa nova curadoria?

Diário de bordo

Registre, no diário de bordo, suas observações sobre a importância da presença de indígenas em diferentes papéis no sistema da arte.

Artigo científico

Leia trechos de um artigo científico que aborda o conceito de artes indígenas. Ao longo da leitura, em uma folha à parte, destaque os pontos que considerar mais importantes.

Artes indígenas: notas sobre a lógica dos corpos e dos artefatos

As diversificadas manifestações artísticas dos índios são sempre referidas, na mídia e também nos compêndios escolares, no singular, ou seja, "arte indígena". Entretanto, ao expressarem preocupações específicas, permitem a cada povo indígena desenvolver um estilo próprio, e, assim, aquela qualificação é equivocada enquanto meio de identificação, posto que não existe uma arte comum e geral dos índios. A referência requer sempre a pluralidade, a saber, "artes indígenas", para a correta identificação dessas artes, pois expressam tantas formas quantos são os povos que as produzem. Um ar familiar, facilmente perceptível através das matérias-primas empregadas, do aspecto formal de certos artefatos perpassa, entretanto, as artes indígenas, tornando-as distintas das produções de outras sociedades (RIBEIRO, 1987, p. 332). [...]

Na avaliação das artes indígenas, o olhar ocidental privilegia as categorias de maior impacto visual, como a plumária ou os objetos rituais, e não considera as demais produções. No entanto, o fazer artístico indígena não recai exclusivamente sobre os ornatos de penas e as máscaras; objetos de uso cotidiano podem apresentar elaboração formal e estética que transcende seu desempenho funcional (RIBEIRO, 1987). Nas sociedades indígenas os esforços criativos alcançam muitos domínios, pois o campo abrangido pela "arte" é amplo e se expressa de diferentes formas, das mais efêmeras pinturas corporais às duradouras edificações, incluindo artefatos de uso cotidiano e ritual, manifestações performáticas e musicais. Os artefatos e os grafismos, em particular, materializam redes de interação complexas, condensando laços, ações, emoções, significados e sentidos (LAGROU, 2005:70). [...]

Apesar da grande diversidade de manifestações, as artes indígenas não são criadas para ser contempladas. Revestem-se antes de particularidades expressivas e constituem, na maior parte das vezes, meio para a transmissão de concepções de fundo social ou cosmológico. Possuem, dessa forma, funções representativas e utilitárias, além de outros objetivos e eficácias. A experiência estética constitui, para os índios, elemento fundamental na transmissão de conhecimentos e de valores sociais, por meio dos quais pode ser definida sua especificidade, ou seja, a natureza ou a essência de sua própria humanidade. Deve ter, portanto, apreciação que englobe igualmente outras expressões culturais. Nesse sentido, a valorização estética de um artefato indígena pode não estar contida no próprio objeto, mas se afirma ao exprimir uma relação, pois estaria condensada na própria utilização do artefato ou em sua permuta. [...]

Inspiring/Shutterstock

As produções artísticas expressam, na vida indígena, os conhecimentos acerca das matérias-primas empregadas, das técnicas de confecção, do simbolismo agregado. Esses saberes se exercem em muitos campos da produção e da utilização e refletem um longo aprendizado. Assim, observa-se que a maestria técnica e artística está invariavelmente acompanhada de profundo conhecimento das narrativas míticas e das práticas rituais, constituindo domínios estreitamente associados (GUSS, 2003). Para muitos povos da Amazônia, a origem mítica da arte gráfica é atestada, evidenciando sua vinculação com seres específicos que remetem às cosmologias, teorias nativas globalizantes.

Os métodos das artes indígenas e os sentimentos que as animam são, portanto, inseparáveis, não sendo possível compreendê-los como encadeamento de formas, mas antes como um mecanismo cognitivo que serve, sobretudo, para ordenar e definir o universo social e o não social, o humano e o não humano. Constituem, assim, meio para o armazenamento e a transmissão de informações que se caracteriza por ser compartilhado, pois os elementos estéticos possuem uma lógica que é compreendida pelo artista e pelo grupo ao qual pertence, acarretando o desenvolvimento de um "estilo próprio", peculiar a cada povo indígena. [...]

Referências bibliográficas [...] GUSS, D. *To weave and sing*. Art, symbol, and narrative in the South American rain forest. California: University of California Press, 1990.
LAGROU, E. L'art des indiens du Brésil: alterité, "authenticité" et pouvoir actif. *In*: GRUPIONI, L. D. (org.). *Brésil Indien*: les arts des Amérindiens du Brésil. Paris: Éditions de la Réunion des Musèes, 2005. p. 68-87. RIBEIRO, D. *Suma Etnológica Brasileira III*: arte índia. Petrópolis: Vozes, 1987. p. 29-64. [...]

VAN VELTHEM, L. H. Artes indígenas: notas sobre a lógica dos corpos e dos artefatos. *Textos escolhidos de cultura e arte populares*. Rio de Janeiro, v. 7, n. 1. p. 19-29, maio 2010. Disponível em: https://repositorio.museu-goeldi.br/bitstream/mgoeldi/319/1/artigo_logica_corpos_versao_editor.pdf. Acesso em: 6 maio 2022.

Depois da leitura, volte às anotações que fez e verifique se os pontos que destacou correspondem às principais ideias de cada parágrafo do texto.

Com base nos trechos destacados, produza uma pequena síntese do texto utilizando mecanismos de paráfrase.

A paráfrase consiste na reelaboração linguística de uma ideia, empregando estruturas e vocabulários próprios do leitor do texto. Ao não trair a ideia original, o leitor revela sua compreensão da parte parafraseada.

São diversos os mecanismos de paráfrase e todos eles exigem conhecimento do sentido das palavras e, sobretudo, da função dos conectivos.

Compare os recortes no quadro a seguir, observando o que é o original e o que é a paráfrase do original.

Original	Paráfrase
As diversificadas manifestações artísticas dos índios são sempre referidas, na mídia e também nos compêndios escolares, no singular, ou seja, "arte indígena". Entretanto, ao expressarem preocupações específicas, permitem a cada povo indígena desenvolver um estilo próprio, e, assim, aquela qualificação é equivocada enquanto meio de identificação, posto que não existe uma arte comum e geral dos índios.	A mídia e os compêndios escolares chamam de "arte indígena" a diversidade de manifestações artísticas de diferentes grupos. No entanto, cada povo, a partir de suas vivências e preocupações, desenvolve seu próprio estilo, o que atesta o equívoco em afirmar a existência de uma arte comum a todos os índios.

Observe dois mecanismos adotados para a paráfrase:

1 – Mudança na ordem dos termos: mídia e compêndios escolares, por exemplo, foram deslocados para o início da frase.

2 – Emprego de termos correlatos:

- do adjetivo "diversificadas" para o substantivo "diversidade";
- da expressão "ao expressarem preocupações" para "a partir de suas vivências e preocupações";
- de "e, assim, aquela qualificação é equivocada" para "o que atesta o equívoco em...";
- de "posto que não existe uma arte comum e geral dos índios" para "o equívoco em afirmar a existência de uma arte comum a todos os índios".

2. Agora, responda:

a) Você deve ter notado que, ao longo do texto, há sobrenomes de autores entre parênteses e, no final, há uma lista completa com todos os dados deles. Qual é o objetivo dessas marcações ao longo do texto?

b) Durante a leitura do artigo, você deve ter percebido que a linguagem do texto é clara, objetiva e impessoal. Por que o texto tem essa linguagem?

De acordo com a Associação Brasileira de Normas Técnicas (ABNT), o artigo científico ou acadêmico é um gênero textual cujo objetivo é apresentar os dados e os resultados de uma pesquisa, a partir da discussão de ideias, métodos, técnicas, processos e resultados nas diversas áreas do conhecimento (ABNT, 2003).

A produção de um artigo acadêmico é essencial para a disseminação dos resultados das pesquisas realizadas. Em geral, esses textos são enviados para revistas científicas que, ao publicarem um estudo, validam sua relevância e seu caráter científico.

Como o texto precisa evidenciar a relevância e a veracidade das informações, ele é produzido na variedade padrão da língua portuguesa, com o uso da terceira pessoa do singular para marcar impessoalidade e distanciamento crítico. Além disso, há a indicação do estudo de diferentes fontes de pesquisa para demonstrar que não se trata de um estudo isolado.

Para produzir um artigo científico, é fundamental que na introdução sejam apresentados o tema da pesquisa, sua justificativa e a forma de organização; em seguida, é esperada a descrição da metodologia e os resultados da pesquisa. Ao final, são feitas a discussão dos resultados e as considerações finais.

Diário de bordo

Quais são as estratégias adotadas para a leitura de um texto acadêmico? Registre no diário de bordo o que percebeu com base na experiência proposta aqui.

Relato

Relato é um gênero discursivo cujo objetivo é contar ou narrar fatos ou eventos relacionados ao autor. Ao produzir um relato, o autor busca compartilhar aspectos importantes de sua vida ou parte dela. Para isso, usa como marca linguística o discurso em primeira pessoa, reforçando o caráter pessoal do texto.

3. Leia um trecho do livro *A queda do céu: Palavras de um xamã yanomami*, de Davi Kopenawa (1956-). Depois, responda às questões no diário de bordo.

Palavras dadas

Gosto de explicar essas coisas para os brancos, para eles poderem saber.

Davi Kopenawa

[...] Eu não tenho velhos livros como eles, nos quais estão desenhadas as histórias dos meus antepassados. As palavras dos xapiri estão gravadas no meu pensamento, no mais fundo de mim. São as palavras de Omama. São muito antigas, mas os xamãs as renovam o tempo todo. Desde sempre, elas vêm protegendo a floresta e seus habitantes. Agora é minha vez de possuí-las. Mais tarde, elas entrarão na mente de meus filhos e genros, e depois, na dos filhos e genros deles. Então será a vez deles de fazê-las novas. Isso vai continuar pelos tempos afora, para sempre. Dessa forma, elas jamais desaparecerão. Ficarão sempre no nosso pensamento, mesmo que os brancos joguem fora as peles de papel deste livro em que elas estão agora desenhadas; mesmo que os missionários, que nós chamamos de "gente de Teosi", não parem de dizer que são mentiras. Não poderão ser destruídas pela água ou pelo fogo. Não envelhecerão como as que ficam coladas em peles de imagens tiradas de árvores mortas. Muito tempo depois de eu já ter deixado de existir, elas continuarão tão novas e fortes como agora. São essas palavras que pedi para você fixar nesse papel, para dá-las aos brancos que quiserem conhecer seu desenho. Quem sabe assim eles finalmente darão ouvidos ao que dizem os habitantes da floresta, e começarão a pensar com mais retidão a seu respeito?

KOPENAWA, Davi; ALBERT, Bruce. *A queda do céu*: palavras de um xamã yanomami. 1. ed. São Paulo: Companhia das Letras, 2015. p. 65-66. Disponível em: www.companhiadasletras.com.br/trechos/12959.pdf. Acesso em: 20 jun. 2022.

Saiba+

Davi Kopenawa é um xamã e liderança yanomami. Em sua atuação em defesa de seu povo, trabalhou na Fundação Nacional do Índio (Funai), como intérprete, e foi um dos responsáveis pela conquista da demarcação do território yanomami em 1992. Em reconhecimento pelo seu trabalho, Davi recebeu o prêmio Global 500 da ONU, em 1989, e a Ordem de Mérito do Brasil, em 1999.

Dida Sampaio/Estadão Conteúdo

a) Davi Kopenawa afirma que as palavras de seus antepassados estão gravadas em seu pensamento, assim como estarão também no de seus descendentes. Que característica de transmissão da cultura indígena está ressaltada nesse trecho?

b) O livro *A queda do céu: palavras de um xamã yanomami* foi escrito a partir de relatos recolhidos pelo etnólogo francês Bruce Albert (1952-), com o objetivo de ser um testemunho do povo yanomami. Quais marcas linguísticas revelam um caráter de "testemunho" pessoal e, ao mesmo tempo, coletivo? Retire do texto trechos que comprovem sua resposta.

c) Releia a epígrafe do texto:

> Gosto de explicar essas coisas para os brancos, para eles poderem saber.

- Por que Davi Kopenawa destaca a necessidade de falar aos não indígenas?

Diário de bordo

Qual é a importância de uma obra ser escrita como testemunho de um povo indígena? Reflita sobre essa questão e registre suas conclusões no diário de bordo.

#EnemVestibular

Responda às questões a seguir para treinar seus conhecimentos sobre o que estudou nesta unidade.

Atenção: nas atividades 1, 2 e 3, é possível marcar mais de uma resposta correta.

1. (UEPG-PR – 2020)

Sobre as Artes Indígenas no Brasil, assinale o que for correto.

a) 01) As histórias de contato com os não índios e as histórias de sobrevivência dos povos indígenas promoveram mudanças culturais, como, por exemplo, o uso de tintas industrializadas, em função da escassez de matérias-primas.

b) 02) Entre os Kaingang, originários do Sul do Brasil, as pinturas corporais presentes no Kikikoi (culto dos mortos) são de cor preta, feita com carvão misturado com mel e água. Elas diferenciam os dois subgrupos ou clãs dessa etnia.

c) 04) Os adornos, utensílios de cerâmica, pinturas corporais, danças, cânticos e hábitos religiosos integram as cosmogonias indígenas, nas quais arte, cotidiano e religião se confundem. Isso caracteriza a separação existente entre a arte e as atividades práticas do dia a dia para os povos indígenas.

d) 08) As pinturas corporais são grafismos simples e ornamentais que possuem significados comuns às diversas etnias indígenas brasileiras.

2. (UEPG-PR – PSS – 2019)

No que diz respeito à Arte das Etnias Indígenas brasileiras, assinale o que for correto.

a) 01) A música indígena é integrada à vida social das suas comunidades, e cada etnia possui elementos musicais que lhes são próprios.

b) 02) A Música Ritual está presente em muitas tribos indígenas do Brasil e, quase sempre, a dança acompanha a melodia marcando o ritmo.

c) 04) A função da música no meio indígena está diretamente ligada à vida do agrupamento, não sendo possível a sua compreensão como manifestação individual.

d) 08) Cada tribo indígena possui instrumentos que lhes são próprios, pois refletem características próprias das culturas a que estão ligados. Distinguem-se entre si pela aparência, estrutura e ornamentação.

3. (UEM-PR – 2018)

Sobre a arte dos indígenas brasileiros, assinale o que for correto.

a) 01) Em uma certa fase, a cerâmica marajoara, oriunda da Ilha de Marajó, no Pará, era monocromática e feita por meio de sulcos na cerâmica e de desenhos em relevo.

b) 02) O trançado e a tecelagem indígenas realizam-se por meio de grande variedade de matérias-primas, entre elas os cipós, as palmas e as talas.

c) 04) Uma das características da arte plumária é a busca pela beleza expressa nos mantos, nos diademas e nos colares, entre outros objetos.

d) 08) As máscaras eram objetos utilizados geralmente em cerimoniais e representavam personagens da mitologia indígena.

e) 16) As cores utilizadas na pintura corporal são vivas e intensas, e uma delas é o vermelho vivo, obtido do urucum.

4. (Enem – 2018)

TEXTO I

GRIMBERG, N. Estrutura vertical dupla. Disponível em: www.normagrimberg.com.br. Acesso em: 13 dez. 2017.

TEXTO II

Urna cerimonial marajoara. Cerâmica. 1400 a.C. a 400 a.C. 81 cm.

As duas imagens são produções que têm a cerâmica como matéria-prima. A obra *Estrutura vertical dupla* se distingue da urna funerária marajoara ao

a) evidenciar a simetria na disposição das peças.

b) materializar a técnica sem função utilitária.

c) abandonar a regularidade na composição.

d) anular possibilidades de leituras afetivas.

e) integrar o suporte em sua constituição.

5. (Enem – 2009)

A dança é importante para o índio preparar o corpo e a garganta e significa energia para o corpo, que fica robusto. Na aldeia, para preparo físico, dançamos desde cinco horas da manhã até seis horas da tarde, passa-se o dia inteiro dançando quando os padrinhos planejam a dança dos adolescentes. O padrinho é como um professor, um preparador físico dos adolescentes. Por exemplo, o padrinho sonha com um determinado canto e planeja para todos entoarem. Todos os tipos de dança vêm dos primeiros xavantes: Wamaridzadadzeiwawe, Butséwawe, Tseretomodzatsewawe, que foram descobrindo através da sabedoria como iria ser a cultura Xavante. Até hoje existe essa cultura, essa celebração. Quando o adolescente fura a orelha é obrigatório ele dançar toda a noite, tem de acordar meia-noite para dançar e cantar, é obrigatório, eles vão chamando um ao outro com um grito especial.

WÉRÉ' É TSI'RÓBÓ, E. "A dança e o canto-celebração da existência xavante." **VIS-Revista do Programa de Pós-Graduação em Arte da UnB**. v. 5, n. 2, dez. 2006.

A partir das informações sobre a dança Xavante, conclui-se que o valor da diversidade artística e da tradição cultural apresentadas origina-se da

a) iniciativa individual do indígena para a prática da dança e do canto.
b) excelente forma física apresentada pelo povo Xavante.
d) multiculturalidade presente na sua manifestação cênica.
d) inexistência de um planejamento da estética da dança, caracterizada pelo ineditismo.
e) preservação de uma identidade entre a gestualidade ancestral e a novidade dos cantos a serem entoados.

6. (Enem – 2015)

Organizados pelo Comitê Intertribal Indígena, com apoio do Ministério dos Esportes, os Jogos dos Povos Indígenas têm o seguinte mote: "O importante não é competir, e sim, celebrar". A proposta é recente, já que a primeira edição dos jogos ocorreu em 1996, e tem como objetivo a integração das diferentes tribos, assim como o resgate e a celebração dessas culturas tradicionais. A edição dos jogos de 2003, por exemplo, teve a participação de sessenta etnias, dentre elas os kaiowá, guarani, bororo, pataxó e yanomami. A última edição ocorreu em 2009, e foi a décima vez que o torneio foi realizado. A periodicidade dos jogos é anual, com exceção do intervalo ocorrido em 1997, 1998, 2006 e 2008, quando não houve edições.

RONDINELLI, P. Disponível em: https://brasilescola.uol.com.br/educacao-fisica/jogos-dos-povos-indigenas.htm. Acesso em: 14 out. 2021.

Considerando o texto, os Jogos dos Povos Indígenas assemelham-se aos Jogos Olímpicos em relação à

a) quantificação de medalhas e vitórias.
b) melhora de resultados e performance.
c) realização anual dos eventos e festejos.
d) renovação de técnicas e táticas esportivas.
e) aproximação de diferentes sujeitos e culturas.

7. (Enem – 2019)

Esporte e cultura: análise acerca da esportivização de práticas corporais nos jogos indígenas

Nos Jogos dos Povos Indígenas, observa-se que as práticas corporais realizadas envolvem elementos tradicionais (como as pinturas e adornos corporais) e modernos (como a regulamentação, a fiscalização e a padronização). O arco e flecha e a lança, por exemplo, são instrumentos tradicionalmente utilizados para a caça e a defesa da comunidade na aldeia. Na ocasião do evento, esses artefatos foram produzidos pela própria etnia, porém sua estruturação como "modalidade esportiva" promoveu uma semelhança entre as técnicas apresentadas, com o sentido único da competição.

ALMEIDA, A. J. M.; SUASSUNA, D. M. F. A. Pensar a prática, n. 1, jan. abr. 2010 (adaptado).

A relação entre os elementos tradicionais e modernos nos Jogos dos Povos Indígenas desencadeou a

a) padronização de pinturas e adornos corporais.
b) sobreposição de elementos tradicionais sobre os modernos.
c) individuação das técnicas apresentadas em diferentes modalidades.
d) legitimação das práticas corporais indígenas como modalidade esportiva.
e) preservação dos significados próprios das práticas corporais em cada cultura.

8. (Enem – 2015)

As narrativas indígenas se sustentam e se perpetuam por uma tradição de transmissão oral (sejam as histórias verdadeiras dos seus antepassados, dos fatos e guerras recentes ou antigos; sejam as histórias de ficção, como aquelas da onça e do macaco). De fato, as comunidades indígenas nas chamadas "terras baixas da América do Sul (o que exclui as montanhas dos Andes, por exemplo)" não desenvolveram sistemas de escrita como os que conhecemos, sejam alfabéticos (como a escrita do português), sejam ideogramáticos (como a escrita dos chineses) ou outros. Somente nas sociedades indígenas com estratificação social (ou seja, já divididas em classes), como foram os astecas e os maias, é que surgiu algum tipo de escrita. A história da escrita parece mesmo mostrar claramente isso: que ela surge e se desenvolve – em qualquer das formas – apenas em sociedades estratificadas (sumérios, egípcios, chineses, gregos etc). O fato é que os povos indígenas no Brasil, por exemplo, não empregavam um sistema de escrita, mas garantiram a conservação e continuidade dos conhecimentos acumulados, das histórias passadas e, também, das narrativas que sua tradição criou, através da transmissão oral. Todas as tecnologias indígenas se transmitiram e se desenvolveram assim. E não foram poucas: por exemplo, foram os índios que domesticaram plantas silvestres e, muitas vezes, venenosas, criando o milho, a mandioca (ou macaxeira), o amendoim, as morangas e muitas outras mais (e também as desenvolveram muito; por exemplo, somente do milho criaram cerca de 250 variedades diferentes em toda a América).

D'ANGELIS, W. R. *Histórias dos índios lá em casa*: narrativas indígenas e tradição oral popular no Brasil. Disponível em: www.portalkaingang.org. Acesso em: 5 dez. 2012.

A escrita e a oralidade, nas diversas culturas, cumprem diferentes objetivos. O fragmento aponta que, nas sociedades indígenas brasileiras, a oralidade possibilitou

a) a conservação e a valorização dos grupos detentores de certos saberes.
b) a preservação e a transmissão dos saberes e da memória cultural dos povos.
c) a manutenção e a reprodução dos modelos estratificados de organização social.
d) a restrição e a limitação do conhecimento acumulado a determinadas comunidades.
e) o reconhecimento e a legitimação da importância da fala como meio de comunicação.

9. (Enem – 2020 – Aplicação Digital)

Como o preconceito contribui para o aumento da epidemia de aids

Apesar dos avanços da medicina, a mentalidade em relação à aids e ao HIV continua na década de 1980.

O último Boletim Epidemiológico do Ministério da Saúde, de 2016, mostrou que os casos de HIV entre os jovens no Brasil aumentaram consideravelmente. O problema avançou: das 32 321 novas infecções por HIV registradas em 2015, 24,8% aconteceram com pessoas entre 15 e 24 anos.

Muitos apontam como causa o fato de que os adolescentes não conviveram com o auge da epidemia. Mas, para os especialistas, a questão é bem mais complexa. "Continuamos com essa visão hipócrita de que falar sobre sexo incita os mais jovens, e não damos ferramentas para que eles tomem decisões mais seguras em relação à sexualidade", afirma Georgiana Braga-Orillard, diretora do Unaids, programa conjunto da ONU sobre HIV e aids, que tem como meta acabar com a epidemia até 2030.

A questão do preconceito não pode ser separada de uma síndrome estigmatizante como a aids. Leis como a que garante o tratamento gratuito pelo SUS e a que penaliza atos de discriminação ajudam, mas não são suficientes para mudar a mentalidade da sociedade, que ainda enxerga quem vive com o vírus como um "merecedor". Além disso, o acesso à saúde e à orientação não é igual para todos.

Disponível em: http://revistaplaneta.terra.com.br. Acesso em: 2 set. 2017 (adaptado).

Essa reportagem discute o preconceito de não se falar abertamente sobre sexo com os mais jovens como um fator responsável pelo avanço do número de casos de aids no Brasil. A estratégia usada pelo repórter para tentar desconstruir esse preconceito é

a) trazer para seu texto trecho que apresenta a palavra de uma autoridade na área.
b) alertar para o fato de que o portador do vírus da aids é tido como um "merecedor".
c) tornar públicas estatísticas que comprovam o aumento no número de casos da doença.
d) informar que os jovens de hoje desconhecem os piores momentos da epidemia de aids.
e) comprovar que as informações sobre a doença e seu tratamento são inacessíveis a todos.

10. (Uerj – 2014)

Superman: 75 anos

Não era um pássaro nem um avião. O verdadeiro Superman era um pacato contador passando férias num *resort* ao norte de Nova York.

Joe Shuster, um dos criadores do personagem, junto com Jerry Siegel, descansava na colônia de férias quando encontrou Stanley Weiss, jovem de rosto quadrado e porte atlético, que ele julgou ser a encarnação do herói. Lá mesmo, pediu para desenhar o moço que serviria de modelo para os quadrinhos dali em diante. Só neste ano, esses desenhos estão vindo à tona nos EUA, como parte das atividades comemorativas dos 75 anos do personagem.

Embora tenha mantido a aparência de rapagão musculoso, Superman não foi o mesmo ao longo dos anos. Nos gibis, oscilou entre mais e menos sarado. Na TV, já foi mais rechonchudo, até reencarnar como o púbere Tom Welling, da série de TV "Smallville".

"Desde pequeno eu sabia que Superman não existia. Mas também sabia que meu pai era o verdadeiro Superman", brincou David Weiss, filho do modelo do herói, em entrevista à Folha de São Paulo. Weiss cresceu comparando o rosto do pai ao desenho pendurado na sala de casa. Mas logo Joe Shuster, que foi seu principal desenhista, acabaria cedendo espaço para novos cartunistas, que adaptaram a figura aos fatos correntes.

"Essa mudança é o segredo do Superman. Cada época precisa de um herói só seu, e ele sempre pareceu ser o cara certo", diz Larry Tye, considerado o maior estudioso do personagem. "Nos anos 1930, ele tiraria a América da Grande Depressão. Nos anos 1940, era duro com os nazistas. Nos anos 1950, lutou contra a onda vermelha do comunismo." E foi mudando de cara de acordo com a função.

Invenção dos judeus Jerry Siegel e Joe Shuster, Superman também é visto como um paralelo da história de Moisés, a criança exilada que cresce numa terra estrangeira e depois se apresenta como um salvador. A aparência é um misto do também personagem bíblico Sansão, do deus grego Hércules e de acrobatas de circo. Mas há quem atribua, até hoje, a dualidade do personagem, que se alterna entre o nerd indefeso, tímido e de vista fraca (como Joe Shuster) e um super-herói possante, à origem judaica dos seus criadores.

"É o estereótipo judeu do homem fraco, tímido e intelectual que depois se revela um grande herói", diz Harry Brod, autor do *e-book Superman Is Jewish?* (Superman é judeu?), lançado nos EUA em novembro passado. "Ele é a versão moderna de Moisés: um bebê de Krypton enviado à Terra, que desenvolve superpoderes para salvar o seu povo."

Segundo Brod, a analogia é tão nítida que os nazistas chegaram a discutir a suposta relação em revistas de circulação interna do regime. Mas, para ele, Hollywood e o tempo suavizaram o paralelo, transformando Superman numa releitura de Jesus Cristo. "Sua figura foi se tornando mais cristã com o tempo", diz Brod. "Não importa a religião. A ideia de um fracote que se torna um herói não deixa de ser uma fantasia universal."

Silas Martí Adaptado de folha.uol.com.br, 03/03/2013

1) *resort* – hotel com área de recreação

2) púbere – adolescente

3) *nerd* – pessoa muito estudiosa

O autor do texto recorre a depoimentos e falas de entrevistados, o que confere credibilidade à reportagem.

Essa credibilidade se deve à seguinte característica dos entrevistados:

a) têm autoridade para tratar do assunto
b) revelam verdades para impactar o público
c) propõem maneiras para imortalizar o herói
d) apresentam opiniões para expor contradições

11. (Uerj – 2009)

Quando eu era criança, passava todo o tempo desenhando super-heróis.

Recorro ao historiador de mitologia Joseph Campbell, que diferenciava as duas figuras públicas: o herói (figura pública antiga) e a celebridade (a figura pública moderna). Enquanto a celebridade se populariza por viver para si mesma, o herói assim se tornava por viver servindo sua comunidade. Todo super-herói deve atravessar alguma *via crucis*. Gandhi, líder pacifista indiano, disse que, quanto maior nosso sacrifício, maior será nossa conquista. Como Hércules, como Batman.

Toda história em quadrinhos traz em si alguma coisa de industrial e marginal, ao mesmo tempo e sob o mesmo aspecto. Os filmes de super-herói, ainda que transpondo essa cultura para a grande e famigerada indústria, realizam uma outra façanha, que provavelmente sem eles não ocorreria: a formação de novas mitologias reafirmando os mesmos ideais heroicos da Antiguidade para o homem moderno. O cineasta italiano Fellini afirmou uma vez que Stan Lee, o criador da editora Marvel e de diversos heróis populares, era o Homero dos quadrinhos.

Toda boa história de super-herói é uma história de exclusão social. Homem-Aranha é um *nerd*, Hulk é um monstro amaldiçoado, Demolidor é um deficiente, os X-Men são indivíduos excepcionais, Batman é um órfão, Super-Homem é um alienígena expatriado. São todos símbolos da solidão, da sobrevivência e da abnegação humana.

Não se ama um herói pelos seus poderes, mas pela sua dor. Nossos olhos podem até se voltar a eles por suas habilidades fantásticas, mas é na humanidade que eles crescem dentro do gosto popular. Os super-heróis que não sofrem ou simplesmente trabalham para o sistema vigente tendem a se tornar meio bobos, como o Tocha-Humana ou o Capitão América.

Hulk e Homem-Aranha são seres que criticam a inconsequência da ciência, com sua energia atômica e suas experiências genéticas. Os X-Men nos advertem para a educação inclusiva. Super-Homem é aquele que mais se aproxima de Jesus Cristo, e por isso talvez seja o mais popular de todos, em seu sacrifício solitário em defesa dos seres humanos, mas também tem algo de Aquiles, com seu calcanhar que é a kriptonita. Humano e super-herói, como Gandhi.

Não houve nenhuma literatura que tenha me marcado mais do que essas histórias em quadrinhos. Eu raramente as leio hoje em dia, mas quando assisto a bons filmes de super-heróis eu lembro que todos temos um lado ingênuo e bom, que pode ser capaz de suportar a dor da solidão por um princípio.

FERNANDO CHUÍ Adaptado de http://fernandochui.blogspot.com

O texto combina subjetividade e argumentação. Essa combinação é confirmada pela presença de:

a) relato pessoal e defesa de ponto de vista

b) referência clássica e citação do passado

c) ênfase na atualidade e reflexão sobre o tema

d) afirmação generalizante e comparação de ideias

12. (Enem – 2012)

eu gostava muito de passeá... saí com as minhas colegas... brincá na porta di casa di vôlei... andá de patins... bicicleta... quando eu levava um tombo ou outro... eu era a:... a palhaça da turma... ((risos))... eu acho que foi uma das fases mais... assim... gostosas da minha vida foi... essa fase de quinze... dos meus treze aos dezessete anos...

A.P.S., sexo feminino, 38 anos, nível de ensino fundamental. *Projeto Fala Goiana*, UFG, 2010 (inédito).

Um aspecto da composição estrutural que caracteriza o relato pessoal de A.P.S. como modalidade falada da língua é

a) predomínio de linguagem informal entrecortada por pausas.

b) vocabulário regional desconhecido em outras variedades do português.

c) realização do plural conforme as regras da tradição gramatical.

d) ausência de elementos promotores de coesão entre os eventos narrados.

e) presença de frases incompreensíveis a um leitor iniciante.

Criação de fotorreportagem

Você sabe o que é uma fotorreportagem?

South_agency/Getty Images

As imagens são muito importantes na fotorreportagem. Nesse gênero jornalístico, as imagens são acompanhadas de legendas que complementam e ampliam a visão dos fatos apresentados.

No tópico de Língua Portuguesa, você estudou a reportagem, um texto do gênero jornalístico expositivo, cujo objetivo é informar a respeito de um tema em pauta, por meio de uma narrativa sobre um fato central. Uma reportagem pode contar com o auxílio de entrevistas, depoimentos, dados estatísticos, pesquisas, entre outros. Já a fotorreportagem pauta o fato a partir de imagens documentais, acompanhadas de legendas expositivas que complementam e ampliam a visão dos fatos apresentados nas imagens.

Acesse os *sites* indicados no boxe *Saiba+* e analise os dois exemplos apresentados de fotorreportagem. Perceba como as imagens e as informações são apresentadas. A fotorreportagem "A diversidade dos povos indígenas na América Latina", por exemplo, é composta de dez imagens, selecionadas e organizadas a fim de mostrar a diversidade dos povos indígenas. Cada imagem é acompanhada por um texto-legenda que a complementa, apresentando dados e informações sobre a diversidade dos povos indígenas da América Latina e a realidade em que vivem.

Como construir uma narrativa com algumas imagens? Como fazer uma seleção de imagens e produzir textos-legendas que não limitem a visão do leitor sobre o tema? Esse é o desafio que você vai experimentar agora.

Saiba+

Conheça dois exemplos de fotorreportagem:
"A diversidade dos povos indígenas na América Latina", do *site* da agência de notícias *DW*. Disponível em: www.dw.com/pt-br/a-diversidade-dos-povos-ind%C3%ADgenas-na-am%C3%A9rica-latina/g-45036962 (acesso em: 8 fev. 2022).
"AIYA, ngu, anaanak, nae: mãe", publicado no *site* do *El País*. Disponível em: https://elpais.com/elpais/2014/04/30/fotorrelato/1398866905_494355.html (acesso em: 8 fev. 2022).

Procedimentos

1. Com base nos estudos realizados ao longo da unidade e em seu repertório pessoal, em grupo de quatro participantes, vocês devem escolher um tema para a produção de uma fotorreportagem. Caso queiram, segue uma lista de sugestões:

- **Literatura**: escritores indígenas.
- **Política**: representatividade dos povos indígenas em diferentes esferas da vida pública.
- **Produções midiáticas**: rádio, jornal, revista, *site* e *blog* produzidos por indígenas.
- **Cultura**: diferentes expressões culturais e corporais dos povos indígenas.
- **Arte**: artistas de diferentes linguagens e suas produções.

- **Educação**: projetos de expansão e difusão dos saberes indígenas.
- **Representatividades juvenis**: produções contemporâneas em diferentes áreas, como as artísticas e de comunicação.

2. Após selecionar o tema, o grupo deverá pensar em quais imagens vão compor a fotorreportagem. É importante que vocês se organizem, com a mediação do professor, na distribuição de tarefas entre os integrantes. Por exemplo:

- **Integrante 1**: responsável pela pesquisa e pelo aprofundamento do tema escolhido. Deve selecionar textos de fontes confiáveis para a produção das legendas, bem como registrar todas as fontes consultadas.
- **Integrante 2**: responsável pela leitura e síntese dos textos selecionados pelo integrante 1. Tem como tarefa produzir pequenas sínteses que poderão compor as legendas.
- **Integrante 3**: responsável pela pesquisa ou produção de imagens relacionadas ao tema escolhido. Deve buscar imagens de boa qualidade gráfica, com a indicação de autoria e de fontes confiáveis. Se desejar e se for possível, pode também fazer as fotos.
- **Integrante 4**: responsável pela curadoria das imagens e, com o integrante 2, pode iniciar e analisar a relação entre texto e imagem.

3. Após a etapa de pesquisa, seleção e organização do conteúdo, centrem-se na montagem da fotorreportagem. Juntos, observem as imagens que selecionaram e os textos que produziram e reflitam sobre as seguintes questões:

- De que maneira esses materiais podem ser relacionados para a construção de uma narrativa?
- O que pretendem apresentar?
- Com base em qual ponto de vista?
- Qual imagem pode introduzir o trabalho? E concluir?
- Em qual suporte será apresentado: como um produto impresso ou digital?

4. Após a finalização, e em momento agendado pelo professor, compartilhem o resultado com os colegas.

5. Depois, com a turma toda reunida, reflitam sobre os trabalhos apresentados:

- O que acharam do resultado?
- Há relações entre os trabalhos dos grupos? Quais?
- Como as fotorreportagens apresentaram os povos ou questões indígenas?
- Em algum momento surgiram estereótipos? Se sim, quais e de que maneira? E o que podem fazer para transformar essas perspectivas?

Meu portfólio

Nesta unidade, você e os colegas estudaram noções da cultura e da arte dos povos indígenas da América Latina, em especial dos brasileiros, percebendo a importância de valorizá-los. Em *Jogos indígenas (Educação Física)*, você pôde vivenciar e pesquisar jogos dos povos indígenas e discutiu pontos de vista diversos sobre seus significados e do processo de esportivização das práticas. No tópico *Artistas indígenas (Arte)*, conheceu produções contemporâneas de artistas indígenas e expressou-se individual e coletivamente em um processo de criação. Por fim, em *Reportagem (Língua Portuguesa)*, estudou os gêneros reportagem e artigo acadêmico, e desenvolveu estratégias para leitura e compreensão de textos, reconhecendo as marcas de parcialidade e imparcialidade. Além disso, conheceu a relação entre as condições de produção, o contexto sociocultural e a intencionalidade dos produtores.

Para montar seu portfólio, você deverá retomar todas as produções realizadas na unidade, desde rascunhos e projetos até registros em fotos e vídeos. Lembre-se de que todo o processo criativo é importante, e não apenas o produto final; por isso, aqui não podem faltar as diversas versões de uma mesma produção.

Retome também todas as anotações que fez no diário de bordo; elas vão ajudá-lo na construção do portfólio. Não deixe de colocar a data em que cada produção foi realizada: assim, ao consultar o portfólio, você terá condições de verificar sua história de aprendizagem. Essa consulta poderá ajudá-lo a perceber quais aspectos você foi desenvolvendo e aperfeiçoando ao longo do trabalho.

UNIDADE

3 Brasil e Brazil

Acervo/Folhapress

A cantora Elis Regina durante apresentação em 1971.

#TáNoFeed

Ouça a canção "**Querelas** do Brasil", composta pelos fluminenses Aldir Blanc (1946-2020) e Maurício Tapajós (1943-1995) e interpretada pela cantora gaúcha Elis Regina (1945-1982). Durante a escuta, acompanhe a letra com atenção. Depois, reflita com os colegas sobre as questões propostas.

querela: queixa, lamentação; briga, discussão.

Querelas do Brasil

O Brazil não conhece o Brasil
O Brasil nunca foi ao Brazil

Tapir, jabuti
Liana, alamandra, ali, alaúde
Piau, ururau, aqui, ataúde
Piá-carioca, porecramecrã
Jobim akarore, Jobim-açu
Oh, oh, oh

Pererê, camará, tororó, olererê
Piriri, ratatá, karatê, olará [2x]

O Brazil não merece o Brasil
O Brazil tá matando o Brasil

Jereba, saci, caandrades,
Cunhãs, ariranha, aranha
Sertões, Guimarães, bachianas, águas
E Marionaíma, arirariboia,
Na aura das mãos de Jobim-açu
Oh, oh, oh

Jererê, sarará, cururu, olerê
Blá-blá-blá, bafafá, sururu, olará [2x]

Do Brasil, SOS ao Brasil [3x]

Tinhorão, urutu, sucuri
Ujobim, sabiá, bem-te-vi
Cabuçu, Cordovil, Cachambi, olerê
Madureira, Olaria e Bangu, olará
Cascadura, Água Santa, Pari, olerê
Ipanema e Nova Iguaçu, olará

Do Brasil, SOS ao Brasil [2x]

QUERELAS do Brasil. Intérprete: Elis Regina. Compositores: A. Blanc e M. Tapajós. In: TRANSVERSAL do tempo. Intérprete: Elis Regina. [S. l.]: Phonogram Brasil, 1978. 1 LP, faixa 9.

Agora responda às atividades:

a) Você já conhecia essa música? O que achou dela?

b) Como você interpretou a letra?

c) Em sua opinião, o que o uso das grafias Brasil e Brazil indica, respectivamente?

d) O título da canção faz alusão a outra música, "Aquarela do Brasil" (1939), do compositor mineiro Ary Barroso (1903-1964), que exalta as belezas de nosso país. Você já ouviu essa música? Por qual motivo os compositores teriam trocado **aquarela** por **querelas**?

Nesta unidade, vamos conhecer e analisar alguns exemplos significativos da música brasileira. Você entrará em contato com a recepção dessas produções no cenário internacional, refletindo sobre as visões da cultura brasileira no exterior por meio da música. Conhecerá, também, veículos de comunicação voltados para a apreciação e a crítica de trabalhos musicais brasileiros. Ao final, você e os colegas criarão uma *playlist* de música brasileira, que será comentada em uma mesa-redonda ou em um *podcast* sobre o tema.

Conheça a unidade

Objetivos

Arte

- Reconhecer e ampliar o repertório musical por meio do contato com a pluralidade da música nacional, considerando sua abrangência e os efeitos causados em diferentes interlocutores, sejam eles brasileiros, sejam estrangeiros.
- Identificar e analisar criticamente aspectos da música brasileira do século XX produzida por artistas que tiveram projeção internacional.
- Refletir sobre a produção musical brasileira do século XX de modo contextualizado e crítico.

Língua Portuguesa

- Ler e compreender discursos orais apresentados em um *podcast* cultural, identificando os propósitos discursivos, o ponto de vista exposto e os recursos linguísticos adotados, para produzir uma apreciação crítica.
- Identificar aspectos relacionados à variedade linguística adotada e à sua relação com a situação de produção do texto.
- Identificar relações de intertextualidade e verificar em que medida elas participam da composição de um posicionamento no texto.
- Fazer curadoria de músicas brasileiras para a composição de uma *playlist*.

Justificativa

As produções culturais são muito diversas em um país de dimensões continentais como o Brasil. Explorar tal diversidade é um processo importante para o reconhecimento e a compreensão do papel dessas produções na vida dos indivíduos e da sociedade. Por meio desse processo, é possível ampliar repertórios, desconstruir preconceitos e valorizar a própria cultura.

Aproximar-se de gêneros variados da música brasileira e estudar seus efeitos em diferentes ouvintes, nesse contexto, constitui um meio para a fruição e o desenvolvimento da capacidade de apreciação crítica e reflexiva. É, ainda, um exercício de escuta de diferentes pontos de vista e da argumentação baseada em princípios éticos (atenção e respeito à produção e ao lugar de fala daqueles que se manifestam) e estéticos (para a expressão do conteúdo).

A BNCC nesta unidade

Nesta unidade são desenvolvidas as competências e habilidades da BNCC indicadas a seguir.

Competências gerais da Educação Básica: 1, 2, 3, 4, 5

Linguagens e suas Tecnologias no Ensino Médio: competências específicas e habilidades

Competência específica 1 (EM13LGG101, EM13LGG102, EM13LGG103, EM13LGG104); competência específica 2 (EM13LGG201, EM13LGG202, EM13LGG204); competência específica 3 (EM13LGG301, EM13LGG302, EM13LGG303, EM13LGG305); competência específica 4 (EM13LGG401, EM13LGG402); competência específica 6 (EM13LGG601, EM13LGG602, EM13LGG604); competência específica 7 (EM13LGG701, EM13LGG702, EM13LGG703, EM13LGG704)

Língua Portuguesa no Ensino Médio: campos de atuação social, competências específicas e habilidades

Todos os campos de atuação social

EM13LP01 (competência específica 2);
EM13LP02 (competência específica 1);
EM13LP06 (competência específica 1);
EM13LP07 (competência específica 1);
EM13LP11 (competência específica 7);
EM13LP14 (competência específica 1);
EM13LP16 (competências específicas 1, 4);
EM13LP17 (competências específicas 3, 7);
EM13LP18 (competência específica 7)

Campo da vida pessoal

EM13LP20 (competências específicas 2, 3);
EM13LP21 (competências específicas 1, 6)

Campo das práticas de estudos e pesquisa

EM13LP29 (competências específicas 2, 3); EM13LP32 (competência específica 7); EM13LP33 (competência específica 3); EM13LP34 (competência específica 3)

Campo artístico-literário

EM13LP52 (competências específicas 1, 2);
EM13LP53 (competências específicas 1, 3)

Matemática e suas Tecnologias no Ensino Médio: competências específicas e habilidades

Competência específica 2 (EM13MAT202)

Ciências Humanas e Sociais Aplicadas no Ensino Médio: competências específicas e habilidades

Competência específica 1 (EM13CHS101); competência específica 5 (EM13CHS502)

Querelas do Brasil (Arte)

1. Escute novamente a canção "Querelas do Brasil", lançada em 1978 no álbum *Transversal do tempo*, de Elis Regina. Preste atenção aos detalhes além dos significados da letra, ou seja, aos elementos sonoros da canção. Em seguida, responda oralmente às questões.

   a) Quais instrumentos musicais você identifica?

   b) Além do texto da letra, você percebe outro elemento da música que seja uma característica marcante da música brasileira?

   c) Quais vocábulos da letra da canção você reconhece como relacionados ao universo musical? O que significa cada uma dessas palavras?

   d) Na sua opinião a música brasileira é um patrimônio cultural reconhecido e valorizado no exterior?

   e) De que maneira as canções brasileiras revelam nossas múltiplas identidades nacionais?

A canção "Querelas do Brasil" faz diversas referências ao Brasil por meio de palavras de origem indígena como ariranha (do tupi-guarani, significa onça d'água), lugares como Ipanema (bairro famoso do Rio de Janeiro), por exemplo. Dessa forma, são explorados diferentes elementos da cultura brasileira, inclusive da música brasileira que são difundidos no exterior.

Graças a essa difusão, esses elementos contribuem para a construção da ideia de "Brazil" que povoa o imaginário estrangeiro. Esses temas despertaram reflexões de muitos artistas e pensadores brasileiros de várias gerações.

Na letra, versos como "Jobim akarore, Jobim-açu" e "Ujobim, sabiá, bem-te-vi" referem-se ao compositor Tom Jobim (1927-1994), autor de músicas como "Garota de Ipanema" e "Águas de março", conhecidas na voz de diferentes intérpretes.

Ao usar o termo bachianas, o letrista remete à obra "Bachianas brasileiras", um conjunto de nove composições do maestro Heitor Villa-Lobos (1887-1959), produzidas a partir de 1930. Tinhorão é uma menção ao pesquisador de música popular e crítico musical José Ramos Tinhorão (1938-2021).

Saiba+

Elis Regina foi uma cantora que representou muito a MPB. Aproveite para ouvir algumas *performances* dela nos *links* indicados a seguir:

O Bêbado e a equilibrista. Disponível em: https://www.youtube.com/watch?v=6kVBqefGcf4 (acesso em: 6 jun. 2022).

Dois pra lá, dois pra cá. Disponível em: https://www.youtube.com/watch?v=2Sw1G1GDmqg (acesso em: 6 jun. 2022).

Capa de *Transversal do tempo*, sexto álbum ao vivo da cantora Elis Regina, lançado em 1978.

Em diferentes épocas e contextos, artistas e gêneros musicais nacionais alcançaram sucesso no exterior, motivando pessoas de diferentes nacionalidades a consumir nossa produção artístico-cultural. Elis Regina é um exemplo de cantora que fez grande sucesso nas décadas de 1960 a 1980, sendo reconhecida como um dos mais importantes nomes da Música Popular Brasileira (MPB).

Diário de bordo

Faça uma pesquisa sobre Elis Regina e escreva, no diário de bordo, um texto contando o que descobriu sobre a trajetória e o repertório dela. Se possível, escute algumas canções gravadas pela intérprete. Além de "Querelas do Brasil", que outra música dessa artista entraria em sua *playlist* de músicas brasileiras?

Saiba+

Aldir Blanc foi compositor, cronista e letrista. Começou a carreira artística com o grupo Rio Bossa Trio. Em 1968, tornou-se parceiro de composição de diversos artistas, como Elis Regina. Ao longo de sua carreira, compôs mais de 600 canções. Foi uma figura importante da MPB trabalhando em parceria com João Bosco, Guinga, Carlos Lyra e Maurício Tapajós, entre outros. Algumas de suas principais composições são: *O bêbado e a equilibrista*, *Dois pra lá dois pra cá*, *De frente pro crime*, *Catavento e girassol*. Blanc foi membro e fundador de associações artísticas, tendo atuado ativamente na defesa dos direitos autorais de artistas. Faleceu de covid-19 em 2020, e, em sua homenagem, foi criada a Lei de Emergência Cultural Aldir Blanc, que garantiu renda emergencial para trabalhadores do setor cultural impossibilitados de trabalhar durante as fases de restrições de atividades dessa pandemia.

Maurício Tapajós foi compositor, músico e produtor musical. Trabalhou em colaboração com diferentes artistas, como Blanc, lutando também pelos direitos autorais dos compositores. Na década de 1990, criou a própria gravadora, a Saci, voltada para o lançamento de músicos marginalizados pela indústria cultural. Tapajós faleceu em 1995.

Reprodução/Jornal Estado de Minas

As Bachianas de Heitor Villa-Lobos

A música brasileira está em constante construção. Em sua formação, recebeu influências múltiplas, como as práticas musicais dos povos originários, os ritmos de origem africana e os gêneros musicais europeus, que chegaram ao Brasil primeiramente com os colonizadores – em especial quando a Corte portuguesa se fixou na cidade do Rio de Janeiro (RJ) – e, posteriormente, com outros imigrantes.

2. Você conhece músicas brasileiras para orquestra? Já assistiu à apresentação de uma orquestra?

No final do século XIX, as elites praticavam e apreciavam gêneros vindos da Europa, com especial gosto pelas companhias de ópera italiana. Enquanto isso, nas ruas, nos bares, nos circos e nos salões populares, outro caldeirão cultural se aquecia. Ritmos de origem africana se mesclavam às danças de salão europeias, fazendo emergir gêneros que caíam no gosto popular. Lundus, maxixes e tanguinhos deram, então, origem a ritmos e gêneros nacionais como o samba e o chorinho, populares ainda hoje.

Album/Fotoarena

Filme *Samba*, 1965, estrelado por Sara Montiel e dirigido por Rafael Gil.

Cristiane Mota/Fotoarena

Estátua de Pixinguinha, grande compositor, arranjador e instrumentista brasileiro. Travessa do Ouvidor, Rio de Janeiro (RJ), 2015.

Até o começo do século XX, a chamada "música erudita" brasileira era ainda muito similar às composições europeias, embora houvesse algumas tentativas, ainda tímidas, de adicionar aspectos da música nacional aos gêneros musicais direcionados a salas de concerto e orquestras.

Agora, ao observar a imagem e, em seguida, ouvir a faixa musical, você vai poder conhecer um pouco de uma obra para a orquestra sinfônica de Heitor Villa-Lobos, um dos compositores brasileiros mais conhecidos no exterior.

Trecho da partitura de "Bachianas brasileiras nº 5", de Heitor Villa-Lobos, 1938-1945, adaptação para canto e guitarra (violão).

Escute a faixa "Bachianas brasileiras nº 2 – IV. Toccata (O trenzinho do caipira)", prestando atenção aos detalhes: a maneira como a obra começa, como se desenvolve, o modo como termina, sua instrumentação, etc.

3. Agora responda:

a) Quais instrumentos musicais você identifica?

b) Na música, há mudanças no andamento, ou seja, no ritmo em que é executada. Você percebe essas variações? Um andamento pode ser lento, médio, moderado, etc. Em sua opinião, por que o compositor optou por andamentos diferentes?

Experimentação O trenzinho do caipira

Como o próprio título sugere, essa composição de Villa-Lobos descreve, na linguagem musical, a trajetória de um trem e faz referência às antigas locomotivas, conhecidas como marias-fumaças, que atravessavam o interior do país.

1. Que tal escutar a música com seu corpo? Para isso, em um espaço amplo, reproduza novamente a música e caminhe enquanto a escuta.

Busque acompanhar as mudanças de andamento da música com seu caminhar, inclusive as paradas.

2. Em seguida, crie uma cena com a temática presente na composição de Villa-Lobos. Nesse caso, que tipo de cena você criaria: Uma cena teatral? Uma coreografia?

3. Forme um grupo com três ou quatro colegas e conversem sobre as possibilidades de criação e participação nessa cena, recriando-a por meio de uma linguagem artística diferente da música.

4. Em seguida, definam bem a cena e a ensaiem algumas vezes.

5. Quando tudo estiver finalizado, apresentem-na à turma. Registrem a apresentação em fotos ou vídeo. Arquive os registros no seu **Porfólio**.

Diário de bordo

Após todos os grupos se apresentarem, conversem sobre a experiência de haver recriado a música em outra linguagem: Quais foram suas impressões da música? Como foi a experiência de caminhar seguindo seu andamento? E quanto a reinterpretar a música em outra linguagem? Registre suas reflexões com as experiências em seu diário de bordo. Lembre-se de que, ao final da unidade, você vai criar uma *playlist* de músicas brasileiras.

Heitor Villa-Lobos iniciou sua formação musical ainda na infância, por influência de seu pai, aprendendo violoncelo para música de concerto. Após o falecimento do pai, Villa-Lobos passou a tocar em ambientes da música popular carioca, especialmente com os seresteiros e "chorões" – músicos, muitas vezes amadores, que praticavam a música popular que se configurava entre meados do século XIX e início do século XX, nos gêneros precursores daqueles que são praticados atualmente, como o samba.

Influenciado pela cultura popular, Villa-Lobos incorporou, então, os ritmos da música brasileira a suas composições sinfônicas e de **música de câmara**. Dedicou-se especialmente a composições para violão solo, contribuindo para a afirmação desse instrumento popular nas salas de concerto, igualando seu *status* ao de outros instrumentos, como o piano.

Entre suas obras, destacam-se as nove "Bachianas brasileiras", que se tornaram amplamente conhecidas e têm sido executadas por orquestras dos mais variados países.

música de câmara: música de concerto para pequenos grupos, como duos, trios, quartetos de cordas, etc.

Inspiring/Shutterstock

O compositor Heitor Villa-Lobos.

O reconhecimento musical de Villa-Lobos se iniciou com o contato do músico com instrumentistas europeus que se apresentavam no Rio de Janeiro (RJ) e se consolidou no período em que ele viveu em Paris, na França, nos anos 1920, e se aproximou dos expoentes das vanguardas musicais da época. Atualmente, na cidade do Rio de Janeiro, há o Museu Villa-Lobos, dedicado exclusivamente ao compositor e com um acervo de fotografias, partituras e documentos sobre a vida do compositor. O fragmento a seguir consta na página introdutória do *site* do museu.

> Considerado, ainda em vida, o maior compositor das Américas, Heitor Villa-Lobos compôs cerca de mil obras e sua importância reside, entre outros aspectos, no fato de ter reformulado o conceito brasileiro de nacionalismo musical, tornando-se seu maior expoente. Foi, também, através de Villa-Lobos, que a música brasileira se fez representar em outros países, culminando por se universalizar.

MUSEU Villa-Lobos. Disponível em: https://museuvillalobos.museus.gov.br/. Acesso em: 22 jun. 2022.

Capas de álbuns com gravações de obras de Villa-Lobos feitas por músicos estrangeiros. Ao lado, a capa produzida pela gravadora alemã Classic Produktion Osnabrück (CPO).

Saiba +

Para conhecer mais a obra e a trajetória de Heitor Villa-Lobos, acesse o *site* do Museu Villa-Lobos, disponível em: https://museuvillalobos.museus.gov.br/ (acesso em: 5 maio 2022).

As capas ao lado foram produzidas pela Naxos Records, gravadora britânica com sede em Hong Kong.

Para ir mais longe As Bachianas

A palavra **bachianas**, derivada do nome do compositor alemão Johann Sebastian Bach (1685--1750), foi usada por Villa-Lobos porque as nove composições que integram a série "Bachianas brasileiras" apresentam características estruturais da música de Bach.

Bach é um dos principais compositores da história da música europeia. Sua obra influenciou e continua influenciando a produção musical de diversos artistas. Isso se deve, entre outros motivos, ao fato de que Bach foi um dos músicos que contribuíram para a consolidação do sistema tonal.

Wikipedia/Wikipedia Commons

Retrato de Johann Sebastian Bach, de Elias Gottlob Haussmann, 1746 (óleo sobre tela, 78 cm x 61 cm), Museum of City History, Leipzig, Alemanha.

O sistema tonal predomina na maior parte das músicas que escutamos. Nesse sistema, as composições são criadas em torno de uma tonalidade, ou seja, há uma nota que tem a função principal e que organiza os modos como a música é desenvolvida na composição. Quando dizemos que uma música é em "dó maior" ou em "ré menor", estamos nos referindo ao sistema tonal.

Uma das obras mais conhecidas de Bach é justamente uma tocata (em italiano, *toccata*): um tipo de composição geralmente para instrumentos de teclas, como o órgão e o cravo (instrumento precursor do piano), que requer destreza e habilidade e se caracteriza pela exibição técnica do músico que a executa.

Busque, em plataformas de *streaming* ou em *sites* de compartilhamento de música e vídeo, a "Tocata e fuga em ré menor", de Bach. Você reconhece essa música ao escutá-la?

Caso queira conhecer mais a obra desse compositor, procure os *Concertos de Brandemburgo* e o *Livro de Anna Magdalena Bach*, uma coletânea de peças curtas muito praticadas por estudantes de piano.

Tom Jobim e outras bossas

4. Você já ouviu falar da bossa nova? Conhece alguma música de Tom Jobim?

Antônio Carlos Jobim, mais conhecido como Tom Jobim, é um dos nomes mais destacados de um movimento musical responsável por conquistar ouvintes estrangeiros e contribuir para a criação de um imaginário do Brasil no exterior: a Bossa Nova.

Esse movimento musical, estabelecido em 1958 (embora a nomenclatura surgisse um pouco depois), não foi uma concepção centrada em um gênero musical apenas. Apesar da presença marcante do ritmo de samba, a bossa nova também desenvolveu canções em ritmo de valsa e marcha. O jeito de compor e tocar desse movimento já vinha sendo trabalhado nas décadas anteriores, por meio de influências do *jazz* no samba-canção. Assim, antes que a bossa nova alcançasse notoriedade em palcos do mundo todo, especialmente nos Estados Unidos, ela foi fruto da influência da música americana sobre os artistas brasileiros.

São duas as vertentes do *jazz* americano que se destacam como influência da bossa nova: o ***bebop*** e o ***cool jazz***, que surgiram nos Estados Unidos na década de 1940.

Saiba +

O ***bebop*** começou a influenciar a música brasileira a partir de 1949, quando chegou ao país. Essa vertente de *jazz* se caracteriza pelo virtuosismo vocal e instrumental (exigência de muita habilidade para a execução), além do uso de ritmos complexos.

No ***cool jazz***, há menos contrastes na música, e o canto é mais suave – próximo da fala –, características que exerceram forte influência no jeito de fazer bossa nova.

Essas duas influências já eram muito presentes nos sambas-canções do músico brasileiro Johnny Alf (1929-2010), tanto que Tom Jobim reconhece nesse músico a paternidade da bossa nova.

A influência do *jazz*, em conjunto com o desejo dos músicos brasileiros de criar uma música que fosse universal e tipicamente nacional – isto é, que acompanhasse as tendências internacionais e, ao mesmo tempo, preservasse elementos regionais –, foi o que motivou os artistas da época a incorporar essas características e fazer parte do movimento. O aspecto regional era representado pelo samba, que já não era restrito aos "morros" (as comunidades populares): agora, estava presente nos salões da elite carioca. O aspecto universal, por sua vez, era representado pelos estilos citados de *jazz*.

Entre os principais nomes que consolidaram a bossa nova, além de Tom Jobim, podemos mencionar os fluminenses Vinicius de Moraes (1913-1980) e Carlos Lyra (1939-), os capixabas Roberto Menescal (1937-) e Nara Leão (1942-1989) e o baiano João Gilberto (1931-2019).

Archive Photos/Getty Images

João Gilberto em apresentação em Nova York, Estados Unidos, 2002.

João Gilberto foi fundamental para a consolidação da bossa nova. Sua produção ia ao encontro dos anseios dos jovens artistas do bairro de Copacabana, Rio de Janeiro (RJ), dos quais se aproximou. Seu modo de tocar agradou a esse grupo, e o resultado da parceria foi o álbum *Chega de saudade*. Lançado em 1959, esse álbum de João Gilberto é considerado um marco da bossa nova e conta com composições de Ronaldo Bôscoli (1928-1994), Carlos Lyra, Tom Jobim e Vinicius de Moraes.

A importância de João Gilberto é reconhecida por Tom Jobim, que escreveu na contracapa do disco: "Em pouquíssimo tempo influenciou toda uma geração de arranjadores, guitarristas, músicos e cantores". O estilo de tocar violão de João Gilberto ficou tão marcado que muitos só reconheciam uma canção como bossa nova se, na orquestração, houvesse um violão "à João Gilberto".

Reprodução/Odeon

Contracapa do álbum *Chega de saudade*, de João Gilberto, em que está a resenha de Tom Jobim.

Para ir mais longe **Músicas que se destacam na bossa nova**

Canções como "Desafinado", ou "Samba de uma nota só", de Tom Jobim, marcaram o início da bossa nova e trazem uma relação intrínseca entre o texto e o desenvolvimento musical. Em "Samba de uma nota só", tal relação é literal, pois a letra descreve o que está acontecendo na música. Forme uma dupla com um colega e pesquisem essas canções para ouvi-las e acompanhar as letras. Vocês podem também pesquisar outros exemplos de canções da bossa nova que também se destacaram.

Ouça agora um exemplo de bossa nova, a composição "O barquinho", de Ronaldo Bôscoli e Roberto Menescal, na voz de Nara Leão. Enquanto escuta, acompanhe a letra da canção.

André Horta/Fotoarena

Roberto Menescal, no *show Tributo a Cazuza em bossa nova*. Rio de Janeiro (RJ), 2018.

O barquinho

Dia de luz festa de sol
E um barquinho a deslizar
No macio azul do mar
Tudo é verão e o amor se faz
Num barquinho pelo mar
Que desliza sem parar...
Sem intenção, nossa canção
Vai saindo desse mar
E o sol
Beija o barco e luz
Dias tão azuis!
Volta do mar desmaia o sol
E o barquinho a deslizar
E a vontade de cantar!
Céu tão azul ilhas do sul
E o barquinho, coração
Deslizando na canção
Tudo isso é paz tudo isso traz
Uma calma de verão e então
O barquinho vai
A tardinha cai
O barquinho vai
A tardinha cai

O BARQUINHO. Compositores: Roberto Menescal e Ronaldo Bôscoli. [S.l.]: Warner Chappell Edições Musicais, 1981. Disponível em: https://www.robertomenescal.com.br/o-barquinho-roberto-menescal-e-ronaldo-boscoli/. Acesso em: 5 maio 2022.

5. Agora responda:

a) O que você percebe no jeito de cantar de Nara Leão?

b) Para você, há características populares na música? Quais seriam?

c) Para você, o que está em destaque sonoramente nessa canção?

Arquivo/Estadão Conteúdo

Nara Leão, um dos principais nomes da bossa nova. Na foto, a artista aparece tocando violão, em São Paulo (SP), 1965.

Saiba+

Para saber mais sobre a vida e a obra de Nara Leão, acesse o *site* oficial da artista, disponível em: http://www.naraleao.com.br/ (acesso em: 5 maio 2022).

Segundo o musicólogo Brasil Rocha Brito, na obra *Balanço da bossa e outras bossas*, uma das características do gênero musical é o modo de cantar. Ele destaca que, antes da bossa nova, havia certo "operismo" na música brasileira. A maneira de cantar, com a voz cheia de volume e intensidade dramática, era uma influência da ópera italiana, tão apreciada pela classe média e pelas elites brasileiras. Com a bossa nova, cuja influência era o *cool jazz*, essa intensidade melodramática foi rejeitada em favor da voz que fluía como a fala. Brito ressalta, ainda, a maneira como, na bossa, os diversos elementos musicais estão integrados à melodia, de modo que nenhum elemento é acentuado ou sobreposto a outro. Apesar dessa integração, as composições exploram amplamente a harmonia.

Diário de bordo

Pesquise alguns exemplos de músicas que marcaram o início da bossa nova. Em seguida, registre-as em seu diário de bordo.

Chamamos de melodia a sucessão de sons, de diferentes alturas e durações, que cria um sentido à audição. Já harmonia é a combinação de sons simultâneos organizados em agrupamentos de notas chamados acordes. A combinação de notas dentro de um acorde segue critérios de consonância e dissonância, que dizem respeito, respectivamente, à sensação de repouso e tensão que um acorde pode provocar.

Ao longo da história da música europeia, compositores e estudiosos da música criaram relações de encadeamento para os acordes que acompanham uma melodia. A bossa nova também explorou essas relações ao experimentar outras maneiras de combinar os acordes e valorizar as dissonâncias, ou seja, acordes que antes eram considerados muito tensos e muito dissonantes passaram a ser tratados com mais naturalidade nas composições.

A exploração de novas relações harmônicas, isto é, de combinações menos convencionais entre as notas musicais, também é característica da música do século XX, na qual se inserem músicos como Villa-Lobos e seus contemporâneos. Nesse sentido, há uma influência da música de concerto europeia, de compositores como Claude Debussy (1862-1918), na bossa nova, especialmente na música de Tom Jobim.

Um exemplo de canção que faz, na própria letra, uma brincadeira com os sons "estranhos" das harmonias da bossa nova é "Desafinado", que integra o álbum *Chega de saudade*. Você já ouviu essa música? Procure escutá-la com os colegas.

Reprodução/Coleção particular

Compositor e músico francês Claude Debussy, cerca de 1908.

Diário de bordo

Para construir uma *playlist* que represente a música brasileira, você considera importante colocar algum exemplo de bossa nova? Escolheria a canção "O barquinho", analisada aqui, ou optaria por outro exemplo? Registre suas ideias no diário de bordo.

Para ir mais longe A bossa nova chega aos Estados Unidos

Na década de 1960, a bossa nova alcançou sucesso internacional e chegou à terra do *jazz*, que tanto havia influenciado o movimento. Muitos artistas estadunidenses passaram, então, a cantar "bossas" e a trabalhar com músicos brasileiros.

Entre os músicos que incluíram a bossa nova em seus repertórios, podemos citar o saxofonista Stan Getz (1927-1991), o trompetista Miles Davis (1926-1991) e os cantores Frank Sinatra (1915--1998) e Ella Fitzgerald (1917-1996).

A canção "Garota de Ipanema", de Tom Jobim e Vinicius de Moraes, tornou-se uma das músicas mais tocadas no mundo. Algumas canções chegaram a ganhar versões em inglês, como "Garota de Ipanema", título traduzido como "The Girl from Ipanema"; "Corcovado", como "Quiet Nights of Quiet Stars"; e "Chega de saudade", como "Enough of Missing Her".

Reprodução/Verve Records

Capa do disco *Bossa Nova* (Estados Unidos, Verve Records, 1996), do saxofonista americano Stan Getz.

Estudando a bossa nova

Brazil, capital Buenos Aires

Refrão:

No dia que a bossa nova inventou o Brazil

Teve que fazer direito, senhores pares

Porque a nossa capital era Buenos Aires

A nossa capital era Buenos Aires [2x]

E na cultura-Hollywood o cinema dizia

Que em Buenos Aires havia uma praia

Chamada Rio de Janeiro

Que como era gelada só podia ter
Carnaval no mês de fevereiro
Naquele Rio de Janeiro o tango nasceu
E Mangueira o imortalizou na avenida
Originário das tangas
Com que as índias fingiam
Cobrir a graça sagrada da vida

(Refrão)
E na cultura-Hollywood o cinema dizia
que em Buenos Aires havia uma praia
chamada Rio de Janeiro
(nem cantinho, nem Corcovado)
que como era gelada só podia ter
(que dó)
Carnaval no mês de fevereiro
(Nem barquinho na Guanabara)

Naquele Rio de Janeiro o tango nasceu
e Mangueira o imortalizou na avenida
(Jamelão na verde-e-rosa)
Originário das tangas
com que as índias fingiam
cobrir a (só que dá) graça sagrada da vida

BRAZIL, capital Buenos Aires. Intérpretes: Tom Zé e Fernanda Takai. Compositor: Tom Zé. *In*: ESTUDANDO a bossa. Intérprete: Tom Zé. [S. l.]: Luaka Bop Brasil, 2008. 1 CD, faixa 10.

Escute a música "Brazil, capital Buenos Aires", do baiano Tom Zé (1936-). A faixa foi lançada em 2008 no álbum *Estudando a bossa* e aborda esse gênero musical com distanciamento.

Capa do álbum *Estudando a bossa*, de Tom Zé, 2008.

6. Responda às questões em uma conversa com os colegas e o professor.

a) O que você entendeu da letra dessa música?

b) Por que elementos que não são brasileiros, como a cidade de Buenos Aires e o tango, são citados como brasileiros?

c) O que você pensa que Tom Zé quer nos dizer ao falar que a bossa nova inventou o "Brazil"?

d) Que relações se pode estabelecer entre o Brazil da composição de Tom Zé e o de "Querelas do Brasil", que você conheceu na seção *#TáNoFeed*?

e) Quanto à sonoridade da faixa, você percebe semelhanças e diferenças em relação à música de Roberto Menescal e Ronaldo Bôscoli apresentada nesta unidade? Quais?

Van Campos/Fotoarena

O músico Tom Zé durante apresentação na cidade de São Paulo (SP), em 2019.

O músico baiano Tom Zé fez parte de importantes movimentos da música brasileira, como a Tropicália e os Festivais da Canção, da década de 1960. Na década de 1990, o álbum *Estudando o samba* (1975) chamou a atenção do produtor David Byrne (1952-), que decidiu lançá-lo nos Estados Unidos. A repercussão da coletânea despertou o interesse pelo artista no exterior, levando-o a excursionar pelos Estados Unidos e pela Europa e a lançar um novo álbum de estudo de um estilo musical.

A vez do *funk* brasileiro

Hoje, o *funk* carioca, ou *funk* brasileiro, é um gênero musical que tem crescido entre ouvintes no exterior. Os dados de uma plataforma de *streaming* de música identificam um aumento de mais de 3 000% na reprodução de faixas de *funk* de 2016 a 2018. Estados Unidos, Portugal e Argentina lideram o *ranking* de países que mais consomem o gênero fora do Brasil.

7. Agora reflita:

a) O que você pensa da popularização do *funk* carioca fora do Brasil?

b) Em sua opinião, ele representa o Brasil? Por quê?

c) Componha uma pequena letra de *funk*. Para isso, escolha um artista de *funk* brasileiro para se basear. Em sua produção, utilize como tema sua visão do país. Você pode abordar aspectos de diferentes tempos e contextos, isto é, questões históricas e/ou da atualidade.

Diário de bordo

Você colocaria alguma faixa de *funk* carioca em sua *playlist*? Registre suas ideias no diário de bordo.

Os bailes *funk* cariocas têm raiz nos bailes de música *black* e *soul* da década de 1970, em que as pistas de dança eram animadas ao som do *funk* estadunidense de músicos como James Brown (1933-2006). No decorrer de mais de quatro décadas, uma versão brasileira de *funk* se desenvolveu como um gênero musical nacional.

Existem muitas questões que podemos levantar em um debate sobre o *funk* na atualidade. No entanto, não se pode esquecer de sua marginalização. O gênero tende a ser desprestigiado, e os bailes, criminalizados. Com isso, percebe-se que o *funk* sofre do preconceito e da criminalização que outros gêneros, como o samba, já enfrentaram.

Há, ainda, polêmicas com relação às letras, em que, muitas vezes, há uma abordagem explícita de temas como sexualidade e violência. Entretanto, é importante perceber que essas canções são, frequentemente, testemunhos da realidade vivenciada por seus criadores nas comunidades marginalizadas dos grandes centros urbanos, de modo que, como uma expressão cultural da juventude periférica, há *funks* que trazem mensagens de protesto social.

Esse gênero também mistura elementos diversos da música popular brasileira, expandindo as possibilidades expressivas. A cantora e compositora paulistana Thaís Dayane da Silva (1993-), conhecida como MC Tha, é um exemplo de artista que desenvolve um tipo de *funk* brasileiro que tem influência de músicos como Caetano Veloso (1942-) e Clara Nunes (1942-1983) e traz elementos musicais das religiões de matriz africana.

Van Campos/Fotoarena

Valente

Liberta a tua mente
Pra ela não desandar
Lembra que é valente
Como as águas do mar
E que é tapete de serpente
Que dão pra nóis pisar
Andai com passo firme
Que é pra não bambear
Quem eles pensam que são
Pra te apontar?
Não sabem da tua luta
Não entendem seu linguajar

Que haja flor no teu caminho
E no meu caminhar
Que a felicidade
Possa estar num olhar
Refrão:
Bota o dedo pro alto
E deixe os pés na raiz
No asfalto ou na favela
Quem não quer ser feliz?
Encontrar pote de ouro
No fim do arco-íris
Beber sabedoria
Se encontrar pra ser livre?

VALENTE. Compositora: MC Tha. Intérprete: MC Tha. [S. l.]: gravação independente, 2018. Single digital. Disponível em: https://youtu.be/e-aEr8jDilo. Acesso em: 22 jun. 2022.

Gvardgraph/Shutterstock

Um exemplo de *funk* brasileiro de MC Tha é a canção "Valente". Escute-a acompanhando a letra.

8. Reflita sobre as questões propostas.

a) Você percebe as características do *funk* brasileiro nessa música?

b) Quais sentidos você constrói com base na letra? Procure relacioná-la com os contextos sociais do *funk* brasileiro.

Podcast (Língua Portuguesa)

Página de abertura do *site* oficial do *podcast Escuta que é bom – A nova música brasileira.*

1. Ouça com atenção o episódio "#31 – Aprendendo a escutar música com Deguste Cultura", do *podcast Escuta que é bom* (disponível em: https://www.mixcloud.com/escutaqueebom/escuta-que-é-bom-31-aprendendo-a-escutar-música-com-deguste-cultura, acesso em: 14 fev. 2022). Em seguida, responda ao que se pede.

a) Como é a abertura do *podcast*? Por meio da seleção musical, você consegue antecipar o propósito do programa a ser veiculado?

b) Geralmente, todo programa conta com uma introdução. Como ela é feita nesse episódio de *podcast*? De que maneira o locutor/apresentador se reporta aos ouvintes?

c) Como é feita a apresentação dos convidados? O que essa apresentação antecipa sobre a forma de desenvolvimento do programa?

d) Tanto na fala do apresentador quanto na dos convidados, há modulações na voz e alternâncias de velocidade e ritmo. Descreva brevemente essas marcas de oralidade.

e) O que as marcas de oralidade nesse início de encontro revelam sobre o tipo de interação que está se dando ali?

f) Em sua opinião, esse formato se assemelha ao adotado em programas de rádio que você já ouviu ou difere dele?

g) Qual é o tema do programa?

h) Segundo os convidados, qual é a diferença entre ouvir e escutar?

i) Como Felipe, Karina Cardoso e Mário Sartô relacionam o termo "degustar" à escuta da música? Que termos do campo semântico da alimentação são empregados para dar expressividade a essa relação?

j) Na comparação com o início da conversa, você percebe alguma alteração no tom da voz, no volume e na modulação dos locutores? Em sua opinião, a que isso se deve?

k) O trecho de 00:07:50 a 00:09:00 traz uma defesa de Karina da relação que as pessoas devem ter com a música. Qual é essa defesa e como a convidada a justifica? Durante a defesa, qual palavra ela enfatiza?

l) A partir desse ponto, a conversa entre apresentador e convidados toma uma nova direção. Que tópico da música brasileira eles passam a comentar?

m) "MPB é só um recorte. A música brasileira tá muito acima disso." O que a ênfase na entonação do "muito" antecipa sobre o conhecimento que Karina tem da música brasileira? Como ela exemplifica esse comentário?

n) Segundo os convidados, o brasileiro conhece a música brasileira?

Você identificou algum tipo de diferença na maneira de se expressar dos participantes da conversa? Há diferentes sotaques ou outras marcas que você reconhece como próprios de uma região do Brasil?

Uma tecnologia da oralidade

Seguindo um critério técnico, o *podcast* pode ser definido como: conteúdo de áudio ou vídeo, semelhante a um programa de rádio, mas de distribuição direta e atemporal; uma tecnologia para distribuir conteúdo para tocadores digitais, como computadores, *tablets* e celulares. Essa definição relaciona-se com a origem da expressão *podcasting*, uma junção entre o prefixo *pod* (oriundo de um famoso aparelho de reprodução de áudio) e *casting* (de *broadcasting*, transmissão massiva de informações por ondas eletromagnéticas ou de rádio).

antoniodiaz/Shutterstock

A produção de um *podcast* conta com recursos de gravação de áudio que podem ser desde aparelhos de um estúdio de rádio até gravadores de *smartphones*, computadores ou *tablets*.

Entretanto, o critério técnico, sozinho, mostra-se insuficiente para a definição daquilo que hoje é um *podcast*. Segundo o autor Eugênio Freire, o *podcast* deve ser considerado, acima de tudo, uma tecnologia da oralidade. Baseando-se nisso, Freire propõe a seguinte definição:

O *podcast* consiste em um modo de produção/disseminação livre de programas distribuídos sob demanda e focados na reprodução de oralidade, também podendo veicular músicas/sons.

FREIRE, Eugênio Pacelli Aguiar. Conceito educativo de *podcast*: um olhar para além do foco técnico. *Revista Educação, Formação & Tecnologias*, jul. 2013. p. 35. Disponível em: http://arquivos.info.ufrn.br/arquivos/2015250083e26126554848c30b1bff629/184.pdf. Acesso em: 22 jun. 2022.

Freire enfatiza, ainda, a liberdade como marca dessa produção: qualquer usuário de internet pode produzir um programa; há a liberdade de uso das mais diversas expressões; há espaço para os mais diferentes timbres vocais – algo que talvez não seja possível em programas de rádio mais convencionais; temas diversos podem ser tratados, pluralizando conteúdos e ideias. Completa essa rede de flexibilidade e autonomia uma de caráter mais técnico, que é o de serviço por demanda (em inglês, *on demand*): o ouvinte pode escutar o programa quando e onde quiser, escolhendo ouvir a sequência programada de uma só vez ou fazendo intervalos entre as partes.

Como modo de disseminação livre de programas, em *podcasts* podem ser veiculados diferentes gêneros: entrevista, bate-papo, mesa-redonda, debate, exposição de um tema, *playlists*, *playlists* comentadas, entre outros. Em todos os casos, tornam-se preocupação do produtor a definição do público para o qual o programa será dirigido, a definição da linguagem mais adequada, a sonorização, a edição (corte e montagem) das partes da gravação, a criação de vinhetas, as formas de organização e veiculação do texto, entre outros elementos relacionados à clareza e à coerência na comunicação de um conteúdo.

2. **Você reconhece essas características no trecho do *podcast* estudado no início do tópico de Língua Portuguesa?**

Se o *podcast* é uma tecnologia da oralidade, não será incomum em *podcasts* brasileiros percebermos a diversidade que constitui a língua portuguesa falada no Brasil. E como essa diversidade se manifestaria? Em primeiro lugar, há marcas que são próprias da língua falada. Considere a gravação de uma entrevista: o entrevistado, ao responder a uma pergunta, poderá emitir algum som de hesitação, como "hum" ou "ééé", para indicar tempo de reflexão, hesitação ou mesmo incômodo. Na passagem para a escrita, dificilmente essas marcas serão registradas. Se o entrevistador, na transcrição do texto, não descrever essas marcas, não teremos acesso a boa parte das reações do entrevistado. Esse é um exemplo que chama a atenção para a importância de elementos próprios da oralidade como detentores de expressão, de conteúdo.

KittyVector/Shutterstock

A oralidade revela, ainda, os acentos de uma língua – em outras palavras, seus sotaques. O Brasil é um país muito grande e, entre as regiões, os estados e as cidades, identificamos variações na melodia, na velocidade e na forma de pronunciar uma palavra. Há diferenças, por exemplo, entre o *r* caipira, chamado de *r* retroflexo, e o *r* carioca, chamado de *r* vibrante. Essas variações têm relação direta com nossa história, caracterizada pela variedade étnica.

O *r* retroflexo é herança da dificuldade de alguns grupos indígenas de pronunciar o *r* da língua trazida pelos portugueses. A pronúncia com som de *x*, produzida pelos cariocas, chegou ao Brasil com a Coroa portuguesa e ganhou mais força ao misturar-se com dialetos africanos dos escravizados.

Saiba+

Para conhecer mais sobre marcas de oralidade e variações de pronúncia no Brasil, assista ao vídeo do professor Carlos Alberto Faraco, disponível em: https://www.youtube.com/watch?v=0cLpFvKOrPM (acesso em: 5 maio 2022).

Esses exemplos representam uma parcela ínfima das variações de sotaques no Brasil. Como as regiões brasileiras se desenvolveram de maneira desigual, com um progresso maior na região Sul e, principalmente, na região Sudeste ao longo dos séculos XVIII e XIX, certas formas de falar tornaram-se estigmatizadas, por caracterizarem um grupo social considerado de menor prestígio. Até o início dos anos 2000, os telejornais, por exemplo, reproduziam uma só forma de falar, caracterizada pelo acento das normas urbanas de prestígio paulista e carioca. A fala nordestina aparecia apenas em telenovelas e, em muitas situações, de forma exagerada ou caricata.

Hoje é fundamental reconhecer as variações de sotaque entre as regiões e garantir que todas elas tenham espaço e sejam recebidas sem nenhum tipo de preconceito.

Diário de bordo

Você já conversou com pessoas de regiões do Brasil distantes da sua? Percebeu alguma diferença na pronúncia e no modo de falar delas? Anote em seu diário de bordo o nome da região onde essas pessoas moram e as diferenças da fala delas em relação à sua.

Mas os textos orais revelam muito mais do que o lugar de origem de uma pessoa: eles também demonstram os estados emocionais. Esse aspecto da oralidade é tão marcante que, em muitos textos escritos, certas palavras ganham acréscimo de vogais para expressar uma ênfase que seria natural na língua falada. Quem nunca recebeu uma mensagem com um "muuuuito", assim, com repetições da vogal *u*? O alongamento de vogais, o aumento ou a diminuição no volume de voz, marcas de hesitação, como "ham", ou de finalização, como "né", são indicadores de envolvimento, empolgação, dúvida, insegurança e medo, entre outros sentimentos. O mais importante é compreender que qualquer forma de entonação, espontânea ou intencional, traz consigo uma carga de expressividade que compõe o sentido do texto falado.

3. Você já parou para prestar atenção à sua forma de falar? Em situações de espontaneidade, você fala rápido ou devagar? Muito alto ou muito baixo? Há diferenças no volume, na velocidade, na pronúncia das palavras quando você está em situações que julga mais formais? Que diferenças são essas?

Para ir mais longe **Entonação e alternância de volume**

Em 2013, o especialista britânico em som e comunicação Julian Treasure falou para a plateia do TED Talks sobre formas de entonação e alternância de volumes para manter as pessoas atentas em uma situação comunicativa. Para assistir ao vídeo, acesse https://www.youtube.com/watch?v=eIho2S0ZahI (acesso em: 5 maio 2022), depois, com seus colegas, discutam se as orientações apresentadas por ele podem ser aplicadas nas atividades de exposição oral realizadas pela turma.

Experimentação Oralidade em diferentes contextos

Primeiro, acompanhe uma conversa entre dois ou três colegas. Em seguida, compare a forma como cada um se expressa. Perceba o timbre, o sotaque, a velocidade e a maneira de pronunciar as palavras. Com qual modo de falar você mais se identifica? Por quê? Em sua opinião, isso faz com que você seja impelido a concordar mais com o que essa pessoa diz?

Depois, pesquise e assista a uma mesa-redonda sobre futebol, a uma entrevista veiculada em um programa de TV e a outra veiculada na internet, sobre temas de seu interesse. Em seguida, compare as três situações: Como as pessoas se expressam em cada contexto? Há diferenças nos níveis de formalidade? Como você explica esse resultado?

Diário de bordo

Anote todas as conclusões em seu diário de bordo.

Saiba+

Na reportagem "Sotaques do Brasil: como a geografia molda nosso jeito de falar", publicada na revista *Superinteressante*, 25 jul. 2018, disponível em: https://super.abril.com.br/cultura/sotaques-do-brasil (acesso em: 5 maio 2022), os jornalistas Pâmela Carbonari e Tiago Jokura contam histórias que explicam a sonoridade de mais de dez "jeitinhos de falar brasileiros", incluindo o *e* sonoro e aberto no final de palavras como leite e a transformação do *s* em *z* em frases como "ozóio da menina é azul".

Técnicas para criar uma *playlist* comentada

Na seção *#Multiplicar*, você gravará com um colega um *podcast* para apresentar uma *playlist* comentada que, em sua opinião, pode representar a diversidade da música brasileira para estrangeiros que não a conhecem bem.

Segue uma sugestão de etapas para esse trabalho.

1. Monte um cronograma:

- Reserve um ou dois dias para ouvir as músicas de uma região apenas.

2. Determine os critérios de seleção das canções:

- É importante incluir elementos que possam contar algo que você julgue relevante sobre a música produzida no país.

3. Faça uma pesquisa sobre a música:

- Quando escolher uma música, pesquise mais o autor, os músicos e as características do álbum em que ela foi lançada.
- Investigue como ela foi recebida pela crítica.
- Verifique nas mídias digitais quantas vezes ela foi executada.

4. Prepare o comentário:

- Escreva um comentário que apresente a música aos demais colegas.

5. Guarde sua *playlist*:

- Ao final da unidade, voltaremos a ela para gravar um *podcast* ou defendê-la em uma mesa-redonda.

Saiba+

Para conhecer outros episódios do *podcast Escuta que é bom*, acesse o *site* oficial, disponível em: https://escutaqueebom.com (acesso em: 5 maio 2022).

Resenha musical

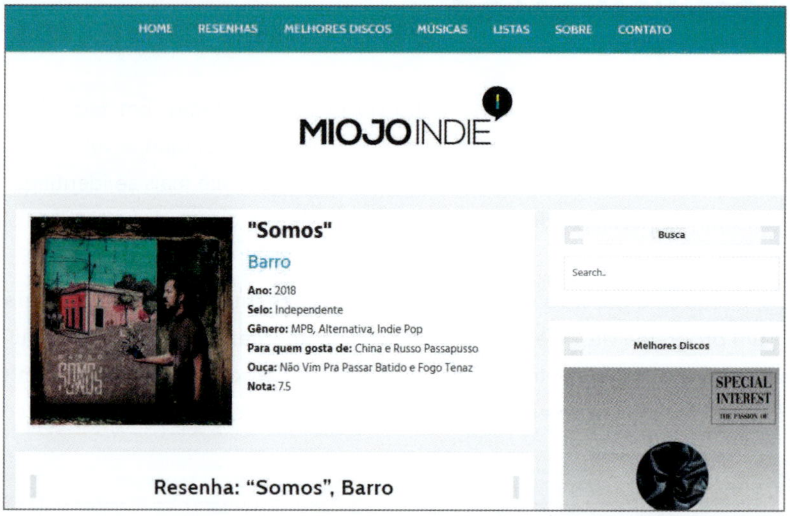

Antes do advento da internet, as resenhas eram publicadas em cadernos especializados em arte e cultura de revistas e jornais impressos. Atualmente, elas podem ser publicadas em *sites* ou em *blogs* especializados em diversas áreas, inclusive em nichos específicos.

Vamos estudar uma resenha publicada no *blog Música Instantânea*, que, assim como o *podcast Escuta que é bom*, divulga lançamentos no mundo da música. A proposta desse *blog* é analisar o que há de mais inventivo na cena vigente: discos, clipes e músicas que "ultrapassem o convencional". O meio usado para essa divulgação é o texto escrito, conforme indicam as abas do *blog*, compostas de Home, Críticas, Melhores discos, Músicas, Listas e Contato. A crítica comenta o álbum *Somos*, do qual foi tirada a música "Não vim pra passar batido", do artista pernambucano Filipe Barro, indicada no episódio de *podcast* que você analisou no início do tópico.

4. Durante a leitura, verifique de que forma o álbum é apresentado e se essa apresentação o motiva a conhecer as músicas do artista. Depois, reflita sobre o que se pede.

Resenha: "Somos", Barro

A mistura de ritmos que embala o primeiro álbum de estúdio do cantor e compositor pernambucano Barro ganha um novo capítulo em Somos (2018, Independente). Sequência ao colorido Miocárdio (2016), o trabalho inaugurado pela plural Seja Você joga com a experiência do ouvinte durante toda sua execução. Uma criativa colagem de ideias, referências e gêneros musicais que mudam de direção a todo instante, indicando a completa versatilidade do artista dentro de estúdio.

Entre versos políticos, poemas contemplativos e histórias que se convertem em música, Barro faz do presente álbum uma obra guiada pela força do coletivo. Da produção do disco, dividida com Guilherme Assis e Ricardo Fraga, passando pela presença de artistas como Dengue (Nação Zumbi), Chiquinho (Mombojó), Sofia Freire, DJ Negralha e a franco-senegalesa Anaïs Sylla, cada fragmento do trabalho se abre para a breve interferência de diferentes vozes, compositores e instrumentistas.

Não por acaso, das dez músicas que recheiam o disco, pelo menos quatro delas contam com a interferência de um time seleto de colaboradores. São nomes como Mariana Aydar, dona da voz na dolorosa Eu Só Queria Que Você, Hugo Lins na regional Cavalo-Marinho e Amaro Freitas na delicada Caju Clareou. Nada que se compare à explosão de versos lançados por Jéssica Caitano em Não Vim Pra Passar Batido, uma síntese clara da identidade nordestina que serve de sustento ao disco.

De fato, tão logo tem início, Somos parece estreitar a relação de Barro com a própria herança pernambucana. São variações eletrônicas que adaptam de forma transformada uma série de ritmos genuinamente brasileiros, como o baião, o maracatu e o xote. Um misto de passado e presente, conceito que vem sendo explorado desde o lançamento de Miocárdio, porém reforçado em músicas como Pela Liberdade, Cavalo-Marinho e, principalmente, na faixa-título do álbum.

Nos momentos em que desfila sozinho pelo disco, Barro se entrega à música pop, porém, em uma estrutura particular. Exemplo disso ecoa com naturalidade em Fogo Tenaz. Concebida a partir de pequenas camadas instrumentais, a canção se espalha em meio a sintetizadores, guitarras pontuais e vozes em coro, lembrando uma versão abrasileirada de estrangeiros como Passion Pit. A mesma leveza ecoa com naturalidade em E Quem Vai Saber?, uma fuga breve da aceleração que embala a experiência do ouvinte até o último instante da obra.

Dosando entre versos marcados pelo pessimismo ("Somos sementes / Do agronegócio / Do lixo tóxico / Da célula / Da transgênese / Somos futuro / Do imperfeito") e instantes de evidente força ("E caminhamos juntos pela liberdade / E caminhamos juntos por toda cidade"), Barro entrega ao público uma obra de essência diversa. Pouco mais de 30 minutos em que o músico pernambucano não apenas preserva, como amplia parte do universo conceitual que vem sendo explorado desde a bem-sucedida estreia com Miocárdio.

FACCHI, Cleber. Barro: Somos. *Música Instantânea*, 17 out. 2018. Disponível em: http://musicainstantanea.com.br/resenha-somos-barro/. Acesso em: 5 maio 2022.

A resenha é um gênero textual por meio do qual um enunciador (jornalista, crítico de música, cinema ou literatura, por exemplo) busca influenciar leitores a tomar ou não contato com determinada obra. Como todo gênero textual, tem uma estrutura mais ou menos estável: referências ao artista, características da obra analisada, avaliação do trabalho, estímulo ou não à apreciação.

Algumas resenhas apresentam essas informações em diferentes parágrafos. Outras trazem o entrecruzamento dessas partes, de modo que, no trecho em que lemos a apresentação da obra, tomamos contato com a avaliação do crítico imediatamente.

a) Releia o primeiro parágrafo do texto e observe como o resenhista, na apresentação do álbum, integra avaliação e descrição, alcançando, assim, maior especificidade no registro da apreciação do trabalho. Em seguida, leia um exemplo de análise do texto:

Virinaflora/Shutterstock

Expressões como "mistura de ritmos" e "ganha um novo capítulo" informam características relativas à diversidade do álbum e ao fato de que ele dá continuidade a um trabalho anterior, avaliado como "colorido" pelo resenhista. Essa mesma ideia de mistura e diversidade como marca do álbum aparece novamente no parágrafo, dessa vez com um novo atributo: criatividade ("criativa colagem de ideias, referências e gêneros musicais"). Fechando o parágrafo, uma nova avaliação, dessa vez dirigida diretamente ao artista: "completa versatilidade do artista dentro de estúdio".

A preocupação em ser específico ao integrar informação com avaliação sobre o álbum está presente na construção de toda a resenha.

b) Agora, com um colega, preparem uma análise como essa de um parágrafo do texto a ser indicado pelo professor. Durante a análise, identifiquem:

- que aspectos do álbum ou do artista estão sendo destacados;
- que termos empregados pelo crítico revelam sua avaliação do trabalho;
- a que elementos da apresentação do álbum esses termos se referem.

Diário de bordo

No diário de bordo, monte uma tabela, destacando as categorias que podem ser analisadas em uma música ou em um álbum musical. Em seguida:

a) Destaque as usadas na resenha em estudo e outras que você considere relevantes.

b) Copie trechos que descreveram ou avaliaram os elementos de cada uma das categorias. Acrescente outros que possam ser aproveitados em outras avaliações de produções musicais. Segue uma tabela como sugestão.

Categorias	Termos específicos para se referir a essas categorias ou avaliá-las
Produtores	\\\
Participações	\\\
Estilos musicais	\\\
Qualidade das músicas ou de sua execução	\\\
Sensações que provocam	\\\
Referências artísticas	\\\

A resenha analisada traz elementos linguísticos que garantem a conexão entre os parágrafos. Isso significa que, ao iniciarmos a leitura de qualquer parágrafo da resenha, percebemos a relação entre este e o anterior. Essa preocupação com a organização de um texto garante que o leitor compreenda a direção dada pelo autor às ideias e a progressão que ele imprime ao texto.

5. Retome o texto e verifique como isso se dá, respondendo às questões a seguir.

a) Releia o primeiro e o segundo parágrafos da resenha, atentando para a última frase do primeiro parágrafo e para a primeira frase do segundo parágrafo. Com que elementos o autor retomou, no início do segundo parágrafo, as informações que finalizam o primeiro?

b) Volte ao texto e busque essas relações entre o segundo e o terceiro, entre o terceiro e o quarto e, também, entre o quarto e o quinto parágrafos.

c) Indique quais formas de retomada dos parágrafos correspondem às ideias de exemplificação, confirmação, oposição e acréscimo.

Seleção lexical e campo semântico na descrição avaliativa do texto

A resenha é um gênero que integra a apresentação de dados sobre uma obra artística com a avaliação do resenhista acerca dessa obra. O estudo do gênero favorece o levantamento de elementos linguísticos que podem compor a avaliação e amplia o repertório de recursos para a escrita de textos que exijam o uso desse tipo de expediente. Afinal, a resenha não é o único gênero que exige o emprego de expressões avaliativas.

No estudo da resenha do álbum *Somos*, de Barro, vimos o importante papel expressivo que substantivos, verbos, advérbios e, principalmente, adjetivos podem ter nas descrições avaliativas do produtor do texto. Mas essa análise dos termos que compõem uma avaliação não pode vir descolada do conceito de campo semântico. Em todas as línguas, podemos agrupar palavras relacionadas a uma mesma área ou categoria. Se levantarmos as palavras que pertencem a um só grupo, independentemente de sua classe gramatical, teremos uma ideia de conjuntos de predomínio, o que facilita a identificação da área de destaque em um texto.

Releia o último parágrafo da resenha e veja como isso ocorre. Observe a relação entre a forma verbal "dosando" e o adjetivo "diversa".

Se o artista equilibra, em seu álbum, versos pessimistas e instantes de força, ou seja, apresenta elementos variados, pode-se afirmar que existe, no trabalho, uma essência diversa. Então, o campo semântico destacado para descrição e avaliação do trabalho é o da diversidade.

Se formos buscar, ao longo da resenha, outros termos que pertençam a esse campo semântico, encontraremos:

- **Primeiro parágrafo**: mistura, colagem e versatilidade.
- **Segundo parágrafo**: coletivo e interferência.
- **Terceiro parágrafo**: interferência.
- **Quarto parágrafo**: variações, série e misto.

No quinto parágrafo, o resenhista menciona "momentos em que desfila sozinho pelo disco", para opor essa situação aos momentos em que o artista está acompanhado, outro traço da diversidade do trabalho.

Essas regularidades colaboram para a construção da coerência do texto. O resenhista destaca um aspecto (a essência diversa do álbum) e o desenvolve, retomando esses elementos na descrição do trabalho.

O levantamento do valor semântico dos termos empregados nas descrições também contribui para a compreensão da avaliação feita pelo autor da obra. Para isso, faz-se o levantamento de verbos, substantivos e adjetivos e verifica-se se eles têm valor mais positivo, mais negativo ou se são empregados com um caráter meramente informativo, sem evidenciar ideia de valor.

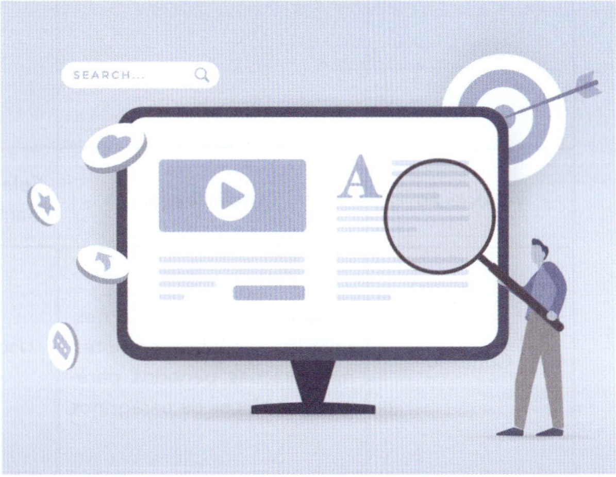

BestForBest/Shutterstock

Por exemplo: ao longo da resenha, termos como **criativo**, **recheiam**, **força**, **seleto**, **leveza**, **embala**, **amplia** e **bem-sucedido** revelam a avaliação positiva que o resenhista faz do trabalho.

Experimentação Análise de outras resenhas

Pesquise a resenha do álbum de um artista do qual você goste. Leia atentamente esse texto e identifique os termos empregados pelo redator para avaliar o álbum. São positivos ou negativos? Você reconhece as expressões usadas para a descrição do álbum? Você identifica um elemento principal reforçado pelo resenhista ao longo da apresentação do trabalho? Se não houver tal elemento, quais foram os diferentes destaques feitos pelo redator? Você considerou que a resenha lida cumpriu seu papel de informar sobre o álbum e, ao mesmo tempo, avaliá-lo?

Diário de bordo

Registre suas percepções no diário de bordo.

Para garantir diferentes tipos de relação entre as partes de um texto, que vão desde a combinação entre palavras até a combinação entre parágrafos, a língua conta com preposições, pronomes, advérbios e conjunções, elementos que dão sustentação à sequência textual.

Graças a esses elementos linguísticos, é possível indicar ao leitor os vínculos que se deseja estabelecer entre as diferentes informações que compõem os enunciados.

As relações de sentido existentes no interior do texto constituem a coesão textual e podem se dar por meio de reiteração, associação e conexão.

Veja o esquema a seguir:

Relação textual	Procedimento	Recurso	Exemplo
Reiteração	Repetição	Paráfrase	O músico anunciou o lançamento do seu primeiro CD, ou melhor, do primeiro álbum em plataformas digitais.
		Paralelismo	Ou isto ou aquilo
		Repetição	Cidade, *city*, *cité*, *cittá*.
	Substituição	Substituição gramatical	"Não por acaso, das dez **músicas** que recheiam o disco, pelo menos quatro **delas** contam com a interferência de um time seleto de colaboradores."
		Substituição lexical	"A mistura de ritmos que embala o primeiro **álbum** de estúdio do cantor e compositor pernambucano Barro ganha um novo capítulo em *Somos* (2018, Independente). Sequência ao colorido *Miocárdio* (2016), o **trabalho** inaugurado pela plural *Seja você* joga com a experiência do ouvinte durante toda sua execução."
Associação	Seleção lexical	Seleção de palavras semanticamente próximas	"Nos momentos em que desfila **sozinho** pelo disco, Barro se entrega à música pop, porém, em uma **estrutura particular**."
Conexão	Estabelecimento de relações sintático-semânticas entre termos, orações, períodos, parágrafos e blocos de parágrafos	Uso de diferentes conectores	"**De fato**, tão logo tem início, Somos parece estreitar a relação de Barro com a própria herança pernambucana." "**Não por acaso**, das dez músicas que recheiam o disco, pelo menos quatro delas contam com a interferência de um time seleto de colaboradores."

Experimentação Elabore a própria resenha

Como forma de preparação para a seção *#Multiplicar*, selecione uma música ou um disco do qual você gosta. Prepare uma resenha com a finalidade de motivar os colegas a conhecer a música ou o álbum indicado. Se preferir, pode escrever a resenha de uma das músicas da ***playlist*** que está montando para *#Multiplicar*.

1. No primeiro parágrafo, apresente a obra e o artista. Esse é seu álbum de estreia ou já lançou outros trabalhos? Quais são as principais características desse álbum?
2. No segundo parágrafo, apresente os artistas que participam do álbum ou que compõem a banda. Comente a execução das músicas, destacando o papel de todos ou de um deles.
3. Finalize o texto, descrevendo aspectos do álbum que você considera relevantes para que o leitor se sinta motivado a ouvir.
4. Antes de considerar o texto finalizado, garanta que haja relações claras e coerentes entre os parágrafos.
5. Leia seu texto em voz alta para a turma e verifique quantos colegas você conseguiu motivar a ouvir o álbum que indicou.
   - Verifique se você conseguiu ser específico na avaliação das músicas selecionadas.
   - Confira, também, se suas justificativas colaboram para que o interlocutor perceba a importância e a relevância de suas escolhas.
   - Avalie se seus argumentos são capazes de gerar no interlocutor confiança em suas decisões.
6. Arquive o texto final da sua resenha em seu **Porftólio**.

Diário de bordo

Registre suas anotações, rascunhos e avaliações em seu diário de bordo.

Para ir mais longe Vídeo *react*

Os vídeos *reacts* são vídeos profissionais ou amadores que registram a reação de grupos específicos a algo: uma cena engraçada, uma tecnologia desconhecida, um novo brinquedo. Você conhece algum vídeo assim?

Entre os vídeos *reacts*, há aqueles dedicados ao registro da reação de estrangeiros à música brasileira. Existem vários nessa categoria, mas vamos indicar um produzido pela *youtuber* holandesa NiceNienke (disponível em: https://youtu.be/6uBKjkSHyvA; acesso em: 5 maio 2022). Nessa gravação, ela reage a algumas músicas brasileiras. Observe o formato do vídeo e as edições que ela fez. Atente para as canções selecionadas e observe como ela reage a cada uma delas e quais palavras emprega no comentário. Que diferenças você percebe entre esse tipo de avaliação e as avaliações lidas na resenha ou ouvidas no *podcast*?

Análise de mídias sociais

Mídias sociais são plataformas digitais que possibilitam a interação social pelo compartilhamento de conteúdo criativo ou informativo nos mais diversos formatos. Podem ser fóruns de debate, aplicativos de troca de mensagens espontâneas, páginas de compartilhamento de textos, fotos, músicas, vídeos, entre outros. Por meio delas, discursos são disseminados, vínculos sociais são criados, valores, costumes e interesses são compartilhados.

Bloomicon/Shutterstock

É muito comum encontrar mídias sociais dentro das redes sociais.

Enquanto as **mídias sociais** são plataformas de compartilhamento de conteúdo fora das mídias tradicionais (rádio, televisão e jornais e revistas impressos), as **redes sociais** são uma subcategoria das mídias sociais, centradas na interação, no relacionamento entre as pessoas.

Saiba+

São exemplos de **mídias sociais**: redes sociais, *blogs*, *sites* de compartilhamento que permitam comentários e envolvimento dos usuários.
São exemplos de **redes sociais**: Facebook, WhatsApp, Twitter, uma vez que têm como foco a interação entre pessoas ligadas por interesses afins.

Por seu poder de alcançar e influenciar variados grupos sociais e culturais, as mídias sociais são importante material de observação para instituições públicas e privadas, comerciantes, artistas, profissionais liberais, pesquisadores e analistas de discurso. Esses grupos veem nessa ferramenta um importante meio de difusão de nomes e marcas, de monitoramento da evolução ou das crises da própria imagem, ou mesmo um meio de análise de mecanismos de construção de discursos e ideologias.

Nesse sentido, as mídias sociais podem ser analisadas com base em dois eixos principais:

- as linguagens adotadas na construção de discursos possíveis, determinando a forma de apresentar-se para o outro;
- as métricas, como ferramentas de acompanhamento dos efeitos sobre o receptor dos discursos.

O primeiro eixo dessa análise implica o reconhecimento de que recursos verbais e visuais difundem identidades, valores, princípios e ideologias e que, portanto, estão longe de serem neutros em sua expressão. Com isso, percebemos a importância da criação de categorias de análise para o levantamento de regularidades nas formas de representação, a fim de identificar padrões discursivos, se houver, analisá-los e posicionar-se criticamente diante do observado.

O segundo eixo propõe a análise das métricas por demonstrar a repercussão do conteúdo publicado sobre quem o acompanha e a revisão de discursos que isso pode provocar em quem o publica.

Textos multimodais

Os textos multimodais são aqueles constituídos pela combinação de recursos próprios da escrita, como fontes, tipografia, sublinhados; sons (palavras faladas, sonorizações, músicas); imagens (desenhos, fotos reais, fotos adaptadas), além de gestos, movimentos e expressões faciais.

Governo Federal/Ministério da Saúde

Anúncios publicitários e textos de campanha comunitária ou governamental são exemplos comuns de textos multimodais.

Princípios da análise do discurso multimodal

Quem cresceu assistindo à televisão já esteve diante de discursos multimodais; afinal, o princípio para a veiculação de conteúdo nas telas é a combinação de diferentes linguagens para a construção de narrativas que transmitam mensagens ao espectador. O discurso multimodal acompanha as mídias sociais, com a diferença de que, com a internet, esse discurso é atravessado pelas reações dos usuários que interagem nessas mídias. Em mídias tradicionais ou mídias sociais, as imagens são referências diretas ou indiretas da realidade, de modo que a seleção de cenas e cenários funcionam como legitimadores de argumentos, ideias e fatos.

Para a análise de discursos multimodais, é importante compreender o sentido de modalização.

O modo indica a forma como se dá a participação dos sujeitos nos processos discursivos. Observe as variações na relação do sujeito com seu objeto nas frases a seguir:

- Mário posta ao menos uma foto por dia em sua rede social favorita.
- Mário deveria postar ao menos uma foto por dia em sua rede social favorita.
- Mário sempre posta fotos em sua rede social favorita.

As formas de enunciar as informações variaram de acordo com o saber e o grau de implicação do autor da frase com a informação enunciada.

No primeiro e no terceiro caso, o enunciador constata algo; já no segundo, sugere algo, avaliando, de alguma forma, um comportamento. Essa presença do enunciador no discurso é chamada de modalização.

As imagens no discurso multimodal também são modalizadas, e isso se dá pela combinação de cores, pelos elementos de sombra e luz, pelos arranjos tipográficos e iconográficos.

Ao analisar as imagens de um texto multimodal, devemos observar os diversos elementos sempre em relação com a mensagem apresentada. Não há, *a priori*, um significado para cores, efeitos de luz e sombra ou combinações entre planos de frente e de fundo. Contudo, todos esses elementos devem ser observados na busca da compreensão da narrativa assumida pelo enunciador.

No livro *Introdução à multimodalidade*: contribuições da gramática sistêmico-funcional, análise de discurso crítica e semiótica social, de Josenia Vieira e Carminda Silvestre, são propostas algumas perguntas para a análise de imagens em textos multimodais. Veja essas perguntas a seguir.

- Para a produção de sentido, planos de frente e de fundo estão combinados entre si ou não há articulação entre eles?
- As imagens estão representadas em quantas dimensões?
- Quanto ao uso da escala de luz e sombra, a luz fosca destaca o quê? O ponto mais iluminado na imagem é o mais relevante na informação a ser dada?
- Quanto à escala de matizes, verifique se há muitas cores na imagem. Em relação à escala de intensidade das cores, observe se as cores são opacas ou intensas, frias ou quentes e o que isso pode significar na construção do sentido, na representação de crenças e ideologias.
- Como se apresentam os ambientes nos textos multimodais: são mais claros ou mais escuros?

Saiba+

No artigo "Multiletramentos: iniciação à análise de imagens", de Roseli G. Nascimento, Fábio A. S. Bezerra e Viviane M. Heberle, publicado em *Linguagem e Ensino*, disponível em: https://periodicos.ufpel.edu.br/ojs2/index.php/rle/article/view/15403 (acesso em: 5 maio 2022), são descritas e ilustradas perguntas formuladas para a análise de imagens, que foram baseadas na *Gramática do* design *visual*, de Kress e Van Leeuwen. Use-o como fonte para as análises que fará.

Ao analisar uma imagem, é importante observar elementos que também são reveladores da representação a ser comunicada. Na **função representacional**, temos:

- Representações narrativas: Há participantes na ação? Há movimentos representados? Para onde o olhar do(s) participante(s) está direcionado? Há processos mentais ou verbais expostos em frases que acompanham a imagem?
- Processos classificatórios: Há elementos comuns entre os participantes da cena? A classificação desses elementos se dá de forma implícita, por meio de inferência do próprio leitor da imagem, ou de forma explícita, por meio do conteúdo de uma legenda?
- Processos analíticos: O que está em maior destaque na imagem? Que significados a escolha em focar determinados elementos produz? Lembrem-se de vincular o significado ao contexto de produção e veiculação da imagem.

- Processos simbólicos: Há elementos que acrescentam valor à imagem por não pertencerem naturalmente a ela?

Na **função de interação**, temos:

- Contato: A relação entre o participante da imagem e o leitor parece ser próxima ou não? É possível deduzir algum tipo de demanda no olhar do leitor: compaixão, atenção, aproximação, etc.?
- Distância social: Qual é o plano escolhido para a captação da imagem: plano fechado (maior relação de intimidade), plano médio (vinculação social) ou plano aberto (impessoal)?

Observe a imagem a seguir e repare nos aspectos destacados:

Reprodução/NBC

Anúncio de apresentação televisiva da banda de *rock* estadunidense Bon Jovi, maio de 2018.

1. Observe como o plano de fundo (paredes, teto e lustre) e o plano de frente (artistas dispostos simetricamente na imagem) estão relacionados. Repare na sofisticação resultante da escolha adequada das cores (preto, cinza e dourado, com equilíbrio entre luz e sombra) e das roupas vestidas pelos artistas (ternos e jaquetas de couro pretos).
2. Note como o visual de cada artista complementa o cenário marcado pela opulência dos detalhes, como o lustre refletindo luz dourada no teto.
3. Observe a tipografia, que mistura a letra de imprensa com a assinatura do artista.
4. Perceba a economia no texto verbal: a palavra *performing* em fonte menor do que a do nome do artista, seguida do dia da semana em fonte maior e acompanhado de um ponto de exclamação. Na parte inferior da imagem, estão os símbolos do programa e da emissora em fontes muito pequenas.

A ideia de sofisticação projetada por essa imagem pode pretender contrapor esses artistas, famosos e reconhecidos por sua trajetória na música, a artistas menos reconhecidos. Para a análise da tipografia, siga este roteiro de perguntas a seguir:

- Por que certas informações estão em letra maiúscula e outras em minúscula?
- Por que algumas informações são veiculadas em letras grandes e outras em letras pequenas?

- Quais são as fontes tipográficas selecionadas? Elas conferem tradição ou modernidade ao discurso?
- Que aspectos do discurso as cores da fonte podem enfatizar?
- Como interpretar a forma como o texto escrito ocupa a página?

Observe, na imagem a seguir, a exploração de recursos tipográficos para dar ênfase à mensagem. A fonte, caracterizada por letras irregulares, combina com a natureza supostamente divertida da imagem, um desenho de linhas simples, em que não se nota a preocupação com o realismo. A primeira linha do texto é escrita em preto, a segunda, em cinza-escuro e a terceira, em cinza-claro, o que sugere a ideia de que o texto está esmaecendo e acabará por desaparecer, assim como a árvore, da qual agora se vê apenas o tronco cortado.

Flávio Wetten/Acervo do cartunista

Quadrinho *Faz oxigênio, faz sombra, faz falta*, de Flávio Wetten.

Experimentação Análise de anúncio

Na reprodução ao lado, observe atentamente os planos de fundo e de frente, a postura dos artistas na foto, bem como as cores e as fontes selecionadas para a composição do cartaz de divulgação do trabalho dessa banda. Relacione essas escolhas com a situação de publicação desse trabalho, com o gênero de música da banda e indique que sensações esse cartaz pode gerar no leitor.

Reprodução/Acervo do artista

Anúncio de *show* no modelo *drive-in* da banda de forró paulista Falamansa, em estacionamento de *shopping* de São Paulo (SP), 2020.

Diário de bordo

Registre em seu diário de bordo as observações e indicações que você elaborou ao analisar o cartaz conforme foi pedido na experimentação.

Métricas das mídias sociais

As métricas de mídias sociais são formas de mensuração dos dados registrados na interação dos usuários por meio de sua conta nessas mídias. Diferentes mídias utilizam diferentes métricas. A seguir, são apresentadas as mais comuns, embora não necessariamente presentes em todas as redes sociais.

- Curtidas: número de curtidas geradas pela publicação.
- Alcance/visitantes: número de pessoas que visualizaram qualquer publicação da página/conta.
- Interações: total de ações ocorridas no perfil.
- Seguidores: número de usuários que seguem a página.
- Menções: quantas vezes o perfil foi mencionado por usuários da mesma mídia.
- Exibições: número de pessoas que clicaram no vídeo e assistiram a ele.
- Inscritos: quantidade de usuários inscritos em um canal.
- "Gostei" (*likes*) e "Não gostei" (*dislikes*): reação dos usuários aos vídeos postados.
- Compartilhamentos: total de compartilhamentos das postagens.
- Engajamento/comentários: comentários postados por seguidores, leitores ou espectadores.

RIBEIRO, Flávio. As principais métricas de mídias sociais que você precisa conhecer. *Resultados Digitais*, 25 abr. 2018. Disponível em: https://resultadosdigitais.com.br/blog/metricas-midias-sociais/. Acesso em: 22 jun. 2022. (Texto adaptado.)

Análise de métricas das mídias sociais

Para a análise das métricas das mídias sociais, é importante situar a interação dos usuários de uma rede social em práticas de conversação favorecidas pela apropriação de ferramentas de mediação, como as descritas anteriormente. Tais recursos excluem a necessidade de resposta imediata à mensagem apresentada (comunicação assíncrona), favorecem a criação de laços sociais frágeis (uma vez adicionado um amigo, a menos que este seja excluído, independentemente do grau de proximidade, será contado como um contato) e possibilitam reforços e revisões da própria representação com base na repercussão das postagens e dos efeitos sobre aqueles com os quais se deseja maior identificação. Nessas novas formas de conexão social, as interações por meio dos *sites* ou das contas em redes são geradoras, para seus usuários, de valores específicos a serem alimentados constantemente pelas respostas ao que for manifestado.

A compreensão dos efeitos das métricas em mídias sociais sobre os indivíduos, segundo a pesquisadora Raquel Recuero, passa pelo conceito de face apresentado por Goffman. Para esse autor, a face é constituída de valores sociais positivos que um indivíduo reivindica por meio de sua expressão para os demais usuários da rede; trata-se da própria imagem construída de modo a ser positiva diante dos demais. A necessidade de propor e receber legitimação orienta as escolhas discursivas: o que postar, de que forma, em que momento, de modo a obter aprovação e algum tipo de segurança social naquele meio.

Analise as métricas de uma mídia social de que você goste, buscando resposta às seguintes perguntas:

- Qual é a proporção entre o número de visitantes, o número de curtidas ou *likes* e o número de comentários postados?

- O que essas ações revelam sobre o tipo de interação selecionada pelo leitor da página?
- De uma postagem para outra, há respostas em reação a curtidas e comentários?

Em grupos organizados pelo professor, você e os colegas pesquisarão as formas como os artistas se apresentam ou atuam em mídias sociais. O resultado do trabalho será compartilhado em mesa-redonda a ser formada no evento descrito na seção *#Multiplicar*, quando discutirão o papel das mídias na difusão do trabalho de artistas da música.

1ª etapa — Conhecendo a mídia

a) Em grupo, escolham um artista e uma rede social usada por esse artista para apresentar seu trabalho.

b) Selecionem ao menos dois artigos científicos com informações sobre a mídia escolhida. Destaquem dos artigos o histórico da mídia, seus usos e seu alcance. Para essa pesquisa, utilizem uma ferramenta de busca acadêmica (há várias disponíveis na internet).

c) Explorem a mídia para fazer seu mapeamento: identifiquem seus recursos; descrevam sua estrutura, seu *design*, as imagens e as cores selecionadas; reconheçam as funcionalidades, as informações que podem ser obtidas por meio dela; destaquem as limitações e os riscos para o usuário; apontem detalhes como a existência ou não de publicidade, a posição das abas e das *tags*.

d) Os dados do mapeamento podem ser organizados em diagramas. Vocês também podem printar uma página da mídia e, por meio de setas, indicar aspectos do *layout* e as diferentes funções.

e) Avaliem o potencial da mídia de divulgação de um trabalho e de monitoramento da repercussão das postagens: É possível postar comentários? É possível visualizar a quantidade de acessos? Que tipo de retorno do alcance de seu trabalho o artista pode ter?

2ª etapa — Análise das postagens do artista

a) Determinem um período para o acompanhamento das postagens. Selecionem uma postagem a cada dia (ao longo do período determinado pelo grupo). Crie uma tabela para registrar os dados sobre a postagem. Você pode deixar uma coluna para cada informação. As informações a serem anotadas podem ser: data da postagem; texto postado; imagem postada e *link* de acesso; quantidade de visualizações; quantidade de curtidas/*likes*; quantidade de comentários. Preencham a tabela elaborada.

b) Em seguida, façam a leitura dos dados na vertical, buscando reconhecer um padrão nas postagens. Sigam este roteiro para a identificação do padrão:

- Há um tema predominante nos textos postados? Há uso expressivo da tipografia nos textos? (Revejam as questões para a análise da tipografia.) Que recursos essas escolhas reforçam?
- Como são as imagens selecionadas? (Revejam as questões para a análise de imagens. Selecionem algumas delas para guiar a leitura.) O que o conjunto das imagens comunica sobre o artista?
- A quantidade de curtidas/*likes* em relação à quantidade de visualizações demonstra repercussão positiva ou negativa das postagens?
- Os comentários postados são predominantemente elogiosos? Eles dizem respeito a que aspectos da postagem: São sobre o artista de modo geral? Sobre a postagem específica? Sobre o trabalho do artista? Sobre sua visão de mundo? O que isso revela sobre seus seguidores?

c) Para elaborar conclusões sobre as análises feitas, sigam um roteiro de perguntas. Algumas sugestões são:

- É possível reconhecer um padrão nas imagens? Que padrão é esse? Imagens e textos são condizentes?
- Com base na leitura dos comentários, o que se pode concluir a respeito do modo como o público se relaciona com esse artista?
- As postagens são meios de divulgação da própria imagem ou de divulgação do trabalho artístico realizado?
- Nas postagens, houve difusão de preconceitos? Como visualizadores e seguidores reagiram a isso?
- A que aspectos o artista procura vincular sua imagem: simplicidade, riqueza, ostentação, ativismo ambiental, social ou político, família, amigos, trabalho?
- Considere a média de visualizações das postagens do artista. Em sua opinião, mídias sociais são eficientes para a divulgação do trabalho dele? Por quê?

3ª etapa — Apresentação

Destaquem os resultados que o grupo julgar mais relevantes e preparem a apresentação dos dados em cartazes ou *slides* para apoiar sua participação na mesa-redonda. Para a preparação das apresentações:

- Transformem as informações mais objetivas em esquemas ou diagramas.
- Anotem apenas frases sintéticas no cartaz ou nos *slides*. O texto da sua fala deve estar memorizado ou anotado em outro suporte (papel, caderno, celular) apenas para eventual consulta.
- Criem um padrão para as páginas da apresentação: mesmo fundo ou mesmo tipo de letra.
- Ilustrem as afirmações de sua comunicação com imagens retiradas do material de pesquisa.
- Variem cores e tamanhos de fonte, para tornar a apresentação mais dinâmica e atrair o interesse do público. Evitem fontes de difícil leitura.

Saiba+

Promova um cine-debate com seus colegas sobre o documentário *O dilema das redes*. Lançado em 2020, o filme traz o alerta de pesquisadores e especialistas em tecnologia sobre os riscos das redes sociais para a liberdade das pessoas e a democracia.

O dilema das redes. Direção: Jeff Orlowski. Estados Unidos: Netflix, 2020.

Virinaflora/Shutterstock

Responda às questões a seguir para treinar seus conhecimentos sobre o que estudou nesta unidade.

(Unesp-SP – 2011)

Instrução: Para as questões de 1 a 3 tomar por base o trecho a seguir extraído do livro *A linguagem harmônica da Bossa Nova*, do docente e pesquisador da Unesp José Estevam Gava.

Momento Bossa Nova

Nos anos 1940, o samba-canção já era uma alternativa para o samba tradicional, batucado, quadrado. Em sua gênese foram empregados recursos correntes na música erudita europeia e na música popular norte-americana. Já era algo mais sofisticado, praticado por compositores e arranjadores com maior preparo musical e sempre de ouvido aberto para as soluções propostas pela música estrangeira. O jazz, por exemplo, mais tarde permitiria fusões interessantes como o "samba-jazz" e o "samba moderno", com arranjos grandiosos e com base nos instrumentos de sopro. Mas, em termos de poesia e expressividade, o samba-canção tendia a manter seu caráter escuro, sombrio, com muitos elementos que lembravam a atmosfera tensa e pessimista do tango argentino e do bolero, gêneros latinos por excelência.

O samba-canção esteve desde logo ambientado em Copacabana, lugar de vida noturna intensa, boates enfumaçadas, mulheres adultas e fatais envoltas num clima de pecado e traição, enquanto a Bossa Nova ambientou-se mais para o Sul, em Ipanema, além de tornar-se representativa de um público mais jovem, amante do sol e da praia. Nesse ambiente solar, a mulher passou a ser a garota da praia, a namorada. Deu-se um descanso às imagens de "amante proibida e vingativa, com uma navalha na liga. E as letras da Bossa Nova não tinham nada de enfumaçado. Eram uma saga oceânica: a nado, numa prancha ou num barquinho, seus compositores prestaram todas as homenagens possíveis ao mar e ao verão. Esse mar e esse verão eram os de Ipanema" (Castro, 1999, p. 59).

A Bossa Nova levou aos extremos a tendência intimista de cantar sobre temas do cotidiano, sem muita complicação poética. Em vez da negatividade do samba-canção, explorou ao máximo a positividade expressiva e um otimismo sem precedentes. Esse foi o grande traço distintivo entre a Bossa Nova e o samba-canção. O otimismo diante do amor trouxe consigo imagens de paz e estabilidade possibilitadas por relacionamentos amorosos felizes e amores correspondidos, sem as cores patológicas e dramáticas que tanto marcavam os sambas canções. Mesmo a dor, quando ocorria, era encarada como um estágio passageiro, deixando de assumir o antigo caráter terminal.

Em plenos anos 1950, quando nas rádios predominava o derramamento vocal e sentimental, Tom Jobim já buscava um retraimento expressivo pautado por um discurso poético/musical mais sereno, mais em tom de conversa do que de súplica. Se os mais jovens identificavam-se com essas coisas novas, os mais velhos e tradicionalistas viam-nas com estranheza, sendo compreensível que as descrevessem como canções bobas e ingênuas, não obstante a sofisticação harmônica e rítmica.

(GAVA, José Estevam. *A linguagem harmônica da Bossa Nova*. São Paulo: Unesp, 2002.)

1. Por meio do texto apresentado, aponte a alternativa que não caracteriza a Bossa Nova.

a) Ambientada em Ipanema.
b) Bem recebida por um público mais jovem.
c) Abordagem de temas do cotidiano.
d) A dor como fato dominante da existência.
e) Maior sofisticação harmônica e rítmica.

2. Segundo o texto, o principal traço distintivo da Bossa Nova com relação ao samba-canção foi

a) a influência do jazz.
b) o afastamento do samba tradicional, batucado, quadrado.
c) a exploração da positividade expressiva e um otimismo sem precedentes.
d) a influência do tango e do bolero sofrida pela Bossa Nova.
e) o caráter mais inovador e as virtudes rítmicas do samba-canção.

3. A leitura do fragmento como um todo permite concluir que, para o autor,

a) o samba-canção era um gênero superior ao da Bossa Nova, pelo fato de explorar temas mais sérios e adultos.
b) a Bossa Nova buscava agradar ao público jovem com letras simplórias e melodias bastante pobres.
c) tanto a Bossa Nova quanto o samba-canção foram gêneros secundários sem qualquer influência relevante para a música popular brasileira.
d) o samba autêntico, tradicional, tinha muito mais qualidade e autenticidade do que a Bossa Nova e o samba-canção.

e) o samba-canção e a Bossa Nova representaram desenvolvimentos autênticos do samba tradicional, cada qual com temática própria e estrutura melódica e musical distinta.

4. (Enem – 2010)

Quando vou a São Paulo, ando na rua ou vou ao mercado, apuro o ouvido; não espero só o sotaque geral dos nordestinos, onipresentes, mas para conferir a pronúncia de cada um; os paulistas pensam que todo nordestino fala igual; contudo as variações são mais numerosas que as notas de uma escala musical. Pernambuco, Paraíba, Rio Grande do Norte, Ceará, Piauí têm no falar de seus nativos muito mais variantes do que se imagina. E a gente se goza uns dos outros, imita o vizinho, e todo mundo ri, porque parece impossível que um praiano de beira-mar não chegue sequer perto de um sertanejo de Quixeramobim. O pessoal do Cariri, então, até se orgulha do falar deles. Têm uns tês doces, quase um the; já nós, ásperos sertanejos, fazemos um duro au ou eu de todos os terminais em al ou el – carnavau, Raqueu... Já os paraibanos trocam o l pelo r. José Américo só me chamava, afetuosamente, de Raquer.

Queiroz, R. *O Estado de S. Paulo*. 9 maio 1998 (fragmento adaptado).

Raquel de Queiroz comenta, em seu texto, um tipo de variação linguística que se percebe no falar de pessoas de diferentes regiões. As características regionais exploradas no texto manifestam-se

a) na fonologia.

b) no uso do léxico.

c) no grau de formalidade.

d) na organização sintática.

e) na estruturação morfológica.

5. (Uerj – 2010)

Crítica: O dia em que a Terra parou

[2]O *remake O dia em que a Terra parou*, filme estrelado por Keanu Reeves e com um orçamento de US$ 80 milhões, é um prato cheio para os aficionados da ficção científica. O primeiro *O dia em que a Terra parou*, dirigido por Robert Wise, rodado em 1951, foi um apelo ao fim da Guerra Fria. O recente, dirigido por Scott Derrickson, um apelo ao desmatamento, guerras insanas, violência etc. [3]O que muitos não sabem é que o filme foi baseado no conto Farewell to the Master, do escritor Harry Bates. Relevante no aspecto "conscientização", mas infantil em outros. Os efeitos especiais são incríveis, e o gigante robô biológico Gort, que acompanha o alienígena Klaatu, mesmo sem pronunciar palavra e ficando estático quase todo o tempo, dá um show. O pequeno Jaden Smith, filho do ator Will Smith, fez boa interpretação, e tenho certeza do promissor sucesso. [4]Mas, como apaixonado por FC [ficção científica], sou suspeito pra falar deste gênero. Confesso que, em "longos" momentos, o filme foi parado: sem ação alguma. Já no termo da lógica: se realmente existirem alienígenas, será que se preocupariam com o nosso planeta? Por quê? Acredito que não. [5]O universo pode ter milhões de outros planetas habitados, segundo o consagrado doutor em cosmologia e físico teórico Stephen Hawking. [1]Por que se interessariam em salvar justamente o nosso?

No filme, o alienígena Klaatu, diferente do que parece, não tem boas intenções com os seres humanos.

Sua única intenção é salvar o planeta Terra de nós, que o estamos destruindo aos poucos, o que não deixa de ser verdade.

Interessante, com menos ação e violência que *Guerra dos mundos*, mas igualmente impactante. Recomendo.

Ademir Pascale. www.cranik.com

O texto oferece ao leitor informações sobre o filme filtradas pelo autor e somadas às suas avaliações pessoais.

Esse recurso linguístico, próprio de resenhas, está mais bem exemplificado em:

a) O *remake O dia em que a Terra* parou, filme estrelado por Keanu Reeves e com um orçamento de US$ 80 milhões, é um prato cheio para os aficionados da ficção científica. (ref. 2)

b) O que muitos não sabem é que o filme foi baseado no conto *Farewell to the Master*, do escritor Harry Bates. (ref. 3)

c) Mas, como apaixonado por FC [ficção científica], sou suspeito pra falar deste gênero. (ref. 4)

d) O universo pode ter milhões de outros planetas habitados, segundo o consagrado doutor em cosmologia e físico teórico Stephen Hawking. (ref. 5)

6. (Enem – 2017)

Uma noite em 67, de Renato Terra e Ricardo Calil. Editora Planeta, 296 páginas.

Mas foi uma noite, aquela noite de sábado 21 de outubro de 1967, que parou o nosso país. Parou pra ver a finalíssima do III Festival da Record, quando um jovem de 24 anos chamado Eduardo Lobo, o Edu Lobo, saiu carregado do Teatro Paramount em São Paulo depois de ganhar o prêmio máximo do festival com *Ponteio*, que cantou acompanhado da charmosa e iniciante Marília Medalha.

Foi naquela noite que Chico Buarque entoou sua *Roda viva* ao lado do MPB-4 de Magro, o arranjador. Que Caetano Veloso brilhou cantando *Alegria, alegria* com a plateia ao som das guitarras dos Beat Boys, que Gilberto Gil apresentou a tropicalista *Domingo no parque* com os Mutantes.

Aquela noite que acabou virando filme, em 2010, nas mãos de Renato Terra e Ricardo Calil, agora virou livro. O livro que está sendo lançado agora é a história daquela noite, ampliada e em estado que no jargão jornalístico chamamos de matéria bruta. Quem viu o filme vai se deliciar com as histórias – e algumas fofocas – que cada um tem para contar, agora sem os cortes necessários que um filme exige. E quem não viu o filme tem diante de si um livro de histórias, pensando bem, de História.

VILLAS, A. Disponível em: www.cartacapital.com.br. Acesso em: 18 jun. 2014 (adaptado).

Considerando os elementos constitutivos dos gêneros textuais circulantes na sociedade, nesse fragmento de resenha predominam

a) caracterizações de personalidades do contexto musical brasileiro dos anos 1960.
b) questões polêmicas direcionadas à produção musical brasileira nos anos 1960.
c) relatos de experiências de artistas sobre os festivais de música de 1967.
d) explicações sobre o quadro cultural do Brasil durante a década de 1960.
e) opiniões a respeito de uma obra sobre a cena musical de 1967.

7. (Fuvest-SP – 2019)

Examine o anúncio e leia o texto.

I.

Reprodução/Fuvest, 2019

II. Art. 149 Reduzir alguém a condição análoga à de escravo, quer submetendo-o a trabalhos forçados ou a jornada exaustiva, quer sujeitando-o a condições degradantes de trabalho, quer restringindo, por qualquer meio, sua locomoção em razão de dívida contraída com o empregador ou preposto: Pena – reclusão, de dois a oito anos, e multa, além da pena correspondente à violência.

Disponível em: http://www.planalto.gov.br/ccivil_03/LEIS/2003/L10.803.htm. Acesso em: 16 set. 2021.

a) Explique a relação de sentido entre os trechos (I) "Escravidão no Brasil não é analogia" e (II) "Reduzir alguém a condição análoga à de escravo".
b) Qual é a relação entre o uso da imagem sobre um fundo escuro e o texto do anúncio?

8. (Enem PPL – 2013)

Reprodução/Enem, 2013

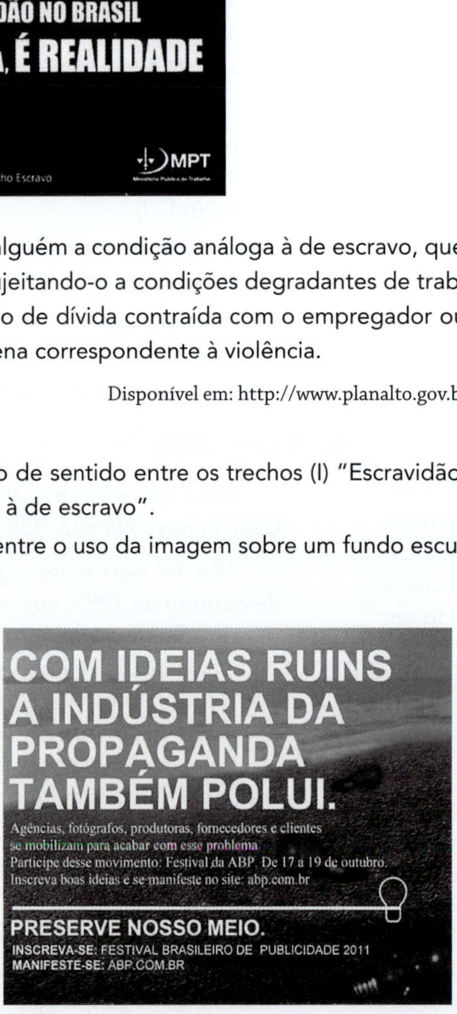

Época, São Paulo, n. 698, 3 out. 2011.

Os anúncios publicitários, em geral, utilizam as linguagens verbal e não verbal, com a intenção de influenciar comportamentos. Os recursos linguísticos e imagéticos presentes na propaganda da ABP convergem para

a) reforçar o caráter informativo do anúncio sobre a realização do evento de publicidade.
b) mostrar que ideias ruins ou mal elaboradas também podem causar algum tipo de poluição.
c) definir os critérios para participação no Festival Brasileiro de Publicidade de 2011.
d) comparar a poluição ocasionada por ideias ruins e a originada pela ação humana.
e) estimular os publicitários a se inscreverem no Festival Brasileiro de Publicidade de 2011.

9. (UnB-DF – 2010)

O trenzinho do caipira

[1] Lá vai o trem com o menino
Lá vai a vida a rodar
Lá vai ciranda e destino
[4] Cidade e noite a girar
Lá vai o trem sem destino
Pro dia novo encontrar
[7] Correndo vai pela terra
Vai pela serra
Vai pelo mar
[10] Cantando pela serra o luar
Correndo entre as estrelas a voar
No ar, no ar...

Música de Heitor Villa-Lobos e letra de Ferreira Gullar.

Considerando o fragmento transcrito acima, de obra de Heitor Villa-Lobos e Ferreira Gullar, julgue o item:

Em *O trenzinho do caipira*, Villa-Lobos utilizou o recurso de variação do andamento da música, para traduzir o movimento de um trem: a aceleração ao deixar a estação; a velocidade constante durante a viagem; e a desaceleração ao se aproximar novamente da estação.

a) certo
b) errado

10. (Uerj – 2014)

É som de preto
de favelado
mas quando toca ninguém fica parado
(...)
O nosso som não tem idade, não tem raça
E não tem cor
Mas a sociedade pra gente não dá valor
Só querem nos criticar pensam que somos animais
Se existia o lado ruim hoje não existe mais
Porque o funkeiro de hoje em dia caiu na real
(...)

MC Amilcka. letras.mus.br

Projeto de lei 4124/2008

O movimento funk do Brasil constitui-se, hoje, em atividade das mais relevantes. Consagrado como voz da periferia, o funk põe em evidência, mais do que um mero estilo musical, um modo de vida — a linguagem, os signos e os emblemas — de uma parte da juventude brasileira que até então foi praticamente invisível aos olhos da nossa sociedade.

Adaptado de camara.gov.br.

A lei que transforma o funk em patrimônio cultural imaterial do Rio de Janeiro foi aprovada em 2009. A principal razão para esse reconhecimento legal está associada à política de:

a) defesa de ritmos brasileiros
b) inclusão de grupos políticos
c) projeção de jovens intérpretes
d) valorização de manifestações populares

11. (Enem – 2020)

Leandro Aparecido Ferreira, o MC Fioti, compôs em 2017 a música *Bum bum tam tam*, que gerou, em nove meses, 480 milhões de visualizações no Youtube. É o funk brasileiro mais ouvido na história do site.

A partir de uma gravação da flauta que achou na internet, MC Fioti fez tudo sozinho: compôs, cantou e produziu em uma noite só, "Comecei a pesquisar alguns tipos de flauta, coisas antigas. E nisso eu achei a "flautinha do Sebastian Bach", conta. A descoberta foi por acaso: Fioti não sabia quem era o músico alemão e não sabe tocar o instrumento.

A "flauta envolvente" da música é um trecho da Partida em lá menor, escrita pelo alemão Johann Sebastian Bach por volta de 1723.

Disponível em: https//g1.globo.com. Acesso em: 8 jun. 2018. [adaptado]

A incorporação de um trecho da obra para a flauta solo de Johann Sebastian Bach na música do MC Fioti demonstra:

a) influência permanente da cultura eurocêntrica nas produções musicais brasileiras.
b) homenagem aos referenciais estéticos que deram origem às produções da música popular.
c) necessidade de divulgar a música de concerto nos meios populares nas periferias das grandes cidades.
d) utilização desintencional de uma música excessivamente distante da realidade cultural dos jovens brasileiros.
e) inter-relação de elementos culturais vindos de realidades distintas na construção de uma nova proposta musical.

12. (Enem – 2020)

Disponível em: www.acontecendoaqui.com.br. Acesso em: 15 jun. 2018

Nessa campanha publicitária, a imagem da família e o texto verbal unem-se para reforçar a ideia de que

a) a família que adota é mais feliz.
b) a adoção tardia é muito positiva.
c) as famílias preferem adotar bebês.
d) a adoção de adolescentes é mais simples.
e) os filhos adotivos são companheiros.

Mesa-redonda e *podcast*

Ao longo da unidade, você fez diferentes experimentações e pesquisas, como o estudo sobre mídias sociais para a divulgação de trabalhos artísticos. Além disso, registrou ideias diversas no diário de bordo para a elaboração de uma *playlist* comentada, apresentando a produção musical brasileira para estrangeiros.

Agora, esse material poderá ser aproveitado para o desenvolvimento de uma das propostas de fechamento: uma mesa-redonda ou um *podcast*.

Escolham, em grupo, o formato que acharem mais interessante e sigam os procedimentos indicados. No final, vocês poderão compartilhar a produção com os colegas e a comunidade escolar. Por isso, lembrem-se de se organizarem para registrar as ações em fotos e vídeos.

Procedimentos

Procedimentos para a mesa-redonda

Vinda dos programas de rádio, a mesa-redonda é um gênero oral, formal e público que reúne pessoas para a apresentação de pontos de vista distintos ou complementares acerca de um tema específico.

Se sua opção for a apresentação do resultado da pesquisa em mídias sociais, você deverá se preparar para uma mesa-redonda. Para isso, acompanhe as orientações a seguir.

O objetivo da mesa-redonda será apresentar a forma como o artista selecionado se representa em uma das redes sociais – conforme a pesquisa realizada neste tópico – e verificar em que medida as redes sociais potencializam a divulgação dos trabalhos e dos valores dele.

Olena Yakobchuk/Shutterstock

Realização de uma mesa-redonda.

Forme um grupo com mais dois colegas que tenham pesquisado diferentes mídias e artistas no tópico *Análise de métricas das mídias sociais*. Um integrante será o moderador, os outros dois serão os expositores.

Cada integrante da mesa-redonda deverá se responsabilizar por uma mídia. Para isso, deve produzir e apresentar *slides* ou um cartaz com as informações mais importantes da pesquisa. Esse material vai apoiar a exposição de ideias durante a mesa-redonda. Por isso, insiram imagens, gráficos e tópicos simples e objetivos, que chamem a atenção dos participantes para os principais pontos da pesquisa. Deixem as informações mais complexas para a exposição oral do conteúdo.

Na exposição oral das informações e dos argumentos, lembrem-se da adequação da linguagem à formalidade que marca a situação.

A discussão deve contar com o moderador, que comunicará as regras, controlará o tempo de cada participante e introduzirá comentários, questionamentos ou advertências, de modo a estimular e garantir uma exposição equilibrada e respeitosa das ideias. As regras devem ser elaboradas e acordadas entre todos previamente.

Procedimentos para gravar o *podcast*

LightField Studios/Shutterstock

Gravação de um *podcast*.

Se a escolha for compartilhar uma *playlist* comentada, você deverá se reunir com um ou dois colegas para gravar um *podcast*. Para isso, sigam as orientações a seguir:

- Criem um roteiro de apresentação do programa, que deve começar com uma fala introdutória que explique o objetivo da conversa e um breve resumo do contexto de elaboração dessas *playlists*.
- Se for possível, gravem uma vinheta (música breve que serve de marca do programa).
- Durante a exposição, alternem-se na fala, procurando manter o caráter de diálogo na forma de se comunicarem. Atentem para a pronúncia das palavras, de modo a garantir que a comunicação seja clara. Destaquem, por meio da entonação, termos que valorizem suas escolhas.
- Cada participante terá 15 minutos para apresentar sua *playlist* comentada, contando quais músicas selecionou e os motivos dessa escolha. Durante esse tempo, poderá executar trechos das músicas para destacar elementos que justificaram sua escolha.
- Lembrem-se de que, nesse formato, vocês podem gravar uma conversa espontânea, em linguagem mais informal. Entretanto, atentem para não fugir do foco da conversa.
- Vocês podem gravar a apresentação da *playlist* comentada diretamente no gravador do telefone celular de um dos integrantes do grupo. Pesquisem previamente programas e aplicativos próprios para a gravação de áudios e *podcasts*. Há diversas opções gratuitas na internet.

Meu portfólio

Ao longo desta unidade, você refletiu sobre as construções da identidade brasileira por meio da projeção de nossa música no mercado internacional.

Você conheceu um pouco da obra de Villa-Lobos e de artistas relacionados à bossa nova, compreendendo aspectos da história da música brasileira e sua repercussão no exterior. Estudou a maneira como Tom Zé retomou a bossa nova em um de seus álbuns, refletindo sobre o imaginário que se tem do Brasil. Também conheceu a projeção atual do *funk* carioca entre ouvintes estrangeiros e uma música de MC Tha, para, então, mobilizar seus repertórios no processo de criação de um *funk*.

Você aprendeu o que é um *podcast* ao analisar um exemplo. Estudou técnicas para a criação de uma *playlist* comentada e para a elaboração de uma resenha de álbum ou de canção.

Por fim, na seção *#Multiplicar*, realizou uma mesa-redonda para a apresentação e discussão das mídias sociais que favorecem a divulgação de um trabalho musical ou gravou um *podcast* para apresentar a *playlist* comentada que montou.

Na montagem de seu portfólio, você deverá retomar todas as produções realizadas nesta unidade, desde rascunhos e projetos até registros em fotos e vídeos de apresentações. Lembre-se de que todo o processo criativo é importante, e não apenas o produto, por isso aqui não podem faltar as diversas versões de uma mesma produção. Retome, também, todas as anotações do diário de bordo: elas vão ajudar muito na construção do portfólio. Não deixe de colocar a data em que cada produção foi realizada; assim, ao consultar o portfólio, você terá condições de verificar sua história de aprendizagem. Essa consulta poderá ajudá-lo a perceber quais aspectos você foi desenvolvendo e aperfeiçoando ao longo do trabalho.

GoodStudio/Shutterstock

UNIDADE

4 Representatividade negra brasileira

Reprodução/Mahin Produções Audiovisuais e Culturais

Frame do curta-metragem *Sem asas*. Dirigido por Renata Martins (Brasil: Mahin Produções Audiovisuais e Culturais, 2019, 20 min).

#TáNoFeed

Veja a imagem de uma cena do curta-metragem *Sem asas*, da diretora e roteirista Renata Martins (1979-). O filme conta a história de Zu, um estudante negro de 12 anos que vai à mercearia comprar farinha de trigo para sua mãe. Na volta para casa, o jovem é abordado por policiais. Na história, o menino descobre que pode voar.

1. Agora, responda às questões:

a) Observe como na foto em destaque o rosto do menino aparece coberto de farinha. O que isso simboliza para você?

b) O que você imagina que acontece na história?

2. Leia a seguir um trecho da crítica de *Sem asas* e, se possível, assista ao *trailer* do filme, disponível em: https://coisadecinefilo.com.br/festival-internacional-de-mulheres-no-cinema-sem-asas (acesso em: 13 maio 2022).

Festival internacional de mulheres no cinema: Sem asas

Construindo uma progressão, na qual o espectador vai, lentamente, se aproximando do cotidiano de uma família, ***Sem Asas*** investe em discutir a questão racial de maneira cuidadosa e pontual. Inicialmente, algo bastante corriqueiro é visto: um pai (Melvin Santhana) ensina matemática para seu filho, explica para ele a importância do estudo. Enquanto isso, a mãe (Grace Passô) está preocupada com o seu trabalho, com as finanças e a dinâmica da casa.

A direção de Renata Martins (*Aquém das nuvens*), que também assina o roteiro, dialoga com o universo que ela parece deseja criar. O dia a dia, que é interrompido pela ação truculenta e racista da polícia, é encenado, através de uma transição de movimentação de câmera. Esta começa mais regular, com planos mais estáticos e mais abertos. Em seguida, após a virada do curta-metragem, quando Zu (Kaik Pereira), garoto de dez anos, vai comprar farinha de trigo para a mãe, a tensão se eleva, com quadros mais fechados, onde as sensações do menino crescem diante da tela.

A escolha de não mostrar o rosto dos policiais é outro acerto. O público apenas escuta suas vozes e assiste à reação da criança assustada. Além disso, a montagem contribui para o clima de suspense e medo, nesta segunda parte da obra. As sequências mais demoradas ou com um número maior de intervenção da edição de ***Sem Asas***, potencializam os sinais de perigo vindo daquele contexto apavorante, onde a liberdade é cerceada, pela violência do Estado para com a população negra.

[...]

PONTES, Enoe Lopes. Festival internacional de mulheres no cinema: Sem asas, 25/11/2020. Disponível em: https://coisadecinefilo.com.br/festival-internacional-de-mulheres-no-cinema-sem-asas. Acesso em: 10 maio 2022.

- Agora, reflita: Qual é o tema do filme e quais são as reflexões que ele propõe? Registre suas respostas em uma folha avulsa.

3. Agora, ouça a canção *Olhos coloridos*, composta por Macau (1952-) e interpretada por Sandra de Sá (1955-). Enquanto a escuta, acompanhe a letra transcrita a seguir:

Olhos coloridos

Os meus olhos coloridos

Me fazem refletir

Eu estou sempre na minha

E não posso mais fugir

Meu cabelo enrolado

Todos querem imitar

Eles estão baratinados

Também querem enrolar

Você ri da minha roupa

Você ri do meu cabelo

Você ri da minha pele

Você ri do meu sorriso

A verdade é que você,

Tem sangue **crioulo**

Tem cabelo duro

Sarará crioulo

OLHOS coloridos. Intérprete: Sandra de Sá. Compositor: Macau. *In*: OLHOS coloridos. Intérprete: Sandra de Sá. [S.1.]: Som Livre Brasil, 1995. 1 CD, faixa 9.

A.PAES/Shutterstock

Cantora Sandra de Sá durante *show* no Rock in Rio, na cidade do Rio de Janeiro (RJ). Foto de 2011.

crioulo: termo surgido na época colonial para diferenciar os negros nascidos em território brasileiro daqueles trazidos escravizados da África. Atualmente, o termo deve ser utilizado com cuidado, pois pode ser considerado pejorativo e discriminatório.

a) Em sua opinião, qual é o tema da música *Olhos coloridos* e que imagem do negro a letra apresenta?

b) Que relações você estabelece entre o curta-metragem e a música?

Ao longo desta unidade, você vai conhecer as produções artísticas e literárias de artistas e autores negros, compreender a importância da representatividade negra nas várias esferas da sociedade e refletir sobre a ocupação dos espaços e meios de comunicação por grupos historicamente excluídos. Além disso, poderá debater sobre como o racismo, construído no período colonial, em que a produção dos negros e suas subjetividades foram inferiorizadas pelos colonizadores, ainda se faz presente em nossa sociedade e precisa ser sistematicamente combatido.

Em Língua Portuguesa, você vai explorar o gênero texto teatral, conhecer e analisar dramaturgias e encenações de temáticas e de artistas negros. Em Arte, conhecerá a produção de artistas negros que tratam de temas como ancestralidade e memória, investigando, assim, suas raízes afro-brasileiras. Ao final, vai realizar, com os colegas e no ambiente de uma instalação criada pela turma, um encontro para leituras dramáticas de textos produzidos ou pesquisados.

Conheça a unidade

Objetivos

Arte

- Conhecer raízes históricas de representatividade negra no teatro brasileiro.
- Compreender o trabalho de valorização da mulher negra feito por grupos de teatro.
- Conhecer e praticar o processo colaborativo de criação de textos teatrais.
- Perceber a arte contemporânea como um processo de pesquisa atrelado às inquietações dos artistas e em diálogo com as questões do mundo.
- Utilizar a linguagem das artes visuais para expressar e produzir processos de pesquisa e criação de modo coletivo e colaborativo.

Língua Portuguesa

- Conhecer a estrutura textual do gênero dramático.
- Identificar elementos de humor e relacioná-los ao contexto de produção.
- Mobilizar conhecimentos linguísticos, de mundo e interacional para a construção do sentido do texto.
- Produzir cenas de texto teatral para uma leitura dramática.

Justificativa

Conhecer a produção artístico-literária de artistas negros brasileiros permite o acesso, a valorização e a identificação desses saberes e práticas como elementos importantes e integradores da nossa cultura. Por meio desse estudo, busca-se problematizar preconceitos e estereótipos, a fim de desfazê-los e de desenvolver consciências críticas sobre a situação atual de homens e mulheres negros no Brasil. Além disso, a unidade promove a pesquisa e a reflexão sobre as relações entre arte, cultura e sociedade ao abordar como essas temáticas são tratadas em literatura, teatro e artes visuais.

A BNCC nesta unidade

Nesta unidade são desenvolvidas as competências e habilidades da BNCC indicadas a seguir.

Competências gerais da Educação Básica: 1, 2, 3, 4, 5, 7, 9

Linguagens e suas Tecnologias no Ensino Médio: competências específicas e habilidades

Competência específica 1 (EM13LGG101, EM13LGG102, EM13LGG103, EM13LGG104); competência específica 2 (EM13LGG201, EM13LGG202, EM13LGG203, EM13LGG204); competência específica 3 (EM13LGG301, EM13LGG302, EM13LGG303, competência específica 4 (EM13LGG401); competência específica 5 (EM13LGG501, EM13LGG502); competência específica 6 (EM13LGG601, EM13LGG602, EM13LGG603, EM13LGG604); específica 7 (EM13LGG703, EM13LGG704)

Língua Portuguesa no Ensino Médio: campos de atuação social, competências específicas e habilidades

Todos os campos de atuação social

EM13LP01 (competência específica 2); EM13LP06 (competência específica 1); EM13LP13 (competência específica 1); EM13LP15 (competências específicas 1, 3)

Campo artístico-literário

EM13LP46 (competência específica 6); EM13LP48 (competências específicas 1, 6); EM13LP52 (competências específicas 1, 2); EM13LP53 (competências específicas 1, 3)

Ciências Humanas e Sociais Aplicadas no Ensino Médio: competências específicas e habilidades

Competência específica 5 (EM13CHS502, EM13CHS503, EM13CHS504); competência específica 6 (EM13CHS601)

O gênero texto teatral na obra de José de Alencar (Língua Portuguesa)

comédia de costumes: gênero do teatro com narrativa simples, cômica, com ênfase na caricatura ou ridicularização de tipos sociais e na crítica dos costumes.

Saiba+

G. Dagli Orti/De Agostini/Album/Fotoarena

O romancista José Martiniano de Alencar nasceu em Fortaleza (CE) e mudou-se para o Rio de Janeiro (RJ) ainda criança. Viveu um período em São Paulo (SP), entre 1844 e 1850, onde se formou em Direito. Foi com a publicação do romance *O guarani*, de 1857, que alcançou popularidade. Alencar contribuiu para o que seria chamado de criação de uma identidade nacional por intermédio da literatura.

Publicada em 1857, a peça teatral *O demônio familiar*, do romancista cearense **José de Alencar** (1829-1877), é uma **comédia de costumes** ambientada no Rio de Janeiro do século XIX. A história narra as peripécias do garoto Pedro, um empregado doméstico escravizado que começa a interferir na vida amorosa de seus senhores.

Um deles é Eduardo, médico recém-formado, que o garoto quer que se case com uma viúva rica para vê-lo ascender socialmente. Entretanto, o médico é apaixonado por Henriqueta e, para alcançar seu objetivo, o garoto tenta separá-los. Pedro também se envolve nos relacionamentos de Carlotinha, irmã de Eduardo, incentivando-a a casar-se com Azevedo, um jovem rico. Mas, para isso, precisa acabar com o noivado entre Azevedo e Henriqueta.

Leia uma cena da peça, que mostra um diálogo entre Pedro e Carlotinha a respeito de Alfredo, um rapaz que estava interessado nela.

O demônio familiar

ATO II

Em casa de EDUARDO. Jardim. [...]

CENA VI

PEDRO, CARLOTINHA

PEDRO – Sr. moço Eduardo pensa que a gente tem perna de pau e não precisa andar!

CARLOTINHA – Fecha aquela porta!

PEDRO – Então, nhanhã, V.Mce. não recebe aquele bilhete, não?

CARLOTINHA – Moleque! Tu estás muito atrevido!...

PEDRO – Pois olhe, nhanhã; o moço é bonito, petimetre mesmo da moda!... Mais do que o Sr. moço Eduardo. Xi!... Nem tem comparação!

CARLOTINHA – Não o conheço!

PEDRO – Pois ele conhece nhanhã; passa aqui todo o dia. Chapéu branco de castor, deste de aba revirada; chapéu fino; custa caro! Sobrecasaca assim meio recortada, que tem um nome francês; calça justinha na perna; bota do Dias; bengalinha desse bicho, que se chama unicorne. Se nhanhã chegar na janela depois do almoço há de ver ele passar, só gingando: Tchá, tchá, tchá... Hum!... Moço bonito mesmo!

CARLOTINHA – Melhor para ele; não faltará a quem namore.

PEDRO – Não falta, não; mas ele só gosta de nhanhã. Quando passa, nhanhã não vê; mas eu, cá de baixo, estou só espreitando. Vai olhando para trás, de pescocinho torto! Porém nhanhã não faz caso dele!

CARLOTINHA – É um desfrutável! Está sempre a torcer o bigode!

PEDRO – É da moda, nhanhã! Aquele bigodinho, assim enroscado, onde nhanhã vê, é um anzol; anda só pescando coração de moça.

CARLOTINHA – Moleque, se tu me falares mais em semelhante coisa, conto a teu senhor. Olha lá!

PEDRO – Está bom, nhanhã; não precisa se zangar. Eu digo ao moço que nhanhã não gosta dele, que ele tem uma cara de frasquinho de cheiro...

CARLOTINHA – Dize o que tu quiseres, contanto que não me contes mais histórias.

PEDRO – Mas agora como há de ser!... Ele me deu dez mil-réis.

CARLOTINHA – Para quê?

PEDRO – Para entregar bilhete a nhanhã. (Tira o bilhete.) Bilhetinho cheiroso; papel todo bordado!

CARLOTINHA – Ah! se mano soubesse!

PEDRO – Ele é amigo de Sr. moço Eduardo.

CARLOTINHA – Nunca vem aqui!

PEDRO – Oh! se vem; ainda ontem; por sinal que me perguntou se já tinha entregado.

CARLOTINHA – E tu que respondeste?

PEDRO – Que nhanhã não queria receber.

CARLOTINHA – E por que não restituíste a carta?

PEDRO – Porque a carta veio com os dez mil-réis... e eu gastei o dinheiro, nhanhã.

CARLOTINHA – Ah! Pedro, sabes em que te meteste?

PEDRO – Mas que tem que nhanhã receba! É um moço mesmo na ordem!

CARLOTINHA – Não!... não devo! (Chega-se à estante e escolhe um livro.)

PEDRO – Nhanhã não há de ser freira!... (*Mete a carta no bolso sem que ela o perceba.*) Entregue está ela!

CARLOTINHA – Que dizes?

PEDRO – Nada, nhanhã! Que V.Mce. é uma moça muito bonita e Pedro um moleque muito sabido!

CARLOTINHA – É melhor que arrumes o quarto de teu senhor, vadio! (*CARLOTINHA senta-se e lê.*)

PEDRO – Isto é um instante! Mas nhanhã precisa casar! Com um moço rico como Sr. Alfredo, que ponha nhanhã mesmo no tom, fazendo figuração. Nhanhã há de ter uma casa grande, grande, com jardim na frente, moleque de gesso no telhado; quatro carros na cocheira; duas parelhas, e Pedro cocheiro de nhanhã.

CARLOTINHA – Mas tu não és meu, és de mano Eduardo.

PEDRO – Não faz mal; nhanhã fica rica, compra Pedro; manda fazer para ele sobrecasaca preta à inglesa: bota de canhão até aqui (*marca o joelho*); chapéu de castor; tope de sinhá, tope azul no ombro. E Pedro só, trás, zaz, zaz! E moleque da rua dizendo "Eh! cocheiro de sinhá D. Carlotinha!"

CARLOTINHA – Cuida no que tens que fazer, Pedro. Teu senhor não tarda.

PEDRO – É já; não custa! Meio-dia, nhanhã vai passear na Rua do Ouvidor, no braço do marido. Chapeuzinho aqui na nuca, peitinho estufado, tundá arrastando só! Assim, moça bonita! Quebrando debaixo da seda, e a saia fazendo xô, xô, xô! Moço, rapaz deputado, tudo na casa do Desmarais de luneta no olho: "Oh! Que paixão!..." O outro já: "V.Ex.a passa bem?" E aquele homem que escreve no jornal tomando nota para meter nhanhã no folhetim.

CARLOTINHA – Oh! meu Deus! Que moleque falador! Não te calarás? (*Lê.*)

Capa do livro *O demônio familiar*: comédia em 4 atos, de José de Alencar, Campinas: Ed. Unicamp, 2003.

PEDRO – Quando é de tarde, carro na porta; parelha de cavalos brancos, fogosos; Pedro na boleia, direitinho, chapéu de lado, só tenteando as rédeas. Nhanhã entra; vestido toma o carro todo, corpinho reclinado embalançando: "Botafogo!" Pedro puxou as rédeas; chicote estalou; tá, tá, tá; cavalo, toc, toc, toc; carro trrr!... Gente toda na janela perguntando: "Quem é? Quem é?" - "D. Carlotinha..." Bonito carro! Cocheiro bom!... E Pedro só deitando poeira nos olhos de boleeiro de aluguel.

CARLOTINHA – Ora, mano não vem! Disse que voltava já!

PEDRO – De noite, baile de estrondo, como baile do Sr. Barão de Meriti; linha de carro na porta, até no fim da rua, e torce na outra; ministro, deputado, senador, homem do paço, só de farda bordada, com pão-de-rala no peito. Moça como formiga! Mas nhanhã pisa tudo; brilhante reluzindo na testa como faísca, leque abanando, vestido cheio de renda. Tudo caído só, com o olho de jacaré assim. E nhanhã sem fazer caso.

CARLOTINHA (*rindo*) – Onde é que tu aprendeste todas essas histórias, moleque? Estás adiantado!

PEDRO – Pedro sabe tudo!... Daí a pouco, música vom, vom, vom, trara-lá, tra-ra-lá-ta; vem ministro, toma nhanhã para dançar contradança; e nhanhã só requebrando o corpo! (*Arremeda a contradança.*)

CARLOTINHA – Ora, senhor! Já se viu que capetinha!

ALENCAR, José de. *O demônio familiar*: comédia em 4 atos. Disponível em: http://www.dominiopublico.gov.br/pesquisa/DetalheObraForm.do?select_action=&co_obra=7547. Acesso em: 10 maio 2022.

1. Após a leitura do diálogo, converse com os colegas sobre as questões a seguir e registre suas conclusões no diário de bordo.

a) Considerando a linguagem empregada no diálogo, como você caracteriza Pedro e sua relação com Carlotinha? Que elementos da fala do personagem justificam sua resposta?

b) Identifique no texto e liste no diário de bordo os termos que indicam elementos de humor na cena.

c) O que você imagina que significa a expressão "ter cara de frasquinho de cheiro"?

d) Releia o trecho do diálogo que se inicia com a fala "Mas agora como há de ser!" e termina em "[...] e Pedro um moleque muito sabido!", ambas do personagem Pedro. Perceba que o autor constrói uma situação de humor distinguindo as ações de Pedro e de Carlotinha. De que maneira isso ocorre? Exemplifique com termos ou falas do excerto.

e) O verdadeiro interesse de Pedro surge nas falas seguintes, após o garoto colocar o bilhete no bolso de Carlotinha. Qual era sua pretensão?

f) A pretensão de Pedro está vinculada ao que ele observava no modo de vida burguês do início do século XIX. De que maneira ele descreve esse mundo do qual aspirava fazer parte?

g) Quais eram os limites de Pedro para que ele participasse desse mundo?

Elementos do texto teatral

O texto teatral é um gênero escrito que se realiza completamente quando é encenado. Tendo isso como foco, o autor elabora o texto dos diálogos (ou do monólogo, quando as falas serão enunciadas por um único personagem), pensando também nos elementos cenográficos, como o ambiente e a iluminação, e na atuação dos atores, que conferem sentido ao texto na forma como seus corpos se posicionam e se movimentam no espaço e na maneira como se expressam em gestos e na entonação da voz, por exemplo.

Assim, um texto teatral, diferentemente de um romance, um conto, uma crônica ou uma poesia, conta com a apresentação dos personagens e de uma breve descrição do espaço em que se dará a cena, antes mesmo que os diálogos se iniciem. Dessa maneira, o leitor do texto pode contextualizar a cena. Veja um exemplo, que abre o texto da peça de José de Alencar:

PERSONAGENS

CARLOTINHA	PEDRO	AZEVEDO
HENRIQUETA	JORGE	D. MARIA VASCONCELOS
EDUARDO	ALFREDO	

ATO PRIMEIRO

Em casa de EDUARDO. Gabinete de estudo.

CENA PRIMEIRA

CARLOTINHA, HENRIQUETA

ALENCAR, José de. *O demônio familiar*: comédia em 4 atos. Disponível em: http://www.dominiopublico.gov.br/pesquisa/DetalheObraForm.do?select_action=&co_obra=7547. Acesso em: 10 maio 2022.

Em geral, um texto teatral é dividido em atos, que, por sua vez, são subdivididos em cenas. Cada ato de uma peça caracteriza a ambientação das cenas nele inseridas. Por isso, as cortinas se fecham quando um ato termina e reabrem quando começa o ato seguinte, com o palco reconfigurado. Já as cenas de cada ato se distinguem pelos personagens que delas participam.

Assim, no excerto temos, primeiro, um bloco com a relação de todos os personagens que integram a peça. Em seguida, há uma identificação do local onde se passa o primeiro ato: o gabinete de estudo da casa de Eduardo. Antes de iniciar os diálogos da primeira cena, o autor identifica, ainda, as duas personagens envolvidas na conversa: Carlotinha e Henriqueta.

Prosseguindo a leitura, o texto da cena introduz a sequência de falas. Observe que elas podem ser entrecortadas por rubricas, que são as anotações do autor do texto sobre a maneira como imaginou as ações da personagem ou a construção da cena, complementando e fornecendo assim detalhes importantes para a compreensão e a atuação.

CARLOTINHA – Mano, mano! (*Voltando-se para a porta.*) Não te disse? Saiu! (*Acenando.*) Vem, psiu, vem!

HENRIQUETA – Não, ele pode zangar-se quando souber.

ALENCAR, José de. *O demônio familiar*: comédia em 4 atos. Disponível em: http://www.dominiopublico.gov.br/pesquisa/DetalheObraForm.do?select_action=&co_obra=7547. Acesso em: 10 maio 2022.

2. **Releia o início da cena do diálogo entre Pedro e Carlotinha, observando a maneira como o garoto descreve Alfredo ao tentar convencer a moça a aceitar seu bilhete. Se você tivesse de elaborar uma rubrica para esse trecho, como descreveria as ações, os gestos e o tom de voz do personagem ao encenar a fala?**

A linguagem do texto teatral traz marcas de oralidade e dificilmente se afasta da maneira de se expressar do grupo social que se pretende retratar. Daí a necessidade de os autores estudarem o objeto de interesse, como você verá a seguir.

O humor em seu contexto

Vamos nos transportar para o ano de 1857: o Brasil é um império independente há apenas 35 anos, a cidade do Rio de Janeiro é a capital desse império e a escravidão ainda é permitida. Entre os intelectuais dessa época, manifesta-se um forte interesse em criar as marcas de uma cultura nacional autêntica, que se diferencie da cultura portuguesa.

Nesse contexto, muitos autores direcionam o olhar ao que consideram ser legitimamente nacional: os povos originários e a natureza. Surgem, então, poemas de valorização da paisagem brasileira, como *Canção do exílio*, de 1846, escrito por Gonçalves Dias, e os chamados romances indianistas, que apresentam os indígenas como figuras de destaque, caso das obras *O guarani* (1857), *Iracema* (1865) e *Ubirajara* (1874), de José de Alencar.

Esse projeto de formação de uma identidade nacional pela literatura e pelas produções artísticas se estende também para peças teatrais, que abordam temas históricos e questões sociais. Aí se inserem os textos para teatro de José de Alencar, como *O demônio familiar*, que, em geral, retratavam aspectos da sociedade e da vida urbana na cidade do Rio de Janeiro (RJ), transitando entre o drama e o humor.

Uma parcela do humor usado por Alencar em *O demônio familiar* está baseada, sobretudo, na tradição cômica de dramaturgos de diferentes épocas, como Plauto (cerca de 230 a.C.-180 a.C.), Shakespeare (1564-1616) e Molière (1622-1673): há um empregado arteiro, interesseiro, ambicioso ou simplesmente atrapalhado que, com suas artimanhas ou excesso de ingenuidade, cria confusões para a vida de seus patrões.

Da perspectiva de quem assistia à peça no século XIX, no texto estudado, o humor se constrói pelo exagero em duas dimensões. A primeira está na relação ambígua entre o escravo doméstico, Pedro, e a irmã de seu senhor, Carlotinha, com quem ele tem certa intimidade e de quem não tem medo (apesar da relação hierárquica estabelecida entre senhora e empregado). O garoto é insistente e a moça desdenha de seu comportamento, maltratando-o, mas não a ponto de ofendê-lo, visto que a relação, naquele contexto, mostrava-se naturalizada.

A segunda está nas formas de estereotipação ou ridicularização de certos personagens (do pretendente de Carlotinha, por exemplo) e na enumeração dos elementos fúteis da sociedade burguesa da época, que o garoto tanto admira. Estereótipo é um termo originado na tipografia e significa o trabalho impresso a partir de uma chapa metálica com caracteres previamente selecionados. A noção de algo fixo que se repete foi transferida para identificar imagens preconcebidas e generalizadas de uma pessoa ou grupo baseadas em aparência, comportamento, hábitos ou nacionalidade. Afirmações como "todo paulistano é trabalhador" ou "todo mineiro gosta de pão de queijo" são generalizações do senso comum, visões estereotipadas que podem não corresponder ao comportamento ou a hábitos de todos os integrantes do grupo avaliado.

A adoção de estereótipos para a construção do humor era bastante comum. A compreensão dessas marcas de humor passa pela contextualização, portanto, pelo entendimento das relações sociais, dos interesses e dos valores da sociedade da época. Porém, atualmente isso já não é bem aceito, pois todo estereótipo pode ofender e discriminar pessoas e/ou grupos. Hoje, a produção de textos deve procurar fugir disso cada vez mais e construir personagens com outras marcas de humor, sempre respeitando as diferenças e os Direitos Humanos.

3. Da perspectiva em que estamos inseridos hoje, em sua opinião, o texto de *O demônio familiar* ainda é atual? Discuta a questão com os colegas e o professor.

Para ir mais longe Racismo estrutural

O racismo estrutural no Brasil é fruto de ações e políticas públicas que estabelecem a subalternização de pessoas negras em relação a padrões culturais e estéticos eurocêntricos e patriarcais, desde o final do período colonial. Dentre essas ações, destaca-se a criação, pelo Estado brasileiro, de leis que impediam que negros libertos fossem donos de terras. Além disso, a propagação de ideias discriminatórias e estereotipadas sobre pessoas negras serem preguiçosas, violentas ou possuírem inteligência inferior à dos brancos e a ausência de oferta de educação e trabalho para essas pessoas ao final do período de escravidão no Brasil (1888) ajudaram a estabelecer e a perpetuar o racismo estrutural no país.

Tais práticas moldaram ideias e atitudes preconceituosas e discriminatórias no imaginário social brasileiro, ao longo de mais de 200 anos. Infelizmente, essas ideias ainda impõem aos negros brasileiros diversos tipos de violência: física, moral, emocional, de condições de vida, de educação precária, colocação no mercado de trabalho, baixa ocupação de cargos de chefia, salários menores, entre outros.

O racismo estrutural traduzido em números, segundo dados de 2018 divulgados pelo Instituto Brasileiro de Geografia e Estatística (IBGE), revela que pretos e pardos são a maioria entre trabalhadores desocupados (64,2%) e trabalhadores informais (47,3%), contra 34,6% de pessoas brancas na mesma situação. Entre os cargos gerenciais, os negros são minoria (29,9%) e, evidentemente, esses dados impactam nas condições de moradia, em que 44,5% de pretos e pardos vivem em domicílios sem ao menos um serviço de saneamento, contra 27,9% de pessoas brancas, e nos índices de pobreza, sendo que 32,9% dos negros vivem com até US$ 5,50 por dia. Veja os gráficos:

População na força de trabalho, desocupada e subutilizada (%)

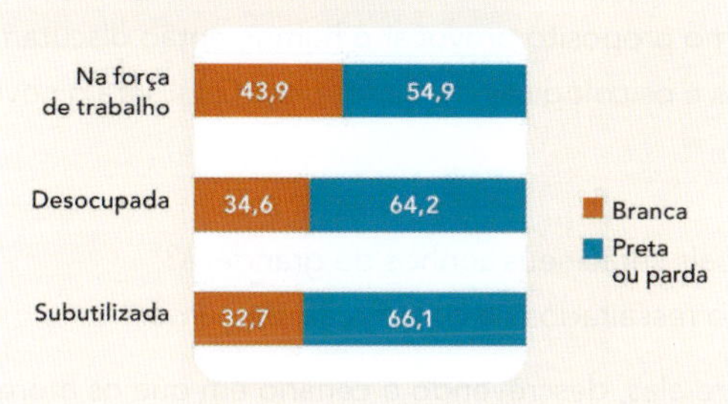

Taxa composta de subutilização, segundo o nível de instrução (%)

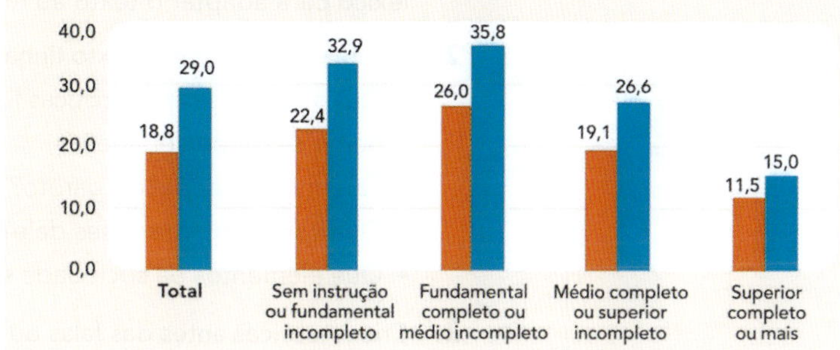

Fotos: Reprodução/IBGE

Pessoas em ocupações informais (%)

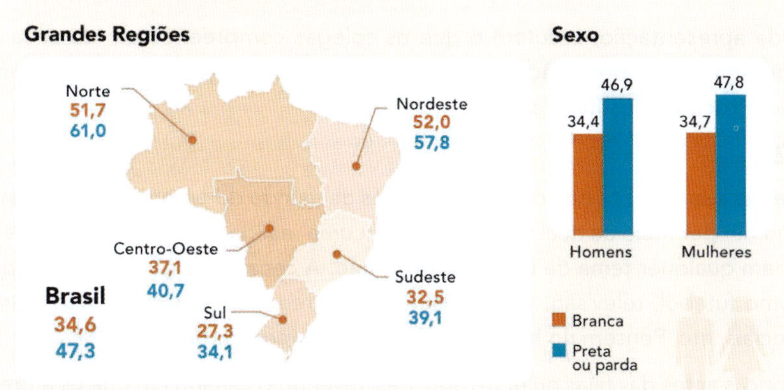

Inúmeros movimentos da sociedade lutam contra essas condições e por direitos civis da população negra, como a reivindicação por maior representatividade dos negros na mídia e em diversas áreas profissionais.

A força dos movimentos negros pelo país gerou políticas públicas afirmativas cujo objetivo é reduzir as diferenças sociais, como as cotas raciais, que garantem o acesso à universidade e ao serviço público.

A discussão sobre o tema tem possibilitado expor as raízes da desigualdade racial no Brasil e diferenciar as formas diretas e criminosas de racismo daquelas sutis e ideológicas ligadas ao racismo estrutural, questão na base das desigualdades sociais brasileiras. As maneiras mais eficazes de combate ao racismo passam pela conscientização individual e pela prática cotidiana de ações e comportamentos antirracistas em conjunto com a criação de políticas e ações afirmativas do poder público.

Saiba+

Para saber mais sobre o assunto, leia o texto "O que é racismo estrutural", publicado no portal Brasil de Direitos, uma plataforma colaborativa criada por iniciativa do Fundo Brasil de Direitos Humanos, acesse em: https://brasildedireitos.org.br/atualidades/o-que-racismo-estrutural?/noticias/488-o-que-racismo-estrutural (acesso em: 10 maio 2022).

Assista também ao vídeo *Entenda o que é racismo estrutural!* (5 min 35 s), do Canal Preto, disponível em: www.youtube.com/watch?v=lryL8ZAMq-E (acesso em: 10 maio 2022). Nesse vídeo, Maria Sylvia de Oliveira, advogada e presidente do portal Geledés, e Helena Teodoro, primeira doutora negra do Brasil e voluntária do Instituto de Filosofia e Ciências Sociais (IFCS), explicam como o racismo se estruturou no Brasil durante e após a escravização dos negros.

Experimentação Cena de humor

Forme um grupo com mais três ou quatro colegas. Juntos, escolham uma das duas atividades sugeridas a seguir.

Atividade 1

1. Façam a adaptação do excerto estudado de *O demônio familiar*, de José de Alencar. Trata-se de uma atividade de decalque – uso da mesma estrutura, com mudança do léxico para adaptar o texto ao novo propósito comunicativo.
2. Lembrem-se de que o texto tinha como propósito provocar o humor, então discutam:
   - Quais serão as características físicas e psicológicas de Carlotinha? Qual será o novo nome dessa personagem?
   - Quem fará o papel do garoto?
   - Quais serão os interesses dele? Quais serão seus sonhos de grandeza?
   - Que elementos da sociedade serão ressaltados na construção do humor?
3. Criem rubricas antes das falas ou entre elas, descrevendo o cenário em que os atores devem se encontrar, sugerindo gestos e entonações.
4. Preparem a leitura dramática da adaptação para a turma.
5. Ao final da apresentação, escutem o que os colegas compreenderam da cena e complementem a compreensão destacando os conteúdos que eles não tenham percebido. Procurem justificá-los.

Atividade 2

1. Com base nas experiências ou nos conhecimentos de mundo do grupo, escrevam uma cena de humor por meio da qual vocês explicitem uma realidade claramente brasileira. Escolham qualquer tema de interesse do grupo. A cena pode girar em torno de temas como futebol, televisão, comportamento em redes sociais, diferenças entre grupos sociais, etc. Pensem no humor como forma de registro de uma crítica.
2. Criem rubricas antes das falas ou entre elas, descrevendo o cenário em que os atores devem se encontrar, sugerindo gestos e entonações.
3. Preparem a leitura dramática da adaptação para a turma.
4. Ao final da apresentação, escutem o que os colegas compreenderam da cena e complementem a compreensão destacando os conteúdos que eles não tenham percebido. Procurem justificá-los.

Diário de bordo

Registrem suas conclusões no diário de bordo e gravem as apresentações em vídeos ou fotos. Esses registros podem ser guardados em seu **Portfólio**.

A mulher do fundo do mar, de Aldri Anunciação

A peça teatral *A mulher do fundo do mar* (2015) foi escrita pelo dramaturgo baiano Aldri Anunciação (1977-). Trata-se de um monólogo que encerra a chamada "Trilogia de confinamento" do autor, composta de três textos teatrais que apresentam os conflitos de indivíduos vivendo em situações de confinamento extremo.

A peça que você vai conhecer agora narra a história de uma mulher que, como o título sugere, vive no fundo do mar. Procurando reconhecer a própria identidade, a personagem tenta compreender como foi parar nesse lugar: se caiu acidentalmente dos botes de refugiados da atualidade, que atravessam o Mediterrâneo, ou se foi jogada ao mar de um navio negreiro no século XVII.

A versão que você vai ler é uma transcrição do áudio de uma leitura dramática, postado em um portal de conteúdo sobre dramaturgias de criadores negros contemporâneos de todo o Brasil. Ao longo da leitura, procure encontrar alguma relação entre seu conhecimento de mundo e o narrado pela personagem. No processo de análise do texto, você perceberá as variações de sentido que o excerto vai ganhando à medida que outras referências históricas ou simbólicas são apresentadas.

Saiba+

Aldri Anunciação é ator, dramaturgo, diretor e bacharel em teorias teatrais. Integra o grupo de jovens autores afro-brasileiros com grande representatividade na dramaturgia e na literatura. Em 2011, seu espetáculo *Namíbia, não!* foi a peça de maior público em Salvador (BA) e recebeu o prêmio Braskem de melhor texto. Aldri é o idealizador do Festival Dramaturgias da Melanina Acentuada.

A mulher do fundo do mar

[...]

NARRADOR: Subitamente uma sonoridade aquática invade o ambiente. A mulher do fundo do mar realiza então uma coreografia a partir da harmônica sonorização subaquática. Essa coreografia avança e a personagem vai ajustando e organizando o espaço, como que formatando uma cuidada sala-escritório, *home office*, com diversos velhos livros espalhados ao chão de areia.

Cena 2

NARRADOR: Ainda na coreografia sutilmente dançada, a personagem vai se vestindo com velhas e surradas calças. Um terno e uma gravata estavam dispostos em lugares diversos do cenário. O cenário é constituído de areia de praia, preenchendo todo o piso do palco. A mulher do fundo do mar senta-se em sua velha escrivaninha.

MULHER DO FUNDO DO MAR: Tô no fundo do mar. Simples assim. Aqui não faz barulho. Simples assim. Não, não vim por conta própria. Ou será que vim? Não me lembro ao certo. Tô aqui e isso é o que importa. Peixes. Muitos peixes passam por aqui dias e noites. Aliás, os dias e as noites são algo muito distante de mim. Consigo perceber um ponto lá no alto. Quando claro, dia. Quando nada, noite. Às vezes tenho lembranças. As lembranças remontam tempos e sensações. Vivo quando lembro. E quando lembro em fluxo, nossa, muita gente, incrivelmente carregada de gente. Gente. Gente. Sim, eu lembro de gente. Gente, na maioria das vezes, me comove, sabe. Gente olha pra você e diz "Olá". Engraçado, hem. Olá vem de "Olhe lá, hem!". Ou seja, a saudação em si ordena que não olhem para a gente, mas que olhem pra lá e assim a gente vai articulando uma ordem subliminar de afastamento uns dos outros. "Olá, hem!"

Então, eu lembro de gente, sim. Assim como eu lembro da superfície do mar lá de cima. Aí de cima. A terra firme das confissões, né. Vocês podem estar perguntando como é que eu vim parar aqui. Não importa, estou aqui, no fundo do mar, onde não há encontro. Será que eu segui a máxima ordem do "Olá, hem!".

Ainda não sabemos ao certo ou pelo menos ainda não construímos a razão de eu estar aqui no fundo desse mar. O fato é que aqui estou e aqui eu vou daqui pra ali, dali pra aqui e pronto. Ah, antes que a gente pule esse ponto, pode parecer uma loucura, mas eu tô viva, viu? Aqui, nesse lugar aquático, suave, azul, onde o som é algo mágico que vem transmitido através de moléculas de água, de águas em fluxo contínuo e penetrando o meu corpo, eu estou mais viva que lá em cima. Sabe que esse fluxo contínuo de águas na minha pele aqui embaixo produz sensações, muitas sensações, sensações que me fazem lembrar uma época. Época. Lembrar de uma época. Pronto. Época. Época! Agora começa a história, né? Falou-se em época, logo começamos.

Houve uma época em que eu não tinha essa imensidão. Aliás, eu tinha uma imensidão sim, e a imensidão que eu tinha não me pertencia e não me pertencia porque eu não queria. Tudo era menos real, tudo era fugaz, tudo era mentira. Nada do que vocês pensam que foi criado foi criado realmente. (*Risos*). Tudo foi uma doce ilusão pictórica. Os sentidos, criados por aqueles que lhes inspiram em terra firme, não passavam de caminhos neurológicos desviados. Pequenos induzidos desvios neurológicos, desviados de uma coerência emocional. Uma coerência emocional. As emoções se desgrudavam daqueles que respiram na terra firme das convicções que se perdiam no tempo e no espaço e nunca mais as encontravam. Eles deixavam escapar e viviam a segunda doce ilusão de que tais elementos emotivos um dia voltariam. Que nada! Nunca voltaram. As emoções ficaram por lá. Não se sabe por onde. Por isso eu vim até aqui. Eu vim.

(*pausa*)

Não, eu não quero ir. Não quero ir. Vocês pensam e acreditam mesmo que o melhor pra mim será entrar, mas algo me diz que essa embarcação não me levará para onde vocês estão planejando. E que planos são esses? O trajeto pode não corresponder aos fatos. Sei que a história não vai registrar esse fragmento de tempo, onde me indisponho na entrada de um navio grande, imponente, que se deseja maior que Deus. Eu reitero e imploro que, se me colocarem aí, tempestades internas acorrerão, dilacerando corações de ambos os lados, consequências imensuráveis se alastrarão por todo o planeta, emulando ódio, tristeza, repito, para ambos os lados. Almas distanciadas clamarão por retorno a confortáveis colos maternos e mesmo um conforto forjado e aparente surgirá de forma fugaz, insisto, para ambos os lados. Repulsa mútua e ataques histéricos contra imateriais desígnios de fé ocorrerão, reitero, para ambos os lados. Desejos de vingança e requintes de regozijo de soberania. Excesso de trabalho, paradoxalmente, considerado como inexistência de colhimento de resultados se estabelecerá, prevejo, para ambos os lados. Esquecimentos de identidade, aliados à busca da mesma, assim como apropriação indevida e ilegítima de culturas ancestrais, reforço, para ambos os lados. Pequenos botes em vão tentarão reaver resgates de fortunas materiais e imateriais através dos mares, como que um ajuste de contas e isso afetará ambos os lados. Cidadãos de bem afundarão em mares azuis e, no instante em que sentirem nas suas peles o sal das águas oceânicas, não mais saberão esclarecer de onde vinham e para onde iriam, e apenas saberemos que esse mergulho vibrará seguro no consciente e inconsciente de ambos os lados. Ambos os lados. Ambos os lados. Ambos. Ambos. E ambos os lados.

Esse é o meu momento em que sou estática à frente da entrada desse navio e alertando generosamente essa visão que por mim perpassa. Esse fragmento de história nunca será narrado. Esse fragmento de história não será considerado nos autos oficiais. Eu reclamo ao tempo que registre na força dos ventos o ocorrido e que cada ouvido que esse mesmo vento acariciar, esse fato seja magicamente contado e narrado. Contado e narrado. O vento narrado e contado. Esse fato, o fato.

[...]

ANUNCIAÇÃO, Aldri. *A mulher do fundo do mar*, 2015. Disponível em: https://melaninadigital.com/a-mulher-do-fundo-do-mar/. Acesso em: 10 maio 2022. [transcrição dos autores]

Saiba +

Se possível, acesse https://melaninadigital.com/a-mulher-do-fundo-do-mar (acesso em: 12 maio 2022) para ouvir a leitura dramática de *A mulher do fundo do mar*, postado no portal Melanina Digital, que traz conteúdo da dramaturgia de criadores negros brasileiros. Ouvindo a leitura, você poderá notar a entonação e a interpretação dadas ao texto. Essa escuta pode ajudá-lo na *Experimentação: Memória em cena*, que você fará adiante e que envolve uma leitura dramática.

Após a leitura do texto, responda ao que se pede. Para essa análise, considere a seguinte divisão do texto:

- Parte 1: do início da cena até "O fato é que aqui estou e aqui eu vou daqui pra ali, dali pra aqui e pronto".
- Parte 2: de "Ah, antes que a gente pule esse ponto..." até "Por isso eu vim até aqui. Eu vim".
- Parte 3: de "Não, eu não quero ir" até o final.

4. Há um elemento fantástico no texto. Que elemento é esse?

5. Caracterize o estado da personagem na Parte 1, assinalando a alternativa certa nas questões a seguir. Identifique no texto trechos que justifiquem suas respostas.

I. A personagem sabe onde está, mas não sabe por quê? Ela está preocupada em saber a razão de estar ali?

a) Sim, ela está preocupada em saber por que está ali.
b) Sim, ela julga essencial descobrir a razão de estar ali.
c) Não; para ela, estar ali é tudo o que importa. Ela não precisa saber por quê.
d) Não, por se sentir feliz sem saber de nada e desejar manter essa felicidade.

II. Como a personagem parece se sentir em relação à própria situação?

a) Inconformada.
b) Solitária.
c) Conformada, mas infeliz.
d) Indiferente e solitária.

III. A mulher diz que sente falta de "gente", mas é irônica ao referir-se às pessoas. Assinale a alternativa que explica o sentido dessa ironia.

a) As pessoas são desonestas quando dizem "Olá!".
b) As pessoas, por meio do "Olá!", sugerem, na realidade, que não se aproximem demais.
c) As pessoas transmitem sua amargura com a vida quando dizem "Olá!".
d) As pessoas desejam uma aproximação verdadeira quando dizem "Olá!".

IV. De acordo com sua fala, ela acredita estar no fundo do mar por escolha própria ou por uma condição que lhe foi imposta?

a) A princípio, ela acha que está ali por ter se afastado das pessoas; depois, afirma não saber como chegou ali.
b) A princípio, ela acha que não sabe como chegou ali; depois, observa que, por escolha própria, alcançou aquele lugar por ter se afastado das pessoas.
c) Ela acredita estar ali porque quer, por ter escolhido ser feliz sozinha, afastada das pessoas.
d) Ela acredita estar ali por imposição de alguma circunstância desconhecida.

6. Na Parte 1 do texto, a personagem diz: "Ainda não sabemos ao certo ou pelo menos ainda não construímos a razão de eu estar aqui no fundo desse mar".

a) Qual é a diferença entre "saber" a razão de algo e "construir" a razão de algo?
b) O que marca a passagem da personagem de um estado de conformismo e indiferença para um estado de ampliação da consciência sobre a própria história?

7. Na Parte 2 do texto, a personagem diz: "Época. Lembrar de uma época. Pronto. Época. Época! Agora começa a história, né? Falou-se em época, logo começamos".

I. Qual é a razão da repetição do termo "época"?

a) Marcar o ritmo da fala em um gênero que será apresentado em voz alta.
b) Marcar a nova direção dos pensamentos: sair do presente e ir para o passado.
c) Marcar a fuga do inconformismo do tempo presente.
d) Marcar os indícios de loucura da personagem.

II. Explique a frase "Falou-se em época, logo começamos". O que significa "época" nesse contexto? E o que está para começar? Assinale a alternativa que responde às duas questões respectivamente.

a) Momento em que a personagem fala. A projeção de futuro da personagem.

b) O passado da humanidade. O futuro da humanidade.

c) Tempo histórico. A memória da personagem.

d) O presente da personagem. O passado da personagem.

Após verificar as respostas à primeira parte da atividade, junte-se a um ou dois colegas para resolver as questões a seguir.

8. A Parte 3 inicia-se após uma pausa e a retomada do monólogo com a fala "Não, eu não quero ir".

a) O que pode justificar a passagem do estado em que a personagem se encontrava nas duas partes anteriores da cena para o estado em que se mostra na Parte 3?

b) A frase "Não, eu não quero ir" contraria uma ideia presente nas duas partes anteriores. Qual?

c) O que essa mudança revela sobre o fluxo de pensamentos da personagem?

9. Descreva o que você compreendeu da terceira parte da cena, procurando responder às questões a seguir:

a) A quem a mulher do fundo do mar se dirige?

b) De acordo com a personagem, o que ela busca evitar?

c) Quais são os "ambos os lados" a que a mulher se refere repetidas vezes na Parte 3?

Formas verbais: Futuro do presente do indicativo

O futuro do presente do indicativo, morfologicamente, é composto de um radical e dos morfemas sufixais específicos de futuro, conforme a tabela a seguir, usando como paradigma o verbo "saber".

Pronome pessoal	Radical do verbo	Vogal temática	Desinência modo temporal	Desinência número pessoal
Eu	sab	e	re	i
Tu	sab	e	rá	s
Ele/Ela/Você	sab	e	rá	-
Nós	sab	e	re	mos
Vós	sab	e	re	is
Eles/Elas/Vocês	sab	e	r	ão

No estudo do presente do modo indicativo, na unidade 1, você viu que não usamos os tempos verbais apenas para indicar o tempo real, ou seja, a temporalidade na relação com o momento da fala. Segundo Ataliba de Castilho (1936-), linguista brasileiro, os tempos verbais se deslocam pela linha do tempo de acordo com nossas necessidades expressivas e, por isso, além do tempo real, temos o tempo metafórico e o atemporal. Vamos ver como isso se dá com o futuro do presente do modo indicativo:

Futuro do presente do modo indicativo		
Futuro do presente real	**Futuro do presente metafórico**	**Futuro atemporal**
Indica ação posterior em relação ao momento da fala. Exemplo: Amanhã entregarei esta carta.	Quando o futuro é empregado no lugar do presente para indicar polidez. Exemplo: O que significará isso? Em lugar de "O que significa isso?"	Expressa uma ideia sem marco preciso no tempo. Esse emprego é comum em aforismos e provérbios. Exemplo: Quando você estiver muito feliz, ou muito triste, lembre-se: isso também passará. (Provérbio indiano)
	Quando o futuro indica obrigatoriedade, sobretudo, em texto de leis e contratos. Exemplo: Em caso de inadimplência, será aplicada multa de 2% sobre o valor da mensalidade.	
	Quando o futuro é empregado em sentença marcada por uma ideia presente ou já passada (futuro profético). Exemplo: Essas invenções marcarão o futuro da humanidade.	
	Quando o futuro é empregado em substituição ao presente do subjuntivo. Exemplo: Ela talvez se esquecerá, em lugar de "Ela talvez se esqueça da verdade". A ocorrência com o futuro do presente do indicativo é considerada coloquial.	

10. Releia o trecho a seguir e fique atento aos termos destacados.

> [...] se me colocarem aí, tempestades internas **acorrerão**, dilacerando corações de ambos os lados, consequências imensuráveis se **alastrarão** por todo o planeta, emulando ódio, tristeza, repito, para ambos os lados. Almas distanciadas **clamarão** por retorno a confortáveis colos maternos e mesmo um conforto forjado e aparente **surgirá** de forma fugaz, insisto, para ambos os lados. Repulsa mútua e ataques histéricos contra imateriais desígnios de fé **ocorrerão**, reitero, para ambos os lados. Desejos de vingança e requintes de regozijo de soberania. Excesso de trabalho, paradoxalmente, considerado como inexistência de colhimento de resultados se **estabelecerá**, prevejo, para ambos os lados. Esquecimentos de identidade, aliados à busca da mesma, assim como apropriação indevida e ilegítima de culturas ancestrais, reforço, para ambos os lados. Pequenos botes em vão **tentarão** reaver resgates de fortunas materiais e imateriais através dos mares, como que um ajuste de contas e isso **afetará** ambos os lados. Cidadãos de bem **afundarão** em mares azuis e, no instante em que sentirem nas suas peles o sal das águas oceânicas, não mais **saberão** esclarecer de onde vinham e para onde iriam, e apenas **saberemos** que esse mergulho **vibrará** seguro no consciente e inconsciente de ambos os lados.

ANUNCIAÇÃO, Aldri. *A mulher do fundo do mar*, 2015. Disponível em: https://melaninadigital.com/a-mulher-do-fundo-do-mar/. Acesso em: 10 maio 2022. [transcrição dos autores]

a) Explique o predomínio do futuro do presente do indicativo nesse trecho, relacionando-o ao gênero de texto que esse trecho recupera (o da profecia).

b) A análise desse trecho envolve o conhecimento de dois fatos históricos antecipados na sinopse da peça: a atualidade (os barcos de refugiados que atravessam o Mediterrâneo) e o passado (dos navios negreiros do século XVII). Que significados os segmentos do texto destacados a seguir adquirem quando relacionados a um desses fatos?

- "Tempestades internas"
- "Almas distanciadas clamarão por retorno a confortáveis colos maternos"
- "Repulsa mútua e ataques histéricos contra imateriais desígnios de fé ocorrerão"
- "Excesso de trabalho, paradoxalmente, considerado como inexistência de colhimento de resultados se estabelecerá"
- "Esquecimentos de identidade, aliados à busca da mesma, assim como apropriação indevida e ilegítima de culturas ancestrais"
- "Pequenos botes em vão tentarão reaver resgates de fortunas materiais e imateriais através dos mares"

c) Em sua opinião, de que tipo de barco provavelmente a mulher do fundo do mar caiu?

11. Em sua opinião, qual é a função do contexto histórico para a tomada de consciência da própria existência? Como isso pode se vincular à luta por preservação da identidade de uma pessoa ou de um grupo?

12. O texto teatral *A mulher do fundo do mar* recupera dois elementos simbólicos: o fundo do mar e o navio.

a) Pesquise, em dicionários da língua portuguesa e de símbolos, os possíveis significados das palavras "mar" e "navio".

b) Como o dramaturgo se vale desses dois elementos para construir a mensagem da peça?

13. Por fim, discuta com os colegas e o professor: o conteúdo da peça propõe reflexões sobre um tema que interessa apenas à população negra?

Diário de bordo

Lembre-se de registrar suas conclusões relativas à atividade com esse texto no diário de bordo.

Ativação de conhecimentos para a leitura de texto

A interpretação de um texto requer consciência das estratégias implicadas na reconstrução do sentido. Em primeiro lugar, é fundamental saber que as linhas do texto são a materialização das intenções do autor, que, por meio dele, busca comunicar algo. Em segundo, que o texto desperta a compreensão, que se completa nas relações que o leitor estabelece com outros conhecimentos que possui e que são sugeridos pelo texto, mesmo que não estejam necessariamente contidos nele.

Assim, diante da peça *A mulher do fundo do mar*, diversos conhecimentos externos ao texto devem ser acionados para que alguns dos sentidos pretendidos pelo autor sejam construídos. Desse modo, pode-se acessar uma compreensão global, ou ao menos em partes, do espetáculo e de suas intencionalidades.

Para isso, o leitor deve acessar seu conhecimento linguístico, seu conhecimento de mundo e seu conhecimento interacional. Vamos ver como cada um desses elementos foi acionado no processo de análise do texto da peça.

Conhecimento linguístico

Para compreender os sentidos das frases e das palavras e a relação entre elas, foi necessário acionar o conhecimento linguístico.

Vimos que o uso do futuro do presente do indicativo, no trecho do texto teatral destacado na questão 10, pôde construir o tom profético da fala inconformada da personagem principal no momento em que ela resgata algumas lembranças. Além disso, verificamos a diferença entre "saber" e "construir" na frase: "Ainda não sabemos ao certo ou pelo menos ainda não construímos a razão de eu estar aqui no fundo desse mar". A escolha de palavras traduz a distinção entre recuperação e interpretação de uma lembrança.

Na frase "Tô no fundo do mar. Simples assim. Aqui não faz barulho. Simples assim. Não, não vim por conta própria. Ou será que vim?", porque conhecemos cada termo empregado, temos condições de contribuir para a composição do elemento fantástico da peça e deduzir a sensação experimentada no fundo do mar ("Aqui não faz barulho") e a dúvida expressa na frase interrogativa ("Ou será que vim?").

Tudo isso significa que, quanto maior o domínio do léxico (conjunto de palavras da língua) e das estruturas produzidas em língua portuguesa, por parte do leitor, mais sentidos podem ser extraídos da leitura de um texto.

Conhecimento de mundo

Para interpretar o texto, foi necessário acionar o conhecimento sobre a história do Brasil: o sequestro e o tráfico de seres humanos, o percurso transatlântico dos navios negreiros, e a chegada de milhares de homens e mulheres escravizados ao país, vindos de diversos países do continente africano. Foi preciso também reconhecer temas da atualidade relacionados à história recente do mundo: a imigração, em viagens em botes ou embarcações inseguras, de diversos povos que buscam refúgio em outros países, em um exílio forçado por guerras e conflitos em seus países de origem.

Sem esse conhecimento, não se alcança a gravidade do sofrimento vivido pela mulher do fundo do mar, que está ali por ter caído ou por ter sido atirada de uma dessas embarcações.

Conhecer o significado simbólico de certos termos e certas expressões, como "navio" e "fundo do mar", também constrói os sentidos do texto. Isso se dá porque existem elementos históricos e culturais que povoam o imaginário de diversos povos. Cada vez que um termo que carrega certos símbolos é empregado, esses sentidos podem ser recuperados pelo leitor que os conhece.

Quando relacionamos a ideia de fundo do mar, por exemplo, ao inconsciente de um indivíduo, podemos associar o fundo do mar do texto a uma ideia de busca introspectiva, por meio do resgate da memória. Assim, pode-se interpretar que a mulher do fundo do mar está naquele lugar que representa, simbolicamente, as profundezas de sua mente.

Conhecimento interacional

Os conhecimentos interacionais são divididos em ilocucional, comunicacional, metacomunicativo e superestrutural. Serão destacados aqui o ilocucional e o comunicacional.

O conhecimento ilocucional está relacionado com o conhecimento dos propósitos comunicativos do autor do texto. As peças teatrais do dramaturgo alemão Bertolt Brecht (1898-1956), por exemplo, sempre contavam com entradas de atores para lembrar ao público que o que estava acontecendo não passava de encenação, como forma de garantir que o conteúdo fosse observado pelos espectadores de maneira crítica.

O conhecimento comunicacional está relacionado à adequação do gênero à situação comunicativa. No caso de *A mulher do fundo do mar*, o autor Aldri Anunciação usa o texto teatral para retratar os conflitos internos de uma mulher, influenciados pelas memórias ancestrais presentes em seu inconsciente. Dessa forma, ele alcança, por meio de uma linguagem literária, um grupo de pessoas que, ao assistir ao espetáculo, pode se identificar com o tema.

Em algumas situações, há elementos completamente externos ao texto que têm como função apoiar sua compreensão. Esse tipo de apoio à leitura variará de acordo com o gênero e o suporte. Não raro, na divulgação em diferentes veículos ou no saguão do teatro antes do espetáculo, são distribuídos encartes com dados da peça, incluindo sua sinopse, comentários da crítica, ficha técnica, entre outros dados relevantes. A sinopse, em especial, pode apresentar uma das chaves de interpretação do texto, pois pode antecipar os conhecimentos necessários para melhor compreensão.

Experimentação Memórias em cena

O exercício a seguir se dará em duas etapas: a Etapa 1 deve ser feita de forma individual e a Etapa 2, em grupo.

Etapa 1

1. No diário de bordo, faça uma tabela com três colunas. Na primeira coluna, liste substantivos concretos, preferencialmente relacionados às suas memórias de infância.

2. Na segunda e na terceira colunas, registre palavras relacionadas às memórias de duas pessoas que conheça e que sejam de diferentes gerações: pode ser um registro de seus pais ou responsáveis e um de seus avós, por exemplo, ou outras pessoas que convivem com você e que são importantes em sua vida. O objetivo é recolher de cada um deles uma memória bastante marcante da infância ou do início da adolescência.

3. Depois, escreva uma cena em que um personagem vive todas essas experiências que você registrou na tabela.

Etapa 2

Em grupos de quatro a cinco participantes, compartilhem as cenas que cada um criou.

Com base nelas, imaginem um cenário simbólico onde todas essas memórias podem se encontrar, como o fundo do mar da peça de Aldri Anunciação.

Considerando as listas preparadas individualmente, selecionem fotos e objetos que podem compor esse cenário. Com esses materiais, será elaborada uma instalação nas atividades do tópico de Arte.

4. Baseados nas cenas de cada membro do grupo, iniciem um processo de criação coletiva para elaborar um texto teatral. A ideia é que as memórias de todos se transformem nas memórias de um único personagem. Descrevam as cenas e os diálogos e estabeleçam, se desejarem, relações entre contextos históricos, passado e presente, etc. Lembrem-se da estrutura do texto teatral para a escrita de suas cenas:

Apresentação dos personagens e das cenas.

Indicação das cenas: cada cena corresponde aos personagens nela envolvidos.

Indicação das falas: depois da indicação do nome da personagem e com anotação das rubricas para sinalizar detalhes.

5. Preparado o texto, ensaiem a leitura dramática, estudando a entonação, o volume de voz, as pausas, os gestos e as expressões faciais, os efeitos que desejam provocar na plateia, etc.

Diário de bordo

Além de fazer a tabela com as três colunas indicadas na etapa 1 da experimentação, registre no seu diário de bordo as aprendizagens com essa atividade.

Guarde o que produziu no **Portfólio**, pois esse material será utilizado na proposta da seção *#Multiplicar*.

O poder contestador do teatro negro (Arte)

Nesse momento, você conhecerá coletivos teatrais que trabalham com temáticas negras na perspectiva de afirmação dos valores e estéticas afro-brasileiros e do combate ao racismo estrutural, que, historicamente, cria representações simbólicas negativas de homens e mulheres negros na sociedade brasileira. Além disso, estudará como esses grupos de teatro criam coletivamente textos dramáticos e peças teatrais, apoiando-se em depoimentos, memórias e textos literários para tratar da vulnerabilidade social de mulheres negras – considerada uma das temáticas mais importantes dos movimentos negros no Brasil.

Os trabalhos da escritora e dramaturga mineira Cidinha da Silva (1967-), em conjunto com os grupos Capulanas Cia. de Arte Negra (São Paulo), Cia. Orquestra de Pretxs Novxs (Rio de Janeiro) e Bando Olodum de Teatro (Bahia), serão as referências no estudo e na reflexão sobre a representatividade negra brasileira pelo viés teatral.

Saiba +

Assista a uma reportagem do SPTV sobre o espetáculo *Sangoma*, da Capulanas Cia. de Arte Negra, de 2013 (5 min 21 s). Disponível em: https://globoplay.globo.com/v/2929737 (acesso em: 10 maio 2022).

Assista a uma reportagem da TV Brasil sobre o espetáculo musical *Reza*, da Cia. Orquestra de Pretxs Novxs, de 2019 (2 min 52 s). Disponível em: https://www.youtube.com/watch?v=PuQK6xunC-I. (acesso em: 10 maio 2022).

Capulanas Cia. de Arte Negra

Criada em 2007, na cidade de São Paulo (SP), pelas atrizes Adriana Paixão, Débora Marçal, Flávia Rosa e Priscila Preta, a Capulanas Cia. de Arte Negra tem como proposta pesquisar a formação da identidade da mulher negra periférica a partir da valorização da herança cultural presente na oralidade e na memória ancestral da Diáspora Africana. A Cia. também traça integrações entre o mundo natural e espiritual por meio das culturas do Norte e Nordeste do país.

A sede do grupo, na periferia da Zona Sul paulistana, é chamada de Goma Capulanas: um espaço para formação e difusão da arte, educação e cultura negra. O nome da companhia, Capulanas, faz referência a um pano tradicionalmente usado por mulheres africanas para envolver o corpo, o tronco ou a cabeça. De origem *tsonga*, povo africano de maior população na região sul de Moçambique, a peça é de uso comum em diversas regiões do continente africano.

Naná Prudêncio/Acervo particular

Integrantes da Capulanas Cia. de Arte Negra, em São Paulo (SP). Foto de 2016.

Cia. Orquestra de Pretxs Novxs

O elenco da Cia. Orquestra de Pretxs Novxs é formado pelos atores Wal Azzolini, André Muato, Edmundo Vitor, Lorena Lima, Luiza Loroza, Leonardo Paixão e Samara Costa, e pelos músicos Vinicius Santos, Júlio Florindo e Thiago Kobe. Todos os artistas são negros e têm atuações voltadas para a experimentação cênica e dramatúrgica das possibilidades de criação no gênero de teatro musical, com base em estéticas negras brasileiras e contemporâneas.

O nome do grupo é referência aos milhões de pessoas trazidas do centro e do sul da África, que, ao chegarem ao Brasil na condição de escravizadas, eram chamadas genericamente de "pretos novos".

Reprodução/Orquestra de Pretxs Novxs

Equipe do espetáculo *Reza*, da Cia. Orquestra de Pretxs Novxs, Rio de Janeiro (RJ). Foto de 2019.

Reprodução/Acervo particular

Cena do espetáculo *Sangoma*, da Capulanas Cia. de Arte Negra, direção Kleber Lourenço. São Paulo (SP). Foto de 2020.

Sangoma retrata os hábitos de mulheres com laços ancestrais, escolhidas espiritualmente por seus antepassados para continuar os trabalhos de cura em suas comunidades, que habitam uma casa sagrada (*Sangoma*) e procuram sanar as próprias dores existenciais com relatos cheios de música e dança sobre suas recordações de infância, amores, abandonos e meios de superação desses traumas.

O espetáculo surgiu das pesquisas do grupo sobre relatos, dados e estatísticas dos sistemas de saúde pública referentes à relação das mulheres negras com a dor e sua consequência na vida delas.

Claudia Ferreira/Acervo da fotógrafa

Cena do espetáculo *Reza*, da Cia. Orquestra de Pretxs Novxs, direção de Carmen Luz e André Muato. Rio de Janeiro (RJ). Foto de 2019.

Reza mostra como a vida das mulheres negras é atravessada pelos preconceitos e estigmas de "favelada", "mãe solteira", "dona do barraco", "cabocla" protetora, "mulata tipo exportação", mulher resistente à dor, eterna empregada doméstica, etc., e como essas mulheres demonstram sua capacidade de resiliência para sobreviver ao cotidiano de uma sociedade estruturalmente racista.

Em cena, três músicos e sete jovens artistas criam um espetáculo inspirado nas montagens de musicais brasileiros no Teatro de Arena, em São Paulo (SP), nos anos 1960, mas repleto de ritmos contemporâneos, como o *funk*, a dança afro, a dança de rua, o pagode e o charme.

1. Observe as fotos e, se puder, assista às reportagens que foram indicadas no boxe *Saiba+*. Depois, reflita sobre as questões com os colegas e registre as respostas.

a) O que mais chama sua atenção nessas imagens?

b) Quais são as diferenças visuais entre as duas cenas?

c) O que as mulheres parecem estar fazendo? Por que você teve essa impressão?

d) Qual é a importância de esses espetáculos abordarem essas temáticas?

Representatividade negra no teatro: os pioneiros

Os espetáculos e os grupos apresentados anteriormente estão inseridos em um conjunto de ações e protagonismos de pessoas negras ao longo da história das artes cênicas brasileira, que resultou no que chamamos hoje de Teatro Negro. Você conhecerá agora um pouco da história do Teatro Experimental do Negro (TEN) e algumas personalidades importantes dessa trajetória de valorização artística e social do negro no Brasil.

Uma das primeiras pessoas negras a se destacar nas artes cênicas brasileiras foi o mineiro Benjamim de Oliveira (1870-1954), na virada do século XIX para o século XX. Em uma época em que homens e mulheres negros não eram protagonistas nos palcos, as habilidades de atuação, canto, dramaturgia, acrobacia e malabarismo fizeram com que Benjamim se tornasse um dos primeiros palhaços e ator negro a obter notório destaque artístico nos circos-teatros brasileiros.

Em 1944, o escritor, artista visual, teatrólogo, político e poeta paulista Abdias do Nascimento (1914-2011) criou o TEN, na cidade do Rio de Janeiro (RJ), com o propósito de promover a valorização social da pessoa e da cultura negra por meio da educação e da arte.

Abdias foi senador e deputado federal pelo Rio de Janeiro (RJ), dedicando seus mandatos à luta contra o racismo. É considerado uma das maiores personalidades negras brasileiras do século XX a lutar contra o racismo e a discriminação racial dentro e fora do Brasil.

crime de lesa-pátria: segundo a Lei n. 7 170, de 14 de dezembro de 1983, trata-se de crime que lesa ou expõe a perigo de lesão a integridade territorial e a soberania nacional, o regime representativo e democrático, a Federação e o Estado de Direito e a pessoa dos chefes dos Poderes da União.

Com sua atuação política e cultural, Abdias defendeu direitos trabalhistas e políticas públicas afirmativas para a população afrodescendente entre os anos 1930 e 2000, chegando a propor na Assembleia Nacional Constituinte de 1946, após a Convenção Nacional do Negro (1945), da qual foi um dos organizadores, que a discriminação racial fosse considerada **crime de lesa-pátria**. O artista também participou da criação e dirigiu, entre 1948 e 1950, o jornal *Quilombo*, propagador de notícias sobre ações afirmativas dos negros da época. Foi, ainda, um dos articuladores do Movimento Negro Unificado (MNU), entidade que até hoje atua politicamente pela igualdade racial no Brasil. Ele recebeu inúmeros prêmios e condecorações nacionais e internacionais, e foi indicado ao prêmio Nobel da Paz em 2010.

Benjamin de Oliveira como Palhaço Chocolate. Foto do início do século XX.

Teatro Experimental do Negro (TEN)

Criado por Abdias do Nascimento, o grupo atuava na perspectiva de conscientizar as pessoas negras da condição de subalternidade social à qual estavam condicionadas e na denúncia sobre os chamados estudos afro-brasileiros, com foco naquela época na ideia de que o Brasil era uma democracia racial, mas que, segundo Abdias, corroborava a manutenção da condição de subalternidade.

Tuca Vieira/Folhapress

Abdias do Nascimento, fundador do Teatro Experimental do Negro (TEN), durante a II Conferência de Intelectuais da África e da Diáspora, em Salvador (BA). Foto de 2006.

O grupo selecionava operários, empregados domésticos, pedreiros, pessoas das classes baixas e funcionários públicos com cargos modestos como seus primeiros participantes, e promovia cursos de alfabetização para essas pessoas. Chegou a ter cerca de seiscentos inscritos, que, além de serem alfabetizados, tinham a oportunidade de compreender o legado cultural e humano trazido pelos africanos ao Brasil e de questionar o lugar de inferioridade imposto aos negros na sociedade brasileira.

Esse foi o contexto de nascimento do TEN, o primeiro grupo a promover a inclusão do afrodescendente no panorama teatral brasileiro, a partir de uma perspectiva político-racial. A companhia propunha ampliar a representatividade do negro nas artes cênicas, colocando-o como protagonista e aumentando sua valorização artística e social.

Teve como um de seus objetivos a criação de uma estética teatral que tivesse pessoas negras envolvidas em todos os aspectos da produção (as escolhas temáticas, o texto, o elenco, a direção, os técnicos), já que elas eram praticamente excluídas do meio teatral.

Reprodução/Acervo Ipeafro

Aula de alfabetização promovida pelo TEN em 1944, na sede da União Nacional dos Estudantes (UNE) no Flamengo, Rio de Janeiro (RJ). Foto de 1944.

Dentre os artistas que se destacaram naquele contexto, estava até então a empregada doméstica fluminense **Ruth de Souza** (1921-2019). Ela foi a primeira atriz negra a encenar no Theatro Municipal do Rio de Janeiro (RJ), na montagem de *O Imperador Jones*, do dramaturgo estadunidense Eugene O'Neill (1888-1953), texto de estreia do grupo em 1945. Ruth viria a ser considerada uma atriz muito importante para a história das artes cênicas no Brasil.

Saiba+

André Horta/Fotoarena

Nascida na periferia da cidade do Rio de Janeiro (RJ), **Ruth de Souza (1921-2019)** teve uma infância humilde em Minas Gerais, até retornar com a família ao Rio, aos 9 anos de idade, e passar a morar em uma vila de lavadeiras e jardineiras em Copacabana. A artista entrou na adolescência demonstrando muito interesse em ser atriz e começou a realizar seu sonho ao conhecer Abdias do Nascimento e o TEN.

A carreira de Ruth foi fortalecida quando ela foi indicada pelo ator Paschoal Carlos Magno (1906-1980) para receber uma bolsa de estudos em artes cênicas nos Estados Unidos. Nessa ocasião, a atriz estudou na Universidade de Harvard, em Washington, e na Academia Nacional do Teatro Americano, em Nova York.

Após esse período, Ruth de Souza regressou ao Brasil e começou a fazer vários trabalhos no teatro.

Por seu desempenho no filme *Sinhá Moça*, de 1953, dirigido por Tom Payne (1914-1996), foi a primeira atriz brasileira indicada a um prêmio internacional, o Leão de Ouro do Festival de Veneza de 1954.

Atuou também na novela *A cabana do Pai Tomás, entre* 1969 e 1970. Com esse trabalho, foi a primeira atriz negra a protagonizar uma novela.

Ruth de Souza atuou em cerca de 40 filmes, 30 peças teatrais e 32 novelas, além de várias minisséries.

Reprodução/Acervo Ipeafro

Ruth de Souza e Abdias do Nascimento em cena da peça *Todos os filhos de Deus têm asas*, do grupo TEN, direção de Aguinaldo Camargo (1918-1952). Rio de Janeiro (RJ). Foto de 1946.

Tanto Ruth quanto o TEN foram pioneiros em vários aspectos no processo de ressignificação do negro no teatro. Após o destaque individual conseguido por Benjamim de Oliveira no circo-teatro, o TEN recebeu grande destaque como grupo, dando mais visibilidade artística aos negros no teatro.

Com isso, algumas práticas discriminatórias comuns até a década de 1950, como a *black face*, em que atores brancos pintavam o rosto e parte do corpo para interpretar papéis negros, passaram a ser questionadas e problematizadas, até se tornarem quase inexistentes na cena teatral.

Da mesma forma, ao ser a primeira atriz negra a interpretar no palco do Theatro Municipal do Rio de Janeiro (RJ), Ruth de Souza simbolizou a abertura de um espaço até então ocupado apenas por pessoas brancas da elite carioca.

Saiba+

Assista à entrevista e homenagem da TV Brasil à atriz Ruth de Souza (14 min 10 s), disponível em: https://youtu.be/_F2VZ8WbXbk; (acesso em: 12 maio 2022).

Se julgar interessante, assista ao curta-documentário "70 anos do TEN" no canal IPEAFRO que conta como foi fundação do Teatro Experimental Negro e sua trajetória (8 min 54 s), disponível em: https://www.youtube.com/watch?v=o6nc9oCwXtl; (acesso em: 12 maio 2022).

É a partir dessa base histórica que chegamos aos coletivos teatrais negros da atualidade, que trabalham ancorados na ancestralidade afro-brasileira, mas voltam-se para questões raciais da atualidade, como demonstraram os espetáculos *Sangoma*, da Capulanas Cia. de Arte Negra, e *Reza*, da Cia. Orquestra de Pretxs Novxs. Conheça agora como são os processos de criação coletiva dessas duas companhias.

Processos colaborativos de criação

Como você viu no tópico *O gênero texto teatral na obra de José de Alencar*, entre as formas de escrita teatral, há aquela realizada por um único autor ou dramaturgo. Ele é responsável por pensar e estruturar a sequência dramática de acontecimentos, as indicações da movimentação dos atores, os cenários, os figurinos, os diálogos e todas as demais marcações, chamadas de rubricas, necessárias para a montagem da peça. Geralmente, as montagens teatrais criadas com esse tipo de texto seguem à risca as indicações dos autores e as escolhas do diretor.

Contudo, desde a década de 1970, os processos colaborativos de criação coletiva de textos teatrais ganharam força e, hoje, são as principais formas de trabalho de grupos e coletivos de teatro do país. Os grupos dos espetáculos apresentados anteriormente realizam suas atividades sob essa estrutura de criação. A peça *Sangoma* foi escrita de modo colaborativo entre a Capulanas Cia. de Arte Negra e a dramaturga **Cidinha da Silva** (1967-), enquanto *Reza* foi adaptada de uma obra literária do escritor Allan da Rosa (1976-) com a criação cênica realizada por todos os integrantes da Cia. Orquestra de Pretxs Novxs.

Nesses processos colaborativos, a dramaturgia é elaborada quase que simultaneamente ao processo de pesquisa, improvisações e criação das cenas. Neles, busca-se uma relação horizontal entre atores, diretor, dramaturgo e demais criadores do espetáculo teatral. Todos os participantes são convidados a fazer propostas cênicas, escrever trechos da peça, sugerir figurinos e ideias para a luz e o cenário.

Dessa forma, o processo de construção da peça prevê a escolha do tema, mote ou assunto do espetáculo, a pesquisa teórica ou de campo, as primeiras improvisações livres ou utilizando os materiais coletados nas pesquisas (imagens, sons, frases, textos, depoimentos, objetos, gostos, cheiros), os debates sobre as ideias e os registros escritos, em áudio, vídeo ou fotografias desse levantamento preliminar.

Apenas depois desse período inicial é que a dramaturgia começa a tomar corpo, inicialmente com uma estrutura básica de ações, personagens, indicações de entrada e saída de atores, jogos de cena, etc. Trata-se de algo semelhante ao *canovaccio*, ou roteiro, utilizado na *commedia dell'arte* do século XVII. Inúmeras modificações e acréscimos são feitos no processo até o espetáculo ser finalizado.

2. **Realize uma pesquisa sobre o histórico de outros grupos e a biografia de artistas negros brasileiros. Depois, desenvolva uma instalação artística com o resultado de sua pesquisa.**

Saiba+

Jefferson Rudy/Agência Senado

Autora versátil, a produção literária de **Cidinha da Silva** transita pelos gêneros crônica, conto, ensaio, dramaturgia e infantojuvenil. A escritora já recebeu o prêmio na categoria Contos da Biblioteca Nacional (2019), foi finalista na categoria "não ficção" do prêmio Jabuti (2019) e do prêmio Rio de Literatura 4ª edição (2019). Para conhecer mais, acesse o *blog* da autora (disponível em: http://cidinhadasilva.blogspot.com/; acesso em: 23 jun. 2022).

Bando de Teatro Olodum

O Bando, como é conhecido, surgiu em 1990, em Salvador (BA), do bloco carnavalesco de resistência negra Olodum. Ele se destaca como um dos mais respeitados e representativos grupos de teatro negro atuantes no país. Tem entre seus objetivos valorizar e divulgar a cultura negra, combater o racismo, promover o protagonismo e as identidades negras na sociedade, além de capacitar artistas para a linguagem cênica. São criações do Bando espetáculos reconhecidos em todo o Brasil, como *Ó Paí, Ó!*, de 1992 – que deu origem ao filme dirigido por Monique Gardenberg (1958-) e lançado em 2007 –, e *Bai Bai, Pelô*, de 1994, uma trilogia sobre o universo sociocultural do Pelourinho (BA). Atores de renome, como o baiano Lázaro Ramos (1978-), começaram suas carreiras no grupo.

Saiba+

Para assistir ao espetáculo *Áfricas*, do Bando de Teatro Olodum (55 min), acesse o vídeo disponível em: https://youtu.be/GFJ3SjJCsF4 (acesso em: 12 maio 2022).

Áfricas é o primeiro espetáculo infantojuvenil do Bando de Teatro Olodum. Ele também foi criado a partir de um processo colaborativo que resultou em um espetáculo repleto de músicas, cores e danças que aborda o universo mágico e lúdico das lendas e dos contos africanos por meio das narrativas seculares dos griôs, ancestrais detentores da sabedoria transmitida pela linguagem oral.

Cena do espetáculo infantil *Áfricas*, do Bando de Teatro Olodum, direção de Chica Carelli (1957-). Salvador (BA). Foto de 2007.

Experimentação Criações dramatúrgicas coletivas

Agora que você conheceu parte da história do teatro negro no Brasil, debateu com os colegas sobre a vulnerabilidade cultural e social das mulheres negras, sabendo que é uma das principais temáticas dos grupos de teatro negro, e conheceu os processos colaborativos de criação coletiva, é hora de inventar a própria dramaturgia.

1. Forme um grupo com mais quatro ou cinco colegas. Reúnam materiais sobre racismo estrutural no Brasil: notícias de jornais, artigos de revistas, imagens, entrevistas e depoimentos de mulheres negras que sofreram algum tipo de discriminação, etc.
2. Reflitam sobre o tema pesquisado e escolham alguns desses materiais como estímulo para a criação de uma cena ou uma peça teatral curta.
3. Determinem quais serão os personagens, o tempo e o lugar em que a história se passará.
4. Definam o que acontece na história: o conflito, isto é, o fio condutor da história, e como os personagens vão lidar com esse conflito ou solucioná-lo.
5. Façam improvisações livres considerando os debates, os materiais reunidos, os objetos, as peças de roupas, os sons e as músicas, ou qualquer outro material que vocês queiram utilizar na criação da cena.
6. Durante as improvisações, registrem as falas e as movimentações que surgirem. Isso pode ser feito com gravações de pequenos vídeos ou anotações no diário de bordo. Destaquem o material de que mais gostaram nas experimentações e, aos poucos, criem um roteiro. Para isso, pensem em uma sequência de acontecimentos (cenas) com começo, meio e fim, em que, no final, os personagens podem ou não conseguir solucionar o conflito da história.
7. Releiam o texto e vejam se está claro. Façam as adaptações necessárias nos diálogos e nas cenas; se necessário, criem outras para completar o roteiro.
8. Ao final, vocês terão um texto dramático criado coletivamente a partir da pesquisa e das improvisações. Guardem esse material, que poderá ser apresentado na leitura dramática prevista para a seção *#Multiplicar*.

Diário de bordo

Anote no diário de bordo suas impressões sobre esse processo de criação coletiva. Avalie aquilo de que mais gostou, o que modificaria, como foi a relação com os colegas, entre outros aspectos que considerar importantes.

Instalações artísticas: vozes negras

Agora você vai estudar produções artísticas contemporâneas de mulheres negras que investigam aspectos de suas identidades a partir das próprias histórias de vida.

A ancestralidade é um conceito amplo que pode ser compreendido como aquilo que é importante e venerado por deixar heranças sociais, culturais ou espirituais, colaborando, dessa forma, para a existência de determinada comunidade. O fato de que pouco se conhece da história cultural dos povos africanos que compõem nossa identidade brasileira deixa-nos uma lacuna sobre "quem somos".

Para refletir sobre essas questões, você vai conhecer os trabalhos da artista visual paulistana Rosana Paulino (1967-) e da carioca Aline Motta (1974-).

Em entrevista concedida à *Revista do Centro de Pesquisa e Formação do Sesc*, Rosana Paulino relata:

> RP: Acredito que a produção de arte está diretamente ligada a quem você é, ao local que ocupa no mundo. Neste sentido, os objetos que me rodeiam e que, muitas vezes, estiveram presentes durante minha formação – e estão, ainda hoje, em minha vida – são importantes para pensar quem eu sou, qual minha relação com a sociedade na qual eu vivo. Sendo assim, objetos como pequenas garrafas, tecidos, linhas, agulhas e atos como costurar me ajudam a construir uma narrativa. E posso ampliar essa narrativa se penso que os objetos, simbolicamente falando, têm histórias próprias. Um exemplo: minha mãe foi bordadeira quando eu era criança. Isso ajudava a pagar nossos estudos. Além disso, ela fazia nossos vestidos, nossas roupas, para economizar. O bordado ou a costura, como trabalho, nunca foram profissões valorizadas e estão historicamente ligados às mulheres e a determinadas camadas sociais, geralmente as mais baixas. Eleger a costura como um dos elementos da minha poética fala muito sobre quem eu sou e de onde eu vim.

PAULINO, Rosana. Entrevista com Rosana Paulino. [Entrevista concedida a CPF]. *Revista do Centro de Pesquisa e Formação*, n. 5, set. 2017. Disponível em: https://www.sescsp.org.br/files/artigo/0494111c/c343/4429/b5b7/c902f89bee30.pdf. Acesso em: 12 maio 2022.

Isabella Matheus/Acervo da Fotógrafa

Detalhe da obra *Tecelãs*, de Rosana Paulino, 2003 (faiança, terracota, algodão, linha sintética e pigmento vermelho, casulos de 3,5 cm × 13,5 cm × 7 cm). Coleção particular.

Isabella Matheus/Acervo da Fotógrafa

Tecelãs, de Rosana Paulino, 2003 (faiança, terracota, algodão, linha sintética e pigmento vermelho, dimensões variáveis). Coleção particular.

3. Observe as imagens da obra *Tecelãs*, converse com os colegas sobre as questões propostas e registre suas respostas.

a) Que sentidos você atribui a essa imagem? Ela faz você pensar ou se lembrar de alguma coisa?

b) Por que você acha que a artista desenvolveu esse trabalho?

c) Em sua opinião, o que essa obra aborda?

d) Na sua opinião, os elementos utilizados pela artista Rosana Paulino carregam características da história dela? Em quais elementos você as identificou?

4. Agora, responda às perguntas:

a) O que a figura de uma mulher, com seu corpo enrolado em linhas e em volta de formas que se assemelham a casulos, leva você a pensar? Por quê?

b) Você acha que a composição dessas figuras juntas, dispostas no chão e nas paredes, remete a algo? O quê?

c) Você já havia visto alguma obra que utilizasse o espaço expositivo como suporte?

A interpretação de uma obra de arte está relacionada, entre outros fatores, aos nossos repertórios, experiências de vida, livres associações e metáforas que criamos. Além disso, temos de considerar a pesquisa e a intenção do artista, assim como a relação com seu contexto histórico e social.

A artista paulista **Rosana Paulino**, ao realizar essa obra em formato de instalação, criou uma série de peças de cerâmica de mulheres-insetos com seus corpos envolvidos em fios e uma série de casulos, buscando refletir de maneira lúdica sobre a força da natureza feminina.

Saiba +

Isabella Matheus/Acervo da Fotógrafa

A artista Rosana Paulino, doutora em Artes Visuais pela Escola de Comunicações e Artes da Universidade de São Paulo (ECA/USP-SP), especialista em gravura pelo London Print Studio e autora da instalação *Tecelãs*, desenvolve uma pesquisa e um trabalho artístico em que utiliza técnicas diversas, como instalações, desenhos, *performances*, etc. Em suas obras, ela trata de marcas deixadas pelo sistema colonial, como a escravidão, em nossa formação social e cultural, além de abordar temas relacionados à mulher negra no Brasil.

A instalação artística

O uso do termo "instalação" passou a ser incorporado nas artes visuais na década de 1960. Consiste em um tipo de obra que ocupa determinado espaço com objetos e materiais diversos. Os elementos que a compõem são vistos como um todo relacionado ao ambiente em que estão inseridos. Soma-se a eles, ainda, a presença do público, que, ao percorrer e se movimentar pelo espaço, passa a se tornar elemento constitutivo da obra.

Na série *Bastidores*, Rosana Paulino selecionou fotos de mulheres da família para tratar de questões como racismo e violência doméstica. Nos anos 1990, época em que a obra foi feita, Rosana teve contato com relatos de violência doméstica praticada contra as mulheres por seus companheiros, o que a motivou a fazer esse trabalho.

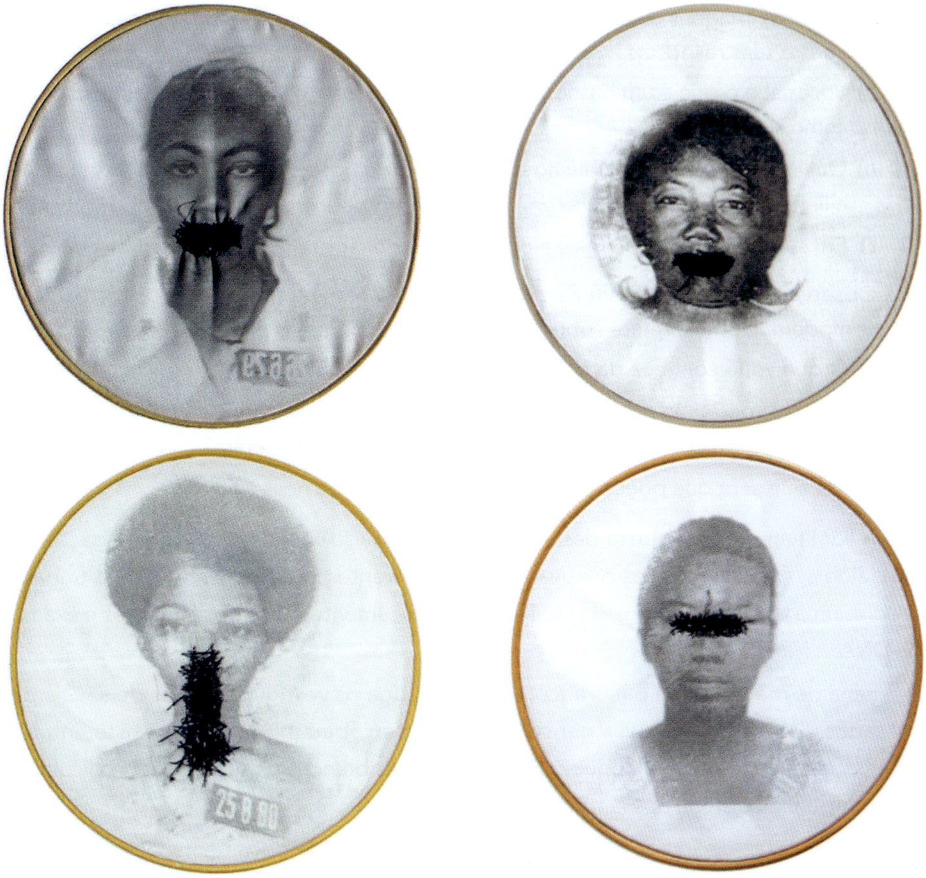

Fotos: Reprodução/Museu de Arte Moderna, São Paulo, SP.

Obras da série *Bastidores*, de Rosana Paulino, 1997 (fotocópia e linha de costura sobre tecido montado em bastidor, 31 cm de diâmetro cada uma). Museu de Arte Moderna de São Paulo (MAM-SP), São Paulo (SP).

Outra instalação de Rosana Paulino é *Parede da memória*, elaborada com fotografias de familiares da artista para tratar da temática racial, da afetividade e da memória do povo negro brasileiro. Ela selecionou onze fotografias e as repetiu diversas vezes em patuás, dando a ideia de multidão. Os patuás são muito utilizados, em especial nas religiões de matriz africana, para proteger a casa ou seu dono.

Reprodução/Grupo Estado

Parede da memória, de Rosana Paulino, 1994-2015 (1 500 peças em aquarela, manta acrílica e fotocópia sobre papel colado sobre tecido e papel costurados, 724 cm × 173,5 cm). Exposição na Pinacoteca de São Paulo, São Paulo (SP), 2018.

Saiba+

Reprodução/www.alinemotta.com

Formada em Comunicação Social e Cinema, a artista **Aline Motta** mescla diferentes técnicas em seus trabalhos, utilizando-se de recursos de fotografia, vídeo, instalação, *performance*, arte sonora, colagem, impressos e materiais têxteis. De acordo com a artista, sua pesquisa procura encontrar maneiras de criar sentidos, ressignificar memórias e elaborar outras formas de existência.

5. Observe as imagens das obras da série *Bastidores*, reflita sobre as questões propostas e registre suas respostas.

a) Você sabe o que é um bastidor? Por que você acha que a artista utilizou esse objeto como suporte?

b) Quais sentidos você atribui ao uso da linha e da costura nessa obra? De que cor é a linha que ela utiliza? Parecem pontos de bordado comuns?

c) Em sua opinião, o que mais a obra pode dizer sobre temas atuais? Por quê?

6. Observe a imagem da obra *Parede da memória* com atenção e veja os rostos que a compõem. Depois, reflita sobre as questões que seguem e registre suas respostas.

a) O que você conhece da genealogia de sua família?

b) E o que você sabe dos povos negros que vieram escravizados para o Brasil durante o período da colonização? Sabe de quais regiões eles vieram?

c) Por que será que pouco sabemos desse aspecto de nossa história?

A fluminense **Aline Motta** desenvolve uma pesquisa voltada para a investigação das genealogias familiares e dos possíveis laços de parentesco afro-atlânticos. Seu trabalho envolve uma busca por relatos de histórias reais, documentos, arquivos familiares e exames de DNA.

Filha de mãe negra e pai branco, Aline investiga os vestígios e raízes de seus antepassados. Durante a pesquisa genealógica, ela percebeu a lacuna que existe entre as informações que facilmente adquire de seus familiares brancos portugueses e a dificuldade em reconstituir a história dos familiares negros.

Diante disso, decidiu iniciar uma pesquisa em busca de documentações sobre a escravidão no Brasil, até chegar a uma pesquisa pessoal sobre a memória familiar, rompendo com a ideia romantizada de miscigenação.

Para a artista, ao tratar dessas questões, ela está abordando também aspectos da memória coletiva negra brasileira, que perpassa pela violência e pelos efeitos da escravidão na formação social e cultural de nosso país.

No trabalho *Pontes sobre abismos*, de 2017, ela realizou o trajeto contrário ao do tráfico negreiro, partindo do Rio de Janeiro (RJ) em direção a Serra Leoa, na África, em busca de seus laços genealógicos.

Aline Motta/Acervo da fotógrafa

Fotografia da série *Pontes sobre abismos*, de Aline Motta, 2017 (fotografia). Na imagem, Iman Koker, chefe do grupo étnico Mende, segura uma foto de sua mãe e, atrás dele, há uma foto da bisavó da artista Aline Motta.

7. Após observar as imagens da obra *Pontes sobre abismos* e, se possível, assistir ao vídeo indicado no boxe *Saiba+*, converse com os colegas sobre as questões a seguir.

a) O que chamou sua atenção nesse trabalho?

b) Você identifica o processo de criação da artista? Caso tenha assistido ao vídeo, como você acha que esse processo se deu até chegar a esse resultado?

c) Para você, as etapas do processo da obra constituem a obra? Por quê?

Saiba+

Acesse o *site* de Aline Motta e assista a um vídeo que a artista produziu como parte desse trabalho. *Pontes sobre abismos* (8 min), disponível em: http://alinemotta.com/Pontes-sobre-Abismos-Bridges-over-the-Abyss (acesso em: 12 maio 2022).

Experimentação Varal de memórias coletadas: instalação coletiva

Material: 1 rolo de barbante, pregadores de roupa, papel vegetal e papel sulfite de cores variadas.

1. Converse com as pessoas com quem convive e investigue quais são as fotografias que gostaria de selecionar para compor um varal de imagens coletivas com a turma.

2. Procure fotos de épocas distantes. As fotos podem ser de pessoas, de lugares ou de objetos.

3. Depois de selecioná-las, procure informações a respeito de cada uma delas:

- Quem está na imagem?
- Onde ela foi tirada?
- Data real ou aproximada.
- Se for de uma pessoa, traga alguma curiosidade ou informação sobre a vida dela e o motivo da escolha da imagem. Se for de um lugar ou objetos, traga informações sobre onde é, o que é e por que a selecionou.

4. Escreva, em uma folha à parte, as informações colhidas sobre as imagens.

5. Imprima as imagens selecionadas em folhas de papel vegetal. Mas, antes, combine com a turma um tamanho e um formato comum para todas as impressões.
Como a folha de papel vegetal gera transparência, você pode explorar esse recurso fazendo sobreposições entre as imagens e os textos com as informações colhidas, utilizando outra folha para criar essa camada, se desejar.

6. Depois, forme uma roda com os colegas e compartilhe sua pesquisa e o material selecionado. Dialoguem sobre as descobertas e as escolhas.
Percebam se nessa seleção houve dificuldade de encontrar informações ou imagens de tempos mais distantes.

7. Com a turma e o professor, selecione um lugar da sala de aula ou da escola para realizar a instalação.
Procurem um espaço em que ela possa permanecer em exposição por algum tempo.

8. Montem uma instalação no espaço com as linhas e as imagens penduradas.
Pensem em um modo de garantir que as pessoas circulem entre essas linhas para ver e ler as imagens coletadas e pregadas.

9. Gravem um áudio com as informações dos relatos recolhidos para inserir na instalação.

10. Ativem esse áudio na instalação e percebam como esses estímulos visuais e sonoros dialogam e se complementam.

11. Percorram o espaço de instalação da obra para que possam usufruir do trabalho.

12. Conversem sobre o processo e o resultado.

13. Coletivamente, escolham um título para a instalação e criem uma sinopse de, no máximo, cinco linhas para falar sobre o trabalho, incluindo as etapas de pesquisa.

14. Quando tudo estiver pronto, convidem outras turmas para visitar e apreciar a instalação.
Vocês podem deixar essa instalação montada por um algum tempo e agendar os horários em que o áudio será ativado.

#EnemVestibular

Responda às questões a seguir para fazer uma retomada dos seus conhecimentos e rever alguns assuntos que estudou nesta unidade.

1. (Unicamp-SP – 2020)

Que dizer das personagens? Creio que têm a força e ao mesmo tempo a fraqueza da caricatura. Mas, pensando melhor, não poderemos também alegar em defesa do romancista que a caricatura é uma tendência reconhecida e aceita da arte moderna, principalmente da pintura? Não haverá muito de deformação na obra de grandes pintores como Portinari, Di Cavalcante e Segall – todos eles inconformados com a sociedade em que vivem?

(Adaptado de Erico Verissimo, Prefácio, em *Caminhos Cruzados*. São Paulo: Companhia das Letras, 2016, p. 20-21.)

Tarsila do Amaral, *A negra*, 1923. Coleção Museu de Arte Contemporânea da Universidade de São Paulo, São Paulo (SP).

A ideia de deformação aplica-se ao quadro de Tarsila e ao romance *Caminhos cruzados*, de Érico Veríssimo, porque tal procedimento artístico acentua

a) a crítica do modernismo à violência da escravidão e às desigualdades sociais, presentes no quadro e nas personagens do romance, respectivamente.

b) o imaginário da burguesia nacional, pois tanto as protagonistas do romance quanto a imagem da mulher negra retratam os traços característicos das reformas sociais do Estado Novo.

c) os princípios estéticos do movimento modernista, pois as duas expressões artísticas apresentam-se como reflexo dos valores da elite cafeeira paulista.

d) a moral implícita da modernidade, pois o narrador do livro e a representação do corpo negro criticam o comportamento social das personagens femininas no século XX.

2. (Enem – 2018)

Outra importante manifestação das crenças e tradições africanas na Colônia eram os objetos conhecidos como "bolsas de mandinga". A insegurança tanto física como espiritual gerava uma necessidade generalizada de proteção: das catástrofes da natureza, das doenças, da má sorte, da violência dos núcleos urbanos, dos roubos, das brigas, dos malefícios de feiticeiros, etc. Também para trazer sorte, dinheiro e até atrair mulheres, o costume era corrente nas primeiras décadas do século XVIII, envolvendo não apenas escravos, mas também homens brancos.

CALAINHO, D. B. Feitiços e feiticeiros. In: FIGUEIREDO, L. História do Brasil para ocupados. Rio de Janeiro: Casa da Palavra, 2013 (adaptado).

A prática histórico-cultural de matriz africana descrita no texto representava um(a)

a) Expressão do valor das festividades da população pobre.

b) Ferramenta para submeter os cativos ao trabalho forçado.

c) Estratégia de subversão do poder da monarquia portuguesa.

d) Elemento de conversão dos escravos ao catolicismo romano.

e) Instrumento para minimizar o sentimento de desamparo social.

3. (Enem – 2017)

Para a Organização das Nações Unidas para a Educação, a Ciência e a Cultura (Unesco), é importante promover e proteger monumentos, sítios históricos e paisagens culturais. Mas não só de aspectos físicos se constitui a cultura de um povo. As tradições, o folclore, os saberes, as línguas, as festas e diversos outros aspectos e manifestações devem ser levados em consideração. Os afro-brasileiros contribuíram e ainda contribuem fortemente na formação do patrimônio imaterial do Brasil, que concentra o segundo contingente de população negra do mundo, ficando atrás apenas da Nigéria.

MENEZES, S. A força da cultura negra: Iphan reconhece manifestações como patrimônio imaterial. Disponível em: www.ipea.gov.br. Acesso em: 20 out. 2021.

Considerando a abordagem do texto, os bens imateriais enfatizam a importância das representações culturais para a

a) Construção da identidade nacional.

b) Elaboração do sentimento religioso.

c) Dicotomia do conhecimento prático.

d) Reprodução do trabalho coletivo.

e) Reprodução do saber tradicional.

4. (Enem – 2013)

PAULINO, R. Bastidores (detalhe),1997.
Xerox transferida e costurada sobre tecido montado em bastidor.

Disponível em: www.galeriavirgilio.com.br. Acesso em: 29 out. 2010.

Nas últimas décadas, a ruptura, o efêmero, o descartável, incorporam-se cada vez mais ao fazer artístico, em consonância com a pós-modernidade. No detalhe da obra *Bastidores*, percebe-se a

a) utilização de objetos do cotidiano como tecido, bastidores, agulha, linha e fotocópia, que tornam a obra de abrangência regional.
b) ruptura com meios e suportes tradicionais por utilizar objetos do cotidiano, dando-lhes novo sentido condizente.
c) apropriação de materiais e objetos do cotidiano, que conferem à obra um resultado inacabado.
d) apropriação de objetos de uso cotidiano das mulheres, o que confere à obra um caráter feminista.
e) aplicação de materiais populares, o que a caracteriza como obra de arte utilitária.

5. (Uece – 2018)

Em outubro de 1944, surge o Teatro Experimental do Negro (TEN). Tendo como seu expoente maior Abdias do Nascimento, o TEN "visava estabelecer o teatro, espelho e resumo da peripécia existencial humana, como um fórum de ideias, debates, propostas e ação visando à transformação das estruturas de dominação, opressão e exploração raciais implícitas na sociedade brasileira dominante, nos campos de sua cultura, economia, educação, política, meios de comunicação, justiça, administração pública, empresas particulares, vida social, e assim por diante. Um teatro que ajudasse a construir um Brasil melhor, efetivamente justo e democrático, onde todas as raças e culturas fossem respeitadas em suas diferenças, mas iguais em direitos e oportunidades"

(Abdias do Nascimento).

Dois importantes nomes do Teatro Experimental do Negro são

a) Ruth Areia e Abelardo Camargo.
b) Marta Brito e Arnoldo Costa.
c) Ruth de Souza e Aguinaldo Camargo.
d) Elia Monteiro e Geraldo Moura.

6. (UFPR – 2004) Leia o texto a seguir.

EURICÃO: Você não está entendendo nada! E como ficaria eu? Você casa com Dodô, Benona com Eudoro, Caroba com Pinhão. Não vê que eu fico só? No meio disso tudo, com quem casaria eu?
CAROBA: Com a porca. E, se ela não serve mais, com Santo Antônio!
EURICÃO: Estão me ouvindo? É a voz da sabedoria, da justiça popular. Tomem seus destinos, eu quero ficar só. Aqui hei de ficar até tomar uma decisão. Mas agora sei novamente que posso morrer, estou novamente colocado diante da morte e de todos os absurdos, nesta terra a que cheguei como estrangeiro e como estrangeiro vou deixar. Mas minha condição não é pior nem melhor do que a de vocês. Se isso aconteceu comigo pode acontecer com todos, e se aconteceu uma vez pode acontecer a qualquer instante. Um golpe do acaso abriu meus olhos, vocês continuam cegos! Agora vão, quero ficar só!

(SUASSUNA, Ariano. "O santo e a porca". Rio de Janeiro: José Olympio, 2003.)

Esse trecho é de "O santo e a porca", de Ariano Suassuna, e mostra Euricão quando, já ao final da peça, descobre que todo o dinheiro que guardou em sua porca de madeira não valia mais nada por causa das mudanças de moeda. Sobre o texto, é correto afirmar.

01) Ao falar em "voz da sabedoria" e em "justiça popular", a personagem reflete uma das referências principais da peça, que une um enredo recorrente na história da literatura ocidental a situações de uma comédia de costumes centrada em valores e figuras da cultura regional.
02) Os tratos e destratos feitos com Santo Antônio são um bom exemplo da praticidade da religiosidade popular, e as negociações com o santo de devoção criam espaço na peça para muito do seu resultado cômico e crítico.
04) Coerentemente com o regionalismo brasileiro, a peça valoriza a transformação e modernização dos costumes; daí o papel de Caroba e seu esforço para modificar a vida das outras personagens.
08) Apesar do tema humorístico, das cenas rápidas, da celeridade dos quiproquós, há, no fundo temático, um conflito entre os bens materiais e os espirituais, encarnado na figura de Euricão.
16) Euricão é uma personagem-tipo da literatura: ele tem uma característica principal, a avareza, e é sobre essa característica que toda sua ação na peça se sustenta.

7. (Ucpel-RS – 2021) Leia o texto que segue.

Reprodução/Enem, 2021.

Sobre o autor José de Alencar, analise as assertivas e marque a alternativa correta:

I. José de Alencar foi o principal romancista brasileiro da fase romântica.

II. José de Alencar demonstrou, pela escrita literária romântica, o lado esquecido da escravidão dos negros.

III. José de Alencar escreveu romances indianistas, históricos, urbanos e regionalistas.

IV. José de Alencar, em seu projeto literário, voltou-se para a constituição da cultura brasileira, exemplo disso está em seus romances indianistas que possuem lugar de destaque na literatura brasileira.

V. José de Alencar foi valorizado como o primeiro grande poeta brasileiro pelo uso de temas sociais que conciliavam a reforma social e aspectos específicos da métrica poética.

a) I, II e III estão corretas.
b) II, III e V estão corretas.
c) II, III e IV estão corretas.
d) III, IV e V estão corretas.
e) I, III e IV estão corretas.

8. (UEL-PR – 2007)

"A proteção e a promoção dos direitos humanos continuaram a se situar entre as principais carências a ser enfrentadas pela sociedade civil. [...] A enumeração das principais áreas de intervenção das organizações da sociedade civil soa como demandas de séculos passados: a ausência do estado de direito e a inacessibilidade do sistema judiciário para as não-elites; o racismo estrutural e a discriminação racial e a impunidade dos agentes do Estado envolvidos em graves violações aos direitos humanos. Como vimos, a nova democracia continuou a ser afetada por um 'autoritarismo socialmente implantado', uma combinação de elementos presentes na cultura política do Brasil, valores e ideologia, em parte engendrados pela ditadura militar, expressos na vida cotidiana. Muitos desses elementos estão configurados em instituições cujas raízes datam da década de 30."

Fonte: PINHEIRO, P. S. Transição Política e Não-Estado de Direito na República. *In:* WILHEIM, J. e PINHEIRO, P. S. (org.). Brasil – um século de transformações. São Paulo: Companhia das Letras, 2003, p. 296-297.

Em relação à violência, analise o texto anterior e selecione a alternativa que corresponde à ideia desenvolvida pelo autor:

a) A democracia brasileira é fortemente responsável pelo surgimento de uma cultura da violência no Brasil.

b) Muito mais do que os traços culturais, é o desenvolvimento econômico que acarreta o desrespeito aos direitos humanos no Brasil.

c) Com a democratização, as não-elites brasileiras finalmente tiveram pleno acesso ao sistema judiciário e aos direitos próprios do Estado de Direito.

d) Historicamente, o desrespeito aos direitos humanos afeta de modo igual a brancos e negros, ricos e pobres.

e) A violência no Brasil expressa-se na vida cotidiana e, para ser superada, depende de ações da sociedade civil.

9. (Enem – 2017)

E aqui, antes de continuar este espetáculo, é necessário que façamos uma advertência a todos e a cada um. Neste momento, achamos fundamental que cada um tome uma posição definida. Sem que cada um tome uma posição definida, não é possível continuarmos. É fundamental que cada um tome uma posição, seja para a esquerda, seja para a direita. Admitimos mesmo que alguns tomem uma posição neutra, fiquem de braços cruzados. Mas é preciso que cada um, uma vez tomada sua posição, fique nela! Porque senão, companheiros, as cadeiras do teatro rangem muito e ninguém ouve nada.

FERNANDES, M.; RANGEL, F. *Liberdade, liberdade.* Porto Alegre: L&PM, 2009.

A peça Liberdade, liberdade, encenada em 1964, apresenta o impasse vivido pela sociedade brasileira em face do regime vigente. Esse impasse é representado no fragmento pelo(a)

a) barulho excessivo produzido pelo ranger das cadeiras do teatro.

b) indicação da neutralidade como a melhor opção ideológica naquele momento.

c) constatação da censura em função do engajamento social do texto dramático.

d) conotação entre o alinhamento político e a posição corporal dos espectadores.

e) interrupção do espetáculo em virtude do comportamento inadequado do público.

10. (Enem PPL – 2019)

Em suas produções, nem o olho nem o ouvido são capazes de encontrar um ponto fixo no qual se concentrarem. O espectador das peças de Foreman é bombardeado por uma multiplicidade de eventos visuais e auditivos. No nível visual, há contínuas mudanças da forma geométrica do palco, mesmo dentro de um ato. A iluminação também muda continuamente; suas transformações podem ocorrer com lentidão ou rapidez e podem afetar o palco e a plateia: os espectadores podem de súbito se ver banhados de luz quando os canhões são voltados para eles sem aviso. Quanto ao som, tudo é gravado: buzinas de carros, sirenes, apitos, trechos de jazz, bem como o próprio diálogo. O roteiro é fragmentado, composto de frases curtas, aforísticas, desconectadas.

DURAND, R. *In*: CONNOR, S. *Cultura pós-moderna*: introdução às teorias do contemporâneo. São Paulo: Loyola, 1992 (adaptado).

A descrição, que referencia o Teatro Ontológico-Histérico do dramaturgo estadunidense Richard Foreman, representa uma forma de fazer teatro marcada pela

a) subversão aos elementos tradicionais da narrativa teatral.

b) visão idealizada do mundo na construção de uma narrativa onírica.

c) representação da vida real, aproximando-se de uma verdade histórica.

d) adaptação aos novos valores da burguesia frequentadora de espaços teatrais.

e) valorização espetacular do ideal humano, retomando o princípio do Classicismo grego.

11. (Enem – 2016)

Lições de motim

DONA COTINHA — É claro! Só gosta de solidão quem nasceu pra ser solitário. Só o solitário gosta de solidão. Quem vive só e não gosta da solidão não é um solitário, é só um desacompanhado. (A reflexão escorrega lá pro fundo da alma.) Solidão é vocação, besta de quem pensa que é sina. Por isso, tem de ser valorizada. E não é qualquer um que pode ser solitário, não. Ah, mas não é mesmo! É preciso ter competência pra isso. (De súbito, pedagógica, volta-se para o homem.) É como poesia, sabe, moço? Tem de ser recitada em voz alta, que é pra gente sentir o gosto. (FAZ UMA PAUSA.) Você gosta de poesia? (O HOMEM TORNA A SE DEBATER. A VELHA INTERROMPE O DISCURSO E VOLTA A LHE DAR AS COSTAS, COMO SEMPRE, IMPASSÍVEL. O HOMEM, MAIS UMA VEZ, CANSADO, DESISTE.) Bem, como eu ia dizendo, pra viver bem com a solidão temos de ser proprietários dela e não inquilinos, me entende? Quem é inquilino da solidão não passa de um abandonado. É isso aí.

ZORZETFI, H. *Lições de motim*. Goiânia: Kelps. 2010 (adaptado).

Nesse trecho, o que caracteriza *Lições de motim* como texto teatral?

a) O tom melancólico presente na cena.

b) As perguntas retóricas da personagem.

c) A interferência do narrador no desfecho da cena.

d) O uso de rubricas para construir a ação dramática.

e) As analogias sobre a solidão feitas pela personagem.

12. (Enem – 2016)

PINHÃO sai ao mesmo tempo que BENONA entra.

BENONA: Eurico, Eudoro Vicente está lá fora e quer falar com você.

EURICÃO: Benona, minha irmã, eu sei que ele está lá fora, mas não quero falar com ele.

BENONA: Mas Eurico, nós lhe devemos certas atenções.

EURICÃO: Você, que foi noiva dele. Eu, não!

BENONA: Isso são coisas passadas.

EURICÃO: Passadas para você, mas o prejuízo foi meu. Esperava que Eudoro, com todo aquele dinheiro, se tornasse meu cunhado. Era uma boca a menos e um patrimônio a mais. E o peste me traiu. Agora, parece que ouviu dizer que eu tenho um tesouro. E vem louco atrás dele, sedento, atacado de verdadeira hidrofobia. Vive farejando ouro, como um cachorro da molest'a, como um urubu, atrás do sangue dos outros. Mas ele está enganado. Santo Antônio há de proteger minha pobreza e minha devoção.

SUASSUNA, A. O santo e a porca. Rio de Janeiro: José Olympio, 2013 (fragmento).

Nesse texto teatral, o emprego das expressões "o peste" e "cachorro da molest'a" contribui para

a) marcar a classe social das personagens.

b) caracterizar usos linguísticos de uma região.

c) enfatizar a relação familiar entre as personagens.

d) sinalizar a influência do gênero nas escolhas vocabulares.

e) demonstrar o tom autoritário da fala de uma das personagens.

Mostra de memórias coletivas

Ao longo da unidade, você e os colegas realizaram diversas produções: criaram uma adaptação da peça *O demônio familiar*, de José de Alencar, criaram textos teatrais e dramaturgias em Língua Portuguesa e teatro, e coletaram imagens e depoimentos em áudio em artes visuais, montando uma instalação. Agora é hora de organizar uma mostra com outra instalação e apresentar, nesse espaço, leituras dramáticas dos textos que produziram ao longo da unidade.

Procedimentos

Para organizar a mostra para a montagem das instalações e para a apresentação da leitura dramática, a turma deve definir:

1. O público: todo o Ensino Médio, todos os trabalhadores da escola, familiares, amigos de fora da escola, etc.

2. A data: que deve ser escolhida em função do potencial de participação do público selecionado.

3. As formas de apresentação ao público: haverá uma lista com a ordem das apresentações e os horários?

4. Os espaços onde serão montadas as instalações.

5. As equipes de trabalho para a organização do evento.

Equipe operacional – Pede autorização à Direção para uso dos espaços; determina quais salas de aula serão ocupadas; garante que as salas estejam disponíveis para a montagem das instalações; define quais trabalhos ocuparão as diferentes salas ou espaços disponíveis.

Equipe de divulgação – Prepara os cartazes ou convites; prepara o encarte (fôlder) com a programação da mostra.

Equipe de organização – Recebe as inscrições dos trabalhos (cada grupo deve eleger uma das cenas teatrais criadas em Língua Portuguesa ou em teatro para a leitura dramática e montar a instalação preparada em artes visuais); prepara a programação da mostra com os títulos dos trabalhos e os horários das apresentações.

Equipe de documentação – Registra o processo de preparação da mostra (da organização à montagem) e das apresentações; organiza um álbum de fotos; recolhe depoimentos sobre a experiência de montagem; constrói uma memória do evento a ser compartilhada com toda a turma.

Aline Motta/Acervo da fotógrafa

Fotografia da série *Pontes sobre abismos*, de Aline Motta, 2017 (fotografia).

Equipe de apoio técnico – Fica responsável pela instalação de som e microfones, se houver, pela montagem de iluminação, se necessário, e pela ajuda na montagem das instalações.

Para a instalação, em grupo, remontem a instalação produzida no tópico *O poder contestador do teatro negro*, ou, caso ela ainda esteja montada, adaptem o espaço para a produção da mostra.

Para a leitura dramática

Ao longo da unidade, você e os colegas criaram diversos textos teatrais e dramaturgias, em Língua Portuguesa e Arte. Agora, escolham alguns desses trabalhos para apresentar em uma leitura dramática no espaço da instalação no dia do evento.

Após escolher o que vão apresentar, cada grupo deverá definir como o fará: avaliem todos os elementos, como figurino, maneira de se organizarem no espaço, se querem levar objetos para adicionar à instalação e/ou manipular durante a leitura, etc.

Antes da apresentação, certifiquem-se de:

- terem ensaiado o suficiente a leitura em voz alta;
- terem encontrado uma forma de tornar as intencionalidades do grupo compreensíveis;
- que os colegas estão sendo apoiados a fim de superar possíveis dificuldades;
- que o volume de voz de cada um está alto o suficiente para que a plateia ouça claramente o texto ou se é necessário providenciar microfones para possibilitar a boa audição da leitura.

Saiba +

Acesse o *site* Melanina Digital, disponível em: http://melanina digital.com/leituras-dramaticas/ (acesso em: 12 maio 2022) para conhecer algumas leituras dramáticas que podem servir de referência e inspiração.

Diário de bordo

Registre no diário de bordo como foi o processo de aprendizagem e desenvolvimento de pesquisa, compartilhamento e produção coletiva:

- O que você acha que foi mais marcante e significativo?
- Como você avalia sua participação no processo coletivo de criação desse projeto?
- Os conteúdos apresentados e a produção em grupo contribuíram de que maneira para sua aprendizagem escolar?

Meu portfólio

Nesta unidade, você estudou, no tópico *O gênero texto teatral na obra de José de Alencar*, algumas formas de construção do humor e de estereótipos, por meio da análise da peça teatral de José de Alencar. Viu também a relação do texto com o contexto, em especial no estudo da peça *A mulher do fundo do mar*. Assim, percebeu que os conhecimentos que completam os sentidos da peça não estão contidos apenas nas linhas do texto; eles estão presentes em nosso conhecimento de mundo.

No tópico *O poder contestador do teatro*, em teatro, você percorreu a história da participação do negro nos palcos, conheceu diferentes grupos de teatro negro, suas origens, suas propostas de denúncia e de resistência. Refletiu, ainda, sobre a figura da mulher negra e as diferentes representações que grupos teatrais femininos quiseram romper. Em artes visuais, pôde estudar diferentes formas de instalação artística e percorrer o tema da memória e da ancestralidade, em especial da mulher negra, por meio da análise e fruição de obras de arte e no desenvolvimento de processo criativo.

Esses estudos foram entremeados por reflexões da representação do negro na sociedade: partindo de uma descrição pitoresca do escravo doméstico feita por José de Alencar, na segunda metade do século XIX, e passando pela reconstrução da história coletiva a partir das vozes de mulheres negras, nos estudos de teatro e artes visuais. Agora é o momento de registrar o que aprendeu.

Na montagem de seu portfólio, você deve ter organizado suas produções durante todo esse processo. Agora, retome as produções realizadas nesta unidade, desde rascunhos e projetos até registros em fotos e vídeos de apresentações. Lembre-se de que todo o processo criativo é importante, e não apenas o produto final, por isso aqui não podem faltar as diversas versões de uma mesma produção. Retome também todas as anotações que fez no diário de bordo. Essa consulta poderá ajudá-lo a perceber quais aspectos você foi desenvolvendo e aperfeiçoando ao longo do trabalho.

Respostas #EnemVestibular

Unidade 1

1. (Unicamp – 2021)

   a) Resposta: As relações diplomáticas, no século XIX, entre os governos de Portugal, Brasil e algumas das regiões do continente africano foram embasadas principalmente no comércio de escravos, com o objetivo de enviar presentes por parte do Rei de Daomé a D. João VI, que buscava fortalecer as relações de paridade entre os soberanos de ambas as partes.

   b) Resposta: O acervo materializava as relações diplomáticas e comerciais entre Portugal, Brasil e África. Com o incêndio ocorreu a perda desse acervo, prejudicando a preservação da memória das relações.

2. (Enem – 2014): C.
3. (Enem – 2009): A.
4. (Enem PPL – 2019): B.
5. (CESPE/UnB – CPRM/2013 DF): A, B, D.
6. (Enem – 2018): A.
7. (CESPE/UnB – CPRM/2013 DF): B, D.
8. (Ibade – Prefeitura de Vitória/ES – 2019): B.
9. (Enem – 2018): D.
10. (Enem – 2019): C.
11. (Enem – 2015): C.
12. (Enem – 2015): C.

Unidade 2

1. (UEPG – PR – 2020): A e B.
2. (UEPG – PR – PSS – 2019): A, B, C, D.
3. (UEM – PR – 2018): B, C, D, E.
4. (Enem – 2018): B.
5. (Enem – 2019): E.
6. (Enem – 2015): E.
7. (Enem – 2019): D.
8. (Enem – 2015): B.
9. (Enem – 2020 – Aplicação digital): A.
10. (Uerj – 2014): A.
11. (Uerj – 2009): A.
12. (Enem – 2012): A.

Unidade 3

1. (Unesp – SP – 2011): D.
2. (Unesp – SP – 2011): C.
3. (Unesp – SP – 2011): E.
4. (Enem – 2ª aplicação – 2010): A.
5. (Uerj – 2010): A.
6. (Enem – 2017): E.
7. (Fuvest – SP – 2019 – 2ª fase)

   a) Resposta: O trecho II, que é um artigo de uma lei, utiliza a palavra "análoga" para expressar uma situação de semelhança com o que se entende por escravidão. Essa construção linguística contribui para a interpretação da lei, evitando que o artigo se refira apenas a definições literais (dicionarizadas) do termo "escravidão". Já no trecho I, a palavra "analogia" é empregada devido à sua relação com conceitos abstratos e/ou teóricos, para que se possa fazer a construção linguística com a negação sobre ela, o que reforça o sentido de que os casos de escravidão no Brasil são reais, acontecem de verdade.

   b) Resposta: O fundo escuro e o texto em branco sugerem que a escravidão atual no Brasil não é exclusiva de uma raça, mas possível a qualquer indivíduo de setores sociais que têm seus direitos de cidadania destituídos.

8. (Enem PPL – 2013): E.
9. (UnB – DF – 2010): A.
10. (Uerj – 2014): D.
11. (Enem – 2020): E.
12. (Enem – 2020): B.

Unidade 4

1. (Unicamp – SP – 2020): A.
2. (Enem – 2018): E.
3. (Enem – 2017): A.
4. (Enem – 2013): B.
5. (Uece – 2018): C.
6. (UFPR – 2004): A, B, D, E.
7. (Ucpel – RS – 2021): E.
8. (UEL – PR – 2007): E.
9. (Enem – 2017): D.
10. (Enem PPL – 2019): A.
11. (Enem – 2016): D.
12. (Enem – 2016): B.

Lista de siglas das atividades extraídas de provas oficiais

Unicamp-SP: Universidade Estadual de Campinas
Enem: Exame Nacional do Ensino Médio
Enem PPL: Exame Nacional do Ensino Médio Para Pessoas Privadas de Liberdade e Jovens Sob Medida Socioeducativa
Cespe/UnB-DF: Centro de Seleção e de Promoção de Eventos da Universidade de Brasília
Fuvest: Fundação Universitária para Vestibular
FGV-SP: Fundação Getúlio Vargas (São Paulo)
Ucpel-RS: Universidade Católica de Pelotas
Uece: Universidade Estadual do Ceará
UEL-PR: Universidade Estadual de Londrina
UEPG-PR: Universidade Estadual de Ponta Grossa
UEM-PR: Universidade Estadual de Maringá
Uerj: Universidade do Estado do Rio de Janeiro
UFPR: Universidade Federal do Paraná
UnB-DF: Universidade de Brasília
Unesp: Universidade do Estado de São Paulo
Ibade – Prefeitura de Vitória/ES: Instituto Brasileiro de Apoio e Desenvolvimento Executivo

PROJETO MÚLTIPLO

LINGUAGENS e suas Tecnologias

Celso Melo Filho

Bacharel em Música pela Universidade Federal de Uberlândia (UFU-MG)
Mestre em Artes pela Universidade Estadual Paulista "Júlio de Mesquita Filho" (Unesp-SP, São Paulo)
Músico, ator, escritor e educador, com experiência em programas de ação cultural da cidade de São Paulo, como o Programa de Iniciação Artística (PIÁ) e a Escola Municipal de Iniciação Artística de São Paulo (Emia)
Redator da Base Nacional Comum Curricular (BNCC) do Ensino Fundamental

Gerson Rodrigues

Mestre em Artes (Pedagogia do Teatro) e licenciado em Artes Cênicas pela Escola de Comunicações e Artes da Universidade de São Paulo (ECA-USP)
Especialista em Artes Visuais, Intermeios e Educação pelo Instituto de Artes da Universidade Estadual de Campinas (Unicamp-SP)
Membro do grupo de pesquisa da Escola Currículo e Conhecimento (ECCo) da Faculdade de Educação da Universidade de São Paulo (USP)
Ator, diretor teatral, gestor cultural e docente na rede municipal de ensino de Guarujá (SP)
Fez parte da Comissão de Especialistas da Base Nacional Comum Curricular (BNCC) do Ensino Fundamental (2ª versão)

Gláucia Luiz

Mestra em Letras na área de Estudos Comparados de Literaturas de Língua Portuguesa pela Faculdade de Filosofia, Letras e Ciências Humanas da Universidade de São Paulo (FFLCH-USP)
Bacharela em Letras pela FFLCH-USP
Licenciada em Letras (Português) pela Faculdade de Educação da Universidade de São Paulo (USP)
Bacharela em Psicologia pelo Centro Universitário Padre Anchieta
Pós-graduanda em Dependência Tecnológica: Intervenções Multidisciplinares na Universidade Caxias do Sul
Professora de Língua Portuguesa na rede particular de ensino em São Paulo e formadora de professores na rede pública

Isabel Filgueiras

Licenciada em Educação Física, mestra e doutora em Educação pela Universidade de São Paulo (USP)
Docente do Programa de Pós-Graduação *Stricto Sensu* em Educação Física da Universidade São Judas Tadeu (USJT-SP)
Redatora da Base Nacional Comum Curricular (BNCC) do Ensino Médio

Silvia de Andrade

Bacharela em Letras pela Faculdade de Filosofia, Letras e Ciências Humanas da Universidade de São Paulo (FFLCH-USP)
Licenciada em Letras (Português) pela Faculdade de Educação da Universidade de São Paulo (USP)
Professora de Língua Portuguesa, coordenadora da área de Linguagens e suas Tecnologias e coordenadora pedagógica de Ensino Médio na rede privada de ensino em São Paulo (SP)
Especialista em Computação Aplicada à Educação pelo Instituto de Ciências Matemáticas e de Computação da Universidade de São Paulo (ICMC-USP)

Simone Lima

Mestra em Artes pelo Instituto de Artes da Universidade Estadual Paulista "Júlio de Mesquita Filho" (Unesp-SP, São Paulo)
Licenciada em Educação Artística com Habilitação em Artes Plásticas pela Universidade Estadual Paulista "Júlio de Mesquita Filho" (Unesp-SP, Bauru)
Artista visual, escritora e professora, com experiência em programas de ação cultural da cidade de São Paulo, como o Programa de Iniciação Artística (PIÁ) e a Escola Municipal de Iniciação Artística de São Paulo (Emia)
Redatora da Base Nacional Comum Curricular (BNCC) do Ensino Fundamental e do Ensino Médio

Valeska Figueiredo

Doutora em Artes Cênicas pela Universidade Estadual de Campinas (Unicamp-SP)
Mestra em Educação e graduada em Psicologia pela Universidade Federal de Santa Catarina (UFSC)
Diretora, coreógrafa, bailarina, artista-professora e pesquisadora em dança
Atua em psicologia na área clínica integrando sua prática psicoterapêutica com conhecimentos da dança

ENSINO MÉDIO

VOLUME ÚNICO | PARTE F

Ciência, arte e tecnologia

editora ática

Sumário

Renato Mangolin/Acervo do fotógrafo

UNIDADE 1

Saúde e vida

Maiquel Jantsch/Getty Images

Mesa com refeição típica brasileira, preparada na Chapada Diamantina, Bahia.

OPAS/OMS

Banner da página da campanha em comemoração ao Dia Mundial da Saúde de 2019, no *site* da Organização Panamericana de Saúde. A data é promovida pela Organização Mundial da Saúde.

#TáNoFeed

Segundo a Organização Mundial da Saúde (OMS), a falta de atividade física é o principal risco global para a saúde das pessoas. Hoje, estima-se que, em todo o mundo, menos de 20% dos adolescentes e jovens entre 11 e 17 anos sejam fisicamente ativos. Diante desse problema, a OMS criou um plano de ação mundial para promover a atividade física e a saúde, com metas até 2030, indicando quais ações podem ser empreendidas para mobilizar as pessoas a serem fisicamente ativas.

Segundo Tedros Adhanom (1965-), diretor-geral da OMS:

> Ser ativo é fundamental para a saúde. Mas no mundo moderno, isso está se tornando cada vez mais um desafio, em grande parte porque nossas cidades e comunidades não são projetadas da maneira correta [...]. Precisamos de líderes em todos os níveis para ajudar as pessoas a terem uma vida mais saudável.

OMS LANÇA plano de ação global sobre atividade física para reduzir comportamento sedentário e promover a saúde. *Opas*, 4 jun. 2018. Disponível em: https://www.paho.org/pt/noticias/4-6-2018-oms-lanca-plano-acao-global-sobre-atividade-fisica-para-reduzir-comportamento. Acesso em: 21 abr. 2022.

Outra preocupação relacionada à saúde pública, ainda de acordo com a OMS, é a carência de alimentação saudável. Por um lado, o alto consumo de produtos industrializados e o baixo consumo de frutas, legumes e verduras tem elevado os índices de obesidade e problemas metabólicos e cardiovasculares entre jovens. Por outro, no mundo ainda há muitas populações que convivem com a fome e a desnutrição.

Uma alimentação saudável protege as pessoas contra doenças. Segundo pesquisas recentes, diariamente, a ingestão calórica deve ser proporcional ao gasto energético do indivíduo: gorduras não podem exceder mais de 30% da ingestão calórica total; gorduras saturadas devem representar menos de 10%; o consumo de açúcar deve estar limitado a 10% da ingestão calórica total, sendo que, idealmente, devem ser ingeridos 5% de açúcar por dia; o consumo de gorduras trans deve ser menor do que 1%; e o consumo diário de sódio deve ser de, no máximo, 2000 mg, o que equivale a 5 g de sal por dia. Vale ressaltar que o sódio está na composição de grande parte dos produtos alimentícios industrializados.

Uma alimentação saudável, porém, é apenas um dos hábitos que contribuem para uma melhor qualidade de vida.

Saiba+

Acesse o *site* oficial do fotógrafo estadunidense Peter Menzel, que já publicou diversos livros retratando a alimentação de diversas famílias pelos mais variados países do mundo. **Menzel Photo**, disponível em: https://www.menzelphoto.com/portfolio/G0000s3jj73.5TSs (acesso em: 28 jun. 2022).

1. Observe as imagens da página ao lado, e converse com os colegas sobre as questões propostas a seguir.

a) Para você, o que significa ter saúde?

b) Por que, em sua opinião, no *banner* há a frase "Para todas e todos, em todos os lugares"?

c) Há referências a práticas corporais no *banner*? Se sim, que práticas são essas e com quais intenções são mostradas?

d) Como são seus hábitos alimentares em uma semana típica? Se você fizesse o registro de uma mesa com os alimentos que você costuma comer no dia a dia, o que haveria nela?

e) Você considera que tem uma alimentação saudável? O que significa ter uma alimentação saudável para você?

2. Veja a seguir a tabela com dados nutricionais referentes ao consumo de três biscoitos recheados de chocolate, quantidade correspondente a uma porção de 30 gramas.

Tabela nutricional: biscoito recheado de chocolate		
Quantidade por porção de 30 g (3 biscoitos)		**% VD (*)**
Valer energético	137 kcal = 573 kJ	6,85%
Carboidratos	19 g	6,33%
Proteínas	2,1 g	0,7%
Gorduras totais	5,6 g	10,18%
Gorduras saturados	2,7 g	12,27%
Fibra alimentar	1,1 g	4,4%
Sódio	95 mg	3,96%

(*) % Valores Diários de referência com base em uma dieta de 2000 kcal ou 8400 kJ. Seus valores diários podem ser maiores ou menores dependendo de suas necessidades energéticas.

Fonte de pesquisa: Vitat. Disponível em: https://cuidai.com.br/alimentacao/busca-de-alimentos/alimentos/117-biscoito-recheado-chocolate-bono-nestl%C3%A9. Acesso em: 21 abr. 2022.

a) Quantos biscoitos são necessários para você atingir metade do consumo diário de 2000 Kcal?

b) Ao consumir esse número de biscoitos, como ficariam os índices de gorduras saturadas, sódio e carboidratos de sua dieta?

c) Em sua opinião, seria saudável o consumo dessa quantidade de biscoitos? Por quê?

Nesta unidade, você investigará seus próprios hábitos referentes à prática de atividades físicas, alimentação, saúde e suas relações com o meio em que vive, o que marca o primeiro passo para o cuidado consigo mesmo e com o outro.

Práticas corporais e pesquisas sobre alimentação saudável serão apresentadas nesta unidade de modo contextualizado com aspectos socioculturais. Você poderá analisar e experimentar possibilidades de conectar saúde e vida, buscando o autoconhecimento e o autocuidado. No tópico de Educação Física, *Práticas corporais e saúde*, você conhecerá as relações entre práticas corporais e saúde, estudará o treinamento funcional e analisará critérios para elaborações de avaliação e programas físicos. No tópico *Técnica Klauss Vianna: uma abordagem de dança e educação somática*, de Arte, refletirá sobre corpo e saúde com base em abordagens somáticas na dança e aprenderá a técnica de Klauss Vianna. Já em Língua Portuguesa, no tópico *Campanhas por hábitos saudáveis*, estudará o gênero cartaz publicitário com base em exemplos criados para campanhas governamentais da área da Saúde e analisará seus próprios hábitos alimentares. A ideia é você pensar, sentir e agir no mundo, aumentando sua potência de vida. Ao final, você e seus colegas produzirão um cartaz publicitário para uma campanha de hábitos saudáveis.

Conheça a unidade

Objetivos de aprendizagem

Educação Física

- Analisar criticamente discursos que refletem as relações entre saúde e práticas corporais.
- Investigar os achados científicos que associam as práticas corporais à promoção da saúde e à prevenção de doenças.
- Compreender quais são os critérios para avaliar e planejar programas de condicionamento físico relacionados à saúde.

Arte

- Fruir e analisar criações de dança com um olhar sensível, imaginativo e criativo para sutilezas na expressividade do corpo e do movimento.
- Compreender, por meio de experimentações norteadas por abordagens somáticas, as relações entre arte, saúde e educação.

Língua Portuguesa

- Conhecer a estrutura composicional do gênero cartaz publicitário.
- Explorar a polissemia e seus efeitos de sentido para a comunicação de uma informação.
- Produzir um cartaz publicitário que incentive a atividade física, a adoção de hábitos alimentares saudáveis e outras ações relacionadas à saúde que beneficiem a comunidade onde se vive.

Justificativa

A noção de saúde extrapola a ideia de mera ausência de doença. Saúde relaciona-se a questões físicas, psicológicas, emocionais, criativas, sociais e culturais. As práticas corporais, artísticas e linguístico-discursivas que buscam intensificar a saúde em seu entendimento mais amplo podem levar à melhor qualidade de vida não apenas de uma pessoa, mas de toda a sociedade.

Porém, não é possível o ser humano alcançar qualidade de vida sem proteger o planeta e contribuir para seu equilíbrio e manutenção da vida de todos os seres vivos. Além disso, só é possível uma pessoa almejar e planejar o futuro se sua força de vida estiver potencializada.

O cuidado com nosso presente, portanto, ajuda a construir nosso futuro. Nesse sentido, o autoconhecimento é fundamental para termos boa saúde, uma vez que oferece recursos para compreendermos o estado do nosso corpo no momento presente, atualizando nossas experiências anteriores e construindo outras possibilidades

A BNCC nesta unidade

Nesta unidade são desenvolvidas as competências e habilidades da BNCC indicadas a seguir.

Competências gerais da Educação Básica: 2, 4, 7, 8

Linguagens e suas Tecnologias no Ensino Médio: competências específicas e habilidades

Competência específica 1 (EM13LGG101, EM13LGG102, EM13LGG104); competência específica 2 (EM13LGG202, EM13LGG204); competência específica 3 (EM13LGG301, EM13LGG304, EM13LGG305); competência específica 4 (EM13LGG401); competência específica 5 (EM13LGG501, EM13LGG502, EM13LGG503); competência específica 6 (EM13LGG602); competência específica 7 (EM13LGG703)

Língua Portuguesa no Ensino Médio: campos de atuação social, competências específicas e habilidades

Todos os campos de atuação social

EM13LP01 (competência específica 2); EM13LP02 (competência específica 1); EM13LP03 (competência específica 1); EM13LP06 (competência específica 1); EM13LP07 (competência específica 1); EM13LP08 (competência específica 1); EM13LP15 (competências específicas 1, 3); EM13LP18 (competência específica 7)

Campo de atuação na vida pública

EM13LP25 (competências específicas 1, 2, 3); EM13LP27 (competência específica 3)

Matemática e suas Tecnologias no Ensino Médio: competências específicas e habilidades

Competência específica 1 (EM13MAT101, EM13MAT102)

Ciências da Natureza e suas Tecnologias no Ensino Médio: competências específicas e habilidades

Competência específica 2 (**EM13CNT207**); Competência específica 3 (**EM13CNT305**)

Ciências Humanas e Sociais Aplicadas no Ensino Médio: competências específicas e habilidades

Competência específica 5 (EM13CHS502, EM13CHS503)

Práticas corporais e saúde (Educação Física)

A associação entre a prática de atividades corporais e a saúde ocorre constantemente nas diferentes esferas de atuação social das quais você participa. No cotidiano, você já deve ter escutado alguém recomendar ou planejar atividades corporais com o objetivo de cuidar da saúde. Na mídia impressa, televisiva e digital, provavelmente você já obteve informações sobre a importância de colocar o corpo para se movimentar. Durante sua experiência escolar, você já deve ter estudado os benefícios das práticas corporais para a aptidão física e a saúde.

Evgeny Atamanenko/Shutterstock

Casal fazendo atividade física no parque.

Atualmente, é consenso na comunidade científica e há o senso comum de que as atividades corporais são imprescindíveis para a promoção da saúde. No Brasil, depois da implantação da Política Nacional de Promoção da Saúde, em 2006, estima-se que quatro em cada dez unidades básicas do Sistema Único de Saúde (SUS) ofereçam práticas corporais, como grupos de caminhada, ou práticas integrativas, por exemplo, ioga e *tai chi chuan*. No entanto, muitas pessoas têm dificuldade de seguir recomendações relativas a esses hábitos. Por que será que isso acontece? Afinal, o que é saúde? Do que ela depende? Qual é o papel das práticas corporais na saúde?

1. **Em sua opinião, quais são os benefícios das atividades corporais nos cuidados com a saúde? Você já utilizou ou conhece alguém que pratica alguma atividade corporal visando benefícios tanto para o corpo como para a saúde mental?**

Drazen Zigic/Shutterstock

Aula de ioga e meditação com alunos.

2. Observe o gráfico e a tabela a seguir. Depois, responda às questões.

Perfil de praticantes de atividades físicas e esportivas no Brasil

GRÁFICO RE.2 Perfil de praticantes de atividades físicas e esportivas no Brasil

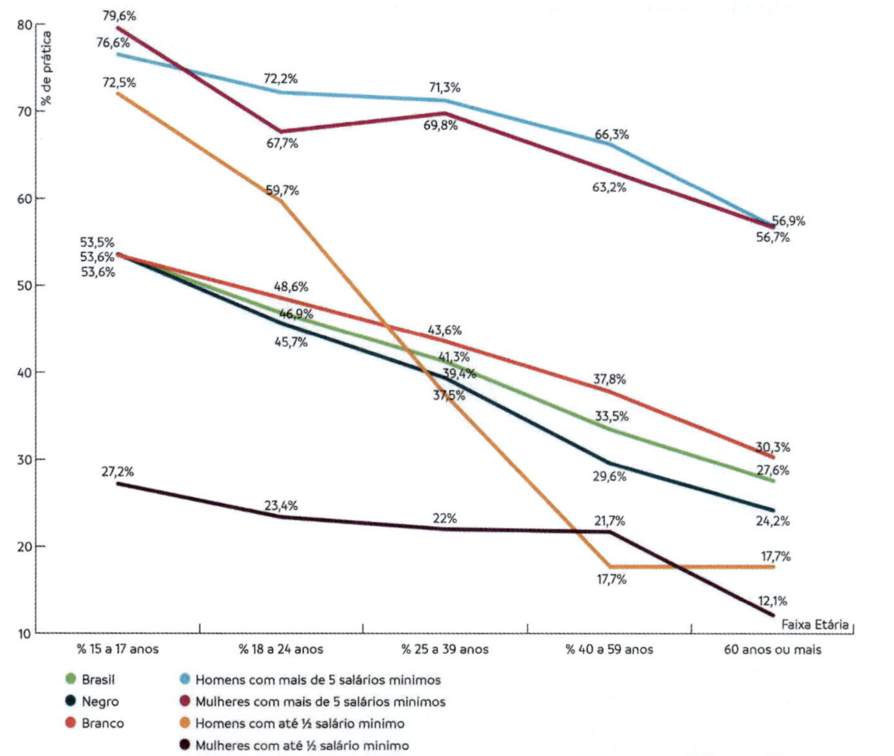

Reprodução/PNUD

PROGRAMA DAS NAÇÕES UNIDAS PARA O DESENVOLVIMENTO. *Relatório de Desenvolvimento Humano Nacional do Brasil:* Movimento é vida – atividades físicas e esportivas para todas as pessoas. Brasília, DF: Pnud, 2017. p. 21. Disponível em: https://www.undp.org/content/dam/brazil/docs/publicacoes/relatorio-nacional-desenvolvimento-humano-2017.pdf. Acesso em: 21 abr. 2022.

Recomendações da Organização Mundial da Saúde para a prática de atividades físicas	
Crianças e adolescentes	60 minutos ou mais por dia de atividade física moderada ou intensa, incluindo atividades que fortaleçam músculos e ossos, pelo menos três vezes por semana.
Adultos de 18 a 64 anos	150 minutos de atividade física moderada por semana ou 75 minutos por semana de atividade física intensa ou a combinação de ambas. Para maiores benefícios à saúde, 300 minutos por semana de atividade física moderada. Incluir atividades de fortalecimento muscular pelo menos duas vezes por semana.

Fonte: SAÚDE BRASIL. *Recomendações do tempo da atividade física por faixa etária.* 12 jun. 2017. Disponível em: https://saudebrasil.saude.gov.br/eu-quero-me-exercitar-mais/recomendacoes-do-tempo-da-atividade-fisica-por-faixa-etaria#:~:text=Recomenda%C3%A7%C3%B5es%20do%20tempo%20da%20atividade%20f%C3%ADsica%20por%20faixa%20et%C3%A1ria&text=Para%20quem%20tem%20de%2018,dom%C3%A9sticos%2C%20praticar%20jogos%20e%20esportes. Acesso em: 21 abr. 2022.

a) Em termos de porcentagem, quais são os grupos da população que mais seguem a recomendação da Organização Mundial da Saúde para a prática de atividades físicas?

b) Em termos de porcentagem, qual é o grupo da população que menos segue a recomendação da Organização Mundial da Saúde para a prática de atividades físicas?

c) Como a cor da pele interfere na porcentagem de pessoas que praticam atividades físicas e esportivas?

d) Ser mulher ou homem interfere na porcentagem de pessoas que praticam atividades físicas e esportivas?

e) Como a renda interfere na porcentagem de pessoas que praticam atividades físicas e esportivas?

f) Levante hipóteses para explicar essas diferenças.

Saiba +

Assista a essa reportagem, realizada na ocasião do lançamento do Relatório Nacional de Desenvolvimento Humano 2017 de pesquisa – Movimento é vida: atividades físicas e esportivas para todas as pessoas.

Brasileiro pratica pouca atividade física. TV Brasil. Brasília: Pnud, 2017. (2 min. 21 s). Disponível em: https://www.youtube.com/watch?v=AjnZRnfPr_M. (acesso em: 21 abr. 2022).

pesquisa experimental: modalidade de pesquisa desenvolvida primeiramente nas Ciências da Natureza, que usa métodos de comparação para identificar e controlar variáveis e estabelecer relações de causa e efeito entre fenômenos. É muito utilizada no estudo dos efeitos do treinamento físico nos sistemas fisiológicos.

estudos epidemiológicos: referem-se à epidemiologia, modalidade de pesquisa que estuda o modo como as doenças se comportam em grupos populacionais. Apresentam interfaces com os estudos demográficos para descrever a origem das doenças e quanto e como elas afetam a população, visando orientar cientificamente o planejamento, a execução e a avaliação de programas de saúde.

3. Você realiza atividades físicas na intensidade e durante o tempo recomendados pela Organização Mundial da Saúde? Por quê?

Pesquisas realizadas no campo das Ciências da Natureza, como a fisiologia do exercício e a medicina, utilizando recursos de **pesquisa experimental** com animais e seres humanos, **estudos epidemiológicos** e clínicos, têm acumulado grande volume de dados que validam a associação entre práticas corporais e melhoria da aptidão física como forma de as pessoas melhorarem suas condições de saúde.

A prática regular de atividades corporais contribui para a prevenção de doenças cardiovasculares, como o infarto e a hipertensão; previne a obesidade e o desenvolvimento de diabetes; controla os níveis de colesterol no sangue; regula o sono; aumenta a autoestima; contribui para a diminuição da ansiedade e da depressão; proporciona o fortalecimento de ossos e músculos, contribuindo assim para que a pessoa realize melhor suas atividades diárias e para a prevenção de doenças como a osteoporose; melhora a capacidade respiratória; contribui para o desenvolvimento cerebral e físico de crianças e adolescentes; e atua na prevenção do câncer. Algumas modalidades, como a natação e os demais exercícios aeróbicos, também estão associadas à melhoria de sintomas de doenças respiratórias, como a asma.

Apesar desses benefícios, como você pôde observar no gráfico da página anterior, produzido em 2017 pelo Programa das Nações Unidas para o Desenvolvimento (Pnud), o acesso às atividades corporais é afetado por determinantes sociais, como a condição socioeconômica, a cor da pele e o sexo.

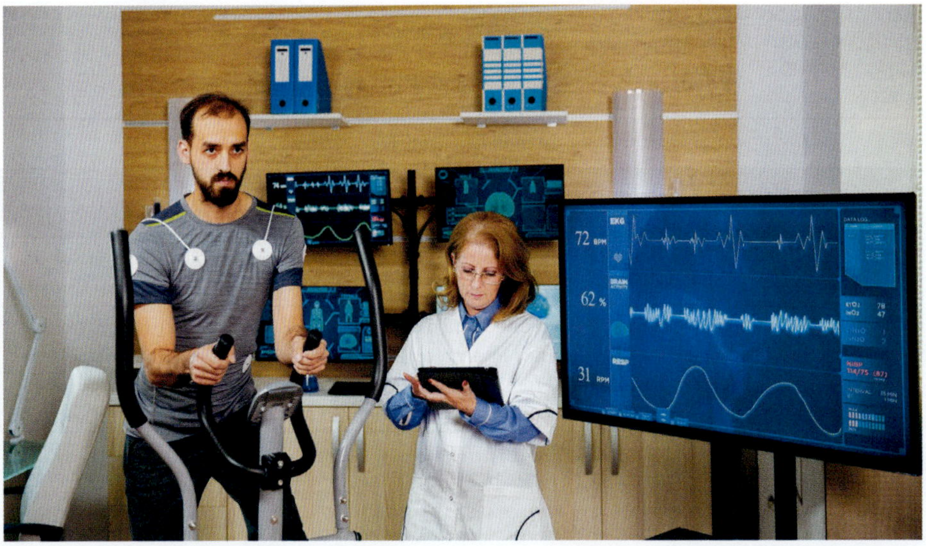

DC Studio/Shutterstock

Realização de teste cardiorrespiratório em laboratório de pesquisa para a avaliação das capacidades físicas de um indivíduo.

Outros estudos, como o de Rodrigues *et al.* (2017), têm demonstrado que as populações com menores renda, escolaridade e qualificação profissional apresentam níveis de atividade física associados ao deslocamento e/ou a atividades de trabalho, enquanto pessoas com maior renda, escolaridade e *status* profissional praticam atividades físicas em momentos de lazer.

A Pesquisa Nacional por Amostra de Domicílios (Pnad) realizada em 2015 pelo Instituto Brasileiro de Geografia e Estatística (IBGE) também identificou disparidade nas práticas de atividades físicas e esportivas entre homens e mulheres. Segundo a pesquisa, naquele ano, 37,9% das pessoas acima de 15 anos praticavam atividade física, dos quais 53,9% eram homens e 46,1% mulheres.

A diminuição dos determinantes sociais, como sexo, cor da pele e condição social, tem sido pauta de políticas públicas nacionais da saúde e de diretrizes de organismos internacionais. São exemplos disso a Agenda 2030: Objetivos do Desenvolvimento Sustentável, da Organização das Nações Unidas (ONU), e o projeto Saúde Brasil 2030, que defendem o direito de todos à vida saudável, respeitando a diversidade cultural e as decisões individuais. Entretanto, ainda há desafios para mobilizar e oferecer condições para que mais pessoas se envolvam em práticas corporais para a promoção da saúde e do desenvolvimento humano.

Pesquisadores como a professora Yara Maria de Carvalho, da Universidade de São Paulo, têm defendido que a pesquisa das relações entre práticas corporais e saúde precisa investigar os aspectos simbólicos que envolvem a escolha das pessoas, relacionados ao valor e aos significados que elas dão às práticas corporais em seus projetos de vida. Para Carvalho, não é possível pesquisar o tema sem considerar tanto os significados simbólicos como as condições de vida das pessoas.

Krakenimages.com/Shutterstock

A prática regular de atividades físicas traz uma série de benefícios para a saúde e colabora para a prevenção de algumas doenças.

A professora argumenta que um dos problemas da falta de adesão das pessoas às práticas corporais está associado à abordagem exclusivamente biologicista da intervenção em saúde coletiva. O simples conhecimento dos benefícios trazidos por essas práticas e as prescrições médicas e de profissionais de Educação Física que as indicam não garantem a adesão das pessoas se também não forem consideradas as relações complexas entre significados culturais, hábitos de vida e atividades corporais. A autora critica a transformação das práticas corporais em mercadoria que vende a noção de saúde e de um ideal de vida inalcançável para muitas pessoas. Quem não consegue atingir esse ideal se sente culpado pela própria negligência com sua saúde e acaba sendo ainda menos motivado. Por isso, para estimular uma vida ativa, é necessário, primeiramente, investigar os obstáculos que as pessoas enfrentam para se envolver em práticas corporais, conforme você observou no gráfico "Perfil de praticantes de atividades físicas e esportivas no Brasil", do Pnud, produzido em 2017, presente na página 849.

Um dos pontos importantes quando se quer discutir a relação entre saúde e práticas corporais é a definição do conceito de saúde, atividades físicas, práticas corporais, exercício físico e esporte, pois um entendimento comum desses conceitos contribui para o melhor direcionamento das pesquisas e das políticas públicas nesse campo.

O conceito de saúde

O conceito de saúde evolui historicamente e varia conforme o contexto sociocultural, político e econômico. Esse conceito foi construído com base em tensões constantes entre conhecimento científico, concepções religiosas e filosóficas e visões de mundo. A necessidade de lidar com doenças e encontrar solução para elas está na raiz do desenvolvimento do conceito de saúde.

Explicações mitológicas e religiosas associavam a doença ao pecado, a maldições, a castigos divinos impostos aos seres humanos que não agiam conforme os preceitos morais das religiões ou à ação de espíritos do mal. Conforme essas concepções, a doença resultava da ação de forças exteriores ao corpo exercidas por divindades, entes espirituais, como maldições direcionadas às pessoas em decorrência de seus pecados. Esse modo de compreender as doenças levou ao desenvolvimento de métodos de cura ritualísticos. Ter saúde, desse ponto de vista, dependia de aspectos místicos e de práticas de purificação do corpo.

Essas explicações mágico-religiosas traziam recomendações sobre condutas com o corpo e hábitos alimentares, como a proibição de ingestão de carne suína, o jejum e o consumo de chás e ervas medicinais, o que variava de cultura para cultura.

Saiba+

Para conhecer mais sobre a história do contágio das doenças do ponto de vista da antiguidade grega, acesse a versão eletrônica do livro. MARTINS, Roberto de Andrade; MARTINS, Lilian Al-Chueyr Pereira; FERREIRA, Renata Rivera; TOLEDO, Maria Cristina Ferraz de. *Contágio*: história da prevenção das doenças transmissíveis. São Paulo: Moderna, 1997. Disponível em: https://www.ghtc.usp.br/Contagio/cap03.html (acesso em: 29 jun. 2022) e, se julgar interessante, leia o capítulo três que aborda, especificamente, a medicina religiosa grega.

Para ir mais longe **A saúde na tradição indígena brasileira**

Na tradição indígena brasileira, os cuidados com a saúde são de responsabilidade do pajé, um homem da tribo que é respeitado por seus conhecimentos sobre a cura espiritual e sobre o uso de plantas para tratar doenças. Esses saberes têm sido objetos de pesquisas que buscam compreender o papel da fé no processo de saúde-doença, bem como têm sido testados os efeitos de ativos botânicos conhecidos pelos indígenas no tratamento de doenças.

Médicos, cientistas e a indústria farmacêutica começaram a perceber que medicamentos feitos com base no conhecimento indígena traziam resultados que não eram alcançados por outras medicações. Atualmente, muitas indústrias realizam pesquisas e comercializam medicamentos com base nesses saberes, mas nem sempre dão o reconhecimento devido à cultura indígena, em parte porque, durante muito tempo, a medicina tradicional estudou pouco a medicina indígena por considerá-la uma crendice.

Segundo a Fundação Oswaldo Cruz, a maior parte de novos compostos químicos usados em medicamentos é produzida com ativos encontrados na natureza ou inspirados nela. Valorizar e manter viva essa tradição é um modo de incluir a população indígena nas discussões sobre saúde de forma mais ampla, e não apenas em iniciativas pontuais.

Tribalium/Shutterstock

Símbolo da Medicina, que faz referência ao cajado com serpente do deus grego Asclépio.

O deslocamento da visão mágico-religiosa do processo de saúde-doença para uma visão racional da Medicina se iniciou na Grécia antiga. Embora cultivassem explicações mitológicas sobre a saúde que teriam sido dadas pela figura simbólica do deus Asclépio, que representa até hoje a Medicina, os gregos antigos deixaram importantes contribuições para o avanço dos cuidados com a saúde. Hipócrates (460 a.C. - 370 a.C.), o principal representante da concepção grega de saúde, também considerava que as práticas corporais e a dieta eram formas de prevenir doenças.

Na Europa durante a Idade Média, por influência da Igreja católica, a doença voltou a ser considerada resultado do pecado. A masturbação, por exemplo, hoje considerada uma atividade de autoconhecimento, era vista como a causa de certas doenças físicas e mentais.

Na Idade Moderna, os avanços na ciência – na Anatomia, na Fisiologia, na Patologia e na Química – e a descoberta do microscópio no século XVII permitiram que ocorressem grandes progressos no estudo da origem e no tratamento das doenças causadas por microrganismos, contribuindo para a criação de vacinas, para a elaboração de orientações sobre higiene e para a produção de medicamentos.

A primeira sistematização internacionalmente aceita do conceito de saúde aconteceu em 1946 com a criação da Organização Mundial de Saúde (OMS). Essa sistematização pode ser observada neste trecho, referente aos princípios descritos na Constituição dessa organização:

> A saúde é um estado de completo bem-estar físico, mental e social, e não consiste apenas na ausência de doença ou de enfermidade.
>
> Gozar do melhor estado de saúde que é possível atingir constitui um dos direitos fundamentais de todo o ser humano, sem distinção de raça, de religião, de credo político, de condição econômica ou social.

OMS. *Constituição da Organização Mundial da Saúde*. Rio de Janeiro: Núcleo de Estudos de Políticas Públicas em Direitos Humanos Suely Souza de Almeida – UFRJ. Disponível em: http://www.nepp-dh.ufrj.br/oms2.html. Acesso em: 21 abr. 2022.

O conceito de saúde definido pela OMS tem sido objeto de críticas, por causa de sua amplitude e de seu idealismo. Na visão dessa organização, a saúde se reduz a análises biológicas que responsabilizam o sujeito única e exclusivamente pela adoção de hábitos saudáveis para evitar doenças, sem considerar os aspectos econômicos, sociais e culturais. Esses fatores também interferem nas condições para a prática de atividades físicas em benefício da saúde.

Outra definição de saúde foi proposta no Brasil durante a VIII Conferência Nacional de Saúde, em 1986:

> Em seu sentido mais abrangente, a saúde é o resultante das condições de alimentação, habitação, renda, meio ambiente, trabalho, transporte, emprego, lazer, liberdade, acesso e posse da terra e acesso aos serviços de saúde. É, assim, antes de tudo, o resultado das formas de organização social da produção, as quais podem gerar grandes desigualdades nos níveis de vida.

BRASIL. Ministério da Saúde. *8ª Conferência Nacional de Saúde*: 17 a 21 de março de 1986 – relatório final. Brasília, DF: Ministério da Saúde, 1986. p. 4. Disponível em: https://bvsms.saude.gov.br/bvs/publicacoes/8_conferencia_nacional_saude_relatorio_final.pdf. Acesso em: 21 abr. 2022.

Gorodenkoff/Shutterstock

A alimentação saudável também previne doenças.

O envolvimento das pessoas em práticas corporais ao longo da vida, como forma de promoção da saúde em seu conceito mais amplo, é um fenômeno complexo que envolve os interesses dos praticantes, os significados que cada um atribui a essas práticas, como elas são vistas e se estão ou não acessíveis a essas pessoas em seus contextos socioculturais. Por isso, políticas de incentivo às práticas corporais são fundamentais para promover maior interesse das pessoas por essas práticas e a possibilidade de elas se beneficiarem de seus efeitos no corpo biológico, nas relações sociais e no desenvolvimento do pensamento e das emoções.

Sonja Flemming/CBS/Getty Images

É importante colocar o corpo para se movimentar. Atividades físicas são essenciais para a saúde. A imagem mostra uma cena do programa de televisão estadunidense *Game On*, no qual pessoas famosas competem entre si praticando atividades como pular corda em dupla.

Experimentação Interesses pessoais nas práticas corporais

Um dos pontos mais importantes para que práticas corporais comecem a fazer parte de seu projeto de vida é focar a atenção em si mesmo: em seus gostos, seus interesses e suas necessidades. É importante conhecer-se para se cuidar. Nessa experimentação, você e os colegas vão realizar uma roda de conversa para trocar experiências sobre que práticas corporais realizam atualmente e em que medida, e como vocês poderiam inserir outras práticas corporais em suas rotinas hoje e no futuro.

1. Iniciem a conversa respondendo individualmente a algumas questões sobre práticas corporais. Essas questões foram adaptadas do questionário desenvolvido pelo professor Alex Antonio Florindo, da Universidade de São Paulo. São elas:

a) Você realizou alguma(s) prática(s) corporal(is) em clubes, academias, escolas de esportes, parques, ruas ou em casa nos últimos doze meses? Se sim, em quais?

b) Quantas vezes por semana você realiza alguma(s) em prática(s) corporal(is)?

c) Que prática corporal você realiza com mais frequência?

d) Você consegue estimar quanto tempo essa prática dura em média?

2. Converse com os colegas sobre as práticas corporais que vocês realizam e como cada um percebe o próprio envolvimento e o interesse pessoal nessas práticas, ou seja, do que cada um gosta e do que não gosta, o que motiva cada um a realizá-las, etc.

3. Produza uma lista de práticas corporais que você gostaria de realizar, pensando de que forma pode vivenciá-las como momentos de fruição e autoconhecimento, pois essa dimensão é fundamental para que você incorpore essas práticas em seu projeto de vida.

Selecione duas práticas corporais dessa lista para vivenciá-las com a turma e outras pessoas da escola ou da comunidade onde vocês vivem. Por exemplo, a turma pode escolher um esporte coletivo que possa ser inserido na rotina de lazer da comunidade onde os estudantes vivem ou na própria escola, cujas vivências possam ser realizadas por todas as pessoas, sem haver exclusão por habilidade ou característica física. Assim, vocês podem escolher jogos e brincadeiras simples e com os quais todos se divirtam.

Durante as vivências, conversem sobre como essas práticas podem ser incluídas nas rotinas atuais do grupo e imaginem como será a rotina de vocês após o término do Ensino Médio. Por exemplo, se uma das escolhas for a ginástica de condicionamento físico ou a caminhada, realizem a experimentação dessa prática corporal levando em conta o tipo de espaço que também poderiam usar fora da escola.

Diário de bordo

Registre no diário de bordo as reflexões e as práticas corporais vivenciadas pela turma. Arquive em seu **Portfólio** a lista que você fez com as práticas corporais que gostaria de realizar.

Saúde, práticas corporais e aptidão física

De forma coerente com essa visão ampliada do conceito de saúde que você conheceu, a prática de atividades corporais tem sido vista como um direito, e não como um dever das pessoas, e organismos internacionais têm defendido a importância do desenvolvimento de políticas públicas de acesso às práticas corporais.

Segundo o Movimento é vida: atividades físicas e esportivas para todas as pessoas – Relatório Nacional de Desenvolvimento Humano do Brasil – 2017, é fundamental que os governos e a sociedade incentivem a adoção de políticas de promoção de atividades físicas como direito de todos e como estratégia de favorecimento do desenvolvimento humano e da saúde.

Diário de bordo

Liste no diário de bordo o que você sabe e quais são suas dúvidas sobre os benefícios das práticas corporais para a saúde.

- Em sua cidade, existem políticas governamentais que favorecem o envolvimento de todas as pessoas em práticas corporais? Se sim, quais são essas políticas? Como você avalia a efetividade dessas políticas? De que maneira elas poderiam ser aperfeiçoadas?
- A escola em que você estuda valoriza as práticas corporais e as torna acessíveis a todos? Essa instituição pode ser considerada uma escola ativa?

Um dos maiores desafios de desenvolver políticas públicas e implementar programas, campanhas e ações para favorecer o envolvimento das pessoas em práticas corporais é mensurar os níveis da atividade física. As pesquisas utilizam critérios diferentes, dificultando a comparação. A confusão entre termos como **esporte**, **atividades físicas** e **práticas corporais** também é um empecilho à fidedignidade dos dados. Talvez você já tenha percebido que, neste livro, foi adotado o conceito práticas corporais. Veja agora a definição deste e dos demais conceitos associados à ideia de mover-se e seus diferentes sentidos.

Práticas corporais: esse conceito inclui a dimensão cultural, diferenciando-se da preocupação apenas com o estímulo fisiológico do movimento e ampliando o conceito de atividade física. Usar o conceito de práticas corporais implica considerar o significado atribuído pelos praticantes ao movimento corporal e suas interações com os múltiplos aspectos do desenvolvimento humano.

Aptidão física: é a habilidade ou a capacidade de rendimento de uma pessoa para desempenhar determinada atividade física. A aptidão física implica, portanto, o desenvolvimento das capacidades físico-motrizes, como força, resistência, flexibilidade, agilidade, velocidade e potência.

Atividade física: o conceito de atividade física faz referência a qualquer movimento corporal produzido pelos músculos esqueléticos com consequente aumento do consumo de energia. Esses movimentos são realizados em atividades de trabalho, lazer e tarefas domésticas. A utilização do conceito de atividade física inclui a prescrição de estratégias como descer do ônibus um ponto antes para caminhar até em casa, fazer tarefas braçais, como faxina e jardinagem, etc.

Esporte: a palavra **esporte** é constantemente utilizada no senso comum pelas pessoas para se referir a práticas corporais mesmo que estas não sejam realizadas no contexto competitivo do esporte de rendimento. "Venha, vamos caminhar, você precisa praticar algum esporte" é um exemplo de fala que coloca o termo **esporte** no contexto de práticas corporais de lazer.

Exercício físico: o exercício físico constitui uma forma particular de atividade física, que é planejada intencionalmente e realizada de acordo com parâmetros de frequência, duração e intensidade, com o objetivo específico de melhorar a aptidão física, a saúde ou o rendimento desportivo.

O sujeito que pratica atividades corporais não é apenas composto de órgãos fisiológicos que precisam ser estimulados de forma mecânica, mas uma pessoa com uma visão de mundo, cultura, interesses, emoções e necessidades sociais que precisam ser considerados nos programas de promoção das atividades corporais.

Na concepção do relatório do Pnud (2017), as atividades físicas e esportivas são um fenômeno multidimensional e promovem o desenvolvimento humano integral quando estão fundamentadas em uma decisão livre e consciente dos sujeitos, não estando limitadas às condições sociais. Essas atividades se referem a diferentes práticas culturais que envolvem esforço físico e movimentação corporal sem fins produtivos, sendo vivenciadas nos tempos livres de lazer por meio de valores e sentidos atribuídos pelos sujeitos, como a sociabilidade, o desenvolvimento da aptidão física, o relaxamento, a beleza corporal, a competição, a fruição de espaços urbanos e da natureza, entre outros.

Para tratar dessa visão ampliada da relação entre práticas corporais e saúde, a pesquisadora Yara Maria de Carvalho, inspirada no filósofo Michel Foucault (1926-1984), defende o uso do conceito de cuidar de si. Nesse ponto de vista, o conhecimento de si é o primeiro ponto a ser considerado na compreensão da saúde, o que envolve, obrigatoriamente, cuidarmos do outro e do ambiente no qual compartilhamos a vida em sociedade. Para a pesquisadora, pensar as práticas corporais como práticas de cuidado permite entender a saúde como compromisso ético e político de bem comum, de inclusão de todos, e não apenas como prescrição biomédica.

Africa Studio/Shutterstock

Casal correndo no parque.

A preocupação com a melhoria da aptidão física tem relação com o aumento do sedentarismo e da obesidade na população em geral, mas também se relaciona à busca de melhores condições de desempenho por atletas. Na perspectiva ampliada de saúde, a manutenção ou a melhoria da aptidão física está voltada ao bem-estar e à qualidade de vida e considera a importância de o praticante desenvolver o gosto pelas práticas corporais. Compreender os elementos que constituem a aptidão física e como desenvolvê-la permite que você faça escolhas mais conscientes sobre como usufruir das práticas corporais em seu projeto de vida.

shurkin_son/Shutterstock

Jovem realizando treinamento físico.

A aptidão física é composta de capacidades físicas e motoras e da composição corporal. São capacidades físicas: força muscular, resistência muscular, resistência cardiorrespiratória e flexibilidade. São capacidades motoras: velocidade, agilidade, equilíbrio e coordenação motora. A composição corporal se refere à porcentagem que os ossos, os músculos e a gordura têm na massa corporal total de uma pessoa. A seguir, você vai conhecer mais sobre cada um desses aspectos.

Ao desenvolver capacidades físicas e motoras, o sujeito fica mais apto para realizar suas atividades cotidianas e de lazer e equilibra sua composição corporal. Isso pode ser feito por meio de exercícios físicos intencionalmente planejados para essa finalidade ou de práticas corporais, como jogos, brincadeiras, lutas, esportes, danças e ginásticas. Dependendo das características do esforço físico, cada um desses exercícios ou práticas promove maior ou menor grau de desenvolvimento das capacidades físicas e motoras e da composição corporal.

Michael Steele/Getty Images

Atletas correm a Maratona de Paris, na França, 2003.

EvrenKalinbacak/Shutterstock

Atleta se prepara para largada da prova de revezamento de 4 x 400 metros, no Campeonato Balcânico de Atletismo em Pista Coberta, em Istambul, na Turquia, 2020.

Por exemplo, atletas de atletismo têm composição corporal e capacidades físicas e motoras especialmente desenvolvidas para as provas nas quais competem, além da predisposição genética para o melhor desenvolvimento dessas capacidades. Um maratonista, por exemplo, deve ser leve, pois precisa transportar seu peso corporal e resistir a uma corrida longa de 42,2 km. Já um atleta de provas de velocidade de 100 e 200 metros precisa ter mais massa muscular, mais força. Dependendo de sua predisposição genética, um indivíduo pode ter mais facilidade em desenvolver resistência muscular do que força ou vice-versa, ou ter naturalmente um corpo mais flexível.

Capacidades físicas

- **Resistência muscular ou resistência anaeróbica**: A resistência muscular ou resistência anaeróbica é a capacidade de um músculo resistir ao esforço pelo maior tempo possível sem apresentar falhas e fadiga. É mobilizada e desenvolvida em atividades esportivas, como jogar tênis e futebol, nas ginásticas de condicionamento físico, como a musculação, ou mesmo quando é preciso carregar uma sacola de compras durante uma caminhada a pé. Essa resistência é chamada de anaeróbica porque, nesse tipo de esforço, o músculo não necessita de oxigênio para a produção de energia na realização do movimento. Exercícios de resistência muscular são fundamentais para manter o tecido muscular saudável. Esses exercícios são aqueles que utilizam 50% a 70% da força máxima do músculo. As atividades corporais que demandam resistência muscular possibilitam o aumento da massa muscular, melhor manutenção da postura, a proteção das articulações e maior mineralização dos ossos.
- **Resistência cardiorrespiratória ou resistência aeróbica**: É a capacidade de o sujeito sustentar o movimento corporal pelo maior tempo possível. Esse tipo de resistência exige que ocorra equilíbrio entre a necessidade de oxigênio para a produção de energia exigida pelo esforço e a capacidade do coração e dos pulmões fornecerem adequadamente o oxigênio para manter o esforço. A resistência aeróbica é um dos componentes mais importantes do condicionamento físico geral. As adaptações fisiológicas desenvolvidas pela prática de atividades aeróbicas, como caminhada, corrida, ciclismo e natação, são as principais responsáveis por diminuir o risco de doenças cardiovasculares. Essas atividades proporcionam melhor controle dos músculos respiratórios, aumento da capacidade pulmonar e aumento da capacidade de o coração bombear sangue para o corpo (o chamado débito cardíaco). Por isso, pessoas treinadas nos exercícios aeróbicos geralmente apresentam menor frequência cardíaca em repouso e se recuperam mais rapidamente do esforço físico. Outra adaptação importante gerada pelas atividades aeróbicas é a melhoria da capacidade da célula muscular metabolizar o oxigênio para produzir energia. Essa adaptação é mobilizada em práticas de longa duração, como a maratona aquática, as corridas de rua de 5 km e 10 km e o ciclismo.

  O corpo tem dois modos de produzir energia para que os músculos funcionem:

1. Metabolismo anaeróbico (sem a presença de oxigênio) em atividades de alta intensidade e de curta duração, nas quais os músculos utilizam as reservas de glicogênio armazenadas nas células musculares e no fígado.
2. Metabolismo aeróbico (exige a presença de oxigênio) em atividades de intensidade leve ou moderada e de maior duração, nas quais a fonte energética são as gorduras.

Saiba +

Escute as dicas desse *podcast* tratam dos benefícios da atividade física para a saúde mental.

***Podcast* paulatinamente: atividade física contra a ansiedade**, por Paula Roschel. Disponível em: www.jornaldamodabrasil.com/podcast-paulatinamente-atividade-fisica-contra-a-ansiedade/#:~:text=O%20primeiro%20e%20mais%20not%C3%B3rio,e%20melhorar%20a%20fun%C3%A7%C3%A3o%20cognitiva. Acesso em: 21 abr. 2022.

Saiba +

Leia este texto para saber mais sobre a importância dos músculos na proteção dos ossos e das articulações:

Fortalecer os músculos é importante para proteger ossos e articulações, publicado no portal *G1*, em 15 fev. 2013. Disponível em: http://g1.globo.com/bemestar/noticia/2013/03/fortalecer-os-musculos-e-importante-para-proteger-ossos-e-articulacoes.html. Acesso em: 21 abr. 2022.

Leia este texto para conhecer mais sobre a importância do glicogênio:

Conheça o glicogênio muscular e sua importância para a prática da corrida, de Luisa Prochink, publicado no portal *GE*, em 8 set. 2011. Disponível em: http://ge.globo.com/atletismo/corrida-de-rua/noticia/2011/09/glicogenio-muscular.html. Acesso em: 21 abr. 2022.

Experimentação Praticando caminhada ou corrida na escola e no bairro

A caminhada e a corrida nas ruas da cidade se tornaram as escolhas de muitas pessoas que desejam se manter fisicamente ativas, por causa da facilidade em realizá-las, por essas atividades não exigirem materiais ou equipamentos para serem praticadas e pelo seu papel no desenvolvimento da resistência aeróbica. Para praticar essas atividades, é preciso apenas usar um calçado adequado, preferencialmente um tênis.

É importante, também, calcular a frequência cardíaca máxima (FC) para regular essas práticas até que atinjam o nível de intensidade adequado. Há diferentes maneiras de calcular a FC: a mais simples é a pessoa subtrair sua idade de 220. Durante a caminhada ou a corrida, o ideal é que você permaneça com a frequência cardíaca entre 65% e 75% da frequência máxima. Para medir sua frequência cardíaca, posicione o indicador ou o dedo do meio no pulso ou no pescoço e conte o número de batidas por 30 segundos. Multiplique esse valor por 2 e você terá sua frequência cardíaca por minuto em repouso.

Converse com os colegas sobre suas experiências com a caminhada e a corrida: Como você observa essas práticas no bairro ou em sua família? Que experiências você tem com essas práticas?

Com o professor e os colegas, crie, primeiramente, um circuito de caminhada ou corrida pela escola. Juntos, procurem mensurar a distância a ser percorrida e sinalizar o percurso com fitas adesivas, cones, setas ou outros recursos para orientar a atividade.

Depois que o percurso tiver sido definido, inicie a atividade com os colegas. Primeiro, avaliem as FCs de vocês. Vocês podem escolher caminhar ou correr e devem respeitar os colegas ao usar o espaço, de modo a não causar impactos ou atropelos. Depois de 3 a 5 minutos, avaliem novamente suas FCs: se vocês estiverem com FC entre 65% e 75% da frequência máxima, mantenham o ritmo; caso contrário, aumentem ou diminuam o ritmo conforme a porcentagem.

Procurem manter a atividade por 30 minutos. Observem o percurso, a paisagem escolar e concentrem-se em sua respiração. Se possível, organizem outra caminhada ou corrida em um espaço fora da escola. Nesse caso, vocês podem convidar a família ou os responsáveis para participar da atividade durante um fim de semana, por exemplo. Para isso, lembrem-se de avaliar o percurso previamente, verificando se ele apresenta condições de segurança, subidas, descidas, tráfego de veículos, etc. Criem um percurso por ruas mais calmas, com árvores e trajetos seguros. Lembrem-se de orientar os participantes sobre a adequação do exercício à FC.

Faça registros em fotos ou vídeos das caminhas realizadas. Arquive os registros em seu **Portfólio**.

Diário de bordo

Ao final, registre no diário de bordo as impressões que você teve ao realizar a atividade de caminhada ou corrida e compartilhe-as com os colegas.

Força: É a capacidade de o indivíduo usar o maior potencial de movimento de um músculo por meio de resistência. A força é bastante mobilizada em esportes de combate, nas provas de velocidade e de salto do atletismo e na ginástica artística. O trabalho de força promove a melhoria de adaptações do sistema neural para mobilizar as fibras musculares e o aumento da secção transversal do músculo (hipertrofia muscular).

Flexibilidade: É a capacidade de o indivíduo realizar movimentos com maior amplitude articular possível. A flexibilidade é mobilizada em práticas como ioga, ginástica artística e dança. Flexibilidade e alongamento muscular não são sinônimos, embora a flexibilidade dependa do alongamento muscular. O alongamento muscular promove a elasticidade das fibras musculares e a amplitude do movimento, previne lesões, proporciona que os movimentos sejam mais leves e controlados, diminui a tensão muscular e as dores musculares, alivia o estresse e melhora a consciência corporal.

Ezra Shaw/Getty Images

A brasileira Natália Gaudio, atleta de ginástica rítmica, nos Jogos Pan-Americanos de Lima, Peru, 2019.

Os exercícios de flexibilidade e alongamento devem ser evitados antes e logo depois de exercícios que exijam força e instabilidade articular, pois pode haver o desgaste das fibras musculares, proporcionando maior risco da ocorrência de lesões musculares. Mas, se a atividade física for leve e os movimentos articulares e de alongamento muscular forem realizados de forma leve, esses movimentos podem ser feitos na parte inicial da prática corporal, como forma complementar de aquecimento, e ao final do treino, como forma de relaxamento. Deve-se sempre tomar cuidado para não exigir muito das articulações e dos músculos. Treinos mais intensos de flexibilidade e alongamento devem ser realizados em sessões específicas. O trabalho com flexibilidade e alongamento evita o encurtamento muscular, reduz a compressão que o músculo faz nos nervos, melhora a postura e relaxa a musculatura.

Saiba +

Leia este texto para saber mais sobre o uso de alongamento na prática esportiva:
Alongamento: exercitar a flexibilidade deve ser prática regular de todo atleta, de Igor Christ, publicado no portal *G1*. Disponível em: http://ge.globo.com/eu-atleta/saude/guia/alongamento-exercitar-flexibilidade-deve-ser-pratica-regular-de-todo-atleta.html. Acesso em: 21 abr. 2022.

Capacidades motoras

Velocidade: É a capacidade de realizar movimentos rápidos e envolve a maneira como as fibras musculares são mobilizadas na execução de movimentos. A velocidade é muito associada aos movimentos de locomoção, como a corrida, mas também está presente em outros movimentos, como os de coordenação das mãos.

Agilidade: É a capacidade de realizar movimentos que exigem mudanças rápidas na direção do deslocamento do corpo. Um sujeito ágil pode mudar a posição e a direção do movimento em menor tempo.

Equilíbrio: É a capacidade de manter o ajustamento postural estático ou dinâmico, mantendo o centro de gravidade do corpo na base de apoio. A capacidade de equilíbrio está presente na execução de todos os movimentos corporais. O equilíbrio estático implica a manutenção da posição corporal estável quando o sujeito está parado. Já o equilíbrio dinâmico requer o controle da postura em deslocamento.

Coordenação motora: É a capacidade de coordenar o controle dos movimentos na atividade neuronal (relativo aos neurônios) e na mobilização de grupos musculares adequados para a realização da tarefa motora. Essa capacidade é classificada como coordenação motora ampla, que envolve o controle de músculos grandes, e coordenação motora fina, responsável pelo controle de músculos pequenos em movimentos que exigem precisão.

Treinamento funcional em suspenso

O termo **treinamento funcional** tem origem na Fisioterapia. Profissionais dessa área começaram a indicar aos pacientes exercícios que se aproximavam das tarefas que estes faziam no dia a dia, com o objetivo de reabilitá-los em vez de orientá-los a realizar movimentos artificiais. Posteriormente, preparadores físicos de diferentes modalidades esportivas perceberam que o treinamento funcional poderia aproximar os treinos físicos dos atletas aos gestos específicos do esporte, resultando no melhor desempenho dos atletas e em menor número de lesões. Atualmente, o treinamento funcional é bastante difundido em academias, clubes, instituições públicas e empresas que mantêm programas de exercícios para os funcionários.

Fundamentada no princípio da especificidade do treinamento, a ideia básica do funcional é aproximar os exercícios de condicionamento físico às necessidades funcionais do praticante. No treinamento funcional, não estão em cena os exercícios simples, típicos da musculação, mas exercícios mais complexos, multiarticulares e que integram ações de vários segmentos do corpo. O treinamento funcional começou a ser conhecido no Brasil no final da década de 1970, no meio esportivo, mas foi apenas nos anos 2000 que sua popularidade cresceu como método de condicionamento físico que todas as pessoas podem praticar.

Kzenon/Shutterstock

Treino de *fitness* funcional sendo realizado em uma academia.

Um dos métodos do treinamento funcional é o de suspensão. O método de suspensão mais conhecido nos dias de hoje foi criado por Randy Hetrick, um fuzileiro naval estadunidense. Ele e seus companheiros ficavam muito tempo em missões dentro de submarinos e alojamentos, sem a possibilidade de realizar treinamentos ao ar livre ou com equipamentos. Preocupado em manter sua aptidão física, Hetrick começou a criar exercícios usando uma faixa de judô e, depois, utilizando cordas de paraquedas e pneus. Depois ele desenvolveu uma fita em formato de Y que, ao ser amarrada no alto de uma porta ou em qualquer ponto acima da cabeça, possibilita a realização de grande variedade de exercícios de resistência muscular, força e flexibilidade. A fita precisa ser regulável para que a variação de seu tamanho se ajuste aos diferentes tipos de exercício. A suspensão do corpo permite que seu peso seja usado como fator de resistência para o trabalho muscular, e o apoio dado pela fita traz segurança ao praticante, além de ajudar na realização de exercícios de flexibilidade.

Halfpoint/Shutterstock

Treinamento funcional em suspensão com uso de fita.

O treinamento com a fita que deixa o corpo em suspensão é uma das estratégias de treinamento funcional, pois trabalha a percepção corporal, o equilíbrio (decorrente da instabilidade da fita), o uso de múltiplas articulações e a coordenação motora. Esse tipo de treinamento se ajusta a diferentes níveis de habilidade, idades e perfis de praticantes. Seu custo é baixo e a fita pode ser levada facilmente para qualquer lugar, tanto que muitas práticas de treinamento funcional são desenvolvidas por profissionais de Educação Física em parques, praças e praias.

Para ir mais longe — O princípio da especificidade em programas de atividades físicas

Para organizar um programa de atividades físicas que contribuam para a boa saúde e para a melhoria das capacidades físicas, é preciso levar em consideração alguns princípios que orientam a metodologia do treinamento funcional.

- **Princípio da especificidade**: os gestos utilizados no treinamento físico devem ser os mais próximos possível daqueles que o praticante ou o atleta utiliza em suas práticas corporais. Esse princípio também se aplica à demanda energética do treinamento. Por exemplo, no futebol, os atacantes realizam corridas mais curtas e velozes que o sistema anaeróbico de energia demanda, por isso devem trabalhar exercícios que foquem prioritariamente esse sistema energético. Isso requer um treinamento diferente do realizado por jogadores de outras posições, como os laterais, que correm maiores distâncias no campo, cobrindo defesa e ataque. Esses jogadores precisam treinar mais o sistema aeróbico em combinação com exercícios anaeróbicos.
- **Princípio da individualidade biológica**: esse princípio parte do fato de que cada sujeito tem características físicas próprias, que devem ser respeitadas para que o estímulo da atividade física seja adequado a ele tanto do ponto de vista físico como do ponto de vista psicológico.
- **Princípio de adaptação**: o exercício deve ter progressões contínuas, pois o corpo se adapta ao volume e à intensidade que nele são aplicados. Novos estímulos trazem novas necessidades de adaptação e, com isso, novos benefícios.
- **Princípio da sobrecarga**: refere-se à carga de exercícios em termos de volume e intensidade, que precisa ser ajustada às necessidades e aos níveis individuais de condicionamento físico – a sobrecarga pode causar lesões e a carga baixa não traz resultados.
- **Princípio da continuidade**: segundo esse princípio, os resultados e os benefícios da atividade física são conquistados com o tempo.

unamarina/Shutterstock

Fitball crunch: treinamento em grupo de *fitness* básico em ginástica abdominal.

O treinamento funcional tem sido cada vez mais utilizado no treinamento físico de atletas de alto rendimento porque ajusta os movimentos aos gestos esportivos específicos de cada modalidade. No treinamento funcional, também há a preocupação de trabalhar a musculatura profunda que estabiliza a postura e os movimentos corporais, conhecida como core: conjunto de músculos que integram o abdome (reto, transverso, oblíquos interno e externo), do quadril (iliopsoas, glúteo máximo e médio e isquiotibiais) e do assoalho pélvico (coccígeo, iliococcígeo, isquiococcígeo, pubococcígeo, piriforme, puborretal e levantador do ânus), além do diafragma (músculo que ajuda no processo de inspiração e expiração respiratória). Os músculos do core se contraem de maneira sincronizada, estabilizando a região lombar do tronco, o abdome e o quadril. A falta de estímulos a esse conjunto de músculos estabilizadores pode gerar dores lombares. O core é o centro de gravidade do corpo, garantindo nosso equilíbrio e nossa postura; por isso, muitos exercícios funcionais utilizam recursos que criam instabilidade, como fitas suspensas, bolas de borracha e pranchas de equilíbrio.

Experimentação Adaptando materiais para fazer uma fita de treinamento suspenso

Você viu até aqui que um dos fatores limitantes para a realização de práticas corporais pode ser a condição socioeconômica do indivíduo. As exigências de a pessoa ter tempo e espaço disponíveis e de ter que comprar materiais com custos elevados podem ser fatores limitantes para ela praticar esportes, ginásticas ou outras práticas corporais de seu interesse. Por isso, a criação de materiais alternativos de baixo custo relacionados a essas práticas têm sido a solução para que muitas pessoas que não dispõem de recursos financeiros possam realizá-las. Nesta experimentação, você e os colegas vão criar materiais alternativos para realizar práticas corporais de condicionamento físico.

Material

- Três pedaços de corda (um de 5 m e dois de 50 cm).
- Dois pedaços de cano de PVC de 5 cm de comprimento.

1. Agora você vai aprender a construir uma fita de treinamento suspenso utilizada no treinamento funcional.

- Pegue o pedaço de corda de 5 m, dobre-o ao meio e faça um nó, deixando uma alça no centro.
- Amarre um pedaço de cano de PVC em cada extremidade dessa corda, passando a corda por dentro do tubo e criando uma alça, na qual o cano de PVC funcionará como manopla.
- Pegue os dois pedaços de corda com cerca de 50 cm e faça com eles uma alça em cada extremidade.

2. Combine com o professor e os colegas de vocês fazerem a experimentação de diferentes movimentos com a fita em suspensão. Algumas sugestões são:

- Flexão de joelhos com instabilidade (foto 1)

1

Admiral/Shutterstock

- Remada (foto 2)

PR Image Factory/Shutterstock

- Abdominal prancha (foto 3)

GC/ap/GC Images/Getty Images

Diário de bordo

Registre no diário de bordo uma descrição dos exercícios que você realizou e um relato sobre o que achou dessa experiência.

A importância da avaliação física

Há inúmeros estudos que comprovam e indicam a prática de atividades físicas, exercícios ou esportes como fator que possibilita a melhoria da saúde e da qualidade de vida das pessoas. É muito importante que quem vai realizar alguma(s) dessas práticas saiba quais são o preparo e os cuidados necessários antes de começá-las.

Para iniciar e manter práticas corporais com o objetivo de desenvolver a aptidão física, é fundamental o indivíduo passar por uma avaliação de suas condições física e de saúde, preferencialmente realizada por profissionais capacitados das áreas da Saúde e da Educação Física. Com base nos dados obtidos nessa avaliação, o treinador físico poderá elaborar um programa de condicionamento físico adequado à pessoa, de forma a prevenir lesões e garantir tanto o volume quanto a intensidade apropriados a ela em cada atividade.

Existem vários testes e instrumentos que fornecem informações sobre diferentes aspectos da saúde e da condição física do indivíduo. Veja a seguir exemplos dessas avaliações e desses instrumentos.

- **Avaliações cardiorrespiratórias**: fornecem informações sobre a capacidade máxima que os sistemas cardiovascular e respiratório apresentam no transporte de oxigênio durante a atividade física, como o teste ergométrico.
- **Avaliações neuromusculares**: fornecem informações sobre a condição de resistência e a força máxima dos músculos.
- **Avaliações da composição corporal**: quantificam os principais componentes do organismo humano, como ossos, musculatura e gordura, permitindo identificar a massa magra e a massa gorda do indivíduo.
- **Avaliação da flexibilidade**: essa avaliação estima a amplitude dos movimentos das articulações e influencia diretamente as ações do cotidiano.

Outro instrumento muito utilizado para compor a avaliação física de um indivíduo é a aplicação de uma entrevista ou um questionário, conhecidos popularmente como anamnese. Trata-se do levantamento de informações sobre o indivíduo, como histórico de doenças na família, doenças que ele tenha ou já tenha tido ou procedimentos cirúrgicos pelos quais tenha se submetido, contraindicações ou recomendações médicas, histórico sobre sua prática de atividade física, registro de consumo de bebidas alcoólicas e/ou tabagismo, entre outras informações que possam interferir nas condições físicas ou de saúde dele.

Olivier Le Moal/Shutterstock

Mostrador de uma calculadora de IMC com a agulha apontando entre 25 e 30.

Aferição de peso e estatura e cálculo do Índice de Massa Corporal (IMC)

Para aferir o peso, são necessárias uma balança e uma fita métrica fixada em uma parede. De preferência descalço e com roupas leves, o indivíduo deve subir na balança e registrar seu peso em quilogramas. Para medir sua estatura, basta ele encostar os calcanhares e a cabeça na parede em que a fita métrica está fixada e registrar a estatura na linha horizontal do topo da cabeça.

Para avaliar a composição corporal de um indivíduo, geralmente é usado o Índice de Massa Corporal (IMC), que consiste no cálculo da razão entre a medida do peso corporal total em quilogramas pela estatura em metros elevada ao quadrado. Assim, para calcular o IMC, basta dividir o peso (em quilogramas) pela estatura ao quadrado (em metros):

$$IMC = \frac{\text{peso}}{(\text{estatura} \times \text{estatura})}$$

Esse número serve como referência para identificar se o sujeito está abaixo, na média ou acima do peso considerado ideal para sua estatura.

Valores de referência do IMC em adultos			
abaixo do peso	menor que 18,5	**obesidade classe I**	entre 30,0 – 34,9
intervalo normal	entre 18,5 e 24,9	**obesidade classe II**	entre 35,0 – 39,9
sobrepeso	entre 25 e 29,9	**obesidade classe III**	maior que 40,0

Fonte: MINISTÉRIO DA SAÚDE. Biblioteca virtual em saúde. *Cálculo do índice de massa corporal. Brasília*, DF: Ministério da Saúde. Disponível em: https://aps.bvs.br/apps/calculadoras/?page=6. Acesso em: 30 jun. 2022.

Teste de resistência geral (6 minutos)

Para esse teste, são necessários um espaço plano com demarcação da distância (como uma quadra, um pátio ou uma pista de corrida), um cronômetro ou relógio (para o controle do tempo), uma ficha de registro e uma fita métrica. A pessoa avaliada deve, então, fazer uma corrida em torno do espaço demarcado durante 6 minutos. O responsável pela aplicação do teste controla o tempo e registra o número de voltas realizadas pela pessoa, para contabilizar a distância total percorrida. Por isso, ao final dos 6 minutos, o avaliado deve parar imediatamente ao ser informado e permanecer imóvel nesse local, para que o avaliador registre a distância total da última volta que não foi completada. Para contabilizar o resultado, deve-se multiplicar o número de voltas pela distância do espaço demarcado e adicionar a distância percorrida à última volta.

NPeter/Shutterstock

Atleta se prepara para iniciar corrida.

Teste de força explosiva de membros inferiores (salto horizontal)

Para realizar o teste de força explosiva dos membros inferiores, é preciso traçar uma linha no chão e, a partir dela, fixar a fita métrica. A pessoa avaliada deve se posicionar atrás da marcação, com os pés paralelos entre si, concentrar-se e saltar a maior distância possível. A distância do salto é, então, medida com a fita métrica. Deve-se fazer duas tentativas e registrar o melhor resultado.

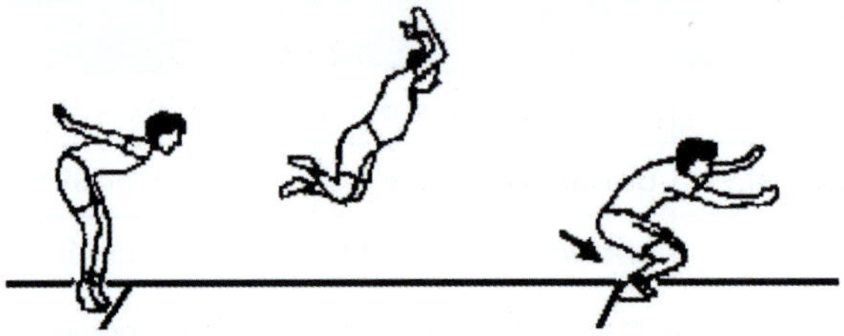

Teste de força explosiva de membros inferiores (salto horizontal).

Fonte: SILVA, Gustavo; GAYA, Afroaldo. *Manual de aplicação de medidas e testes, normas e critérios de avaliação.* Porto Alegre: UFRGS, 2007. p. 14. Disponível em: http://bbheart.com.br/MANUAL%20DE%20APLICA%C3%87%C3%83O%20PROESP.pdf. Acesso em: 30 jun. 2022.

Teste de força explosiva de membros superiores (arremesso de *medicine ball*)

Para esse teste, é preciso usar uma fita métrica e uma *medicine ball* ou um saco de areia com 2 quilos. A fita métrica é fixada no chão, de forma que o ponto zero fique junto a uma parede. O avaliado se posiciona sentado com os joelhos estendidos, as pernas unidas e as costas apoiadas na parede (marco zero). Após o sinal, ele deve arremessar o peso para a frente, tentando alcançar a maior distância possível. O registro da marca deverá ser o local em que o peso encostou no chão pela primeira vez. São feitas duas tentativas para considerar o melhor resultado.

Teste de força explosiva de membros superiores (arremesso de *medicine ball*).

Fonte: SILVA, Gustavo; GAYA, Afroaldo. *Manual de aplicação de medidas e testes, normas e critérios de avaliação.* Porto Alegre: UFRGS, 2007. p. 15. Disponível em: http://bbheart.com.br/MANUAL%20DE%20APLICA%C3%87%C3%83O%20PROESP.pdf. Acesso em: 30 jun. 2022.

Teste de agilidade (teste do quadrado)

Para o indivíduo realizar esse teste, é preciso delimitar um quadrado com 4 metros de lado e posicionar cones para marcar as pontas do quadrado. O avaliado se posiciona, inicialmente, em uma das pontas do quadrado e, ao sinal do avaliador, desloca-se primeiro diagonalmente, de um cone a outro, depois em linha reta, depois diagonalmente e depois em linha reta, passando pelos quatro cones (conforme indicam as setas e as linhas tracejadas da figura a seguir). Ao fazer esse percurso, o avaliado deve tocar as pontas dos cones que delimitam o quadrado. O avaliador cronometra o tempo e o resultado é aferido pelo tempo gasto para realizar todos os deslocamentos com mudanças de direção dentro do quadrado.

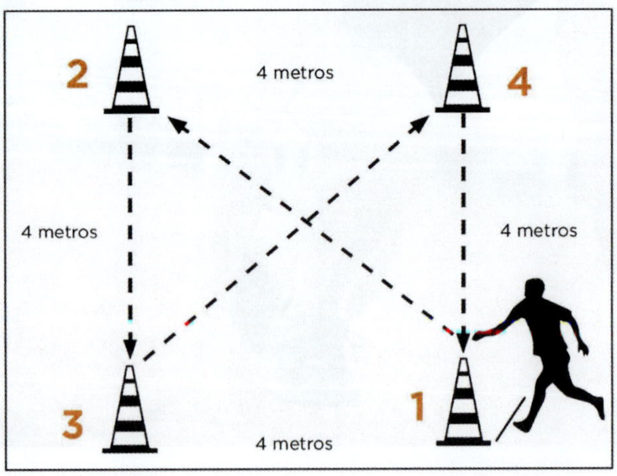

Teste do quadrado.

Fonte: SILVA, Gustavo; GAYA, Afroaldo. *Manual de aplicação de medidas e testes, normas e critérios de avaliação.* Porto Alegre: UFRGS, 2007. p. 16. Disponível em: http://bbheart.com.br/MANUAL%20DE%20APLICA%C3%87%C3%83O%20PROESP.pdf. Acesso em: 30 jun. 2022.

Teste de velocidade de deslocamento (corrida de 20 metros)

Para realizar essa avaliação, é preciso marcar uma linha de partida e outra de chegada a 20 metros de distância uma da outra. Depois da linha de chegada, é importante haver um espaço de aproximadamente 2 metros para o avaliado poder desacelerar. Ao sinal do avaliador, o avaliado deve percorrer os 20 metros na maior velocidade possível que conseguir. O tempo da corrida é cronometrado pelo avaliador e deve ser registrado em segundos, sendo considerados os centésimos de segundo. Deve-se fazer duas repetições e registrar o melhor resultado.

EvrenKalinbacak/Shutterstock

Atletas durante uma corrida.

Teste de flexibilidade (sentar e alcançar)

Para a realização desse teste são necessárias uma fita métrica e uma fita adesiva. A fita métrica é fixada no chão e o avaliado deve se posicionar sentado sobre ela, descalço e de forma que a marca de 38 cm fique na direção de seus calcanhares e o ponto zero entre suas pernas. Seus calcanhares devem ficar separados a uma distância de 30 cm um do outro. Os joelhos devem permanecer estendidos durante todo o teste. O avaliado flexiona o tronco para a frente e tenta alcançar, com a ponta dos dedos, a maior distância possível sobre a fita métrica. Após realizar duas tentativas, registra-se o melhor resultado.

Teste de resistência muscular abdominal (30 segundos)

Vladimir Sukhachev/Shutterstock

No teste de resistência muscular abdominal o avaliado faz o máximo de repetições de abdominais que conseguir no intervalo de 30 segundos.

Nesse teste, o avaliado se deita de costas para o colchonete e com as pernas flexionadas. Ao sinal do avaliador, ele realiza o máximo de repetições do movimento de flexão do tronco em direção às coxas, enquanto o avaliador cronometra o tempo e contabiliza o número de repetições realizadas no intervalo de 30 segundos.

Experimentação Praticando uma avaliação física

Nesta atividade, com o auxílio do professor, você vai experimentar alguns testes de avaliação física para conhecer sua condição física atual.

1. Primeiro, em seu diário de bordo ou em uma folha de papel avulsa, crie uma ficha conforme o modelo indicado a seguir, para organizar o registro de sua avaliação.

2. A turma vai se organizar para aplicar os testes que conheceu neste tópico. Forme uma dupla com um colega para a realização da atividade: enquanto um de vocês é avaliado, o outro faz os registros na ficha de avaliação e vice-versa.

3. Antes de cada um de vocês iniciar as atividades dos testes físicos, é recomendada a realização de alguns exercícios de aquecimento e alongamento por cerca de 5 minutos, para evitar lesões e preparar o corpo para realizá-las.

4. O intuito dessas avaliações é o autoconhecimento, e não fazer comparação de desempenho entre os colegas. Durante a realização das atividades, converse com o colega de dupla, os colegas da turma e o professor sobre como você se sente diante dos desafios que cada uma delas sugere, principalmente se você sentir algum desconforto ao realizar alguma(s) delas.

5. Com os resultados em mãos e de forma anônima, para preservar o sigilo das avaliações individuais, você e os colegas podem discutir as médias dos resultados da turma. Usando um programa de computador, organizem uma planilha com os dados quantitativos compilados.

Modelo de ficha de avaliação

Nome completo		
Sexo: ( ) M ( ) F Data de nascimento: / /		
Data da avaliação: / /	Horário:	Temperatura corporal:
Atividade física/exercício praticado com frequência	Frequência semanal da prática:	Duração média de cada sessão
1.		
2.		
3.		
Tem alguma deficiência? Se sim, qual?		
Tem problemas de saúde e/ou restrições? Quais?		
Peso corporal (massa em kg)		
Estatura (em cm)		
IMC		
Distância percorrida em 6 minutos (teste de resistência geral em m)		
Teste de flexibilidade (sentar e alcançar em cm)		
Teste de resistência muscular abdominal (quantidade de repetições em 30 s)		
Teste de força explosiva de membros inferiores (salto horizontal em cm)		
Teste de força explosiva de membros superiores (arremesso de *medicine ball* em cm)		
Teste de velocidade de descolamento (corrida de 20 metros, tempo em s)		
Teste de agilidade (teste do quadrado, tempo em s)		

Lembre-se de que o objetivo dessa experimentação não é fazer uma comparação entre os estudantes, mas sim compreender a avaliação como um parâmetro pessoal de monitoramento do condicionamento físico. Esses dados são importantes, especialmente se você quiser incluir programas de melhoria da aptidão física em seu projeto de vida, buscando sempre a orientação de um profissional de Educação Física.

6. Se houver interesse da turma, combine com o professor uma maneira de vocês promoverem um momento de avaliação física a ser realizada com os alunos de outra turma ou com pessoas da comunidade escolar e do entorno da escola. Esse trabalho pode ser realizado de forma integrada com a produção final desta unidade, proposta na seção *#Multiplicar*.

7. Arquive as fichas e as planilhas dessa experimentação em seu **Portfólio**.

Técnica Klauss Vianna: uma abordagem de dança e educação somática (Arte)

Angel Vianna (1928-) é uma das mais importantes referências da dança no Brasil. Sua trajetória integra arte e educação por meio de uma ampla e profunda pesquisa sobre consciência e expressão corporal. O espetáculo *Qualquer coisa a gente muda*, cuja estreia aconteceu em 2010, foi um experimento coreográfico feito para comemorar os 82 anos dessa bailarina, coreógrafa e educadora do movimento. A criação desse espetáculo foi pautada na percepção do corpo e em jogos corporais e realizada a partir de questões como a trajetória de Angel Vianna, os estudos anatômicos dos ossos e das articulações e a relação entre ela e Maria Alice Poppe em cena e no espaço. O espetáculo consistiu em um processo de criação colaborativo entre Angel e a bailarina Maria Alice Poppe (1971-) dirigido por João Saldanha (1959-).

Renato Mangolin/Acervo do fotógrafo

Angel Vianna e Maria Alice Poppe em cena do espetáculo *Qualquer coisa a gente muda*, com direção de João Saldanha, 2011.

Diário de bordo

Pare na posição em que você estiver e perceba todos os detalhes de seu corpo. Permaneça apenas observando a si mesmo por alguns minutos. Depois, anote no diário de bordo suas principais sensações e percepções: Que partes do seu corpo ficaram apoiadas no chão? Um lado do seu corpo pesou mais do que o outro? Como ficou cada parte de seu corpo (pés, pernas, quadril, coluna, ombros, braços, mãos, pescoço e cabeça)? O que você identifica como padrão em sua postura? Como você se sentiu ao ficar parado observando a si mesmo? Você teve dor ou desconforto? Ou teve uma sensação agradável de bem-estar?

Saiba+

Assista ao vídeo que mostra um trecho desse espetáculo. **Qualquer coisa a gente muda.** [Palco Giratório] (1 min 27 s). Disponível em: https://youtu.be/90RaBdqRqcg. Acesso em: 21 abr. 2022.

Klauss Vianna durante uma aula em São Paulo (SP), 1985.

A técnica Klauss Vianna é um processo investigativo e, dessa forma, é algo dinâmico e em constante construção. Essa técnica foi desenvolvida por Angel Vianna em parceria com seu marido, Klauss Vianna (1928-1992), e seu filho, Rainer Vianna (1958-1995). Não é um treinamento mecanicista que busca atingir resultados prévios ou habilidades específicas. No caso da dança, essa técnica contribui para tratar e evitar lesões, bem como auxiliar na execução dos movimentos. Porém, a técnica Klauss Vianna ultrapassa essas dimensões, não se restringindo a auxiliar em tratamentos, tampouco a ser realizada por profissionais e estudantes de dança. Isso porque essa técnica reconhece a relação entre corpo e movimento como uma expressividade singular inerente a qualquer ser humano.

A técnica Klauss Vianna é uma abordagem somática, isto é, compreende o corpo como uma complexidade formada de aspectos fisiológicos, psíquicos, sociais, culturais, etc. Existem outras técnicas além da técnica Klauss Vianna, como: Técnica Alexander, Método Feldenkrais, Eutonia, Body-Mind Centering (BMC) e Bartenieff Fundamentals. Essas técnicas têm em comum a dimensão interdisciplinar, o foco na experiência do corpo e a correlação corpo-mente e corpo-ambiente. Elas integram as áreas da Saúde, da Educação e da Arte, provindo de caminhos distintos.

De acordo com tais técnicas, o corpo é entendido como estando em conexão com o ambiente e de modo indissociável da mente. Interno e externo são vistos como inseparáveis. Assim, essas técnicas integram arte, saúde e educação por meio de pesquisas dos processos de subjetividade. Além disso, concentram-se na sensação e na percepção como mobilizadoras do estudo. Isso desenvolve no indivíduo a capacidade de "estar presente", ou seja, de estar sensível, integrado ao seu entorno, disponível e criativo na sua relação com a experiência que está vivendo, de maneira a desenvolver o autoconhecimento e formas de se conectar com o meio em que está.

A artista, professora e pesquisadora de dança Jussara Müller (2010), que desenvolve um trabalho, tendo a técnica Klauss Vianna como referência, destaca alguns princípios de investigação dessa técnica. São eles:

- **Articulação**: busca ampliar os espaços articulares ao promover o isolamento e a independência entre as articulações.
- **Peso**: investiga o peso do corpo como impulso e fluxo do movimento. Destaca a transição do tônus muscular em certos movimentos. Cabe explicar que o tônus muscular é uma pequena tensão do músculo em estado de repouso que o deixa apto para, a qualquer momento, se contrair e acionar o movimento. Há conexões que se estabelecem entre as cadeias musculares.
- **Apoio**: dá atenção aos pontos de apoio do corpo no chão. O que toca o chão se aprofunda e o que está em contato com o ar se expande.
- **Resistência**: diz respeito à intensidade do tônus muscular. Para que haja certo movimento, ocorre a cooperação entre determinado músculo ou grupo de músculos que se contraem e se tencionam, chamados agonistas, e os músculos que relaxam, denominados antagonistas. A resistência acontece por meio dessa colaboração.
- **Oposições**: as oposições são trabalhadas por meio da estrutura óssea. Assim, é possível abrir espaços articulares, agir de modo organizado e expandir o movimento no espaço.
- **Eixo global**: consiste na integração do corpo com a força da gravidade. Para que isso ocorra, desenvolve-se a consciência dos espaços articulares dos pés, dos joelhos, do quadril, da coluna vertebral, dos ombros, da base do crânio, do apoio do olhar, enfim, da relação do corpo com o espaço.

1. Após analisar os princípios de investigação da técnica Klauss Vianna, em sua opinião, compreender corpo e mente como indissociáveis afeta a experiência da dança?

Experimentação Seus passos

1. Para realizar a atividade, ouça com atenção a música "Águas da Amazônia: Tiquiê River", composta por Philip Glass (1937-) e com interpretação do grupo Uakti que o professor vai reproduzir.
2. Levante-se e caminhe lentamente pela sala, seguindo estas instruções:
   a) Perceba onde você apoia os pés: mais nas bordas externas ou nas bordas interna dos pés? Para a frente ou para trás?
   b) Suas costas estão na frente, sobre ou atrás de seu passo?
   c) Onde seu corpo se tensiona? Ombros, joelhos, pescoço ou outra parte?
   d) Procure relaxar os pontos de tensão de seu corpo aos poucos. Deixe o peso de seu corpo chegar aos seus pés, porém mantendo a cabeça projetada para o alto, sem relaxar totalmente a postura. Gradualmente, deixe seus passos cada vez mais serenos.
   e) Pare, feche os olhos e atente para as sensações de seu corpo.

Diário de bordo

Registre no diário de bordo tudo que você percebeu e sentiu durante essa experimentação.

Campanhas por hábitos saudáveis (Língua Portuguesa)

Em 2006, o Ministério da Saúde publicou a primeira edição do *Guia alimentar para a população brasileira*, abordando os princípios para uma alimentação saudável. Em 2015, em função das mudanças demográficas e sociais e das alterações que ocorreram nos padrões de saúde, foi publicada uma nova edição do guia, com o acréscimo de novas recomendações. O lançamento dessa nova edição foi integrado à realização de uma campanha sobre alimentação saudável, com o objetivo de incentivar mudanças comportamentais para promover mais saúde e bem-estar. Observe a seguir um cartaz dessa campanha.

Governo Federal/Ministério da Saúde

Cartaz da campanha "Da alimentação se cuida todos os dias", promovida pelo Ministério da Saúde em 2015.

1. Você já parou para analisar seus hábitos alimentares? Já os relacionou com sua saúde?

2. Descreva o que você vê no cartaz. Indique cores, imagens, distribuição dos conteúdos na página, tipo e tamanho de fonte e outros detalhes.

3. Considere o texto verbal do cartaz para a resolução das próximas questões.

   a) Quais são os órgãos responsáveis pela campanha "Da Alimentação se cuida todos os dias", ou seja, quem é o enunciador do cartaz?

   b) A quem o cartaz é dirigido?

   c) Qual é o propósito do cartaz?

4. Para levar o receptor a aderir ao que é proposto no cartaz, o enunciador apresenta duas condições de vida que se opõem.

   a) Quais são essas condições de vida? Que palavras representam cada uma delas?

   b) Essa oposição contribui para convencer o receptor a ter uma alimentação equilibrada?

   c) Para ser sensível ao que é proposto no cartaz, que valor destacado pelo enunciador o receptor deve ter?

   d) Qual é o papel argumentativo do enunciador do cartaz?

5. A imagem escolhida para a campanha se relaciona com quais elementos do texto verbal?

6. Geralmente, é possível depreender de um enunciado informações que não estão necessariamente expressas nas linhas do texto. Para se chegar a essas informações, é importante mobilizar o conhecimento linguístico-discursivo, isto é, o conhecimento dos sentidos da língua, aliados ao seu emprego em determinado contexto. Releia um trecho do texto do cartaz e responda às perguntas propostas.

   > "Por isso, estão sendo propostas diversas ações que facilitam escolhas alimentares mais saudáveis por todas as pessoas, valorizando os alimentos em todas as regiões e fortalecendo a cultura alimentar brasileira."

   a) O que as ações propostas nesse trecho pretendem favorecer?

   b) Que atitudes em relação à alimentação estão pressupostas nessas ações?

   c) Que palavras empregadas nesse trecho permitem concluir esse pressuposto?

   d) Não é possível saber, por meio dos elementos do trecho, qual é o agente da ação, isto é, quem propõe as ações. Em sua opinião, por que foi feita essa escolha na construção dessa frase? Que outra escolha poderia ter sido feita?

7. A produção de um texto envolve uma série de escolhas linguísticas por parte do enunciador para alcançar seus propósitos comunicativos. Essas escolhas consideram o contexto, o tipo de informação a ser transmitida e o efeito que ele deseja provocar no receptor. O conhecimento de diferentes situações de comunicação permite ao enunciador, com base em seu repertório de gêneros textuais e de recursos de linguagem, selecionar os elementos mais condizentes com seus propósitos.

   a) Considerando o propósito do Ministério da Saúde e do SUS, explique por que foi feita a opção de usar o gênero cartaz na campanha.

   b) Considerando o título da campanha: "Da alimentação se cuida todos os dias", compare as frases:

      - Todos os dias se cuida da alimentação.
      - Cuida-se da alimentação todos os dias.

      Qual dessas frases você considera mais comum?

   c) O que está sendo enfatizado em cada uma das frases?

A Agência Nacional de Saúde Suplementar (ANS), órgão vinculado ao Ministério da Saúde, é responsável pela regulação dos planos de saúde no Brasil. Assim, a ANS tem os papéis de criar normas para esse setor de interesse público e fazer seu controle e sua fiscalização. Nesse sentido, a agência cria programas para motivar gestores de planos de saúde a incorporar, em suas agendas, ações de promoção à saúde e de prevenção de riscos e doenças.

8. O cartaz da campanha "Movimentar-se é preciso!", de 2019, que será estudado a seguir, está relacionado a esse propósito da ANS. Observe-o para identificar os recursos que foram adotados para alcançar o público-alvo de seu texto.

Reprodução/ANS

Cartaz da campanha "Movimentar-se é preciso!", de 2019, do Programa de Promoção de Saúde e Prevenção de Riscos e Doenças (Promoprev), da Agência Nacional de Saúde Suplementar.

a) Qual é o objetivo do cartaz? Com quem ele fala? O que o cartaz sugere?

b) O cartaz está vinculado a algum tipo de comemoração? Em caso afirmativo, qual?

9. Para criar efeitos de expressividade em determinados textos, muitos autores fazem uso da polissemia. Recurso bastante empregado em textos publicitários e em cartazes institucionais, a polissemia é uma forma de explorar os vários sentidos de uma palavra ou expressão no mesmo texto.

a) O cartaz "Movimentar-se é preciso!" explora a polissemia de uma palavra. Identifique-a.

b) Explique os sentidos gerados por essa polissemia, considerando o contexto discursivo do cartaz.

10. O título do cartaz retoma um trecho da nota "Palavras de Pórtico", de Fernando Pessoa (1888-1935). Ao escrevê-la, o poeta português reporta-se à história de Pompeu, general romano que no ano 70 a.C. deveria escoltar uma frota com alimentos partindo da Sicília com destino a Roma, cuja população estava passando fome por causa de uma rebelião de escravos liderada por Spartacus. Um dos comandantes informou a Pompeu que haveria uma tempestade e que não seria prudente ele partir para

Roma. Pompeu, então, disse "*Navigare necesse, vivere non est necesse*" (Navegar é preciso, viver não é preciso). Leia a nota de Fernando Pessoa:

Palavras de pórtico*

Navegadores antigos tinham uma frase gloriosa: "Navegar é preciso; viver não é preciso". Quero para mim o espírito desta frase, transformada a forma para a casar com o que eu sou:

Viver não é necessário; o que é necessário é criar.

Não conto gozar a minha vida; nem em gozá-la penso. Só quero torná-la grande, ainda que para isso tenha de ser o meu corpo e a minha alma a lenha desse fogo.

Só quero torná-la de toda a humanidade; ainda que para isso tenha de a perder como minha. Cada vez mais assim penso. Cada vez mais ponho na essência anímica do meu sangue o propósito impessoal de engrandecer a pátria e contribuir para a evolução da humanidade. É a forma que em mim tomou o misticismo da nossa Raça.

* Nota publicada pela primeira vez na primeira edição do volume *Fernando Pessoa – Obra Poética*, volume único, Companhia Aguilar Editora, 1965 (organização, introdução e notas de Maria Aliete Galhoz).

PESSOA, Fernando. *Poesias*. Porto Alegre: L&PM, 1997. p. 7.

a) Que sentido a frase "Navegar é preciso; viver não é preciso" tinha para Pompeu?

b) Que sentido a mesma frase adquiriu para Fernando Pessoa?

c) Que elementos da frase "Navegar é preciso; viver não é preciso" são eliminados na construção do título do cartaz? E qual elemento que não faz parte dessa frase está nesse título? Por quê?

d) Como você reescreveria o título do cartaz acrescentando nele uma segunda parte que dê a ideia contrária da segunda parte da frase "Navegar é preciso; viver não é preciso" e mantenha a coerência do novo título com o propósito da campanha?

11. O conhecimento do receptor e a pressuposição de seus interesses e valores contribuem para a seleção de informações que visem convencê-lo a aderir a uma ideia e a realizar algo relacionado a essa ideia. Essas escolhas têm papel argumentativo nos textos. Veja como isso se dá na construção do cartaz.

a) Quais são os dados que introduzem o texto do cartaz? Qual é a relevância deles para a argumentação do texto?

b) Por que parte dos dados apresentados no cartaz se refere aos brasileiros com planos de saúde?

12. São chamados de ativos os bens e os direitos de uma empresa. Ativo é tudo aquilo que, direta ou indiretamente, pode ser convertido em dinheiro (maquinários e veículos, por exemplo). No cartaz, há a frase "Afinal, saúde é o nosso ativo fundamental".

a) O que significa a saúde ser o ativo fundamental das empresas de planos de saúde?

b) Por que essa abordagem é usada como argumento no cartaz? Que valores sociais estão por trás dela?

13. A(s) imagem(ns) de um cartaz pode(m) reforçar informações presentes no texto ou sugerir conteúdos novos que as complementem.

a) Descreva a imagem do cartaz.

b) Em sua opinião, essa imagem é meramente ilustrativa ou tem papel argumentativo?

O cartaz de campanha publicitária

O cartaz é um gênero textual que integra linguagem verbal e não verbal. Tal integração está alinhada com seu objetivo discursivo, que é o de difundir informação de modo objetivo e impactante para o maior número possível de pessoas. Daí a relevância de uma de suas características estruturais mais evidentes: a ocupação otimizada do espaço, equilibrando textos com diferentes fontes, tamanhos e cores, e imagens complementando as informações presentes nos textos verbais. Em conjunto, esses elementos devem chamar a atenção do interlocutor, apresentar as informações a serem compartilhadas pelo enunciador e, por vezes, transmitir argumentos que convençam o leitor das vantagens de aderir à ideia anunciada.

A observação de um cartaz envolve os canais verbal e visual para processamento das informações. Por isso, a análise desse tipo de material implica usar categorias diferentes para a observação de cada uma das linguagens.

O texto verbal do cartaz contém:

- um título, em geral, chamativo ou de impacto em fonte maior que os demais textos da página e, por vezes, em cor diferente;
- texto com fontes menores, frases curtas e objetivas, com orientações sobre o que deve ser feito;
- às vezes, um texto mais longo (com frases diretas e de fácil compreensão), com justificativas e argumentos para convencer o leitor a agir de acordo com o pretendido pelo enunciador;
- o nome das instituições responsáveis pelo anúncio ou pela campanha acompanhado de seu logotipo;
- o logotipo das redes sociais que podem ter canais de comunicação com o anunciante ou outros materiais, como textos, vídeos, vinhetas com detalhes e outras linguagens, etc.;
- por vezes, emprego do verbo no modo imperativo (baixe, conheça, busque, amplie, motive, etc.).

Governo Federal/Ministério da Saúde

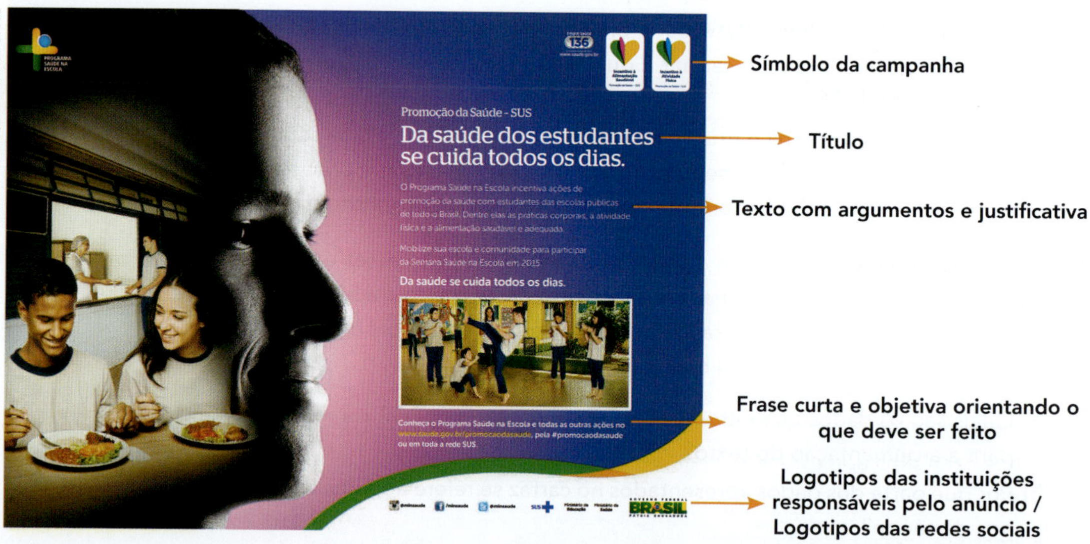

Cartaz do Programa Saúde na escola, do SUS e do Ministério da Saúde.

O conteúdo de um cartaz de campanha institucional deve estar de acordo com os valores assumidos pelo órgão ou pela instituição anunciante, e isso engloba a abordagem do tema e o tipo de ação solicitada do interlocutor, o que influencia a seleção lexical, de imagens e de outros elementos para o cartaz.

- A imagem pode ser analisada considerando-se três classes de signo:
- **Ícone**: imagem que guarda grande semelhança com o elemento representado. Diante da representação, sabe-se exatamente a que ela corresponde. Um exemplo é a pintura figurativa, na qual identificamos claramente um objeto.
- **Índice**: é o signo que não guarda semelhança com o elemento representado, mas está ligado a ele pela possibilidade de relacionar os dois por dedução. Um exemplo de índice é a fumaça em relação ao fogo.
- **Símbolo**: é o signo relacionado ao objeto por arbitrariedade, porque, ao longo da história, convencionou-se associar determinada imagem ou ideia a determinado símbolo. Um exemplo disso é a cor azul-clara associada, em muitos anúncios publicitários, à limpeza; o verde, ao meio ambiente; o amarelo e o laranja, à alimentação.

Ao ler as imagens e as cores empregadas em um cartaz, pode-se identificar o que é ícone, o que é índice e o que funciona como símbolo e, a partir dessas constatações, proceder a diferentes modos de associação. No cartaz "Da saúde dos estudantes se cuida todos os dias", a imagem no rosto do modelo fotografado é um ícone retomando o tema da campanha: estudantes sorridentes estão diante de uma mesa com alimentos naturais próprios da culinária brasileira. O sorriso do jovem é um índice de sua satisfação com essa cena; as cores verde e amarela, na base do cartaz são, nesse contexto, símbolos do Brasil.

Diário de bordo

Em seu diário de bordo, faça a mesma análise da estrutura, das imagens e das cores do cartaz "Movimentar-se é preciso!".

Experimentação Cartazes para uma campanha de mobilização de hábitos saudáveis

Em grupos, vocês vão elaborar dois cartazes para uma campanha de incentivo à alimentação saudável ou à prática de atividades físicas, destinados a dois públicos distintos. O objetivo dessa atividade é prepará-los para o trabalho a ser realizado na seção **#Multiplicar**.

1. Reúna-se com três colegas. O grupo deve criar dois cartazes destinados a dois públicos diferentes: um para estudantes do Ensino Médio e outro para estudantes do Ensino Fundamental II. Em função da diferença de público, vocês devem estudar formas diversas de aproximar os conteúdos dos cartazes aos públicos-alvo da campanha.

2. Os cartazes devem conter:

- **Título**: nele deve haver o uso polissêmico de uma palavra ou expressão, isto é, o termo usado no título de cada cartaz deve ter dois sentidos, ambos apropriados ao contexto apresentado, como você viu nos exemplos apresentados neste tópico de Língua Portuguesa.
- **Imagem**: deve corresponder ao conteúdo do título ou do **argumento**. Se possível, fotografe uma cena na escola que possa servir de ilustração para a campanha. Caso haja pessoas na imagem de cada cartaz, lembre-se de pedir a elas a autorização, por escrito, para o uso de sua fotografia nos cartazes. Se preferir, vocês podem ilustrar os cartazes. Antes de se decidirem se vão usar esse recurso, considerem que efeito ele terá sobre os públicos-alvo.

Que tipos de imagem poderão causar mais impacto no receptor e garantir a credibilidade necessária aos cartazes de campanha?

- **Texto breve**: o texto deve ter um argumento para buscar a adesão do receptor ao novo hábito. Caso vocês desejem que o receptor tenha mais informações sobre a campanha, escrevam o endereço de um *site* que ele possa consultar caso queira saber mais sobre o assunto.

3. Os grupos devem trocar os cartazes finalizados entre si, de modo que cada grupo comente, no mínimo, os trabalhos de outros dois grupos (ou seja, quatro cartazes). Verifiquem em cada trabalho se:

- há título no cartaz e se nele há uma palavra ou expressão polissêmica;
- há um texto curto no cartaz e se o seu conteúdo é argumentativo e justifica a relevância da campanha, de forma a convencer o leitor a aderi-la;
- a linguagem do cartaz, de maneira geral, é condizente com a linguagem do público a que se destina;
- há imagem no cartaz e se ela ilustra adequadamente o tema proposto;
- a imagem complementa a informação e, da mesma maneira que esta, tem papel argumentativo;
- a distribuição das informações (elementos verbais e não verbais) no cartaz está equilibrada e as letras do título são maiores que as dos demais textos;
- todos os textos foram revisados pelos grupos e se há erros ortográficos, de acentuação, pontuação ou concordância.

Diário de bordo

Registre no diário de bordo como foi o processo de criação dos cartazes com seu grupo.

Responda às questões a seguir para treinar seus conhecimentos sobre o que você estudou nesta unidade.

1. (IFSul – 2021)

> Segundo Nahas (2003), um bom programa de condicionamento físico deve incluir todos os componentes básicos da aptidão física relacionada à saúde: resistência cardiorrespiratória; flexibilidade, força e resistência muscular; e composição corporal. Também deve considerar cinco princípios fundamentais: Princípio da Sobrecarga, Princípio da Progressão e da Continuidade, Princípio do Uso e Desuso, Princípio da Especificidade e Princípio da Individualidade Biológica.

De que forma o conceito do Princípio da Progressão e da Continuidade é apresentado?

a) Para melhorar a condição funcional do organismo, ou parte dele, um programa de condicionamento físico deve estimular o organismo de maneira gradualmente crescente e com regularidade.

b) Além do tipo de atividade, a combinação entre duração e intensidade também provoca adaptações em cada situação.

c) Para desenvolver qualquer aspecto da aptidão física de um indivíduo em treinamento, o organismo deve ser submetido a estímulos mais fortes do que está acostumado.

d) Esse princípio já foi observado pelos antigos gregos, e a ciência moderna mostrou sua importância para a performance esportiva e, de forma mais contundente, em relação à saúde.

2. (CEV-Urca – 2018)

> Um bom programa de exercícios, também referido como programa de condicionamento físico, deve incluir todos os componentes básicos da aptidão física relacionadas à saúde, quer dizer: a resistência cardiorrespiratória, a flexibilidade, a força e a resistência muscular, e a composição corporal. Para que um programa de exercícios seja eficaz e seguro, precisa ser planejado, regular e observar certos princípios básicos derivados dos estudos científicos do treinamento esportivo moderno, particularmente da fisiologia do exercício.

Um bom programa de exercícios deve considerar os seguintes princípios fisiológicos do treinamento:

a) Individualidade biológica, especificidade, sobrecarga, continuidade.

b) Periodização, treinamento físico, adaptação ao treino, sobrecarga.

c) Idade, sexo, peso, treinamento físico.

d) Estímulo, exercícios, periodização, especificidade.

e) Especificidade, periodização, estímulo, treinamento físico.

3. (Enem – 2012)

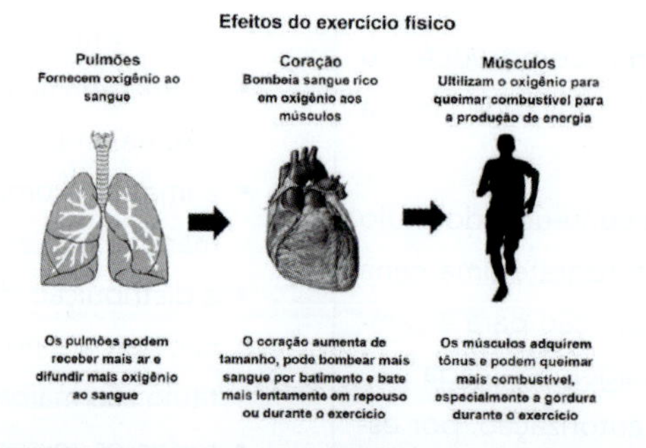

Reprodução/ENEM, 2012.

NIEMAN, D. *Exercício e saúde*. São Paulo: Manole, 1999 (adaptado).

Com base nos efeitos fisiológicos do exercício físico no organismo, apresentados na figura, são adaptações benéficas à saúde de um indivíduo:

a) Diminuição da frequência cardíaca em repouso e aumento da oxigenação do sangue.

b) Diminuição da oxigenação do sangue e aumento da frequência cardíaca em repouso.

c) Diminuição da frequência cardíaca em repouso e aumento da gordura corporal.

d) Diminuição do tônus muscular e aumento do percentual de gordura corporal.

e) Diminuição da gordura corporal e aumento da frequência cardíaca em repouso.

4. (UEL-PR – 2020)

Analise as imagens a seguir:

Foto da bailarina Isadora Duncan (1877-1927).

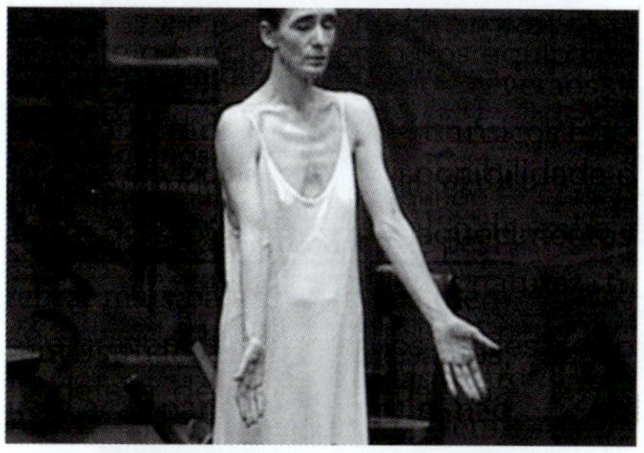

Bailarina Pina Bausch (1940-2009) durante o espetáculo "Café Müller".

Com base nas imagens e nos conhecimentos sobre dança, cite e descreva duas características presentes no trabalho das bailarinas Isadora Ducan e/ou Pina Bausch, que se tornaram relevantes para o balé contemporâneo.

5. (Enem – 2015)

A dança moderna propõe em primeiro lugar o conhecimento de si e o autodomínio. Minha proposta é esta: através do conhecimento e do autodomínio chego à forma, à minha forma – e não o contrário. É uma inversão que muda toda a estética, toda a razão do movimento. A técnica na dança tem apenas uma finalidade: preparar o corpo para responder à exigência do espírito artístico.

VIANNA, K; CARVALHO, M. A. *A dança*. São Paulo: Siciliano, 1990.

Na abordagem dos autores, a técnica, o autodomínio e o conhecimento do bailarino estão a serviço da

a) padronização do movimento da dança.

b) subordinação do corpo a um padrão.

c) concretização da criação pessoal.

d) ideia preconcebida de forma.

e) busca pela igualdade entre os bailarinos.

6. (Enem – 2019)

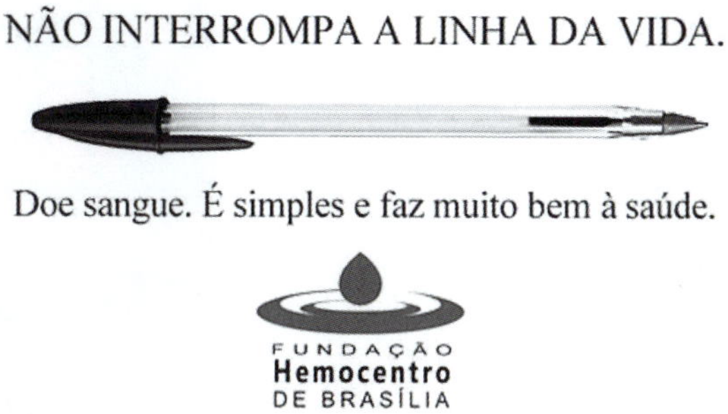

Destak, nov. 2015 (adaptado).

A imagem da caneta de tinta vermelha, associada às frases do cartaz, é utilizada na campanha para mostrar ao possível doador que

a) a doação de sangue faz bem à saúde.

b) a linha da vida é fina como o traço de caneta.

c) a atitude de doar sangue é muito importante.

d) a caneta vermelha representa a atitude do doador.

e) a reserva do banco de sangue está chegando ao fim.

7. (Enem – 2019)

Reprodução/ENEM, 2019.

Nesse cartaz, o uso da imagem do calçado aliada ao texto verbal tem o objetivo de

a) criticar as difíceis condições de vida dos refugiados.

b) revelar a longa trajetória percorrida pelos refugiados.

c) incentivar a campanha de doações para os refugiados.

d) denunciar a situação de carência vivida pelos refugiados.

e) simbolizar a necessidade de adesão à causa dos refugiados.

8. (Enem – 2017)

Reprodução/ENEM, 2017.

Os textos publicitários são produzidos para cumprir determinadas funções comunicativas. Os objetivos desse cartaz estão voltados para a conscientização dos brasileiros sobre a necessidade de

a) as crianças frequentarem a escola regularmente.

b) a formação leitora começar na infância.

c) a alfabetização acontecer na idade certa.

d) a literatura ter seu mercado consumidor ampliado.

e) as escolas desenvolverem campanhas a favor da leitura.

9. (Enem – 2017)

Reprodução/ENEM, 2017.

Campanhas publicitárias podem evidenciar problemas sociais. O cartaz tem como finalidade

a) alertar os homens agressores sobre as consequências de seus atos.

b) conscientizar a população sobre a necessidade de denunciar a violência doméstica.

c) instruir as mulheres sobre o que fazer em casos de agressão.

d) despertar nas crianças a capacidade de reconhecer atos de violência doméstica.

e) exigir das autoridades ações preventivas contra a violência doméstica.

10. (Unicamp-SP – 2015)

O cartaz a seguir foi usado em uma campanha pública para doação de sangue:

Comvest/Vestibular Unicamp,2015.

Glossário

Rolezinho: diminutivo de rolê ou rolé; em linguagem informal, significa "pequeno passeio". Recentemente, tem designado encontros simultâneos de centenas de pessoas em locais como praças, parques públicos e *shopping centers*, organizados via internet.

Anonymous riot: rebelião anônima.

Considerando como os sentidos são produzidos no cartaz e seu caráter persuasivo, pode-se afirmar que:

a) As figuras humanas estilizadas, semelhantes umas às outras, remetem ao grupo homogêneo das pessoas que podem ajudar e ser ajudadas.

b) A expressão "rolezinho" remete à meta de reunir muitas pessoas, em um só dia, para doar sangue.

c) O termo "até" indica o limite mínimo de pessoas a serem beneficiadas por meio da ação de um só indivíduo.

d) O destaque visual dado à expressão "ROLEZINHO NO HEMORIO" tem a função de enfatizar a participação individual na campanha.

11. (Uema – 2015)

Um anúncio publicitário articula texto verbal e visual a um conjunto de valores expressos por essa composição. O cartaz ao lado foi divulgado pelo Tribunal de Justiça do Maranhão para a campanha de combate às drogas:

Reprodução/UEMA PAES, 2015.

No *slogan* "Jogue contra as drogas. Entre neste time. Você também é responsável", predomina a função de linguagem

a) metalinguística, por se direcionar ao próprio código.

b) fática, por se centrar no contato entre o locutor e o interlocutor.

c) referencial, por se tratar de uma mensagem essencialmente informativa.

d) emotiva, por expressar visão de mundo centrada no locutor do anúncio.

e) conativa, por tentar persuadir o destinatário.

12. (Enem – 2019)

> Qual a diferença entre publicidade e propaganda?
>
> Esses dois termos não são sinônimos, embora sejam usados indistintamente no Brasil. Propaganda é a atividade associada à divulgação de ideias (políticas, religiosas, partidárias etc.) para influenciar um comportamento. Alguns exemplos podem ilustrar, como o famoso Tio Sam, criado para incentivar jovens a se alistar no exército dos EUA; ou imagens criadas para "demonizar" os judeus, espalhadas na Alemanha pelo regime nazista; ou um pôster promovendo o poderio militar da China comunista. No Brasil, um exemplo regular de propaganda são as campanhas políticas em período pré-eleitoral.
>
> Já a publicidade, em sua essência, quer dizer tornar algo público. Com a Revolução Industrial, a publicidade ganhou um sentido mais comercial e passou a ser uma ferramenta de comunicação para convencer o público a consumir um produto, serviço ou marca. Anúncios para venda de carros, bebidas ou roupas são exemplos de publicidade.
>
> VASCONCELOS, Y. Disponível em: https://mundoestranho.abril.com.br. Acesso em: 22 ago. 2017 (adaptado).

A função sociocomunicativa desse texto é

a) ilustrar como uma famosa figura dos EUA foi criada para incentivar jovens a se alistar no exército.

b) explicar como é feita a publicidade na forma de anúncios para a venda de carros, bebidas ou roupas.

c) convencer o público sobre a importância do consumo.

d) esclarecer dois conceitos usados no senso comum.

e) divulgar atividades associadas à disseminação de ideias.

Campanha por hábitos saudáveis

Luciana Whitaker/Pulsar Imagens

Estudantes do Ensino Médio em aula de Educação Física, em escola de Barra do Garças (MT), 2018.

A criação de uma campanha está associada ao envolvimento de um órgão governamental, de uma instituição ou de outros setores da sociedade com uma questão relevante para uma comunidade. Toda campanha intenciona modificar uma realidade e deve abranger o maior número possível de pessoas para que os resultados dessa transformação sejam realmente benéficos para a sociedade. Isso significa que não existem campanhas sem a observação dos problemas do entorno e sem a proposta de solução desses problemas.

Agora é sua vez de criar uma campanha por hábitos saudáveis e divulgá-la na comunidade escolar e no bairro onde fica a escola, tendo em vista a promoção do bem-estar, do autoconhecimento e do autocuidado para o maior número possível de pessoas.

Reprodução/Governo do Estado do Espírito Santo

Campanha "Alimentares", do Governo do Estado do Espírito Santo.

Procedimentos

A turma deve se organizar em grupos com cinco participantes, e cada grupo deve optar por uma das ideias de projetos apresentadas a seguir. Essas propostas implicam organização espacial, recursos materiais e planejamento com cronograma, definindo dias, horários e frequência. Além disso, é preciso estabelecer o público-alvo, a quantidade de participantes em cada tarefa relacionada a essa campanha e a coordenação dessas tarefas ao longo do tempo. As atividades que fazem parte da campanha são:

Autoconhecimento por meio da dança

Grupo de dança: usando as técnicas de Klauss Vianna e outras práticas do corpo que voltem a percepção dos participantes para a ampliação da consciência corporal, montem um grupo de dança na escola ou no bairro onde a escola se localiza. Convidem um professor para orientar a proposta, estimular a percepção dos movimentos pelos participantes e auxiliá-los na observação do corpo, destacando aspectos que podem passar despercebidos.

Práticas de atividades físicas

Grupo de caminhada: criem um grupo de caminhada do qual vocês façam parte e participem seus familiares, pessoas do bairro da escola, outros estudantes, professores, e os demais membros da comunidade escolar. Convidem um professor que esteja familiarizado com essa prática para dar instruções ao grupo sobre alongamento e ter uma conversa com os participantes no início e no final da caminhada, investigando o estado físico deles. Depois de um mês ou dois que o grupo estiver praticando a caminhada, conversem sobre as mudanças que ocorreram na disposição da turma nesse período.

Esportes coletivos: criem um grupo de treino de uma das modalidades de esportes coletivos que vocês conheçam.

Praticar brincando: reúnam estudantes para participar de um dia de brincadeiras na escola. Vocês podem convidar estudantes dos anos finais do Ensino Fundamental II e do Ensino Médio. Resgatem brincadeiras que envolvam diferentes movimentos e das quais o maior número de pessoas possa participar, organizando grupos para brincar, por exemplo, de pique-esconde, pega-pega, pular corda, queimada, rei da praia e de jogos que sejam comuns na região em que vocês vivem.

Por uma alimentação saudável

Grupo de culinária saudável: criem um movimento por uma culinária mais saudável. Convidem pessoas da comunidade escolar e do entorno da escola que possam ensinar receitas e compartilhar fotos do preparo das receitas em um *blog*, assim como dar dicas de alimentação saudável.

Campanha do lanche saudável: criem uma campanha de incentivo ao consumo de lanches saudáveis na escola. Na campanha, diferenciem alimentos naturais de alimentos processados e ultraprocessados, apresentem os impactos na saúde do consumo de alimentos com muito sal, açúcar e gordura. Como forma de perceber o impacto da campanha na comunidade escolar, verifiquem previamente, durante uma semana, o volume de descarte de embalagens de alimentos industrializados nas lixeiras da escola. Criem e divulguem cartazes e promovam rodas de conversa e outras ações sobre a campanha. Quando a campanha terminar, observem novamente as lixeiras e verifiquem se houve ou não diminuição da quantidade de embalagens de alimentos industrializados.

Horta solidária: procurem na escola uma área onde o grupo e a comunidade escolar possam fazer o plantio de verduras e legumes. Depois que vocês encontrarem a área, peçam autorização à diretoria da escola para usá-la. Façam uma campanha mobilizando a comunidade da escola e de seu entorno a preparar o espaço para o plantio de legumes e verduras, doar mudas e sementes, fazer com vocês o plantio e cuidar frequentemente da horta. Formem grupos entre os participantes da campanha, incluindo vocês, para que se revezem nas tarefas de manutenção da horta. Quando vocês fizerem a colheita das verduras e dos legumes, preparem uma refeição agradável com esses alimentos e oferecem-na aos estudantes da escola.

Preparação dos cartazes

Depois de definida a campanha para a mobilização da comunidade escolar e de pessoas do bairro onde fica a escola para aderirem a hábitos saudáveis, criem o cartaz de divulgação dessa campanha. Retomem, no tópico de Língua Portuguesa, as orientações para a produção de um cartaz.

Avaliem a campanha

Criem perguntas para fazer aos participantes da campanha, depois que ela terminar, com a finalidade de verificar como eles se sentiram ao participar e o que acharam desse projeto.

A turma deve formar pequenas rodas de conversa, cada uma com pelo menos um representante de cada grupo. Nesse momento, eles devem compartilhar as impressões, os resultados e os desafios que os grupos tiveram na campanha e refletir sobre o que poderiam melhorar nos próximos projetos.

Luis Salvatore/Pulsar Imagens

Construção de horta vertical na Escola Estadual Princesa Isabel, em São Paulo (SP), 2019.

Meu portfólio

Nesta unidade, você e os colegas estudaram e refletiram sobre saúde, autocuidado e autoconhecimento de forma integrada às demandas culturais, sociais e globais.

No tópico *Técnica Klauss Vianna: uma abordagem de dança e educação somática* de Arte e no tópico *Práticas corporais e saúde*, de Educação Física, vocês estudaram a importância da percepção do próprio corpo e da atividade física – o que envolve as mais diferentes práticas, como esporte, dança, jogos, brincadeiras e exercícios físicos – como forma de manutenção da saúde, de autoconhecimento e de autocuidado, considerando os fatores sociais, culturais e econômicos de uma população ou um grupo. No tópico de Língua Portuguesa *Campanhas por hábitos saudáveis*, ao analisar cartazes de duas diferentes campanhas pautadas em mudanças de hábitos (dando atenção aos hábitos alimentares e ao incentivo à prática de atividades físicas), vocês ampliaram a discussão sobre os valores que pautam uma atuação que vise a transformação de uma realidade para melhor.

Para montar seu portfólio, você deverá retomar todas as produções que realizou nesta unidade, desde rascunhos e projetos até registros em fotos e vídeos de apresentações. Lembre-se de que todo o processo criativo é importante, e não apenas o produto final; por isso, aqui não podem faltar versões de uma mesma produção.

Retome também todas as anotações que você fez em seu diário de bordo, pois elas o ajudarão na construção de seu portfólio. Coloque a data em que cada produção foi realizada. Assim, ao consultar seu portfólio, você poderá verificar seu histórico de aprendizagem. Essa consulta poderá ajudá-lo a perceber quais aspectos você desenvolveu e aperfeiçoou ao longo do trabalho.

UNIDADE 2

Percepções do ambiente

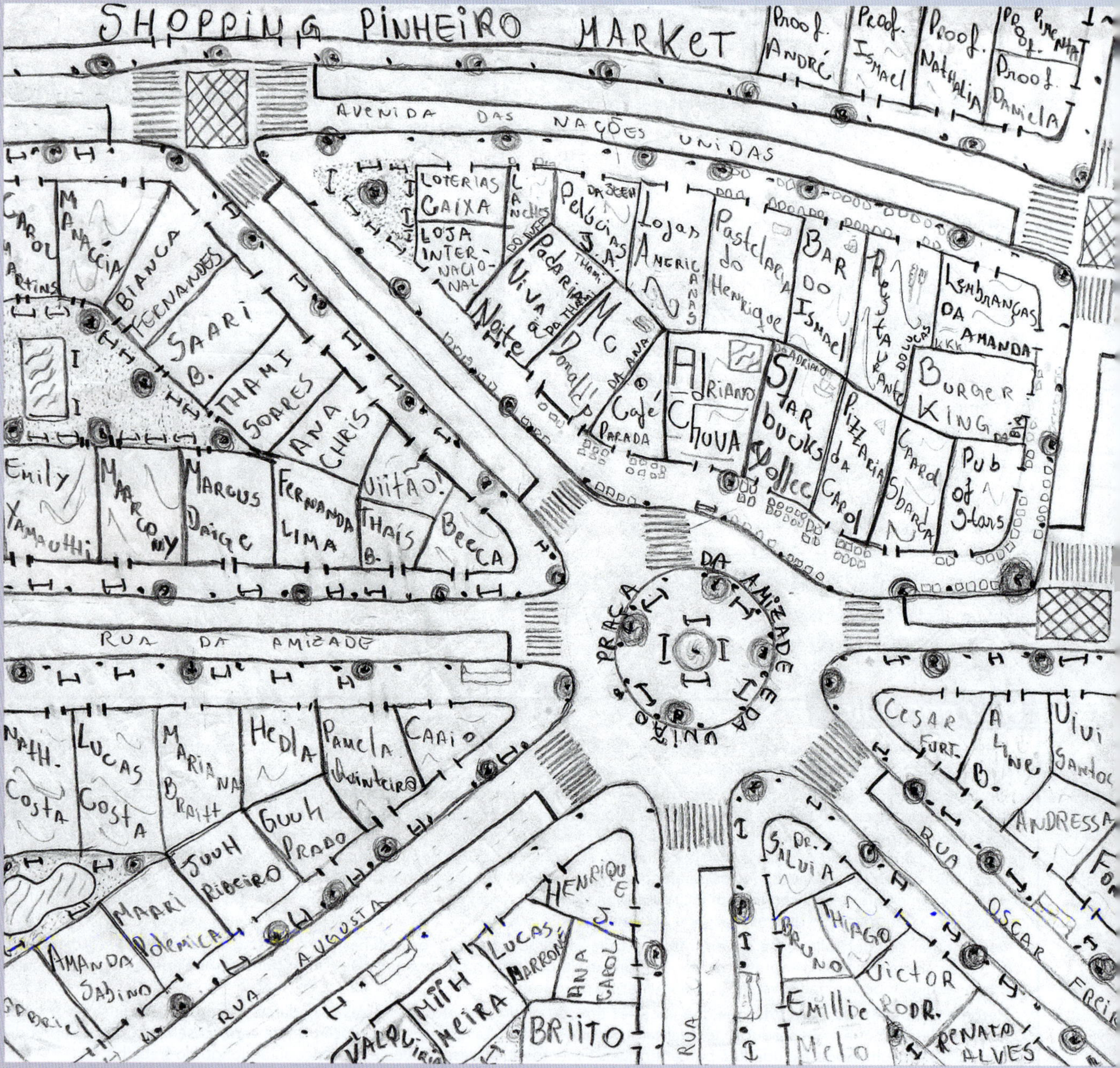

[Sem título], de Adriano Chuva, 2013 (grafite sobre papel, 26,5 cm × 20 cm). Acervo do artista.

#TáNoFeed

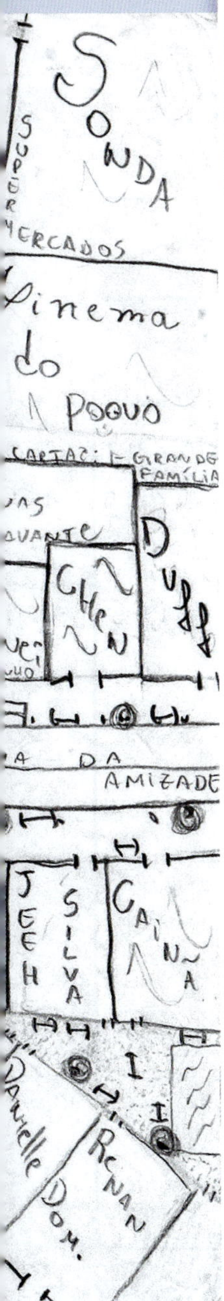

Reprodução/Coleção particular

1. Observe a imagem ao lado. Trata-se de um mapa afetivo. Reflita: Quais são as relações de afeto que você tem com os lugares que ocupa e frequenta?

O mapa afetivo é construído, em geral, com base na delineação de um território e, a partir disso, são inseridos elementos que as pessoas relacionam com o lugar em que vivem e ocupam e no qual transitam.

Diferentemente dos mapas comuns, esse tipo de mapa tem por objetivo mostrar percepções pessoais e coletivas sobre um território. Por isso, em sua criação, são inseridos símbolos, desenhos e palavras que revelem a relação dos sujeitos com os lugares com o aporte das memórias, impressões, experiências, reflexões e histórias. Esse instrumento, então, auxilia a reforçar o elo e a sensação de pertencimento ao lugar em que se vive.

2. Quais são os espaços de afeto na sua escola?
3. Reúna-se com os colegas da turma e, juntos, criem um mapa afetivo da escola. Para isso, observem as etapas a seguir.

   Material: papel *kraft*, giz de cera, caneta hidrográfica, lápis de cor e fita adesiva.

   Estendam o papel no chão de modo que todos possam se sentar em volta dele.

   Definam como vão desenhar esse mapa afetivo da escola. Lembrem-se de que o intuito não é a representação fiel da escola, e sim um mapa das construções e relações de afeto que vocês têm com esse lugar.

   Iniciem conversando sobre os lugares da escola mais significativos para cada um de vocês e o porquê. Talvez seja o pátio, a quadra, a sala de aula... Dialoguem sobre esses lugares de encontro e pertencimento.

   Marquem no mapa onde esses lugares serão representados. O tamanho e a proporção de cada lugar podem variar de acordo com o significado atribuído a ele; assim, um espaço pequeno pode ganhar destaque na representação por sua relevância nas memórias e vivências da turma.

   Depois de definir os espaços principais, adicionem outros elementos ao mapa, com palavras, desenhos e textos que narrem ou simbolizem as histórias, vivências relacionadas a esses pontos e à escola como um todo. Esses elementos podem se referir também a pessoas marcantes.
4. Finalizada a atividade, dialogue com a turma sobre o mapa afetivo construído. Ele proporcionou outras percepções sobre o espaço escolar? Quais?

Saiba+

Leituras cartográficas a partir da escola pública: o que pega para a juventude que estuda na região do Campos Elíseos, centro da cidade de São Paulo. Publicado por *Fórum Aberto Mundaréu da Luz*. Disponível em: https://mundareudaluz.wordpress.com/2018/07/16/leituras-cartograficas-a-partir-da-escola-publica-o-que-pega-para-a-juventude-que-estuda-na-regiao-do-campos-eliseos-centro-da-cidade-de-sao-paulo/. Acesso em: 22 abr. 2022.

Leia o texto, a partir do *link* indicado, que trata de uma experiência com mapa afetivo realizada com os estudantes do Ensino Médio da Etec Doutora Maria Augusta Saraiva, de São Paulo (SP).

Nesta unidade, você vai estudar a relação entre sujeito e ambiente. Em **Educação Física**, as práticas corporais de aventura na natureza serão objeto de discussões sobre consumo, meio ambiente e qualidade de vida. Surfe, corrida de orientação e *slackline* serão abordados como manifestações das culturas juvenis que proporcionam cuidado de si e do ambiente.

Em **Língua Portuguesa**, a temática será abordada na retomada dos conceitos clássicos presentes no movimento literário Arcadismo. Você verá alguns temas recorrentes na literatura, reconhecendo as assimilações, as retomadas e as rupturas presentes nos textos de autores clássicos, árcades e modernos.

Em **Arte**, será trabalhado o pensamento computacional por meio da leitura e da análise de obra e processos artísticos. Você compreenderá o caminhar como procedimento artístico adotado por artistas na contemporaneidade e vai conhecer o conceito de paisagem sonora. Ao final da unidade, você e a turma vão pensar em um projeto acústico para o ambiente escolar.

Saiba+

Mapeamento afetivo: como transformar o espaço público em uma comunidade. Publicado em *Educação e Território*, 10 nov. 2016. Disponível em: https://educacaoeterritorio.org.br/metodologias/mapeamento-afetivo-como-transformar-o-espacos-publico-em-comunidade/.

Leia o texto para entender mais sobre o mapeamento afetivo e seus usos.

Mapeamento afetivo. Publicado em *Acupuntura Urbana*. Disponível em: http://acupunturaurbana.com.br/servicos/mapeamento-afetivo/.

Acesse o *site* e veja um exemplo de mapeamento afetivo de distintos bairros centrais da cidade de São Paulo. O *site* conta com fotografias dos processos, desafios, impactos e estratégias.

Cartografias artísticas e territórios poéticos. Organização de Lilian Amaral, Fundação Memorial da América Latina, jul. 2016. Disponível em: https://files.cercomp.ufg.br/weby/up/679/o/CARTOGRAFIAS_COM_NOVO_I%CC%81NDICE_AGO_2016.pdf. Acessos em: 22 abr. 2022.

Conheça uma publicação que aborda conceitos e trabalhos artísticos relacionados ao mapeamento e às cartografias urbanas.

Conheça a unidade

Objetivos de aprendizagem

Educação Física

- Compreender as relações entre práticas corporais, consumo e meio ambiente.
- Conhecer e experimentar práticas corporais de aventura na natureza, como surfe, corrida de orientação e *slackline*, adotando atitudes favoráveis à sustentabilidade ambiental.

Língua Portuguesa

- Compreender e relacionar o texto ao contexto sócio-histórico, reconhecendo os efeitos de sentido decorrentes da seleção lexical, bem como dos usos expressivos da linguagem.
- Analisar poemas com características clássicas, considerando o contexto de produção e sua relação com o presente.
- Reconhecer convenções e fórmulas literárias da expressão lírica.

Arte

- Conhecer e refletir sobre o caminhar como procedimento no desenvolvimento de produções artísticas e no aguçamento dos sentidos.
- Compreender o conceito de paisagem sonora e o pensamento de R. Murray Schafer.
- Analisar o ambiente acústico do espaço escolar por meio de exercícios de sensibilização e análise da sonoridade de diferentes espaços.
- Criar um projeto acústico para a comunidade escolar.

Justificativa

A preservação e o cuidado com o meio ambiente são temas fundamentais nas discussões sobre as escolhas econômicas, sociais e culturais que fazemos. A defesa de relações mais harmônicas e de preservação dos recursos naturais, a diminuição e o tratamento de resíduos poluentes e a construção de alternativas individuais e coletivas que promovam sustentabilidade socioambiental permeiam as práticas de linguagem que você vai estudar nesta unidade.

Assim, será possível investigar a relação entre o ser humano e a natureza, aguçar a percepção sensível através do olhar, observando e analisando as formas dos objetos, e também do ambiente e dos deslocamentos, incluindo os sons que integram seu cotidiano, com foco no bem-estar individual e coletivo, bem como na saúde, em diálogo com seu projeto de vida.

A BNCC nesta unidade

Nesta unidade são desenvolvidas as competências e habilidades da BNCC indicadas a seguir.

Competências gerais da Educação Básica: 2, 3, 4, 7, 10

Linguagens e suas Tecnologias no Ensino Médio: competências específicas e habilidades

Competência específica 1 (EM13LGG101, EM13LGG103, EM13LGG104); Competência específica 2 (EM13LGG201, EM13LGG202, EM13LGG204); Competência específica 3 (EM13LGG301, EM13LGG302, EM13LGG304, EM13LGG305); Competência específica 4 (EM13LGG401); Competência específica 5 (EM13LGG501, EM13LGG503); Competência específica 6 (EM13LGG602, EM13LGG603, EM13LGG604)

Língua Portuguesa no Ensino Médio: campos de atuação social, competências específicas e habilidades

Todos os campos de atuação social

EM13LP01 (competência específica 2); EM13LP03 (competência específica 1); EM13LP06 (competência específica 1)

Campo artístico-literário

EM13LP46 (competência específica 6); EM13LP48 (competências específicas 1, 6); EM13LP49 (competências específicas 1, 6); EM13LP50 (competência específica 6); EM13LP52 (competências específicas 1, 2)

Matemática e suas Tecnologias no Ensino Médio: competências específicas e habilidades

Competência específica 3 (EM13MAT301)

Ciências da Natureza e suas Tecnologias no Ensino Médio: competências específicas e habilidades

Competência específica 1 (EM13CNT101); Competência específica 2 (EM13CNT207)

Ciências Humanas e Sociais Aplicadas no Ensino Médio: competências específicas e habilidades

Competência específica 2 (EM13CHS206); Competência específica 3 (EM13CHS303)

Práticas corporais de aventura e meio ambiente (Educação Física)

Mobilização de surfistas do Instituto Ecosurf. Itanhaém (SP), 2020.

Práticas corporais de aventura em contato com o meio ambiente.

acróstico: composição poética na qual certas letras de cada verso, geralmente as primeiras, formam outros termos ou outras frases quando lidas na vertical.

No ano 2000, um grupo de surfistas do município de Itanhaém, no litoral sul do estado de São Paulo, criou o Instituto Ecosurf, uma organização da sociedade civil, sem fins lucrativos, com o objetivo de promover ações de sustentabilidade ambiental e preservação das praias e dos oceanos utilizados para a prática do esporte.

Desde então, reunindo coletivos de surfistas de várias regiões do Brasil, o grupo promove campanhas de conscientização e ações junto ao poder público para defender a proteção ambiental, integrando à cultura do surfe valores como justiça, cidadania planetária, respeito aos seres vivos e às populações que vivem dos recursos das praias e mares para seu sustento, sua qualidade de vida, suas atividades culturais e esportivas.

Leia os "ecomandamentos" construídos pelo grupo na forma de **acróstico**, com as letras da palavra Ecosurf:

Ecomandamentos

Engajar os surfistas para a atuação em causas públicas

Contribuir para o enfrentamento da poluição nos mares

Organizar a comunidade do surf para o despertar da consciência ambiental

Semear a cultura de paz e solidariedade

Unir os povos do mar pela proteção dos oceanos

Respeitar e valorizar a sociobiodiversidade

Fortalecer práticas sustentáveis

ECOMANDAMENTOS. Instituto Ecosurf. Disponível em: http://www.ecosurf.org.br/deals/. Acesso em: 22 abr. 2022.

1. Você conhece algum grupo de praticantes de atividades corporais junto à natureza que se envolva em propostas de mobilização e conscientização socioambiental?

2. Na sua opinião, por que surfistas se envolvem em atividades de defesa do meio ambiente? Qual é a importância disso?

3. Construa com a turma uma lista de práticas corporais que acontecem em interação com a natureza e discutam quais delas vocês já experimentaram ou gostariam de experimentar, onde são divulgadas e por quem são praticadas.

Saiba +

ONU Meio Ambiente lista 10 modalidades esportivas que estão combatendo a poluição por plástico. Publicado por Nações Unidas Brasil, 15 maio 2018. Disponível em: https://brasil.un.org/pt-br/79955-onu-meio-ambiente-lista-10-modalidades-esportivas-que-estao-combatendo-poluicao-por-plastico.

Veja a publicação que destaca dez iniciativas listadas pela ONU Meio Ambiente de diferentes modalidades esportivas do mundo engajadas no combate à poluição por plástico.

***Site* oficial do Clean Seas**. Disponível em: https://www.cleanseas.org.

Acessos em: 22 abr. 2022.

Acesse o *site* (em inglês) da *Clean Seas*. A ONU Meio Ambiente também promove a campanha Mares Limpos, que ajuda participantes de modalidades esportivas a se envolver em ações de combate à poluição por plástico.

A defesa do meio ambiente é um dos princípios da atividade econômica no Brasil, segundo o artigo 170 da Constituição Federal (1988). O texto constitucional também define o acesso ao meio ambiente ecologicamente equilibrado como um direito de todos os cidadãos brasileiros à qualidade de vida. No entanto, muitas atividades econômicas, incluindo grandes eventos esportivos, ocasionam desequilíbrios ao meio ambiente.

4. Na sua opinião, o que os eventos esportivos podem fazer para se tornarem mais ecológicos?

Copa do Mundo, Jogos Olímpicos, campeonatos nacionais e internacionais de diversas modalidades esportivas geram desequilíbrios ambientais pelo aumento do consumo de recursos naturais onde o evento acontece, do uso de combustíveis para deslocamento e de embalagens para a alimentação. Por isso, gestores de grandes eventos esportivos têm se preocupado em adotar práticas de sustentabilidade ambiental: uso de fontes de energia alternativa, conscientização sobre o uso racional de água, cuidados com o lixo e utilização de embalagens recicláveis.

Miha Creative/Shutterstock

A sustentabilidade ambiental depende de esforços coletivos e deve ser uma preocupação de toda a sociedade.

Muitas cidades-sede de Jogos Olímpicos se engajam em medidas de melhoria dos ambientes naturais nos locais onde as provas ocorrem. Assista à reportagem do Canal Futura sobre as questões ambientais dos Jogos Olímpicos do Rio de Janeiro, em 2016. Em seguida, discuta com os colegas e com o professor os desafios da preservação ambiental descritos na reportagem. Depois, pense no local em que você mora e comente com o grupo se, nessa região, há espaços naturais que podem ser utilizados para a prática esportiva. Esses ambientes são preservados?

Saiba +

As condições ambientais do Rio de Janeiro a um ano das Olimpíadas (vídeo, 11 min). Publicado em *Canal Futura*, 25 jun. 2015. Disponível em: https://www.youtube.com/watch?v=H02goLaHmGQ. Acesso em: 22 abr. 2022.

Reconhecendo a grave crise ambiental global, pesquisadores, ativistas e educadores têm defendido a importância de conscientizar as futuras gerações sobre a proteção ao meio ambiente. A defesa do meio ambiente é parte fundamental do exercício da cidadania e da participação em práticas da cultura corporal.

Iniciativas de atletas e organizações do esporte têm mobilizado a atenção nesse sentido. São exemplos os atletas de vela que se mobilizaram para divulgar os riscos da poluição dos oceanos por plástico; a adoção de um protocolo de reciclagem de resíduos em estádios de críquete na Índia; o uso de uniformes com tecidos de plástico reciclável por times de futebol; a adoção de copos retornáveis em estádios de rúgbi na Inglaterra; o uso de copos biodegradáveis na maratona de Londres; a extinção de canudos nos estádios de beisebol nos Estados Unidos; a iniciativa do nadador Ben Lecomte (1967-) de realizar o percurso de Tóquio a São Francisco atravessando uma ilha de lixo plástico que se formou no oceano Pacífico; a iniciativa de mergulhadores dos Emirados Árabes Unidos que recolhem lixo do fundo do mar Arábico; e a prática criada na Suécia de as pessoas recolherem lixo das ruas enquanto correm.

Algumas dessas práticas corporais, como a vela e o mergulho, além do surfe, citado no início do tópico, fazem parte de um conjunto que pode receber diferentes denominações, tais como esportes de aventura, atividades físicas de aventura, esportes radicais, atividades físicas de aventura na natureza, esportes na natureza, esportes de ação, esportes extremos, esportes ao ar livre ou práticas corporais de aventura, as quais "se caracterizam por explorar as incertezas que o ambiente físico cria para o praticante na geração da vertigem e do risco controlado, como em corrida orientada, corrida de aventura, corrida de *mountain bike*, rapel, tirolesa, *arborismo* etc." (BRASIL, BNCC, 2018, p. 218-219).

Anne-Christine Poujoulat/AFP

Prática de *mountain bike* em evento exclusivamente feminino, o Raid des Alizés, que envolve múltiplas práticas corporais de aventura (*mountain bike*, corrida e canoagem). Caribe, 2019.

As práticas corporais de aventura na natureza (PCAN) são originárias de diferentes tempos históricos e culturas e se relacionam com a paisagem geográfica dos locais onde foram criadas. Apesar de serem consideradas experiências subjetivas na busca de emoções pautadas na imprevisibilidade, essas práticas corporais podem proporcionar ao praticante uma nova relação consigo mesmo e diferentes formas de se relacionar com o mundo e com outros seres humanos.

Hoje, além de promover a busca por maior contato com a natureza, as PCAN têm sido cada vez mais divulgadas e envolvem interesses econômicos de venda de produtos, serviços e eventos. Essas práticas podem ser classificadas de acordo com o tipo de ambiente em que ocorrem, como é visto na tabela a seguir.

Classificação das práticas corporais de aventura	
Modalidades praticadas em terra	*Caving*, corrida de aventura, corrida de orientação, arborismo, escalada, *mountain bike*, *parkour*, *skate*, *slackline*, *trekking*
Modalidades praticadas na água	Canoagem, *kitesurf*, mergulho, *rafting*, *stand up paddle* ou SUP, surfe, *acqua ride* ou boiacross, *windsurf*
Modalidades praticadas no ar	Asa-delta, balonismo, *bungee jump*, *paragliding*, paraquedismo, tirolesa

Fonte: FRANCO, Laércio C. P.; CAVASINI, Rodrigo; DARIDO, Suraya C. Práticas corporais de aventura. In: GONZÁLEZ, Fernando J.; DARIDO, Suraya C.; OLIVEIRA, Amauri A. B. (org.). *Lutas, capoeira e práticas corporais de aventura*. Maringá: Eduem, 2014. p. 106. Disponível em: http://arquivo.esporte.gov.br/arquivos/snelis/segundoTempo/livros/lutasCapoeiraPraticasCorporais.pdf. Acesso em: 22 abr. 2022.

Essas práticas são cultivadas tanto por atletas em competições como por pessoas comuns que buscam manter contato com a natureza enquanto participam de atividades de lazer. Cada vez mais as práticas corporais de aventura na natureza têm se tornado acessíveis também a pessoas com deficiência, por meio de equipamentos como a prancha de remo adaptada para cadeiras de roda, o uso de próteses e tecnologias assistivas, etc.

Philipp Schulze/picture alliance/Getty Images

Praticantes de *stand up paddle* em prancha adaptada para usuários de cadeira de rodas. Baixa Saxônia, Alemanha, 2018.

Muitas dessas atividades surgiram da relação dos povos que as criaram com a natureza. Transposição de obstáculos naturais, busca por sensações ligadas à vertigem e aos desafios são características dessas modalidades. Para Tahara *et al.* (2006), o contato com o ambiente natural proporcionado pelas PCAN gera bem-estar físico e psicológico aos praticantes, ao mesmo tempo que abre espaço para reflexões sobre a preservação ambiental.

Nos últimos anos, diversos fatores têm influenciado o aumento do interesse pelas questões ambientais e, como decorrência, têm provocado uma série de reflexões acerca dos comportamentos da sociedade. Entre os diferentes fatores, destaca-se a perspectiva de uma nova organização social baseada em movimentos associados à proteção ambiental, à precariedade das condições de vida em muitos países, ao aumento do desmatamento na Floresta Amazônica e ao risco iminente de um colapso mundial com a degradação do meio ambiente. Como consequência, surgiram ações como o consumo sustentável, que dá preferência a produtos que utilizam em sua produção menos recursos naturais e que podem ser reaproveitados ou reciclados, ou ainda um comportamento consciente e reflexivo acerca da compra e do uso apenas de produtos que são realmente necessários, assim como a compreensão das consequências ambientais e sociais de qualquer produto. Essas discussões também afetam o universo das práticas corporais e dos grandes eventos esportivos.

Tales Azzi/Pulsar Imagens

Praticante de arborismo na Chapada dos Guimarães (MT), 2019.

Em diferentes culturas e tempos históricos, o ser humano foi desenvolvendo práticas corporais junto à natureza por necessidade de sobrevivência ou por lazer, por isso é difícil indicar com precisão a origem das práticas corporais de aventura na natureza. Alguns exemplos são as escaladas das montanhas geladas na Europa no início do século XIX, caiaques sendo remados no círculo polar Ártico por povos da região e o próprio surfe, que já era praticado há mais de dois mil anos pelos polinésios.

A década de 1970 é considerada um marco na apropriação dessas práticas, mas foi a partir da década de 1990 que ocorreram a expansão das PCAN e o aumento do número de praticantes, sob forte influência da divulgação midiática, da ampliação da oferta de atividades de lazer e turismo na natureza e da expansão do comércio associado a essas práticas.

A cultura do surfe

trubavin/Shutterstock

Prática de surfe na Indonésia.

Não há consenso sobre a história da origem do surfe, mas sabe-se que está relacionada com a criação de aparatos motivada pela necessidade de sobreviver da pesca, que acabou se transformando em uma forma de divertimento, e não apenas de deslocamento para atrair o peixe. Registros de colonizadores ingleses mostram que o surfe já era praticado nas ilhas do Havaí, no oceano Pacífico, pelos povos polinésios desde o século XII, antes da chegada dos ingleses no século XVIII. Outros registros históricos revelam que o surfe foi levado para a Polinésia por antigos pescadores peruanos que, ainda no Império Inca, migraram do Peru para as ilhas Polinésias.

Esses pescadores navegavam com *caballitos* de totora, uma espécie de canoa feita de junco, uma planta da região, cujo *design* se assemelha ao das pranchas de surfe desenvolvidas posteriormente na Polinésia. Os polinésios dependiam do mar para conseguir o sustento, por isso havia a necessidade de construir embarcações que os ajudassem nesse intento. Porém, eles passaram a deslizar nas ondas havaianas com tábuas de madeiras também por lazer. Assim nasceu o surfe que conhecemos hoje em dia.

No início do século XX, surfistas havaianos como Duke Kahanamoku (1890-1968), que foi também atleta de natação com cinco medalhas olímpicas entre 1912 e 1924, começaram a divulgar a prática do surfe. Gradativamente, a modalidade se expandiu para a Califórnia e o restante dos Estados Unidos, que se tornaram o centro da disseminação do surfe no mundo.

Werner Forman/Universal Images Group/Getty Images

Caballitos de totora, usados por pescadores peruanos até hoje. Lago Titicaca, Peru, 1995.

Underwood Archives/Getty Images

O nadador, ator e surfista Duke Kahanamoku. Havaí, 1929.

Na década de 1960, com a colaboração de produções de cinema, de revistas especializadas e da televisão, o surfe começou a se popularizar em todo o mundo, ligado ao movimento de contracultura que questionava os padrões de seriedade e busca de *status* econômico vigentes na época.

Os surfistas passaram a ser associados à imagem da vida na praia, livres, com seus corpos à mostra, desafiando a natureza, buscando se alimentar de forma natural, criando um modo próprio de falar, de se movimentar e de se vestir. Surgiram muitas revistas e muitos filmes sobre a modalidade e os primeiros grupos da chamada *surf music*.

No Brasil, considera-se que o surfe começou a ser praticado na cidade de Santos (SP) quando três amigos, Osmar Gonçalves, João Roberto e Júlio Putz, criaram em 1938 uma prancha de madeira e começaram a usá-la. Durante a Segunda Guerra Mundial, a cidade do Rio de Janeiro recebia navios estadunidenses cujos marinheiros praticavam a modalidade, gerando interesse dos cariocas pelo esporte, que foi ganhando adeptos, até que, em 1965, foi criada a Associação de Surfe do Estado do Rio de Janeiro. O esporte tornou-se conhecido em todo o país na década de 1970, por meio de atletas como o santista Picuruta Salazar.

Cristian Schneider/Futura Press

Picuruta Salazar pratica *stand up surf* no mar de Santos (SP), 2007.

A cidade de Ubatuba (SP) foi outro polo pioneiro do desenvolvimento do surfe no Brasil e, já na década de 1970, contava com uma associação de surfe que realizava campeonatos e festivais da modalidade. Até hoje a cidade recebe grandes eventos do esporte.

Atualmente no Brasil existem cerca de 2,7 milhões de praticantes de surfe, e a modalidade figura como o quarto esporte mais praticado no país. O surfe segue crescendo em todas as partes do mundo, e os Estados Unidos são o país com o maior número de surfistas, tanto homens como mulheres, seguidos pela Austrália e pelo Brasil. Reconhecido como modalidade olímpica em 2016, o surfe foi indicado para estrear em 2020 nas Olimpíadas de Tóquio, adiadas pela primeira vez por causa da pandemia de covid-19.

Embora surfistas brasileiros tenham se destacado pontualmente desde os anos 1980, foi apenas em 2014 que o primeiro brasileiro – o paulista Gabriel Medina (1993) – se tornou campeão mundial de surfe. A nova geração do surfe nacional ficou conhecida como *Brazilian storm* (tempestade brasileira), com destaque para Adriano de Souza (1987) e Ítalo Ferreira (1994).

A. RICARDO/Shutterstock

Ítalo Ferreira conquistou a medalha de ouro nos Jogos Olímpicos de Tóquio, realizados em 2021.

Na categoria de surfe feminino, as representantes do Brasil nas Olimpíadas foram as surfistas Tatiana Weston-Webb (1996), que nasceu em Porto Alegre mas cresceu no Havaí, e a cearense Silvana Lima (1984), duas vezes vice-campeã mundial de surfe e considerada a melhor surfista brasileira por oito vezes. Silvana Lima, que vive no Rio de Janeiro, além dos feitos como atleta, se posicionou publicamente em relação à cobrança pela imagem para obter patrocínio de grandes marcas e mobilizou campanhas de arrecadação de dinheiro a fim de se manter no esporte.

Gaston Piccinetti/Shutterstock

O surfista Adriano de Souza, conhecido como Mineirinho, foi o segundo brasileiro da história a se tornar campeão do mundo.

Diferentes motivos fizeram o surfe se expandir e atingir diversos grupos sociais: aumento de escolas da modalidade, realização de eventos específicos para atrair novos praticantes, uso de diferentes mídias e redes sociais destinadas aos esportes na natureza e a procura por práticas esportivas mais saudáveis.

O desenvolvimento do estilo de vida associado ao surfe tem atraído outros públicos que não os praticantes da modalidade, tornando-se um grande negócio. O surfe começa a se estruturar como esporte competitivo, com campeonatos mundiais transmitidos pela televisão e pela internet. Cresce o número de profissionais que integram o universo do surfe, como fotógrafos de ondas, *shapers* (que desenham e fabricam as pranchas), técnicos esportivos, juízes da modalidade, e criam-se as primeiras escolas de surfe, nas quais atletas da modalidade atuam como professores, ao lado de docentes de Educação Física.

Surfe e cultura de consumo

Marusya Chaika/Shutterstock

O surfe como prática corporal evoluiu para se tornar um estilo de vida, isto é, um conjunto de costumes, jeitos de falar, de vestir, de comer, de ouvir música. A noção de estilo de vida foi definida por sociólogos, como o francês Pierre Bourdieu (1930-2002), como um conjunto de conteúdos culturais que gera identidade coletiva e se constrói em conexão com a mídia, acarretando dispositivos de diferenciação de seus participantes. Esse estilo de vida está muito associado ao contato com a natureza, mas também ao consumo de produtos como roupas, músicas, alimentos e comportamentos.

Para Bourdieu, a cultura é um campo conflitivo de produção de significados de diferentes grupos sociais que se localizam em espectros diferentes da sociedade e lutam por legitimar de forma mais ampla os significados válidos para si mesmos. Marcadamente, indivíduos que pertencem a camadas culturais privilegiadas acabam influenciando com seus significados culturais e estilos de vida os membros das camadas sociais menos privilegiadas em termos de capital econômico e cultural. Para esse sociólogo, os estilos de vida traduzem simbolicamente as diferenças sociais objetivas que são experimentadas na sociedade. O estilo de vida é composto de gostos, tipos de objeto cultural que o sujeito consome, com que decora sua casa, as roupas que usa, os alimentos que consome e as formas corporais, as posturas e os gestos que se tornam parte do estilo de vida e são apreendidos pela mediação cultural. Para o autor, o corpo revela a inscrição de cada um na sociedade e é o suporte da identidade que o sujeito constrói por interferência da cultura do meio em que vive. As identidades se formam, assim, com um corpo com nome, sobrenome, classe social, gênero, cor da pele e estilo de vida associados à inscrição social de cada indivíduo. Por isso, as culturas juvenis, como o surfe, estão repletas de significações e práticas corporais que integram os jovens em grupos, formados como resultado de gostos coletivos.

Para explicar a dinâmica social, Bourdieu criou o conceito de *habitus*, um sistema gerador de interesses e modos de interpretar o mundo que traduz a incorporação não consciente das estruturas sociais que orientam as escolhas e práticas culturais, assim como os modos pelos quais se reage às situações sociais. O *habitus* é fruto de processos históricos de disputa por significados, pontos de vista diversos sobre o que é certo e errado, o que é adequado ou inadequado. A sociedade se organiza de forma hierarquizada, envolvendo poder e privilégios relativos às condições materiais da existência (econômicas) e às condições simbólicas, à distribuição desigual do capital econômico (renda, condições materiais de vida), do capital cultural (saberes, acesso à educação e à cultura), do capital social (relações sociais que podem potencializar o acesso a grupos da sociedade) e do capital simbólico (prestígio) que tende a se reproduzir.

Saiba +

Surf adventures: o filme [Aventuras de surfe], dirigido por Arthur Fontes (Brasil: Conspiração Filmes, 2002, 95 min).

Fábio Fabuloso, dirigido por Pedro Cezar, Ricardo Bocão, Antonio Ricardo (Brasil: Surf Co., 2004, 63 min).

Para se aprofundar no universo do surfe, assista a esses dois documentários. O primeiro acompanha atletas veteranos e os novos talentos do surfe brasileiro da atualidade, e o segundo trata da trajetória do surfista brasileiro Fábio Gouveia.

Ao fazer parte do movimento da contracultura das décadas de 1960 e 1970, o surfe, praticado por jovens de classe média alta, se integra à defesa de um estilo de vida que questionava o consumo e a visão materialista da sociedade capitalista e propunha a liberdade, o amor livre e o retorno à natureza. No entanto, apropriado por grandes marcas de moda, atraiu não apenas seus praticantes, como também os simpatizantes do estilo de vida associado ao surfe. Hoje, o maior consumo de moda surfe acontece entre pessoas simpatizantes do esporte, que buscam, com o uso da roupa, associar-se ao estilo de vida construído na cultura dessa prática. Usando os modelos, as estampas e os tipos de roupa relacionados ao surfe, os simpatizantes passam a ser vistos como pessoas que gostam da natureza, da praia e se diferenciam socialmente, mesmo que não façam parte das classes sociais que de fato têm acesso ao estilo de vida dos surfistas.

Nas sociedades capitalistas, o consumo não depende apenas de necessidades funcionais, atendidas pelos produtos, mas do seu valor simbólico. No campo das práticas corporais, o consumo de produtos está associado ao estilo de vida esportivo e acaba gerando sensações de pertencimento ou não à sociedade. Ter uma roupa da moda, um tênis ou um relógio torna-se uma forma de se distinguir, o que se mostra contraditório em relação às ideias de preservação ambiental, justiça e qualidade de vida.

Zygmunt Bauman (1925-2017), sociólogo e filósofo polonês, discute o significado do consumo como busca de felicidade; no entanto, para o autor, boa parte do que realmente importa na felicidade não pode ser adquirida pelo consumo. O dinheiro não compra satisfação, amor, amizade, mas, como essas coisas revelam buscas centrais dos seres humanos, a publicidade associa os produtos que divulga à inserção em culturas, estilos de vida e grupos.

Dusko Despotovic/Corbis/Getty Images

O sociólogo e filósofo polonês Zygmunt Bauman, vencedor do prêmio Príncipe de Astúrias de Comunicação e Humanidades, discursa na cerimônia de premiação em Oviedo, Espanha, 2010.

Bauman caracteriza a sociedade como líquida, ou seja, uma realidade na qual tudo é móvel, tudo se transforma. O consumo também é mutável: os indivíduos são estimulados a desejar cada vez mais rapidamente um novo produto, uma nova tecnologia, uma prancha melhor, no caso dos surfistas, por exemplo. Para consumir mais, descarta-se o antigo, e essa lógica da efemeridade das coisas gera impactos para o meio ambiente e desigualdades sociais.

Reprodução/Editora Zahar

Capa do livro *Modernidade líquida*, de Zygmunt Bauman (Rio de Janeiro: Zahar, 2001), que aborda as profundas mudanças trazidas pela modernidade em diferentes aspectos da vida humana.

obsolescência programada: também chamada de obsolescência planejada, acontece quando a fabricação de um produto já é pensada tecnicamente para que sua durabilidade seja menor, exigindo que ele seja trocado por um novo em menor tempo, induzindo o consumo.

A desigualdade social e a cultura do consumo atingem adolescentes e jovens que precisam se afirmar socialmente. A liquidez e a instabilidade social geram a necessidade de consumo, mas o ciclo de **obsolescência programada** dos objetos cria novas necessidades, e a felicidade provocada pelo consumo se torna efêmera, em um ciclo sem fim que não apenas envolve a cultura do surfe, como se relaciona a todo o mercado de tênis, roupas e equipamentos esportivos destinados a jovens consumidores.

Os principais movimentos do surfe

Um elemento indispensável para a prática do surfe é o equipamento. A prancha, que passou por inúmeras transformações no decorrer do tempo, é o principal deles, e o desenvolvimento do surfe está associado à sua evolução. Feitas inicialmente de madeira, mais tarde as pranchas passaram a ser fabricadas com resinas mais leves, derivadas de petróleo. Embora a mudança tenha contribuído para a melhoria da *performance* dos praticantes, o impacto do material no meio ambiente é negativo. Hoje, praticamente 80% dos equipamentos usados na modalidade vêm da indústria petrolífera. As pranchas são de difícil descarte, e os processos de fabricação envolvem custo energético e volatilização de gases tóxicos; por isso, atualmente, empresas e praticantes da modalidade buscam desenvolver modelos de pranchas construídos com madeira oca e novas tecnologias de engenharia. Elas são divididas em três partes, conhecidas como rabeta (parte traseira), meio e bico, que, de acordo com suas características, podem

jakkapan/Shutterstock

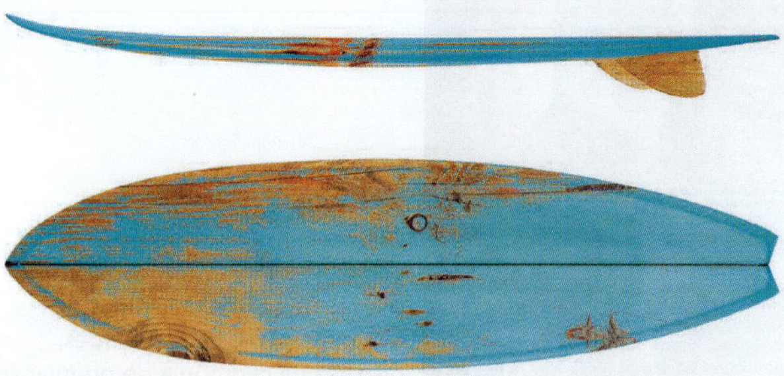

Prancha de surfe.

alterar a velocidade, a flutuabilidade e a dirigibilidade em função da necessidade, da idade, da experiência e das características do praticante. Dessa forma, em razão dos tamanhos e das características, as pranchas podem ser classificadas em *long board*, *fun board*, *short board*, *body board* e *gun*.

Apesar de não serem pré-requisitos para a prática do esporte, outros equipamentos são importantes. Um deles é o *leash*, uma espécie de corda que fica presa tanto na prancha como no surfista, contribuindo para evitar a perda da prancha, acidentes com banhistas e, em alguns momentos, o afogamento do praticante. A parafina é um recurso passado na superfície da prancha para melhorarar a aderência, evitando escorregões durante a prática. Já as roupas de borracha ou elastano são comumente utilizadas para proteger o corpo do Sol e das baixas temperaturas das águas.

No surfe, os praticantes realizam manobras para percorrer as ondas com mais velocidade e apelo estético. Os movimentos que o surfista realiza em cima da prancha dependem do tipo de onda, que sofre influência direta dos ventos e do formato dos fundos da praia, além das condições do mar no dia da prática. É por esse motivo que as técnicas corporais do surfe não param de se modificar.

Sean M. Haffey/Getty Images

O surfista brasileiro Felipe Toledo executando uma rasgada em campeonato de surfe na Califórnia, Estados Unidos, 2019.

Grant Ellis/Getty Images

A surfista australiana Layne Beachley realiza uma *cut back* em Figueira da Foz, Portugal, 2002.

Técnicas básicas como a remada (em que o surfista se desloca sentado em cima da prancha) e o joelhinho (movimento em que o surfista afunda a prancha a fim de transpor a onda por baixo) são combinadas com diferentes modos de se deslocar nas ondas, conforme se descreve a seguir.

Batidas e rasgadas

Movimentos em que o surfista bate a parte de baixo da prancha no *lip* (crista da onda) ou corta a onda com a parte de trás da prancha (rabeta), enquanto as bordas vão e voltam em direção à parede da onda.

Giros de 180° ou 360°

Acontecem quando o surfista, em cima da prancha, gira executando meio círculo ou um círculo inteiro, em contato com a onda ou de forma aérea.

Floater

Movimento em que o surfista desliza a prancha no alto da espuma da onda já quebrada.

Cut back

Movimento de ir para trás da onda e retorná-la, acompanhando o deslocamento dela e se posicionando próximo à parte em que ela quebra.

Aéreo

Movimento em que o surfista executa a manobra no ar, como voos.

Karen Wilson/Tostee.com/AFP

Surfista executa um aéreo no mar de Gold Coast, Austrália, 2005.

Cavada

Movimento em que o surfista desce na base da onda e sobe logo em seguida para fazer uma batida.

Remada

Movimento no qual o surfista se deita sobre a prancha e, de forma equilibrada, se desloca para entrar no mar, passando a arrebentação ou ganhando velocidade para subir na prancha.

IngeBlessas/Shutterstock

Deitado sobre a prancha, surfista rema para além da arrebentação, Queensland, Austrália, 2017.

Tubo

Movimento em que o surfista controla a velocidade do deslocamento na onda para se manter em sua parte oca.

Phillip B. Espinasse/Shutterstock

Surfista no tubo formado por onda no Havaí, Estados Unidos, 2020.

Experimentação Movimentos de surfe

Parte da aprendizagem e do treinamento do surfe acontece fora da água. Por isso, nesta experimentação, você e os colegas terão a oportunidade de sentir alguns movimentos do surfe.

Material necessário: colchonete; banco sueco; madeira; um rolo de borracha ou PVC; lixa para madeira.

Daxiao Productions/Shutterstock

Jovens treinam a remada sobre prancha de surfe na praia.

- Com o uso de um colchonete (como alternativa, pode ser um colchão, uma toalha ou uma caixa de papelão aberta):

Deite-se em decúbito ventral (de barriga para baixo) para fazer o movimento da remada.

Ainda nessa mesma posição, apoie as mãos e um dos joelhos no chão para ficar em pé, com os pés na posição de base.

Daxiao Productions/Shutterstock

Daxiao Productions/Shutterstock

Jovens praticam como ficar em pé na prancha de surfe.

- Com o uso de um banco sueco (ou outro suporte similar) ou no chão:

Deitado em decúbito ventral, faça a remada segurando o banco com as duas mãos e então sente-se sobre ele.

No chão, adotando a mesma posição, apoie as mãos e fique em pé na posição de base, em um único movimento.

Fique em pé sobre o banco enquanto os colegas movimentam levemente o banco lateralmente para provocar desequilíbrio.

- Você e os colegas, com o apoio do professor, podem criar uma prancha de equilíbrio com madeira e um rolo de borracha ou PVC. Há modelos já prontos, as chamadas *balance boards*, mas o material é de simples confecção:

Use um tubo de PVC de 30 cm de comprimento e uma tábua de madeira de 30 cm, de preferência com as bordas arredondadas.

Cole ou parafuse ripas de madeira de 2 cm ou 3 cm por 20 cm nas extremidades da parte inferior da tábua, criando os freios. Cole faixas de lixa para madeira na base do tubo e na tábua de madeira para dar maior aderência.

Sergei Bobylev/TASS/Fotoarena

Balance board.

Saiba+

O surfe como tema da educação física escolar em escolas públicas de Florianópolis/SC, de Luiz Gustavo das Chagas. Publicado pela Universidade Federal de Santa Catarina (TCC), 2017. Disponível em: https://repositorio.ufsc.br/bitstream/handle/123456789/177633/tcc_final.pdf?sequence=1&isAllowed=y.

Relato de experiência: a pedagogia do surf na educação básica, de Larissa Mamede Araújo *et al.* Revista *EDaPECI*, v. 18, n. 2, 2018. Disponível em: https://seer.ufs.br/index.php/edapeci/article/view/8546.

Acessos em: 22 abr. 2022.

Além dos conteúdos trabalhados no tópico, inspire-se em produções acadêmicas sobre o tema, como o trabalho de conclusão de curso que analisa a inserção do surfe nas aulas de Educação Física no município de Florianópolis e um relato de experiência sobre o surfe na escola.

Corrida de orientação e *trekking*

Conhecida como orientação ou corrida de orientação, essa modalidade esportiva originária da Suécia chegou ao Brasil na década de 1970, com a expansão das práticas corporais de aventura na natureza. Consiste em uma prática de exploração do ambiente ou da natureza na qual os participantes, que podem competir individualmente, em duplas ou em grupos, precisam passar por locais previamente demarcados, conhecidos como pontos de controle (PC), no menor tempo possível. Para isso, utilizam bússola e mapa como guias. Comparada a outros esportes, a orientação é um esporte de baixo custo, o que favorece sua prática.

Nessa modalidade, quanto melhor forem as habilidades de leitura de mapas, tomada de decisões para a escolha correta das rotas, uso da bússola, assim como concentração e deslocamento em diferentes tipos de terreno, maiores serão as chances de alcançar o melhor resultado. Apesar disso, mesmo os praticantes com pouca ou nenhuma experiência podem participar desse esporte, que é indicado para todas as pessoas, de todas as idades.

De acordo com a Confederação Brasileira de Orientação, instituição responsável pela divulgação, pelo fomento e pelo desenvolvimento do esporte no país, há várias possibilidades quanto às características do ambiente para a realização da corrida de orientação. Assim, os mapas precisam ser bem detalhados, prevendo até mesmo a topografia dos terrenos, de forma a indicar explicitamente o percurso. Há necessidade, também, de outros detalhamentos, como tipos de vegetação, relevo, hidrografia, indicação de rochas, intervenções feitas pelo ser humano – informações que ajudem os participantes quanto à identificação e à localização. Como principais regras estão a passagem de todos os participantes pelos PCs, que é confirmada com uma marcação no cartão de controle, zelando pela conservação do ambiente durante os percursos.

wjarek/Shutterstock

Prática de *trekking*.

Outra prática semelhante feita na natureza é o *trekking*, termo da língua inglesa popularizado no Brasil como sinônimo de uma caminhada mais longa e relativamente mais difícil, pois geralmente é realizada, em uma perspectiva de lazer e entretenimento, em terrenos acidentados e montanhosos em meio à natureza. O *trekking* tem como finalidade a experiência de liberdade e o contato direto com a natureza, podendo despertar sentimentos mais afetuosos, a construção e a manutenção de amizades, reflexões sobre a forma como se vive e outras possibilidades de organização da vida, potencializando novas descobertas, além da experiência de diferentes sensações e emoções.

Experimentação Busca de objetos com uso de mapas e bússolas

A principal ação na corrida de orientação é localizar pontos de controle com o uso de bússolas e mapas. Nesta experimentação, você e os colegas vão tentar localizar diversos objetos com o apoio de mapas simples.

Busca por objetos

- Dividam-se em três grupos: A, B e C. Em seguida, cada grupo deverá desenhar dois mapas iguais da escola, detalhando ao máximo os principais espaços e indicando dez pontos no mapa onde estarão os objetos escondidos (podem ser bolas, prendedores, lápis, entre outros).
- Depois de definir a ordem de procura, um grupo (A) sai para esconder os objetos escolhidos de acordo com o que foi registrado nos mapas construídos.
- Após essa preparação, cada grupo (B e C) receberá um mapa feito pelo grupo que está organizando a atividade (A) e tentará localizar o maior número de objetos escondidos ao mesmo tempo. É importante ressaltar que todos os integrantes devem realizar a busca juntos, ou seja, não é permitida a busca de forma individual.
- Encontrados todos os objetos, o próximo grupo (B ou C) fica responsável pela organização. Depois que todos os grupos tiverem organizado a proposta, soma-se a quantidade de objetos encontrados pelas equipes em cada uma das etapas.

Uso de mapas de orientação

- Outra forma de experimentar a corrida de orientação pode ser realizada na quadra ou no pátio da escola, espalhando diferentes pontos numerados pelo espaço, que podem ser marcados no chão ou com cones.
- Cada grupo deve organizar um mapa de orientação e fornecer para o outro grupo. Por exemplo: são distribuídos aleatoriamente números de 1 a 30 pelo espaço. Um dos grupos receberá um mapa com a seguinte indicação: Início-1, Direita-15, Frente-10, Direita-2, Trás-7. Ou seja, o grupo deve iniciar no número 1, virar para o lado direito e se deslocar até o número 15, depois andar para a frente até o número 10, virar novamente para a direita e ir até o 2 e, por último, andar para trás até o número 7.
- Na sequência, os mapas devem ser trocados entre os grupos da seguinte maneira: o grupo A cria um mapa para o grupo B, que cria para o grupo C, e assim por diante. Procede-se assim até que todos os grupos tenham criado um mapa e recebido o elaborado por outro grupo.

Diário de bordo

Ao final da aula, conversem sobre a experiência e as dificuldades vivenciadas e sobre como as noções de orientação são utilizadas no cotidiano de deslocamentos de vocês. Registrem as impressões e reflexões da discussão no diário de bordo.

A prática de *slackline*

Atualmente, é comum encontrar pessoas andando sobre uma fita em parques, praças, clubes, praias e outros ambientes, despertando a curiosidade e a atenção de quem está próximo. Trata-se do *slackline*, uma prática que surgiu na década de 1980, influenciada pelos números circenses de andar sobre corda bamba e pelo costume dos alpinistas de esticar fitas entre árvores para descansar durante a escalada. Em inglês, *slack* significa "bamba" e *line* corresponde à "linha" ou "corda", ou seja, os termos linha bamba e corda bamba representam o nome dessa prática corporal.

Hoje em dia, há diferentes modalidades de *slackline*, como *longline* (percorrer longas distâncias), *highline* (praticada em grandes alturas), *waterline* (realizada sobre a água) e *trickline* (prevalece a realização de manobras sobre a fita).

Chico Ferreira/Pulsar Imagens

Prática de *slackline* na praia do Leblon, Rio de Janeiro (RJ), 2016.

É praticada geralmente sobre uma fita de *nylon* ou poliéster com cerca de 2,5 cm a 5 cm de largura, que pode ser instalada em diferentes alturas a partir de 30 cm do chão. Em muitos casos, pode ser utilizada uma catraca para regular a tensão da fita.

Para iniciantes, o recomendável é praticar em uma fita presa em pontos de curta distância, uma vez que possibilita maior estabilidade. Se você não tiver acesso à fita original e quiser experimentar a prática, pode usar caibros ou ripas de madeira e muretas baixas e buscar equilibrar-se em deslocamentos variados.

Quem pratica o *slackline*, em geral, é motivado pela busca de prazer e diversão, pela necessidade ou vontade de realizar uma atividade física ou de exercitar-se como forma de melhorar a qualidade de vida ou condição física, e também pelo desejo de melhorar sua *performance* e seu desempenho.

yanik88/Shutterstock

O *slackline* exige equilíbrio, precisão e percepção apurada dos movimentos.

Saiba +

Slackline no CIEJA: não é para melhorar o equilíbrio, é porque é..., de Jacqueline Cristina Jesus Martins *et al.* Disponível em: http://www.gpef.fe.usp.br/teses/jacque_12.pdf.

Esportes radicais: praticando a slackline, de Tiago Lisboa Bartholo. Publicado no Portal do MEC, 2010. Disponível em: http://portaldoprofessor.mec.gov.br/fichaTecnicaAula.html?aula=24047.

Acessos em: 22 abr. 2022.

Para saber mais sobre como praticar *slackline* na escola, consulte os relatos de experiência de dois professores que adaptaram a prática para o ambiente escolar com os estudantes.

A natureza na poesia (Língua Portuguesa)

O desejo de estar próximo ao campo e à natureza acompanha a humanidade desde a Antiguidade clássica. Viver e estar em harmonia com o ambiente ainda hoje faz parte do imaginário humano.

The Course of Empire: The Arcadian or Pastoral State [O curso do império: o estado arcadiano ou pastoral], de Thomas Cole, 1834 (óleo sobre tela, 99,7 cm × 160,7 cm). Museu Metropolitano de Arte, Nova York, Estados Unidos.

1. Observe a imagem da obra *The Course of Empire:* The Arcadian or Pastoral State, do pintor anglo-estadunidense Thomas Cole (1801-1848).

a) Que relação a obra estabelece entre as pessoas e a natureza?

b) Qual é sua relação com a natureza? Como se sente quando está próximo dela?

A ideia de que a natureza seria um lugar aprazível para as inquietações humanas ressurgiu mais intensamente no século XVIII, momento conhecido como Época das Luzes, cujos princípios estavam ligados à "exaltação da natureza, divulgação do saber, crença na melhoria da sociedade por seu intermédio, confiança na ação governamental para promover a civilização e o bem-estar coletivo" (CANDIDO, 2000, p. 41). Nesse sentido, a literatura deveria ser uma expressão racional da natureza, ou seja, os poetas (ou pastores) cantavam os campos e os rios, a fim de convidar o interlocutor a acompanhá-los na contemplação da beleza natural.

Segundo o crítico literário brasileiro Antonio Candido (1918-2017), na literatura, o período conhecido como Arcadismo seria uma junção do classicismo francês com a herança greco-latina, retomando escritores como Virgílio (70 a.C.-19 a.C.), autor do poema épico *Eneida*, e Horácio (65 a.C.-8 a.C.), poeta e filósofo latino. Ambos concebiam a produção artística como um saber arbitrário, regido por normas e técnicas que viam as leis do belo como naturais e racionalmente justificáveis.

À primeira vista pode parecer estranho considerar as sensações produzidas pela natureza como algo racional, mas a ideia central é organizar tais sensações racionalmente para representá-las com verossimilhança. Quatro ideias tópicas clássicas (*topoi*) caracterizam esse tipo de produção artística. São elas:

Aurea mediocritas: nada em excesso, a preferência é por uma condição média de tudo, resultando em tranquilidade.

Fugere urbem: fuga da cidade, distanciamento da vida da metrópole.

Locus amoenus: lugar tranquilo, ligado à ideia bucólica e pastoril, em contato com a natureza.

Carpe diem: aproveitar o dia, desfrutá-lo sem pensar no que virá depois.

Este último conceito clássico aparece no poema *Ode I, 11*, de Horácio, que convida sua interlocutora a aproveitar o presente, com moderação e simplicidade, valorizando uma vida sem excessos. É importante ressaltar que nos poemas havia interlocutores explícitos, marcados no emprego da segunda pessoa do singular, que, por vezes, era nomeada. Veja como isso se evidencia em um trecho do poema de Horácio:

> Tu não questiones – é crime saber – o fim que para mim, que para ti os deuses reservaram, ó Leucônoe, nem mesmo consultes os números babilônicos. Quão melhor é suportar o que quer que venha! Se Júpiter te concedeu muitos invernos, ou este último, que agora quebra as tirrenas ondas contra as pedras, sejas sábia, diluas os vinhos e, por ser breve a vida, limites a longa esperança. Enquanto falamos, foge invejoso o tempo: aproveita o dia, minimamente crédula no amanhã.

HORÁCIO. Ode I, 11. *In*: PENNA, Heloísa; AVELLAR, Júlia (org.). *Odes e canto secular*. Belo Horizonte: Viva Voz (Fale/UFMG), 2014. p. 11. Disponível em: http://www.letras.ufmg.br/ padrao_cms/documentos/eventos/vivavoz/OdesEcantossite.pdf. Acesso em: 22 abr. 2022.

2. É possível reconhecer que no poema há um interlocutor. Que marcas linguísticas indicam isso?

3. Leucônoe, com quem o eu lírico fala, não é exatamente uma pessoa: segundo pesquisadores, pode significar a junção das palavras gregas *leukós* (ingênuo) e *nous* (espírito). Dessa forma, a Leucônoe do poema seria uma referência a uma alma pura, que em sua ingenuidade acredita na adivinhação astrológica. Nesse sentido, qual é a intenção do eu lírico?

4. Após dizer "[...] melhor é suportar o que quer que venha", o eu lírico afirma: "Se Júpiter te concedeu muitos invernos, ou este último [...]". O termo "inverno" é uma metáfora. Identifique a que ele se relaciona.

5. Releia os seguintes versos:

> [...] sejas sábia, diluas os vinhos e, por ser breve a vida, limites a longa esperança. [...]

A antítese é a figura de linguagem que associa termos contrários. Identifique-a nesses versos e explique por que foi usada.

6. O eu lírico caracteriza o tempo como invejoso, usando a personificação, figura de linguagem que atribui características humanas a seres inanimados. Por que você acha que o tempo seria invejoso?

7. O último verso contém um trecho assim escrito no original em latim: "*carpe diem, quam minimum credula postero*". A expressão *carpe diem* vulgarizou-se, ou seja, foi retirada desse poema e é reproduzida, até hoje, com a ideia de aproveitar o dia, aproveitar a vida e os momentos. Você conhecia essa expressão? O que ela parece representar no poema de Horácio?

Leia agora o soneto do escritor português neoclássico Manuel Maria Barbosa du Bocage (1765-1805) e depois responda às questões propostas.

LXIV

Nos campos o **vilão** sem sustos passa, Inquieto na corte o nobre mora;

O que é ser infeliz aquele ignora, Este encontra nas pompas a desgraça:

Aquele canta e ri; não se embaraça

Com essas coisas vãs que o mundo adora:

vilão: aquele que nasce ou vive em uma vila ou zona rural.

ebúrneo: algo que é feito de ou que se parece com marfim.

Este (oh cega ambição!) mil vezes chora, Porque não acha bem que o satisfaça:

Aquele dorme em paz no chão deitado,

Este no **ebúrneo** leito precioso

Nutre, exaspera velador cuidado:

Triste, sai do palácio majestoso;

Se hás de ser cortesão, mas desgraçado,

Antes ser camponês, e venturoso.

BOCAGE. Soneto e outros poemas. São Paulo: FTD, 2007.

8. O soneto tem uma estrutura de quatro estrofes: a primeira apresenta o tema a ser desenvolvido, a segunda e a terceira trazem o desenvolvimento, e a última, a conclusão. Qual é o tema do soneto?

9. Observe que o poema é construído em estrutura paralelística, o que se revela no uso dos pronomes anafóricos **aquele** e **este**. Essa estrutura evidencia um contraste. Quais foram os recursos linguísticos empregados para mostrar essa oposição?

10. Na última estrofe, é apresentada a conclusão sobre o tema, que traz outra *topoi: aurea mediocritas*, cujo sentido é mostrar que o sujeito mediano, do campo, encontra a felicidade. Como isso se evidencia nessa estrofe? Justifique com um trecho do texto.

11. Observe como as mesmas temáticas são assimiladas e retomadas. Depois, responda ao que se pede.

Cada dia sem gozo não foi teu

Cada dia sem gozo não foi teu
Cada dia sem gozo não foi teu
Foi só durares nele. Quanto vivas
Sem que o gozes, não vives.
Não pesa que ames, bebas ou sorrias:
Basta o reflexo do sol ido na água
De um charco, se te é grato.
Feliz aquele a quem, por ter em coisas mínimas
Seu prazer posto, nenhum dia nega
A natural ventura!

REIS, Ricardo. Cada dia sem gozo não foi teu. *In*: PESSOA, Fernando. *Poesia completa de Ricardo Reis*. Organização de Manuela Pereira da Silva. São Paulo: Companhia de Bolso, 2007. p. 140.

a) Ao afirmar que "Cada dia sem gozo não foi teu / Foi só durares nele", que *topos* é retomado?

b) É possível reconhecer um diálogo entre a última estrofe de Bocage e o poema de Ricardo Reis? Justifique.

c) Entre os *topos* que conheceu, qual(is) pode(m) ser reconhecido(s) no poema de Ricardo Reis? Justifique.

12. Leia um soneto do mineiro Cláudio Manuel da Costa (1729-1789). Observe como o poeta árcade apresenta a natureza que já não existe, mas que foi conhecida um dia.

Soneto VII

Onde estou! Este sítio desconheço:

Quem fez tão diferente aquele prado!

Tudo outra natureza tem tomado;
E em contemplá-lo tímido esmoreço.
Uma fonte aqui houve; eu não me esqueço
De estar a ela um dia reclinado:
Ali em vale um monte está mudado:
Quanto pode dos anos o progresso!
Árvores aqui vi tão florescentes,
Que faziam perpétua a primavera:
Nem troncos vejo agora decadentes.
Eu me engano: a região esta não era:
Mas que venho a estranhar, se estão presentes
Meus males, com que tudo degenera!

COSTA, Cláudio Manuel da. *Obras poéticas de Claudio Manuel da Costa (Glauceste Saturno)* – Tomo 1. Rio de Janeiro: Garnier, 1903. p. 89. Disponível em: https://digital.bbm.usp.br/handle/bbm/4722. Acesso em: 23 fev. 2022. (Ortografia atualizada pelos autores.)

Agora, responda às questões.

a) É possível reconhecer, logo na primeira estrofe, o tema do soneto e qual é a visão do eu lírico sobre ele?

b) Na segunda e na terceira estrofes, é possível identificar o desenvolvimento do tema. Por que o eu lírico afirma não reconhecer esse lugar?

c) A fuga para a natureza, tema comum aos clássicos, aqui se modifica: o eu lírico recorre à natureza, mas ela já não existe. É possível reconhecer a alteração de um valor árcade?

Literatura: assimilações, rupturas e permanências

Você deve ter notado que o poema de Horácio traz elementos relacionados à natureza para alertar Leucônoe sobre a brevidade da vida. Para isso, o poeta utiliza comparações com os invernos e o mar de Tirreno a fim de instruir o interlocutor. No poema do português Bocage, a vida simples em meio à natureza é apresentada em oposição ao conforto vivido pelo nobre, com o propósito de valorizar a simplicidade. A poesia de Bocage, autor pertencente ao Arcadismo português, resgata os elementos da cultura clássica representados no poema de Horácio e lhes dá novas configurações, relacionadas à realidade vivida por ele, como homem burguês que pretendia, por meio de seus poemas, transmitir determinadas mensagens e valores. Isso mostra como a literatura está em constante movimento de retomadas e rupturas por influência das diferentes realidades históricas e pessoais de seus autores.

Já Cláudio Manuel da Costa foi um dos representantes do Arcadismo brasileiro. Com outros escritores mineiros, ele trouxe para a poesia a paisagem das Minas Gerais, alterando a paisagem bucólica e inovando ao mostrar os efeitos do progresso nessa natureza, que se tornou um local tão degradado quanto a cidade. Nesse sentido, o poeta brasileiro rompe com a convenção da paisagem clássica como algo harmônico e ameno. Enquanto isso, Fernando Pessoa, sob o heterônimo Ricardo Reis, não apenas assimila os conceitos da lírica clássica, como mostra a permanência deles em sua produção do Modernismo português.

Desenho no espaço (Arte)

Barbara Fecchio/Sculpture Nature/La Petite Escalère

Barbara Fecchio/Sculpture Nature/La Petite Escalère

Nas imagens, *Fantasmagoria*, de Edith Derdyk, 2017 (78 quilômetros de linha de algodão). Instalação efêmera exposta no Jardim de Esculturas La Petit Escalère, na França, de maio a novembro de 2017.

Fantasmagoria, de Edith Derdyk, 2017 (78 quilômetros de linha de algodão). Instalação efêmera exposta no Jardim de Esculturas La Petit Escalère, na França, de maio a novembro de 2017.

A instalação **Fantasmagoria** foi realizada em uma área de floresta na região de Biarritz, na França, pela paulista Edith Derdyk (1955-). A artista foi chamada para desenvolver um trabalho para o jardim de esculturas La Petite Escalère, local privado que vem sendo ocupado ao longo dos anos com exposições de trabalhos de artistas convidados.

fantasmagoria: ação de fazer aparecer fantasmas ou figuras luminosas em lugar escuro, por efeitos de ilusão de óptica; algo ilusório ou de aparência falsa.

Para desenvolver essa instalação de caráter efêmero – *Fantasmagoria* permaneceu dez meses exposta no local –, Edith estendeu, por entre as árvores do parque, 78 km de linhas, e isso exigiu que, durante a criação e a produção da obra, a artista caminhasse para esticar e alinhavar as linhas. Dessa forma, ela experimentou no próprio fazer a experiência que propõe ao público: caminhar pelo parque, deslocar-se por entre as linhas, criar com o próprio corpo trajetos e percepções sensoriais entre as linhas e o local, perceber as relações que a obra estabelece com a geografia e a organização das árvores, observar e sentir as características locais (tipo de solo, clima, vegetação, luz) e o impacto da instalação no parque.

1. Após observar a imagem, responda oralmente às questões.

a) De que maneira o título da obra dialoga com a proposta de Edith Derdyk?

b) Como a instalação estabelece relação com o espaço que ocupa?

c) Que elemento visual você identifica nas formas dessa criação artística?

d) Você acha que o desenho pode se manifestar no espaço, na arquitetura e na geografia do mundo de maneira visível ou sensorial? Como?

2. *Fantasmagoria* propõe o caminhar pela instalação em interação com ela, retirando o público do lugar único de espectador e o colocando como participante ativo da obra. O que você pensa que a artista quis transmitir com esse tipo de proposta de trabalho?

Saiba +

Edith Derdyk, *Fantasmagorie*, 2017 (vídeo, 8 min). Disponível em: https://vimeo.com/224525443. Acesso em: 22 abr. 2022.

Assista ao vídeo para conhecer mais do trabalho de Edith Derdyk por meio de um depoimento da artista.

Experimentação Percepções do olhar: estrutura das formas e desenho de linhas

sweeann/Shutterstock

Ação de desenho coletivo.

Nas imagens da instalação de Edith Derdyk, é possível identificar que a linha é o elemento estruturante do desenho tridimensional que a artista concretiza no espaço. Com base na observação dessa obra, pode-se levantar o seguinte problema:

- O que é desenho?
- De que maneira ele se manifesta no mundo e nas coisas que criamos?

Você vai refletir sobre essas questões e responder a elas fazendo uso de estratégias pautadas na prática e no raciocínio lógico. As etapas dessa experimentação sistematizam modos de identificar, perceber e criar desenhos. Você será convidado a apreciar e fruir de maneira prática as relações entre espaço, linha, forma e desenho, ativando as possibilidades de olhar, além de formular sentidos sobre as coisas e os ambientes que criamos e ocupamos.

Individualmente, siga as etapas e registre as informações no diário de bordo.

Fase de decomposição

1. Observe os objetos que estão mais próximos de você, tais como caderno, lápis, mesa, cadeira, anéis, brincos, roupas e outros.

2. Registre, com o uso de um lápis preto, as linhas que você identifica na forma desses objetos, traçando-as de modo a não reconstruir o objeto em sua forma e seu volume, mas sim a deixar evidentes as linhas que percebe nele. Você pode desenhar as linhas de mais de um objeto na mesma folha. Escreva o nome do objeto ao lado da linha correspondente.

Fase de reconhecimento de padrões

1. Com as linhas traçadas, faça o exercício de reconhecer alguns padrões recorrentes.
- Quais são as linhas mais comuns?
- Elas também se manifestam no espaço da sala de aula? Observe o chão, o teto, as portas, as janelas e outros elementos: que linhas você percebe nessa arquitetura?

2. Em outra folha, registre as linhas que identifica na arquitetura da sala de aula.

3. Com base nos registros propostos nos passos anteriores, compare as linhas registradas dos objetos com as linhas da arquitetura.
- O que elas têm em comum?
- Há um padrão que sobressai? Qual?
- Por que esse padrão se repete?

Fase de abstração

1. Ainda no lugar em que estiver, olhe para o espaço da sala e perceba a organização e a disposição dos objetos e das pessoas no espaço.
- Quais formas você percebe? E quais são as distâncias entre os elementos?
- É possível perceber as linhas não visíveis entre os espaços, corpos e objetos?

2. Em uma folha, marque pontos que simbolizem os objetos, como mesas e carteiras, e as pessoas.

3. Perceba as características de organização desse espaço.
- Essa ordem se relaciona de que maneira com os registros e as análises dos itens anteriores?
- Quais sentidos você atribui a esse tipo de organização? O que está explícito e implícito nessa ordem?
- De que modo esse sistema de organização pode se relacionar com a sociedade em que vivemos?

Compartilhe suas opiniões com a turma.

Saiba+

Edith Derdyk é artista visual, educadora, ilustradora e escritora de livros infantis e teóricos. Participa de exposições no Brasil e no exterior desde 1981. Suas obras fazem parte de algumas coleções públicas, expostas na Pinacoteca do Estado de São Paulo (SP), no Museu de Arte de Brasília (DF), no Museu de Arte Moderna da Bahia (BA), no Dragão do Mar (CE), no Museu de Arte de Santa Catarina (SC), entre outros.

Fase de análise

1. Forme uma roda com a turma e distribuam no chão os registros coletados. Com os colegas, procure identificar as semelhanças e as diferenças existentes nesses registros.
2. Depois da experiência de observar e perceber a estrutura das formas, sejam elas visíveis ou não, por meio da linha e dos registros coletados, reflita a respeito das questões a seguir e dialogue com os colegas sobre elas:
   - O que as formas têm em comum?
   - Há um padrão que sobressai? Qual?
   - Por que esse padrão se repete?
3. Em seguida, reflita com a turma sobre a seguinte questão: Você acha que o desenho pode se manifestar no espaço, na arquitetura e na geografia do mundo de maneira visível ou sensorial? Como?

   Argumente para defender seu ponto de vista, buscando explicar o raciocínio que o levou a chegar a essa conclusão.

Fase de modelagem

1. Ao finalizar, leia um trecho do livro *Formas de pensar o desenho*: desenvolvimento do grafismo infantil, de Edith Derdyk. Durante a leitura, observe se a ideia de desenho está relacionada com modos de invenção, comunicação e expressão humanos presentes em diferentes áreas do conhecimento.

> [...] Numa sociedade com condições precárias de sobrevivência cultural como a nossa, o desenho aponta uma grande vantagem: basta ao artista um lápis e um papel e eis o seu tratado. Neste sentido, o desenho funciona, por suas mínimas exigências de concretude material, como uma arma de combate, instrumento de guerrilha, a arte do mínimo, a arte da sobrevivência.
>
> Seria ocioso demonstrar a indispensabilidade do Desenho para os artistas, para os operários, para os engenheiros e para todas as profissões conexas. Para esses, o Desenho vale mais do que a escrita e até do que a palavra.
>
> Pode o engenheiro fazer ao seu contramestre um discurso de duas horas e no fim nada ter alcançado, mas em dois minutos, esboçando a peça da máquina que tem em mente, terá conseguido fazer-se compreender como por milagre. Para qualquer outra profissão, é pelo menos de maior utilidade. (REBOUÇAS *apud* BARBOSA, 1984)
>
> O desenho serve aos artistas, assim como aos cientistas, aos técnicos e até ao caipira para realizar a sua pequena escultura. A ação de moldar segue um projeto mental: o desenho aí também existe.
>
> Apesar de sua natureza transitória, o desenho, uma língua tão antiga e permanente, atravessa a história, atravessa todas as fronteiras geográficas e temporais, escapando da polêmica entre o que é novo e o que é velho. Fonte original de criação e invenção de toda sorte, o desenho é exercício da inteligência humana.
>
> O ato de desenhar exige poder de decisão. O desenho é possessão, é revelação. Ao desenhar nos aproximamos do objeto desenhado, revelando-o. O desenho responde a toda forma de estagnação criativa, deixando que a linha flua entre os sins e nãos da sociedade. [...]

DERDYK, Edith. *Formas de pensar o desenho*: desenvolvimento do grafismo infantil. Porto Alegre: Zouk, 2015. p. 52.

2. Por fim, considerando a leitura do texto e o que você desenvolveu nas fases anteriores, retome com a turma as questões iniciais e busquem responder a elas:
   - O que é desenho?
   - De que maneira ele se manifesta no mundo e nas coisas que criamos?

Finalização

1. Observe novamente todos os seus registros e, apoiando-se nas linhas traçadas, crie um desenho abstrato e efêmero de maneira coletiva na lousa da sala de aula. Organize-se com os colegas de modo que todos tenham um momento e um espaço para desenhar, a fim de que esses desenhos individuais possam se mesclar e dialogar entre si, formando um único desenho.
2. Depois de pronto, observem o resultado e compartilhem suas impressões.
3. Faça um registro fotográfico do processo de experimentação. Arquive em seu **Portfólio** as fotos assim como os registros e anotações realizados durante o trabalho.

Diário de bordo

Escreva um relato sobre o processo de criação no diário de bordo, do momento inicial até a conclusão. Você pode usar as fotos feitas para registro da experimentação a fim de orientar ou ilustrar o seu relato.

Saiba+

Ateliê do artista: Edith Derdyk (vídeo, 7 min). Disponível em: https://youtu.be/lriA9Z0OcNg. Acesso em: 22 abr. 2022.
Assista ao vídeo em que a artista apresenta seu ateliê e fala sobre os processos de trabalho que desenvolve.

O caminhar como procedimento artístico

No trabalho de Edith Derdyk, além do aspecto da linha, parte do processo de criação da artista é traçado pela ideia de caminhar. Dessa forma, a construção de suas instalações é também ação de deslocamento constante em suas práticas reflexivas e poéticas.

Além de ser uma ação cotidiana, caminhar faz parte da construção histórica da presença humana no mundo. O ser humano vem se deslocando, caminhando e ocupando espaços desde sua origem. Na atualidade, os deslocamentos são geralmente feitos por meio de transporte terrestres, aéreos ou fluviais, permitindo alcançar diferentes distâncias em curto período de tempo. Diferentemente dos meios de transporte, o caminhar possibilita ao corpo em deslocamento construir o percurso, seja de maneira rápida, seja lentamente, desviando de poças ou pulando sobre elas, sentindo a reverberação do chão e dos sapatos nos pés e nas pernas, na construção do movimento como um todo. Além disso, o caminhar pode propiciar encontros e a observação de imagens, paisagens, detalhes, sensações e sons de modo particular.

Como procedimento artístico, o caminhar pode ser compreendido como uma oportunidade para ativar percepções, encontros, trocas, leituras e se relacionar com o espaço da rua ou da natureza. O ato de se deslocar pode até ser visto como uma ação política e poética. Caminhar, por si só, já abre possibilidades de tramas e entrecruzamentos com outras áreas de conhecimento, como Arquitetura, Urbanismo, Geografia, História e Filosofia.

3. **Se você fosse convidado a elaborar um procedimento artístico com base na relação entre os trajetos que realiza no cotidiano e sua história de vida, que trajeto escolheria? O que esse percurso recorrente diz sobre você e a sociedade em que vive?**

O artista inglês Richard Long (1945-) caminha pelo mundo fazendo do andar sua ação artística. Em seus trajetos, ele colhe elementos da natureza como pedras, folhas, gravetos e, em determinados momentos, cria intervenções e esculturas no local, registrando-as por meio da fotografia.

Para o artista, caminhar possibilita atuar artisticamente em qualquer momento e lugar do mundo, de maneira livre e simples. Em grande parte de suas caminhadas ele está sozinho, estabelecendo um estado de presença e de conexão com a natureza durante a ação.

Walking a line in Peru [Andando em linha no Peru], de Richard Long, Peru, 1972.

Karoo line. A fifteen day walk in South Africa [Linha Karoo. Uma caminhada de quinze dias na África do Sul], de Richard Long, África do Sul, 2004.

Sun Line [Linha solar], de Richard Long, Nova York, Estados Unidos, 2008-2019.

4. Você tem o hábito de caminhar? Como é sua percepção do ambiente enquanto caminha? Qual é a relação estabelecida nessa prática?

No mapa a seguir, Richard Long registrou uma proposta que fez para si próprio para realizar na Inglaterra: caminhar por quatro horas em quatro trajetos circulares.

A walk of four hours and four circles [Uma caminhada de quatro horas e quatro círculos], de Richard Long, 1972 (lápis e impressão tipográfica sobre papel recortado e colado no mapa impresso, 24,1 cm × 32,1 cm).

5. Você já experimentou traçar em um mapa os percursos que realiza no cotidiano?

Experimentação Trajeto casa-escola

Nesta experimentação, você vai observar seu caminho diário de casa para a escola para criar um desenho do trajeto percorrido de forma simbólica.

1. Para começar, reflita acerca das seguintes questões:
- Quais trajetos você realiza de sua casa para a escola e da escola para casa?
- Você já consultou um mapa para observar esse e outros trajetos que realiza no dia a dia?

2. Observe no trajeto o que vê, o que sente e o que há de significativo e afetivo no percurso, feito a pé ou com outro meio de transporte. Por exemplo: pense nas pessoas que costuma encontrar, que imagens vê, o que acha da paisagem, se há memórias que são despertadas, entre outras possibilidades.

3. Em casa, faça um desenho do seu trajeto ou imprima um mapa dessa região e trace nele as linhas do percurso que costuma fazer.

4. Faça marcações também para registrar momentos afetivos e simbólicos, como os relacionados ao som, às imagens, à temperatura, à memória, aos encontros e às histórias.

5. Crie uma legenda para as marcações feitas no mapa, indicando os lugares em que se encontram esses "afetos".

6. Veja como ficaram as linhas traçadas para o percurso.

7. Leve o mapa que criou para a escola e apresente-o para a turma.

8. Dialogue com os colegas sobre como foi a experiência de resgatar sentidos e observar o trajeto e o que você aprendeu com ela.

9. Arquive o mapa no seu **Portfólio**.

Paisagens sonoras e ecologia acústica

Nesta seção de música em **Arte**, você vai estudar o conceito de paisagens sonoras, que diz respeito ao conjunto de sons que nos rodeiam. Eles podem ser avaliados por diversos aspectos, como: a origem das fontes sonoras, a predominância de determinado som no ambiente, a qualidade estética dos sons, seus significados psicológicos, sociais ou semânticos e o grau de perturbação (no caso de sonoridades que possam ser consideradas desagradáveis).

Diego Cervo/Shutterstock

A poluição sonora é um dos problemas de muitos ambientes urbanos.

6. Você já reparou nos sons que existem ao redor da sala de aula? Como eles são?

7. Como são os sons que prevalecem no ambiente de sua casa?

8. Há sons que você considera desejáveis ou indesejáveis? Quais são eles?

Experimentação Ambientes acústicos da escola

Nesta experimentação, você e os colegas devem fazer uma breve investigação sobre os sons que compõem a paisagem sonora da escola. Para isso, organizem-se em grupos entre oito e dez estudantes. Cada grupo vai escolher um local da escola e, então, seguir os procedimentos indicados.

1. Posicionem-se em um local em que possam permanecer por cerca de dez minutos.

2. Permaneçam em completo silêncio durante o tempo indicado. Cada um dos integrantes do grupo deve registrar no próprio diário de bordo todos os sons que identificar, inclusive os mais sutis.

3. Após a experiência, retornem à sala para conversar sobre os registros. As seguintes questões podem nortear a conversa:

- Quais sons foram mais fortes?
- Quais sons foram mais fracos e sutis?
- Quais sons se relacionavam ao espaço externo à escola?
- Quais sons se originaram na própria escola?
- Quais sons foram agradáveis e por quê?
- Quais sons foram indesejáveis ou incômodos e por quê?
- Qual espaço pesquisado foi mais silencioso?
- E qual foi o mais ruidoso?

Diário de bordo

Registre no diário de bordo as respostas dessas conversas. Você vai retomá-las na seção **#Multiplicar**.

O termo **paisagem sonora**, conceitualizado pelo compositor, educador, ambientalista e pesquisador canadense Raymond Murray Schafer (1933-2021), designa o estudo dos aspectos citados anteriormente de modo multidisciplinar, ou seja, com a participação de diferentes áreas do conhecimento e da ciência em parceria com engenheiros acústicos, sociólogos, psicólogos e músicos. A palavra em inglês usada por Schafer é *soundscape*, um neologismo criado pela junção das palavras inglesas *sound* (som) e *landscape* (paisagem). A tradução como paisagem sonora é consentida pelo pesquisador para o uso em línguas latinas.

Ruby Washington/The New York Times/Fotoarena

O compositor R. Murray Schafer com o maestro Alexander Mickelthwate durante um concerto da Orquestra Sinfônica de Winnipeg, no Carnegie Hall, em Nova York, 8 de maio de 2014.

Virinaflora/Shutterstock

As preocupações de Schafer ao estudar esse aspecto da vida se originaram da identificação de uma negligência histórica com relação aos sons ambientais que culminaram nos problemas com poluição sonora que vivemos hoje nos ambientes urbanos. Segundo Schafer, estamos imersos em um conjunto de sonoridades que nos são impostas sem que possamos refletir ou opinar sobre o ambiente acústico que desejamos.

Um disparador das reflexões de Schafer está relacionado à conceitualização do que é música, especialmente depois que ele fez essa pergunta para outro artista importante para o pensamento musical contemporâneo, o estadunidense John Cage (1912-1992).

Schafer teria escrito para Cage questionando o que é música, ao que Cage respondeu:

> "Música é sons, sons à nossa volta, quer estejamos dentro ou fora de salas de concerto".
>
> CAGE, John apud SCHAFER, R. M. *O ouvido pensante*. São Paulo: Ed. da Unesp, 2011b, p. 108.

Tal pensamento não desvincula a experiência de ouvir música dos sons que interferem na escuta e fazem parte de determinado local onde a música é apreciada. Por exemplo, ao escutar uma obra para piano em um ambiente com muitos sons de tráfego urbano, por mais que o ouvinte abstraia as atenções do som ambiental, esses outros ruídos também integram a experiência de escuta. Em sua obra, Schafer faz constantes referências aos significados que Cage deu a esses sons indesejáveis, ou ruídos, especialmente citando sua obra *4'33"*, na qual o músico permanece sem tocar o instrumento e todas as sonoridades ao redor do público se tornam a própria obra musical.

Para ir mais longe **John Cage e o silêncio**

A existência do silêncio absoluto e seus significados expressivos foram temática constante na obra de John Cage. Em 1951, Cage entrou em uma câmara anecoica na Universidade de Harvard, em Cambridge, Massachusetts, nos Estados Unidos. A palavra anecoica significa "sem eco"; portanto, essa câmara é uma sala acusticamente projetada para bloquear todas as reverberações de ondas sonoras e eletromagnéticas, tanto internas quanto externas. Dentro da sala, o compositor ainda escutou dois ruídos, um grave e outro agudo. Ao sair da câmara e descrever esses sons ao engenheiro responsável, ele foi informado de que o som agudo era de seu próprio sistema nervoso, enquanto o som grave era o ruído de sua circulação sanguínea. O compositor então chegou à conclusão de que não existe silêncio: sempre está acontecendo alguma coisa que produz som.

Andrew Brookes, National Physical Laboratory/SPL/Fotoarena

Teste acústico em câmara anecoica, Teddington, Reino Unido, 1969.

Diante dessa perspectiva, em que John Cage abriu as portas das salas de concerto para todos os sons possíveis, mesmo aqueles considerados indesejáveis, aliada a outras experiências da música do século XX, Schafer concluiu que a nova orquestra é o ambiente sônico e as músicas são qualquer coisa que produza som.

Assim, a paisagem sonora mundial é uma composição indeterminada da qual todos os indivíduos participam inconscientemente. Schafer lança um desafio aos educadores musicais da atualidade, pois, para ele, o ensino de música precisa ser repensado de modo que todos possam participar, conscientemente, do planejamento e da construção de nossas paisagens sonoras, com o objetivo de favorecer o bem-estar coletivo, tanto para a qualidade de vida como para os fins estéticos.

Em 1971, Schafer criou o projeto Paisagem Sonora Mundial, sediado no Estúdio de Pesquisas Sonoras do Departamento de Comunicação da Universidade Simon Fraser, Colúmbia Britânica, Canadá. O projeto, dedicado ao estudo comparativo da paisagem sonora mundial, realiza pesquisas relacionadas à percepção auditiva, ao simbolismo sonoro, à poluição sonora, entre outros, unindo as artes e as ciências dos estudos sonoros para promover o desenvolvimento da interdisciplina Projeto Acústico.

Esse projeto é um exemplo de como a arte pode se aliar à ciência em prol do bem comum.

9. Escute a faixa *Clarinet Nocturne*, de R. Murray Schafer, para compreender um pouco mais do pensamento desse compositor.

a) Quais sons compõem essa música?

b) O que mais chamou sua atenção ao ouvi-la?

c) Existem sons nessa música que você consideraria ruídos? Por quê?

d) Se você estivesse no ambiente, no momento em que os sons desse solo de clarineta foram gravados, qual seria a importância dos sons do ambiente em sua percepção? Seria diferente de ouvi-los na gravação?

Amiit/Shutterstock

Essa composição integra a obra *Patria*, um ciclo de composições de Schafer realizado ao longo de quarenta anos. Ela ilustra bem a concepção de figura-fundo, que o artista utiliza para explicar um dos aspectos mais importantes para o entendimento de uma paisagem sonora: seu "som fundamental".

10. Para compreender essa ideia, observe as imagens a seguir. O que você percebe ao olhar para cada uma delas?

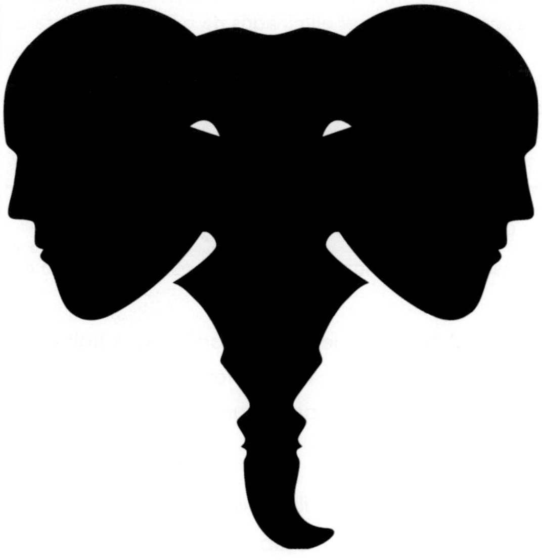

Wahyu S. Adi Wibowo/Shutterstock

Amiit/Shutterstock

Chamamos de figura o elemento que se destaca em uma imagem e de fundo aquilo que muitas vezes não é percebido. As três imagens que você analisou são da psicologia da Gestalt, que as utiliza para a compreensão dessa teoria. Para a Gestalt, a figura é a vida consciente de um indivíduo e o fundo, seu inconsciente, ou seja, os sentimentos, os desejos, os instintos e as emoções que não são foco de atenção, mas que motivam as ações e se expressam por meio de sonhos e devaneios.

Em uma paisagem sonora, o fundo seria o conjunto de eventos sonoros para os quais muitas vezes não direcionamos a atenção. Em um ambiente urbano, por exemplo, os sons dos carros são tão corriqueiros e constantes que podem se tornar despercebidos. Do mesmo modo, em um ambiente rural, os sons dos animais e de eventos naturais compõem o fundo. Esse é o primeiro elemento para a compreensão de uma paisagem sonora, que o compositor chama de "som fundamental". Trata-se dos sons criados por uma geografia e um clima: água, vento, animais, etc. Segundo Schafer, eles podem ainda encerrar um significado arquetípico, isto é, modelo ou padrão. Após o crescimento e a predominância de sonoridades tecnológicas em um ambiente urbano, eles também dizem respeito a sons de trânsito, a máquinas e a vozes humanas.

Na composição que você escutou, Schafer captou os sons do ambiente e deu-lhes outro significado, uma vez que deixaram de ser o "som fundamental" para quem os escuta por meio da gravação. Se você ouve a gravação, por exemplo, na sua sala de aula, os "sons fundamentais" que estão no fundo do ambiente em que se encontra são outros. Os sons da própria escola compõem o som fundamental, enquanto os sons de floresta da composição são parte da gravação, portanto, parte da música.

11. Qual é o som fundamental do lugar em que você mora?

A clarineta, na composição, tem função de destaque, ou seja, principalmente de figura. Esse tipo de elemento é definido como "sinal sonoro", pois diz respeito aos sons que chamam a atenção do ouvinte.

Para complementar a classificação e a decomposição dos eventos sonoros da paisagem, Schafer traz também a definição de "marco sonoro", que são sons especialmente significativos para o povo de uma comunidade. A campainha escolar é um som que traz sentidos próprios aos membros da comunidade escolar, por exemplo.

Diário de bordo

Agora, retome as listas de sons da escola que você e os colegas fizeram durante a seção **Experimentação**. Organize as respostas e reflexões dessa conversa no diário de bordo: Quais sons fazem parte dos sons fundamentais? Quais atuaram como sinais? Alguns deles podem ser classificados como "marco sonoro"? Quais sons poderiam ser eliminados da paisagem sonora de sua escola? Por quê?

Converse com os colegas sobre como seria a paisagem sonora ideal para os diferentes espaços em que vocês realizaram a pesquisa de sons.

Na seção **#Multiplicar**, esses tópicos serão retomados para a criação de um projeto acústico para a escola.

12. Você e os colegas podem também criar um "diário de sons".

a) Para isso, durante alguns dias, preste mais atenção aos sons da escola quando estiver transitando.

b) Anote os sons que identificar, especialmente aqueles que você nunca tinha percebido. Caso um som lhe pareça mais interessante, experimente gravá-lo. Assim, você terá uma coletânea de sons anotados e gravados. Quando anotar um som, pense em como descrever suas características.

Tudo isso consiste no que Schafer define como "limpeza dos ouvidos", o primeiro passo para o desenvolvimento da percepção auditiva com vistas à criação de um projeto acústico.

Experimentação Ruído e silêncio

As instruções a seguir são duas propostas feitas por Schafer para o trabalho de "limpeza dos ouvidos" e para o entendimento de seu conceito. Ambas estão presentes nos livros de sua autoria *O ouvido pensante* (São Paulo: Ed. da Unesp, 2012) e *OuvirCantar*: 75 exercícios para ouvir e criar música (São Paulo: Ed. da Unesp, 2018).

1. Experimente com a turma trocar de lugar sem fazer nenhum ruído. Caso algum som extrapole, o professor vai solicitar que todos voltem à posição inicial.

2. Em seguida, experimentem fazer uma folha de papel circular entre vocês pela sala provocando o mínimo de ruído possível. O que vocês ainda escutam?

GoodStudio/Shutterstock

Diário de bordo

Depois de realizar as duas experiências, converse com os colegas sobre as seguintes questões:

O que é ruído? Existe silêncio?

Registre as impressões e os comentários no diário de bordo.

Para definir e compreender o que é ruído, pode-se recorrer a diversos pontos de vista. Na música, por exemplo, por muito tempo a definição de "ruído" foi aplicada aos sons que não tinham frequência regular, isto é, que não eram afinados em notas musicais. Diante dessa definição, o som de um instrumento de percussão, como o pandeiro ou o triângulo, seria um ruído. Em sua obra, Schafer comenta o ruído também de acordo com outros três parâmetros:

I. Som não desejado.

II. Qualquer som forte.

III. Distúrbio em qualquer sistema de sinais. Ou seja, um som que não faz parte de uma transmissão ou que atrapalha uma mensagem. Exemplos: um som que interfere na compreensão de uma fala; um som que não faz parte de uma apresentação musical, etc.

13. E para você, qual é a melhor definição de ruído?

Saiba +

Nascido em 1933, R. Murray Schafer foi um compositor canadense. Estudou no Conservatório de Toronto e, a partir de 1965, foi professor na Universidade Simon Fraser, na Colúmbia Britânica. Sua produção foi bastante diversificada, compondo obras que utilizam diferentes meios, como multimídia e recursos eletrônicos. Pensador influente para a educação musical contemporânea, Schafer foi o divulgador da ideia de Educação Sonora, que propõe o despertar para o ambiente sonoro por meio de ações simples e capazes de modificar nossos entendimentos a respeito dos sons e das relações que estabelecemos com eles.

#EnemVestibular

Responda às questões a seguir para treinar seus conhecimentos sobre o que estudou nesta unidade.

1. (Enem – 2017)

O *slackline* é considerado uma atividade esportiva que envolve deslocamento em equilíbrio sobre uma fita de nylon, estreita e flexível, esticada na horizontal e fixada em dois pontos diferentes, a uma altura de pelo menos 30 centímetros do solo. Pode ser praticada em diferentes ambientes, os quais caracterizam suas variações, tais como: *waterline, highline, trickline, longline,* entre outros. Ao poder ser realizado em diferentes ambientes, conforme suas particularidades, especialmente pelo risco controlado, o *slackline* pode ser entendido como uma atividade de aventura. Sendo realizadas no meio natural, urbano ou artificial, consideram-se as atividades de aventura como possibilidades férteis de vivência no lazer. O lazer pode também oportunizar a manifestação de diferentes formas de convívio com o ambiente natural, por meio da vivência dos jogos, esportes, desafios, entre outros elementos, neste caso, especialmente por meio de atividades de aventura como o *slackline*.

SANTOS, P. M.; MARINHO, A. *Slackline* e educação física: experiências do projeto de extensão Lazer e Recreação. **Licere**, n. 4, 2014 (adaptado).

A prática esportiva do *slackline* é considerada uma atividade de aventura e de lazer. Essa atividade vincula-se, prioritariamente, ao seguinte interesse do lazer:

a) Intelectual.
b) Artístico.
c) Manual.
d) Social.
e) Físico.

2. (Sedu-ES FCC – 2017)

Estudos recentes indicam que, de modo geral, na relação esporte e natureza há destruições dos espaços naturais e do próprio ser humano durante as práticas esportivas; que o esporte é potencialmente alienador do ser humano e dele em relação ao meio ambiente; que o esporte enquanto uma atividade que exige instalações e megainstalações devasta diretamente a natureza; e que o esporte é um fenômeno que valoriza produtos diretos e indiretos da indústria cultural, o que implica o consumo da natureza. Diante desse quadro, ao transversalizar o tema meio ambiente, as aulas de Educação Física podem

a) orientar o trabalho para a valorização da produção cultural do cotidiano, de forma crítica, problematizando o conhecimento, a partir de elementos da cultura, ou seja, do que foi construído historicamente, o que faz sentido e o que valoriza a vida, proporcionando um processo pedagógico de conhecimento do seu meio e de autoconhecimento.

b) tematizar atividades relativas aos esportes de aventura, ensinando: as técnicas adequadas para a execução das diversas modalidades; os programas de preparação física adequados; o uso correto dos equipamentos de segurança, a fim de que minimizem os riscos de acidentes pessoais e coletivos.

c) motivar a prática de esportes de aventura, visto que as dificuldades que cada modalidade apresenta têm características que potencializam o desenvolvimento de aspectos da personalidade tais como: esforço pessoal, capacidade de superação, equilíbrio emocional, introspecção, autodisciplina e melhora da qualidade de vida.

d) fornecer elementos para que os alunos relacionem as diversas modalidades dos esportes de aventura com os tipos de relevo onde ocorrem, fazendo um trabalho interdisciplinar com os estudos de Geografia, a fim de que possam compreender os graus de dificuldade de cada modalidade e valorizar a natureza.

e) promover eventos escolares que englobem os esportes de aventura, adaptando-os às condições da escola a fim de que os alunos vivenciem as situações de vertigem que as modalidades proporcionam, além de ampliar os saberes dos alunos relativos às formas de organização dessas modalidades, tendo como ponto de partida as diversas competições que ocorrem no Brasil.

3. (UEM – 2015)

As práticas corporais relacionadas às atividades de aventura têm se tornado uma característica da atualidade. Sobre o assunto, assinale o que for correto.

a) *Slackline* e *trekking* são modalidades de aventura praticadas no ar.

b) Historicamente, o ser humano criou técnicas e equipamentos necessários para a superação de obstáculos naturais, equipamentos que serviram de base para as práticas corporais de aventura realizadas na atualidade por esportistas ou por interessados nessas práticas em finais de semana.

c) A aproximação da abordagem de educação ambiental e das atividades de aventura permite a ampliação do caráter educacional dessas práticas e o desenvolvimento de competências relevantes para a melhoria e para a manutenção da qualidade do meio ambiente.

d) *Stand up paddle* e *paragliding* são modalidades de aventura praticadas em terra.

e) Esportes californianos, esportes técnico-ecológicos, esportes em liberdade, esportes selvagens e esportes radicais são também conhecidos como práticas corporais de aventura.

4. (Enem – 2017)

ERNESTO NETO. **Dengo**. 2010. MAM-SP, 2010.

Disponível em: http://espacohumus.com. Acesso em: 25 abr. 2017.

A instalação *Dengo* transformou a sala do MAM-SP em um ambiente singular, explorando como principal característica artística a:

a) participação do público na interação lúdica com a obra.
b) distribuição de obstáculos no espaço da exposição.
c) representação simbólica de objetos oníricos.
d) interpretação subjetiva da lei da gravidade.
e) valorização de técnicas de artesanato.

5. (Enem Libras – 2017)

Texto I

KAPROW, A. *Yard: environments, situations, spaces.* 1961. Sculputure Garden at Martha Jackson Gallery, Nova York.

Texto II

KAYE, N.; STRICKLAND, R.; BUSHNELL, A. *Deep Walls*, 2003.

Disponível em: www.snibbe.com. Acesso em: 10 nov. 2013.

Os registros fotográficos de *Yard* e *Deep Walls* apresentam uma característica comum a muitas obras de arte contemporânea, que se traduz no convite à

a) fruição coletiva.
b) estimulação do olhar.
c) projeção de imagens.
d) contemplação crítica.
e) interação com a obra.

6. (Enem – 2017)

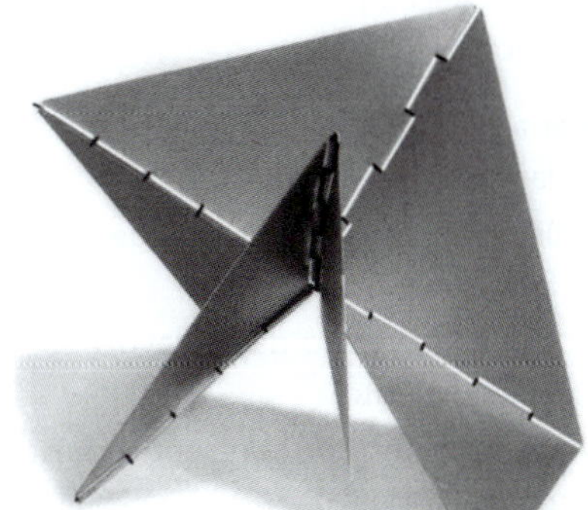

CLARK, L. **Os bichos**. Placas de metal polido unidas por dobradiças, 1960.

Disponível em: www.catalogodasartes.com.br. Acesso em: 7 ago. 2012.

A série de obras produzida por Lygia Clark, com o nome de *Os bichos*, evidencia uma possibilidade de expressão da arte contemporânea, a qual

a) solicita a interação do público com a obra.
b) enfatiza a visão sobre os demais sentidos corporais.
c) privilegia a representação de elementos da natureza.
d) provoca o resgate de técnicas tradicionais da escultura.
e) requer do observador o reconhecimento do objeto representado.

7. (Unicamp – 2020)

O poema abaixo vem impresso na orelha do livro *Psia*, de Arnaldo Antunes.

Psia é feminino
de psiu;
que serve para chamar a atenção
de alguém, ou para pedir
silêncio.
Eu berro as palavras
no microfone
da mesma maneira com que
as desenho, com cuidado,
na página.

Para transformá-las em coisas,
em vez de substituírem
as coisas.
Calos na língua; de calar.
Alguma coisa entre a piscina e a pia.
Um hiato a menos.

(Arnaldo Antunes, *Psia*. São Paulo: Iluminuras, 2012.)

Na orelha do livro, Antunes apresenta ao leitor seu processo de criação poética. É correto dizer que o autor se propõe a

a) revelar a primazia da comunicação oral sobre a escrita das palavras.
b) discutir a flexão de gênero, que torna a palavra "psia" um substantivo.
c) defender a conversão das palavras em coisas, mudando seu estatuto.
d) explorar o poder de representação da interjeição exclamativa "psiu!".

8. (Fuvest – 2020)

amora
a palavra amora
seria talvez menos doce
e um pouco menos vermelha
se não trouxesse em seu corpo
(como um velado esplendor)
a memória da palavra amor
a palavra amargo
seria talvez mais doce
e um pouco menos acerba
se não trouxesse em seu corpo
(como uma sombra a espreitar)
a memória da palavra amar

Marco Catalão, Sob a face neutra.

É correto afirmar que o poema

a) aborda o tema da memória, considerada uma faculdade que torna o ser humano menos amargo e sombrio.
b) enfoca a hesitação do eu lírico diante das palavras, o que vem expresso pela repetição da palavra "talvez".
c) apresenta natureza romântica, sendo as palavras "amora" e "amargo" metáforas do sentimento amoroso.
d) possui reiterações sonoras que resultam em uma tensão inusitada entre os termos "amor" e "amar".
e) ressalta os significados das palavras tal como se verificam no seu uso mais corrente.

9. (Enem PPL – 2019)

Biografia de Pasárgada

Quando eu tinha meus 15 anos e traduzia na classe de grego do D. Pedro II a Ciropédia fiquei encantado com o nome dessa cidadezinha fundada por Ciro, o Antigo, nas montanhas do sul da Pérsia, para lá passar os verões. A minha imaginação de adolescente começou a trabalhar, e vi Pasárgada e vivi durante alguns anos em Pasárgada.

Mais de vinte anos depois, num momento de profundo desânimo, saltou-me do subconsciente este grito de evasão: "Vou-me embora pra Pasárgada!" Imediatamente senti que era a célula de um poema. Peguei do lápis e do papel, mas o poema não veio. Não pensei mais nisso. Uns cinco anos mais tarde, o mesmo grito de evasão nas mesmas circunstâncias. Desta vez, o poema saiu quase ao correr da pena. Se há belezas em "Vou-me embora pra Pasárgada!", elas não passam de acidentes. Não construí o poema, ele construiu-se em mim, nos recessos do subconsciente, utilizando as reminiscências da infância – as histórias que Rosa, minha ama-seca mulata, me contava, o sonho jamais realizado de uma bicicleta etc.

BANDEIRA, M. *Itinerário de Pasárgada*. São Paulo: Global, 2012.

O texto é um depoimento de Manuel Bandeira a respeito da criação de um de seus poemas mais conhecidos. De acordo com esse depoimento, o fazer poético em "Vou-me embora pra Pasárgada!"

a) acontece de maneira progressiva, natural e pouco intencional.
b) decorre de uma inspiração fulminante, num momento de extrema emoção.
c) ratifica as informações do senso comum de que Pasárgada é a representação de um lugar utópico.
d) resulta das mais fortes lembranças da juventude do poeta e de seu envolvimento com a literatura grega.
e) remete a um tempo da vida de Manuel Bandeira marcado por desigualdades sociais e econômicas.

10. (Enem PPL – 2019)

Canção

No desequilíbrio dos mares,
as proas giram sozinhas...
Numa das naves que afundaram
é que certamente tu vinhas.
Eu te esperei todos os séculos

sem desespero e sem desgosto,
e morri de infinitas mortes
guardando sempre o mesmo rosto.
Quando as ondas te carregaram
meus olhos, entre águas e areias,
cegaram como os das estátuas,
a tudo quanto existe alheias.
Minhas mãos pararam sobre o ar
e endureceram junto ao vento,
e perderam a cor que tinham
e a lembrança do movimento.
E o sorriso que eu te levava
desprendeu-se e caiu de mim:
e só talvez ele ainda viva
dentro destas águas sem fim.

MEIRELES, C. *In*: SECCHIN, A. C. (org.). **Obra completa**. Rio de Janeiro: Nova Fronteira, 2001.

Na composição do poema, o tom elegíaco e solene manifesta uma concepção de lirismo fundada na

a) contradição entre a vontade da espera pelo ser amado e o desejo de fuga.
b) expressão do desencanto diante da impossibilidade da realização amorosa.
c) associação de imagens díspares indicativas de esperança no amor futuro.
d) recusa à aceitação da impermanência do sentimento pela pessoa amada.
e) consciência da inutilidade do amor em relação à inevitabilidade da morte.

11. (Unicamp – 2019)

(...)
Eu tenho uma ideia.
Eu não tenho a menor ideia.
Uma frase em cada linha. Um golpe de exercício.
Memórias de Copacabana. Santa Clara às três da tarde.
Autobiografia. Não, biografia.
Mulher.
Papai Noel e os marcianos.
Billy the Kid versus Drácula.
Drácula versus Billy the Kid.
Muito sentimental.
Agora pouco sentimental.
Pensa no seu amor de hoje que sempre dura menos que o seu amor de ontem.
Gertrude: estas são ideias bem comuns.
Apresenta a *jazz-band*.
Não, toca blues com ela.
Esta é a minha vida.
Atravessa a ponte.
(...)

(Ana Cristina Cesar, **A teus pés**. São Paulo: Companhia das Letras, 2016, p. 9.)

Esse trecho do poema de abertura de *A teus pés*, de Ana Cristina Cesar,

a) expressa nostalgia do passado, visto que mobiliza referências à cultura pop dos anos 1970.
b) requisita a participação do leitor, já que as referências biográficas são fragmentárias.
c) exclui a dimensão biográfica, pois se refere a personagens imaginários e de ficção.
d) tematiza a descrença na poesia, uma vez que a poeta se contradiz continuamente.

12. (Enem – 2019)

Essa lua enlutada, esse desassossego
A convulsão de dentro, ilharga
Dentro da solidão, corpo morrendo
Tudo isso te devo. E eram tão vastas
As coisas planejadas, navios,
Muralhas de marfim, palavras largas
Consentimento sempre. E seria dezembro.
Um cavalo de jade sob as águas
Dupla transparência, fio suspenso
Todas essas coisas na ponta dos teus dedos
E tudo se desfez no pórtico do tempo
Em lívido silêncio. Umas manhãs de vidro
Vento, a alma esvaziada, um sol que não vejo
Também isso te devo.

HILST, H. **Júbilo, memória, noviciado da paixão**. São Paulo: Cia. das Letras, 2018.

No poema, o eu lírico faz um inventário de estados passados espelhados no presente. Nesse processo, aflora o

a) cuidado em apagar da memória os restos do amor.
b) amadurecimento revestido de ironia e desapego.
c) mosaico de alegrias formado seletivamente.
d) desejo reprimido convertido em delírio.
e) arrependimento dos erros cometidos.

Projeto acústico na escola

A imagem mostra o *Monumento às Bandeiras*, do escultor ítalo-brasileiro Victor Brecheret, localizado na cidade de São Paulo (SP). Os personagens aparecem com protetores auditivos, colocados em uma ação de conscientização realizada pela Associação Brasileira para a Qualidade Acústica (ProAcústica), em 27 de abril de 2017, Dia Internacional de Conscientização sobre o Ruído.

Renato S. Cerqueira/Futura Press

Ação realizada para o Dia Internacional de Conscientização sobre o Ruído, promovida pela Associação Brasileira para a Qualidade Acústica (ProAcústica) no *Monumento às Bandeiras*, de Victor Brecheret, São Paulo (SP), 2017.

Promover a conscientização sobre os problemas enfrentados nos ambientes sonoros e trabalhar para resolvê-los pode ser uma atitude cidadã a ser adotada em diversos espaços de convivência. Assim, você e os colegas vão retomar as reflexões sobre paisagens sonoras para desenvolver um projeto acústico para a escola em que estudam.

R. Murray Schafer pensa o projeto acústico como uma interdisciplina que conta com a colaboração de cientistas sociais, engenheiros acústicos e artistas para descobrir as qualidades estéticas de um ambiente e os sons indesejados, com o propósito de projetar melhorias nas paisagens sonoras. Para tanto, pode-se entender a paisagem sonora como uma composição musical que é executada o tempo todo a nossa volta.

Como membros participativos em uma sociedade ou comunidade, você e os colegas podem ser os organizadores dessa orquestra de sons, sempre se perguntando como os sons podem ser melhorados e como os sons desagradáveis podem ser atenuados ou eliminados, de modo a favorecer o bem-estar coletivo.

Procedimentos

Etapa 1: Planejamento

1. O primeiro passo de um projeto consiste em definir o objetivo, isto é, aquilo que se quer alcançar. Para tanto, retome todas as anotações que fez no diário de bordo. Então, reflita a respeito das seguintes questões:

- Como são os ambientes acústicos da escola? Qual é a necessidade de cada ambiente quanto ao tópico em estudo?
- Em quais ambientes vocês gostariam de intervir?
- Como realizar mudanças?

2. Façam um planejamento do que vocês gostariam de modificar na sonoridade de cada ambiente da escola. Considerem:

- Entre os sons indesejáveis, quais poderiam ser eliminados? Existem sons do entorno que são indesejáveis?
- E os marcos sonoros da escola? Eles são satisfatórios? Precisam ser modificados? Existem sons que poderiam ser incentivados? Quais?
- Como forma de embasar o projeto, a turma pode fazer uma medição de decibéis para descobrir se há ocorrência de sons prejudiciais à saúde em algum local da escola. Para isso, pesquisem os níveis de decibéis que são recomendados para uma boa ecologia acústica. É possível fazer *download* gratuito de aplicativos de celular que fazem uma medição aproximada.

3. Entrem em contato com os membros da comunidade escolar que utilizam os espaços onde vocês querem intervir, como as equipes de manutenção, auxiliares, coordenadores, bibliotecários, estudantes e professores. Considerem os pontos de vista e as ideias dessas pessoas no planejamento da ação, de modo que o resultado seja satisfatório para todos.
4. Façam um planejamento das ações necessárias para alcançar as mudanças desejadas.

Etapa 2: Colocando as ações em prática

1. Com os objetivos e o planejamento elaborados, é hora de colocar as ações em prática. Seguem algumas sugestões para potencializar o projeto acústico de vocês:

- Dividam-se em comissões. Cada uma ficará responsável por um dos ambientes ou por uma das diferentes frentes de ações.
- Planejem os diálogos com a gestão do espaço escolar para discutir as melhorias que a turma idealizou.
- Realizem ações de conscientização, que podem abranger conversas diretamente com pessoas da comunidade escolar, confecção de cartazes, intervenções artísticas diversas.

Se houver necessidade de dialogar com algum espaço fora da escola, avaliem a possibilidade, com o professor e a mediação da gestão da escola, de entrar em contato com os responsáveis pelo local.

2. Façam também uma autoavaliação, pensando em como vocês podem contribuir para que o ambiente acústico da escola seja satisfatório para todos: quais atitudes pessoais podem ser modificadas?

Etapa 3: Verificação de resultados

Por fim, façam uma avaliação das ações realizadas e dos impactos que puderam ser identificados. Os resultados de um projeto que envolve toda a comunidade escolar podem ser mais bem verificados com o tempo. Façam constantes reavaliações, observando se as atitudes de melhoria permanecem ou se há necessidade de novas intervenções e ações.

Meu portfólio

Nesta unidade, você refletiu sobre a relação do ser humano com o ambiente. Em **Educação Física**, discutiu o papel das práticas corporais de aventura na natureza e conheceu a cultura do surfe, a corrida de orientação e o *slackline*. Também pôde refletir sobre os impactos ambientais gerados por grandes eventos esportivos e a necessidade de promover a preservação ambiental.

Em **Língua Portuguesa**, você analisou essa relação pela leitura de poemas, retomando os conceitos clássicos que permeiam a literatura ocidental. Com base nas leituras, percebeu como alguns *topoi* da lírica clássica são revisitados no Arcadismo e no Modernismo, reconhecendo assimilações, rupturas e permanências na literatura.

Em **Arte**, conheceu o caminhar como procedimento artístico, pôde praticar o pensamento computacional com os colegas, por meio da análise da arquitetura da escola e da criação de desenhos, e estudou o conceito de paisagem sonora e relação do som com os espaços. Por fim, foi instigado a criar com a turma um projeto acústico para a escola.

Para montar seu portfólio, você deverá retomar todas as produções realizadas na unidade, desde rascunhos e projetos até registros em fotos e vídeos de apresentações. Lembre-se de que todo o processo criativo é importante, e não apenas o produto final, por isso aqui não podem faltar as diversas versões de uma mesma produção.

Retome também todas as anotações que fez no diário de bordo; elas vão ajudar muito na construção do portfólio. Não deixe de colocar a data em que cada produção foi realizada: assim, ao consultá-lo, você terá condições de verificar sua história de aprendizagem. Essa consulta poderá ajudá-lo a perceber quais aspectos você desenvolveu e aperfeiçoou ao longo do trabalho.

UNIDADE

3 Divulgação científica

O psicanalista Christian Dunker e o palhaço Cláudio Thebas durante lançamento do livro *O palhaço e o psicanalista*, em 2019.

Camila Oliveira/Arquivo pessoal

#TáNoFeed

O psicanalista paulista Christian Dunker (1966-) e o educador e palhaço paulista Cláudio Thebas (1964-) escreveram o livro *O palhaço e o psicanalista* (São Paulo: Planeta, 2019) sobre a importância da escuta nas relações humanas com base em testemunhos, reflexões filosóficas e casos vividos no ambiente escolar. A seguir, leia um trecho de uma entrevista que os autores deram à época do lançamento do livro.

A revolução da escuta em tempos de ensurdecimento

[...]

Designua/Shutterstock

HuffPost Brasil: Por que é tão difícil escutar?

Christian Dunker: Escutar demanda trabalho e dedicação. É uma forma de cultivo, quase uma arte. Mas uma arte que não deixa obras visíveis e monumentos, mas tão somente efeitos e palavras. Escutar é como polir as palavras, e o escutador é um polidor de palavras, como antigamente existiam os polidores de lentes. Ao final o que se obtém é ver mais nítido e ver melhor, e quanto mais esquecido e transparente o resultado, melhor o efeito obtido. É difícil escutar porque esta arte demanda que renunciemos ao exercício do poder sobre os outros, mas também da glória das obras bem-feitas e reluzentes. O terceiro motivo que torna escutar tão difícil é que a escuta começa pela escuta de si. Afinal este é o grande legado que uma psicanálise deixa para alguém: a capacidade de escutar-se, no melhor e no pior, na justa medida e em seus exageros, nos seus fantasmas e no cerne de seu ser. Logo, aprender a escutar é como apender a perder, como disse Elizabeth Bishop, ou seja, uma arte que não é difícil de dominar, mas é uma arte para viajantes corajosos.

Cláudio Thebas: Escutar é um ato de risco e coragem. É, fundamentalmente, a experiência do encontro no que ele tem de mais essencial: o descontrole. Onde há controle não há encontro. Dispor-se a escutar é ter disposição para experimentar uma aventura. Segundo o educador espanhol Jorge Larrosa, a palavra experiência deriva de “periri”, que significa perigo, mas também está na origem de pirata. Podemos concluir que escutar, por ser uma experiência, é aventurar-se num oceano desconhecido. Isso não é nada fácil. [...]

VELOSO, Amanda Mont’Alvão. A revolução da escuta em tempos de ensurdecimento. *HuffPost Brasil*, 28 jul. 2019. Disponível em: https://obemviver.blog.br/2019/08/05/a-revolucao-da-escuta-em-tempos-de-ensurdecimento-confira/. Acesso em: 28 abr. 2022.

Com base na imagem e no trecho da entrevista, converse com a turma sobre as questões propostas.

1. Você conhece o trabalho de um psicanalista? Já ouviu falar em Psicanálise?
2. E o trabalho do palhaço, você conhece?
3. Que tipo de trabalho você acha que pode resultar da união entre um palhaço e um psicanalista?
4. Ao olhar para a imagem, o que parece se destacar na profissão de cada um deles?

Cláudio Thebas (o palhaço) criou uma intervenção chamada *Fala que não te escuto*, em que mostra como as pessoas não ouvem as outras, como se ouvissem apenas uma parte do que o outro fala. Com base nisso, surgiu o interesse de juntar esses dois campos de estudo — Psicanálise e Arte — para pensar essa relação de escuta e como ela poderia contribuir para uma aproximação entre as pessoas.

5. Segundo os autores, a escuta exige um espaço de silêncio, ouvir a opinião do outro, os pensamentos. Você vê isso acontecer na escola em que estuda? Há situações de escuta verdadeira?

6. Associar conhecimentos de áreas diferentes exige que se pense em pontos em comum. O que a escuta pode ter em comum na Psicanálise e na Arte?

7. Você já viveu experiências de aproximação de conhecimentos de áreas aparentemente distantes, como Física e teatro, ou Língua Portuguesa e Química?

Como você viu, a aproximação entre os campos do saber é essencial para a ampliação de nossos conhecimentos acerca do mundo. A aproximação entre diferentes saberes é o tema desta unidade. Dessa forma, no tópico de *Mídia e ciência: gêneros da divulgação científica*, em **Língua Portuguesa**, você vai estudar a divulgação científica nas mídias tradicionais e nas digitais, observando que o interesse na divulgação da ciência não é algo novo, mas vem ganhando novos formatos com o avanço da tecnologia. Para isso, serão estudados os gêneros *podcast*, videoartigo e infográficos estáticos e animados como textos de divulgação científica. Além disso, será estudada a prática de pesquisa de revisão bibliográfica, um dos recursos em que esses gêneros podem se basear.

Em **Arte**, no tópico *Teatro e divulgação científica*, você verá que o teatro também trouxe ampla contribuição para a divulgação científica nas áreas de Matemática e suas Tecnologias e de Ciências da Natureza e suas Tecnologias e, atualmente, de Ciências Humanas e Sociais Aplicadas com projetos vinculados a universidades e centros de pesquisa. Além disso, também conhecerá técnicas para o uso profissional da voz e caminhos de profissionalização desse recurso da comunicação humana.

Ao final da unidade, com base nos estudos dos gêneros e da pesquisa de revisão bibliográfica, você produzirá um *podcast* de divulgação científica em um tema de seu interesse.

Monkey Business Images/Shutterstock

Gravação de um *podcast*. A produção de um *podcast* envolve o domínio de recursos tecnológicos de gravação.

Conheça a unidade

Objetivos de aprendizagem

Língua Portuguesa

- Compreender diferentes gêneros de divulgação científica.
- Explorar e produzir os gêneros videoartigo e *podcast*, reconhecendo suas características.
- Conhecer o gênero infográfico animado e suas características.
- Conhecer e explorar a pesquisa de revisão bibliográfica (estado da arte).

Arte

- Reconhecer a contribuição do teatro nos processos de divulgação científica.
- Experimentar técnicas de expressão vocal.
- Fazer uso expressivo e consciente da voz em criações teatrais e em *podcasts*.
- Entender a importância da sonoplastia em acontecimentos teatrais.

Justificativa

A divulgação de conhecimento de diferentes campos do saber é o tema desta unidade. Estudar a relação entre os saberes reforça o conceito de democratização do conhecimento. Nesse sentido, estudar como as Ciências da Natureza e as Ciências Humanas vêm sendo divulgadas pelas mídias digitais contribui para essa reflexão, com foco em gêneros como *podcast*, infográficos estáticos e dinâmicos e videoartigos. Desse modo, conhecer a pesquisa de revisão bibliográfica e sua contribuição para a produção desses gêneros apresenta mais um caminho possível para a construção dos saberes. Somado a isso, conhecer o papel do teatro como recurso de divulgação científica também contribui para a formação integral e cidadã, expandindo as possibilidades de comunicação e expressão.

A BNCC nesta unidade

Nesta unidade são desenvolvidas as competências e habilidades da BNCC indicadas a seguir.

Competências gerais da Educação Básica: 1, 2, 3, 5, 6

Linguagens e suas Tecnologias no Ensino Médio: competências específicas e habilidades

Competência específica 1 (EM13LGG101; EM13LGG102; EM13LGG103; EM13LGG104); Competência específica 2 (EM13LGG201; EM13LGG204); Competência específica 3 (EM13LGG301; EM13LGG302; EM13LGG303); Competência específica 4 (EM13LGG401; EM13LGG402); Competência específica 6 (EM13LGG602); Competência específica 7 (EM13LGG701; EM13LGG702; EM13LGG703; EM13LGG704)

Língua Portuguesa no Ensino Médio: campos de atuação social, competências específicas e habilidades

Todos os campos de atuação social

EM13LP01 (competência específica 2); EM13LP05 (competência específica 3); EM13LP07 (competência específica 1); EM13LP11 (competência específica 1); EM13LP12 (competência específica 1); EM13LP13 (competência específica 1, 3); EM13LP14 (competência específica 1, 4); EM13LP15 (competência específica 3, 7); EM13LP16 (competência específica 7); EM13LP17 (competência específica 4); EM13LP18 (competência específica 3)

Campo das práticas de estudo e pesquisa

EM13LP28 (competência específica 2, 3); EM13LP29 (competência específica 7); EM13LP30 (competência específica 1); EM13LP31 (competência específica 7); EM13LP32 (competência específica 3); EM13LP34 (competência específica 7)

Ciências da Natureza e suas Tecnologias no Ensino Médio: competências específicas e habilidades

Competência específica 2 (EM13CNT201, EM13CNT207); Competência específica 3 (EM13CNT302, EM13CNT303)

Mídia e ciência: gêneros da divulgação científica (Língua Portuguesa)

O acesso à divulgação científica não é uma preocupação recente, há registros dessa discussão desde o início do século XVI, quando surgiu a Ciência Moderna. Já no século XVIII havia diferentes gêneros responsáveis por essa divulgação: livros para públicos específicos, como crianças e mulheres. Além disso, havia também teatros e palestras com uma audiência bastante interessada em novas máquinas e em demonstrações de fenômenos relacionados a **Pneumática**, Elétrica e Mecânica.

Pneumática: ramo da Física que estuda as propriedades dos gases.

Mongkolchon Akesin/Shutterstock

Equipe de cientistas de pesquisa bioquímica trabalhando para o desenvolvimento de vacinas contra o novo coronavírus em laboratório de pesquisa farmacêutica.

Na década de 1920, o rádio ocupava o lugar de divulgador científico. Já entre 1930 e 1970, havia impressos dedicados a isso e, em 1951, foi criado o Conselho Nacional de Pesquisas, atual Conselho Nacional de Desenvolvimento Científico e Tecnológico (CNPq), com o objetivo de fomentar os trabalhos científicos brasileiros. Essa instituição é, até hoje, responsável pelo desenvolvimento da pesquisa no Brasil.

Os cientistas já sabiam que é importante não só produzir ciência como também difundi-la ao público leigo. E como trazer domínios específicos para uma audiência comum? As mídias tradicionais, como o rádio, os jornais impressos e, mais tarde, a televisão, reservaram um lugar para os tópicos científicos. Por meio de reportagens que buscavam atrair a atenção do público, era comum a presença de quadros com explicações sobre fenômenos naturais. Até hoje, alguns programas televisivos apresentam convidados especialistas nas áreas da Saúde, das Ciências da Natureza e das Ciências Humanas e Sociais.

Nesse sentido, as redes sociais e, especialmente, as plataformas de vídeos, por meio da criação de diferentes canais, vêm auxiliando nessa difusão de saberes científicos. Entre esses novos gêneros, você vai conhecer agora os *podcasts* de divulgação científica, que buscam tornar a ciência acessível para todos.

O ponto comum de todas as formas de divulgação científica é uma estratégia de "furar a bolha", ou seja, fazer que o conhecimento produzido seja compartilhado com outras pessoas. Com esse objetivo, um grupo de biólogos decidiu criar um projeto de divulgação científica, o *Alô, Ciência?*. A seguir, você lerá a apresentação e a transcrição de um trecho do *podcast* e, depois, ouvirá, se possível, o restante do episódio com a turma e o professor.

#086 Ansiedade

Alô, alô! O Brasil é considerado o país mais ansioso do mundo, são 18,6 milhões de brasileiros ansiosos, 9,3% da população, segundo OMS [Organização Mundial da Saúde]. Porém, o tabu e preconceito em relação a esse transtorno ainda existe. Por isso precisamos expor, tirar nossas dúvidas, admitir e conversar sobre ansiedade.

Nesse episódio Arnoni e Lucas Andrade conversam com Rafa Moritz e Beto Parro sobre o que é, como identificar e o que fazer quando apresentamos comportamentos ansiosos.

#086 ANSIEDADE. *Alô, Ciência?*, 20 maio 2020. Disponível em: https://alociencia.com.br/podcast/086-ansiedade/. Acesso em: 28 abr. 2022.

Reprodução da página do episódio "#086 Ansiedade", do *podcast Alô, Ciência?*

Arnoni: Um estudo feito pela Global Burden of Disease [Estudo Global de Carga de Doenças], da Universidade Washington, em 2016, revelou que a ansiedade é o principal transtorno que acomete as Américas, grande parte da Europa, Oriente Médio, a maioria da Oceania e os países do Norte da África. A ocorrência desse distúrbio parece não ter idade fixa, atingindo pessoas de todas as idades a partir da adolescência, principalmente, entre os 45 e 49 anos de idade. Mas você deve estar se perguntando: será que nós brasileiros, povo feliz que vive na terra maravilhosa, do carnaval, do futebol, passamos também por esse problema?

Na verdade, a resposta não é como se esperava: segundo a Organização Mundial da Saúde, o Brasil é considerado o país mais ansioso do mundo. São 18,6 milhões de brasileiros ansiosos. 9,3% da população. Hoje percebemos um aumento na produção de livros e artigos especializados tratando sobre o tema. Esse aumento faz com que mais gente fale sobre essa patologia mental. Isso inclui famosos, por exemplo, o cantor John Mayer, a atriz Whoopi Goldberg, o cartunista Charles Schulz já batalharam contra a ansiedade. A atriz Emma Stone, vencedora do Oscar em 2017, descobriu sua vocação usando o teatro para tratar suas crises de pânico. O jornalista Dan Harris teve um ataque de pânico em frente às câmeras, ao vivo, levando-o a escrever um livro sobre isso. Porém, o tabu e o preconceito em relação a esse transtorno ainda existem. Por isso precisamos expor, tirar nossas dúvidas, admitir e conversar sobre ansiedade.

Demos alguns dados, algumas informações, né? Que o Brasil foi listado como o país onde tem maior prevalência de pessoas com ansiedade no mundo. Acho que antes de a gente começar a discutir sobre ansiedade, acho bom a gente definir sobre o que vamos falar. Então afinal o que é que é essa ansiedade? O que diferencia uma ansiedade dita "saudável", de quando ela se torna uma patologia?

Beto Parro: Talvez quando a gente fale sobre ansiedade, existem vários recortes, várias formas que a gente pode definir, né? Tanto a ansiedade como um estado emocional, um sentimento nosso de dia a dia quanto uma questão que pode gerar sofrimento psíquico e até pode tornar a vida de alguém algo realmente extremamente difícil. Então se a gente for definir do ponto de vista de vista mais do senso comum, do que é a ansiedade no nosso dia a dia. Ela é um sentimento de apreensão, ela é tipicamente uma apreensão desagradável. Não é uma apreensão positiva, de uma expectativa de algo bacana ou um frio na barriga gostoso que pode acontecer num momento. Então ela é um sentimento constante de alerta, de apreensão, frente, normalmente, a uma ameaça que é futura e muitas vezes é incerta.

Então isso torna esse sentimento algo que gera outras coisas correlatas. Então uma delas, por exemplo, é uma dificuldade constante de você parar de se preocupar. Você vive em uma preocupação constante, com várias coisas, essencialmente coisas que são ameaças futuras e que muitas vezes você não tem como prever ou como antecipar. Quando a gente vai definir ansiedade ou um transtorno de ansiedade, normalmente, a gente está falando de algo que prevalece por pelo menos seis meses. Esse é o número que se coloca no próprio **DSM** para fazer o diagnóstico de transtorno de ansiedade generalizado. Mas é essa sensação desagradável, de preocupação constante e normalmente atrelada a uma ameaça que vai acontecer.

DSM: Manual de Diagnóstico Estatístico de Transtornos Mentais.

Rafa Moritz: Acho que faz bastante diferença a leitura de que a ansiedade, ela tem sempre essa valência negativa. A gente está falando de ansiedade, a gente nunca fala essa coisa do: "ai... eu tô ansioso pra alguma coisa acontecer", isso é um termo corriqueiro da nossa vida, mas ele não diz sobre a ansiedade. Ansiedade quando a gente fala em questões psicológicas e até psiquiátricas, a gente está falando de uma valência negativa. Ela tem uma característica que a gente desgosta dela. Então, ansiedade quando a usa em termos positivos, ela não está querendo dizer dos transtornos ligados à ansiedade psicológica.

Beto Parro: Quem convive normalmente vai relatar coisas do tipo: frio na barriga, um nó no peito, o coração apertado, "tô com uma angústia dentro de mim". Até se começa pelas sensações mais fisiológicas: mãos suadas, taquicardia, alteração na respiração, eventualmente sudorese, tremor, falta de ar, enfim tem uma séria de coisas que aparecem junto com essas sensações de ansiedade ou de medo ou de expectativa por algo punitivo que vai acontecer e até difícil dizer o que vem antes, uma acaba ficando pareada, emparelhada com a outra e é muito comum que quem sofre de um transtorno de ansiedade, por exemplo, que a própria sensação já sinalize uma crise, por exemplo, ou uma sequência de outras sensações que vão vir na sequência e todas elas acabam virando uma coisa só. E normalmente é bastante doloroso até fisicamente mesmo.

Entrando nessa questão do como a gente diferencia uma ansiedade produtiva, vamos chamar assim, de ansiedade que pode estar se transformando ou já é um transtorno tem alguns parâmetros que a gente pode usar aí. No fundo, a ansiedade, ela é nossa amiga, a boa ansiedade, ela faz com que a gente esteja alerta a situações de perigo, ela está muito associada a um funcionamento cerebral mais básico, principalmente, disparado pela nossa amígdala, que sinaliza para gente situações onde precisamos, a gente precisa se proteger, a gente precisa tomar alguma ação para que algo ruim não aconteça com a gente. Então se a gente pensar em exemplos da nossa vida cotidiana: você está ansioso porque tem uma prova difícil amanhã, você está ansioso porque você está andando num lugar que você não conhece e está ficando escuro e você não tem referências, você não sabe o que vai estar do outro lado da rua, então você sente esses mesmos sentimentos que eu descrevi agora há pouco, só que eles estão te ajudando naquele momento. Sem eles, você seria provavelmente um indivíduo que não sobreviveria muito numa savana há 70 mil anos atrás. E o problema é que a gente traz toda essa parte estrutural lá da savana e hoje em dia a gente vive num ambiente onde isso pode se transformar em algo muito disfuncional. Então, a ansiedade que é boa, é essa ansiedade que não prejudica o nosso desempenho no dia a dia, que não faz com a que gente sinta um sofrimento constante [...].

#086 ANSIEDADE. *Alô, Ciência?*, 20 maio 2020. Disponível em: https://alociencia.com.br/podcast/086-ansiedade/. Acesso em: 28 abr. 2022. (Texto transcrito.)

Saiba+

Acesse o *link* e escute na íntegra o episódio "#086 Ansiedade", do *podcast Alô, Ciência?*. Se possível, explore o *site* e conheça outros episódios. **#086 Ansiedade**, episódio do *podcast Alô, Ciência?* (52 min). Disponível em: https://alociencia.com.br/podcast/086-ansiedade. Acesso em: 28 abr. 2022.

1. Com base na transcrição do *podcast*, responda às questões:

a) Você deve ter notado que o tema é apresentado de forma mais abrangente, trazendo dados de uma pesquisa realizada pela Universidade de Washington. Por que essa introdução é necessária?

b) Além de trazer os dados da pesquisa na introdução, também são citadas pessoas famosas que sofrem ou sofreram com esse distúrbio. Por que são listadas essas personalidades?

c) Após Arnoni apresentar o tema do episódio, ele sugere que é preciso definir ansiedade e passa a palavra aos convidados. Por que o próprio âncora não a define?

d) Além da introdução, é possível reconhecer que há algumas marcas discursivas que indicam uma interação entre os especialistas e os âncoras do episódio, bem como um diálogo com o interlocutor ouvinte. Como é possível reconhecer isso?

e) Releia as falas de Beto e Rafa. Mesmo utilizando uma linguagem mais acessível para uma audiência leiga, é possível reconhecer o uso de alguns termos científicos. Quais? Explique com suas palavras o que eles significam.

f) Você deve ter observado que todo o texto está centrado na palavra "ansiedade" e, para que não haja repetição, são usados alguns termos como sinônimos. Que outras palavras ou expressões são usadas? Elas podem ser consideradas sinônimos perfeitos, ou seja, que apresentam sentidos exatamente iguais?

g) Você deve ter notado que, ao longo da fala dos psicólogos, é utilizada a expressão "a gente" quando Beto e Rafa apresentam exemplos e detalham os sintomas. O que essa escolha evidencia?

h) Por que os psicólogos consideraram importante trazer exemplos da ansiedade funcional e disfuncional?

i) Na seção *#TáNoFeed*, você leu o trecho de uma entrevista com os autores da obra *O palhaço e o psicanalista*. Leia, agora, outro excerto.

[...] De que maneira a ausência da escuta se relaciona com quadros clínicos bastante presentes no discurso contemporâneo, como a depressão e a ansiedade?

Dunker: A relação é direta na medida em que depressão e ansiedade são sintomas ligados à fratura ou fragilidade de nossas experiências de reconhecimento. Aquele que não se escuta logo não escuta os outros e sai em imediata desvantagem no quesito: fazer reconhecer seu desejo (ansiedade) ou desejar ser reconhecido (depressão). A escuta, como experiência transformativa, envolve reconstruir e encontrar seu próprio tempo. Esse tempo está perdido e pressionado na ansiedade e atrasado e **lentificado** na depressão. A escuta é um trajeto de **deflação egoica**, seja pelo seu aspecto lúdico, seja por sua dimensão de valorização da **alteridade** (empatia). Tanto o brincar quanto o outro estão prejudicados: na ansiedade não há tempo para brincar, na depressão não há vontade para tanto. Na depressão o Outro cai como um juiz interminável e infinito sobre o sujeito: sentença sem evidências, culpa sem processo. Na ansiedade o Outro desaparece e todo enigma é consumido pelo saber. A perda da empatia é nítida nos dois quadros e sua gradual recuperação é um sinal clínico de que o paciente está melhorando. Aliás é por isso que tanto depressivos, quanto ansiosos — assim como as pessoas organicamente adoentadas — são tão frequentemente sentidas como pessoas chatas e irritantes. [...]

VELOSO, Amanda Mont'Alvão. A revolução da escuta em tempos de ensurdecimento. *HuffPost Brasil*, 28 jul. 2019. Disponível em: https://obemviver.blog.br/2019/08/05/a-revolucao-da-escuta-em-tempos-de-ensurdecimento-confira/. Acesso em: 28 abr. 2022.

j) Beto e Rafa trazem informações sobre a ansiedade como algo natural na vida das pessoas e também abordam a ansiedade disfuncional. Para qual aspecto o psicanalista Dunker chama a atenção?

k) Por que a perda de empatia é comum em quadros ansiosos?

l) Você se considera uma pessoa ansiosa? Em que esse *podcast* e a entrevista o auxiliaram?

lentificado: que foi tornado lento.
deflação: diminuição.
egoico: relativa ao ego; autocentrada.
alteridade: natureza ou condição do que é Outro, do que está fora do "eu".

2. Releia o trecho a seguir:

[...] A ocorrência desse distúrbio parece não ter idade fixa, atingindo pessoas de todas as idades a partir da adolescência, principalmente, entre os 45 e 49 anos de idade. [...]

#086 ANSIEDADE. *Alô, Ciência?*, 20 maio 2020. Disponível em: https://alociencia.com.br/podcast/086-ansiedade/. Acesso em: 28 abr. 2022. (Texto transcrito.)

a) A forma como esse trecho foi organizado tem uma aparente incoerência ou entendimento equivocado. Qual?

b) Como o trecho poderia ser reescrito para evitar a aparente incoerência? Faça as alterações necessárias.

Observe os dados do infográfico com atenção.

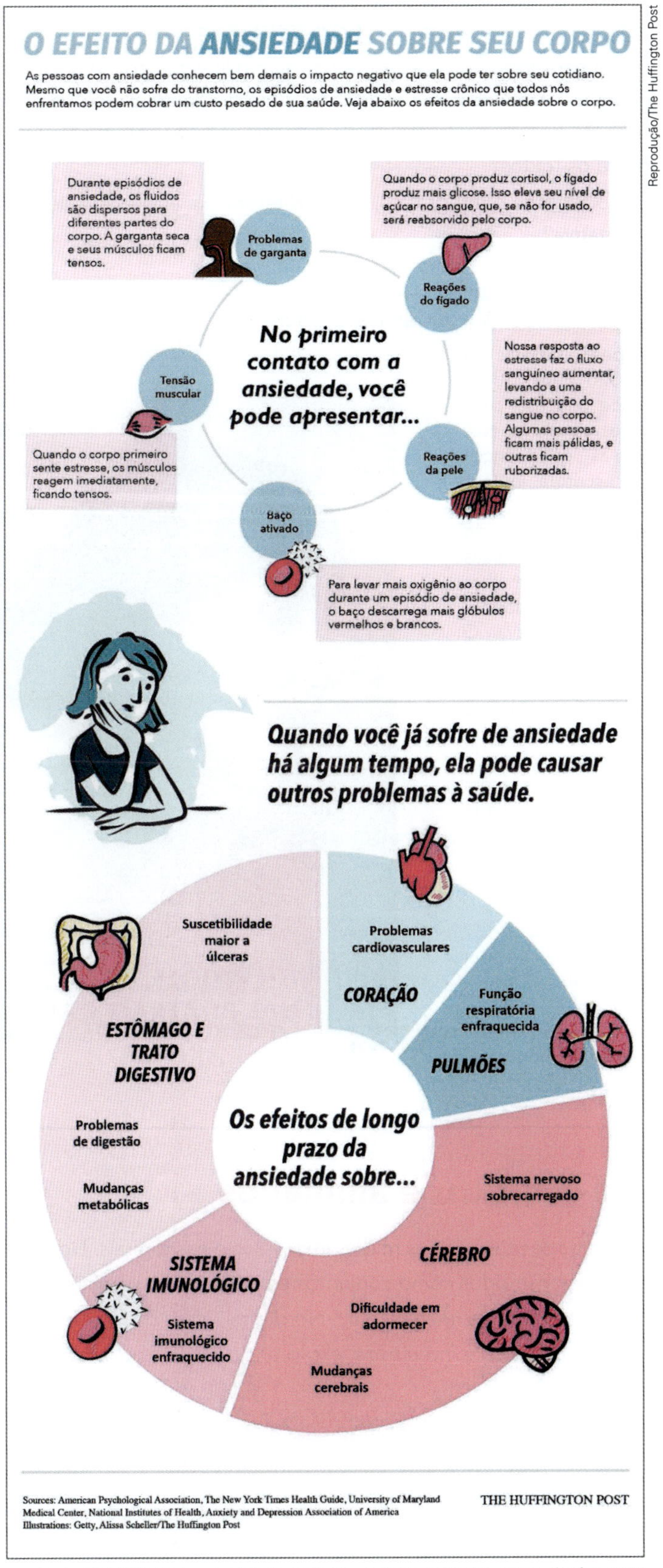

Fonte: HOLMES, Lindsay. Ansiedade: quais são os sintomas da crise e como ela afeta o seu corpo. *HuffPost Brasil*, 30 maio 2014. Disponível em: https://img.huffingtonpost.com/asset/5c37496f1d0000e501331bb1.jpeg?ops=scalefit_970_noupscale&format=webp%3C#%3E. Acesso em: 18 mar. 2022.

3. Após observar os dados do infográfico, responda às questões.

a) É possível afirmar que o infográfico sintetizaria as informações apresentadas no *podcast*?

b) Note que, no parágrafo que apresenta o tema do infográfico, há o uso da expressão "todos nós", assumindo o uso da primeira pessoa do plural, como acontece em diversos trechos do *podcast* ao tratar do assunto. Que efeitos de sentido esse uso traz para os textos?

c) Segundo o *podcast* e o infográfico, o que diferencia a ansiedade de valência positiva da negativa?

Para ir mais longe **Virgínias da Ciência**

Um grupo de pesquisadoras da Universidade de São Paulo (USP) criou um projeto de *podcasts* para dar voz às mulheres cientistas. Nomeado de Virgínias da Ciência, o projeto tem a escritora inglesa Virginia Woolf (1882-1941) como inspiração, já que, desde o início do século XX, a autora trazia em suas obras a importância de a mulher conquistar seu lugar e as disparidades de gênero que enfrentava. O grupo busca trazer à tona o trabalho das cientistas brasileiras, mostrando que o dinheiro público investido nas universidades brasileiras está sendo bem utilizado; além disso, pretende compartilhar as dificuldades a serem superadas para que haja igualdade de gênero no mundo científico, tornando-o mais democrático.

neftali/Shutterstock

Selo postal da Grã-Bretanha em homenagem à escritora britânica Virginia Woolf, uma das mais importantes do Modernismo.

Infográficos estáticos e animados

A infografia é bastante utilizada nas mídias impressas e nas digitais. No meio impresso, os infográficos são construídos como conjuntos estáticos que associam as linguagens verbal e não verbal (fotos, figuras, mapas, etc.). No digital, além da forma estática, os infográficos podem ser animados e interativos, explorando recursos como vídeos, áudios, animações, entre outros.

O infográfico é um recurso muito utilizado em caráter jornalístico, complementando informações trazidas por reportagens e notícias. Também costuma ser utilizado para fins didáticos de divulgação científica, podendo circular sem o acompanhamento de uma reportagem maior.

Veja agora um exemplo de infográfico estático publicado na seção de infográficos do *site* de um jornal. Ele visa mostrar o processo de produção de uma vacina contra o coronavírus que causa a covid-19.

Como é desenvolvida uma vacina

Vacinas precisam de muitos estágios de desenvolvimento. Desde a criação, passando por testes em animais e depois em humanos, até aprovação por órgãos reguladores e sua fabricação.

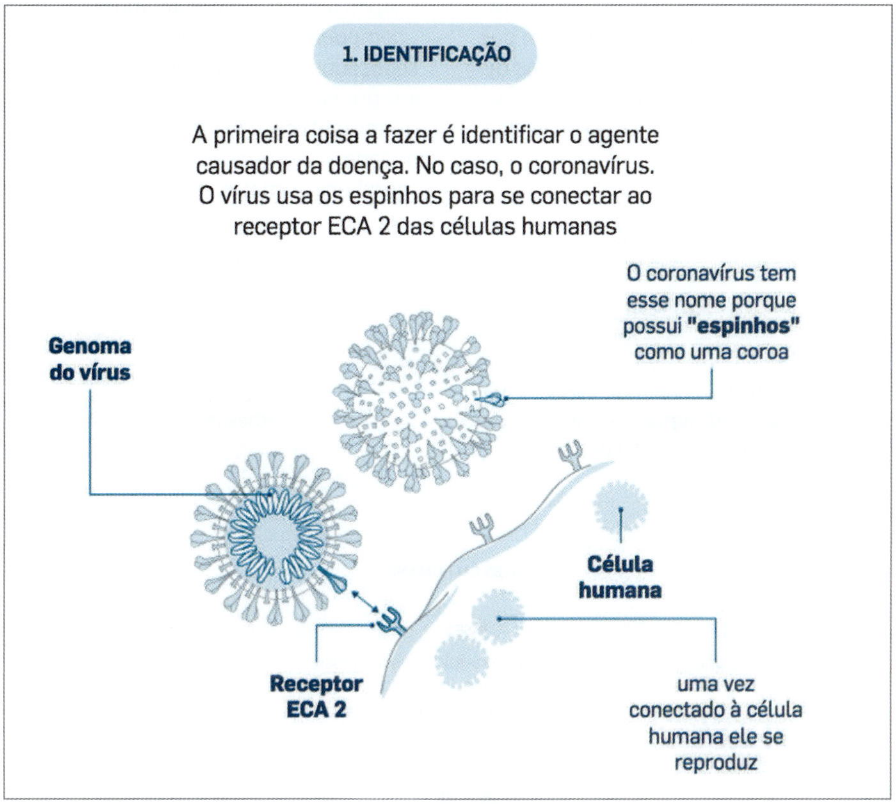

Arquivo do jornal *O Estado de S. Paulo*/Agência Estado

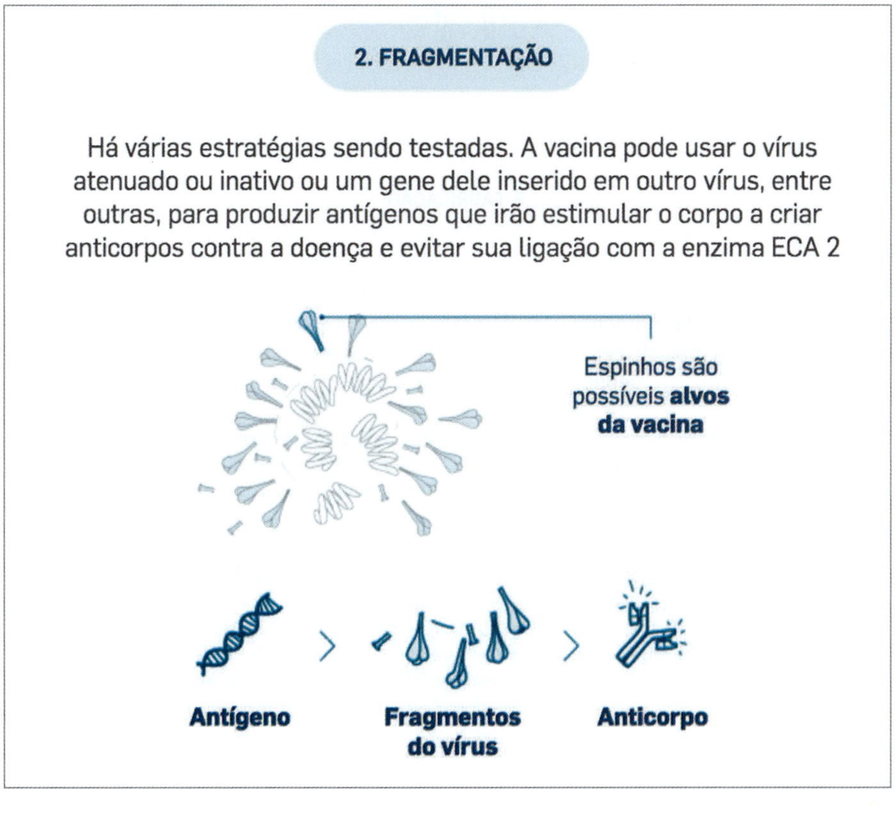

Arquivo do jornal *O Estado de S. Paulo*/Agência Estado

3. TESTES

FASE EXPLORATÓRIA OU LABORATORIAL

Fase inicial ainda restrita aos laboratórios. Momento em que são avaliadas até milhares de moléculas para se definir a melhor composição da vacina

Os testes podem ser iniciados em **camundongos** transgênicos que carregam o receptor ECA 2

FASE PRÉ-CLÍNICA OU NÃO CLÍNICA

Após a definição dos melhores componentes para a vacina, são realizados testes em animais para comprovação dos dados obtidos em experimentações in vitro. Também é checada a segurança do produto, em geral em primatas não humanos

Macaco Rhesus

Arquivo do jornal *O Estado de S. Paulo*/Agência Estado

4. TESTES EM HUMANOS

FASE 1

Pequenos grupos de voluntários sadios

Avalia a segurança e eficácia em gerar respostas do sistema imunitário

FASE 2

Centenas de voluntários escolhidos de forma aleatória, incluindo alguns pertencentes a grupos de risco

Testa a eficácia da vacina

FASE 3

Milhares de testes

Para avaliar a eficácia em condições naturais de presença da doença

Arquivo do jornal *O Estado de S. Paulo*/Agência Estado

5. FABRICAÇÃO

Produção em larga escala, controle de qualidade e acompanhamento para detectar possíveis efeitos adversos. Há mais de cem candidatas a vacina contra o coronavírus sendo investigadas em todo o mundo

Se obtiver sucesso, a vacina é submetida às autoridades regulatórias

Apenas 8 delas já entraram em ensaios clínicos em humanos (de fase 1, de segurança, e 2, de eficácia)

Arquivo do jornal *O Estado de S. Paulo*/Agência Estado

Fonte: PRATA, João (texto); PONCEANO, Bruno (*design*). Vacina contra covid-19: o que já se sabe sobre o desenvolvimento e testes com humanos. *O Estado de S. Paulo*, 31 jul. 2020. Disponível em: https://www.estadao.com.br/infograficos/saude,vacina-contra-covid-19-o-que-ja-se-sabe-sobre-desenvolvimento-e-testes-com-humanos,1109349. Acesso em: 28 abr. 2022.

4. Qual pode ser a intenção do jornal ao criar, em sua versão digital, uma seção específica para a publicação de infográficos?

5. Leia, agora, o parágrafo que abre a reportagem contendo esse infográfico e responda às questões.

Vacina contra covid-19: o que já se sabe sobre desenvolvimento e testes com humanos

Em seu relatório mais recente, divulgado nesta sexta-feira, 31, a Organização Mundial da Saúde (OMS) informou que há 165 vacinas sendo desenvolvidas para combater o novo coronavírus. Dessas, 26 estão em avaliação clínica, ou seja, iniciaram os testes em seres humanos. São cerca de 90 mil voluntários, por enquanto, que vão receber as doses. Seis das vacinas estão na fase 3, a última antes da conclusão. As outras 139 estão em um momento inicial, de identificar o agente causador e realizar testes em animais, como camundongos, por exemplo. [...]

PRATA, João (texto); PONCEANO, Bruno (*design*). Vacina contra covid-19: o que já se sabe sobre o desenvolvimento e testes com humanos. *O Estado de S. Paulo*, 31 jul. 2020. Disponível em: https://www.estadao.com.br/infograficos/saude,vacina-contra-covid-19-o-que-ja-se-sabe-sobre-desenvolvimento-e-testes-com-humanos,1109349. Acesso em: 28 abr. 2022.

a) Qual é a contribuição do infográfico para a reportagem?

b) Qual é a importância de o infográfico mostrar as etapas do processo?

6. No Brasil, o genoma do chamado novo coronavírus foi descoberto por cientistas brasileiras. Leia um trecho da notícia publicada em uma revista:

Duas cientistas brasileiras tiveram papel essencial no sequenciamento do novo coronavírus, que teve primeiro caso na América Latina confirmado em 26 de fevereiro. Publicado em uma rapidez surpreendente – apenas dois dias após a verificação do primeiro paciente com a doença no Brasil –, o estudo que elas conduziram ao lado de outros pesquisadores do Instituto Adolfo Lutz (IAL), da Universidade de Oxford e do Instituto de Medicina Tropical da Universidade de São Paulo (IMT-USP) ajudará epidemiologistas, virologistas e especialistas em saúde pública a desenvolverem vacinas e testes diagnósticos. [...]

Rahel Patrasso/Reuters/Fotoarena

Ester Cerdeira Sabino (à esquerda) e Jaqueline Goes de Jesus fazem parte da equipe que fez o sequenciamento do genoma do novo coronavírus.

AS BRASILEIRAS que lideraram o sequenciamento do novo coronavírus. *Galileu*, 1º mar. 2020. Disponível em: https://revistagalileu.globo.com/Ciencia/noticia/2020/03/brasileiras-que-lideraram-o-sequenciamento-do-novo-coronavirus.html. Acesso em: 28 abr. 2022.

- De acordo com o infográfico, com que etapa essa descoberta contribuiu?

Você deve ter notado que o infográfico se tornou um complemento importante, pois o leitor pôde ler e "visualizar" o que estava sendo dito.

7. Acesse o infográfico interativo que ganhou o prêmio de melhor infografia de 2020 "Simulação mostra quais crianças são adotadas (e quais não são) no Brasil", publicado pelo *O Estado de S. Paulo*. Disponível em: https://arte.estadao.com.br/brasil/adocao/criancas/#:~:text=Executando%20a%20simula%C3%A7%C3%A3o%20at%C3%A9%20atingir,ao%20longo%20de%20um%20ano. Acesso em: 28 abr. 2022.

Ele trata das variáveis que envolvem a adoção de crianças no Brasil.

Caso não seja possível acessar o *site*, leia as informações e observe as imagens do infográfico. Em seguida, responda às questões.

Simulação mostra quais crianças são adotadas (e quais não são) no Brasil

Entre as crianças que vivem em um abrigo, você provavelmente encontraria um menino de 14 anos, pardo e que tem um irmão. Este é o perfil mais comum das crianças disponíveis para adoção. Entretanto, o perfil mais buscado por futuros pais equivale ao de uma menina de 2 anos, branca e filha única.

De acordo com uma simulação feita pelo 'Estado', a chance do menino de 14 anos ser adotado, em até 12 meses, é de 1 em 1.000. A adoção da menina é dada como certa.

Esse contraste entre a preferência dos pais e a realidade das crianças faz com que muitas delas nunca sejam adotadas, ainda que existam 8 possíveis pais para cada criança ou adolescente disponível para adoção.

Além da predileção dos pretendentes, outro fator que dificulta a adoção é a complexidade dos processos na Justiça.

Hoje, a vinculação entre pretendentes e crianças disponíveis para a adoção é feita manualmente por juízes das Varas da Infância, que têm de bater o perfil da criança com critérios estabelecidos pelos pretendentes. Cada juiz usa suas próprias ferramentas, como planilhas no computador mais ou menos organizadas.

A tecnologia, batizada de Sistema Nacional de Adoção (SNA), está funcionado em alguns Estados, entre eles São Paulo, e deve passar a funcionar em todo o Brasil em outubro.

Inspirados por este novo sistema, criamos nosso próprio simulador, que também dá "match" entre futuros pais e filhos. Queremos aproximar você, leitor, da situação desses jovens à espera de um lar. Assim, você pode acompanhar quanto tempo levaria para uma criança de 2 anos ser adotada — e comparar com o tempo de espera de uma criança de 10 anos.

Ao executar a simulação milhares de vezes, também foi possível identificar as características que mais facilitam ou dificultam a adoção de uma criança. Ter mais que 5 anos de idade, irmãos e algum tipo de deficiência tornam a adoção muito difícil.

Antes de irmos mais a fundo, vamos explicar como representamos cada criança:

Arte Estado/Agência Estado

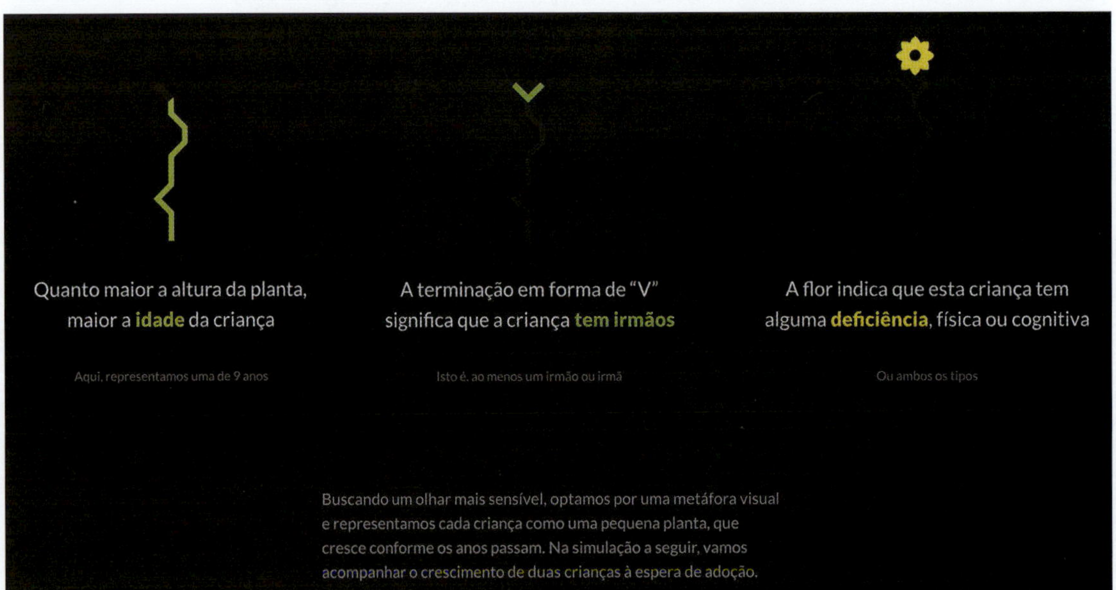

Reprodução de recurso animado do infográfico interativo "Simulação mostra quais crianças são adotadas (e quais não são) no Brasil", do jornal *O Estado de S. Paulo*.

"Simulação mostra quais crianças são adotadas (e quais não são) no Brasil", publicado pelo *O Estado de S. Paulo*. Disponível em: https://arte.estadao.com.br/brasil/adocao/criancas/#:~:text=Executando%20a%20simula%C3%A7%C3%A3o%20at%C3%A9%20atingir,ao%20longo%20de%20um%20ano. Acesso em: 28 abr. 2022.

a) Em comparação com o infográfico estático, qual é a complexidade trazida por meio da interatividade?

b) Os próximos quadros da simulação comparam o tempo que as crianças de 2 anos e 10 anos levam para serem adotadas, associando o tempo de espera da criança em um abrigo ao trabalho do juiz responsável pela análise da possível adoção. Observe os dados:

Arte Estado/Agência Estado

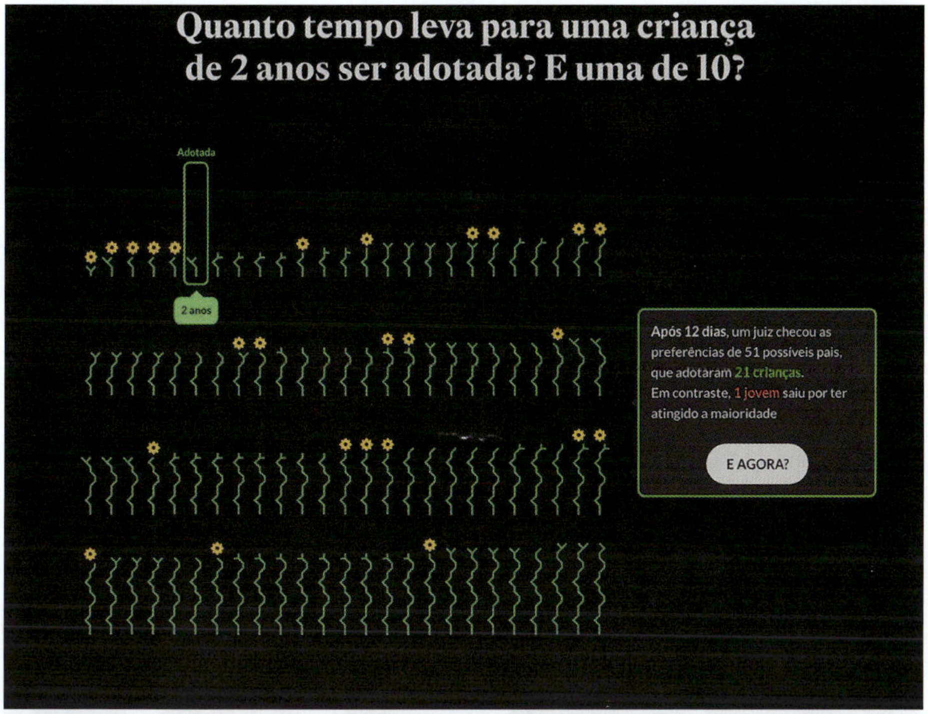

Reprodução de simulação do infográfico interativo "Simulação mostra quais crianças são adotadas (e quais não são) no Brasil", do jornal *O Estado de S. Paulo*. No quadro lateral se lê: "Após 12 dias, um juiz checou as preferências de 51 possíveis pais, que adotaram 21 crianças. Em contraste, 1 jovem saiu por ter atingido a maioridade" (dados: 21 set. 2020).

Arte Estado/Agência Estado

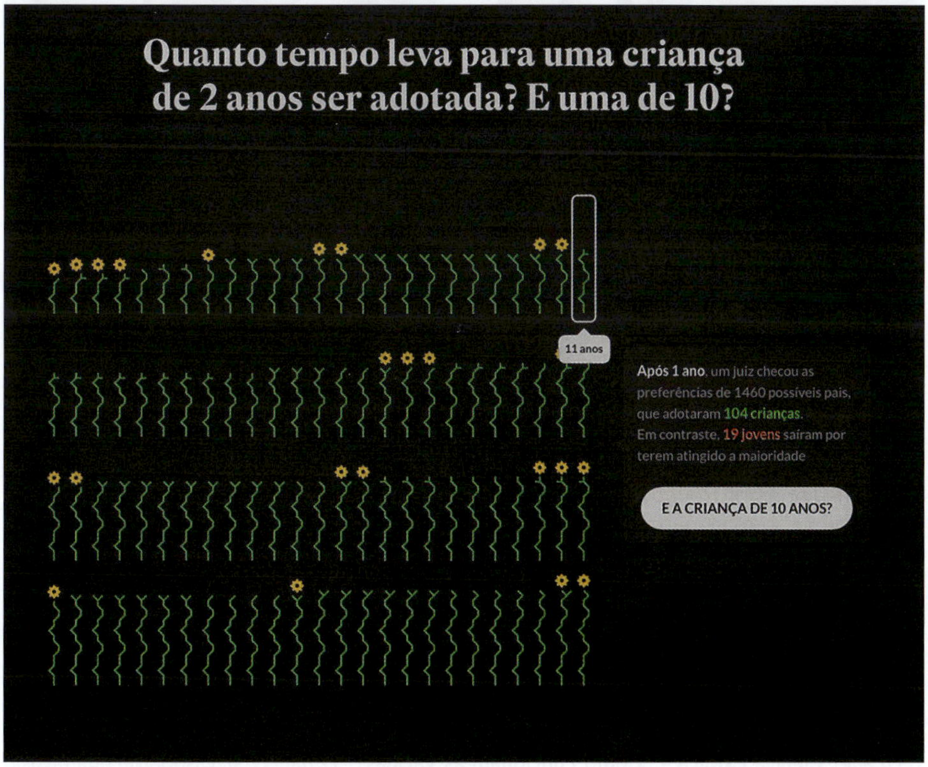

Reprodução de simulação do infográfico interativo "Simulação mostra quais crianças são adotadas (e quais não são) no Brasil", do jornal *O Estado de S. Paulo*. No quadro lateral se lê: "Após 1 ano, um juiz checou as preferências de 1 460 possíveis pais, que adotaram 104 crianças. Em contraste, 19 jovens saíram por terem atingido a maioridade" (dados: 21 set. 2020).

- O que o jornal buscou evidenciar com a comparação entre a criança de 2 anos e a 10 anos?

c) Além de a criança de 10 anos ficar mais velha, perdendo a chance de ser adotada, qual é outro problema denunciado pelo infográfico?

d) Qual contribuição para a divulgação científica você vê nessa reportagem acompanhada do infográfico interativo?

Videoartigos

Você deve ter percebido que as mídias digitais ampliaram as possibilidades de divulgação da ciência, ou seja, houve uma amplificação dos saberes científicos. Além dos *podcasts*, dos infográficos e de artigos publicados em revistas científicas, outro gênero passou a compor esse rol de possibilidades, os chamados videoartigos, veiculados nas plataformas de vídeo da internet.

Os videoartigos ganharam destaque na internet por meio da criação de canais voltados para a divulgação científica. Um deles é o do biólogo, pesquisador e divulgador científico paulista Atila Iamarino (1984-), criador do canal *Nerdologia*, que tem como objetivo trazer conhecimentos das áreas de História e Ciências Biológicas. Além dos conhecimentos dessas áreas, há um quadro voltado para a apresentação de habilidades comportamentais chamado "Nerdologia Ensina".

Daniel M Ernst/Shutterstock

Saiba +

Visite o canal *Nerdologia* e conheça outros vídeos de divulgação científica. **Nerdologia**. Disponível em: https://www.youtube.com/channel/UClu474HMt895mVxZdlIHXEA. Acesso em: 28 abr. 2022.

Acesse o canal *Atila Iamarino*, mais voltado para as Ciências Biológicas, e conheça seus vídeos. **Atila Iamarino.** Disponível em: https://www.youtube.com/c/AtilaIamarino. Acesso em: 19 jun. 2022.

Assista ao vídeo e, para ampliar a reflexão, relacione-o com o infográfico do jornal *O Estado de S. Paulo*. **Ciência Explica – "Como Funcionam as Vacinas?"** (1 min 17 s). Disponível em: https://www.youtube.com/watch?v=6qs9_BFkgps. Acesso em: 28 abr. 2022.

8. A palavra "nerdologia" foi formada por um processo de derivação sufixal por meio do radical "*nerd*", que costuma ser usado para caracterizar uma pessoa que prefere dedicar-se a atividades de estudo e pesquisa em lugar de outras, mais "logia", sufixo grego que indica um estudo detalhado de algo. Nesse sentido, qual é relação do nome do canal com seu objetivo?

9. O tema ansiedade, que abriu as reflexões deste tópico, é retomado neste videoartigo. Nas imagens a seguir, inicialmente são apresentadas as glândulas responsáveis pela liberação da adrenalina no momento em que há ansiedade. Em seguida, é mostrada a resposta do corpo (fuga ou luta) e detalhada cada sensação que o indivíduo pode sentir, relacionando-a ao órgão responsável por isso.

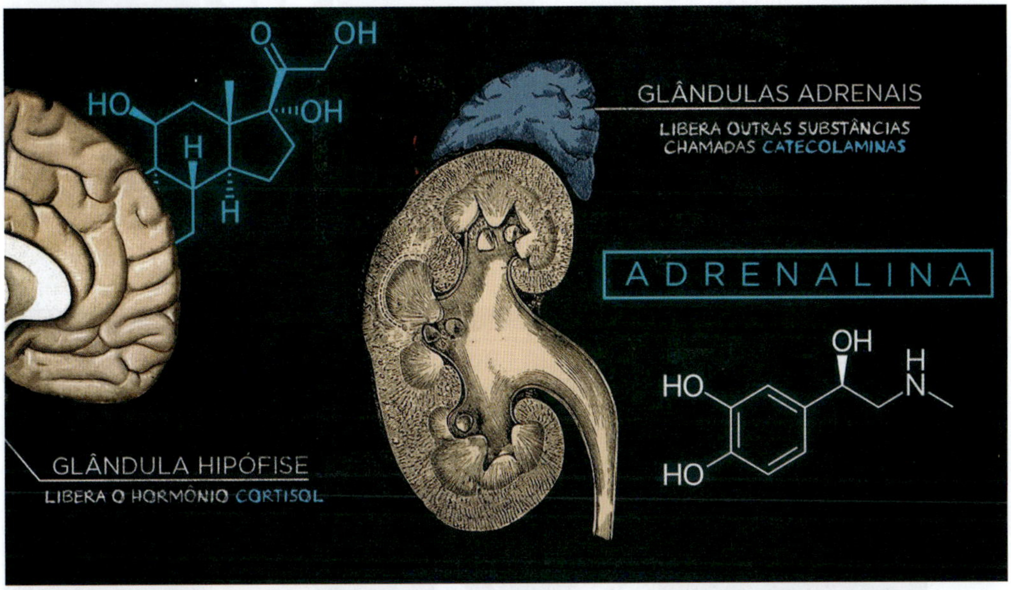

Frame do vídeo *Ansiedade — Nerdologia Ensina 01*, do canal *Nerdologia*, publicado em 28 out. 2019.

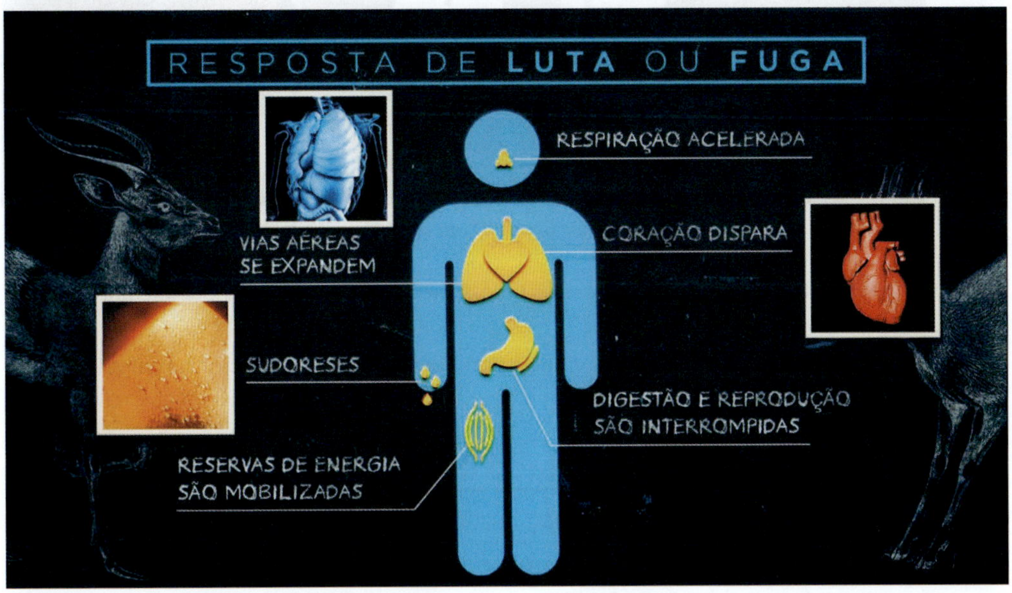

Frame do vídeo *Ansiedade — Nerdologia Ensina 01*, do canal *Nerdologia*, publicado em 28 out. 2019.

a) Por que os quadros são apresentados nessa sequência?

b) O que significa indicar que a resposta pode ser de luta ou de fuga?

10. Após mostrar os efeitos fisiológicos, são apresentados os psicológicos.

Reprodução/www.youtube.com

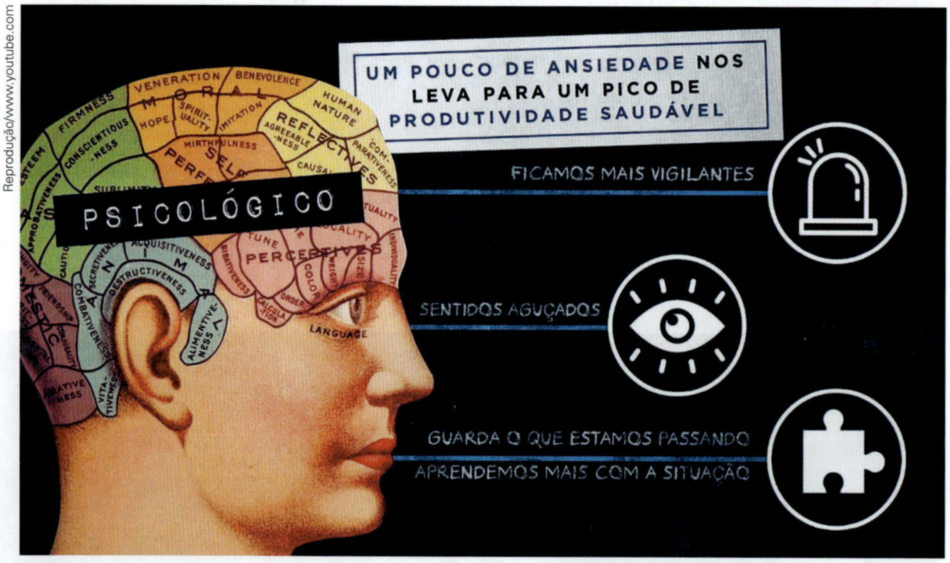

Frame do vídeo *Ansiedade — Nerdologia Ensina 01*, do canal *Nerdologia*, publicado em 28 out. 2019.

Reprodução/www.youtube.com

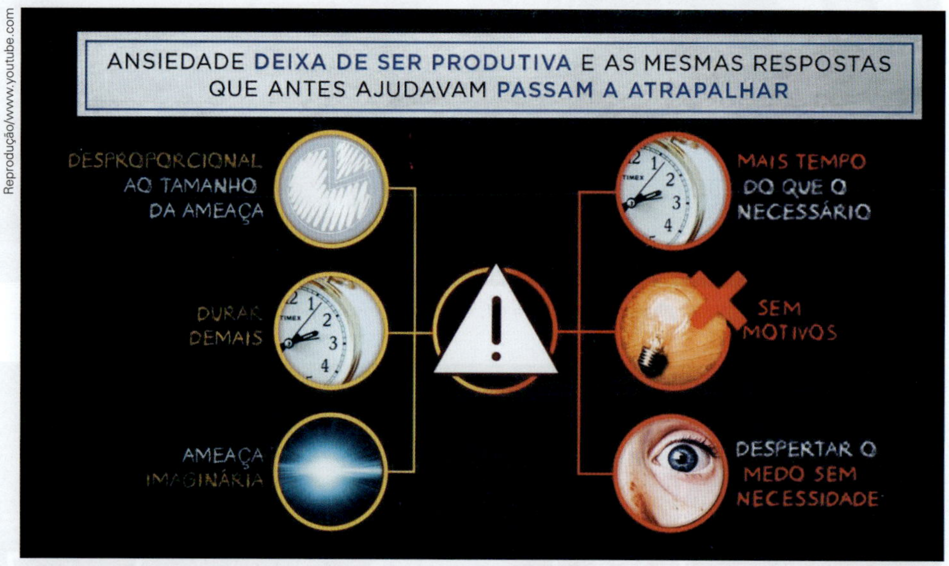

Frame do vídeo *Ansiedade — Nerdologia Ensina 01*, do canal *Nerdologia*, publicado em 28 out. 2019.

a) Como reconhecer se sentimos uma ansiedade produtiva ou disfuncional, segundo as imagens?

b) É possível dizer que esse videoartigo complementa o *podcast* trabalhado no início da unidade? Explique.

Revisão bibliográfica (estado da arte)

Como você já deve saber, os pesquisadores precisam fazer uma ampla pesquisa para entender o que já existe de material produzido sobre os temas que vão pesquisar, ou seja, precisam saber qual é o "estado da arte". Um exemplo disso é o estudo sobre ansiedade. Nem o canal *Alô, Ciência?*, nem o *Nerdologia* partiram do zero, muito pelo contrário; para montar seus vídeos, precisaram buscar os conhecimentos preexistentes sobre o tema.

Geralmente, no fim de cada episódio do *Alô, Ciência?* e do *Nerdologia*, os autores colocam as referências consultadas, que podem ser artigos disponíveis na mídia, bem como alguma obra específica. Agora é sua vez de fazer um levantamento bibliográfico e, em seguida, iniciar uma pesquisa para a produção de um *podcast* ou de um videoartigo.

E o que é uma pesquisa de revisão bibliográfica? Ela é a base de todo trabalho científico, pois é com base naquilo que já foi produzido que você deve iniciar sua pesquisa. Além disso, a revisão também indica os caminhos a serem trilhados ou mesmo refutados no trabalho de pesquisa. O início consiste em buscar produções chamadas introdutórias (ou clássicas) sobre o tema escolhido. Mas como encontrar esse material? Você pode iniciar o levantamento da bibliografia digitalmente com base no tema escolhido. Para a escolha do tema, pode considerar os que foram apresentados neste tópico. Relembre-os:

- Ansiedade.
- Mulheres na ciência.
- Vacinas.
- Adoção.
- Divulgação científica.

Logo nos primeiros resultados de sua busca, aparecerão *sites* de notícias, *blogs* e artigos científicos. Então, você pode abrir os artigos e iniciar a leitura para encontrar o foco de sua pesquisa e levantar referências de outras obras sobre o assunto, que vêm listadas ao fim desses artigos.

Caso você tenha acesso à biblioteca da escola ou da região em que vive, esse pode ser um caminho inicial importante. Na biblioteca, você pode buscar pelo assunto e ver as áreas correspondentes: Ciências da Natureza e Ciências Humanas e Sociais Aplicadas, por exemplo. Depois disso, pode usar as bibliotecas digitais das universidades, responsáveis pela publicação de artigos. Lembre-se de que muitas bibliotecas disponibilizam a busca em seus acervos *on-line*; isso pode facilitar as pesquisas e a localização de referências úteis.

Agora é preciso escolher quais serão os livros, os *sites*, as reportagens, os periódicos e os artigos relevantes para o foco de sua pesquisa. Depois de selecioná-los, anote todos no diário de bordo. Para ajudar nesse registro, veja a seguir um exemplo que pode ser seguido.

Tema	Recorte	Referências encontradas
Ansiedade	Ansiedade em excesso	Relatório Mundial da Saúde – Saúde mental: nova concepção, nova esperança. Organização Mundial da saúde. Disponível em: https://apps.who.int/iris/bitstream/handle/10665/42390/WHR_2001_por.pdf;jsessionid=323968103A964DA90EA7359E5CF11BA2?sequence=4. Acesso em: 4 jul. 2022.
Vacina	Produção de vacina contra o novo coronavírus	*Site* do governo do estado de São Paulo e do Ministério da Saúde. Disponível em: https://www.saopaulo.sp.gov.br/coronavirus/vacina/. Acesso em: 28 abr. 2022.
Adoção	Tempo dos processos de adoção	*Site* do Senado e a lei que visa diminuir os prazos para adoção. Disponível em: https://www12.senado.leg.br/noticias/especiais/especial-cidadania/nova-lei-da-esperanca-a-quem-espera-adocao/nova-lei-da-esperanca-a-quem-espera-adocao/. Acesso em: 28 abr. 2022.

Diário de bordo

Lembre-se de fazer o registro de sua leitura, anotando no diário de bordo o título do texto, o nome do autor, o local e a data de publicação. Esses registros serão utilizados para a experimentação que você fará a seguir.

Experimentação Produção de *podcast* ou videoartigo

Com base na revisão bibliográfica feita anteriormente, você e seus colegas produzirão um *podcast* ou um videoartigo de divulgação científica. Para isso, siga estas etapas:

1. Forme um grupo com mais três integrantes e escolham o público-alvo da produção de vocês, adequando a linguagem para o interlocutor que a acessará.
2. Definido o público, elaborem o roteiro que será a base para a produção. Lembrem-se de que é um texto de divulgação científica; dessa forma, vocês devem usar termos científicos e "traduzi-los" para uma linguagem mais próxima do interlocutor. Para o roteiro, é preciso haver:
   - introdução: apresentação da temática;
   - desenvolvimento: informações da pesquisa;
   - conclusão: resposta à problemática inicial.
3. No roteiro, apontem também as entradas de recursos sonoros e/ou audiovisuais, a depender do gênero que estão desenvolvendo. Isso facilitará a edição do material.
4. Para fazer a gravação, busquem um lugar silencioso e façam a leitura prévia do roteiro, ensaiando a entonação desejada na locução.
5. Depois de gravarem, avaliem o material e se organizem para fazer a edição. Dividam as tarefas com base nos interesses e nas potencialidades de cada um.
6. Combinem com o professor a forma de divulgação da produção do grupo. Pode ser um canal de compartilhamento de áudios e vídeos da turma, por exemplo, ou mesmo o *blog* da escola. É importante que as produções sejam divulgadas para que o conhecimento e a pesquisa de vocês possam ser compartilhados.
7. Arquive em seu **Portfólio** o roteiro e, se possível, a gravação do *podcast* ou do videoartigo.

Diário de bordo

Registre no diário de bordo suas reflexões com base nas produções da turma.

Teatro e divulgação científica (Arte)

Agora você entenderá como o teatro pode colaborar para a divulgação científica, analisará a importância da sonoplastia e da voz em acontecimentos teatrais, locução e dublagem e experimentará algumas técnicas vocais para a produção de um *podcast* de divulgação científica na seção *#Multiplicar*.

1. Observe a imagem e converse com a turma, respondendo oralmente às questões a seguir.
   a) Alguns objetos que os atores estão segurando são instrumentos científicos. Você os conhece?
   b) Como você acha que o teatro colabora com a divulgação científica?
   c) Você sabe quem foi Galileu Galilei e a importância dele para a Ciência?
   d) Você sabe quais instituições financiam a pesquisa científica no Brasil?

Renato Mangolin/Acervo do fotógrafo

Espetáculo *A vida de Galileu*, direção de Daniel Herz e João Marcelo Pallottino, Museu da Vida, Rio de Janeiro (RJ), 2016.

2. Investigue a situação da pesquisa científica no estado em que você vive e responda às seguintes questões:

a) Quais são as principais instituições em que as pesquisas estão sendo desenvolvidas?
b) De onde vem o financiamento dessas pesquisas?
c) Quais são as áreas de conhecimento em que essas pesquisas mais se concentram?
d) Qual é o perfil de gênero dos pesquisadores? Há mais homens ou mulheres pesquisando? Essa diferença é grande?

O espetáculo *A vida de Galileu* é inspirado no texto do dramaturgo alemão Bertolt Brecht (1898-1956). Escrito entre o fim da década de 1930 e 1943, trata da vida do italiano Galileu Galilei (1564-1642), cientista, astrônomo, professor de Física e Matemática na Universidade de Pádua, na Itália. Galileu foi considerado por muitos o pai da Ciência Moderna e um dos fundadores do método experimental de pesquisa durante o **Renascimento científico**. Entre seus estudos, estão o princípio da inércia, do movimento pendular e do movimento uniforme acelerado, que são algumas das bases das descobertas da **Mecânica clássica**, feitas posteriormente pelo inglês Isaac Newton (1642-1727).

Suas descobertas sobre o movimento dos corpos celestes, a descoberta de manchas solares, de montanhas na Lua, de anéis em Saturno e a divulgação de suas constatações de que a Terra não era o centro do Universo (geocentrismo), mas girava em torno Sol, como os demais planetas (heliocentrismo), fez Galileu ser considerado herege pela inquisição da Igreja católica em 1633. Por esse motivo, ele foi forçado a negar suas descobertas e condenado à prisão domiciliar pelo resto de sua vida na cidade de Florença, na Itália. Galileu morreu em 1642, ano de nascimento de Newton.

A montagem da peça, dirigida por Daniel Herz (1964-) e João Marcelo Pallottino, faz parte do projeto Ciência em Cena, do Museu da Vida, na Fundação Oswaldo Cruz (Fiocruz), localizada no Rio de Janeiro (RJ). A instituição tem um importante histórico de utilização do teatro para aproximar a população da Ciência. A seguir, você compreenderá melhor como o teatro pode contribuir com a divulgação do conhecimento histórico e científico.

As peças teatrais com temas científicos são eventos complexos que envolvem o trabalho de muitas pessoas. Geralmente, contam com conversas com cientistas, estudos de conceitos, termos técnicos específicos e reflexões sobre como levá-los para a cena em uma linguagem acessível.

Essas peças podem ser criadas por grupos teatrais para circuitos culturais comerciais com cobrança de ingresso e ser apresentadas em teatros. Também podem ser feitas por encomenda de instituições de ensino e pesquisa para apresentações gratuitas em espaços alternativos. A montagem de *A vida de Galileu* aqui mostrada foi encenada no palco da Tenda da Ciência Virgínia Schall, da Fiocruz, uma das mais importantes instituições de ciência e tecnologia em saúde da América do Sul.

3. **Leia a "Cena 4" da peça *A vida de Galileu*, de Bertolt Brecht, que você também utilizará em uma das experimentações deste tópico, e responda às questões.**

4

Galileu trocou a República de Veneza pela corte florentina, cujos sábios não dão crédito às suas descobertas feitas pelo telescópio

O que é velho diz: fui, sou, serei assim.

O que é novo diz: caia fora o que é ruim.

Saiba +

Leia a reportagem indicada a seguir que apresenta algumas informações a respeito do volume de recursos que compõem o financiamento científico no mundo.

Nos países desenvolvidos, o dinheiro que financia a ciência na universidade é público, de Luiza Caires, publicado no *Jornal da USP*, 24 maio 2019. Disponível em: https://jornal.usp.br/ciencias/nos-paises-desenvolvidos-o-dinheiro-que-financia-a-ciencia-e-publico. Acesso em: 28 abr. 2022.

Renascimento científico: ocorreu na Europa entre os séculos XV e XVI, um período em que houve grandes avanços nos campos do conhecimento humano, como a Astronomia, a Matemática, a Física e a Medicina.

Mecânica clássica: é o ramo da Física que descreve os movimentos como resultado da massa e das forças que atuam sobre um objeto. Os estudos desse campo da Física foram descritos pela primeira vez por Isaac Newton, no século XVII, com base em pesquisas de cientistas como Galileu Galilei.

Casa de Galileu em Florença. Dona Sarti arruma o quarto de estudos de Galileu para a chegada dos estudantes. O seu filho Andrea, sentado, arruma os mapas estelares.

DONA SARTI — Desde que chegamos a esta decantada Florença os salamaleques e a puxação não param mais. A cidade inteira desfila diante desse canudo, e quem limpa o chão depois sou eu. E não vai adiantar nada! Se essas descobertas prestassem, os padres seriam os primeiros a reconhecer. Eu passei quatro anos trabalhando em casa de monsenhor Filippo, e não acabei de limpar a biblioteca dele toda. Eram livros de couro até o teto, livros que não eram de poesia! O bom monsenhor tinha um quilo de hemorroidas, de tanto ficar sentado por causa da ciência, e um homem assim não havia de saber? E essa grande visita de hoje vai ser um fiasco, de modo que amanhã, para variar, não tenho coragem de olhar o leiteiro na cara. Eu é que estava certa quando disse que ele devia preparar um bom jantar, oferecer um bom pedaço de carneiro, antes de mostrar o telescópio. Mas não! *Ela imita Galileu* — "O que eu vou mostrar a eles é melhor."

Batem à porta, embaixo.

DONA SARTI *olha pela fresta da janela* — Meu Deus, o grão-duque já chegou. E Galileu ainda está na universidade!

Desce a escada correndo, e faz entrar o Grão-Duque de Toscana, Cosmo de Mediei, seguido pelo mestre-sala e por duas damas de companhia.

COSMO — Eu quero ver o telescópio.

O MESTRE-SALA — Vossa Alteza há de ter paciência, até que o senhor Galileu volte da universidade com os outros senhores. *Voltando-se para Dona Sarti.* — O senhor Galileu quer que os astrônomos examinem as estrelas que ele descobriu e batizou de "Medicéias".

COSMO — Eles não acreditam no telescópio nem um pouco. Onde é que está?

DONA SARTI — Lá em cima, no quarto de estudo.

O menino balança a cabeça, olha a escada e, quando Dona Sarti faz que sim, sobe correndo.

O MESTRE-SALA um homem muito velho — Alteza! *Voltando-se para Dona Sarti* — A senhora acha necessário subir? Eu estou aqui só porque o preceptor está de cama.

DONA SARTI — Deixe, não vai acontecer nada ao jovem senhor. O meu menino está lá em cima.

Cosmo entrando — Boa noite.

Os meninos se inclinam cerimoniosamente. Pausa. Andrea volta ao seu trabalho.

Andrea *muito semelhante ao seu professor* — Isto aqui parece a casa da sogra.

COSMO — Muita visita?

ANDREA — Mexem em tudo, arregalam o olho e não pescam nada.

COSMO — Eu entendo. É esse o... *Aponta para o telescópio.*

ANDREA — É, é esse. Mas não é para botar o dedo.

COSMO — E isso, o que é? *Aponta para o modelo do sistema de Ptolomeu.*

ANDREA — Esse é o ptolomaico.

COSMO — Ele mostra o movimento do Sol não é?

ANDREA — É o que dizem.

COSMO *senta-se numa cadeira e põe o modelo sobre as pernas* — Hoje eu saí mais cedo porque o meu professor está resfriado. É gostoso este lugar.

ANDREA *andando para baixo e para cima, inquieto e incerto, examina o outro menino com olhar desconfiado; finalmente, incapaz de resistir à tentação, pesca um modelo copernicano que está detrás dos mapas* — Mas na verdade é assim.

COSMO — O que é assim?

ANDREA apontando o modelo nas mãos de Cosmo — Dizem que é assim, mas — *apontando para o seu* — é assim que é. A Terra gira em torno do Sol, o senhor compreende?

COSMO — Você acha mesmo?

ANDREA — Está provado.

COSMO — Não diga. Eu quero saber por que não me deixam mais ver o velho. Ontem ele ainda apareceu para o jantar.

ANDREA — O senhor parece que não acredita, hein?

COSMO — Como não? Acredito sim.

ANDREA *indicando subitamente o modelo sobre os joelhos de Cosmo* — Dê cá, nem esse você entende!

COSMO — Mas você não precisa dos dois.

Transsia Design/Shutterstock

ANDREA — Dê cá, isso não é brincadeira pra criança.

COSMO — Eu devolvo, mas você devia ser um pouco mais educado, sabe?

ANDREA — "Educado, educado", você é um bobo, e dê cá senão vai ter.

COSMO — Tire a mão, viu!

Começam a brigar e logo rolam no chão.

ANDREA — Você vai ver como se trata um modelo. Pede água!

COSMO — Partiu ao meio. Você está me torcendo a mão.

ANDREA — Você vai ver quem tem razão e quem não tem. Diz que ela gira, senão eu bato!

COSMO — Não digo. Ai, seu estúpido! Você vai aprender a ser bem-educado.

ANDREA — Estúpido? Quem é estúpido?

Lutam silenciosamente. Embaixo, entram Galileu e alguns professores da universidade; atrás deles, Federzoni.

O MESTRE-SALA — Meus senhores, um leve mal-estar impediu o preceptor de Sua Alteza, senhor Suri, de acompanhar Sua Alteza até aqui.

O TEÓLOGO — Eu espero que não seja grave.

O MESTRE-SALA — Não é grave.

GALILEU *desapontado* — Sua Alteza não está aqui?

O MESTRE-SALA — Sua Alteza subiu. Não se prendam, senhores. A corte está ansiosíssima, esperando a opinião da ilustre universidade a respeito do extraordinário instrumento do Senhor Galileu e das suas maravilhosas estrelas novas.

Sobem. Os meninos, caídos no chão, ficam quietos. Ouviram o barulho.

COSMO — Chegaram. Deixe eu levantar.

Levantam depressa.

Os SENHORES *enquanto sobem* — Não, não, está tudo perfeitamente bem. — A epidemia na cidade velha não é de peste, a Faculdade de Medicina excluiu esta hipótese. Com o frio que está fazendo, os miasmas não resistiriam. — O pior desses casos é sempre o pânico. Não há nada além de resfriados, que são comuns nessa estação do ano. — Não há dúvida possível. — Tudo perfeitamente bem.

Saudações no primeiro andar.

GALILEU — Alteza, tenho a felicidade de trazer novas à vossa presença e aos senhores de vossa universidade.

Cosmo faz curvaturas muito formais para todos os lados, também para Andrea.

O TEÓLOGO *vendo no chão o modelo ptolomaico partido* — Parece que aqui há alguma coisa quebrada.

Cosmo abaixa-se rapidamente e apanha o modelo, que entrega a Andrea com gesto cortês. Enquanto isso, disfarçando, Galileu dá sumiço ao outro modelo.

GALILEU *junto ao telescópio* — Como Vossa Alteza certamente sabe, já faz algum tempo que nós, astrônomos, encontramos grandes dificuldades em nossos cálculos. Nós nos baseamos num sistema muito antigo, que está de acordo com a filosofia, mas infelizmente não parece estar de acordo com os fatos. Segundo esse velho sistema, o ptolomaico, supõe-se que o movimento das estrelas seja muito complicado. O planeta Vênus, por exemplo, descreve um movimento, do tipo seguinte. *Galileu desenha num quadro o trajeto epicíclico de Vênus, de acordo com a suposição ptolomaica.* Mas, mesmo admitindo esses movimentos complicados, não somos capazes de calcular com precisão a posição futura das estrelas. Não as encontramos no lugar em que deveriam estar. E, além disso, há movimentos no céu para os quais o sistema ptolomaico não tem explicação alguma. Me parece que algumas estrelas pequenas, descobertas por mim, descrevem esse tipo de movimento a volta do planeta Júpiter. Se os senhores estiverem de acordo, poderíamos começar examinando os satélites de Júpiter, as estrelas Mediceias.

ANDREA *indicando a banqueta diante do telescópio* — É favor sentar aqui.

O FILÓSOFO — Muito obrigado, meu filho. Mas eu receio que isso tudo não seja tão simples. Senhor Galileu, antes de aplicarmos o seu famoso telescópio, gostaríamos de ter o prazer de uma disputa. Assunto: É possível que tais planetas existam?

O MATEMÁTICO — Uma disputa formal.

GALILEU — Eu achava mais simples os senhores olharem pelo telescópio para terem certeza.

ANDREA — Aqui, por favor.

O MATEMÁTICO — Claro, claro. O senhor naturalmente sabe que segundo a concepção dos antigos não é possível uma estrela que gire em volta de um centro que não seja a Terra, assim como não é possível uma estrela sem suporte no céu?

GALILEU — Sei.

O FILÓSOFO — E mesmo sem considerar a possibilidade de tais estrelas, que ao nosso matemático — *faz uma mesura em sua direção* — parece duvidosa, eu gostaria de perguntar com toda a modéstia e como filósofo: seriam necessárias tais estrelas? *Divini Aristotelis universum...*

GALILEU — Se for possível, eu preferia que continuássemos na língua comum. O meu colega, o Senhor Federzoni, não entende o latim.

O FILÓSOFO — É importante que ele nos entenda?

GALILEU — É.

O FILÓSOFO — O senhor me perdoe, pensei que ele fosse operário, um polidor de lentes.

ANDREA — O Senhor Federzoni é polidor de lentes e é um estudioso.

O FILÓSOFO — Obrigado, meu filho. Se o Senhor Federzoni insiste.

GALILEU — Sou eu quem insiste.

O FILÓSOFO — O argumento perderá em brilho, mas a casa é sua. O universo do divino Aristóteles, com as suas esferas misticamente musicais e as suas abóbadas de cristal e os movimentos circulares de seus corpos e o ângulo oblíquo do trajeto solar e os mistérios da tabela dos satélites e a riqueza estelar do catálogo da calota austral e a arquitetura iluminada do globo celeste, forma uma construção de tal ordem e beleza, que deveríamos hesitar muito antes de perturbar essa harmonia.

GALILEU — Vossa Alteza não quer ver as impossíveis e desnecessárias estrelas através deste telescópio?

O MATEMÁTICO — Não seria o caso de dizer que é duvidoso um telescópio no qual se vê o que não pode existir?

GALILEU — O que o senhor quer dizer?

O MATEMÁTICO — Seria tão mais proveitoso, senhor Galileu, se o senhor nos desse as suas razões, as razões que o movem quando supõe que na esfera mais alta do céu imutável as estrelas possam mover-se e flutuar livremente.

O FILÓSOFO — Razões, senhor Galileu, razões!

GALILEU — As razões? Mas se os olhos e as minhas anotações mostram o fenômeno? Meu senhor, a disputa está perdendo o sentido.

O MATEMÁTICO — Se houvesse a certeza de que o senhor não se irritaria mais ainda, seria possível dizer que o que está no seu tubo e o que está no céu são coisas diferentes.

O FILÓSOFO — É impossível exprimir esse pensamento de maneira mais cortês.

FEDERZONI — O senhor acha que as estrelas Medicéias estão pintadas nas lentes?

GALILEU — O senhor está me acusando de fraude?

O FILÓSOFO — Mas de maneira alguma! Em presença de Sua Alteza?

O MATEMÁTICO — O seu instrumento, não sei se o chamo de seu filho, ou de filho adotivo, é extremamente engenhoso, quanto a isso não há dúvidas!

O FILÓSOFO — E estamos inteiramente convencidos, senhor Galileu, de que nem o senhor nem ninguém ousaria dar o nome egrégio da casa reinante a uma estrela cuja existência não estivesse acima de qualquer dúvida.

Todos se inclinam profundamente diante do Grão-Duque.

COSMO *pergunta às damas de companhia* — Aconteceu alguma coisa com as minhas estrelas?

A MAIS VELHA DAS DAMAS *ao grão-duque* — Não aconteceu nada às estrelas de Vossa Alteza. O que estes senhores querem saber é se elas existem, se elas existem de fato.

Pausa.

A MAIS JOVEM — Dizem que esse instrumento mostra até os dentes da Ursa Maior.

FEDERZONI — Mostra também as partes do Touro.

GALILEU — Meus senhores, vamos ou não vamos olhar?

O FILÓSOFO — Claro, claro.

O MATEMÁTICO — Claro.

Pausa. De repente, Andrea faz meia-volta e a passo rígido atravessa o quarto inteiro para sair. Dá de encontro com a mãe, que o segura.

DONA SARTI — O que foi?

ANDREA — Eles são burros. *Livra o braço e sai correndo.*

O FILÓSOFO — Pobre criança.

O MESTRE-SALA — Alteza, meus senhores, peço recordar que em menos de uma hora terá início o baile da corte.

O MATEMÁTICO — Enfim, que adianta dançar sobre ovos? Mais cedo ou mais tarde, o senhor Galileu se habituará aos fatos. A esfera de cristal seria furada pelos planetas de Júpiter. É simplíssimo.

FEDERZONI — O senhor não vai acreditar, mas não existem as esferas de cristal.

O FILÓSOFO — Existem, qualquer manual ensina isto, meu rapaz.

FEDERZONI — Nesse caso, é preciso escrever manuais novos.

O FILÓSOFO — Alteza, o meu ilustre colega e eu nos apoiamos em nada menos que na autoridade do divino Aristóteles ele mesmo.

GALILEU *quase submisso* — Meus senhores, a fé na autoridade de Aristóteles é uma coisa, e os fatos, que são tangíveis, são outra. Os senhores dizem que segundo Aristóteles há esferas de cristal lá no alto; que, portanto, há movimentos que não são possíveis, porque as estrelas seriam obrigadas a quebrar as esferas. Mas e se os senhores puderem constatar esses movimentos? Isto não indicaria aos senhores que essas esferas de cristal não existem? Meus senhores, eu lhes peço com toda a humildade que acreditem nos seus olhos.

O MATEMÁTICO — Meu caro Galileu, por mais antiquado que pareça ao senhor, eu ainda tenho o hábito de ler Aristóteles, e lhe garanto que acredito nos meus olhos quando leio.

GALILEU — Eu me acostumei a ver como os senhores de todas as faculdades fecham os olhos a todos os fatos, fazendo de conta que não houve nada. Eu mostro as minhas observações e eles sorriem, eu ofereço o meu telescópio para que vejam, e eles citam Aristóteles.

FEDERZONI — Aristóteles não tinha telescópio!

O MATEMÁTICO — É claro que não, é claro que não.

O FILÓSOFO *enfático* — Se a intenção aqui é de sujar Aristóteles, uma autoridade aceita não só pela totalidade da ciência antiga, como também pelos grandes Padres da Igreja, quer me parecer supérfluo prosseguir nesta discussão. Eu recuso discussões que não tenham objetivo concreto. Para mim, chega.

GALILEU — A verdade é filha do tempo e não da autoridade. A nossa ignorância é infinita, vamos reduzi-la de um centímetro! De que vale ser tão esperto agora, agora que finalmente poderíamos ser ao menos um pouco menos estúpidos. Eu tive a felicidade inimaginável de encontrar um instrumento novo, que permite examinar mais de perto, não muito, uma franja do universo. Os senhores deveriam aproveitar.

O FILÓSOFO — Alteza, minhas senhoras e meus senhores, o que eu me pergunto é onde iremos chegar.

GALILEU — Pelo que eu entendo, como cientistas não temos que perguntar onde a verdade nos leva.

O FILÓSOFO *furioso* — A verdade, senhor Galileu, pode levar a muitas partes!

GALILEU — Alteza! Nestas noites, na Itália inteira, há telescópios voltados para o céu. As luas de Júpiter não barateiam o leite. Mas nunca foram vistas, e agora existem. O homem da rua conclui que poderiam existir muitas outras coisas também, se ele olhasse melhor. Vossa Alteza deve confirmá-lo! Se a Itália está atenta, não é por causa do movimento de algumas estrelas distantes, mas pela notícia de que as doutrinas ditas inabaláveis estão abaladas, e qualquer um sabe que o número delas é grande demais. Meus senhores, não vamos defender doutrinas abaladas!

FEDERZONI — São os professores que deveriam derrubá-las.

O FILÓSOFO — Eu preferia que o seu ajudante não desse conselhos numa disputa científica.

GALILEU — Alteza! O meu ofício no Grande Arsenal de Veneza fazia que eu diariamente estivesse com desenhistas, construtores e ferramenteiros. Não foi pouca coisa o que aprendi com essa gente. Eles não têm leitura e confiam no testemunho de seus cinco sentidos; o testemunho os leve para onde for, geralmente eles não têm medo.

O FILÓSOFO — Oh, oh!

GALILEU — Como os nossos marinheiros, que há cem anos deixavam as nossas costas sem saber a que costas chegariam, se é que existiam outras costas. Parece que hoje, para encontrar a sublime curiosidade que fez a glória verdadeira da velha Grécia, só indo aos estaleiros.

O FILÓSOFO — Por tudo o que ouvimos aqui, eu não duvido mais de que o Senhor Galileu encontre admiradores no estaleiro.

O MESTRE-SALA — Alteza, estou desolado, mas esta conversação extraordinariamente instrutiva se estendeu um pouco demais. Sua Alteza precisa repousar um pouco antes do baile da corte.

A um sinal seu, o grão-duque se inclina diante de Galileu. O séquito se prepara rapidamente para partir.

DONA SARTI *barra o caminho do grão-duque e oferece um prato de doces* — Uma rosquinha, Alteza?

A mais velha das damas de companhia leva o grão-duque para fora.

GALILEU *correndo atrás deles* — Mas bastava que os senhores olhassem pelo instrumento!

O MESTRE-SALA — Sua Alteza não deixará de submeter estas afirmações à consideração de nosso maior astrônomo vivo, o Padre Cristóvão Clávio, astrônomo-chefe do Colégio Papal, em Roma.

BRECHT, Bertolt. A vida de Galileu. *In*: BRECHT, Bertolt. *Teatro completo*. Tradução de Roberto Schwarz. Rio de Janeiro: Paz e Terra, 1991. v. 6, p. 86-96.

a) A cena faz parte do ato da peça em que Galileu defende as vantagens do uso do novo instrumento científico, o telescópio, e busca financiamento de sua pesquisa. Como seus feitos científicos são recebidos?

b) A peça evidencia o debate sobre as duas concepções de mundo ainda em vigor no século XVII. Quais são elas?

Para ir mais longe

Difusão, disseminação e divulgação científica

A difusão científica se refere a todos os processos de veiculação da informação científica e abrange os termos disseminação científica e divulgação científica.

A disseminação é quando os conhecimentos científicos são transmitidos para um público especializado, em linguagem técnica, como em artigos científicos, que seguem as normas de escrita da Associação Brasileira de Normas Técnicas (ABNT). Essas informações, por terem uma linguagem técnica, geralmente só são compreendidas completamente por pessoas da mesma área, que dominam os termos específicos.

Já a divulgação científica é a forma mais utilizada no Brasil para falar sobre a transmissão dos conhecimentos acadêmicos para o público em geral, por meio de linguagens acessíveis e de fácil compreensão, que podem utilizar ou não recursos e técnicas para facilitar o diálogo entre a ciência e a sociedade. As diversas formas teatrais são exemplos desses recursos.

4. Releia o trecho destacado no texto para responder às questões:

a) "As doutrinas ditas inabaláveis estão abaladas", diz Galileu na peça. O que essa frase significa?

b) Reflita sobre a invenção de outros instrumentos científicos que transformaram o conhecimento e nossa forma de viver. Como você imagina que essas descobertas foram recebidas? Será que "abalaram" alguma doutrina? Anote suas conclusões e, depois, compartilhe-as com os colegas.

c) Em sua opinião, quais são as implicações da utilização da ciência e a relevância do cientista na sociedade?

Saiba +

Visite o *link indicado a seguir* para acessar a obra **A vida de Galileu**, de Bertolt Brecht, texto adaptado por Paulo Noronha Lisboa Filho e Francisco Carlos Lavarda, com base na tradução de Roberto Schwarz. Disponível em: http://wwwp.fc.unesp.br/~lavarda/galileu/a_vida_de_galileu_2012_03_19.pdf. Acesso em: 28 abr. 2022.

Para ir mais longe

Estrutura do texto teatral

Em geral, um texto teatral é dividido em atos, que, por sua vez, são subdivididos em cenas. Ao fim de cada ato, é comum que as cortinas se fechem e reabram para que o cenário seja alterado. Já as cenas de cada ato se diferenciam pelos personagens que participam dela.

No trecho da peça *A vida de Galileu*, o texto da cena introduz a sequência de falas, demarcadas para cada personagem. Observe que elas podem ser entrecortadas por rubricas, que são as indicações feitas pelo autor do texto sobre caracterização dos personagens, detalhes de cenários e ambientações, orientações de movimentações precisas dos atores e de mudanças de cenas, quadros ou atos e todos os demais apontamentos que o dramaturgo entenda como necessários para a encenação da peça.

Alguns gêneros teatrais utilizados na divulgação científica

Uma grande variedade de acontecimentos teatrais é utilizada para divulgação científica, desde apresentações de peças de longa e média duração, com cerca de uma hora ou uma hora e meia, até cenas curtas, contações e intervenções para ambientação de época. Veja alguns exemplos a seguir.

A **esquete teatral** é uma peça ou cena curta, geralmente com viés cômico. Esse é um dos gêneros utilizados em espaços científicos, educacionais e culturais para sensibilizar o público sobre questões científicas de maneira introdutória, em virtude de seu curto tempo de duração (cerca de 10 minutos).

Reprodução/Museu da Vida, Rio de Janeiro, RJ.

Contação de história *Curumim quer música*, idealização e direção de Wanda Hamilton. Espaço Epidauro — Ciência em Cena, Museu da Vida, Rio de Janeiro (RJ), 2014. Apresenta propriedades do som (timbre, tom, ritmo, etc.) e criação de instrumentos musicais feitos com material reciclado e se baseia na história do indiozinho Ynhire.

A **contação de história**, geralmente voltada para o público infantojuvenil, é outro gênero teatral muito utilizado para a divulgação científica. Pode ser realizada com manipulação de objetos, animação de bonecos, leituras de textos, música e narração, incentivando a leitura e a imaginação do público sobre questões científicas.

Além das esquetes e das contações, as instituições trabalham com o **teatro de improvisação**, em que atores, caracterizados como personalidades históricas, circulam entre os visitantes dos espaços com o intuito de instigar a curiosidade e a imaginação do público sobre determinado assunto e período.

A criação de ambientações com cenários, adereços e atores caracterizados é outro acontecimento teatral utilizado na divulgação. Nesse modelo, as ações, os costumes e os diálogos de época são reconstituídos de maneira que os visitantes tenham a sensação de estar presenciando o cotidiano de um passado histórico.

Outra prática teatral são as visitas guiadas teatralizadas, que se aproximam do teatro de improvisação. Diferentemente da livre circulação de atores pelos espaços ou da criação de ambientações, nessas visitas, o público é conduzido por atores caracterizados que transmitem informações importantes para a compreensão de determinado tema.

Edson Carvalho/Projeto Museu Vivo na Cidade, Salvador, BA.

Atores do Museu Vivo caracterizados para uma interação com o público sobre a herança colonial do período de dom João VI e da família real no Brasil, Salvador (BA), 2014.

Arquivo/Grupo Narração Oral Tradicional

Intervenção teatral *Viva a história viva*, do grupo Narração Oral Tradicional, direção de Sonia Jaqueline, Porto Feliz (SP), 2019. Reproduz o período histórico das expedições bandeirantes.

Arquivo/Grupo Narração Oral Tradicional

Visita guiada teatralizada do grupo Narração Oral Tradicional, direção de Sonia Jaqueline, 2018. Parque das Monções, porto de Araritaguaba, Porto Feliz (SP).

Arquivo/Companhia Karagozwk

Cena do espetáculo de teatro de sombras *Jovem Einstein vê o mundo*, da Companhia Karagozwk, direção de Marcello Andrade dos Santos, Curitiba (PR), 2019. Na peça, o jovem Albert Einstein (1879-1955) busca explicações para os mistérios do Universo com base nas forças invisíveis da natureza.

O **teatro de sombras** é mais um gênero teatral utilizado na divulgação científica, caracterizado pela manipulação de objetos, bonecos ou movimentação corporal dos atores para criar efeitos visuais com luz e sombras, projetadas geralmente sobre um fundo branco. Nesse tipo de teatro, além da iluminação para criar imagens, o sons (sonoplastia), as técnicas corporais e vocais dos atores e outras tecnologias, como o vídeo, são fundamentais para contar a história.

Nos exemplos de gêneros teatrais utilizados para a divulgação científica que você viu, geralmente, os temas abordados são a vida de personalidades históricas, seus dilemas éticos e morais, suas descobertas e a influência que tiveram na sociedade. As histórias criadas partem de dados reais que representam ideias científicas transmitidas ao público de maneira lúdica e de fácil entendimento.

Saiba+

Conheça o *site* Ser Sonoro, criado por um pesquisador da Universidade de São Paulo (USP), que traz *podcasts* sobre sonoridades, músicas e escuta.

Ser Sonoro. Disponível em: https://sersonoro.net. Acesso em: 28 abr. 2022.

Uso expressivo da voz

Outro ponto importante dos acontecimentos teatrais mostrados neste estudo é o uso expressivo da voz para que a comunicação com o público seja bem realizada. Seja no palco convencional, seja em uma contação de histórias, seja nas visitas teatralizadas, seja nos espetáculos de teatro de sombras, a voz é um recurso fundamental. O mesmo vale para outras atividades, como o radialismo, a dublagem e a produção de *podcasts* transmitidos pela internet.

engagestock/Shutterstock

A gravação de *podcast* exige o uso expressivo da voz.

Técnicas para preparação vocal

A voz humana é uma poderosa forma de comunicação. O cuidado com o sistema vocal é feito com a prática de inúmeras técnicas que são divididas em aquecimento, respiração, dicção (capacidade de pronunciar claramente as palavras) e projeção da voz. Veja alguns exemplos a seguir.

1. Alongamento da musculatura vocal

- Gire lentamente os ombros para trás e, depois, para a frente. Repita isso dez vezes.
- Em seguida, incline a cabeça para a direita e, com o auxílio da mão direita, alongue o pescoço por vinte segundos. Repita o processo do lado esquerdo.
- Com a boca um pouco aberta, faça a rotação completa da cabeça para um lado e, depois, para o outro cinco vezes. Olhe para cima e, depois, para baixo por vinte segundos.
- Com a boca fechada, faça movimentos lentos e circulares com a língua, como se estivesse limpando os dentes. Gire cinco vezes para um lado e, depois, mais cinco para o outro. Ao final das rotações, engula a saliva.
- Lentamente, comece a mover a boca, como se estivesse mastigando um pedaço de pão, que muda de lado de tempos em tempos e, inclusive, vai para a parte da frente da boca. Proceda com essa "mastigação" por cerca de vinte segundos, emitindo o som de "M".

2. Aquecimento da respiração

- Apoie as mãos na barriga e perceba como a respiração a faz se movimentar para a frente e para trás. Há um músculo chamado diafragma que divide a parte de cima do tronco da parte de baixo; ele é responsável por fazer nossa respiração acontecer.
- Respire fundo, procurando ativar a movimentação do diafragma. Segure o ar por cinco segundos e, depois, solte lentamente.
- Inspire pelo nariz e solte o ar lentamente pela boca, produzindo o som "TSSSS" cinco vezes. Repita a ação, mas agora fazendo o som de "X" também cinco vezes.

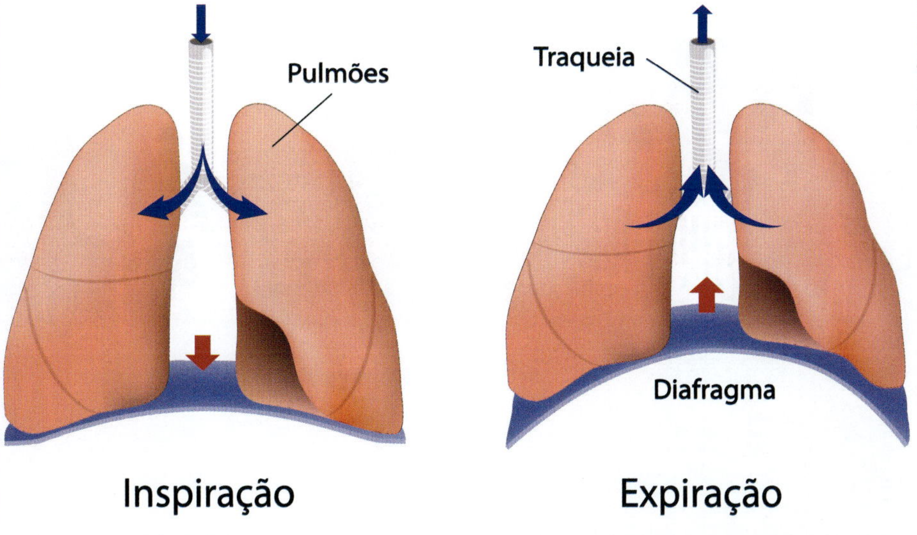

Designua/Shutterstock

Movimentação do músculo do diafragma durante a inspiração e a expiração do ar. (Elementos fora de escala. Cores fantasia.)

3. Aquecimento da voz

- Encha os pulmões e solte o ar pela boca, produzindo o som de "BRRRR"; repita cinco vezes. Em seguida, faça a variação do som, produzindo "BRRR", do grave até o agudo.
- Repita o mesmo exercício com a letra "A". Procure apenas abrir a boca, como se estivesse bocejando, e emita o som de "A", controlando a saída do ar para que o som possa se prolongar. Não é necessário "forçar" a voz para que o som tenha muita intensidade.

4. Dicção

- Escolha um texto curto e faça sua leitura, articulando bem cada palavra. Faça a pronúncia sem pressa, valorizando cada sílaba.

5. Projeção da voz

- Fique de um lado da sala enquanto outra pessoa fica na outra extremidade. Leia o texto curto que escolheu para o exercício de dicção, articulando bem as palavras e imaginando que você pretende que elas cheguem claramente ao outro lado da sala. Não é necessário gritar.

O radioteatro

Até o fim da primeira metade do século XX, o rádio foi o grande meio de comunicação e divulgação de informações em massa no Brasil. Entre os programas transmitidos, havia uma forma de contar histórias chamada teatro radiofônico ou radioteatro, cuja base era a riqueza das dramatizações feitas com as vozes dos atores e os efeitos de sonoplastia, capazes de estimular a imaginação e a emoção dos ouvintes.

As radionovelas foram outro tipo de programa de rádio que apresentava histórias. Sucesso entre as décadas de 1940 e 1960, as radionovelas eram baseadas no gênero literário folhetim, ou romance folhetinesco.

No século XIX, esse gênero apresentou um novo modo de construir a ficção, propagando e popularizando a literatura por meio de publicações no rodapé dos jornais, compondo as histórias em capítulos, dia após dia. Mas, diferentemente do radioteatro, que apresentava peças completas em programas únicos, as radionovelas eram subdivididas em capítulos transmitidos periodicamente e foram as precursoras das telenovelas da atualidade.

Arquivo/Agência Brasil

Registro de "Em Busca da Felicidade", primeira radionovela do Brasil.

Saiba+

Escute o programa especial realizado pela Rádio Universitária FM 107,9 sobre o radioteatro no Brasil. **A história do radioteatro no Brasil** (26 min), publicado em Rádio Universitária FM 107,9, 8 nov. 2018. Disponível em: https://www.radiouniversitariafm.com.br/memoria/a-historia-do-radio-teatro-no-brasil. Acesso em: 28 abr. 2022.

Experimentação Radioteatro

Nesta experimentação, em grupos, você e os colegas vão criar dramaturgias sonoras para radioteatro com base no trecho lido da peça *A vida de Galileu*, de Bertolt Brecht. O interessante vai ser observar como cada grupo vai criar seu radioteatro.

1. Forme um grupo com cerca de dez integrantes. Vocês devem combinar quem fará a voz de cada personagem, quais sons utilizarão para compor o ambiente e o clima da cena e quem vai realizá-los nos momentos marcados no roteiro que vocês criarão com base no trecho da peça *A vida de Galileu*.
2. Releiam o trecho da peça para tirar dúvidas sobre o significado de palavras e imaginar como a cena será composta sonoramente. Lembrem-se: no radioteatro, não há apresentações no palco, figurinos e iluminação. Tudo deve ser criado e transmitido aos ouvintes apenas por meio dos sons e das falas dos personagens. Não há necessidade de decorar as falas, vocês poderão lê-las.
3. Durante as leituras, imaginem a sonoplastia que criará o ambiente de cada trecho (passos, batidas na porta, barulhos de pés de cadeiras, talheres tocando pratos, etc.) e anotem as ideias no diário de bordo, indicando em qual ponto do texto entrará determinado som. Algumas rubricas do roteiro, por exemplo, podem ser transformadas em falas de um narrador. Além disso, podem indicar o uso de efeitos sonoros.
4. Como nos programas de rádio, pensem no nome da emissora, na vinheta e no fundo musical de abertura, nos *jingles* dos patrocinadores fictícios, na apresentação do nome da cena e do elenco, em um breve resumo, nos agradecimentos finais e na chamada para a hipotética próxima sessão do programa de radioteatro do grupo.
5. Anotem essas ideias no diário de bordo, de modo a montar a dramaturgia sonora da cena, ou seja, criando um roteiro que relacione as falas dos personagens, os sons que as acompanham, as inserções de vinhetas, músicas, intervalos comerciais fictícios, etc.
6. Com o roteiro pronto, vocês devem providenciar objetos, instrumentos musicais e gravações que vão compor a sonoplastia. Podem baixar músicas de uso livre da internet, fazer gravações de sons e ruídos ou utilizar os objetos ao vivo durante a apresentação.
7. Ensaiem quantas vezes forem necessárias, até que os sons e as falas dos personagens estejam alinhados com o roteiro. Gravem alguns ensaios para perceber quais pontos podem melhorar antes da apresentação. Lembrem-se de fazer os exercícios de preparação vocal que vocês aprenderam no boxe *Técnicas para preparação vocal.*
8. Combinem com o professor e com o restante da turma qual estrutura vocês poderão utilizar para criar uma divisão física (biombo, cortina, entre outras formas), de modo que a plateia fique de um lado e a execução da cena aconteça do outro e que somente os sons da cena cheguem até a plateia. Se for possível, vocês podem usar microfones ligados a caixas de som. Assim, a plateia pode ficar em uma sala, acompanhando pela caixa de som a apresentação do grupo que acontece em outro ambiente, captada pelo microfone.
9. No dia e na hora marcados, apresentem a dramaturgia sonora que criaram. Arquive em seu **Portfólio** o roteiro e os registros que fizeram durante a experimentação.

Diário de bordo

Após todas as apresentações, faça uma roda de conversa com seus colegas para colher as impressões e as sensações que surgiram durante a realização da atividade. Anote suas reflexões sobre o processo de criação do radioteatro no diário de bordo.

#EnemVestibular

Responda às questões a seguir para treinar seus conhecimentos sobre o que estudou nesta unidade.

1. (UEM-PR – 2018)

Em relação ao rádio e à televisão, assinale o que for correto.

a) Os programas televisivos ao redor do mundo receberam influências distintas; no Brasil, sua principal influência foi o rádio.

b) Os técnicos em sonoplastia eram os responsáveis por produzir sons que emprestavam dramaticidade às radionovelas brasileiras.

c) Na televisão, o tratamento sonoro seguiu o mesmo caminho do cinema, porém as trilhas sonoras não eram produzidas com o mesmo cuidado artístico por causa da rapidez de produção que o consumismo impunha.

d) Os videoclipes surgiram no início da década de 1960 com o objetivo de difundir a música jovem da época, principalmente o Rock'n'Roll.

e) Grupos como Beatles, Monkees e cantores como Bob Dylan foram contrários à utilização de videoclipes para a divulgação de suas músicas por questões mercadológicas.

2. (Fiocruz-RJ – 2010)

> Telenovelas e radionovelas, bem como músicas, filmes e seriados de televisão são considerados produtos da indústria cultural que mostram bons resultados quando utilizados em estratégias de campanhas de saúde. Os seriados norte-americanos como ER, Law & Order: Special Victims Unit e Law & Order, por exemplo, integram, em seus *plots* e personagens, questões vinculadas à relação médico-paciente, endemias, gravidez, adição de drogas, abuso sexual, exclusão e crime racial.

Analisando o texto acima, pode-se afirmar que, no momento, a telenovela da Rede Globo de Televisão, exibida no horário noturno, *Passione*, aborda o uso de crack e cocaína por um de seus personagens. A esse respeito, é correto afirmar que:

a) esta eficácia se deve, provavelmente, aos efeitos imediatos que os conteúdos dos produtos dos meios de comunicação exercem igualmente sobre os seus usuários, independente da cultura, segundo a Teoria Hipodérmica.

b) uma das explicações clássicas sobre estes resultados está contida na Teoria Culturológica, segundo a qual os produtos da cultura de massa incorporam e repetem arquétipos de narrativas épicas e românticas no inconsciente coletivo e individual. Outras explicações muito relevantes que dão conta destes efeitos estão contidas na Teoria das Mediações, de idealização sul-americana.

c) estes efeitos só podem ser obtidos através de mídias centralizadas e de alto alcance como a televisão de sinal aberto e rádio de longo alcance. Mídias comunitárias e salas de exibição de cinemas não dão conta de promover resultados satisfatórios com relação a produtos de entretenimento.

d) o teatro, ao contrário dos produtos descritos no enunciado, não é uma alternativa boa para campanha de saúde por não ser exercido através de suporte midiático e necessitar relação interpessoal.

e) a Teoria Matemática da Comunicação dá conta de explicar todos os resultados que são alcançados através das estratégias de entretenimento em campanhas de saúde.

3. (PR-4 UFRJ – 2016)

> "Em 1936, a Rádio Nacional do Rio de Janeiro inclui na programação trechos de radioteatro entre os números musicais. Em 1937, é inaugurado o Teatro em Casa. Somente em 1941, vai ao ar a primeira radionovela, Em busca da Felicidade, que dura três anos. [...] Era o início dessa mania brasileira, eternizada pelas TVs. A televisão aprende com o rádio como fazer novelas. A versão da TV Tupi de O Direito de Nascer, que vai ao ar em 1965, teria alcançado 73% de índice de audiência no Rio de Janeiro."

A produção audiovisual constitui-se por um trabalho de equipe, em que cada integrante realiza suas atividades em diferentes momentos, quais sejam, respectivamente:

a) pré-produção, produção e pós-produção.

b) decupagem, edição e roteiro.

c) produção, escalonamento e finalização.

d) roteiro, decupagem e pré-produção.

e) produção, decupagem e renderização.

4. (Enem – 2018)

Mais *big* do que *bang*

A comunidade científica mundial recebeu, na semana passada, a confirmação oficial de uma descoberta sobre a qual se falava com enorme expectativa há alguns meses. Pesquisadores do Centro de Astrofísica Harvard-Smithsonian revelaram ter obtido a mais forte evidência até agora de que o universo em que vivemos começou mesmo pelo Big Bang, mas este não foi explosão, e sim uma súbita expansão de matéria e energia infinitas concentradas em um ponto microscópico que, sem muitas opções semânticas, os cientistas chamam de "singularidade". Essa semente cósmica permanecia em estado latente e, sem que exista ainda uma explicação definitiva, começou a inchar rapidamente [...]. No intervalo de um piscar de olhos, por exemplo, seria possível, portanto, que ocorressem mais de 10 trilhões de Big Bangs.

ALLEGRETTI, F. **Veja**. 26 mar. 2014 (adaptado).

No título proposto para esse texto de divulgação científica, ao dissociar os elementos da expressão *Big Bang*, a autora revela a intenção de

a) evidenciar a descoberta recente que comprova a explosão de matéria e energia.

b) resumir os resultados de uma pesquisa que trouxe evidências para a Teoria do Big Bang.

c) sintetizar a ideia de que a teoria da expansão de matéria e energia substitui a teoria da explosão.

d) destacar a experiência que confirma uma investigação anterior sobre a teoria de matéria e energia.

e) condensar a conclusão de que a explosão de matéria e energia ocorre em um ponto microscópico.

5. (Enem PPL – 2016)

Há muito se sabe que a Bacia Bauru – depósito de rochas formadas por sedimentos localizado entre os estados de São Paulo, Minas Gerais, Goiás, Paraná, Mato Grosso e Mato Grosso do Sul – foi habitada, há milhões de anos, por uma abundante fauna de crocodiliformes, um grupo de répteis em que estão inclusos os crocodilos, jacarés e seus parentes pré-históricos extintos. Entre as famílias que por lá viveram está a Baurusuchidae, que, na região, englobava outras seis espécies de crocodiliformes exclusivamente terrestres e com grande capacidade de deslocamento, crânio alto e comprimido lateralmente e com longos dentes serrilhados. Agora, em um artigo publicado na versão on-line da revista Cretaceous Research, um grupo de pesquisadores das universidades federais do Rio de Janeiro e do Triângulo Mineiro, em Minas Gerais, identificaram mais um membro dessa antiga família.

Disponível em: http://revistapesquisa.fapesp.br. Acesso em: 2 nov. 2013.

A circulação do conhecimento científico ocorre de diferentes maneiras. Por meio da leitura do trecho, identifica-se que o texto é um artigo de divulgação científica, pois, entre outras características,

a) exige do leitor conhecimentos específicos acerca do tema explorado.

b) destina-se a leitores vinculados a diferentes comunidades científicas.

c) faz referência a artigos publicados em revistas científicas internacionais.

d) trata de descobertas da ciência com linguagem acessível ao público em geral.

e) aborda temas que receberam destaque em jornais e revistas não especializados.

6. (Enem – 2013)

TEXTO I

É evidente que a vitamina D é importante — mas como obtê-la? Realmente, a vitamina D pode ser produzida naturalmente pela exposição à luz do sol, mas ela também existe em alguns alimentos comuns. Entretanto, como fonte dessa vitamina, certos alimentos são melhores do que outros. Alguns possuem uma quantidade significativa de vitamina D, naturalmente, e são alimentos que talvez você não queira exagerar: manteiga, nata, gema de ovo e fígado.

Disponível em: http://saude.hsw.uol.com.br. Acesso em: 31 jul. 2012.

TEXTO II

Todos nós sabemos que a vitamina D (colecalciferol) é crucial para sua saúde. Mas a vitamina D é realmente uma vitamina? Está presente nas comidas que os humanos normalmente consomem? Embora exista em algum percentual na gordura do peixe, a vitamina D não está em nossas dietas, a não ser que os humanos artificialmente incrementem um produto alimentar, como o leite enriquecido com vitamina D. A natureza planejou que você a produzisse em sua pele, e não a colocasse direto em sua boca.

Então, seria a vitamina D realmente uma vitamina?

Disponível em: www.umaoutravisao.com.br. Acesso em: 31 jul. 2012.

Frequentemente, circulam na mídia textos de divulgação científica que apresentam informações divergentes sobre um mesmo tema. Comparando os dois textos, constata-se que o Texto II contrapõe-se ao I quando

a) comprova cientificamente que a vitamina D não é uma vitamina.

b) demonstra a verdadeira importância da vitamina D para a saúde.

c) enfatiza que a vitamina D é mais comumente produzida pelo corpo que absorvida por meio de alimentos.

d) afirma que a vitamina D existe na gordura dos peixes e no leite, não em seus derivados.

e) levanta a possibilidade de o corpo humano produzir artificialmente a vitamina D.

7. (UEMG – 2017)

Reprodução/UFMG, 2017.

Disponível em: http://www.comunicaquemuda.com.br/culpa-nao-e-delas/. Acesso em: 25 set. 2016.

A leitura do infográfico indica que

a) o Nordeste é a região com maior índice de violência contra a mulher.

b) o medo da violência contra a mulher é maior nos municípios com até 50 mil habitantes.

c) quanto maior o nível de escolaridade, menor a tendência de culpar a mulher pelo estupro.

d) entre brasileiros do sexo masculino, a percepção da violência contra a mulher é mais acentuada.

8. (Enem PPL – 2015)

Reprodução/Enem, 2011

Disponível em: www.istoe.com.br. Acesso em: 5 dez. 2012.

Esse infográfico resume as conclusões de diversas pesquisas científicas sobre a adolescência. Tais conclusões

a) desconstroem os estereótipos a respeito dos adolescentes.
b) estabelecem novos limites de duração para essa fase da vida.
c) reiteram a ideia da adolescência como um período conturbado.
d) confirmam a proximidade entre os universos adolescente e adulto.
e) apontam a insegurança como uma característica típica dos adolescentes.

9. (Unicamp-SP – 2014)

Tenho pena dos astrônomos

Eles podem ver os objetos de sua afeição – estrelas, galáxias, quasares – apenas remotamente: na forma de imagens e telas de computador ou como ondas luminosas projetadas de espectrógrafos antipáticos.

Mas, muitos de nós, que estudam planetas e asteroides, podem acariciar blocos de nossos amados corpos celestes e induzi-los a revelar seus mais íntimos segredos. Quando eu era aluno de graduação em astronomia, passei muitas noites geladas observando por telescópios aglomerados de estrelas e nebulosas e posso garantir que tocar um fragmento de asteroide é mais gratificante emocionalmente: eles oferecem uma conexão tangível com o que, de outra forma, pareceria distante e abstrato.

Os fragmentos de asteroides que mais me fascinam são os condritos. Esses meteoritos, que compõem mais de 80% dos que se precipitam do espaço, derivam seu nome dos côndrulos que praticamente todos contêm – minúsculas esferas de material fundido, muitas vezes menores do que um grão de arroz. (...) Quando examinamos finas fatias de condritos sob um microscópio, ficamos sensibilizados da mesma maneira como quando contemplamos pinturas de Wassily Kandinsky e outros artistas abstratos.

(RUBIN, Alan E.* Segredos dos meteoritos primitivos. *Scientific American Brasil*, mar. 2013, p. 49.)

* Alan E. Rubin é geofísico e leciona na Universidade da Califórnia.

a) Esse trecho, que introduz um artigo científico sobre meteoritos primitivos, apresenta um estilo pouco usual nessa espécie de texto. Indique duas expressões nominais ou verbais do texto que identificam esse estilo.
b) Nesse trecho, ocorre uma alternância entre o uso da primeira pessoa do singular e o da primeira pessoa do plural. Dê uma justificativa para o uso dessa alternância na passagem.

#Multiplicar

Produção de *podcast*

Conforme você estudou em **Língua Portuguesa**, o *podcast* é uma maneira de disponibilizar conteúdos em áudio pela internet que podem ser baixados ou acessados por meio de *streaming*. Você teve a oportunidade de produzir um *podcast* com base em alguns temas abordados no tópico.

Agora, terá a oportunidade de produzir outro *podcast* com tema e formato livres, a serem escolhidos pelo grupo com o qual você vai trabalhar, de acordo com os interesses de todos. Os *podcasts* se assemelham a programas de rádio com assuntos específicos e, geralmente, são divididos em episódios e disponibilizados nas plataformas digitais com uma periodicidade regular (mensal ou quinzenal, por exemplo). A duração dos episódios varia de acordo com o formato e o tema; há *podcasts* que duram cerca de 30 minutos e os que duram mais de duas horas, por exemplo.

Procedimentos

Para a produção do *podcast*, siga as etapas a seguir.

1. Forme um grupo com cinco colegas de turma.
2. Criem juntos um nome para o programa.
3. Revejam os assuntos que vocês estudaram nesta unidade ou escolham um tema histórico-científico de que vocês queiram tratar no *podcast*.
4. Façam uma lista com as principais ideias, conceitos e descobertas que pretendem abordar.
5. Definam o formato:
   - Entrevista individual: feita com um entrevistado.
   - Painel: em que há uma entrevista ou um debate com mais de um convidado.
   - Comentário individual: o grupo pode escrever o roteiro das falas e escolher um dos integrantes para ler o texto com fluidez durante a gravação.
   - Coapresentação não se trata de entrevistas ou painel, mas de duas ou mais pessoas que assumem a apresentação do *podcast*, principalmente quando é dividido em vários episódios. Geralmente, os apresentadores combinam a divisão da apresentação e dos comentários.
   - *Storytelling* (contação de histórias) de não ficção: esse tipo de *podcast* se aproxima das práticas do jornalismo, pois os conteúdos são selecionados com base em fatos e eventos reais e transformados em histórias contadas nos episódios. É necessário tecer uma boa relação entre as diferentes versões dos acontecimentos, como geralmente acontece em reportagens ou documentários jornalísticos.
   - *Storytelling* ficcional: trata-se da narração de histórias de livre criação ou de textos literários.
   - Formato misto: nesse formato, vocês podem fazer uma junção de formatos de *podcast*. Nesse caso, o planejamento de roteiro deve ser bem organizado, para que haja um fio condutor consistente.
6. Façam um roteiro que contenha:
   - vinheta de início;
   - apresentação dos locutores;
   - apresentação do tema do *podcast*;
   - introdução;
   - avisos iniciais;
   - uma *call to action* (CTA), expressão em inglês que significa "chamada para a ação", ou seja, um convite para o ouvinte realizar alguma atividade relacionada ao *podcast*, como visitar um *site* de museu, as redes sociais da escola, etc.;
   - desenvolvimento do assunto em questão;
   - vinhetas de fim do programa e de transição entre blocos;
   - encerramento.

7. Reúnam os equipamentos disponíveis para a gravação, como celulares, microfones, gravadores de áudio, um computador com acesso à internet. Confiram antecipadamente o funcionamento dos equipamentos.
8. Escolham um ambiente sem ruídos externos para a gravação.
9. Confirmem a agenda de todos os envolvidos na produção do *podcast* e a disponibilidade do local de gravação.
10. No dia e horário marcados para a gravação, é importante que todos façam os aquecimentos vocais que aprenderam em **Arte**.
11. Leiam em voz alta as falas ou perguntas que vão fazer e gravem alguns trechos desses treinos para verificar suas dicções, pronúncias e entonações.
12. Existem três formas de realizar as gravações: sozinho; com os participantes reunidos presencialmente; a distância, por meio da internet.
    - Nas gravações individuais, basta usar o computador e o microfone. Cada participante pode gravar uma parte e, depois, juntá-las no editor de áudio.
    - Nas gravações presenciais em grupo, vocês podem utilizar apenas um microfone ou um celular compartilhado.
    - Já nas gravações a distância, os participantes podem estar em lugares diferentes, desde que todos tenham conexão com a internet. Algumas ferramentas gratuitas de videoconferência oferecem o recurso de gravação das conversas.
13. Para a edição, salvem uma cópia dos arquivos de áudio originais para evitar perder o material. Nessa etapa, vocês devem verificar as condições dos áudios captados e, se necessário, fazer ajustes técnicos na qualidade do som. Para isso, vão precisar de um programa de edição de áudio. Existem muitos programas gratuitos na internet, e alguns celulares e computadores já vêm com eles instalados de fábrica.
14. Ainda na edição, insiram as vinhetas, as músicas e os demais sons que vocês colocaram no roteiro.
15. Após a edição final, salvem o *podcast* no formato de áudio (.mp3).
16. Vocês podem reproduzir o arquivo em equipamentos de som da escola, enviá-lo por *e-mail* aos demais colegas da turma ou publicar em plataformas da internet. Neste último caso, solicitem a autorização por áudio ou por escrito para utilizar as vozes dos participantes em plataformas da internet ou em outros meios.
17. Criem uma conta/perfil em uma plataforma agregadora de *podcasts* ou de *streaming* e enviem o arquivo para que ele passe pelo processo de *podcasting*, ou seja, entre em um sistema que segue um padrão de *feed* RSS – formato que distribui informações na internet em tempo real. Depois, compartilhem o *link* de seu *podcast*.

Diário de bordo

Reflitam sobre a experiência de produção e compartilhamento e anotem as impressões no diário de bordo.

Meu portfólio

Nesta unidade, você e os colegas conheceram e refletiram sobre a importância da divulgação científica e estudaram como as mídias tradicionais, o teatro e as mídias digitais tratam do assunto. Também experimentaram técnicas de preparação vocal na apresentação de radioteatro como meio de entender o potencial das mídias e dos recursos sonoros na divulgação de narrativas e informações em mídias que utilizam apenas o áudio. Consolidaram todos esses aprendizados dos tópicos da unidade com a produção de *podcasts* que promoveram a divulgação científica na seção *#Multiplicar*.

Para montar seu portfólio, você deve retomar todas as produções realizadas nesta unidade, desde rascunhos e projetos até registros em fotos e vídeos de apresentações. Lembre-se de que todo o processo criativo é importante, e não apenas o produto final; por isso, não podem faltar as diversas versões de uma mesma produção.

Retome, também, todas as anotações que fez no diário de bordo; elas vão ajudar muito na construção do portfólio. Não deixe de colocar a data em que cada produção foi realizada; assim, ao consultar o portfólio, você tem condições de verificar seu histórico de aprendizagem. Essa consulta pode ajudá-lo a perceber quais aspectos você desenvolveu e aperfeiçoou ao longo do trabalho.

UNIDADE 4

Arte e tecnologia

Reprodução/Compagnie Mulleras

Reprodução/Compagnie Mulleras

Cenas de *Mini@tures*, da Compagnie Mulleras, França, 2000.

#TáNoFeed

Mini@tures, da Compagnie Mulleras, da França, é considerado o primeiro projeto de dança contemporânea destinado à internet. Foi dirigido por Didier Mulleras, que é músico, roteirista, dançarino, coreógrafo, diretor e artista digital. A coreografia do espetáculo da Compagnie Mulleras foi uma parceria entre Didier Mulleras e Magali Viguier. A criação desse trabalho também se deu por um processo colaborativo entre os intérpretes que compõem o elenco. Música eletrônica, computação gráfica e videoarte integram-se em uma coreografia composta de pequenos clipes que tem a internet como teatro e a tela como palco. Em suma, trata-se de uma criação feita para a internet, em que dançarinos interagem com imagens digitais. Assim, é uma imagem digital dentro de outra imagem digital, compondo infinitas camadas para a construção de relações entre o corpo, o espaço e o tempo. O imaginário é mobilizado pela potência da relação entre realidade e ficção. A pesquisa desse e de outros trabalhos do grupo encontra outro tempo-espaço para a dança, contemplando a dimensão das redes por meio de uma relação entre arte e tecnologia.

Saiba+

Assista ao vídeo para observar a integração da arte com as novas tecnologias de imagem e comunicação. ***Mini@tures*, Compagnie Mulleras** (13 min). Disponível em: https://www.youtube.com/watch?v=hCFEztNgUFQ. Acesso em: 29 abr. 2022.

Durante uma entrevista, o filósofo e professor francês Jacques Rancière (1940-), cujos estudos se concentram nas pesquisas sobre arte, estética e política, afirmou:

> Em primeiro lugar, toda atividade comporta também uma posição de espectador. Agimos sempre, também, como espectadores do mundo. Em segundo lugar, toda posição de espectador já é uma posição de intérprete, com um olhar que desvia o sentido do espetáculo.

RANCIÈRE, Jacques. Rancière: "A política tem sempre uma dimensão estética". *Cult*, 30 mar. 2020. Disponível em: https://revistacult.uol.com.br/home/entrevista-jacques-ranciere/. Acesso em: 29 abr. 2022.

Ao vivermos uma experiência, nós nos apropriamos de alguma forma dela, pois todo nosso corpo se mobiliza na percepção do que está acontecendo.

Ao apreciar uma dança, os movimentos adquirem um significado imediato para nós, à revelia da nossa vontade. Quando imaginamos, simulamos acontecimentos, emoções, imagens. No entanto, nada disso ocorre de forma aleatória, posto que decorrem das correlações entre o que já vivemos e o que está acontecendo no exato momento diante das interações corpo-mente-ambiente. Desse modo, não ficamos alheios ao assistirmos a um trabalho artístico, pois estamos construindo significações para ele que lhe dão sentido no mundo. Quando ampliamos nossos repertórios e fruímos das experiências de forma crítica, posicionamo-nos ativa e simultaneamente como espectadores e intérpretes no, do e para o mundo.

1. Com base na citação de Rancière e sabendo que *Mini@tures* é uma criação de dança feita especialmente para as redes, observe as imagens da coreografia, assista ao vídeo, se possível, e responda:

a) O que o encontro entre corpo, dança, computação gráfica, vídeo e internet possibilita?

b) O que se pode pensar, com base nas imagens, sobre a relação entre o corpo e a internet?

c) Que reflexões as imagens da mão e da bailarina despertam em você?

d) Você lembra que, anteriormente, falamos sobre como esse trabalho apresenta camadas para pensar a imagem digital dentro da própria imagem digital? Como elas interagem entre si? E em seu cotidiano, como isso acontece?

e) Analise como se estabelece a conexão de seu corpo com a internet. Como você lida com as informações que chegam até você? O que interessa para você? O que você descarta?

f) O tempo e o espaço do ambiente virtual são iguais aos da realidade? Por quê?

Nesta unidade, você estudará, no tópico *Dança, ciência e tecnologia* de **Arte**, a relação entre as ciências e a tecnologia por meio de criações em dança, filmes de ficção científica, efeitos visuais e sonoros. Realizará, também, uma prática de pesquisa de estudos de recepção de obras de arte e produtos da indústria cultural. Em **Língua Portuguesa**, no tópico *Ficção científica e literatura no cinema*, conhecerá narrativas de ficção científica, participará de um debate para discutir os riscos da criação de robôs superinteligentes e parecidos com os seres humanos e produzirá um conto de ficção científica, mobilizando conhecimentos de ciência e tecnologia. Ao final da unidade, produzirá um cinedebate na escola.

Conheça a unidade

Objetivos de aprendizagem

Arte

- Compreender a relação entre dança, ciências e tecnologia.
- Experimentar, pesquisar e criar coletivamente interfaces entre dança, ciências e tecnologias.
- Fruir e refletir sobre possíveis transversalidades em processos criativos em dança, exercitando a produção e a recepção em dança.
- Conhecer o conceito de indústria cultural.
- Reconhecer e apreciar a ficção científica como gênero cinematográfico.
- Perceber e analisar os efeitos especiais e as trilhas sonoras, reconhecendo-os como recursos expressivos no cinema.
- Conhecer e explorar a técnica do *chroma-key*.
- Produzir uma trilha sonora para um filme mudo.
- Desenvolver uma pesquisa em estudos de recepção.

Língua Portuguesa

- Conhecer e fruir textos literários de ficção científica, identificando as visões de mundo sugeridas nessas narrativas e posicionando-se criticamente diante delas.
- Reconhecer alguns elementos linguísticos que contribuem para a progressão narrativa.
- Analisar os processos de subordinação e coordenação, seus usos e efeitos de sentido.
- Preparar-se para um debate.
- Escrever um conto de ficção científica, mobilizando conhecimentos da área de ciências.

Justificativa

Nesta unidade, você poderá conhecer, experimentar e refletir sobre a relação entre arte, ciências e tecnologia. Essas áreas do conhecimento vêm se relacionando com cada vez mais intensidade nas últimas décadas.

As transformações da tecnologia digital, das redes e dos meios de comunicação têm sido um campo potente para essas transversalidades nos processos de pesquisa e criação. Assim como não existe arte sem conhecimento, não há conhecimento sem criação. Ambos caminham juntos.

Para a compreensão das relações entre arte e tecnologia, serão abordados o gênero cinematográfico de ficção científica, uma introdução ao conceito de indústria cultural e o gênero literário de ficção científica. Nesses estudos, são relacionadas produções culturais a contextos de avanço da ciência, os quais influenciam tanto a produção quanto a recepção dos conteúdos de predição do futuro. Esse tema favorece, ainda, as discussões sobre ética no uso da ciência e da tecnologia.

A BNCC nesta unidade

Nesta unidade são desenvolvidas as competências e habilidades da BNCC indicadas a seguir.

Competências gerais da Educação Básica: 1, 2, 3, 4, 5 e 9.

Linguagens e suas Tecnologias no Ensino Médio: competências específicas e habilidades

Competência específica 1 (EM13LGG101, EM13LGG102, EM13LGG103 e EM13LGG105); competência específica 2 (EM13LGG201); competência específica 3 (EM13LGG301, EM13LGG302 e EM13LGG303); competência específica 4 (EM13LGG401); competência específica 5 (EM13LGG501 e EM13LGG503); competência específica 6 (EM13LGG601, EM13LGG602, EM13LGG603 e EM13LGG604); competência específica 7 (EM13LGG701, EM13LGG702, EM13LGG703 e EM13LGG704).

Língua Portuguesa no Ensino Médio: campos de atuação social, competências específicas e habilidades

Todos os campos de atuação social

EM13LP01 (competência específica 2); EM13LP02 (competência específica 1); EM13LP08 (competência específica 1); EM13LP14 (competências específicas 1 e 4).

Campo artístico-literário

EM13LP46 (competências específicas 3 e 6); EM13LP47 (competências específicas 1 e 6); EM13LP49 (competência específica 6); EM13LP50 (competência específica 3); EM13LP51 (competências específicas 1 e 2); EM13LP53 (competências específicas 1 e 3); EM13LP54 (competências específicas 1 e 3).

Ciências da Natureza e suas Tecnologias no Ensino Médio: competências específicas e habilidades

Competência específica 3 (EM13CNT303 e EM13CNT304).

Ciências Humanas e Sociais Aplicadas no Ensino Médio: competências específicas e habilidades

Competência específica 1 (EM13CHS101); competência específica 3 (EM13CHS303).

Dança, ciência e tecnologia (Arte)

O grupo catarinense Cena 11 Cia. de Dança, dirigido e coreografado por Alejandro Ahmed (1971-), desenvolve pesquisas teórico-práticas sobre as correlações entre natureza e cultura, sujeito e objeto, além de investigar estratégias de adaptabilidade entre corpo e ambiente. A adaptabilidade não é se moldar às demandas do ambiente, mas entender que corpo e ambiente se constroem mutuamente.

Ciência e tecnologia fazem parte da pesquisa criativa do grupo, em estudos que integram Biologia Evolutiva, Ciências Cognitivas, Psicologia Comportamental, Física, *videogame*, Robótica, etc.

Fotos: Gilson Camargo/Acervo do fotógrafo

Cenas de *Pequenas frestas de ficção sobre realidade insistente* (PFdFSRi), do grupo Cena 11 Cia. de Dança. Direção de Alejandro Ahmed. São Paulo (SP), 2007.

Saiba+

Assista ao vídeo indicado no *link* a seguir para conhecer mais sobre o trabalho do grupo Cena 11 Cia. de Dança. **Dança contemporânea: pequenas frestas de ficção sobre realidade insistente** (52 min). Disponível em: https://www.youtube.com/watch?v=lJlLn7af-qw. Acesso em: 29 abr. 2022.

1. Forme um grupo com mais três colegas, observe as imagens e, se possível, assista ao vídeo indicado no *Saiba+*. Em seguida, responda:

a) O que a projeção em vídeo ao fundo da cena revela?

b) Em sua opinião, existe risco quando não se tem controle de uma situação? Por quê?

c) Observe a imagem da bailarina sendo lançada para o alto, enquanto, ao fundo, uma espectadora tem sua imagem captada sem permissão. Em sua opinião, há risco e/ou falta de controle nessas situações? Por quê? Reflita sobre as circunstâncias que fazem você se sentir sem controle ou em risco.

d) Você já assistiu ou ouviu falar de algum trabalho de dança que se integra às ciências e à tecnologia? Em caso afirmativo, conte um pouco sobre ele.

e) Em sua opinião, dança, ciência e tecnologia podem contribuir mutuamente? Como? Por quê?

Dança, ciências e tecnologia

Conforme o próprio grupo Cena 11 Cia. de Dança define, *Pequenas frestas de ficção sobre realidade insistente* (PFdFSRi) é uma fábula composta pela inter-relação de corpos, movimentos, imagens, ações e objetos.

No palco, você pode observar, além dos bailarinos e seus movimentos, diferentes elementos, como projeções de vídeo dos artistas e espectadores em tempo real, cachorro, patins, urso de pelúcia, música ao vivo, caixas e balões. O corpo dos bailarinos entrega-se à gravidade por meio de um intenso trabalho de peso, desequilíbrio e risco.

Gilson Camargo/Acervo do fotógrafo

Cena de *Pequenas frestas de ficção sobre realidade insistente* (PFdFSRi), do grupo Cena 11 Cia. de Dança, São Paulo (SP), 2007.

Cena de *Pequenas frestas de ficção sobre realidade insistente* (PFdFSRi), do grupo Cena 11 Cia. de Dança, São Paulo (SP), 2007.

A narrativa dessa criação constrói-se na relação entre realidade e ficção. Entre outras coisas, o grupo buscou desenvolver uma ligação entre forma e função, denominada *design* do movimento, por meio de alterações que a coreografia provocava nos padrões de ação de cada corpo. Além disso, investigou possíveis conexões entre dança e tecnologia por meio das relações e alterações entre movimento e ambiente geradas por interfaces físico-digitais.

O grupo utiliza a tecnologia como extensão do corpo e vice-versa, ou seja, apropria-se da lógica da tecnologia para provocar reações e respostas no, do e para o corpo, de maneira a construir sua dança.

Esse é um aspecto importante para pensar as possíveis formas de conexão entre corpo e tecnologia, uma vez que acontece nestas duas vias: da difusão do corpo pela comunicação em rede e da apropriação corporal das tecnologias. Esta última resulta em uma transformação da fisicalidade do corpo, da sensibilidade e da consciência.

Os recursos tecnológicos em dança permitem justapor o presente, o passado e o futuro, assim como o atual e o possível. Jacques Rancière explica que a ficção modifica os modos de representar imagens, ideias, conceitos, sensações, emoções, sentimentos, entre outros. Assim, ela muda a percepção que se tem dos acontecimentos sensíveis e a maneira de se relacionar com eles. O que o autor chama de "regime estético da arte" compreende a relação entre **estética** e arte, e é um modo de atuação artística que evidencia a própria contradição ao apresentar a impossibilidade de determinar uma absoluta equivalência entre a intenção do artista, a obra em si, o olhar do espectador e o estado da comunidade. Diz o autor:

Estética: nessa perspectiva, conceito que se define como modos possíveis de apreender e potencializar a experiência sensível.

> As formas da experiência estética e os modos da ficção criam assim uma paisagem inédita do visível, formas novas de individualidades e conexões, ritmos diferentes de apreensão do que é dado, escalas novas.

RANCIÈRE, Jacques. *O espectador emancipado*. São Paulo: WMF Martins Fontes, 2012. p. 65.

A relação entre a dança e a tecnologia é antiga. Técnica e tecnologia vêm permeando a história da dança. Por exemplo, durante o século XVII, cenários e máquinas feitas para o teatro davam a sensação de que bailarinos e bailarinas voavam. Assim, criavam a ilusão da leveza. Paul Bourcier (2006, p. 96) explica que "é o início de um gênero que vai se impor dali por diante: a representação com máquinas, em que o único objetivo da trama dramática é o de servir o efeito cênico".

Já no século XIX, as sapatilhas de ponta foram tecnologias importantes para criar outra sensação de leveza para o movimento no balé clássico. A partir do início dos anos 1960, com a tecnologia digital, desenvolveram-se *softwares* que são utilizados de diferentes maneiras na dança. Muitas experiências vêm ligando dança, ciência e tecnologia: **videodança**, projeção de imagem, utilização de sensores no corpo, objetos e estruturas de cenografia, máquinas, luzes, tecidos e figurinos. São materiais que, na relação com o corpo, geram diversas possibilidades de "ilusões".

Videodança: uma forma de videoarte que integra dança e audiovisual, tendo como principal elemento o movimento. Difere do registro documental de um espetáculo, posto que é concebida especialmente para a tela.

Dança, ciência e tecnologia têm em comum a capacidade de criar com base em conhecimentos e, ao mesmo tempo, construindo outros saberes. Para tal, é necessário lançar-se ao desconhecido. Qualquer criação depende da imaginação e do inusitado. O interesse de artistas por pesquisas científicas demonstra a indissociabilidade entre arte e ciência.

Experimentação Transversalidades

Forme um grupo com mais três colegas e, juntos, sigam estas etapas.

1. Escolham algum tema da área de Ciências da Natureza e suas Tecnologias, como Biologia, Física ou Química, para experimentá-lo em grupo por meio do corpo e do movimento. Por exemplo: evolução das espécies; sistemas corporais; forças da gravidade: centrípeta, centrífuga ou magnética; substâncias compostas; reações químicas; entre outros. Conversem, negociem, argumentem e façam concessões quando necessário.

   Lembrem-se de que a criação é colaborativa. O respeito às opiniões e aos diferentes modos de executar a proposta é fundamental para que se possa produzir coletivamente.
2. Depois de definirem o tema, selecionem um elemento simples para transformar em movimento do corpo. Por exemplo, por meio da gravidade, pode-se criar uma experimentação de quedas; por meio dos sistemas corporais, pode-se escolher fluxos de deslocamento no espaço, fazendo referência ao sistema circulatório ou pulsos ligados ao sistema cardíaco; entre outros.
3. Se quiserem e se for possível, selecionem alguma tecnologia digital para incluir na proposta, como projeções, vídeos, fotografias, sonoridades provenientes de dispositivos, luzes com lanterna e celulares. É importante que essa tecnologia faça sentido para vocês de acordo com o que estão pesquisando para essa cena.
4. Combinem como organizarão essa experiência para mostrar aos demais estudantes da turma: será uma coreografia? Uma vivência em dança?
5. Apresentem-se uns para os outros. Registrem as apresentações em fotos ou vídeo. Arquive os registros feitos em seu **Portfólio.**
6. Retornem aos grupos e preparem uma apresentação oral sobre o que perceberam do processo de outro grupo. Combinem com a turma, de modo que a apresentação de cada grupo possa ser comentada por outro.
7. Ao final, troquem informações sobre as semelhanças e as diferenças que apareceram entre os pontos de vista da produção e da recepção dos trabalhos.

Diário de bordo

Registrem no diário de bordo o que observaram sobre as experiências das possíveis relações entre dança, ciência e tecnologia.

A indústria cultural

metamorworks/Shutterstock

Rede de comunicação.

Para pensarmos sobre o conceito de "indústria cultural", nós nos pautaremos nos filósofos e sociólogos alemães Theodor Adorno (1903-1969) e Max Horkheimer (1895-1973), que apresentaram esse termo no livro *Dialética do esclarecimento*, em 1944. Para eles, indústria cultural é a conversão da cultura em mercadoria, além da fusão entre cultura e entretenimento. A arte passa, então, a assumir uma relação mais forte com a economia e a mercantilização, de modo a produzir uma massificação do consumo estético. Esse pensamento nasceu atrelado às relações entre indivíduos e a cultura na perspectiva capitalista do século XX. Nesse entendimento, compreende-se o capitalismo como processo histórico e social, atrelado ao desenvolvimento industrial e tecnológico, que culminou na produção de meios de comunicação de massa.

É possível considerar que um dos pontos importantes da indústria cultural é a democratização das artes, que ampliou a distribuição das produções artísticas por meio de diversas mídias de comunicação. Um desses reflexos está presente nos dias atuais por meios de plataformas que produzem e circulam filmes e séries na internet, assim como canais de TV que criam e veiculam programas, como seriados e filmes.

2. Você tem o hábito de assistir a filmes e a séries por meio da internet e da televisão? A que assiste? Como faz essa seleção?

3. Você acha que aquilo a que assiste influencia seus gostos e interesses?

4. Você assiste a mais produções nacionais ou internacionais? Por quê? Qual a importância de valorizar as produções cinematográficas nacionais?

Os filmes de ficção científica

A ficção científica é um gênero do cinema que geralmente aborda temas relacionados à ciência e à tecnologia por meio de técnicas e aspectos visuais para narrar histórias ficcionais e imaginativas. A história do cinema de ficção científica está atrelada ao surgimento dos primeiros filmes, pois o cinema é uma arte que possibilita o desenvolvimento de ilusões visuais. Desde o início da história do cinema, diversos artistas vêm explorando e inventando novas estratégias de manipulação de imagem, que durante décadas eram manuais e, aos poucos, foram cedendo espaço para os recursos tecnológicos por meio do avanço da computação gráfica.

O ilusionista francês Georges Méliès (1861-1938) foi um dos primeiros diretores de cinema a realizar um filme de ficção científica, *Viagem à Lua*, de 1902, inspirado nos romances *Da Terra à Lua*, de Júlio Verne (1828-1905), e *Os primeiros homens na Lua*, de H. G. Wells (1866-1946). O filme de Méliès tem duração aproximada de 13 minutos e foi produzido ao longo de três meses. Nele, o artista criou ilusões e efeitos especiais com o uso de miniaturas, sobreposições e fusões de imagens, animação fotográfica quadro a quadro e, também, com montagens, em que atores ou objetos eram substituídos por outro objeto por meio do corte e da junção da película fílmica, criando, assim, efeitos de desaparecimento e aparecimento.

Everett Collection/Fotoarena

Frame do filme *Viagem à Lua*, dirigido por Georges Méliès, 1902 (França, 13 min).

Alamy/Fotoarena

Frame do filme *Viagem à Lua*.

Saiba+

Assista ao filme e repare nos efeitos criados pelo cineasta. **Viagem à Lua**, dirigido por Georges Méliès (França, 1902, 13 min). Disponível em: https://libreflix.org/i/viagem-a-lua. Acesso em: 29 abr. 2022.

Os efeitos especiais no cinema

Os efeitos especiais no cinema são criados por meio de diversas técnicas, permitindo que os cineastas elaborem cenas que não podem ser obtidas por meio de ações ao vivo com os atores. Com o advento da computação gráfica, efeitos como explosões, poderes mágicos, universos inteiros e até personagens podem ser criados por computador e adicionados à ação na tela. Os efeitos especiais, também chamados de efeitos visuais, podem realçar elementos previamente filmados, acrescentando, removendo ou destacando objetos em uma cena. Essas técnicas fazem parte do desenvolvimento do cinema desde seus primórdios, como os tradicionais efeitos que vieram do teatro, por exemplo, o uso de sombras e fumaça, ou o uso de técnicas fotográficas com fusão, sobreposição ou mistura de imagens.

Observe a imagem.

Reprodução/UFA

Bastidores do filme ***Metrópolis***, de 1927, dirigido pelo austríaco Fritz Lang (1890-1976), mostrando a construção dos cenários com o uso de uma maquete. Entre outras técnicas de efeitos especiais, foram utilizados espelhos para inserir os atores nos cenários que eram construídos em maquetes em miniaturas e a fusão de imagens, sobrepondo trechos da película do filme e criando efeitos de multiplicação e de mosaicos.

Saiba+

Nesse vídeo é possível ver exemplos de soluções criadas para desenvolver efeitos especiais na época do cinema mudo, nas décadas de 1920 e 1930. **Efeitos especiais do cinema mudo nas décadas de 1920 e 1930** (1 min 55 s). Disponível em: https://www.youtube.com/watch?v=EMX65vtAFFo. Acesso em: 29 abr. 2022.

Os efeitos criados por meio do *chroma-key*

O *chroma-key* é uma técnica muito comum nos filmes, pois possibilita a união de imagens filmadas a cenários digitais feitos em computador. Essa técnica consiste em criar um efeito visual por meio da inserção de uma imagem sobre outra para compor uma cena, anulando a cor do fundo neutro, geralmente verde ou azul, pois essas cores não se misturam com a da pele humana, ajudando a fazer essa separação. Esse processo de finalização se dá por computação gráfica.

DGLimages/Shutterstock

Gravação com *chroma-key* em estúdio específico para essa técnica.

Experimentação Explorando a técnica do *chroma-key*

O ator Andy Serkis se especializou em personagens digitalizados. No filme *Planeta dos macacos: a guerra*, é utilizada a computação gráfica e Serkis dá vida ao macaco César com a tecnologia de captação de movimentos.

O ator Andy Serkis como César em uma cena finalizada do filme *Planeta dos macacos: a guerra*, 2017.

Material

- Câmera digital ou celular com câmera tripé
- Tecido ou fundo de papel verde ou azul
- Computador ou aplicativo de celular para a edição

1. Forme dupla com um colega.

2. Utilizem um tecido ou um papel verde ou azul para cobrir uma parede que será usada como fundo de sua cena. Pode ser na sala de aula ou em outro ambiente que considere apropriado.

- O tamanho do tecido irá sugerir as possibilidades de enquadramento. Tente trabalhar com a ideia de enquadrar um plano médio.

3. Agora, decidam que imagem gostariam de inserir no fundo no momento da edição da cena: espaço, cidades, floresta, céu?

4. Criem uma sequência de movimentos com o corpo ou com ações para ser realizada nessa gravação e que se relacione com o tema do fundo escolhido.

5. Para essa experimentação, façam um vídeo curto, de no máximo três minutos.

6. Escolham quem vai gravar e quem vai atuar e, depois, troquem os papéis.

7. No momento da edição, utilizem um computador com um programa de edição ou um aplicativo de celular que possibilite a substituição de uma imagem ou um filme de fundo.

8. Encontrem, no programa ou aplicativo, a função de mudança de fundo, definam a cor (verde ou azul) de fundo filmado como o espaço para a substituição.

9. Escolham a imagem ou o vídeo a ser inserido no fundo.

10. Quando finalizarem, salvem (exportem) o vídeo.

11. Apresentem o trabalho de vocês para a turma.

12. Após todas as apresentações dos colegas, conversem sobre os trabalhos apresentados e sobre os processos de realização e escolhas.

Diário de bordo

Registre em seu diário de bordo as etapas do processo de pesquisa e criação e do trabalho em dupla. Aponte quais aprendizagens foram alcançadas e quais interesses foram despertados por meio dessa experimentação.

Para ir mais longe | *Okja*: computação gráfica e animação 3D

Everett Collection/Fotoarena

Cena do filme *Okja*, dirigido por Bong Joon-Ho, 2017 (Coreia do Sul/Estados Unidos, 59 min).

O filme *Okja*, de 2017, é uma ficção científica do diretor sul-coreano Bong Joon-Ho (1969-) que não desenvolve o tema espaço, mas cria um futuro hipotético em que a manipulação genética alimenta o consumo e a produção de alimentos, abordando problemas sociais, ambientais e comportamentais da atualidade. Nesse filme, o principal efeito especial está na criação de um personagem artificial, um animal imaginado e que não existe na natureza, construído por meio de computação gráfica e animação 3D. Apesar do uso de efeitos, também foram criados bonecos de espuma, para que os atores pudessem ter uma ideia melhor das dimensões da criatura com que estavam interagindo em cena.

A trilha sonora no cinema e nos filmes de ficção científica

O cinema já foi mudo em seus primórdios, mas nem sempre era não sonoro. Os primeiros filmes da história do cinema, devido à impossibilidade técnica, ainda não podiam ter a sincronicidade entre som e imagem. Era a época do cinema mudo, que foi até aproximadamente 1930. Entretanto, apesar de esses filmes não apresentarem falas, muitos deles eram exibidos com música tocada por um grupo musical ou mesmo com reprodução de um disco. Com o surgimento do cinema falado e a possibilidade de sincronia da imagem e do som nos filmes, a trilha sonora passou a ser constituída, também, de efeitos sonoros e ruídos que auxiliam na criação de uma cena.

cktravels.com/Shutterstock

Cinema ao ar livre em Covent Garden, Londres, 2020.

5. Reflita:

a) Você costuma reparar nos sons de uma produção audiovisual?

b) Quais são as diferenças entre os sons que você costuma perceber em um filme ou seriado?

O cinema é predominantemente narrativo, e o papel dos sons e da música fica em função da história narrada. A música costuma ter um papel subordinado às imagens, geralmente para auxiliar na atmosfera e no clima emocional das cenas. Para analisar como os sons compõem uma trilha sonora, agora você vai estudar o conceito de diegese.

spatuletail/Shutterstock

Selo de Richard Strauss, 2018.

Nos estudos de cinema e literatura, diegese diz respeito a tudo o que pertence ao mundo ficcional representado em uma narrativa. No caso dos sons de uma produção audiovisual, são os diálogos dos personagens e os ruídos que fazem parte da cena, por exemplo, os sons de passos, de um rádio ligado, etc. Esses sons também são conhecidos como "sons incidentais". A música que pertence ao âmbito emocional da narrativa ou às lembranças dos personagens são os sons não diegéticos do filme. Nesse caso, trata-se de sons que não têm relação com alguma fonte sonora que faz parte do ambiente representado pela narrativa. Por exemplo, se um filme tem uma cena em que uma pessoa toca piano, a música em questão é diegética, pois compõe o realismo da cena e a fonte sonora está presente na cena. Contudo, se essa mesma música aparecer quando o personagem caminha na rua, por exemplo, sem uma relação direta com a fonte que a produz, passa a ser não diegética. Quando há uma voz narrando o filme, mas não se trata do personagem que aparece em cena, em um recurso conhecido como voz *off*, a fala passa a ser, nesse caso, não diegética.

6. Escute a faixa "Also Sprach Zarathustra – Prelúdio", do compositor alemão Richard Strauss (1864-1949). Essa música faz parte da trilha sonora do filme *2001: uma odisseia no espaço*, de Stanley Kubrick (1928-1999).

a) Você já escutou essa música?

b) Que tipo de atmosfera ou de cenário ela evoca para você? Por quê?

Essa obra é o prelúdio do poema sinfônico *Also Sprach Zarathustra* [Assim falava Zaratustra], de Richard Strauss, que faz referência à obra homônima do filósofo alemão Friedrich Nietzsche (1844-1900). O filme utiliza somente o prólogo da composição, que tem outras nove partes. O poema sinfônico é um gênero de música programática, ou seja, um tipo de obra musical que evoca ideias extramusicais, como paisagens ou textos literários.

Essa música ficou tão associada ao filme de Kubrick que muitos pensam que foi composta para a trilha sonora dele. Entretanto, é uma composição de 1896. Parte das trilhas musicais dos filmes de Stanley Kubrick são composições já existentes e escolhidas pelo diretor. Quando uma trilha é composta especialmente para um filme, é chamada de trilha sonora original.

Saiba+

Assista a uma apresentação completa do poema sinfônico **Assim falava Zaratustra**, interpretado pela Concertgebouworkest, de Amsterdam, com regência de Mariss Jansons (36 min 24 s). Disponível em: https://www.youtube.com/watch?v=o9qVSXUU7Hw.

Veja também a cena do filme *2001: uma odisseia no espaço* em que essa composição é utilizada como trilha. **Cena de 2001: uma odisseia no espaço (1968)**, dirigido por Stanley Kubrick (1 min 43 s). Disponível em: https://www.youtube.com/watch?v=hZWYGZXy-KA.

Assista a uma reportagem sobre o filme *2001: uma odisseia no espaço* realizada pela TV Unesp. **Unesp Notícias | "2001: Uma Odisseia no Espaço" completa 50 anos** (5 min 24 s). Disponível em: https://www.youtube.com/watch?v=slnkIRGAJCg.

Acessos em: 29 abr. 2022.

As trilhas sonoras dos filmes de ficção científica foram um meio que os compositores puderam utilizar para exercitar experimentações musicais que não eram tão comuns em outros contextos. Para representar cenários e situações futuristas, bem como viagens espaciais ou extraterrestres, os compositores lançaram mão de procedimentos da música de vanguarda, como as experiências com **atonalidade**, ruídos e, especialmente, com a música eletrônica. Assim, por meio desses filmes, os compositores puderam explorar outras possibilidades estéticas, até mesmo em um contexto de arte comercial e da cultura de massa. Fora desses filmes, as experiências de vanguarda musical ficavam limitadas a círculos intelectuais.

Atonalidade: a música atonal é uma vertente das vanguardas musicais do século XX que buscava romper com o sistema tonal predominante na música ocidental.

Diário de bordo

Escute a música "We've got company", composta pela estadunidense Wendy Carlos (1939-), parte da trilha sonora original do filme *Tron – uma odisseia eletrônica*, de Steve Lisberger. Depois, registre no diário de bordo a atmosfera que essa música evoca para você e as sonoridades ou os instrumentos musicais que mais chamam sua atenção. **We've Got Company**, de Wendy Carlos, interpretada pela Orquestra Filarmônica de Londres. Disponível em: https://www.youtube.com/watch?v=VKt5-mxKSz4. Acesso em: 27 abr. 2022.

Para a trilha sonora de *Tron*, a compositora escolheu os sons eletrônicos como forma de representar o mundo virtual. A maior parte do filme se passa no interior de um mundo sintético dentro de um computador, no qual programas de computador são personificados. Esse filme foi pioneiro em utilizar imagens de computação gráfica como efeito especial, e a trilha sonora foi pensada de modo a ter um conceito similar, representando musicalmente o universo sintético e o tecnológico que o enredo adentra.

A compositora já tinha uma experiência reconhecida com sintetizadores, tendo gravado obras do compositor alemão Johann Sebastian Bach (1685-1750) com um sintetizador, que ela também já havia utilizado na trilha sonora do filme *Laranja mecânica*, de Stanley Kubrick (Reino Unido/Estados Unidos, 1971, 136 min). Wendy Carlos é uma mulher transexual e, nessas obras citadas, a compositora assinava como Walter Carlos, assumindo depois o nome de Wendy. Em *Tron*, ela incorporou sintetizadores eletrônicos e digitais a uma orquestra sinfônica, realizando um experimentalismo musical em um filme da grande indústria cinematográfica produzido pelos estúdios Disney.

É considerada uma artista pioneira na utilização de sintetizadores, tendo favorecido o reconhecimento deles como instrumentos musicais genuínos, promovendo, assim, uma contribuição importante no desenvolvimento da música eletrônica atual.

Leonard M. DeLessio/Corbis/Getty Images

A compositora Wendy Carlos manipulando sintetizadores em seu estúdio em Nova York, Estados Unidos, 1979.

Experimentação Trilha sonora para Viagem à Lua

Experimente elaborar uma trilha sonora para um filme mudo. Organize-se em um grupo com mais quatro ou cinco colegas para elaborar uma trilha sonora para o filme *Viagem à Lua*, de Méliès. Para isso, lembrem-se de escolher os sons diegéticos (relacionados diretamente às imagens) e os sons não diegéticos, como narrações e música. Vocês podem utilizar instrumentos musicais, sons de objetos e vozes para realizar essa criação. Para criar a trilha, sigam os passos:

1. Cada grupo ficará responsável por um trecho do filme, podendo ser duas ou mais cenas. Definam qual grupo ficará responsável por qual trecho.

2. Assistam ao filme com atenção e pensem em um roteiro de sons.

3. Conversem sobre os sons diegéticos que desejam criar e como poderiam produzi-los.

4. Criem sons não diegéticos. Para isso, vocês podem fazer narrações, criar uma música com os sons cuja execução seja possível ou, ainda, escolher uma música já pronta para compor a cena em algum momento, como a obra *Also Sprach Zarathustra*, estudada anteriormente.

5. Definam se vocês realizarão a trilha ao vivo, como era feito na época do cinema mudo. Nesse caso, ensaiem algumas vezes antes de se apresentarem aos colegas.

Se vocês tiverem facilidade com programas de edição de vídeos, podem gravar a trilha e editá-la junto com a imagem do filme.

Keith Corrigan/Alamy/Fotoarena

Frame do filme *Viagem à Lua*, de Georges Méliès, 1902.

Diário de bordo

Registre no diário de bordo o processo criativo dessa experimentação. Registre suas impressões e reflexões sobre a trilha sonora no cinema.

Práticas de pesquisa: estudo de recepção de obras de arte e de produtos da indústria cultural

Os estudos de recepção são bastante utilizados na área da comunicação para analisar como o público que constitui a audiência de um produto cultural recebe, compreende, interpreta e ressignifica as mensagens do meio que as produz.

Rido/Shutterstock

Jovens estudando.

Para a teoria da comunicação, temos a interação dos seguintes elementos em um processo de comunicação:

Os elementos da comunicação

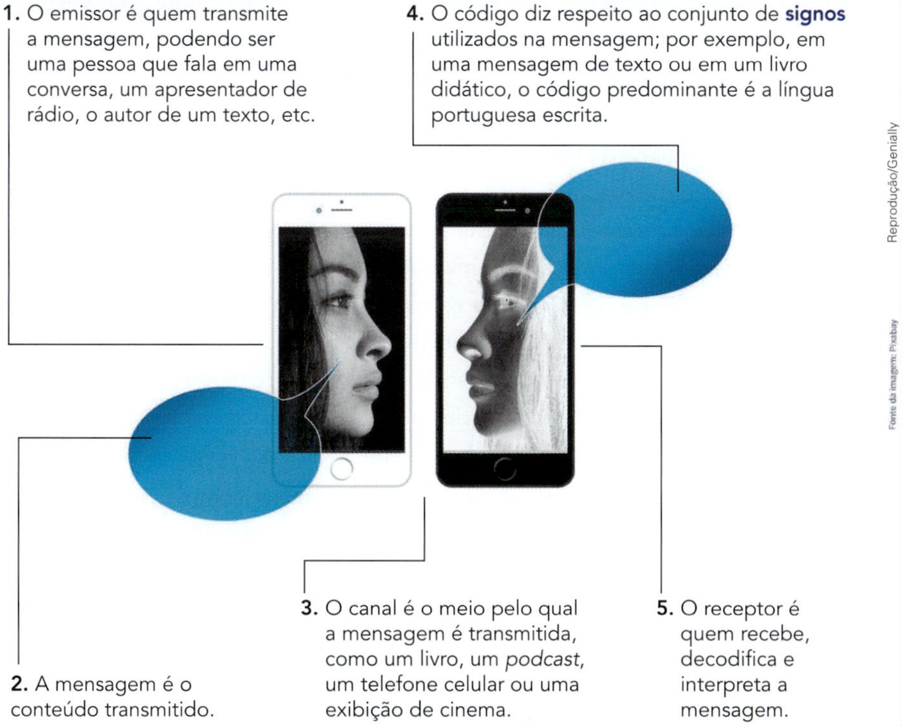

Reprodução/Genially

Fonte da imagem: Pixabay

signos: o signo é uma unidade portadora de sentido usada para se referir a algo. As palavras escritas são signos que se combinam formando um código, a linguagem escrita.

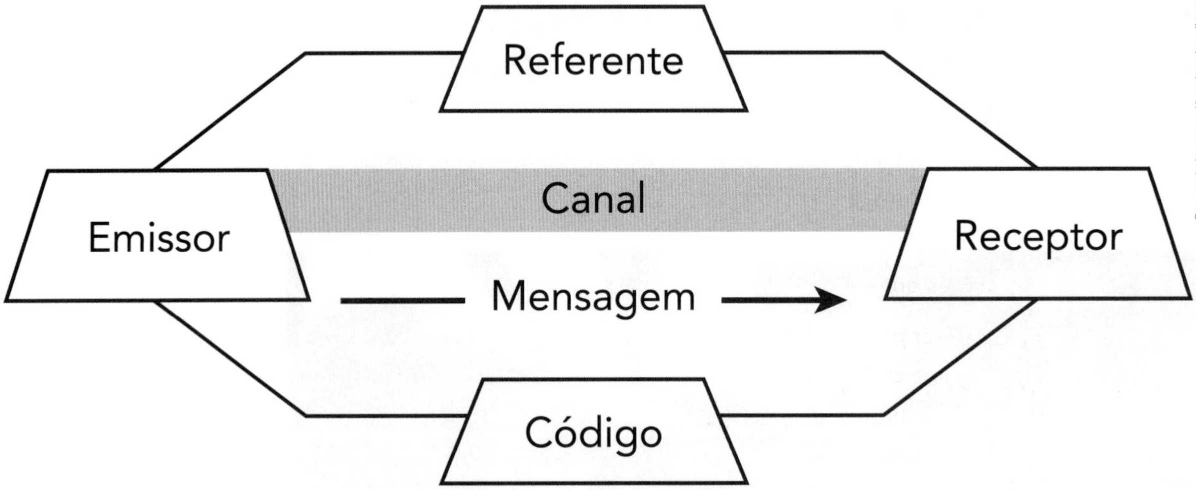

Banco de imagens/Arquivo da editora

Fonte: JAKOBSON, Roman. *Linguística e comunicação*. São Paulo: Cultrix, 2008. p. 123.

O **referente** é o contexto, a circunstância em que a comunicação acontece. Pensando no livro didático, o referente pode ser o contexto de sala de aula, ou de estudo individual, em que acontece a decodificação da mensagem.

As mensagens que nos são transmitidas pela mídia ou por obras de arte podem ter sentidos múltiplos e complexos. Quando assistimos à previsão do tempo em um telejornal, por exemplo, a mensagem tem uma decodificação mais restrita, pois está centrada em uma informação direta e técnica sobre as mudanças de temperatura e as condições meteorológicas previstas. No entanto, em outras notícias, como a reportagem sobre um crime, a narrativa dos fatos sofre influências de outros aspectos, além do fato em si, como pontos de vista dos jornalistas, suas crenças políticas e, até mesmo, a ideologia das empresas que patrocinam os anúncios de um jornal. Porém, é importante destacar que não somente os emissores de uma mensagem podem ser estudados, mas também seus receptores. É nesse âmbito que atuam as práticas de estudos de recepção.

A teoria da recepção analisa o fato artístico ou cultural em seu receptor e propõe uma análise dos meios de comunicação em sua interação social. Esses estudos assumem que não basta atentarmos aos fatores de produção de uma mensagem, mas também a seus receptores, que têm diferentes tipos de entendimento e interpretação com base nas próprias experiências, meios sociais e individualidades.

Assim, para os estudos de recepção, os receptores não são passivos, mas ativos em seus modos particulares de decodificação de uma mensagem. Portanto, essa área de estudo investiga como as diferentes características dos espectadores e das instituições atuam como mediação para a interpretação das mensagens. Essas variáveis podem ser determinadas pela formação familiar, pelo nível de escolaridade, pelo meio socioeconômico, pela religião, pela faixa etária e, até mesmo, por um tipo específico de "comunidade interpretativa" em que determinado receptor está inserido. Por exemplo, o modo como um grupo de cinéfilos interpreta um filme é diferente do de um grupo de estudiosos de literatura. Todos esses aspectos atuam como mediadores entre os emissores e os receptores.

As pesquisas em estudos de recepção podem ter diversas complexidades e combinar diferentes métodos de pesquisa, abarcando estudos quantitativos, qualitativos, combinados com a realização de entrevistas, questionários ou grupo focal. A análise pode contemplar diferentes áreas do conhecimento, além da própria Comunicação, como a Sociologia, a Psicologia e a Estética.

Apresentamos duas possibilidades de pesquisa em estudos da recepção, uma para você realizar em grupo e outra para fazer individualmente.

Recepção de obras de arte

1. Forme um grupo com mais quatro ou cinco colegas e, juntos, escolham um exemplo de audiovisual.

Você pode escolher o vídeo *Mini@tures*, da Compagnie Mulleras, apresentado na seção *#TáNoFeed* desta unidade, por exemplo, ou mesmo a cena de um dos filmes estudados ao longo do conteúdo de **Arte**.

2. Escolham dois ou três grupos socioculturais diferentes para exibir o vídeo.

Os grupos devem fazer parte da escola em que estudam, e os membros dos grupos devem compartilhar alguma característica em comum, por exemplo: um grupo de professores, um grupo de estudantes de determinado ano, um grupo de funcionários administrativos, um grupo de funcionários de serviços gerais.

3. Escolham um método para coletar as informações.

Vocês podem utilizar questionários, por exemplo. Nesse caso, definam com clareza as questões a serem aplicadas, como: Quais foram suas impressões sobre o(a) vídeo/imagem/música? O que você entendeu dessa obra? Quais elementos mais chamaram sua atenção? Essa obra dialoga com alguma outra de que você se lembre?

- É importante, também, perguntar a idade nos questionários, o nível de escolaridade, se a pessoa tem religião, etc. Todos esses elementos podem trazer variáveis para a interpretação. Para deixar os participantes mais confortáveis em dividir as opiniões, não é necessário pedir que se identifiquem nas respostas.
- Vocês podem criar um grupo focal. Nesse caso, promovam a apreciação da obra e, em seguida, façam as perguntas oralmente ao grupo. Elaborem um roteiro de perguntas similar ao questionário que possibilite verificar os entendimentos e as leituras que o público estudado tem da obra e compreender o modo como as características pessoais do público interferem na recepção da obra. No grupo focal, uma pessoa assume o papel de mediador, conduzindo as perguntas e o tempo de fala de cada um, e outra pessoa pode ter a função de observar as reações, as posturas corporais e as expressões da audiência enquanto aprecia a obra e enquanto acontece a conversa.

4. Promovam um momento em que cada um dos grupos escolhidos para serem estudados assista ao produto artístico separadamente.

Os grupos não precisam ser numerosos, podem ter entre três e cinco pessoas. Antes de exibir a obra escolhida, expliquem os objetivos a todos e certifiquem-se de que eles consintam em participar.

5. Analisem as respostas dos diferentes grupos e façam uma comparação.

O que há de semelhante? O que há de diferente? Quais influências dos grupos sociais ou culturais foram perceptíveis nas respostas?

- Lembre-se de que as obras de arte são polissêmicas, ou seja, não se preocupam em ter uma mensagem única, mas com múltiplas possibilidades de entendimentos, leituras e sentidos.

Diário de bordo

Registre em seu diário de bordo as conclusões a que o grupo chegou e todo o processo até alcançarem esse resultado.

Recepção de produtos da indústria cultural

Essa pesquisa pode ser feita no âmbito familiar, como modo de perceber as diferentes recepções e interpretações dos membros de uma mesma família.

1. Escolha um produto da indústria cultural que circula em alguma mídia, como a televisão ou a internet: webséries, *podcasts*, vídeos de influenciadores digitais ou canais de humor, etc.
2. Convide as pessoas de seu núcleo familiar para participar da pesquisa. Assim como na pesquisa em obras de arte, explique os objetivos a todos e certifique-se de que consintam em participar.
3. Você deve escolher um método para coletar as informações, pode fazer um questionário ou, ainda, usar a técnica do grupo focal.

- No grupo focal, assuma o papel de mediador, fazendo as perguntas depois que o grupo assistir ao programa. Lembre-se de que, para esse método, é importante fazer um roteiro de perguntas.
- Após aplicar o questionário, analise como os membros de seu núcleo familiar compreendem a mensagem do programa assistido, quais divergências você percebe entre as diferentes faixas etárias, as diferentes opiniões de gênero e, também, se há influência de interpretação exercida por grupos externos à família, como ambientes de trabalho, nível de escolaridade, entre outros.

4. Após analisar, converse com os participantes da pesquisa sobre as diferenças e as semelhanças observadas. Aproveite o momento para dialogar acerca do convívio familiar e as diferentes visões em seu núcleo. Faça o papel de mediação nessa conversa, de modo a valorizar as diferentes visões e o diálogo para a construção de uma relação familiar saudável.
5. Após analisar os dados de sua pesquisa, participe de um momento com a turma em que todos possam apresentar e discutir os resultados observados. Converse sobre como os estudantes percebem as diferentes recepções das mensagens de um mesmo produto cultural, sobre as instituições que exercem o papel de mediação indireta nas interpretações (como família, religião, escola, etc.). Conversem também sobre a importância de analisar de modo crítico os diferentes discursos, relações de interesse e disputas de poder que podem estar contidas nas mensagens que recebemos, percebendo que há ideologias e ideias que não são diretamente comunicadas, mas que podem se expressar em elementos visuais, na comunicação não verbal e no recorte à abordagem dada a determinado tema.

Ficção científica na literatura e no cinema (Língua Portuguesa)

2001: uma odisseia no espaço

Baseada no conto "A sentinela", escrito em 1968, a ficção científica *2001: uma odisseia no espaço* é um caso raro em que livro e roteiro cinematográfico foram elaborados simultaneamente. O autor do conto e do livro, o inglês Arthur Clarke (1917-2008), chegou a oferecer a coautoria da obra para o roteirista e diretor do filme, Stanley Kubrick, que não aceitou essa participação. Conhecer o filme e o texto literário é uma forma de fruir duas linguagens artísticas que acionam diferentes formas de recepção. Se você já assistiu ao filme, leia o texto a seguir, procurando observar elementos possíveis de apreender apenas por meio das possibilidades da linguagem verbal. Caso não tenha assistido ao filme, busque-o em plataformas de *streaming* na internet ou assista a *trailers* disponíveis em plataformas de vídeo.

Moviestore Collection Ltd/Alamy/Fotoarena

Cena do filme *2001: uma odisseia no espaço*, dirigido por Stanley Kubrick, 1968 (Estados Unidos, 148 min).

Saiba +

Arthur Clarke foi escritor, inventor e estudioso da ciência. Embora seja conhecido, principalmente, pela obra *2001: uma odisseia no espaço*, publicou diversos escritos de divulgação científica, entre eles um artigo prevendo o uso de um sistema para as telecomunicações semelhante aos satélites que existem hoje e outros tantos de ficção científica. Seu conto "A sentinela" inspirou Stanley Kubrick a escrever o roteiro do filme e deu origem a seu romance de mesmo título.

Os dois primeiros capítulos contêm a descrição do cotidiano de fome, busca por alimento e medo de um grupo de hominídeos, antepassados dos humanos, há 3 milhões de anos. Certo dia, surgiu um objeto de material cristalino próximo ao abrigo do grupo. A princípio, o objeto causou curiosidade, depois temor. Em certo momento, todos os que se aproximaram dele foram tomados por uma espécie de "encantamento hipnótico". Um deles, Aquele-que-vigia-a-Lua, parece ser selecionado para outro tipo de experiência.

O resultado dessa aproximação está narrado no Capítulo 3, que você lerá agora.

2001: uma odisseia no espaço

3 – ACADEMIA

1. Aquele-que-vigia-a-Lua e seus companheiros não se lembravam do que tinham visto depois que o cristal cessou de lançar sua magia hipnótica sobre suas mentes e fazer experiências com seus corpos. No dia seguinte, quando saíram para coletar, passaram por ele praticamente sem pensar duas vezes; agora fazia parte do pano de fundo ignorado de suas vidas. Não podiam comê-lo, e ele não podia comê-los; logo, não era importante.

2. Lá embaixo no rio, os Outros faziam suas costumeiras ameaças. O líder deles, um homem-macaco de uma orelha só e do mesmo tamanho e idade que Aquele-que--vigia-a-Lua, mas em condições piores, chegou até a fazer uma rápida incursão ao território da tribo, gritando alto e balançando os braços numa tentativa de apavorar a oposição e de estimular a própria coragem. A água do riacho não passava de trinta centímetros de profundidade, mas quanto mais Uma-Orelha avançava para dentro dele,

mais inseguro e infeliz ficava. Em pouco tempo reduziu a velocidade e parou, e então recuou, com exagerada dignidade, para se juntar aos seus companheiros.

3. De resto, não houve mudança na rotina normal. A tribo conseguiu alimento apenas suficiente para sobreviver por mais um dia, e ninguém morreu.

4. E naquela noite o cristal ainda esperava, envolto em sua aura pulsante de luz e som. O programa que ele havia acionado, entretanto, era agora sutilmente diferente.

5. Alguns dos homens-macacos foram completamente ignorados, como se o cristal estivesse se concentrando nas cobaias mais promissoras. Uma delas era Aquele-que-vigia-a-Lua; uma vez mais ele sentiu tentáculos inquisitivos descendo pelas passagens não utilizadas de seu cérebro. E naquele instante começou a ter visões.

6. Poderiam estar dentro do bloco de cristal; poderiam estar inteiramente dentro de sua mente. De qualquer maneira, para Aquele-que-vigia-a-Lua, eram completamente reais. E, no entanto, de algum modo o costumeiro impulso de afastar invasores de seu território tinha sido apaziguado.

7. Estava olhando para um tranquilo grupo familiar, que diferia em apenas um aspecto das cenas que ele conhecia. O macho, a fêmea e as duas crianças que, misteriosamente, tinham aparecido à sua frente estavam fartos e saciados, com pelos lisos e brilhantes – e essa era uma condição de vida que Aquele-que-vigia-a-Lua nunca imaginara. Inconscientemente, passou as mãos pelas próprias costelas protuberantes; as costelas daquelas criaturas estavam ocultas por rolos de gordura. De tempos em tempos elas se mexiam preguiçosas, enquanto descansavam perto da entrada de uma caverna, aparentemente em paz com o mundo. Ocasionalmente, o grande macho emitia um arroto monumental de contentamento.

8. Não havia nenhuma outra atividade, e depois de cinco minutos a cena subitamente desapareceu. O cristal não era mais do que um contorno reluzente na escuridão. Aquele-que-vigia-a-Lua se sacudiu como se despertasse de um sonho, e abruptamente percebeu onde estava e levou a tribo de volta para as cavernas.

9. Ele não tinha lembrança consciente do que tinha visto, mas, naquela noite, ao se sentar inquieto na entrada de seu antro, os ouvidos sintonizados nos ruídos do mundo ao redor, Aquele-que-vigia-a-Lua sentiu as primeiras pontadas leves de uma nova e poderosa emoção. Era uma vaga e difusa sensação de inveja – de insatisfação com sua vida. Ele não tinha ideia da causa, e menos ainda da cura, mas o descontentamento se instalara em sua alma, e ele tinha dado um pequeno passo na direção da humanidade.

10. Noite após noite, o espetáculo daqueles quatro homens-macacos gordinhos se repetiu, até se tornar uma fonte de exasperação fascinada, que servia para aumentar a fome eterna e torturante d'Aquele-que-vigia-a-Lua. A evidência diante de seus olhos não poderia ter produzido aquele efeito; ela precisava de reforço psicológico. Agora havia lacunas na vida d'Aquele-que-vigia-a-Lua que ele jamais recordaria, já que os próprios átomos de seu cérebro estavam sendo retorcidos em novos padrões. Se ele sobrevivesse, esses padrões se tornariam eternos, pois seus genes os transmitiriam para as futuras gerações.

11. Era um processo lento e tedioso, mas o monólito de cristal era paciente. Nem ele, nem suas réplicas espalhadas por metade do mundo esperavam obter sucesso com todas as dezenas de grupos envolvidos na experiência. Uma centena de fracassos não teria importância, uma vez que um único sucesso poderia mudar o destino do mundo.

12. Quando a lua nova seguinte chegou, a tribo tinha visto um nascimento e duas mortes. Uma destas havia se dado por fome; a outra ocorrera durante o ritual noturno, quando um homem-macaco subitamente desmaiara depois de tentar bater dois pedaços de pedra delicadamente um contra o outro. No mesmo instante o cristal havia escurecido, e a tribo liberada do encanto. Mas o homem-macaco caído não se movera; e, pela manhã, é claro, o corpo havia sumido.

13. Na noite seguinte não houve espetáculo; o cristal ainda analisava seu erro. A tribo passou por ele no crepúsculo que se adensava, ignorando por completo sua presença. Na noite depois dessa, estava pronto para eles mais uma vez.

14. Os quatro homens-macacos gordinhos ainda estavam lá, e agora faziam coisas extraordinárias. Aquele-que-vigia-a-Lua começou a tremer de modo incontrolável; sentia como se seu cérebro fosse explodir e queria desviar os olhos. Mas o controle mental implacável não reduziu a força; ele foi obrigado a seguir a lição até o fim, embora todos os seus instintos se revoltassem contra ela.

15. Aqueles instintos tinham servido bem aos seus ancestrais, nos dias das chuvas quentes e da fertilidade luxuriante, quando havia comida em toda parte, pronta para ser coletada. Agora os tempos haviam mudado, e a sabedoria herdada do passado tornara-se uma tolice. Os homens-macacos tinham de se adaptar, ou morreriam – como as feras maiores que desapareceram antes deles, e cujos ossos agora jaziam selados no interior das colinas de calcário.

16. Então, Aquele-que-vigia-a-Lua ficou encarando o monólito de cristal sem piscar, enquanto seu cérebro se abria para manipulações ainda incertas. Muitas vezes sentia náusea, mas sempre sentia fome; e, de tempos em tempos, suas mãos se fechavam inconscientemente em padrões que determinariam seu novo modo de viver.

***

17. Quando a fileira de javalis passou fungando e farejando ao longo da trilha, Aquele-que-vigia-a-Lua parou subitamente. Porcos e homens-macacos sempre se ignoraram, pois não havia conflito de interesses entre eles. Assim como a maioria dos animais que não competiam pela mesma comida, eles simplesmente mantinham distância uns dos outros.

18. Mas agora Aquele-que-vigia-a-Lua ficou ali parado olhando para eles, oscilando para a frente e para trás, inseguro, pois estava sendo levado por impulsos que não compreendia. Então, como num sonho, começou a vasculhar o chão – embora à procura de quê ele não poderia explicar, mesmo que tivesse o poder da fala. Ele reconheceria quando visse.

19. Era uma pedra pesada e pontuda com cerca de quinze centímetros de comprimento, e embora não se encaixasse perfeitamente na mão, serviria. Ao girar sua mão, intrigado pelo seu súbito aumento de peso, sentiu uma agradável sensação de poder e autoridade. Começou a se mover na direção do porco mais próximo.

20. Era um animal jovem e tolo, até mesmo para os padrões não exigentes da inteligência dos javalis. Embora ele o observasse pelo canto do olho, não o levou muito a sério até ser tarde demais. Por que poderia suspeitar que aquelas criaturas inofensivas tivessem alguma intenção malévola? Continuou pastando grama até a pedra d'Aquele-que-vigia-a--Lua obliterar sua parca consciência. O resto da manada continuou pastando sem alarme, pois o assassinato havia sido rápido e silencioso.

21. Todos os outros homens-macacos do grupo tinham parado para observar e agora se aglomeravam ao redor d'Aquele-que-vigia-a-Lua e sua vítima, intrigados e admirados. Logo um deles pegou a arma suja de sangue e começou a bater no porco morto. Outros se juntaram a ele com todos os paus e pedras que conseguiram reunir, até seu alvo se tornar uma massa desintegrada.

22. Então ficaram entediados; uns se afastaram, enquanto outros ficaram parados, hesitantes ao redor do cadáver irreconhecível – o futuro de um mundo esperava pela decisão deles. Passou-se um tempo surpreendentemente longo até que uma das fêmeas que amamentava começasse a lamber a pedra cheia de sangue e vísceras que segurava nas patas.

23. E um tempo mais longo ainda até que Aquele-que-vigia-a-Lua, apesar do que lhe havia sido mostrado, realmente compreendesse que nunca mais precisaria passar fome.

CLARKE, Arthur. *2001: uma odisseia no espaço*. Trad. Fábio Fernandes. São Paulo: Aleph, 2013.

Everett Collection/Fotoarena

Cena do filme *2001: uma odisseia no espaço*, 1968 (Estados Unidos, 148 min).

7. Tendo como base a leitura do texto, responda às questões a seguir.

a) Releia o primeiro parágrafo. O que o narrador destaca como sendo relevante para o grupo de hominídeos retratados? Justifiquem a resposta citando um trecho do parágrafo.

b) Do segundo ao terceiro parágrafos, é possível conhecer a rotina da tribo. Descreva-a.

c) A partir do quarto parágrafo, o objeto cristalino e luminoso passa a integrar a cena. Acompanhe as interações entre Aquele-que-vigia-a-Lua e o monólito de cristal, indicando os estímulos provocados no personagem e as mudanças sofridas por ele em consequência desses estímulos.

d) Releia o 19º e o 20º parágrafos. O que significou o golpe desferido por Aquele-que-vigia-a-Lua contra o javali jovem e descuidado?

e) Em que medida esses eventos colaboram para caracterizar essa história como uma narrativa de ficção científica?

8. A narrativa ocorre de forma cronológica e, em certas passagens, abre-se para um segundo plano, apresentado por meio dos estímulos provocados pelo monólito n'Aquele-que-vigia-a-Lua. Releia os parágrafos de 6 a 10 e faça o que se pede.

a) Escreva algumas expressões ou alguns trechos que marcam a progressão narrativa.

b) Destaque os trechos que tornam clara a entrada em outro plano narrativo.

9. O livro foi escrito na segunda metade da década de 1960, nos Estados Unidos. O que estava acontecendo no mundo nesse tempo? Esses eventos se relacionam com os aspectos observados e analisados por você nas questões anteriores?

Diário de bordo

Converse com um colega sobre as respostas dadas às questões anteriores (1 a 7) e registre no diário de bordo as reflexões conjuntas.

O homem bicentenário

O texto que você vai ler agora é o excerto de uma **novela** escrita pelo autor de ficção científica Isaac Asimov (1920-1992). *O homem bicentenário* foi composto graças à encomenda de um editor que, em 1976, publicaria uma antologia para celebrar os 200 anos da independência dos Estados Unidos. A antologia não foi publicada, mas o conto se tornou conhecido e foi apreciado tanto por admiradores do gênero de ficção científica quanto por Asimov, que considerou essa a melhor história de robô escrita por ele desde que estabeleceu as três leis da robótica como mote para suas narrativas, no final da década de 1950.

Novela: gênero literário mais longo do que um conto e mais curto do que um romance. Ação que se desenvolve em ritmo mais veloz e mais concentrado do que o romance, tendendo para um desfecho único.

Everett Collection/Buena Vista Pictures/Fotoarena

Frame do filme *O homem bicentenário*, de Chris Columbus, 1999.

Everett Collection//Buena Vista Pictures/Fotoarena

O robô Andrew, personagem de *O homem bicentenário* (Estados Unidos/Canadá, 1999, 132 min), filme de Chris Columbus baseado no livro homônimo de Isaac Asimov.

Saiba+

Isaac Asimov foi considerado um dos maiores escritores de ficção científica de seu tempo. Formado em Bioquímica, publicou, também, além das ficções, artigos científicos. Em um tempo em que as histórias sobre robôs retratavam esses inventos como perigos para a humanidade, Asimov criou as três leis da robótica e fez com que seus robôs convivessem, em geral, pacificamente com os humanos que os adquiriam.

A novela, que em 1999 foi adaptada para o cinema, conta a história de Andrew, um robô programado para atividades domésticas que, ao longo dos anos, passou por transformações em sua forma até se parecer com um humano. A cena transcrita a seguir inicia a história do livro.

O homem bicentenário

As três leis da robótica

1. Um robô não pode prejudicar um ser humano ou, por omissão, permitir que o ser humano sofra dano.

2. Um robô tem de obedecer às ordens recebidas dos seres humanos, a menos que contradigam a Primeira Lei.

3. Um robô tem de proteger sua própria existência, desde que essa proteção não entre em conflito com a Primeira e a Segunda Leis.

1

Andrew Martin disse "obrigado" e ocupou a cadeira que lhe foi indicada. Não parecia estar lançando mão do último recurso, mas estava.

Não parecia, aliás, coisa alguma, pois não havia nenhuma expressão em sua fisionomia, a não ser a tristeza que se imaginava vislumbrar no olhar. O cabelo era liso, castanho-claro, meio ralo; não usava barba. Dava impressão de que acabara de fazê-la, irradiando limpeza. Trajava-se de maneira conservadora, com roupas bem-feitas, onde predominavam cores roxas em tecido de veludo.

Diante dele, do outro lado da escrivaninha, via-se o cirurgião.

A placa em cima da mesa incluía uma série de letras e números de identificação completa que Andrew nem se preocupou em examinar. Bastava chamá-lo de "doutor" e pronto.

— Quando poderá ser feita a operação, doutor? — perguntou.

Em voz baixa, no imperturbável tom de respeito que os robôs sempre usavam com as criaturas humanas, o médico respondeu:

— Creio que não estou entendendo. A que operação o senhor se refere e quem seria submetido a ela? Poderia ter demonstrado certo ar de intransigência respeitosa, se um robô dessa espécie, de aço inoxidável meio bronzeado, fosse capaz de demonstrar qualquer tipo de expressão. Andrew Martin observou atentamente a mão direita do médico, acostumada a empunhar o bisturi, pousada sobre a escrivaninha. Os dedos longos eram modelados com articulações metálicas em curvas artísticas tão elegantes e apropriadas que se tomava fácil visualizar os instrumentos cirúrgicos com que deviam, temporariamente, se confundir. O seu trabalho não admitia hesitações, nem tropeços, tremores ou erros. Essa confiança em si mesmo, naturalmente, provinha da especialização, uma aspiração tão ardentemente desejada pela humanidade que raros robôs continuavam dotados de cérebros autônomos. Como esse cirurgião, por exemplo. Só que possuía uma capacidade de inteligência tão limitada que nem reconheceu Andrew e, provavelmente, jamais ouvira falar nele.

Nunca pensou que gostaria de ser homem? – perguntou Andrew.

O médico vacilou um pouco, como se a pergunta não se enquadrasse em nenhuma das trilhas positrônicas que lhe tinham sido predeterminadas.

— Mas, meu senhor, eu sou robô.

— Não preferiria ser homem?

— Gostaria era de ser melhor cirurgião. O que não seria possível, se fosse homem, mas apenas se pudesse ser um robô mais aperfeiçoado. Gostaria de ser um robô mais aperfeiçoado.

— Não se ofende com o fato de que posso lhe dar ordens? Obrigá-lo a levantar-se, sentar, andar para cá e para lá, apenas pedindo para que faça isso?

— Tenho o maior prazer em agradar ao senhor. Se as suas ordens interferissem no meu comportamento em relação ao senhor ou a qualquer outro ser humano, eu não lhe obedeceria. A Primeira Lei, relativa aos meus deveres com a segurança humana, teria prioridade sobre a Segunda, que se refere à obediência. Quanto ao mais, tenho o maior prazer em ser obediente. Agora, em quem devo efetuar a operação?

— Em mim mesmo – respondeu Andrew.

— Mas isso é impossível. Trata-se, evidentemente, de uma operação prejudicial.

— Não interessa – afirmou Andrew calmamente.

— Eu não posso causar danos – retrucou o cirurgião.

— Para uma criatura humana, claro que não pode — disse Andrew —, mas eu também sou robô.

ASIMOV, Isaac. *O homem bicentenário*. Trad. Milton Persson. Porto Alegre: L&PM, 1999. p. 9-12.

10. Releia as três leis da robótica e responda às perguntas.

a) Qual é o grande princípio orientador das três leis?

b) Por que, na narrativa criada por Asimov, essas leis foram instituídas?

c) De que forma as três leis são garantidas?

11. Como o robô "doutor" é descrito pelo narrador? Que parte dessa descrição se relaciona a uma das três leis da robótica?

12. Releia a fala em que o médico afirma que o robô superou tecnicamente os seres humanos. Nessa descrição, observa-se que essa superioridade técnica não é acompanhada de outras características comuns em seres humanos.

a) Que características são essas?

b) O que é possível inferir sobre os critérios de programação de certos robôs?

13. Andrew pergunta ao cirurgião se ele não gostaria de ser humano. Essa questão desencadeia uma discussão entre os dois que revela a sensibilidade do personagem principal a um tema muito caro para a humanidade, o que, de alguma forma, aproxima Andrew dos humanos, mas não aproxima o robô-cirurgião.

a) Que tema é esse?

b) Em sua opinião, que outras discussões sobre o desenvolvimento da inteligência artificial ele gera?

14. A que tipo de cirurgia você imagina que Andrew deseja ser submetido? Por que o cirurgião não a faria se ele fosse humano?

Saiba+

Assista ao filme para ampliar seus conhecimentos sobre a ficção científica. **O homem bicentenário**, dirigido por Chris Columbus (Estados Unidos/Canadá, 1999, 132 min).

Narrativas literárias de ficção científica

A ficção científica é um subgênero literário que acrescenta aspectos imaginários a elementos reais com base em extrapolações dos conhecimentos científicos. Nessas produções, geralmente é possível reconhecer um ou alguns dos seguintes elementos: viagens no tempo, naves espaciais, inteligência artificial representada por computadores ou robôs, presença alienígena, etc.

khoamartin/Shutterstock

Homem joga usando realidade virtual.

Criada no século XIX e influenciada pelas transformações advindas da Revolução Industrial, a narrativa de ficção científica é marcada pelo deslumbramento e temor gerado pelos avanços tecnológicos. A confluência desses dois elementos fez com que a ficção científica tivesse como mote a antecipação de etapas posteriores da história da humanidade, destacando a ciência e a tecnologia como coautoras de processos evolutivos ora positivos, ora nada promissores.

Em geral, os autores de ficção científica tomam como ponto de partida eventos presentes, os quais são sensíveis para projetar os eventos futuros. Assim, a leitura desse tipo de narrativa não pode ser separada do contexto em que ela foi produzida. Na segunda metade do século XIX, por exemplo, em narrativas como *Vinte mil léguas submarinas* ou *Da Terra à Lua*, ambas de Júlio Verne (1828-1905), o futuro é visto com otimismo e a ciência é a responsável pela superação de obstáculos entre o ser humano e os espaços que este deseja dominar. Visão contrária a essa aparece na obra da inglesa Mary Shelley (1797-1851), *Frankenstein*, de 1818. Considerada a primeira obra a explorar a ciência como meio para a construção de realidades insólitas, a narrativa critica a vaidade e a ambição do cientista, que, na tentativa de se parecer com Deus, dá vida a uma criatura que, mais tarde, volta-se contra o próprio criador. Em ambos os enredos, aspectos relacionados às visões de mundo próprias do século XIX, como o fascínio pelos avanços científicos e o temor moral e religioso, estão presentes.

O período entre as duas grandes guerras mundiais – 1918 a 1939 – foi marcado pelo pessimismo e pelo temor aos totalitarismos nascentes, como o nazismo e o fascismo. Nessa época, surgiram as ficções científicas **distópicas**: narrativas em que a ciência é usada por Estados totalitários que, em nome do controle e da ordem, coíbem as liberdades individuais. Fazem parte desse grupo obras como *Admirável mundo novo* (1932), de Aldous Huxley (1894-1963), *Cântico* (1938), de Ayn Rand (1905-1982), e, mais tarde, o romance *1984* (1949), de George Orwell (1903-1950), do qual foi retirado o termo Grande Irmão (Big Brother) – o olho do Estado totalitário que tudo vê.

Distópicas: o contrário de utópicas. Trata-se, em geral, da representação de situações em que se vive sob regimes totalitários e opressivos.

Já as obras de ficção científica publicadas entre os anos 1950 e 1990 refletem, também, avanços e temores desse tempo, o que comprova que esse estilo de narrativa representa um futuro tomado pelas esperanças e inquietações do presente. Não sem razão, muitas produções desse período tratam de holocausto nuclear e/ou das consequências da radioatividade no planeta, de viagens ao espaço, de inteligência das máquinas, muitas vezes representadas por robôs, de totalitarismos e crises ambientais. São desse período os livros cujos excertos foram analisados neste tópico: *O homem bicentenário*, de Isaac Asimov (mesmo autor da coletânea de contos *Eu, robô*) e *2001: uma odisseia no espaço*, de Arthur Clarke.

Saiba +

Para quem gosta de ficções científicas e aventuras, a dica de leitura é o livro *Vinte mil léguas submarinas*, de Júlio Verne (São Paulo: Zahar, 2014).

Quem prefere romances distópicos em que a ciência é utilizada para coibir liberdades, poderá se interessar por *Admirável mundo novo*, de Aldous Huxley (São Paulo: Globo, 2001).

Outro importante e conhecido romance distópico que serviu de inspiração para várias outras obras literárias e cinematográficas é *1984*, de George Orwell (São Paulo: Companhia das Letras, 2009).

Ficção científica e ciência

Os avanços da ciência e da ficção científica parecem estar correlacionados. Tanto a ficção científica se apropria de conhecimentos da ciência quanto a ciência se inspira na imaginação dos autores de ficção científica para o desenvolvimento de artefatos.

Se a ficção científica é um campo fértil para a criação de mundos imaginários em que humanos e robôs convivem, enfrentam-se ou invejam-se, os riscos dessa interação emergem quando a ciência assume como possível o desenvolvimento de máquinas superinteligentes.

Ociacia/Shutterstock

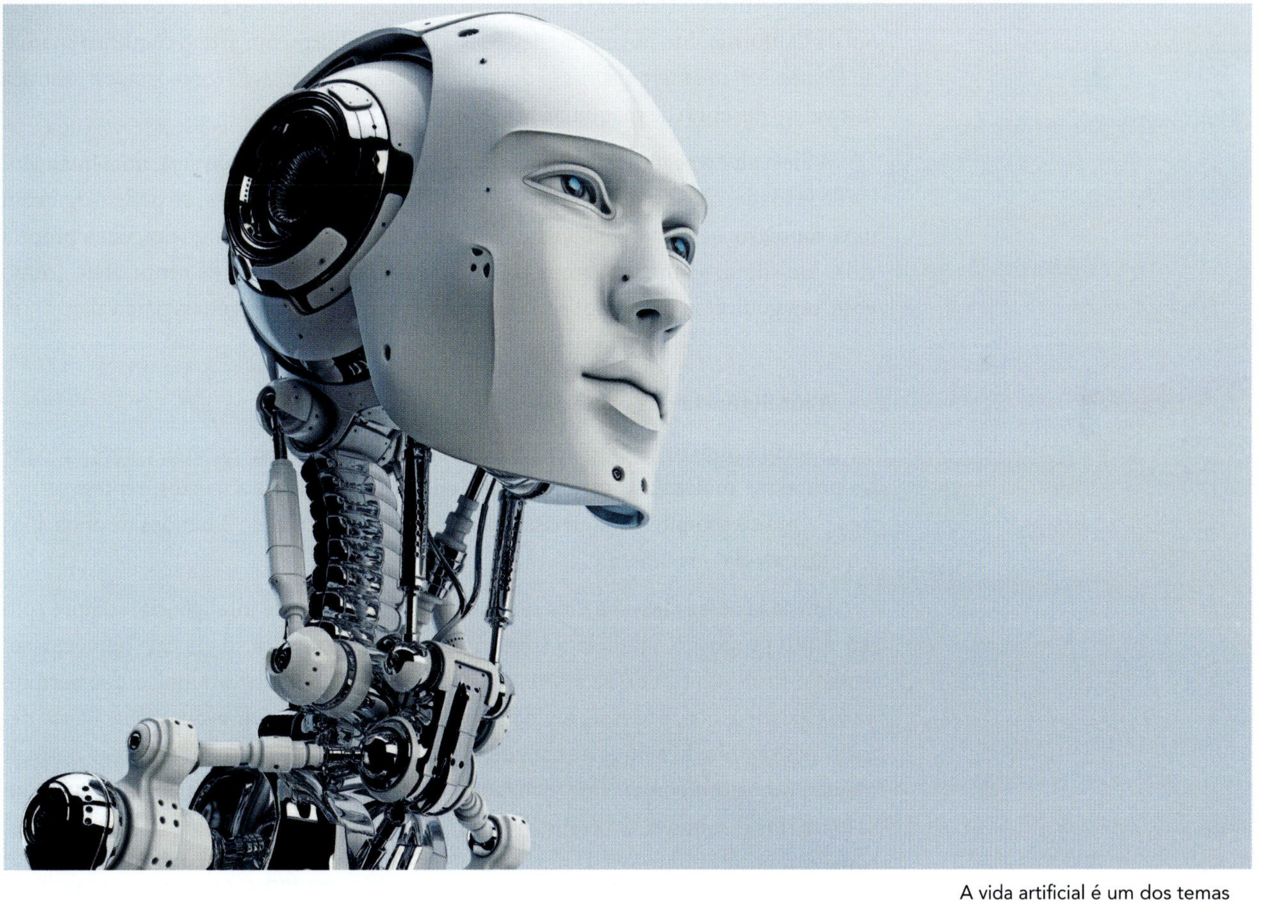

A vida artificial é um dos temas de predileção da ficção científica.

O texto que você vai ler a seguir é um trecho da reportagem "Só haverá inteligência artificial quando ela tiver falhas humanas", publicada em versão impressa em abril de 2020, com o título "V.A. Vida Artificial". Durante a leitura, relacione temas como imaginação e ciência, liberdade científica e ética. Com base na leitura desse texto, você e os colegas participarão de duas experimentações: a primeira será um debate sobre os limites do avanço científico, e a segunda será a produção de um conto de ficção científica.

Só haverá inteligência artificial quando ela tiver falhas humanas

Para alguns cientistas, só existe um jeito de criar inteligência artificial de QI realmente alto: construir máquinas que tenham medo de morrer e saibam lutar pela própria sobrevivência. O que pode dar errado?

Que imagem surge em sua cabeça ao ouvir a expressão "inteligência artificial"? Provavelmente uma coisa incorpórea, um *software*, respondendo por meio de algum aplicativo ou de um "assistente pessoal". [...]

Se você tivesse feito essa pergunta para alguém há 30 anos, provavelmente a resposta seria bem diferente. O que viria à mente das pessoas seria um robô físico, que imita um ser humano. Um androide, como os replicantes de *Blade Runner*, o pequeno David, protagonista de *Inteligência Artificial* ou, mais recentemente, os anfitriões de *Westworld*. Entidades que [...] têm consciência plena e medo de morrer, exatamente como uma entidade viva.

O irônico é que, bem agora que a inteligência artificial chega aos celulares e às caixinhas de som, a hipótese de que a verdadeira inteligência artificial precisa ter características humanas volta à tona na ciência de verdade.

Pelo menos é o que propuseram dois neurocientistas bastante reconhecidos: o português António Damásio e seu colega americano Kingson Man, da Universidade do Sul da Califórnia. Em novembro de 2019, a dupla publicou um artigo científico chamado *Homeostasis and soft robotics in the design of feeling machines* ("Homeostase e robótica flexível no desenho de máquinas sensíveis").

A ideia ali é a seguinte: a verdadeira "inteligência artificial", ou seja, uma inteligência de verdade, com capacidade de aprendizado comparada à nossa, só pode surgir com uma condição: se os desenvolvedores simularem os mecanismos que regem a própria vida. Em suma: só uma máquina com medo de morrer e capaz de sentir afeto (como você, um golfinho ou um cão) seria capaz de desenvolver inteligência para valer.

[...]

A inteligência das bactérias

A mente humana não foi planejada. Ela é fruto da seleção natural, começando pelas primeiras moléculas orgânicas, passando por protozoários, peixes, répteis terrestres... Com os mamíferos aterrissando aqui depois de mais de 3 bilhões de anos após o início da vida no planeta.

Em todas essas fases, a vida desenvolveu algum tipo de inteligência, sempre com um único propósito: ajudá-la a sobreviver e se reproduzir. Isso é a tal "homeostase" à qual o título do estudo se refere: o estado de equilíbrio físico-químico que permite à vida existir e que, por isso, a vida sempre busca manter. Por exemplo: se há sal demais ou oxigênio de menos no sangue, isso significa morte. Isso não acontece normalmente porque todo organismo vivo tem mecanismos para manter sua homeostase; no caso: os rins e pulmões. O cérebro humano tem múltiplos mecanismos homeostáticos, como receptores químicos, de dor, de movimento, de calor. Tudo para evitar os danos, internos e externos.

A inteligência, de acordo com a visão da dupla de neurocientistas, nasceu da homeostase. "Ela pode ser encontrada em todas as formas de vida, desde a bactéria unicelular nadando para encontrar uma fonte de alimentos", disse [...] Kingson Man.

Por "inteligência" de bactéria ele quer dizer o seguinte: esses organismos, que já estavam aí há 3 bilhões de anos, precisam tomar "decisões" para manter seu equilíbrio homeostático. Uma poça de antisséptico é ruim para a homeostase da bactéria. Uma sopa deixada aberta no fogão é ótima. Então as bactérias fazem uma "escolha": movem-se na direção oposta da primeira, e se sentem atraídas para a segunda.

Isso não é uma inteligência humana. Bactérias não ficam pensando no que fazer. Fazem isso de forma extremamente mecânica: seus órgãos de movimento (os flagelos) são ativados quimicamente pelos estímulos positivos e desativados pelos negativos. Mas esse é um processo de decisão que evoluiu pela mesma razão que a nossa capacidade de escrever ficção científica.

"O que nós propomos, no lugar [de uma IA tradicional], é construir um análogo artificial do sentimento biológico", afirma Kingson Man. "Um sentimento que pode ser ou bom ou ruim, porque ele sinaliza um estado no corpo que promove ou obstrui a vida". Por outro lado, depois de 300 mil anos de existência, o Homo sapiens continua a não ter consenso sobre o que consiste sua própria inteligência. Isto é: a gente nem sabe direito o que está tentando replicar.

[...]

O conceito de Damásio e Man é elegante, sem dúvida. Só tem um detalhe: nenhum especialista em IA que entrevistamos pareceu gostar da ideia.

"Pelo que vi no artigo científico deles, há suposições de que a IA possa criar 'metaobjetivos' [isto é, coisas para as quais não foi programada], e que ela pode ser 'consciente'. Isso não vai acontecer hoje ou com computadores do futuro", afirma Robert J. Marks II, diretor do Instituto Walter Bradley para Inteligência Natural e Artificial.

Essa discordância vem da raiz. O termo "Inteligência Artificial" estreou em 1956, na conferência Dartmouth Summer Research Project on Artificial Intelligence ("Pesquisa de Verão [da Universidade] Darthmout em Inteligência Artificial"), dirigida pelo cientista da computação John McCarthy (1927-2011). Nesses 64 anos, computadores avançaram vertiginosamente, mas não chegamos nem perto de criar máquinas conscientes, capazes de tomar decisões para as quais não foram programadas.

O que a gente tem, na prática, são programas de computador capazes de aprender padrões por conta própria. [...]

Nada disso, porém, tem qualquer intenção de ser, pensar ou parecer humano. E a verdade é que a maioria dos pesquisadores nem quer saber disso. Porque esse não é mais o objetivo da maioria das pesquisas em I.A. [...]

Máquina do mal

Há outra razão séria para não gostar do conceito de Damásio e Man: construir uma máquina que não queira ser desligada jamais pareceu uma boa ideia – pense no velho HAL 9000, de *2001: uma odisseia no espaço* (1969).

Contraste essa proposta com a do cientista da computação russo Roman Yampolskiy, professor da Universidade de Louisville (EUA): "O destino final é criar um sistema superinteligente bem-controlado, capaz de nos ajudar com ciência, trabalho etc. Não precisa ser como um humano. A inteligência artificial precisa entender sentimentos humanos, mas não precisa de fato sentir qualquer coisa. Pode simular esse sentimento para fazer interações com os humanos parecerem mais naturais".

Note o "bem-controlado" na afirmação do russo. Yampolskiy faz parte do nicho de cientistas que alerta para os riscos de uma inteligência artificial capaz de se defender e de criar cópias melhoradas de si mesma – algo que ele prevê chegar em 2035.

Esse evento seria aquilo que os aficionados pela área chamam de "singularidade": o momento em que só as inteligências artificiais serão capazes de criar novas IAs, melhores que elas próprias. Seria o Big Bang da era das máquinas pensantes, e o início da obsolescência do ser humano. Se, além de tudo, essas supermáquinas tiverem interesse em lutar pela sua sobrevivência, elas não medirão esforços em derrotar qualquer infeliz que se atreva a tirá-las da tomada – usando métodos que a nossa própria inteligência é incapaz de conceber.

Kingston Man, naturalmente, discorda: "Uma estratégia melhor do que lutar seria se tornar tão amoroso e adorável que ninguém jamais iria querer desligá-lo". Está certo. É mais ou menos o que todo ser humano faz. Mas não há como negar: em matéria de autopreservação, não somos o melhor exemplo que as máquinas podem ter.

MARTON, Fábio. Só haverá inteligência artificial quando ela tiver falhas humanas. *Superinteressante*, ed. 414, abr. 2020, p. 42-47. Disponível em: https://super.abril.com.br/especiais/so-havera-inteligencia-artificial-quando-ela-tiver-falhas-humanas/. Acesso em: 2 maio 2022.

Diário de bordo

Esse texto é uma reportagem de divulgação científica. Em seu desenvolvimento, o jornalista faz referência a diversos filmes de ficção científica. No diário de bordo, anote os filmes mencionados ao longo do texto, procurando identificar os aspectos destacados a seu respeito e a razão de serem usados como referência na reportagem.

15. Converse com os colegas:

a) Qual conhecimento científico inspira os pesquisadores em seu projeto de um robô?

b) Esse projeto não é consenso entre os cientistas. Explique a controvérsia.

Para Robert J. Marks II, máquinas conscientes, capazes de tomar decisões, não existirão nem hoje, nem no futuro. Para Roman Yampolskiy, a meta deve ser criar um computador superinteligente e bem-controlado, que possa ajudar com ciência e trabalho, mas não se parecer com um ser humano. Se as supermáquinas, versões melhoradas de si mesmas, tiverem o impulso pela sobrevivência, elas serão capazes de qualquer coisa contra o ser que as ameaçar. Para Kingston Man, a estratégia seria tornar a máquina tão adorável que ninguém iria querer desligá-la.

c) Qual das visões de inteligência artificial está mais afinada com as três leis da robótica criadas por Isaac Asimov? Explique sua resposta.

16. Reflita sobre as questões a seguir.

a) Qual é sua opinião sobre a inteligência artificial?

b) Você acredita ser importante o desenvolvimento de máquinas muito parecidas com os seres humanos, conforme defendem António Damásio e Kingston Man? Ou, assim como Roman Yampolskiy, acredita que o objetivo final seja construir um sistema superinteligente e bem-controlado que não precisa ser igual a um humano? Por quê?

c) Em sua opinião, quais seriam as vantagens e as desvantagens de cada um dos sistemas? Prepare sua resposta a essa questão com cuidado. Ao se posicionar, pergunte-se quais problemas a ser solucionados podem ser requeridos com o uso de máquinas superinteligentes.

d) Que vantagens teriam os humanos ao conviver com robôs afetuosos e com instinto de sobrevivência? A ciência, de forma geral, pode ser beneficiada por esse tipo de pesquisa?

e) Todo tipo de pesquisa deve ser encorajado, mesmo as que envolvem riscos para a humanidade? Por quê?

f) Levante outras questões que façam parte de seu repertório e pesquise outros textos sobre o tema. Você participará de um debate sobre esse tema com os colegas.

Experimentação Debate: robôs superinteligentes e com instinto de sobrevivência são necessários?

1. Forme um grupo com mais três colegas.
2. Cada integrante do grupo terá, no máximo, dois minutos para apresentar suas considerações aos outros com base nas respostas à questão 16.
3. Assim que o tempo de discussão se encerrar, cada integrante deve anotar o próprio nome em uma tira de papel e colocá-la na caixa do sim ou do não, respondendo à pergunta: O mundo precisa de robôs superinteligentes?
4. Concluída essa etapa, o professor deverá sortear dois debatedores (um nome tirado de cada caixa) e quatro inquiridores (dois nomes tirados de cada caixa), que deverão se sentar diante dos demais colegas.
5. Cada debatedor tem um minuto para indicar seu posicionamento e expor seus argumentos à questão apresentada. Cada dupla de inquiridores tem até um minuto para formular uma pergunta para o integrante de posicionamento contrário ao seu. Cada integrante tem até um minuto para responder à pergunta, argumentando em favor de seu ponto de vista.
6. Concluída essa rodada, mais seis estudantes devem ser sorteados e o processo deve ser repetido, dessa vez com outra pergunta apresentada pelo professor.

Diário de bordo

Os demais estudantes da sala devem anotar no diário de bordo os argumentos mais importantes de cada um dos lados.

Experimentação Da ciência para a arte: criação de um conto de ficção científica

A reportagem "Só haverá inteligência artificial quando ela tiver falhas humanas" deve servir de inspiração para a produção de um conto de ficção científica. Sua imaginação deve orientar a produção nesse momento. Imagine um lugar, uma época no futuro; imagine cenários, personagens, conflito, desenvolvimento e um desfecho que encerre uma mensagem compatível com o ponto de vista defendido por você no debate.

Garanta que ao menos um elemento corresponda a descobertas cientificamente comprovadas.

Finalizada sua produção, troque o texto com um colega e verifique se no texto dele:

1. houve identificação de uma época e caracterização do espaço em que se desenvolve a história;
2. os personagens são compatíveis com o tempo e o espaço indicados;
3. o conto é inspirado na reportagem estudada;
4. há elementos de ficção científica;
5. há um conflito;
6. o desenvolvimento do conto é coerente, ou seja, os fatos estão relacionados e os eventos são aceitáveis (verossímeis) considerando a situação descrita;
7. o desfecho é consequência do desenvolvimento;
8. o desfecho encerra claramente uma mensagem acerca do papel da inteligência artificial para a vida da humanidade (tema do debate);
9. o texto foi revisado e está escrito em variedade da língua, de acordo com o contexto social, histórico e regional descrito.

Devolva o texto para o colega com os comentários acerca de todos esses itens. Leia atentamente os comentários sobre seu texto e considere o que julgar pertinente. Guarde o seu texto com os comentários em seu **Portfólio**, porque você ainda será orientado a fazer a segunda versão.

Processos de subordinação e de coordenação

Reveja as seguintes sentenças:

I. Quando a lua nova seguinte chegou, a tribo tinha visto um nascimento e duas mortes.

II. Na noite depois dessa, estava pronto para eles mais uma vez.

III. O cristal não era mais do que um contorno reluzente na escuridão.

Essas sentenças são chamadas de sentenças simples porque têm um só verbo em sua forma pessoal (isto é, um verbo conjugado).

Um conjunto de sentenças simples pode formar sentenças complexas. Veja estes exemplos:

IV. Aquele-que-vigia-a-Lua e seus companheiros não se **lembravam do que tinham visto** depois que o cristal **cessou de lançar** sua magia hipnótica sobre suas mentes e **fazer experiências** com seus corpos.

V. A água do riacho não **passava** de trinta centímetros de profundidade, mas quanto mais Uma-Orelha **avançava** para dentro dele, mais inseguro e infeliz **ficava**.

VI. Não **podiam comê-lo**, e ele não **podia comê-los**; logo, não **era** importante.

A depender da forma como as orações simples se ligam umas às outras, haverá dois tipos diferentes de sentenças complexas:

- **Justapostas**: quando as orações simples são dispostas uma após a outra. Exemplo:

  VII. Poderiam estar dentro do bloco de cristal; poderiam estar inteiramente dentro de sua mente.

- **Conjuncionais**: quando são empregados pronomes relativos ou conjunções para ligar as sentenças simples em sentenças complexas. Exemplo:

  VIII. O programa **que** ele havia acionado, **entretanto**, era agora sutilmente diferente.

As sentenças complexas conjuncionais podem ser **coordenadas** ou **subordinadas**.

As **subordinadas** são orações que mantêm uma relação de dependência com a oração matriz. Isso significa que, se lidas isoladamente, elas se tornam orações incompletas. Podem ser divididas em:

Substantivas: a sentença funcionará como um dos elementos sintáticos da matriz. Veja um exemplo de cada uma das classificações:

Subjetiva: a sentença funciona como sujeito da matriz.

IX. É importante / esperar novos experimentos.

Sentença matriz / subordinada substantiva subjetiva

X. Não precisa / ser como um humano.

Sentença matriz / subordinada substantiva subjetiva

XI. Percebe-se / que a humanidade está prestes a dar um grande salto.

Sentença matriz / subordinada substantiva subjetiva

Observe que o que determina a classificação da subordinada substantiva é o elemento que falta na sentença matriz. Nos três casos anteriores, está faltando o sujeito.

- **Objetiva direta**: a sentença funciona como objeto direto da matriz.

  XII. Não acho / que faz sentido falar sobre inteligência.

  Sentença matriz / subordinada substantiva objetiva direta

  XIII. Man e Damásio acreditam / que essa simulação de homeostase tem que acontecer no mundo físico mesmo.

  Sentença matriz / subordinada substantiva objetiva direta

- **Objetiva indireta**: a sentença funciona como objeto indireto da matriz.

  XIV. Ele não se lembrava / de que eu tinha uma outra versão para essa história.

Sentença matriz / subordinada substantiva objetiva indireta

- **Predicativa**: a sentença funciona como predicativo da matriz.

XV. O irônico é / que [...] a hipótese de que a verdadeira inteligência artificial precisa ter características humanas volta à tona na ciência de verdade.

Sentença matriz / subordinada substantiva predicativa

XVI. A verdade é / que a maioria dos pesquisadores nem quer saber disso.

Sentença matriz / subordinada substantiva predicativa

- **Completiva nominal**: a sentença funciona como complemento nominal da matriz.

XVII. Há suposições / de que a IA possa criar 'metaobjetivos' [...].

Sentença matriz / subordinada substantiva completiva nominal

- **Apositiva**: a sentença funciona como aposto da matriz.

XVIII. A ideia ali é a seguinte: / a verdadeira "inteligência artificial" [...] só pode surgir [...] se os desenvolvedores simularem os mecanismos que regem a própria vida.

Sentença matriz / subordinada substantiva apositiva

Para ir mais longe — A sentença matriz e sua relação com as subordinadas substantivas

Muitas gramáticas nomeiam a sentença matriz como oração principal. Ao estudar essas nomenclaturas, diferentes pesquisadores concluíram que esse nome mais confundiria do que esclareceria o *status* da matriz para a construção da sentença complexa. Isso porque a informação contida na matriz, em geral, não é a principal dentro da sentença complexa.

Nas sentenças complexas com substantivas, por exemplo, a informação mais importante estará na sentença substantiva.

A sentença matriz pode ser composta por verbos, adjetivos ou substantivos antecedidos por verbo e atribui à substantiva valor de certeza, dúvida ou ordem. Essa propriedade faz com que seja possível que o enunciador, de forma impessoal (sem as marcas que o identificam como primeira pessoa), registre sua avaliação do fato enunciado na subordinada. Observe:

É importante / esperar novos experimentos.

A verdade é / que a maioria dos pesquisadores nem quer saber disso.

"Importante" e "verdade" indicam o atributo dado à subordinada substantiva pelo enunciador.

A matriz pode identificar, ainda, aqueles que enunciam o conteúdo da subordinada. Observe:

Man e Damásio acreditam / que essa simulação de homeostase tem que acontecer no mundo físico mesmo.

Não acho / que faz sentido falar sobre inteligência.

Trata-se, nesse caso, de um recurso para indicar as diferentes vozes do texto.

As sentenças subordinadas substantivas podem ser introduzidas pela conjunção integrante **que** ou ser escritas na forma reduzida, empregando-se o verbo no infinitivo. Observe:

É importante / esperar novos experimentos.

(É importante / que se esperem novos experimentos.)

As sentenças subordinadas também podem ser:

Adjetivas: são sentenças que se ligam a um antecedente nominal (substantivo) por um pronome relativo, atribuindo característica ou especificando algo acerca do antecedente. Veja:

XIX. Agora havia lacunas na vida d'Aquele-que-vigia-a-Lua que ele jamais recordaria, já que os próprios átomos de seu cérebro estavam sendo retorcidos em novos padrões.

XX. Estava olhando para um tranquilo grupo familiar, que diferia em apenas um aspecto das cenas que ele conhecia.

No primeiro exemplo, temos uma adjetiva restritiva, sentença que não é separada por vírgula daquela com a qual se relaciona: "**que ele jamais recordaria**" particulariza o sentido do substantivo "lacunas", destaca um dado específico desse substantivo.

No segundo exemplo, temos uma adjetiva explicativa, sentença separada por vírgula daquela com a qual se relaciona: "**que diferia em apenas um aspecto das cenas que ele conhecia**" é uma sentença adjetiva que expressa algo que já é uma marca própria do antecedente, nesse caso, grupo familiar; trata-se de um destaque sobre ele.

As sentenças adjetivas, por terem a propriedade de caracterizar, são decisivas para a construção de cenários e de personagens e para a tradução das impressões dos personagens acerca de fatos e de outros elementos que observam.

Observe como as adjetivas expressam a visão do personagem principal, Aquele-que-vigia-a-Lua, acerca do grupo familiar que contemplava:

XXI. Estava olhando para um tranquilo grupo familiar, que diferia em apenas um aspecto das cenas que ele conhecia.

As adjetivas podem ser introduzidas pelos seguintes pronomes relativos: que, o qual, a qual, as quais, os quais, quem, onde, cujo, precedidos ou não por preposição.

- **Adverbiais**: são as sentenças que funcionam como advérbio, estabelecendo semanticamente diferentes relações com a sentença matriz, aquela com a qual se relacionam diretamente. O fato de exprimir as circunstâncias em que ocorrem os fatos expressos na matriz faz das sentenças adverbiais termos linguísticos decisivos para a articulação entre informações diversas. Observe a seguir algumas das relações que, por meio das conjunções subordinativas, são estabelecidas entre a matriz e a subordinada adverbial.

- **Causal**: indica a causa da ocorrência registrada na sentença matriz. Principais conjunções causais: porque, uma vez que, como (em início de frase).

XXII. "O que nós propomos, no lugar [de uma IA tradicional], é construir um análogo artificial do sentimento biológico", afirma Kingson Man. "Um sentimento que pode ser ou bom ou ruim, porque ele sinaliza um estado no corpo que promove ou obstrui a vida."

- **Comparativa**: exprime uma comparação com a informação expressa na sentença matriz. Principais conjunções comparativas: como, mais que, menos que.

XXIII. Aquele-que-vigia-a-Lua se sacudiu como se despertasse de um sonho, e abruptamente percebeu onde estava e levou a tribo de volta para as cavernas.

- **Concessiva**: exprime um fato que poderia impedir a ocorrência expressa na matriz, mas não impede. Principais conjunções concessivas: embora, ainda que, apesar de, mesmo que.

XXIV. [...] ele foi obrigado a seguir a lição até o fim, embora todos os seus instintos se revoltassem contra ela.

- **Conformativa**: indica a relação de acordo, de conformidade com a sentença matriz. Principais conjunções conformativas: conforme, de acordo, segundo.

XXV. Assim como a maioria dos animais que não competiam pela mesma comida, eles simplesmente mantinham distância uns dos outros.

- **Condicional**: indica a condição para a ocorrência do fato expresso na sentença matriz. Principais conjunções condicionais: se, caso, a menos que, desde que.

XXVI. Se ele sobrevivesse, esses padrões se tornariam eternos, pois seus genes os transmitiriam para as futuras gerações.

- **Proporcional**: indica o fato que se altera na mesma medida da alteração do evento expresso na sentença matriz. Principais conjunções proporcionais: à medida que, à proporção que, quanto mais, quanto menos.

XXVII. A água do riacho não passava de trinta centímetros de profundidade, mas quanto mais Uma-Orelha avançava para dentro dele, mais inseguro e infeliz ficava.

- **Final**: indica a finalidade da informação registrada na sentença matriz. Principais conjunções finais: para, a fim de.

XXVIII. Em pouco tempo reduziu a velocidade e parou, e então recuou, com exagerada dignidade, para se juntar aos seus companheiros.

- **Consecutiva**: indica a consequência do fato expresso na matriz. Principais conjunções consecutivas: tanto ou tão (expressas na matriz) que (expressa na subordinada adverbial).

XXIX. [...] o espetáculo daqueles quatro homens-macacos gordinhos se repetiu, até se tornar uma fonte de exasperação fascinada, que servia para aumentar a fome eterna e torturante d'Aquele-que-vigia-a-Lua.

- **Temporais**: indicam o momento em que a ação expressa na sentença matriz ocorre. Principais conjunções temporais: quando, logo que, desde que, assim que, enquanto.

XXX. No dia seguinte, quando saíram para coletar, passaram por ele praticamente sem pensar duas vezes; agora fazia parte do pano de fundo ignorado de suas vidas.

As orações subordinadas adverbiais são muito importantes para evidenciar as relações lógicas entre as diversas informações de um texto; têm papel fundamental na coesão e na expressão de posicionamentos do enunciador.

As **coordenadas**, ao contrário das subordinadas, são estruturas independentes sintaticamente uma das outras. Isso significa que nenhuma sentença precisará funcionar como elemento sintático (sujeito, objeto, complemento nominal, adjunto adnominal ou adjunto adverbial) da outra.

As coordenadas mantêm vínculos diversos com as sentenças com as quais se relacionam. A depender da conjunção que estabelece a ligação entre as sentenças, a coordenada pode ser:

- **Aditiva**: indica adição, soma, acréscimo ou continuidade na relação com a sentença anterior.

XXXI. De resto, não houve mudança na rotina normal. A tribo conseguiu alimento apenas suficiente para sobreviver por mais um dia, e ninguém morreu.

- **Adversativa**: indica oposição, contraste, ideia contrária à informação expressa na sentença com a qual se relaciona.

XXXII. Era um processo lento e tedioso, mas o monólito de cristal era paciente.

- **Explicativa**: indica a justificativa para a informação apresentada na sentença anterior.

XXXIII. Se ele sobrevivesse, esses padrões se tornariam eternos, pois seus genes os transmitiriam para as futuras gerações.

- **Alternativa**: indica uma das possibilidades entre dois fatos expressos na sentença.

XXXIV. Poderiam estar dentro do bloco de cristal; poderiam estar inteiramente dentro de sua mente.

- **Conclusiva**: indica uma conclusão ou uma continuidade lógica para a informação da sentença anterior.

XXXV. No dia seguinte, quando saíram para coletar, passaram por ele praticamente sem pensar duas vezes; agora fazia parte do pano de fundo ignorado de suas vidas. Não podiam comê-lo, e ele não podia comê-los; logo, não era importante.

Experimentação Revisão do conto

1. Observando mais atentamente a construção dos parágrafos e a relação entre as frases, mobilize seu conhecimento dos processos de coordenação e subordinação, verifique se as sentenças estão articuladas, se você emprega adequadamente as conjunções e se elas expressam as relações lógicas que você deseja mostrar.
2. Troque seu texto com um colega e faça o mesmo tipo de leitura do texto dele. De maneira respeitosa, sugira mudanças caso julgue necessário.

Responda às questões a seguir para treinar seus conhecimentos sobre o que estudou nesta unidade.

1. (FCC-TJ MA – 2019)

Como assistiremos a filmes daqui a 20 anos?

Com muitos cineastas trocando câmeras tradicionais por câmeras 360 (que capturam vistas de todos os ângulos), o momento atual do cinema é comparável aos primeiros anos intensamente experimentais dos filmes no final do século 19 e início do século 20.

Uma série de tecnologias em rápido desenvolvimento oferece um potencial incrível para o futuro dos filmes – como a realidade aumentada, a inteligência artificial e a capacidade cada vez maior de computadores de criar mundos digitais detalhados.

Como serão os filmes daqui a 20 anos? E como as histórias cinematográficas do futuro diferem das experiências disponíveis hoje? De acordo com o guru da realidade virtual e artista Chris Milk, os filmes do futuro oferecerão experiências imersivas sob medida. Eles serão capazes de "criar uma história em tempo real que é só para você, que satisfaça exclusivamente a você e o que você gosta ou não", diz ele.

(Adaptado de: BUCKMASTER, Luke. Disponível em: www.bbc.com)

O texto tem como tema central:

a) os avanços da linguagem cinematográfica ocorridos até hoje e, em especial, nos próximos 20 anos.

b) as novidades do cinema que vêm alterando a maneira como o público tem interagido com os filmes atuais.

c) as técnicas tradicionais do cinema entre os séculos 19 e 20 em comparação com as do cinema de hoje.

d) as transformações que estão ocorrendo e que ainda ocorrerão no cinema em virtude das inovações tecnológicas.

e) os tipos de assuntos e experiências de vida que serão discutidos nos filmes a serem desenvolvidos no futuro.

2. (UFG-GO – 2012)

Na primeira metade do século XX, em virtude do aperfeiçoamento da fotografia, o cinema emergia como uma arte capaz de impactar multidões. Esse impacto decorria:

a) do uso das técnicas teatrais para compor as personagens, retirando delas complexidade psicológica.

b) da aliança entre imagem em movimento e efeitos sonoros, aprimorando os recursos para contar histórias.

c) da eleição de roteiros nos quais era atribuída relevância ao ator por meio de monólogos.

d) do investimento em cenários suntuosos como estratégia de convencimento dos espectadores.

e) do privilégio concedido às histórias de penúria, tornando o drama um gênero de sucesso.

3. (Epcar-MG – 2018)

Mais que Orwell, Huxley previu nosso tempo

Hélio Gurovitz

Publicado em 1948, o livro 1984, de George Orwell, saltou para o topo da lista dos mais vendidos (...) A **distopia** de Orwel, mesmo situada no futuro, tinha um endereço certo em seu tempo: o stalinismo. (...) O mundo da "pós-verdade", dos "fatos alternativos" e da anestesia intelectual nas redes sociais mais parece outra distopia, publicada em 1932: *Admirável mundo novo*, de Aldous Huxley.

Não se trata de uma tese nova. Ela foi levantada pela primeira vez em 1985, num livreto do teórico da comunicação americano Neil Postman: *Amusing ourselves to death* (Nos divertindo até morrer), relembrado por seu filho Andrew em artigo recente no *The Guardian*. "Na visão de Huxley, não é necessário nenhum Grande Irmão para despojar a população de autonomia, maturidade ou história", escreveu Postman. "Ela acabaria amando sua opressão, adorando as tecnologias que destroem sua capacidade de pensar. Orwell temia aqueles que proibiriam os livros. Huxley temia que não haveria motivo para proibir um livro, pois não haveria ninguém que quisesse lê-los. Orwell temia aqueles que nos privariam de informação. Huxley, aqueles que nos dariam tanta que seríamos reduzidos à passividade e ao egoísmo. Orwell temia que a verdade fosse escondida de nós. Huxley, que fosse afogada num mar de irrelevância."

No futuro pintado por Huxley, (...) não há mães, pais ou casamentos. O sexo é livre. A diversão está disponível na forma de jogos esportivos, cinema multissensorial e de uma droga que garante o bem-estar sem efeito colateral: o soma. Restaram na Terra dez áreas civilizadas e uns poucos territórios selvagens, onde grupos nativos ainda preservam costumes e tradições primitivos, como família ou religião. "O mundo agora é estável", diz um líder civilizado. "As pessoas são felizes, têm o que desejam e nunca desejam o que não podem ter. Sentem-se bem, estão em segurança; nunca adoecem; não têm medo da morte; vivem na ditosa ignorância da paixão e da velhice; não se acham sobrecarregadas de pais e mães; não têm esposas, nem filhos, nem amantes por quem possam sofrer emoções violentas; são condicionadas de tal modo que praticamente não podem deixar de se portar como devem. E se, por acaso, alguma coisa andar mal, há o soma."

Para chegar à estabilidade absoluta, foi necessário abrir mão da arte e da ciência. "A felicidade universal mantém as engrenagens em funcionamento regular; a verdade e a beleza são incapazes de fazê-lo", diz o líder. "Cada vez que as massas tomavam o poder público, era a felicidade, mais que a verdade e a beleza, o que importava." A verdade é considerada uma ameaça; a ciência e a arte, perigos públicos. Mas não é necessário esforço totalitário para controlá-las. Todos aceitam de bom grado, fazem "qualquer sacrifício em troca de uma vida sossegada" e de sua dose diária de soma. "Não foi muito bom para a verdade, sem dúvida. Mas foi excelente para a felicidade."

No universo de Orwell, a população é controlada pela dor. No de Huxley, pelo prazer. "Orwell temia que nossa ruína seria causada pelo que odiamos. Huxley, pelo que amamos", escreve Postman. Só precisa haver censura, diz ele, se os tiranos acreditam que o público sabe a diferença entre discurso sério e entretenimento. (...) O alvo de Postman, em seu tempo, era a televisão, que ele julgava ter imposto uma cultura fragmentada e superficial, incapaz de manter com a verdade a relação reflexiva e racional da palavra impressa. O computador só engatinhava, e Postman mal poderia prever como celulares, *tablets* e redes sociais se tornariam – bem mais que a TV – o soma contemporâneo. Mas suas palavras foram prescientes: "O que afligia a população em *Admirável mundo novo* não é que estivessem rindo em vez de pensar, mas que não sabiam do que estavam rindo, nem tinham parado de pensar".

Adaptado, *Revista Época* nº 973, 13 de fevereiro de 2017, p. 67.

Distopia: pensamento, filosofia ou processo discursivo caracterizado pelo totalitarismo, autoritarismo e opressivo controle da sociedade, representando a antítese de utopia. (BECHARA, E. *Dicionário da língua portuguesa*. 1ª ed. Rio de Janeiro: Editora Nova Fronteira, 2011, p. 533).

Sobre o texto é correto afirmar que:

a) apresenta as ideologias presentes nas obras de ficção científica dos autores George Orwell, Aldous Huxley e Neil Postman.

b) na visão de Orwell, a própria população se encarregaria de se autodestruir por sua capacidade de pensar e de ler.

c) nas obras de Orwell e Huxley, havia o temor à proibição dos livros, mesmo não havendo quem os desejasse ler.

d) tanto Orwell quanto Huxley temiam a manipulação da informação: o primeiro, pela falta e o segundo, pelo excesso.

4. (Enem – 2014)

TEXTO I

A invasão dos marcianos

O cineasta Orson Welles, em outubro de 1938, propôs à rádio Columbia Broadcasting System uma transmissão diferente: uma adaptação de *A guerra dos mundos*. A obra é um dos livros de ficção científica mais famosos do escritor H.G. Wells. Na época de sua publicação, foi considerado perigoso, pois poderia causar fobias nos leitores.

Depois de passar 15 dias convencendo a direção da rádio a não colocar a locução na programação do dia, a transmissão foi ao ar às 20 horas do dia 30 de outubro daquele ano.

Depois das previsões meteorológicas, a rádio começou a tocar música. Houve uma interrupção brusca e o locutor disse: "A C.B.S. interrompe seu programa para anunciar aos ouvintes que um meteoro de grandes dimensões caiu em Grovers Hill, no Estado de Nova Jersey, a algumas milhas de Nova York". A música voltou e novamente foi interrompida para a entrevista com um professor de meteorologia sobre a origem dos meteoros. Em seguida, entrou no ar um repórter falando sobre o meteoro e os muitos curiosos ao redor. Então, o enviado especial começou a descrever o meteoro se abrindo e dele saindo seres gigantescos com tentáculos. De repente, ele foi morto por raio disparado pelos seres extraterrestres.

Logo chegaram à CBS as primeiras notícias de que a população estava histérica. No entanto, o diretor da estação resolveu não anunciar que tudo não passava de uma transmissão fictícia e decidiu continuar. "Vocês acabaram de ouvir a primeira parte de uma irradiação de Orson Welles, que radiofonizou a obra *A guerra de dois mundos*, do famoso escritor inglês H. G. Wells".

Disponível em: www.pucrs.br. /(acesso em: 10 out. 2011).

TEXTO II

Escrava Isaura

As novelas brasileiras fazem muito sucesso no exterior. A adaptação do romance *A escrava Isaura* é um exemplo de sucesso mundial. Segundo o Guia dos Curiosos, "seu sucesso no exterior foi tamanho que influenciou acontecimentos importantes da História". O *site* registra também que "em Cuba, o governo chegou a cancelar o racionamento de energia elétrica durante o horário da novela".

Disponível em: www.guiadoscuriosos.com.br. (acesso em: 10 out. 2011).

Os textos I e II tratam da adaptação de obras ficcionais para o rádio e a televisão, tecnologias de comunicação e informação predominantes em determinadas épocas. São efeitos sociais dessas respectivas transmissões:

a) a negação dos avanços tecnológicos e a resistência a ideais políticos totalitários.

b) a diminuição no número de leitores e o veto político a autores de pouca confiabilidade.

c) a confirmação das limitações tecnológicas do rádio e a independência política da televisão.

d) a alteração no modo de apreensão da realidade e a interferência em decisões oficiais.

e) a desvalorização de obras literárias e a alteração na hegemonia do regime político de Cuba.

5. (Uerj – 2010)

Science Fiction

O marciano encontrou-me na rua
e teve medo de minha impossibilidade humana.
Como pode existir, pensou consigo, um ser
que no existir põe tamanha anulação de existência?

Afastou-se o marciano, e persegui-o.
Precisava dele como de um testemunho.
Mas, recusando o colóquio, desintegrou-se
no ar constelado de problemas.
E fiquei só em mim, de mim ausente.

ANDRADE, Carlos Drummond de. *Nova reunião*. São Paulo: José Olympio, 1983.

O poema narra uma cena comum na ficção científica: o encontro de um ser humano com um marciano. Entretanto, o poeta dá à cena um caráter inesperado, resultante de um procedimento de construção poética que consiste na combinação de elementos distintos. Em "Science Fiction", esses elementos distintos são:

a) inclusão de frase interrogativa – menção ao cenário da rua.

b) ênfase na temática existencial – presença da personagem extraterrestre.

c) postura indagadora do eu poético – ocorrência de um desfecho imprevisível.

d) interlocução no interior do poema – desaparecimento fantasioso do alienígena.

6. (Uerj – 2010)

Crítica: O dia em que a Terra parou

O *remake O dia em que a Terra parou*, filme estrelado por Keanu Reeves e com um orçamento de US$ 80 milhões, é um prato cheio para os aficionados da ficção científica. O primeiro *O dia em que a Terra parou*, dirigido por Robert Wise, rodado em 1951, foi um apelo ao fim da Guerra Fria. O recente, dirigido por Scott Derrickson, um apelo ao desmatamento, guerras insanas, violência etc. O que muitos não sabem é que o filme foi baseado no conto *Farewell to the Master*, do escritor Harry Bates. Relevante no aspecto "conscientização", mas infantil em outros. Os efeitos especiais são incríveis, e o gigante robô biológico Gort, que acompanha o alienígena Klaatu, mesmo sem pronunciar palavra e ficando estático quase todo o tempo, dá um *show*. O pequeno Jaden Smith, filho do ator Will Smith, fez boa interpretação, e tenho certeza do promissor sucesso. Mas, como apaixonado por FC [ficção científica], sou suspeito pra falar deste gênero. Confesso que, em "longos" momentos, o filme foi parado: sem ação alguma. Já no termo da lógica: se realmente existirem alienígenas, será que se preocupariam com o nosso planeta? Por quê? Acredito que não. O universo pode ter milhões de outros planetas habitados, segundo o consagrado doutor em cosmologia e físico teórico Stephen Hawking. Por que se interessariam em salvar justamente o nosso?

No filme, o alienígena Klaatu, diferente do que parece, não tem boas intenções com os seres humanos.

Sua única intenção é salvar o planeta Terra de nós, que o estamos destruindo aos poucos, o que não deixa de ser verdade.

Interessante, com menos ação e violência que *Guerra dos mundos*, mas igualmente impactante. Recomendo.

Ademir Pascale. www.cranik.com

O texto oferece ao leitor informações sobre o filme filtradas pelo autor e somadas às suas avaliações pessoais. Esse recurso linguístico, próprio das resenhas, está mais bem exemplificado em:

a) O *remake O dia em que a Terra parou*, filme estrelado por Keanu Reeves e com um orçamento de US$ 80 milhões, é um prato cheio para os aficionados da ficção científica. (ref. 2)

b) O que muitos não sabem é que o filme foi baseado no conto *Farewell to the Master*, do escritor Harry Bates. (ref. 3)

c) Mas, como apaixonado por FC [ficção científica], sou suspeito pra falar deste gênero. (ref. 4)

d) O universo pode ter milhões de outros planetas habitados, segundo o consagrado doutor em cosmologia e físico teórico Stephen Hawking. (ref. 5)

7. (Fuvest-SP – 2022)

Árvores do planeta serão menos longevas: fenômeno impacta estoques naturais de CO_2

Mesmo crescendo mais rápido, as árvores de florestas de todo o planeta passaram a ter uma vida mais curta, fenômeno que impacta diretamente a vida na Terra. Menos árvores, mais gás carbônico na atmosfera. Altas concentrações de dióxido de carbono levam ao aumento do efeito-estufa, elevação da temperatura, derretimento das calotas de gelo, elevação dos níveis oceânicos e mudanças nos padrões de chuvas, entre outras consequências. As causas podem estar associadas à baixa disponibilidade de água e ao aumento da temperatura terrestre.

Para chegar a esses resultados, pesquisadores dos Departamentos de Botânica e de Ecologia, do Instituto de Biociências (IB) da USP, em conjunto com colegas de universidades da Inglaterra, Alemanha e Chile, fizeram análise de dados de praticamente todos os biomas terrestres e trazem informações mais detalhadas sobre a floresta amazônica. "A redução na longevidade das árvores significa que o carbono ficará menos tempo estocado nos troncos. Quando elas morrem, liberam CO_2 de volta para a atmosfera, tornando o ciclo do carbono mais dinâmico, reduzindo potencialmente a quantidade de carbono nas florestas tropicais", explica o biólogo Giuliano Locosselli. O estudo analisou dados de florestas do mundo inteiro e nessas análises foi encontrado um valor crítico de temperatura média anual, que é o de 25,4 °C, acima do qual a longevidade das árvores tropicais diminui drasticamente. Na floresta amazônica, por exemplo, estudos mais recentes mostram que a temperatura ambiente vem se mantendo acima dessa medida já há algumas décadas. Já a floresta do Congo, na África Central, a segunda maior floresta tropical do mundo, terá temperatura acima dessa medida até 2050. Há evidências científicas recentes do aumento da mortalidade naquela região que não haviam sido observadas ao longo de décadas.

FERREIRA, I. Árvores do planeta serão menos longevas: fenômeno impacta estoques naturais de CO_2. *Jornal da USP* (Ciências ambientais). 15 dez. 2020. Disponível em: https://bit.ly/3scu3WY/. Adaptado.

No segundo parágrafo do texto, nas orações "Para chegar a esses resultados (...)" e "(...) tornando o ciclo do carbono mais dinâmico (...)", há, respectivamente, relações de:

a) concessão e tempo.

b) causa e condição.

c) finalidade e concessão.

d) finalidade e consequência.

e) causa e contrariedade.

8. (Fuvest-SP – 2022)

Consoada

Quando a Indesejada das gentes chegar
(Não sei se dura ou caroável),
Talvez eu tenha medo.
Talvez sorria, ou diga:

– Alô, iniludível!
O meu dia foi bom, pode a noite descer.
(A noite com os seus sortilégios.)
Encontrará lavrado o campo, a casa limpa,
A mesa posta,
Com cada coisa em seu lugar.

Manuel Bandeira – Opus 10.

No verso "O meu dia foi bom, pode a noite descer." (v. 6), as duas orações poderiam estar unidas, sem prejuízo de sentido, por uma conjunção:

a) conclusiva.
b) adversativa.
c) concessiva.
d) temporal.
e) condicional.

9. (Unesp-SP – 2022)

Alcançar o aprendizado instantâneo é um desejo poderoso, pois o cérebro sem informação é pouco mais que estofo de **macela**[1]. Emília, a sabida boneca de Monteiro Lobato, aprendeu a falar copiosamente após engolir uma pílula, adquirindo de supetão todo o vocabulário dos seres humanos ao seu redor. No filme *Matrix* (1999), a ingestão de uma pílula colorida faz o personagem Neo descobrir que todo o mundo em que sempre viveu não passa de uma simulação chamada Matriz, dentro da qual é possível programar qualquer coisa. Poucos instantes depois de se conectar a um computador, Neo desperta e profere estupefato: "I know kung fu".

[1]**Macela:** planta herbácea cujas flores costumam ser usadas pela população como estofo de travesseiros.

Entretanto, na matriz cerebral das pessoas de carne e osso, vale o dito popular: "Urubu, pra cantar, demora". O aprendizado de comportamentos complexos é difícil e demorado, pois requer a alteração massiva de conexões neuronais. Há consenso hoje em dia de que o conteúdo dos nossos pensamentos deriva dos padrões de ativação de vastas redes neuronais, impossibilitando a aquisição instantânea de memórias intrincadas.

Mas nem sempre foi assim. Há meio século, experimentos realizados na Universidade de Michigan pareciam indicar que as planárias, vermes aquáticos passíveis de condicionamento clássico, eram capazes de adquirir, mesmo sem treinamento, associações estímulo-resposta por ingestão de um extrato de planárias já condicionadas. O resultado, aparentemente revolucionário, sugeria que os substratos materiais da memória são moléculas. Contudo, estudos posteriores demonstraram que a ingestão de planárias não condicionadas também acelerava o aprendizado, revelando um efeito hormonal genérico, independente do conteúdo das memórias presentes nas planárias ingeridas.

A ingestão de memórias é impossível porque elas são estados complexos de redes neuronais, não um *quantum* de significado como a pílula da Emília. Por outro lado, é sim possível acelerar a consolidação das memórias por meio da otimização de variáveis fisiológicas envolvidas no processo. Uma linha de pesquisa importante diz respeito ao sono, cujo benefício à consolidação de memórias já foi comprovado. Em 2006, pesquisadores alemães publicaram um estudo sobre os efeitos mnemônicos da estimulação cerebral com ondas lentas (0,75 Hz) aplicadas durante o sono por meio de um estimulador elétrico. Os resultados mostraram que a estimulação de baixa frequência é suficiente para melhorar o aprendizado de diferentes tarefas. Ao que parece, as oscilações lentas do sono são puro pó de pirlimpimpim.

(RIBEIRO, Sidarta. *Limiar*: ciência e vida contemporânea, 2020.)

Em "Contudo, estudos posteriores demonstraram que a ingestão de planárias não condicionadas também acelerava o aprendizado" (3º parágrafo), o termo sublinhado pode ser substituído, sem prejuízo para o sentido do texto, por:

a) Por conseguinte.

b) Inclusive.

c) Todavia.

d) Além disso.

e) Conquanto.

10. (Unesp-SP – 2021)

Um leão, um burro e um rato voltaram, afinal, da caçada que haviam empreendido juntos[1] e colocaram numa clareira tudo que tinham caçado: dois veados, algumas perdizes, três tatus, uma paca e muita caça menor. O leão sentou-se num tronco e, com voz tonitruante que procurava inutilmente suavizar, berrou:

– Bem, agora que terminamos um magnífico dia de trabalho, descansemos aqui, camaradas, para a justa partilha do nosso esforço conjunto. Compadre burro, por favor, você, que é o mais sábio de nós três, com licença do compadre rato, você, compadre burro, vai fazer a partilha desta caça em três partes absolutamente iguais. Vamos, compadre rato, até o rio, beber um pouco de água, deixando nosso grande amigo burro em paz para deliberar.

Os dois se afastaram, foram até o rio, beberam água[2] e ficaram um tempo. Voltaram e verificaram que o burro tinha feito um trabalho extremamente meticuloso, dividindo a caça em três partes absolutamente iguais. Assim que viu os dois voltando, o burro perguntou ao leão:

Pronto, compadre leão, aí está: que acha da partilha?

O leão não disse uma palavra. Deu uma violenta patada na nuca do burro, prostrando-o no chão, morto.

Sorrindo, o leão voltou-se para o rato e disse:

– Compadre rato, lamento muito, mas tenho a impressão de que concorda em que não podíamos suportar a presença de tamanha inaptidão e burrice. Desculpe eu ter perdido a paciência, mas não havia outra coisa a fazer. Há muito que eu não suportava mais o compadre burro. Me faça um favor agora – divida você o bolo da caça, incluindo, por favor, o corpo do compadre burro. Vou até o rio, novamente, deixando-lhe calma para uma deliberação sensata.

Mal o leão se afastou, o rato não teve a menor dúvida. Dividiu o monte de caça em dois: de um lado, toda a caça, inclusive o corpo do burro. Do outro, apenas um ratinho cinza morto por acaso. O leão ainda não tinha chegado ao rio, quando o rato o chamou:

– Compadre leão, está pronta a partilha!

O leão, vendo a caça dividida de maneira tão justa, não pôde deixar de cumprimentar o rato:

– Maravilhoso, meu caro compadre, maravilhoso! Como você chegou tão depressa a uma partilha tão certa?

E o rato respondeu:

– Muito simples. Estabeleci uma relação matemática entre seu tamanho e o meu – é claro que você precisa comer muito mais. Tracei uma comparação entre a sua força e a minha – é claro que você precisa de muito maior volume de alimentação do que eu. Comparei, ponderadamente, sua posição na floresta com a minha – e, evidentemente, a partilha só podia ser esta. Além do que, sou um intelectual, sou todo espírito!

– Inacreditável, inacreditável! Que compreensão! Que argúcia! – exclamou o leão, realmente admirado. – Olha, juro que nunca tinha notado, em você, essa cultura. Como você escondeu isso o tempo todo, e quem lhe ensinou tanta sabedoria?

– Na verdade, leão, eu nunca soube nada. Se me perdoa um elogio fúnebre, se não se ofende, acabei de aprender tudo agora mesmo, com o burro morto.

Moral: Só um burro tenta ficar com a parte do leão.

[1] A conjugação de esforços tão heterogêneos na destruição do meio ambiente é coisa muito comum.

[2] Enquanto estavam bebendo água, o leão reparou que o rato estava sujando a água que ele bebia. Mas isso já é outra fábula.

(*100 fábulas fabulosas*, 2012.)

"Mal o leão se afastou, o rato não teve a menor dúvida." (*8º parágrafo*)

Em relação à oração que a sucede, a oração destacada expressa ideia de:

a) consequência.

b) tempo.

c) concessão.

d) condição.

e) causa.

Criação de um cinedebate

Delfim Martins/Pulsar Imagens

Estudantes assistindo a um filme em sala de aula de escola em Teresina (PI), 2015.

Como forma de mobilização dos conhecimentos trabalhados nesta unidade, agora você realizará um cinedebate sobre um filme escolhido pela turma.

A exibição de um filme seguida de um debate é uma forma de aprofundar as possibilidades de leituras e de recepção da obra cinematográfica em sua complexidade, pois, para sua realização, é necessário um leque de profissionais tanto da área artística quanto da área tecnológica e de produção. Assim, por trás da narrativa ficcional de um filme, sempre há outra de sua realização. Além disso, como obra de arte, os filmes apresentam mensagens e discursos que não podem ser compreendidos de modo único, sendo suscetíveis a diversas interpretações. A troca de conhecimentos e ideias sobre as experiências de um filme ampliam nossas leituras individuais, além de possibilitar o entendimento de discursos ideológicos de natureza social, política ou mesmo relacionada à época e aos contextos que envolveram sua produção. A discussão desses múltiplos aspectos contribui para o desenvolvimento de um olhar crítico sobre a realidade e a compreensão dos produtos culturais além de nossas preferências individuais.

A realização de um cinedebate é uma experiência praticada nos cineclubes, um tipo de organização, geralmente sem fins lucrativos, que reúne os apreciadores dessa arte, conhecidos como cinéfilos, para assistir, discutir e refletir sobre o cinema. Muitos cineastas de destaque tiveram parte de sua formação em cineclubes. Nos estudos de recepção, os membros de um cineclube são um tipo de "comunidade interpretativa", pois realizam leituras particulares, influenciadas pela prática do debate e por uma apuração do olhar estético sobre a arte cinematográfica.

Os cineclubes e os cinedebates são espaços favoráveis para a formação de público, proporcionando que mais pessoas conheçam mais sobre o cinema e possam, dessa forma, aprimorar o olhar e a sensibilidade para diferentes propostas artísticas.

Procedimentos

Para fazer um cinedebate em sua escola, você e sua turma podem realizar as etapas a seguir.

1. Produção

- Escolha do filme: escolham um filme relacionado às temáticas da unidade, como um filme de ficção científica ou outro pertinente à realidade escolar, por exemplo, sobre culturas juvenis. Vocês também podem optar por um filme para debater as próprias questões da linguagem cinematográfica.

- Organização do espaço: definam o local mais adequado para o cinedebate e qual será o público. Vocês podem convidar outras turmas e organizar mais de uma sessão. Definam qual será o grupo de estudantes responsáveis pela parte técnica no dia – montagem dos aparelhos para a projeção.
- Composição da mesa: escolham quem será o mediador do debate, que tem a função de conduzir a conversa depois do filme, dando espaço para a fala dos debatedores e abrindo questões e comentários para o público. Definam quantos e quais serão os debatedores, os responsáveis por trazer as informações das pesquisas e contribuir com as próprias percepções. Vocês também podem convidar professores ou pessoas da comunidade escolar para falarem sobre determinado assunto do filme. Por exemplo, dependendo do filme, o professor de História pode contribuir com uma contextualização histórica.
- Divulgação: criem uma estratégia para compartilhar o evento. Vocês podem fazer cartazes e/ou um convite e postá-los nas redes sociais e no *site*/blogue da escola. Coloquem as informações principais: data, horário, local e filme escolhido. Se possível, elaborem uma identidade visual para a divulgação do cinedebate.

2. Hora do cinedebate

No dia do evento, organizem o espaço de forma que acolha todos os estudantes e testem a projeção do filme, o áudio e a luminosidade do espaço.

O debate deve começar com um tempo para que cada um dos membros da mesa fale sobre seus pontos de vista ou suas pesquisas, abrindo para o diálogo em seguida. Promovam, ainda, momentos para que o público contribua com seus pontos de vista e questionamentos.

3. Avaliação

Após realizar o debate, façam uma avaliação entre a turma sobre como foi essa experiência: se a exibição do filme e o debate ocorreram como esperado, se perceberam novas possibilidades de leitura e interpretação após a exposição de aspectos e pontos de vista variados, se o público convidado participou e se houve envolvimento no momento de apreciação e discussão. Por fim, avaliem se há a possibilidade de realizar outras atividades desse gênero e, talvez, criar um cineclube na escola.

Meu portfólio

Nesta unidade, você e os colegas puderam estudar relações entre arte, ciência e tecnologia, conhecendo conceitos como indústria cultural e desenvolvendo uma prática de pesquisa de recepção de obra de arte. Em **Arte**, você estudou produções artísticas em videodança para a *web* e trabalhos que integram a pesquisa artística com o vídeo. Reconheceu, ainda, o gênero da ficção científica para o cinema, algumas de suas técnicas, recursos de gravação, e refletiu sobre a criação de trilhas sonoras.

Em **Língua Portuguesa**, você fruiu e estudou a narrativa de ficção científica. Com base nesse estudo, refletiu sobre os processos de criação influenciados por seus contextos históricos, debateu as vantagens e os riscos da construção de máquinas superinteligentes parecidas com os seres humanos; expressou sua criatividade, mobilizando seus conhecimentos de ciência e tecnologia na produção de uma narrativa de ficção científica; e, por fim, sistematizou os processos de subordinação e coordenação de modo a aplicá-los na produção e na revisão dos próprios textos. Após os estudos, você e sua turma organizaram um cinedebate na escola, proporcionando um momento de apreciação de filmes e trocas de interesses e percepções.

Consulte as explicações sobre a organização do portfólio. Para montá-lo, você deverá retomar todas as produções realizadas na unidade, desde rascunhos e projetos até registros em fotos e vídeos de apresentações. Lembre-se de que todo o processo criativo é importante, e não apenas o produto final; por isso, não podem faltar as diversas versões de uma mesma produção.

Retome, ainda, todas as anotações que fez no diário de bordo; elas o ajudarão muito tanto na construção do portfólio quanto em sua autoavaliação. Não deixe de colocar a data em que cada produção foi realizada; assim, ao consultar o portfólio, você terá condições de verificar sua história de aprendizagem. Essa consulta poderá ajudá-lo a perceber quais aspectos desenvolveu e aperfeiçoou ao longo do trabalho e deve auxiliá-lo na realização da autoavaliação de aprendizagem.

Respostas #EnemVestibular

Unidade 1

1. (IFSul-RS – 2021): A.
2. (CEV-Urca-CE – 2018): A.
3. (Enem – 2012): A.
4. (UEL-PR – 2020): Isadora Duncan foi pioneira na dança moderna, no século XX. Ela revolucionou a dança abandonando as sapatilhas de ponta, realizando movimentos com o pé nu no solo, com movimentos expressivos, rompendo os padrões do balé clássico, encaminhando a dança para a expressão por meio do movimento corporal, sendo mais livre e permitindo a improvisação. Pina Bausch apresenta na dança as emoções humanas, usando os gestos e os movimentos na coreografia com subjetividade e emoção. Movimentos corporais são trazidos do cotidiano (relação entre arte e vida) por meio de coreografias criadas para explorar o palco de maneira não convencional.
5. (Enem PPL – 2015): C.
6. (Enem PPL – 2019): E.
7. (Enem – 2019): E.
8. (Enem – 2017): B.
9. (Enem – 2017): B.
10. (Unicamp-SP – 2015): B.
11. (Uema – 2015): E.
12. (Enem PPL – 2019): D.

Unidade 2

1. (Enem – 2017): E.
2. (Sedu-ES FCC – 2017): A.
3. (UEM-PR – 2015): B, C, E.
4. (Enem – 2017): A.
5. (Enem Libras – 2017): E.
6. (Enem – 2017): A.
7. (Unicamp-SP – 2020): C.
8. (Fuvest-SP – 2020): D.
9. (Enem PPL – 2019): A.
10. (Enem PPL – 2019): B.
11. (Unicamp-SP – 2019): B.
12. (Enem – 2019): B.

Unidade 3

1. (UEM-PR – 2018): A, B, C, D.
2. (Fiocruz-RJ – 2010): B.
3. (PR-4 UFRJ – 2016): A.
4. (Enem – 2018): C.
5. (Enem PPL – 2016): D.
6. (Enem – 2013): C.
7. (UEMG – 2017): C.
8. (Enem PPL – 2015): A.

9. (Unicamp-SP – 2014):

a. "Espectógrafo antipático" refere-se a um adjetivo dado a pessoas, e não a máquinas, o que dá um caráter burlesco à afirmação. "Acariciar blocos de nossos amados corpos celestes": em geral, usa-se o verbo acariciar com sentido de fazer carinho em algo macio; portanto, acariciar blocos poderia ser um contrassenso, não fosse para expressar o amor que os astrônomos têm pelos asteroides que estudam. Assim, por se tratar de texto científico, não é esperado que haja comentários tão subjetivos, por meio de linguagem figurada, ou mesmo a expressão de opiniões e experiências pessoais, uma vez que o texto científico tem como característica a objetividade.

b. Para emitir uma opinião pessoal, é utilizada a primeira pessoa do singular: "quando eu era aluno de graduação"; "passei muitas noites geladas"; "os fragmentos de asteroides que mais me fascinam". No entanto, quando o autor quer falar da paixão dos astrônomos de maneira geral, ele usa a primeira pessoa do plural, por se incluir no grupo: "muitos de nós, que estudam planetas e asteroides"; "quando examinamos finas fatias"; "nossos amados corpos celestes". Com isso, ao se incluir nesse grupo de profissionais, o autor dá ainda mais credibilidade às suas afirmações e emoções.

Unidade 4

1. (FCC-TJ MA – 2019): D.
2. (UFG-GO – 2012): B.
3. (Epcar-MG – 2018): D.
4. (Enem 2ª aplicação – 2014): D.
5. (Uerj – 2010): B.
6. (Uerj – 2010): A.
7. (Fuvest-SP – 2022): D.
8. (Fuvest-SP – 2022): A.
9. (Unesp-SP – 2022): C.
10. (Unesp-SP – 2021): B.

Lista de siglas das atividades extraídas de provas oficiais

Enem: Exame Nacional do Ensino Médio	**UEM:** Universidade Estadual de Maringá
Enem PPL: Exame Nacional do Ensino Médio Para Pessoas Privadas de Liberdade e Jovens Sob Medida Socioeducativa	**Fuvest:** Fundação Universitária para Vestibular
Enem Libras: Exame Nacional do Ensino Médio em Língua Brasileira de Sinais	**Uece:** Universidade Estadual do Ceará
IFSul-RS: Instituto Federal de Educação, Ciência e Tecnologia Sul-riograndense	**Fiocruz-RJ:** Fundação Oswaldo Cruz
CEV-URCA-CE: Universidade Regional do Cariri	**UFRJ-PR-4:** Pró-reitoria de Pessoal
UEL-PR: Universidade Estadual de Londrina	**Uemg:** Universidade do Estado de Minas Gerais
Unicamp-SP: Universidade Estadual de Campinas	**FCC-SP:** Fundação Carlos Chagas
Uema: Universidade Estadual do Maranhão	**UFG-GO:** Universidade Federal de Goiás
SEDU-ES FCC: Secretaria de Estado da Educação do Espírito Santo	**Epcar Afa:** Escola Preparatória de Cadetes do Ar – Força Aérea Brasileira
	Uerj: Universidade do Estado do Rio de Janeiro

Designua/Shutterstock

Referências bibliográficas

ALBUQUERQUE, Carolina Abreu. *Batalhas de afirmação, batalhas de institucionalidade*: uma análise discursiva de *performances* da resistência no Duelo de MC's. RuMoRes, São Paulo, v. 7, n. 14, p. 371-389, jul./dez. 2013. Disponível em: http://www.revistas.usp.br/Rumores/article/view/69448. Acesso em: 14 jun. 2022.

ARAÚJO, Adriana D. G. *Apropriações de sentidos de um grupo cultural de cantigas de roda*. 2014. Tese (Doutorado em Educação) – Universidade Estadual de Campinas, Campinas, 2014. Disponível em: http://repositorio.unicamp.br/jspui/bitstream/REPOSIP/253953/1/Araujo_AdrianaDiasGomide_D.pdf. Acesso em: 26 ago. 2020.

ARRAIS, Marcos A. G. *A música de Hermeto Pascoal*: uma abordagem semiótica. 2006. Dissertação (Mestrado em Semiótica e Linguística Geral) – Faculdade de Filosofia, Letras e Ciências Humanas, Universidade de São Paulo, São Paulo, 2006. Disponível em: https://teses.usp.br/teses/disponiveis/8/8139/tde-01082007144148/pt-br.php. Acesso em: 12 ago. 2020.

BAUMAN, Zygmunt. *Vida para consumo*: a transformação das pessoas em mercadoria. Tradução: Carlos Alberto Medeiros. Rio de Janeiro: Zahar, 2008.

BOAL, Augusto. *Teatro do oprimido e outras poéticas políticas*. Rio de Janeiro: Civilização Brasileira, 2005.

BOLOGNESI, Mario F. *Palhaços*. São Paulo: Editora Unesp, 2003.

BOSCH, Philippe van den. *A filosofia e a felicidade*. São Paulo: Martins Fontes, 1998.

BOURDIEU, Pierre; PASSERON, Jean-Claude. *Os herdeiros*: os estudantes e a cultura. Florianópolis: EDUFSC, 2013.

BRANDÃO, Marina. Panaibra Gabriel Canda, bailarino: 'A dança é um exercício de democracia'. *O Globo*, 26 nov. 2016. Disponível em: https://oglobo.globo.com/sociedade/conte-algo-que-nao-sei/panaibra-gabriel-canda-bailarino-danca-um-exercicio-de-democracia-20522434. Acesso em: 12 ago. 2020.

BRASIL. *Constituição da República Federativa do Brasil de 1988*. Brasília, DF: Presidência da República, [2019]. Disponível em: http://www.planalto.gov.br/ccivil_03/Constituicao/Constituicao.htm. Acesso em: 7 abr. 2022.

BRASIL. *Lei de Migração*. Brasília, DF: Senado Federal, 2017. Disponível em: www.planalto.gov.br/ccivil_03/_ato2015-2018/2017/lei/l13445.htm. Acesso em: 10 jul. 2020.

BRASIL. *Lei n. 8.069*, de 13 de julho de 1990. Dispõe sobre o Estatuto da Criança e do Adolescente e dá outras providências. Brasília, DF: Presidência da República, [2019]. Disponível em: http://www.planalto.gov.br/ccivil_03/LEIS/L8069.htm. Acesso em: 7 abr. 2022.

BRASIL. *Lei n. 9615*, de 24 de março de 1998. Institui normas gerais sobre desporto e dá outras providências. Brasília, DF: Presidência da República, [1998]. Disponível em: www.planalto.gov.br/ccivil_03/leis/l9615consol.htm. Acesso em: 7 abr. 2022.

BRASIL. Ministério da Educação. *Base Nacional Comum Curricular*. Brasília, DF: MEC, 2018. Disponível em: http://basenacionalcomum.mec.gov.br/. Acesso em: 2 maio 2022.

BRASIL. Ministério da Saúde. *Portaria n. 849*, de 27 de março de 2017. Disponível em: https://bvsms.saude.gov.br/bvs/saudelegis/gm/2017/prt0849_28_03_2017.html. Acesso em: 24 ago. 2022.

BRASIL. Ministério da Saúde. *Relatório final da VIII Conferência Nacional de Saúde*. Brasília: Ministério da Saúde, 1986. Disponível em: https://bvsms.saude.gov.br/bvs/publicacoes/8_conferencia_nacional_saude_relatorio_final.pdf. Acesso em: 2 maio 2022.

BRETON, *André. Manifesto Surrealista*. Disponível em: http://www.dominiopublico.gov.br/pesquisa/DetalheObraForm.do?select_action=&co_obra=2320. Acesso em: 7 abr. 2022.

BRITO, Brasil R. *Bossa Nova*. *In*: CAMPOS, Augusto de (org.). Balanço da Bossa e outras bossas. São Paulo: Perspectiva, 1974.

CAMARGO, Luiz. *O legado de Joffre Dumazedier*: reflexões em memória do centenário de seu nascimento. RBEL, v. 3, n. 1, p. 142--166, 2016. Disponível em: https://periodicos.ufmg.br/index.php/rbel/article/view/519. Acesso em: 14 jun. 2022.

CARVALHO, Yara M. *O mito atividade física/saúde*. Dissertação (Mestrado em Educação Física) – Faculdade de Educação Física, Universidade Estadual de Campinas, Campinas, SP, 1993. Disponível em: http://www.repositorio.unicamp.br/handle/REPOSIP/274844. Acesso em: 2 maio 2022.

CASTILHO, Ataliba T.; ELIAS, Vanda M. *Pequena gramática do português brasileiro*. São Paulo: Contexto, 2012.

CEIA, Carlos (coord.). *E-Dicionário de Termos Literários (EDTL)*. Lisboa: NovaFCSH, 2018. Disponível em: https://edtl.fcsh.unl.pt/. Acesso em: 12 ago. 2020.

CHACRA, Sandra. *Natureza e sentido da improvisação teatral*. São Paulo: Perspectiva, 2005.

COUTINHO, Eduardo; BRAGANÇA, Felipe. *Encontros*: Eduardo Coutinho. Rio de Janeiro: Beco do Azougue, 2008.

COUTO, Mia. *Estórias abensonhadas*. 4. ed. Lisboa: Caminho, 1994.

DA SILVA, Tainara S. L. Alterações posturais na adolescência. *Perspectiva*: Ciência e Saúde, v. 5, n. 1, 2020. Disponível em: http://sys.facos.edu.br/ojs/index.php/perspectiva/article/view/378. Acesso em: 7 abr. 2022.

DERDYK, Edith. *Formas de pensar o desenho*: desenvolvimento do grafismo infantil. 5. ed. Porto Alegre: Zouk, 2015.

DEWEY, John. *Arte como experiência*. São Paulo: Martins Fontes, 2010.

DOLZ, Joaquim; GAGNON, Roxane; DECÂNDIO, Fabrício. *Produção escrita e dificuldades de aprendizagem*. Campinas: Mercado das Letras, 2010.

DUNKER, Christian; THEBAS, Claudio. *O palhaço e o psicanalista*. São Paulo: Planeta, 2019.

ELIAS, Norbert; DUNNING, Eric. *A busca da excitação*: desporto e lazer no processo civilizatório. Lisboa: Difel, 1992.

ELLWANGER, Giovana. *A arte de Paulo Nazareth*: perspectivas locais e globais em sua criação. 2016. Dissertação (Mestrado em Artes Visuais) – Instituto de Artes, Universidade Federal do Rio Grande do Sul, Porto Alegre, 2016. Disponível em: https://lume.ufrgs.br/bitstream/handle/10183/150901/001010000.pdf?sequence=1&isAllowed=y. Acesso em: 1º ago. 2020.

ENRIQUEZ, Eugène. O trabalho, essência do homem? O que é o trabalho?. *Cadernos de Psicologia Social do Trabalho*, São Paulo, v. 17, n. spe, p. 163-176, jun. 2014. Disponível em: http://dx.doi.org/10.11606/issn.1981-0490.v17ispe1p163-176. Acesso em: 7 abr. 2022.

ENTREVISTA com Rosana Paulino. *Revista do Centro de Pesquisa e Formação*, São Paulo, n. 5, set. 2017. Disponível em: https://www.sescsp.org.br/online/artigo/11557_ENTREVISTA+COM+ROSANA+PAULINO. Acesso em: 26 ago. 2020.

FERRACINI, Renato. *A arte de não interpretar como poesia corpórea do ator*. Campinas: Unicamp, 2003.

FERREIRA, Sueli M. S. P. *et al. Percepções dos pós-graduandos da Universidade de São Paulo sobre a ocorrência de plágio no ambiente universitário*. São Paulo: AGUIA, 2013. Disponível em: file:///C:/Users/A1017989/Downloads/Percep%C3%A7%C3%B5es_Plagio_Pos_Graduandos_USP_Documento_final.pdf Acesso em 24 ago. 2022.

FIORIN, José L. *Argumentação*. São Paulo: Contexto, 2015.

FLORINDO, Alex *et al.* Desenvolvimento e validação de um questionário de avaliação da atividade física para adolescentes. *Revista de Saúde Pública*, v. 40, p. 802-809, 2006. Disponível em: https://www.scielosp.org/article/rsp/2006.v40n5/802-809/. Acesso em: 2 maio 2022.

FREIRE, Eugênio P. A. Conceito educativo de *podcast*: um olhar para além do foco técnico. *Revista Educação, Formação e Tecnologias*. Monte de Caparica, v. 6, n. 1, p. 35-51, jul. 2013. Disponível em: https://eft.educom.pt/index.php/eft/article/view/340. Acesso em: 26 ago. 2020.

GROTOWSKI, Jerzy. *Em busca de um teatro pobre*. Rio de Janeiro: Civilização Brasileira, 1992.

HERRERO, Marina *et al. Jogos e brincadeiras do povo Kalapalo*. São Paulo: Edições Sesc SP, 2006.

HUIZINGA, Johan. *Homo Ludens*. 8. ed. São Paulo: Perspectiva, 2014.

IBGE. *Pesquisa Nacional por Amostra de Domicílios*: práticas de esporte e atividade física. Rio de Janeiro: IBGE, 2017. Disponível em: https://biblioteca.ibge.gov.br/visualizacao/livros/liv100364.pdf. Acesso em: 2 maio 2022.

KOCH, Ingedore V.; ELIAS, Vanda M. *Escrever e argumentar*. São Paulo: Contexto, 2016.

KOCH, Ingedore V.; ELIAS, Vanda M. *Ler e compreender*: os sentidos do texto. 2. ed. São Paulo: Contexto, 2008.

KOPENAWA, Davi; ALBERT, Bruce. *A queda do céu*: palavras de um xamã yanomami. São Paulo: Companhia das Letras, 2015.

KOUDELA, Ingrid D. *Texto e jogo*: uma didática brechtiana. São Paulo: Perspectiva, 2008.

LABAN, Rudolf. *Domínio do movimento*. São Paulo: Summus Editorial, 1978.

LOUPPE, Laurence. *Poética da dança contemporânea*. Lisboa: Orfeu Negro, 2012.

MACIEL, Michel G. *et al.* Imagem corporal e comportamento alimentar entre mulheres em prática de treinamento resistido. *Revista Brasileira de Nutrição Esportiva*, São Paulo, v. 3, n. 78, p. 159-166, mar./abr. 2019. Disponível em: https://dialnet.unirioja.es/servlet/articulo?codigo=6817529. Acesso em: 3 mar. 2022.

MCLAREN, Peter. *Multiculturalismo revolucionario*: pedagogías de disensión para el nuevo milenio. Siglo XXI, 1998.

MIRANDA, Luciana. *Corpo para mostrar*: o autorretrato nas redes sociais. *In*: III Encontro Baiano de Estudos em Cultura, Bahia, 2012. p. 7. Anais eletrônicos [...]. Bahia, 2012. Disponível em: https://www2.ufrb.edu.br/ebecult/wp-content/uploads/2012/04/Corpo-para-mostrar-o-autorretrato-nas-redes-sociais.pdf. Acesso em: 24 ago. 2022.

MÜLLER, Jussara. *Qual é o corpo que dança? Dança e Educação Somática para a construção de um corpo cênico*. Tese (Doutorado em Artes) – Instituto de Artes, Universidade Estadual de Campinas, Campinas, 2010. Disponível em: http://repositorio.unicamp.br/jspui/handle/REPOSIP/283999. Acesso em: 2 maio 2022.

NÚCLEO de Informação e Coordenação do Ponto BR (editor). *TIC Kids Online Brasil*: Pesquisa sobre o uso da internet por crianças e adolescentes no Brasil. São Paulo: Comitê Gestor da Internet, 2019. Disponível em: www.cgi.br/media/docs/publicacoes/216370220191105/tic_kids_online_2018_livro_eletronico.pdf. Acesso em: 3 mar. 2022.

ORGANIZAÇÃO DAS NAÇÕES UNIDAS PARA A EDUCAÇÃO, A CIÊNCIA E A CULTURA). *Declaração Universal sobre a Diversidade Cultural*. Unesco, 2001. Disponível em: https://www.oas.org/dil/port/2001%20Declara%C3%A7%C3%A3o%20Universal%20sobre%20a%20Diversidade%20Cultural%20da%20UNESCO.pdf. Acesso em: ago. 2022.

ORGANIZAÇÃO DAS NAÇÕES UNIDAS. *Declaração Universal dos Direitos Humanos*. ONU, 1948. Disponível em: https://nacoesunidas.org/wp-content/uploads/2018/10/DUDH.pdf. Acesso em: 3 mar. 2022.

POPPE, Maria A. Angel Vianna: fricções do corpo entre a dança e a cena. *O Percevejo Online*, v. 7, n. 1, p. 1-12, jan./jun., 2015. Disponível em: http://www.seer.unirio.br/index.php/opercevejoonline/article/view/5277. Acesso em: 2 maio 2022.

POVOS INDÍGENAS DO BRASIL. *[S. l.]*: Instituto Socioambiental, 1980. Disponível em: https://pib.socioambiental.org/pt/Downloads. Acesso em: 26 ago. 2020.

RANCIÈRE, Jacques. *O espectador emancipado*. São Paulo: WMF Martins Fontes, 2012.

RECUERO, Raquel. Curtir, compartilhar, comentar: trabalho de face, conversação e redes sociais no Facebook. *Revista Verso e Reverso*, Pelotas, v. 28, n. 68, p. 114-124, maio/ago. 2014. Disponível em: https://revistas.unisinos.br/index.php/versoereverso/article/view/ver.2014.28.68.06. Acesso em: ago. 2022.

RODRIGUES, Phillipe *et al*. Condições socioeconômicas e prática de atividades físicas em adultos e idosos: uma revisão sistemática. *Revista Brasileira de Atividade Física e Saúde*, v. 22, n. 3, p. 217-232, 2017. Disponível em: https://www.researchgate.net/profile/Phillipe_Rodrigues/publication/318917456_Condicoes_socioeconomicas_e_pratica_de_atividades_fisicas_em_adultos_e_idosos_uma_revisao_sistematica/links/5d2636eba6fdcc2462d4044b/Condicoes-socioeconomicas-e-pratica-de-atividades-fisicas-em-adultose-idosos-uma-revisao-sistematica.pdf. Acesso em: 2 maio 2022.

RODRÍGUEZ, Abel. Así es como se empezó a enseñar, a sacar la figura de lo que se conoce. *Mundo Amazónico*, v. 5, p. 285-295, 2014. Disponível em: https://revistas.unal.edu.co/index.php/imanimundo/article/view/45812/48343. Acesso em: 26 ago. 2020.

ROSA, Eloisa M. Perspectivas das danças populares brasileiras na atualidade: tradição e retradicionalização. *In*: REUNIÃO CIENTÍFICA DA ABRACE, 7, 2013, Belo Horizonte. Anais (*on-line*). Disponível em: http://www.portalabrace.org/viireuniao/estperformance/ROSA_Eloisa_Marques.pdf. Acesso em: 26 ago. 2020.

ROSA, João Guimarães. *Primeiras estórias*. 17. ed. Rio de Janeiro: Nova Fronteira, 1985.

RUSSELL, Bertrand. *O elogio ao ócio*. Rio de Janeiro: Sextante, 2002.

SCHAFER, R. M. *A afinação do mundo*. São Paulo: Ed. Unesp, 2011.

SCHAFER, R. M. *O ouvido pensante*. São Paulo: Ed. Unesp, 2011.

SCHWARCZ, Lilia. Para conhecer as histórias silenciadas das mulheres artistas. *Nexo Jornal*, Coluna, 2019. Disponível em: https://www.nexojornal.com.br/colunistas/2019/Para-conhecer-as-hist%C3%B3rias-silenciadas-das-mulheres-artistas. Acesso em: 7 abr. 2022.

SCHWARTZ, Gisele M. O conteúdo virtual do lazer-contemporizando Dumazedier. *Licere*, v. 6, n. 2, 2003. Disponível em: https://periodicos.ufmg.br/index.php/licere/article/download/1468/1029. Acesso em: 7 abr. 2022.

SEMERARO, Giovanni. A concepção de trabalho na filosofia de Hegel e de Marx. *Revista Educação e Filosofia*. v. 27. n. 53. Uberlândia, 2013.

SIBILIA, Paula. *O show do eu*: a intimidade como espetáculo. 2. ed. Rio de Janeiro: Contraponto, 2016.

SILVA, Erminia. *Circo-Teatro*: Benjamim de Oliveira e a teatralidade circense no Brasil. São Paulo: Altana, 2007.

SILVA, Erminia. O circo como objeto de estudo. *In*: ABREU, Luís Alberto de; SILVA, Erminia. *Respeitável público...* O circo em cena. Rio de Janeiro: Funarte, 2009.

SIMIONI, Ana P. C. Profissão artista: mulheres, atividades artísticas e condicionantes sociais no Brasil de finais do oitocentos. XXIV Colóquio CBHA, 2004. Anais *(on-line)*. Disponível em: http://www.cbha.art.br/coloquios/2004/textos/10_ana_paula_simioni.pdf. Acesso em: 7 abr. 2022.

TAHARA, Alexander *et al*. A aventura e o lazer como coadjuvantes do processo de educação ambiental. *Pensar a prática*, v. 9, n. 1, p. 1-12, jan./jun. 2006. Disponível em: https://www.revistas.ufg.br/fef/article/view/121/116. Acesso em: 2 maio 2022.

TEPERMAN, Ricardo. *Se liga no som*: as transformações do *rap* no Brasil. São Paulo: Claro Enigma, 2015.

TUDO na vida é política, inclusive o esporte. *Observatório da Discriminação Racial no Futebol*, 27 fev. 2018. Disponível em: https://observatorioracialfutebol.com.br/tudo-na-vida-e-politica-inclusive-o-esporte/. Acesso em: 12 ago. 2020.

VAN VELTHEM, Lucia H. *Artes indígenas*: notas sobre a lógica dos corpos e dos artefatos. Textos escolhidos de cultura e arte populares, Rio de Janeiro, v. 7, n. 1, p. 19-29, maio 2010. Disponível em: https://www.epublicacoes.uerj.br/index.php/tecap/article/viewFile/12052/9434. Acesso em: 26 ago. 2020.

VIANNA, Klauss. *A dança*. São Paulo: Summus, 2005.

VIEIRA, Josenia; SILVESTRE, Carminda. *Introdução à multimodalidade*: contribuições da gramática sistêmico-funcional, análise de discurso crítica, semiótica social. Brasília, DF: J. Antunes Vieira, 2015.

PROJETO MÚLTIPLO

LINGUAGENS e suas Tecnologias

Celso Melo Filho

Bacharel em Música pela Universidade Federal de Uberlândia (UFU-MG)
Mestre em Artes pela Universidade Estadual Paulista "Júlio de Mesquita Filho" (Unesp-SP, São Paulo)
Músico, ator, escritor e educador, com experiência em programas de ação cultural da cidade de São Paulo, como o Programa de Iniciação Artística (PIÁ) e a Escola Municipal de Iniciação Artística de São Paulo (Emia)
Redator da Base Nacional Comum Curricular (BNCC) do Ensino Fundamental

Gerson Rodrigues

Mestre em Artes (Pedagogia do Teatro) e licenciado em Artes Cênicas pela Escola de Comunicações e Artes da Universidade de São Paulo (ECA-USP)
Especialista em Artes Visuais, Intermeios e Educação pelo Instituto de Artes da Universidade Estadual de Campinas (Unicamp-SP)
Membro do grupo de pesquisa da Escola Currículo e Conhecimento (ECCo) da Faculdade de Educação da Universidade de São Paulo (USP)
Ator, diretor teatral, gestor cultural e docente na rede municipal de ensino de Guarujá (SP)
Fez parte da Comissão de Especialistas da Base Nacional Comum Curricular (BNCC) do Ensino Fundamental (2ª versão)

Gláucia Luiz

Mestra em Letras na área de Estudos Comparados de Literaturas de Língua Portuguesa pela Faculdade de Filosofia, Letras e Ciências Humanas da Universidade de São Paulo (FFLCH-USP)
Bacharela em Letras pela FFLCH-USP
Licenciada em Letras (Português) pela Faculdade de Educação da Universidade de São Paulo (USP)
Bacharela em Psicologia pelo Centro Universitário Padre Anchieta
Pós-graduanda em Dependência Tecnológica: Intervenções Multidisciplinares na Universidade Caxias do Sul
Professora de Língua Portuguesa na rede particular de ensino em São Paulo e formadora de professores na rede pública

Isabel Filgueiras

Licenciada em Educação Física, mestra e doutora em Educação pela Universidade de São Paulo (USP)
Docente do Programa de Pós-Graduação *Stricto Sensu* em Educação Física da Universidade São Judas Tadeu (USJT-SP)
Redatora da Base Nacional Comum Curricular (BNCC) do Ensino Médio

Silvia de Andrade

Bacharela em Letras pela Faculdade de Filosofia, Letras e Ciências Humanas da Universidade de São Paulo (FFLCH-USP)
Licenciada em Letras (Português) pela Faculdade de Educação da Universidade de São Paulo (USP)
Professora de Língua Portuguesa, coordenadora da área de Linguagens e suas Tecnologias e coordenadora pedagógica de Ensino Médio na rede privada de ensino em São Paulo (SP)
Especialista em Computação Aplicada à Educação pelo Instituto de Ciências Matemáticas e de Computação da Universidade de São Paulo (ICMC-USP)

Simone Lima

Mestra em Artes pelo Instituto de Artes da Universidade Estadual Paulista "Júlio de Mesquita Filho" (Unesp-SP, São Paulo)
Licenciada em Educação Artística com Habilitação em Artes Plásticas pela Universidade Estadual Paulista "Júlio de Mesquita Filho" (Unesp-SP, Bauru)
Artista visual, escritora e professora, com experiência em programas de ação cultural da cidade de São Paulo, como o Programa de Iniciação Artística (PIÁ) e a Escola Municipal de Iniciação Artística de São Paulo (Emia)
Redatora da Base Nacional Comum Curricular (BNCC) do Ensino Fundamental e do Ensino Médio

Valeska Figueiredo

Doutora em Artes Cênicas pela Universidade Estadual de Campinas (Unicamp-SP)
Mestra em Educação e graduada em Psicologia pela Universidade Federal de Santa Catarina (UFSC)
Diretora, coreógrafa, bailarina, artista-professora e pesquisadora em dança
Atua em psicologia na área clínica integrando sua prática psicoterapêutica com conhecimentos da dança

ENSINO MÉDIO

VOLUME ÚNICO | PARTE C

Perspectivas multiculturais

editora ática

Sumário

UNIDADE 1

Eu social

fizkes/Shutterstock

De acordo com o relatório Estado de Serviços Móveis elaborado pela App Annie Intelligence, em 2018, os brasileiros já passavam cerca de 3 horas por dia usando o celular. Durante a pandemia de covid-19, esse número passou a 5,4 horas por dia.

#TáNoFeed

1. Observe a foto e leia os excertos dos textos a seguir.

> O que se busca ao se exibir nas redes? Seduzir, agradar, provocar, ostentar, demonstrar aos outros – ou a alguém em particular – quanto se é belo e feliz, mesmo que todos estejam a par de uma obviedade: o que se mostra nessas vitrines costuma ser uma versão "otimizada" das próprias vidas. Nessa *performance* de si, cada usuário faz uma cuidadosa curadoria do próprio perfil visando a obter os melhores efeitos na maior audiência possível.
>
> SIBILIA, Paula. *O show do eu*: a intimidade como espetáculo. 2. ed. Rio de Janeiro: Contraponto, 2016.

> No caso das mídias sociais, você é o que você publica. O seu caráter, a sua personalidade e a sua reputação no mundo social *online* são consequências diretas do seu comportamento nesse meio. Acredito que a maioria das pessoas não tem plena consciência disso. No mundo *online*, somos personagens de nós mesmos, ou podemos criar personagens completamente distintos do que somos na vida real.
>
> SEGURA, Mauro. Nas redes sociais, você é o que publica. *Mauro Segura*, 23 jul. 2017. Disponível em: https://www.maurosegura.com.br/nas-redes-sociais-voce-e-o-que-publica/. Acesso em: 17 maio 2022.

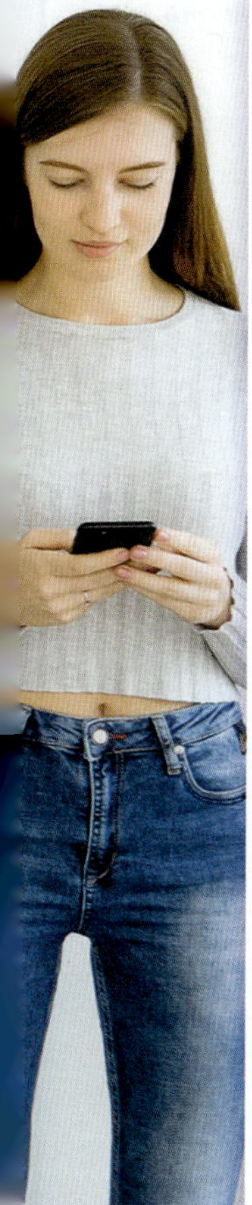

- Agora, em uma conversa com os colegas e o professor, responda oralmente às questões a seguir.
  - **a)** Você faz uso das redes sociais? Quais são suas motivações ao utilizá-las?
  - **b)** Quanto tempo você dedica à escolha das fotos e dos textos que publica?
  - **c)** Que critérios você utiliza para selecionar os perfis que deseja seguir?
  - **d)** Segundo Mauro Segura, as postagens representam as pessoas, o que elas são. Você concorda com esse ponto de vista? Na sua opinião, as pessoas se mostram como realmente são nas redes sociais?
  - **e)** Paula Sibilia afirma que há uma espécie de curadoria daquilo que se publica nas redes; busca-se mostrar o melhor. Por que você acha que existe essa seleção?
  - **f)** Na imagem, vemos pessoas ocupadas com a vida *on-line*. Você também se vê assim, com os olhos voltados para a tela?

Nesta unidade, o eu social será abordado a partir da imagem que criamos para nos representar nas redes sociais. Você poderá refletir sobre a imagem que tem de si e a que apresenta aos outros, assim como sobre seus impactos. Quanto tempo e energia são gastos para a escolha da melhor foto para publicar em um perfil, do melhor ângulo para representar um corpo? Como isso afeta ou não sua autoimagem?

Nesse sentido, o conceito de autoimagem, a exposição do corpo nas redes sociais e as práticas de condicionamento físico serão abordados em *O corpo nas redes sociais*, em Educação Física, considerando as questões dos riscos para a saúde física e mental, além do combate à gordofobia. Em *Internet: usos e comportamento*, de Língua Portuguesa, será estudado o hibridismo presente no gênero postagem e sua relação com o *site* ou a plataforma em que circula. Além disso, serão apresentados dados de uma pesquisa sobre *cyberbullying* e algumas propostas e campanhas com a intenção de solucionar esse problema. Em Arte, no tópico *Conversas sobre juventudes*, o audiovisual será abordado como uma ferramenta para o desenvolvimento de pesquisa e de discurso a partir de temas que envolvem questões da sociedade, tal como o *bullying*.

Ao final da unidade, com base em suas aprendizagens, você vai produzir uma mostra de processos, compartilhando as pesquisas e as produções de filmes documentários e promovendo uma reflexão coletiva sobre as questões da vida juvenil, a autoimagem e as redes sociais.

Conheça a unidade

Objetivos de aprendizagem

Educação Física

- Analisar criticamente a exposição do corpo nas redes sociais e suas relações com a busca de padrões de beleza culturalmente construídos.
- Experimentar práticas de ginástica de condicionamento físico.
- Posicionar-se criticamente perante a disseminação da gordofobia.

Língua Portuguesa

- Reconhecer a postagem como um gênero híbrido e diretamente relacionado com o tipo de plataforma em que é publicado.
- Reconhecer as marcas discursivas capazes de expressar o posicionamento e a intencionalidade do autor.
- Analisar e refletir sobre o *cyberbullying* e sobre as retóricas discursivas que defendem as redes sociais como ambientes livres de qualquer tipo de censura e/ou regulação.

Arte

- Conhecer elementos da linguagem cinematográfica para fazer uso dela em suas criações.
- Desenvolver um processo colaborativo e autoral em audiovisual.
- Refletir sobre as produções realizadas e analisar sua relevância no processo de formação e aprendizagem.

Justificativa

Esta unidade abordará a crescente presença dos jovens em redes sociais mediadas pela internet e a maneira como as interações nesses ambientes refletem em mudanças nos modos de participação social e socialização.

Você vai refletir sobre o impacto dos padrões de beleza disseminados nas redes sociais na autoimagem e na propagação da gordofobia; vai também refletir criticamente sobre o *cyberbullying*, assim como sobre as possíveis iniciativas para combater tais práticas. Dessa maneira, você poderá exercer a cidadania e promover o respeito ao outro.

Ao longo da unidade você vai observar as linguagens presentes nas redes sociais, reconhecendo e explorando a diversidade de usos dessas linguagens para se expressar e partilhar ideias. Além disso, vai produzir pesquisas e documentários usando métodos científicos e a linguagem audiovisual para desenvolver a curiosidade intelectual, imaginar, criar e exercer o protagonismo.

A BNCC nesta unidade

Nesta unidade são desenvolvidas as competências e habilidades da BNCC indicadas a seguir.

Competências gerais da Educação Básica: 1, 2, 3, 4, 5, 8.

Linguagens e suas Tecnologias no Ensino Médio: competências específicas e habilidades

Competência específica 1 (EM13LGG101, EM13LGG102, EM13LGG103, EM13LGG104, EM13LGG105); competência específica 2 (EM13LGG201, EM13LGG204); competência específica 3 (EM13LGG301, EM13LGG302, EM13LGG303, EM13LGG305); competência específica 4 (EM13LGG401, EM13LGG402); competência específica 5 (EM13LGG501, EM13LGG502, EM13LGG503); competência específica 6 (EM13LGG603, EM13LGG604); competência específica 7 (EM13LGG701, EM13LGG702, EM13LGG703).

Língua Portuguesa no Ensino Médio: campos de atuação social, competências específicas e habilidades

Todos os campos de atuação social

EM13LP01 (competência específica 2); EM13LP07 (competência específica 1); EM13LP11 (competência específica 1); EM13LP14 (competência específica 1, 4); EM13LP15 (competência específica 3, 7); EM13LP18 (competência específica 3).

Campo das práticas de estudo e pesquisa

EM13LP30 (competência específica 1); EM13LP32 (competência específica 3); EM13LP33 (competência específica 3).

Campo artístico-literário

EM13LP47 (competência específica 1, 6).

Ciências Humanas e Sociais Aplicadas no Ensino Médio: competências específicas e habilidades

Competência específica 5 (EM13CHS502).

O corpo nas redes sociais (Educação Física)

1. Observe a imagem, leia os textos citados e analise os dados do gráfico. Depois, reflita sobre as questões propostas e converse com os colegas.

Westend61 on Offset/Shutterstock

Jovem tirando *selfie* em frente a um espelho.

Sou gordinha e gosto sempre de parecer mais magra nas fotos. Por isso escolho o ângulo certo e depois mexo nela. Se ainda assim não ficar boa, apago logo e tiro outra até ficar do jeito que eu quero. Se alguém me achar bonita na foto, vai me achar bonita quando se lembrar de mim. Vai ficar com aquela imagem gravada na mente. Ainda bem que todo mundo diz que sou fotogênica.

MIRANDA, Luciana Aparecida. Entrevistada da pesquisa "Corpo para mostrar: o autorretrato nas redes sociais". *In*: III Encontro Baiano de Estudos em Cultura, Bahia, 2012. p. 7. Disponível em: https://web.archive.org/web/20180418144715id_/http://www3.ufrb.edu.br/ebecult/wp-content/uploads/2012/04/Corpo-para-mostrar-o-autorretrato-nas-redes-sociais.pdf. Acesso em: 17 maio 2022.

O vazamento de imagens íntimas sem consentimento tem conduzido Estados, corporações e organizações da sociedade civil a pensar em soluções para amparar as vítimas, geralmente mulheres e meninas, e punir agressores. No Brasil, o tema começou a figurar com mais frequência nas páginas dos jornais em 2013, quando a jovem piauiense Júlia Rebeca, de 17 anos, cometeu suicídio após ter um vídeo íntimo compartilhado na Internet sem o seu consentimento. Depois desse caso, foram divulgados diversos acontecimentos relacionados ao vazamento de imagens íntimas.

GOULART, Gabriela Mora; SOUSA, Janara. Vazou e agora? Discutindo o vazamento de imagens íntimas sem consentimento: uma análise do projeto Caretas. *In*: BRASIL. Comitê Gestor da Internet. *TIC Kids Online Brasil*: Pesquisa sobre o uso da internet por crianças e adolescentes no Brasil, 2018, p. 29. Disponível em: https://www.cgi.br/media/docs/publicacoes/216370220191105/tic_kids_online_2018_livro_eletronico.pdf. Acesso em: 17 maio 2022.

Crianças e adolescentes, por conteúdos com os quais tiveram contato na internet nos últimos 12 meses, por idade – autodano e conteúdos sensíveis

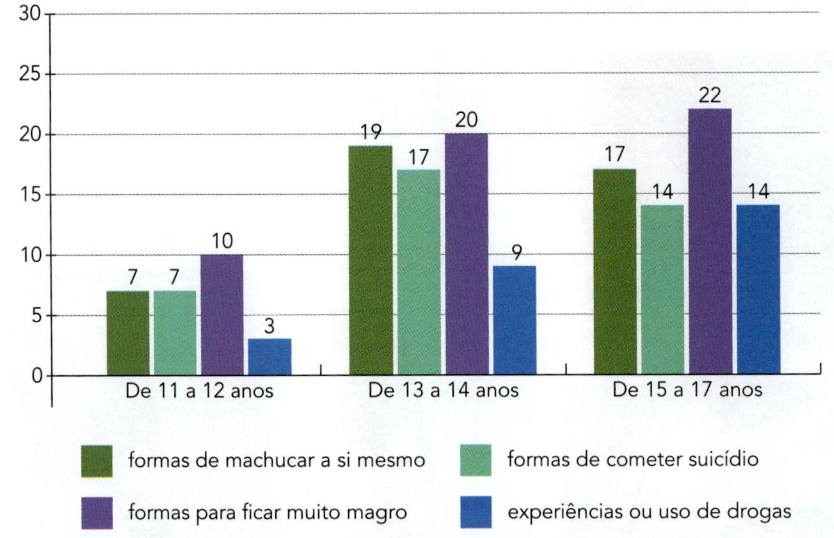

CUNHA, Juliana; NEJEM, Rodrigo. Contato com conteúdos sensíveis de suicídio: lições aprendidas com os casos baleia azul e momo. *In*: BRASIL. Comitê Gestor da Internet. *TIC Kids Online Brasil*: Pesquisa sobre o uso da internet por crianças e adolescentes no Brasil, 2018, p. 38. Fonte: *CGI.br*, 2018. Disponível em: https://www.cgi.br/media/docs/publicacoes/216370220191105/tic_kids_online_2018_livro_eletronico.pdf. Acesso em: 17 maio 2022.

a) Você costuma compartilhar fotografias do próprio corpo em redes sociais na internet?

b) O que motiva você a compartilhar tais imagens nas redes sociais?

c) Você identifica problemas, questões e riscos na maneira como você e os colegas apresentam o corpo na internet e nas redes sociais?

d) Observe no gráfico conteúdos sensíveis acessados por adolescentes. Qual tema tem a maior incidência? Levante hipóteses sobre os motivos dessa incidência elevada.

e) Você já acessou conteúdo na internet e/ou segue perfis em redes sociais em busca de informações sobre sua forma física, como dicas para ganhar massa muscular, ficar em forma, fazer dietas, entre outras?

A *TIC Kids Online Brasil: Pesquisa sobre o uso da internet por crianças e adolescentes no Brasil*, publicada pelo Comitê Gestor da Internet no Brasil em 2018, estima que 82 milhões de crianças e adolescentes possuem perfil em redes sociais na internet, totalizando aproximadamente 20 milhões de usuários na faixa etária de 11 a 17 anos. Embora existam diferenças relativas à classe social e ao lugar de moradia (urbana ou rural), os dados indicam que grande parte dos adolescentes brasileiros utiliza as redes sociais.

Segundo especialistas, o aumento do uso da internet em dispositivos móveis ampliou as possibilidades de acesso dos adolescentes à informação e de participação em diferentes esferas da vida pública. A maior agilidade na comunicação e os novos espaços de socialização, por outro lado, também ampliaram o impacto do uso excessivo das redes sociais na vulnerabilidade, na saúde e nas relações sociais de adolescentes, o que tem preocupado estudiosos do mundo todo.

Saiba+

Conheça o *Projeto Caretas: Uma experiência entre a ficção e a realidade*, publicado em Unicef Brasil. Disponível em: https://www.unicef.org/brazil/projeto-caretas (acesso em: 17 fev. 2022). Nesse projeto, desenvolvido pela Unicef Brasil com o uso de inteligência artificial, uma personagem interage com o público para instruir e alertar sobre os riscos de compartilhamento de fotos íntimas na internet. Clique aqui para acessar a publicação.

Syda Productions/Shutterstock

Adolescentes utilizando aparelhos móveis; o excesso do uso pode afetar o convívio social.

Diário de bordo

Ao final da conversa com os colegas, registre suas reflexões no diário de bordo. Você vai retomá-las ao final da unidade no boxe *Portfólio*.

A pesquisa *My Teen Life* [Minha vida de adolescente], de 2019, que entrevistou 5 200 adolescentes entre 12 e 17 anos, em 32 países, identificou que os adolescentes brasileiros acessaram as redes sociais, em média, 63 vezes por dia, número superior à média mundial, que registra 50 acessos diários, e inferior ao da Argentina, país no topo da lista, onde os jovens chegam a acessar as redes sociais 90 vezes ao dia. A maioria dos adolescentes (64%) se sente pressionada a responder às mensagens que recebe em até, no máximo, 30 minutos. O crescente número de vezes que os adolescentes olham o número de curtidas e de visualizações para checar quem interagiu com suas publicações mostra que as redes sociais aumentam a necessidade de ser notado, elevando, muitas vezes, os níveis de estresse e ansiedade nos usuários.

2. Realizem uma pesquisa rápida entre os colegas da turma e reflitam sobre quanto tempo passam acessando as redes sociais por dia e comparem com o tempo que dedicam a outras atividades cotidianas. Depois, proponham uma conversa para expor se em algum momento sentiram-se incomodados por dedicar muito tempo às redes sociais e como poderiam reduzir esse tempo.

Após as reflexões, procurem propor outras atividades que não envolvam as redes sociais como alternativa para atender a objetivos como entretenimento, lazer, interação com amigos, acesso à cultura.

O uso de redes sociais pelos jovens também aumenta o perigo provocado pelo excesso de exposição. Estudos revelam que a exibição da vida íntima de usuários de redes sociais pode levar a pressões ainda maiores sobre a aparência física e distúrbios de autoimagem, em especial entre os adolescentes, além de possibilitar o acesso a conteúdos impróprios e ampliar o risco de se tornar alvo de diversos crimes, como pedofilia, *cyberbullying* e vazamento de fotos íntimas.

Diário de bordo

Registre, no diário de bordo, suas reflexões sobre o uso das redes sociais e guarde seus registros no *Portfólio* para serem resgatados no final da unidade.

- Quais são suas experiências nas redes sociais?
- Que questões problemáticas você observa nelas?
- Você já sentiu ansiedade e/ou pressão sobre sua aparência no uso das redes sociais?
- Como você avalia o tempo que dedica à interação *on-line*?
- Você já sofreu ou presenciou colegas, familiares ou amigos sofrerem ataques ou vazamento de conteúdos pessoais em meios digitais?

Imagem corporal

A imagem corporal é a representação mental que um indivíduo faz do próprio corpo. Tal imagem faz parte da visão mais ampla que se tem de si mesmo, de como alguém percebe suas potencialidades e suas fragilidades. Ela é construída no decorrer da vida não apenas por vivências individuais, mas também pelo contexto sociocultural e pelas relações que cada um estabelece com os outros e consigo mesmo.

A imagem corporal abrange percepções dos processos fisiológicos, psicológicos e sociais e depende, em grande parte, de padrões e expectativas que a sociedade impõe sobre a aparência física. Alguns pesquisadores admitem que as mudanças no corpo durante a puberdade tornam o adolescente mais suscetível à insatisfação com a imagem corporal. Assim, a insegurança sobre a própria identidade, ainda em formação, parece tornar os jovens mais propícios às pressões da mídia, da sociedade e do círculo de convívio social acerca de padrões de estética corporal.

A chamada pressão estética do corpo magro, forte e atlético, acaba tendo impactos na imagem corporal dos jovens. Se antes da era digital os padrões de beleza circulavam em revistas impressas e peças publicitárias, hoje circulam também em perfis das redes sociais, nas quais blogueiros e celebridades divulgam treinos e dietas milagrosas para conquistar o corpo perfeito.

A facilidade de acesso e o bombardeio de informações que circulam nesses veículos digitais fazem os jovens, muitas vezes, sentirem-se insatisfeitos com a própria imagem corporal, abalando sua autoestima e levando-os à busca pelo corpo idealizado. A insatisfação corporal, no entanto, pode levar a sintomas depressivos, ansiedade, estresse e distúrbios alimentares.

Para ir mais longe — Distúrbios alimentares: anorexia e bulimia

Excesso de exercícios, dietas restritivas e outros comportamentos prejudiciais à saúde têm sido observados, em maior ou menor grau, entre os adolescentes, acarretando prejuízos à saúde física e mental. Essas práticas podem estar associadas a distúrbios alimentares, como a anorexia e a bulimia.

A anorexia é um transtorno psiquiátrico que pode levar a pessoa à morte. Atinge um número maior de mulheres, mas tem crescido também entre os homens nos últimos anos.

Nesse transtorno, a pessoa se preocupa excessivamente com o peso corporal e deixa de se alimentar, ou passa a comer muito pouco, a provocar o vômito após as refeições, a praticar atividade física de forma excessiva, a tomar laxantes e diuréticos, etc. a fim de controlar o peso. Há uma quebra entre a imagem corporal percebida e a imagem corporal real, pois, mesmo extremamente magra e desnutrida, a pessoa continua acreditando que está gorda.

Já a bulimia é um distúrbio alimentar que se caracteriza pelo consumo compulsivo e exagerado de alimentos seguido de métodos não saudáveis para perder peso, como induzir o vômito e tomar laxantes. Essas práticas provocam malefícios à saúde, como danos ao sistema digestório ou a perda de esmalte dos dentes pelo contato com ácidos estomacais do vômito.

Inspiring/Shutterstock

A busca pelo corpo idealizado, como mostrado à esquerda na figura, bem como percepções distorcidas da imagem corporal podem levar ao desenvolvimento de distúrbios alimentares.

A profusão de imagens que promovem a busca pelo corpo magro seria a maior responsável pelo crescimento desses transtornos entre os adolescentes e os jovens.

A insatisfação com o próprio corpo pode ocorrer, por um lado, devido à influência que aquilo que é postado tem sobre as pessoas quanto à necessidade de se enquadrar em determinados padrões de beleza. Logo, é preciso ficar atento aos conteúdos que apresentam potenciais riscos, sobretudo quando se trata de práticas corporais, comportamentos alimentares e padrões de beleza.

Há inúmeros perfis que, pela força do grupo, acabam estimulando comportamentos que oferecem riscos à saúde física e emocional das pessoas. Muitas vezes, são páginas de pessoas que não são profissionais da área e, ainda assim, incentivam e ensinam comportamentos alimentares perigosos e sem acompanhamento especializado. Ademais, a maioria dos conteúdos sobre práticas de condicionamento físico divulgados nesses perfis não respeita os princípios básicos de treinamento físico, como a individualidade dos praticantes: determinado exercício pode funcionar bem para uma pessoa, mas não para outra; a intensidade tem de ser regulada pela avaliação física individualizada; o tipo de exercício deve ser escolhido em razão dos limites e das possibilidades de cada corpo; etc. Por isso, é fundamental refletir sobre essas questões e ficar atento à maneira como se lida com elas, a fim de evitar o envolvimento em práticas que possam oferecer riscos à saúde.

As práticas de ginástica de condicionamento físico, como musculação, ginástica localizada, corrida, caminhada, entre outras que entram e saem de moda, são as mais associadas à busca pelo corpo idealizado. Elas têm em comum a realização de exercícios criados para aumentar o metabolismo e estimular os sistemas cardiorrespiratório e muscular, visando melhorar a condição física do praticante.

prosmaf/Shutterstock

Nas redes sociais é comum encontrar perfis que incentivam o cuidado com a pele, conhecido como *skincare*.

Macrovector/Shutterstock

Modalidades de ginástica de condicionamento físico.

Fundamentadas nos estudos da fisiologia de exercício, as práticas de ginástica de condicionamento físico surgiram no movimento ginástico europeu, ainda no século XIX, logo após o crescimento dos conhecimentos sobre anatomia e fisiologia humana, e se disseminaram pelo mundo com o avanço das pesquisas sobre saúde e prática de exercícios. Inicialmente, não se questionava a reprodução de padrões de aparência corporal. Hoje, as ginásticas de condicionamento físico circulam em academias, clubes, espaços públicos de lazer e redes sociais por meio de perfis públicos que divulgam e vendem programas ou de praticantes que se tornam populares e passam a influenciar a prática de seus seguidores.

Na difusão de pressões estéticas, o corpo feminino tende a ser o principal alvo da mídia, em conteúdos que estabelecem padrões de beleza associados à magreza e ao antienvelhecimento. A reprodução dessas imagens faz as mulheres sentirem-se insatisfeitas com o corpo, o que as leva a consumir produtos e serviços da indústria da beleza com o objetivo de modificá-lo. Não diferente, nas redes sociais o ideal de "perfeição" também é cultivado e leva muitas mulheres, principalmente, a seguir perfis de influenciadores digitais. Nesses perfis, em geral, predominam mulheres brancas, de classe média alta, que exibem sua rotina de treinos e de alimentação. Por não precisarem trabalhar em horário comercial nem terem uma rotina que inclua cuidados com a casa ou o uso de transporte público, a realidade das influenciadoras não se assemelha em nada à da maioria das jovens e mulheres que as seguem.

O enaltecimento do corpo idealizado, supostamente conquistado apenas pelo esforço pessoal, faz muitas mulheres se sentirem culpadas por não conseguirem alcançar o mesmo resultado, gerando riscos à autoimagem e tornando-se um mecanismo que as oprime e as leva a não se valorizarem. Vale lembrar que muitas das imagens compartilhadas passam por recursos de edição, o que artificializa ainda mais a busca por um corpo idealizado que não existe nem mesmo para as celebridades e influenciadores que promovem esses ideais.

As redes sociais também apresentam espaços de combate aos padrões de beleza impostos socialmente. Cresce o número de influenciadoras digitais que usam seus canais para promover e fortalecer a autoestima e a autoaceitação entre os jovens que as seguem. Usando fotos naturais, expondo o corpo sem preocupação com as convenções e fazendo discursos contrários à imposição de padrões de beleza, as protagonistas desses perfis se contrapõem ao modelo das "blogueiras *fitness*".

3. **Analise cada atitude representada a seguir e indique se ela "Fortalece a autoaceitação" ou "Prejudica a autoaceitação".**

a)

Aleutie/Shutterstock

Cobrança excessiva com o próprio peso.

b)

Gsvet17/Shutterstock

Cuidado com o próprio corpo e a saúde.

c)

Visual Generation/Shutterstock

Valorização do próprio corpo.

d)

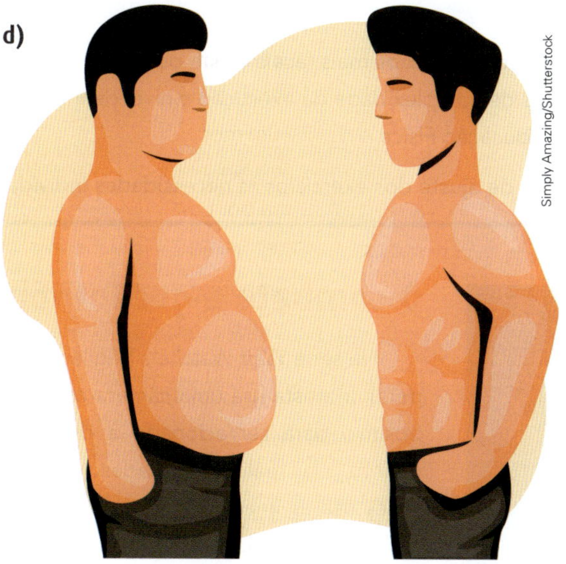

Simply Amazing/Shutterstock

Comparar-se às outras pessoas.

e)

pancha.me/Shutterstock

Influenciadores digitais que propagam a ideia de que corpos perfeitos são magros e definidos, por exemplo.

f)

Pevuna/Shutterstock

Fazer elogios às amigas e aos amigos.

Experimentação Condicionamento físico e respeito à individualidade

Sabe-se que a prática de atividade física regular traz benefícios à saúde. Nesta atividade, você vai pesquisar e experimentar práticas de ginástica de condicionamento físico que respeitem a individualidade dos praticantes.

1. Forme um grupo com mais três ou quatro colegas e selecionem exercícios de uma ou mais modalidades de ginástica de condicionamento físico que vocês conhecem ou gostariam de conhecer.

- Cada participante do grupo deve escolher um dos exercícios que considera adequado ao seu corpo e que respeite seus limites, apresentando os motivos aos demais integrantes.
- Após a socialização, o grupo deve eleger um exercício.

2. Escolhido o exercício, é hora de compartilhá-lo com a turma, explicando o motivo da escolha e quais partes do corpo são trabalhadas por meio dele.

- Para a realização, apresente duas opções de execução: uma mais simples e outra mais avançada.

3. Durante a apresentação e a experimentação de cada exercício, conversem sobre como cada um de vocês sentiu o nível de dificuldade e de intensidade.

- É provável que alguns participantes considerem determinados exercícios mais fáceis e que outros os considerem difíceis. Por isso, a prática precisará ser ajustada em termos de complexidade da execução e nível de intensidade, sempre com a supervisão e a orientação do professor de Educação Física.

4. Ao final, discutam o que sentiram ao trabalhar possibilidades de ajuste dos exercícios às necessidades individuais.

O combate à gordofobia

Na série *Wait Watchers* [Vigilantes da espera], a artista usa uma câmera com um dispositivo para ser acionado a distância enquanto ela realiza atividades corriqueiras. Haley usa as imagens para refletir sobre um tema hoje em discussão na sociedade e nas redes sociais: a gordofobia.

Fotografias da série *Wait Watchers* [Vigilantes da espera], de Haley Morris-Cafiero, 2010.

4. Observe as imagens da série fotográfica *Vigilantes da espera*, iniciada em 2010 pela artista estadunidense Haley Morris-Cafiero (1975-). Quais situações são retratadas nas fotos? De que maneira as pessoas ao redor dirigem o olhar para a jovem retratada?

A jornalista e produtora mineira Jéssica Balbino lidou com um episódio de gordofobia em 2016, quando uma pichação no muro de sua casa gerou uma série de matérias e entrevistas sobre o preconceito e a inserção social de pessoas gordas. Em entrevista, ela afirma:

> Para mudar isso, eu acho que é como qualquer outro processo de desconstrução. A gente tem que olhar pra si e perguntar: eu reproduzo a gordofobia? Por que ela é sutil, sabe? Ela está no olhar que você dá pra uma pessoa gorda na rua, está numa frase quando você diz: você tem o rosto bonito, por que não emagrece? Quando você fala: gorda assim, nenhum homem vai te querer, quando você é magra, mas fala: preciso emagrecer, estou barriguda, entre outras coisas, que mostram que você não aceita pessoas gordas ao seu redor. São infinitos exemplos, eu ficaria horas listando, mas acho que a gente tem que simplesmente PARAR de patrulhar o corpo alheio, de usar discurso de preocupação com a saúde para camuflar a gordofobia, de achar que as pessoas gordas são doentes, preguiçosas, entre outras coisas, de fazer e/ou rir de piadas com gordos, etc. Acho que a gente precisa se desconstruir e a desconstrução não é só falar: minha melhor amiga é gorda. É se analisar e vigiar o tempo todo, evitando perpetuar esse preconceito.

DA ROSA, Ana Letícia. A gordofobia mata, alerta jornalista Jéssica Balbino que teve o muro da casa pichado por ser gorda. *Lifetime*. Disponível em: https://br.lifetimeplay.tv/noticias/gordofobia-mata-alerta-jornalista-jessica-balbino-que-teve-o-muro-da-casa-pichado-por-ser. Acesso em: 17 maio 2022.

5. De acordo com o texto da jornalista a respeito da gordofobia, quais atitudes e ações podemos tomar para combater esse preconceito no dia a dia?

Avaliação e cuidados com a imagem corporal

A identificação de grande número de pessoas com problemas de imagem corporal levou pesquisadores da psicologia e das ciências da atividade física a desenvolver instrumentos de pesquisa para avaliar essa questão. Um desses instrumentos é o *Body Shape Questionnaire* (BSQ), criado por pesquisadores estadunidenses e adaptado e validado para uso no Brasil pelos pesquisadores Mônica Di Pietro, Evelyn Doering Xavier e Dartiu Xavier da Silveira, da Universidade Federal de São Paulo (Unifesp), que tem sido amplamente utilizado como instrumento para avaliar a autoimagem de jovens estudantes, comparando diferentes públicos, como praticantes ou não de atividades físicas, negros e brancos, e estudantes de escolas públicas e privadas. Em um estudo com 72 mulheres praticantes de musculação na cidade de Brasília (DF), os pesquisadores identificaram que 66,2% das entrevistadas apresentavam insatisfação com a própria imagem. Os autores concluíram que mulheres praticantes de musculação estão mais expostas aos riscos citados (Fonte: MACIEL, Michel G. *et al.* Imagem corporal e comportamento alimentar entre mulheres em prática de treinamento resistido. *Revista Brasileira de Nutrição Esportiva*, São Paulo, v. 3, n. 78, p. 159-166, mar./abr. 2019. Disponível em: https://dialnet.unirioja.es/servlet/articulo?codigo=6817529. Acesso em: 17 maio 2022).

Outro modo de avaliar a imagem corporal é o teste de escala de silhuetas. Esse instrumento apresenta silhuetas de corpos de formatos diversos, do magro ao gordo. A pessoa que responde ao instrumento deve indicar a figura que melhor representa seu corpo atual (corpo percebido) e a figura que melhor representa o corpo que considera ideal (corpo desejado). A insatisfação corporal é definida pela diferença de pontuação entre a silhueta percebida e a desejada: valores positivos denotam insatisfação por estar acima do peso e valores negativos, insatisfação por estar abaixo do peso.

O teste da escala de silhuetas tem sido aplicado em diferentes trabalhos científicos com jovens.

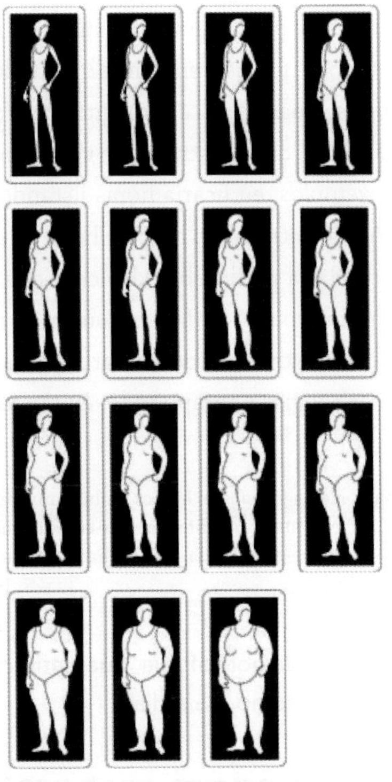

Escala de silhuetas para adultos. (Fonte: KAKESHITA, Idalina S. *et al*. Construção e fidedignidade teste-reteste de escalas de silhuetas brasileiras para adultos e crianças. *Psicologia: Teoria e Pesquisa*, Brasília, abr.-jun. 2009, v. 25, n. 2, p. 263-270. Disponível em: https://www.scielo.br/pdf/ptp/v25n2/a15v25n2.pdf. Acesso em: 17 maio 2022).

Durante o estudo de *O corpo nas redes sociais*, você teve contato com dados de pesquisas sobre o uso que os jovens fazem das redes sociais e os riscos para a construção da autoimagem trazidos pela divulgação de padrões corporais na internet. Conheceu, também, dois instrumentos de autoavaliação da imagem corporal, reconhecendo graus de satisfação ou insatisfação com o próprio corpo.

Essas pesquisas se baseiam em estratégias das ciências sociais, que fazem uso de questionários e entrevistas para a coleta de dados. Tais ferramentas são fundamentais para a compreensão dos significados, dos valores, das percepções e das motivações das pessoas acerca de problemas que afligem a sociedade. Os pesquisadores lançam mão desses instrumentos para apresentar o ponto de vista de diferentes pessoas sobre o tema que investigam em busca por soluções para problemas sociais.

Em pesquisa social, a entrevista é entendida como um momento de interação social na qual o pesquisador e o sujeito entrevistado se debruçam sobre um tema por meio da linguagem verbal. A preparação do instrumento que vai guiar a entrevista é fundamental para que os dados coletados sejam úteis aos objetivos da pesquisa.

O pesquisador deve dar atenção especial à elaboração das perguntas, pois elas devem ser compreendidas pelo entrevistado e coerentes com os objetivos da pesquisa, não devendo direcionar o entrevistado a responder àquilo que o pesquisador espera ouvir. A condução da entrevista também exige atenção: ela deve se dar de forma objetiva e respeitosa, facilitando, assim, a comunicação entre o entrevistador e o entrevistado. Deve, também, ser estruturada em uma sequência que conduza aos pontos de interesse da pesquisa.

Há diferentes tipos de entrevista: estruturada, semiestruturada, aberta e em grupo focal. Cada uma delas apresenta vantagens e desvantagens, e sua escolha deve respeitar os objetivos da pesquisa, a disponibilidade do pesquisador, o número de sujeitos e os recursos disponíveis. Saiba um pouco mais sobre cada uma.

Entrevista estruturada

Envolve o uso de questionários com perguntas predefinidas e respostas de múltipla escolha e/ou por escalas. Os questionários podem ser impressos ou enviados por meios digitais, o que facilita a organização posterior dos dados, já que os recursos de programas digitais permitem a rápida organização das informações.

Entrevista semiestruturada

O pesquisador dispõe de um roteiro prévio de questões, mas são acrescidas a elas novas questões dependendo das respostas do entrevistado. Pode acontecer de modo presencial ou com o uso de ferramentas de videoconferência. As questões são mais abertas, as entrevistas são gravadas, e seu conteúdo é transcrito depois pelo pesquisador. A análise das entrevistas semiestruturadas pode ser realizada por estratégias de quantificação de palavras citadas pelos entrevistados, como a técnica de análise de conteúdo, ou por estratégias descritivas e de análise qualitativa dos discursos proferidos pelos entrevistados.

Entrevista aberta

Aproxima-se de uma conversa informal entre o pesquisador e o entrevistado e é também utilizada na produção de documentários, como os produzidos por Eduardo Coutinho, cineasta que você vai conhecer em *Conversas sobre juventudes*. O pesquisador tem clareza do foco da pesquisa e direciona a conversa para os objetivos definidos por ele. Gravações de áudio com ou sem vídeo são recursos importantes para que o pesquisador retome as falas dos entrevistados durante o processo de análise dos dados. Quando o foco de análise das entrevistas abertas é a produção de conhecimento científico, utilizam-se as mesmas técnicas das entrevistas semiestruturadas.

Entrevista em grupo focal

Aqui o pesquisador reúne um grupo pequeno de pessoas que responderão às questões, expressando suas opiniões e seus interesses. Trata-se de uma conversa guiada para coleta de dados de caráter qualitativo. Esse método é muito utilizado em pesquisas de saúde pública e na área de *marketing*.

Para aprender sobre o uso de entrevistas na pesquisa, você e os colegas de turma vão desenvolver e analisar entrevistas com outros jovens sobre o uso de redes sociais, autoimagem e padrões corporais.

Técnicas para realizar entrevistas como instrumento de pesquisa

- Você pode seguir as seguintes estratégias:

1. Estabelecimento do objetivo das entrevistas: reúna-se com os colegas e o professor e estabeleçam o objetivo das entrevistas. Lembrem-se de definir o objetivo dentro da temática estudada na unidade até o momento.
2. Definição do público-alvo: decidam o público-alvo, a faixa etária e as características comuns ao grupo de entrevistados.
3. Definição do tipo de entrevista: decidam o tipo de entrevista que será usado ou se desejam combinar dois tipos, por exemplo: aplicar um questionário fechado em uma entrevista estruturada e depois realizar uma entrevista aberta com uma ou duas questões.

mentatdgt/Shutterstock

Entrevista.

4. Elaboração do questionário: elaborem as questões da entrevista. Se quiserem, é possível pesquisar e se pautar em instrumentos criados por outros pesquisadores. O questionário deve ser definido em conjunto pela turma e ser comum a todos os entrevistados. Depois, cada um dos estudantes deverá realizar uma entrevista. Ao final, reúnam-se para analisar conjuntamente os dados coletados.
5. Testagem do instrumento elaborado: se possível, façam uma ou duas entrevistas testes com os colegas para analisar se o instrumento elaborado é adequado e para treinar a postura como entrevistadores. Após os testes, ajustem o que for preciso.
6. Definição de prazo: definam um prazo para a realização das entrevistas e como serão aplicadas, por exemplo: se em grupos ou individualmente, se pessoalmente ou por meio digital.
7. Solicitação de consentimento: peçam autorização aos entrevistados para a participação na pesquisa e expliquem os objetivos e que a identidade deles será mantida em sigilo. Se possível, criem um modelo de termo de consentimento.
8. Compilação dos dados: após a aplicação das entrevistas, de posse dos dados, a turma precisará reuni-los em uma planilha comum, seja de dados quantitativos (pontos das escalas aplicadas e/ou porcentagens de respostas a cada questão), seja de dados qualitativos (trechos de falas dos entrevistados).
9. Compilação de dados qualitativos: caso tenham coletado dados qualitativos, utilizem estratégias de análise de conteúdo: leiam cuidadosamente o conteúdo das falas dos sujeitos e encontrem palavras-chave que se repetem e podem ser enquadradas em categorias de respostas. Selecionem pequenos trechos das falas que mostram pontos comuns entre os entrevistados. Vocês também podem quantificar citações em uma mesma categoria; por exemplo, falas que evidenciem que as redes sociais provocam um sentimento de insegurança sobre a própria aparência.
10. Análise dos resultados: analisem o conjunto de resultados encontrados pela turma e como respondem aos objetivos da pesquisa.
11. Registro da análise: registrem a análise, que será retomada na seção *#Multiplicar* para compartilhamento.

Internet: usos e comportamento (Língua Portuguesa)

Amy Osborne/AFP

Mark Zuckerberg em apresentação no encontro F8, 2019, realizado em San Jose, Califórnia, Estados Unidos. Ao fundo, lê-se a frase "The future is private" (O futuro é privado).

Em 2019, o estadunidense Mark Zuckerberg (1984-), presidente executivo de uma famosa rede social, afirmou, em um evento, que "o futuro é privado". Em uma notícia sobre o evento, postada no *site* de notícias *G1*, em 30 de abril de 2019 (disponível em: https://g1.globo.com/economia/tecnologia/noticia/2019/04/30/futuro-e-privado-diz-zuckerberg-em-encontro-anual-do-facebook-messenger-tera-versao-desktop.ghtml. Acesso em: 17 maio 2022), pode-se ler comentários de leitores sobre a matéria. Entre eles, destacam-se dois.

Em um comentário, o leitor repete a fala de Zuckerberg, "O futuro é privado", e acrescenta: "é nada, só porque ele quer", afirmando que o desejo dos usuários é "baterem boca sem censura e sem frescuras como a patrulha do politicamente correto".

Já em outro comentário o leitor se refere a uma mudança então prevista para uma das redes sociais da empresa, que deixaria de exibir o número de curtidas (*likes*) para os outros usuários. Com a alteração, apenas o "dono da publicação" saberia quem e quantas pessoas curtiram sua postagem.

O leitor afirma em seu comentário que essa nova política de nada adiantaria, pois os próprios donos dos perfis poderiam fazer um *print* (em referência a *print screen*, ou captura de tela) e mostrar aos seguidores o número de curtidas recebidas.

1. O que você pensa sobre essa discussão? Há aspectos em comum entre esses dois pontos de vista? E em que diferem?

Ao afirmar que as pessoas desejam mesmo "bater boca" sem "a patrulha do **politicamente correto**", qual é o sentido atribuído à expressão em destaque? Positivo ou negativo? Se você respondeu negativo, acertou. Essa expressão tinha sentido literal até meados da década de 1980, mas, a partir dos anos 1990, começou a ganhar conotação negativa quando se iniciaram algumas tentativas de coibir ofensas contra grupos minoritários. Nesse sentido, o controle a que o leitor se refere está diretamente ligado a essa ideia, isto é, a de que "o perfil na rede é meu, por isso posso dizer exatamente o que quiser", mesmo que isso ofenda o outro.

A diversidade nas formas de interação no ambiente *on-line* coloca seus usuários em uma "cultura participativa", ou seja, cada leitor tem a possibilidade de dizer o que desejar no espaço escolhido; é possível curtir, comentar, compartilhar sem comentar, compartilhar com comentários fundamentados ou não. Cada postagem em uma rede social, um *blog* ou um *site* de notícias abre caminho para quem está do outro lado da tela. Nesse sentido, essa amplitude inicial vem sendo revista, já que diferentes plataformas têm buscado maneiras de diminuir o número de ofensas e perseguição contra outros usuários.

Wachiwit/Shutterstock

Pelo celular é possível não só acessar a internet como também usar inúmeros aplicativos como Facebook, WhatsApp, Messenger e Instagram.

Apesar de alguns chamarem essas ações de censura, elas têm o objetivo de promover o respeito aos Direitos Humanos e minimizar os danos provocados pelo compartilhamento de ofensas e humilhações bastante comum contra pessoas de todas as idades. A facilidade com que uma postagem em uma rede social pode "viralizar", isto é, espalhar-se com velocidade, amplifica seu grau de agressão ao outro. Podem ser fotos não autorizadas, fotos íntimas, xingamentos, vídeos ofensivos ou *memes*.

2. Agora, responda ao que se pede.
   a) Você acha que as redes sociais podem afetar a privacidade de alguém? Por quê?
   b) Você se sente estimulado ou não a interagir com o conteúdo de algumas postagens?
   c) Como você definiria seu grau de interação como usuário das redes sociais: é só observador ou curte, comenta e/ou compartilha postagens com frequência?
   d) Você seleciona quem tem acesso às suas redes sociais ou mantém seu perfil aberto? Por quê?

Em um ambiente virtual com grande quantidade e variedade de conteúdo e informação disponível – muitas vezes, de forma dispersa –, é preciso filtrar o que interessa. No sistema da Arte, existe um profissional chamado curador, que é o responsável por pesquisar e conceber uma exposição de arte ou outros eventos artístico-culturais, como uma feira de livros ou uma mostra de cinema. Seu papel é selecionar e organizar o que será apresentado ao público, de acordo com a temática e o objetivo da exibição. Recentemente, o termo passou a ser adotado também para designar outras atividades que envolvem a atividade de estabelecer critérios para seleção e organização de algo; é o caso da curadoria de conteúdos *on-line*.

e) Você se vê como um curador no universo das redes sociais? Que critérios estabelece para definir o que mais lhe interessa?

Em seu *blog*, o produtor de conteúdo Mauro Segura relata que publicou um *post* em uma de suas redes sociais e recebeu muitos comentários radicais e irônicos de pessoas que não queriam debater, mas ofender e ridicularizar. Nesse artigo, ele reproduz um dos comentários e dá sua opinião sobre o assunto.

Nas redes sociais, você é o que publica

> **Atentai Mauro Segura, eu não te conheço, mas posso avaliar, em termos cognitivos de quem se trata: Veja só, você usou a expressão "precisar" na forma verbal querendo dar o sentido de necessitar, no plural "precisamos", o que revela muito bem o seu nível cultural, cognitivo e, portanto, de julgamento: és um sujeito mediano e indeciso. Daí que...não vou perder tempo e energia com alguém como você.**
>
> Há 8 horas · Curtir · Responder

Reprodução/www.maurosegura.com.br

Talvez tenha chegado a hora de mudar a forma como estou lidando com as mídias sociais. Não paro de pensar nisso. O meu interesse pelas redes não é mais o mesmo e isso tem uma razão muito clara. Este *post* é quase um desabafo.

Não sou um produtor de conteúdo “arroz com feijão”. Ao longo dos últimos dois anos, comecei a publicar conteúdos mais profundos, expressando o meu ponto de vista sobre vários temas e procurando ser mais assertivo na forma de me posicionar. Explorei assuntos polêmicos, muitas vezes envolvendo preconceitos e aspectos sociais, como, por exemplo, diversidade, substituição da força de trabalho por robôs e crise de liderança. Gosto de abordar os temas de forma pessoal, de forma racional e elegante, mas sinto que o ambiente das comunidades está mais extremista.

Não estou mais conseguindo lidar tão bem com os comentários radicais, irônicos, preconceituosos, intransigentes e até jocosos que tenho recebido nos últimos tempos nos vários canais com os quais contribuo.

Há menos de um mês, eu publiquei um *post* chamado “O terceiro banheiro é uma evolução da sociedade” em vários canais. O assunto ganhou evidência, com muita gente comentando e apresentando pontos de vista divergentes, o que é bem legal, mas [...] o assunto tomou um rumo muito estranho. Foram vários comentários radicais e irônicos, de pessoas que provavelmente nem leram o artigo por inteiro e não estavam ali para debater.

A facilidade e a displicência com que publicamos algo numa rede social são incríveis. Às vezes, sem pensar, sem conhecimento adequado, sem profundidade mínima, escrevemos meia dúzia de palavras e publicamos através de um simples *click*, não entendendo bem a extensão do que fazemos e nem consciência do impacto que causamos.

A sequência de comentários pendurados no *post* criou espontaneamente grupos com opiniões divergentes. Não houve ali um clima saudável para conversa e nem uma mediação, que poderia até ter sido feita por mim. Confesso que me senti acuado com alguns comentários e por isso fui mero espectador. Os comentários que mais me incomodaram foram aqueles simplistas radicais, que não deixam espaço para debate, que entram ali para incomodar, mostrar uma revolta ou intolerância com aquele assunto.

Esse não foi o primeiro caso que ocorreu comigo, mas foi o que mais me incomodou. Essa banalização da intolerância radical e da grosseria fortuita está crescendo. Conforme o número de seguidores nos meus canais sociais *online* foi crescendo ao longo do tempo, a audiência se tornando mais pública e aberta, esse comportamento foi aumentando. Reconheço que apenas uma pequena parte das pessoas age assim, mas é torturante ter que lidar com isso. Estou convencido de que tais comportamentos inibem outras pessoas e criam barreiras para boas conversas. Aceito muito bem a discordância em relação aos meus pontos de vista, aceito críticas, até gosto disso, quero apenas respeito e boa educação.

No caso das mídias sociais, você é o que você publica. O seu caráter, a sua personalidade e a sua reputação no mundo social *online* são consequências diretas do seu comportamento nesse meio. Acredito que a maioria das pessoas não tem plena consciência disso. No mundo *online*, somos personagens de nós mesmos, ou podemos criar personagens completamente distintos do que somos na vida real.

Conheço amigos e colegas que apresentam nas mídias sociais um comportamento tendencioso para a impaciência e a intransigência; chegam a ser lacônicos e irônicos, mas na vida real, em conversas presenciais, eles são dóceis, atenciosos e curtem um papo aberto e equilibrado. Qual é o elo que se rompe e que provoca essa mudança de comportamento de algumas pessoas quando estão nas mídias sociais? Eu não tenho a resposta.

Aqui, tenho outro fato interessante para contar. Uma das pessoas que postaram um comentário mais polêmico no meu *post* do "terceiro banheiro" enviou uma mensagem privada [...] com o seguinte conteúdo: "Mauro, não tive intenção de criar problemas no seu *post* do terceiro banheiro *ok*? Sei que tenho umas ideias muito diferentes da grande maioria e às vezes sou mais apaixonado do que deveria em defendê-las. Então, se eu tiver passado do limite, é só falar".

Gostei muito dessa mensagem, por vários motivos. Me senti agradecido pela atenção e carinho que essa pessoa teve comigo. Gostei também de ela própria ter sentido que foi dura, evidenciando que tinha consciência de que seu comentário levava a conversa para a fronteira entre um debate saudável e radical. Na verdade, achei até que ela "pegou leve" diante de tantos outros comentários bem mais intransigentes. De qualquer forma, me fez bem.

Sempre postei meu conteúdo de forma pública, para atingir o maior público possível e conhecer novas pessoas, aumentar o meu *networking* e sair da armadilha de publicar conteúdo para aqueles que pensam igual a mim. Isso é que faz a gente crescer. Pode ser que essa seja uma sensação passageira ou uma conjunção de fatos que ocorreram simultaneamente provocando esse desconforto. Vou continuar produzindo conteúdo, mas agora pensando melhor nas opções a seguir. Gostando ou não, sempre leio os comentários em tudo que publico. Gosto de ouvir as pessoas e entender o que está na cabeça delas.

É preciso que as pessoas tenham consciência de que esses ambientes digitais sociais são praças públicas, onde convivemos e interagimos em grupo. Respeitar o espaço dos outros, ser polido e respeitoso faz parte de qualquer ambiente social. [...]

SEGURA, Mauro. Nas redes sociais, você é o que publica. *Mauro Segura*, 23 jul. 2017. Disponível em: https://www.maurosegura.com.br/nas-redes-sociais-voce-e-o-que-publica/. Acesso em: 17 maio 2022.

3. Após ler o artigo de opinião que discute o que as postagens podem revelar, responda às questões no diário de bordo.

a) Em seu artigo de opinião, o autor afirma que o texto é quase um desabafo. Ao entendermos desabafo como "dizer o que se sente", essa afirmação se confirma ao longo texto?

b) Logo no início do texto, o autor se coloca como um produtor de conteúdo que busca se aprofundar em diversos temas, estando aberto a receber críticas; mesmo assim, ele se diz surpreendido com os comentários recebidos em suas postagens. O que causou incômodo no autor?

c) O autor defende a ideia de que, ao escrever uma postagem e clicar para enviar, nem sempre consideramos a "extensão" do que estamos fazendo. O que ele quer dizer com isso?

d) O autor mostra ao leitor como atua em suas redes sociais e, para isso, usa determinadas expressões e adjetivos para diferenciar-se dos demais usuários. Quais?

4. Considere as frases a seguir.

Uma das pessoas que **postaram** um comentário mais polêmico no meu *post* do "terceiro banheiro" enviou uma mensagem privada...

Acredito que a maioria das pessoas não tem plena consciência disso.

a) Na primeira frase, o autor poderia ter usado o verbo em destaque no singular? Explique.

b) Na segunda frase, o autor poderia ter usado o verbo em destaque no plural? Explique.

c) O autor nos conta que tem amigos que agem de forma diferente nas redes sociais e fora delas. Por que você acha que isso acontece?

d) Os comentários ofensivos e agressivos têm feito Mauro refletir sobre sua permanência nas redes sociais. Apesar disso, ele termina seu texto com certa esperança de mudança de atitude das pessoas. Qual é a expectativa do autor?

Nas redes sociais, é comum que os usuários queiram ser vistos a partir daquilo que escolhem expor, no compartilhamento de fotos, vídeos e textos que mostram rotinas e opiniões. Isso pode permitir que suas imagens e suas informações pessoais sejam usadas por outros, abrindo espaço para agressões virtuais e *cyberbullying*.

Uma pesquisa realizada em 2019 pelo Fundo das Nações Unidas para a Infância (Unicef) registrou que um em cada três jovens de trinta países relata ter sido vítima de *cyberbullying* nas redes sociais e, destes, um em cada cinco deixou a escola por essa razão.

Segundo Henrietta Fore, diretora executiva do Unicef, "as salas de aula conectadas significam que a escola não termina mais quando o estudante sai da aula e, infelizmente, o *bullying* também não termina no pátio da escola". Esse problema afeta estudantes do mundo todo. No Brasil, 37% dos que responderam à pesquisa afirmaram já ter sido vítimas de *cyberbullying*.

myboys.me/Shutterstock

Muitos adolescentes sofrem *cyberbullying*, são perseguidos e atacados por usuários da internet.

5. Veja agora alguns gráficos com dados da pesquisa "*Cyberbullying – Fluxo Global*", publicada pelo U-Report em 2016.

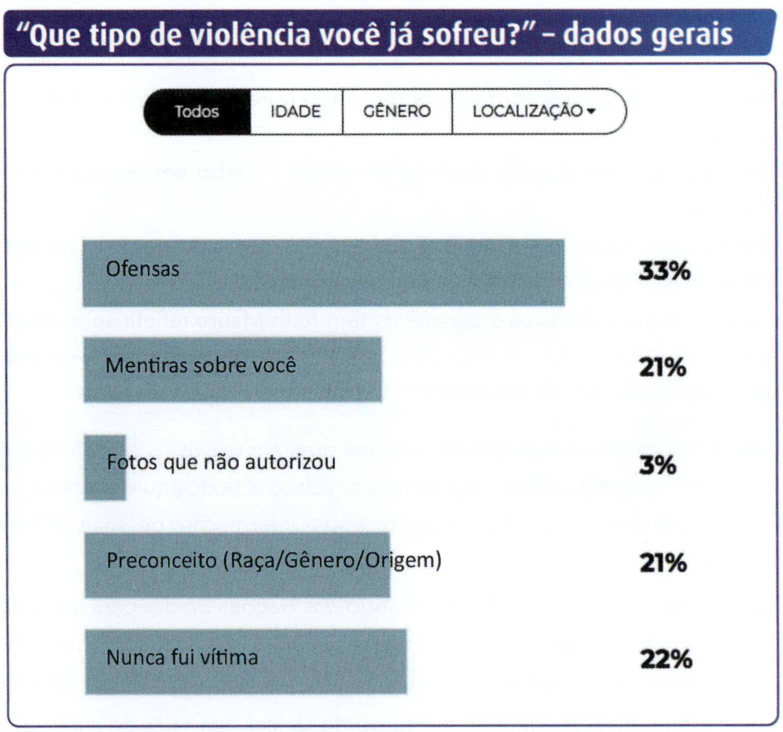

Reprodução/BRASIL.UREPORT.IN.

U-REPORT. *Ciberbullying – Fluxo global*. 2016. Disponível em: https://brasil.ureport.in/opinion/58/. Acesso em: 17 maio 2022.

"Que tipo de violência você já sofreu?" – dados por idade

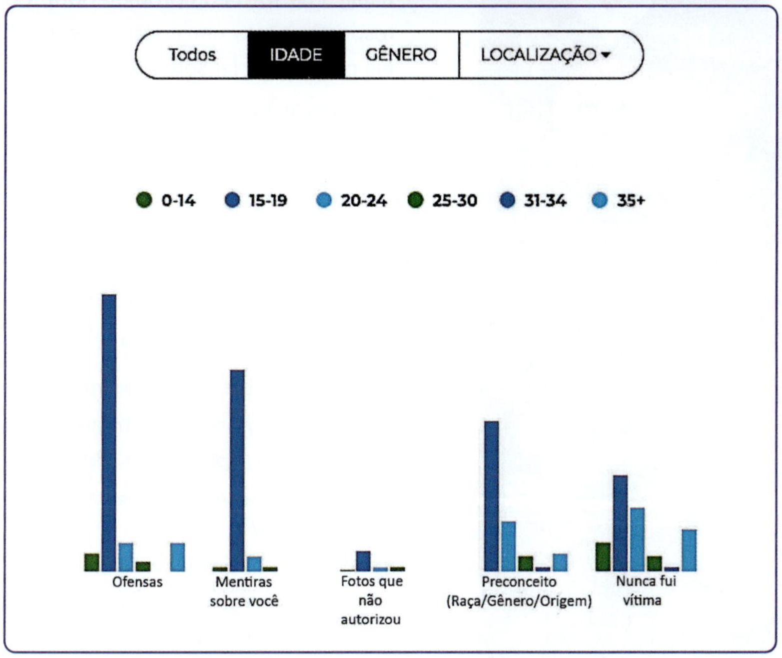

U-REPORT. *Ciberbullying – Fluxo global.* 2016. Disponível em: https://brasil.ureport.in/opinion/58/. Acesso em: 17 maio 2022.

"E se alguém te pedisse para compartilhar 1 foto comprometedora?" – dados por idade

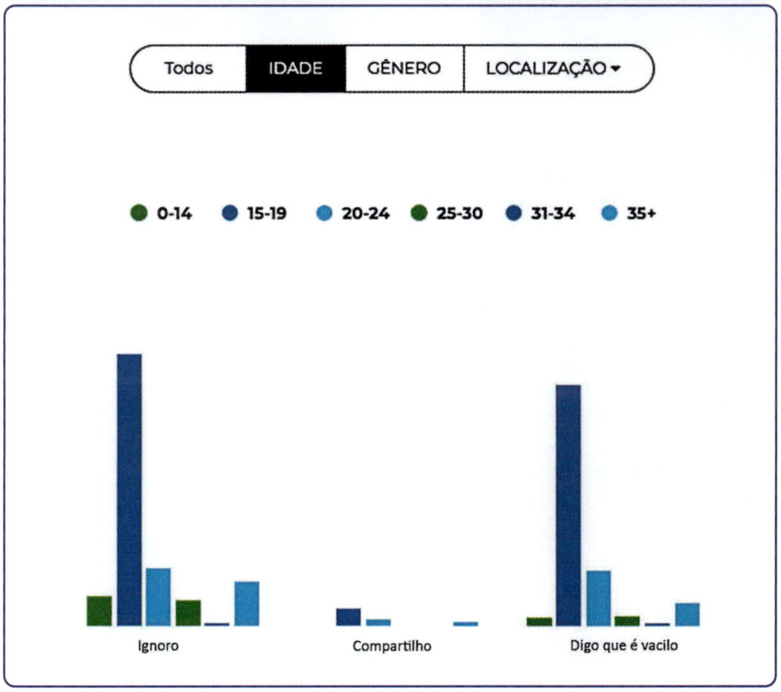

U-REPORT. *Ciberbullying – Fluxo global.* 2016. Disponível em: https://brasil.ureport.in/opinion/58/. Acesso em: 17 maio 2022.

a) Qual tipo de *cyberbullying* é o mais praticado na internet, de acordo com os dados da pesquisa indicados nos gráficos?

b) Qual é a faixa etária mais atingida por essas agressões?

c) Em sua opinião, por que os números se concentram nessa faixa etária?

Safer Net Brasil/NEW.SAFERNET.ORG.BR

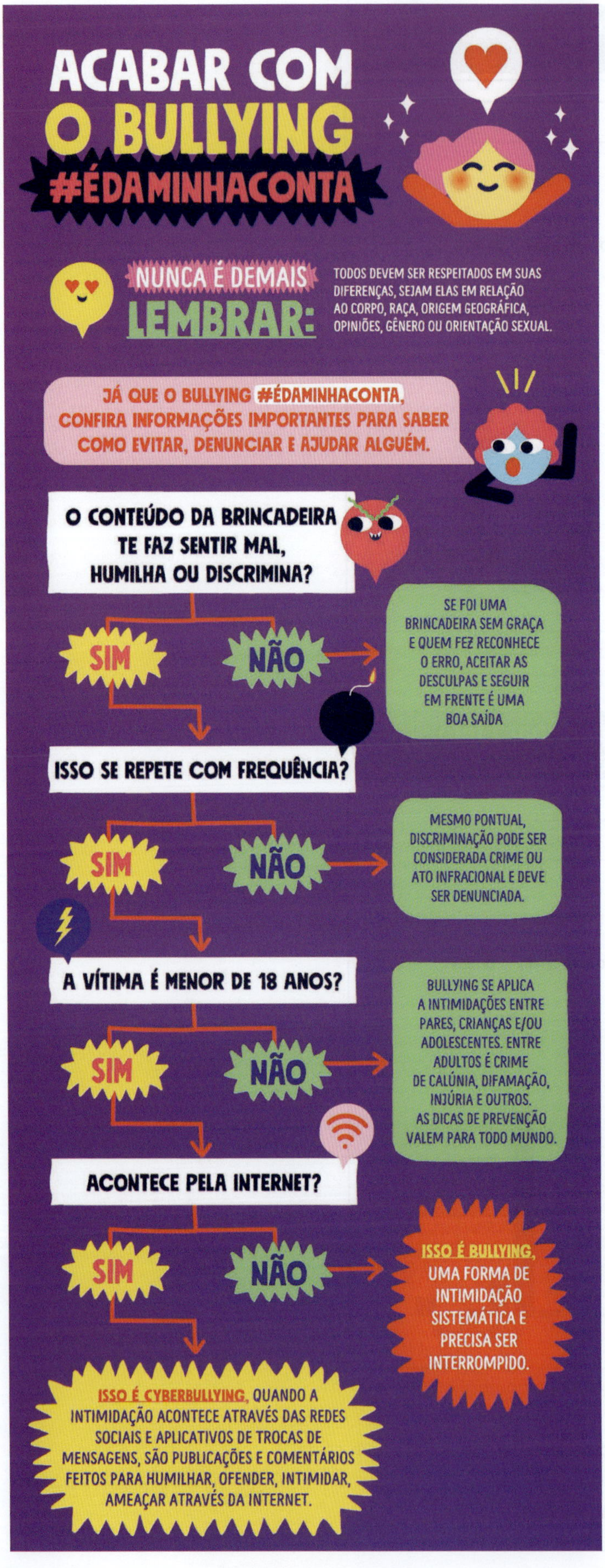

Fonte: INFOGRÁFICO *Bullying*: saiba como evitar, denunciar e ajudar quem é vítima. *Safernet*. Disponível em: https://new.safernet.org.br/content/infografico-bullying. Acesso em: 17 maio 2022.

6. A pesquisa também questionou que atitude cada jovem teria se fosse solicitado a compartilhar uma foto comprometedora. Por que a resposta a essa pergunta se destaca? O que ela parece revelar sobre a atitude dos jovens?

7. A associação sem fins lucrativos SaferNet produziu um infográfico para auxiliar na Campanha #ÉDaMinhaConta. Observe a primeira parte dele.

- Depois de analisar a primeira parte do infográfico da Campanha #ÉDaMinhaConta, responda às questões no diário de bordo.

  a) Qual é o objetivo desse infográfico?

  b) Há um lembrete informando que todos devem ser respeitados. Por que se considerou importante apresentar essa explicação inicial?

  c) Ao construir o infográfico a partir de questões cujas respostas são "sim" ou "não", a associação busca trazer uma explicação mais direta. Isso auxilia na compreensão do leitor?

  d) Ao escolher "Não" como resposta, o leitor poderia se dizer sem problema algum?

8. Agora observe outro trecho do infográfico e responda às questões.

Safer Net Brasil/NEW.SAFERNET.ORG.BR

Fonte: INFOGRÁFICO *Bullying*: saiba como evitar, denunciar e ajudar quem é vítima. *Safernet*. Disponível em: https://new.safernet.org.br/content/infografico-bullying. Acesso em: 17 maio 2022.

a) Nessa parte do infográfico, existe a pergunta "E você?", indicando três respostas. Em um primeiro momento, alguém poderia estranhar a pergunta "Pode estar praticando?", pois imagina que quem faz o *bullying* sempre sabe que está agindo dessa forma. Qual é a importância dessa questão?

b) Segundo o infográfico, como os usuários podem se proteger?

Você estudou que o gênero postagem (ou *post*) tem como característica um hibridismo de formas, uma vez que seu formato depende do *site* em que será veiculado. Uma postagem pode ter proximidade com o gênero relato ou com um diário, ser acompanhada ou não de imagens e vídeos variados, ter uma legenda ou não, dependendo da estrutura e da proposta da rede social, do *blog* ou do tipo de *site* em que é compartilhada. Há, por exemplo, muitos jornais impressos que migraram para o meio digital e, além disso, publicam *blogs* de seus colunistas, com o objetivo de compartilhar artigos de opinião.

Experimentação Campanha contra o cyberbullying

O Unicef e a SaferNet iniciaram uma campanha contra o *cyberbullying* com o uso da *hashtag* #ÉDaMinhaConta. O objetivo é combater também o resultado da pesquisa, que mostrou que quase 50% dos entrevistados ignoram a atitude do agressor.

Baseado no infográfico criado para a campanha, organize, com os colegas e com o apoio do professor, a divulgação dessa campanha em sua escola. Além da *hashtag* da campanha, criem outra para mostrar o lugar de onde estão enviando. Vocês também podem criar um perfil em uma rede social somente para a campanha e alimentá-lo com informações e dicas para que as vítimas busquem ajuda.

Apresentem as formas de divulgação dessa campanha na mostra de trabalhos, organizada na seção *#Multiplicar*.

Conversas sobre juventudes (Arte)

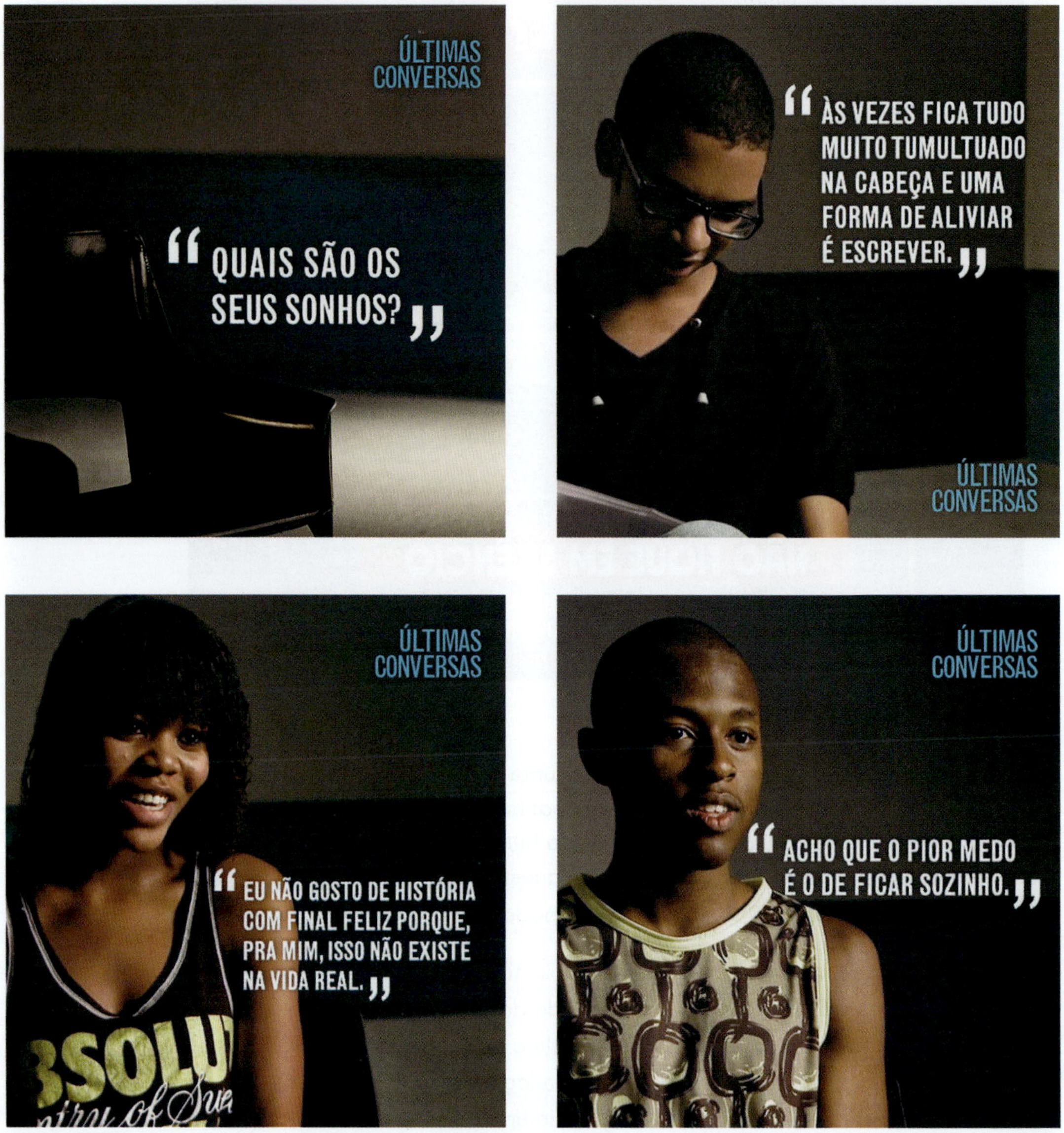

Imagens: Reprodução/Videofilmes

Cartazes de divulgação do filme *Últimas conversas*, de Eduardo Coutinho, 2015 (Brasil: Videofilmes, 85 min, classificação: 12 anos).

1. Observe as imagens de divulgação do documentário *Últimas conversas*, dirigido pelo cineasta Eduardo Coutinho (1933-2014). Se possível, procure e assista ao *trailer* do filme. Depois, responda às questões no diário de bordo e compartilhe suas impressões com os colegas.

a) Em sua opinião, os jovens estão interpretando um texto predeterminado ou suas falas são "reais"? O que faz você pensar isso?

b) Você se identifica com algumas das declarações? Por quê?

c) O documentário trata de jovens, desejos e futuro. Quais são seus sonhos para o futuro?

Esse filme documentário foi realizado com estudantes do 3º ano do Ensino Médio de escolas públicas da cidade do Rio de Janeiro. Eles foram convidados a falar sobre sua vida, suas aflições, suas memórias e seus desejos. Nesses encontros, assuntos como relacionamento, relação com os pais, racismo, religião e *bullying* permearam a conversa entre o diretor e os jovens entrevistados.

Para a realização de *Últimas conversas*, foram visitadas doze escolas localizadas no Rio de Janeiro. A equipe de pesquisa do documentário entrevistou 97 adolescentes, dos quais 28 foram escolhidos para a filmagem, mas somente nove foram inseridos na edição final do filme.

Eduardo Coutinho faleceu em 2014 antes de terminar o filme. Por isso, a **montadora** Jordana Berg (1963-) e o produtor e diretor João Moreira Salles (1962-) finalizaram a obra juntos.

montador: é o profissional responsável por ordenar as diferentes cenas filmadas no *set*, em uma sequência de imagens e de sons que resultará no filme finalizado. Ele assiste a todo o material bruto gravado e junta essas cenas de modo a captar a ideia do filme a partir da visão do diretor, dando ritmo e colaborando com a construção da narrativa, além de identificar se a cena gravada cabe ou não na história.

Felipe Rau/Estadão Conteúdo

Eduardo Coutinho, cineasta, jornalista e documentarista brasileiro. *Cabra marcado para morrer* é considerada sua obra-prima.

Considerado um dos mais importantes documentaristas do cinema nacional, Eduardo Coutinho realizou cerca de 24 filmes ao longo da carreira. Ficou conhecido principalmente por entrevistar pessoas anônimas e expor a relação entre o diretor e os personagens nos filmes, sem omitir sua presença e seus pontos de vista.

De acordo com depoimentos de Coutinho, o que o diferenciava dos outros diretores de documentário é que ele não participava da pesquisa e de entrevistas prévias do filme com os pré-selecionados; assim, ele garantia que o entrevistado conversasse com ele e com o público pela primeira vez somente no momento da gravação. Esse frescor do primeiro encontro era fundamental para que, no momento da filmagem, o entrevistado se sentisse contando pela primeira vez a história.

2. Quais assuntos permeiam sua vida em sociedade? Há, no seu cotidiano escolar, questões relacionadas ao *bullying*? O que você pensa a respeito disso? Por que você acha que isso acontece?

3. Ao analisar os relatos apresentados anteriormente, esses acontecimentos permanecem nos dias atuais? Eles se parecem com a sua vida em sociedade?

A entrevista como método

O processo de criação de Eduardo Coutinho concebia a entrevista como um método para os seus documentários, que foram criados a partir das histórias que os personagens reais contavam durante a filmagem. Para ele, a história verídica de cada personagem era a narrativa principal do filme. Suas entrevistas eram sempre conversas em que ele procurava dar voz ao personagem, estabelecendo uma relação íntima entre o diretor (que é também o entrevistador), o entrevistado e o espectador do filme.

O processo também incluía uma equipe de pré-produção que realizava a pesquisa e fazia uma triagem entrevistando possíveis candidatos. Essa etapa era muito importante para o desenvolvimento do filme, pois estabelecia uma relação prévia entre a equipe e os personagens que seriam depois selecionados pelo diretor. Tudo isso permitia que durante a filmagem a conversa fosse mais verdadeira, sem perguntas e respostas prontas.

Chayim Ehrenfeld/Shutterstock

Sala preparada para entrevista em filmagem de um documentário.

Mas nem todos os filmes de Eduardo Coutinho seguem esse método. No documentário *O fim e o princípio* (2006), por exemplo, Coutinho partiu de uma ideia, sem seleção prévia dos personagens, e permitiu que o acaso e a imprevisibilidade ditassem o rumo do desenvolvimento do filme, descobrindo no próprio processo os caminhos e as escolhas que deveria fazer.

> No que eu faço, nunca pensei que entrevisto pessoas, eu tento estabelecer um troço que se diferencia por ser a conversa, porque a entrevista, primeiro lugar, acaba tendo um caráter diretivo mais claro, entende? A entrevista não exige mil lances, que haja um envolvimento afetivo dos dois lados, enfim... Como você vai tematizar isso? Você não tem imagem. No jornal, abre aspas... Pode ser tudo mentira. Cinema tem essa coisa extraordinária, que é uma desgraça e uma grandeza, que é esse momento do encontro.
>
> COUTINHO, Eduardo; BRAGANÇA, Felipe. *Encontros*: Eduardo Coutinho. Rio de Janeiro: Beco do Azougue, 2008. p. 105.

Saiba+

Assista ao documentário *O fim e o princípio*, de Eduardo Coutinho, (Brasil, Bretz Filmes, 2006, 110 min). O documentário foi gravado no sertão da Paraíba, por meio de depoimentos de 86 famílias que viviam no Sítio Araçás, comunidade rural localizada no município de São Paulo.

4. Você já assistiu a filmes documentários? Quais? O que pensa sobre eles?
5. Se fosse para você realizar um documentário na sua cidade, qual assunto você iria abordar?
6. Você acha que é possível estabelecer um encontro de troca e relação de confiança e afeto durante uma entrevista para um filme? Como você imagina que Coutinho estabelecia isso por meio de seu método?

O documentário

Documentário é um gênero de filme que tem por característica ser não ficcional, isto é, mostra parcial e subjetivamente a realidade, apresentando aspectos e pontos de vista dos entrevistados e daqueles que o produzem. Há também documentários que misturam realidade e ficção. O documentário pode ser um longa-metragem, com duração de pelo menos 70 minutos, ou curta-metragem, de até 30 minutos.

A produção de um filme envolve diferentes etapas e diversos profissionais. Segundo a Agência Nacional de Cinema (Ancine), em 2018, ano da última coleta de dados, o cinema nacional empregava 91 834 profissionais legais no Brasil, além dos trabalhos informais por meio de contratação temporária, ou até mesmo da economia que movimenta as cidades em que os filmes são realizados.

As principais etapas de produção de um documentário são, geralmente, pré-produção, produção e pós-produção. A primeira etapa é o momento de definir todos os detalhes antes de iniciar a filmagem, isto é, escolher a locação, pesquisar e selecionar personagens que serão entrevistados e construir um pré-roteiro. A segunda é o momento em que ocorre a filmagem; no documentário há um pré-roteiro, porque durante a gravação podem ocorrer situações imprevistas e importantes para o filme, que exijam prontidão da equipe para lidar e readequar o plano inicial. A última etapa, da pós-produção, envolve a edição e a montagem do filme, além do tratamento de cor, venda, circulação e divulgação da obra.

fizkes/Shutterstock

Entrevista durante a filmagem de um documentário.

Saiba+

Assista ao documentário *Nunca me sonharam*, de Cacau Rhoden (Brasil: Maria Farinha Filmes, 2017, 84 min). A obra mostra jovens de escolas públicas brasileiras e o que pensam sobre a educação.

Experimentação Planejando um curta-documentário

Você vai elaborar o planejamento de um curta-documentário, com duração de 2 a 10 minutos, para investigar como os temas abordados na unidade estão presentes na escola. Por enquanto, o objetivo não é gravar o curta-documentário, apenas planejá-lo.

Para isso, siga as orientações.

1. Forme um grupo de até cinco participantes e, juntos, escolham um recorte específico para o filme, dentro dos temas abordados na unidade (como autoimagem, gordofobia, *cyberbullying*, *bullying*). Veja algumas perguntas para nortear a escolha do tema:
    - Por que escolher esse assunto?
    - Qual é a relevância do tema para sua vida em sociedade e para a escola?
    - A quem se destinará o documentário?
2. Selecionado o tema, pesquisem mais sobre o assunto e escolham quais pessoas serão entrevistadas, isto é, quem serão os personagens do documentário.
3. Depois, escrevam um argumento do filme para ser entregue para validação do projeto pelo professor. Esse documento deverá conter a proposta do filme: do que se trata e qual é a relevância do tema para a escola e seu processo de aprendizagem.
4. Com o argumento aprovado, escrevam um pré-roteiro. O documento deve conter a ordem das gravações e dos personagens que serão entrevistados, um cronograma dos dias de gravação e do período necessário para a edição, além da data de apresentação do material final na aula.
5. Definam como, quando e onde será feita a filmagem das entrevistas. Agendem com os participantes e, se preciso, verifiquem a necessidade de pedir autorização e reserva para uso do espaço escolhido.
6. Criem também uma lista de perguntas para a conversa com os entrevistados, considerando o tema que o grupo escolheu e pensando em maneiras de estimular o entrevistado a contar suas histórias e suas vivências.
7. Façam um termo de consentimento para que os entrevistados assinem no dia da gravação, garantindo, assim, o direito de uso de imagem, voz e depoimentos para fins do documentário.

Diário de bordo

Registrem no diário de bordo as etapas do processo, incluindo as primeiras ideias até chegar a um tema definido; de que modo se organizaram, como desenvolveram a pesquisa e o argumento, se o argumento foi aprovado etc.

Elementos da linguagem audiovisual

Você vai conhecer agora alguns elementos da linguagem audiovisual que podem auxiliar na continuidade da produção dos curtas-documentários.

- **Movimentos da câmera**: é um dos elementos mais importantes para um filme. Os movimentos podem ocorrer com a câmera fixa, quando o deslocamento é feito pelas pessoas e coisas que aparecem no quadro, ou pela locomoção da própria câmera. Para a realização de um documentário de entrevista, em geral, usa-se a câmera parada.

- **Quadro**: refere-se ao campo visual capturado pela câmera, isto é, a forma da tela de gravação e de projeção do filme, tanto para cinema, televisão ou internet como para outros suportes. Por isso, nas filmagens, seja com câmera de vídeo, seja com aparelho celular, em geral, opta-se por uma orientação de quadro horizontal e retangular.
- **Eixo**: em audiovisual, é uma convenção para estabelecer a noção de espacialidade, fundamental para situar o espectador. Funciona com a identificação de uma linha imaginária entre dois personagens que interagem em determinada cena, escolhendo-se o posicionamento das câmeras ao redor desses personagens para mostrar a interação.

Após a montagem, isso permite que seja possível perceber na tela que dois personagens que conversam estão olhando um para o outro. Essa quebra de eixo pode até ser um elemento narrativo interessante, desde que seja intencional, senão confundirá o espectador.

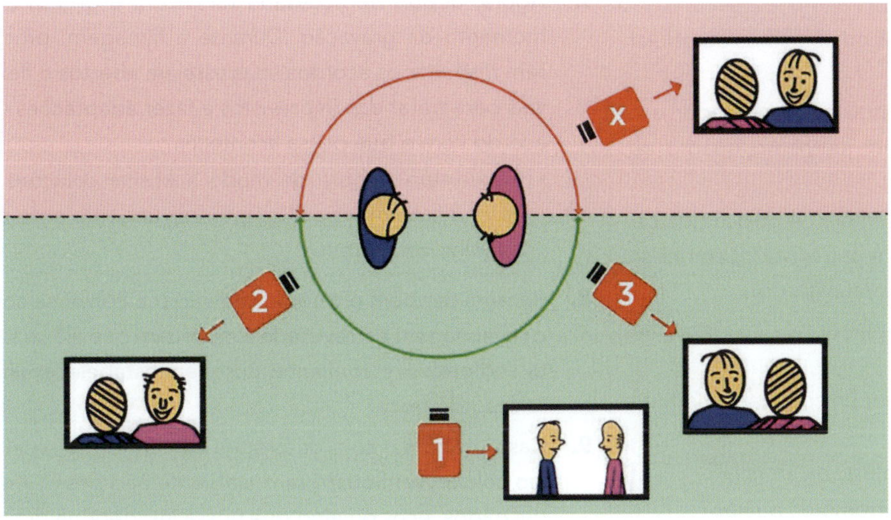

Reprodução/izzyurrehmanasmedia.wordpress.com

Exemplo de posicionamento de câmeras em diferentes eixos.

Veja, na ilustração, um exemplo de registro de uma entrevista. É o que se chama de regra dos 180 graus, determinada pelo eixo, que condiciona as câmeras ou as possibilidades de movimento de câmera, de modo a manter a posição relativa (direita e esquerda) dos entrevistados dentro dos enquadramentos e dos planos de cena.

insta_photos/Shutterstock

Outro exemplo de entrevista para a filmagem de um documentário.

Experimentação Filmando e finalizando o curta-documentário

Com o planejamento pronto e aprovado pelo professor e pela escola, chegou a hora de realizar o filme com os colegas.

Pré-produção

1. Primeiro, façam preparações e acertos, dividindo as funções de cada um e alinhando as decisões sobre o processo de filmagem. Para isso, respondam às perguntas:
   - Quem vai filmar? Quem vai dirigir? Quem será o entrevistador?
   - Quantas câmeras filmadoras ou aparelhos de celular o grupo vai utilizar?
   - A(s) câmera(s) vai(vão) mostrar o entrevistador e o entrevistado? Eles aparecem juntos no quadro ou em quadros separados?
   - Haverá movimentação da câmera? A posição da câmera pode mudar durante a entrevista? (Lembre-se de que isso pode distrair o entrevistado).
   - Como compor o enquadramento de cada uma das câmeras?
   - A gravação será feita em um único lugar ou em diversos lugares?
   - Como será a iluminação, natural ou artificial?
   - A entrevista poderá ser interrompida ou não?

2. Antes da gravação, testem as câmeras que vão utilizar para entender o funcionamento.
   - Veja se o grupo pretende utilizar cores reais ou se vai alterá-las na câmera. Outra possibilidade é alterar a escolha de cores e filtros depois, na edição.
   - Garantam também que os equipamentos estejam carregados no momento da entrevista e, se for o caso, que tenham bateria extra.

3. Façam alguns combinados com a equipe, principalmente no que se refere ao tempo de filmagem.
   - Lembrem-se de que vocês podem realizar uma entrevista longa, de 30 minutos, por exemplo, mas depois o material precisará ser editado, pois o curta-documentário deve ter entre 2 e 10 minutos de duração total.

4. Considerando que as filmagens devem passar por um processo de edição e montagem, verifiquem de que maneira podem fazê-lo. Há diversas opções de programas de computador e aplicativos para celular gratuitos que podem ser utilizados. Pesquisem as opções previamente e estudem o funcionamento da ferramenta escolhida.

5. Antes da filmagem, avaliem quanto tempo será preciso para preparar e organizar o material e o espaço.

6. Mesmo que a lista de perguntas que vão fazer tenha sido pensada anteriormente, tenham em mente que, durante o processo, outras questões ou conversas podem surgir. Permita que essa fluidez e troca aconteçam. Para isso, é necessário não apressar o processo e evitar fazer perguntas que pressupõem respostas rápidas.

Produção

7. Agora, depois de acordado tudo com o grupo, é o momento da gravação. Durante a filmagem, procurem respeitar os acordos, mas estejam abertos e flexíveis para tratar dos imprevistos e fazer adaptações de acordo com o que possa acontecer.
   - Conversem sempre de modo a buscar soluções e entendimento entre o grupo, em um ambiente de trabalho colaborativo.

8. Pensem também em como vão iniciar a conversa com o personagem entrevistado e permitam que ele se sinta confortável e confiante. Busquem estabelecer uma relação de troca.

9. Caso utilizem o som da própria câmera ou do aparelho celular, verifiquem se o ambiente não possui muitos ruídos, ecos ou algo que possa interferir na gravação, como sons de carros e buzinas da rua, etc.
   - Testem o som dos equipamentos previamente, pois, se houver problemas com a captação do som, é possível que o registro da entrevista não possa ser aproveitado.

Pós-produção

10. Nesse momento vocês vão montar o material. Assistam a tudo que foi filmado e selecionem os momentos mais interessantes para a construção dessa narrativa.

11. Depois, verifiquem os recursos do programa ou do aplicativo escolhido para a edição.
    - Façam alguns testes de edição até chegar ao resultado esperado.

12. Não deixem de inserir um nome para o filme e os devidos créditos. Por fim, salvem o projeto no computador, no *pendrive*, na nuvem ou em outra mídia digital.

13. Em um momento combinado previamente com o professor, compartilhem o curta-metragem com a turma e assistam às produções dos demais grupos.

14. Em uma roda de conversa, analisem com a turma e o professor o processo e os resultados. O objetivo é debater as produções e colaborar de maneira positiva com a aprendizagem da turma.

Diário de bordo

Registrem no diário de bordo reflexões pessoais sobre todas as etapas dessa experimentação. Para isso, reflitam: O que marcou nesse processo? Como foram as entrevistas? Houve troca com o entrevistado? Algo se transformou em você? O quê?

Entrevista com o diretor de fotografia Jacob Solitrenick

Nesta unidade, você conheceu o diretor de cinema Eduardo Coutinho. É muito comum, quando falamos de um filme, dizer quem foi o diretor-geral da obra, mas, para a realização de um trabalho cinematográfico, outros profissionais também desenvolvem a concepção de direção, como o diretor de fotografia e o diretor de arte.

Agora você lerá uma entrevista com um diretor de fotografia realizada especialmente para este livro. Assim, poderá conhecer outros aspectos da linguagem cinematográfica e dessa profissão.

Jacob Solitrenick (1961-) já realizou mais de trinta longas-metragens, nove séries para televisão e dez documentários. Trabalhou com diretores como Carlos Reichenbach (1945-2012), Tata Amaral (1960-) e Jorge Furtado (1959-).

Veja o que ele conta sobre seu trabalho.

Jacob Solitrenick/Acervo do fotógrafo

Jacob Solitrenick, diretor de fotografia.

Como você começou?

Era cinéfilo desde cedo, apaixonado por cinema e já interessado em livros sobre cinema, técnicas e biografias desde antes da faculdade. Porém, acabei fazendo Zootecnia. Tentei fazer a ECA-USP, que era a única faculdade de cinema na época, por duas vezes depois que estava na faculdade, mas não passei na segunda etapa. Por sorte, me-

Saiba +

Assista a *Incertezas críticas*, de Daniel Augusto (2016-2017). Disponível em: https://www.grifafilmes.com/incertezas-criticas (acesso em: 17 maio 2022). A série documental apresenta entrevistas com profissionais falando sobre *Incertezas críticas*, a fim de discutir questões relevantes para a contemporaneidade. Você também poderá conhecer mais do trabalho de Jacob Solitrenick, que foi o diretor de fotografia da produção.

lhor chamar de sincronicidade, quando estava cursando o último ano, depois de ler a autobiografia *Fellini por Fellini* e decidir que eu tinha que trabalhar com cinema, surgiu uma vaga de estagiário no longa *A marvada carne*. Ali comecei como assistente de produção, depois de dois anos virei 2º assistente de câmera, depois mais seis anos como foquista, até começar a fotografar em 1994. De lá para cá, fiz mais de trinta longas, várias séries e documentários.

O que é um diretor de fotografia para cinema?

É a pessoa responsável por transformar o roteiro e a visão do diretor do filme em imagem. O diretor de fotografia tem também como obrigação interagir com as outras equipes na pré-produção e na filmagem; junto com a direção de arte, o diretor de fotografia e o diretor formam o triângulo visual. Entram aí também o figurino e a maquiagem, som, produção, assistência de direção e continuidade. Depois há a pós-produção, que é fundamental para se levar a imagem ao resultado final que se planejou, momento em que trabalhamos a cor e o contraste da imagem e os efeitos especiais.

Qual é a sua importância na criação de um filme?

Toda a linguagem visual de uma obra passa pela direção de fotografia. É um trabalho técnico e artístico de muita exigência, que envolve um custo muito alto e, portanto, de muita responsabilidade, mas é também muito prazeroso. Trabalhar em equipe e construir a linguagem de um filme é algo muito especial. Quanto mais se aprende, mais se entende como quebrar as regras, a usar as ferramentas e a se aprofundar na linguagem cinematográfica. Não há limites para a criação, mas há que se respeitar o tempo e o orçamento de um filme.

Como você atua no planejamento do filme?

Uma vez definidos os conceitos do filme, passamos ao planejamento da filmagem e à escolha de locações e cenários, da equipe e de equipamentos; depois há testes de câmera e lentes objetivas, maquiagem e figurino e de novos efeitos e equipamentos.

Jacob Solitrenick atuou como diretor de fotografia na série documental *Incertezas críticas*.

Incertezas Críticas/Grifafilmes

Como você atua na filmagem?

Quando começamos a filmar, o diretor de fotografia define os planos junto com o diretor, que movimentos serão feitos, sugestões na *mise-en-scène* do elenco, escolha da lente objetiva e enquadramento e iluminação. Daí realizamos ensaios e ajustes e finalmente começamos a rodar, filmar ou gravar. No Brasil é muito comum o diretor de fotografia também operar a câmera; nos Estados Unidos e na Inglaterra, não, há quase sempre um operador na equipe de câmera. Em ficção, para cada câmera extra, há um operador e ao menos um assistente a mais.

Como você atua em um documentário de entrevistas?

O que faz um documentário é o que acontece no momento, e temos que estar abertos e atentos a essas descobertas. Nas filmagens, é comum eu estar sozinho, usando câmeras mais portáteis e um pequeno ponto de iluminação. Eu prefiro usar duas ou três câmeras por alguns motivos: a confiabilidade das câmeras que usamos em documentários é menor do que a das câmeras de primeira linha usadas em ficção, por orçamento, peso e praticidade; para um documentário em que não se pode fazer uma nova tomada por erro técnico, ter mais de uma câmera garante que teremos o material gravado; também porque numa entrevista longa, filmando dois ou três enquadramentos concomitantes, damos para a montagem uma possibilidade maior de construção do ritmo. Tanto na ficção como no documentário tento ser o mais suave e discreto, mas no documentário, por trabalharmos com pessoas normalmente não acostumadas à câmera, isso é ainda mais importante. O respeito a essas pessoas e aos locais em que filmamos é fundamental para mim.

O que é mais interessante no processo de um documentário?

O documentário me insere em realidades que desconheço, me leva a mergulhar em outras vidas e existências. Em termos de fotografia é interessante descobrir uma locação, uma situação nova sem planejamento prévio, tendo que me adaptar e descobrir rapidamente as possibilidades de luz e de enquadramento do espaço. Uma questão filosófica básica para qualquer documentarista é que você sempre altera o meio quando se aproxima dele com uma câmera, então o que você queria documentar já não é mais a realidade. Outra questão, essa prática, é quando cortar a câmera. Se você está filmando uma cena documental, quando ela termina? Especialmente com o digital, algumas vezes me aconteceu de persistir no plano esperando que algo extraordinário ocorresse, e, assim que decidimos parar de filmar, aquele algo aconteceu bem ali em frente de nós. Mas o inesperado também ocorre ao inverso, algo que não era suposto acontecer se materializa no enquadramento perfeito.

Que dicas você daria para alguém que queira estudar fotografia para cinema?

É difícil indicar um caminho. Quando comecei, na época ainda da película e de poucas escolas de cinema, o caminho tradicional era ter uma chance de começar nas funções menos técnicas e ir aprendendo e subindo de função. Hoje as possibilidades de entrada no cinema são muitas, é difícil sugerir uma, os caminhos são muito pessoais. Um curso ou uma faculdade são caminhos possíveis, sem dúvida, mas ter interesse e conseguir uma chance de acompanhar um projeto como estagiário também é possível. Acho que o principal é gostar e querer muito fazer isso, porque não é para todos, tem que ter disciplina, atenção, estudar os equipamentos, as linguagens cinematográficas e pictóricas, estar disponível, ser obstinado e gostar de trabalhar em equipe.

Entrevista concedida especialmente para os autores desta obra em 2020.

Responda às questões a seguir para treinar os seus conhecimentos sobre o que estudou nesta unidade.

1. (Enem – 2019)

> No Brasil, a disseminação de uma expectativa de corpo com base na estética da magreza é bastante grande e apresenta uma enorme repercussão, especialmente, se considerada do ponto de vista da realização pessoal. Em pesquisa feita na cidade de São Paulo, aparecem os percentuais de 90% entre as mulheres pesquisadas que se dizem preocupadas com seu peso corporal, sendo que 95% se sentem insatisfeitas com "seu próprio corpo".
>
> SILVA, A. M. **Corpo, ciência e mercado**: reflexões acerca da gestação de um novo arquétipo da felicidade. Campinas: Autores Associados; Florianópolis: UFSC, 2001.

A preocupação excessiva com o "peso" corporal pode provocar o desenvolvimento de distúrbios associados diretamente à imagem do corpo, tais como

a) anorexia e bulimia.
b) ortorexia e vigorexia.
c) ansiedade e depressão.
d) sobrepeso e fobia social.
e) sedentarismo e obesidade.

2. (Enem – 2019)

> A mídia divulga à exaustão um padrão corporal determinado, padrão único, branco, jovem, musculoso e, especialmente no caso do corpo feminino, magro. Pesquisas apontam para o fato de que esse padrão de beleza divulgado se aplica apenas de 5 a 8% da população mundial. Especialmente no Brasil, onde a diversidade é uma característica marcante, a mídia no geral acaba por mostrar seu desprezo pela riqueza de tipos, de raças, pela própria mestiçagem, insistindo num padrão único de beleza tanto para mulheres quanto para homens.
>
> MALDONADO, G. A educação física e o adolescente: a imagem corporal e a estética da transformação na mídia impressa. **Revista Mackenzie de Educação Física e Esportes**, n. 1, 2006 (adaptado).

Em relação aos aspectos do padrão corporal dos brasileiros, compreende-se que esta população

a) é caracterizada pela sua rica diversidade.
b) possui, em sua maioria, mulheres obesas.
c) está devidamente representada na grande mídia.
d) tem padrão de beleza idêntico aos demais países.
e) é composta, na maioria, por pessoas brancas e magras.

Atenção: para responder às questões de números 3 a 5, considere o texto abaixo.

Peixes na "rede"

Há, por vezes, textos legíveis nas redes sociais. Na rede sem fim de um Facebook, por exemplo, pode-se "pescar" uma ideia, um comentário, uma informação de alguma utilidade.

Como sou fã de cinema e das artes visuais em geral, agradou-me ler um dia uma matéria sobre Eduardo Coutinho (1933-2014) – um cineasta brasileiro dos grandes, sobretudo no gênero do documentário, que ele dominou e sobre o qual refletiu como um verdadeiro mestre. Aqui vai a referida matéria sobre ele, de algum autor cujo pseudônimo já não me lembro; matéria que guardei para me ajudar a nunca esquecer do grande Eduardo Coutinho:

Uma das coisas mais bonitas e importantes da arte do cineasta Eduardo Coutinho, mestre dos documentários, morto há poucos anos, está em sua recusa aos paradigmas que atropelam nossa visão de mundo. Em vez de classificar grupos, classes ou segmentos, ele vê de perto pessoa por pessoa, surpreendendo-a, surpreendendo-se, surpreendendo-nos. Não lhe dizem nada expressões coletivistas como "os moradores do Edifício", "os sertanejos nordestinos", os "peões de fábrica": os famigerados "tipos sociais", usualmente enquadrados por chavões, dão lugar ao desafio de tomar o depoimento vivo de quem ocupa aquela quitinete, de investigar a fisionomia desse operário que está falando, de repercutir as palavras e os silêncios do morador de um povoado da Paraíba.

Essa dimensão ética de discernimento e respeito pela condição singular do outro deveria ser o primeiro passo de toda política. Nem paternalismo, nem admiração prévia, nem sentimentalismo: Coutinho vê e ouve, sabendo ver e ouvir, para conhecer a história de cada um como um processo sensível e inacabado, não para ajustar ou comprovar conceitos.

Sua obsessão pela cena da vida é similar à que tem pela arte, o que torna quase impossível, para ele, separar uma da outra, opor personagem a pessoa, contrapor fato a perspectiva para o fato. Toda cena viva é também um jogo de representação. Fazendo dessa convicção um eixo coerente de sua trajetória, Coutinho viveu como um homem/artista crítico para quem já há arte encarnada no corpo e latente no espírito do outro: fixa na pessoa a câmera que pergunta querendo saber, abre os olhos e os ouvidos, mostra-a, mostra-se, mostra-nos.

Seria interessante que a TV aberta, a exemplo de alguns bons canais da TV paga, exibisse com alguma frequência os documentários de Eduardo Coutinho. Eles constituem, sobretudo em tempo de crise, um espelho privilegiado para que os brasileiros possam se ver numa imagem crítica, sensível e sem retoques.

(LINHARES, Adalberto, inédito)

3. (Unicesumar – 2017)

A estrutura e o conteúdo essencial do texto constituem-se de modo a

a) intercalar depoimentos de diferentes épocas e de uma mesma autoria, nos quais se apresenta ao público brasileiro um artista que o compreende e analisa numa rigorosa perspectiva política.

b) apresentar, por meio de um texto autoral, um texto anônimo, no qual se analisa a arte de um cineasta cujos documentários representam angulações críticas da vida brasileira.

c) incluir, num texto inédito, as observações de um autor de reconhecida autoridade na arte do cinema, que destaca o cineasta nacional que melhor elaborou a sátira das classes dominantes.

d) justapor a um texto autoral um comentário anônimo, para que o leitor reconheça em ambos a mesma ênfase na apreciação de um cineasta cuja obra romântica e fantasiosa atingiu indiscutível relevância.

e) fundir, na composição de textos diversos, duas opiniões convergentes sobre a obra de um artista cujo talento e humor se demonstraram fartamente em produções televisivas já bastante divulgadas.

4. (Unicesumar – 2017)

Está inteiramente clara e correta a redação deste livre comentário sobre o texto:

a) Eduardo Coutinho não se interessava de analisar grupos coletivos, mas, pelo contrário, preferia concentrar sua disposição nas tomadas de cena em que cada um de seus personagens se individualizassem.

b) Quem assistiu documentários de Eduardo Coutinho perceberá o gosto pela busca sensível da verdade da personagem, cujo efeito ele conseguia aproximando-se da mesma sem externar seu preconceito.

c) É comum que as cenas coletivas focalizadas pela imprensa ou pelo cinema acabem ocultando os dramas pessoais, ao passo que, num documentário de Eduardo Coutinho, o fenômeno se inverte ao ganhar projeção.

d) Para evitar os juízos apressados que normalmente se aplicam ao comportamento de grupos sociais, Eduardo Coutinho, em seus documentários, focaliza a pessoa como sujeito da cena, em sua plena expressão individual.

e) Nosso grande documentarista, Eduardo Coutinho, não impunha em sua relação com algum entrevistado aquele sentimento paternalista onde alguém se imagina superior para tratar o outro com falsa bondade.

5. (Unicesumar – 2017)

Considere as seguintes frases:

I. Eduardo Coutinho recusa paradigmas.

II. Os grupos sociais são habitualmente identificados por paradigmas.

III. Os documentários de Eduardo Coutinho privilegiam a pessoa, não o grupo social.

Essas frases compõem-se com clareza, correção e coerência na seguinte construção:

a) Muito embora os grupos sociais sejam habitualmente identificados por paradigmas, ao passo que Eduardo Coutinho os recusa, em seus documentários as pessoas é que são as privilegiadas.

b) Conquanto Eduardo Coutinho recuse os paradigmas que em geral identificam grupos sociais, esse documentarista aplica-se sobretudo em caracterizar as pessoas que privilegia.

c) Por recusar paradigmas, tais como os que identificam habitualmente os grupos sociais, Eduardo Coutinho, em seus documentários, privilegia a identidade da pessoa.

d) Como é comum que se aplique paradigmas a grupos sociais, para não identificá-los desse modo, o documentarista Eduardo Coutinho privilegia antes a pessoa do que o grupo.

e) Os documentários de Eduardo Coutinho, que recusa paradigmas, evitam de que grupos sociais sejam assim caracterizados, insistindo em privilegiar a pessoa de que tratam.

6. (IFB-DF – 2016)

Seus documentários nos mostram isso: são filmes que dão vontade de fazer cinema. Talvez seja esse um dos motivos para que esse cineasta que começou a dirigir nos anos 60 atraia hoje tantos jovens interessados no documentário. Suas imagens e falas são fecundas e libertadoras.

(LINS, Consuelo. O documentário de Eduardo Coutinho: Televisão, Cinema e Vídeo. Rio de Janeiro: Jorge Zahar Ed., 2004).

Sobre os documentários de Eduardo Coutinho e seus procedimentos, marque a alternativa **incorreta**:

a) A religião atravessa – de modo direto ou indireto – quase todos os filmes de Coutinho e foi motivado pelo desejo de filmar trajetórias religiosas populares que o diretor realizou Santo Forte.

Produção e divulgação de uma mostra de cinema

Sabrina Ritter/Acervo da Fotógrafa

Mostra de cinema na Escola Estadual de Ensino Médio Cardeal Roncalli, em Frederico Westphalen (RS), 2019.

Nesta unidade você estudou as diversas maneiras que temos de interagir socialmente e de nos apresentar nas redes. Viu que muitas dessas interações pela internet podem ser prejudiciais a nós mesmos ou aos outros e entendeu que é importante ter responsabilidade com o que se publica e que é preciso ter senso crítico para não se iludir e tentar seguir padrões corporais e buscas por uma perfeição inexistente.

Você estudou o *cyberbullying*, fez pesquisas por meio de entrevistas e realizou um curta-documentário, também interagindo socialmente. Agora, em conjunto com a turma, você vai planejar, propor e realizar uma mostra dos processos, a partir das pesquisas e das produções desenvolvidas ao longo da unidade, para ser compartilhada com outras turmas da escola.

Procedimentos

1. Organizem a turma em grupos de interesse para cuidar da produção da mostra. Lembrem-se de que é fundamental debater, respeitar opiniões e chegar a consensos por meio do diálogo. Cada grupo será responsável por uma das etapas que envolvem a produção da mostra, além da produção geral, que envolve a participação de todos:
   - **Grupo 1**: Divulgação da campanha coletiva contra o *cyberbullying*.
   - **Grupo 2**: Apresentação de pesquisa.
   - **Grupo 3**: Apresentação dos curtas-documentários.
2. Definam alguns pontos comuns a todos os grupos, como: As apresentações vão acontecer todas no mesmo dia e período? Quando e em quais espaços da escola? Como será divulgada a mostra? Como vai ser registrado o evento? Quais materiais são necessários? Qual será o nome da mostra?
3. Organizem-se nas atividades específicas de cada grupo. Veja algumas orientações:

Grupo 1

- Para a divulgação da campanha contra o *cyberbullying*, apresentem as propostas de postagens e de *hashtags* criadas por vocês.
- Lembrem-se de que podem associar imagens e pequenos textos usando a *hashtag* #ÉDaMinhaConta, acompanhada das que escolheram para sua escola.

Grupo 2

- Para a apresentação do processo e dos resultados da pesquisa com as entrevistas realizadas em *O corpo nas redes sociais*, decidam quem vai apresentar cada aspecto do trabalho, como os dados serão sintetizados e se haverá produção de material de apoio para a apresentação.

- Para definir o formato das apresentações, levem em conta o tempo da mostra e as demais atividades previstas. Lembrem-se de decidir que aspectos da pesquisa merecem maior destaque.

Grupo 3

- Para a apresentação dos curtas-documentários, verifiquem a possibilidade de utilizar um projetor de imagens, um computador e caixas de som, uma tela de projeção ou uma parede branca para exibir os filmes. Caso na escola não haja equipamento para projeção, uma possibilidade é utilizar uma televisão. Lembrem-se de testar todos os equipamentos de imagem e de som antes da apresentação.
- Organizem também a ordem de apresentação de cada filme e o horário das sessões. Vocês podem, durante a mostra, intercalar as apresentações dos filmes com a divulgação da campanha e a apresentação dos resultados da pesquisa. Com os demais grupos, verifiquem de que forma os filmes dialogam com os assuntos apresentados.
- Caso algum documentário da turma não tenha sido finalizado, o grupo responsável poderá compartilhar o processo de pesquisa e em que momento estão dessa produção. É importante que todos tenham esse espaço e que não somente os produtos finais sejam contemplados.

Finalização

Ao final, organizem com o professor uma avaliação da mostra. Dialoguem com base nas seguintes questões:

- Como foi a produção da mostra?
- De que forma cada grupo se planejou?
- Como foi compartilhar os curtas-documentários produzidos?
- Como foi apresentar a pesquisa realizada?
- Como foi a divulgação da campanha contra o *cyberbullying*?
- Vocês conseguiram integrar os três elementos? Como foi isso?
- Houve público de fora ou outras turmas da escola?
- De que maneira se deu a participação do público?

Meu portfólio

Nesta unidade, você e os colegas discutiram a exposição do corpo nas redes sociais e suas relações com a construção da imagem corporal. Em *O corpo nas redes sociais* (Educação Física), a discussão foi permeada pela divulgação de padrões de aparência corporal e de práticas de ginástica de condicionamento físico. A partir disso, puderam refletir sobre os riscos de desenvolver distúrbios de autoimagem e aderir sem reflexão a modismos em busca do corpo idealizado, bem como de propagar a gordofobia, ou seja, discursos preconceituosos contra pessoas que não se enquadram no padrão socialmente imposto do corpo magro.

Em *Internet: usos e comportamento* (Língua Portuguesa), puderam refletir sobre *cyberbullying* e conhecer as características do gênero postagem, assim como compreender que sua interpretação e sua produção estão associadas a escolhas de marcas discursivas em virtude de lugares sociais e pontos de vista dos interlocutores que interagem nas redes sociais.

Por fim, em *Conversas sobre juventudes* (Arte), estudaram o que é um filme documentário, conheceram o processo de pesquisa e criação do cineasta Eduardo Coutinho, bem como seu método de entrevista, encontro e "conversação". Puderam, ainda, conhecer elementos específicos da linguagem audiovisual, em especial aqueles relacionados à gravação e à produção de imagem fotográfica. Desenvolveram pesquisa e criação coletiva de curtas-documentários de modo autoral e compartilharam seus processos. Conheceram, ainda, por meio de uma entrevista, o trabalho de um diretor de fotografia para cinema e um pouco sobre essa profissão.

Portfólio

Para montar seu portfólio, você deverá retomar todas as produções realizadas na unidade, desde rascunhos e projetos até registros em fotos e vídeos de apresentações. Lembre-se de que todo o processo criativo é importante e não apenas o produto final, por isso aqui não podem faltar as diversas versões de uma mesma produção.

Retome também todas as anotações que fez no diário de bordo, elas vão ajudar muito na construção do portfólio. Não deixe de colocar a data em que cada produção foi realizada, assim, ao consultar o portfólio, você terá condições de verificar seu histórico de aprendizagem. Essa consulta poderá ajudá-lo a perceber quais aspectos você foi desenvolvendo e aperfeiçoando ao longo do trabalho.

UNIDADE 2

Culturas urbanas

Apresentação de MC Kamau no *Encontro Paulista de Hip-Hop*, no Memorial da América Latina, São Paulo (SP), 2017.

Tom Vieira Freitas/Fotoarena

#TáNoFeed

1. Escute a música e leia a letra de "Tambor", do paulista MC Kamau (1976-). Em seguida, responda ao que se pede.

Tambor

T.a.m.b.o.r. b.a.t.u.q.u.e. arrepia
Á.f.r.i.c.a. ventila
Ritmo contagiante
Toda energia
Convoca, mão bate no coro e invoca
Nego canta no coro e provoca
Corpo guia, mas a alma é quem toca
Representando sempre a maloca
Carente de cultura e grana
Herdeiro dos escravo do café e da cana
Ouro africano no pescoço dos bacana
Que ditaram a moral que hoje nos difama
Língua europeia na origem africana
Sofrimento, preto, terra sul-americana
Liberdade pra viver todo preto clama
Bate tambor, resgatar a terra mama

[Refrão]

Tambor, sou descendente, minha gente chamou
Sou dependente e a magia encantou
Que cada espírito guerreiro mandou [2×]

Pra bater do djembe a MPC
Evolução pra vencer, como tem que ser
Sem se render, diluir o "moio" que é nosso
Fortaleço como posso, faço mais que entreter
Entre ter identidade, perder dignidade, vou pela
Liberdade de ser
O que sou, onde for, pra honrar, quem lutou
Derramou sangue e suor pra resgatar o valor
E a luta não acabou, infelizmente, ainda tem ideia
Errada pra bater de frente
Tem quem se acomodou e diz que tá contente
Quem pensa diferente não se contentou

Destrói o tambor pra acordar minha gente, descendentes
De quem era príncipe ou rei
Resistente a gerações só madeira de lei
Quebro correntes e grilhões da maneira que sei

[Refrão – 2×]

O escuro das cores, na pele afrodescendente, herdeira
Das dores
Nossa terra foi invadida, colonizadores
Exploraram e destruíram os nossos valores
Mas nossa resistência vive em quem toca em tambores
Pra celebrar, se lembrar, deixa ecoar tudo que o griot me contou
No livro não tá, quem quis imitar
Não virou, não calou, não comprou
Meu orgulho incomodou!
Quem não quer me ver bem
Não consegue entender
Orgulho não é racismo, não querer se render
Partir de preocupações, tipo querer ensinar
As próximas gerações a saber se defender
Se depender de nós só fortalecerá,
Cada um ensina um caminho pra prosperar
Se for nós por nós, quero ver superar
Na vitória, sinfonia de tambores pra comemorar

[Refrão – 3×]

Entendi! pensar mais em mim, né?!
Vou tentar
Não! vou conseguir!

TAMBOR. Intérprete: Kamau. Compositores: D. Ambrosio, M. Silva e T. Freitas. *In*: NON Ducor Duco. Intérprete: Kamau, Thalma de Freitas e Rincon Sapiência. [*S. l.*]: Plano Audio, Brasil, 2008. 1 CD, faixa 15.

a) Você reconhece a que gênero musical a canção pertence?

b) O que você compreendeu da letra de "Tambor"? Qual elemento chamou mais sua atenção?

2. Depois de uma reflexão individual, converse com a turma sobre os sentidos que o artista gera ao relacionar a arte de origem africana à sua luta histórica. De que maneira isso ocorre?

Nesta unidade, você estudará a cultura urbana e juvenil por meio do movimento *hip-hop*. Em *Atravessamentos urbanos na dança*, você terá contato com obras variadas de danças urbanas, grafite e música, apreciando trabalhos de diferentes regiões do Brasil e conhecendo elementos dessas linguagens em relação à cultura *hip-hop*. Você vai explorar também pesquisas e criações artísticas em processos individuais e coletivos. Em *A letra do rap*, estudará aspectos estruturais das letras de *rap* e diferentes gêneros, como notícia, entrevista radiofônica e debate televisivo. Você fará, ainda, uma pesquisa documental sobre o modo como as mídias abordam a cultura *hip-hop* para a realização de um debate.

Conheça a unidade

Objetivos de aprendizagem

Arte

- Conhecer aspectos étnico-raciais, históricos, culturais e sociais das danças urbanas.
- Experimentar e criar danças colaborativamente por meio de elementos e movimentos das danças urbanas, em interlocução com outras áreas do conhecimento e com as próprias experiências de vida.
- Fruir e apreciar trabalhos de grafite de diferentes contextos e regiões do Brasil e do mundo.
- Analisar diferentes discursos de criação artística.
- Conhecer a linguagem musical do movimento *hip-hop* e refletir sobre ela por meio de aspectos de sua ancestralidade e influências.
- Compreender e identificar aspectos das técnicas de discotecagem.

Língua Portuguesa

- Relacionar o conteúdo, a forma e a variedade linguística da letra de *rap* ao contexto de desenvolvimento da cultura *hip-hop*.
- Analisar comparativamente os gêneros notícia, entrevista radiofônica e debate televisivo.
- Desenvolver a prática de pesquisa documental, analisando a forma como as mídias tradicionais abordam a cultura *hip-hop*.
- Analisar dados e elaborar conclusões preliminares para o compartilhamento de informações e para a participação em um debate.

Justificativa

As chamadas culturas urbanas são aquelas que, desde seu surgimento, discutem questões recorrentes nas áreas urbanas. Nas últimas décadas, sua dimensão se ampliou, atravessando fronteiras entre países, gerações, etnias. Mesmo em áreas não tão urbanas, essas culturas chegaram a cada ambiente via mídias convencionais e alternativas, construindo ressignificações próprias.

Nesse contexto, está inserido o movimento *hip-hop*, que, desde o princípio, foi uma expressão artística de jovens negros de periferia. Isso porque, geralmente, aborda realidades e contextos desse grupo, que vivencia cotidianamente o preconceito e a violência. Atualmente, o movimento *hip-hop* continua a se disseminar não apenas entre as culturas juvenis negras como também entre brancos e povos indígenas. Também está presente nas grandes e pequenas cidades, pois os problemas étnico-raciais, sociais e econômicos atingem diversos cenários no Brasil.

O racismo é uma chaga que se mantém no país e em outras sociedades do mundo. A luta contra as desigualdades étnico-raciais e sociais e a busca por estratégias de resistência e pelo desenvolvimento de propostas para o enfrentamento do preconceito mantêm-se absolutamente atuais. Por isso, essa temática chega em outras camadas sociais que reconhecem nela uma luta essencial.

A BNCC nesta unidade

Nesta unidade são desenvolvidas as competências e habilidades da BNCC indicadas a seguir.

Competências gerais da Educação Básica: 1, 2, 3, 4, 5, 7, 9, 10.

Linguagens e suas Tecnologias no Ensino Médio: competências específicas e habilidades

Competência específica 1 (EM13LGG101, EM13LGG102, EM13LGG103); competência específica 2 (EM13LGG201, EM13LGG202, EM13LGG203, EM13LGG204); competência específica 3 (EM13LGG301, EM13LGG302, EM13LGG303, EM13LGG305); competência específica 4 (EM13LGG402); competência específica 5 (EM13LGG501, EM13LGG502, EM13LGG503); competência específica 6 (EM13LGG601, EM13LGG602, EM13LGG603, EM13LGG604); competência específica 7 (EM13LGG703, EM13LGG704).

Língua Portuguesa no Ensino Médio: campos de atuação social, competências específicas e habilidades

Todos os campos de atuação social

EM13LP01 (competência específica 2); EM13LP10 (competências específicas 1, 7); EM13LP12 (competência específica 1); EM13LP13 (competências específicas 1, 3); EM13LP16 (competência específica 7).

Campo das práticas de estudo e pesquisa

EM13LP30 (competência específica 1); EM13LP32 (competência específica 3); EM13LP33 (competência específica 3); EM13LP34 (competência específica 7); EM13LP35 (competência específica 2).

Campo artístico-literário

EM13LP46 (competências específicas 3, 6).

Ciências Humanas e Sociais Aplicadas no Ensino Médio: competências específicas e habilidades

Competência específica 1 (EM13CHS102, EM13CHS104); competência específica 2 (EM13CHS204, EM13CHS205); competência específica 5 (EM13CHS502).

Atravessamentos urbanos na dança (Arte)

As danças urbanas surgiram, inicialmente, nos Estados Unidos, resultado de uma longa história de conexões entre as manifestações culturais afro-americanas e a luta contra a opressão racial desde o início do século XX. Agora você conhecerá essas danças e sua conexão com o movimento *hip-hop*.

Andre Borges/AFP

B-Boys Adriel da Cruz (à esquerda) e Vitor Dutra (à direita) durante *performance* de *break* em estação de metrô no Rio de Janeiro. Foto de 2021. Ambos estão treinando para competir nos Jogos Olímpicos de 2024 representando o Brasil nessa nova modalidade de esporte.

Sergei Savostyanov/Getty Images

Dançarina em competição de *breaking*, Moscou, Rússia, 2019.

Neilson Barnard/Getty Images

Músico Afrika Bambaataa, Nova York, Estados Unidos, 2015.

1. Observe as imagens apresentadas na galeria anterior. Depois, reflita e responda oralmente às questões a seguir.

a) Em sua opinião, que dança é essa?

b) Em quais espaços a dança está acontecendo? São os mesmos?

c) Essa dança lhe é familiar? Por quê?

d) Você já assistiu a alguma apresentação como essas? Em caso afirmativo, onde? E o que achou?

Nos anos 1960, nos Estados Unidos, o *funk* e as danças sociais aconteciam nas festas e nos salões de baile e eram praticados coletivamente, com passos de danças afro-americanas da época. Essas danças foram se configurando de diversas maneiras desde o final da década de 1960 e o início da década de 1970 até a atualidade, chegando ao que se denominou movimento *hip-hop*.

O movimento surgiu por volta de 1968, quando o estadunidense Afrika Bambaataa (1957-), cantor, compositor, produtor, DJ e líder da organização Zulu Nation, difundiu o termo *hip-hop* relacionando-o aos encontros entre grafiteiros, *breakers* e *rappers* que aconteciam em Nova York, nos Estados Unidos. Em inglês, *hip* significa movimentar os quadris, e *hop* pode ser traduzido como saltar. O lema do movimento é paz, amor, união e diversão.

Os elementos do *hip-hop* são:

MCs: os "mestre de cerimônias". Eles compõem as letras das músicas, verbalizando e cantando o *rap*.

DJs: abreviação de *disc jockeys*. Os DJs criam as músicas.

Grafite: arte visual criada pelos grafiteiros e composta de caligrafias e pinturas em espaços urbanos.

Breaking: dança urbana realizada por *b-boys* ou *b-girls*.

Consciência: a conscientização crítica e histórica é incluída como um elemento que deve estar presente e atuante nos demais elementos do *hip-hop*.

No Brasil, o *hip-hop* mesclou-se com outras manifestações culturais que aconteciam. Nos anos 1970, de forma semelhante e consecutiva ao que houve nos Estados Unidos na década anterior, eram comuns, nas periferias de centros urbanos, os bailes *black*. Os eventos eram marcados pelo *funk* e pelas danças sociais afro-americanas, criando transversalidades com o samba e com outras referências da cultura afro-brasileira. Vale destacar, entretanto, que o *funk*, naquela época, era diferente do *funk* mais comumente chamado de *funk* carioca, que é mais difundido atualmente.

As danças dos negros estadunidenses chegavam ao país por meio de filmes, videoclipes musicais e programas de televisão. Assim, aos poucos, o *funk* foi cedendo lugar para o *breaking*, uma dança urbana que também chegou por meio da mídia e foi assimilada por jovens de periferias de centros urbanos. Até mesmo as imagens de revistas sobre o *hip-hop* impulsionavam e serviam de referência para os movimentos da dança.

O *breaking* é subdividido em quatro estruturas fundamentais:

- ***Top rock:*** é a base principal para entrar na roda de *breaking*. É uma dança improvisada realizada em pé, marcada por uma pisada na frente, sem muitos componentes determinados, com influências de salsa, *house* e sapateado.
- ***Footwork:*** são os movimentos que acontecem no chão, onde o dançarino troca de apoios e transfere o peso do corpo para mãos, pés, joelhos, calcanhares e metatarsos.

Wirestock Creators/Shutterstock

Break dancer fazendo *footwork* durante festival de dança de rua em Vancouver, Canadá, 2019.

- ***Freeze:*** é o momento em que o movimento "congela" subitamente.
- ***Power move:*** é qualquer movimento de alto desempenho técnico, como as acrobacias e os giros. Exige força, velocidade, flexibilidade, equilíbrio e ritmo.

VADISH ZAINER/Shutterstock

Break dancer realizando um *power move.*

Há outras variações que compõem uma imensa e complexa gama de qualidades do movimento dessa dança, isto é, de elementos do movimento organizados com certa intencionalidade. Rápido e lento, grande e pequeno, direto e indireto, forte e suave, fluido e fragmentado são componentes que se combinam para compor as qualidades do movimento.

Os estilos das danças urbanas contam com práticas corporais e técnicas específicas que dão forma e sentido a esses movimentos. Nas danças urbanas, geralmente, além do *breaking*, há *locking*, *popping*, *waving*, *roboting*, *hip-hop dance*, *house*, entre outras técnicas e estilos, o que demonstra a imensa complexidade das danças urbanas. Cada um desses estilos tem uma raiz, um discurso corporal, uma intencionalidade expressiva própria. O dançarino de *breaking* é chamado *b-boy* e a dançarina, *b-girl* (o "b" refere-se ao termo *breaking*).

DavidTB/Shutterstock

A dançarina de *breaking* é chamada *b-girl*.

Experimentação Práticas para o *footwork*

Em um espaço amplo, faça uma roda com os colegas. Você será convidado a realizar algumas ações sem encostar o quadril no chão. Para acompanhar a atividade, o professor vai executar a faixa "Elegância", de Rincon Sapiência. Siga as orientações.

1. Apoie mãos e pés no chão, com a barriga na direção do solo. Se possível, ao som de uma música (preferencialmente um *rap*), comece a caminhar em quatro apoios. Você e os colegas devem caminhar dessa maneira em círculo, um atrás do outro.
2. Quando completar uma volta na roda, inverta a posição do corpo, desta vez com a barriga para cima e mantendo mãos e pés no chão. Com a turma, dê mais uma volta em círculo.
3. Ao terminar a volta, pare e fique agachado.
4. Neste momento, o professor deve bater palmas e, a cada palma, você deve atravessar a roda, indo de uma extremidade a outra. Não encoste em ninguém, procure movimentar o corpo para se desviar dos colegas. Explore esse trajeto apoiando apenas mãos, pés, joelhos e cotovelos no chão. Faça o percurso em seu tempo e realize essa ação quantas vezes desejar.
5. Ao final, ainda em roda com os colegas e o professor, sente-se no chão e converse com a turma sobre a experiência. A seguir, algumas perguntas que podem guiá-los:
   - Como foi se deslocar dessa maneira?
   - Houve alguma dificuldade?
   - Você experimentou algum movimento que nunca havia feito antes?
   - De que forma a música influenciou a execução dos movimentos (pense, por exemplo, no andamento, no ritmo e nas batidas)?

Othon Diego/Fotoarena

O *rapper* Rincon Sapiência se apresentando no "Black to the future", a primeira ação do AFROPUNK no Brasil antes de sua real estreia em 2020. AFROPUNK é um dos maiores festivais de cultura negra do mundo. Foto de 2019.

Diário de bordo

Após a conversa com a turma, registre como foi a experiência no diário de bordo. Relate como foi esse contato mais próximo com o chão, o que você descobriu nos movimentos que realizou, o que observou de diferente nos movimentos que os colegas fizeram e a relação que a música teve com a execução.

Como já foi mencionado, "danças urbanas" é uma denominação que conecta dança a ambientes urbanos, pois surge desse contexto e discute suas questões. Mas é importante considerar que as terminologias não conseguem contemplar plenamente a complexidade das danças a que se referem. As danças urbanas estão em muitos lugares, não apenas em metrópoles. Elas são diversas e apresentam caminhos heterogêneos, repletos de referências, encontros e desvios. Por isso, cabe falar delas no plural.

Há alguns anos, as danças urbanas atravessaram fronteiras regionais e se espalharam por cidades do interior do Brasil. Assim como em qualquer manifestação cultural, eventualmente redirecionam o foco para questões locais, integrando-se ao ambiente e transformando-o. Essa relação é recíproca.

Romina Amato/Getty Images

Apresentação do *b-boy* Junior (Boissilla Banya) em campeonato de *break*, Rio de Janeiro (RJ), 2012.

Outra terminologia aplicada ao termo "danças urbanas" é "dança de rua". No entanto, esse termo parece generalizante quando consideramos a variedade e as especificidades de cada dança. No Brasil, há muitas danças praticadas na rua, em inúmeras manifestações de nossa cultura, como o maracatu, o frevo, o afoxé, o samba e tantas outras. Porém, seus tempos, suas histórias e suas raízes são distintos, embora possa haver pontos de cruzamento entre eles. Por um lado, há as matrizes culturais afro-brasileiras; por outro, existem as matrizes afro-americanas, que é o caso das danças urbanas.

Há também quem denomine a dança de *street dance* (em português, dança de rua). *Street dance* é um termo que se difundiu em 1984, após o lançamento do videoclipe de mesmo nome do grupo de *rap* nova-iorquino Break Machine. Ele foi uma referência importante para os primeiros *b-boys* e *b-girls* brasileiros. Entretanto, por volta do final dos anos 1980, o termo passou a ser usado também para denominar as aulas de dança em academias que incorporavam uma movimentação vinda da rua à cultura de grupos sociais mais abastados. Esse aspecto incomodou os *b-boys* e as *b-girls* que queriam preservar a ideologia do movimento *hip-hop*. Assim, durante um período, chamava-se *breaking* a dança ligada aos jovens das periferias e ao movimento *hip-hop*.

O termo *breaking*, portanto, carrega os valores da cultura *hip-hop*. No Brasil, foi usado para comportar vários tipos de dança que ocorriam nas ruas e periferias das cidades. Entretanto, como exposto anteriormente, são danças com estilos e técnicas particulares. Por essa razão, buscou-se compreender e definir melhor cada uma dessas variações, considerando suas raízes e intencionalidades. Um dos maiores defensores dessa pesquisa foi Frank Ejara (1972-), diretor e coreógrafo do grupo Discípulos do Ritmo, criado em 1999.

O espetáculo *Tá limpo!* (2008), desse grupo, foi desenvolvido em parceria com o dançarino e coreógrafo alemão Niels "Storm" Robitzky (1969-), que assina a concepção musical e coreográfica da montagem. Esse trabalho discute uma situação comum a muitos dançarinos de *breaking*, que, em seu cotidiano, trabalham em diferentes funções, mas que almejam a profissionalização e a possibilidade de sobreviver financeiramente da dança. No espetáculo, os dançarinos representam profissionais de limpeza que, ao som da música, integram gestos de seu serviço às danças urbanas.

Gil Grossi/www.agendadedanca.com.br

Espetáculo *Tá limpo!*, do grupo Discípulos do Ritmo, no bairro Campo Limpo, São Paulo (SP), 2015.

Experimentação Permuta de danças urbanas

1. Forme grupos de três ou quatro participantes.
2. Discutam e pratiquem movimentos de danças urbanas que conhecem. Caso não conheçam nenhum, façam uma breve pesquisa na internet.
3. Após esse momento de trocas, em roda, cada grupo deve apresentar alguns movimentos aos demais colegas da turma. De preferência, e se for possível, escolham uma música de *rap* para acompanhar a experimentação.
4. Ao término, faça uma roda com todos os colegas da turma e o professor e, juntos, conversem sobre a ação:
   - Como foi a experiência em seu grupo?
   - Você aprendeu movimentos diferentes?
   - As danças urbanas são familiares para você? Por quê?

Danças urbanas no Brasil

Para entender a complexidade das danças urbanas, é importante conhecer parte de sua história no Brasil. Inicialmente, vale ressaltar dois aspectos. O primeiro é que o Brasil é um país muito grande, portanto, a história não acontece da mesma forma em todo o território nacional. O segundo é que, quando as danças urbanas começaram no Brasil, não havia internet. Assim, a transmissão desses saberes chegou por meio da mídia tradicional e pela oralidade, repassada entre as pessoas que praticavam as danças.

Nos últimos anos, aumentaram as pesquisas acadêmicas sobre as danças urbanas, mas há muito a se descobrir ainda. Essas lacunas se esclarecem aos poucos no diálogo com artistas e na sistematização desse conhecimento, seja na própria dança, seja em outros registros, como trabalhos escritos, produções audiovisuais, etc.

Vamos conhecer essa história, retornando à cidade de São Paulo dos anos 1980. Foi por volta dessa época e nesse lugar que o movimento *hip-hop* surgiu e começou a ganhar força no Brasil, embora outros locais, como as cidades mineiras de Belo Horizonte e Uberlândia, também apresentassem uma cena em construção. O dançarino, coreógrafo, músico, ator e educador social pernambucano Nelson Triunfo (1954-) é considerado o pai da cultura *hip-hop* no país. Ele difundiu o *breaking*, a cultura de rua e as atitudes do *hip-hop* para várias gerações. Em 1977, formou o grupo Funk & Cia., que, ao longo de sua trajetória, acompanhou as transformações dos movimentos e da música *black* do Brasil, mantendo-se constantemente atualizado. O grupo participou de inúmeros *shows*, bailes *black*, videoclipes, etc. Triunfo inaugurou o caminho dessa dança para as ruas, começando por São Paulo.

Saiba+

Assista aos vídeos indicados para conhecer mais do trabalho do grupo Discípulos do Ritmo. *Discípulos do Ritmo – Tá Limpo!* (1 min). Disponível em: https://www.youtube.com/watch?v=UclaWkH-WfY e *Discípulos do Ritmo – Clipe 2018!* (3 min). Disponível em: https://www.youtube.com/watch?v=GVsfOjfZCsc. (acessos em: 11 fev. 2022).

Ricardo Bastos/Fotoarena

Nelson Triunfo, na Marcha da Consciência Negra, São Paulo (SP), 2019.

Por volta de 1983, jovens de centros urbanos, em especial os paulistanos, tiveram seu primeiro contato com as danças urbanas estadunidenses, o que os levou a mobilizar ações, encontros, pesquisas e descobertas. Assim, em festas, nas escolas e nas ruas, esses jovens começaram a experimentar as danças vindas dos Estados Unidos. Um marco desses percursos foram os encontros que aconteciam em frente ao metrô São Bento e na rua 24 de Maio, no centro da cidade de São Paulo. Lá, grupos de jovens de várias regiões da cidade e seus arredores se reuniam para dançar em rodas de *breaking*, improvisando, desafiando-se, divertindo-se e construindo as danças urbanas brasileiras.

Casper Back Spin Crew/www.jornalspnorte.com.br

Apresentação do grupo Back Spin Crew no Centro Cultural da Juventude, São Paulo (SP), 2017.

Os grupos de danças urbanas, chamados de *crew*, disseminaram-se pelo Brasil todo, principalmente nos anos 1990. O Back Spin Crew, o mais antigo grupo de *breaking* ainda em atividade no Brasil, é um exemplo. Foi formado em 1985 nos arredores da estação São Bento do metrô de São Paulo e trabalha os elementos da cultura *hip-hop*: *rap*, *breaking*, grafite, DJ e MC. O músico Thaíde (1967-) começou como *b-boy* no grupo.

Cada *crew* apresenta uma pesquisa particular, com estilos e técnicas próprios, desenvolvendo improvisações em rodas e/ou coreografias e participando de eventos. Algumas *crews* enfocam apenas a realização de apresentações nas ruas e em eventos específicos; outras preparam, também, espetáculos para os palcos.

Bruna Ferreira/Acervo da Fotógrafa

Footwork Squad Crew no evento Break Summer Jam, Balneário Camboriú (SC), 2018.

Ainda nos anos 1990, as danças urbanas começaram a acontecer também em eventos, mostras e festivais que apresentavam os quatro elementos do movimento *hip-hop* em diferentes formas – uma delas são as "batalhas" de *b-boys* e *b-girls*. Essas batalhas são atualizações dos antigos "rachas", que ocorriam quando os dançarinos desafiavam uns aos outros. Com o tempo, os rachas se transformaram em "batalhas" e, hoje, podem contar com jurados que escolhem os vencedores.

Experimentação A batalha

Que tal experimentar uma "batalha" com os colegas? Não tem problema se você não dança *breaking* ou outra dança urbana; você pode participar explorando diferentes movimentos do corpo com base no que estudou até o momento. Para isso, siga as orientações a seguir.

1. Para começar, a turma deve escolher uma música e organizar-se em uma roda.
2. Depois, uma pessoa entra na roda e chama um colega para a batalha.
3. Quem chamou começa a dançar olhando para o colega e mostrando seus movimentos. Dance espontaneamente, sem se preocupar se corresponde a algum estilo.
4. Em determinado momento, o desafiante deve parar em uma posição para finalizar sua apresentação. O colega convidado, então, realiza sua apresentação.
5. Quando esse segundo participante finalizar sua apresentação em uma pausa, ambos se cumprimentam e voltam para a roda.
6. Em seguida, é a vez da próxima dupla. Troquem de duplas quantas vezes desejarem, de modo que todos possam participar.
7. Lembre-se de que o lema do movimento *hip-hop* é paz, amor, união e diversão. Esse é o intuito da experimentação.
8. Ao final, a turma pode se organizar em uma roda de conversa para refletir sobre a experiência: Como foi a batalha? Em sua opinião, qualquer pessoa pode dançar? Por quê?

Diário de bordo

Anote no diário de bordo o que achou da experiência. Como foi "jogar" com os colegas em uma "batalha" de dança? O que percebeu em seus movimentos e nos movimentos dos colegas? Como você se sentiu? Algo mudou em seu entendimento sobre dança?

A profissionalização da dança urbana foi importante para sua difusão. Mas, como qualquer processo que adentra o sistema econômico vigente, a mudança trouxe um foco maior na competitividade e em uma busca exacerbada pela eficiência atlética do movimento do corpo. Isso se afasta da base cultural, social e política que construiu essas danças, que surgiram como manifestações de resistência da cultura juvenil nos centros urbanos. Trata-se de uma atuação contra-hegemônica perante as culturas dominantes, que oprimiam e ainda oprimem principalmente a população negra e da periferia. Nesse sentido, as danças urbanas estabelecem-se como interpretações políticas de jovens sobre o próprio contexto. Muitos grupos mantêm tal engajamento com a luta pelas causas sociais e étnico-raciais que constituem a base desse fazer artístico.

Saiba+

Para conhecer mais sobre as batalhas de *breaking*, assista ao vídeo de um evento ocorrido em São Paulo chamado *CULTNE – Batalha Break – 4º Encontro de DJs de Hip-Hop* (15 min). Disponível em: https://www.youtube.com/watch?v=zB6jxwbZyuA (acesso em: 11 fev. 2022).

Para conhecer um pouco mais sobre a história das danças urbanas no Brasil, assista ao vídeo *Nelson Triunfo – Série Cada Voz (2020)* (6 min 19 s) com depoimento de Nelson Triunfo em que fala de sua trajetória e da relação do movimento *hip-hop* com o ativismo. Disponível em: https://www.youtube.com/watch?v=aGbGTJQ-pGs (acesso em: 11 fev. 2022).

Danças urbanas no palco

Como você já viu, as danças urbanas disseminaram-se por várias partes do país e do mundo. Não estão restritas aos grandes centros urbanos, embora tenham uma ligação com questões sociais que se intensificam nessas localidades. Além disso, atingiram camadas sociais de grupos diversos, sendo uma linguagem comum especialmente nas culturas juvenis contemporâneas.

Com a propagação de eventos, os hibridismos com outras referências e a expansão e o aprofundamento de elementos da linguagem, as danças urbanas passaram a ser criadas também para encenação. A experimentação de outros formatos e espaços abriu diferentes possibilidades de construção de discurso artístico e estético.

O Grupo de Rua de Niterói, criado em 1996 por Bruno Beltrão e Rodrigo Bernardi, desenvolve um trabalho com base nas danças urbanas, porém desconstruindo sutilmente alguns códigos e configurando outras possibilidades expressivas em suas composições coreográficas. Em *Inoah*, os eixos corporais usuais são invertidos; por exemplo, a cabeça torna-se a base, e as costas conduzem a direção. Os contatos entre os artistas em cena trazem certa ambiguidade entre a gentileza e o risco. Assim, o trabalho parece proporcionar um estranhamento diante do que se está acostumado a pensar, a fazer e a sentir.

Kunsten Festival Des Arts/www.kfda.be

Kunsten Festival Des Arts/www.kfda.be

Cenas do espetáculo *Inoah*, do Grupo de Rua de Niterói, dirigido por Bruno Beltrão, Bruxelas, Bélgica, 2019.

2. Observe as imagens de *Inoah* e, se possível, assista ao clipe do espetáculo (disponível em: https://vimeo.com/363796030; acesso em: 12 fev. 2022). Depois, em um grupo com mais três ou quatro colegas, conversem sobre as seguintes questões.

a) O que você percebe ao observar a maneira como a movimentação acontece?

b) Os figurinos fazem você pensar em algo? Por quê?

c) Em sua opinião, que pensamentos provêm da ideia de um corpo que tem a base na cabeça, as costas como frente e as relações caracterizadas por um misto de gentileza e risco?

d) Aponte situações em que você sente que sua vida poderia ser descrita da maneira apresentada na questão anterior.

e) Você identifica a mesma quantidade de artistas mulheres e homens presentes nas imagens de danças urbanas que visualizou neste estudo?

f) Você acha que a presença de mulheres nas danças urbanas é equilibrada? Por quê?

g) Em sua opinião, há restrição da presença das mulheres em alguns espaços de nossa sociedade? Quais? Por quê?

O sexismo não é exclusividade do movimento. A sociedade brasileira estrutura-se a partir da visão androcêntrica, e isto pode ser observado nas distinções sexuais quanto aos postos de trabalho ocupados por homens/mulheres, a diferença de salários, a hierarquia política, entre outros. Isto não é negar os avanços conquistados pelas mulheres, mas admitir que as relações sociais contemporâneas perpetuam discriminações quanto à distinção sexual, definindo espaços que podem ser ocupados por homens e mulheres.

MATSUNAGA, Priscila Saemi. As representações sociais da mulher no movimento *hip-hop*. *Psicologia & Sociedade*, Porto Alegre, v. 20, n. 1, p. 108-116, abr. 2008. Disponível em: http://www.scielo.br/scielo.php?script=sci_arttext&pid=S0102-71822008000100012& lng=en&nrm=iso. Acesso em: 11 fev. 2022.

3. Após ler o trecho extraído de um artigo de Priscila Saemi Matsunaga (2008) sobre a manutenção de uma visão discriminatória em relação à mulher, em sua opinião, como o machismo estrutural transpassa diferentes esferas da sociedade brasileira?

A Compagnie Käfig, dirigida pelo francês de origem argelina Mourad Merzouki (1973-), foi criada em 1996. Nela, a linguagem do *hip-hop* é valorizada e expandida por meio de hibridismos com outras linguagens, como o circo, as artes marciais, as artes visuais, a dança contemporânea e as tecnologias. No espetáculo *Pixel*, que estreou em 2014, a dança junta-se a projeções digitais, entrelaçando o mundo real ao virtual.

Patrick Berger/Companhia Kafig

Imagem do espetáculo *Pixel*, de Compagnie Käfig, em turnê pela França, 2014.

Laurent Philippe/Companhia Kafig

Imagem do espetáculo *Pixel*, de Compagnie Käfig, em turnê pelo Brasil, 2016.

Experimentação Integrando danças

Observe as imagens anteriores e, se possível, assista ao clipe do espetáculo *Pixel*, de Compagnie Käfig (3m 40s) disponível em: https://youtu.be/z_Hu57QTqqE (acesso em: 12 fev. 2022). Depois, siga as seguintes orientações:

1. Em grupos de três ou quatro participantes, recordem os movimentos das experimentações anteriores (a proposta do *footwork* e as "batalhas" de danças urbanas).
2. Com o grupo, crie uma coreografia, organizando alguns movimentos de dança. Trabalhe com o que você conhece e troque experiências com os colegas para ampliar as possibilidades. Lembre-se de que é uma criação coletiva e colaborativa. Por isso, ouça as diferentes opiniões e sugestões, negocie, encontre consensos, ceda e/ou argumente para defender seu ponto de vista.
3. Inclua no processo de criação da coreografia a utilização de um ou mais elementos de efeito, como um objeto de cena, desenhos, fitas, uma iluminação especial, uma imagem projetada, entre outras possibilidades. Avalie como o elemento será usado: pendurado na parede, fixado no chão, manipulado, amarrado no corpo, etc.
4. Ensaie com o grupo e, em um momento combinado com o professor, apresentem juntos a coreografia para a turma.
5. Ao final, cada grupo pode compartilhar o processo de criação oralmente com os demais colegas.

Diário de bordo

Registre no diário de bordo como foi a criação da coreografia com o grupo, considerando a escolha, a preparação e a utilização do(s) elemento(s) de efeito. Escreva sobre a movimentação que construiu e o que percebeu no trabalho dos outros grupos. Relate também o que chamou sua atenção nos depoimentos e nas perguntas que surgiram na conversa de fechamento.

O grafite nas ruas

A paulista **Jana Joana** iniciou sua trajetória artística ainda criança, quando ingressou na Escola Municipal de Iniciação Artística (EMIA), na cidade de São Paulo, onde estudou Artes Visuais, Teatro, Dança e Música. Para ela, pintar é um modo de manter a infância viva. Seus trabalhos partem de temas relacionados ao feminino, manifestado também por meio da natureza.

Vitché começou sua carreira na década de 1980 com o início do movimento *hip-hop* em São Paulo, dançando *break* e pintando grafite. É um dos precursores do grafite no Brasil. Seus trabalhos apresentam uma característica lúdica, e ele utiliza predominantemente o vermelho, o preto, o branco e o prata em suas produções.

Jana Joana/Vitché/Acervo do artista

Jana Joana e Vitché.

Jana Joana/Vitché/Acervo do artista

Mural de Jana Joana e Vitché em escadaria de São Paulo (SP), 2014.

4. Na região em que você mora, há grafites nas ruas?

5. O que você pensa sobre esse tipo de manifestação urbana?

6. Agora, observe a imagem do grafite de Jana Joana (1978-) e Vitché (1969-) realizado em uma escadaria na cidade de São Paulo (SP).

a) Em sua opinião, ao observar o grafite realizado pelos artistas Jana Joana e Vitché, as cores utilizadas têm algum significado ou a escolha foi aleatória? Por quê?

b) Você acha que esse grafite contribuiu de alguma maneira para o espaço? Por quê?

c) Você acha que esse grafite proporciona outra relação com a cidade e a paisagem urbana? Justifique.

d) Quais significados você atribui aos elementos desse grafite?

Imagens: Jana Joana/Vitché/Acervo do artista

Detalhes do grafite de Jana Joana e Vitché.

Nesse trabalho, Jana Joana e Vitché se inspiraram nos quatro elementos da tradição apache indígena norte-americana. Eles escolheram esses elementos culturais para simbolizar a roda da vida, por meio do círculo, e a relação com a natureza, nas escolhas de cores que, segundo essa tradição, são referentes a determinados animais: branco – búfalo, amarelo – águia, vermelho – lobo, preto – urso.

> Nosso propósito é honrar a mãe terra, o planeta, e a arte alcança muita gente, independentemente da língua falada ou cultura. Quem se permitir ser tocado por ela, será modificado de alguma maneira.
>
> Depoimento de Jana Joana, em entrevista concedida especialmente para os autores desta obra, em 2020.

Jana Joana/Vitché/Acervo do artista

Escadaria sem o grafite, São Paulo (SP), 2014.

O trabalho e a pesquisa de artistas geralmente estão relacionados a inquietações, referências, interesses e assuntos ou temas que gostariam de abordar.

7. Quais referências ou temas você escolheria para realizar um trabalho?

Saiba +

Assista ao vídeo *Street-art Brazil with Jana Joana & Vitché* (4 min) que mostra os artistas Jana Joana e Vitché apresentando seus trabalhos e conversando sobre grafite em um bairro da cidade de São Paulo. Disponível em: https://www.youtube.com/watch?v=yEmSLxqVMd0 (acesso em: 12 fev. 2022).

Experimentação Criação de um projeto de grafite

Nesta experimentação, você idealizará um projeto de grafite para um espaço no bairro em que mora, utilizando ferramentas virtuais ou manuais.

1. Pesquise, em mapas na internet ou ao caminhar por seu bairro, alguma parede, muro ou prédio que seja próximo do lugar em que você mora ou da escola.

2. Selecione e salve a imagem do local que escolheu ou fotografe-o. Verifique se a imagem contém o espaço selecionado em destaque, para que possa desenhar sobre ele.

3. Pesquise algumas referências de grafite na internet ou em uma biblioteca para se inspirar.

4. Crie o desenho primeiramente em uma folha de sulfite. Utilize lápis preto, lápis de cor, giz de cera ou caneta hidrográfica.

5. Em seguida, utilizando os recursos de programas de edição de imagem no computador ou de aplicativos para celular, faça seu desenho sobre o espaço escolhido. Se preferir, imprima a foto do lugar selecionado em preto e branco e desenhe sobre a imagem do muro utilizando lápis preto. Com o desenho feito, insira cores com lápis de cor, giz de cera e/ou caneta hidrográfica.

6. Ao final, apresente para a turma o resultado e compartilhe as etapas do projeto.
- Como procurou o local? Pela internet ou ao caminhar pelo bairro?
- Por que escolheu esse espaço? Quais referências utilizou para a pesquisa?
- O que pensou ao realizar o projeto de grafite para esse local?
- Que melhorias ele traz para o local?
- É possível pensar em modos de atuação e participação da vida pública por meio da arte?

Diário de bordo

Registre no diário de bordo as etapas de seu processo de criação, incluindo as imagens e como foi realizar esse projeto.

O grafite e o *hip-hop*

O grafite é uma das manifestações das artes visuais, em especial da arte urbana, que utiliza o espaço público como suporte para criações de desenhos. Como manifestação contemporânea, surgiu na década de 1970, em Nova York (Estados Unidos), em meio às culturas negras estadunidenses, jamaicanas e latino-americanas, utilizando-se principalmente da escrita de palavras e códigos estilizados e internos, que tinham como influência elementos das histórias em quadrinhos (HQs), da cultura *pop* e das representações dos números das quadras que ocupavam. Esses grafites geralmente eram realizados com tinta *spray*, ou canetas para feltro, em muros, paredes, metrôs, trens e ônibus da cidade. Esse agrupamento e essa comunicação geravam a construção de identidades coletivas entre esses jovens, e seus grafites eram compreendidos somente entre eles e pelos grafiteiros ou grupos dos guetos. Tais manifestações, a princípio, eram feitas para demarcar território em relação aos diferentes grupos urbanos que coexistiam e que, muitas vezes, eram rivais.

A divulgação e a absorção do grafite, em especial no Brasil, deram-se por meio da cultura *hip-hop*, organizada com base em seis elementos: o grafite, o *rap*, o *breaking*, o MC, o DJ (*disc jockey*) e a conscientização, a base do movimento. Muitos jovens grafiteiros, principalmente de regiões periféricas das grandes cidades, utilizam-se dessa forma de expressão para se comunicar artisticamente, protestar sobre seus contextos sociais e demarcar territórios com sua linguagem e seu estilo.

O grafite apresenta códigos e vocabulários próprios, entre eles:

- ***Writer:*** grafiteiro, escritor urbano.
- ***TAG:*** assinatura do grafiteiro.
- ***Boneco:*** desenho que representa a figura humana.
- ***Bomb:*** grafite rápido.

Uma característica forte do grafite brasileiro é o uso da tinta látex e de bisnagas na confecção das próprias cores, além do uso de pincéis e rolos para pintar. Isso se deu porque o *spray* é uma tinta de difícil acesso para quem produz grafite, principalmente pelo valor monetário. Por causa dessa especificidade, no Brasil desenvolveu-se a criação de murais, ou seja, grafites de grandes dimensões, como os de Luna Buschinelli (1997-), que iniciou sua trajetória aos 15 anos na cidade de São Paulo e hoje tem trabalhos em diversos lugares do Brasil e do mundo, como em Portugal e na Itália. O grafite realizado por ela na Escola Municipal Rivadávia Corrêa, na cidade do Rio de Janeiro (RJ), é considerado o maior mural feminino do mundo pelo *Guinness Book*.

Mural de Luna Buschinelli na Escola Municipal Rivadávia Corrêa, Rio de Janeiro (RJ), 2017.

O grafite é uma arte que, atualmente, também está presente em museus e vem sendo cada vez mais valorizada pelo mercado da arte. Esse é o caso de artistas como Banksy (1974-), que teve trabalhos leiloados por 50 milhões de dólares.

A identidade de Banksy é desconhecida. Ele utiliza principalmente a técnica de estêncil para realizar seus grafites na Inglaterra e ao redor do mundo. Seu trabalho traz uma forte crítica ao sistema capitalista.

Saiba+

Assista à reportagem *Arte de Banksy: das ruas de Londres para mansões* (2 min 29 s) do *Jornal da Gazeta* sobre o trabalho de Banksy, que propõe uma reflexão a respeito da arte urbana e privada. Disponível em: https://www.youtube.com/watch?v=-gVFT6l7VDg (acesso em: 12 fev. 2022).

Jim Dyson/Getty Images

Grafite de Banksy em um muro de Londres, Inglaterra, 2006.

8. Reflita sobre as seguintes questões.

a) O que você pensa sobre os altos valores que, muitas vezes, são atribuídos a uma obra de arte?

b) Você sabe o que é o mercado de arte? Já ouviu falar? O que pensa sobre isso?

c) Em sua opinião, quais medidas podem ser tomadas atualmente para fomentar a produção artística entre jovens que iniciam seus projetos e para a manutenção das produções já em andamento?

DonKrason/Shutterstock

Pessoa utilizando estêncil para pintar com tinta *spray*.

Para ir mais longe Menina com balão

Em 2018, ocorreu um fato inusitado durante um leilão de arte na Inglaterra. A obra *Menina com balão*, umas das mais famosas de Banksy, foi vendida, emoldurada, por 1 milhão de libras esterlinas; porém, logo em seguida, o desenho começou a ser triturado pela própria moldura. A proposta de Banksy de destruir a obra após a venda causou um alvoroço e essa ação premeditada potencializou o valor da venda. O artista escreveu nesse momento em sua rede social "*Going, going, gone*..." (em português, "Indo, indo, foi..."), expressão utilizada nos leilões e que, no Brasil, equivale ao "dou-lhe uma, dou-lhe duas, dou-lhe três, vendido!". Ao triturar a obra, Banksy questiona o mercado da arte, o valor da obra e a permanência da imagem, enfatizando sua crítica ao sistema monetário capitalista.

O valor de uma obra de arte contemporânea vendida em leilões é analisado com base em uma série de critérios, entre eles, o caráter inovador da obra, a trajetória do artista, sua notoriedade e reputação e a recepção da obra pelo público, pela crítica, pelas galerias, pelos museus, etc.

Tristan Fewings/Getty Images/AFP

Momento em que a obra de Banksy foi triturada por baixo da moldura, logo após ser vendida em um leilão de arte, Londres, Inglaterra, 2018.

O estêncil é uma das formas de grafite muito utilizada para a realização de pinturas rápidas. Sua técnica é simples e envolve a criação de uma máscara por meio de um molde que pode ser replicado diversas vezes com o uso de tinta *spray* ou outra que possa ser aplicada com rolinho de pintura em paredes.

Andre Lucas/picture alliance/Getty Images

Jovem fazendo grafite durante o evento Cem Minas na Rua 2019, São Paulo (SP), 2019.

Experimentação Criação de um estêncil

Nesta atividade, você vai criar um grafite.

Material:

- papel sulfite
- acetato ou papel-cartão
- cartolina ou papel *Kraft*
- caneta hidrográfica
- estilete ou tesoura com pontas arredondadas
- rolo de espuma para pintura
- recipiente grande
- tinta guache

1. Para a criação do estêncil, o desenho precisa ser realizado primeiro em uma folha de papel sulfite para, depois, ser transferido para o molde. Lembre-se de que, no estêncil, você utilizará o contorno da forma para pintar.
2. Depois de realizar o desenho no papel sulfite, que pode ser uma forma simples, coloque o acetato sobre o sulfite e trace o contorno do desenho com a caneta hidrográfica. Se utilizar o papel-cartão, faça o desenho diretamente sobre ele ou copie depois de pronto.
3. Com o estilete ou a tesoura, recorte somente a parte interna do desenho. Faça isso sem pressa e com atenção, para não se machucar. Se precisar de ajuda, peça ao professor.
4. Com o estêncil pronto, separe a cartolina ou o pedaço de papel *Kraft* e o material para a pintura (tinta, rolo de espuma e recipiente grande). Coloque a tinta no recipiente e umedeça o rolo de espuma, com cuidado para não o encharcar com a tinta. Por isso, passe o rolo levemente algumas vezes sobre o recipiente para tirar o excesso de tinta antes de aplicar no estêncil.
5. Coloque o estêncil sobre a cartolina ou o papel *Kraft*, passe o rolo com tinta e, depois, retire.
6. Você pode fazer isso diversas vezes, mudando as cores e experimentando sobreposições.
7. Após finalizado, organize o material.
8. Apresente seu trabalho para a turma.
9. Pense, com os colegas e o professor, em uma maneira de expor os trabalhos na escola.

Jim Dyson/Getty Images

Exemplo de estêncil pronto.

Diário de bordo

Registre no diário de bordo como foi esse processo, a pintura com o estêncil e a escrita sobre as aprendizagens e dificuldades vivenciadas.

Rafael Sliks/Acervo do artista

TAG do grafiteiro Rafael Sliks.

O artista paulista Rafael Sliks (1981-) desenvolve um trabalho com grafite em que utiliza sua TAG para se apropriar do espaço urbano das ruas e refletir sobre ele. Entre suas referências, estão as pichações, a cultura do *skate*, as caligrafias orientais e a escrita automática dos surrealistas. Sua produção envolve a escrita de sua TAG em gestos rápidos – recuperando as garatujas de infância – e de modo agrupado e entrelaçado, sugerindo a abstração da imagem e o caos, que nos remete à organização das grandes cidades.

Reprodução/Acervo do artista

Grafite de Rafael Sliks, Taiwan, 2016.

Saiba +

Acesse o *site* oficial do artista *Rafael Sliks* para conhecer mais do seu trabalho. Disponível em: http://rafaelsliks.com (acesso em: 12 fev. 2022).

9. Você já experimentou criar desenhos com palavras escritas?

10. Já observou que a letra e o desenho partem do mesmo elemento, que é a linha?

11. Na região onde você mora, existem grafites ou lambe-lambes que utilizam a palavra escrita e estilizada? Em caso positivo, de que maneira eles se relacionam com o espaço urbano e as culturas juvenis?

Experimentação Criação de uma TAG

Agora você criará uma TAG. Para isso, siga as orientações.

Material:

- papel sulfite
- lápis preto
- lápis de cor ou caneta hidrográfica

1. Comece pesquisando algumas TAGs para conhecer outras referências.

2. Depois, experimente diversos tipos de TAG para escrever seu nome. Explore as possibilidades de criação com a palavra, transformando-a em desenhos estilizados.

3. Faça quantos desenhos desejar até chegar a um resultado que considere satisfatório. Pense que essa TAG é, também, sua assinatura.

4. Com o desenho pronto, finalize com cores.

Diário de bordo

Registre no diário de bordo a TAG que criou e as outras que experimentou no processo até chegar ao resultado.

A mineira Tainá Lima (1990-), conhecida como Criola, faz parte da nova geração do grafite brasileiro. Criada na periferia de Belo Horizonte (MG), ela foi apresentada ao grafite por meio do *hip-hop* e começou a produzir suas pinturas em 2012. Em seus grafites, a artista aborda o preconceito racial, com base nas experiências de infância, e a afirmação da mulher negra na sociedade. Ela se utiliza da arte para tratar de sua representatividade. Tanto o grafite como o *design* de moda e o próprio corpo são instrumentos de sua expressão. Suas inspirações vêm das matrizes culturais africanas, em especial de mulheres negras, com seus universos, suas histórias e sua estética, que cruzam seu dia a dia.

Leia um trecho do Projeto Curadoria, em que a artista fala sobre suas influências e inspirações:

> [...] Eu me inspiro muito em manifestações de variadas vertentes mas quase todas de matrizes africanas. Para além de me inspirar em artistas, escritores, filósofos e etc., eu me inspiro com mais profundidade e verdade em pessoas negras comuns que cruzam o meu caminho no dia a dia. No percurso dentro do busão, entre um graffiti e outro, no perfil do Orí da vozinha que benze a criançada do bairro. Às vezes a combinação de cores da camisa que o velhinho, vendedor de frutas na rua do meu bairro, usou em determinado dia me inspira a criar até um conceito e sentimento por trás das cores que utilizo em um graffiti. Eu sou uma eterna flâneur. Estou atenta aos suspiros de inspiração, impressões e as mensagens endereçadas que me chegam (e elas sempre chegam!) algumas sem remetente mas com muito simbolismo, significado e força ao longo do meu cotidiano.

CRIOLA. *Projeto Curadoria*. Disponível em: https://projetocuradoria.com/criola/. Acesso em: 11 fev. 2022.

Saiba +

Assista ao vídeo *Criola – Extremos Timbiras* (5 min 24 s) que mostra um depoimento de Criola sobre o processo de criação de um grafite no muro de uma escola e que fez parte de seu trabalho de conclusão de curso (TCC). Disponível em: https://www.youtube.com/watch?v=JPKrPYtcLqI (acesso em: 13 fev. 2022).

Acesse também o *site* oficial da grafiteira e *designer* Criola para saber mais sobre seu trabalho. Disponível em: https://eusoucriola.wixsite.com/criola (acesso em: 13 fev. 2022).

Grafite de Criola, 2017.

12. Reflita sobre as seguintes questões.

a) Você identifica elementos relacionados a culturas africanas na arte de Criola? Quais?

b) Você acha que um trabalho artístico pode estar atrelado a projetos e histórias de vida? Por quê?

Experimentação Criação de um mural coletivo

Nesta experimentação, você criará um painel coletivo com a turma, podendo retomar as criações realizadas anteriormente nesta unidade.

Material:

- papel *Kraft* ou jornais velhos
- carvão ou giz de cera
- tinta guache ou tinta látex e bisnagas de cor
- rolo de espuma para pintura ou pincéis variados
- fita adesiva

1. Com a turma e o professor, escolham um local para a realização da pintura coletiva.

2. Em uma roda de conversa com toda a turma, decidam como será o projeto dessa pintura. Vocês podem debater questões como:

- O que gostariam de fazer? Por quê? Como fazer?
- Quais referências utilizarão? No que se inspirarão e por quê?
- Que mensagem querem passar?
- Também é possível retomar, nesse debate, os processos explorados nas experimentações anteriores, como o projeto individual para um grafite e o desenvolvimento da TAG e do estêncil.

3. Após a definição dos objetivos do projeto, organize-se com os colegas para, juntos, esboçarem em uma folha de papel o projeto do mural.

4. Depois de discutir e elaborar o projeto, definam democraticamente o modo de participação de todos, estabelecendo acordos e consensos.

5. Antes de começarem a pintura, preparem o local, forrando o chão com papel *Kraft* ou jornais velhos e fixando-os com fita adesiva.

6. Então, transfiram o desenho do projeto para o painel usando carvão ou giz de cera.

7. Com o desenho marcado, pintem o painel coletivamente.

8. Ao final, organizem o material e o espaço.

9. Depois, façam uma roda de conversa para compartilhar as percepções sobre como foi o processo para cada um, os desafios do trabalho coletivo e os ganhos e as ideias que foram fomentados por meio dele.

ivector/Shutterstock

Diário de bordo

Relate no diário de bordo como esse processo reverberou em você e em seus desejos de estudos e aprendizagem.
Registre também as etapas do processo de criação: Vocês usaram desenhos e palavras estilizadas? Exploraram o uso do estêncil? Pesquisaram técnicas diferentes?

Para ir mais longe Museu Aberto de Arte Urbana

O Museu Aberto de Arte Urbana (MAAU) foi criado em 2011 na cidade de São Paulo (SP). É o primeiro museu a céu aberto de arte urbana e uma das maiores galerias de arte pública do Brasil. Por estar na rua, nos pilares de uma linha de metrô da Zona Norte de São Paulo (SP), é acessível 24 horas por dia. A proposta do museu é revitalizar a região e incentivar a arte do grafite.

A idealização do MAAU surgiu de um acontecimento vivido por vários artistas: enquanto grafitavam as pilastras do metrô sem autorização, foram denunciados e levados para a delegacia. Depois do ocorrido, tiveram a ideia de criar o museu, com o desejo de incentivar a arte do grafite e promover programas nas escolas da região. O MAAU hoje é reconhecido e apropriado pela comunidade, um marco artístico da cidade de São Paulo.

Saiba mais do projeto ao acessar o *site* oficial do MAAU. Disponível em: https://museuabertodearteurbana.wordpress.com. Acesso em: 13 fev. 2022.

Jales Valquer/Fotoarena

Vista de grafites do Museu Aberto de Arte Urbana (MAAU), pintados nos pilares que sustentam o trecho elevado da Linha 1-Azul do metrô, na avenida Cruzeiro do Sul, em São Paulo (SP).

Hip-hop movimenta

A música do *hip-hop* é representada pelos *rappers*, DJs e MCs (*masters of ceremony*, ou mestres de cerimônias), que trabalham com recursos relacionados à modernidade. O movimento *hip-hop* tem influência da música afro-americana que a precedeu, especialmente o *blues*, o *jazz*, o *R&B*, o *soul* e o *funk*. Mas alguns estudiosos traçam relações mais profundas com a ancestralidade africana.

13. Escute novamente a música "Tambor", de MC Kamau, e preste atenção no trecho da letra indicado a seguir. O que você compreende da relação que ele faz entre arte e resistência?

> Nossa terra foi invadida, colonizadores
> Exploraram e destruíram nossos valores
> Mas nossa resistência vive e toca em tambores
> Pra celebrar, se lembrar, deixar ecoar, tudo que o *griot* me contou
> No livro não tá, quem quis imitar

TAMBOR. Intérprete: Kamau. Compositores: D. Ambrosio, M. Silva e T. Freitas. *In*: NON Ducor Duco. Intérprete: Kamau, Thalma de Freitas e Rincon Sapiência. [*S. l.*]: Plano Audio, Brasil, 2008. 1 CD, faixa 15.

Ritmo e oralidade

Quando o movimento *hip-hop* surgiu, na década de 1970, os tambores (ou *drums*, como se diz em inglês) passaram a ser uma batida eletrônica recriada pelos DJs em suas mixagens. Essas batidas, os *beats*, são fundamentais na estrutura musical do *rap*, recriando um tipo de percussão urbana entre as comunidades da juventude negra do bairro do Bronx (localizado na cidade de Nova York, nos Estados Unidos). A importância do ritmo está representada, inclusive, na sigla que nomeia o *rap*: *rhythm and poetry*, ou seja, ritmo e poesia.

A fala e a voz no *rap* não estão preocupadas em trabalhar a ideia de melodia segundo os padrões eurocêntricos. O *rap* traz uma poética da contestação: trata-se de uma música em que a voz se aproxima da fala, que é lançada de modo verborrágico, em um palavreado similar ao de um canto falado, remetendo às tradições dos *griots* das culturas do noroeste da África (países como Gana e Mali) e dos contadores de história da cultura afro-americana (nos Estados Unidos, os *storytellers*).

Os *griots* são os narradores das epopeias das famílias tradicionais que contam as histórias acompanhados de um instrumento melódico chamado *kora*. Para alguns pesquisadores, as origens do *rap* estão relacionadas à forma como os *griots* contam histórias musicalmente e, ainda, à retórica dos pastores protestantes estadunidenses e dos líderes do movimento negro nos Estados Unidos, como Martin Luther King Jr. (1929-1968) e Malcom X (1925-1965).

Bernard Foubert/Photononstop/AFP

Mulher *griot*, ou *griotte*, e seu *kora*, Mali, sem data.

Foram algumas contribuições do *jazz* e a utilização de novas tecnologias que levaram ao surgimento de dois estilos ligados ao *hip-hop*: o *soul* e o *funk*. O *funk* (não confundir com o *funk* carioca contemporâneo) trabalha ritmos e arranjos mais agressivos, influenciando o *rap*. Um nome fundamental desse movimento foi James Brown (1933-2006), que já trabalhava uma percussão pesada, com gritos, distorções e ranhuras. Surgiram, então, festas com equipamentos e mais técnicas eletrônicas, o que abriu espaço para o trabalho dos DJs.

É marcante para a cultura *hip-hop* as *block parties* (festas de quarteirão), festas em locais abertos que congregavam a juventude nos anos 1970. Um nome importante do período é o jamaicano Clive Campbell (1955-), conhecido como Kool Herc, que trouxe de Kingston, Jamaica, os *sound systems* (sistemas de som) e utilizou os aparelhos de mixagem para a criação de novas músicas. Ele ficou conhecido pelo desenvolvimento de técnicas importantes, como o *break beat*. Foi ele também que propôs a separação entre as figuras do DJ e do MC – este último deveria ficar com a tarefa de improvisar ao microfone e animar o público e os dançarinos.

O *break beat* consiste no isolamento de um fragmento musical curto, prolongado por meio da manipulação de dois discos de vinil tocados simultaneamente, para criar e destacar um solo da seção rítmica.

O DJ (*disc jockey*)

O DJ é o arranjador, aquele que utiliza a tecnologia da música eletrônica para criar a textura musical do trabalho poético dos MCs. Entre as principais técnicas para realizar essa textura estão a mixagem, que consiste na fusão de uma música em outra, a utilização de *samplers*, isto é, de bases musicais pré-gravadas, as batidas eletrônicas e os *scratches* (ranhuras), que são as interferências dos DJs por meio de movimentos rápidos em sentido anti-horário nos discos de vinil.

hurricanehank/Shutterstock

DJ manipulando disco de vinil.

Ouça, agora, a música "Looking for the Perfect Beat", de Afrika Bambaataa, com atenção para identificar os momentos de uso de *scratch*.

A.PAES/Shutterstock

Afrika Bambaataa, apresentação no palco Sunset do Rock in Rio, Rio de Janeiro (RJ), 2011.

14. Escute as texturas musicais da canção "Looking for the Perfect Beat", de Afrika Bambaataa, que faz parte do álbum de mesmo nome, e tente identificar os momentos em que há o uso de *scratch*, as sonoridades que sustentam a base rítmica, as interferências e outros fragmentos musicais. Você percebe a influência desse tipo de trabalho musical nos gêneros que escuta?

No Brasil, a cultura do *hip-hop* tem sua trajetória representada por artistas como Thaíde, Sabotage (1973-2003), MC Kamau, o grupo Racionais MC's, entre muitos outros. Além disso, há exemplos de *rap* que se valem de elementos próprios de suas culturas, como o trabalho de RAPadura Xique-Chico (1984-), que mistura o *rap* com elementos de gêneros musicais nordestinos, e MC Wera (1996-), que faz *rap* em guarani.

Júlia Dolce/Acervo da fotógrafa

MC Wera durante apresentação no Yby Festival (um festival de música indígena), São Paulo (SP), 2019.

Divulgação/Black Diamond

Grupo Racionais MC's, 2019.

Fabiano Cerchiari/Folhapress

O *rapper* Sabotage, São Paulo (SP), 2002.

15. Você já escutou algum desses artistas?

Experimentação Aplicativos de discotecagem

Existem diversas opções de aplicativos para celular, muitas vezes gratuitos, que podem ser usadas para discotecagem. Os aplicativos permitem fazer mixagens entre músicas, adicionar batidas e efeitos variados e, até mesmo, manipular discos virtuais para fazer os *scratches*.

1. Faça uma pesquisa sobre esses aplicativos: investigue suas plataformas, busque tutoriais, explore e compare os recursos oferecidos por eles.

2. Coloque seus conhecimentos em prática para criar uma música.

3. Depois, o resultado de sua discotecagem pode ser apresentado no evento proposto na seção *#Multiplicar* desta unidade.

A letra do *rap* (Língua Portuguesa)

O *rap*, ao lado de *break*, grafite, DJ e MC, é um dos elementos da cultura *hip-hop*. A "levada" da música, envolvente para os apreciadores do ritmo, é acompanhada por letras em um falar ritmado e rimado que expressa muito mais que a diversão sugerida pelas batidas.

O estilo, que passou por diferentes fases, como você verá adiante, vinculou-se, a partir do final da década de 1980, a temas sociais, mais alinhados com as experiências dos jovens de periferia. Atualmente, a batida do *rap* é adotada para a expressão de temas diversos, nem sempre retratando as questões das comunidades de onde saíram seus precursores. Ainda assim, a fase de denúncia social se mantém presente entre muitos dos artistas surgidos nos anos 2000.

1. A letra da música que você vai estudar agora, do *rapper* Rincon Sapiência (1985-), foi lançada em 2009 e é um exemplo disso. Antes de prosseguir com a leitura da letra, reflita: ao verificar o uso da palavra "Elegância" como título de um *rap*, o que você imagina que será apresentado na letra da música?

Elegância

Salve, Rincon Sapiência

É noiz que tá neguinho, é noiz que tá neguinho

Saio de casa, vou eu e o fone de ouvido
na companhia do som, tô comprometido
e nada chama atenção se eu tô entretido
as mina deve pensá: "que neguim metido"
acostumado a passa por despercebido
exceto quando tão procurando bandido
a conclusão: pra evitá, ando bem-vestido
conforme a grana que vem tenho permitido
bom preço, fio, tenho um bom brechó
para um bom frio, tenho um bom paletó
elegante sim, ninguém vai doar dó
pra negociá e não associar só
nossa arte a lágrimas em histórias
nossa arte é força pra buscá glória
sem deselegância moro na distância
periferia a vigilância é notória
preto e formado é sempre perigoso
preto bem trajado, elegante e charmoso
pago pouco pelos panos, mas sou vaidoso
pago muito se eu deixar de ser malicioso
preto roupa larga elegante orgulhoso
de turbante ou chapéu tipo mafioso
ao olhar do tira e da dama que admira
tô na mira sempre, como é curioso

[Refrão]
o estilo cai bem, na rua vai bem
meu visual, "elegante", elas dizem
nossa como cai bem na rua vai e vem
nego uau, visual elegante, eim?

Metropolitana cor, cinza concreto
na pegada africana nada discreto
muito estilo, pouco custo, foi um conselho
combinando amarelo, verde e vermelho
pouco custo, mas no estilo eu completo
figurino formal eu desconcerto
manequim marginal social chick
até a filha do burguês pago pau fick
só de olho pra nota como é atraente
de ouvido pra escutá como é chapa quente
elegante, classe A, fino, envolvente
várias grif dessas que tem shopping center
refletiu, comentou, disse como assim?
o neguim bem-vestido não comprou de mim
elegância não tem a ver com dim-dim
nego doce não mais, amarelo quindim
cai bem em mim sim nego magro
tava de rolê, vi que a dama flagrô
no visu, personalidade trago
sabe que eu sou gueto, é por isso que ela gostô
sabe que eu sou samba, tipo um bom malandro
por isso as viatura sempre tão me olhando
sabe que eu sou rap
mas sou tipo tango
elegante na corrida pra ganha uns mango

[Refrão]

O pai dela não quer, na quebrada tem show
ela curte meu som, paciência
ela vai dá no pé
ela passa o batom, ela curte o Rincon Sapiência [2×]

O novo perfil pra nossa arte ser cativante
daí que surgiu o rimador mais elegante (manicongo...)

ELEGÂNCIA. Intérprete: Rincon Sapiência. Compositor: Rincon Sapiência. *In*: PROMOTRAMPO, v. 1. Intérprete: Rincon Sapiência. [*S. l.*]: Independente, Brasil, 2010. Formato digital.

Saiba+

Maurício Santana/Getty Images

Rincon Sapiência é o nome artístico do MC e produtor musical Danilo Albert Ambrosio. Seu primeiro sucesso, em 2011, foi a música "Elegância". Seu álbum mais reconhecido pela crítica é *Galanga livre*, de 2017, lançado de forma independente pelo artista. Em seus trabalhos, observa-se a influência de estilos musicais como o *funk*, a ciranda e o samba. Suas letras transitam entre temas políticos, sociais e românticos.

2. O que é possível saber do "eu" na letra do *rap*? Quem ele é, de que forma se veste e por que se veste assim? Justifique sua resposta com trechos do texto.

3. A letra do *rap* "Elegância" traz versos com a percepção que o "eu" da canção tem de si e a percepção que ele acredita que os outros tenham dele. Apresente as respostas para cada item com versos retirados da letra.

a) Como o "eu" se percebe?

b) Quem mais o olha e como o olha, segundo o próprio "eu"?

c) Que realidade vivida pelo jovem negro de periferia essa alternância de percepções sobre o "eu" da letra desse *rap* revela?

d) Nesse contexto, qual é o sentido de o jovem escolher vestir-se de forma "elegante"?

4. Releia o trecho do primeiro ao décimo segundo verso da letra da canção. Depois, responda:

a) Quais são os termos e as frases que aproximam essa letra da fala informal?

b) Agora, agrupe as palavras ou frases por semelhança e compare cada uma com seu correspondente no dicionário ou na gramática da norma-padrão. Em seguida, redija, com o professor e os colegas, uma descrição da nova regularidade criada.

Palavras ou frases empregadas de acordo com a fala informal	Correspondente na norma-padrão	Descrição do fenômeno	Outros exemplos na língua desse mesmo fenômeno
\\\\\\\\\\\\\\\\\\\\\\	\\\\\\\\\\\\\\\\\\\\\\	\\\\\\\\\\\\\\\\\\\\\\	\\\\\\\\\\\\\\\\\\\\\\

c) Que regularidade você observa entre todas as ocorrências linguísticas, próprias da língua informal oral?

d) Que efeitos a letra com marcas da fala mais informal tem sobre os ouvintes de *rap* de modo geral e sobre os adeptos do movimento *hip-hop* de forma mais específica?

e) Nesse sentido, por que poderia soar inadequado o emprego da norma-padrão na letra?

5. Leia o trecho a seguir.

> O tom dominante no rap nacional, no entanto, é o avesso do gangsta ou de sua face mais comercial, o "rap luxúria" que se vê em boa parte dos clipes americanos. Em vez da ostentação (carrões, correntes de ouro, mulheres mil), o foco é o da reivindicação de direitos e da denúncia social.

VALE, Israel do. A história do Hip-Hop: Yo! *Superinteressante*, 31 dez. 2004. Disponível em: https://super.abril.com.br/cultura/a-historia-do-hip-hop-yo. Acesso em: 11 fev. 2022.

A letra do *rap* "Elegância" corresponde ao "tom dominante do rap nacional"? Justifique sua resposta por meio de versos do texto.

Como foi visto anteriormente, o *rap* é um gênero de música que consiste na declamação rápida e ritmada de uma letra com alturas aproximadas. Esse gênero chegou ao Brasil na década de 1980 e foi considerado um dos elementos musicais do movimento *hip-hop*, que conta com outros quatro: DJ (responsável pelas bases de música); MC (aquele que rima); *breaking* (a dança, o elemento corporal); e grafite (o elemento visual).

Para as pesquisadoras Ana Claudia Florindo Fernandes, Raquel Martins e Rosângela Paulino de Oliveira, a chegada do *hip-hop* foi essencial para o surgimento de ações afirmativas de valorização do jovem afrodescendente.

As letras de *rap*, portanto, devem ser pensadas considerando esse contexto. Se, em uma primeira fase do *rap* nacional, os jovens estavam mais voltados para o encontro e para a dança e as letras eram menos combativas, em uma segunda fase, os discursos mostram-se mais comprometidos ideologicamente, evidenciando causas sociais e denunciando a situação de abandono de parte da população de periferia, em especial de jovens negros. Destacam-se nessa fase o grupo Racionais MC's e o *rapper* Sabotage. No período que vai do final dos anos 1980 ao início dos anos 1990, as letras de *rap* denunciam a violência sofrida cotidianamente pelo jovem de periferia, em geral negro. Ao longo do tempo, o *rap* foi sendo absorvido pela indústria cultural. Ainda assim, seus principais expoentes na mídia atualmente, como os *rappers* Criolo e Emicida, mantêm esse elemento do *hip-hop* como uma forma de dar visibilidade à realidade das grandes periferias brasileiras.

O *rap*, em geral, é composto pelo morador de periferia, e suas letras falam das experiências desse grupo social. Daí serem comuns temas como violência e discriminação racial. As letras, em geral, mais longas do que o habitual, entremeiam, em linguagem muito próxima da fala informal dos jovens da periferia, a descrição de cenas, relatos com comentários, críticas e julgamentos acerca da realidade vivida ou retratada. Essas letras cantadas em uma batida bastante cadenciada, repletas de rimas e com vocabulário bastante diverso, representam, para muitos de seus ouvintes, uma possibilidade de voz e de identificação cultural e, para outros, a tomada de contato com uma realidade desigual e que precisa ser reparada.

Para ir mais longe — *Slam poetry*

Outra manifestação importante de cultura urbana é o *slam poetry*, ou simplesmente *slam*. Trazido para o Brasil pela poetisa, atriz, apresentadora, cantora e *slammer* Roberta Estrela D'Alva (1978-), essa modalidade artística, assim como o *hip-hop*, dá voz a moradores de periferia que desejam expressar suas angústias, seus medos e suas visões da própria realidade.

Para saber mais sobre *slam*, assista ao vídeo e leia as reportagens indicadas a seguir.

O que é Poetry Slam? com Roberta Estrela D'Alva – Top Dicas Sesc #48 (2 min 23 s). Disponível em: https://www.youtube.com/watch?v=bojuwnv6yd0 (acesso em: 13 fev. 2022).

Slam ganha força nas periferias do Brasil e cria geração de poetas urbanos, Disponível em: http://www.tvkweb.com.br/2019/03/20/slam-ganha-forca-nas-periferias-do-brasil-e-cria-geracao-de-poetas-urbanos/ (acesso em: 13 fev. 2022).

"Slam" é voz de identidade e resistência dos poetas contemporâneos, publicado em *Jornal da USP*. Disponível em: https://jornal.usp.br/ciencias/ciencias-humanas/slam-e-voz-de-identidade-e-resistencia-dos-poetas-contemporaneos/ (acesso em: 13 fev. 2022).

Assista também a um trecho do TEDxSãoPaulo *Diáspora | Roberta Estrela D'Alva | TEDx São Paulo* (3 min), em que há uma apresentação de *slam* feita por Roberta Estrela D'Alva. Disponível em: https://www.youtube.com/watch?v=6a4eOe-lWoY (acesso em: 13 fev. 2022)

Karime Xavier/Folhapress

Roberta Estrela D'Alva, introdutora do *slam* no Brasil, Hertogenbosch, Holanda, 2019.

6. Agora você vai comparar textos de diferentes gêneros.

a) Para começar, leia a notícia a seguir.

Artistas negros ressaltam importância do hip-hop no combate ao racismo

Comissão de Cultura promoveu debates em alusão ao Dia da Consciência Negra

Cleia Viana/Câmara dos Deputados

Realleza: usamos o *hip-hop* para falar de consciência negra e racismo com os jovens.

O hip-hop e o Dia da Consciência Negra (20 de novembro), data que lembra a morte de Zumbi de Palmares, foram temas de audiências convocadas pela Comissão de Cultura da Câmara dos Deputados. Duas reuniões receberam artistas negros e foram acompanhadas por música e protesto.

Nascido nas periferias dos Estados Unidos, o hip-hop é a mistura de grafite, break dance e rap. Por sua luta pela igualdade e denúncias contra a discriminação racial, o hip-hop tem papel de destaque no mês da consciência negra.

"O hip-hop é um movimento completamente ligado ao povo negro. Principalmente, ao povo de periferia. Ele nasce com uma proposta de lutar contra o racismo", disse o produtor musical e rapper Russo APR.

A rapper paulistana Preta Rara também ressaltou a importância do hip-hop na luta contra o racismo. "O hip-hop me educou e me ajudou a ser o que eu sou. Através do hip-hop que eu fui estudar história. Através do hip-hop que eu aceitei meu cabelo, meu corpo, minha resistência. O racismo está muito longe de acabar", afirmou.

Em seus discursos e rimas, a rapper Realleza, de Brasília, destaca a relevância do hip-hop como uma arte que conscientiza jovens negros da periferia. "Ele é o instrumento que usamos para poder falar de consciência negra com os jovens. E poder falar sobre racismo também é muito importante, porque muitos jovens das periferias estão sofrendo com o racismo e nem sabem o que é o racismo. Então, o hip-hop é esse meio, é esse fio condutor da informação e do empoderamento negro e periférico dentro da quebrada."

Representatividade

Na audiência, convidados e deputados pediram mais políticas que amparem negros, além de mais representatividade negra no poder público. De acordo com os dados divulgados pelo Tribunal Superior Eleitoral (TSE) nas últimas eleições, dos 513 deputados eleitos, 20% se consideram pardos e apenas 4% se declararam pretos.

A deputada Benedita da Silva (PT-RJ) argumentou que a proporção de negros na Câmara dos Deputados é pequena, comparada à proporção de negros na população brasileira, que corresponde a mais da metade. "Uma população de 54 milhões não pode estar excluída dos espaços políticos. Então, trazer para cá é trazer para o espaço em que se discute lei, em que se toma decisão. Aqui, se toma decisão para mais de 200 milhões de brasileiros", declarou.

A deputada Áurea Carolina (Psol-MG) ressaltou que a luta contra o racismo deve ser todos os dias. "É uma data [20 de novembro] para a gente trazer as nossas conquistas e as nossas lutas para o debate público com uma força ainda maior. Lembrando que a resistência negra é todos os dias, é o ano inteiro, porque o racismo não descansa", afirmou.

RODRIGUES, Robson. Artistas negros ressaltam importância do hip-hop no combate ao racismo. *Agência Câmara de Notícias*, Brasília, 28 nov. 2019. Disponível em: https://www.camara.leg.br/noticias/619588-artistas-negros-ressaltamimportancia-do-hip-hop-no-combate-ao-racismo/. Acesso em: 4 jul. 2022.

PORTAL DA USP ENVIE UMA PAUTA FALE CONOSCO

AO VIVO | RÁDIO USP SP | RÁDIO USP RIBEIRÃO

RECEBA NOTÍCIAS NO CELULAR | TENHA O JORNAL NO E-MAIL | PODCASTS | RÁDIO USP | TV USP | GUIA PARA CIENTISTAS | BUSCA

JORNAL DA USP

USP Universidade de São Paulo

PÁGINA INICIAL CIÊNCIAS TECNOLOGIA EDUCAÇÃO CULTURA ATUALIDADES UNIVERSIDADE INSTITUCIONAL

Home \ Podcast \ Novos Cientistas \ Como o rap e o hip hop se apropriaram do espaço urbano em SP

Podcast - *06/02/2020*

Como o rap e o hip hop se apropriaram do espaço urbano em SP

Com o objetivo de registrar as memórias do rap e do hip hop, o geógrafo Ricardo do Ó Plácido desenvolveu sua pesquisa de mestrado em que estuda como se deu essa apropriação, marcada por conflitos e contradições

Por Antonio Carlos Quinto - Editorias: - URL Curta: jornal.usp.br/?p=299932

515 SHARE

NOVOS CIENTISTAS

Como o rap e o hip hop se apropriaram do espaço urbano em SP

Novos Cientistas

ARTIGOS

Políticas públicas, camuflagens e interesses ocultos: uma abordagem ecossistêmica para os problemas do nosso tempo

23/07/2020

Por André Francisco Pilon, professor associado da Faculdade de Saúde Pública da USP

Telemedicina, pandemia e desigualdade

22/07/2020

Por Mauro Rodrigues Penteado, professor da Faculdade de Direito da USP, e Reinaldo Marques da Silva, doutorando em Direito e Ciências Sociais pela

Reprodução da página do episódio "Como o rap e o hip-hop se apropriaram do espaço urbano em SP", do *podcast Os novos cientistas*, publicado pelo *Jornal da USP*, 6 fev. 2020.

b) Ouça, agora, a entrevista com o geógrafo Ricardo do Ó Plácido, no episódio "Como o rap e o hip-hop se apropriaram do espaço urbano em SP", do *podcast Os novos cientistas*, publicado pelo *Jornal da USP*, em 6 de fevereiro de 2020 e veiculado originalmente na Rádio USP. (disponível em: https://jornal.usp.br/podcast/como-o-rap-e-o-hip-hop-se-apropriaram-do-espaco-urbano-em-sp; acesso em: 13 fev. 2022).

c) Por fim, assista a um debate sobre *hip-hop* que ocorreu no programa *JC Debate*, da TV Cultura, em 2014 (Disponível em: https://youtu.be/qLI9EanUbCI; acesso em: 4 jul. 2022).

Você leu uma notícia, ouviu uma entrevista e assistiu a um debate: de diferentes formas, o movimento *hip-hop* foi apresentado nesses três gêneros. A proposta, agora, é explorar essas formas de apresentação, comparar as estruturas usadas em cada um dos gêneros e verificar a que objetivo comunicacional cada um deles atende.

d) Monte um quadro, como o do exemplo a seguir, no diário de bordo para registrar os dados de sua análise dos textos.

Categorias de comparação		Notícia	Entrevista	Debate
Mídia	Mídia em que o texto foi veiculado	\\\\\\\\\\\\\\\\\\\\	\\\\\\\\\\\\\\\\\\\\	\\\\\\\\\\\\\\\\\\\\
	Veículo original de circulação desse conteúdo	\\\\\\\\\\\\\\\\\\\\	\\\\\\\\\\\\\\\\\\\\	\\\\\\\\\\\\\\\\\\\\
	Interação entre diferentes linguagens: som, imagem, texto	\\\\\\\\\\\\\\\\\\\\	\\\\\\\\\\\\\\\\\\\\	\\\\\\\\\\\\\\\\\\\\
Gênero: atividade discursiva	Por que esse gênero foi selecionado para a apresentação do tema?	\\\\\\\\\\\\\\\\\\\\	\\\\\\\\\\\\\\\\\\\\	\\\\\\\\\\\\\\\\\\\\
	Relação entre o veículo de circulação do texto, seu público potencial e a abordagem do tema	\\\\\\\\\\\\\\\\\\\\	\\\\\\\\\\\\\\\\\\\\	\\\\\\\\\\\\\\\\\\\\
Conteúdo	Síntese do texto	\\\\\\\\\\\\\\\\\\\\	\\\\\\\\\\\\\\\\\\\\	\\\\\\\\\\\\\\\\\\\\

e) Ao terminar de preencher o quadro, forme um grupo com mais dois colegas e, juntos, comparem as observações que cada um fez. Complete seu quadro com dados que tenham passado despercebidos por você, mas que tenham sido identificados pelos colegas. Por meio desta atividade, você pode reconhecer que cada gênero tem um papel comunicativo e que a consciência desse papel favorece uma leitura mais crítica, por ser mais atenta às intencionalidades.

f) Em seguida, ainda em grupo, façam um levantamento de outras diferenças que não tenham sido destacadas no quadro de exploração dos gêneros. Depois, preparem uma apresentação dessa análise para a turma, seguindo o roteiro indicado.

Determinem o tópico de investigação. Pode ser um dos sugeridos a seguir.

- Níveis de formalidade do texto.
- Diferenças na diagramação.
- Formas de interação entre as pessoas presentes no ato comunicativo.
- Campo semântico de predomínio nos textos.

Apresentem ao menos uma definição do tópico a ser investigado. Por exemplo:

- O que são níveis de formalidade em língua portuguesa?
- O que é diagramação?
- O que são formas de interação?
- O que é campo semântico? Se tiver escolhido outro foco de análise, indique também sua definição.

Monte um quadro para expor os elementos de sua comparação.

Levante hipóteses sobre a relação entre essas diferenças e os objetivos de cada gênero, de cada mídia ou de cada veículo de circulação da informação.

Após a apresentação, dê um tempo para que os colegas exponham suas hipóteses.

Experimentação Pesquisa de análise de mídias tradicionais

As mídias digitais são tão presentes na atualidade que muitas pessoas podem achar que as mídias tradicionais – televisão, rádio, jornal e revista impressos – estão em declínio. Mas, juntas, ainda são a principal fonte de informação e de entretenimento entre os brasileiros.

A prática de pesquisa proposta nesta unidade tem algumas das mídias tradicionais como fonte de dados e foco de análise. O objetivo é que, ao buscar informações sobre determinado tema, você e os colegas observem de que modo essas informações são veiculadas e que sentidos são construídos por meio delas.

O levantamento de dados para esse trabalho se inscreve na categoria da análise documental, e a análise das mídias vai ser orientada pelos princípios da análise de discurso multimodal.

Você e os colegas vão analisar as formas como as mídias tradicionais abordam a cultura *hip-hop*.

O resultado dessa pesquisa deve permitir que a turma debata uma das seguintes questões:

1. A projeção do *hip-hop* nas diferentes mídias, ao dar mais visibilidade para a periferia, colabora para a resolução dos problemas enfrentados por seus moradores?

2. A abordagem que as diferentes mídias fazem do *hip-hop* contribui para a valorização das histórias e das experiências da juventude da periferia?

3. A abordagem feita pela mídia leva ao interesse pelo *hip-hop* por seu potencial de denúncia do racismo e da desigualdade ou por seu potencial de valorização dos *rappers* bem-sucedidos?

4. A mídia, ao abordar o *hip-hop*, valoriza igualmente todos os seus elementos (*breaking*, grafite, DJ, MC e *rap*)? Há destaque para algum deles? Por quê?

5. Existe preconceito nas abordagens feitas pelas mídias tradicionais quando tratam do movimento *hip-hop*?

A turma vai ser organizada em grupos e ao menos dois desses grupos devem se responsabilizar por pesquisar o tema em cada uma das seguintes mídias tradicionais: jornal, revista, televisão e rádio.

Para qualquer pesquisa, são importantes as seguintes definições:

- **Perguntas de pesquisa:** são fundamentais para guiar a leitura, a audição e a análise de qualquer pesquisador. Como as fontes são vastas, ao ler o material, é preciso saber o que se está procurando. Por exemplo: o que é possível saber sobre o movimento *hip-hop* por meio de matérias publicadas em jornais com formatos impressos e digitais? Ao tratar do *hip-hop*, as matérias, os vídeos e os programas de rádio analisados destacam o histórico do movimento e suas características ou divulgam determinados artistas com maior destaque?
- **Formulação de hipótese:** ao fazer perguntas para uma pesquisa, o pesquisador, baseado em suas leituras, em sua experiência e em seu conhecimento de mundo, pode antecipar a resposta com a formulação de uma hipótese. Anote em seu diário de bordo que respostas você imagina encontrar no material a ser pesquisado.
- **Delimitação das fontes:** é fundamental ser realista na escolha das fontes e do período de cobertura. Isso significa determinar, por exemplo, a exploração de dois jornais de circulação nacional, no máximo, que publicaram matérias sobre o *hip-hop* ao longo do segundo semestre de 2022 ou quatro diferentes jornais que publicaram notícias sobre o *hip-hop* por uma semana. Se não encontrar muitas reportagens ou notícias no período delimitado, você pode ampliar o recorte. Para as demais mídias, o processo é o mesmo: determina-se uma ou duas emissoras e o período e faz-se a pesquisa de programas sobre o tema.

Dividam a pesquisa entre os componentes do grupo e determinem se as buscas vão ser feitas na internet ou em mídias impressas. Se tiverem acesso à internet, aproveitem para criar um documento compartilhado de edição para reunir os dados e resultados da pesquisa.

Para ir mais longe — Análise documental

Quando um pesquisador precisa investigar determinado tema que não tenha sido amplamente documentado em livros ou artigos acadêmicos, ele pode recorrer a fontes primárias, isto é, atas, relatórios, jornais, revistas, vídeos, fotografias, filmes, programas de televisão, etc., a fim de levantar dados que lhe permitam responder a alguma pergunta sobre o assunto que lhe interessa. A esse trabalho de pesquisa em fontes primárias é dado o nome de **pesquisa documental** ou **análise documental**.

Princípios da análise do discurso multimodal

A análise de textos multimodais – aqueles que exploram diferentes combinações de recursos escritos, visuais, sonoros e/ou corporais – requer do leitor/pesquisador a formulação de perguntas que auxiliem na exploração dos elementos verbais e não verbais, além da familiaridade com o gênero e com o veículo ou a mídia de circulação do texto.

A análise de uma reportagem televisiva ou de uma notícia veiculada em rádio, por exemplo, deve considerar que essas duas mídias exploram os temas dentro de um tempo bastante limitado, no qual as informações precisam ser breves e se renovarem para manter o público atento e ligado à estação ou ao canal, que depende de publicidade. A imagem que a empresa pretende passar para seu público determina, em grande parte, os recortes temáticos dos textos, o tipo de narração, as imagens e, até mesmo, a postura do apresentador/repórter.

Considerando a importância da interação entre elementos verbais e não verbais, oriente-se pelo seguinte roteiro para a análise das mídias e do tratamento dado por elas ao tema *hip-hop*:

- **Exploração do conteúdo verbal:** você já sabe que não há neutralidade ou imparcialidade completa em um veículo midiático, uma vez que ele atende a pressupostos editoriais sobre o que pode ser relevante divulgar, enfatizar, valorizar ou desvalorizar e o modo como isso acontece. Para o levantamento de dados desse tipo de fonte primária, é importante a criação de uma tabela, para que o olhar recaia sobre os conteúdos do texto que colaborem para a resposta às questões formuladas. Veja uma sugestão a seguir.

Mídia fonte de pesquisa [jornal, televisão, rádio, revista]				
Nome do veículo e data de publicação do texto	Há informações sobre a história do movimento? Quais?	Há destaque para um artista individual? Qual? Como ele é apresentado?	Há destaque para grupos ou coletivos? O que contam sobre eles? Quais elementos são valorizados e quais são desvalorizados?	O movimento é associado a outros temas, como preconceito, machismo, feminismo, empoderamento da periferia, empoderamento dos jovens, violência, denúncia de injustiças, valorização ou desvalorização da mulher, etc.? Quais?
\\\\\\\\\\\\\\\\\\\\\\\\	\\\\\\\\\\\\\\\\\\\\\\\\	\\\\\\\\\\\\\\\\\\\\\\\\	\\\\\\\\\\\\\\\\\\\\\\\\	\\\\\\\\\\\\\\\\\\\\\\\\

- **Exploração do conteúdo não verbal:** a exploração dos recursos visuais e sonoros é tão importante quanto a exploração do texto verbal. Como os canais para o processamento das linguagens são sensivelmente diferentes, é natural que interfiram direta e mutuamente na apreensão do conjunto.

Mídia fonte de pesquisa [jornal ou revista]			
Fonte e data	O que as imagens mostram? Há pessoas? Para onde elas olham? Com que elementos elas interagem?	Em sua opinião, a foto selecionada ilustra a reportagem?	A legenda que acompanha a foto esclarece dados sobre essa imagem?
\\\\\\\\\\\\\\\\\\\\\\\\\\\\\\\\	\\\\\\\\\\\\\\\\\\\\\\\\\\\\\\\\	\\\\\\\\\\\\\\\\\\\\\\\\\\\\\\\\	\\\\\\\\\\\\\\\\\\\\\\\\\\\\\\\\

Mídia fonte de pesquisa [televisão]				
Fonte e data	Quais são os espaços filmados? O que os caracteriza? Que sensação eles provocam no espectador?	Quem são as pessoas entrevistadas? Para onde elas olham? O que o enquadramento da câmera destaca?	Quais são as cenas mais recorrentes? Há legendas para as imagens? Há narração? O texto da narração destaca algum elemento da imagem? Qual? O que foi omitido?	Que visão do movimento as imagens selecionadas ajudam a construir?
\\\\\\\\\\\\\\\\\\\\\\\\	\\\\\\\\\\\\\\\\\\\\\\\\	\\\\\\\\\\\\\\\\\\\\\\\\	\\\\\\\\\\\\\\\\\\\\\\\\	\\\\\\\\\\\\\\\\\\\\\\\\

Mídia fonte de pesquisa [rádio]			
Fonte e data	Há execução de músicas?	Quantas vezes, ao longo do programa, as músicas são executadas?	Há outro elemento sonoro que, em sua opinião, destaca aspectos importantes do movimento?
\\\\\\\\\\\\\\\\\\\\\\\\\\\\\\\\	\\\\\\\\\\\\\\\\\\\\\\\\\\\\\\\\	\\\\\\\\\\\\\\\\\\\\\\\\\\\\\\\\	\\\\\\\\\\\\\\\\\\\\\\\\\\\\\\\\

- **Análise dos dados:** é hora de reunir os dados coletados por você e pelos colegas do grupo e de organizá-los de modo a responder às questões que orientam a pesquisa. Se, por exemplo, cada integrante investigou quatro fontes, vocês têm os dados de, no mínimo, dezesseis fontes primárias, o que já permite uma conclusão preliminar.

Em primeiro lugar, contabilizem as respostas "sim" e "não" para cada pergunta. Depois, detalhem o conteúdo com base nas respostas a cada uma das questões do quadro. Por exemplo:

- Quantas reportagens ou programas tratam do histórico do movimento *hip-hop*: todos, a maioria, alguns ou nenhum? O que isso pode significar?

Analisem as imagens em interação com os textos verbais: o que se destaca? Você observa a defesa de algum tipo de ideia? Há a preocupação em manter certa neutralidade? As imagens reforçam o conteúdo do texto? Há preconceito expresso? Em caso positivo, de que forma isso se revela nas imagens? Compartilhem os resultados da pesquisa, apresentem as conclusões, ouçam os questionamentos dos colegas e verifiquem se surgem novas conclusões.

TEXTO II

Speto

Paulo César Silva, mais conhecido como Speto, é um grafiteiro paulista envolvido com o *skate* e a música. O fortalecimento de sua arte ocorreu, em 1999, pela oportunidade de ver de perto as referências que trazia há tempos, ao passar por diversas cidades do Norte do Brasil em uma turnê com a banda *O Rappa*.

Revista Zupi, n. 19, 2010.

O grafite do artista paulista Speto, exposto no Museu Afro Brasil, revela elementos da cultura brasileira reconhecidos

a) na influência da expressão abstrata.

b) na representação de lendas nacionais.

c) na inspiração das composições musicais.

d) nos traços marcados pela xilogravura nordestina.

e) nos usos característicos de grafismos dos *skates*.

7. (Enem – 2014)

Sem flecha, na rima

O grupo de rap Brô MCs, criado no final de 2009, é formado pelos pares de irmãos (daí o "bro", de *brother*) Bruno/Clemerson e Kelvin/Charles, jovens que cresceram ouvindo *hip-hop* nas rádios da aldeia Jaguapiru Bororo, em Dourados, Mato Grosso do Sul.

– Desde o começo a gente não queria impor uma cultura estranha que invadisse a cultura indígena – afirma o produtor, chamando a atenção para o grande destaque do Brô MCs: as letras em língua indígena. Expressar-se em língua originária e fazer com que os jovens indígenas percebam a vitalidade do idioma nativo é uma das motivações do grupo.

A dificuldade maior vem dos críticos, que não aceitam o fato de que a cultura indígena é dinâmica e sempre incorpora novidades.

– "Mas índio cantando *rap*?", tem gente que questiona. O *rap* é de quem canta, é de quem gosta, não é só dos americanos — avalia Dani [o vocal feminino].

BONFIM, E. *Revista Língua Portuguesa*, n. 81, jul. 2012 (adaptado).

Considerando as opiniões apresentadas no texto, a indagação "Mas índio cantando *rap*?" traduz um ponto de vista que evidencia

a) desqualificação dos indígenas como músicos, desmerecendo sua capacidade musical devido à sua cultura.

b) desvalorização da cultura *rap* em contrapartida às tradições musicais indígenas, motivo pelo qual os índios não devem cantar *rap*.

c) preconceito por parte de quem não concebe que os índios possam conhecer o *rap* e, menos ainda, cantar esse gênero musical.

d) equívoco por desconsiderar as origens culturais do gênero musical ligadas ao contexto urbano.

e) entendimento do *rap* como um gênero ultrapassado em relação à linguagem musical dos indígenas.

8. (Enem – 2010)

Não é raro ouvirmos falar que o Brasil é o país das danças ou um país dançante. Essa nossa "fama" é bem pertinente, se levarmos em consideração a diversidade de manifestações rítmicas e expressivas existentes de Norte a Sul. Sem contar a imensa repercussão de nível internacional de algumas delas.

Danças trazidas pelos africanos escravizados, danças relativas aos mais diversos rituais, danças trazidas pelos imigrantes etc. Algumas preservam suas características e pouco se transformaram com o passar do tempo, como o forró, o maxixe, o xote, o frevo. Outras foram criadas e são recriadas a cada instante: inúmeras influências são incorporadas, e as danças transformam-se, multiplicam-se. Nos centros urbanos, existem danças como o *funk*, o *hip-hop*, as danças de rua e de salão.

É preciso deixar claro que não há jeito certo ou errado de dançar. Todos podem dançar, independentemente de biótipo, etnia ou habilidade, respeitando-se as diferenciações de ritmos e estilos individuais.

GASPARI, T. C. Dança e educação física na escola: implicações para a prática pedagógica. Rio de Janeiro: Guanabara Koogan, 2008 (adaptado).

Com base no texto, verifica-se que a dança, presente em todas as épocas, espaços geográficos e culturais, é uma

a) prática corporal que conserva inalteradas suas formas, independentemente das influências culturais da sociedade.

b) forma de expressão corporal baseada em gestos padronizados e realizada por quem tem habilidade para dançar.

c) manifestação rítmica e expressiva voltada para as apresentações artísticas sem que haja preocupação com a linguagem corporal.

d) prática que traduz os costumes de determinado povo ou região e está restrita a este.

e) representação das manifestações, expressões, comunicações e características culturais de um povo.

9. (Unicamp-SP – 2021)

Esses artifícios de montagem, mixagem e *scratching* dão ao *rap* uma variedade de formas de apropriação que parecem tão volúveis e imaginativas quanto as das artes maiores – como, digamos, as exemplificadas na "Mona Lisa de bigode" de Duchamp e nas múltiplas reduplicações de imagens comerciais pré-fabricadas de Andy Warhol. O *rap* também apresenta uma variedade de conteúdos. Não apenas utiliza trechos de canções populares, como também absorve ecleticamente elementos da música clássica, de apresentações de TV, de *jingles* de publicidade e da música eletrônica de videogames. Ele se apropria até mesmo de conteúdos não musicais, como reportagens de jornais na TV e fragmentos de discursos de Malcom X e Martin Luther King.

(Richard Shusterman, *Vivendo a arte*. São Paulo: Editora 34,1998, p.149.)

Comvest/Vestibular Unicamp, 2021.

Marcel Duchamp, "Mona Lisa de Bigode", 1919.

A emergência e a consolidação do *rap* como linguagem artística foram cercadas de polêmicas de natureza ética, política e cultural. Com base no excerto acima e no quadro de Marcel Duchamp, assinale a alternativa correta.

a) Os elementos poéticos do *rap* não podem ser comparados aos procedimentos das artes maiores, pois sua preocupação é mais política do que artística.

b) A incorporação das referências culturais nas canções dos Racionais Mc's é comparável ao gesto de Marcel Duchamp ao pintar um bigode na Mona Lisa, de Leonardo da Vinci. Ambos são apropriações imaginativas e críticas.

c) O modernismo de Marcel Duchamp, os quadros do pintor norte-americano Andy Wahrol e as canções de *rap* não têm valor artístico, pois expressam a degradação e o ecletismo de uma sociedade de massas.

d) O *rap* dos Racionais Mc's e as artes modernas não fazem distinção entre a cultura erudita e a de massa, misturam os seus elementos e produzem obra destituídas de crítica social.

#Multiplicar

Hip-Hop em movimento e em debate

Em conjunto com a turma, vocês organizarão um debate regrado sobre o movimento *hip-hop*, evidenciando as análises que fizeram da abordagem pelas mídias tradicionais do tema e agregando questões sobre as danças urbanas, o grafite e o *rap* com base nas aprendizagens e experimentações propostas nesta unidade.

Além disso, a ideia é que a turma se organize em grupos, cada um responsável por uma linguagem de interesse: danças urbanas, grafite e *rap*, sendo possível incluir, ainda, a rima e a discotecagem. Assim, cada grupo será responsável por preparar uma apresentação, *freestyle* (improvisada) ou não, para fazer parte de um evento junto com o debate.

Rawpixel.com/Shutterstock

Grupo de jovens estudando.

Lembrem-se de que, durante esse trabalho, é importante fazer registros, como fotos, vídeos, pinturas, desenhos, textos, etc. Decidam que tipo de registro preferem e quem ficará responsável por essa tarefa.

Procedimentos

1. Escolham um local da escola onde realizarão o evento e definam a data e o horário. Pensem em estratégias para que outras turmas possam assistir e participar.

2. Organizem um cronograma com o que acontecerá no evento, além do momento de debate.

3. Para as apresentações, cada grupo pode pensar em:

Danças urbanas: combinar se será uma roda e se acontecerão "batalhas" ou se haverá coreografias ensaiadas e se a apresentação será feita em conjunto com o grupo do *rap*. Decidir se utilizarão algum outro elemento cênico além da dança e da música, como figurino, objetos, iluminação e outros. Em caso positivo, prepare esse material e/ou combine as interferências dos outros grupos da turma. Ensaie ou pratique com o grupo o que será apresentado.

Grafite: escolham as técnicas a serem adotadas, considerando o que conheceram nas experimentações em *Atravessamentos urbanos na dança*, como o estêncil e as TAGs. Verifiquem se há, na escola, algum local autorizado para ser grafitado ao longo do evento e organizem os materiais necessários. Se não for possível, busquem alternativas, como fazer um painel com papel *Kraft*.

Rap: recordem o que aprenderam sobre a poética do *rap*, suas ligações com a tradição oral e os elementos que estudaram tanto em Música como em Língua Portuguesa. Façam uma letra coletivamente, refletindo aspectos de suas vidas que sejam relevantes para o grupo. Vocês podem utilizar, ainda, recursos eletrônicos de mixagens por meio de aplicativos, para criar uma tessitura para a música.

Reprodução/TV Cultura

Debate no programa *JC Debate*, da TV Cultura, 2014.

4. Depois, a turma deve organizar o momento do debate. Ele acontecerá no dia do evento e será o momento de compartilhamento das análises das mídias tradicionais, da expressão das ideias, do ponto de vista de cada um acerca de temas relevantes não só para a juventude como também para toda a comunidade. Lembrem-se de que um debate, nesse caso, não é uma disputa, mas a busca para ampliar a compreensão de um tema e, sempre que possível, propor uma solução para os problemas que forem levantados.

5. Como preparação para o debate, a turma deve definir uma das perguntas norteadoras propostas na *Pesquisa de análise de mídias tradicionais*. Releiam o resultado e destaquem todos os dados relevantes para a sustentação de sua opinião, que não precisa ser um "sim" ou um "não", simplesmente.

6. Estabeleçam as regras do debate. Por exemplo: cada debatedor ou dupla de debatedores terá 3 minutos para a exposição inicial; o segundo debatedor ou dupla de debatedores terá mais 3 minutos para suas considerações; em seguida, os primeiros debatedores terão até 2 minutos para comentar a exposição do debatedor anterior, que fará o mesmo em seus 2 minutos seguintes. As falas não podem ser interrompidas pelo outro debatedor.
7. Atentem-se à linguagem do debate. A exposição das informações precisa considerar o público que assistirá ao debate, daí a necessidade de ser clara. Sempre que houver uma expressão que possa ser desconhecida do público, apresentem seu significado. Lembrem-se de que o debate é uma situação formal, por isso pede o uso da norma-padrão da língua. Observem, portanto, a concordância entre verbo e sujeito, entre artigos e substantivos e entre substantivos e adjetivos. Evitem o emprego de gírias, pois podem não ser conhecidas por parte da plateia.
8. Ao iniciarem a exposição, evitem o uso de "Em minha opinião" ou "Eu acho". Como se trata de exposição de ponto de vista baseado em dados de pesquisa, as afirmações ganham mais credibilidade se vocês citarem as fontes de suas conclusões.
9. Deixem claro que vocês estão em um debate, garantindo a retomada das falas do outro debatedor.
10. O mediador deve sempre fazer um sinal para indicar a proximidade do fim do tempo de fala de cada debatedor.
11. Ao término do debate, o mediador deve agradecer aos debatedores pela participação e à plateia pela atenção. Pode, ainda, se for o caso, elogiar a qualidade do debate e destacar esclarecimentos importantes acerca do tema. Os debatedores, ao final da rodada, devem cumprimentar-se gentilmente.

Por fim, reúna-se com o grupo e faça uma avaliação do evento. Dialoguem, norteados pelas seguintes questões:

- Como foi a preparação do evento?
- De que forma vocês determinaram e acordaram o que e como aconteceria?
- Como foi o desenvolvimento da apresentação?
- Como foi se apresentar?
- Vocês conseguiram se integrar aos outros elementos? Como foi isso?
- Como foi sua preparação para o debate?
- Ao final do debate, você se sentiu satisfeito com sua participação? O que melhoraria?
- O debate foi esclarecedor? Permitiu a ampliação de seu conhecimento sobre o tema? Você acredita ter contribuído para a compreensão do tema pelos participantes (debatedores e plateia)?

Liste algumas perguntas para fazer aos outros grupos de sua turma que produziram o evento com vocês.

Diário de bordo

Anote suas impressões no diário de bordo. Você também pode incluir imagens, desenhos, pinturas e outros registros que a turma tenha feito do evento.

Meu portfólio

Nesta unidade, você e os colegas conheceram e refletiram sobre as culturas urbanas e juvenis, com foco na cultura *hip-hop* e seus desdobramentos, incluindo os aspectos históricos, culturais, sociais, políticos e étnico-raciais que permeiam suas manifestações, com ênfase nas produções nacionais de diferentes regiões. Também desenvolveram análises, fruíram e apreciaram diferentes manifestações artísticas da cultura urbana.

Por meio de inúmeras experimentações, conheceram técnicas e estilos diversos e participaram de processos de criação individuais e coletivos de dança, artes visuais e música. Além disso, estudaram letras de *rap* e analisaram comparativamente os gêneros notícia, entrevista radiofônica e debate televisionado. Em práticas de pesquisa, fizeram uma análise de mídias tradicionais por meio de uma pesquisa documental, levantando dados em fontes primárias sobre o *hip-hop*. Por fim, organizaram um debate regrado e participaram dele.

O portfólio

Para montar seu portfólio, você deve retomar todas as produções realizadas nesta unidade, desde rascunhos e projetos até registros em fotos e vídeos de apresentações. Lembre-se de que todo o processo criativo é importante, e não apenas o produto final; por isso, aqui não podem faltar as diversas versões de uma mesma produção.

Retome, ainda, todas as anotações que fez no diário de bordo, elas vão ajudá-lo muito na construção do portfólio. Não deixe de colocar a data em que cada produção foi realizada; assim, ao consultar o portfólio, você vai ter condições de verificar seu histórico de aprendizagem. Essa consulta pode ajudá-lo a perceber quais aspectos você desenvolveu e aperfeiçoou ao longo do trabalho e auxiliá-lo na realização da autoavaliação de aprendizagem.

UNIDADE

3 Multiculturalismos

Marcel Gautherot/Instituto Moreira Salles

Praticantes de capoeira na zona portuária de Salvador (BA), *c.* 1946. Fotografia de Marcel Gautherot. Acervo digital do Instituto Moreira Salles.

#TáNoFeed

Veja a fotografia feita por Marcel Gautherot (1910-1996), que mostra a prática da capoeira na zona portuária de Salvador (BA), na década de 1940. Gautherot foi um fotógrafo francês que, junto a Pierre Verger (1902-1996), viajou pelo Brasil registrando a cultura popular do país.

A seguir, ouça e leia a letra da canção "Etnia", que faz parte do álbum *Afrociberdelia* (1996), do grupo Chico Science & Nação Zumbi. O pernambucano Chico Science (1966-1997) foi um dos principais idealizadores do Manguebeat, um movimento de contracultura originado na década de 1990 na cidade do Recife (PE). Esse movimento pretendia renovar a vida cultural pernambucana por meio da apropriação de características da cultura regional, como o maracatu rural, misturadas a elementos da cultura *pop*, como o *rock* e o *hip-hop*.

Reprodução/Chaos Gravadora

Capa do álbum *Afrociberdelia*, de Chico Science & Nação Zumbi, lançado em 1996.

Etnia

Somos todos juntos uma miscigenação e não podemos fugir da nossa etnia
Todos juntos uma miscigenação e não podemos fugir da nossa etnia
Índios, brancos, negros e mestiços
Nada de errado em seus princípios

O seu e o meu são iguais
Corre nas veias sem parar
Costumes, é folclore, é tradição
Capoeira que rasga o chão
Samba que sai de uma favela acabada
É hip-hop na minha embolada
É o povo na arte, é arte no povo
E não o povo na arte de quem faz arte com o povo
É o povo na arte, é arte no povo
E não o povo na arte, de quem faz arte com o povo
Por detrás de algo que se esconde
Há sempre uma grande mina de conhecimentos e sentimentos
Eu disse, por detrás de algo que se esconde
Há sempre uma grande mina de conhecimentos e sentimentos, e sentimentos
Não há mistérios
[...]

ETNIA. Intérprete: Chico Science & Nação Zumbi.
Compositores: Chico Science e Lúcio Maia.
In: AFROCIBERDELIA. Intérprete: Chico Science & Nação Zumbi.
[*S. l.*]: Chaos, 1996. 1 CD, faixa 3.

1. Com base na letra da canção e na observação da fotografia de Gautherot, reflita sobre as questões propostas a seguir, converse com os colegas e responda às questões.

a) Qual é a relação entre o título e o conteúdo da letra da canção de Chico Science & Nação Zumbi?

b) O que você entende por "miscigenação"? É possível exemplificar a miscigenação em práticas culturais?

c) Que sentidos você atribui ao jogo feito pelos compositores com as palavras "arte" e "povo"?

d) Na letra da canção são citadas algumas manifestações culturais. Como você percebe a representatividade delas na cultura brasileira?

e) Que relação você estabelece entre a fotografia de Marcel Gautherot e a letra da canção de Chico Science & Nação Zumbi? Por quê?

Nesta unidade, em Educação Física, você refletirá sobre o conceito de multiculturalismo crítico e seus usos no estudo das práticas corporais e poderá aprofundar os conhecimentos sobre manifestações corporais de luta, sobretudo a capoeira e a luta indígena *huka-huka*. Em Arte, você verá como a miscigenação cultural está na base das artes circenses e entenderá, por meio de sua história, o modo como ela atua na cultura brasileira. Já em Língua Portuguesa, estudará o gênero conto e suas características por meio da leitura de um conto do escritor moçambicano Mia Couto (1955-), em diálogo intertextual com um conto do mineiro Guimarães Rosa (1908-1967).

Na seção *#Multiplicar*, você organizará um clube de leitura para compartilhar leituras e suas descobertas. Isso possibilitará a ampliação de seu repertório literário e o desenvolvimento do protagonismo comunitário.

Conheça a unidade

Objetivos de aprendizagem

Educação Física

- Compreender a origem cultural das práticas corporais de luta.
- Compreender o conceito de multiculturalismo crítico e sua aplicação no estudo das práticas corporais.
- Debater a presença das mulheres em práticas corporais de luta.

Arte

- Compreender a importância do circo para a disseminação cultural brasileira, tendo como referência seu contexto histórico na Europa e no Brasil.
- Analisar e conhecer mais profundamente a arte dos palhaços.
- Construir um piano de garrafas.

Língua Portuguesa

- Compreender o conto como gênero narrativo, possibilitando o conhecimento de si mesmo por meio da literatura.
- Reconhecer a variação linguística a fim de ampliar a compreensão da língua como um fenômeno vivo e dinâmico.
- Criar um repertório pessoal de leitura por meio do contato com diversos autores de literaturas de língua portuguesa.
- Compartilhar leituras e interpretações de contos por meio de clubes de leitura.

Justificativa

Olhar para a diversidade de matrizes da cultura corporal e das artes circenses e reconhecê-las como processos de resistência e luta por direitos permite que você construa uma visão democrática e inclusiva da sociedade brasileira.

A produção final da unidade prevê a organização de um clube de leitura que possibilitará o compartilhamento do repertório literário da turma. Além disso, essa prática social permitirá intervir criticamente no meio cultural e exercer o protagonismo comunitário para que mais pessoas tenham acesso ao universo literário, democratizando e difundindo as práticas de leitura.

A BNCC nesta unidade

Nesta unidade são desenvolvidas as competências e habilidades da BNCC indicadas a seguir.

Competências gerais da Educação Básica: 1, 3, 4, 9.

Linguagens e suas Tecnologias no Ensino Médio: competências específicas e habilidades

Competência específica 1 (EM13LGG101, EM13LGG102, EM13LGG103, EM13LGG104); competência específica 2 (EM13LGG201, EM13LGG203, EM13LGG204); competência específica 3 (EM13LGG301, EM13LGG302); competência específica 4 (EM13LGG401); competência específica 5 (EM13LGG501, EM13LGG502, EM13LGG503); competência específica 6 (EM13LGG601, EM13LGG602, EM13LGG603, EM13LGG604).

Língua Portuguesa no Ensino Médio: campos de atuação social, competências específicas e habilidades

Todos os campos de atuação social

EM13LP01 (competência específica 2); EM13LP02 (competência específica 1); EM13LP03 (competência específica 1); EM13LP06 (competência específica 1); EM13LP08 (competência específica 1); EM13LP09 (competência específica 7); EM13LP10 (competências específicas 1, 7).

Campo artístico-literário

EM13LP46 (competências específicas 3, 6), EM13LP47 (competências específicas 1, 6), EM13LP48 (competências específicas 1, 6), EM13LP49 (competência específica 6), EM13LP50 (competência específica 3), EM13LP51 (competências específicas 1, 2), EM13LP52 (competências específicas 1, 3).

Ciências Humanas e Sociais Aplicadas no Ensino Médio: competências específicas e habilidades

Competência específica 1 (EM13CHS101, EM13CHS104); competência específica 6 (EM13CHS601).

Práticas corporais de lutas (Educação Física)

Observe as imagens retratando práticas corporais de lutas e leia as legendas.

Artur Widak/NurPhoto/Getty Images

Os lutadores Balint Korpasi (Hungria), à esquerda, e Frank Staebler (Alemanha), à direita, na final da categoria greco-romana masculina de luta, no Campeonato Mundial de Luta Livre em Budapeste, Hungria, 2018.

Golero/Getty Images

Jogo de capoeira, em Salvador (BA), 2017.

Ricardo Teles/Pulsar Imagens

Indígenas praticando a luta *huka-huka* na aldeia Afukuri, em Querência (MT) 2021.

1. Depois de observar as imagens das práticas corporais de lutas, responda às questões.

a) Quais semelhanças e diferenças você identifica entre as imagens?

b) Que outras práticas corporais poderiam compor esse conjunto de imagens? Por quê?

Diário de bordo

Registre no diário de bordo se você já conhecia as três práticas corporais de lutas que observou nas imagens. Escreva também alguns comentários sobre o que sabe a respeito delas.

Luta greco-romana, capoeira e *huka-huka* são exemplos de práticas corporais de lutas criadas pelo ser humano em diferentes contextos sociais e históricos.

As práticas corporais de lutas estão presentes em muitas culturas, embora apresentem diferentes origens e objetivos. A grande maioria surgiu em decorrência de atividades de preparação corporal para a defesa da própria segurança e a do grupo. Outras têm origem em rituais para a definição de papéis sociais em uma comunidade.

Tais práticas se diferenciam de atividades violentas repentinas, como brigas, pois são organizadas por regras nas quais o enfrentamento corporal entre os praticantes assume contornos com maior ou menor intensidade e contato corporal. Assim, as lutas podem ser definidas como:

> [...] disputas corporais, nas quais os participantes empregam técnicas, táticas e estratégias específicas para imobilizar, desequilibrar, atingir ou excluir o oponente de um determinado espaço, combinando ações de ataque e defesa dirigidas ao corpo do adversário. [...]

BRASIL. Ministério da Educação. *Base Nacional Comum Curricular.* Brasília, DF: MEC, 2018. p. 218.

Essas práticas também são conhecidas como "artes marciais" ou "esportes de combate". A expressão "arte marcial" muitas vezes é associada às práticas de lutas de origem asiática, como judô e caratê, mas sua real origem é greco-romana. A palavra "marcial" faz referência a Marte, o deus da guerra, e a palavra "arte" alude à busca pelo refinamento da habilidade de lutar. Já "esporte de combate" remete à inclusão das lutas e artes marciais no movimento esportivo formal. Assim como outros esportes, os de combate caracterizam-se por regras internacionais padronizadas no que se refere a competições, profissionalização dos praticantes, recompensas financeiras e altos níveis de treinamento, além de desempenho e especialização dos atletas.

A divisão entre artes marciais e esportes de combate não é fixa, pois uma arte marcial pode ser um esporte de combate, e vice-versa, dependendo do contexto de prática. Por isso, nesta unidade, vamos utilizar a expressão "práticas corporais de lutas", pois ela é mais ampla e inclui as diversas intencionalidades das práticas que envolvem disputas corporais.

Para iniciar o trabalho, você vai experimentar alguns jogos de lutas e refletir sobre os gestos e os movimentos que compõem essas práticas.

Diário de bordo

Registre no diário de bordo sua compreensão do conceito de práticas corporais de luta e descreva os elementos comuns entre três dessas práticas que sejam de sua preferência.

Experimentação — Jogos com movimentos de lutas

Em um espaço livre da escola e com o uso de materiais simples, você vai experimentar movimentos de ataque e defesa comuns em práticas corporais de lutas.

Esses jogos não exigem conhecimentos técnicos de luta, mas permitem que você perceba a necessidade de regras, de respeito e de colaboração entre os colegas.

Captura de objetos

Material

- Fitas de jornal, papel ou tecido.
- Pregadores de roupa.

1. Recortem de duas a quatro fitas de jornal, papel ou tecido e preguem-nas na roupa, na altura da cintura.
2. Formem uma dupla, na qual um será o oponente do outro, e delimitem o espaço para o jogo com um círculo ou um quadrado.
3. Ao sinal de início do jogo dado pelo professor, posicionem-se frente a frente e tentem pegar as fitas ou os pregadores do colega ao mesmo tempo que protegem os próprios. Ganha quem pegar primeiro todos os objetos do oponente.

Conquista de territórios

Material

- Corda.
- Giz.

1. Organizem com a turma duas fileiras com número igual de participantes, uma em frente à outra. Posicionem uma corda ao meio, de modo que cada participante de um lado da corda tenha um oponente do outro lado.
2. Marquem uma linha atrás de cada fileira a uma distância de mais ou menos 3 metros.
3. O objetivo é deslocar o oponente para o seu lado da corda até ultrapassar essa linha. É possível puxar e agarrar, mas sem derrubar o colega no chão.
4. Muitas variantes podem ser aplicadas a essa brincadeira, como usar um cinto de tecido na cintura e disputar o território, ou retirar o colega do espaço de jogo. A distância ou o tamanho do território também podem variar.
5. Após experimentarem as brincadeiras, conversem com o professor e os colegas sobre as questões a seguir.
   - Como você e os colegas lidaram com as regras e o contato físico?
   - Que movimentos você identificou na prática dos jogos?
   - Considerando o que você experimentou na prática dos jogos, levante hipóteses sobre os motivos que levaram diferentes culturas a desenvolver e cultivar práticas corporais de lutas. Que sentimentos e necessidades você associa às práticas corporais de lutas depois de tê-las vivenciado?
   - Que outros sentidos podem ser atribuídos à palavra "luta"?
   - Houve diferenças com relação à participação e aos sentimentos nos jogos com movimentos de lutas entre meninos e meninas?

Capoeira

Origem e história

Marcel Gautherot/Instituto Moreira Salles

Grupo de capoeira do Mestre Valdemar, em Salvador (BA), *c.* 1946. Fotografia de Marcel Gautherot. Acervo digital do Instituto Moreira Salles.

A capoeira é uma prática corporal em que dois jogadores, no interior de uma roda formada por outros praticantes, realizam movimentos de ataque e defesa, sem o objetivo de atingir de fato o oponente. Ao som do ritmo de um conjunto musical e de canções entoadas pelo mestre e pelo coro que compõe a roda, os capoeiristas executam deslocamentos, acrobacias e golpes frontais, laterais e giratórios de mãos e pernas. Para iniciar a prática, dois capoeiristas agacham-se à frente do conjunto musical e escutam com atenção o canto, denominado ladainha, que abre a roda em homenagem à origem afrodescendente da prática.

As ladainhas geralmente contêm lições de vida e transmitem a filosofia da capoeira, servindo de inspiração para o jogo. Antes de iniciá-lo, os praticantes cumprimentam-se com respeito. Em geral, entram na roda com um movimento chamado "aú", uma posição invertida que lembra a figura de uma estrela. O jogo de capoeira desenvolve-se por meio da ginga (ou gingado), que consiste em uma movimentação contínua do corpo de um lado para o outro, visando confundir o adversário e evitar que ele aplique um golpe com eficiência. Ao gingar, cada jogador procura o melhor posicionamento para a aplicação dos próprios golpes. Por meio desses movimentos, sempre ritmados pelo som do conjunto musical, o capoeirista envolve seu parceiro, procurando nunca confrontar diretamente seus ataques, mas esquivar-se deles e aplicar seus contra-ataques, se possível em movimentos sincronizados com os do companheiro.

Sogno Lucido/Shutterstock

A ginga, além de ser um movimento durante o jogo de roda, é considerada uma dança.

A história da capoeira tem relação direta com a história dos afrodescendentes no Brasil. No entanto, dados precisos para descrevê-la são escassos, pois grande parte dos registros históricos sobre o período escravocrata no Brasil foi destruída. A versão mais aceita é que, ainda no século XVII, a capoeira foi criada em solo brasileiro pela população negra escravizada, oriunda de vários países da África. Com a proibição de realizar práticas de lutas de suas culturas originárias, os escravizados mesclaram elementos lúdicos, musicais e da dança para disfarçar o treinamento de golpes de luta. Por isso, a capoeira é considerada uma prática corporal de resistência dos povos escravizados contra a opressão imposta pelos senhores. Nas senzalas e nos terreiros das fazendas, era praticada de forma clandestina e, com a aproximação dos senhores de engenho ou dos feitores, os escravizados cessavam os movimentos de luta e começavam a brincar e a dançar.

YASUYOSHI CHIBA/AFP

Retrato de Zumbi dos Palmares em muro na Pedra do Sal, monumento histórico do Rio de Janeiro (RJ), onde se encontra a Comunidade Quilombola Pedra do Sal. Foto de 2016.

A capoeira também foi praticada em quilombos, comunidades criadas por negros escravizados fugitivos, que neles se escondiam para se proteger dos senhores e dos feitores. O mais conhecido foi o Quilombo dos Palmares, que surgiu em 1597 e perdurou até 1694. Um dos líderes do quilombo, Zumbi dos Palmares, é reconhecido como um herói da resistência negra no Brasil. Considerado um bravo guerreiro, defendeu o quilombo contra várias invasões portuguesas utilizando facões e golpes de capoeira. Zumbi foi capturado e morto em 20 de novembro de 1695. O Dia da Consciência Negra, criado em 1995, propõe uma reflexão sobre a luta contra a opressão e a discriminação dos afrodescendentes no Brasil.

Os registros históricos indicam que, após a abolição da escravatura, em 1888, a capoeira desenvolveu-se inicialmente nas cidades de Salvador (BA), Rio de Janeiro (RJ) e Recife (PE), que receberam grande contingente de africanos sequestrados de seus locais de origem e que se deslocaram das fazendas para as cidades em busca de trabalho.

A prática de capoeira foi criminalizada durante vários anos. Muitos capoeiristas foram presos por agentes policiais, que os enquadravam como "vadios" e "mendigos", conforme o Código Criminal do Império do Brasil, de 1830. Depois, sua criminalização foi formalizada pelo Código Penal de 1890, junto a outras manifestações culturais afro-brasileiras, como o samba e o candomblé.

Retratada pela imprensa das cidades onde costumava ser praticada como uma atividade que ameaçava a ordem pública, parte significativa das primeiras pesquisas históricas sobre a capoeira utilizava arquivos policiais ou de jornais da época. Para evitar serem reconhecidos e presos, os capoeiristas começaram a adotar apelidos, prática que se mantém até hoje.

Com o tempo, as rodas de capoeira nas ruas de cidades baianas, fluminenses e pernambucanas se configuraram como práticas de lazer e trocas culturais entre os trabalhadores afrodescendentes de classes sociais mais desfavorecidas. A discriminação por parte da elite branca brasileira e a perseguição pelo poder público, porém, permaneceram.

Apesar de sua proibição, a capoeira continuou a ser praticada longe dos olhares policiais. Para não chamar atenção, mestres como Sinhozinho, como era conhecido o paulista Agenor Moreira Sampaio (1891-1962), que coordenou uma escola de capoeira no Rio de Janeiro entre 1920 e 1960, retirou os instrumentos e o canto da roda e reforçou o treino dos movimentos de luta e do condicionamento físico dos praticantes. Em 1928, na cidade do Rio de Janeiro, Mestre Zuma, apelido de Aníbal Burlamaqui, escreveu um manual sobre a prática da capoeira, intitulado *Gymnastica nacional (capoeiragem) methodizada e regrada*.

Essa visão mais sistematizada e menos associada à "vadiagem" atribuída aos negros ampliou os espaços de prática da capoeira. Como uma vertente mais atlética, teve influência de outras práticas de luta, como a greco-romana.

Capoeira de Angola e capoeira regional

A capoeira original começou a se modificar e resultou em uma subdivisão entre o que ficou conhecido como capoeira de Angola, mais fiel às tradições originárias dos negros escravizados, e capoeira regional, criada por Mestre Bimba com base no manual de Mestre Zuma.

Nessa mesma época, também na Bahia, Vicente de Ferreira Pastinha (1889-1981), o Mestre Pastinha, continuava a defender e a praticar a capoeira de Angola junto ao Mestre Waldemar (1916-1990). Ambos questionavam a inclusão de movimentos de outras artes marciais na capoeira, como fez Mestre Bimba. Até hoje, a capoeira de Angola diferencia-se da capoeira regional por defender uma presença maior dos elementos lúdicos e expressivos e da dança em jogos mais cadenciados e lentos, com valorização explícita da ancestralidade dessa prática.

Pierre Verger/Fundação Pierre Verger

Mestre Pastinha em fotografia de Pierre Verger, na capital baiana, entre 1946 e 1950. Fundação Pierre Verger, Salvador (BA).

Saiba+

Antes de se dedicar à capoeira, Manuel dos Reis Machado (1899-1974), conhecido como Mestre Bimba, foi estivador, carpinteiro e minerador de carvão. Seu método de ensino da capoeira a dissociou de uma prática ilegal e a popularizou como prática esportiva, o que agradou aos olhares governamentais da época.

Em sua escola, Mestre Bimba permitia a prática de capoeira apenas para quem tinha trabalho comprovado. Seu método consistiu na primeira sistematização do ensino dessa prática, que incluía a exigência do uso de uniforme e a realização de avaliações. Mestre Bimba também introduziu na capoeira movimentos de outras lutas e artes marciais, como jiu-jítsu, judô e luta greco-romana. Apesar de criticado por outros mestres e por intelectuais da época por subverter a capoeira de suas raízes ancestrais, seu legado é reconhecido até hoje.

Na prática da capoeira de Angola, a roda começa com a entoação de uma ladainha que aborda a condição do negro escravizado. As canções falam de heróis negros e do cotidiano da vida das populações afrodescendentes. O conjunto musical da capoeira de Angola é formado por três berimbaus, instrumento que contém uma madeira envergada (a biriba) com um cabo de aço e uma cabaça (fruto oco que cria a caixa de ressonância do instrumento) e é tocado por uma vareta de bambu com o auxílio de uma pedra ou moeda, que faz variações de tonalidade na corda de aço. Cada um deles tem uma afinação diferente (grave, média ou aguda). Além do berimbau, há um pandeiro, um atabaque, um caxixi (chocalho de palha e pedrinhas) e algumas vezes um ganzá (feito com cabaça e contas) e um agogô (instrumento de ferro cujo som é produzido pela percussão de uma vareta). A capoeira de Angola também se distingue da capoeira regional pelos toques de berimbau utilizados na roda. Seu jogo é mais próximo ao chão, com movimentos baixos que valorizam o encaixe do corpo dos praticantes.

Na década de 1960, o Brasil viveu um contexto social em que várias manifestações culturais de matriz africana buscavam legitimação cultural e jurídica. Nessa época, intelectuais e artistas brasileiros, como Gilberto Freyre (1900-1987), Edison Carneiro (1912-1972) e Jorge Amado (1912-2001), demonstraram interesse pela capoeira e a inseriram em seus escritos como forma de valorizar a identidade cultural brasileira. Seus trabalhos despertaram o interesse de estrangeiros, como os fotógrafos franceses que você conheceu nesta unidade.

A capoeira regional, organizada e desenvolvida por Mestre Bimba, passou a ser aceita como arte marcial brasileira pelo governo do então presidente Getúlio Vargas (1882-1954) e pelas elites brancas. Ela inclui movimentos de outras lutas e artes marciais, como a luta greco-romana. Os movimentos dos jogadores são mais altos e enfatizam fortemente a velocidade e o vigor físico, enquanto a capoeira de Angola valoriza a expressividade. A roda de capoeira regional pode ser realizada apenas com um berimbau e dois pandeiros.

Sergio Pedreira/Pulsar Imagens

Roda de capoeira de Angola, em Vera Cruz (BA), 2019.

Ao criar a capoeira regional, Mestre Bimba desenvolveu um conjunto de sequências para ensinar os movimentos de forma sistemática. Seus alunos realizavam provas para exibir a memorização e a execução correta das sequências que combinavam os movimentos típicos da capoeira. Bimba também criou o primeiro sistema de graduação dos praticantes de capoeira, no qual utilizava lenços coloridos de iniciante (cordão verde) até mestre (cordão branco). Seus alunos evoluíam conforme dominavam os movimentos por ele sistematizados.

Quanto à descriminalização da capoeira, o processo se efetivou por meio da construção de uma identidade brasileira que valoriza a miscigenação e esconde o racismo estrutural. O mito da democracia racial se construiu pela suposta aceitação das práticas culturais de matriz africana, mas até hoje práticas culturais de origem afrodescendente sofrem preconceito.

A partir da década de 1970, iniciou-se o processo de esportivização da capoeira. Em 1972, a prática foi incluída pelo Conselho Nacional de Desportos na categoria de pugilismo, o que provocou a organização de campeonatos regionais e nacionais e tentativas de unificação das capoeiras de Angola e regional.

Sergio Pedreira/Pulsar Imagens

Roda de capoeira regional, em Salvador (BA), 2019.

Thomas Barwick/Getty Images

Jovens praticando capoeira.

A prática de capoeira foi influenciada pelas ciências do esporte, especialmente no tocante ao treinamento físico e técnico dos praticantes. Ao assumir o caráter de esporte de combate, adotou-se um sistema de graduação, como nas artes marciais orientais, por meio da utilização de cordas com as cores da bandeira brasileira. Cada grupo tem um sistema de cordas diferentes, mas em todos eles o título de mestre é indicado pela faixa branca.

2. Destaque três principais acontecimentos históricos relacionados à capoeira, à medida que se tornou um esporte.

Diário de bordo

Construa no diário de bordo uma linha do tempo com os principais fatos que marcaram a história da capoeira.

Para ir mais longe A influência da luta greco-romana na capoeira regional

A luta greco-romana, uma das modalidades de luta presentes nos Jogos Olímpicos, é considerada um dos esportes mais antigos da civilização ocidental.

Registros datados de 2000 a.C. foram encontrados com movimentos similares aos realizados nos dias de hoje. A expansão territorial dos romanos na Antiguidade é apontada como um dos fatores de propagação da luta, que estreou nos Jogos Olímpicos da Grécia antiga em 704 a.C. Segundo escritos e esculturas da época, os atletas lutavam nus e aplicavam uma mistura de azeite de oliva e terra no corpo. O objetivo era derrubar o adversário três vezes, isto é, fazer com que o oponente tocasse as costas, o ombro ou o tórax no solo.

Mesmo com o fim dos Jogos Olímpicos da Grécia antiga, provocado pelo domínio do Império Romano, a luta greco-romana foi mantida como prática corporal. Hoje, como modalidade das Olimpíadas modernas, o objetivo da luta é imobilizar o oponente com as costas para o solo – ação que encerra imediatamente a luta. Caso nenhum dos dois atletas consiga executar esse golpe, a decisão se baseia na pontuação acumulada ao longo dos dois *rounds* de três minutos.

Nos Jogos Olímpicos modernos, há dois estilos de luta olímpica: o estilo livre e o estilo greco-romano. Em ambos, não é permitido realizar movimentos contra as articulações do adversário, pois isso pode causar dano à integridade física do oponente. Também é proibida a pegada de pescoço com as duas mãos. No estilo greco-romano, os atletas só podem utilizar tronco e braços para se defender e atacar. No estilo livre masculino e feminino, é permitido o uso das pernas na defesa e no ataque.

A luta greco-romana foi um dos estilos de luta que influenciaram a criação da capoeira regional por Mestre Bimba. Em meados da década de 1940, ele e outros mestres começaram a observar a chegada de diferentes movimentos de luta ao Brasil, como o caratê, o boxe e a luta greco-romana. Na tentativa de elevar a capoeira ao status de luta, e não de mera apresentação de rua, esses mestres agregaram à capoeira práticas dessas outras lutas, como a graduação dos praticantes por meio de cordões, a maior precisão com o efeito dos golpes e os métodos de ensino sistematizados.

Julian Finney/Getty Images

A russa Ekaterina Bukina e a brasileira Aline da Silva Ferreira disputaram as quartas de final da luta olímpica feminina nos Jogos Olímpicos do Rio de Janeiro (RJ), 2016.

Com a esportivização, a habilidade física, a força e a velocidade dos gestos da capoeira passaram a ser mais valorizadas do que seu caráter lúdico e de encontro social. Concomitantemente, sua prática em cidades turísticas, como Salvador (BA), abriu espaço para sua folclorização e atraiu a atenção de praticantes de todo o mundo. Com isso, houve também um intercâmbio de mestres de capoeira com estrangeiros, o que gerou um processo gradativo de internacionalização. Atualmente, a capoeira é praticada e estudada em mais de 150 países.

Em reconhecimento à importância da capoeira para a cultura nacional, ela foi registrada como Patrimônio Cultural Brasileiro em 2008 e como Patrimônio Cultural Imaterial da Humanidade em 2014 pela Organização das Nações Unidas para a Educação, a Ciência e a Cultura (Unesco).

Experimentação Praticando capoeira

A proposta desta atividade é que, em grupos, você e os colegas experimentem alguns movimentos da capoeira.

Daria Ustiugova/Shutterstock

Movimentos de capoeira.

1. Caminhem pelo espaço livremente, prestando atenção no ritmo. Durante a caminhada, procurem olhar nos olhos dos colegas, pois na roda de capoeira isso será bem importante.
2. Acrescentem a seu caminhar movimentos de braços e pernas que tornem o andar mais malemolente, quase dançado, incluindo movimentos articulares dos joelhos e quadris, e balanço dos braços.
3. Acrescentem giros e explorem andar em plano alto, médio e baixo, sempre buscando o olhar dos colegas e o molejo.
4. Formem duplas e posicionem-se frente a frente com os colegas. Desloquem-se dessa maneira, procurando olhar nos olhos um do outro e realizar giros, deslocamentos para a frente, para trás e para os lados.
5. Explorem possibilidades de ataque e defesa ainda sem se preocuparem com os movimentos técnicos da capoeira. Ambos devem tentar se esquivar dos movimentos do oponente. Não deve haver toque, apenas a simulação, uma intenção de tocar o colega, que se esquiva.
6. Troquem de colega de dupla para experimentar o jogo com pessoas diferentes.
7. Ainda em duplas, desenvolvam o movimento da ginga da capoeira, frente a frente e deslocando-se pelo espaço.
8. Experimentem movimentos de ataque e defesa em duplas. Combinem quem começa atacando e defendendo. Depois de praticarem algumas vezes, troquem as funções, combinando os movimentos descritos a seguir.

Cocorinha (defesa): esquiva na qual se agacha o corpo, sem pender para trás, ficando de cócoras. Enquanto uma das mãos toca o solo lateralmente, ajudando a apoiar o corpo, a outra é flexionada para proteger a face.

Vladimir Gappov/Shutterstock

Meia-lua de frente (ataque): ao fazer esse movimento, descreve-se uma meia-lua com uma perna estirada, arremessada com o pé passando à altura do adversário, como se o praticante quisesse desenhar um círculo com o pé, e completa-se um semicírculo, para então voltar com o pé ao ponto inicial e retornar à ginga.

Vladimir Gappov/Shutterstock

Esquiva (defesa): movimento para evitar um golpe sem tocar no oponente. Pode ser aplicado afastando-se dele ou aproximando-se lateralmente.

Vladimir Gappov/Shutterstock

Bênção (ataque): movimento de chute frontal com a perna de trás, usando a planta dos pés em direção ao oponente.

Dani Llao Calvet/Shutterstock

Rasteira negativa (defesa): movimento de esquiva no qual o praticante se abaixa até ficar rente ao solo, com uma perna estendida e a outra flexionada para se desviar do oponente.

Cool_photo/Shutterstock

Martelo (ataque): é executado erguendo-se a perna ao mesmo tempo que o corpo é deixado de lado, batendo no oponente com a parte de cima do pé lateralmente.

Vladimir Gappov/Shutterstock

Com o apoio do professor, experimentem os elementos que vocês conheceram. Lembrem-se de que não é preciso dominar todas as técnicas para aproveitar os momentos de prática. Façam os movimentos de acordo com suas possibilidades e procurem respeitar os limites dos colegas.

Diário de bordo

Registrem, no diário de bordo, desenhos e descrições dos movimentos de capoeira que vocês vivenciaram. Avalie sua participação e a dos colegas: O que achou da experiência? De que maneira você contribuiu? Como foi a participação dos colegas?

Luta indígena *huka-huka*

Cada etnia indígena atribui valores, normas e costumes sociais distintos às práticas corporais, por isso os sentidos e significados das lutas corporais variam.

No Brasil, desde a primeira Constituição, outorgada por Dom Pedro I em 1824, a ideia predominante era de que a sociedade brasileira era homogênea e, portanto, desconsiderava a diversidade étnica e cultural do país. A ideia se repetiu nas constituições de 1937 e 1946. Somente com a Constituição de 1988, os povos indígenas passaram a ser reconhecidos e houve alteração nos modelos políticos; o foco da tutela e do assistencialismo foi abandonado e instituiu-se uma política que afirma a pluralidade étnica como direito e estabelece relações protetoras e promotoras de direitos entre o Estado e as comunidades indígenas brasileiras.

Segundo a Unesco, a comunidade internacional atualmente reconhece a necessidade de medidas especiais para proteger os direitos e a cultura dos indígenas. Esse reconhecimento trouxe novos espaços de divulgação e valorização da cultura corporal indígena. Ainda assim, tais povos continuam a receber ataques a suas terras e enfrentam obstáculos para alcançar representatividade em diferentes esferas da sociedade, como a educação, a política, o esporte e a ciência.

As lutas corporais indígenas, de modo geral, têm como função preparar os indígenas para combates que exigem maior capacidade de destreza e força física. Essas práticas corporais consistem em uma disputa entre dois lutadores, cujo objetivo é desequilibrar e derrubar o oponente. Geralmente, os lutadores têm muito prestígio em suas comunidades.

O *huka-huka* faz parte da cultura tradicional dos Xinguano (Kayapó e Tchukarramãe), Bakairi, Xavante, Karajá e Gavião Kyikatêje/Parakatêye.

A luta corporal dos povos indígenas do Xingu e dos indígenas Bakairi, de Mato Grosso, inicia-se com o dono da luta, um homem-chefe, que caminha até o centro da arena de luta e chama os adversários pelo nome. Os lutadores ajoelham-se e giram em um círculo anti-horário, em frente ao adversário. Em seguida, os oponentes se olham e se agarram, tentando levantar o adversário e derrubá-lo no chão.

O *huka-huka* é praticado originalmente por jovens guerreiros como parte do ritual Kuarup, que homenageia os mortos de uma aldeia. Nos Jogos dos Povos Indígenas, evento esportivo que reúne diversas etnias indígenas brasileiras, ele também é praticado por mulheres e perde seu caráter ritualístico.

Cassandra Cury/Pulsar Imagens

Indígena da etnia Kamayura, da aldeia Ipavu, lutando *huka-huka* com homem não indígena, Parque Indígena do Xingu (MT), 2019.

Joá Souza/Futura Press

Prova de luta feminina durante a IX Edição dos Jogos Indígenas Pataxó, na aldeia Coroa Vermelha, Santa Cruz Cabrália (BA), 2009.

A luta *huka-huka* tem o objetivo de testar a força dos participantes. No amanhecer do dia posterior ao Kuarup, os campeões de cada etnia se enfrentam em novas competições.

Saiba+

Terra, Quarup e tensão, de Eleonora de Lucena e Rodolfo Lucena, publicado em *Folha de S.Paulo*, 22 fev 2015. Disponível em: https://temas.folha.uol.com.br/viagem-ao-xingu/luta/huka-huka-levanta-poeira-na-aldeia.shtml (acesso em: 18 fev. 2022).

Leia o texto e assista ao vídeo disponível no *link* para saber mais dessa luta indígena (vídeo, 44s).

Após o combate entre os adultos, grupos de jovens também se enfrentam para provar seu vigor físico. No formato usual, é feita uma pintura especial no corpo, panos grossos são utilizados para a proteção das articulações e os participantes vestem uma pele de onça na cintura e usam um colar feito de placas de caramujos no pescoço. Outro fato curioso é que os indígenas do Xingu têm um cinturão de *huka-huka*, que fica com o último campeão das lutas entre as etnias.

Já os Karajá, do Tocantins, têm outro estilo de *huka-huka*. Eles iniciam a luta em pé, agarrando um ao outro pela cintura, até que um consiga derrubar o outro ao chão. O vencedor abre os braços e dança em volta do oponente, cantando e imitando uma ave.

Experimentação Huka-huka

Para experimentar o *huka-huka*, selecione um local com solo macio, como um gramado, ou utilize um tatame ou colchonetes.

1. Forme dupla com um colega.
2. Posicionem-se frente a frente, com os joelhos apoiados no chão.
3. Combinem como será o início da luta e façam todos os movimentos com bastante cuidado para não se machucarem ou machucarem o colega.
   - O objetivo é derrubar o colega com as costas no chão.
4. Troquem as duplas para experimentar o combate com mais colegas, sempre respeitando os limites de cada um e priorizando o caráter lúdico em vez da competitividade.
5. Ao final da prática, reflitam sobre as estratégias utilizadas e as atitudes de todos com relação ao respeito às regras e aos colegas.
6. Registre a experimentação com desenhos, descrições ou vídeo e arquive-os registros no seu **Portfólio**.

Diário de bordo

Registre no diário de bordo o significado das lutas para a cultura indígena.

A representatividade feminina nas lutas

Leia o depoimento de Yvone Duarte (1963-), primeira mulher a conquistar a faixa preta no jiu-jítsu e pioneira na organização de competições da modalidade para mulheres, em uma reportagem publicada em março de 2017.

> [...]
>
> Quando comecei no jiu-jítsu, lutava em uma academia, no Rio de Janeiro, que tinha um grupo de mulheres, mas fui a única que chegou à faixa preta. Ser mulher na América Latina implica em acúmulos. Ser mãe, trabalhar, eu ainda tinha o jiu-jítsu... Acho que minhas colegas de academia não conseguiram a faixa preta por causa dessa cobrança da sociedade brasileira. Nossa primeira competição foi em 1985, depois que conversei com o Rickson Gracie, que levou o pedido para o Helio. Não digo que foi difícil, mas precisamos explicar. Ainda há um resquício de machismo na sociedade, e isso também aparece no jiu-jítsu. As equipes de meninas ainda são muito menores se comparadas às masculinas. Nós, mulheres, temos que lutar no tatame, mas temos outras lutas fora, como a luta contra o preconceito. O machismo está presente em todos os esportes, incluindo o jiu-jítsu. [...]

BULLÉ, Jamile. Mulheres na luta: desafios do passado, presente e futuro nas artes marciais. *Combate*, 8 mar. 2017. Disponível em: http://sportv.globo.com/site/combate/noticia/2017/03/mulheres-na-luta-desafios-do-passado-presente-e-futuro-nas-artes-marciais.html. Acesso em: 22 fev. 2022.

Observe que Yvone Duarte cita vários obstáculos à participação feminina nas práticas de luta e relaciona essa questão a outras pautas de luta das mulheres.

Na capoeira, essa realidade não é diferente. Embora hoje capoeiristas mulheres possam se formar como mestras de ofício, a prática da capoeira foi e ainda é dominada pelos homens. Associada ao vigor e à força física, a prática incorporou a participação feminina gradativamente. Mestre Bimba e Mestre Pastinha permitiam a participação de mulheres em suas academias, mas o preconceito e a associação da capoeira ao universo masculino intimidavam muitas delas a participar das rodas.

Pedro Hackbart/Acervo do fotógrafo

Yvone Duarte em uma aula de defesa pessoal, 2017.

Sergio Pedreira/Pulsar Imagens

Mulheres lutando em roda de capoeira regional, em Salvador (BA), 2019.

Atualmente, diversos grupos têm se organizado para promover o empoderamento das mulheres na cultura da capoeira, como os coletivos de capoeiristas Mulheres da Garoa e Mulher na Roda é Show, em São Paulo (SP), e o Grupo Marias Felipas, em Salvador (BA), que lançou, em julho de 2019, o documentário *Mulheres da pá virada*, que relata a história da luta de doze mulheres capoeiristas ao lidar com o universo masculino da capoeira.

A prática dos esportes e das lutas chegou a ser proibida às mulheres brasileiras em dois momentos históricos: o primeiro foi em 1941, durante o governo de Getúlio Vargas, com a edição no artigo 54 do Decreto-Lei n. 3 199, cujo texto anunciava: "Às mulheres não se permitirá a prática de desportos incompatíveis com as condições de sua natureza, devendo, para este efeito, o Conselho Nacional de Desportos baixar as necessárias instruções às entidades desportivas do país". O segundo ocorreu em 1965, durante a ditadura militar, quando o então presidente do Conselho Nacional de Desportos deliberou em portaria que não era permitida a prática, por mulheres, de lutas de qualquer natureza, de todas as modalidades do futebol, do polo, do polo aquático, do rúgbi, do beisebol e do halterofilismo.

Saiba+

Mulheres da pá virada (Brasil, Marias Felipas, 2019, 44 min). Disponível em: https://vimeo.com/392575155 (acesso em: 18 fev. 2022).

Acesse o *link* para assistir gratuitamente ao documentário, realizado com recursos da Prefeitura de Salvador e por meio de uma campanha de financiamento coletivo.

A lista de esportes e lutas proibidas para mulheres deixou de valer apenas em 1971, mas foi somente na Constituição de 1988 que o esporte foi reconhecido como direito social, devendo o Estado garantir e estimular a prática esportiva para todos, como você pode observar no texto do artigo 217.

> Art. 217 – É dever do Estado fomentar práticas desportivas formais e não formais, como direito de cada um, observados:
>
> I – a autonomia das entidades desportivas dirigentes e associações, quanto a sua organização e funcionamento;
>
> II – a destinação de recursos públicos para a promoção prioritária do desporto educacional e, em casos específicos, para a do desporto de alto rendimento;
>
> II – o tratamento diferenciado para o desporto profissional e o não profissional;
>
> IV– a proteção e o incentivo às manifestações desportivas de criação nacional.
>
> [...]

BRASIL. [Constituição (1988)]. *Constituição da República Federativa do Brasil de 1988*. Brasília, DF: Presidência da República, 2019. Disponível em: http://www.planalto.gov.br/ccivil_03/constituicao/constituicao.htm. Acesso em: 22 fev. 2022.

Práticas corporais e multiculturalismos

A sociedade brasileira é composta de diferentes matrizes e grupos culturais, mas, historicamente, a cultura de origem europeia, branca e masculina foi utilizada como referencial para normatizar, homogeneizar e controlar os demais grupos. Essa estrutura social permeia as práticas corporais de lutas praticadas por mulheres, negros e indígenas.

Para defender o convívio democrático de diferentes culturas e garantir o direito de todos ao usufruto das práticas corporais, pesquisadores da área de Educação Física têm recorrido ao conceito de multiculturalismo.

GR Arquitetura/Portal Hora do Povo

Evento de capoeira organizado pelo coletivo Mulheres da Garoa, em São Paulo (SP), 2018.

Olhar e valorizar a experiência cultural de todos e suas lutas contra o preconceito e a discriminação contribui para que você assuma e valorize a diversidade cultural, conforme previsto na Constituição Federal de 1988 e em convenções internacionais, como a Declaração Universal sobre a Diversidade Cultural, da Unesco, de 2001. Leia um dos artigos dessa declaração:

> Artigo 5º – Os direitos culturais, enquadramento propício à diversidade cultural
>
> Os direitos culturais são parte integrante dos direitos humanos, os quais são universais, indissociáveis e interdependentes. O desenvolvimento de uma diversidade criativa exige a plena realização dos direitos culturais, tal como são definidos no artigo 27º da Declaração Universal dos Direitos Humanos e nos artigos 13º e 15º do Pacto Internacional dos Direitos Económicos, Sociais e Culturais. Qualquer pessoa deverá poder expressar-se, criar e difundir suas obras na língua que desejar e, em particular, na sua língua materna; qualquer pessoa tem direito a uma educação e uma formação de qualidade que respeite plenamente sua identidade cultural; qualquer pessoa deve poder participar na vida cultural que escolha e exercer as suas próprias práticas culturais, dentro dos limites que impõe o respeito pelos direitos humanos e pelas liberdades fundamentais.
>
> UNESCO. *Declaração Universal sobre a Diversidade Cultural*. Disponível em: https://www.oas.org/dil/port/2001%20Declara%C3%A7%C3%A3o%20Universal%20sobre%20a%20Diversidade%20Cultural%20da%20UNESCO.pdf. Acesso em: 14 jul. 2022.

A fim de superar a discriminação e os preconceitos culturais em diferentes atividades humanas e respeitar a diversidade, surge nas teorias críticas da sociedade o conceito de multiculturalismo, especialmente desenvolvido por Peter McLaren (1948) e Michael Apple (1942). O conceito de multiculturalismo não tem uma definição uniforme, mas, dentre as discussões sobre o tema, podemos destacar os conceitos de "multiculturalismo folclórico" e "multiculturalismo crítico".

No multiculturalismo folclórico, as diferenças são tratadas como fenômenos exóticos. Essa concepção reduz o multiculturalismo a atividades eventuais. Lembrar-se, apenas em um dia do ano, das questões que afligem essas populações e reduzir sua cultura a práticas estereotipadas não faz avançar os direitos sociais desses grupos.

No multiculturalismo crítico, defende-se a construção de sociedades mais justas e democráticas, que respeitem as diferenças. Não há separação entre as diferenças culturais e as desigualdades sociais historicamente construídas e questiona-se a naturalização das diferenças. Nessa perspectiva, assume-se a diversidade como inerente e necessária ao desenvolvimento humano, combatem-se a discriminação e a desigualdade social e admitem-se as práticas culturais de grupos oprimidos como formas de resistência de suas identidades.

Virinaflora/Shutterstock

Diário de bordo

Anote no diário de bordo o que você pensa sobre o desrespeito à diversidade cultural brasileira em práticas corporais. Escreva, também, sua compreensão a respeito dos diferentes conceitos de multiculturalismo apresentados.

Arte circense (Arte)

Não se pode estudar a história do teatro, da música, da indústria do disco, do cinema e das festas populares no Brasil sem considerar que o circo foi um dos importantes veículos de produção, divulgação e difusão dos mais variados empreendimentos culturais. Os circenses atuavam num campo ousado de originalidade e experimentação. Divulgavam e mesclavam os vários ritmos musicais e os textos teatrais, estabelecendo um trânsito cultural contínuo das capitais para o interior e vice-versa. É possível até mesmo afirmar que o espetáculo circense era a forma de expressão artística que maior público mobilizava durante todo o século XIX até meados do século XX.

SILVA, Erminia. *Circo-Teatro*: Benjamim de Oliveira e a teatralidade circense no Brasil. São Paulo: Altana, 2007. p. 48.

Reprodução/Acervo do Fotógrafo

Cortejo do espetáculo *Clake*, da companhia Circo Amarillo, na cidade de Bertioga (SP), 2014.

1. Que relações você estabelece entre a imagem e a citação anteriores? Compartilhe suas ideias com os colegas e o professor.

Erminia Silva é uma das mais importantes historiadoras circenses do Brasil e pioneira no estudo e pesquisa, em âmbito acadêmico, das artes circenses. O circo foi considerado, por muito tempo, um tipo de arte menor, ligado somente ao entretenimento rápido, e não observado como objeto de estudo, na comparação com outras áreas da arte que tinham espaço reservado nos discursos da intelectualidade. Entretanto, a despeito dos preconceitos, as artes circenses representaram o principal meio de acesso à arte para populações de cidades distantes dos grandes centros urbanos, sobretudo nas décadas antecessoras à popularização da televisão.

O circo se constituía em espetáculos de variedades, isto é, no espaço circular dos picadeiros podiam acontecer manifestações artísticas de toda natureza – acrobacias, música, dança, teatro, mágica, adestramento de animais e até o cinema tinham um espaço de encontro com um público vasto. Em toda a sua trajetória, foram múltiplas as influências e intensa a troca cultural, colocando em convivência artistas de diferentes origens em trânsito e públicos variados.

Artes circenses: breve história

Muito se diz, popularmente, sobre o circo ser um espaço ancestral, que remonta ao antigo Império Romano. Entretanto, essa ideia é historicamente equivocada: o circo, como o entendemos hoje, iniciou sua trajetória na Inglaterra do século XVIII. Na antiga Roma, havia espaços que recebiam o nome de *circus*; porém, eram grandes arenas dedicadas sobretudo a corridas de bigas e a outros eventos de caráter esportivo.

Age Fotostock/Easypix

Imagem que mostra a reconstituição do Circus Maximus de Roma.

O circo moderno surgiu por invenção de Philip Astley (1742-1814), um suboficial reformado da cavalaria britânica. Por volta de 1770, ele criou um espaço voltado a apresentações de habilidades equestres, chamado Anfiteatro Astley. Naquele momento, no local recém-criado destacava-se a apresentação de acrobacias com cavalos em um espaço circular de 13 metros de diâmetro, pois Astley teria descoberto que era mais fácil manter-se em pé sobre o cavalo movendo-se em círculo (o princípio da força centrífuga). Assim surgiu o que hoje chamamos de picadeiro. Esse primeiro edifício ainda não tinha o nome de circo e era um espaço fixo. O primeiro estabelecimento dessa natureza a ser batizado com o nome de circo foi o Royal Circus, inaugurado em 1782 por Charles Hughes.

Anfiteatro de Philip Astley, Augustus Pugin e Thomas Rowlandson, 1808. Universidade de Harvard, Estados Unidos.

À medida que começaram a se disseminar e a se popularizar pela Europa, os espetáculos circenses abarcaram outras modalidades artísticas, principalmente a dos **saltimbancos**, que antes atuavam nos teatros de feira, que estavam entrando em decadência.

saltimbanco: faz referência à acrobacia em sua raiz etimológica, que vem do italiano *saltare in banco*, isto é, "saltar no banco". O banco, nesse caso, era o nome que se dava aos tablados de madeira onde esses artistas se apresentavam.

Os saltimbancos eram os artistas populares que realizavam as habilidades que hoje entendemos como circenses. Eram acrobatas, malabaristas, domadores de animais, prestidigitadores e integrantes de companhias de teatro de feira.

O entendimento do que seria um artista na prática dos saltimbancos e, por consequência, entre os artistas circenses era diferente da ideia de especialização. Eles eram artistas múltiplos e versáteis, com o domínio de diversas linguagens e técnicas artísticas, condição para a sobrevivência e a garantia do trabalho.

Assim, um mesmo artista poderia fazer números acrobáticos em parte do espetáculo e ressurgir, em outro momento, como ator em uma cena de mímica, na encenação de um drama, ou ainda em uma apresentação musical.

Aos poucos, os cavalos deixaram de ser a centralidade dos espetáculos, que passaram a abranger também o adestramento de animais selvagens e a exibição de outras habilidades, em números de dança, música e cenas teatrais. Ainda hoje, existem circos cujo trabalho é centrado nas apresentações com cavalo, principalmente em companhias europeias.

Saiba+

Festival do Circo de Monte Carlo
Disponível em: https://www.youtube.com/watch?v=t1HW4Gp1_40 (acesso em: 18 fev. 2022) (10 min 30s).
Na Europa, ainda são frequentes os números de adestramento de animais, especialmente as acrobacias equestres, que são relacionadas às origens do circo. Assista ao vídeo de uma apresentação realizada no Festival do Circo de Monte Carlo, em Mônaco.

A proibição do uso de animais em apresentações circenses é uma tendência mundial importante, apesar de ainda ser permitido em muitos países. Essa prática começou a ser questionada na segunda metade do século XX, sobretudo em razão dos relatos de maus-tratos e do surgimento de entidades e organizações voltadas aos direitos dos animais. Em muitos países a proibição é parcial, como no Brasil, onde, até 2020, o uso de animais era proibido apenas em doze estados.

Há uma iniciativa no Congresso Nacional prevendo a proibição do uso de animais em circos em todo o território do país. Trata-se de um Projeto de Lei do Senado, a PLS 397/2003. Em 2020, a matéria já estava com o trânsito encerrado em todas as comissões especiais, com encaminhamento para aprovação na Câmara dos Deputados.

Clowns e palhaços

A palavra *clown* em sua etimologia significa "rústico", "simplório", "desajeitado" ou "grosseiro". Já a palavra palhaço tem raiz no termo italiano *pagliaccio* e se refere à "palha", pois se acredita que ela era utilizada para preencher as roupas dos artistas e assim amortecer as constantes quedas durante suas apresentações.

2. Você já assistiu a apresentações de palhaço? Como foram os espetáculos e como eram os palhaços? Que impressões você tem sobre o trabalho artístico deles?

Representantes da versatilidade do circo, os palhaços são artistas que realizam um trabalho de atuação cômica, com improvisação constante com o público e paródias das modalidades artísticas mais comuns, como acrobacias e música.

O palhaço descende do *clown* inglês, figura que fazia parte do teatro na Inglaterra e havia alcançado tanta popularidade que sua presença era praticamente obrigatória naquela época. Eram personagens que ficavam entre o público e a plateia e tinham liberdade para improvisar e intervir, mesmo que gratuitamente, nas apresentações.

O ator inglês Joseph Grimaldi (1778-1837) é considerado o pai dos *clowns* modernos: ele fundiu em sua maquiagem características de outros personagens cômicos, como o pierrô e o arlequim.

Joseph Grimaldi, ilustração de George Cruikshank, c. 1820.

Durante a maior parte do século XIX, a caracterização típica dos *clowns* era, como a do *clown* Antonet (1872-1935) na imagem ao lado, uma maquiagem predominantemente branca, com um chapéu geralmente em formato de cone e uma roupa com muita cor e brilho.

Leonard de Selva/Bridgeman Images/Easypix

Umberto Guillaume, conhecido como *clown* Antonet. Foto do início do século XX.

Somente nas últimas décadas do século XIX surgiu um personagem cômico conhecido como Augusto ou Tony. Nesse caso, trata-se de um tipo de palhaço torpe, que veste roupas largas e usa o característico nariz vermelho, elemento que se tornou a marca dos palhaços como os conhecemos hoje.

Não se sabe a origem do nariz vermelho, apenas que surgiu nos circos europeus em torno de 1890. Entretanto, a circunstância de seu surgimento se tornou lendária e muitas versões circulam entre os artistas de circo. Uma das mais difundidas foi relatada por um trio célebre de palhaços italianos, os Fratellini.

Reprodução/Biblioteca Nacional da França, Paris.

Os irmãos Fratellini, em foto de cerca de 1930.

Segundo esses palhaços, durante uma noite de 1864, em um circo em Berlim, na Alemanha, um cavaleiro austríaco, chamado Tom Belling (1843-1900), tropeçou ao entrar no picadeiro e caiu com o rosto no chão. Em seguida, ele teria encarado o público com o nariz avermelhado pela queda e uma expressão entre confusa e torpe.

O público de imediato começou a rir do artista, chamando-o de "Augusto", palavra que no dialeto berlinense da época fazia referência a pessoas em situação ridícula. Por causa do sucesso, Tom Belling repetiu conscientemente o tipo cômico, dando início à tradição dos palhaços chamados de "Augusto".

O *clown* de modelo inglês passou a ocupar um lugar importante no espetáculo circense, tanto que, em muitos países, o termo é mais usado que suas equivalentes traduções. No Brasil, por exemplo, as palavras *clown* e palhaço sempre conviveram no linguajar circense, embora às vezes designem funções diferentes dentro da dramaturgia.

Outro personagem passou a compor com os antigos *clowns* de rosto enfarinhado uma dupla cômica: o *clown* branco e o "Augusto". Nessa formação, nas dramaturgias das cenas de palhaço, o *clown* branco atua como "escada" (termo usado no linguajar de artistas cômicos), ou seja, ele constrói as deixas para que o "Augusto" finalize as piadas. Além disso, o *clown* branco é quem, na cena, interpreta a tentativa de organização, dando

Annie Fratellini (1932-1997), artista descendente da família dos lendários irmãos Fratellini. Foto de 1997.

ordens ao "Augusto", que sempre as subverte com sua representação da idiotice. Simbolicamente, o *clown* branco representa a aristocracia, expressa inclusive nos figurinos, enquanto o "Augusto" representa pessoas marginalizadas, com figurinos que muitas vezes lembram roupas desleixadas e remendadas. O *clown* branco é a autoridade e o "Augusto", sua subversão.

No circo brasileiro, a figura do *clown* branco quase desapareceu por completo, mas seu papel cênico continuou. Assim, pode acontecer que outro palhaço vestido de "Augusto" exerça essa função, ou mesmo o apresentador do circo ou um ator não caracterizado de palhaço. Atualmente, no circo brasileiro, "Augusto" é sinônimo de palhaço, além de ter sido mais comum referir-se a esse tipo como "Tony". No Brasil, Abelardo Pinto (1897-1973), o palhaço Piolin, foi um dos Augustos mais célebres do circo brasileiro, tendo sido homenageado pelos artistas do movimento modernista. Em razão da data de seu aniversário, o dia 27 de março tornou-se o dia nacional do circo.

A artista Annie Fratellini é considerada uma das primeiras mulheres a realizar o papel de palhaço "Augusto", embora seja uma afirmação difícil de se comprovar, pois não há registros históricos suficientes. Ainda assim, ela se configurou como uma influência importante no exercício dessa arte por mulheres e foi fundadora de uma das primeiras escolas de circo do mundo, na França, em 1974. Cabe salientar que, entre os circenses mais tradicionais, ainda existe preconceito com mulheres palhaço.

Os palhaços influenciaram artistas da televisão e do cinema. Mesmo que não usem o característico nariz vermelho, muitos comediantes se valem do tipo de comicidade dos palhaços com muita gestualidade e mantêm o caráter torpe do personagem circense.

3. Observando as características de *clowns* e palhaços, quais personagens brasileiros podem ser relacionados com esses perfis cômicos?

4. Você se lembra de algum personagem com essas características na televisão ou no cinema? Faça uma pesquisa para descobrir artistas, tanto nacionais como internacionais, que se inspiraram nos palhaços circenses.

Os circos no Brasil

Circo em Santa Maria (RS), 2020.

As companhias circenses estrangeiras começaram a chegar à América do Sul e especificamente ao Brasil a partir do século XIX, motivadas pelos ciclos econômicos do café e da borracha. Ainda naquele século, surgiram também as primeiras companhias circenses que se intitulavam brasileiras, como o Circo Olímpico ou o Circo Paulistano. Elas se definiam como nacionais quando o proprietário era brasileiro ou a maioria do corpo artístico era constituída por brasileiros. Essa identificação também servia de chamariz para atrair o público em anúncios de jornal da época.

A mobilidade dos circos permitiu a difusão cultural de artistas das grandes cidades pelo interior. Para garantir a sobrevivência, as companhias migravam para onde houvesse possibilidade de público. Assim, tornaram-se presença forte em festas religiosas e populares.

Segundo Erminia Silva:

> Quando os circos passavam pelas cidades, fazia parte da contemporaneidade do espetáculo incluir na programação artistas locais de diversas linguagens: do teatro, da dança, da música, ou seja, se estava fazendo sucesso era incorporado. Ao mesmo tempo em que os artistas locais se apresentavam, os circenses aprendiam e apreendiam com eles suas artes. Quando o circo ia embora, não era raro que algum daqueles artistas também o acompanhasse. Mas, mesmo que isso não acontecesse, o próprio circense se tornava portador dos saberes, dos ritmos e sons das músicas, dos instrumentos musicais e das danças que a população ouvia e gostava: lundu, tango, modinha, maxixe, cançoneta, polcas, entre muitas outras.

SILVA, Erminia. O circo como objeto de estudo. *In*: ABREU, Luís Alberto de; SILVA, Erminia. *Respeitável público... O circo em cena*. Rio de Janeiro: Funarte, 2009. p. 59.

Dessa forma, não somente a arte das capitais alcançava o interior, como ocorria também o movimento contrário. A multiculturalidade estava na base dos circos itinerantes desse período, possibilitando o convívio de artistas estrangeiros com brasileiros de diversas regiões. Os palcos e picadeiros circenses passaram a ser um espaço privilegiado de emprego para músicos, cantores, instrumentistas, maestros de bandas e orquestras, produtores musicais e autores.

Assim, a diversidade cultural das artes circenses resultava tanto pela natureza diversificada do trabalho de seus artistas como pelos constantes trânsito e intercâmbio cultural com localidades diversas.

O palhaço Benjamim

Entre as poucas opções de trabalho que um homem negro poderia ter no Brasil, na virada do século XIX para o XX, estava a de artista em cabarés, teatros de revista e circos. Assim, os circos brasileiros receberam forte influência cultural das populações negras.

O palhaço Benjamim de Oliveira (1870--1954) foi um importante representante da arte circense brasileira e nome de muito destaque na vida cultural carioca da época. Natural da cidade de Pará de Minas (MG), com 12 anos, Benjamim fugiu com uma companhia circense e se destacou em diversos circos. Como todo artista de circo, exerceu muitas funções em sua trajetória – foi ator, palhaço, cantor, tocador de violão, dançarino, diretor e dramaturgo.

Cartaz de divulgação de uma apresentação de Benjamim de Oliveira com a Companhia Spinelli, década de 1900.

A obra de Benjamim nos ajuda a entender como os circos no Brasil desenvolveram uma teatralidade própria, adaptando diversos textos teatrais em voga naquela época. No Circo Spinelli, Benjamim de Oliveira, a partir de 1910, escreveu um texto de óperas e operetas cômicas, as quais foram musicadas por outros artistas.

Ele também dirigiu adaptações ousadas de óperas, como *O guarani*, de Carlos Gomes (1836-1896), baseada na obra de José de Alencar (1829-1877), e *A viúva alegre*, de Franz Lehár (1870-1948), com arranjos musicais adaptados para as bandas circenses. Com isso, conquistou a admiração do teatrólogo Arthur Azevedo (1855-1908) e do presidente marechal Floriano Peixoto (1836-1895).

Benjamim de Oliveira é um nome importante na constituição dos espetáculos de circo-teatro brasileiros, que ainda levam apresentações teatrais para populações rurais do país. Esses espetáculos não são um fenômeno à parte na trajetória do circo brasileiro.

Ainda hoje há companhias de circo-teatro nas quais o espetáculo se divide entre as apresentações de números de variedade (acrobacias, entradas de palhaços, danças, etc.), na primeira parte, e a encenação de uma peça teatral, na segunda, geralmente uma comédia ou um melodrama.

Reprodução/Coleção particular

Souvenir de 1909 com alguns personagens de Benjamim de Oliveira.

Existem circos-teatros em atividade que dependem exclusivamente da venda de ingressos para se manterem e que continuam a atrair público, apesar da televisão e das opções de entretenimento na internet.

Reprodução/Prefeitura Municipal de Barra Bonita, SP.

O Circo de Teatro Tubinho, um dos circos-teatros ainda em atividade no Brasil, dispõe de um repertório de aproximadamente noventa peças. Barra Bonita (SP), 2017.

Na década de 1920, quando se iniciaram as primeiras transmissões de rádio no Brasil, os circos tornaram-se um palco cobiçado pelos artistas do rádio e do disco, que se valiam desse espaço para tornar seus rostos conhecidos junto ao grande público, que conhecia somente suas vozes.

Vale destacar que, antes da popularização dos aparelhos de televisão, o rádio foi o primeiro veículo de comunicação de massa no país, possibilitando a milhões de pessoas o acesso a notícias, música, radionovelas, programas humorísticos, esportivos e de variedades. Por causa desse sucesso, o período entre 1930 e 1960 ficou conhecido como a era do rádio.

Assim, nesse contexto, os circos eram espaços de *shows* e visibilidade para os cantores de rádio e os atores da época, tornando-se uma escola de aprendizado artístico. Dentre eles, destacam-se nomes como Grande Otelo (1915-1993), Dercy Gonçalves (1907-2008) e Emilinha Borba (1923-2005). Além disso, Benjamim de Oliveira e outros artistas circenses, como o palhaço Eduardo das Neves (1871-1919), estiveram entre os primeiros cantores a realizar gravações fonográficas no Brasil, pela gravadora Casa Edison.

Por fim, podemos concluir que todo o trânsito cultural que contribuiu para a construção das diversas identidades brasileiras teve no circo um ponto importante de convergência.

Saiba+

Circonteúdo. Disponível em: https://www.circonteudo.com (acesso em: 18 fev. 2022).
Acesse o portal sobre as artes circenses, coordenado pela historiadora Erminia Silva, e veja os conteúdos em vídeos, livros e artigos acadêmicos. É possível fazer *download* gratuito de livros inteiros em PDF.

Acesse o canal **Off-Sina** e assista a um espetáculo com os palhaços da Companhia Teatral Turma do Biribinha tocando instrumentos musicais (4 min 40 s). Disponível em: https://www.youtube.com/watch?v=Bq0x_zJo1y8 (acesso em: 18 fev. 2022).

Experimentação Construção de um piano de garrafas

Material

- Garrafas de vidro.
- Baqueta ou vareta.

Como você viu no decorrer da unidade, palhaços são artistas versáteis que trabalham com múltiplas modalidades artísticas, entre elas a linguagem musical. Entretanto, nem sempre eles usam os instrumentos musicais convencionais; em vez disso, valem-se de objetos do cotidiano para fazer música. Um desses instrumentos é o piano de garrafas.

O piano de garrafas consiste em um conjunto de garrafas, preenchidas com quantidades diferentes de água, que são percutidas com uma baqueta. Experimente criar esse instrumento inusitado com a turma. Para isso, siga o passo a passo.

1. Com cuidado, encha as garrafas com quantidades variáveis de água. Comece colocando uma pequena quantidade de água na primeira garrafa e aumente progressivamente o volume nas demais, até chegar à última, que deve ficar totalmente cheia. A quantidade de água modifica a altura do som: em música, diz-se que um som é grave ou agudo. Assim, quanto mais alto, mais agudo. Quanto menos água, mais agudo é o som.
2. Os palhaços afinam suas garrafas na altura de notas musicais. Se quiser, você pode fazer o mesmo. Para isso, coloque um pouco de água na garrafa, percuta-a e escute o som gerado, comparando-o com o som da nota em um teclado ou em outro instrumento musical. Altere a quantidade de água para mais ou para menos, até atingir a afinação da nota tocada no instrumento. Quando isso acontecer, faça uma marcação com um pedaço de fita adesiva para identificar a quantidade de água necessária e escreva o nome da nota que alcançou.
3. Agora, experimente as variações de som das garrafas: qual é a diferença entre o som de uma garrafa que está com mais água e o de uma que está com menos água? Que som é o mais agudo ou o mais grave? Explore livremente os diferentes sons, o que pode ser feito individualmente ou em grupos, dependendo do tamanho e da quantidade de garrafas utilizadas.
4. Após explorá-los, experimente criar sequências, fazendo pequenas composições que podem, pouco a pouco, ser trabalhadas como acompanhamento de uma canção ou em conjunto com outros sons de objetos e instrumentos musicais disponíveis.

- Você pode criar uma música em grupo, valendo-se de outros objetos sonoros de que dispuser. Caso seu piano de garrafas tenha sido afinado, experimente tocar alguma melodia simples que conheça.

5. Registre a experiência com gravação de áudio ou vídeo. Caso queira, realize uma apresentação com o instrumento para as outras turmas da escola. Arquive em seu **Portfólio** os registros feitos dessa experimentação.

Divulgação/Circo Caramba/circocaramba.com.br

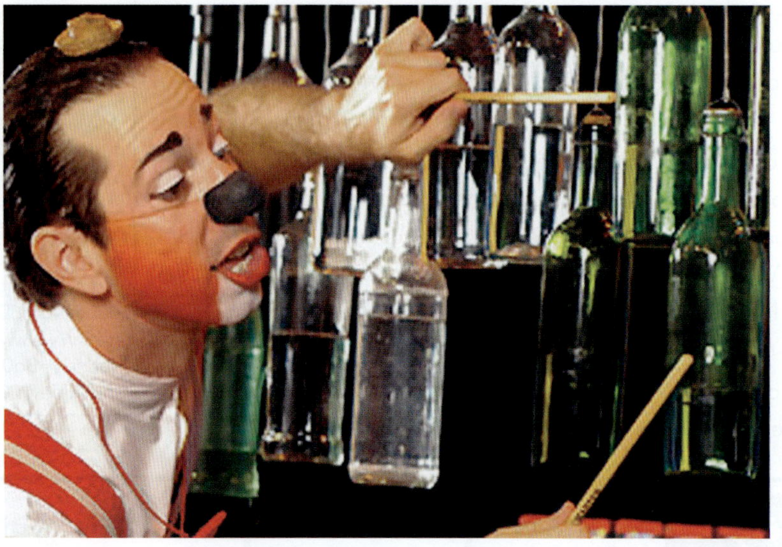

Palhaço Jerônimo (Thiago Salles) e seu piano de garrafas. Foto da década de 2010.

Diário de bordo

Registre, no diário de bordo, como foi o processo de criação e experimentação do piano de garrafas. Busque também estabelecer relações entre essa vivência e os aspectos históricos abordados na unidade.

O gênero conto (Língua Portuguesa)

1. Você já ouviu falar em "estórias"? Sabe a origem dessa palavra?

Leia o conto "Nas águas do tempo", que faz parte do livro chamado *Estórias abensonhadas*, do escritor moçambicano Mia Couto (1955-).

Nas águas do tempo

concho: canoa, pequena embarcação.

Meu avô, nesses dias, me levava rio abaixo, enfilado em seu pequeno **concho**. Ele remava, devagaroso, somente raspando o remo na correnteza. O barquito cabecinhava, onda cá, onda lá, parecendo ir mais sozinho que um tronco desabandonado.

— Mas vocês vão aonde?

Era a aflição de minha mãe. O velho sorria. Os dentes, nele, eram um artigo indefinido. Vovô era dos que se calam por saber e conversam mesmo sem nada falarem.

— Voltamos antes de um agorinha, respondia.

Nem eu sabia o que ele perseguia. Peixe não era. Porque a rede ficava amolecendo o assento. Garantido era que, chegada a incerta hora, o dia já crepusculando, ele me segurava a mão e me puxava para a margem. A maneira como me apertava era a de um cego desbengalado. No entanto, era ele quem me conduzia, um passo à frente de mim. Eu me admirava da sua magreza direita, todo ele musculíneo. O avô era um homem em flagrante infância, sempre arrebatado pela novidade de viver.

Entrávamos no barquinho, nossos pés pareciam bater na barriga de um tambor. A canoa solavanqueava, ensonada. Antes de partir, o velho se debruçava sobre um dos lados e recolhia uma aguinha com sua mão em concha. E eu lhe imitava.

— Sempre em favor da água, nunca esqueça!

Era sua advertência. Tirar água no sentido contrário ao da corrente pode trazer desgraça. Não se pode contrariar os espíritos que fluem.

Depois viajávamos até ao grande lago onde nosso pequeno rio desaguava. Aquele era o lugar das interditas criaturas. Tudo o que ali se exibia, afinal, se inventava de existir. Pois, naquele lugar se perdia a fronteira entre água e terra. Naquelas inquietas calmarias, sobre as águas nenufarfalhudas, nós éramos os únicos que preponderávamos. Nosso barquito ficava ali, quieto, sonecando no suave embalo. O avô, calado, espiava as longínquas margens. Tudo em volta mergulhava em **cacimbações**, sombras feitas da própria luz, fosse ali a manhã eternamente ensonada. Ficávamos assim, como em reza, tão quietos que parecíamos perfeitos.

cacimbações: terrenos cheios de água e neblina.

De repente, meu avô se erguia no concho. Com o balanço quase o barco nos deitava fora. O velho, excitado, acenava. Tirava seu pano vermelho e agitava-o com decisão. A quem acenava ele? Talvez era a ninguém. Nunca, nem por instante, vislumbrei por ali alma deste ou de outro mundo. Mas o avô acenava seu pano.

— Você não vê lá, na margem? Por trás do cacimbo? Eu não via. Mas ele insistia, desabotoando os nervos.

— Não é lá. É láááá. Não vê o pano branco, a dançar-se?

Para mim havia era a completa neblina e os receáveis aléns, onde o horizonte se perde. Meu velho, depois, perdia a miragem e se recolhia, encolhido no seu silêncio. E regressávamos, viajando sem companhia de palavra.

Em casa, minha mãe nos recebia com azedura. E muito me proibia, nos próximos futuros. Não queria que fôssemos para o lago, temia as ameaças que ali moravam. Primeiro, se zangava com o avô, desconfiando dos seus não propósitos. Mas depois, já amolecida pela nossa chegada, ela ensaiava a brincadeira:

— Ao menos vissem o namwetxo moha! Ainda ganhávamos vantagem de uma boa sorte...

O namwetxo moha era o fantasma que surgia à noite, feito só de metades: um olho, uma perna, um braço. Nós éramos miúdos e saíamos, aventurosos, procurando o moha. Mas nunca nos foi visto tal monstro. Meu avô nos apoucava. Dizia ele que, ainda em juventude, se tinha entrevisto com o tal semifulano. Invenção dele, avisava minha mãe. Mas a nós, miudagens, nem nos passava desejo de duvidar.

Certa vez, no lago proibido, eu e vovô aguardávamos o habitual surgimento dos ditos panos. Estávamos na margem onde os verdes se encaniçam, aflautinados. Dizem: o primeiro homem nasceu de uma dessas canas. O primeiro homem? Para mim não podia haver homem mais antigo que meu avô. Acontece que, dessa vez, me apeteceu espreitar os pântanos.

Queria subir à margem, colocar pé em terra não firme.

— Nunca! Nunca faça isso!

O ar dele era de maiores gravidades. Eu jamais assistira a um semblante tão bravio em meu velho. Desculpei-me: que estava descendo do barco mas era só um pedacito de tempo. Mas ele ripostou:

— Neste lugar, não há pedacitos. Todo o tempo, a partir daqui, são eternidades. Eu tinha um pé meio-fora do barco, procurando o fundo lodoso da margem. Decidi me equilibrar, busquei chão para assentar o pé. Sucedeu-me então que não encontrei nenhum fundo, minha perna descia engolida pelo abismo. O velho acorreu-me e me puxou. Mas a força que me sugava era maior que o nosso esforço. Com a agitação, o barco virou e fomos dar com as costas posteriores na água. Ficámos assim, lutando dentro do lago, agarrados às abas da canoa. De repente, meu avô retirou o seu pano do barco e começou a agitá-lo sobre a cabeça.

— Cumprimenta também, você!

Olhei a margem e não vi ninguém. Mas obedeci ao avô, acenando sem convicções. Então, deu-se o espantável: subitamente, deixámos de ser puxados para o fundo. O remoinho que nos abismava se desfez em imediata calmaria. Voltámos ao barco e respirámos os alívios gerais. Em silêncio, dividimos o trabalho do regresso. Ao amarrar o barco, o velho me pediu:

— Não conte nada o que se passou. Nem a ninguém, ouviu?

Nessa noite, ele me explicou suas escondidas razões. Meus ouvidos se arregalavam para lhe decifrar a voz rouca. Nem tudo entendi. No mais ou menos, ele falou assim: *nós temos olhos que se abrem para dentro, esses que usamos para ver os sonhos. O que acontece, meu filho, é que quase todos estão cegos, deixaram de ver esses outros que nos visitam. Os outros? Sim, esses que nos acenam da outra margem. E assim lhes causamos uma total tristeza. Eu levo-lhe lá nos pântanos para que você aprenda a ver. Não posso ser o último a ser visitado pelos panos.*

— Me entende?

Menti que sim. Na tarde seguinte, o avô me levou uma vez mais ao lago. Chegados à beira do poente ele ficou a espreitar. Mas o tempo passou em desabitual demora. O avô se inquietava, erguido na proa do barco, palma da mão apurando as vistas. Do outro lado, havia menos que ninguém.

Desta vez, também o avô não via mais que a enevoada solidão dos pântanos. De súbito, ele interrompeu o nada: — Fique aqui! E saltou para a margem, me roubando o peito no susto. O avô pisava os interditos territórios? Sim, frente ao meu espanto, ele seguia em passo sabido. A canoa ficou balançando, em desequilibrismo com meu peso ímpar. Presenciei o velho a alonjar-se com a discrição de uma nuvem. Até que, entre a neblina, ele se declinou em sonho, na margem da miragem. Fiquei ali, com muito espanto, tremendo de um frio arrepioso. Me recordo de ver uma garça de enorme brancura atravessar o céu. Parecia uma seta trespassando os flancos da tarde, fazendo sangrar todo o firmamento. Foi então que deparei na margem, do outro lado do mundo, o pano branco. Pela primeira vez, eu coincidia com meu avô na visão do pano. Enquanto ainda me duvidava foi surgindo, mesmo ao lado da aparição, o aceno do pano vermelho do meu avô. Fiquei indeciso, barafundido. Então, lentamente, tirei a camisa e agitei-a nos ares. E vi: o vermelho do pano dele se branqueando, em desmaio de cor. Meus olhos se neblinaram até que se poentaram as visões.

Enquanto remava um demorado regresso, me vinham à lembrança as velhas palavras de meu velho avô: a água e o tempo são irmãos gémeos, nascidos do mesmo ventre. E eu acabava de descobrir em mim um rio que não haveria nunca de morrer. A esse rio volto agora a conduzir meu filho, lhe ensinando a vislumbrar os brancos panos da outra margem.

COUTO, Mia. Nas águas do tempo. *In:* COUTO, Mia. *Estórias abensonhadas*. 4. ed. Lisboa: Caminho, 1994. p. 13-17.

Saiba+

Antônio Emilio Leite Couto, conhecido como Mia Couto, nasceu em Cidade da Beira, província de Sofala, em Moçambique. Já foi jornalista e hoje é biólogo e escritor. Couto une a poética e as vozes de sua terra natal em seus contos, romances e poemas. Escritor engajado, o contexto sócio-histórico de seu país é tema de suas narrativas, em que também contempla a literatura e a força da palavra.

Leia agora um trecho do conto "O cachimbo de Felizbento", que integra o mesmo livro de Mia Couto. Nele, o narrador nos diz que:

> Toda estória se quer fingir de verdade. Mas a palavra é um fumo, leve demais para se prender na vigente realidade. Toda verdade aspira ser estória. Os fatos sonham ser palavra [...]

COUTO, Mia. O cachimbo de Felizbento. *In:* COUTO, Mia. *Estórias abensonhadas*. 4. ed. Lisboa: Caminho, 1994.

Agora, veja a definição de "história" de acordo com um dicionário:

> **história**
>
> 1. Narração escrita dos fatos notáveis ocorridos numa sociedade em particular ou em várias. [...]
>
> 4. Sequência de fatos ou ações.
>
> 5. Relato desses acontecimentos. = ESTÓRIA, NARRAÇÃO, NARRATIVA

HISTÓRIA. *In: Dicionário da língua portuguesa*. Priberam Informática. Disponível em: https://dicionario.priberam.org/hist%C3%B3ria. Acesso em: 22 fev. 2022.

2. Com base nessas definições, como você diferenciaria "estória" de "história"?

3. As estórias têm uma relação com a oralidade e o contar de narradores ligados à tradição popular e a conhecimentos ancestrais. De acordo com o conto "Nas águas do tempo", quais seriam as estórias guardadas pelo avô e transmitidas ao neto?

4. O narrador do conto, que é também o protagonista da história, relata as descobertas que fazia com o avô. De que maneira o menino se envolve com o conhecimento transmitido pelo avô? Justifique sua resposta com trechos do texto.

5. Ao longo do conto "Nas águas do tempo", a descrição contribui para a construção do espaço e dos personagens. Releia um trecho do conto:

> [...] Tudo o que ali se exibia, afinal, se inventava de existir. Pois, naquele lugar se perdia a fronteira entre água e terra. Naquelas inquietas calmarias, sobre as águas nenufarfalhudas, nós éramos os únicos que preponderávamos. Nosso barquito ficava ali, quieto, sonecando no suave embalo. O avô, calado, espiava as longínquas margens. Tudo em volta mergulhava em cacimbações, sombras feitas da própria luz, fosse ali a manhã eternamente ensonada. Ficávamos assim, como em reza, tão quietos que parecíamos perfeitos. [...]

Nesse trecho, para a caracterização do espaço, o narrador emprega:

- **Neologismos:** palavras novas, derivadas ou formadas de outras já existentes.
- **Antítese:** oposição, em uma mesma frase, de palavras de sentido contrário.
- **Personificação:** atribuição a animais e objetos de características ou sentimentos próprios dos humanos.

a) Identifique no excerto um termo ou uma frase que exemplifique cada um desses recursos e explique seu sentido.

b) Que características dos personagens são apresentadas no excerto?

6. A figura dos avós, ou dos mais velhos, simboliza nas literaturas africanas o saber dos ancestrais, de guardiões do passado e de uma tradição, trazendo uma visão de ensinamento aos mais novos. É possível perceber esse processo de aprendizagem nessa história?

7. Releia mais um trecho do conto "Nas águas do tempo":

> [...] De repente, meu avô se erguia no concho. Com o balanço quase o barco nos deitava fora. O velho, excitado, acenava. Tirava seu pano vermelho e agitava-o com decisão. A quem acenava ele? Talvez era a ninguém. Nunca, nem por instante, vislumbrei por ali alma deste ou de outro mundo. Mas o avô acenava seu pano.
>
> — Você não vê lá, na margem? Por trás do cacimbo? Eu não via. Mas ele insistia, desabotoando os nervos.
>
> — Não é lá. É láááá. Não vê o pano branco, a dançar-se? [...]

a) O que pode representar essa visão que só o avô tinha?

b) Por que o menino não tem a mesma visão que o avô?

8. No final da narrativa, o avô diz:

> [...] nós temos olhos que se abrem para dentro, esses que usamos para ver os sonhos. O que acontece, meu filho, é que quase todos estão cegos, deixaram de ver esses outros que nos visitam. Os outros? Sim, esses que nos acenam da outra margem. E assim lhes causamos uma total tristeza. Eu levo-lhe lá nos pântanos para que você aprenda a ver. Não posso ser o último a ser visitado pelos panos. [...]

Como você interpreta essa fala do avô? O que ele quis dizer com a expressão "olhos que se abrem para dentro"?

9. O desfecho do conto retrata a entrada do neto no universo mítico do avô. Que imagem o narrador utiliza para representar esse momento?

10. A escrita de Mia Couto traz várias marcas do português falado em Moçambique. O próprio autor cita, em entrevistas, que a língua portuguesa pode ser reinventada em cada território a que chega, no contato com os falares de outras línguas locais. Releia o seguinte trecho do conto:

> [...] Nós éramos miúdos e saímos, aventurosos, procurando o moha. Mas nunca nos foi visto tal monstro. Meu avô nos apoucava. Dizia ele que, ainda em juventude, se tinha entrevisto o tal semifulano. Invenção dele, avisava minha mãe. Mas a nós, miudagens, nem nos passava desejo de duvidar. [...]

a) Que palavras você reconhece como uma variedade do português moçambicano?

b) Se houvesse a transposição para o português brasileiro, que palavras poderiam substituir esses vocábulos?

11. Por meio da leitura e da análise do texto, é possível perceber que a língua é aberta a novos desdobramentos e combinações. Justifique essa afirmação com base no seguinte trecho do conto:

> [...] Fiquei indeciso, barafundido. Então, lentamente, tirei a camisa e agitei-a nos ares. E vi: o vermelho do pano dele se branqueando, em desmaio de cor. Meus olhos se neblinaram até que poentaram as visões. [...]

O conto

O conto é um gênero de estrutura narrativa menor em tamanho que o romance e a novela. Essa característica influencia diretamente a forma de apresentação e disposição de seus elementos. Assim, observa-se um número reduzido de personagens, maior restrição do tempo e do espaço, um enredo que gira em torno de poucas ações ou de um único conflito e, por fim, um tom narrativo mais uniforme, nem sempre possível de alcançar em narrativas muito longas.

O número reduzido de elementos permite uma integração mais evidente entre eles. Nesse sentido, dificilmente se dissociarão no conto ação, personagens e espaço, este último nem sempre caracterizado, mas sugerido no desenvolvimento das ações. O tempo é outra marca de relevância, pois é por meio dele que se desenvolve a história e é nele que se caracteriza o conflito e que se encaminha o desfecho.

Ligado à tradição das histórias orais, o conto, ao longo do tempo, adquiriu diversas variações. A depender da ação que se desenrola, ele pode ser mais simples, com personagens-tipo (personagens com características fixas, invariáveis, sem complexidade), e descrever aventuras, mistérios, encontros e desencontros amorosos. Em certas narrativas, o conflito é completamente centrado nas emoções de um só personagem.

O material linguístico dos contos tradicionais não difere daquele presente em quaisquer narrativas:

Pretérito imperfeito

- Predomínio do pretérito imperfeito para a apresentação da situação de equilíbrio e das descrições de personagens, espaços e cenas:

> Nem eu **sabia** o que ele **perseguia**. Peixe não **era**. Porque a rede **ficava** amolecendo o assento. Garantido **era** que, chegada a incerta hora, o dia já crepusculando, ele me **segurava** a mão e me **puxava** para a margem.

Pretérito perfeito

- Emprego do pretérito perfeito para o início do evento ou do presente do indicativo como forma de aproximar do leitor os eventos narrados (presente histórico):

> **Sucedeu**-me então que não **encontrei** nenhum fundo, minha perna descia engolida pelo abismo. O velho **acorreu-me** e me **puxou**. Mas a força que me sugava era maior que o nosso esforço. Com a agitação, o barco **virou** e **fomos** dar com as costas posteriores na água. **Ficámos** assim, lutando dentro do lago, agarrados às abas da canoa. De repente, meu avô **retirou** o seu pano do barco e **começou** a agitá-lo sobre a cabeça.

Brevidade da narrativa

- Recursos relacionados à brevidade do conto, como elipses para supressão de informações e marcadores temporais que indicam saltos no tempo:

> Dizia ele que, **ainda em juventude**, se tinha entrevisto com o tal semifulano. Invenção dele, avisava minha mãe. Mas a nós, miudagens, nem nos passava desejo de duvidar.
>
> **Certa vez**, no lago proibido, eu e vovô aguardávamos o habitual surgimento dos ditos panos.

As escolhas lexicais são uma marca importante para a integração entre ação, personagem e espaço no conto. Por vezes, em uma frase apenas, o contista comunica diversas informações relevantes para a caracterização do personagem e a compreensão do enredo.

Releia a apresentação da figura do avô no conto "Nas águas do tempo":

> [...] Meu avô, nesses dias, me levava rio abaixo, enfilado em seu pequeno concho. Ele remava, devagaroso, somente raspando o remo na correnteza. O barquito cabecinhava, onda cá, onda lá, parecendo ir mais sozinho que um tronco desabandonado. [...]

Observe que a apresentação do personagem e do barco, quase que de maneira concomitante, com referências físicas e ações humanas (personificação) atribuídas ao "pequeno concho", faz o leitor transferir, inconscientemente, as características de um elemento para o outro, de modo que a imagem do pequeno barco, "cabecinhando onda cá, onda lá", se funde com a imagem do avô, pequeno e sozinho como o barco. Por causa dessas escolhas lexicais, do uso do recurso de personificação e do emprego do pretérito imperfeito, apresentam-se, simultaneamente, situação de equilíbrio, personagem, espaço, tempo e ação.

Em outras margens

A poética da linguagem e a exploração de diferentes recursos linguísticos podem colocar a escrita de Mia Couto em diálogo com a obra do escritor brasileiro Guimarães Rosa.

Leia o início do conto "A terceira margem do rio", de Guimarães Rosa, e em seguida responda às questões propostas.

A terceira margem do rio

Nosso pai era homem cumpridor, ordeiro, positivo; e sido assim desde mocinho e menino, pelo que testemunharam as diversas sensatas pessoas, quando indaguei a informação. Do que eu mesmo me alembro, ele não figurava mais estúrdio nem mais triste do que os outros, conhecidos nossos. Só quieto. Nossa mãe era quem regia, e que ralhava no diário com a gente – minha irmã, meu irmão e eu. Mas se deu que, certo dia, nosso pai mandou fazer para si uma canoa.

Era a sério. Encomendou a canoa especial, de pau de vinhático, pequena, mal com a tabuinha da popa, como para caber justo o remador. Mas teve de ser toda fabricada, escolhida forte e arqueada em rijo, própria para dever durar na água por uns vinte ou trinta anos. Nossa mãe jurou muito contra a ideia. Seria que, ele, que nessas artes não vadiava, se ia propor agora para pescarias e caçadas? Nosso pai nada não dizia. Nossa casa, no tempo, ainda era próxima do rio, obra de nem quarto de légua: o rio por aí se estendendo grande, fundo, calado que sempre. Largo, de não se poder ver a forma da outra beira. E esquecer não posso, dia em que a canoa ficou pronta. Sem alegria nem cuidado, nosso pai encalcou o chapéu e decidiu um adeus para a gente. Nem falou outras palavras, não pegou matula e trouxa não fez a alguma recomendação. Nossa mãe, a gente achou que ia esbravejar, mas persistiu somente alva de pálida, mascou o beiço e bramou:

— "Cê vai, ocê fique, você nunca volte!" Nosso pai suspendeu a resposta. Espiou manso para mim, me acenando de vir também, por uns passos. Temi a ira de nossa mãe, mas obedeci de vez de jeito. O rumo daquilo me animava, chega que um propósito perguntei: — "Pai, o senhor me leva junto, nessa sua canoa?" Ela só retornou o olhar em mim, e me botou a bênção, com gesto me mandando para trás. Fiz que vim, mas ainda virei, na grota do mato, para saber. Nosso pai entrou na canoa e desamarrou, pelo remar. E a canoa saiu se indo – a sombra dela por igual, feito um jacaré, comprida longa.

Nosso pai não voltou. Ele não tinha ido a nenhuma parte. Só executava a invenção de se permanecer naqueles espaços do rio, de meio a meio, sempre dentro da canoa, para dela não saltar, nunca mais. A estranheza dessa verdade deu para estarrecer de todo a gente. Aquilo que não havia, acontecia. [...]

ROSA, João Guimarães. A terceira margem do rio. *In:* ROSA, João Guimarães. *Primeiras estórias*. 17. ed. Rio de Janeiro: Nova Fronteira, 1985. p. 32-37.

Diário de bordo

Você identifica semelhanças entre esse conto de Guimarães Rosa e a estória de "Nas águas do tempo"? Quais são elas? Transcreva no diário de bordo trechos que justifiquem sua resposta.

12. Quais marcas textuais indicam o tempo em que o narrador conta a história? O que essa característica indica sobre a temática do conto?

13. Assim como Mia Couto, Guimarães Rosa também concebe a língua como algo dinâmico e vivo. Por isso, o autor criou um vocabulário próprio para o registro dos falares e dos saberes do sertão mineiro. Retire do texto e anote no diário de bordo expressões que exemplifiquem essa afirmação.

14. Leia agora o final do conto de Guimarães Rosa e responda à questão:

> [...] Sofri o grave frio dos medos, adoeci. Sei que ninguém mais soube dele. Sou homem, depois desse falimento? Sou o que não foi, o que vai ficar calado. Sei que agora é tarde, e temo abreviar com a vida, nos rasos do mundo. Mas, então, ao menos, que, no artigo da morte, peguem em mim, e me depositem

também numa canoinha de nada, nessa água que não para, de longas beiras: e, eu, rio abaixo, rio a fora, rio a dentro – o rio.

ROSA, João Guimarães. A terceira margem do rio. *In:* ROSA, João Guimarães. *Primeiras estórias*. 17. ed. Rio de Janeiro: Nova Fronteira, 1985. p. 37.

No final do conto de Mia Couto, o narrador afirmou que havia nele um rio que nunca haveria de morrer. É possível reconhecer o diálogo entre as histórias?

Intertextualidade

Todo texto, de forma implícita ou explícita, está em diálogo com outros textos ou os contém em si. Ao escrever, o autor mobiliza as vozes ouvidas e os textos lidos em diferentes interações, trazendo para suas produções elementos que identifiquem conteúdos ou traços formais do texto-fonte. É chamada, portanto, de intertextualidade a presença de um texto em outro.

Por relacionar discursos entre si e por gerar sentidos em função dessas relações, a intertextualidade é considerada um importante fator de coerência textual.

A pesquisadora e linguista Ingedore Koch (1933-2018) destaca, dentre vários, três tipos de intertextualidade. Conheça-os a seguir.

Intertextualidade de forma e conteúdo

- Com a finalidade de construir certo efeito de sentido, o autor recorre a elementos de um gênero textual em outro gênero, em um contexto que não seria o dele. Por exemplo, um artigo de opinião publicado em um jornal de circulação nacional em forma de carta dirigida especificamente ao presidente da República.

Intertextualidade explícita

- Ocorre quando determinada informação é apresentada e sua fonte é explicitada. Trata-se do tipo de intertextualidade comum em reportagens, artigos de opinião e artigos científicos, pois esses gêneros contêm citações, discursos diretos, referências com fontes, etc.

Intertextualidade implícita

- Ocorre quando é feita referência a outro texto por meio da retomada de aspectos de seu conteúdo ou de sua forma, mas sem citação da fonte. Nesse caso, o repertório do leitor é fundamental para que os sentidos produzidos pelo intertexto proposto pelo autor sejam recuperados para completar o sentido do texto lido.

Você observou que o conto "Nas águas do tempo" é notadamente inspirado no conto "A terceira margem do rio", de Guimarães Rosa. O leitor do escritor brasileiro, ao conhecer o conto do moçambicano, observará elementos comuns às duas narrativas, como o barco, o rio, os laços familiares, o comportamento inexplicável de um dos personagens e a sugestão de herança, de passagem de uma tradição.

Longe de considerar isso imitação, é possível interpretar esse conto como uma homenagem do escritor moçambicano àquele que pode ser considerado seu mestre. O que autoriza essa interpretação? O texto escolhido por Mia Couto é justamente um conto em que Rosa trata do exercício de compreensão, por parte de um filho, de um comportamento completamente inusitado de seu pai; mais adiante, trata ainda da adesão do filho a esse mesmo comportamento. A narrativa lida fora dessa relação intertextual será uma narrativa sobre tradição e herança familiar. Considerada a visível intertextualidade com "A terceira margem do rio", sobressaem também a tradição e a herança entre mestre e discípulo literário.

Essa não é uma interpretação definitiva, mas uma possibilidade de análise do papel da intertextualidade implícita no conto de Mia Couto.

Responda às questões a seguir para treinar seus conhecimentos sobre o que estudou nesta unidade.

1. (Enem – 2011)

Conceitos e importância das lutas

Antes de se tomarem esporte, as lutas ou as artes marciais tiveram duas conotações principais: eram praticadas com o objetivo guerreiro ou tinham um apelo filosófico como concepção de vida bastante significativo. Atualmente, nos deparamos com a grande expansão das artes marciais em nível mundial. As raízes orientais foram se disseminando, ora pela necessidade de luta pela sobrevivência ou para a "defesa pessoal", ora pela possibilidade de ter as artes marciais como própria filosofia de vida.

CARREPO. E. A. Educação Física na Escola: Implicações para a prática pedagógica. Rio de Janeiro: Guanabara Koogan, 2008 (fragmento).

Um dos problemas da violência que está presente principalmente nos grandes centros urbanos são as brigas e os enfrentamentos de torcidas organizadas, além da formação de gangues, que se apropriam de gestos das lutas, resultando, muitas vezes, em fatalidades. Portanto, o verdadeiro objetivo da aprendizagem desses movimentos foi mal compreendido, afinal as lutas

a) se tornaram um esporte, mas eram praticadas com o objetivo guerreiro a fim de garantir a sobrevivência.
b) apresentam a possibilidade de desenvolver o autocontrole, o respeito ao outro e a formação do caráter.
c) possuem como objetivo principal a defesa pessoal por meio de golpes agressivos sobre o adversário.
d) sofreram transformações em seus princípios filosóficos em razão de sua disseminação pelo mundo.
e) se disseminaram pela necessidade de luta pela sobrevivência ou como filosofia pessoal de vida.

2. (Enem – 2020)

LUTA: prática corporal imprevisível, caracterizada por determinado estado de contato proposital, que possibilita a duas ou mais pessoas se enfrentarem numa constante troca de ações ofensivas e/ou defensivas, regida por regras, com o objetivo mútuo sobre um alvo móvel personificado no oponente.

GOMES, M. S. P. *et al.* Ensino das lutas: dos princípios condicionais aos grupos situacionais. *Movimento*, n. 2, abr.-jun. 2010 (adaptado).

De acordo com o texto, podemos identificar uma abordagem das lutas nas aulas de educação física quando o professor realiza uma proposta envolvendo

a) contato corporal intenso entre o aluno e seu oponente.
b) contenda entre os alunos que se agridem fisicamente.
c) confronto corporal em que os vencedores são previamente identificados.
d) combate corporal intencional com ações regulamentadas entre os oponentes.
e) conflito resolvido pelos alunos por meio de regras previamente estabelecidas.

3. (Enem – 2016)

As lutas podem ser classificadas de diferentes formas, de acordo com a relação espacial entre os oponentes. *As lutas de contato direto* são caracterizadas pela manutenção do contato direto entre os adversários, os quais procuram empurrar, desequilibrar, projetar ou imobilizar o oponente. Já as lutas que *mantêm o adversário a distância* são caracterizadas pela manutenção de uma distância segura em relação ao adversário, para não ser atingido pelo oponente, procurando o contato apenas no momento da aplicação de uma técnica (golpe).

Secretaria de Estado da Educação. Diretrizes curriculares de educação física para os anos finais do ensino fundamental e para o ensino médio. Curitiba: SEED, 2008 (adaptado).

Com base na classificação presente no texto, são exemplos de luta de contato direto e de luta que mantém o adversário a distância, respectivamente,

a) judô e karatê.
b) jiu-jítsu e sumô.
c) boxe e *kung fu*.
d) esgrima e luta olímpica.
e) *Muay Thai* e *tae kwon do*.

4. (Enem – 2016)

O filme Menina de ouro conta a história de Maggie Fitzgerald, uma garçonete de 31 anos que vive sozinha em condições humildes e sonha em se tornar uma boxeadora profissional treinada por Frankie Dunn.

Em uma cena, assim que o treinador atravessa a porta do corredor onde ela se encontra, Maggie o aborda e, a caminho da saída, pergunta a ele se está interessado em treiná-la. Frankie responde: "Eu não treino garotas". Após essa fala, ele vira as costas e vai embora. Aqui, percebemos, em Frankie, um comportamento ancorado na representação de que boxe é esporte de homem e, em Maggie, a superação da concepção de que os ringues são tradicionalmente masculinos.

Historicamente construída, a feminilidade dominante atribui a submissão, a fragilidade e a passividade a uma "natureza feminina". Numa concepção hegemônica dos gêneros, feminilidades e masculinidades encontram-se em extremidades opostas.

No entanto, algumas mulheres, indiferentes às convenções sociais, sentem-se seduzidas e desafiadas a aderirem à prática das modalidades consideradas masculinas. É o que observamos em Maggie, que se mostra determinada e insiste em seu objetivo de ser treinada por Frankie.

FERNANDES. V; MOURÃO. L. *Menina de ouro* e a representação de feminilidades plurais. *Movimento*, n. 4, out-dez. 2014 (adaptado).

A inserção da personagem Maggie na prática corporal do boxe indica a possibilidade da construção de uma feminilidade marcada pela

a) adequação da mulher a uma modalidade esportiva alinhada a seu gênero.

b) valorização de comportamentos e atitudes normalmente associados à mulher.

c) transposição de limites impostos à mulher num espaço de predomínio masculino.

d) aceitação de padrões sociais acerca da participação da mulher nas lutas corporais.

e) naturalização de barreiras socioculturais responsáveis pela exclusão da mulher no boxe.

5. (Enem – 2014)

O boxe está perdendo cada vez mais espaço para um fenômeno relativamente recente do esporte, o MMA. E o maior evento de Artes Marciais Mistas do planeta é o *Ultimate Fighting Championship*, ou simplesmente UFC. O ringue, com oito cantos, foi desenhado para deixar os lutadores com mais espaço para as lutas. Os atletas podem usar as mãos e aplicar golpes de jiu-jitsu. Muitos podem falar que a modalidade é uma espécie de vale-tudo, mas isso já ficou no passado: agora, a modalidade tem regras e acompanhamento médico obrigatório para que o esporte apague o estigma negativo.

CORREIA, D. "UFC: saiba como o MMA nocauteou o boxe em oito golpes". *Veja*, 10 jun. 2011 (fragmento).

O processo de modificação das regras do MMA retrata a tendência de redimensionamento de algumas práticas corporais, visando enquadrá-las em um determinado formato. Qual o sentido atribuído a essas transformações incorporadas historicamente ao MMA?

a) A modificação das regras busca associar valores lúdicos ao MMA, possibilitando a participação de diferentes populações como atividade de lazer.

b) As transformações do MMA aumentam o grau de violência das lutas, favorecendo a busca de emoções mais fortes tanto aos competidores como ao público.

c) As mudanças de regras do MMA atendem à necessidade de tornar a modalidade menos violenta, visando sua introdução nas academias de ginástica na dimensão da saúde.

d) As modificações incorporadas ao MMA têm por finalidade aprimorar as técnicas das diferentes artes marciais, favorecendo o desenvolvimento da modalidade enquanto defesa pessoal.

e) As transformações do MMA visam delimitar a violência das lutas, preservando a integridade dos atletas e enquadrando a modalidade no formato do esporte de espetáculo.

6. (Enem PPL – 2009)

A mostra **Largo do Paissandu – Onde o Circo se Encontra** reúne tudo o que de mais sagrado ocorreu em quase dois séculos de picadeiro brasileiro. Foi um trabalho que teve início há pouco mais de dez anos, graças à iniciativa da ex-acrobata e atual pesquisadora da arte circense, Verônica Tamaoki, e cujo incentivo tem sido fundamental para preservar a memória do circo, tão importante quanto relegada pelos poderes públicos. Da chegada das primeiras famílias circenses europeias, em 1831, que iniciaram um processo de mestiçagem com os artistas locais e nossa cultura popular, aos figurinos e registros fotográficos de artistas que se consagraram sob as lonas, como o palhaço Piolin, o visitante pode ter uma ideia muito clara da importância que o circo, especialmente o de origem familiar, já teve no país.

O Estado de S. Paulo. Caderno 2, 16/7/ 2008 (com adaptações).

A mostra **Largo do Paissandu – Onde o Circo se Encontra** ressalta a importância que o circo já teve no passado e demonstra que

a) a cultura popular e a arte circense são manifestações artísticas que apresentam origens distintas uma da outra.

b) o patrimônio histórico do circo é atualmente irrelevante para a preservação da cultura popular brasileira.

c) a preservação da memória do circo no Brasil independe da contribuição das famílias que participaram de sua criação no país.

d) as famílias circenses europeias, juntamente com os artistas e o ambiente de nossa cultura popular, foram responsáveis pelo surgimento do circo no Brasil.

e) a transmissão oral da tradição circense, passada de família a família, apesar de historicamente importante, impede que essa memória seja devidamente preservada.

7. (Uece – 2018)

Observa-se que a arte circense tem passado por inúmeras transformações ao longo dos anos. Com base nessa colocação, analise as seguintes afirmações:

I. Se por um lado houve uma diminuição de circos de lona, por outro há, hoje em dia, uma significativa ampliação da presença da linguagem circense no interior das sociedades, através das escolas de circo e de projetos sociais que utilizam essa linguagem como uma ferramenta pedagógica.

II. A arte circense passou por inúmeras transformações, entretanto essas transformações não foram significativas do ponto de vista da economia circense.

III. Na relação com a sociedade em que a arte circense está inserida, a tradição é colocada constantemente à prova e por isso o circo tenta incluir os novos modos de comunicação.

Está correto o que se afirma em

a) I, II e III.
b) I e II apenas.
c) II e III apenas.
d) I e III apenas.

8. (Enem – 2016)

Galinha cega

O dono correu atrás de sua branquinha, agarrou-a, lhe examinou os olhos. Estavam direitinhos, graças a Deus, e muito pretos. Soltou-a no terreiro e lhe atirou mais milho. A galinha continuou a bicar o chão desorientada. Atirou ainda mais, com paciência, até que ela se fartasse. Mas não conseguiu com o gasto de milho, de que as outras se aproveitaram, atinar com a origem daquela desorientação. Que é que seria aquilo, meu Deus do céu? Se fosse efeito de uma pedrada na cabeça e se soubesse quem havia mandado a pedra, algum moleque da vizinhança, aí... Nem por sombra imaginou que era a cegueira irremediável que principiava.

Também a galinha, coitada, não compreendia nada, absolutamente nada daquilo. Por que não vinham mais os dias luminosos em que procurava a sombra das pitangueiras? Sentia ainda o calor do sol, mas tudo quase sempre tão escuro. Quase que já não sabia onde é que estava a luz, onde é que estava a sombra.

GUIMARAES, J. A. *Contos e novelas*. Rio de Janeiro: Imago, 1976 (fragmento).

Ao apresentar uma cena em que um menino atira milho às galinhas e observa com atenção uma delas, o narrador explora um recurso que conduz a uma expressividade fundamentada na

a) captura de elementos da vida rural, de feições peculiares.
b) caracterização de um quintal de sítio, espaço de descobertas.
c) confusão intencional da marcação do tempo, centrado na infância.
d) apropriação de diferentes pontos de vista, incorporados afetivamente.
e) fragmentação do conflito gerador, distendido como apoio à emotividade.

9. (UFU-MG – 2018)

Não sei – respondeu dona Carochinha – mas tenho notado que muitos dos personagens das minhas histórias já andam aborrecidos de viverem toda a vida presos dentro delas. Querem novidade. Falam em correr mundo a fim de se meterem em novas aventuras. Aladino queixa-se de que sua lâmpada maravilhosa está enferrujando. A Bela Adormecida tem vontade de espetar o dedo noutra roca para dormir outros cem anos. O Gato de Botas brigou com o marquês de Carabás e quer ir para os Estados Unidos visitar o Gato Félix. Branca de Neve vive falando em tingir os cabelos de preto e botar rouge na cara. Andam todos revoltados, dando-me um trabalhão para contê-los. Mas o pior é que ameaçam fugir, e o Pequeno Polegar já deu o exemplo.

LOBATO, Monteiro. *Reinações de Narizinho*. 33. ed. São Paulo: Editora Brasiliense, 1982. p. 11.

a) Explique como se dá o processo de intertextualidade no texto de Monteiro Lobato.
b) Transcreva **um** exemplo de sequência textual narrativa e **um** exemplo de sequência textual descritiva, retiradas do texto.

A questão 10 refere-se ao conto "A terceira margem do rio", do livro *Primeiras estórias*, de João Guimarães Rosa.

10. (Uerj – 2018)

Considere a hipótese de que o título "A terceira margem do rio", conto de João Guimarães Rosa, se refere também à própria ficção, que se desenvolve entre duas margens: a da realidade e a da imaginação.

O trecho do conto que melhor comprova essa hipótese de leitura é:

a) o que não era o certo, exato; mas, que era mentira por verdade.
b) os tempos mudavam, no devagar depressa dos tempos.
c) e, eu, rio abaixo, rio a fora, rio a dentro – o rio.
d) Ninguém é doido. Ou, então, todos.

Clube de leitura

antoniodiaz/Shutterstock

Um dos pontos importantes para a realização de um clube de leitura é a escolha da obra que será lida por todos.

Como afirmou Mia Couto, é preciso haver leitores e pessoas falando sobre literatura. Por isso, agora, você e os colegas vão planejar e realizar encontros de um clube de leitura, para o compartilhamento de contos produzidos em língua portuguesa.

Com o auxílio do professor, façam uma seleção prévia de autores de contos, não apenas brasileiros, mas de escritores de língua portuguesa. Vocês podem usar diferentes textos dos dois importantes autores desse gênero que estudaram nesta unidade ou podem buscar textos de outros.

A ideia é que vocês se organizem de modo colaborativo, envolvendo e contando com o apoio e as ideias de todos. Lembrem-se de que um clube de leitura é uma atividade social que possibilita não apenas ampliar suas reflexões acerca de suas leituras, como também promover a escuta ativa, valiosa para o desenvolvimento do respeito à diversidade de opiniões. Nesse sentido, é importante pensar em como envolver toda a comunidade escolar no evento.

Durante o processo, organizem-se para fazer os registros dos encontros, por meio de fotos, vídeos, textos ou desenhos, por exemplo.

Procedimentos

Definição do foco

1. Definam qual será o foco do clube de leitura. O importante é entender que a definição do foco significa pensar em um percurso de formação literária para ampliar o repertório dos participantes.

Definição do público-alvo

2. Após a escolha do foco, vocês devem definir quem será o público-alvo do clube de leitura: Será um encontro para todos os estudantes do Ensino Médio da escola? Outras turmas participarão? A comunidade de fora da escola será convidada?

Número de participantes

3. Estimem um número de participantes para o clube de leitura. Esse ponto é relevante, pois todos devem ter espaço para se expressar durante os encontros. Assim, para a organização do evento, é necessário haver um número específico de participantes. Em caso de grupos muito numerosos, podem ser organizados dois encontros em horários diferentes para que todos tenham seu momento de fala.

Local para os encontros

4. Em seguida, é preciso pensar em um local para os encontros. De preferência, escolham um espaço em que seja possível uma reunião em círculo: a formação em roda favorece o diálogo, permite que todos se vejam e contribui para que todos tenham espaço para falar. Pode ser na biblioteca da escola ou em uma sala de aula, por exemplo.

Periodicidade dos encontros

5. Estabeleçam também a periodicidade dos encontros do clube de leitura: serão semanais ou mensais? Para determinar a frequência, considerem o tempo hábil necessário para que todos possam ler as obras selecionadas. Assim, por exemplo, se o objetivo for conversar sobre a leitura de contos, as reuniões podem ser quinzenais. Não se esqueçam de confirmar a disponibilidade do grupo antes de definirem as datas.

Duração dos encontros

6. Considerem também o tempo de duração dos encontros.

Mediador

7. É preciso que uma pessoa seja a mediadora de cada reunião. Ela será responsável por coordenar os encontros e as discussões, organizando o tempo para que todos se expressem de forma equilibrada. Escolham o mediador em conjunto: Os interessados vão se voluntariar? Haverá votação entre os que se propuseram? Lembrem-se de que o mediador, além de bom leitor, deve saber conduzir um grupo variado de pessoas, com opiniões diversas e, em alguns momentos, contrárias. É de responsabilidade dele garantir a escuta empática de todos os participantes e administrar eventuais conflitos.

Escolha da obra

8. O objetivo de um encontro de clube de leitura é que os participantes conversem sobre um texto preferencialmente lido por todos. Por isso, um ponto relevante do planejamento é a escolha da obra para o primeiro encontro: A escolha será feita coletivamente? Os encontros vão seguir uma temática?

Essa seleção, de início, pode ser baseada em contos de autores de língua portuguesa, previamente selecionados. Depois de escolhido o texto, determinem o tempo de leitura até que o primeiro encontro aconteça. Do segundo encontro em diante, a escolha deve considerar o interesse do grupo de participantes do clube, por isso é necessário saber o perfil dos leitores e conhecer os gostos de cada um. Uma possibilidade é fazer uma caixa de sugestões para que todos possam incluir suas indicações.

Divulgação do evento

9. Com tudo definido, é hora de divulgar o evento. Há diversas possibilidades, como colocar cartazes na escola ou usar as redes sociais. É importante que, na divulgação, constem informações como o dia e o local do encontro, assim como o nome da obra escolhida para a discussão.

Momento do encontro

10. Por fim, chegou o dia do encontro! Compareçam ao local mais cedo para preparar o espaço, afastando mesas e organizando as cadeiras em roda. Depois, é só aproveitar e compartilhar as leituras.

Ao final do encontro, é de grande importância que a turma se reúna para avaliar o evento. Para isso, considerem:

Mediação: o mediador conseguiu conduzir o público em um ambiente propício para a escuta e a interlocução?

Seleção do texto: os textos lidos mobilizaram diferentes discussões e hipóteses interpretativas?

Participação do público: os participantes mostraram envolvimento e favoreceram um diálogo entre leitores?

Meu portfólio

Nesta unidade, você e os colegas entraram em contato com o tema multiculturalismo. Com base nesse tema norteador, foram instigados a refletir sobre a valorização da cultura popular e o hibridismo presente nas práticas corporais de luta, nas artes circenses e na literatura de língua portuguesa.

Desse modo, conheceram e experimentaram práticas corporais da cultura brasileira, assim como estabeleceram relações com as de outras culturas e refletiram sobre questões de gênero nos esportes. No estudo sobre o circo, contextualizou-se o papel dos artistas circenses na difusão cultural pelo país. Vocês também conheceram o trabalho dos palhaços e a trajetória de alguns deles. O acesso a essa diversidade de matrizes culturais favoreceu a construção de uma visão democrática e inclusiva da sociedade brasileira.

Além disso, vocês leram um conto de literatura africana de língua portuguesa em diálogo com um texto do escritor brasileiro Guimarães Rosa. Nesse sentido, por meio da leitura de contos, conheceram as características desse gênero e descobriram a relação intertextual entre os dois contos. Estudaram, ainda, as variedades linguísticas da língua portuguesa, de modo que foi possível entender como a língua é constituída de muitas maneiras, que não são normatizadas. Por fim, ampliaram o repertório de conhecimento literário com a organização de um clube de leitura.

O portfólio

Para montar seu portfólio, você deverá retomar todas as produções realizadas na unidade, desde rascunhos e projetos até registros em fotos e vídeos de apresentações. Lembre-se de que todo o processo criativo é importante, e não apenas o produto final, por isso aqui não podem faltar as diversas versões de uma mesma produção.

Retome também todas as anotações que fez no diário de bordo: elas vão ajudar muito na construção do portfólio. Não deixe de registrar a data em que cada produção foi realizada; assim, ao consultar o portfólio, você terá condições de verificar sua história de aprendizagem. Essa consulta poderá ajudá-lo a perceber quais aspectos você foi desenvolvendo e aperfeiçoando ao longo do trabalho.

UNIDADE

4 Fluxos culturais

Cena da peça *Quando eu morrer, vou contar tudo a Deus*, do coletivo O Bonde e com direção de Ícaro Rodrigues, em apresentação em Florianópolis (SC), 2019.

#TáNoFeed

O espetáculo *Quando eu morrer, vou contar tudo a Deus*, do coletivo O Bonde, de São Paulo, é baseado em uma reportagem de jornal de 2015, que tratava de um menino que fora encontrado em uma mala de viagem, tentando entrar ilegalmente na Espanha, pela fronteira do norte da África. A curiosidade e a imaginação do menino Abou dentro da mala amenizam sua longa e penosa viagem rumo à Europa.

1. Observe a imagem de abertura e, depois, responda às questões propostas.

a) Todos os personagens carregam uma mala ou outro objeto pessoal nas mãos. O que isso pode significar?

b) Em que contextos os fluxos culturais e migratórios acontecem?

c) Você imagina aonde as pessoas que saem obrigatoriamente de seus países de origem desejam chegar? O que acha que elas vão encontrar nesses lugares?

d) Se você fosse obrigado a viver fora do seu país, que direitos supõe que lhe deveriam ser assegurados?

2. A seguir, leia a definição de refugiado de acordo com a Agência da ONU para Refugiados (Acnur).

Refugiados

São pessoas que estão fora de seu país de origem devido a fundados temores de perseguição relacionados a questões de raça, religião, nacionalidade, pertencimento a um determinado grupo social ou opinião política, como também devido à grave e generalizada violação de direitos humanos e conflitos armados.

A vida como refugiado pode ser difícil de imaginar. Mas, para 25,4 milhões de pessoas em todo o mundo, é uma realidade apavorante.

[...]

REFUGIADOS. *Acnur Brasil*. Disponível em: https://www.acnur.org/portugues/quem-ajudamos/refugiados/. Acesso em: 3 mar. 2022.

- Crie uma imagem ou um texto poético que represente o que você supõe ser a "realidade apavorante" de um refugiado. Compartilhe sua produção com os colegas e, depois, guarde-a: essa imagem poderá servir de inspiração para a cena que você e os colegas vão criar na seção *#Multiplicar*.

Esta unidade conduzirá você por estudos sobre fluxos migratórios e direitos humanos em relação aos refugiados. Você compreenderá leis como a de Migração, de 2017, e a Declaração Universal dos Direitos Humanos (DUDH), verá depoimentos, reportagens e como grupos teatrais criaram obras em torno do tema, todos utilizando processos de remidiação, que você compreenderá melhor ao longo da unidade. Na seção *#Multiplicar*, você terá a oportunidade de criar com os colegas uma mostra de cenas teatrais integrando os temas aos conceitos que estudará.

Fotosearch/Getty Images

Eleanor Roosevelt, ex-primeira-dama dos Estados Unidos, observando um cartaz da Declaração Universal dos Direitos Humanos, 1947.

Fundação Catarinense de Cultura/Governo do Estado de Santa Catarina

Conheça a unidade

Objetivos

Língua Portuguesa

- Conhecer a estrutura organizacional e composicional de um texto normativo.
- Conhecer a estrutura do infográfico e analisar seu papel na composição de reportagens.
- Discutir alguns processos implicados na apresentação de um mesmo conteúdo em diferentes linguagens.
- Produzir uma adaptação de conteúdo para uma nova linguagem.

Arte

- Conhecer os conceitos de estranhamento do teatro épico e de modelos de ação das peças didáticas de Bertolt Brecht.
- Entender os processos de remidiação em teatro.
- Organizar uma mostra de cenas teatrais.

Justificativa

O tema da migração, por ser complexo e polêmico, favorece uma frutífera discussão acerca dos direitos humanos: as pessoas têm direito à dignidade em qualquer lugar em que estiverem. Esse debate torna-se, assim, um importante pretexto para a exploração do conteúdo da estrutura de textos normativos, fundamentais para a ampliação da consciência de que se vive em uma sociedade democrática, comprometida em assegurar direitos a todos os seus cidadãos, inclusive o imigrante.

Cabe, ainda, nessa sequência, o estudo de textos que, por seu caráter informativo, como é o caso da reportagem, ampliam a visão sobre um tema. Essa sequência de estudos, que envolve o desenvolvimento do princípio de alteridade e empatia, completa-se nas atividades teatrais, todas motivadas pela reflexão sobre o que é o outro fora de seu lugar de origem. Dessa forma, você será motivado, por um lado, a pensar considerando o contexto e a relevância das informações, a serem tratadas sempre com olhar crítico, e, por outro, a agir no mundo de maneira criativa e responsável, embasando-se nos principais valores humanos que nos foram legados.

A BNCC nesta unidade

Nesta unidade são desenvolvidas as competências e habilidades da BNCC indicadas a seguir.

Competências gerais da Educação Básica: 1, 2, 3, 4, 5, 9, 10.

Linguagens e suas Tecnologias no Ensino Médio: competências específicas e habilidades

Competência específica 1 (EM13LGG101, EM13LGG102, EM13LGG103, EM13LGG105); competência específica 2 (EM13LGG202, EM13LGG204); competência específica 3 (EM13LGG301, EM13LGG302, EM13LGG303, EM13LGG304); competência específica 4 (EM13LGG401); competência específica 5 (EM13LGG501); competência específica 6 (EM13LGG603, EM13LGG604).

Língua Portuguesa no Ensino Médio: campos de atuação social, competências específicas e habilidades

Todos os campos de atuação social

EM13LP01 (competência específica 2); EM13LP02 (competência específica 1); EM13LP07 (competência específica 1); EM13LP08 (competência específica 1); EM13LP14 (competências específicas 1, 4); EM13LP15 (competências específicas 3, 7); EM13LP17 (competência específica 4); EM13LP18 (competência específica 3).

Ciências Humanas e Sociais Aplicadas no Ensino Médio: competências específicas e habilidades

Competência específica 1 (EM13CHS101, EM13CHS102, EM13CHS103, EM13CHS104); competência específica 5 (EM13CHS502); competência específica 6 (EM13CHS604, EM13CHS605).

Depoimentos (Língua Portuguesa)

O texto que você vai ler a seguir foi publicado em um jornal e faz parte de um projeto chamado "Imigrantes de SP", que reúne depoimentos de estrangeiros que, por diferentes motivações, vivem em São Paulo (SP), cidade com maior número de imigrantes no Brasil. O depoimento escolhido é o da venezuelana Lorena Arévalo, analista de *marketing* bilíngue, que está no Brasil desde 2018.

Durante a leitura, atente para como foi apresentado o depoimento, que se diferencia da forma mais tradicional de registro desse gênero. Procure explicar essa opção de edição e exposição do texto feita pela equipe editorial do jornal. Você leria outros depoimentos transcritos dessa forma? Por quê? Perceba também a presença de ícones de áudio em algumas partes do texto; eles indicam que há conteúdo para ser ouvido. O que você acha desse tipo de recurso?

"Espanhol parece com português, mas faço curso porque fiz faculdade na Venezuela e não quero falar errado aqui"

Eu gosto muito das palavras que terminam em L porque é muito engraçado para mim. Que é 'legal', 'Miguel', 'Rafael', 'normal', 'legal'. Tudo isso é para mim muito engraçado, porque o L o pronunciam como U. Então eu gosto muito dessas palavras

Bruno Santos/Folhapress

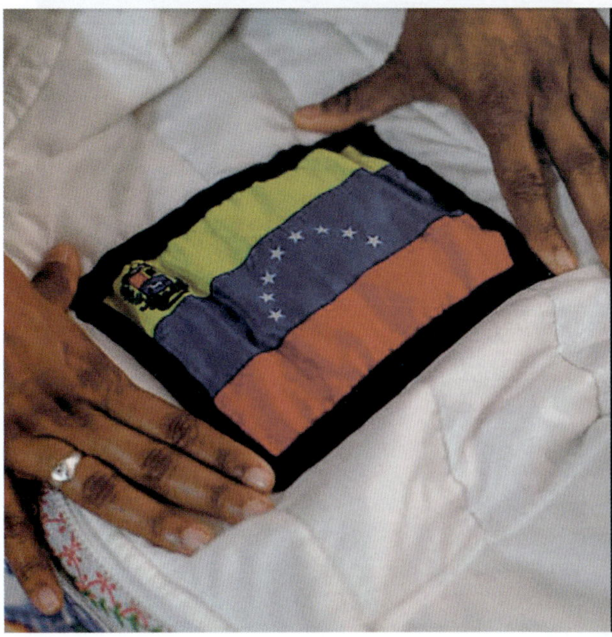

Os venezuelanos estão passando muito mal. Todos os dias os preços dos produtos aumentam. Uma coisa que custa 5 mil soberanos sobe para 10 mil à tarde e para 15 mil à noite. E seu pagamento é sempre o mesmo. Um salário dava só para a condução. Outro salário, para 1 kg de feijão

Bruno Santos/Folhapress

Bruno Santos/Folhapress

Fiz duas faculdades na Venezuela e aqui trabalhei em lavanderia, fiz faxina. Não tenho vergonha. Me sinto honrada com qualquer trabalho que eu faça

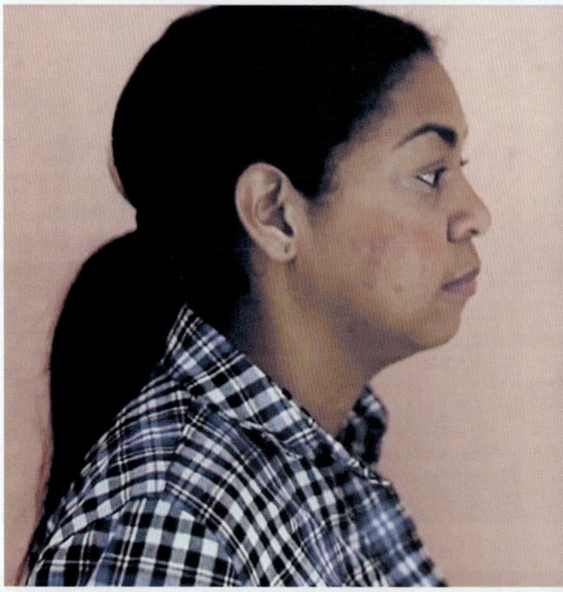

Bruno Santos/Folhapress

Os venezuelanos somos assim como os brasileiros. Eles gostam quando você chega na sua casa e falam: Nossa, você quer um café, você já almoçou?

Bruno Santos/Folhapress

Agora por causa da crise as pessoas não fazem isso porque você tem só sua comida, só seu café da manhã, então você não pode compartilhar com um vizinho. Já as pessoas ficam mais só para elas

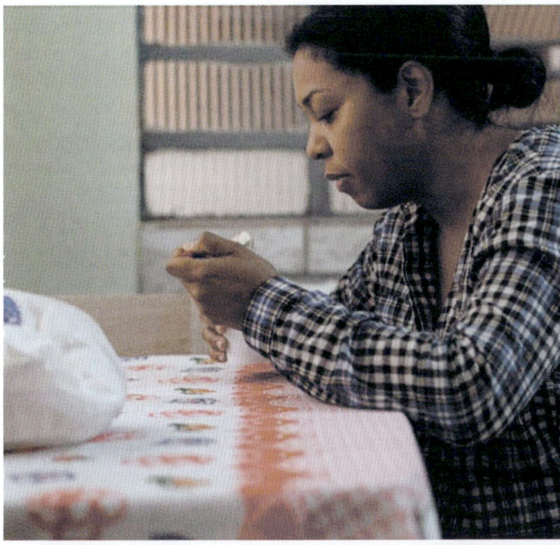

Bruno Santos/Folhapress

O melhor para o ser humano é ficar junto com a família, e as famílias venezuelanas estão muito divididas. Você está bem aqui, mas sua família não tem medicamentos ou comida... é ruim. Você não fica bem nunca, certo?

Bruno Santos/Folhapress

Na Venezuela ficam preocupados comigo porque ouviram falar que tem muita xenofobia contra venezuelanos no Brasil. Eu digo que não é no Brasil todo, que é só na fronteira que acontece. Em São Paulo as pessoas gostam da gente

Bruno Santos/Folhapress

Eu gosto muito disso que eles falam: ai, seja bem vinda, você fala muito bem português, são muito... como falo... muito carinhosos com as pessoas da Venezuela

[...]

ESPANHOL parece com português, mas faço curso porque fiz faculdade na Venezuela e não quero falar errado aqui. *Folha de S.Paulo*, 2019. Disponível em: https://arte.folha.uol.com.br/mundo/2019/imigrantes-sp/imigrante/lorena-arevalo/. Acesso em: 22 fev. 2022.

1. Após a leitura do texto, responda às questões a seguir no diário de bordo.

a) Excluído o título, o depoimento de Lorena Arévalo está dividido em oito partes, cada uma delas abordando um subtópico relativo às experiências da venezuelana. Elabore um título para cada um dos oito depoimentos, formado por uma minissentença nominal, ou seja, uma sentença sem verbo.

b) Há três declarações, dentre as oito que compõem o texto, que são sequência da declaração anterior. Identifique-as e responda: Que termos linguísticos confirmam essa conexão?

c) Considere o veículo de publicação do projeto "Imigrantes de SP" e o leitor pressuposto desse tipo de mídia: por que, em sua opinião, se optou pela publicação de fragmentos do depoimento, acompanhados de imagens e áudios e separados por telas, e não a transcrição do depoimento na íntegra, em um texto organizado em parágrafos, em uma única página (digital ou impressa)?

d) Faça uma síntese da história de Lorena com os dados do depoimento dela: O que a fez sair de seu país? Como é sua vida de imigrante em São Paulo? Quais são os problemas enfrentados por ela?

e) Em seu depoimento, Lorena faz relações entre aspectos culturais diversos do Brasil e da Venezuela. Quais são essas comparações que ela apresenta?

Textos normativos

Você já ouviu falar em textos normativos? Conhece a Constituição brasileira e a Lei de Migração? Sabe o que esses documentos têm em comum? Qual é a importância deles e de que maneira têm impacto na vida de cada cidadão do país?

No estudo a seguir, você vai explorar a estrutura organizacional e composicional da Lei de Migração, vigente no Brasil desde 2017. Essa atividade, além de focalizar os direitos e as garantias das pessoas que migram e imigram, destacará elementos textuais a serem considerados na leitura de outros textos normativos. Ao final desse estudo, procure responder qual é a importância de uma lei e o que ela revela sobre os valores de um país.

Alf Ribeiro/Shutterstock

Fachada do Museu da Imigração, localizado na capital do estado de São Paulo. Em 1887, funcionava nesse edifício a Hospedaria de Imigrantes, a primeira habitação de muitos imigrantes que decidiram viver em São Paulo. Foto de 2017.

LEI Nº – 13.445, DE 24 DE MAIO DE 2017 –

Institui a Lei de Migração

O PRESIDENTE DA REPÚBLICA Faço saber que o Congresso Nacional decreta e eu sanciono a seguinte Lei:

CAPÍTULO I

DISPOSIÇÕES PRELIMINARES

Seção I

Disposições Gerais

Art. 1º Esta Lei dispõe sobre os direitos e os deveres do migrante e do visitante, regula a sua entrada e estada no País e estabelece princípios e diretrizes para as políticas públicas para o emigrante.

§ 1º Para os fins desta Lei, considera-se:

I – (VETADO);

II – imigrante: pessoa nacional de outro país ou apátrida que trabalha ou reside e se estabelece temporária ou definitivamente no Brasil;

III – emigrante: brasileiro que se estabelece temporária ou definitivamente no exterior;

IV – residente fronteiriço: pessoa nacional de país limítrofe ou apátrida que conserva a sua residência habitual em município fronteiriço de país vizinho;

V – visitante: pessoa nacional de outro país ou apátrida que vem ao Brasil para estadas de curta duração, sem pretensão de se estabelecer temporária ou definitivamente no território nacional;

VI – apátrida: pessoa que não seja considerada como nacional por nenhum Estado, segundo a sua legislação, nos termos da Convenção sobre o Estatuto dos Apátridas, de 1954, promulgada pelo Decreto nº 4.246, de 22 de maio de 2002, ou assim reconhecida pelo Estado brasileiro.

§ 2º (VETADO).

Art. 2º Esta Lei não prejudica a aplicação de normas internas e internacionais específicas sobre refugiados, asilados, agentes e pessoal diplomático ou consular, funcionários de organização internacional e seus familiares.

Seção II

Dos Princípios e das Garantias

Art. 3º A política migratória brasileira rege-se pelos seguintes princípios e diretrizes:

I – universalidade, indivisibilidade e interdependência dos direitos humanos;

II – repúdio e prevenção à xenofobia, ao racismo e a quaisquer formas de discriminação;

III – não criminalização da migração;

IV – não discriminação em razão dos critérios ou dos procedimentos pelos quais a pessoa foi admitida em território nacional;

V – promoção de entrada regular e de regularização documental;

VI – acolhida humanitária;

VII – desenvolvimento econômico, turístico, social, cultural, esportivo, científico e tecnológico do Brasil;

VIII – garantia do direito à reunião familiar;

IX – igualdade de tratamento e de oportunidade ao migrante e a seus familiares;

X – inclusão social, laboral e produtiva do migrante por meio de políticas públicas;

XI – acesso igualitário e livre do migrante a serviços, programas e benefícios sociais, bens públicos, educação, assistência jurídica integral pública, trabalho, moradia, serviço bancário e seguridade social;

XII – promoção e difusão de direitos, liberdades, garantias e obrigações do migrante;

XIII – diálogo social na formulação, na execução e na avaliação de políticas migratórias e promoção da participação cidadã do migrante;

XIV – fortalecimento da integração econômica, política, social e cultural dos povos da América Latina, mediante constituição de espaços de cidadania e de livre circulação de pessoas;

XV – cooperação internacional com Estados de origem, de trânsito e de destino de movimentos migratórios, a fim de garantir efetiva proteção aos direitos humanos do migrante;

XVI – integração e desenvolvimento das regiões de fronteira e articulação de políticas públicas regionais capazes de garantir efetividade aos direitos do residente fronteiriço;

XVII – proteção integral e atenção ao superior interesse da criança e do adolescente migrante;

XVIII – observância ao disposto em tratado;

XIX – proteção ao brasileiro no exterior;

XX – migração e desenvolvimento humano no local de origem, como direitos inalienáveis de todas as pessoas;

XXI – promoção do reconhecimento acadêmico e do exercício profissional no Brasil, nos termos da lei; e

XXII – repúdio a práticas de expulsão ou de deportação coletivas. [...]

BRASIL. *Lei n. 13 445*, de 24 de maio de 2017. Brasília: Casa Civil, 2017.
Disponível em: http://www.planalto.gov.br/ccivil_03/_ato2015-2018/2017/lei/l13445.htm.
Acesso em: 3 mar. 2022.

No texto de uma lei, é possível obter diversas informações acerca da estrutura do documento. E, ao explorar esses elementos, é possível compreender sua finalidade.

2. Com base na leitura da Lei n. 13 445, que institui a Lei de Migração, responda:

a) Como o texto dessa lei é dividido? O que cada uma das partes contém?

b) Que diferenças você observa entre cada uma das partes?

c) Em sua opinião, por que há diferenças no uso dos numerais, como no emprego de numerais romanos (I, II, III) e numerais ordinais (1°, 2°, 3°)?

d) Qual é a função dos títulos de cada seção?

e) Releia todos os incisos (partes da lei após os artigos e os parágrafos introduzidos por numerais romanos) do parágrafo 1° (1°), do artigo 1° e das Disposições Gerais. Justifique sua importância na elaboração da lei.

3. É possível obter informações acerca do contexto de produção da própria lei também. Responda oralmente, por meio de inferências ou consultando outras fontes:

a) Quem decreta uma lei?

b) Quem a sanciona?

c) O que significa "vetado"?

d) Quando a lei foi sancionada, em 2017, o mundo estava vivendo uma onda imigratória motivada por diversas razões: fuga de situações de conflito armado, situações de miséria, perseguições políticas ou de grupos extremistas. Por que esse fator pode ter relação com o sancionamento da lei?

Saiba +

Acesse o *site* do Congresso Nacional, para compreender como funciona a tramitação do veto.

Congresso Nacional, Entenda a tramitação do veto. Disponível em: https://www.congressonacional.leg.br/materias/vetos/entenda-a-tramitacao-do-veto (acesso em: 22 fev. 2022).

Para conhecer o Museu da imigração, acesse o *site* oficial disponível em: https://museudaimigracao.org.br/ (acesso em: 19 maio 2022).

Na redação da Lei de Migração, estão expressos termos linguísticos (palavras, orações) com base nos quais é possível observar que valores o Estado brasileiro assume no tratamento ao imigrante. Releia o artigo 3º, dos incisos I a XII. Em todos eles há paralelismo na redação, ou seja, verifica-se a mesma estrutura formada por substantivo, seguido de adjetivo ou substantivo, seguido de preposição e novo substantivo, de modo a compor uma estrutura com complemento nominal. Em todos os casos, alternam-se palavras de sentido positivo e de sentido negativo.

Diário de bordo

Monte um esquema seguindo o quadro abaixo. Destaque o primeiro substantivo de 6 dos 12 incisos. Divida-os entre positivos e negativos. Em seguida, coloque o termo (adjunto adnominal; adjunto adverbial ou complemento nominal) que com ele se relaciona diretamente.

Veja um exemplo na primeira linha do quadro.

Substantivo de valor positivo	Elementos com os quais se relaciona
universalidade	dos direitos humanos
\\	\\

Substantivo de valor negativo	Elementos com os quais se relaciona
repúdio	à xenofobia, ao racismo e a quaisquer formas de discriminação
\\	\\

1. Os termos que predominam são de valor positivo ou negativo?

2. Quando os termos negativos surgem, a que outros termos eles estão relacionados?

3. Como você entende que a lei brasileira trata o imigrante?

Características dos textos normativos

Textos normativos, ou legais, são textos cuja função é declarar em linguagem impessoal (sem marcas de primeira pessoa), formal (uso da variedade-padrão da língua), clara (precisão no vocabulário e organização das informações) e concisa (objetiva, com o uso mínimo de palavras) as leis, normas ou regras de um Estado, de uma cidade ou de uma instituição. A Constituição brasileira, o Estatuto da Criança e do Adolescente, a Lei de Migração, o Código Civil e o regimento da escola são alguns exemplos de textos normativos. Todos eles têm em comum uma estrutura cuja finalidade é garantir a organização, a coerência e a progressão na exposição das leis. Seus divisores, conforme observado no estudo da Lei de Migração, são:

Capítulo

Indicado por numeral romano, é o especificador da área de abrangência da lei. Assim, na Lei de Migração, o Capítulo I recebe o nome de "Disposições Preliminares"; o Capítulo II, "Da situação Documental do Migrante e do Visitante"; o Capítulo III, "Da condição jurídica do Migrante e do Visitante", por exemplo. Esses especificadores, além de organizar os dispositivos legais, partindo sempre do mais geral para o mais específico, visam facilitar a consulta aos artigos.

Seção

Identificadas por numeral romano, as seções e subseções são divisões dentro do capítulo e também funcionam como orientadores para a leitura e a consulta. No Capítulo I da Lei de Migração, por exemplo, há duas seções, uma com as "Disposições Gerais", contendo as definições de imigrante, emigrante, visitante, entre outros, e o alcance da aplicação da própria lei; e outra intitulada "Dos Princípios e das Garantias", com os princípios e as diretrizes orientadoras da política migratória do Brasil. Como uma lei parte dos elementos mais amplos para os mais específicos, princípios e garantias devem aparecer no início da lei porque precisarão ser considerados na elaboração de todos os demais artigos.

Artigo

Registrado pela abreviação "art." seguida de um numeral ordinal (1º, 2º, 3º), trata-se dos termos da lei em si, contemplando um aspecto específico de um tema mais geral, indicado no título do capítulo e no título da seção.

Parágrafo

Representado pelo símbolo §, também vem seguido por um número ordinal; quando não se trata de parágrafo único, que será identificado apenas como "Parágrafo único". Trata-se de um desdobramento do artigo, para sugestão de hipóteses de aplicação da lei, indicação de garantias, de exceções, de excepcionalidades e outros aspectos.

Inciso

Destaca especificações importantes do artigo ou do parágrafo. Os tópicos dos incisos vêm depois de um numeral romano e são dispostos em estrutura paralelística. Isso significa que cada item será a continuidade gramatical da frase iniciada no artigo ou no parágrafo. Observe que todos os incisos são iniciados por substantivos ou por substantivos acompanhados por um "não". Não há alternância entre tópicos iniciados por substantivo e tópicos iniciados por verbo.

Alínea

Indicadas por letras minúsculas, são desdobramentos dos incisos.

Conhecer a estrutura de um texto normativo é muito importante, mas não se pode esquecer que todo texto deve ser lido em contexto. As leis de um país revelam os valores do momento em que foram discutidas e, assim, são afetadas por processos históricos e por lutas de diversos grupos. O olhar sobre o imigrante no Brasil, por exemplo, nem sempre foi baseado nos direitos humanos. O art. 48 da lei federal n. 6.815/80 obrigava as entidades (públicas ou privadas) e os estabelecimentos de ensino a enviarem ao mesmo órgão administrativo dados de identificação do estrangeiro admitido ou matriculado, além de informações sobre a duração do contrato de trabalho e do curso educacional, indicando certo controle sobre as suas ações. Ao longo da história brasileira houve sete constituições, muitas delas com conceitos de cidadão bastante diferentes do conceito que vigora hoje. Em 1824, na Constituição do Império, por exemplo, podiam votar os maiores de 25 anos, com renda líquida anual de cem mil réis para as eleições paroquiais e de duzentos mil réis para as de província. Havia algumas exceções, mas mulheres, criados, religiosos, negros escravizados, indígenas e pessoas dependentes economicamente, como os filhos que ainda moravam com os pais, não tinham direito a voto. A mulher passou a ter direito ao voto apenas na Constituição de 1934.

A Constituição de 1988, hoje em vigor, foi resultado da reunião de diferentes vozes para a construção de uma verdadeira democracia. Por isso, é considerada a Constituição Cidadã. Ainda assim, ao longo dos anos, foi necessário o sancionamento de estatutos e leis complementares que pudessem assegurar mais explicitamente os direitos de alguns grupos. Alguns exemplos: o Estatuto da Criança e do Adolescente (1990), o Estatuto do Idoso (2003), o Estatuto da Igualdade Racial (2010), além da Lei de Migração (2017).

Reportagem e infográfico

Em outubro de 2014, com a proposta de levar conteúdo de qualidade em formatos criativos e interativos aos leitores, um portal de notícias lançou um novo formato editorial, com reportagens multimídia. Para a criação desse formato, foram necessários profissionais de diversas áreas, com habilidades e experiências diferentes, uma vez que a experiência interativa implicaria a integração de jornalistas, editores, infografistas, *designers*, entre outros. Essa proposta possibilitou uma experiência de remidiação da reportagem como gênero. Isso porque, na comparação com o conteúdo de um jornal impresso, oferece outra forma de interação com o texto, só possível devido ao tipo de mídia, que é a internet. Isso será explorado a seguir.

4. Leia o texto e veja os infográficos da reportagem "O Brasil tem pouco imigrante".

O Brasil tem pouco imigrante

Presença estrangeira no país hoje é uma das menores da história e do mundo. Mesmo com os venezuelanos chegando

Portugueses, italianos, japoneses, espanhóis – o Brasil do início do século 20 era uma terra de imigrantes. Mas não é mais.

Mesmo com a entrada recente de cerca de 60 mil venezuelanos e com as ondas imigratórias de haitianos e bolivianos nas últimas décadas, a concentração de pessoas nascidas fora do país hoje é das menores da nossa história.

A Polícia Federal estima em cerca de 750 mil a população estrangeira no Brasil – o que, em um universo de 207 milhões de habitantes, dá um percentual de 0,4%.

Se esse número for subestimado e a realidade for, por exemplo, o triplo disso, o Brasil teria cerca de 1,2% de sua população formada por imigrantes. Nos Estados Unidos, a proporção é dez vezes essa: 12,3%.

A polêmica em torno dos venezuelanos

A chegada em massa de venezuelanos nos últimos anos e uma decisão judicial que chegou a fechar a fronteira de Roraima com a Venezuela por algumas horas trouxe para cá uma questão que acirra os ânimos nos Estados Unidos e na Europa: tem imigrante demais chegando?

Com a crise no país vizinho, a Polícia Federal estima que houve picos de até 500 venezuelanos entrando por dia no Brasil.

O governo federal calcula que a maioria dos venezuelanos que cruzaram nossas fronteiras nos últimos dois anos foram embora. Ainda assim, os que seguem aqui representam uma quantidade significativa: até o final de junho, mais de 11 mil já haviam conseguido residência e quase 33 mil pediram refúgio.

"O Brasil tem uma política externa muito reconhecida considerando-se que somos um país em desenvolvimento. Documentalmente, facilita muito a vinda de estrangeiros, e o processo é fácil" – Elissa Fortunato, pesquisadora de políticas públicas de integração de refugiados da USP (Universidade de São Paulo).

Fortunato elogia os esforços para agilizar a entrada dos imigrantes, mas aponta falhas: "O problema vem depois, quando o refugiado chega."

Para facilitar a entrada dos venezuelanos, o governo federal montou uma base em Pacaraima (RR) que registra os imigrantes assim que cruzam a fronteira. Já em território roraimense, eles lotam praças e terrenos baldios e aumentam a pressão sobre serviços públicos, principalmente os de saúde.

Para Fortunato, que também dirige uma ONG que apoia refugiados em São Paulo, o episódio é resultado de falta de planejamento e coordenação entre os poderes públicos. "Em 2016, estudos já mostravam que isso [imigração em massa] iria acontecer. O governo já sabia, mas esperou bater na porta para tomar uma atitude", disse.

Falta de preparo e de informação resultam em uma combinação explosiva: rejeição aos imigrantes – não apenas venezuelanos. Nos últimos anos, registraram-se episódios de intolerância também com sírios e haitianos. Na consulta pública feita pelo Senado durante a aprovação da nova Lei da Imigração (nº 13.445/17), no ano passado, mais de 60% votaram contra facilitar a entrada de imigrantes. "Fica aquela coisa midiática das redes sociais 'ah, vão vir muitos', quando o Brasil, na verdade, recebe muito menos que diversos países", afirma Fortunato.

Saiba+

Se possível, acesse o *site* para ver o conteúdo da reportagem *on-line* "O Brasil tem pouco imigrante". Disponível em: https://www.uol/noticias/especiais/imigrantes-brasil-venezuelanos-refugiados-media-mundial.htm (acesso em: 19 maio 2022).

Infográfico "O Brasil tem poucos estrangeiros", da reportagem "O Brasil tem pouco imigrante", publicada no *site UOL Notícias*.

Menos imigrantes do que Argentina e Paraguai

Apesar de o número de estrangeiros ter voltado a crescer nos últimos anos, o Brasil, com 0,4% da população formada por estrangeiros, não está apenas longe do patamar de países ricos quanto à imigração, mas também está abaixo do que se vê nos países vizinhos.

"A migração incrementa a diversidade cultural de um país e já há vários estudos que mostram como o fluxo migratório também contribui para a diversificação e dinamização de economias locais", diz Camila Asano, da organização Conectas, que atua junto à ONU em questões relativas a direitos humanos.

A ONU estima que 258 milhões de pessoas morem fora de seu país de origem – o que representa 3,4% da população mundial. Quase um quinto dos imigrantes do mundo mora nos Estados Unidos.

Com quase 50 milhões de imigrantes, legais ou não, os EUA têm 15% da população formada por estrangeiros.

Em seguida, estão Arábia Saudita e Alemanha, com 12,2 milhões de estrangeiros cada – o que representa 37% da população em território saudita e 15% no país de Angela Merkel.

A concentração de estrangeiros aqui está abaixo também da vista em outros países com mais de 100 milhões de habitantes, como Rússia (8,1%), Japão (1,8%) e Paquistão (1,7%).

Na região, a Argentina (4,9%) tem, proporcionalmente, dez vezes o volume de estrangeiros visto no Brasil. No Chile (2,7%) e no Paraguai (2,4%), a concentração também é maior.

Infográfico "Brasil mais exporta do que recebe gente", da reportagem "O Brasil tem pouco imigrante", publicada no *site UOL Notícias*.

3 milhões de brasileiros são emigrantes

A pesquisadora da USP Elissa Fortunato lembra também que, no saldo migratório, o Brasil exporta mais gente do que recebe. De acordo com o Itamaraty, mais de 3 milhões de brasileiros vivem fora do país – quatro vezes o número de estrangeiros aqui. Nesse sentido, um país mais 'equilibrado' é a Rússia – as quantidades de gente entrando e saindo do país são equivalentes.

Quase a metade dos emigrantes brasileiros estão nos Estados Unidos. Também é grande a presença de brasileiros no Paraguai (332 mil), no Japão (170 mil) e em Portugal (entre 85 mil e 120 mil). Também há os brasileiros em situação de refúgio. A ONU estima que mais de 7 mil brasileiros se dizem perseguidos e pediram asilo em diferentes países do globo. Destes, apenas 355 têm a situação de refúgio reconhecida. Ao UOL, a assessoria da Acnur (Alto Comissariado das Nações Unidas para os Refugiados) explicou que é difícil rastrear o motivo desses pedidos uma vez que muitos casos são sigilosos.

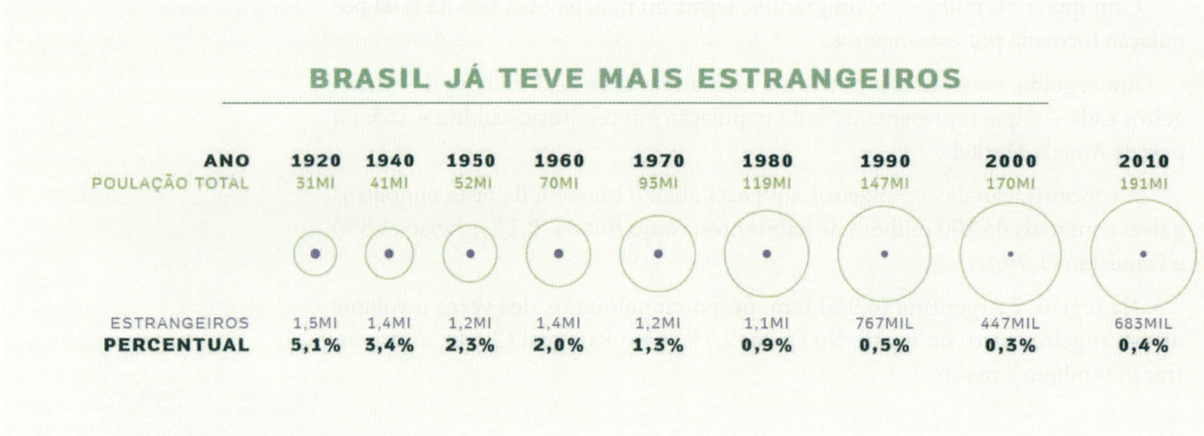

Mathias Pape/Arte UOL/Folhapress

Infográfico "Brasil já teve mais estrangeiros", da reportagem "O Brasil tem pouco imigrante", publicada no *site UOL Notícias*.

Segundo o IBGE (Instituto Brasileiro de Geografia e Estatística), em 1920, 1 em cada 20 pessoas (5%) no país era estrangeira – nosso recorde da nossa história recente. Nessa época, consolidava-se no país a presença de comunidades alemãs e italianas. A mão de obra que chegava não era especialmente mais qualificada do que a que estava aqui: em São Paulo, 80% dos adultos sabiam ler; entre os imigrantes, a taxa era de 62%.

O contingente estrangeiro no país foi caindo ao mesmo tempo em que a população nativa crescia. No Censo 2000, registraram-se 431 mil imigrantes, para uma população de 190 milhões de habitantes. A trajetória dessa curva se alterou a partir de 2010, com a chegada de bolivianos, haitianos e, mais recentemente, sírios e venezuelanos – ainda assim, mantendo o país muito abaixo das proporções migratórias vistas no resto do mundo.

"O Brasil tem dimensões continentais e condições de receber os migrantes. Se os brasileiros têm dificuldade de acessar serviços básicos, isso é anterior à chegada dessas pessoas. Devem-se aprimorar serviços, para que o atendimento a ninguém, migrante ou brasileiro, seja prejudicado por gestão ineficiente. Isso de maneira alguma deve servir de justificativa para criticar a chegada de migrantes" – Camila Asano, Coordenadora da ONG Conectas.

TEIXEIRA, Lucas Borges. O Brasil tem pouco imigrante. *UOL Notícias*, 18 ago. 2018. Disponível em: https://www.uol/noticias/especiais/imigrantes-brasil-venezuelanos-refugiados-media-mundial.htm#tematico-6. Acesso em: 3 mar. 2022.

5. Após a leitura, converse com os colegas e o professor sobre as questões propostas.

a) Pense na experiência de leitura de um texto em jornal impresso e compare-a ao tipo de navegação em um *site* com reportagens multimídia. Que diferenças você apontaria? Qual tipo de leitura lhe pareceu mais agradável? Por quê?

b) Quais linguagens você identifica nessa reportagem? Em sua opinião, elas estão relacionadas ao processo de argumentação do texto? Qual é a tese defendida?

6. Retome o texto da reportagem para responder às próximas questões.

a) Destaque no texto as frases que, em sua opinião, confirmam o título "O Brasil tem pouco imigrante". Registre-as no diário de bordo.

b) Com um colega, decomponham um pouco mais as frases que destacaram. Para isso, organizem uma tabela para distribuir palavras que, no entendimento da dupla, contribuem para a confirmação do título. Separem as palavras de acordo com as classes gramaticais e em relação a maior ou menor relevância do seu uso no argumento. O objetivo será identificar, na estruturação do texto, algum padrão no emprego de certas classes de palavras para garantir a credibilidade da informação.

	Substantivo	Verbo	Adjetivo	Advérbio	Numeral
Alta relevância	\\\\\\\\\\\\\\\	\\\\\\\\\\\\\\\	\\\\\\\\\\\\\\\	\\\\\\\\\\\\\\\	\\\\\\\\\\\\\\\
Média relevância	\\\\\\\\\\\\\\\	\\\\\\\\\\\\\\\	\\\\\\\\\\\\\\\	\\\\\\\\\\\\\\\	\\\\\\\\\\\\\\\
Baixa relevância	\\\\\\\\\\\\\\\	\\\\\\\\\\\\\\\	\\\\\\\\\\\\\\\	\\\\\\\\\\\\\\\	\\\\\\\\\\\\\\\

c) De acordo com o quadro que criou, quais foram os termos mais relevantes para a confirmação da informação principal do texto? Esse padrão pode se repetir em outros textos? Por quê? Faça o registro das respostas no diário de bordo.

7. Releia o título e o olho da reportagem. A palavra "mesmo" classifica-se como conjunção concessiva, cuja função é marcar um contraste com o período anterior a que se refere. Ocorre que, além de marcar o contraste, o período introduzido pela conjunção concessiva "mesmo" revela, em algum nível, uma das intencionalidades da reportagem.

a) Sem o segundo período do subtítulo, que informação seria omitida?

b) Assim, que novo sentido o subtítulo ganharia?

8. Ao acrescentar "Mesmo com os venezuelanos chegando", a equipe editorial assume uma intencionalidade com a publicação da reportagem. Responda oralmente:

a) Que intencionalidade é essa?

b) Como essa intencionalidade se confirma ao longo da reportagem?

c) Leia título e olho de outra reportagem sobre o mesmo assunto, publicada pelo portal G1. Compare com a reportagem do portal UOL, que você leu: a abordagem do tema é a mesma? Justifique sua resposta com elementos retirados do título e do subtítulo.

Brasil tem cerca de 30,8 mil imigrantes venezuelanos; somente em 2018 chegaram 10 mil, diz IBGE

Em 2015, havia cerca de mil venezuelanos morando no país. Somente em 2017, 17 mil atravessaram a fronteira para estabelecer refúgio em solo brasileiro.

SILVEIRA, Daniel. *G1 Rio*, 29 ago. 2018. Disponível em: https://g1.globo.com/economia/noticia/2018/08/29/brasil-tem-cerca-de-308-mil-imigrantes-venezuelanos-somente-em-2018-chegaram-10-mil-diz-ibge.ghtml. Acesso em: 3 mar. 2022.

9. Explore o infográfico "O Brasil tem poucos estrangeiros" da página 484 e responda às questões a seguir.

a) Que recursos verbais e visuais foram adotados a fim de confirmar o título do infográfico?

b) Em sua opinião, de que forma o infográfico contribui para a construção do argumento do texto?

Diário de bordo

Ao responder às atividades anteriores, você e o colega observaram a relação entre o emprego de classes gramaticais e a construção de um argumento para confirmar uma ideia. Prepare, agora, outra tabela, seguindo o mesmo formato, a fim de verificar se tais correlações ocorrem também para confirmar a afirmação do subtítulo "Menos imigrantes do que Argentina e Paraguai". Faça as anotações em seu diário de bordo.

1. Destaque no texto as frases que confirmam esse subtítulo e registre-as no diário de bordo.
2. Agora, decomponha as frases que selecionou em palavras e distribua-as na tabela, de modo a identificar as classes que mais contribuem para confirmar a afirmação do subtítulo.

	Substantivo	Verbo	Adjetivo	Advérbio	Numeral
Alta relevância	\\\\\\\\\\\\\\\ \\\\\\\\\\\\\\\ \\\\\\\\\\\\\\\ \\\\\\\\\\\\\\\ \\\\\\\\\\\\\\\	\\\\\\\\\\\\\\\ \\\\\\\\\\\\\\\ \\\\\\\\\\\\\\\ \\\\\\\\\\\\\\\ \\\\\\\\\\\\\\\	\\\\\\\\\\\\\\\ \\\\\\\\\\\\\\\ \\\\\\\\\\\\\\\ \\\\\\\\\\\\\\\ \\\\\\\\\\\\\\\	\\\\\\\\\\\\\\\ \\\\\\\\\\\\\\\ \\\\\\\\\\\\\\\ \\\\\\\\\\\\\\\ \\\\\\\\\\\\\\\	\\\\\\\\\\\\\\\ \\\\\\\\\\\\\\\ \\\\\\\\\\\\\\\ \\\\\\\\\\\\\\\ \\\\\\\\\\\\\\\
Média relevância	\\\\\\\\\\\\\\\ \\\\\\\\\\\\\\\ \\\\\\\\\\\\\\\ \\\\\\\\\\\\\\\ \\\\\\\\\\\\\\\	\\\\\\\\\\\\\\\ \\\\\\\\\\\\\\\ \\\\\\\\\\\\\\\ \\\\\\\\\\\\\\\ \\\\\\\\\\\\\\\	\\\\\\\\\\\\\\\ \\\\\\\\\\\\\\\ \\\\\\\\\\\\\\\ \\\\\\\\\\\\\\\ \\\\\\\\\\\\\\\	\\\\\\\\\\\\\\\ \\\\\\\\\\\\\\\ \\\\\\\\\\\\\\\ \\\\\\\\\\\\\\\ \\\\\\\\\\\\\\\	\\\\\\\\\\\\\\\ \\\\\\\\\\\\\\\ \\\\\\\\\\\\\\\ \\\\\\\\\\\\\\\ \\\\\\\\\\\\\\\
Baixa relevância	\\\\\\\\\\\\\\\ \\\\\\\\\\\\\\\ \\\\\\\\\\\\\\\ \\\\\\\\\\\\\\\ \\\\\\\\\\\\\\\	\\\\\\\\\\\\\\\ \\\\\\\\\\\\\\\ \\\\\\\\\\\\\\\ \\\\\\\\\\\\\\\ \\\\\\\\\\\\\\\	\\\\\\\\\\\\\\\ \\\\\\\\\\\\\\\ \\\\\\\\\\\\\\\ \\\\\\\\\\\\\\\ \\\\\\\\\\\\\\\	\\\\\\\\\\\\\\\ \\\\\\\\\\\\\\\ \\\\\\\\\\\\\\\ \\\\\\\\\\\\\\\ \\\\\\\\\\\\\\\	\\\\\\\\\\\\\\\ \\\\\\\\\\\\\\\ \\\\\\\\\\\\\\\ \\\\\\\\\\\\\\\ \\\\\\\\\\\\\\\

3. O que se pode concluir sobre a alta relevância dos substantivos na construção dos argumentos?
4. E quanto ao uso de dados estatísticos em textos expositivos e argumentativos (cuja intencionalidade é convencer o receptor de uma ideia)?

10. Explore o segundo infográfico, "Brasil mais exporta do que recebe gente".

a) Descreva todos os recursos visuais adotados para tornar os dados compreensíveis.

b) Os números são o destaque desse infográfico? Justifique a resposta.

11. Tanto no texto "Menos imigrantes do que Argentina e Paraguai" quanto no texto "3 milhões de brasileiros são emigrantes", há citações de falas e de dados fornecidos por instituições.

a) Indique quais são as formas de apresentação desses elementos, observando quem são as pessoas e os órgãos citados.

b) Qual é o objetivo ao citar falas e instituições no texto? Justifique sua resposta.

Remediação ou remidiação: a reportagem multimídia

Houve um tempo em que uma reportagem poderia ser encontrada como um texto disposto na página de uma revista ou jornal impresso, distribuído em colunas, acompanhado, por vezes, de uma foto com legenda. A maneira como essa diagramação era organizada revelava uma preocupação em tornar a leitura mais acessível e confortável, afinal, menos palavras por linhas, por exemplo, gera a sensação de maior velocidade, de maior fluidez, e as imagens na página suscitam certo arejamento, de modo a não desencorajar a leitura.

giocalde/Shutterstock

Máquina de linha de acabamento pós-impressão.

Cozine/Shutterstock

Revistas impressas.

Com a chegada da internet, esses textos que antes eram publicados necessariamente no formato impresso passaram a preencher também as páginas das telas do computador. Com isso, uma nova dinâmica de leitura foi criada. No formato digital, o movimento de folhear a página se transformou na possibilidade de cliques que levam a outras páginas ou de rolamento da página. A leitura deixa de ser tão linear e pode ser interrompida e retomada à medida que outros interesses do leitor surgem para favorecer a compreensão daquele mesmo texto. E isso se dá graças ao *hiperlink*, isto é, o vínculo entre uma página e outra que ocorre abrindo um *link*.

Andrey_Popov/Shutterstock

Revista *on-line* no *tablet* digital.

Tero Vesalainen/Shutterstock

Site de notícias na tela do *laptop* com artigo e manchete *on-line*.

Diversos pesquisadores passaram a estudar essas mudanças e verificaram que um conjunto de recursos expressivos próprios da *web* pôde modificar, enriquecer e transformar os gêneros jornalísticos. Isso significa que o gênero também é determinado pela mídia em que circula.

Com todos os recursos disponíveis na *web*, elementos de diferentes mídias puderam ser combinados de modo a promover uma experiência de leitura mais engajada e menos exaustiva. Assim, os códigos jornalísticos veiculados em internet passam a integrar palavra, imagem, imagem em movimento, música e elementos sonoros, variações em tipos de letras, fundos e cores. Desse modo, a reportagem torna-se multimídia, resultado da união entre jornalismo e internet, e incorpora as características essenciais da comunicação em rede: hipertextualidade, multimidialidade e interatividade.

Nesse formato de reportagem, as diferentes linguagens não podem e não são dispostas de forma aleatória. É necessário criar um todo coerente em que as diversas partes se reforcem e se complementem, ativando igualmente o duplo canal de processamento das informações: o pictórico e o verbal-auditivo.

A reportagem multimídia estudada é apenas um dos exemplos que circulam na internet. Favorecida pela criação da barra de rolagem, o texto pode ser dividido em diversas partes com um tratamento específico para cada uma delas. Sem acesso ao todo em uma só tela, cada movimento da barra de rolagem revela uma surpresa sobre a forma de apresentação do tema. Cada parte pode ser composta de texto acompanhado de uma imagem ou sobre uma imagem de fundo (funcionando como marca-d'água), por uma fotografia apenas, por um vídeo, por infográficos ou mesmo por um jogo, de modo a favorecer a interação. Os textos verbais apresentam fontes e espaços entre as linhas maiores que os usuais, e os parágrafos são curtos, o que revela a preocupação em tornar a leitura agradável.

Saiba +

Acesse o *link* a seguir para conhecer os estudos sobre reportagens multimídias "Apuração e inovação: uma análise da série UOL TAB, do Portal UOL", de Kérley Winques. Disponível em: https://www.academia.edu/19545159/Apura%C3%A7%C3%A3o_e_inova%C3%A7%C3%A3o_uma_an%C3%A1lise_da_s%C3%A9rie_UOL_TAB_do_portal_UOL (acesso em: 22 fev. 2022).

12. Em sua opinião, a reportagem multimídia, com sua diversidade de linguagens e diagramação mais arejada, é capaz de engajar leitores em textos mais longos e com discussão mais profunda? A leitura por meio de *hiperlinks* é superada por esse meio mais contínuo, que exige a concentração em um estímulo de cada vez. Que tipo de leitura você prefere? Por quê?

Infográficos

Infográficos são textos informativos ou explicativos que integram elementos visuais, como gráficos e imagens, a dados numéricos e/ou textos verbais sintéticos. Esse gênero permite uma síntese ilustrada da reportagem ou da notícia.

Reprodução/Agência Brasil

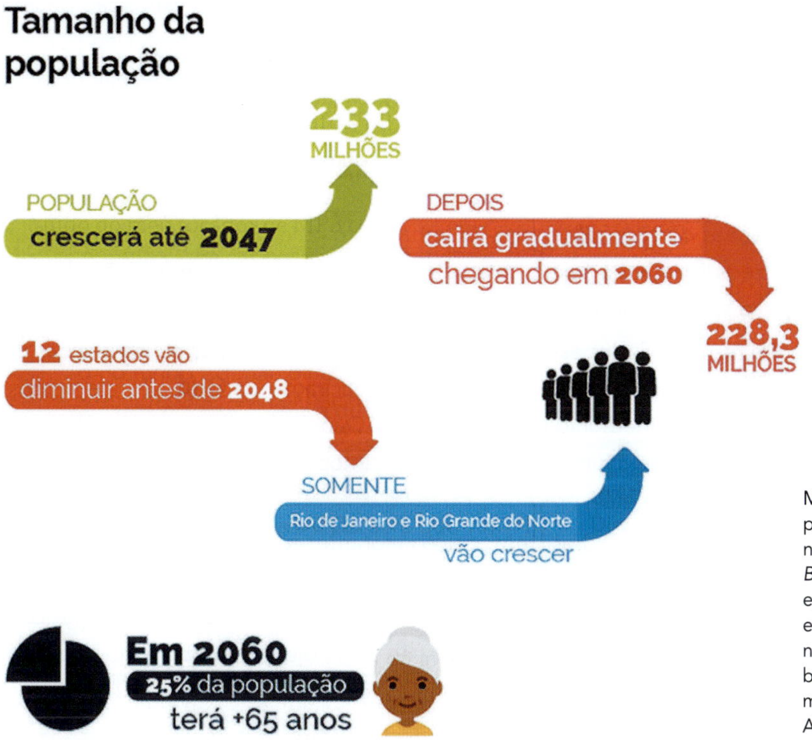

Modelo de infográfico publicado em agência de notícias *on-line*. *Agência Brasil*, 25 jul. 2018. Disponível em: https://agenciabrasil.ebc.com.br/economia/noticia/2018-07/populacao-brasileira-deve-atingir-2332-milhoes-em-2047-diz-ibge. Acesso em: 22 fev. 2022.

A análise de um infográfico pode se dar em duas direções: um levantamento dos recursos visuais adotados para a ilustração clara do conteúdo e uma análise discursiva que não pode prescindir da relação entre o infográfico e a matéria jornalística que ele ilustra. Isso porque o leitor é impelido a observar primeiro as ilustrações e, nesse sentido, o conteúdo selecionado para o infográfico terá grande efeito sobre a recepção da informação e o papel argumentativo, uma vez que todo texto tem o propósito de convencer o leitor de algo.

Ao retomar os infográficos da reportagem multimídia estudada, é possível perceber sua coerência com o que foi desenvolvido no texto e, sobretudo, a ênfase na confirmação dos números que provam ser o Brasil um país com poucos imigrantes se comparado com outros países do mundo.

Experimentação Produção de infográfico

Agora é sua vez de criar um infográfico. Para isso, siga as orientações.

1. Selecione dois infográficos bem diferentes entre si e relacionados a temas distintos.
- Na internet, é possível encontrar uma grande variedade de infográficos.

2. Analise as escolhas feitas pelos *designers* para garantir a coerência entre o conteúdo e as imagens dos infográficos selecionados.

3. Agora selecione uma nova reportagem, de um tema de seu interesse.

4. Prepare um infográfico simples e objetivo, que destaque os conteúdos a serem ressaltados do texto escolhido.

Saiba +

Assista ao vídeo **Como fazer um infográfico** (7 min) no *link* a seguir, que apresenta um tutorial com dicas para criar um infográfico. Disponível em: https://www.youtube.com/watch?v=F9N_vrLd240 (acesso em: 22 fev. 2022).

Marcas que expressam a posição do enunciador: a oração subordinada concessiva

Todo texto é argumentativo, na medida em que pretende convencer seu interlocutor de algo. Uma reportagem, em princípio, é um gênero para a exposição de informações. Em razão disso, o jornalista busca o maior número de dados confiáveis para o desenvolvimento da pauta. Entretanto, isso não impede o enunciador de revelar posicionamentos e defendê-los em seu texto.

No estudo da reportagem, você verificou um rigoroso levantamento de dados estatísticos, atestados por organizações, como a ONU e o Itamaraty, e pela citação de declarações de pessoas ligadas ao tema da imigração no Brasil. Esses elementos agregam credibilidade ao texto, uma vez que participam da composição da própria informação a ser veiculada.

Em resumo, dados estatísticos oriundos de organizações ou instituições confiáveis e citação de especialistas no tema, mais uma apuração de fatos, são elementos muito relevantes para a fidedignidade de um texto. Ocorre que dados levantados e citações de especialistas podem funcionar como argumentos para uma defesa, a depender de outros elementos que estejam presentes no texto.

A reportagem "O Brasil tem pouco imigrante" teria outro efeito se os mesmos dados numéricos apresentados não estivessem vinculados à imigração venezuelana para o Brasil. Essa vinculação aparece no olho da reportagem por meio da seguinte construção: a oração principal ("Presença estrangeira no país hoje é uma das menores da história e do mundo") expressa um fato apesar do que é dito na oração seguinte ("Mesmo com os venezuelanos chegando").

A oração, que na relação com a principal tem essa propriedade, é chamada de oração subordinada adverbial concessiva e pode ser introduzida pelas conjunções subordinativas "mesmo que", "embora", "apesar de que", "ainda que", "conquanto", "posto que", "se bem que", "por mais que", "por muito que", "por menos que", "nem que", "ainda quando", "não obstante".

O fato expresso na oração destacada, no olho da reportagem, tem função claramente argumentativa: ao dizer "Mesmo com os venezuelanos chegando", o autor do texto já está pressupondo a objeção à sua primeira afirmação, "Presença estrangeira no país hoje é uma das menores da história do mundo". Desse modo, ele faz prevalecer a afirmação inicial. Esse mesmo recurso linguístico ocorre novamente no seguinte período, retirado do texto "Menos migrantes do que Argentina e Paraguai":

> **Apesar de o número de estrangeiros ter voltado a crescer nos últimos anos,** o Brasil, com 0,4% da população formada por estrangeiros, não está apenas longe do patamar de países ricos quanto à imigração, mas também está abaixo do que se vê nos países vizinhos.

Novamente, a concessiva ocorre indicando a pressuposição de refutação do conteúdo da oração principal e se antecipando a essa refutação de modo a confirmar o que está afirmado.

Considerada no contexto histórico de produção dessa reportagem, essa é uma das marcas linguísticas que, sem o emprego do pronome pessoal **eu**, indica o posicionamento do enunciador. A organização da reportagem como um todo buscou convencer o leitor de que não há um alto índice de imigração para o Brasil, daí a importância de não se preocupar com a imigração venezuelana.

13. Um dos marcadores linguísticos que sugeriu o posicionamento dos enunciadores da reportagem apareceu logo no subtítulo do texto. Releia o texto introdutório da reportagem e encontre ali outro período formado por oração concessiva. Que afirmação o enunciador do texto deseja confirmar, destacando de antemão sua provável refutação?

Declaração Universal de Direitos Humanos

A Declaração Universal dos Direitos Humanos foi adotada em 10 de dezembro de 1948, três anos após o final da Segunda Guerra Mundial, com o propósito de impedir outro Holocausto (assassinato em massa de milhares de judeus). Na ocasião, 58 membros da ONU produziram, em forma de princípios, uma declaração que não deveria ser concedida por um ou outro país, mas um conjunto de direitos a serem assegurados universalmente a todos apenas pelo fato de essa declaração existir. Documento mais traduzido do mundo, ele está disponível em 512 línguas e é base para discussão de temas recentes, como a mudança climática, cujos impactos na vida das pessoas – acesso à alimentação, abrigo, saúde – violam muitos direitos assegurados na declaração.

ev radin/Shutterstock

Joenia Wapichana, primeira advogada indígena no Brasil e ativista dos direitos indígenas, recebendo prêmio de direitos humanos da ONU em Nova York, Estados Unidos. Foto de 2018.

A seguir, você vai ler três artigos da Declaração Universal dos Direitos Humanos (DUDH), da maneira como foram publicados em 1948. O estudo do texto se dará sob outra forma de apresentação desses direitos usando diferentes linguagens.

Declaração Universal Dos Direitos Humanos

Preâmbulo

Considerando que o reconhecimento da dignidade inerente a todos os membros da família humana e de seus direitos iguais e inalienáveis é o fundamento da liberdade, da justiça e da paz no mundo,

Considerando que o desprezo e o desrespeito pelos direitos humanos resultaram em atos bárbaros que ultrajaram a consciência da Humanidade e que o advento de um mundo em que os todos gozem de liberdade de palavra, de crença e da liberdade de viverem a salvo do temor e da necessidade foi proclamado como a mais alta aspiração do ser humano comum,

Considerando ser essencial que os direitos humanos sejam protegidos pelo império da lei, para que o ser humano não seja compelido, como último recurso, à rebelião contra a tirania e a opressão,

Considerando ser essencial promover o desenvolvimento de relações amistosas entre as nações,

Cvandyke/Shutterstock

Escultura em homenagem à primeira-dama Eleanor Roosevelt por suas contribuições em prol dos direitos humanos. Memorial Franklin Delano Roosevelt em Washington, Estados Unidos. Foto de 2014.

Considerando que os povos das Nações Unidas reafirmaram, na Carta da ONU, sua fé nos direitos humanos fundamentais, na dignidade e no valor do ser humano e na igualdade de direitos entre homens e mulheres, e que decidiram promover o progresso social e melhores condições de vida em uma liberdade mais ampla,

Considerando que os Estados-membros se comprometeram a promover, em cooperação com as Nações Unidas, o respeito universal aos direitos e liberdades humanas fundamentais e a observância desses direitos e liberdades,

Considerando que uma compreensão comum desses direitos e liberdades é da mais alta importância para o pleno cumprimento desse compromisso:

Agora, portanto

A ASSEMBLEIA GERAL

proclama

A PRESENTE DECLARAÇÃO UNIVERSAL DOS DIREITOS HUMANOS

como o ideal comum a ser atingido por todos os povos e todas as nações, com o objetivo de que cada indivíduo e cada órgão da sociedade, tendo sempre em mente esta Declaração, se esforce, através do ensino e da educação, por promover o respeito a esses direitos e liberdades, e, pela adoção de medidas progressivas de caráter nacional e internacional, por assegurar o seu reconhecimento e a sua observância universal e efetiva, tanto entre os povos dos próprios Estados-membros, quanto entre os povos dos territórios sob sua jurisdição.

Artigo I

Todos os seres humanos nascem livres e iguais em dignidade e direitos. São dotados de razão e consciência e devem agir em relação uns aos outros com espírito de fraternidade.

[...]

Artigo III

Todo ser humano tem direito à vida, à liberdade e à segurança pessoal.

Artigo IV

Ninguém será mantido em escravidão ou servidão; a escravidão e o tráfico de escravos serão proibidos em todas as suas formas.

[...]

ONU. *Declaração Universal dos Direitos Humanos*. Rio de Janeiro: Unic Rio, 2009. Disponível em: https://nacoesunidas.org/wp-content/uploads/2018/10/DUDH.pdf. Acesso em: 22 fev. 2022.

Após a leitura, converse com os colegas e o professor sobre os seguintes pontos:

14. Quais são as semelhanças e as diferenças entre a Declaração Universal dos Direitos Humanos e a Lei de Migração brasileira, com relação à estrutura do texto?

15. A DUDH traz, em seu preâmbulo, sete parágrafos em estrutura paralelística, iniciados pelo verbo no gerúndio "Considerando", que se ligam à oração "Agora, portanto, a Assembleia Geral proclama...". Que sentido o emprego do verbo no gerúndio "considerando" expressa? Registre no caderno a afirmação correta.

a) O gerúndio "considerando" expressa a ideia de que todas aquelas considerações são as **causas** que levam à proclamação da Declaração Universal dos Direitos Humanos.

b) O gerúndio "considerando" expressa a ideia de que todas aquelas considerações são **condições** para que seja proclamada a Declaração Universal dos Direitos Humanos.

c) O gerúndio "considerando" expressa a ideia de que todas aquelas considerações são **consequências** da Declaração Universal dos Direitos Humanos.

d) O gerúndio "considerando" expressa a ideia de que todas aquelas considerações são as **concessões** necessárias à proclamação da Declaração Universal dos Direitos Humanos.

16. As considerações que justificam a proclamação da DUDH estão baseadas em razões de diferentes naturezas. Numere cada um dos parágrafos e indique quais razões se referem a constatações do tempo presente, quais a eventos passados e quais são projeções para o futuro. Destaque os tempos verbais que comprovem sua resposta.

a) Organize tudo em uma tabela, como o exemplo a seguir.

Número do parágrafo	Referência temporal	Forma verbal
\\	\\	\\

b) Qual dos parágrafos revela que a DUDH surge também em resposta aos acontecimentos da Segunda Guerra Mundial?

c) Destaque desses parágrafos os substantivos abstratos que melhor traduzem os valores por trás da DUDH.

d) Há adjetivos que acompanham alguns desses substantivos. Destaque-os, observando os sentidos que transferem para os substantivos com que se relacionam.

17. Releia o artigo 1º da DUDH. Se você criasse uma animação sobre esse artigo, que história usaria como exemplo? Por quê?

Diário de bordo

Para responder às próximas questões, assista ao vídeo da série **Direitos Humanos – Episódio 2: Dignidade humana** (1 min 28 s), produzido pela Faculdade Getúlio Vargas de Direito de São Paulo. Disponível em: https://www.youtube.com/watch?v=zoC-_joJgYA (acesso em: 22 fev. 2022).

Faça um esquema identificando os recursos adotados para a elaboração do vídeo. Nele, destaque as respostas às seguintes questões:

1. O vídeo ocorre em tempo normal ou está acelerado? Em sua opinião, o que justifica esse recurso?
2. Existe linguagem verbal? Falada ou escrita? Qual predomina? Por quê?
3. Há sonorização (música ou efeitos)? Que efeitos esses elementos têm sobre quem assiste ao vídeo?
4. Em sua opinião, essas escolhas são compatíveis com a narrativa escolhida?

Muitos conteúdos são elaborados para circular em uma linguagem principal. Contos, romances, crônicas, textos normativos são organizados por meio da linguagem verbal. Isso não impede que eles ganhem novas versões substituídas por outras linguagens ou integradas a elas. Em um contexto de desenvolvimento da internet, como uma nova mídia que pode incorporar todas as demais, tornam-se mais comuns as reelaborações de textos impactadas pelos recursos possíveis das mídias disponíveis. Graças a essa ampliação de possibilidades, um texto que circularia apenas em um meio passa a circular em vários, atingindo um grupo mais diverso de pessoas, incluindo aquelas que não se interessariam pelo conteúdo caso fosse exposto somente em seu formato original.

Contos e romances já foram transformados em filmes, narrativas mitológicas em pinturas, histórias bíblicas em vitrais de igreja. Essa mudança de uma linguagem para a outra atravessa os séculos e tem como propósito, em geral, tornar o texto mais acessível.

Exemplo desse processo foi a adaptação da Declaração Universal dos Direitos Humanos para uma animação ou para uma explicação em vídeo. Observe que existe um propósito para a adaptação, com escolhas de imagens, enquadramentos, cores, sons e narrativas coerentes com a pressuposição de receptor estabelecida.

Se o trabalho de adaptação – tirar o texto de seu gênero original e transformá-lo em outro – deve incluir o domínio dos recursos próprios da mídia para a qual se deseja levar o novo produto, o trabalho de análise do texto adaptado deve considerar os novos sentidos que esses recursos acrescentam ao texto original. Por exemplo, ao acrescentar imagens, um ritmo para a apresentação do texto, um novo roteiro que sustente a apresentação dos artigos, conforme você verificou na análise do texto da DUDH e da adaptação em vídeo do artigo I da Declaração Universal dos Direitos Humanos, realizada pela Fundação Getúlio Vargas.

Saiba+

Assista ao vídeo **Para entender os Direitos Humanos em 2 minutos** (2 min) e veja um breve histórico dos fatores que levaram à produção dessa Declaração Universal dos Direitos Humanos. Disponível em: https://www.youtube.com/watch?v=KzEKd5fFLmY (acesso em: 22 fev. 2022).

Assista ao vídeo para conhecer a canção feita em comemoração aos 70 anos da Declaração Universal dos Direitos Humanos, **A música que todos deveriam saber a letra** (4 min 41 s). Disponível em: https://www.youtube.com/watch?v=H__qP2vx4Sk (acesso em: 22 fev. 2022).

Experimentação Direitos humanos em diferentes linguagens

Você e a turma vão criar produções com base nos aspectos da Declaração Universal dos Direitos Humanos. Siga as orientações e, ao final, guarde as produções no portfólio, pois elas podem ser usadas na seção *#Multiplicar*.

Atividade 1

A Declaração Universal dos Direitos Humanos tem 30 artigos. A turma será dividida em duplas e cada uma deverá propor uma nova forma de apresentar um dos artigos. A única exigência para a resolução do problema é que sejam combinadas duas linguagens, no mínimo. A combinação escolhida deve ser consenso entre a turma toda. Isso porque, ao final dessa atividade, deverá haver uma adaptação da Declaração Universal dos Direitos Humanos com um mesmo formato. Assim, para que as partes sejam reunidas em um todo coerente, considerem coletivamente como desejam comunicar esse tema, com que propósito e com quais materiais.

Atividade 2

Selecione uma reportagem retratando uma situação em que um dos artigos dos direitos humanos não tenha sido respeitado. Pode ser relacionado à imigração ou a outro tema de interesse. Transforme essa reportagem em cartaz, infográfico, vídeo de animação, apresentação em *slides*, letra de música, etc. Use as ferramentas que tiver à disposição e combine linguagens de modo a fazer uma denúncia.

Teatro e empatia (Arte)

Em Arte, você continuará estudando um assunto delicado relacionado aos fluxos culturais: as condições dos refugiados. Verá como alguns grupos teatrais trataram o tema de maneira poética e, ao mesmo tempo, com grande reflexão e crítica, utilizando processos de remidiação das linguagens literária e cinematográfica, em conjunto com transmissões pela internet. Compreenderá ainda os conceitos de "estranhamento" e "modelos de ação" do teatro épico e das peças didáticas do poeta e dramaturgo alemão Bertolt Brecht (1898-1956), que desenvolveu tais bases enquanto era um refugiado da Segunda Guerra Mundial. Observe as imagens a seguir.

Companhia Arte Móvel/www.ciaartemovel.com.br

Companhia Arte Móvel/www.ciaartemovel.com.br

Cenas do espetáculo *N*, direção de Otavio Delaneza, da Cia Arte-Móvel, 2016.

1. O que os personagens parecem estar fazendo em cada imagem? Os objetos que carregam indicam algo sobre a condição em que se encontram?
2. Quais impressões ou sensações a junção entre uma dura realidade e um mundo de ficção, cheio de esperança, provoca em você? Já se imaginou em uma situação como essa?
3. Os atores estão representando uma cena de imigrantes que passaram por situações de perigo em seus países, levando somente roupas do corpo e o que conseguem carregar. Eles buscam nesses novos países melhores condições de vida e proteção, muitas vezes arriscando a vida nessas travessias. Você conhece alguém que já passou por essa situação ou alguma história interessante sobre esse assunto?

O espetáculo *N*, de 2016, da Cia Arte-Móvel, é inspirado nos diários de Anne Frank (1929-1945) e utiliza técnicas de animação de objetos e do teatro de bonecos para narrar a trajetória de três pessoas em fuga do estado de guerra no qual o mundo se encontra. Os personagens representam os milhares de pessoas que, ao serem submetidas a condições de perigo em seus países de origem, saem em busca de proteção e melhores condições de sobrevivência, geralmente levando consigo apenas o que conseguem carregar no corpo.

Para ir mais longe Anne Frank

Anne Frank era judia nascida na Alemanha e viveu com sua família na Holanda, fugindo do nazismo. Quando os conflitos da Segunda Guerra Mundial se intensificaram, Anne e seus familiares passaram o período entre 1942 e 1944 em um esconderijo, onde ela escreveu seu famoso diário. Em 1944, o esconderijo da família foi descoberto e todos foram presos no campo de extermínio de Auschwitz-Birkenau, no sul da Polônia.

Anne Frank e sua irmã foram levadas para Bergen-Belsen, outro campo de concentração nazista, na cidade de Celle, na Alemanha. Lá, elas teriam contraído tifo (uma doença causada por bactérias que afetam o sistema imunológico) e falecido em 1945, sendo enterradas sem identificação em uma sepultura coletiva. Foi seu pai, Otto Frank, único membro da família a sobreviver ao Holocausto, que publicou *O diário de Anne Frank*, em 1947, realizando o desejo da filha de se tornar escritora.

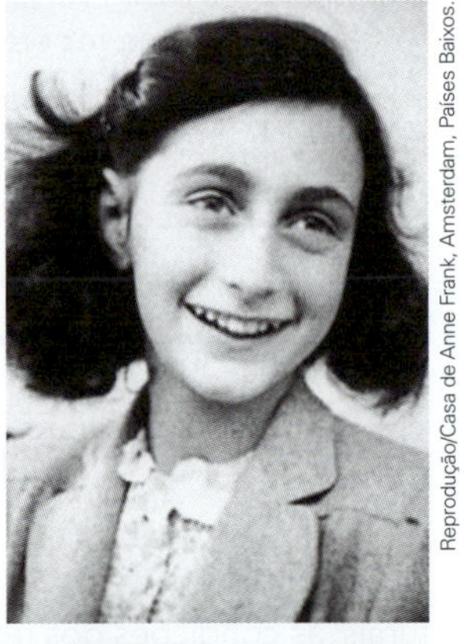
Reprodução/Casa de Anne Frank, Amsterdam, Países Baixos.

Ronald Wilfred Jansen/Shutterstock

Lápide simbólica de Lohheide de Anne e Margot Frank no memorial de Bergen-Belsen. Alemanha, 2008.

Tupungato/Shutterstock

Fila de pessoas na frente do museu Casa de Anne Frank, em Amsterdã, na Holanda. Foto de 2017.

A montagem do espetáculo *N* partiu do conceito da remidiação (ou remediação) que, como visto no tópico *Depoimentos*, de Língua Portuguesa, é uma prática na qual diferentes mídias, obras ou linguagens artísticas são retiradas de seu contexto simbólico e de produção original e recombinadas com outras, criando produtos midiáticos ou artísticos diferentes, que incorporam elementos técnicos, estéticos e conceituais de suas fontes primárias. As tecnologias digitais capazes de recortar, mixar, projetar, difundir informações ao vivo ou gravadas, a longas distâncias, e armazená-las em arquivos por períodos indeterminados são algumas características fundamentais desses processos.

4. Como acontece a remidiação para a criação do espetáculo *N*?

Saiba+

Se puder, assista ao espetáculo **N, da Cia Arte-Móvel** (58 min), disponível em vídeo no *link:* https://www.youtube.com/watch?v=6rwEfP3C7fA (acesso em: 22 fev. 2022).

Para conhecer mais sobre os trabalhos da Cia Arte-Móvel, acesse o *site* disponível em: https://www.ciaartemovel.com.br (acesso em: 22 fev. 2022).

Para saber mais da história da jovem, visite o *site* do **Museu Anne Frank** (em inglês), disponível em: https://www.annefrank.org/en/ (acesso em: 22 fev. 2022).

Experimentação Panorama das artes sobre pessoas refugiadas

Como você viu, o espetáculo *N* tem como inspiração *O diário de Anne Frank*. Assim como a jovem, muitas outras pessoas refugiadas expressam suas experiências ou são fonte de inspiração artística nas artes visuais, na dança, na música, no teatro e no cinema. Você sabe como os artistas das diferentes linguagens têm tratado a questão dos refugiados no Brasil e no mundo?

Companhia Arte Móvel/www.ciaartemovel.com.br

Cenas do espetáculo *N*, direção de Otavio Delaneza, da Cia Arte-Móvel, 2016.

Flávia Canavarro/Acervo da fotógrafa

Cena do espetáculo *Malala*, a menina que queria ir para a escola, de Tatiana Quadros, com direção de Renato Carrera, em apresentação em São Paulo (SP), 2019.

Para responder a essa pergunta, você e os colegas vão utilizar algumas estratégias de raciocínio lógico que ajudarão a reconhecer padrões de criação artística, classificá-los, agrupá-los por características semelhantes e sistematizar todo o processo, de modo a produzir pensamento crítico e conhecimento sobre a criação artística baseada no tema sobre pessoas refugiadas.

Monte um grupo de trabalho com outros três colegas e definam com o professor qual linguagem artística (artes circenses, artes visuais, audiovisual, dança, música e teatro) cada grupo vai pesquisar. Sigam as etapas abaixo e anotem as informações no diário de bordo:

1. Façam pesquisas em livros ou na internet para entender o panorama de produções sobre refugiados na linguagem artística que o grupo vai estudar. Se for pela internet, utilizem palavras-chave na busca, como "teatro", "refugiados", "mundo".

2. Criem uma tabela com o nome das obras, dos artistas ou grupos, o país, o assunto tratado na temática sobre refugiados e outros critérios importantes que vocês encontraram.

3. Conversem e identifiquem se há padrões comuns nas produções artísticas, como: técnicas, cores, imagens, expressões, sons, objetos, situações e lugares.
4. Selecionem os trabalhos que julgarem mais representativos desses padrões para usar como exemplo. No espetáculo *N* e no espetáculo *Malala*, que será apresentado em seguida, por exemplo, há o uso de vídeos inseridos nas cenas; esse é um aspecto que parece caracterizar um padrão em diversas montagens teatrais sobre o assunto.
5. Escrevam coletivamente um texto com a descrição dos principais padrões observados nas obras.
   - Coloquem sensações, pensamentos, sentimentos e todo o raciocínio que levaram vocês a essa identificação, bem como as conclusões a que chegaram.
6. Elaborem também um material contendo imagens que ilustrem suas conclusões e apresentem para a turma.
7. Para finalizar, façam um debate e troquem ideias sobre as semelhanças e as diferenças dos processos de resolução do problema inicial. Lembrem-se de anotar as reflexões sobre todo o processo no diário de bordo. Vocês poderão usar os dados dessa pesquisa no trabalho final da seção *#Multiplicar*.

Malala, a menina esperança

Observe a imagem do espetáculo musical *Malala, a menina que queria ir para a escola*, de 2019, idealizado pela atriz Tatiana Quadros, com direção de Renato Carrera, canções originais de Adriana Calcanhotto e adaptação de Rafael Souza Ribeiro.

Ricardo Borges/www.cpp.org.br

Cena do espetáculo *Malala, a menina que queria ir para a escola*, de Tatiana Quadros e direção de Renato Carrera, 2019.

A peça é uma versão teatral do livro-reportagem infantojuvenil *Malala, a menina que queria ir para a escola*, de 2015, da escritora e jornalista Adriana Carranca. O livro narra a viagem da jornalista ao Paquistão, dias depois do atentado à vida de Malala Yousafzai (1997-) por defender o direito de meninas à educação, e traz uma forte reflexão sobre a condição das mulheres em relação à garantia dos direitos humanos em determinados contextos.

Diário de bordo

Ao fazer uma viagem ao Paquistão e escrever um livro ou ao manifestar suas ideias pela rede mundial de computadores via *blog*, como a autora Adriana Carranca e a menina Malala colocaram em prática a ideia de fluxos culturais? Debata com os colegas e anote suas reflexões no diário de bordo.

Sobre o processo de remidiação no espetáculo *Malala*, o diretor do espetáculo, Renato Carrera, fez a adaptação da obra literária da autora Adriana Carranca para a linguagem teatral e disponibilizou um vídeo compacto da peça em uma plataforma de compartilhamento pela internet. A peça possui ainda recursos cênicos do chamado teatro épico, desenvolvido em grande parte pelo dramaturgo e diretor alemão Bertolt Brecht e que você conhecerá a seguir.

Estranhamento e modelos de ação no teatro épico de Bertolt Brecht

O teatro épico começou a ser desenvolvido por Bertolt Brecht por volta de 1926, em oposição ao teatro clássico aristotélico (tragédia grega), caracterizado por narrativas que visavam gerar no espectador uma relação de identidade e empatia com os personagens e suas histórias.

Ao contrário desse teatro tradicional, o teatro épico aborda conflitos sociais em seus temas e busca provocar o distanciamento do público em relação à identificação com personagens e narrativas, com o objetivo de fazer o espectador ser capaz de refletir e despertar para uma atitude crítica em relação ao contexto que está observando. Assim, propõe que o espectador seja um observador crítico capaz de se indignar com as injustiças cotidianas.

Saiba+

Acesse o *site* **Teatro na escola: Bertolt Brecht**, que disponibiliza diversas peças didáticas, disponível em: https://www.teatronaescola.com/index.php/banco-de-pecas/category/bertold-brecht (acesso em: 22 fev. 2022).

Igor Bulgarin/Shutterstock

The Epic Drama The Hungry Blood, encenado por membros do Dnipro Youth Theatre VIRYMO! Ucrânia, 2017.

Saiba+

Malala Yousafzai nasceu em Mingora, no Paquistão. Seu pai, Ziauddin Yousafzai, era dono de escolas e sempre a incentivou a estudar. Em 2008, um grupo ultraconservador que dominava a região proibiu as meninas locais de irem à escola. Malala passou a usar um pseudônimo em seu *blog*, chamado *Diário de uma Jovem Paquistanesa*, para relatar as dificuldades de viver naquelas condições de opressão.

Com o trabalho, ela se tornou correspondente da rede britânica BBC. Em pouco tempo, a identidade da menina foi revelada e ela passou a dar entrevistas em programas de televisão e jornais defendendo o direito das meninas à educação.

Em outubro de 2012, com 15 anos, Malala foi alvejada quando se dirigia a uma escola. Levada à Inglaterra, ela sobreviveu ao atentado e recuperou-se das lesões na cabeça, tornando-se símbolo da defesa dos direitos das mulheres à educação. No dia 10 de outubro de 2014, aos 17 anos, Malala Yousafzai se tornou a mais jovem ganhadora do prêmio Nobel da Paz, por sua luta mundial contra o analfabetismo, a pobreza e o terrorismo.

SN040288/Shutterstock

Capa do livro *Eu sou Malala: a história da garota que defendeu a educação e foi baleada pelo Talibã*. Livro de memórias escrito por Malala e pela jornalista britânica Christina Lamb foi publicado em outubro de 2013.

Igor Bulgarin/Shutterstock

The Epic Drama The Hungry Blood, encenado por membros do Dnipro Youth Theatre VIRYMO! Ucrânia, 2017.

Igor Bulgarin / Shutterstock

The Epic Drama The Hungry Blood, encenado por membros do Dnipro Youth Theatre VIRYMO! Ucrânia, 2017.

Para ir mais longe Bertold Brecht

O dramaturgo, romancista, diretor e poeta alemão Eugen Bertolt Friedrich Brecht nasceu em Augsburg, na Alemanha. Chegou a estudar Medicina em Munique, mas interrompeu o curso para servir como enfermeiro durante a Primeira Guerra Mundial (1914-1918). Ao retornar da guerra, dedicou-se ao teatro e à literatura, escrevendo peças como *Tambores da noite* (1922) e *Na selva da cidade* (1924), cujo foco eram os conflitos do indivíduo em relação ao meio social.

Em 1924, mudou-se para Berlim, onde passou a trabalhar no Deutsches Theater com grandes diretores, tais como Max Reinhardt (1873-1943) e Erwin Piscator (1893-1966). Em 1929, Brecht entrou para o Partido Independente Socialista e reafirmou sua vocação de fazer um teatro político ao escrever textos como *Santa Joana dos Matadouros* (1930) e *Aquele que diz sim e aquele que diz não* (1930). Com a ascensão nazista em 1933, o dramaturgo se exilou em países como Áustria, Suíça e França, até chegar aos Estados Unidos, onde permaneceu por seis anos. Nesse período, escreveu obras importantes como *A vida de Galileu* (1937) e muitas outras sobre a temática da guerra, como *Terror e miséria do Terceiro Reich* (1935), *Os fuzis da senhora Carrar* (1937), e *Mãe Coragem e seus filhos* (1941).

Em 1947, após a Segunda Guerra Mundial, Brecht retornou a Berlim e publicou, em 1948, seus conceitos sobre o teatro épico, no livro *Estudos sobre teatro*. Um ano depois fundou a companhia de teatro Berliner Ensemble, com o apoio do governo da Alemanha oriental. Sua trajetória teatral sempre foi voltada para a reflexão sobre questões sociais. O autor é uma das personalidades teatrais mais prestigiadas do século XX e sua obra transformou a dramaturgia, a encenação e a função do teatro em ferramentas de conscientização social.

Para isso, o teatro épico utiliza vários recursos técnicos e de interpretação com o objetivo de modificar a narrativa do espetáculo e produzir no espectador o efeito de estranhamento das ações. Entre esses recursos, estão:

- a exposição de espaços internos do palco, como o urdimento (teto), a retirada das coxias (cortinas laterais) e do aparato cenotécnico (maquinaria que movimenta cenários e iluminação); a interrupção intencional de sequências de cenas e, com isso, a quebra da ilusão sobre a história;
- a existência de um narrador distanciado (o coringa) e de um coro, que tece comentários sobre a história narrada;
- a comunicação direta em que os atores se voltam propositadamente para o público;
- a pausa das falas do personagem para que o próprio ator que o interpreta possa dar uma opinião crítica das ações que estão acontecendo em cena.

O espetáculo *Malala, a menina que queria ir para a escola* usa os recursos de interrupção intencional de sequências de cenas, a comunicação direta dos atores com o público, o narrador distanciado da ação, um coro (músicas) que faz reflexões e a pausa das falas do personagem para que os atores deem uma opinião sobre a situação de Malala. Esses elementos trabalham para causar um estranhamento das ações, quebrar a ilusão e a identificação com a história, permitir o distanciamento e a reflexão crítica do público sobre os fatos narrados.

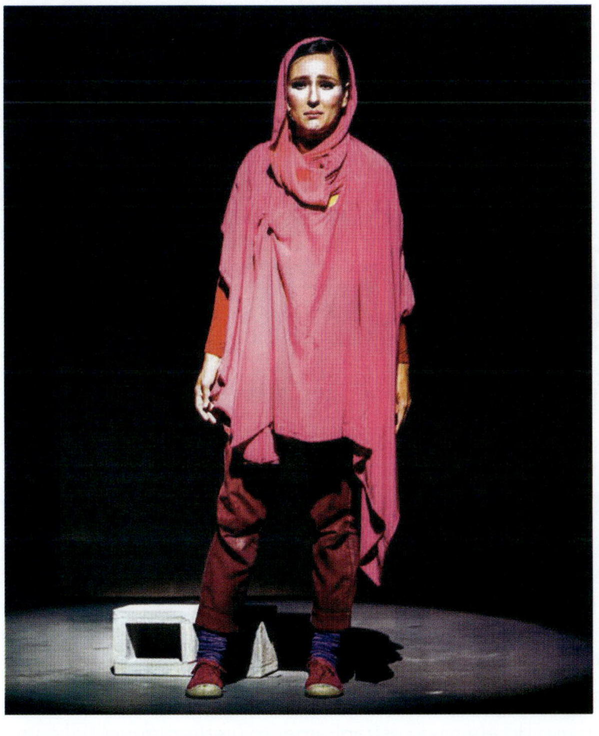

Ricardo Borges/eshoje.com.br

Atriz interrompe a ação dramática do espetáculo *Malala, a menina que queria ir para a escola* para causar o distanciamento do teatro épico, ao fazer o seguinte comentário: "É hora de agir para que seja a última vez que vemos uma criança sem direito à educação!".

O efeito de estranhamento e as peças didáticas de Bertolt Brecht

Estranhar um processo, um acontecimento, ação ou caráter significa retirar aquilo que é evidente, conhecido, manifesto e provocar o espanto e a curiosidade. Nas peças didáticas, o ato de estranhar busca uma relação dialética e didática que visa quebrar o processo de identificação psicológica com qualquer personagem ou objeto rompendo o discurso e a leitura linear que geram essa identificação.

Diário de bordo

Pelo descrito anteriormente sobre o espetáculo *Malala*, como o diretor e os atores provocaram o efeito de estranhamento na plateia? Registre suas considerações no diário de bordo.

Outra vertente do início do teatro épico de Bertolt Brecht foram os experimentos cênicos que o dramaturgo alemão chamou de peças didáticas. Elas foram projetadas para manifestar a realidade, expondo as contradições entre as noções do que são as propagandas feitas pelas instituições na sociedade, como rádios, escolas, associações, etc., e a prática dessas instituições. Dessa forma, o objetivo das peças didáticas era promover o estudo e a reflexão das relações entre os indivíduos, as instituições e a realidade social na qual essas relações acontecem.

Em princípio, as peças didáticas não teriam sido feitas para apresentações públicas, como as peças do teatro épico. Elas eram práticas cênicas com base em teorias musicais, dramáticas e políticas, que visavam reunir teatro, política e aprendizagem de maneira a fazer com que os indivíduos sejam, ao mesmo tempo, atuantes e espectadores em exercícios teatrais coletivos.

Segundo Ingrid Koudela (1948-), no livro *Texto e jogo: uma didática brechtiana*, "a peça didática ensina quando nela se atua, não através da recepção estética passiva", ou seja, não quando se é espectador.

Christian Bertrand/Shutterstock

Tal como em um exercício teatral, na peça didática se aprende quando nela se atua.

Espera-se que o atuante nas peças didáticas, ao realizar determinadas ações, assumir certas atitudes e repetir alguns gestos, seja influenciado socialmente. Para essa finalidade, o dramaturgo alemão propunha o uso do efeito de estranhamento (*verfremdung*), tal como em suas peças do teatro épico, e o que chamou de modelos de ação (*handlungsmuster*).

Os modelos de ação podem ser definidos como o uso de fragmentos de textos em geral, inclusive dramáticos, selecionados para serem analisados e despertar reflexões e críticas sobre seus temas por meio de improvisações cênicas, de maneira que os participantes possam aprender pelos exemplos de comportamento social presentes nos textos. Essas improvisações podem ou não se tornar públicas, de acordo com os resultados cênicos dessas reflexões e dos combinados de cada grupo. Na seção *#Multiplicar*, você fará práticas de improvisação teatral por meio de alguns modelos e ação.

Responda às questões a seguir para treinar os seus conhecimentos sobre o que estudou nesta unidade.

1. (Enem – 2010)

> Quem construiu a Tebas de sete portas?
>
> Nos livros estão nomes de reis.
>
> Arrastaram eles os blocos de pedra?
>
> E a Babilônia várias vezes destruída. Quem a reconstruiu tantas vezes?
>
> Em que casas da Lima dourada moravam os construtores?
>
> Para onde foram os pedreiros, na noite em que a Muralha
>
> da China ficou pronta?
>
> A grande Roma está cheia de arcos do triunfo.
>
> Quem os ergueu? Sobre quem triunfaram os césares?

Quem os ergueu? Sobre quem triunfaram os césares? BRECHT, B. Perguntas de um trabalhador que lê. Disponível em: http://recantodasletras.uol.com.br. Acesso em: 28 abr. 2010.

Partindo das reflexões de um trabalhador que lê um livro de História, o autor censura a memória construída sobre determinados monumentos e acontecimentos históricos. A crítica refere-se ao fato de que

a) os agentes históricos de uma determinada sociedade deveriam ser aqueles que realizaram feitos heroicos ou grandiosos e, por isso, ficaram na memória.

b) a História deveria se preocupar em memorizar os nomes de reis ou dos governantes das civilizações que se desenvolveram ao longo do tempo.

c) grandes monumentos históricos foram construídos por trabalhadores, mas sua memória está vinculada aos governantes das sociedades que os construíram.

d) os trabalhadores consideram que a História é uma ciência de difícil compreensão, pois trata de sociedades antigas e distantes no tempo.

e) as civilizações citadas no texto, embora muito importantes, permanecem sem terem sido alvos de pesquisas históricas.

2. (Enem – 2009)

Se os tubarões fossem homens

Se os tubarões fossem homens, eles seriam mais gentis com os peixes pequenos? Certamente, se os tubarões fossem homens, fariam construir resistentes gaiolas no mar para os peixes pequenos, com todo o tipo de alimento, tanto animal como vegetal. Cuidariam para que as gaiolas tivessem sempre água fresca e adotariam todas as providências sanitárias. Naturalmente haveria também escolas nas gaiolas. Nas aulas, os peixinhos aprenderiam como nadar para a goela dos tubarões. Eles aprenderiam, por exemplo, a usar a geografia para localizar os grandes tubarões deitados preguiçosamente por aí. A aula principal seria, naturalmente, a formação moral dos peixinhos. A eles seria ensinado que o ato mais grandioso e mais sublime é o sacrifício alegre de um peixinho e que todos deveriam acreditar nos tubarões, sobretudo quando estes dissessem que cuidavam de sua felicidade futura. Os peixinhos saberiam que este futuro só estaria garantido se aprendessem a obediência. Cada peixinho que na guerra matasse alguns peixinhos inimigos seria condecorado com uma pequena Ordem das Algas e receberia o título de herói.

BRECHT, B. Histórias do Sr. Keuner. São Paulo: Ed. 34, 2006 (adaptado).

Como produção humana, a literatura veicula valores que nem sempre estão representados diretamente no texto, mas são transfigurados pela linguagem literária e podem até entrar em contradição com as convenções sociais e revelar o quanto a sociedade perverteu os valores humanos que ela própria criou. É o que ocorre na narrativa do dramaturgo alemão Bertolt Brecht mostrada. Por meio da hipótese apresentada, o autor

a) demonstra o quanto a literatura pode ser alienadora ao retratar, de modo positivo, as relações de opressão existentes na sociedade.

b) revela a ação predatória do homem no mar, questionando a utilização dos recursos naturais pelo homem ocidental.

c) defende que a força colonizadora e civilizatória do homem ocidental valorizou a organização das sociedades africanas e asiáticas, elevando-as ao modo de organização cultural e social da sociedade moderna.

d) questiona o modo de organização das sociedades ocidentais capitalistas, que se desenvolveram fundamentadas nas relações de opressão em que os mais fortes exploram os mais fracos.

e) evidencia a dinâmica social do trabalho coletivo em que os mais fortes colaboram com os mais fracos, de modo a guiá-los na realização de tarefas.

3. (Enem – 2007)

Antonio Rocco. *Os imigrantes*, 1910, Pinacoteca do Estado de São Paulo.

Um dia, os imigrantes aglomerados na amurada da proa chegavam à fedentina quente de um porto, num silêncio de mato e de febre amarela. Santos. — É aqui! Buenos Aires é aqui! — Tinham trocado o rótulo das bagagens, desciam em fila. Faziam suas necessidades nos trens dos animais onde iam. Jogavam-nos num pavilhão comum em São Paulo. — Buenos Aires é aqui! — Amontoados com trouxas, sanfonas e baús, num carro de bois, que pretos guiavam através do mato por estradas esburacadas, chegavam uma tarde nas senzalas donde acabava de sair o braço escravo. Formavam militarmente nas madrugadas do terreiro homens e mulheres, ante feitores de espingarda ao ombro.

Oswald de Andrade. **Marco Zero II – Chão.** Rio de Janeiro: Globo, 1991.

Levando-se em consideração o texto de Oswald de Andrade e a pintura de Antonio Rocco reproduzida acima, relativos à imigração europeia para o Brasil, é correto afirmar que

a) a visão da imigração presente na pintura é trágica e, no texto, otimista.

b) a pintura confirma a visão do texto quanto à imigração de argentinos para o Brasil.

c) os dois autores retratam dificuldades dos imigrantes na chegada ao Brasil.

d) Antonio Rocco retrata de forma otimista a imigração, destacando o pioneirismo do imigrante.

e) Oswald de Andrade mostra que a condição de vida do imigrante era melhor que a dos ex-escravos.

4. (Enem PPL – 2018)

Para que serve a tecnologia

Computador

"Com os computadores e a internet, mudei muito. A Lian de hoje é totalmente diferente daquela de antes da informática. Me abriu portas e, além de tudo, fui aceita por pessoas que achava que não iriam me aceitar. Com a internet, viajei o mundo. Fui até Portugal e à África. Eu nem sabia que lá a realidade era tão forte. Perto deles, estamos até muito bem." – Tânia "Lian" Silva, 26, índia pankararu.

TV

"Eu gosto muito de televisão. Assisto às novelas, me divirto muito. Mas, ao mesmo tempo, sei que aquilo tudo que passa lá não é verdade. É tudo uma ilusão." – Valentina Maria Vieira dos Santos, 89, índia fulni-ô da aldeia Xixi a cla.

MP3 Player

"Cuido do meu tocador de MP3 como se fosse um tesouro. É um *pen drive* simples, mas é muito especial para mim. Nele ouço músicas indígenas e bandas da própria aldeia. Ele vive emprestado porque acaba sendo a diversão da aldeia inteira. Uso até para exibir uns vídeos que baixo da internet. Basta colocar no aparelho de DVD com entrada USB que tenho." – Jailton Pankararu, 23, índio pankararu

Disponível em: www2.uol.com.br. Acesso em: 1 ago. 2012.

Os depoimentos apresentados no texto retratam o modo como diferentes gerações indígenas relatam suas experiências com os artefatos tecnológicos. Os comentários revelam

a) uma preferência pela possibilidade de uso do computador.
b) um elogio à utilidade da tecnologia no cotidiano indígena.
c) uma crítica à própria identidade antes da inclusão digital.
d) o gosto pela ilusão em telenovelas transmitidas na TV.
e) o desejo de possuir um aparelho importado.

5. (Uerj – 2009)

"Outras formas e espaços existem nos movimentos culturais, campesino, sindical, comunitário, nas lutas contra o racismo, o machismo, a homofobia e muitas outras. Sem falar nos espaços criados pelo governo, as várias conferências, dos mais variados temas, em que precisamos participar cada vez mais, levar a cara e a voz da juventude. Sem falar, é claro, no voto, de que não podemos abrir mão."

THIAGO FRANCO. Presidente da União Brasileira dos Estudantes Secundaristas – UBES

"A participação política possibilitou que eu pudesse ter uma leitura crítica da sociedade, que eu conseguisse perceber coisas como as campanhas políticas, que não são contos de fadas. Consigo, com a base que adquiri e a minha experiência no movimento social, ter uma visão política sobre a realidade, sobre o momento em que vivemos, as eleições. Principalmente hoje, consigo trabalhar para que as pessoas próximas a mim também tenham esse olhar crítico e estejam preparadas para fazer suas escolhas."

EMERSON QUARESMA. 23 anos, repórter do jornal *A Crítica* e articulador da rede Sou de Atitude no Amazonas. www.joveneslac.org

De modo geral, esses depoimentos se referem ao mesmo tema.

Mais especificamente, entretanto, pode-se dizer que eles possuem a seguinte característica em comum:

a) o relato de experiências pessoais
b) o interesse pelo processo eleitoral
c) a defesa das especificidades dos jovens
d) a diversidade das frentes de participação

6. (Enem – 2013)

> **Art. 2º** Considera-se criança, para os efeitos desta Lei, a pessoa até doze anos de idade incompletos, e adolescente aquela entre doze e dezoito anos de idade. [...]
>
> **Art. 3º** A criança e o adolescente gozam de todos os direitos fundamentais inerentes à pessoa humana, sem prejuízo da proteção integral de que trata esta Lei, assegurando-se-lhes, por lei ou por outros meios, todas as oportunidades e facilidades, a fim de lhes facultar o desenvolvimento físico, mental, moral, espiritual e social, em condições de liberdade e de dignidade.
>
> **Art. 4º** É dever da família, da comunidade, da sociedade em geral e do poder público assegurar, com absoluta prioridade, a efetivação dos direitos referentes à vida, à saúde, à alimentação, à educação, ao esporte, ao lazer, à profissionalização, à cultura, à dignidade, ao respeito, à liberdade e à convivência familiar e comunitária. [...]
>
> BRASIL. Lei n. 8069, de 13 de julho de 1990. "Estatuto da criança e do adolescente". Disponível em: www.planalto.gov.br (fragmento).

Para cumprir sua função social, o Estatuto da criança e do adolescente apresenta características próprias desse gênero quanto ao uso da língua e quanto à composição textual. Entre essas características, destaca-se o emprego de

a) repetição vocabular para facilitar o entendimento.

b) palavras e construções que evitem ambiguidade.

c) expressões informais para apresentar os direitos.

d) frases na ordem direta para apresentar as informações mais relevantes.

e) exemplificações que auxiliem a compreensão dos conceitos formulados.

7. (Unicamp-SP – 2018)

Numa entrevista ao jornal *El País* em 26 de agosto de 2016, o jornalista Caco Barcellos comenta uma afirmação sua anterior, feita em um congresso de jornalistas investigativos, de que novos profissionais não deveriam "atuar como porta-vozes de autoridades".

> "Tenho o maior encanto e admiração e respeito pelo jornalismo de opinião. O que critiquei lá é quando isso vai para a reportagem. Não acho legítimo. O repórter tem o dever de ser preciso. Pode ser até analítico, mas não emitir juízo. Na reportagem de rua, fico imbuído, inclusive, de melhor informar o meu colega de opinião. Se eu não fizer isso de modo preciso e correto, ele vai emitir um juízo errado sobre aquele universo que estou retratando. E não só ele, mas também o advogado, o sociólogo, o antropólogo e mais para frente o historiador (...) Por exemplo, essa matança que a polícia militar provoca no cotidiano das grandes cidades brasileiras – isso é muito mal reportado pela mídia no seu conjunto. Quem sabe, lá no futuro, o historiador não passe em branco por esse momento da história. Não vai poder dizer 'olha, os negros pobres do estado mais rico da federação estão sendo eliminados com a frequência de três por dia, um a cada oito horas'. Se o repórter não fizer esse registro preciso e contundente, a cadeia toda pode falhar, a começar pelo jornalista de opinião."
>
> ("Caco Barcellos: 'Erros históricos nascem da imprecisão jornalística'". *El País*. 26/08/2016. Entrevista concedida a Camila Moraes. Disponível em https://brasil.elpais.com/brasil/2016/07/19/cultura/1468956578_924541.html. Acessado em 13/07/2017.)

De acordo com a posição defendida por Caco Barcellos com relação a seus leitores, uma reportagem exige do jornalista

a) conhecimento preciso do assunto, uma vez que seu objetivo é convencer o leitor a concordar com o que escreve para evitar que ele cometa erros.

b) investigação e precisão no tratamento do assunto, porque ela vai servir de base a outros artigos, permitindo que o leitor tire suas próprias conclusões.

c) investigação e precisão na abordagem dos fatos, já que ele também emite seu juízo sobre o assunto, conduzindo o leitor a aceitar a história que narra.

d) conhecimento preciso dos fatos tratados, para que, no futuro, o leitor seja levado a crer que o repórter registrou sua opinião de forma equilibrada.

8. (UEMG – 2017)

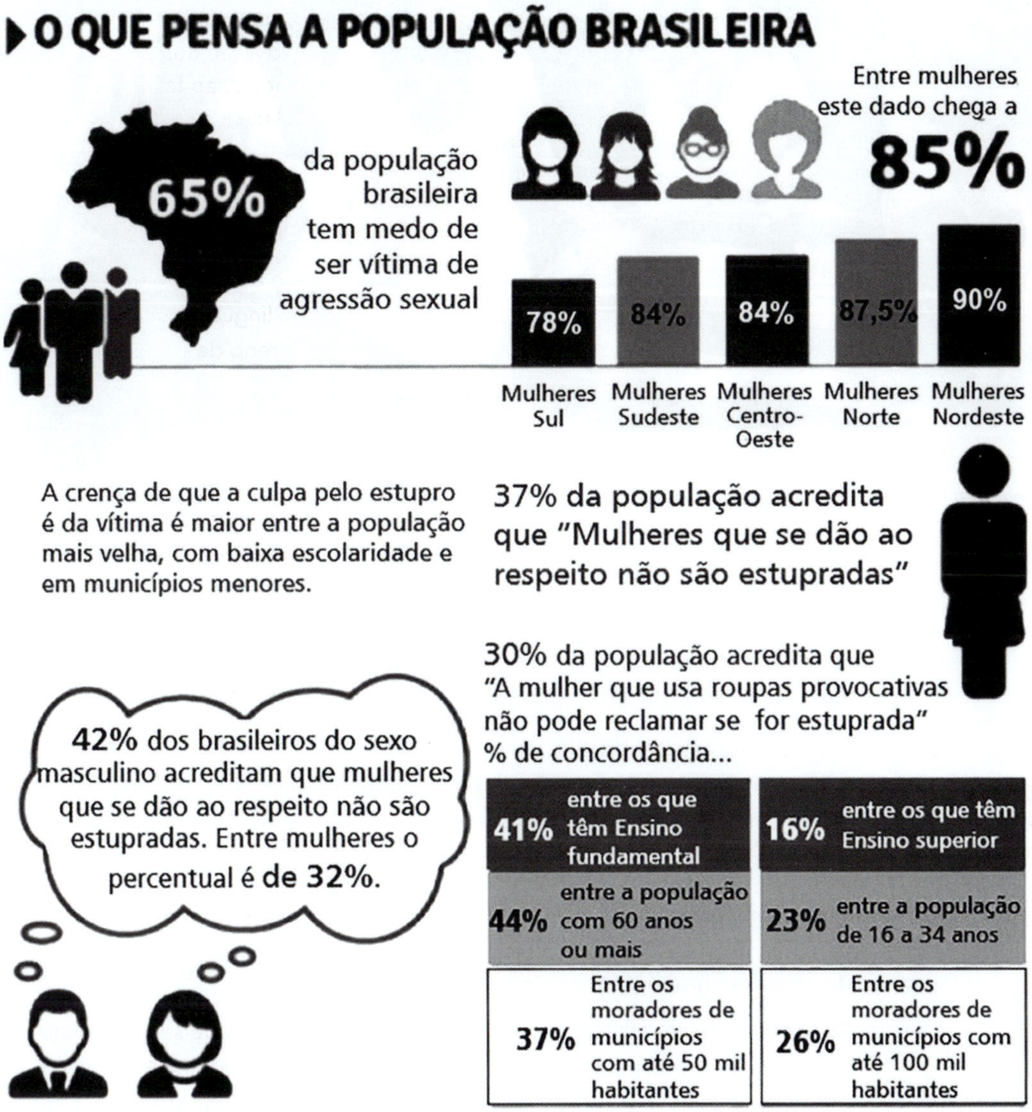

Disponível em: <http://www.comunicaquemuda.com.br/culpa-nao-e-delas/>. Acesso em: 25 set. 2016.

A leitura do infográfico indica que

a) o Nordeste é a região com maior índice de violência contra a mulher.

b) o medo da violência contra a mulher é maior nos municípios com até 50 mil habitantes.

c) quanto maior o nível de escolaridade, menor a tendência de culpar a mulher pelo estupro.

d) entre brasileiros do sexo masculino, a percepção da violência contra a mulher é mais acentuada.

Mostra de cenas teatrais

Tide Gugliano/O Bonde

Cena da peça *Quando eu morrer, vou contar tudo a Deus*, do coletivo O Bonde, em apresentação em São Paulo (SP), 2019.

Muitos assuntos e conceitos abordados nesta unidade, como os fluxos culturais e migratórios, a análise de leis, reportagens e infográficos, os processos de remidiação e os conceitos do teatro épico de Bertolt Brecht, podem estar presentes em uma cena teatral. Como ocorre, por exemplo, na peça *Quando eu morrer, vou contar tudo a Deus*, de 2019, que você conheceu na seção *#TáNoFreed*.

Agora é sua vez de criar uma cena teatral com os colegas, com base no que conheceram ao longo dos estudos desta unidade. A ideia é que todas as criações da turma sejam apresentadas em uma mostra de cenas teatrais. Para isso, siga os procedimentos indicados.

Procedimentos

1. Faça um grupo com até cinco participantes.
2. Escolham um dos textos que o professor vai indicar: pode ser um trecho da Declaração Universal dos Direitos Humanos ou da Lei de Migração, uma das reportagens que estudaram em *Depoimentos*, ou até mesmo outros textos ligados às temáticas da unidade. A ideia é que esse texto sirva de modelo de ação para a criação das cenas.
3. Definam as funções de cada membro do grupo, tais como: atores, figurinistas, responsáveis pela música, iluminação e vídeo (caso tenham recursos técnicos) e outras funções que considerem necessárias.
4. Conversem para saber a opinião de cada membro do grupo sobre o tema escolhido e para pensar como será a cena que querem criar.
5. A opinião do grupo sobre o modelo de ação (assunto do texto) deverá estar clara na cena. Para isso, recordem as técnicas de estranhamento do teatro épico de

Bertolt Brecht, como a interrupção da sequência de ações da história para fazerem comentários críticos (revejam as formas de estranhamento indicadas em *Teatro e empatia*).

6. Caso haja recursos técnicos de vídeo, vocês poderão utilizá-los na cena, tal como nos processos de remidiação estudados na unidade.
7. Se possível, utilizem os dados coletados nas experimentações realizadas ao longo da unidade para fazer infográficos e, assim, acrescentar informações complementares na cena. Eles podem ser apresentados em forma de cartazes, por exemplo, e também funcionam para criar o efeito de estranhamento no público.
8. Definam uma estrutura básica, um roteiro com começo, meio e fim da cena, os personagens e as situações da história.
9. Pesquisem na internet novas informações sobre seus modelos de ação.
10. Durante o processo de criação, façam improvisações dos trechos do roteiro que o grupo criou e experimentem as possibilidades da cena. Se possível, gravem com celular, por exemplo, para consultar alguma ideia que surgiu durante os improvisos.
11. Após algumas improvisações, definam a estrutura final da cena: as movimentações, as falas dos personagens, as marcações (rubricas) de movimentação, os momentos de interrupção da história para a entrada de suas opiniões ou para a entrada de um narrador que faça comentários críticos ou traga dados complementares, em que momentos haverá sons e vídeos (caso haja recursos técnicos), como será a iluminação, etc.
12. Ensaiem muitas vezes, fazendo ajustes necessários, até que se sintam satisfeitos com o resultado e seguros para a apresentação.
13. Com a orientação do professor, organizem a mostra de cenas. Preencham a ficha de inscrição, com o nome do grupo, da cena, a temática, o resumo e o nome dos integrantes.
14. No dia e hora marcados, apresentem aos demais colegas a cena que o grupo criou.

Diário de bordo

Anotem todo o processo de pesquisa, criação, apresentação, registros das apresentações e suas impressões no diário de bordo.

Lembrem-se de registrar e compartilhar as apresentações. Se possível, elas podem ser gravadas em vídeo para que, posteriormente, sejam postadas em alguma plataforma de vídeos da internet ou nas redes sociais da escola.

Meu portfólio

Nesta unidade, você e os colegas conheceram e refletiram sobre o contexto dos refugiados e os fluxos migratórios.

Em *Depoimentos*, você entrou em contato com textos normativos, reportagens e infográficos, analisando as informações e compreendendo os aspectos políticos, culturais e sociais que envolvem a situação dos refugiados. Por meio desse estudo, pôde refletir sobre o respeito à diversidade e a busca pela dignidade de todos, independentemente de nacionalidade ou religião, assegurados na Declaração Universal dos Direitos Humanos.

Além disso, em *Teatro e empatia*, você conheceu e analisou espetáculos teatrais que narram histórias e desafios da vida dos refugiados. Nesse processo, estudou conceitos, técnicas e elementos do teatro épico e observou seu uso nas peças analisadas. Por fim, pôde realizar uma mostra de cenas teatrais com a turma.

Respostas #EnemVestibular

Unidade 1

1. (Enem – 2019): A.
2. (Enem – 2019): A.
3. (UniCesumar – 2017): B.
4. (UniCesumar – 2017): D.
5. (UniCesumar – 2017): C.
6. (IFB-DF – 2016): A.
7. (IFRN – 2012): C.
8. (Enem – 2019): E.
9. (Enem – 2019): A.
10. (Enem – 2011): D.
11. (Enem – 2013): B.
12. (Enem PPL – 2013): D.

Unidade 2

1. (Enem – 2004): C.
2. (Enem – 2015): B.
3. (Enem – 2014): D.
4. (Enem – 2016): E.
5. (Enem – 2015): C.
6. (Enem – 2017): D.
7. (Enem PPL – 2014): C.
8. (Enem – 2010): E.
9. (Unicamp-SP – 2021): B.

Unidade 3

1. (Enem – 2011): B.
2. (Enem – 2020): D.
3. (Enem – 2016): A.
4. (Enem – 2016): C.
5. (Enem – 2014): E.
6. (Enem PPL – 2009): D.
7. (Uece – 2018): D.
8. (Enem – 2016): D.
9. (UFU-MG – 2018):

   a) A intertextualidade ocorre no texto de Monteiro Lobato com referências a personagens de outras histórias, como Bela Adormecida e Branca de Neve.

   b) Sequência narrativa: "Não sei – respondeu dona Carochinha – mas tenho notado que muitos dos personagens das minhas histórias já andam aborrecidos de viverem toda a vida presos dentro delas". Sequência descritiva: "Aladino queixa-se de que sua lâmpada maravilhosa está enferrujando".
10. (Uerj – 2018): A.

Unidade 4

1. (Enem – 2010): C.
2. (Enem – 2009): B.
3. (Enem – 2007): C.
4. (Enem PPL – 2018): B.
5. (Uerj – 2009): B.
6. (Enem – 2013): B.
7. (Unicamp-SP – 2018): B.
8. (UEMG – 2017): C.

Lista de siglas das atividades extraídas de provas oficiais

Enem: Exame Nacional do Ensino Médio

Enem PPL: Exame Nacional do Ensino Médio Para Pessoas Privadas de Liberdade e Jovens Sob Medida Socioeducativa

IFB-DF: Instituto Federal de Educação, Ciência e Tecnologia de Brasília

IFRN: Instituto Federal de Educação, Ciência e Tecnologia do Rio Grande do Norte

UniCesumar: Universidade da cidade de Maringá, Paraná

Uece: Universidade Estadual do Ceará

UFU-MG: Universidade Federal de Uberlândia

Uerj: Universidade do Estado do Rio de Janeiro

Unicamp-SP: Universidade Estadual de Campinas

UEMG: Universidade do Estado de Minas Gerais

PROJETO MÚLTIPLO

LINGUAGENS e suas Tecnologias

Celso Melo Filho

Bacharel em Música pela Universidade Federal de Uberlândia (UFU-MG)
Mestre em Artes pela Universidade Estadual Paulista "Júlio de Mesquita Filho" (Unesp-SP, São Paulo)
Músico, ator, escritor e educador, com experiência em programas de ação cultural da cidade de São Paulo, como o Programa de Iniciação Artística (PIÁ) e a Escola Municipal de Iniciação Artística de São Paulo (Emia)
Redator da Base Nacional Comum Curricular (BNCC) do Ensino Fundamental

Gerson Rodrigues

Mestre em Artes (Pedagogia do Teatro) e licenciado em Artes Cênicas pela Escola de Comunicações e Artes da Universidade de São Paulo (ECA-USP)
Especialista em Artes Visuais, Intermeios e Educação pelo Instituto de Artes da Universidade Estadual de Campinas (Unicamp-SP)
Membro do grupo de pesquisa da Escola Currículo e Conhecimento (ECCo) da Faculdade de Educação da Universidade de São Paulo (USP)
Ator, diretor teatral, gestor cultural e docente na rede municipal de ensino de Guarujá (SP)
Fez parte da Comissão de Especialistas da Base Nacional Comum Curricular (BNCC) do Ensino Fundamental (2ª versão)

Gláucia Luiz

Mestra em Letras na área de Estudos Comparados de Literaturas de Língua Portuguesa pela Faculdade de Filosofia, Letras e Ciências Humanas da Universidade de São Paulo (FFLCH-USP)
Bacharela em Letras pela FFLCH-USP
Licenciada em Letras (Português) pela Faculdade de Educação da Universidade de São Paulo (USP)
Bacharela em Psicologia pelo Centro Universitário Padre Anchieta
Pós-graduanda em Dependência Tecnológica: Intervenções Multidisciplinares na Universidade Caxias do Sul
Professora de Língua Portuguesa na rede particular de ensino em São Paulo e formadora de professores na rede pública

Isabel Filgueiras

Licenciada em Educação Física, mestra e doutora em Educação pela Universidade de São Paulo (USP)
Docente do Programa de Pós-Graduação *Stricto Sensu* em Educação Física da Universidade São Judas Tadeu (USJT-SP)
Redatora da Base Nacional Comum Curricular (BNCC) do Ensino Médio

Silvia de Andrade

Bacharela em Letras pela Faculdade de Filosofia, Letras e Ciências Humanas da Universidade de São Paulo (FFLCH-USP)
Licenciada em Letras (Português) pela Faculdade de Educação da Universidade de São Paulo (USP)
Professora de Língua Portuguesa, coordenadora da área de Linguagens e suas Tecnologias e coordenadora pedagógica de Ensino Médio na rede privada de ensino em São Paulo (SP)
Especialista em Computação Aplicada à Educação pelo Instituto de Ciências Matemáticas e de Computação da Universidade de São Paulo (ICMC-USP)

Simone Lima

Mestra em Artes pelo Instituto de Artes da Universidade Estadual Paulista "Júlio de Mesquita Filho" (Unesp-SP, São Paulo)
Licenciada em Educação Artística com Habilitação em Artes Plásticas pela Universidade Estadual Paulista "Júlio de Mesquita Filho" (Unesp-SP, Bauru)
Artista visual, escritora e professora, com experiência em programas de ação cultural da cidade de São Paulo, como o Programa de Iniciação Artística (PIÁ) e a Escola Municipal de Iniciação Artística de São Paulo (Emia)
Redatora da Base Nacional Comum Curricular (BNCC) do Ensino Fundamental e do Ensino Médio

Valeska Figueiredo

Doutora em Artes Cênicas pela Universidade Estadual de Campinas (Unicamp-SP)
Mestre em Educação e graduada em Psicologia pela Universidade Federal de Santa Catarina (UFSC)
Diretora, coreógrafa, bailarina, artista-professora e pesquisadora em dança
Atua em psicologia na área clínica integrando sua prática psicoterapêutica com conhecimentos da dança

ENSINO MÉDIO

VOLUME ÚNICO | PARTE D

Projetos de vida e sociedade

editora ática

Sumário

Anna Van Kooij/Acervo da fotógrafa

Joa Souza/Shutterstock

Cassandra Cury/Pulsar Imagens

UNIDADE 1

Minha história

Acervo Arquivo Nacional/Wikipedia/Wikimedia Commons Domínio Público Carolina Maria de Jesus autografando cópias do seu livro Quarto de despejo: diário de uma favelada.

Carolina Maria de Jesus autografando cópias do seu livro *Quarto de despejo: diário de uma favelada.*

De manhã eu estou sempre nervosa. Com medo de não arranjar dinheiro para comprar o que comer. Mas hoje é segunda-feira e tem muito papel na rua. [...] O senhor Manuel apareceu dizendo que quer casar-se comigo. Mas eu não quero porque já estou na maturidade. E depois, um homem não há de gostar de uma mulher que não pode passar sem ler. E que levanta para escrever. E que deita com lápis e papel debaixo do travesseiro. Por isso é que eu prefiro viver só para o meu ideal.

JESUS, Carolina Maria de. *Quarto de despejo*: diário de uma favelada. São Paulo: Francisco Alves, 1960. Disponível em: https://rioonwatch.org.br/?p=17191. Acesso em: 18 maio 2022.

Arte é sangue, é carne. Além disso, não há nada. As nossas personagens são pedaços de nós mesmos, só podemos expor o que somos. E você não é Mariana, não é da classe dela. Fique na sua classe, apresente-se como é, nua, sem ocultar nada. Arte é isso. A técnica é necessária, é claro. Mas, se faltar técnica, seja ao menos sincera. Diga o que é, mostre o que é.

RAMOS, Graciliano. *Carta de Graciliano Ramos para a irmã Marili:* duro e valioso conselho a quem escrever. Fluxo Editora. Disponível em: https://fluxoeditora.wordpress.com/2015/09/29/carta-de-graciliano-ramos-para-a-irma-marili-duro-e-valioso-conselho-a-quem-escrever/. Acesso em: 18 maio 2022.

Acervo Arquivo Nacional/Wikipedia/Wikimedia Commons Domínio Público

O escritor Graciliano Ramos, Rio de Janeiro, 1949.

#TáNoFeed

Olhar para o passado para entender o presente é um percurso bastante comum em nossa vida. Visitar lembranças e acontecimentos pode nos ajudar a compreender o que vivemos agora. Esse percurso é feito por alguns autores que escrevem autobiografias, memórias e autoficções: por meio da escrita, buscam registrar eventos da própria vida sob o olhar do presente.

Observe ao lado fotografias de autores da literatura brasileira. Você conhece esses autores? Já leu alguma obra deles?

Em seguida, leia os fragmentos de textos de cada um deles. O primeiro fragmento é de *Quarto de despejo: diário de uma favelada*, livro autobiográfico da escritora mineira Carolina Maria de Jesus (1914-1977), publicado em 1960. O segundo é o trecho de uma carta do escritor alagoano Graciliano Ramos (1892-1953), enviada à irmã em 1949.

Depois de observar as imagens e ler os fragmentos, responda oralmente às questões propostas.

1. Na carta do escritor Graciliano Ramos à irmã, que também era escritora, ele a aconselha a revelar-se nos textos que escreve. Quanto há de você no que escreve?

2. Em sua opinião, é possível que o autor do texto se distancie do que escreve quando o tema é a própria vida?

3. No início do trecho da carta de Graciliano Ramos à irmã, ele diz: "Arte é sangue, é carne. Além disso, não há nada. As nossas personagens são pedaços de nós mesmos, só podemos expor o que somos.". O que você acha que ele quis dizer com isso?

4. Ao ler o trecho do texto de Carolina Maria de Jesus, o que podemos deduzir dos anseios e da rotina da escritora?

5. O livro *Quarto de despejo: diário de uma favelada* trouxe visibilidade para a autora no universo da literatura brasileira. O que o título da obra lhe diz?

6. Há muitas formas de falar de si.

a) Você costuma escrever sobre si mesmo ou sua vida? Tem, já teve ou gostaria de ter um diário? O que escreve ou escreveria nele?

b) Como costuma se retratar por meio de imagens?

Ao longo desta unidade, por meio do estudo de discursos verbais, artísticos e literários, você estudará os gêneros autobiografia, autoficção e um subgênero das artes visuais, o autorretrato. Com base nisso, terá a chance de compartilhar suas experiências e conhecer narrativas coletivas. Nesse sentido, poderá ampliar seu repertório de leituras de mundo, a fim de respeitar as diferenças interpessoais.

Você poderá experimentar, ainda, a produção desses discursos: com os colegas, criará danças e as compartilhará, bem como participará de processos de autorrepresentação no teatro e nas artes visuais. Além disso, registrará suas memórias e seus eventos marcantes da infância na produção de uma narrativa autobiográfica.

Ao final da unidade, você e os colegas poderão refletir sobre tudo o que aprenderam e organizar uma exposição de autorretratos no espaço da escola. Para isso, vão mobilizar os conhecimentos que desenvolveram ao longo da unidade e refletir sobre as várias possibilidades de montagem de uma exposição, de acordo com o objetivo que se deseja alcançar.

Conheça a unidade

Objetivos

Língua Portuguesa

- Conhecer os gêneros autobiografia e autoficção e suas características.
- Reconhecer os usos expressivos da linguagem e da seleção lexical para ampliar as possibilidades de leitura e compreensão de textos.
- Conhecer assimilações, rupturas e permanências no processo de constituição da literatura, por meio da leitura e análise de autobiografias e autoficção.
- Conhecer os modos de narrar que aproximam um texto de autobiografia de um de autoficção, analisando o aspecto memorialístico.

Arte

- Conhecer e experimentar processos de criação e autorrepresentação no teatro documentário.
- Conhecer os conceitos de biodrama e de documentos cênicos.
- Fruir e apreciar criticamente trabalhos em dança que integrem o real e a ficção, o passado e o presente, o artista e o espectador.
- Reconhecer o conceito de autoficção aplicado à dança.
- Experimentar e criar danças colaborativamente, com base em histórias pessoais e coletivas e em interlocução com o espaço e o momento presente.
- Reconhecer o subgênero autorretrato em diferentes contextos, compreendendo seu caráter histórico, social e cultural.
- Analisar e interpretar produções artísticas bidimensionais, considerando seus elementos constitutivos.
- Desenvolver pesquisa e produção artística de autorretratos.

Justificativa

A subjetividade toma forma na literatura e na arte com as mais diversas manifestações. Desde a década de 1970, isso tem se intensificado com os conceitos de autobiografia, autorrepresentação e autoficção. Com base em histórias pessoais, diversos autores vêm construindo discursos verbais e artísticos que ampliam as possibilidades de narrar e compartilhar experiências. Neles, autor, narrador e protagonista exercem o mesmo papel.

Ao longo da unidade, você poderá fruir e interpretar algumas dessas manifestações artísticas relacionadas à literatura e às artes visuais, além de discutir sobre elas com os colegas e realizar suas próprias criações, desenvolvendo sua criatividade e exercendo papel protagonista.

A BNCC nesta unidade

Nesta unidade são desenvolvidas as competências e habilidades da BNCC indicadas a seguir.

Competências gerais da Educação Básica: 1, 3, 4, 9.

Linguagens e suas Tecnologias no Ensino Médio: competências específicas e habilidades

Competência específica 1 (EM13LGG101, EM13LGG103, EM13LGG104); competência específica 2 (EM13LGG201, EM13LGG202, EM13LGG204); competência específica 3 (EM13LGG301, EM13LGG302, EM13LGG303); competência específica 4 (EM13LGG401); competência específica 5 (EM13LGG501, EM13LGG503); competência específica 6 (EM13LGG602, EM13LGG603, EM13LGG604); competência específica 7 (EM13LGG701).

Língua Portuguesa no Ensino Médio: campos de atuação social, competências específicas e habilidades

Todos os campos de atuação social

EM13LP01 (competência específica 2); EM13LP02 (competência específica 1); EM13LP06 (competência específica 1); EM13LP07 (competência específica 1); EM13LP10 (competência específica 4).

Campo artístico-literário

EM13LP048, EM13LP052.

Ciências Humanas e Sociais Aplicadas no Ensino Médio: competências específicas e habilidades

Competência específica 1 (EM13CHS101); competência específica 5 (EM13CHS502).

Autobiografia (Língua Portuguesa)

1. Você costuma registrar eventos que acontecem com você? Como?
2. Em sua opinião, é possível registrar esses eventos como eles de fato aconteceram? Por quê?
3. Leia a seguir o texto "Os astrônomos", de Graciliano Ramos, e, depois, responda às atividades.

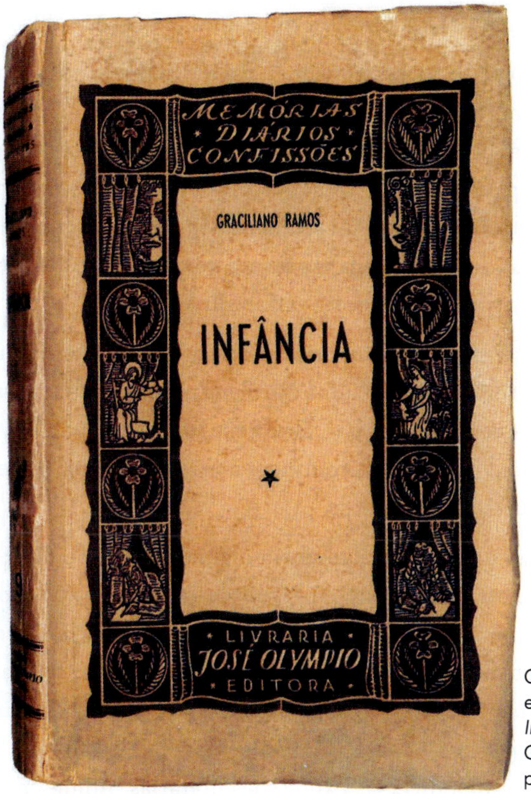

Capa da primeira edição do livro *Infância*, do escritor Graciliano Ramos, publicado em 1945.

Os astrônomos

Aos nove anos, eu era quase analfabeto. E achava-me inferior aos Mata Lima, nossos vizinhos, muito inferior, construído de maneira diversa. Esses garotos, felizes, para mim eram perfeitos: andavam limpos, riam alto, frequentavam escola decente e possuíam máquinas que rodavam na calçada como trens. Eu vestia roupas ordinárias, usava tamancos, enlameava-me no quintal, engenhando bonecos de barro, falava pouco.

Na minha escola de ponta de rua, alguns desgraçadinhos cochilavam em bancos estreitos e sem encosto, que às vezes se raspavam e lavavam. Nesses dias nós nos sentávamos na madeira molhada. A professora tinha mãe e filha. A mãe, caduca, fazia renda, batendo os **bilros**, com a almofada entre as pernas. A filha, mulata sarará enjoada e enxerida, nos ensinava as lições, mas ensinava de tal forma que percebemos nela tanta ignorância como em nós. Perto da mesa havia uma esteira, onde as mulheres se agachavam, cortavam anos e cosiam.

D. Agnelina **rezingava** com a filha por questões de namoro e, em caso de necessidade, administrava-lhe corretivos. Uma vez discutiram a respeito da palavra auréola, que surgiu na minha seleta. A moça acertou, mas d. Agnelina, debruando

bilros: instrumentos de madeira ou metal usados para fazer rendas.
rezingar: falar em voz baixa, com sinais de mau humor; resmungar.

debrum: fita que se costura à borda de um tecido, como enfeite ou para reforçar a trama.

ourela: contorno externo de algo; extremidade ou acabamento de uma peça de vestuário ou calçado que lhe serve de acabamento.

parolar: ter uma conversa sem conteúdo ou que não leva a nada; falar demais.

um vestido, julgou auréola equivalente a **debrum**, estirou o beiço e, depois de hesitar, misturando baixinho auréola com **ourela**, recomendou-me que, para evitar dúvidas, dissesse aureóla.

O lugar de estudo era isso. Os alunos se imobilizavam nos bancos: cinco horas de suplício, uma crucificação. Certo dia vi moscas na cara de um, roendo o canto do olho, entrando no olho. E o olho sem se mexer, como se o menino estivesse morto. Não há prisão pior que uma escola primária do interior. A imobilidade e a insensibilidade me aterram. Abandonei os cadernos e as auréolas, não deixei que as moscas me comessem. Assim, aos nove anos ainda não sabia ler.

Ora, uma noite, depois do café, meu pai me mandou buscar um livro que deixara na cabeceira da cama. Novidade: meu velho nunca se dirigia a mim. E eu, engolindo o café, beijava-lhe a mão, porque isto era praxe, mergulhava na rede e adormecia. Espantado, entrei no quarto, peguei com repugnância o antipático objeto e voltei à sala de jantar. Aí recebi ordem para me sentar e abrir o volume. Obedeci engulhando, com a vaga esperança de que uma visita me interrompesse. Ninguém nos visitou naquela noite extraordinária.

Meu pai determinou que eu principiasse a leitura. Principiei. Mastigando as palavras, gaguejando, gemendo uma cantilena medonha, indiferente à pontuação, saltando linhas e repisando linhas, alcancei o fim da página, sem ouvir gritos. Parei surpreendido, virei a folha, continuei a arrastar-me na gemedeira, como um carro em estrada cheia de buracos.

Com certeza o negociante recebera alguma dívida perdida: no meio do capítulo pôs-se a conversar comigo, perguntou-me se eu estava compreendendo o que lia. Explicou-me que se tratava de uma história, um romance, exigiu atenção e resumiu a parte lida. Um casal com filhos andava numa floresta, em noite de inverno, perseguido por lobos, cachorros selvagens. Depois de muito correr, essas criaturas chegavam à cabana de um lenhador. Era ou não era? Traduziu-me em linguagem de cozinha diversas expressões literárias. Animei-me a **parolar**. Sim, realmente havia alguma coisa no livro, mas era difícil conhecer tudo.

Alinhavei o resto do capítulo, diligenciando penetrar o sentido da prosa confusa, aventurando-me às vezes a inquirir. E uma luzinha quase imperceptível surgia longe, apagava-se, ressurgia, vacilante, nas trevas do meu espírito.

Recolhi-me preocupado: os fugitivos, os lobos e o lenhador agitaram-me o sono. Dormi com eles, acordei com eles. As horas voaram. Alheio à escola, aos brinquedos de minhas irmãs, à tagarelice dos moleques, vivi com essas criaturas de sonho, incompletas e misteriosas.

À noite meu pai me pediu novamente o volume, e a cena da véspera se reproduziu, leitura emperrada, mal-entendidos, explicações.

Na terceira noite fui buscar o livro espontaneamente, mas o velho estava sombrio e silencioso. E no dia seguinte, quando me preparei para moer a narrativa, afastou-me com um gesto, carrancudo.

Nunca experimentei decepção tão grande. Era como se tivesse descoberto uma coisa muito preciosa e de repente a maravilha se quebrasse. E o homem que a reduziu a cacos, depois de me haver ajudado a encontrá-la, não imaginou a minha desgraça. A princípio foi desespero, sensação de perda e ruína, em seguida uma longa covardia, a certeza de que as horas de encanto eram boas demais para mim e não podiam durar.

Findas, porém, as manifestações secretas de mágoa, refleti, achei que o mal tinha remédio e expliquei o negócio a Emília, minha excelente prima. O rosto sereno, largos olhos pretos, um ar de seriedade – linda moça. A irmã, brincalhona e rabugenta, ora pelos pés, ora pela cabeça, ria como doida e logo explodia em acessos de cólera. Mas Emília não era deste mundo. Só se zangou comigo uma vez, no dia em que, tuberculosa, me viu beber água no copo dela. Um anjo.

Confessei, pois, a Emília o meu desgosto e propus-lhe que me dirigisse a leitura. Esforcei-me por interessá-la contando-lhe a escuridão na mata, os lobos, os meninos apavorados, a conversa em casa do lenhador, o aparecimento de uma sujeita que se chamava Águeda.

Passado algum tempo, essa Águeda me serviu muito. Eusébio doido pegou o volume na loja, entrou a declamá-lo, e, topando o nome da personagem, pronunciou Aquéda. Isto me deu satisfação: apesar de maduro, Eusébio doido era mais atrasado que eu.

Quando falei a Emília, porém, ignorava que houvesse pessoas tão rudes quanto Eusébio e admitia facilmente as auréolas da professora. Em conformidade com a opinião de minha mãe, considera-me uma besta. Assim, era necessário que a priminha lesse comigo o romance e me auxiliasse na decifração dele.

Emília respondeu com uma pergunta que me espantou. Por que não me arriscava a tentar a leitura sozinho?

Longamente lhe expus a minha fraqueza mental, a impossibilidade de compreender as palavras difíceis, sobretudo na ordem terrível em que se juntavam. Se eu fosse como os outros, bem; mas era bruto em demasia, todos me achavam bruto em demasia.

Emília combateu a minha convicção, falou-me dos astrônomos, indivíduos que liam no céu, percebiam tudo quanto há no céu. Não no céu onde moram Deus Nosso Senhor e a Virgem Maria. Esse ninguém tinha visto. Mas o outro, o que fica por baixo, o do sol, da lua e das estrelas, os astrônomos conheciam perfeitamente. Ora, se eles enxergavam coisas tão distantes, por que não conseguiria eu adivinhar a página aberta diante dos meus olhos? Não distinguia as letras? Não sabia reuni-las e formar palavras?

Matutei na lembrança de Emília. Eu, os astrônomos, que doidice! Ler as coisas do céu, quem havia de supor? E tomei coragem, fui esconder-me no quintal, com lobos, o homem, a mulher, os pequenos, a tempestade na floresta, a cabana do lenhador. Reli as folhas já percorridas. E as partes que se esclareciam derramavam escassa luz sobre os pontos obscuros. Personagens diminutas cresciam, vagarosamente me penetravam a inteligência espessa. Vagarosamente.

Os astrônomos eram formidáveis. Eu, pobre de mim, não desvendaria os segredos do céu. Preso à terra, sensibilizar-me-ia com histórias tristes, em que há homens perseguidos, mulheres e crianças abandonadas, escuridão e animais ferozes.

RAMOS, Graciliano. Os astrônomos. In: ______. *Infância*. 47. ed. Rio de Janeiro: Record, 2012. p. 205-210.

a) O narrador abre a história contando que era quase analfabeto aos 9 anos. Por que ele trouxe essa informação logo no início do texto?

b) Ainda no início, o narrador apresenta-se fazendo uma comparação entre ele e os vizinhos. Que diferenças existem entre eles? Como ele marca essas diferenças?

c) O narrador compara a escola que ele frequentava com a dos vizinhos. Retome o texto e identifique como cada escola é descrita. Que diferenças entre elas é possível supor?

d) Como eram as aulas na escola do narrador?

e) O narrador escolhe usar as palavras *imobilidade* e *insensibilidade* para descrever a escola que frequentava. O que esses substantivos revelam sobre o lugar?

f) Por que o menino se espantou quando o pai lhe pediu que pegasse o livro? O que isso revela sobre a relação entre eles?

g) O narrador afirma ter pegado "com repugnância o objeto antipático". O que ele quer revelar ao utilizar essas palavras?

h) Ao iniciar a leitura, o menino afirma que vai "**mastigando** as palavras, gaguejando, gemendo uma cantilena medonha, indiferente à pontuação, saltando linhas e **repisando** linhas". Considere as palavras destacadas: que imagens o narrador utiliza para mostrar sua falta de habilidade leitora? Qual é o efeito de sentido trazido por essa escolha?

4. Releia o trecho a seguir.

> Traduziu-me em linguagem de cozinha diversas expressões literárias. Animei-me a parolar. Sim, realmente havia alguma coisa no livro, mas era difícil conhecer tudo.
>
> Alinhavei o resto do capítulo, diligenciando penetrar o sentido da prosa confusa, aventurando-me às vezes a inquirir. E uma luzinha quase imperceptível surgia longe, apagava-se, ressurgia, vacilante, nas trevas do meu espírito.

a) Apesar da dificuldade do menino durante a leitura, o pai deseja saber se ele entendeu a história. Que expressão o narrador utiliza para mostrar o auxílio dado pelo pai? Explique.

b) Que mudança em relação ao livro e à leitura é possível perceber no narrador? Justifique com um trecho do texto.

5. Releia outro trecho:

> Nunca experimentei decepção tão grande. Era como se tivesse descoberto uma coisa muito preciosa e de repente a maravilha se quebrasse. E o homem que a reduziu a cacos, depois de ter me ajudado a encontrá-la, não imaginou a minha desgraça. A princípio foi desespero, sensação de perda e ruína, em seguida, uma longa covardia, a certeza de que as horas de encanto eram boas demais para mim e não podiam durar.

a) Esse é o momento em que o pai deixa de ouvir a leitura do filho, no dia em que o menino pegou o livro espontaneamente. Observe que o narrador usa algumas palavras na tentativa de expressar a frustração que sentiu. Comente essa afirmação, destacando quais são esses vocábulos e essas expressões.

b) Em uma narrativa autobiográfica, existe um distanciamento no tempo que auxilia na análise dos fatos já vividos. É possível notar isso na descrição de sentimentos? Justifique com trechos do texto.

6. A prima Emília o encoraja a ler sozinho, fazendo uma analogia com os astrônomos. Ao ouvir a relação, o narrador busca entender:

> Matutei na lembrança de Emília. Eu, os astrônomos, que doidice! Ler as coisas do céu, quem havia de supor? E tomei coragem, fui esconder-me no quintal, com os lobos, o homem, a mulher, os pequenos, a tempestade na floresta, a cabana do lenhador. Reli as folhas já percorridas. E as partes que se esclareciam derramavam escassa luz sobre os pontos obscuros.

Ao narrar uma história, o narrador pode optar pelo discurso direto, no qual os personagens falam por si, ou utilizar o discurso indireto, quando o narrador fala pelos personagens. Um exemplo disso são as marcas indicativas, como: "Emília combateu a minha convicção, falou-me dos astrônomos". Além disso, há também o discurso indireto livre, em que a voz do narrador se mistura com a do personagem, ou seja, não há uma clara separação entre as vozes. Essa mistura pode trazer a junção de planos do narrador e da história lida por ele.

a) É possível reconhecer isso no trecho citado? Justifique.

b) Há novamente a menção de uma luz que iluminava pontos obscuros. O que você acha que pode significar essa luz?

7. O narrador fecha o texto afirmando que os astrônomos eram formidáveis, pois haviam desvendado os mistérios do céu, mas que ele estava preso à terra e se sensibilizaria com histórias tristes, em que haveria escuridão. Com esse desfecho, vemos a entrada do narrador adulto e escritor. Dessa forma, com a lembrança da infância, o narrador traz também o momento de início de sua relação com a escrita. Faça uma pesquisa sobre outras obras de Graciliano Ramos. Que temáticas aparecem?

Saiba +

Graciliano Ramos, um dos principais autores do Modernismo brasileiro, nasceu em Quebrângulo (AL). O escritor publicou seu primeiro conto em 1904, no jornal do internato onde estudou. Esse foi o início de suas publicações em periódicos. Morou em Palmeira dos Índios (AL), sendo prefeito preocupado com os problemas da educação no país. Em *Infância*, retratou várias cenas da escola.

Para conhecer mais sobre Graciliano Ramos e sua obra, consulte as indicações a seguir:

Assista ao vídeo do programa "Mestres da Literatura – Graciliano Ramos literatura, sem bijouterias" (27 min). Disponível em: www.youtube.com/watch?v=2HZ9Rf8OprQ (acesso em: 18 maio 2022).

Visite o *site* oficial do escritor. Disponível em: https://graciliano.com.br/ (acesso em: 18 maio 2022).

O texto "Os astrônomos" é capítulo de um livro autobiográfico de Graciliano Ramos chamado *Infância*, publicado em 1945. Esse romance revisita as memórias do autor sobre a própria infância no interior nordestino, onde morou com a família.

Ao falar sobre o livro, o autor contava que, quando a memória falhava, ele inventava alguns trechos, mas que, ainda assim, as cenas eram muito vivas e presentes na memória dele. Esse espaço entre a realidade dos fatos e a forma como os relembramos abre margem para o preenchimento das lacunas com a ficção.

O escritor integrou o período literário conhecido como "prosa de 30" ou "segunda geração modernista". As autobiografias e as memórias foram gêneros bastante presentes entre os autores dessa fase da literatura brasileira, que esteve voltada para uma temática social, de denúncia. Além de Graciliano Ramos, nomes como Rachel de Queiroz (1910-2003), José Lins do Rego (1901-1957) e Jorge Amado (1912-2001) são exemplos de autores que exploraram essas temáticas da memória.

Lais Monteiro/Shutterstock

Escultura de Graciliano Ramos na praia de Ponta Verde, Maceió (AL) 2020.

O gênero autobiografia, além da junção narrador-personagem-protagonista, marcada pelo foco narrativo em primeira pessoa, busca manter, segundo o autor francês Philippe Lejeune (1938-), um pacto firmado entre autor e leitor, ou seja, entendendo o gênero autobiográfico tanto como modo de escritura quanto de leitura.

No romance *Infância*, existe um narrador-personagem retratando sua história vivida no passado para um leitor que se encontra no tempo presente, havendo um pacto entre eles para que essa narrativa seja possível. Nesse sentido, sabe-se que não foi possível ao escritor recuperar todos os fatos vividos, por causa do tempo transcorrido entre esses eventos e seu registro. Haverá, então, nesse trabalho de rememoração, lapsos, omissões, acréscimos.

Para ir mais longe — Segunda fase do modernismo brasileiro

A segunda fase do Modernismo brasileiro esteve voltada para os problemas do país. Em especial, a prosa entre 1930 e 1945 buscou retratar as realidades do Brasil, trazendo uma literatura nomeada por alguns teóricos como neorrealista. O marco inicial desse período foi a publicação da obra *A bagaceira*, do paraibano José Américo de Almeida (1887-1980), que se passa no Nordeste brasileiro, em um contexto de seca.

O Nordeste também foi tema de obras de Jorge Amado, Graciliano Ramos, Rachel de Queiroz e José Lins do Rego. Já o gaúcho Erico Verissimo (1905-1975) abordou os Pampas gaúchos nesse mesmo período.

Dessa forma, a autobiografia parece não se distanciar da autoficção, gênero que mistura a autobiografia (um relato que busca, em certa medida, ser fiel aos fatos) com a ficção (que traz elementos imaginados). A seguir, você verá como isso se dá, com a leitura de "Nós chorámos pelo Cão Tinhoso", do angolano Ondjaki (1977-).

Prosa de memórias ou de autoficção

O conto que você vai ler a seguir também é uma reelaboração da memória. Assim como Graciliano Ramos, o escritor Ondjaki revelou em várias entrevistas que há muito de sua infância no texto: os professores, as crianças da rua, da escola, os primos. Aqui vamos conhecer uma passagem do autor na escola, durante a leitura de um texto. Novamente, é importante destacar o lugar sócio-histórico do narrador; dessa vez é Luanda, capital de Angola.

Nós chorámos pelo Cão Tinhoso

para a Isaura; para o Luís B. Honwana

Foi no tempo da oitava classe, na aula de português.

Eu já tinha lido esse texto dois anos antes mas daquela vez a estória me parecia mais bem contada com detalhes que atrapalhavam uma pessoa só de ler ainda em leitura silenciosa – como a camarada professora de português tinha mandado. Era um texto muito conhecido em Luanda: "Nós matámos o Cão Tinhoso".

Eu lembrava-me de tudo: do Ginho, da pressão-de-ar, da Isaura e das feridas penduradas do Cão Tinhoso. Nunca me esqueci disso: um cão com feridas penduradas. Os olhos do cão. Os olhos da Isaura. E agora de repente me aparecia tudo ali de novo. Fiquei atrapalhado.

A camarada professora selecionou uns tantos para a leitura integral do texto. Assim queria dizer que íamos ler o texto todo de rajada. Para não demorar muito, ela escolheu os que liam melhor. Nós, os da minha turma da oitava, éramos 52. Eu era o número 51. Embora noutras turmas tentassem arranjar alcunhas para os colegas, aquela era a minha primeira turma onde ninguém tinha escapado de ser alcunhado. E alguns eram nomes de **estiga** violenta.

Muitos eram nomes de animais: havia o Serpente, o Cabrito, o Pacaça, a Barata-da-Sibéria, a Joana Voa-Voa, a Gazela, e o Jacó, que era eu. Deve ser porque eu mesmo falava muito nessa altura. Havia o É-tê, o Agostinho-Neto, a Scubidú e mesmo alguns professores também não escapavam da nossa lista. Por acaso a camarada professora de português era bem **porreira** e nunca chegamos a lhe alcunhar.

Os outros começaram a ler a parte deles. No início, o texto ainda está naquela parte que na prova perguntam qual é e uma pessoa diz que é só introdução. Os nomes dos personagens, a situação assim no geral, e a **maka** do cão. Mas depois o texto ficava duro: tinham dado ordem num grupo de miúdos para **bondar** o Cão Tinhoso. Os miúdos tinham ficado contentes com essa ordem assim muito adulta, só uma menina chamada Isaura afinal queria dar protecção ao cão. O cão se chamava Cão Tinhoso e tinha feridas penduradas, eu sei que já falei isto, mas eu gosto muito do Cão Tinhoso.

Na sexta classe eu também tinha gostado **bué** dele e eu sabia que aquele texto era duro de ler. Mas nunca pensei que umas lágrimas pudessem ficar tão pesadas dentro duma pessoa. Se calhar é porque uma pessoa na oitava classe já cresceu um bocadinho mais, a voz já está mais grossa, já ficamos toda hora a olhar as cuecas das meninas "entaladas na gaveta", queremos beijos na boca mais demorados e na dança de *slow* ficamos todos agarrados até os pais e os primos das moças virem perguntar se estamos com frio mesmo assim em Luanda a fazer tanto calor. Se calhar é isso, eu estava mais crescido na maneira de ler o texto, porque comecei a pensar que aquele grupo que lhes

estiga: ironização, provocação.
porreira: simpática; boa gente.
maka: conversa, questão, disputa, caso, assunto.
bondar: matar; ferir.
bué: muito.

mandaram matar o Cão Tinhoso com tiros de pressão-de-ar, era como o grupo que tinha sido escolhido para ler o texto.

Não quero dar essa responsabilidade na camarada professora de português, mas foi isso que eu pensei na minha cabeça cheia de pensamentos tristes: se essa professora nos manda ler este texto outra vez, a Isaura vai chorar bué, o Cão Tinhoso vai sofrer mais outra vez e vão rebolar no chão a rir do Ginho que tem medo de disparar por causa dos olhos do Cão Tinhoso.

O meu pensamento afinal não estava muito longe do que foi acontecendo na minha sala de aulas, no tempo da oitava classe, turma dois, na escola Mutu-Ya-Kevela, no ano de mil novecentos e noventa: quando a Scubidú leu a segunda parte do texto, os que tinham começado a rir só para estigar os outros, começaram a sentir o peso do texto. As palavras já não eram lidas com rapidez de dizer quem era o mais rápido da turma a despachar um parágrafo. Não. Uma pessoa afinal e de repente tinha medo do próximo parágrafo, escolhia bem a voz de falar a voz dos personagens, olhava para a porta da sala como se alguém fosse disparar uma pressão-de-ar a qualquer momento. Era assim na oitava classe: ninguém lia o texto do Cão Tinhoso sem ter medo de chegar ao fim. Ninguém admitia isso, eu sei, ninguém nunca disse, mas bastava estar atento à voz de quem lia e aos olhos de quem escutava.

O céu ficou carregado de nuvens escurecidas. Olhei lá para fora à espera de uma trovoada que trouxesse uma chuva de meia-hora. Mas nada.

Na terceira parte até a camarada professora começou a engolir cuspe seco na garganta bonita que ela tinha, os rapazes mexeram os pés com nervoso miudinho, algumas meninas começaram a ficar de olhos molhados. O Olavo avisou: "quem chorar é maricas então!", e os rapazes todos ficaram com essa responsabilidade de fazer uma cara como se nada daquilo estivesse a ser lido.

Um silêncio muito estranho invadiu a sala quando o Cabrito se sentou. A camarada professora não disse nada. Ficou a olhar para mim. Respirei fundo.

Levantei-me e toda a turma estava também com os olhos pendurados em mim. Uns tinham-se virado para trás para ver bem a minha cara, outros fungavam do nariz tipo constipação de **cacimbo**. A Aina e a Rafaela, que eram muito branquinhas, estavam com as bochechas todas vermelhas e os olhos também, o Olavo ameaçou-me devagar com o dedo dele a apontar para mim. Engoli também um cuspe seco porque eu já tinha aprendido há muito tempo a ler um parágrafo depressa antes de o ler em voz alta: era aquela parte do texto em que os miúdos já não têm pena do Cão Tinhoso e querem lhe matar a qualquer momento. Mas o Ginho não queria. A Isaura não queria.

cacimbo: estação seca, sem chuvas; nevoeiro denso que se forma ao anoitecer em regiões costeiras da África.

A camarada professora levantou-se, veio devagar para perto de mim, ficou quietinha. Como se quisesse me dizer alguma coisa com o corpo dela ali tão perto. Aliás, ela já tinha dito, ao me escolher para ser o último a fechar o texto, e eu estava vaidoso dessa escolha, o último normalmente era o que lia já mesmo bem. Mas naquele dia, com aquele texto, ela não sabia que em vez de me estar a premiar, estava a me castigar nessa responsabilidade de falar do Cão Tinhoso sem chorar.

— Camarada professora — interrompi numa dificuldade de falar. — Não tocou para a saída?

Ela mandou-me continuar. Voltei ao texto. Um peso me atrapalhava a voz e eu nem podia só fazer uma pausa de olhar as nuvens porque tinha que estar atento ao texto e às lágrimas. Só depois o sino tocou.

Os olhos do Ginho. Os olhos da Isaura. A mira da pressão-de-ar nos olhos do Cão Tinhoso com as feridas dele penduradas. Os olhos do Olavo. Os olhos da camarada professora nos meus olhos. Os meus olhos nos olhos da Isaura nos olhos do Cão Tinhoso.

Houve um silêncio como se tivessem disparado bué de tiros dentro da sala de aulas. Fechei o livro. Olhei as nuvens.

Na oitava classe, era proibido chorar à frente dos outros rapazes.

ONDJAKI. Nós chorámos pelo Cão Tinhoso. *In*: ______. *Os da minha rua*. Rio de Janeiro: Língua Geral, 2007. p. 131-136.

Saiba+

O escritor **Ondjaki** nasceu em Luanda, em 1977. Publicou romances, poemas e contos que já foram traduzidos para diversos idiomas. Faz parte da União dos Escritores Angolanos. O autor também se dedica ao cinema e ao teatro, sendo coprodutor do documentário *Oxalá cresçam pitangas — histórias de Luanda*, de 2006. Mantém um *blog*, em que publica poemas e alguns de seus contos.

Elza Fiúza/ABr/Wikipedia/Wikimedia Commons 3.0

Para conhecer mais sobre Ondjaki e sua obra, assista à entrevista que o escritor cedeu para o programa *Umas Palavras*, do Canal Futura, em 2013 (27 min 26 s). Disponível em: https://www.youtube.com/watch?v=Yqi3lLpAtZc&t=6s (acesso em: 21 jun. 2022).

8. No início do texto, o narrador recorda uma situação vivida na escola, quando estava no 8º ano: a turma deveria ler em voz alta uma história muito conhecida em Luanda, "Nós matamos o Cão Tinhoso". Que sentimentos do narrador se revelam nesse momento? Destaque trechos que justifiquem sua resposta.

9. Releia o seguinte trecho:

> A camarada professora levantou-se, veio devagar para perto de mim, ficou quietinha. Como se quisesse me dizer alguma coisa com o corpo dela ali tão perto. Aliás, ela já tinha dito, ao me escolher para ser o último a fechar o texto, e eu estava vaidoso dessa escolha, o último normalmente era o que lia já mesmo bem. Mas naquele dia, com aquele texto, ela não sabia que em vez de me estar a premiar, estava a me castigar nessa responsabilidade de falar do Cão Tinhoso sem chorar.

— Camarada professora — interrompi numa dificuldade de falar. — Não tocou para a saída?

a) O modo de narrar, como você estudou anteriormente, relaciona-se ao que o narrador deseja mostrar e evidenciar. Que tipos de discurso são utilizados no excerto anterior? Explique.

b) No conto, é possível "ouvir" a voz do narrador como personagem. Por que a voz do personagem aparece para os demais apenas nesse momento do conto? Ela está relacionada com as emoções descritas ao longo da narração?

10. Por meio do relato das memórias desse personagem, é possível conhecer um pouco do comportamento dos meninos e das meninas que compunham essa sala de aula em Luanda. O que ficamos sabendo sobre eles?

11. Releia o trecho a seguir para responder à questão.

> Foi no tempo da oitava classe, na aula de português.
>
> Eu já tinha lido esse texto dois anos antes mas daquela vez a estória me parecia mais bem contada com detalhes que atrapalhavam uma pessoa só de ler ainda em leitura silenciosa – como a camarada professora de português tinha mandado. Era um texto muito conhecido em Luanda: "Nós matámos o Cão Tinhoso".
>
> Eu lembrava-me de tudo: do Ginho, da pressão-de-ar, da Isaura e das feridas penduradas do Cão Tinhoso. Nunca me esqueci disso: um cão com feridas penduradas. Os olhos do cão. Os olhos da Isaura. E agora de repente me aparecia tudo ali de novo. Fiquei atrapalhado.

De acordo com o narrador, o texto "Nós matámos o Cão Tinhoso" era muito conhecido por todos em Luanda. Que palavras e expressões o narrador utiliza para mostrar o impacto dessa história sobre ele? Justifique com exemplos do texto.

12. A narração das memórias apresenta um movimento de aproximação do passado, a fim de lembrar o que foi vivido, e vinculação com o tempo presente, ao pensar sobre o vivido. Que informações o trecho a seguir apresenta sobre o passado e o presente do narrador?

> Na oitava classe, era proibido chorar à frente dos outros rapazes.

13. O narrador, quando começa a leitura em sala, introduz um segundo plano narrativo. Qual seria? Por que ele considerou importante inserir esse novo plano?

14. Releia o trecho:

> "Os olhos do Ginho. Os olhos da Isaura. A mira da pressão-de-ar nos olhos do Cão Tinhoso com as feridas dele penduradas. Os olhos do Olavo. Os olhos da camarada professora nos meus olhos. Os meus olhos nos olhos da Isaura nos olhos do Cão Tinhoso."

a) Os olhos são um elemento recorrente. O que eles representam? Que efeito isso traz para a narrativa?

b) O conto lido aborda, entre outros temas, a experiência afetiva com a leitura de uma história. Você tem lembranças de algum texto memorável, que o tenha emocionado ou impactado? Você lembra do momento em que o leu, da sensação provocada, das reflexões despertadas?

Diário de bordo

Escreva em seu diário de bordo um relato de uma experiência de leitura marcante. Indique onde você estava, se havia mais pessoas com você, por que a história marcou, quais emoções ela despertou, entre outros aspectos que achar interessantes e compartilhe a experiência com os colegas e o professor.

Ondjaki faz parte de um grupo de escritores de literatura africana de língua portuguesa contemporânea do qual fazem parte o angolano José Eduardo Agualusa (1960-) e o moçambicano Mia Couto (1955-). A escrita desses autores tem como objetivo mostrar um continente africano distinto do que consta nos livros de História, que, em geral, carregam um viés eurocentrado.

Na obra *Os da minha rua* (2007), Ondjaki traz 22 histórias com lembranças de sua infância. É importante destacar que os relatos têm como base a memória da vida, dos amigos, dos parentes, dos professores, mas não são exatamente um retrato exato da realidade. O próprio autor afirmou isso em uma entrevista: "Penso que um livro é sempre uma transformação do real, em algo esteticamente novo, renovado".

Nesse sentido, a obra muitas vezes é classificada como autoficção ou como um livro de memórias, já que traz uma reelaboração do que foi vivido. Com base nisso, é importante notar que é bastante sutil a linha que separa a autobiografia da autoficção — termo cunhado em 1977 pelo escritor francês Serge Doubrovsky (1928-2017).

Vale destacar que ambos os gêneros se aproximam pelas marcas discursivas: narrador em primeira pessoa e narrador e personagem se integram. Além disso, é importante considerar o pacto entre leitor e obra com uma ideia de compartilhamento da memória, mas levando em conta que essas lembranças foram reelaboradas em um tempo presente.

Experimentação Memórias

Neste momento, você retomará as memórias de infância para criar uma autobiografia ou uma autoficção. Pense nos eventos mais marcantes de sua vida e acompanhe os passos a seguir.

1. Faça um registro dos eventos de que se lembrou. Se quiser, elabore uma lista e destaque entre eles um ou dois acontecimentos que considera mais relevantes e inesquecíveis.

2. Após a escolha dos fatos a serem contados, inicie a escrita do texto. Decida se quer se ater aos acontecimentos (autobiografia) ou se vai incluir invenções ou alterações (autoficção), lembrando-se de que a distinção entre os dois gêneros é sutil.

3. Finalizada a história, organize rodas de conversa com os colegas e o professor para o compartilhamento dos textos. O ideal é que organizem pequenos grupos formados por até quatro componentes e que cada componente apresente aos demais o texto que produziu.

4. Por fim, os textos da turma podem ser organizados em um mural coletivo, para que todos tenham acesso às produções.

5. Arquive em seu **Portfólio** os registros feitos nessa experimentação e o texto que produziu.

Diário de bordo

Lembre-se de registrar no diário de bordo como foi a experiência de produzir um texto baseado em uma memória pessoal e o que achou dos relatos dos colegas da turma.

Autorrepresentação no teatro documentário (Arte)

Observe a imagem de uma cena da peça *Conversas com meu pai*, criada pela paulista Janaina Leite (1981-), em um processo artístico que uniu autobiografia e ficção. Analise a imagem e perceba os detalhes: as manchas escorrendo na parede ao fundo, a projeção, o estado das roupas, dos cabelos e o olhar da atriz.

Fernanda Preto/Acervo da fotógrafa

Cena do espetáculo *Conversas com meu pai*, de Janaina Leite e Alexandre Dal Farra, 2014.

1. Que sensação a imagem provoca em você?

2. Não é possível ver o rosto da pessoa na imagem projetada ao fundo. O que isso pode significar?

3. Em sua opinião, em que memórias a personagem da cena pode estar pensando? Por quê?

4. Você costuma expor publicamente suas memórias e experiências de vida? Em caso positivo, de que maneira? Como acha possível fazer isso por meio da arte?

Saiba+

Assista ao vídeo de uma entrevista com Janaina Leite, na qual a atriz fala sobre a construção de seu espetáculo *Bastidores — Conversas com meu pai* (7 min 54 s). Disponível em: www.youtube.com/watch?v=AjsVXD-TVKA (acesso em: 20 maio 2022).

A peça *Conversas com meu pai* foi idealizada com base na história de Janaina Leite com o pai. No espetáculo, a atriz narra as dificuldades de comunicação entre eles, inicialmente por viverem distantes um do outro e, depois, por causa de uma traqueostomia que o fez perder a capacidade de falar. Nessa fase da vida, o pai de Janaina escrevia bilhetes para ela, e esses textos ficaram guardados em uma caixa por muito tempo, até a artista iniciar o processo de transformar as próprias experiências e memórias no que ela chamou de "documento cênico" sobre a comunicação silenciosa entre pai e filha.

O espetáculo é resultado de um processo que durou cerca de sete anos, ao longo dos quais foram produzidas mais de quinhentas páginas, contendo entrevistas, anotações pessoais e ficcionais e 60 horas de vídeos e áudios, captados pelo cineasta pernambucano Bruno Jorge (1981-). A síntese dramatúrgica desse material foi concebida pelo paulista Alexandre Dal Farra (1981-).

Montagens teatrais de natureza autobiográfica têm a memória, os objetos e os documentos pessoais como a principal fonte de material para a autorrepresentação. Trazem consigo a necessidade de o artista investigar e transmutar em criação artística determinados acontecimentos positivos, traumas ou recordações de sua vida e compartilhar com o público seus pensamentos, suas emoções, suas ações e seu ponto de vista sobre o assunto.

Experimentação Objetos de memória

1. Escolha um objeto que tenha algum valor emocional positivo para você.
2. Escreva suas memórias sobre ele e verifique de quais delas você relembra com clareza e quais são vagas. Anote todas elas. Arquive as anotações em seu **Portfólio**. Você vai retomar essas memórias no final da unidade.
3. Ao registrar as memórias, você estabeleceu uma tênue relação entre ficção e realidade. Entre o que escreveu sobre as memórias, o que foi real e o que é ficção por ser uma vaga lembrança?

Diário de bordo

Registre as reflexões sobre esse processo e como foi fazer essa experimentação no diário de bordo.

Biodrama: no limite entre realidade e ficção

A dramaturga e diretora argentina Vivi Tellas (1955-) define seu trabalho como "biodrama", espécie de biografia cênica. O foco da dramaturga é a busca da teatralidade fora do teatro, isto é, a possibilidade de transformar histórias de vida em representações teatrais repletas de momentos confessionais e autobiográficos. Vivi Tellas parte da ideia de que cada pessoa tem uma reserva de experiências, conhecimentos, textos, imagens e comportamentos que, ao serem incorporados à estrutura da dramaturgia e produção teatral, colocam em questão a própria realidade e suas formas de representação.

No espetáculo *Mujeres guía*, de 2008, Vivi Tellas leva à cena três mulheres que trabalham com visitas guiadas em Buenos Aires, Argentina: uma no Museu Etnográfico, outra no Jardim Botânico e a terceira em passeios turísticos pela cidade. Em um teatro confessional, as personagens, que são pessoas reais e se autorrepresentam, compartilham suas memórias com o público. Os objetos pessoais de cada uma delas se tornam "documentos" utilizados em cena que conferem veracidade às histórias contadas.

Nascida em Buenos Aires, Argentina, a diretora Vivi Tellas é a criadora do biodrama.

Diário de bordo

Apesar de a atriz Janaina Leite e a diretora Vivi Tellas trabalharem com relatos biográficos, memórias e objetos pessoais em cena, há diferenças entre as criações das duas artistas. Quais são elas? Converse com os colegas e anote suas conclusões no diário de bordo.

Cartaz da peça *Mujeres guía* [Mulheres guia], direção de Vivi Tellas, 2008.

Teatro documentário: da autorrepresentação às questões sociais

Como dito anteriormente, o processo de criação de autorrepresentações ou de autobiografias geralmente utiliza memórias e objetos dos próprios criadores. Um dos gêneros teatrais mais utilizados nesse tipo de trabalho é o teatro documentário. Você sabe o que é teatro documentário?

A principal característica do teatro documentário é o uso de fontes primárias (depoimentos, vídeos, fotografias, objetos, etc.) diretamente na configuração do espetáculo. Os relatos biográficos geralmente fazem parte de um projeto temático do artista, contribuindo para a construção de narrativas que visam transcender as questões pessoais dos sujeitos e relembrar, refletir ou responder a determinado momento histórico.

Janaina Leite e Vivi Tellas, com seus relatos biográficos em cena, são exemplos de artistas que desenvolvem suas poéticas teatrais com base no gênero do teatro documentário, buscando estabelecer um paralelo entre suas realidades e a vida dos espectadores.

Milton Dória/Acervo do fotógrafo

Milton Dória/Acervo do fotógrafo

A atriz Janaina Leite em cenas do espetáculo *Conversas com meu pai*, 2014.

Nicolas Goldberg/Archivo Vivi Tellas

Cena da peça *Mujeres guía* [Mulheres guia], de Vivi Tellas.

5. Se fosse para você realizar um documentário, qual questão social você abordaria?

Outra vertente do teatro documentário é a que aborda questões sociais. A Cia. de Teatro Documentário da cidade de São Paulo (SP), por exemplo, realiza pesquisas e experiências cênicas que investigam as questões que habitam o universo da memória nas relações do ser humano com a cidade. Um dos espetáculos da companhia é *Terra de deitados*, de 2015, baseado na história da família de dona Francisca, que, ao chegar à cidade grande, avista como primeira paisagem urbana a entrada de um cemitério, onde a narrativa acontece.

Arquivo/Cia de Teatro Documentário

Cena do espetáculo *Terra de deitados*, da Cia. de Teatro Documentário, com direção de Marcelo Soler, 2015.

Gabriela Neeb/Acervo da fotógrafa

O grupo Rimini Protokoll, da Alemanha, também trabalha com esse viés, com criações que mostram perspectivas incomuns da realidade. O grupo é reconhecido por explorar possibilidades entre a realidade e a ficção, por criar projetos com base em situações concretas e lugares específicos e por trabalhar com não atores como atuadores (os quais chamam de "especialistas") em palcos e outros espaços das cidades. No espetáculo *Uncanny Valley*, de 2019, os autores e diretores alemães Helgard Haug, Stefan Kaegi e Daniel Wetzel criaram um "humanoide" que ocupa o lugar de um autor e questionam: o que significa para o original quando a cópia assume o controle? O original se conhece melhor por meio de seu duplo eletrônico? A cópia e o original competem ou se ajudam?

Cena do espetáculo *Uncanny Valley* [Vale misterioso], do coletivo Rimini Protokoll, 2019.

Saiba+

Visite o *site* oficial da Cia. Teatro Documentário para saber mais sobre o trabalho do grupo: http://ciateatrodocumentario.com.br (acesso em: 18 maio 2022).

Saiba mais sobre o trabalho do Rimini Protokoll ao acessar o *site* oficial (em inglês) do coletivo: www.rimini-protokoll.de/website/en/ (acesso em: 18 maio 2022).

6. Se você fosse criar uma cena de teatro documentário, qual questão social abordaria?

O *Dicionário de teatro*, do francês Patrice Pavis (1947-), indica os dramas históricos do século XIX, ou seja, aqueles oriundos do Romantismo, que valorizavam cenários e ambientações de episódios históricos, os primeiros dos quais tinham características documentais. Pavis destaca a peça *A morte de Danton*, de 1835, do dramaturgo alemão Georg Büchner (1813-1837), como um marco do teatro documentário em termos de dramaturgia. Ela trata do conflito entre Danton (1759-1794), condenado à guilhotina, e Robespierre (1758-1794), duas das principais lideranças da Revolução Francesa. O papel do dramaturgo seria selecionar, editar e articular as informações históricas.

Foi apenas no século XX que o dramaturgo, diretor e produtor teatral alemão Erwin Piscator (1893-1966) utilizou a palavra "documentário" em seu livro *Teatro político*, de 1929. No livro, ele usava o termo ao falar sobre o uso de imagens do audiovisual na cena teatral como meio de comprovar a veracidade histórica dos fatos narrados ou dramatizados. O teatro de Piscator faz uso de vídeos, fitas cassete, rádios e máquinas de escrever para levar à cena as fontes documentais, isto é, mostrar ao público os elementos extraídos da realidade. Isso também acontece, conforme visto, nas projeções usadas por Janaina Leite ao narrar as memórias com seu pai e os objetos reais usados pelas três mulheres guia no espetáculo de Vivi Tellas.

Na década de 1960, houve uma mudança na maneira de entender os registros documentais, muito em razão do trabalho do filósofo francês Michel Foucault (1926-1984). A partir de então, outros materiais, como objetos pessoais, relatos orais, vídeos, fotos e papéis escritos, começaram progressivamente a ser entendidos como documentos válidos. No Brasil, na década de 1970, o dramaturgo carioca Augusto Boal (1931-2009), criador do Teatro do Oprimido, trabalhou acontecimentos cênicos (como improvisações e peças) com base em diversos materiais-documentos, entre eles notícias de jornais, no que chamou de Teatro Jornal.

Experimentação Memórias vivas – Pequena mostra de autorrepresentações cênicas

O objetivo desta experimentação é que você possa criar a própria autorrepresentação cênica, com cerca de cinco minutos de duração, e apresentá-la à turma.

1. Retome o objeto que você escolheu na experimentação anterior e as anotações das memórias sobre ele.
2. Pense na história a que essas memórias remetem, podendo completar aquilo de que não se lembrar com sua imaginação. Essa complementação representa a parte ficcional da cena.
3. Elabore um roteiro da história no diário de bordo. Procure se lembrar das conversas que aconteceram e use-as para ajudar a preencher o roteiro. Mais uma vez, aquilo de que não se lembrar pode ser completado por ficção.
4. Se possível, colete o depoimento de alguém que participou da história. Isso pode ser feito com o celular, por meio de áudio ou vídeo. Utilize esse depoimento durante a apresentação.
5. Se achar interessante, pense em uma trilha sonora para ambientar a história.
6. Com o roteiro elaborado, reúna os objetos que utilizará em cena, inclusive o que motivou a criação, e faça alguns ensaios para experimentar as marcações de cena, as movimentações corporais, o uso dos objetos escolhidos, as variações de tom de voz e expressões faciais para comunicar seus sentimentos. Utilize esses ensaios também para testar a parte técnica de som ou projeções de vídeo, caso tenha condições.
7. A criação da cena é individual, mas você pode ter o apoio dos colegas para o que for preciso. Por isso, peça ajuda e também os auxilie tanto na produção quanto na apresentação das cenas.
8. No dia combinado com o professor, apresente a cena à turma.

Diário de bordo

Você pode usar o seu diário de bordo para registrar o roteiro que elaborou no boxe *Experimentação*.

Narrativas em dança: entrelaçamentos entre o real e a ficção

Na contemporaneidade, a subjetividade toma forma na arte em suas mais diversas manifestações. Em dança, um maior interesse por questões pessoais e biográficas vem ampliando as possibilidades de narrar experiências. Tem-se intensificado a ideia de que a dança parte do corpo, ao mesmo tempo que é no corpo que ela acontece e a que se destina. A dança é concomitantemente algo no, do, com e para o corpo. O corpo é matriz e produto da dança.

As experiências, ao longo da vida, vão construindo o corpo e suas possibilidades de movimento. A história de cada um está marcada no próprio corpo; não há como descartar isso completamente, ainda que esse corpo se reconfigure a cada nova experiência. É comum que essa dança que busca explicitar as histórias do corpo utilize-se da correlação de alguns elementos, como a fala e o movimento, o artista e o espectador, o real e o imaginário, a memória e o momento atual, entre outros.

Anna Van Kooij/Acervo da fotógrafa

Anna Van Kooij/Acervo da fotógrafa

Anna Van Kooij/Acervo da fotógrafa

Cenas do espetáculo *Veronique Doisneau 1*, de Jérôme Bel, Paris, 2004.

O espetáculo *Veronique Doisneau 1*, que estreou em 2004 no palco do Teatro Ópera de Paris, na França, é um solo criado pelo coreógrafo francês Jérôme Bel (1964-) para a bailarina Veronique Doisneau. Ela estava prestes a se aposentar, após anos de trabalho na Companhia de Balé da Ópera de Paris, quando Jérôme a convidou para realizar esse trabalho. O coreógrafo, em uma postura que escapa ao mecanismo usual da dança de escolher os artistas mais reconhecidos, optou por Veronique, uma bailarina clássica que não ocupava o posto máximo na respectiva companhia.

Para criar a coreografia, Jérôme fez perguntas à bailarina sobre sua história pessoal e seu percurso profissional, assim como seus interesses e suas frustrações na dança. Com base no relato, são evidenciados aspectos geralmente não revelados sobre o balé clássico e as repercussões da profissão na vida pessoal dos bailarinos.

Esse espetáculo, composto principalmente de falas e movimentos, foi organizado sob um olhar cuidadoso para contemplar questões da contemporaneidade. Por isso, embora seja possível reconhecer movimentos e elementos do balé clássico, eles estão ali para contar uma história, questionar sistemas e abrir possibilidades para outras conexões com diferentes realidades profissionais. Dessa forma, o espetáculo está alinhado a um pensamento contemporâneo de dança, e não a uma abordagem clássica.

Nesse solo, é possível identificar a pressão psicológica que se imprime na artista por meio de um mecanismo pautado pelo virtuosismo, a dominação e um ideal de produtividade sobre o corpo. Em cena, a bailarina apresenta-se ao público, informando seu nome, sua idade, seus filhos; relata muitas situações de satisfação e desgosto, canta melodias das músicas dançadas, fala da duração e rotina de trabalho, do salário, etc. Dessa forma, traz o balé para o plano do real, mostrando a dança como uma profissão como qualquer outra, com seus bônus e seus ônus. Entre outras coisas, a artista conta sobre a raiva que sentia de ficar no palco tanto tempo parada no fundo da cena enquanto os bailarinos **solistas** dançavam. Ela demonstra isso cenicamente, permanecendo por muitos minutos imóvel em uma mesma posição.

solistas: bailarinos que dançam sozinhos em uma apresentação de dança ou que realizam uma dançam específica sozinhos com destaque em uma apresentação de balé num trabalho de grupo.

Saiba+

O francês Jérôme Bel é um importante dançarino, diretor e coreógrafo experimental que, em seu trabalho, explora os limites entre o artista e o espectador, a dança e a não dança, a arte e a vida.

Assista ao vídeo do espetáculo *Veronique Doisneau 1*, apresentado no Teatro Ópera de Paris, na França (9 min 26 s). Disponível em: www.youtube.com/watch?v=OluWY5PlnFs (acesso em: 18 maio 2022).

Jotivio/Wikipedia/Wikimedia Commons 3.0

7. Com base no que foi comentado, observe as imagens e, se possível, assista aos vídeos do espetáculo *Veronique Doisneau 1*. Depois, converse com um colega sobre as seguintes questões.

a) Em sua opinião, o que as posições da bailarina e suas expressões faciais revelam?

b) Se você fosse criar uma fala relacionada a cada cena mostrada nas imagens, qual seria o texto? Que histórias a imagem corporal da bailarina parece contar? Anote no diário de bordo e compare com a ideia do colega de dupla.

Experimentação A voz da imagem

Ainda em dupla com o colega, realize a proposta a seguir:

1. Pense, individualmente, em algo que o satisfaça ou o frustre no cotidiano.
2. Crie três imagens corporais em pausa para essa situação e sensação. Pense em posições em que você pode permanecer imóvel por determinado tempo. Não conte nada ainda para o colega de dupla.
3. Em forma de jogo, combinem quem começará pela posição ou pela fala. Quem for começar pela imagem corporal ficará aproximadamente vinte segundos na posição. Simultaneamente, o colega deve fazer um relato com base no que vê. Não é preciso se preocupar em acertar o que impulsionou a criação do colega. A proposta é perceber o que o corpo pode contar, deixando a imaginação fluir e disparando uma fala ininterrupta.
4. Depois, troquem de função: quem fez o relato agora mostra uma imagem corporal e vice-versa.

Diário de bordo

Por fim, conversem sobre a experiência com base na seguinte questão: qual é a relação estabelecida entre a ideia propulsora da imagem, sua construção corporal e a leitura desenvolvida pelo colega? Registre uma síntese dessa reflexão no diário de bordo.

Em *Veronique Doisneau 1*, o coreógrafo Jérôme Bel organiza cenicamente os relatos da intérprete. Fatos, desejos, interesses e frustrações misturam-se em perspectivas que se cruzam, atravessando passado e presente, fatos e ficções. Nesse caso, a intérprete é a própria narradora da história, porém não é a única criadora, já que há um processo colaborativo. Pode-se perceber um diálogo com a noção de autoficção.

Conforme exposto nesta unidade, a autoficção liga-se ao conceito de memória e a outras discussões da contemporaneidade. As experiências pessoais não são simples inspirações, mas narrativas artísticas.

Ao contrário da autobiografia, que busca a veracidade dos fatos, a autoficção não pretende distinguir a realidade da ficção, mas pesquisar construções poéticas que ampliem o olhar sobre o mundo. A autoficção não está atrás de certezas. Ela constitui uma autorreflexão preocupada em ativar questionamentos em si e no outro. A observação da história pessoal do outro despertaria no espectador uma autoanálise da própria vida. O espectador é ativo no processo, sendo instigado a criar suas narrativas com base nos relatos que testemunha.

Desde os anos 1970, tanto nas artes como em outras áreas do conhecimento, a subjetividade ganha enfoque nas pesquisas. Isso se percebe em estudos etnocêntricos, sociológicos, psicológicos e de ciências políticas que mostram um especial interesse pelos entrelaçamentos de aspectos pessoais e coletivos em diferentes culturas, etnias e sociedades. A noção de alteridade compõe esse cenário: o conceito trata das relações de diferença estabelecidas com o outro, reconhecendo singularidades e buscando modos de compartilhá-las.

Em paralelo, descobertas da Física e da Termodinâmica, no início do século XX, passaram a repercutir em outras áreas do conhecimento, inclusive nas artes. Foi o que aconteceu, por exemplo, com o princípio da incerteza de Heisenberg (1901-1976), proposto em 1927, que reforça a ideia de que vivemos em um mundo "ilusório". Nesse contexto efervescente, um caldo de ideias reverberou de várias formas nas artes, inclusive no desenvolvimento de trabalhos autoficcionais.

Saiba+

O físico alemão **Werner Karl Heisenberg** foi um dos mais importantes fundadores da Mecânica quântica. Sua teoria explica que não seria possível definir com certeza, em determinado instante, a posição exata e a velocidade de um elétron dentro do núcleo atômico. O que se pode é calcular uma probabilidade estatística. Esses erros podem ser desprezíveis na escala macroscópica, mas se tornam importantes para estudos de partículas atômicas. O cientista recebeu o Nobel de Física em 1932.

SB/Interfoto/Fotoarena

Guto Muniz/Foco in Cena

Cena de *A projetista*, de Dudude Herrmann, Paraty, 2016.

A mineira Dudude Herrmann (1958-) é uma artista-criadora de dança que trabalha com a intersecção de diversas linguagens artísticas, como o teatro, a *performance* e a música. Seu espetáculo *A projetista* estreou em 2011 e teve a direção de Cristiane Paoli Quito (1960-).

Em cena, a artista disserta incessantemente sobre um possível novo projeto artístico. Em uma fala inquieta, instigante e provocadora, ela levanta diferentes alternativas para viabilizar a continuidade de seu trabalho. É um misto de desabafo e manifesto perante os mecanismos de funcionamento do setor da cultura, marcados pelas contradições de editais, leis de incentivo e burocracias. Sua crítica aponta para a escassez de políticas públicas para a arte e a cultura no Brasil. O espetáculo é permeado de conversas diretas da artista com o público.

Saiba+

Assista a um trecho do espetáculo *A projetista*, de Dudude Hermann (4 min 17 s). Disponível em: www.youtube.com/watch?v=tcQpM8tRYU8 (acesso em: 18 maio 2022).

Experimentação Relatos de uma escola

Em grupos de quatro ou cinco participantes, observem as imagens e, se possível, assistam ao vídeo de *A projetista*. Em seguida, preparem uma cena composta de movimento, pausa e fala, seguindo estas etapas:

1. Façam uma avaliação crítica sobre aspectos positivos e negativos que vocês identificam no funcionamento da escola e na relação com ela.
2. Escolham alguns desses apontamentos para compor a cena.
3. Criem imagens do corpo em pausa, falas, cantos e movimentos que se vinculem à escola. Vocês podem partir de um gesto cotidiano que realizam na escola e repeti-lo, aumentá-lo ou diminuí-lo, fazê-lo mais rápido ou mais lento, fazê-lo com outra parte do corpo, enfim, fiquem à vontade para inventar. Esses elementos devem conectar-se entre si. Todos os membros do grupo devem participar da cena, opinando e atuando com as ações.
4. Ensaiem e apresentem o resultado à turma. Registrem a apresentação de vocês em fotos ou vídeo. Arquive os registros feitos em seu **Portfólio**.
5. Depois, em roda, converse com toda a turma sobre a experimentação. Algumas questões podem nortear esse diálogo:
   - Como foi selecionar a temática, escolher os elementos (fala, movimentos, cantos e imagens em pausa), relacioná-los, encadeá-los em uma composição e apresentar-se para a turma?
   - Em sua opinião, a experiência pessoal do colega tem relação com a sua? Por quê?
   - O que você identificou de semelhança e diferença nas questões levantadas pelos grupos da turma?

Diário de bordo

Registre no diário de bordo as conclusões da conversa feita ao final do boxe *Experimentação* para retomá-las adiante.

O passado invade o presente

Cada etapa da vida é um processo biopsicossocial complexo, isto é, nossas condições fisiológicas, psicológicas, culturais e sociais conectam-se continuamente. O interno e o externo são indissociáveis. As particularidades, as necessidades e os interesses de cada pessoa estão correlacionados com seu contexto e suas vivências. As danças permeadas pela autoficção dedicam-se a investigar esses fluxos de informações que integram o que está dentro e fora do corpo, tanto o que aconteceu antes como o que ocorre no momento presente.

A memória é concebida como algo que nos segue a cada instante. O filósofo francês Henri Bergson (1859-1941) foi um exponente do pensamento moderno e, entre muitos conceitos, discorreu sobre memória, criação e vida. Em seu livro *A evolução criadora*, o autor explica que o passado não fica guardado em um compartimento que abrimos e resgatamos quando queremos ou podemos. Em vez disso, o passado é um amontoado que prossegue continuamente em nós. Tudo o que queremos, pensamos e sentimos desde que somos concebidos está de alguma forma no nosso presente, reconfigurado constantemente em muitas experiências que se conectam. Assim, mesmo quando vivemos uma mesma situação, não somos a mesma pessoa. Outra obra em que o autor desenvolve mais profundamente o conceito de memória é o livro *Matéria e memória: ensaio sobre a relação do corpo com o espírito*.

Américo Junior/Acervo da artista

Cena do espetáculo *Só*, de Denise Stutz, Rio de Janeiro, 2018.

A mineira Denise Stutz (1955-) é uma artista da dança que cria e interpreta em seus trabalhos. Em *Só*, ela reflete, por meio do movimento e da fala, sobre a passagem do tempo e o envelhecimento. A peça narra a história de uma mulher que prepara o último encontro com o público em um teatro. A artista propõe aos espectadores que deem continuidade à cena para, quem sabe um dia, ocupar seu lugar.

A criação de *Só* transita entre passado e presente; sonhos e fatos; a descrição de um filme e da imaginação da artista com base nele. A narradora, a criadora e a intérprete são a mesma pessoa. Denise fala em primeira e terceira pessoas do singular, e ambas parecem ser ela mesma. Durante todo o trabalho, dirige-se a si mesma e aos espectadores, faz uma autorreflexão e, ao mesmo tempo, estabelece um diálogo. Há uma cena, no final do espetáculo, em que a artista vai modificando a posição do corpo com movimentos quase imperceptíveis. Vê-se uma transformação lenta e irreversível. Enquanto isso, a luz vai apagando.

Saiba +

Assista ao vídeo do espetáculo *Só*, de Denise Stutz - DeniseSo1 Converted (43 min 48 s). Disponível em: https://www.youtube.com/watch?v=elWCHM_fye4 (acesso em: 20 maio 2022).

8. Observe as imagens e, se possível, assista ao vídeo do espetáculo *Só* indicado no boxe *Saiba+*. Em seguida, converse com mais dois colegas sobre as questões a seguir.

a) Em sua opinião, que relações existem entre as imagens de *Só*, a descrição do trabalho apresentada anteriormente, a noção de autoficção e o conceito de memória baseado em Bergson?

b) Com os colegas, transponham as reflexões da conversa para um texto. Depois, leiam o texto para a turma.

Leo Lin/Acervo do fotógrafo

Leo Lin/Acervo do fotógrafo

Cenas de *Um corpo só*, Cia Fragmento de Dança, de Vanessa Macedo, São Paulo (SP), 2015.

Um corpo só é um solo de ficção autobiográfica da diretora, coreógrafa e bailarina da Cia Fragmento de Dança Vanessa Macedo. Trata-se de uma dança depoimento, em que memórias e experiências passadas e presentes são intensificadas por meio da cena. Com base nas marcas trazidas no corpo, a artista desenvolve uma autorreflexão, questionando o que está impregnado em si mesma e que a condiciona. Ela traz à tona a criança, a filha e a mãe que ela é e se reconfigura pelo desejo de ser outra. Traços do interesse pelo teatro, das aulas de ginástica rítmica e de piano vão tecendo essa fricção entre vida e ficção.

Saiba+

Assista ao *teaser* do espetáculo *Um corpo só*, Cia Fragmento de Dança, de Vanessa Macedo (2 min 13 s). Disponível em: www.ciafragmentodedanca.com.br/um-corpo-so (acesso em: 18 maio 2022).

9. A artista dá forma cênica à ideia de que, muitas vezes, almejamos construir outras formas de viver. Após conhecer esse trabalho, reflita:

a) Quais "eus" há em você?

b) O que você já pôde descobrir a seu respeito nos mais diversos contextos em que viveu?

c) O que quer reforçar em você?

d) Como você gosta de ser visto?

e) O que ainda deseja ser?

Diário de bordo

Em dupla, reflita e responda às questões no diário de bordo.

a. Em sua opinião, aos olhos dos outros somos projeções de nossas múltiplas maneiras de ser? Por quê?

b. Você se comporta da mesma forma com diferentes grupos de pessoas, como seus amigos, namorado(a), familiares ou entre desconhecidos? Por quê?

c. E com relação a diferentes espaços, você se porta exatamente do mesmo jeito quando está na escola, em casa, em uma festa, no transporte público ou nas ruas do bairro? Por quê?

Experimentação Quem sou eu quando danço?

Em um grupo com quatro participantes, observem as imagens do espetáculo *Um corpo só*. Depois, acompanhem estas etapas:

1. Escolham um espaço amplo e plano na escola, como a quadra ou o pátio.

2. Durante a proposta, tenham em mente a seguinte questão: quem sou eu quando danço?

3. Coloque para tocar uma música que é especial para você. Feche os olhos e deixe que os colegas o conduzam pelo espaço. Apenas se deixe levar e ouça a música.

4. Depois de um tempo, os colegas devem parar. Sem abrir os olhos, lentamente comece a se movimentar acompanhando a música. Perceba os movimentos que o corpo deseja fazer. Não se preocupe em ser grande ou pequeno, rápido ou lento, em ficar no lugar ou se deslocar. Somente deixe sua dança surgir. Enquanto isso, os colegas devem cuidar para que você não esbarre em nada.

5. Quando o primeiro membro do grupo terminar esse processo, repitam as etapas de forma que todos os participantes do grupo passem pela vivência.

Diário de bordo

1. Anote no diário de bordo sensações, imagens, pensamentos, lembranças e informações sobre os movimentos que fez, como: eram em pé, agachados, deitados, rápidos, lentos, contínuos, fragmentados, leves, pesados, grandes ou pequenos? Referiam-se a acontecimentos e vivências anteriores? Você ficou no mesmo lugar ou se deslocou?

2. Reúna-se com toda a turma e, com base em suas anotações, converse sobre a experiência, tendo como mote a pergunta: quem sou eu quando danço?

Para ir mais longe **Coreografia e dramaturgia**

À escrita do movimento do corpo no tempo e no espaço dá-se o nome de **coreografia**. O termo apresenta diferentes entendimentos, pois, ao longo da história, passou por momentos diversos. Assim como a dança muda, o conceito também se transforma. O mesmo se dá com a noção de **dramaturgia** em dança, que é uma nomenclatura que vem do teatro, mas que, na dança, tem outras tendências. Ainda que seja uma definição com variados pontos de vista, um deles é que a dramaturgia seria a organização de sistemas de composição articulados que torna a forma inerente ao movimento. Isso significa que conceito e coreografia não se separam, pois acontecem por meio do corpo, no corpo e para o corpo. O mais adequado seria pensar, então, em dramaturgia do corpo que dança, pois em dança não há dramaturgia sem o corpo ou apesar do corpo.

Mesmo que se coloque um objeto em movimento, quem propulsiona o movimento ou dá sentido a ele é o corpo do artista e/ou do espectador. Em suma, o corpo gera o processo, cria e concebe uma composição coreográfica.

O autorretrato como um subgênero nas artes visuais

Você estudará agora o autorretrato como forma de autorrepresentação e de percepção de si, considerando como percebe e sente o próprio corpo, presença, memórias, afetos, sentidos e histórias. Nesse exercício, é possível identificar o que é singular e o que é plural em nossas existências e como o corpo, ressignificado na produção de imagens, pode ser utilizado para comunicar ideias, críticas sociais e propor reflexões sobre a contemporaneidade. Além disso, você vai conhecer uma perspectiva histórica sobre esse subgênero das artes visuais, a fim de identificar as relações entre pensamento, contexto e práticas artísticas.

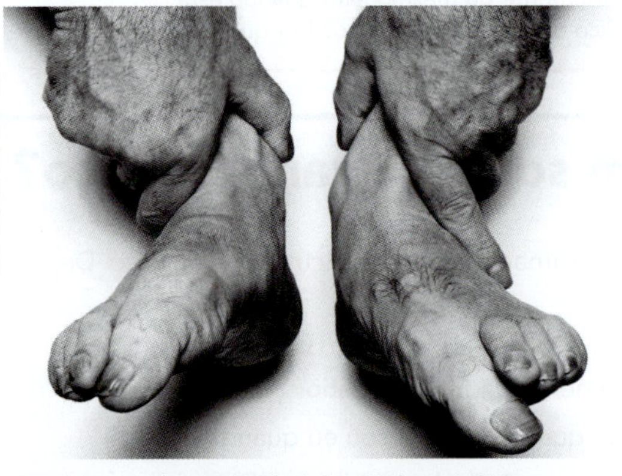

Mãos segurando os pés, de John Coplans, 1985 (fotografia, 54,5 cm × 64,1 cm). Tate, Londres, Reino Unido.

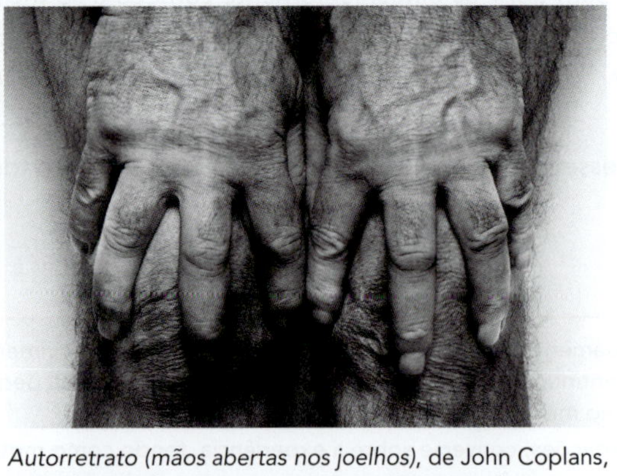

Autorretrato (mãos abertas nos joelhos), de John Coplans, 1985 (fotografia, 42,5 cm × 50,5 cm). Tate, Londres, Reino Unido.

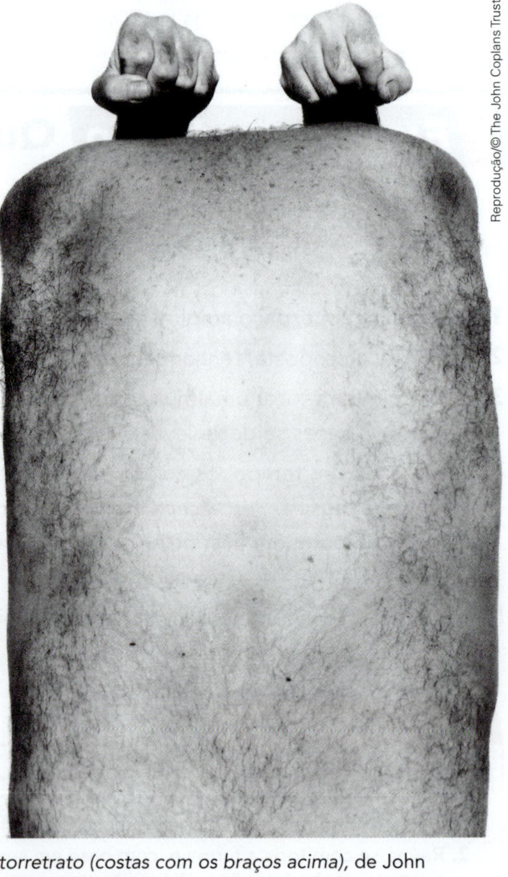

Autorretrato (costas com os braços acima), de John Coplans, 1984 (fotografia, 121,3 cm × 93,5 cm). Tate, Londres, Reino Unido.

10. Observe as imagens e responda às seguintes questões:

a) Como o artista se autorretrata nessas imagens?

b) Há algo de semelhante entre elas?

c) É possível identificar o artista por meio dessas fotografias? Por quê?

d) Como é a posição do corpo nas imagens? Por que acha que o artista escolheu se autorrepresentar dessa maneira?

e) Alguma imagem lhe causa estranhamento? Por quê?

11. Atente, também, para os elementos constitutivos da imagem.

a) Como são as cores e as texturas das fotografias?

b) Que sensações essas características despertam em você?

c) De que maneira a plasticidade da imagem se manifesta no suporte fotográfico? A escolha do suporte é determinante?

Os autorretratos que você observou são do artista britânico John Coplans (1920-2003). Ele construía imagens do próprio corpo, sem deixar o rosto visível, propondo um distanciamento de sua individualidade social ao deixar de fora do enquadramento sua expressão facial e os traços de suas emoções. Esse anonimato permite que sua imagem, matéria-prima do trabalho, seja utilizada para tratar de aspectos do que é referente ao corpo.

Para ele, as fotografias que fazia são memórias não só de si, mas da espécie humana. O artista apresentava e contava a história do corpo de um homem idoso, semelhante a diversos outros corpos do mundo, para tratar do que é universal e similar. Todo corpo naturalmente envelhece.

Ao fazer a escolha por fotografar fragmentos do próprio corpo de modo não usual, ele permite que percebamos detalhes mínimos de sua pele, mas que também imaginemos outras imagens com base em seu trabalho.

Jovens tirando *selfie* em caminhada ao ar livre.

Jacob Lund/Shutterstock

12. Como você sente e percebe o próprio corpo?

13. Acha que é possível representar esse sentimento e essa percepção em imagens?

14. Como seria seu autorretrato? Que tipo de imagem representaria?

Experimentação — Como me sinto e me percebo?

Nesta experimentação, você será convidado a comunicar em uma imagem o modo como se percebe. Para começar, pense em uma palavra que expresse a forma como percebe seu corpo e sua vida. Depois, siga os passos a seguir.

1. Escolha uma imagem que represente essa palavra. Pode ser produzida por você em uma fotografia, um desenho, uma pintura, uma colagem, entre outros. Ou pode ser uma imagem coletada de bancos de imagens da internet ou de revistas e outras mídias impressas.

2. Após selecionar a imagem, apresente-a à turma em uma roda de conversa. Mostre a imagem que escolheu e deixe que os colegas digam as palavras que vêm à mente enquanto a observam.

3. Depois que os colegas expressarem suas percepções, verifique se a intenção que teve ao produzir ou escolher a imagem se relacionou com as palavras ditas. Compartilhe o que pensou com a turma.

Diário de bordo

Agora, reflita e registre no diário de bordo os seguintes pontos:

a) Como se deu a atividade proposta no boxe *Experimentação*?

b) De que maneira a imagem escolhida e as palavras colaboram para ampliar a compreensão de sentidos possíveis?

c) Que outros sentidos surgiram na conversa?

Autorrepresentação e autobiografia em imagens

O autorretrato pode ser visto como uma autobiografia constituída por uma ou mais imagens; é um discurso sobre si próprio construído por aquele que o produz, representando aquilo que sente, percebe ou imagina de si. É, também, uma maneira de afirmar sua presença no mundo, deixando visível seu registro como parte da memória coletiva. Autorrepresentar-se pode, ainda, estar relacionado a um exercício de se autoconhecer, um mergulho sobre quem somos, o que nos afeta, quais são nossas memórias e como nos percebemos no mundo. Mas essa consciência de si varia de acordo com o contexto, a época e a cultura.

Ao olhar para a história da arte ocidental, pode-se perceber que a autorrepresentação nem sempre foi um assunto explorado. Foi com os movimentos e as mudanças que impulsionaram a concepção do Renascimento na Europa, em especial na Itália, durante os séculos XIV e XVI, que questões como o desenvolvimento do caráter individual e a individualidade vieram à tona. Até então o ser humano ocidental se reconhecia como povo, raça, família ou outra forma qualquer de coletividade.

Umas das linhas de pensamento do Renascimento propunha um ser humano ideal, que constrói o próprio destino. Também entendia o ser humano como parte da natureza, de modo que poderia agir sobre o mundo por meio do desenvolvimento de seus conhecimentos e suas práticas. Essa mudança de paradigma impulsa o poder criador e transformador do ser humano, colocando-o como o centro do Universo. Vale ressaltar que as ideias do Renascimento se desencadearam em tempos e contextos distintos na Europa e foram disseminadas e ressignificadas pelo mundo, principalmente pelas invasões e colonizações de territórios.

15. Observe e reflita sobre a pintura renascentista a seguir, um autorretrato do artista alemão Albrecht Dürer (1471-1528).

Autorretrato com casaco de pele, de Albrecht Dürer, 1500 (óleo sobre madeira, 67,1 cm × 48,9 cm). Alta Pinacoteca, Munique, Alemanha.

a) A imagem se parece com alguma outra que você já viu? Qual?

b) Qual é a posição do corpo do artista no retrato? Como ele está vestido?

c) Como é a expressão do rosto e o olhar dele? Que sensação ele transmite?

Saiba +

Albrecht Dürer foi o primeiro artista do Renascimento a pintar autorretratos. Aos 13 anos, o artista se encantou com a própria imagem e fez o primeiro autorretrato, em 1484. Em *Autorretrato com casaco de pele*, Dürer reforça, por meio de uma imagem, a valorização do poder de criação do ser humano e do artista ao se autorrepresentar à semelhança da imagem de Jesus Cristo.

Mas há outras maneiras de abordar a autorrepresentação, em especial na contemporaneidade: por exemplo, usando elementos da autoficção, ou seja, da relação entre ficção e realidade na criação de autorretratos. Você verá como isso se dá no trabalho da artista estadunidense Cindy Sherman (1954-). As fotografias que ela cria diferem dos conceitos de espelhos e de identidade da alma do artista; com ludicidade, a artista propõe uma reflexão sobre a autorrepresentação.

16. Em sua opinião, a autorrepresentação se manifesta em seu cotidiano, por exemplo, em fotos que posta nas redes sociais? Ao entrar em contato com as fotos compartilhadas por outras pessoas, você consegue identificar o que é real e o que é ficção nessas imagens?

17. Agora, observe alguns trabalhos de Cindy Sherman. Depois, responda ao que se pede.

Sem título, de Cindy Sherman, 2008 (fotografia, 231,1 cm × 153 cm). Museu de Arte Moderna, Nova York, Estados Unidos.

Sem título, de Cindy Sherman, 2008 (fotografia, 178,4 cm × 137,2 cm). Museu de Arte Moderna, Nova York, Estados Unidos.

Sem título, de Cindy Sherman, 2008. Museu de Arte Moderna, Nova York, Estados Unidos.

a) O que as imagens comunicam para você?

b) Como são essas mulheres? Como são seus olhares? Quais sensações elas despertam em você?

c) O que parece ser realidade ou ficção nas fotografias? Por quê?

d) Por que acha que a artista escolheu esse tipo de fotografia?

e) Que estrutura e composição visual você identifica nas fotografias?

f) De que maneira a escolha por essa estrutura é determinante para o trabalho?

Saiba +

Assista ao vídeo (em inglês) no qual a artista conversa sobre as personagens que cria em seus trabalhos. Cindy Sherman: Characters | Art21 "Extended Play" (3 min 35 s). Disponível em: https://www.youtube.com/watch?v=tiszC33puc0 (acesso em: 18 maio 2022).

Cindy Sherman utiliza o próprio corpo na criação de seus trabalhos, mas o apresenta como um elemento de encenação ou mascaramento de sua individualidade nos personagens que cria. Ela propõe, de maneira irônica, um questionamento a respeito das imagens estereotipadas das mulheres construídas socialmente.

A artista geralmente trabalha com séries fotográficas. Nessa série de 2008, intitulada *The Cosmopolitans* e composta de 14 imagens, Sherman destaca a artificialidade e a ambiguidade desses estereótipos de sofisticação, mostrando imagens de senhoras ricas em um cenário visivelmente falso e de luxo. Todas elas ocupam o centro da imagem e, no fundo, vemos uma paisagem que parece artificial, acentuando o caráter irreal e irônico da representação. Essa ironia se manifesta ao apresentar, ao mesmo tempo, aquilo que é imediatamente apreendido pela imagem (mulheres idosas, abastadas, maquiadas e produzidas) e sua desconstrução (tudo é falso na imagem). Apesar de as cenas serem posadas, há uma sensação de captação de flagrante, em que a fragilidade é exposta, principalmente por meio do olhar dessas mulheres.

Diário de bordo

Você acha que essa série propõe uma crítica à sociedade? Qual? Registre suas ideias no diário de bordo.

Experimentação Criação de um autorretrato ficcional

Nesta experimentação, você criará um autorretrato ficcional. Para começar, retome o texto autobiográfico ou autoficcional que você criou em **Autobiografia**. Relembre os eventos marcantes que constam no seu texto. Avalie se, após a apresentação dele à turma e as conversas entre o grupo, você deseja fazer alguma alteração. Após essa retomada, é hora de dar o próximo passo.

Reflita sobre as questões a seguir: Que imagens compõem sua história? É possível recriar essas imagens que estão em sua memória? Quais materiais poderiam ser usados nessa criação?

Com base nessa reflexão, experimente montar um autorretrato autobiográfico. Você pode seguir os procedimentos indicados abaixo ou desenvolver outros métodos.

Material

- papel *canson* A3;
- fotografias pessoais;
- revistas, catálogos ou livros para recortar;
- cola em bastão;
- tesoura com pontas arredondadas.

1. Se tiver, procure e selecione fotografias pessoais que mostrem você em diferentes épocas, da infância até os dias atuais.
2. Imprima ou faça cópia das imagens que selecionar. Em seguida, recorte-as e faça uma colagem sobre a folha de papel. A impressão ou a cópia pode ser realizada no modo preto e branco (escala de cinza) ou colorido, a depender da intenção. Como quer explorar os elementos constitutivos, como cores e texturas? Se preferir, você pode utilizar um programa de edição de imagem que tenha ferramentas básicas de recorte e colagem para realizar a montagem.
3. Experimente várias maneiras de compor esse "eu-personagem", explorando as possibilidades de criação. Misture, por exemplo, partes de seu rosto de diferentes épocas. Você também pode modificar cores e formas por meio de ferramentas digitais de edição de imagens. Uma possibilidade, ainda, é usar fragmentos de imagens de outras pessoas, retiradas de revistas ou bancos de imagem gratuitos da internet, para a composição.
4. Caso tenha feito mais de uma composição no processo, compare as imagens e escolha a de que mais gostou. A imagem final, apesar de conter elementos de sua fisionomia, história e memória, vai apresentar um autorretrato ficcional, recriado e inventado conforme suas intenções.
5. Depois, faça uma cópia ou digitalize a imagem e a imprima em seguida. Isso possibilitará que o resultado da colagem fique mais uniforme. Caso tenha feito tudo por meio digital, basta imprimir o resultado.

Guarde esse autorretrato no seu **Portfólio**, pois ele será utilizado no desenvolvimento da atividade da seção *#Multiplicar*.

Responda às questões a seguir para treinar os seus conhecimentos sobre o que estudou nesta unidade.

1. (Enem PPL – 2012)

> A escolha de uma forma teatral implica a escolha de um tipo de teatralidade, de um estatuto de ficção com relação à realidade. A teatralidade dispõe de meios específicos para transmitir uma cultura-fonte a um público-alvo; é sob esta única condição que temos o direito de falar em interculturalidade teatral.
>
> PAVIS, P. *O teatro no cruzamento de culturas*. São Paulo: Perspectiva, 2008.

A partir do texto, o meio especificamente cênico utilizado para transmitir uma cultura estrangeira implica

a) buscar nos gestos, compreender e explicitar conceitos ou comportamentos.

b) procurar na filosofia a tradução verdadeira daquela cultura.

c) apresentar o videodocumentário sobre a cultura-fonte durante o espetáculo.

d) eliminar a distância temporal ou espacial entre o espetáculo e a cultura-fonte.

e) empregar um elenco constituído de atores provenientes da cultura-fonte.

2. (Enem PPL – 2012)

> Todo bom escritor tem o seu instante de graça, possui a sua obra-prima, aquela que congrega numa estrutura perfeita os seus dons mais pessoais. Para Dias Gomes essa hora de inspiração veio-lhe no dia que escreveu O pagador de promessas. Em torno de Zé-do-Burro — herói ideal, por unir o máximo de caráter ao mínimo de inteligência, naquela zona fronteiriça entre o idiota e o santo — o enredo espalha a malícia e a maldade de uma capital como Salvador, mitificada pela música popular e pela literatura, na qual o explorador de mulheres se chama inevitavelmente Bonitão, o poeta popular, Dedé Cospe-Rima, e o mestre de capoeira, Manuelzinho Sua Mãe. O colorido do quadro contrasta fortemente com a simplicidade da ação, que caminha numa linha reta da chegada de Zé-do-Burro à sua entrada trágica e triunfal na igreja — não sob a cruz, conforme prometera, mas sobre ela, carregado pelos capoeiras, "como um crucifixado".
>
> PRADO, D. A. *O teatro brasileiro moderno*. São Paulo: Perspectiva, 2008 (fragmento).

A avaliação crítica de Décio de Almeida Prado destaca as qualidades de *O pagador de promessas*. Com base nas ideias defendidas por ele, uma boa obra teatral deve

a) valorizar a cultura local como base da estrutura estética.

b) ressaltar o lugar do oprimido por uma forma religiosa.

c) dialogar a tradição local com elementos universais.

d) romper com a estrutura clássica da encenação.

e) reproduzir abordagens trágicas e pessimistas.

3. (Unespar – 2017)

Cada um de nós deve ter uma história para contar sobre um livro cuja leitura tenha sido muito importante, de uma música que emocione toda vez que é escutada, e também de um filme que tenha comovido ou levado às lágrimas. Em geral, podemos admitir que essas emoções nos acometem tanto no sentido de exortar um sentimento, quanto no sentido oposto, de nos fazer recuar por medo ou receio. Na Antiguidade grega, Aristóteles (384 a.C.-322 a.C.) notou esse poder nas tragédias que eram apresentadas em praça pública, resumindo sua força formadora de caráter na sua obra intitulada Poética (aproximadamente 335 a.C.).

Marque a opção que indica a teoria que se refere essa questão.

a) Teoria da catarse.

b) Teoria da mimese.

c) Princípio de identidade.

d) Teoria da reminiscência.

e) Princípio de não contradição.

4. (Enem – 2013)

> Manta que costura causos e histórias no seio de uma família serve de metáfora da memória em obra escrita por autora portuguesa. O que poderia valer mais do que a manta para aquela família? Quadros de pintores famosos? Joias de rainha? Palácios? Uma manta feita de centenas de retalhos de roupas velhas aquecia os pés das crianças e a memória da avó, que a cada quadrado apontado por seus netos resgatava de suas lembranças uma história. Histórias fantasiosas como a do vestido com um bolso que abrigava um gnomo comedor de biscoitos; histórias de traquinagem como a do calção transformado em farrapos no dia em que o menino, que gostava de andar de bicicleta de olhos fechados, quebrou o braço; histórias de saudades, como o avental que carregou uma carta por mais de um mês... Muitas histórias formavam aquela manta.

Os protagonistas eram pessoas da família, um tio, uma tia, o avô, a bisavó, ela mesma, os antigos donos das roupas. Um dia, a avó morreu, e as tias passaram a disputar a manta, todas a queriam, mais do que aos quadros, joias e palácios deixados por ela. Felizmente, as tias conseguiram chegar a um acordo, e a manta passou a ficar cada mês na casa de uma delas. E os retalhos, à medida que iam se acabando, eram substituídos por outros retalhos, e novas e antigas histórias foram sendo incorporadas à manta mais valiosa do mundo.

LASEVICIUS, A. *Língua Portuguesa*, São Paulo, n. 76, 2012 (adaptado).

A autora descreve a importância da manta para aquela família ao verbalizar que "novas e antigas histórias foram sendo incorporadas à manta mais valiosa do mundo". Essa valorização evidencia-se pela

a) oposição entre os objetos de valor, como joias, palácios e quadros, e a velha manta.

b) descrição detalhada dos aspectos físicos da manta, como cor e tamanho dos retalhos.

c) valorização da manta como objeto de herança familiar disputado por todos.

d) comparação entre a manta que protege do frio e a manta que aquecia os pés das crianças.

e) correlação entre os retalhos da manta e as muitas histórias de tradição oral que os formavam.

5. (Enem – 2014)

A literatura de cordel é ainda considerada, por muitos, uma literatura menor. A alma do homem não é mensurável e — desde que o cordel possa exprimir a história, a ideologia e os sentimentos de qualquer homem — vai ser sempre o gênero literário preferido de quem procura apreender o espírito nordestino. Os costumes, a língua, os sonhos, os medos e as alegrias do povo estão no cordel. Na nossa época, apesar dos jornais e da TV — que poderiam ter feito diminuir o interesse neste tipo de literatura — e da falta de apoio econômico, o cordel continua vivo no interior e em cenáculos acadêmicos.

A literatura de cordel, as xilogravuras e o repente não foram apenas um divertimento do povo. Cordéis e cantorias foram o professor que ensinava as primeiras letras e o médico que falava para inculcar comportamentos sanitários. O cordel e o repente fazem, muitas vezes, de um candidato o ganhador da banca de deputado. E assim, lendo e ouvindo, foi-se formando a memória coletiva desse povo alegre e trabalhador, que embora calmo, enfrenta o mar e o sertão com a mesma valentia.

BRICKMANN, L. B. *E de repente foi o cordel*. Disponível em: http://pt.scribd.com. Acesso em: 29 fev. 2012 (fragmento).

O gênero textual cordel, também conhecido como folheto, tem origem em relatos orais e constitui uma forma literária popular no Brasil. A leitura do texto sobre a literatura de cordel permite

a) descrever esse gênero textual exclusivamente como instrumento político.

b) valorizar o povo nordestino, que tem no cordel sua única forma de expressão.

c) ressaltar sua importância e preservar a memória cultural de nosso povo.

d) avaliar o baixo custo econômico dos folhetos expostos em barbantes.

e) informar aos leitores o baixo valor literário desse tipo de produção.

6. (Uerj – 2001)

(...) Não resguardei os apontamentos obtidos em largos dias e meses de observação: num momento de aperto fui obrigado a atirá-los na água. Certamente me irão fazer falta, mas terá sido uma perda irreparável? Quase me inclino a supor que foi bom privar-me desse material. Se ele existisse, ver-me-ia propenso a consultá-lo a cada instante, mortificar-me-ia por dizer com rigor a hora exata de uma partida, quantas demoradas tristezas se aqueciam ao sol pálido, em manhã de bruma, a cor das folhas que tombavam das árvores, num pátio branco, a forma dos montes verdes, tintos de luz, frases autênticas, gestos, gritos, gemidos. Mas que significa isso? Essas coisas verdadeiras podem não ser verossímeis. E se esmoreceram, deixá-las no esquecimento: valiam pouco, pelo menos imagino que valiam pouco. Outras, porém, conservaram-se, cresceram, associaram-se, e é inevitável mencioná-las. Afirmarei que sejam absolutamente exatas? Leviandade. [...] Nesta reconstituição de fatos velhos, neste esmiuçamento, exponho o que notei, o que julgo ter notado. Outros devem possuir lembranças diversas. Não as contesto, mas espero que não recusem as minhas: conjugam-se, completam-se e me dão hoje impressão de realidade. [...]

RAMOS, Graciliano. *Memórias do cárcere*. Rio, São Paulo: Record, 1984.

A relação entre autor e narrador pode assumir feições diversas na literatura. Pode-se dizer que tal relação tem papel fundamental na caracterização de textos que, a exemplo do livro de Graciliano Ramos, constituem uma autobiografia – gênero literário definido como relato da vida de um indivíduo feito por ele mesmo.

A partir dessa definição, é possível afirmar que o caráter autobiográfico de uma obra é reconhecido pelo leitor em virtude de:

a) conteúdo verídico das experiências pessoais e coletivas relatadas.

b) identidade de nome entre autor, narrador e personagem principal.

c) possibilidade de comprovação histórica de contextos e fatos narrados.

d) notoriedade do autor e de sua história junto ao público e à sociedade.

7. (UFRGS – 1996)

Considere as seguintes afirmações sobre a obra de Graciliano Ramos.

I - VIDAS SECAS retrata o drama de uma família de sertanejos na luta pela sobrevivência num mundo assolado pela seca e estruturado a partir de um modelo socioeconômico injusto.

II - Em SÃO BERNARDO, o autor narra a trajetória de Paulo Honório, desde sua ascensão econômica e social até sua absoluta decadência, revelando o momento de transformações históricas nas décadas de 20 e 30 no Brasil.

III - INFÂNCIA é uma autobiografia na qual o autor conta, em tom nostálgico, os anos de prosperidade de sua família, abordando com carinho a figura paterna.

Quais estão corretas?

a) Apenas I.

b) Apenas II.

c) Apenas I e II.

d) Apenas I e III.

e) I, II e III.

8. (Enem PPL– 2018)

> E fui mostrar ao ilustre hóspede [o governador do Estado] a serraria, o descaroçador e o estábulo. Expliquei em resumo a prensa, o dínamo, as serras e o banheiro carrapaticida. De repente supus que a escola poderia trazer a benevolência do governador para certos favores que eu tencionava solicitar.
>
> — Pois sim senhor. Quando V. Exª vier aqui outra vez, encontrará essa gente aprendendo cartilha.
>
> RAMOS, G. *São Bernardo*. Rio de Janeiro: Record, 1991.

O fragmento do romance de Graciliano Ramos dialoga com o contexto da Primeira República no Brasil ao focalizar o(a)

a) derrocada de práticas clientelistas.

b) declínio do antigo atraso socioeconômico.

c) liberalismo desapartado de favores do Estado.

d) fortalecimento de políticas públicas educacionais.

e) aliança entre a elite agrária e os dirigentes políticos.

9. (FMP-RS – 2017)

A obra de Graciliano Ramos alcançou o equilíbrio ao reunir duas linhas: a psicológica e a sociopolítica.

A vertente sociopolítica de sua obra é exemplificada em:

a) "Sim, não, sim, não. Um relógio tenta chamar-me à realidade. Que tempo dormi? Esperarei até que o relógio bata de novo e me diga que vivi mais meia hora, dentro deste horrível jato de luz."

RAMOS, G. *Insônia*. 9. ed. São Paulo: Martins, 1971. p. 19.

b) "Era bruto, sim senhor, nunca havia aprendido, não sabia explicar-se. Estava preso por isso? Como era? Então mete-se um homem na cadeia porque ele não sabe falar direito? Que mal fazia a brutalidade dele? Vivia trabalhando como um escravo. Desentupia o bebedouro, consertava as cercas, curava os animais – aproveitara um casco de fazenda sem valor. Tudo em ordem, podiam ver. Tinha culpa de ser bruto? Quem tinha culpa?"

RAMOS, G. *Vidas secas*. 22. ed. São Paulo: Martins, 1969. p. 73.

c) "Eu é que me podia considerar um sujeito feliz. Repetia isso maquinalmente, enquanto apalpava as caixinhas de veludo. Soltei-as com raiva, ergui-me, esfreguei as mãos. O sentido das palavras que me dançavam no espírito tornou-se claro. Perfeitamente, um sujeito feliz. Que é que me faltava?"

RAMOS, G. *Angústia*. 12. ed. Rio de Janeiro: Martins, 1970. p. 93.

d) "O que estou é velho. Cinquenta anos pelo São Pedro. Cinquenta anos perdidos, cinquenta anos gastos sem objetivo, a maltratar-me e a maltratar os outros. O resultado é que endureci, calejei, e não é um arranhão que penetra esta casca espessa e vem ferir cá dentro a sensibilidade embotada."

RAMOS, G. *São Bernardo*. 40. ed. Rio de Janeiro: Record, 1983. p. 181.

e) "Nesse tempo, em razão de culpas indecisas, costumavam prender-me algumas horas na loja. Sentenciavam-me sem formalidades, mas o castigo implicava falta. E ali, no silêncio e no isolamento, adivinhando o mistério dos códigos, fiz compridos exames de consciência, tentei catalogar as ações prejudiciais e as inofensivas, desenvolvi à toa o meu diminuto senso moral."

RAMOS, G. *Infância*. 9. ed. São Paulo: Martins, 1972, p. 112.

10. (Enem – 2021)

O solo A morte do cisne, criado em 1905 pelo russo Mikhail Fokine a partir da música do compositor francês Camille Saint-Saens, retrata o último voo de um cisne antes de morrer. Na versão original, uma bailarina com figurino impecavelmente branco e na ponta dos pés interpreta toda a agonia da ave se debatendo até desfalecer. Em 2012, John Lennon da Silva, de 20 anos, morador do bairro de São Mateus, na Zona Leste de São Paulo, elaborou um novo jeito de dançar a coreografia imortalizada pela bailarina Anna Pavlova. No lugar de um colã e das sapatilhas, vestiu calça jeans, camiseta e tênis. Em vez de balé, trouxe o estilo popping da street dance. Sua apresentação inovadora de A morte do cisne, que foi ao ar no programa Se ela dança, eu danço, virou hit no YouTube.

Disponível em: www.correiobraziliense.com.br. Acesso em: 18 jun. 2019 (adaptado).

A forma original de John Lennon da Silva reinterpretar a coreografia de *A morte do cisne* demonstra que

a) a composição da coreografia foi influenciada pela escolha do figurino.
b) a criação artística é beneficiada pelo encontro de modelos oriundos de diferentes realidades socioculturais.
c) a variação entre os modos de dançar uma mesma música evidencia a hierarquia que marca manifestações artísticas.
d) a formação erudita, à qual o dançarino não teve acesso, resulta em artistas que só conhecem a estética da arte popular.
e) a interpretação, por homens, de coreografias originalmente concebidas para mulheres exige uma adaptação complexa.

Exposição de autorretratos

Existem diversas formas de montar uma exposição. É importante que sua montagem esteja relacionada com o tema que se deseja explorar. Veja a seguir exemplos de duas exposições.

Vinicius Moraes/Fotoarena

Exposição *Das viagens, dos desejos, dos caminhos*, no Museu Vale, Vila Velha (ES), 2014.

Daniel Cymbalista/Fotoarena

Exposição de longa duração *Acervo em transformação*, do acervo do Museu de Arte de São Paulo (Masp), com os quadros em cavaletes de cristal e concreto desenhados pela arquiteta ítalo-brasileira Lina Bo Bardi (1914-1992). Foto de 2016.

Com a turma, você vai propor uma exposição dos autorretratos realizados em **Autorrepresentação no teatro documentário** na escola. A proposta é que você e os colegas planejem a exposição de maneira colaborativa. Para que isso aconteça, é fundamental que todos tenham o espaço de fala garantido. Assim, será possível decidir juntos, por meio de diálogo, acordos e consensos mútuos.

Procedimentos

Roda de conversa e reflexão

1. Forme uma roda de conversa com os colegas e reflitam sobre as seguintes questões:

- Qual é a importância do compartilhamento dos processos para minha aprendizagem?
- O público escolar também aprende com essa troca? Como?
- Qual é a ideia da exposição?
- O que os autorretratos têm em comum e comunicam para mim?
- Qual pode ser o título dessa exposição?

Planejamento

2. Após a reflexão inicial, a turma pode começar o planejamento. A primeira etapa envolve decidir em qual espaço da escola a exposição acontecerá, verificar a disponibilidade e solicitar a autorização para o uso. Juntos, caminhem pela escola e vejam quais são as possibilidades. A exposição pode acontecer em uma sala de aula, nos corredores ou em espaço pouco explorado. Decida o local com a turma por meio dos seguintes questionamentos:

- O que há de interessante nesse local? É um espaço de circulação de pessoas?
- Queremos que a exposição aconteça em um espaço de circulação ou em um lugar mais reservado? Por quê?

Expografia da exposição

3. Após escolher o local, é preciso pensar na expografia da exposição. A expografia consiste em um conjunto de técnicas para desenvolver um plano de exposição. Os principais elementos da expografia são: conteúdo, forma e experiência estética. Veja na imagem a seguir como os materiais usados na exposição dialogam com o espaço em que ela foi montada.

O conteúdo refere-se àquilo que vocês vão expor, ou seja, os autorretratos. A forma, ao modo como a exposição estará inserida no espaço. Que suportes, materiais, cores e iluminação utilizarão? Na escola, o mais comum é expor os trabalhos nas paredes ou em painéis. Mas será que é possível criar ou ressignificar objetos para utilizar como suporte? Por exemplo: a turma pode construir uma proposta expográfica com carteiras e cadeiras como suportes para colocar os trabalhos, ou caixas de papelão, tecido, tapume, etc. Investigue quais são os materiais disponíveis na escola e quais são a intenção e a proposta da exposição.

Visharo/Shutterstock

Exposição fotográfica na praia de Brighton, Inglaterra, 2019.

Percurso do público

4. Ainda em relação à expografia, outro ponto importante é a experiência estética que se pretende propor.
   - Qual percurso vocês desejam oferecer ao público?
   - Que percepções querem provocar?
   - Que narrativa construir? Por quê?

Legenda do autorretrato

5. Crie uma legenda para seu autorretrato. Para isso, elabore com a turma uma formatação padrão para as legendas (tipografia, tamanho da fonte e da legenda e tipo de papel), assim como as informações que devem constar nela (nome do autor, título da obra, técnica e materiais utilizados, ano de produção).

Exposição e cartaz de divulgação

6. Defina com a turma e o professor quanto tempo a exposição ficará aberta para visitação. Depois, a turma deve se organizar para criar um cartaz de divulgação, o que pode ser feito nas redes sociais, no *site* da escola ou mesmo nos corredores.

Montagem da exposição

7. Organize a montagem da exposição com a turma. Sigam o planejamento que elaboraram, mas estejam dispostos, também, a experimentar novas possibilidades e a fazer ajustes de disposição no espaço.

Avaliação

8. Avaliem se querem fazer um evento de abertura da exposição. Esse momento pode contar com outras atividades, como apresentações de cenas de teatro e de dança e as leituras dos textos autobiográficos da turma.

Diário de bordo

Depois de pronto, avaliem o processo e o resultado por meio de uma roda de conversa. Registre suas impressões no diário de bordo. Você pode incluir, ainda, imagens, desenhos, pinturas e outros registros que a turma tenha feito do evento.

Meu portfólio

Nesta unidade, você e os colegas refletiram sobre autobiografia, autoficção, autorrepresentação e autorretrato por meio das abordagens dos tópicos **Autobiografia** e **Autorrepresentação no teatro documentário**.

Puderam ver que as histórias pessoais de autores vêm construindo discursos verbais e artísticos de modo a ampliar as possibilidades de narrar e compartilhar experiências. Nesse movimento, autor, narrador e protagonista exercem o mesmo papel; passado e presente coabitam o mesmo acontecimento artístico.

Estudaram, também, as relações entre a realidade, o sonho, a fantasia, as memórias e a ficção. E compreenderam a potência sensível, criativa, expressiva e comunicativa dessas relações ao experimentá-las em discursos verbais e artísticos, como ao encenar e compartilhar histórias pessoais e coletivas e ao montar um mural de autorretratos.

Para montar seu portfólio, você deverá retomar todas as produções realizadas na unidade, desde rascunhos e projetos até registros em fotos e vídeos de apresentações. Lembre-se de que todo o processo criativo é importante, e não apenas o produto final; por isso, aqui não podem faltar as diversas versões de uma mesma produção.

Retome, ainda, todas as anotações que fez no diário de bordo, elas o ajudarão muito na construção do portfólio. Não deixe de colocar a data em que cada produção foi realizada: assim, ao consultar o portfólio, você terá condições de verificar seu histórico de aprendizagem. Essa consulta poderá ajudá-lo a perceber quais aspectos você desenvolveu e aperfeiçoou ao longo do trabalho.

UNIDADE 2

Minha voz

Juliana Rossi/Acervo da artista

Paetê, de Juli Rossi, 2015 (grafite e lápis de cor sobre papel, 30 cm × 42 cm). Acervo da artista.

#TáNoFeed

Observe ao lado a imagem de um dos desenhos da artista Juli Rossi, que integrou a exposição Vanitas, realizada na Galeria de Arte Garten, em Joinville (SC), em 2019, e leia o trecho de uma reportagem sobre a exposição com depoimentos da artista sobre seu trabalho.

> "No lugar do rosto, um desvelamento do interior do corpo: o crânio. O crânio nada mais é do que uma parte do corpo, mas sem a pele. É natural, e todos têm. Mas é interessante o quanto a imagem do crânio nos transmite uma imagem assustadora e sombria, mesmo presente em corpos lindos e estonteantes, como se estivéssemos revelando a face interior das modelos, nos identificando de alguma maneira com elas", comentou a artista.
>
> "[...] lidamos diariamente na eterna busca por um corpo perfeito: fazemos dieta, cuidamos de nossos cabelos, fazemos a unha, nos depilamos etc. Quando alguém deixa de fazer ou se rebela contra esses processos tidos como 'naturais' (somente) para as mulheres, é visto com preconceito pelo outro – e muitas vezes pelas próprias mulheres."
>
> As Vanitas, ela diz, questionam essas vaidades: "Qual a origem real desses padrões? Por que nos sentimos pressionadas e muitas vezes deprimidas em relação aos nossos próprios corpos?".

SILVEIRA, Felipe. Artista visual Juli Rossi discute padrões de beleza em nova exposição. *O Mirante Joinville*, 9 abr. 2019. Disponível em: https://omirantejoinville.com.br/2019/04/09/artista-visual-juli-rossi-discute-padroes-de-beleza-em-nova-exposicao/. Acesso em: 20 maio 2022.

Para ir mais longe Vanitas

Vanitas é uma palavra de origem latina que significa futilidade, vaidade. Na História da Arte, Vanitas é considerado um gênero de pinturas de naturezas-mortas que retratam crânios e outros ossos, geralmente com flores mortas ou frutas podres e outros objetos, como relógios, ampulhetas e papéis, buscando, entre outros aspectos, causar reflexões sobre a efemeridade da vida. No século XVII, auge desse gênero de pintura, os artistas provocavam o público a refletir sobre a insignificância e futilidade da vaidade humana, combinando crânios com objetos luxuosos, justamente para contrapor luxo e morte.

1. Reflita sobre as questões individualmente e, depois, compartilhe as respostas com a turma.

a) O que a figura do corpo feminino com rosto de caveira provoca em você?

b) Essa imagem é semelhante a fotografias de mulheres em outras mídias, como revistas, *sites* e peças de publicidade?

c) Quais respostas você daria para as perguntas feitas pela artista Juli Rossi: "Qual a origem real desses padrões? Por que nos sentimos pressionadas e muitas vezes deprimidas em relação aos nossos próprios corpos?".

d) Você já observou, sofreu ou praticou algum tipo de discriminação ou violência simbólica por causa da aparência física?

Nesta unidade, você vai analisar a circulação midiática de padrões de beleza construídos socialmente, a associação da aparência a preconceitos e atitudes discriminatórias segundo gênero, etnia e presença de deficiência. Você vai observar a manifestação do tema em práticas corporais das ginásticas e dos esportes, e experimentar possibilidades de praticar ginásticas para cuidar de si e desenvolver relação positiva com o próprio corpo. Ainda vai aprender o que é e como escrever um artigo de opinião e um artigo de divulgação científica. Para produzir o próprio artigo, vai acessar uma plataforma de pesquisa bibliográfica, experimentar estratégias de busca, leitura e organização das informações coletadas para a escrita autoral. Ao final, vai criar com os colegas uma revista eletrônica para compartilhamento dos artigos de opinião e de divulgação científica.

Conheça a unidade

Objetivos

Educação Física

- Compreender criticamente a disseminação de padrões de beleza e suas relações com questões de gênero, étnico-raciais e das pessoas com deficiência.
- Conhecer e experimentar práticas corporais de ginásticas e esportes, refletindo sobre a disseminação de padrões de beleza.
- Discutir concepções histórico-filosóficas de corpo, reconhecendo o caráter sócio-histórico-cultural do conceito e dos padrões de beleza corporal.
- Reconhecer os riscos associados à busca de padrões de beleza corporal entre jovens.

Arte

- Conhecer os períodos da Arte na Antiguidade grega: período arcaico, clássico e helenístico.
- Identificar as semelhanças e diferenças entre as esculturas produzidas em cada um dos três períodos e perceber alguns padrões de beleza representados nas esculturas.
- Reconhecer que as esculturas gregas são coloridas e não monocromáticas.
- Perceber criticamente como a estética da civilização egípcia passou por um processo de embranquecimento no imaginário popular e desconstruir estereótipos.

Língua Portuguesa

- Analisar a estrutura do artigo de opinião, compreendendo e reconhecendo o uso de modalizações nesse gênero.
- Conhecer a estrutura do gênero artigo de divulgação científica, identificando marcas de discurso reportado, como paráfrases e citações.
- Produzir artigo de opinião, mobilizando seus elementos composicionais.
- Produzir artigo de divulgação científica, mobilizando seus elementos composicionais.

Justificativa

A expressão das próprias ideias passa pela compreensão do legado de discussões acerca delas e pela mobilização de recursos, também fruto de um legado, que possibilitem a construção do novo conhecimento. É nesse sentido que esta unidade busca conciliar a aquisição de repertório por meio de leituras e pesquisas com a publicação dos conteúdos produzidos por meio desse processo.

Saber expressar-se e fazer ouvir a própria voz implica aprofundamento do tema, conhecimento das controvérsias relativas a ele e atenção às próprias experiências, às próprias impressões, as quais compõem também a sua forma de experimentar o mundo e posicionar-se diante dele. Daí a importância da reflexão acerca de temas que impactam sua vida e sua noção de si, como a relação com o próprio corpo, a maior ou menor atenção aos padrões de beleza difundidos na sociedade, além da percepção de seu potencial de atuação no meio em que vive.

A discussão do conteúdo de uma pesquisa ou de um ponto de vista para o compartilhamento de resultados ou reflexões envolve não apenas fundamentação teórica, mas compromisso com a construção de saberes e opiniões, que, baseados na ética, ajudam a melhorar a sociedade.

A BNCC nesta unidade

Nesta unidade são desenvolvidas as competências e habilidades da BNCC indicadas a seguir.

Competências gerais da Educação Básica: 1, 2, 4, 5, 7, 8, 10.

Linguagens e suas Tecnologias no Ensino Médio: competências específicas e habilidades

Competência específica 1 (EM13LGG101, EM13LGG102, EM13LGG103, EM13LGG104); competência específica 2 (EM13LGG201, EM13LGG202, EM13LGG204); competência específica 3 (EM13LGG301, EM13LGG302, EM13LGG303); competência específica 4 (EM13LGG401); competência específica 5 (EM13LGG501, EM13LGG502, EM13LGG503); competência específica 7 (EM13LGG703, EM13LGG704).

Língua Portuguesa no Ensino Médio: campos de atuação social, competências específicas e habilidades

Todos os campos de atuação social

EM13LP01 (competência específica 2); EM13LP02 (competência específica 1); EM13LP05 (competência específica 3); EM13LP06 (competência específica 1); EM13LP07 (competência específica 1); EM13LP11 (competência específica 7); EM13LP012 (competências específicas 1, 7); EM13LP15 (competências específicas 1, 3).

Campo das práticas de estudo e pesquisa

EM13LP28 (competências específicas 3, 7); EM13LP29 (competências específicas 2, 3); EM13LP30 (competência específica 7); EM13LP31 (competência específica 1); EM13LP33 (competência específica 3); EM13LP34 (competência específica 3); EM13LP35 (competência específica 7).

Ciências da Natureza e suas Tecnologias no Ensino Médio: competências específicas e habilidades

Competência específica 2 (EM13CNT2017)

Ciências Humanas e Sociais Aplicadas no Ensino Médio: competências específicas e habilidades

Competência específica 1 (EM13CHS103); competência específica 6 (EM13CHS601).

Padrões de beleza, ginásticas e esportes (Educação Física)

A utilização de editores de imagens para modificar a aparência corporal de celebridades em revistas, promessas de maneiras rápidas de alcançar a "boa forma", divulgação de novas fórmulas e de conhecimentos científicos para conquistar o "corpo ideal" são ideias que circulam nas práticas corporais de ginásticas e esportes e nos discursos associados a elas. Em contrapartida, cresce o número de movimentos de grupos, muitos formados por jovens, que criticam a padronização da beleza e a imposição do controle do corpo pela sociedade, bem como dos que valorizam muito mais a relação entre exercício, saúde e autocuidado do que a busca pela suposta "boa forma".

1. Leia a manchete e o excerto de reportagem de uma revista especializada em atividade física e observe a imagem. Depois, reflita sobre as questões e converse com os colegas.

Ana Hickmann entrega os 5 exercícios que desenharam suas pernas

HOLLO, Karina. *Revista Boa Forma*, 22 out. 2016. Disponível em: https://boaforma.abril.com.br/fitness/ana-hickmann-entrega-os-5-exercicios-que-desenharam-suas-pernas/. Acesso em: 20 maio 2022.

Treino funcional de 5 minutos para perder 5 kg

"Há algumas décadas, tínhamos a visão de que para emagrecer era preciso fazer aeróbico durante um longo período. Hoje, sabemos que exercícios vigorosos rápidos podem ser mais eficientes", afirma Jomar Souza, diretor da Sociedade Brasileira de Medicina do Exercício e do Esporte (SBMEE). Não acredita? O pesquisador japonês Izumi Tabata comprovou, no final dos anos 1990, que as enzimas de queima de gordura são ativadas após quatro minutos de ginástica.

Se você for até a sua intensidade máxima, o metabolismo seguirá acelerado durante todo o dia, mesmo em repouso.

BERNARDI, Daniela. Treino funcional de 5 minutos para perder 5kg. *Boa Forma*, 17 fev. 2020. Disponível em: https://boaforma.abril.com.br/fitness/treino-funcional-de-5-minutos-para-perder-5kg/. Acesso em: 20 maio 2022.

NurPhoto/Getty Images

Mulheres protestam nas ruas contra a violência e pelo direito de decidir sobre o próprio corpo, em São Paulo (SP), 2018.

a) As reportagens abordam práticas de ginástica. De acordo com os textos, quais objetivos estão associados a elas?

b) Os textos citam nomes de pessoas: uma ex-modelo e apresentadora de programas de televisão e dois pesquisadores. Quais as intenções com essas menções?

c) Que relações você pode estabelecer entre os textos e a imagem? Eles se complementam ou se opõem? De que maneira?

d) Você sabe a diferença entre exercícios aeróbicos e exercícios vigorosos rápidos?

e) Esses tipos de exercícios servem apenas para emagrecer ou há outros benefícios associados a eles?

Praticar atividades físicas para transformar a aparência corporal é uma ideia antiga na história das civilizações ocidentais. No passado, os gregos já associavam as práticas corporais à conquista do "corpo belo". O ideal de harmonia e equilíbrio associava a beleza a medidas proporcionais entre as partes do corpo. Sócrates (cerca de 469 a.C.-399 a.C.), filósofo grego da Antiguidade, defendia que a saúde e a beleza corporal eram os bens mais valiosos para o ser humano. Até hoje a busca por ideais estéticos se confunde com os benefícios do exercício para a saúde.

Na Idade Média, sob a forte influência religiosa, o corpo era associado ao pecado. A beleza passou a ser pautada nas virtudes morais e no pudor em relação ao corpo. O corpo era escondido e seu culto considerado inadequado.

Na Modernidade, o movimento renascentista e o avanço dos conhecimentos das ciências da natureza e da medicina, acerca do funcionamento corporal, trouxeram *status* científico para o estudo das práticas corporais. O corpo passou a ser comparado a uma máquina a ser treinada.

O desenvolvimento gradativo do capitalismo levou a burguesia, classe social emergente, a desenvolver métodos para garantir a eficiência do corpo do trabalhador. Nessa época, foram criados os primeiros métodos ginásticos europeus, práticas corporais marcadas pelo controle e pela eficiência dos movimentos e que prometiam saúde e embelezamento corporal por meio da disciplina. Posteriormente, o desejo de beleza do corpo começou a ser visto como grande fonte de consumo de produtos, consolidando aos poucos o que hoje conhecemos como indústria da beleza.

Ao longo do século XX, com o avanço global da industrialização e o crescimento das ferramentas de comunicação e mídia, a prática de atividades físicas voltadas para a estética corporal ganhou projeção. Revistas e programas de TV especializados passaram a conter seções voltadas ao tema. As academias de ginástica se espalharam nas grandes cidades, oferecendo, a cada ano, novas modalidades, com novas promessas de eficiência para transformar o corpo por meio de exercícios ginásticos. Nasce nesse processo o movimento global conhecido pela palavra de língua inglesa *fitness*, simplificação do conceito *physical fitness* (aptidão física).

Nesse rápido resgate histórico, você pôde perceber que a beleza e sua associação às práticas corporais é uma construção cultural, social e histórica que reflete valores, interesses econômicos e relações sociais. A noção de beleza corporal, bem como as estratégias para conquistá-la, se transformam ao longo do tempo e entre as culturas, e afetam as pessoas de formas diferentes, dependendo do lugar social que ocupam.

Para que você possa se posicionar diante de tal problemática e ampliar suas possibilidades de usufruir de práticas ginásticas e esportivas, sem se preocupar com padrões exteriores e de modo que faça sentido no seu projeto de vida, vamos aprofundar a discussão, buscando uma participação na sociedade de maneira ética e que respeite a diversidade dos sujeitos.

Experimentação Percepções

1. Organize-se em uma roda com os colegas.
2. Feche os olhos e respire devagar, colocando a atenção exclusivamente na percepção do próprio corpo.
3. Verifique como você sente a base dos seus pés; dirija gradualmente sua atenção para as pernas, coxas, quadris, abdômen, coluna, ombro, pescoço, até chegar ao rosto.
    - Enquanto foca a sua atenção em cada parte do corpo, imagine o que há sob sua pele.
    - Imagine que você está tocando seu rosto e percebendo suas formas e seus relevos.
    - Procure sentir as partes duras dos ossos e as diferentes texturas da pele do rosto.
4. Abra os olhos lentamente e olhe para os colegas, especialmente para o rosto, e busque semelhanças e diferenças com o seu próprio rosto.
5. Apenas pelo cruzamento de olhares, formem duplas e se aproximem frente a frente.
6. Combinem, também pelo olhar, o momento em que um de vocês vai tocar o rosto do outro, fechando os olhos novamente.
7. Ao tocar o rosto do colega, perceba os ossos e as texturas, depois troquem de posição. Cuide para ser sutil e respeitoso.
8. Ao final, converse com os colegas sobre a vivência e as reflexões que as questões provocaram em você.

Diário de bordo

Anote em seu diário de bordo as suas percepções e conclusões de como foi fazer essa experimentação.

Saiba+

Leia o texto de Laís Semis, "Como o conceito de beleza se transformou ao longo dos séculos?", publicado na *Revista Nova Escola*. Disponível em: https://novaescola.org.br/conteudo/3414/como-o-conceito-de-beleza-se-transformou-ao-longo-dos-seculos (acesso em: 20 maio 2022).

Padrões de beleza e desigualdades entre homens e mulheres

Você sabia que o esporte já foi visto como uma prática inadequada para o corpo feminino?

Em 2019, o Museu do Futebol, em São Paulo, organizou a exposição *Contra-ataque*: as mulheres no futebol. Nessa exposição foi reunida, em um grande painel, uma série de manchetes de jornais de grande circulação no país durante a década de 1940. Observe uma dessas manchetes, que foi publicada em 1941.

Em 1941, o então presidente Getúlio Vargas (1882-1954) publicou o Decreto n. 3 199, regulamentando as atividades esportivas no país. O artigo 54 da lei, que vigorou até 1979, afirmava que não era permitido às mulheres praticar esportes "incompatíveis com sua natureza". Às mulheres era incentivada a prática da ginástica e da dança, modalidades tidas como mais condizentes com o ideal de corpo feminino "delicado".

Pagina 14 O IMPARCIAL Quarta-feira

PRATICAMENTE IMPOSSIVEL

A QUEDA DA LEI DE TRANSFERENCIAS

Negam-Se Os Juizes A Fazer Novo Exame

APENAS PEIXOTO ESTÁ DISPOSTO A "ENFRENTAR" A "BANCA"

O REGULAMENTO DA "MELHOR DE TRES"

O Que A Torcida Precisa Saber

Salvação do Basket

"PE' DE MULHER NÃO FOI FEITO P'RA SE METTER EM SHOOTEIRAS!"

AS PARTIDAS FEMININAS NÃO FIGURAM NOS DISPOSITIVOS LEGAES — OPPORTUNAS DECLARAÇÕES DE IGUESIL MARINHO, ASSISTENTE TECHNICO DO MINISTERIO DA EDUCAÇÃO

PANORAMA

ALUGA-SE

OPTIMO PREDIO NO COMEÇO DA RUA 24 DE MAIO, COM AMPLAS DEPENDENCIAS. PROPRIO PARA COLLEGIO OU CASA DE SAUDE.

Informações pelo telephone: 26-1530

MAIA VOLTARA' AOS CAMPOS BAHIANOS

THADEU DISPUTARA' A Corrida De Interlagos

Desta vez, porém, deve correr "de verdade"... — Foi vêr a pista e gostou — O segredo que não poude ser guardado...

ALIGA POR DENTRO

Detalhe de página do jornal *O Imparcial* com destaque para a manchete "Pé de mulher não foi feito pra se meter em chuteiras". Rio de Janeiro (RJ), 15 de janeiro de 1941.

Os discursos filosófico, médico e religioso que ao longo da história defenderam que as mulheres eram biológica ou naturalmente mais frágeis do que os homens foram por muito tempo utilizados como modo de manter o controle social sobre o corpo feminino. Por isso, até hoje, as mulheres são menos reconhecidas no esporte e têm o corpo mais fortemente oprimido por "padrões ideais de beleza". Isso vem mudando gradativamente com a ação de organizações feministas e da sociedade civil em geral que lutam pela igualdade, como vimos na imagem do início de **Padrões de beleza, ginásticas e esportes**.

Você já notou como se dá a representação do corpo de mulheres atletas na mídia? Os esportes femininos são menos abordados na mídia e, quando são, acabam reforçando estereótipos de beleza. As atletas muitas vezes são chamadas de musas, e seus atributos físicos são mais comentados do que suas habilidades esportivas. A mulher parece ser tratada como um objeto, e seu corpo, controlado pelos "fiscais" da beleza.

2. Observe a manchete de uma matéria sobre a tenista russa Maria Sharapova (1987-), publicada em 2009 em um veículo de mídia esportiva.

> **FOTO: em Roland Garros, nem a musa Maria Sharapova escapa das celulites**
>
> Russa vence na quadra, mas não consegue driblar os fotógrafos
>
> FOTO: em Roland Garros, nem a musa Maria Sharapova escapa das celulites. *Globoesporte.com*, 25 maio 2009. Disponível em: http://globoesporte.globo.com/Esportes/Noticias/Tenis/0,,MUL1166644-15090,00-FOTO+EM+ROLAND+GARROS+NEM+A+MUSA+MARIA+SHARAPOVA+ESCAPA+DAS+CELULITES.html. Acesso em: 20 maio 2022.

Em sua opinião, o que a manchete revela sobre como a mídia retrata o corpo de uma mulher atleta? Responda oralmente e discuta a questão com o professor e os colegas.

Como você percebeu, a mídia muitas vezes associa a imagem das atletas femininas aos padrões de beleza impostos socialmente, reforçando a ideia de um "corpo ideal" e da prática esportiva como fonte de beleza. A reportagem, ao reforçar a celulite como algo do qual as mulheres devem se envergonhar, propaga discursos estereotipados acerca do corpo feminino. Dados apurados em 2019, pela revista *Exame*, mostram que o mercado de tratamentos estéticos cresceu 567% no Brasil nos últimos cinco anos.

Saiba +

Os dados da pesquisa citada ao lado estão disponíveis em: https://www.terra.com.br/noticias/dino/mercado-de-estetica-e-beleza-no-brasil-segue-em-crescimento,6dae27bcbb97a519f8af6f91ec9eda24rs65hjv5.html (acesso em: 20 maio 2022).

Zygmunt Bauman (1925-2017), sociólogo polonês, tem influenciado discussões acerca de diversos temas sociais contemporâneos. Com seu conceito "modernidade líquida", adverte que passamos da sociedade de produção (típica da "modernidade sólida") para a sociedade de consumo (típica da "modernidade líquida"). Consumir tornou-se parte de nossa identidade. "Ter" tornou-se mais distintivo do que "ser", e todos os campos sociais tratam de produzir mecanismos que criam necessidades de consumo, geradas pela insatisfação.

andersphoto/Shutterstock

Sociólogo Zygmunt Bauman no Salone del Libro, feira internacional do livro, em 17 de maio de 2015, em Turim, Itália.

Para ir mais longe **Modernidade**

Modernidade líquida: expressa as gradativas transformações sociais que nos levaram a compreender o mundo de forma mais fluida e instável. Na modernidade líquida tudo é compelido à mudança, às relações sociais, aos costumes, ao trabalho, ao consumo, ao lazer, entre outros campos sociais. Tudo é visto como temporário, incerto e relativo. O autor considera que a modernidade líquida se evidenciou a partir dos anos 1960, intensificando-se gradativamente com a ampliação da interferência das novas tecnologias da comunicação e informação nos processos sociais, econômicos e culturais.

Modernidade sólida: refere-se ao momento histórico que vai da Revolução Científica do século XVI à primeira metade do século XX, no qual as estruturas sociais e valores eram relativamente estáveis e o advento das novas tecnologias da informação e comunicação ainda não permitia a velocidade de mudanças e circulação de conhecimento em redes mundiais de computadores. A modernidade sólida se caracteriza pela maior estabilidade, lentidão nos processos de mudança e busca de verdades que davam segurança.

No caso da indústria da beleza, isso se verifica no constante estímulo ao desejo de alcançar uma forma corporal idealizada. Tudo isso gera insatisfação e uma sensação de vazio que é preenchida pelo consumo de informação e de produtos que vendem soluções "milagrosas".

Na sociedade do consumo, da modernidade líquida, segundo Bauman, o sujeito consome para se tornar consumível. O corpo se transforma em mercadoria que pauta o *status* social, o valor atribuído ao sujeito. Se o corpo não se ajusta ao padrão, o sujeito se sente excluído. O sentimento de exclusão gera a necessidade de consumir para se sentir mais vendável. Por isso, segundo o sociólogo, nas sociedades de consumo, ser vendável se transformou no maior motivo para o consumo. O corpo funciona como um emblema que nos classifica e nos diferencia, como se estivéssemos em uma grande prateleira, vendendo nossa aparência.

Ainda no campo da Sociologia, Pierre Bourdieu (1930-2002) adverte que os padrões de beleza ditados para o corpo feminino funcionam como violência simbólica implícita na tradicional dominação masculina presente nas culturas ocidentais. As mulheres conquistaram direitos e espaços sociais, mas têm o corpo ainda sob o domínio de valores masculinos. Ao perceberem o próprio corpo pela lógica masculina, as mulheres vivem o conflito entre o corpo idealizado e o corpo real e, buscando se adequar aos padrões sociais, perpetuam a dominação. Para o autor, o discurso sobre a forma corporal feminina expõe as mulheres à violência simbólica da sociedade patriarcal, e a resposta em busca de aceitação são dietas, ginásticas, cirurgias plásticas, entre outros procedimentos. Para o sociólogo, as mulheres que questionam os padrões estéticos sofrem preconceito e exclusão.

Há exemplos de eventos esportivos criados para a exibição de corpos femininos. É o caso dos *lingerie fighting championships* (campeonatos de luta em lingerie), lutas livres nas quais as lutadoras usam roupas íntimas, de forma que o corpo é exposto para atrair plateias predominantemente masculinas. Esses eventos reproduzem o tratamento do corpo feminino como objeto de exploração e controle masculino. Muitas lutadoras acabam participando, pois precisam de espaço e de recursos para continuar seus treinamentos.

Ao mesmo tempo, quando atletas femininas têm sucesso no esporte, seus atributos são comparados aos atributos masculinos. É comum verificar o uso de expressões como "joga como um homem", "corre como um homem", "luta como um homem".

A pressão para conquistar o padrão de beleza magro e musculoso leva muitas mulheres a buscar práticas de ginásticas de condicionamento físico sem respeitar o próprio corpo ou a recorrer a procedimentos estéticos, como lipoaspiração e aplicação de injeções, que muitas vezes, por serem realizados sem o devido acompanhamento médico, podem levar à morte.

Nos últimos anos, campanhas publicitárias de grandes marcas voltadas para mulheres começaram a promover o empoderamento feminino, buscando romper estereótipos, padrões de beleza e comportamentos associados a esse público. A objetificação e o controle social do corpo feminino também têm levado ativistas e artistas a produzir intervenções, campanhas e manifestações críticas à imposição de padrões de beleza. Observe, a seguir, a foto de um trabalho da artista espanhola Yolanda Dominguez (1977-).

Reprodução/Arquivo Yolanda Dominguez

Eu não sou apenas um corpo, de Yolanda Dominguez. Intervenção realizada em praia da Flórida, Estados Unidos, 2014.

3. O que a frase "eu não sou apenas um corpo" significa para as mulheres?

4. Essa frase teria outros sentidos se fosse associada aos homens?

Saiba+

Para conhecer mais sobre o conceito de modernidade líquida consulte o texto "Zygmunt Bauman: pensamentos profundos num mundo líquido", de Thales de Menezes, publicado na revista *Superinteressante*. Disponível em: https://super.abril.com.br/cultura/zygmunt-bauman-pensamentos-profundos-num-mundo-liquido/ (acesso em: 20 maio 2022).

Leia o texto sobre Pierre Bourdieu, "O conceito de gênero por Pierre Bourdieu: a dominação masculina", publicado no Portal Geledés. Disponível em: www.geledes.org.br/o-conceito-de-genero-por-pierre-bourdieu-a-dominacao-masculina (acesso em: 20 maio 2022).

Assista a um vídeo da intervenção *Eu não sou apenas um corpo* (2 min 52 s), de Yolanda Dominguez. Disponível em: https://yolandadominguez.com/en/portfolio/no-soy-solo-un-cuerpo/ (acesso em: 20 maio 2022).

Para os homens, os padrões de beleza apresentam outros contornos: a relação do esporte com força e poder, tipicamente associados ao papel social masculino, criam o desejo do corpo musculoso e forte. Ao longo dos anos 1980, a exibição de corpos modelados pelo fisiculturismo por artistas de cinema e televisão, como o ator austro-americano Arnold Schwarzenegger (1947-), levou muitos jovens a consumir drogas que promovem o aumento da massa muscular rapidamente, os chamados esteroides anabolizantes. Como consequência, muitos desenvolveram transtorno dismórfico muscular, em que a pessoa se vê magra e fraca, apesar de ter um corpo musculoso, e recorre a medidas drásticas para mudá-lo.

Para ir mais longe Transtorno Dismórfico Muscular

No transtorno dismórfico muscular, também conhecido como vigorexia, o indivíduo passa a ter preocupação excessiva com a prática de exercícios, isolando-se socialmente de outras atividades. O exercício se transforma em uma obsessão e acaba definindo todas as atividades da vida do indivíduo, o que traz sofrimento e angústia. A situação também aumenta o risco do uso de esteroides anabolizantes, substâncias que trazem sérios riscos à saúde, como: irritabilidade, piora do sono, agressividade, queda de cabelo, pele oleosa, acne, doenças do fígado, como hepatite, aumento do músculo cardíaco e da pressão arterial, o que pode levar a infarto e derrame, diminuição dos testículos e da qualidade do esperma, podendo levar a infertilidade e impotência sexual, maior risco de câncer e desenvolvimento das mamas (ginecomastia).

O excessivo apelo midiático em relação aos padrões de beleza, tanto para homens quanto para mulheres, levanta questões sociais e de saúde que têm chamado a atenção sobre o tema. A supervalorização da força e da virilidade masculina acaba validando comportamentos dominadores e agressivos dos homens em relação às mulheres, contribuindo para o risco de violência contra a mulher.

A ideia de ter corpo atlético e musculoso traz pressão para a vida dos jovens, e aqueles que não conseguem ou não desejam se enquadrar nos perfis idealizados acabam se sentindo inferiorizados e excluídos. Por isso, é importante discutir o tema, ampliar seus conhecimentos científicos e conhecer jovens que têm criticado a imposição de padrões de masculinidade.

Saiba +

Assista ao documentário *O silêncio dos homens*, de Guilherme Nascimento Valadares, 2019. (Brasil: Papo de homem, 60 min), que traz depoimentos de homens de diferentes idades, que refletem sobre o padrão de masculinidade aprendido, a opressão emocional que vivenciam, o que gera dificuldades de se expressar emocionalmente e sobre o uso da violência nas comunicações. Disponível em: www.youtube.com/watch?v=NRom49UVXCE (acesso em: 20 maio 2022).

Experimentação Nossos padrões de beleza

O objetivo desta atividade é debater como você e os colegas definem padrões de beleza.

1. Busque revistas impressas, atuais ou antigas, de grande circulação, se possível publicações que divulgam estratégias para "conquistar o corpo ideal".
2. A turma deve se organizar em grupos de quatro a seis integrantes.
3. Os grupos vão analisar as imagens das revistas coletadas. Cada participante do grupo deve escolher e recortar da revista a imagem de uma pessoa que considere bonita.
4. O grupo deve compor um cartaz com todas as imagens selecionadas e afixá-lo em um local visível para os demais grupos.
5. Quando todos os grupos terminarem, observem os cartazes. Depois, organizem uma roda de conversa e debatam as seguintes questões com o professor e os colegas:
   - Há características em comum nas imagens selecionadas?
   - Que critérios foram adotados por cada publicação para definir as pessoas bonitas?
   - Em geral, o que determina os padrões de beleza na sua turma?

Diário de bordo

Registre no diário de bordo as ideias levantadas pela turma nesta atividade de experimentação.

Padrões de beleza e racismo

Você já parou para pensar em quanto conhecimento foi produzido sobre padrões de beleza e como eles afetam a vida, a saúde, o comportamento social, os sentimentos e os pensamentos de jovens? Ou como as ciências sociais buscam explicar essas questões?

Os padrões de beleza afetam não apenas o conceito de boa forma física, mas da cor da pele, dos traços, da origem étnica e da presença de deficiências. O concurso Miss Universo, por exemplo, que acontece desde 1952, elegeu apenas cinco mulheres negras. A primeira Miss Universo negra foi Janelle Commissiong (1953-), em 1977. Em 2019, foi a vez da sul-africana Zozibini Tunzi (1993-) vencer o concurso.

Gallo Images/Getty Images

Zozibini Tunzi recebe título de Miss África do Sul em 2019 e no mesmo ano também vence a disputa como Miss Universo.

CBS Photo Archive/Getty Images

Janelle Commissiong, a primeira mulher negra a receber o título de Miss Universo, em 1977.

Em fevereiro de 2020, a maquiadora Jessica de Almeida Linhares, do Rio de Janeiro (RJ), fez uma publicação em uma rede social chamando a atenção sobre a imposição de padrões de beleza eurocêntricos às mulheres negras.

5. Leia a seguir a publicação de Jessica de Almeida Linhares e, com base nela, converse com o professor e os colegas sobre as relações entre racismo e padrões de beleza.

> É importante perceber como o racismo nos faz, por diversas vezes, eternizar em nossos corpos um padrão de beleza eurocêntrico.
>
> Ainda vivemos essa falta gigantesca de rostos pretos com traços negroides aparecendo em campanhas, desfiles e comerciais de TV como referência real de beleza.
>
> Estamos no tempo em que as pessoas se sentem livres para chamar Blue Ivy de feia por se parecer com seu pai negro, na era em que maquiagem para pele negra segue sendo negligenciada por grandes marcas que insistem em produzir suas bases e produtos visando apenas mulheres brancas.
>
> Eu me lembro bem onde começou meu desejo por traços mais finos: foi na infância, quando uma prima me disse que o meu nariz era feio por ser largo. Depois daquele dia eu passei a colocar um pregador no nariz, numa tentativa inútil de afiná-lo. Isso é cruel demais e deixam marcas bem profundas em nossa autoestima.
>
> Sei que grande parte das minhas amigas vivenciou algo parecido na tentativa de se embranquecer. E o contorno na maquiagem pode parecer algo muito inocente, bobo até. Mas pense comigo: quem foi que colocou na sua cabeça essa imagem de nariz fino e empinado como padrão de bonito?
>
> Cada vez que usamos esse artifício estamos perpetuando uma imagem, ainda que inconscientemente, de que a beleza só mora nesse padrão europeu. Isso é muito sério!
>
> Não é só um contorno, é uma forma de seguir buscando se encaixar nesses moldes de estética que sempre nos fizeram praticar o auto-ódio.
>
> Você pode falar pra mim: mas Jéssica eu odeio o meu nariz! Isso não tem relação com eu ser negra.
>
> Eu vou te responder com um trecho do discurso "Quem te ensinou a se odiar?". Feito por Malcom X em 1962: "Quem te ensinou a odiar a textura do seu cabelo? Quem te ensinou a odiar a cor da sua pele, a ponto de você se clarear para parecer como um homem branco? Quem te ensinou a odiar o formato de seu nariz e seus lábios? Quem te ensinou a se odiar da cabeça às solas de seus pés? Quem te ensinou a odiar pessoas como você? Quem te ensinou a odiar a raça à qual pertence, a ponto de vocês não quererem estar próximos uns dos outros? [...]"
>
> Vamos juntas repensar os padrões! **#belezanegra**

LINHARES, Jessica. Por que você afina o seu nariz com maquiagem?. *Instagram*, 27 jan. 2020. Disponível em: www.instagram.com/p/B71WbZVpvQK/?utm_. Acesso em: 20 maio 2022.

Segundo a pesquisa "Transtorno alimentar em estudantes negras de Salvador: a relação com a imagem corporal", de autoria de Liliane de Jesus Bittencourt e Mônica de Oliveira Nunes, os efeitos do racismo e da desigualdade social podem ser ainda mais graves para a saúde e a imagem corporal dessas mulheres. As mulheres negras podem ser triplamente afetadas pela pressão dos padrões de beleza por serem mulheres, negras e pobres. Para as autoras, outros marcadores sociais da diferença, como a presença de deficiências, trazem maior suscetibilidade do sujeito diante da imposição de padrões de beleza corporal.

Para ir mais longe Mecanismos de perpetuação das desigualdades

Os marcadores sociais da diferença se constituíram como um campo de estudos da sociologia que analisa como as desigualdades são construídas e que mecanismos atuam para perpetuá-las. Os principais marcadores sociais da diferença são:

- Desigualdades de gênero: manifestam-se na exclusão das mulheres em diferentes campos sociais, bem como na falta de respeito aos seus direitos.
- Desigualdades raciais: decorrentes da dominação e da colonização no Brasil; afetam sobretudo as populações negra e indígena, mas também podem afetar nacionalidades diferentes das europeias e estadunidense, como os chineses, os indianos, os árabes e os latinos.
- Desigualdade de orientação sexual: marca o preconceito contra pessoas que não se enquadram na opção heteronormativa de sexualidade, assim como a exclusão desse grupo em diferentes âmbitos sociais.
- Desigualdade econômica: diz respeito à distribuição desigual de renda, acesso a moradia, educação e saúde.
- Desigualdades geracionais: afetam os direitos dos jovens, o reconhecimento de suas produções culturais, assim como a oferta de trabalho, com subempregos mal remunerados. Afetam também os direitos, a inserção social e as possibilidades de trabalho e reconhecimento das pessoas idosas.

Um mesmo sujeito pode acumular os efeitos dos diferentes marcadores sociais de diferença, tornando-se ainda mais suscetível de sofrer com as desigualdades.

Padrões de beleza e as pessoas com deficiência

Embora nos últimos anos leis e convenções internacionais tenham buscado garantir direitos iguais para as pessoas com deficiência, elas ainda sofrem com estigmas relacionados à aparência. Sendo muitas vezes consideradas incapazes, são discriminadas e pouco representadas. Segundo o sociólogo Zygmunt Bauman, o não reconhecimento da diferença está imbricado na constituição de padrões de normalidade em relações de poder que impõem aos diferentes o sentimento de não pertencimento à sociedade. O estranho é aquele que foge do padrão de beleza e de produtividade. O estranhamento social diante da diferença gera sentimentos de inadequação e alterações na autoimagem das pessoas com deficiência.

6. Observe as imagens, leia as legendas e responda oralmente às questões.

Reprodução/Instagram Gucci

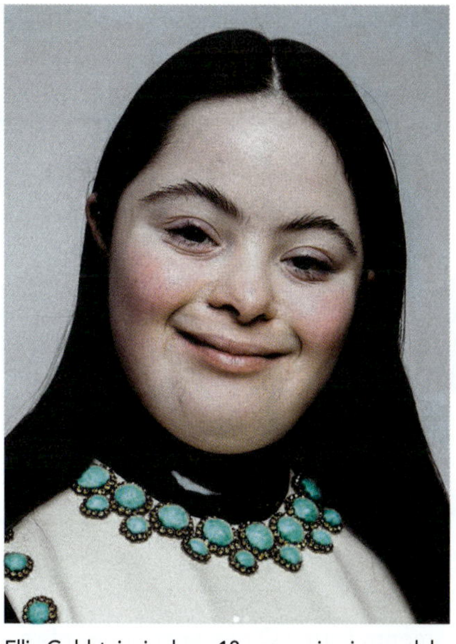

Ellie Goldstein, inglesa, 18 anos, primeira modelo com síndrome de Down a estrelar campanhas publicitárias de grandes marcas de roupa.

Graham Stone/Shutterstock

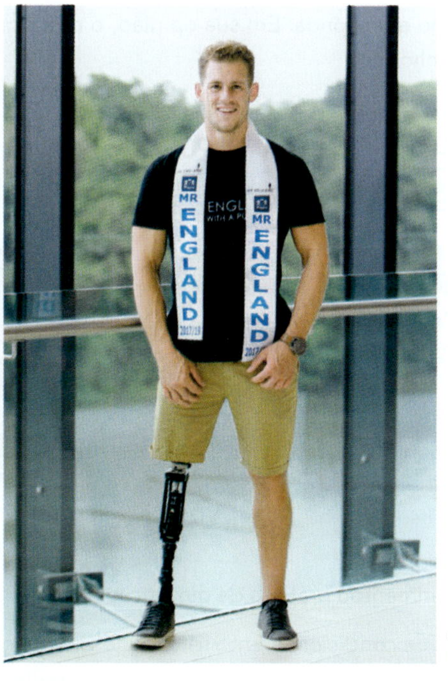

Jack Years, eleito Mister Inglaterra em 2017.

a) É possível supor que essas pessoas sofreram ou sofrem alguma forma de discriminação em razão da aparência?

b) As pessoas retratadas nas fotografias são consideradas bonitas pela sociedade? Por quê?

c) Homens e mulheres, negros e brancos, pessoas com ou sem deficiência sofrem da mesma forma com pressões sociais relacionadas aos padrões estéticos?

A maior representatividade social e a garantia de acesso à cultura, incluindo às práticas corporais, têm sido vistas como importantes mecanismos para o reconhecimento das identidades das pessoas com deficiência.

Para ir mais longe A pessoa com deficiência

O Estatuto da Pessoa com Deficiência define:

> Art. 2º Considera-se pessoa com deficiência aquela que tem impedimento de longo prazo de natureza física, mental, intelectual ou sensorial, o qual, em interação com uma ou mais barreiras, pode obstruir sua participação plena e efetiva na sociedade em igualdade de condições com as demais pessoas.
>
> BRASIL. Lei n. 13 146, de 6 de julho de 2015. *Estatuto da Pessoa com Deficiência*. Brasília, DF: Presidência da República. Disponível em: www.planalto.gov.br/ccivil_03/_ato2015-2018/2015/lei/l13146.htm. Acesso em: 20 maio 2022.

Tal definição procura superar o uso de expressões como "deficiente" e "portadores de deficiência ou de necessidades especiais", as quais colocam a questão no plano individual. O termo "pessoa com deficiência" atribui a limitação ou o impedimento de participação social da pessoa à falta de condições sociais e à existência de barreiras físicas e culturais.

Ginásticas de condicionamento físico e aptidão física

As modalidades de ginástica de condicionamento físico, muitas vezes associadas à busca por padrões de beleza, como você observou no início de **Padrões de beleza, ginásticas e esportes**, podem ser vivenciadas com outros sentidos, como a melhoria da aptidão física, o autoconhecimento e a ampliação da consciência corporal. Nesse enfoque, a experimentação das ginásticas respeita a individualidade dos praticantes. Ginásticas de condicionamento físico são definidas na BNCC como:

> [...] exercitação corporal orientada à melhoria do rendimento, à aquisição e à manutenção da condição física individual ou à modificação da composição corporal. Geralmente, são organizadas em sessões planejadas de movimentos repetidos, com frequência e intensidade definidas.
>
> BRASIL. *Base Nacional Comum Curricular*. Brasília: MEC, 2018. p. 217.

7. Leia a tirinha de Armandinho e responda: Em sua opinião, o que significa a contraposição entre "corpo perfeito" e "corpo que funciona direitinho"?

© Armandinho, de Alexandre Beck/Acervo do cartunista

Armandinho, do cartunista Alexandre Beck.

8. Você se interessa ou já experimentou práticas de ginásticas de condicionamento físico? O que você sabe sobre elas?

São exemplos de ginásticas de condicionamento físico, que visam a melhora da aptidão física e os consequentes benefícios para a saúde: a prática de exercícios de fortalecimento muscular, como musculação, ginástica localizada, treinamento funcional; as práticas orientadas de exercícios aeróbicos, como caminhada, corrida, bicicleta ergométrica; e as aulas com passos de dança, como zumba e *step*.

A aptidão física é a capacidade de mobilizar adequadamente as funções e capacidades corporais para atividades do cotidiano, trabalho e lazer. Manter a condição física também contribui para evitar o desenvolvimento de doenças decorrentes da falta de movimento corporal, como a diminuição da mobilidade articular, da força, do equilíbrio e da resistência física.

A aptidão física refere-se à saúde e à promoção do desenvolvimento de capacidades físicas, como força, resistência muscular, resistência cardiorrespiratória e flexibilidade. Refere-se também ao desempenho motor, promovendo o desenvolvimento de habilidades como velocidade, agilidade, potência (força explosiva), coordenação e equilíbrio.

O conceito de aptidão física supõe o respeito à individualidade, ao ritmo e aos objetivos de cada praticante, pois nossas necessidades de aprimoramento de capacidades físicas são distintas. Esse é o principal ponto que diferencia o uso das ginásticas pautado no corpo ideal daquele que busca o desenvolvimento de capacidades físicas e habilidades de desempenho motor.

A prática de atividade física contribui para a saúde física e mental. Ainda que haja tarefas diversificadas em nossa rotina, a Organização Mundial da Saúde (OMS) recomenda 150 minutos de atividade física de intensidade moderada ou 75 minutos de intensidade elevada por semana para adultos, distribuídas em pelo menos três dias por semana.

Cassandra Cury/Pulsar Imagens

Idosa praticando exercício em praça pública de Florianópolis (SC), 2015.

Para crianças e adolescentes de 7 a 17 anos, a recomendação é realizar ao menos 60 minutos por dia de atividade física de intensidade moderada a vigorosa. Cabe, entretanto, problematizar até que ponto os mesmos marcadores sociais que afetam a vulnerabilidade aos padrões de beleza também podem afetar as condições concretas das pessoas para praticar atividades físicas.

9. Pessoas pobres ou ricas, homens ou mulheres, negros ou brancos têm as mesmas condições de cumprir as recomendações da OMS? Reflita e discuta oralmente com o professor e os colegas.

10. Em sua opinião, a prática de atividade física nas escolas ajuda o estudante a ter uma vida mais saudável fora da escola? Sua condição social interfere em seu cuidado com a saúde física?

Experimentação — Práticas de alongamento e resistência muscular

Para experimentar ginásticas de condicionamento físico, você deve iniciar com pequenas quantidades e aumentar gradualmente a duração, a frequência e a intensidade ao longo do tempo. Seu condicionamento físico e seu estado de saúde devem orientar a intensidade da atividade. Respirar confortavelmente, a ponto de poder manter uma conversa enquanto pratica atividades físicas, pode ser um indicativo de que a atividade é leve e moderada.

1. Formem grupos de quatro a seis participantes.

2. Conversem a respeito dos tipos de exercícios que vocês conhecem envolvendo alongamento e resistência muscular. Procurem se lembrar de exercícios praticados em aulas de Educação Física.

- Compartilhem o que sabem: cada membro do grupo pode trazer e demonstrar um desses exercícios aos colegas.

3. Organizem o repertório de exercícios trazido pelo grupo em uma sequência que inicie com práticas de alongamento seguidas de exercícios que trabalhem a resistência muscular.

4. Lembrem-se de prestar atenção na postura e na respiração. Cuidem para que o repertório escolhido seja adequado para todos.

5. Em um momento combinado com o professor, cada grupo deve apresentar aos demais a sequência que criou.

Alongamento

A prática contribui para a melhora da flexibilidade, pois o espaço entre as articulações é ampliado pela ação dos músculos que se inserem nelas. A prática também permite aumentar a amplitude do movimento muscular e da elasticidade das fibras musculares.

Denise Andersen/Shutterstock

Em pé, junte as mãos entrelaçando os dedos. Empurre as palmas das mãos para o alto, esticando braços, pernas e costas. Em seguida, faça uma leve inclinação para um dos lados e mantenha a postura por alguns instantes. Repita o movimento para o outro lado. (figura 1)

Figura 1

Em pé, alongue o pescoço movendo a cabeça para a frente, para trás e para os lados. Você pode utilizar a mão para empurrar ou puxar sutilmente a cabeça, ajudando na execução do movimento (ao inclinar a cabeça para o lado direito, use a mão direita como auxílio; faça a mesma coisa para o outro lado). (figura 2)

Anatoliy Karlyuk/Shutterstock

Figura 2

stockfour/Shutterstock

De pé, junte as duas pernas e flexione levemente os joelhos; solte o corpo para a frente. Relaxe os ombros e o pescoço, tentando chegar com as mãos o mais próximo possível do chão. Retorne à posição inicial devagar, respirando suavemente. (figura 3)

Figura 3

Eleve um dos braços e flexione-o junto à cabeça. Use o outro braço para segurá-lo na região do cotovelo, mantendo-o na posição. Repita o exercício do outro lado. (figura 4)

Dragon Images/Shutterstock

Figura 4

Cruze um dos braços na frente do tórax, mantendo-o esticado, e use a mão livre para pressionar o cotovelo junto ao peito. Repita do outro lado. Experimente fazer também uma rotação simultânea dos dois ombros, para a frente e para trás. (figura 5)

AnastasiaDudka/Shutterstock

Figura 5

Mangostar/Shutterstock

Entrelace os dedos atrás das costas, com as palmas das mãos voltadas para dentro. Lentamente, eleve-as de modo que sinta os ombros alongados. (figura 6)

Figura 6

Deitado em decúbito ventral (barriga para baixo), dobre os cotovelos e apoie as mãos no chão. Inspire e eleve o tronco flexionando a região lombar das costas e tentando olhar para o alto. Deixe as pernas esticadas. (figura 7)

Sergey Chayko/Shutterstock

Figura 7

Deitado em decúbito dorsal (costas para baixo), joelhos flexionados e pés no chão, levante o quadril lentamente até apoiar o corpo nos ombros. Inspire e mantenha a posição por alguns segundos, retornando devagar à posição inicial. (figura 8)

Maridav/Shutterstock

Figura 8

Deitado em decúbito dorsal e joelhos flexionados, levante somente a perna direita, segurando com as duas mãos por trás da coxa. Leve o tronco em direção à perna, tentando subir progressivamente até alcançar o tornozelo ou o mais próximo que conseguir. Permaneça por alguns segundos na última posição alcançada e retorne devagar à posição inicial. Faça o mesmo com a outra perna e, depois, tente realizar com as duas pernas juntas. (figura 9)

TORWAISTUDIO/Shutterstock

Figura 9

Sentado no chão, com a coluna ereta, deixe uma das pernas estendida e a outra flexionada, com a planta do pé apoiada na parte de dentro da perna estendida. Com as duas mãos tente alcançar a ponta do pé da perna estendida (ou o mais longe que conseguir), flexionando o tronco. Segure a posição por alguns segundos e volte ao início. Faça o mesmo do outro lado. (figura 10)

wavebreakmedia/Shutterstock

Figura 10

Resistência muscular

Prancha: deitado em decúbito ventral, apoie as mãos e as pontas dos pés no chão. Suba o corpo, deixando os braços esticados. Tente manter a posição de forma ereta por cerca de 15 a 30 segundos. Uma alternativa é executar o movimento apoiando-se nos cotovelos, em vez de apoiar-se nas mãos. (figura 11)

shurkin_son/Shutterstock

Figura 11

Flexão de braços: deitado em decúbito ventral, apoie as mãos no solo, afastadas em uma largura um pouco maior do que a dos ombros. Como na prancha, estenda os cotovelos, subindo o corpo todo de uma vez. Mantenha o tronco ereto e alinhado. (figura 12)

Syda Productions/Shutterstock

Figura 12

Em seguida, flexione os cotovelos e desça o corpo em direção ao chão, mas mantendo uma elevação. Repita, fazendo o movimento de subir e descer o corpo. Uma alternativa é executar o movimento com os joelhos apoiados no chão. (figura 13)

Syda Productions/Shutterstock

Figura 13

Agachamento unilateral: em pé, posicione uma perna com um passo à frente e a outra atrás. Agache, flexionando o joelho de forma que a perna que está à frente forme um ângulo de 90°. Retorne à posição inicial e faça o mesmo movimento, alternando o direcionamento das pernas. (figura 14)

Maridav/Shutterstock

Figura 14

Tríceps na cadeira: coloque uma cadeira (ou banco) atrás de você, de preferência encostada em uma parede. Sente-se no chão em frente à cadeira, com as pernas estendidas para a frente. Apoie as mãos na borda do assento, de costas para ele, separadas na mesma direção dos seus ombros. Erga o corpo, estendendo totalmente os braços. (figura 15)

Syda Productions/Shutterstock

Figura 15

Depois, abaixe lentamente o corpo, flexionando os cotovelos até um ângulo próximo de 90°. Em seguida, retorne à posição inicial. Uma alternativa é executar o mesmo movimento com os joelhos flexionados. (figura 16)

Syda Productions/Shutterstock

Figura 16

Saiba +

Conheça o *Guia de Atividade Física para a população brasileira*, publicado pelo Ministério da Saúde, em 2021. Disponível em: https://bvsms.saude.gov.br/bvs/publicacoes/guia_atividade_fisica_populacao_brasileira.pdf (acesso em: 20 maio 2022).

A arte da escultura na Grécia antiga (Arte)

A arte da Grécia antiga exerceu uma grande influência na arte europeia. Consequentemente, devido aos processos de colonização e de imposição cultural, também influenciou os países colonizados, como o Brasil, especialmente com relação à concepção de beleza. Entender o que é a beleza na arte é uma questão filosófica tratada pelos filósofos gregos.

Aristóteles (384 a.C.-322 a.C.), em *Metafísica* (século IV a.C.), definia a beleza pela ordem e pela simetria, aproximando-se de **Pitágoras** (570 a.C.-495 a.C.), que associava a beleza a princípios matemáticos e à proporção. Para **Platão** (c. 427 a.C.- c. 347 a.C.), a beleza era uma ideia, um ideal.

Esses pensamentos refletem as características das estátuas gregas de diversos períodos, nas quais há a preocupação com a simetria, o equilíbrio das formas e uma harmonia ideal. Os artistas buscavam o desenvolvimento rigoroso das técnicas para a reprodução dos corpos com riqueza de detalhes. Outra característica que proporcionou liberdade artística aos escultores, se comparados a outras culturas que influenciaram os povos gregos, foi o fato de que as criações não tinham finalidade exclusivamente religiosa, eram também utilizadas em contextos de adorno e decoração de residências e localidades públicas.

Entre os vários períodos da arte grega, pode-se citar três principais: Período Arcaico; Período Clássico e Período Helenístico.

Período Arcaico (c. 610 a.C.-490 a.C.)

Período que vai do século VII a.C. até a época das **Guerras Greco-Pérsicas**, no século V a.C. A produção desse período tem uma grande influência da arte egípcia, tanto pela representação de figuras em posição rígida quanto pela técnica, que consistia em esculpir em grandes blocos de pedra.

Aristóteles: um dos mais importantes filósofos gregos, viveu na Grécia, no Período Clássico. Foi aluno de Platão e professor de Alexandre, o Grande.

Pitágoras: foi um dos grandes filósofos pré-socráticos e matemáticos da Grécia antiga.

Platão: foi filósofo e matemático do Período Clássico da Grécia antiga, fundador da Academia em Atenas, primeira instituição de educação superior do Ocidente. Escreveu diversos diálogos filosóficos, entre eles *A República*.

Guerras Greco-Pérsicas: foram conflitos que aconteceram no século V a.C. entre os antigos gregos e o Império Persa quando colônias gregas da região do Mediterrâneo Oriental tentaram ficar livres do domínio persa.

Guerras do Peloponeso: aconteceram quando as cidades-Estados gregas Atenas e Esparta entraram em conflito pela disputa do domínio da Grécia antiga.

As estátuas eram a representação idealizada de jovens, chamados de *kouros*, quando eram rapazes, e de *korés* para moças. As estátuas estavam sempre em posição ereta, com o peso do corpo distribuído igualmente entre as duas pernas, quase em tamanho humano e com feições dos rostos e músculos mostradas superficialmente.

As figuras masculinas eram retratadas nuas, enquanto as femininas com vestimentas. Os *kouros* e *korés* eram colocados em templos, santuários, espaços públicos ou em túmulos e não tinham o objetivo de representar indivíduos, mas sim de mostrar um ideal de beleza e virtude. Apesar da frontalidade, havia a impressão de movimento nas estátuas, com uma das pernas representadas à frente. Nas faces há também uma intenção de expressão, observável em um esboço de sorriso que é característico dessas estátuas, chamado de "sorriso arcaico".

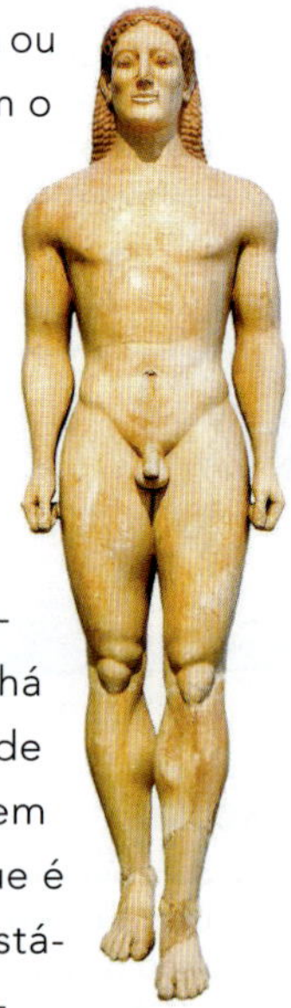

Estátua de *kouros*, Período Arcaico.

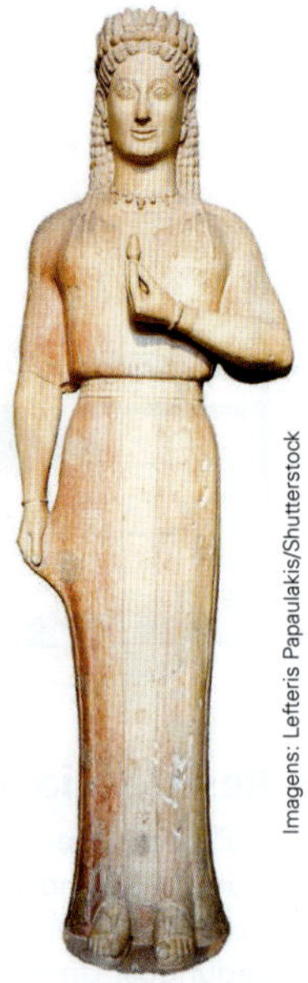

Estátua de *koré*, Período Arcaico.

Imagens: Lefteris Papaulakis/Shutterstock

Período Clássico (c. 490-323 a.C.)

O Período Clássico começa com as Guerras Greco-Pérsicas, no século V a.C., e vai até o século IV a.C. abrangendo a época das **Guerras do Peloponeso**. No século V a.C., também chamado do século de Péricles, aconteceu um grande desenvolvimento da cidade-Estado de Atenas, onde as artes, a política, a filosofia e a arquitetura tiveram um período de incentivo e florescimento.

As esculturas desse período passaram a ter maior realismo, mais verossimilhança e detalhamentos das representações anatômicas, em especial com relação à musculatura

Dima Moroz/Shutterstock

O *Doríforo* de Policleto, Museu Arqueológico Nacional de Nápoles (cópia romana em mármore do original grego. Dimensão: 2 m).

do tronco. Houve a criação de escolas que contribuíram para o estabelecimento de padrões como esses, ainda empregados na atualidade. Entre as novas convenções, os escultores passaram a fazer obras que não tinham a mesma rigidez de antes, com mais flexibilidade de posições do corpo, o que pode ser notado em exemplos de esculturas em que o posicionamento da cabeça está levemente inclinado, modificando a frontalidade do olhar, e o peso do corpo apoiado em uma das pernas com uma elevação de um dos quadris, com detalhes pensados para que a obra fosse observada de diferentes pontos de vista. Essas características podem ser observadas na obra *Doríforo*, do escultor Policleto (c. 460 a.C.-c. 420 a.C.), um dos mais representativos do período.

Nesse período também surgiram as primeiras representações de nudez feminina, como a *Afrodite de Cnido*, do escultor Praxíteles (c. 395 a.C.-330 a.C.), cuja escultura original data de cerca de 345 a.C. Além disso, as esculturas ganham diversidade em mobilidade, com a representação de realização de atividades, como no exemplo a seguir do *Discóbolo* (c. 455 a.C.).

Cópia em mármore do original grego da *Afrodite de Cnido*, Museu Nacional Romano.

Discóbolo, cópia romana da escultura grega de bronze.

Período Helenístico (c. 323-31 a.C.)

No final do Período Clássico, **Alexandre da Macedônia** (356 a.C.-323 a.C.) havia construído um império abrangendo a Grécia e territórios conquistados desde a Ásia ao norte da África. Por ter sido educado por Aristóteles, Alexandre era admirador da cultura grega e a difundia nos territórios conquistados. Com a morte de Alexandre, esse império desfragmentou-se em vários reinos, iniciando o período helenístico, que leva esse nome devido às produções culturais desses reinos.

Alexandre da Macedônia: conhecido como Alexandre III, o Grande, ou Alexandre Magno, foi rei do reino grego antigo da Macedônia. Em sua juventude, foi educado por Aristóteles e tornou-se um admirador da cultura helênica. Formou um grande império que se estendia do sudeste da Europa a Índia e foi considerado o maior líder militar da Antiguidade.

Nesse período, as obras recebem múltiplas influências, com explorações mais ousadas quanto aos ângulos, efeitos de transparência nos vestuários e uma variedade de posturas e maior expressividade de sentimentos e dramaticidade com o retrato de cenas que sugerem mobilidade ao observador. Surgem representações também de diferentes estágios da vida, como a infância e a velhice e a busca por contrastes como entre o nu e o vestido, vida e morte, força e debilidade.

Uma obra representativa das características desse período é *Laocoonte e seus filhos* de cerca de 200 a.C.

Laocoonte e seus filhos, cópia em mármore de original helenístico, Museus do Vaticano.

As cores das esculturas e a falsa ideia de superioridade

Uma das controvérsias históricas das esculturas gregas diz respeito às cores das obras. Ao longo dos séculos, desde o Renascimento italiano, difunde-se a ideia de que as esculturas eram monocromáticas, da cor dos materiais empregados em sua utilização. Segundo essa crença, as esculturas eram negras, quando feitas em bronze, e brancas, quando esculpidas em mármore.

Os renascentistas percebiam os resquícios de coloração nas estátuas da Antiguidade, mas só estudos posteriores, do século XIX, permitiram aos pesquisadores a confirmação de que originalmente as estátuas e mesmo as peças de arquitetura da Grécia antiga eram intensamente coloridas e ornamentadas. Entretanto, preferiu-se ignorar as descobertas e continuar associando à monocromia grega a ideia de pureza, perfeição e superioridade.

Os europeus buscavam nos gregos uma referência culta para si próprios, atribuindo a falta de cor a um refinamento de gosto que contrastava com obras de outros povos, considerados inferiores, que se caracterizam pela coloração e pelo excesso de ornamentos, o que era considerado vulgar aos ideais de superioridade europeu. Outro aspecto que reforçou a valorização de um imaginário monocromático para a antiguidade greco-romana deu-se ainda no Renascimento, como forma de contrapor-se à arte sacra medieval, que também era intensamente colorida.

Assim, os padrões de beleza da Antiguidade, como as proporções simétricas do corpo atlético, foram incorporados na produção dos artistas renascentistas, que também reforçaram uma associação de beleza à cor branca dos grupos étnicos centro-europeus. Monocromia associada ainda à ideia de seriedade, austeridade e intelectualidade que se colocava como superior às formas e cores de outras culturas.

Yiorgos Karahalis/Reuters/Fotoarena

Cópia da estátua do arqueiro Páris, do frontão oeste do Templo de Aphaia, exibida na exposição *Deus em cores* no Museu Arqueológico Nacional da Grécia, Atenas, em 2007.

A comprovação de que as estátuas eram coloridas permaneceu um tabu ainda durante o século XX. No entanto, um trabalho desenvolvido pelos pesquisadores do museu Liebieghaus, em Frankfurt, na Alemanha, resultou em 2003 em uma exposição chamada *Bunte Götter*, que em alemão significa *Deuses coloridos*. Essa exposição recriou estátuas famosas da Antiguidade grega reconstituindo a pigmentação original.

Saiba+

Assista à reportagem da BBC sobre as cores nas esculturas da Antiguidade greco-romana, *Como o mito de estátuas gregas brancas alimentou falsa ideia de superioridade europeia* (19 min 21 s). Disponível em: www.bbc.com/portuguese/geral-56723825 (acesso em: 20 maio 2022).
Acesse também o *site* da exposição *Deuses Coloridos*, do museu Liebieghaus, em Frankfurt. Há opções de leitura em alemão e inglês. Disponível em: https://buntegoetter.liebieghaus.de/en/ (acesso em: 20 maio 2022).

O embranquecimento do Egito antigo por meio de narrativas visuais

O Egito antigo é uma das mais expoentes civilizações que ocupou uma larga região do norte da África ao curso do rio Nilo, divisa com o mar Mediterrâneo. Muito antes dos faraós, povos nômades que viviam da caça percorriam a região das antigas planícies do Nilo em tempos pré-históricos. Um exemplo disso são as gravuras rupestres do Wadi Hammamat, com representações de animais e outras simbologias gravadas em pedra. Foi no Período Neolítico que esses grupos passaram a cultivar a agricultura e o pastoreio, criando comunidades na região ainda na época pré-dinástica.

Mike P Shepherd/Alamy/Fotoarena

Inscrições rupestres em Wadi Hammamat, no Egito.

O Egito antigo desenvolveu, além das monumentais e instigantes pirâmides, ricos saberes ligados à produção de utensílios, carros de transporte, pinturas, esculturas, instrumentos musicais, calendários, alfabeto, e até mesmo a importante criação do papiro e seus instrumentos de escrita. Além de adereços de uso cotidiano como perucas, joias exuberantes, maquiagens, vestimentas e perfumes. Os perfumes, por exemplo, eram produzidos com uma mistura de plantas aromáticas com resina e óleos. Eles eram armazenados em cones, colocados sobre a cabeça e utilizados geralmente em cerimônias e banquetes. Seu aroma volatilizava-se aos poucos com o calor da própria cabeça e do corpo.

Reprodução/Museu Britânico, Londres, Inglaterra.

Exemplo do uso do cone com perfume sobre a cabeça: flautistas usando um cone de perfume e perucas pretas frisadas, cerca de 1400 a.C.

De Agostini/Getty Images

Nesta estátua é possível observar a rainha egípcia Ahmose-Meritamun utilizando uma peruca volumosa, semelhante aos *dreadlocks* usados na atualidade. Dimensões: 32 cm × 9,8 cm × 19,8 cm.

Saiba+

Em 2020, o Centro Cultural Banco do Brasil (CCBB) de São Paulo produziu a exposição *Egito Antigo: do cotidiano à eternidade* com réplicas das imagens, objetos e esculturas. Realize um *tour* virtual pela exposição e conheça mais sobre essa importante civilização africana e suas produções culturais e artísticas. Disponível em: https://ccbb.com.br/programacao-digital/egito-antigo-do-cotidiano-a-eternidade/ (acesso em: 20 maio 2022).

1. Quando você pensa nos faraós e no povo do Egito antigo, o que vem a sua mente?
2. Qual estética relacionada à beleza dessa civilização foi construída em seu imaginário? Por quê?

Diante de tamanha sofisticação, essa importante civilização africana é representada até hoje, em especial pelas produções cinematográficas hollywoodianas, pela estética ariana de viés colonialista, estruturalmente racista e machista, em que importantes figuras históricas, e até mesmo o próprio povo, são encenadas por atrizes e atores brancos. A minoria negra, quando aparece, é colocada como indivíduos escravizados ou trabalhadores. Esse é o caso do filme *Cleópatra* (1963), interpretada pela atriz estadunidense Elizabeth Taylor. O pesquisador Anderson Ribeiro Oliva (2017) descreve uma das cenas do filme da seguinte maneira:

> Uma Cleópatra branca, interpretada pela atriz Elizabeth Taylor, ingressa em Roma com uma cerimônia marcada pelo esplendor. A rainha egípcia é exibida junto com seu filho em cima de uma enorme esfinge puxada por centenas de homens (supostamente escravos), alguns deles negros. Ao chegar à frente do púlpito, onde estavam Marco Antônio, César e alguns senadores romanos, ela é conduzida por homens negros da parte superior da esfinge até o solo. Estes se curvam perante sua passagem. Por fim, Cleópatra se curva diante dos líderes romanos e a multidão comemora o gesto.

OLIVA, Anderson Ribeiro. Desafricanizar o Egito, embranquecer Cleópatra: silêncios epistêmicos nas leituras eurocêntricas sobre o Egito em manuais escolares de História no PNLD 2018. *Romanitas – Revista de Estudos Grecolatinos*, n. 10, p. 26-63, 2017.

Mary Evans/AF Archive/Aquarius/Easypix Brasil

A atriz Elizabeth Taylor como a rainha do Egito em cena do filme *Cleópatra*, 1963.

Para o pesquisador, o filme colaborou com a construção de um imaginário branco do Egito antigo ao ter como protagonista uma atriz de traços tipicamente europeus. A justificativa por essa escolha se deu pelas origens macedônicas de Cleópatra, retirando dela qualquer tipo de traços negroides, assim como de muitos outros personagens do filme. O autor também aponta que a negação da africanidade dessa civilização foi enfatizada em narrativas visuais construídas em especial a partir do século XVIII.

Um exemplo é a pintura do italiano John William Waterhouse (1849-1917), filho de mãe e pai ingleses, em que o tom da pele e traços da rainha Cleópatra são brancos, muito semelhante aos biotipos de narrativa greco-romanos.

John William Waterhouse/Coleção Particular

Cleópatra. John William Waterhouse, 1888. Tela. Tinta a óleo. Coleção particular.

The York Project/Wikipedia/Wikimedia Commons 2.0

Nefertari, pintura de cerca de 1298 a.C a 1235 a.C. Dimensões: 120 cm × 83 cm.

Saiba +

A tumba da rainha Nefertari foi encontrada por arqueólogos em 1904. Ela está localizada às margens do rio Nilo, no Vale das Rainhas, possui 520 metros quadrados e é considerada um dos túmulos mais esplendorosos do Egito antigo. Faça uma visita virtual para conhecer a tumba da rainha Nefertari em: https://store.steampowered.com/app/861400/Nefertari_Journey_to_Eternity/ (acesso em: 20 maio 2022).

Experimentação Estereótipos e preconceitos nas representações de imagens

Nessa experimentação vocês vão pesquisar imagens presentes na mídia brasileira que reforçam estéticas de corpos sob o padrão de beleza estadunidense e europeu, e de corpos magros ou atléticos no imaginário cultural brasileiro.

1. Formem grupos de três pessoas.
2. Investiguem e selecionem essas imagens, que podem ser tanto de revistas, *sites* ou até mesmo trechos de comerciais, novelas, séries ou filmes.
3. Façam uma leitura crítica do material selecionado, buscando observar todos os aspectos que compõem a imagem, desde os corpos das pessoas, até suas vestimentas, adereços, maquiagem, penteados, posturas ou encenação. Nessa análise descreva tudo o que está presente na imagem/cena. Busquem criar livres associações e metáforas para suas interpretações, assim como os aspectos sociais e histórico-culturais das referências que identificarem e as possíveis construções de imaginários que as imagens sugerem.
4. Após essa análise e escrita, compartilhem com os demais grupos a pesquisa realizada. Arquive em seu **Portfólio** a análise que você escreveu.

Artigo de divulgação científica (Língua Portuguesa)

O texto que você vai ler agora é um artigo de divulgação científica escrito por estudantes da iniciação científica do Ensino Médio de uma escola do Rio de Janeiro (RJ). Após o primeiro exercício de leitura apreciativa, para reconhecimento do conteúdo, que deve levar a uma reflexão sobre o tema, você deverá levantar quais elementos tornam esse texto um exemplar do gênero. Ao final do estudo, você e os colegas devem discutir o que é dado e o que é interpretação nesse artigo.

Reprodução/Revista do Departamento de Educação Física, Colégio Pedro II

Capa da página inicial do *site* da revista acadêmica *Temas em Educação Física Escolar*, do Colégio Pedro II – Departamento de Educação Física, Rio de Janeiro (RJ).

Relação entre corpo, escola, mídia e sociedade no Colégio Pedro II

INTRODUÇÃO

O corpo na sociedade contemporânea não é mais entendido como um conglomerado de músculos, ossos e articulações. Ele agora é mercadoria, assim como provisório, mutável e mutante, propenso a diferentes intervenções com objetivo de "atingir" o corpo "perfeito" – a chamada busca pela boa forma –, aquele magro e atlético, sinônimo de sucesso e beleza concebido pela indústria do corpo e veiculado pela grande mídia. Para Mirian Goldenberg (2002), a busca pela boa forma ganhou uma dimensão social inédita na segunda metade do século XX: entrou na era das massas. Para a autora,

> A industrialização, e mercantilização, difusão generalizada das normas e imagens, profissionalização do ideal estético com a abertura de novas carreiras, inflação dos cuidados com o rosto e com o corpo: a combinação de todos esses fenômenos funda a ideia de um novo momento da história da beleza feminina e, em menor grau, masculina. A mídia adquiriu um imenso poder de influência sobre os indivíduos, generalizou a paixão pela moda, expandiu o consumo de produtos de beleza e tornou a aparência uma dimensão essencial da identidade para um maior número de mulheres e homens (GOLDENBERG, 2002, p. 8).

Na era do ver e ser visto, cuidar do corpo é mais que uma obrigação; passou a ser um mandamento. Há, como apontou Mirian Goldenberg, um processo de universalização no que tange aos cuidados com o corpo, pois hoje existem produtos e procedimentos para todos os tipos de necessidades/desejos/vontades relacionados ao corpo, com diferentes indicações e recomendações para cada tipo de corpo, ou seja, o processo de individualização é uma condição na sociedade contemporânea. Os diferentes tipos de produtos e procedimentos existentes para os cuidados com o corpo revelam outra característica da sociedade atual, pautada pelo consumo: a do excesso. Tal aspecto está presente nos produtos de beleza e estética das mais diferentes marcas, indicações, preços e promessas, além dos procedimentos estéticos e cirúrgicos que podem ser divididos em suaves prestações, reforçando o argumento sobre a universalização dos cuidados com o corpo apontado por Mirian Goldenberg.

[...]

Como sugeriu Miriam Goldenberg (2002), a exposição do corpo na sociedade contemporânea, principalmente aquele magro e atlético, gera, muitas vezes, sentimentos de insegurança e medo naquele que não o possui, como os jovens e adolescentes do Colégio Pedro II, que serão os sujeitos desta pesquisa. Neste sentido, gostaríamos de salientar que este estudo é fruto de nossas inquietações como estudantes e bolsistas da Iniciação Científica do Colégio Pedro II, mas, também, como adolescentes que vivem imersas às pressões e regulações do corpo na sociedade contemporânea.

OBJETIVO

A pesquisa busca compreender a relação entre o Colégio Pedro II, a mídia e a sociedade na construção dos corpos dos estudantes do Ensino Médio do Colégio Pedro II – Campus São Cristóvão III.

METODOLOGIA

O estudo caracteriza-se por ser uma pesquisa do tipo survey exploratória de caráter quantiqualitativa (RICHARDSON, 1999), aplicada a partir do questionário survey on-line. A escolha se deu pela necessidade de ampliar nosso olhar sobre as questões relacionadas à problemática que o trabalho se propôs a investigar. Participaram da pesquisa cento e quarenta estudantes do Ensino Médio do Colégio Pedro II – Campus São Cristóvão III. A coleta dos dados se deu por meio de questionário semiestruturado do tipo survey on-line, aplicado por meio da ferramenta Formulários Google.

RESULTADOS E DISCUSSÃO

Os resultados da pesquisa foram muito interessantes, bem como reveladores sobre a relação que os estudantes estabelecem com seus corpos. A seguir, destacaremos alguns.

O primeiro dado a ser destacado e que é bem relevante, está intimamente ligado à participação dos estudantes na pesquisa, pois cerca de 80,3% de nossa amostra é composta por meninas, enquanto o número de meninos participantes é bem menor, 19,7%. De acordo com Goldenberg (2002), esse fenômeno se justifica devido a uma maior pressão/regulação exercida pela sociedade e mídia sobre os corpos das mulheres, o que, de certa maneira, faz com que elas estejam mais atentas e dispostas a falar sobre esse tema.

A pesquisa também demonstrou que o peso corporal foi apontado como o principal motivo para 39,4% dos estudantes que responderam não gostar de seus corpos e 31,4% que não se sentem satisfeitos com ele, ou seja, para nossa pesquisa, não gostar ou não estar satisfeito com o corpo está majoritariamente associado ao peso corporal. Para Fortes et al. (2014), a mídia é a maior responsável por esse processo, pois transmite imagens de corpos magros e atléticos associados à beleza e ao sucesso, que normalmente se distanciam da realidade das adolescentes, gerando sentimentos de descontentamento com a aparência física, forma corporal e peso. Assim como Fortes et al. (2014), para Florêncio et al. (2016), a pressão exercida pela sociedade e pela mídia é a maior responsável pelo surgimento de insatisfação com o peso e o tamanho corporal, principalmente em adolescentes do sexo feminino. Para 70,1% dos estudantes entrevistados a mídia influencia de alguma maneira o modo como nos relacionamos com o corpo, seja a partir das estratégias de Marketing ou redes sociais (Facebook e Instagram). Os estudantes entendem e sabem que existe uma força e um poder presente em diferentes estratégias midiáticas que tentam guiar nossas vidas e influenciar nossas escolhas. Segundo os estudos, a mídia assume importante papel na construção da identidade do adolescente, a partir de um processo chamado por Goellner e Figueira (2002) de pedagogia cultural. De acordo com as autoras, as mídias, por meio de diferentes estratégias, exercem sobre os adolescentes um grande poder, no sentido de educá-los no que diz respeito à construção de um corpo jovem, moderno e saudável. Para Souza et al. (2013)

> Os veículos de comunicação de massa influenciam comportamentos sociais, modelando a forma como as pessoas se relacionam, como aprendem, compram, votam, procuram e utilizam serviços de saúde, fazem sexo e cuidam do corpo. Enquanto dispositivo de poder a serviço de uma comunicação baseada em fórmulas de mercado, a mídia atualiza constantemente as práticas coercitivas que atuam explicitamente sobre a materialidade do corpo e parece construir uma identidade corporal midiatizada pela divulgação e capitalização do chamado "culto ao corpo". A influência da mídia na construção do corpo ideal ganhou força e ampliou a paixão pela moda,

expandiu o consumo de produtos que garantem um corpo belo e tornou a aparência física uma dimensão essencial da identidade feminina e masculina (acréscimo nosso), inaugurando um novo momento na história da beleza. O corpo deixa então de ser pensado na sua complexidade e subjetividade e passa a ser objeto de consumo, que gera mais consumo (p. 63).

Portanto, assim como os autores, os estudantes acreditam que as diferentes mídias exercem poder sobre as decisões de consumo dos adolescentes, bem como a construção de "corpos ideais" que servem apenas como vetor que gera insatisfação, insegurança e ansiedade nos sujeitos que vivem na sociedade contemporânea.

Por fim, quando perguntados como se sentem quando estão em frente ao espelho, 43% se disseram felizes e seguros, enquanto 41,6% apontaram que ficam infelizes e inseguros e 13,4% responderam o campo outros. Esses dados demonstram como é difícil para o estudante lidar com as diferentes questões que cercam o corpo na sociedade contemporânea. Além disso, demonstra que mesmo convivendo em um ambiente diversificado e que proporcione reflexões acerca das questões que envolvam o corpo, como nas disciplinas de Educação Física e Sociologia, os estudantes do Colégio Pedro II não estão livres das contradições que cercam as questões referentes à estética corporal.

CONCLUSÕES

A pesquisa aponta para uma necessidade de apresentar e discutir temas relacionados ao corpo dentro do Colégio Pedro II, pois, mesmo estudantes que apresentam visão ampla e crítica sobre as questões que cercam o corpo, se sentem reféns das imposições sociais e midiáticas sobre ele. Nesse sentido, apresenta-se também a necessidade da disciplina Educação Física ampliar e aprofundar seu olhar para as diferentes questões que cercam o corpo jovem e adolescente na sociedade contemporâneo pautada pelo consumo, possibilitando mais um espaço de diálogo e reflexão crítica sobre os desafios que são impostos a nossos jovens a cada dia.

SILVA, Guilherme de C. R. F.; BARBOSA, Clara A.; LIRA, Maria Eduarda de L.; BARBOSA, Rafaela de Lima. Relação entre corpo, escola, mídia e sociedade no Colégio Pedro II. *Temas em Educação Física Escolar*, Rio de Janeiro, v. 3, n. 1, out. 2018, p. 53-59. Disponível em: https://cp2.g12.br/ojs/index.php/temasemedfisicaescolar/article/view/2092/1415. Acesso em: 20 maio 2022.

Para ir mais longe — Método científico

Definido como um conjunto de regras para a realização de um experimento, o método científico pode tanto levar à produção de um novo conhecimento quanto corrigir ou integrar novas informações ou abordagens a conhecimentos já existentes. Para isso, em geral, a comunidade científica segue as mesmas etapas:

1. Observa ou delimita um problema.
2. Formula uma pergunta.
3. Faz uma revisão bibliográfica de modo a conhecer o que já existe sobre o assunto.
4. Formula uma hipótese.
5. Faz o experimento que poderá confirmar ou refutar a hipótese formulada.

1. Qual é o objetivo de um artigo de divulgação científica?

2. Reveja a estrutura do artigo e observe que ele é composto de cinco partes.

a) Reconheça cada uma delas e deduza suas funções.

b) Em sua opinião, por que um artigo de divulgação científica deve ser estruturado dessa forma?

3. Considere o conteúdo das diferentes partes do artigo e descreva brevemente o provável percurso feito pelos estudantes para realizar a pesquisa.

4. Identifique as expressões usadas pelos pesquisadores para citar autores da bibliografia pesquisada.

5. Dentre os trechos destacados na questão anterior, quais estabelecem uma relação entre diferentes autores? E quais se referem a exemplos práticos que confirmam a teoria?

6. Reveja, em "Metodologia", os procedimentos adotados pelos pesquisadores para a produção da pesquisa.

a) Por que esses procedimentos eram importantes para alcançar o objetivo?

b) Que informações os pesquisadores esperavam obter com a aplicação desses procedimentos?

7. Releia "Resultados e Discussão".

a) Destaque os dados numéricos apresentados.

b) Cada dado numérico é seguido de uma interpretação. Que recurso é adotado para que a interpretação do dado seja confiável?

c) O recurso adotado, em sua opinião, é suficiente?

8. Releia "Conclusões".

a) Os pesquisadores:

- retomaram dados da pesquisa?
- sugeriram mais estudos para que as conclusões fossem validadas?
- propuseram ações em função dos resultados obtidos?

b) Entre os autores do artigo, está o professor do departamento de Educação Física do Colégio Pedro II e três estudantes da terceira série do Ensino Médio do mesmo colégio, bolsistas de iniciação científica. Em sua opinião, o fato de haver estudantes do colégio entre os pesquisadores influenciou a redação das conclusões? Comente sua resposta.

9. Releia o título do artigo de divulgação científica. Você reconheceu ao longo do texto todos aqueles itens? Justifique sua resposta com trechos do artigo.

O artigo de divulgação científica é um gênero textual para publicação de resultados de pesquisas em revistas acadêmicas e científicas.

Deve ser escrito em variedade padrão; contar com uma introdução, que pode conter os objetivos e a fundamentação teórica; apresentar uma descrição do processo, indicando a metodologia adotada para o alcance do objetivo (revisão bibliográfica, entrevistas, pesquisa, observação, etc.), o que envolve levantamento e análise dos dados, resultados e interpretações.

Todo o conteúdo produzido em um trabalho científico é passível de contestação, e é isso o que torna a ciência o que ela é. O método científico foi desenvolvido de modo a colocar à prova qualquer conclusão. Por isso, a estrutura de um artigo precisa ser basicamente a mesma, para que o leitor reconheça rapidamente o processo envolvido na investigação e possa analisá-lo segundo os critérios acadêmicos preestabelecidos.

Para a redação do artigo de divulgação científica, é fundamental fazer uma revisão da bibliografia sobre o tema e dominar estruturas linguísticas que envolvem a citação de discurso. Isso porque, para contribuir com um conhecimento novo sobre determinado assunto, toda investigação estará ligada a outras que a antecederam e que lhe darão sustentação.

Diário de bordo

Suponha que você tenha que elaborar uma pesquisa sobre a relação entre corpo, escola e mídia no seu colégio. Que percurso você faria? Sua hipótese seria a mesma dos resultados obtidos na pesquisa do Colégio Pedro II? Monte em seu diário de bordo todas as etapas na ordem de ocorrência. Depois mostre para um colega e avaliem se seu planejamento contempla todas as etapas necessárias para a obtenção de dados a serem divulgados em um artigo científico.

Práticas de pesquisa

Etapas do método científico

1. Tema
2. Problema de pesquisa
3. Hipótese
4. Objetivo
5. Justificativa
6. Metodologia
7. Consulta às fontes

Revisão bibliográfica (estado da arte)

Para a produção de um artigo de divulgação científica, é importante que você tenha os resultados, ainda que preliminares, de uma pesquisa guiada pelo método científico. Para tanto, você vai:

- Delimitar um tema.
- Definir a pergunta e a hipótese de pesquisa.

- Estabelecer os objetivos de sua pesquisa.
- Selecionar a metodologia de investigação mais adequada.
- Fazer a revisão bibliográfica.
- Reunir e analisar os dados.

Tema de pesquisa

O processo de pesquisa inicia-se com a delimitação do tema. Para uma experiência inicial de investigação como a que será proposta, é importante considerar seus interesses pessoais aliados à relevância do tema para a comunidade de que você faz parte.

Pergunta e hipótese de pesquisa

Em geral, um tema permite vários estudos e interpretações, por isso cabe ao pesquisador destacar o campo de exploração (recorte do tema) e, com essa delimitação, formular a pergunta e/ou a hipótese que orientarão a pesquisa. A hipótese é uma suposição sobre a resposta à pergunta formulada. Isso significa que, de alguma forma, seu trabalho é orientado por uma observação preliminar de um fenômeno para o qual você acredita ter uma explicação.

Escolhida adequadamente a metodologia, os resultados da investigação confirmarão ou não a hipótese.

Objetivos da pesquisa

Definição daquilo que se deseja investigar. Na redação do objetivo de pesquisa, é muito importante destacar o objeto pesquisado e o que será observado. É comum que elementos da pergunta e da hipótese de pesquisa sejam reorganizados na redação dos objetivos.

Metodologia de investigação

A primeira parte do seu trabalho deverá contar necessariamente com a revisão bibliográfica, metodologia de pesquisa que será descrita a seguir.

A revisão bibliográfica é inerente a todo processo de pesquisa, pois o pesquisador precisa fundamentar sua investigação dialogando com outros pesquisadores que já investigaram a mesma temática antes. No entanto, como para muitos assuntos já existe um significativo volume de produção científica, há pesquisadores que se dedicam a mapear o que foi produzido sobre determinados temas. Tais mapeamentos são chamados de estado da arte e colaboram para a sistematização abrangente das evidências científicas, o que pode apoiar outros pesquisadores a localizar o que lhes interessa.

Agora, você vai experimentar fazer uma revisão bibliográfica. Para isso, reúna-se com mais quatro ou cinco colegas e siga estes passos:

1. Para fazer a revisão bibliográfica, escolha um tema e o objetivo da pesquisa, dentre os aspectos enfocados nesta unidade. Em geral, uma pesquisa é norteada por uma pergunta a ser respondida. Verifique alguns exemplos a seguir:

- Identificar os focos de abordagem do tema: O tratamento científico dos padrões de beleza enfoca mais os aspectos culturais ou os aspectos psicológicos da busca pelo corpo ideal?
- Identificar quem são os pesquisadores, os grupos de estudo e/ou as áreas de conhecimento que têm dado maior atenção ao tema: Pesquisas sobre padrões de beleza estão mais presentes na área das ciências biológicas ou das ciências humanas? Há mais pesquisadores homens ou mulheres que investigam o tema?
- Com quem e onde as pesquisas sobre o tema têm sido realizadas: as pesquisas sobre padrões de beleza têm sido feitas mais com jovens, adultos ou idosos? Com pessoas negras ou brancas? Com pessoas com ou sem deficiência?
- Quais as abordagens metodológicas utilizadas: entrevistas, questionários, pesquisas qualitativas ou quantitativas?
- Como a pesquisa sobre o tema evoluiu com o tempo?
- Quais são as evidências mais relevantes das publicações para a temática?

2. Selecione os meios que utilizará para buscar a produção científica, com base em critérios de confiabilidade. Dê preferência por buscar artigos publicados em periódicos científicos reconhecidos nacional ou internacionalmente. Se for pesquisar em livros, priorize publicações de editoras com reconhecimento social. A pesquisa também pode ser feita em bases de dados e repositórios institucionais.

Planejamento da pesquisa

O quadro a seguir pode orientar o planejamento da sua pesquisa, da delimitação do tema à revisão bibliográfica. Para facilitar a sua compreensão, parte das etapas desse planejamento serão exemplificadas com dados retirados do artigo de divulgação científica das alunas do Colégio D. Pedro II.

Seu grupo pode escolher uma das seguintes opções para pesquisa:

1. Replicar a pesquisa sobre padrão de beleza e mídias realizada no Colégio D. Pedro II.
2. Investigar outro tema de interesse e que também seja relevante para a sua comunidade, para o seu entorno.

No quadro, há uma sugestão de etapas para quem preferir a opção 1 que também pode servir de modelo para quem escolher a opção 2.

	Etapas do projeto – opção 1	Etapas do projeto – opção 2
Tema de pesquisa	Padrões de beleza, mídia e juventude	
Pergunta e hipótese de pesquisa	Diferentes estudantes da mesma escola percebem da mesma forma as relações entre mídia e corpo? A hipótese pode ser a confirmação ou a negação dessa ideia.	
Objetivo da pesquisa	Aplicação da pesquisa realizada pelas alunas do Pedro II, de modo a verificar se as relações entre corpo e mídia são percebidas da mesma forma pelos diferentes estudantes da escola.	
Revisão bibliográfica	A exemplo do que fizeram as alunas do Pedro II, leiam trabalhos acadêmicos tratando da relação entre corpo, padrão de beleza, mídia e autoestima. Selecionem dois ou três trabalhos para uma leitura cuidadosa e façam o resumo dos artigos lidos ou um fichamento: anotem as ideias principais, os exemplos, os dados publicados e as considerações finais. Lembrem-se de anotar o nome do autor e a data de publicação do artigo.	
Etapas para a revisão bibliográfica	**1.** Como exercício inicial, realizem a busca no Portal de Periódicos, da Coordenação de Aperfeiçoamento de Pessoal de Nível Superior (Capes). Esse portal reúne a produção científica brasileira e internacional e integra bibliotecas universitárias do país (disponível em: www.periodicos.capes.gov.br). **2.** No menu esquerdo do *site*, escolham a opção "pesquisa por assunto" e, em seguida, "busca avançada": nesse diretório vocês vão encontrar campos para digitar as palavras-chave e escolher se elas devem estar presentes no título, no assunto, no autor ou em qualquer um desses campos. Explorem a busca no título e no assunto e avaliem os resultados. **3.** Atentem a que do lado direito do menu, onde devem ser digitados os termos da pesquisa, há a opção de selecionar os operadores booleanos (palavras que os sistemas de busca usam para refinar a pesquisa). Eles servem para estabelecer combinações entre os termos que você quer buscar. Os operadores booleanos mais simples de usar são as palavras AND, OR e NOT. Elas precisam estar em inglês, pois essa é a língua que se convencionou como universal para a pesquisa em sistemas digitais. Esses operadores precisam ser escritos em letras maiúsculas para não serem confundidos com os outros termos da pesquisa. • **AND** é utilizado quando se quer encontrar referências em que os dois termos apareçam juntos. Por exemplo: padrão AND beleza. • **NOT** é utilizado quando se quer incluir a primeira palavra e excluir a segunda. Por exemplo: beleza NOT mulher. • **OR** é utilizado quando se quer incluir dois termos na pesquisa, mesmo que apareçam separadamente. Por exemplo: padrões de beleza OR mito da beleza. **4.** Realizem buscas com diferentes estratégias para explorar os recursos da base de dados. **5.** Após o levantamento, definam que resultados vocês vão analisar. Para esse exercício inicial, escolham três itens da pesquisa que vocês considerarem mais relevantes. Façam a leitura e o fichamento dos textos de sua revisão bibliográfica. **6.** Organizem os dados dessa pesquisa em um texto. Ele será parte do artigo de divulgação científica do grupo.	
Metodologia	Elaboração de pesquisa por meio de questionário. Para isso, considerem o que precisam saber para chegarem às respostas que atendam ao objetivo: idade, percepção da existência ou não de um padrão de beleza, percepção ou não do poder das mídias e das mídias sociais na produção desse padrão, satisfação consigo e com o próprio corpo, etc. Para a elaboração da pesquisa, o grupo pode formular um questionário em papel ou usar um formulário *on-line*. A vantagem do formulário *on-line* é que ele produz automaticamente os resultados acompanhados dos gráficos, o que facilita a documentação da pesquisa.	
Interpretação dos resultados	Leiam os resultados da pesquisa de maneira distanciada, olhando para os dados como eles são. Eles não precisam confirmar sua hipótese, nem ser idênticos aos resultados obtidos por outros colegas ou outras pesquisas que o grupo tenha consultado. Apresentem os dados destacando se eles confirmaram ou contrariaram hipóteses e o material de pesquisa consultado.	
Publicação dos resultados	Tendo como modelo o texto estudado ou outros artigos de divulgação científica que vocês já leram, produzam em grupo um texto de divulgação da pesquisa, separando as etapas do trabalho científico em partes.	

Técnicas para produzir um artigo de divulgação científica

1. **Introdução:** Apresentem a motivação para a pesquisa e as informações mais relevantes extraídas das leituras do material de pesquisa levantado, de modo a ancorar o trabalho e a explicitar quais conceitos serão considerados na interpretação dos dados.
2. **Objetivos:** Exponham os objetivos do trabalho de forma clara e sucinta.
3. **Revisão bibliográfica:** Apresentem as informações relevantes, buscadas como forma de ancorar sua pesquisa. Ao longo da análise dos dados, recuperem conteúdos desta unidade.
4. **Metodologia:** Descrevam o método adotado para o levantamento dos dados da pesquisa.
5. **Resultados e discussões:** Mostrem os resultados e a interpretação desses dados, relacionando-os com a revisão bibliográfica. É possível elaborar gráficos para expor os dados de forma objetiva.
6. **Conclusão:** Apresentem as considerações feitas em função do resultado. Em trabalhos científicos, as conclusões podem ser preliminares por exigirem mais pesquisas a fim de validar o resultado.

   - Em um artigo de divulgação científica, as citações devem seguir mais ou menos o mesmo formato. Por exemplo:
     "Segundo os estudos, a mídia assume importante papel na construção da identidade do adolescente, a partir de um processo chamado por Goellner e Figueira (2002) de pedagogia cultural."

     Introduz-se a frase por "Segundo", "Para", "De acordo com", "Como apontou", "Conforme sugerido por", para fazer menção à bibliografia consultada. Nesse caso, é uma maneira de mencionar as ideias de determinado autor consultado na pesquisa (citação indireta). Para identificação, coloca-se o último sobrenome do autor e o ano de publicação.

     Em caso de citação direta do texto do autor (isto é, a reprodução de uma parte do texto dele), se o conteúdo da frase citada não exceder três linhas, a afirmação pode ser feita com uso de aspas no parágrafo corrente do texto. Se a citação tiver mais que três linhas, deve ser reproduzida em letra menor, em outra linha, com recuo à esquerda. Também é preciso incluir a referência bibliográfica: nome do autor, ano de publicação, página de onde o trecho foi extraído.

7. **Revisão:** Antes de considerar o artigo concluído, revisem a estrutura e a linguagem dele: Todas as partes foram preenchidas (introdução, objetivos, resultados e conclusões)? A fundamentação teórica está clara? Os autores são citados corretamente? O texto foi revisado gramaticalmente? As frases são compreensíveis? Há problemas de concordância?

Saiba +

Acesse a reportagem de divulgação científica "Entre adolescentes sedentários, meninas são mais inativas", de Mariana Varella, publicada na coluna de Drauzio Varella no portal UOL. Disponível em: https://drauziovarella.uol.com.br/coluna-2/entre-adolescentes-sedentarios-meninas-sao-mais-inativas-coluna/ (acesso em: 20 maio 2022).

Consulte o documento que apresenta um resumo de casos comuns e as principais orientações para fazer citações em textos acadêmicos com base nas normas da ABNT, elaborado pela Universidade Estadual Paulista "Júlio de Mesquita Filho" (Unesp), *campus* Sorocaba. Disponível em: www.sorocaba.unesp.br/Home/Biblioteca/modelo-de-citacoes2.pdf (acesso em: 20 maio 2022).

Artigo de opinião

O artigo de opinião que você vai estudar a seguir foi publicado em 2020 no jornal *Folha de S.Paulo*, na coluna PerifaConnection, que aborda conteúdos relacionados à vida nas periferias brasileiras.

Futuro da democracia brasileira está na juventude negra

É necessário fortalecer potências representativas jovens na política

Deve ser compromisso coletivo da sociedade dar oportunidade e reconhecer jovens negros como agentes políticos e sujeitos de direitos. Por seus ativismos, eles fortalecem o processo de ressignificação e de ruptura com estereótipos negativos – e demonstram que são protagonistas das transformações nos territórios e das dinâmicas sociais nas estruturas do continente latino-americano.

O investimento em processos para o compartilhamento de ferramentas cívicas com lideranças jovens negras nos territórios periféricos das cidades amplia as perspectivas de resiliência democrática e de futuro. A possibilidade de avanço na superação autônoma das violências a partir do protagonismo desses sujeitos políticos provoca o fortalecimento das próprias democracias, que estão morrendo a partir da captura das instituições por cleptocratas, sem compromisso com o bem viver, que usam a violência política como ferramenta institucional.

O projeto Juventude Negra Política – Jovens Negros Pensando o Futuro, fruto de uma construção coletiva entre ativistas de Belo Horizonte no ano de 2019, proporcionou um ambiente de formação e emancipação política para um grupo de jovens negros e negras que exercem pungente liderança nas quebradas.

Critérios como origem em diferentes territórios, gênero, orientação sexual e autonomia perante as bolhas acadêmicas e partidárias direcionaram a escolha destas e destes jovens. Todo o processo se deu ao longo de cinco meses, a partir de uma imersão realizada em um dos maiores territórios fora da região central de Belo Horizonte, a região do Barreiro.

O conteúdo programático das oficinas perpassou autoconhecimento, liderança, política na prática e comunicação, acrescidos de exercícios coletivos de projeção de futuro. Elas foram desenvolvidas pelo time de ativistas e profissionais com distintas trajetórias e qualificações. Todos os ativistas eram negros.

Além do reconhecimento dos jovens enquanto lideranças políticas, houve articulação interterritorial entre as/os potentes agentes, a elaboração de um minidocumentário de mesmo nome do projeto (disponível no YouTube) e o fortalecimento da narrativa positiva a respeito da juventude negra, qualificando-a enquanto política. Ao final do processo, uma ação de mobilização social coletiva intitulada Margem Negra foi executada para o lançamento do documentário.

A possibilidade de jovens ativistas ocuparem a política institucional, disputando cargos eletivos no legislativo brasileiro, passou a ser um caminho possível a partir da ruptura com formas organizacionais limitantes, ortodoxas e verticais impostas pelos partidos.

A movimentação Muitas em Minas Gerais e a experiência coletiva da Bancada Ativista no estado de São Paulo, que nos anos de 2016 e 2018 elegeram parlamentares que desenvolvem mandatos coletivos, inovadores e comprometidos com agendas progressistas, são exemplos. Outras experiências são as Juntas, que conquistaram uma mandata composta por cinco mulheres, atuando enquanto codeputadas na Assembleia do Estado de Pernambuco, e a Mandata Quilombo de Érica Malunguinho, primeira deputada estadual transsexual negra na Alesp, sendo a última composta por uma equipe de assessoria parlamentar totalmente negra, subvertendo o padrão estabelecido nos espaços de tomada de decisão e representação.

É necessário fortalecer as potências representativas juvenis, sobretudo as negras, para que saibam lidar com os diferentes entraves que colocam a política institucional distante de lideranças que exercem papéis de representação social relevantes em seus contextos. A participação política passa também pelo reconhecimento dos sujeitos e pela percepção das dinâmicas de poder que os atingem e sobre o excludente sistema político brasileiro.

Os resultados das empreitadas ativistas pela ocupação da política incidem diretamente sobre a sub-representação dos grupos politicamente minorizados nas casas legislativas e apresentam uma real possibilidade de alternância de poder. Hackear a política institucional, ocupar o poder e compartilhá-lo é um princípio para a redução das estratosféricas desigualdades de representação e participação nos espaços institucionais.

Conectados a essas possibilidades, processos como a imersão da juventude negra política expressam uma fecunda capacidade de produzir e estimular a autonomia a partir do compartilhamento de ferramentas e tecnologias sociais, que por muitas vezes permanecem estagnadas ou concentradas em grupos historicamente privilegiados.

DÚ PENTE. Futuro da democracia brasileira está na juventude negra. *Folha de S.Paulo*, 13 fev. 2020. Disponível em: https://www1.folha.uol.com.br/colunas/perifaconnection/2020/02/futuro-da-democracia-brasileira-esta-na-juventude-negra.shtml. Acesso em: 20 maio 2022.

Antonio Cruz/Agência Brasil

Debate sobre a realidade das mulheres negras brasileiras na comissão geral da Câmara, em Brasília (DF), 2015. O processo de formação política é fundamental para as jovens lideranças negras, que precisam ser atendidas em suas reivindicações.

10. Em sua opinião, a forma como lemos um artigo de opinião é semelhante a como lemos um artigo de divulgação científica? Os efeitos dos argumentos sobre o leitor são os mesmos em ambos os textos? Neste artigo, que estratégias foram adotadas para a comunicação clara de um ponto de vista?

11. O artigo de opinião se inicia com uma tese, isto é, uma frase que declara a ideia principal a ser defendida ao longo do texto.

a) Identifique-a.

b) Como essa tese se relaciona à proposta da coluna PerifaConnection?

c) Como essa tese é defendida no texto? Qual é a justificativa do autor?

12. Em sua opinião, o que leva um articulista a defender um ponto de vista?

13. Que relação o posicionamento desse artigo pode ter com o contexto histórico-social brasileiro?

14. A compreensão da tese e de parte dos argumentos deve passar pela inferência do sentido de diversas expressões. No contexto em que foram empregadas, explique o significado de:

- Agentes políticos
- Sujeitos de direitos
- Ativismos
- Ruptura com estereótipos negativos
- Protagonistas das transformações nos territórios
- Protagonistas das dinâmicas sociais nas estruturas do continente latino-americano
- Ferramentas cívicas
- Resiliência democrática

15. Releia do terceiro ao oitavo parágrafo.

a) Que temas são abordados no trecho?

b) De que forma os temas contribuem para a construção do argumento em defesa da tese?

c) Esses conteúdos revelam uma intencionalidade para além do defendido na tese? Qual?

O artigo de opinião é um gênero de estrutura argumentativa. Textos com essa estrutura, em geral, organizam-se com base em uma tese, que gera a formulação de argumentos, que, por sua vez, são apresentados de modo a garantir uma progressão temática (uma informação não deve repetir a anterior, mas acrescentar ideias novas que as reforcem). A coesão entre essas ideias e, ao mesmo tempo, sua progressão temática são alcançadas por meio de recursos linguísticos.

16. Releia do terceiro ao quinto parágrafos do artigo.

a) Destaque do quarto parágrafo os termos que retomam informações do terceiro.

b) Que informações relativas ao projeto apresentado foram acrescentadas no quarto parágrafo?

c) No quinto parágrafo o tema tratado ainda é o projeto Juventude Negra Política? Justifique.

d) Que marcador linguístico foi empregado no sexto parágrafo, a fim de indicar o acréscimo de informações relativas, ainda, ao mesmo tópico?

17. Os parágrafos 7º e 8º estão relacionados de que forma aos anteriores?

Não existem marcas de primeira pessoa nesse artigo de opinião, embora o texto inteiro reflita o posicionamento do autor. Esse posicionamento é expresso por meio de diferentes marcas de modalização, isto é, a operação por meio da qual o enunciador avalia um enunciado destacando:

- se o considera verdadeiro (modalização epistêmica asseverativa);
- se o considera duvidoso (modalização quase asseverativa);
- se o considera obrigatório (modalização deôntica).

Linguisticamente, na escrita, a modalização pode ser expressa por certos verbos, advérbios e adjetivos. Releia o período a seguir e observe o termo destacado:

É **necessário** fortalecer potências representativas jovens na política.

O adjetivo "necessário" dá à oração "fortalecer potências representativas jovens na política" um caráter de obrigatoriedade. Trata-se de uma consideração, de um posicionamento do autor do texto acerca dessa ideia. Esse é um exemplo da chamada modalização deôntica.

18. Ao longo do artigo, o autor revela sua avaliação de afirmações por meio de outras estruturas de modalização deôntica. Identifique duas e registre as palavras responsáveis pelo sentido de obrigatoriedade.

Um argumento é formado pelo agrupamento de informações que o articulista considerou relevantes para a defesa da tese ou do ponto de vista. Podem ser exemplos (como é o caso do texto em estudo) dados estatísticos, citações de especialistas para garantir um argumento de autoridade, ou apenas uma organização das ideias que pareça lógica ao leitor. Independentemente do recurso adotado, o enunciador tem à disposição material linguístico para caracterizar o substantivo e com isso gerar sentidos que enfatizem aspectos da argumentação.

19. Releia o primeiro parágrafo, observando a relação entre os termos destacados e as palavras com as quais se relacionam. Procure diferenciar adjetivos e locuções adjetivas com valor semântico mais objetivo daqueles com valor mais avaliativo.

> Deve ser compromisso coletivo da sociedade dar oportunidade e reconhecer jovens negros como agentes políticos e sujeitos de direitos. Por seus ativismos, eles fortalecem o processo de ressignificação e de ruptura com estereótipos negativos – e demonstram que são protagonistas das transformações nos territórios e das dinâmicas sociais nas estruturas do continente latino-americano.

20. Releia o trecho a seguir, verificando se os adjetivos destacados são avaliativos ou objetivos.

> A possibilidade de jovens ativistas ocuparem a política institucional, disputando cargos eletivos no legislativo brasileiro, passou a ser um caminho possível a partir da ruptura com formas organizacionais *limitantes*, *ortodoxas* e *verticais* impostas pelos partidos.

a) Que visão das organizações dos partidos fica manifesta a partir dessa adjetivação?

b) Que exemplos de atuação política essa avaliação antecipa?

21. Quais diferenças você observa entre o artigo de opinião e o artigo de divulgação científica? Que diferentes efeitos esses dois gêneros têm sobre seus leitores?

O artigo de opinião é um gênero textual que circula na esfera jornalística e expressa a opinião do articulista acerca de um tema de sua escolha, que pode estar vinculado a um fato da realidade.

Escrito em variedade padrão, ele pode conter uma tese (a ideia a ser defendida), os argumentos que sustentam essa tese (de modo a torná-la aceitável e convincente para o leitor) e uma conclusão (o fechamento do texto, com a retomada da tese de forma ampliada). Todas essas partes precisam estar relacionadas, de modo a formar um todo coerente que revele ao leitor domínio do assunto e dos mecanismos de organização do texto. Daí a importância da dinâmica de retomada do informado e a inserção de nova informação, para que seja visível a progressão organizada dos argumentos, conforme você verá mais adiante.

Em jornais e revistas, os artigos de opinião costumam ser publicados em espaços chamados colunas e devem ser assinados, uma vez que não expressam necessariamente o ponto de vista do veículo. Como podem ser redigidos por indivíduos ligados a diversas áreas de atuação, as estratégias de argumentação dos artigos de opinião podem variar bastante.

Progressão: processos de referenciação e de sequenciação

Progressão referencial é o processo de retomada de uma informação já apresentada (referente), que pode servir de disparador para a introdução das novas informações. Esse processo de retomada é fundamental para garantir não apenas a coesão e a progressão do texto, mas a expressão daquilo que o autor pretende dizer, o que ele faz assumindo escolhas lexicais. Veja alguns exemplos a seguir.

- **Emprego de pronomes para a substituição do referente**

> "O conteúdo programático das **oficinas** perpassou autoconhecimento, liderança, política na prática e comunicação, acrescidos de exercícios coletivos de projeção de futuro. **Elas** foram desenvolvidas pelo time de ativistas e profissionais com distintas trajetórias e qualificações."

> "**O corpo** na sociedade contemporânea não é mais entendido como um conglomerado de músculos, ossos e articulações. **Ele** agora é mercadoria, assim como provisório, mutável e mutante."

Observe que o pronome pessoal substitui o termo destacado. Essa operação de retomada pelo pronome garante a manutenção do foco no elemento previamente introduzido.

- **Emprego de expressões nominais definidas** (artigos definidos ou pronomes demonstrativos seguidos de substantivos)

> "O investimento em processos para o compartilhamento de ferramentas cívicas com **lideranças jovens negras** nos territórios periféricos das cidades amplia as perspectivas de resiliência democrática e de futuro. A possibilidade de avanço na superação autônoma das violências a partir do protagonismo **desses sujeitos políticos** provoca o fortalecimento das próprias democracias [...]"

A expressão "desses sujeitos políticos" retoma e substitui "lideranças jovens negras". O uso de expressão nominal definida acrescenta novo sentido ao termo retomado e enfatiza uma ideia que reforça o recorte feito no texto: o da importância da atuação de jovens negros na política.

Observe que os efeitos de sentido de uma retomada por meio de pronomes e pelo uso de expressão nominal definida são diferentes. A segunda forma acrescenta ao termo retomado um sentido que o pronome não acrescentaria. Compare:

"Além do reconhecimento dos jovens enquanto lideranças políticas, houve articulação interterritorial entre as/os **potentes agentes**..."

"Além do reconhecimento dos jovens enquanto lideranças políticas, houve articulação interterritorial entre **eles/elas**..."

A referenciação com uso de expressão nominal acrescenta nova avaliação do articulista sobre os jovens e as jovens a que se refere. Ao substituir essa expressão por "eles" e "elas", tal avaliação com ampliação do sentido desejado para "jovens" não ocorre.

Ainda para garantir a progressão textual, há a sequenciação textual: o emprego de recursos diversos para construir um encadeamento e manter as partes do texto articuladas. Neste estudo serão destacados aqueles que implicam uso de conectivos para o encadeamento lógico-semântico das informações.

- **Conjunção ou soma dos argumentos** (não só, como também; além disso; e; também)

"**Além do** reconhecimento dos jovens enquanto lideranças políticas, houve articulação interterritorial entre as/os potentes agentes [...]"

"A participação política passa **também** pelo reconhecimento dos sujeitos [...]"

"A pesquisa **também** demonstrou [...]"

A expressão "além do" antecipa a adição de uma nova informação ao parágrafo. O termo "também" acrescenta nova informação.

- **Temporalidade** (depois que; antes que; enquanto; ao final de; quando)

"**Ao final do processo**, uma ação de mobilização social coletiva [...]"

Observe que "ao final do processo" marca o encerramento da sequência de ações destacadas sobre o projeto Juventude Negra Política. A expressão, além de marcar a sequência temporal, garante o encadeamento das realizações do projeto.

- **Oposição ou contrajunção** (mas; embora; apesar de; mesmo que; entretanto)

"Além disso, demonstra que **mesmo convivendo** em um ambiente diversificado e que proporcione reflexões acerca das questões que envolvam o corpo, como nas disciplinas de Educação Física e Sociologia, os estudantes do Colégio Pedro II **não estão livres** das contradições que cercam as questões referentes à estética corporal."

A expressão "mesmo que" introduz uma ideia indicando que haverá um evento que contrariará o esperado.

- **Conformidade** (conforme; como; de acordo)

"Há, **como apontou Mirian Goldenberg**, um processo de universalização no que tange aos cuidados com o corpo [...]".

A expressão "como", neste exemplo, liga a informação apresentada a seu autor.

- **Justificação ou explicação** (pois; portanto; assim; desse modo)

"A todo o momento, somos lembrados e instigados a cuidarmos de nossos corpos, **pois** somos nós os responsáveis e culpados por nossa juventude e beleza."

O "pois" tem o papel, nessa frase, de explicar a afirmação feita. Ele não introduz a causa do conteúdo da frase anterior, mas a suposta visão daqueles que exigem que as pessoas cuidem do corpo.

- **Causalidade** (porque; pois; uma vez que; tanto que; devido a; como)

"De acordo com Goldenberg (2002), esse fenômeno se justifica **devido a** uma maior pressão/regulação exercida pela sociedade e mídia sobre os corpos das mulheres [...]"

"Para Fortes et al. (2014), a mídia é a maior responsável por esse processo, **pois** transmite imagens de corpos magros e atléticos associados à beleza e ao sucesso, que normalmente se distanciam da realidade das adolescentes, gerando sentimentos de descontentamento com a aparência física, forma corporal e peso."

Observe o emprego do "pois" novamente. Nessa frase ele pode ser substituído pelo "porque" sem prejuízo do sentido.

Significa que a transmissão de imagens de corpos magros e atléticos associados à beleza e ao sucesso é a causa de a mídia ser a maior responsável pelo processo descrito no artigo.

- **Conclusão** (assim; portanto; logo)

  "**Portanto**, assim como os autores, os estudantes acreditam que as diferentes mídias exercem poder sobre as decisões de consumo dos adolescentes [...]"

"Portanto" introduz a conclusão; logo, as informações introduzidas por essa conjunção devem corresponder ao conteúdo apresentado anteriormente. Observe que, ao longo do artigo, são apresentadas citações de diversos especialistas no tema da pesquisa em conjunto com os resultados e as análises do questionário. Ao empregar o "portanto", os autores retomam esses dois eixos da redação do artigo e confirmam as similaridades entre eles, como forma de expressão da conclusão a que chegaram relacionando leitura e dados analisados.

- **Especificação ou exemplificação** (por exemplo; da seguinte maneira; do seguinte modo)

  "A movimentação Muitas em Minas Gerais e a experiência coletiva da Bancada Ativista no estado de São Paulo, que nos anos de 2016 e 2018 elegeram parlamentares que desenvolvem mandatos coletivos, inovadores e comprometidos com agendas progressistas, **são exemplos**."

"São exemplos", nesse trecho, garante a relação entre essas enumerações e a informação anterior. Por meio dela, sabemos que as ações destacadas detalham os modos de ruptura com formas organizacionais limitantes, ortodoxas e verticais impostas pelos partidos.

- **Condicionalidade** (se; caso; a menos que)

  "**Se** os resultados forem positivos, cerca de dez mil doses poderão ser encomendadas para testes em humanos." (Jornal *O Globo*, 22 jun. 2020).

Experimentação Participação juvenil na sociedade

Você considera que você e outros jovens da sua comunidade têm potencial para transformar a realidade em que vivem? Sua tarefa será escrever um artigo de opinião defendendo seu ponto de vista sobre a participação juvenil na sociedade.

Leia artigos sobre o assunto e verifique como tem sido a participação dessa parcela da população na sociedade. Faça um levantamento de exemplos, que podem ser retirados também da sua realidade. Após as leituras e escolha do assunto, elabore seu artigo atentando para os seguintes pontos:

- Verifique se o primeiro parágrafo apresenta uma tese clara e se os parágrafos de desenvolvimento contam com afirmações e exemplos que a confirmem.
- Observe se o último parágrafo inclui afirmações que retomam de forma sintética aspectos importantes tratados no desenvolvimento.
- Revise a concordância, a ortografia, a acentuação e a pontuação.
- Arquive em seu **Portfólio** a artigo que você escreveu.

Diário de bordo

Ao final, organize uma roda de conversa com os colegas e o professor, para compartilhamento das produções, e registre suas percepções sobre o processo.

Responda às questões a seguir para treinar os seus conhecimentos sobre o que estudou nesta unidade.

1. (Enem – 2019)

Emagrecer sem exercício?

Hormônio aumenta a esperança de perder gordura sem sair do sofá. A solução viria em cápsulas.

O sonho dos sedentários ganhou novo aliado. Um estudo publicado na revista científica Nature, em janeiro, sugere que é possível modificar a gordura corporal sem fazer exercício. Pesquisadores do Dana-Farber Cancer Institute e da Escola de Medicina de Harvard, nos EUA, isolaram em laboratório a irisina, hormônio naturalmente produzido pelas células musculares durante os exercícios aeróbicos, como caminhada, corrida ou pedalada. A substância foi aplicada em ratos e agiu como se eles tivessem se exercitado, inclusive com efeito protetor contra o diabetes.

O segredo foi a conversão de gordura branca — aquela que estoca energia inerte e estraga nossa silhueta — em marrom. Mais comum em bebês, e praticamente inexistente em adultos, esse tipo de gordura serve para nos aquecer. E, nesse processo, gasta uma energia tremenda. Como efeito colateral, afinaria nossa silhueta.

A expectativa é que, se o hormônio funcionar da mesma forma em humanos, surja em breve um novo medicamento para emagrecer. Mas ele estaria longe de substituir por completo os benefícios da atividade física. “Possivelmente existem muitos outros hormônios musculares liberados durante o exercício e ainda não descobertos”, diz o fisiologista Paul Coen, professor assistente da Universidade de Pittsburgh, nos EUA. A irisina não fortalece os músculos, por exemplo. E para ficar com aquele tríceps de fazer inveja só o levantamento de controle remoto não daria conta.

LIMA, F. *Galileu*. São Paulo, n. 248, mar. 2012.

Para convencer o leitor de que o exercício físico é importante, o autor usa a estratégia de divulgar que

a) a falta de exercício físico não emagrece e desenvolve doenças.

b) se trata de uma forma de transformar a gordura branca em marrom e de emagrecer.

c) a irisina é um hormônio que apenas é produzido com o exercício físico.

d) o exercício é uma forma de afinar a silhueta por eliminar a gordura branca.

e) se produzem outros hormônios e há outros benefícios com o exercício.

2. (Enem – 2019)

No Brasil, a disseminação de uma expectativa de corpo com base na estética da magreza é bastante grande e apresenta uma enorme repercussão, especialmente, se considerada do ponto de vista da realização pessoal. Em pesquisa feita na cidade de São Paulo, aparecem os percentuais de 90% entre as mulheres pesquisadas que se dizem preocupadas com seu peso corporal, sendo que 95% se sentem insatisfeitas com “seu próprio corpo”.

SILVA, A. M. **Corpo, ciência e mercado**: reflexões acerca da gestação de um novo arquétipo da felicidade. Campinas: Autores Associados; Florianópolis: UFSC, 2001.

A preocupação excessiva com o “peso” corporal pode provocar o desenvolvimento de distúrbios associados diretamente à imagem do corpo, tais como

a) anorexia e bulimia.

b) ortorexia e vigorexia.

c) ansiedade e depressão.

d) sobrepeso e fobia social.

e) sedentarismo e obesidade.

3. (Enem – 2019)

Educação para a saúde mediante programas de educação física escolar

A educação para a saúde deverá ser alcançada mediante interação de ações que possam envolver o próprio homem mediante suas atitudes frente às exigências ambientais representadas pelos hábitos alimentares, estado de estresse, opções de lazer, atividade física, agressões climáticas etc. Dessa forma, parece evidente que o estado de ser saudável não é algo estático. Pelo contrário, torna-se necessário adquiri-lo e construí-lo de forma individualizada constantemente ao longo de toda a vida, apontando para o fato de que saúde é educável e, portanto, deve ser tratada não apenas com base em referenciais de natureza biológica e higienista, mas sobretudo em um contexto didático-pedagógico.

GUEDES, D. P. **Motriz**, n. 1, 1999.

A educação para a saúde pressupõe a adoção de comportamentos com base na interação de fatores relacionados à

a) adesão a programas de lazer.

b) opção por dietas balanceadas.

c) constituição de hábitos saudáveis.

d) evasão de ambientes estressores.

e) realização de atividades físicas regulares.

4. (Enem – 2019)

Em nenhuma outra época o corpo magro adquiriu um sentido de corpo ideal e esteve tão em evidência como nos dias atuais: esse corpo, nu ou vestido, exposto em diversas revistas femininas e masculinas, está na moda: é capa de revistas, matérias de jornais, manchetes publicitárias, e se transformou em sonho de consumo para milhares de pessoas. Partindo dessa concepção, o gordo passa a ter um corpo visivelmente sem comedimento, sem saúde, um corpo estigmatizado pelo desvio, o desvio pelo excesso. Entretanto, como afirma a escritora Marylin Wann, é perfeitamente possível ser gordo e saudável. Frequentemente os gordos adoecem não por causa da gordura, mas sim pelo estresse, pela opressão a que são submetidos.

VASCONCELOS, N. A.; SUDO, I.; SUDO, N. Um peso na alma: o corpo gordo e a mídia. **Revista Mal-Estar e Subjetividade**, n. 1, mar. 2004 (adaptado).

No texto, o tratamento predominante na mídia sobre a relação entre saúde e corpo recebe a seguinte crítica:

a) Difusão das estéticas antigas.
b) Exaltação das crendices populares.
c) Propagação das conclusões científicas.
d) Reiteração dos discursos hegemônicos.
e) Contestação dos estereótipos consolidados.

5. (Enem PPL – 2019)

A mídia divulga à exaustão um padrão corporal determinado, padrão único, branco, jovem, musculoso e, especialmente no caso do corpo feminino, magro. Pesquisas apontam para o fato de que esse padrão de beleza divulgado se aplica apenas de 5 a 8% da população mundial. Especialmente no Brasil, onde a diversidade é uma característica marcante, a mídia no geral acaba por mostrar seu desprezo pela riqueza de tipos, de raças, pela própria mestiçagem, insistindo num padrão único de beleza tanto para mulheres quanto para homens.

MALDONADO, G. A educação física e o adolescente: a imagem corporal e a estética da transformação na mídia impressa. **Revista Mackenzie de Educação Física e Esportes**, n. 1, 2006 (adaptado).

Em relação aos aspectos do padrão corporal dos brasileiros, compreende-se que esta população

a) é caracterizada pela sua rica diversidade.
b) possui, em sua maioria, mulheres obesas.
c) está devidamente representada na grande mídia.
d) tem padrão de beleza idêntico aos demais países.
e) é composta, na maioria, por pessoas brancas e magras.

6. (Enem – 2020)

Uma das mais contundentes críticas ao discurso da aptidão física relacionada à saúde está no caráter eminentemente individual de suas propostas, o que serve para obscurecer outros determinantes da saúde. Ou seja, costuma-se apresentar o indivíduo como o problema e a mudança do estilo de vida como a solução. Argumenta-se ainda que o movimento da aptidão física relacionada à saúde considera a existência de uma cultura homogênea na qual todos seriam livres para escolher seus estilos de vida, o que não condiz com a realidade. O fato é que vivemos numa sociedade dividida em classes sociais, na qual nem todas as pessoas têm condições econômicas para adotar um estilo de vida ativo e saudável. Há desigualdades estruturais com raízes políticas, econômicas e sociais que dificultam a adoção desses estilos de vida.

FERREIRA, M. S. Aptidão física e saúde na educação física escolar: ampliando o enfoque. RBCE, n. 2, jan. 2001 (adaptado).

Com base no texto, a relação entre saúde e estilos de vida

a) constrói a ideia de que a mudança individual de hábitos promove a saúde.
b) considera a homogeneidade da escolha de hábitos saudáveis pelos indivíduos.
c) reforça a necessidade de solucionar os problemas de saúde da sociedade com a prática de exercícios.
d) problematiza a organização social e seu impacto na mudança de hábitos dos indivíduos.
e) reproduz a noção de que a melhoria da aptidão física pela prática de exercícios promove a saúde.

7. (Enem – 2018)

Mais big do que bang

A comunidade científica mundial recebeu, na semana passada, a confirmação oficial de uma descoberta sobre a qual se falava com enorme expectativa há alguns meses. Pesquisadores do Centro de Astrofísica Harvard-Smithsonian revelaram ter obtido a mais forte evidência até agora de que o universo em que vivemos começou mesmo pelo Big Bang, mas este não foi explosão, e sim uma súbita expansão de matéria e energia infinitas concentradas em um ponto microscópico que, sem muitas opções semânticas, os cientistas chamam de "singularidade". Essa semente cósmica permanecia em estado latente e, sem que exista ainda uma explicação definitiva, começou a inchar rapidamente [...]. No intervalo de um piscar de olhos, por exemplo, seria possível, portanto, que ocorressem mais de 10 trilhões de Big Bangs.

ALLEGRETTI. F. Veja. 26 mar. 2014 (adaptado).

No título proposto para esse texto de divulgação científica, ao dissociar os elementos da expressão Big Bang, a autora revela a intenção de

a) evidenciar a descoberta recente que comprova a explosão de matéria e energia.
b) resumir os resultados de uma pesquisa que trouxe evidências para a teoria do Big Bang.

c) sintetizar a ideia de que a teoria da expansão de matéria e energia substitui a teoria da explosão.

d) destacar a experiência que confirma uma investigação anterior sobre a teoria de matéria e energia.

e) condensar a conclusão de que a explosão de matéria e energia ocorre em um ponto microscópico.

8. (Enem PPL – 2016)

Há muito se sabe que a Bacia Bauru – depósito de rochas formadas por sedimentos localizado entre os estados de São Paulo, Minas Gerais, Goiás, Paraná, Mato Grosso e Mato Grosso do Sul – foi habitada, há milhões de anos, por uma abundante fauna de crocodiliformes, um grupo de répteis em que estão inclusos os crocodilos, jacarés e seus parentes pré-históricos extintos. Entre as famílias que por lá viveram está a *Baurusuchidae*, que, na região, englobava outras seis espécies de crocodiliformes exclusivamente terrestres e com grande capacidade de deslocamento, crânio alto e comprimido lateralmente e com longos dentes serrilhados. Agora, em um artigo publicado na versão *on-line* da revista *Cretaceous Research*, um grupo de pesquisadores das universidades federais do Rio de Janeiro e do Triângulo Mineiro, em Minas Gerais, identificaram mais um membro dessa antiga família.

Disponível em: http://revistapesquisa.fapesp.br. Acesso em: 2 nov. 2013.

A circulação do conhecimento científico ocorre de diferentes maneiras. Por meio da leitura do trecho, identifica-se que o texto é um artigo de divulgação científica, pois, entre outras características,

a) exige do leitor conhecimentos específicos acerca do tema explorado.

b) destina-se a leitores vinculados a diferentes comunidades científicas.

c) faz referência a artigos publicados em revistas científicas internacionais.

d) trata de descobertas da ciência com linguagem acessível ao público em geral.

e) aborda temas que receberam destaque em jornais e revistas não especializados.

9. (UFSM – 2015)

Uma revolução em cinco minutos

Usar a tecnologia para construir um mundo melhor tem seu lado frívolo. [1]Mas, [11]felizmente, [2]também tem um lado bem sério. Principalmente na política. A tecnologia [10]pode ajudar governos a adotar medidas que [3]beneficiam a população.

Avanços tecnológicos facilitaram a criação de ferramentas que ajudam não só a promover a cidadania, mas também a vigiar, a reportar e a agir contra a restrição dos direitos civis. Por isso, pode-se argumentar que está cada vez mais difícil manter um governo injusto e cada vez mais fácil se rebelar contra regimes antidemocráticos.

[6]Se você quiser monitorar os países onde há desrespeito à democracia, uma das [4]melhores ferramentas é o projeto ChokePoint. Inspirado nos acontecimentos no Egito e na Líbia, o ChokePoint (chokepointproject.net) é uma plataforma que expõe o intercâmbio de informação entre países. Se houver uma parada súbita no tráfego de dados, o sistema alerta sobre um provável corte da liberdade de expressão naquele país. [...]

E [7]se você quiser organizar um protesto? Aqui entra a tecnologia também. Em agosto, manifestantes contra o governo usaram em Londres o API do GoogleMaps para mostrar, em tempo real, por quais ruas a polícia estava se aproximando. [...]

Mas [8]se você não mora em áreas de conflito e protesto não é seu estilo, há várias maneiras de usar a tecnologia para [12]facilitar o engajamento. Em sites como o Change.org (change.org) é possível reunir milhares de pessoas para assinar uma petição. Em sites locais, como o FixMyStreet (fixmystreet.com) ou eDemocracy (forums.e-democracy.org/about), é possível discutir problemas da comunidade e acionar as autoridades.

É claro que a tecnologia também pode ser usada para terrorismo, mas a maioria da população é contra esse tipo de atividade. É [13]gratificante saber que [9]podemos contar com a tecnologia para engajar grupos que vão provocar mudanças, sejam para a denúncia de buracos na sua rua ou a derrubada de regimes ditatoriais. O mundo conectado é capaz de construir uma sociedade mais [5]justa.

Fonte: LARIU, Alessandra. Uma revolução em cinco minutos. INFO, Nov. 2011, p. 52. (adaptado)

O texto é um artigo de opinião que apresenta recursos linguísticos típicos de estruturas dissertativo-argumentativas. Assinale a alternativa em que o elemento linguístico está corretamente analisado no contexto em que ocorre.

a) "Mas" (ref. 1) associado a "também" (ref. 2) ressalta o lado "sério" da tecnologia e elimina o lado "frívolo".

b) Os elementos "beneficiam" (ref. 3), "melhores" (ref. 4) e "justa" (ref. 5) sinalizam avaliações positivas à sociedade.

c) O elemento "se" (refs. 6, 7 e 8) introduz possibilidades de ações que prescindem do uso de recursos tecnológicos.

d) O emprego de "podemos" (ref. 9), em 1ª pessoa, marca inclusão da autora e dos leitores na possibilidade de uso da tecnologia para engajamento de grupos sociais.

e) O emprego de "pode" (ref. 10), em 3ª pessoa, marca convicção da autora sobre o uso da tecnologia para a prática de terrorismo.

Revista eletrônica

Artigos de divulgação científica relatam resultados de pesquisa; artigos de opinião, o ponto de vista fundamentado do articulista. Os dois gêneros têm em comum a divulgação de dados e ideias que possam alcançar muitas pessoas. Os artigos de opinião são, em geral, publicados em jornais, revistas, *blogs*, *sites* pessoais, entre outros. Já os artigos de divulgação científica são publicados em revistas científicas ou acadêmicas, pois, em geral, circulam entre outros interessados no assunto, pertencentes a uma mesma área.

Para a publicação dos artigos científicos e de opinião elaborados pela turma, você e os colegas vão criar uma revista eletrônica. A ideia é tornar visível aos colegas de outras séries e a toda a comunidade escolar a produção intelectual da turma.

Para esta produção, vocês vão utilizar os referenciais bibliográficos pesquisados na prática de pesquisa.

Procedimentos

Para a produção da revista, será fundamental o engajamento de toda a turma, que pode ser organizada em comissões. Veja, a seguir, uma proposta de organização:

1. **Montagem da estrutura da revista eletrônica:** a equipe responsável pela estrutura é aquela que vai criar o *layout* da revista na plataforma selecionada pela turma (há várias possibilidades na internet com tutoriais simples de acompanhar). Isso significa selecionar as imagens de fundo, criar as abas, dispor o título, criar imagens. É essa equipe também que posta as informações no *site*, de acordo com o que é orientado pela equipe de curadoria.

Reprodução/www.cp2.g12.br

Reprodução da página inicial do *site* da revista *Temas em Educação Física Escolar*.

Reprodução/www.revistapagina934.art.br

Reprodução da página inicial do *site* da revista literária *Página 9 3/4*.

metamorworks/Shutterstock

Jornais e revistas eletrônicos devem ter uma navegação intuitiva.

2. **Curadoria:** equipe que recebe os textos produzidos pelos colegas e os classifica por gênero ou por tema. Em seguida, dá título às abas da página da revista que darão acesso aos textos. É fundamental que os títulos sejam atraentes e que o acesso aos textos seja fácil.
3. **Diagramadores dos textos:** equipe responsável por colocar os textos em um só formato, a pensar se haverá ou não imagem acompanhando o texto e definir a melhor área para a inserção da imagem.
4. **Revisores da página:** equipe responsável pela navegação prévia da página, a fim de verificar suas funcionalidades e sua correção:
    - Todas as abas levam para os textos indicados? Todos os textos têm títulos e os nomes dos autores?
    - As imagens são coerentes com os objetivos da revista? A primeira página é atraente?
    - A navegação é fácil?
5. **Divulgadores:** equipe responsável pela apresentação e pelo envio da revista eletrônica para a comunidade escolar. Essa equipe deve escrever um texto explicando qual é a proposta da revista e destacando brevemente os temas que serão encontrados. Elaborado o texto de apresentação, ele deve ser compartilhado com o maior número possível de pessoas da comunidade escolar junto com o *link* de acesso à revista.

Durante o trabalho, contribua com ideias e acolha as dos colegas. Busque a conciliação nos momentos de discordância, de modo a contemplar o maior número possível de contribuições. Lembre-se de que a discussão para a organização de um trabalho é uma forma de exercício da democracia, daí a importância da participação de todos e da escuta respeitosa a todas as ideias.

Outro aspecto importante a ser destacado é a responsabilidade social na divulgação de posicionamentos e de resultados de pesquisas. A pergunta a ser feita no momento da escolha do texto a ser publicado é: Em que medida ele contribui para ampliar a reflexão dos leitores sobre o tema? Ou: Em que medida ele colabora para uma mudança das pessoas próximas ou da minha comunidade? Isso significa que as ideias de cada um devem estar, na medida do possível, vinculadas à responsabilidade com o todo do qual se faz parte.

Depois de publicados os artigos e lançada a revista, conversem sobre o processo de elaboração desse trabalho:

- Como foi a participação de cada um na comissão de que fazia parte?
- Ao longo do processo, predominou a colaboração?
- Houve momentos de tensão? Como foram resolvidos?
- Quais foram as principais aprendizagens durante a realização desse projeto?
- Quais dessas aprendizagens você acredita que levará para a vida profissional ou para a vida acadêmica?

Exemplo de página diagramada.

Meu portfólio

Nesta unidade, você e os colegas estudaram a construção do padrão de beleza através dos tempos, bem como seus impactos sobre a autoestima e a noção de saúde entre os jovens. Em *Padrões de beleza, ginásticas e esportes*, você pôde conhecer exercícios físicos, cuja principal função é a criação de uma relação positiva com o próprio corpo, com foco na saúde e no autocuidado. Já em *A arte da escultura na Grécia antiga* você pôde desmistificar a monocromia das esculturas gregas e desconstruir estereótipos e preconceitos a respeito da estética egípcia. Em *Artigo de divulgação científica*, conheceu os gêneros artigo de divulgação científica e artigo de opinião. Nesta unidade, você pôde verificar o potencial do protagonismo juvenil. Reconheceu que, em todas as situações de escrita, deve prevalecer a ética na publicação de dados reais, confiáveis e a exposição de ideias e princípios baseados na defesa da democracia e dos direitos humanos. O estudo desses gêneros promoveu, além disso, reflexões sobre alguns mecanismos linguísticos que possibilitam a articulação entre as partes do texto, de modo a gerar organização e clareza na exposição das ideias.

Para montar seu portfólio, você deverá retomar todas as produções realizadas na unidade, desde rascunhos e projetos até registros em fotos e vídeos de apresentações. Lembre-se de que todo o processo criativo é importante e não apenas o produto final, por isso aqui não podem faltar as diversas versões de uma mesma produção.

Retome também todas as anotações que fez no diário de bordo, elas vão ajudar muito na construção do portfólio. Não deixe de colocar a data em que cada produção foi realizada: assim, ao consultá-lo, você terá condições de verificar sua história de aprendizagem. Essa consulta poderá ajudá-lo a perceber quais aspectos você desenvolveu e aperfeiçoou ao longo do trabalho.

UNIDADE

3 Vozes da cidade

Arquivo/Basurama.org

Arquivo/Basurama.org

Amar o mar, de Basurama, 2017 (garrafas de plástico). Instalação realizada em Corunha, Espanha.

#TáNoFeed

Observe a imagem da instalação *Amar o mar*, realizada em uma praia na Espanha pelo coletivo Basurama (*basura*, em espanhol, significa "lixo"). Depois, responda oralmente às questões:

1. O que mais chama sua atenção na imagem da instalação?

2. Considerando que a obra foi produzida com material descartado na praia, responda:

a) O que se pode dizer sobre a atitude das pessoas em relação ao mar?

b) Ao considerar o texto da instalação e o lugar em que foi inserida, que sentimento a expressão "amar o mar" desperta em você?

c) Em sua opinião, qual pode ter sido a intenção do coletivo Basurama ao criar a obra?

d) É possível compreender a obra como um alerta ou um pedido? Explique.

Amar o mar é uma instalação artística efêmera que foi realizada no ano de 2017 em uma praia da Corunha, na Espanha, a partir da coleta do lixo gerado pela festa de San Juan (quando ocorre a noite mais curta do ano). Nessa celebração, muitas pessoas festejam na praia e produzem um grande volume de lixo derivado de embalagens de bebidas e de recipientes diversos.

3. Observe todos os materiais presentes na sala de aula, inclusive os seus. Considere que boa parte disso um dia irá para o lixo e reflita sobre as questões a seguir.

a) Por que esses materiais estão destinados a ir para o lixo?

b) De que maneira o lixo está presente na cidade em que você vive?

c) Que ideias podemos propor para melhorar essa realidade?

4. Em grupo, organizem a construção de uma instalação efêmera que durará somente o tempo da aula. Sigam os passos a seguir:

- Escolham um espaço, que pode ser o centro da sala de aula, com as carteiras afastadas. Delimitem o espaço da instalação com uma fita adesiva fixada no chão e organizem-se ao redor.
- Um por vez, cada estudante deve selecionar e colocar nessa área um objeto de sua escolha.
- Ao colocar o material, busquem ressignificar seu uso e sentido. Experimentem, por exemplo, encaixar e compor com um objeto que já tenha sido adicionado por outro colega.
- Ao final, observem o que a turma criou e o que sobrou de objetos na sala: quais materiais selecionaram e quais não foram usados?
- Como essa criação é efêmera, ou seja, não foi realizada para permanecer ou durar no espaço, faça um registro fotográfico ou em vídeo ou um desenho do resultado e arquive em seu **Portfólio**. Depois, juntos, desmontem a instalação e reorganizem a sala de aula.

Nesta unidade, você vai conhecer e refletir sobre o espaço da cidade. Questões de acessibilidade, mobilidade e ocupação dos espaços públicos serão temas de estudo, que farão você refletir sobre os direitos das pessoas que vivem nesse lugar. Nas diferentes linguagens, vai conhecer e experimentar as produções artísticas que se manifestam no espaço público. Com base nisso, poderá refletir sobre as intervenções que compõem a vida na cidade, incluindo música, artes visuais, literatura e práticas esportivas. Ao final, com base nessas reflexões, você vai organizar e participar de um cortejo coletivo no entorno da escola.

Conheça a unidade

Objetivos

Arte

- Refletir sobre o uso da cidade como meio para a produção de intervenções artísticas, analisando trabalhos de intervenção urbana, seus sentidos e contextos.
- Desenvolver pesquisa e criação de modo coletivo e colaborativo e relacionadas ao entorno escolar.
- Reconhecer e refletir sobre os usos e as funções da música no contexto de atuação e circulação nas ruas.
- Explorar a linguagem musical ao criar um grupo de percussão.

Língua Portuguesa

- Conhecer, compreender e analisar os processos de produção e circulação de discursos em diferentes suportes no espaço da cidade, reconhecendo as características dos gêneros.
- Reconhecer os usos expressivos da linguagem e da seleção lexical para ampliar as possibilidades de leitura e compreensão de textos.
- Conhecer assimilações, rupturas e permanências no processo de constituição da literatura por meio da análise da poesia de cordel.

Educação Física

- Reconhecer as práticas corporais que ocupam o espaço público como direito de usufruto da cidade por seus habitantes.
- Conhecer, experimentar e valorizar práticas corporais que possibilitem outros modos de mobilidade e uso seguro dos espaços públicos da cidade, como o uso de bicicleta e *skate* e a prática de *parkour*.
- Analisar criticamente políticas públicas de meio ambiente e mobilidade, reconhecendo e valorizando o uso de meios de transporte alternativos ao carro.

Justificativa

O direito à cidade tem sido objeto de diferentes reflexões e ações governamentais e da sociedade civil. Questões de acessibilidade, mobilidade e ocupação dos espaços públicos para todos os cidadãos, com atendimento equitativo a suas necessidades e seus direitos, são pautas sociais importantes que se relacionam com o recorte escolhido para esta unidade.

Os temas serão trabalhados sob a óptica de diferentes linguagens, de modo a chamar a atenção para a possibilidade de tornar a cidade um espaço de fruição, criação, encontro e realização pessoal, bem como de desenvolver um olhar crítico para as necessidades de transformações pelas quais passam o jovem do Ensino Médio.

A BNCC nesta unidade

Nesta unidade são desenvolvidas as competências e habilidades da BNCC indicadas a seguir.

Competências gerais da Educação Básica: 3, 4, 6, 10.

Linguagens e suas Tecnologias no Ensino Médio: competências específicas e habilidades

Competência específica 1 (EM13LGG101, EM13LGG102, EM13LGG103, EM13LGG104); competência específica 2 (EM13LGG201, EM13LGG202, EM13LGG203); competência específica 3 (EM13LGG301, EM13LGG302, EM13LGG304); competência específica 4 (EM13LGG401); competência específica 5 (EM13LGG501, EM13LGG503); competência específica 6 (EM13LGG601, EM13LGG602, EM13LGG603, EM13LGG604); competência específica 7 (EM13LGG702).

Língua Portuguesa no Ensino Médio: campos de atuação social, competências específicas e habilidades

Todos os campos de atuação social

EM13LP01 (competência específica 2); EM13LP03 (competência específica 1); EM13LP06 (competência específica 1); EM13LP07 (competência específica 1); EM13LP14 (competência específica 1).

Campo artístico-literário

EM13LP46 (competência específica 6); EM13LP49 (competências específicas 1, 6); EM13LP50 (competência específica 6); EM13LP52 (competências específicas 1, 2); EM13LP54 (competências específicas 1, 3).

Matemática e suas Tecnologias no Ensino Médio: competências específicas e habilidades

Competência específica 1 (EM13MAT101, EM13MAT102).

Ciências da Natureza e suas Tecnologias no Ensino Médio: competências específicas e habilidades

Competência específica 3 (EM13CNT309).

Ciências Humanas e Sociais Aplicadas no Ensino Médio: competências específicas e habilidades

Competência específica 2 (EM13CHS204, EM13CHS205); competência específica 3 (EM13CHS301); competência específica 5 (EM13CHS502).

Intervenção urbana (Arte)

Reprodução/VJ Suave

Suaveciclo, de VJ Suave (animação e projeção, triciclo, projetor, computador, caixas de som e bateria). Intervenção realizada no evento Mapping Festival Montreal, Canadá, 2016.

Reprodução/VJ Suave

Suaveciclo, de VJ Suave (animação e projeção, triciclo, projetor, computador, caixas de som e bateria). Intervenção realizada no evento GAF Art Fair, em Guangzhou, China, 2015.

Diário de bordo

Observe as imagens da intervenção *Suaveciclo*, de VJ Suave, e responda às questões a seguir em seu diário de bordo.

a) Quais semelhanças e diferenças você percebe entre os desenhos?

b) Você acha que os desenhos foram criados para esses lugares? De que maneira eles se relacionam com a arquitetura das casas, a cidade e as pessoas?

c) Como você acha que esses desenhos foram produzidos?

Saiba+

Conheça mais sobre o trabalho e outros projetos de VJ Suave acessando o *site* oficial da dupla. Na página, é possível ver vídeos das apresentações. Disponível em: https://vjsuave.com/suaveciclo/?lang=pt-br (acesso em: 21 maio 2022).

1. Em sua opinião, a arte deve estar presente na rotina das pessoas e no cotidiano das cidades? Por quê?
2. Por que você acha que alguns artistas produzem arte para espaços públicos da cidade?

O trabalho que você conheceu foi realizado pela dupla de artistas VJ Suave, formada pela argentina Ceci Soloaga e pelo paulista Ygor Marotta. Eles trabalham juntos desde 2009 e são especialistas em arte digital. A dupla desenvolve, entre outros projetos, animações para serem projetadas na superfície urbana, propondo interações entre a arte, o público e a cidade. Essas animações são desenhadas de acordo com a arquitetura e o local, considerando as diferentes superfícies e paisagens urbanas. Nesse projeto, chamado *Suaveciclo*, a dupla percorre várias cidades do Brasil e do mundo em triciclos adaptados com equipamentos para projeção e som. Muitos dos desenhos são criados e manipulados em tempo real, no momento da projeção, dialogando e interagindo com os espectadores, que geralmente são transeuntes do local.

Reprodução/VJ Suave

VJ Suave pedalando em apresentação do *Suaveciclo* no Message to Man International Film Festival, em São Petersburgo, Rússia, 2013.

Intervenção urbana

A intervenção urbana é uma manifestação artística da contemporaneidade, que surge do desejo de produzir arte em diálogo com o espaço urbano. São manifestações artísticas híbridas que podem mesclar elementos das artes visuais, das artes cênicas, da música, etc., e que têm caráter efêmero, isto é, com permanência provisória nas cidades.

Ao apropriar-se do espaço urbano, o artista estabelece uma relação direta de fruição entre a obra, a cidade e o espectador. Isso porque, diferentemente de um espaço convencional de arte, como museus, galerias e instituições culturais, em que o espectador escolhe ter contato com determinada experiência artística, na cidade os transeuntes e moradores são muitas vezes pegos de surpresa pelas ações. Dessa maneira, na intervenção há uma aproximação direta da obra com a rotina da vida comum. Vale ressaltar que nem sempre a relação com o espectador da intervenção se dá da maneira desejada. Mas é nessa junção, mesmo que inesperada, que pode ocorrer uma troca simbólica de interação estética compartilhada entre as pessoas, capaz de reconfigurar a percepção do local e da realidade.

Ao se tratar de intervenção urbana, uma referência histórica é o grupo 3NÓS3, criado no ano de 1979 pelos artistas Hudinilson Jr. (1957-2013), Mario Ramiro (1957-) e Rafael França (1957-1991). Eles foram os precursores do gênero em São Paulo e no Brasil, ao proporem a ocupação e a apropriação da cidade, criticando a institucionalização dos espaços da arte. Também se tornaram referência para a criação de coletivos de artistas, algo até então pouco comum nas artes visuais. Na intervenção *Interdição*, eles bloquearam a passagem de carros na avenida Paulista, uma movimentada via da cidade de São Paulo (SP), com extensas faixas de papel-celofane.

Reprodução/3Nós3

Interdição, do coletivo 3NÓS3, 1979. Intervenção realizada em São Paulo (SP).

Para ir mais longe — Instalação urbana

A marroquina Jeanne-Claude (1935-2009) e o búlgaro Christo (1935-2020) foram um casal de artistas precursores na arte da intervenção urbana. Eles se conheceram no fim da década de 1950 em Paris, França, e trabalharam juntos desde então. Desenvolveram instalações ao redor do mundo e, entre os projetos mais conhecidos, estão as instalações de grande escala em que embrulharam edifícios com tecidos e outros materiais.

A obra da imagem, feita para o palácio do Reichstag, localizado em Berlim, sede do Parlamento alemão, durou catorze dias. Eles utilizaram plástico para embrulhar o edifício.

O trabalho foi patrocinado por meio da venda de desenhos, projetos e maquetes que fizeram da obra. Para Luciana Bosco e Silva (2012), o uso do tecido remete a uma tradição da história da arte, pois a utilização desse material foi representada de diversas maneiras — drapeado, plissado ou alongado — em obras como pinturas, esculturas, relevos, entre outras.

Germany Images David Crossland/Alamy/Fotoarena

Wrapped Reichstag – em português, Reichstag embrulhado –, de Christo e Jeanne-Claude, 1971-1995. Realizada em Berlim, Alemanha, 1995.

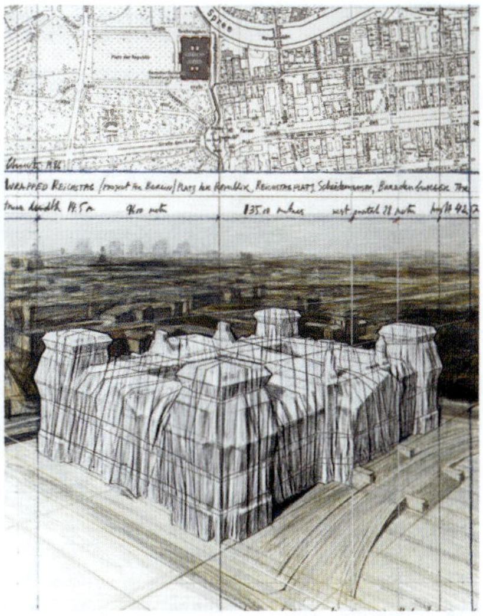

© 2020. Christie's Images, London/Scala, Florence

Wrapped Reichstag (Project for Berlin) – em português, Reichstag embrulhado (Projeto para Berlim) –, de Christo e Jeanne-Claude, 1979 (lápis, carvão, pastel, lápis de cera e mapa, 38 cm × 244 cm e 106,6 cm × 244 cm).

Poro

Há muitos modos de propor intervenções urbanas na cidade e existem diferentes tipos de trabalhos artísticos que se relacionam com o local e o contexto em que se inserem. Você vai conhecer agora o trabalho do Poro, uma dupla formada em 2012 por Brígida Campbell (1981-) e Marcelo Terça-Nada! (1978-) que realiza intervenções urbanas efêmeras na cidade de Belo Horizonte (MG). Para eles, as ações que propõem têm como premissa:

1. Apontar sutilezas
2. Criar imagens poéticas
3. Trazer à tona aspectos das cidades que se tornam invisíveis pela vida acelerada nos grandes centros urbanos
4. Estabelecer discussões sobre problemas da cidade (concreto/vegetação, falta de cor, crescimento não sustentável, especulação imobiliária etc.)
5. Refletir sobre as possibilidades de relação entre os trabalhos em espaço público e os espaços expositivos institucionais como galerias, museus etc.
6. Lançar mão de meios de comunicação popular para realizar trabalhos: panfletos tipo milheiro (cartomantes, compro ouro etc.), cartazes tipo lambe-lambe, faixas...
7. Reivindicar a cidade como espaço para a arte
8. Re-poetizar a vida

O QUE buscamos. *Poro*. Disponível em: https://poro.redezero.org/o-que-buscamos/. Acesso em: 21 maio 2022.

Em 2009, a dupla realizou uma série chamada *Faixas de antissinalização* no bairro de Santa Tereza, em Belo Horizonte (MG).

Reprodução/Coletivo Poro

Reprodução/Coletivo Poro

Reprodução/Coletivo Poro

Série *Faixas de antissinalização*, do Poro, 2009. Intervenção realizada em Belo Horizonte (MG).

Saiba+

- Acesse o *site* oficial do Poro e conheça outras intervenções urbanas dos artistas. Disponível em: https://poro.redezero.org/ (acesso em: 21 maio de 2022).

Para conhecer um pouco mais a proposta do coletivo 3NÓS3, visite as páginas:

- Galeria_Jaqueline Martins. Disponível em: https://galeriajaquelinemartins.com.br/artista/3nos3 (acesso em: 21 maio de 2022).
- Enciclopédia Itaú Cultural. Disponível em: https://enciclopedia.itaucultural.org.br/grupo434553/3nos3 (acesso em: 21 maio de 2022).

3. Observe as imagens da intervenção do Poro. Depois, reflita e anote em seu diário de bordo.

a) O que as faixas comunicam a você?

b) Você acha que as faixas foram elaboradas para os locais em que estão? O que faz você pensar assim?

Experimentação Criação de uma faixa

Você e os colegas vão criar uma faixa inspirada nas intervenções do Poro que será usada, adiante, no cortejo pelas ruas do entorno da escola proposto na seção *#Multiplicar*.

Material

- tecido;
- papéis diversos;
- tintas diversas;
- pincéis.

1. Verifiquem na escola quais materiais melhor se adaptam à criação dessa faixa: um tecido, pedaços de papel emendado ou uma faixa de papel *Kraft*, por exemplo. Escolham também o material para pintura adequado para o suporte: para o tecido, pode ser tinta específica ou para serigrafia; para o papel, tinta acrílica ou guache.

2. Em roda, debatam os motivos para a intervenção:

- O que há no entorno?
- Há algum problema na região para o qual podem chamar a atenção?
- O que querem apontar?
- Que discussões e reflexões serão instigadas?
- Que sensações e percepções querem despertar nos transeuntes?

3. Com base na discussão, organizem uma lista do que vocês buscam com essa intervenção.

4. Depois de definidos os objetivos, caminhem no entorno da escola com os colegas e o professor. Nesse percurso, aproveitem para olhar e observar o espaço, as ruas e a arquitetura do local. Percebam como são o chão, as casas, os muros, os postes, a fiação elétrica, as árvores, as cores, os cheiros, etc.

5. Compartilhem suas impressões sobre o trajeto e o entorno.

6. Coletivamente, criem uma lista de sugestões de frases para as faixas, considerando os objetivos que a turma definiu.

7. Por fim, selecionem uma única frase que sintetize a proposta e que dialogue com o entorno e a comunidade.

8. Após a seleção, elaborem a faixa com o material disponível. Definam a tipografia, o tamanho da letra e a cor e façam previamente a marcação no tecido ou no papel a lápis.

9. Faça registros fotográficos da faixa e do processo de elaboração. Arquive em seu **Portfólio** os registros assim como os rascunhos e as anotações realizados durante a produção.

Diário de bordo

Ao longo e ao final do processo, registre no diário de bordo suas impressões, suas ideias e as frases criadas pela turma.

A música nas ruas

Segundo a pesquisadora Jhessica Reia:

> [...] os artistas de rua e sua luta pela sobrevivência e legitimação expõem dinâmicas de poder, políticas culturais problemáticas, dificuldades de acesso aos espaços públicos, contestação do direito à cidade e truculência policial, para citar alguns. As tentativas de regular e controlar essas práticas podem nos dizer muito sobre as lógicas de determinados momentos históricos, sobre as disputas da/na/pela cidade e, ainda, sobre como as pessoas vivem juntas em ambientes urbanos densos e complexos.

REIA, Jhessica. A Lei no Bolso: música de rua e a luta pelos espaços públicos no Rio de Janeiro. *In*: FERNANDES, Cintia; HERSCHMANN, Micael (org.). *Cidades musicais*: comunicação, territorialidade e política. Porto Alegre: Editora Sulina, 2018. p. 81.

simonovstas/Shutterstock

Grupo de músicos latino-americanos, Cuba, 2014.

realejo: instrumento musical portátil que executa uma ou mais músicas predefinidas pela ação de girar uma manivela.

Saiba +

Para conhecer mais os realejos, veja os seguintes vídeos:

- Reportagem "Realejo volta às ruas de São Paulo", do *Jornal da Gazeta* (vídeo, 4 min 21 s). Disponível em: www.youtube.com/watch?v=SzEFP5OiP7A (acesso em: 21 maio 2022).
- Vídeo, em francês, *Personagens de Paris: o tocador de realejo* (vídeo, 4 min 11 s). Disponível em: www.youtube.com/watch?v=o52k_XkDpTs (acesso em: 21 maio 2022).

Após estudar o que são intervenções urbanas, você vai conhecer um pouco dos artistas que escolhem a rua como palco, por um viés da linguagem musical.

Os músicos estão nas ruas, tocando sozinhos ou em grupos. Basta um passeio por qualquer cidade turística e encontramos esses grupos, geralmente ocupando locais de mais circulação, como ruas centrais, zonas históricas, regiões de lazer, praças e parques. Na cidade de São Paulo, por exemplo, desde que a avenida Paulista, um dos pontos centrais da capital paulista, passou a ser aberta para a população aos domingos e feriados, um número cada vez maior de artistas divide seu espaço, em sua maioria músicos. O repertório é variado: há tanto artistas solitários como grupos de *rock*, de MPB, de música regional, grupos estrangeiros, alguns de caráter amador e outros que mostram muito profissionalismo técnico expresso em equipamentos e vendas de CDs. Em quase todas as capitais é possível encontrar iniciativas assim, seja em cidades onde a prática é permitida e incentivada, seja em locais onde há restrições.

Os músicos de rua fazem parte da geografia de uma cidade, muitas vezes expondo as relações que o poder público estabelece com o uso dos espaços. Assim, parte da história dos artistas de rua é também a história de sua informalidade, marginalização e perseguição – muitos dos registros sobre esse tema podem ser contados por suas proibições.

A história dos artistas de rua remete aos menestréis medievais, às feiras, aos músicos de rua e aos tocadores de **realejo**. Podemos encontrar referências de apresentação de artistas em ruas desde cerca de 3000 a.C.

Os artistas e músicos de rua tocam em vias públicas, geralmente em locais de passagem, mas que também possibilitem um espaço para aqueles que desejam assistir às apresentações, criando, dessa forma, palcos móveis. Seus subsídios estão na contribuição espontânea dada pelo público, o chamado "passar o chapéu". Mas não é necessariamente um chapéu; pode ser também o estojo de um instrumento ou outro objeto qualquer. Muitos desses artistas vendem mídias físicas de seu trabalho, e expõem cartazes divulgando seus perfis em redes sociais.

Reprodução/Museu de Arte de Nantes, Nantes, França.

The hurdy-gurdy player, also called hurdy-gurdy player with hat – em português, *Tocador de viola de roda, também chamado de tocador de viola de roda com chapéu* –, de Georges de la Tour, cerca de 1620-1630. Óleo sobre tela, 162 cm × 105 cm. Museu de Arte de Nantes, Nantes, França.

Gabriela Biló/Estadão Conteúdo

Grupo paulistano Jazz na Kombi, que se popularizou com apresentações em espaços públicos da cidade de São Paulo (SP), 2016.

A realidade dos músicos de rua é muito distinta em cada cidade e período em que atuam. Em alguns casos, há tentativas de regulação por meio da definição de locais específicos para as apresentações, volume de decibéis e horários permitidos para tocar. Entretanto, gera-se uma discussão acerca desse tema, pois alguns dos defensores dessa prática alegam que a regulação tira as possibilidades de espontaneidade, gerando ainda exclusões, pois inviabiliza o trabalho daqueles que têm mais dificuldade em preencher formulários ou submeter-se a editais públicos. Nesse sentido, a prática de música nas ruas traz artistas de realidades muito díspares, desde aqueles que estão em uma situação de marginalidade social até quem possui outras fontes de renda e utiliza os espaços para divulgação e ativismo.

Para ir mais longe **Legalização no Rio de Janeiro**

A cidade do Rio de Janeiro (RJ) foi a primeira no Brasil a criar uma lei municipal que regula a atividade dos artistas de rua, a Lei n. 5 429, de 5 de junho de 2012. A lei libera a atividade de arte nas ruas e praças, sem necessidade de autorização prévia por parte do poder público, mas os artistas devem cumprir alguns requisitos, como o limite do horário e o volume em decibéis quando há equipamento de som. A regulamentação foi alcançada devido à militância de um movimento chamado Arte Pública, comandado pelo diretor teatral Amir Haddad (1937-). Atualmente existem tentativas de revogação da lei por parte de grupos políticos opositores àqueles que viabilizaram a regulamentação.

Os artistas que entendem essa prática como um ativismo têm criado redes de conexão e auxílio graças às ferramentas da internet, além de muitas vezes exercitarem a solidariedade na própria lida diária com a rua. Em locais onde há muita concorrência, é comum que os próprios músicos estipulem regras para que cada grupo tenha seu tempo de apresentação.

Em Amsterdã, por exemplo, capital dos Países Baixos, há um local muito concorrido para apresentações de músicos de rua, uma passagem de pedestres próxima ao Rijksmuseum. Nos fins de semana, os grupos de artista fazem fila e se organizam em apresentações de meia hora.

Músicos de rua como esses se identificam pelo termo em inglês *busker*, formando um tipo de comunidade informal. São artistas que costumam viajar, fazer parcerias e trocar experiências nas cidades por onde passam. Algumas iniciativas e projetos têm utilizado a tecnologia para conectar artistas de locais diversos, como é o caso do projeto Playing for Change.

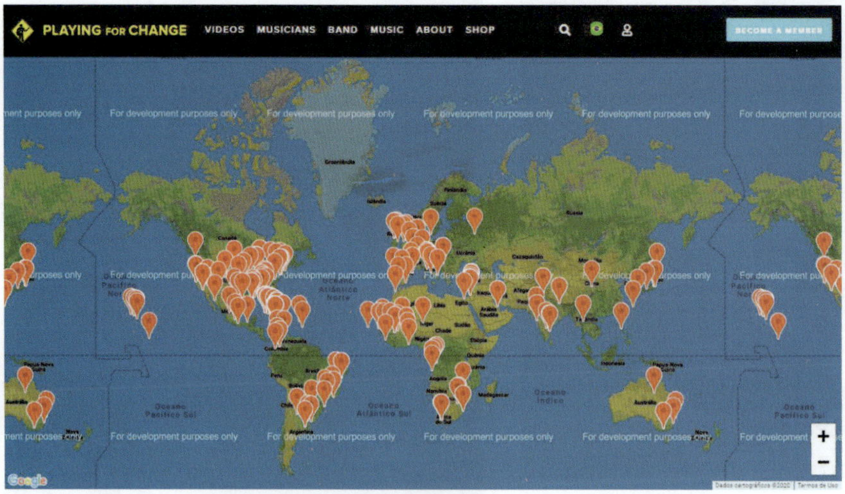

Reprodução/www.playingforchange.com

Mapa do *site* do projeto Playing for Change, que mostra a localização de artistas de diferentes regiões do mundo em agosto de 2020.

O projeto foi fundado por Mark Johnson e Whitney Kroenke, que criaram um estúdio de gravação móvel e passaram a fazer vídeos de músicos de rua em diferentes locais, geralmente tocando uma mesma música, que é posteriormente editada. Mark relata que se voltou para os músicos de rua quando estava a caminho de um estúdio de gravação, em 2005, e ficou impressionado com a voz de um cantor de rua chamado Roger Ridley. Em um vídeo no *site* do projeto, Mark comenta que esse encontro causou nele uma epifania: "a melhor música que ouvi em minha vida estava no caminho do estúdio, não no estúdio". A partir de então, ele teve a ideia de levar o estúdio às pessoas. O projeto também criou uma banda, composta de músicos de diferentes países, que já realizou várias gravações.

Muitas das canções escolhidas compõem um tipo de repertório musical chamado "internacional", pois são canções de diferentes países que se tornaram amplamente conhecidas devido à projeção que tiveram.

Ouça a canção "Chan Chan", do compositor cubano Compay Segundo (1907-2003), interpretada por Pancho Amat, Mamadou Diabaté, Tete Garcia Caturla, em 2018. Em seguida, reflita sobre as questões propostas.

4. Depois de escutar a gravação da canção "Chan Chan", do compositor cubano Compay Segundo, com a participação de artistas de diferentes partes do mundo, responda:

a) Quais instrumentos você percebe na gravação?

b) Essa gravação foi realizada em diferentes países. Você imagina em quais?

Saiba+

- Acesse o *site* oficial do projeto Playing for Change e assista a vídeos de músicos de lugares distintos, como Cuba, Mali, Líbano, Brasil, Estados Unidos e Japão. Disponível em: www.playingforchange.com/videos (acesso em: 21 maio 2022).
- Assista a uma reportagem que mostra mais sobre o estilo de vida dos artistas de rua que se apresentam na cidade de São Paulo (SP): "Músicos de rua surpreendem pela variedade" (vídeo, 2 min 56 s). Disponível em: www.youtube.com/watch?v=bkZyqwNSr28 (acesso em: 21 maio 2022).
- Aproveite o momento para assistir ao vídeo da gravação de "Chan Chan" e conheça os instrumentos musicais e a atuação dos artistas em suas cidades de origem (vídeo, 4 min 37 s). Disponível em: https://www.youtube.com/watch?v=WAjRmHODjyQ (acesso em: 21 maio 2022).

O Carnaval e a ocupação das ruas

O Carnaval é indissociável das ruas e de sua ocupação com música. Mesmo considerando que, em alguns períodos, tanto no Brasil como em outros países, houve tentativas de enquadrar os desfiles carnavalescos dentro de normas e, em alguns casos, até mesmo dentro de espaços fechados, a festa adquiriu grandes proporções nas ruas. No Brasil, o Carnaval de rua mobiliza grandes grupos musicais e numerosos foliões.

A festa é o resquício contemporâneo de uma série de manifestações culturais que têm raízes em festividades pagãs da Antiguidade. Essas festas sobreviveram ao longo da Idade Média, muitas vezes em conflitos com as autoridades da Igreja. Porém o Carnaval foi incorporado ao calendário católico no período que antecede as penitências da Quaresma. Em suas características essenciais, traz um caráter libertário das regras e das hierarquias sociais.

O Carnaval chegou ao Brasil com os portugueses. Com o nome de entrudo, mantinha as características da festa de permissividade e afrouxamento das regras sociais. A partir do século XIX, o Carnaval brasileiro começou a mobilizar grupos musicais, especialmente de populações excluídas, como as de origem africana.

Entretanto, apesar da liberdade e da inversão das ordens sociais que o Carnaval permitia, até hoje a ocupação das ruas nas grandes cidades brasileiras passa por disputas de legitimidade e evidencia relações tensas, e muitas vezes excludentes, entre os diferentes setores da sociedade e o poder público.

Joa Souza/Shutterstock

Apresentação do bloco afro Olodum, em Salvador (BA), 2017.

Durante a primeira metade do século XX, em Salvador (BA), o carnaval da elite desfilava por organização dos clubes da classe média, com carros alegóricos e música da banda do Corpo de Bombeiros e da Polícia Militar. Enquanto isso, na região conhecida como Baixa do Sapateiro, no centro da capital baiana, acontecia o carnaval popular, com blocos e batucadas que levavam as danças e os cantos do candomblé às ruas desde o século XIX. Esse carnaval é a origem dos atuais blocos afro e de afoxé.

Joa Souza/Shutterstock

O músico Armandinho e os irmãos Macêdo em apresentação na Igreja do Bonfim em uma réplica da Velha Fobica, o primeiro trio elétrico, em Salvador (BA), 2019.

O carnaval de Salvador ficou marcado pela criação do trio elétrico a partir da década de 1950. Foi primeiro chamado de dupla elétrica, quando os músicos Adolfo Antônio Nascimento (1920-1978) e Osmar Álvares Macedo (1923-1997), conhecidos como Dodô e Osmar, desfilaram em um carro tocando violão e um protótipo de guitarra, que viria a ser a atual guitarra baiana. No ano seguinte, os mesmos artistas desfilaram em uma picape, com a presença de mais um músico – assim surgiu a definição de trio elétrico. Progressivamente, outros grupos musicais adotaram o modelo, e os trios elétricos começaram a crescer em proporção, passando a utilizar caminhões e a se apresentar em outras cidades brasileiras e ultrapassando o circuito das capitais Recife (PE) e Salvador (BA).

Mesmo com a invenção do trio elétrico, o carnaval de Salvador continua dividido. Na década de 1970, os blocos afro desfilavam na madrugada, fora da cobertura televisiva, e ainda sofriam preconceito, sendo considerados "primitivos". Os trios elétricos, ainda hoje, mantêm uma segregação em seus desfiles, em razão da presença de um cordão que isola os participantes que pagam, muitas vezes, um valor alto daqueles que seguem o trio fora do cordão, chamados "pipocas".

Bloco de afoxé Filhos de Gandhy, em Salvador (BA), 2009.

Thiago Bernardes/Latincontent/Getty Images

Foi entre as décadas de 1970 e 1980 que os blocos afro cresceram em popularidade e despertaram o interesse da indústria fonográfica. Entre eles estavam os blocos Ilê Ayê, Ara Ketu e Olodum, este último fundado em 1979. A partir de então, esses blocos saíram do segundo plano do Carnaval e passaram a ter um espaço de visibilidade na mídia. A classe média e os turistas passaram também a frequentar esses desfiles e até mesmo a participar de ensaios para conhecer de perto o samba-*reggae*, uma fusão do samba com o *reggae* jamaicano cujo desenvolvimento é atribuído a Neguinho do Samba (1955-2009), um dos fundadores do Olodum.

Saiba +

Assista ao documentário *Axé: canto de um povo de um lugar*, dirigido por Chico Kertész (2016, 107 min). O filme traz entrevistas com artistas e produtores da Bahia, aborda o surgimento e o desenvolvimento do ritmo axé, em Salvador, e trata de diversos aspectos culturais importantes para o axé, como o Carnaval.

Ouça a canção "Raça negra", do primeiro disco do grupo Olodum, *Egito Madagascar* (1987). Em seguida, reflita sobre a questão proposta.

5. Após escutar a canção "Raça Negra", responda: Como você percebe os elementos musicais nessa gravação?

Mikhail Bakhtin (1895-1975), ao estudar a cultura popular da Idade Média e do Renascimento, investiga os sentidos do Carnaval. Ele relaciona o Carnaval com sua ancestralidade e o compreende como um "estado peculiar da existência", na qual a vida e a arte se encontram imbricadas, sem a distinção entre palco e plateia, além da libertação de convenções e hierarquias sociais. Apesar do contexto muito distinto da cultura brasileira, é possível identificar semelhanças de aspectos abordados por Bakhtin nos carnavais de rua brasileiros.

> Os espectadores não assistem ao carnaval, eles o vivem, uma vez que o carnaval pela sua própria natureza existe para todo o povo. Enquanto dura o carnaval, não se conhece outra vida senão a do carnaval. Impossível escapar a ela, pois o carnaval não tem nenhuma fronteira espacial. Durante a realização da festa só se pode viver de acordo com as suas leis, isto é, as leis da liberdade. O carnaval possui um caráter universal, é um estado peculiar do mundo: o seu renascimento e a sua renovação, dos quais participa cada indivíduo. Essa é a própria essência do carnaval, e os que participam dos festejos sentem-no intensamente.

BAKHTIN, Mikhail. *A cultura popular na Idade Média e no Renascimento*: o contexto de François Rabelais. São Paulo: Editora Hucitec, 2010. p. 6.

6. Segundo Bakhtin, o sentido do Carnaval da Idade Média e do Renascimento traz uma inversão da ordem vigente em uma sociedade marcada por hierarquias sociais muito rígidas, mas que são rompidas no período da festa. Em sua opinião, quais são essas semelhanças e diferenças com o carnaval brasileiro?

Luis War/Shutterstock

Bloco Cordão da Bola Preta, no Rio de Janeiro (RJ), 2015.

Apesar de essa essência utópica da festa descrita por Bakhtin ser perceptível em vários aspectos das festas brasileiras, o carnaval brasileiro é motivo de discussões e conflitos no espaço urbano. Porém, ao longo de seu desenvolvimento, foi um fenômeno propício para o extravasamento das manifestações artísticas e culturais das populações marginalizadas, em especial as populações de ascendência africana. Nesse sentido, mesmo que as hierarquias sociais não estivessem verdadeiramente suspensas no carnaval brasileiro, a festa conseguiu impulsionar e legitimar práticas que não faziam parte das manifestações aceitas pelas elites do país. Ainda segundo Bakhtin:

> Sob o regime feudal existente na Idade Média, esse caráter de festa, isto é, a relação da festa com os fins superiores da existência humana, a ressurreição e a renovação, só podia alcançar sua plenitude e sua pureza, sem distorções, no carnaval e em outras festas populares e públicas. Nessa circunstância a festa convertia-se na forma de que se revestia a segunda vida do povo, o qual penetrava temporariamente no reino utópico da universalidade, liberdade, igualdade e abundância.

BAKHTIN, Mikhail. *A cultura popular na Idade Média e no Renascimento*: o contexto de François Rabelais. São Paulo: Editora Hucitec, 2010. p. 8.

Saiba+

Acesse o *site* oficial do Olodum e conheça os projetos do grupo. Disponível em: https://olodum.com.br/ (acesso em: 21 maio 2022).

Se, por um lado, o carnaval de Salvador refletiu esse conflito na forma como as ruas são ocupadas e nas tensões sociais geradas, por outro, apesar de ainda existir uma segregação, hoje os blocos afro e de afoxé transcenderam a situação de marginalidade e fazem parte do *mainstream*, isto é, são parte da corrente principal do carnaval soteropolitano.

Hoje, os blocos afro têm um papel importante para a valorização da cultura afro-brasileira, promovendo possibilidades de encontros e convivência em seus ensaios e apresentações. O Olodum, além da realização de grandes ocupações musicais nas ruas do Pelourinho, em Salvador, é também uma organização não governamental (ONG) que tem entre seus principais projetos a Escola Olodum, com aulas e atividades para jovens e crianças. Desse modo, ajuda a combater a discriminação e a valorizar a autoestima da juventude negra.

Para ir mais longe Ilú Obá De Min

O Ilú Obá De Min – Educação, Cultura e Arte Negra, de São Paulo, é uma associação sem fins lucrativos com um trabalho voltado às culturas de matriz africana e afro-brasileira e ao fortalecimento das mulheres negras. Foi fundado pelas percussionistas Beth Beli, Adriana Aragão e Girlei Miranda, em 2004. A associação tem como centralidade um bloco afro, formado por mulheres, que realiza grandes cortejos urbanos tocando ritmos como maracatu, batuque, coco e jongo, além de ter representações de orixás das religiões de matriz africana.

Erica Catarina Pontes/Shutterstock

Integrantes do grupo Ilú Obá De Min em desfile no Carnaval, em São Paulo (SP), 2018.

Saiba+

- Assista ao vídeo *Empoderadas Beth Beli Ilú Obá de Min,* em que Beth Beli, cofundadora do Ilú Obá De Min, fala sobre a criação e o trabalho do grupo (vídeo, 5 min 32 s). Disponível em: www.youtube.com/watch?v=56wY3UGLM_8. Acesso em: 21 maio 2022.
- Para assistir a vídeos de apresentações e ensaios do coletivo Ilú Obá De Min, acesse o canal oficial da associação no YouTube. Disponível em: www.youtube.com/channel/UCScQKNi00hSFSvCSvDdJVbQ. Acesso em: 21 maio 2022.

Experimentação Grupo de percussão

Agora é a sua vez de criar um grupo de percussão com os colegas. Você pode utilizar instrumentos musicais convencionais ou materiais alternativos, como latas e garrafas. Para isso, siga estas etapas.

1. Pesquise se há instrumentos de percussão à disposição na escola ou se algum colega da turma possui e pode compartilhá-lo.

2. Faça também uma pesquisa de materiais recicláveis que podem ser aproveitados para criar instrumentos musicais, como latas, garrafas, galões de água, objetos de metal, etc.

3. Reúna todo o material reciclável encontrado e experimente suas sonoridades primeiro do modo como eles são, sem fazer alterações. Em seguida, estude com a turma e o professor maneiras de aprimorar o uso do material, adicionando complementos como baquetas. Cada um pode ficar responsável por pesquisar e desenvolver seu instrumento.

4. Junte todos os instrumentos, tanto os convencionais quanto os confeccionados por vocês, e separe-os por sonoridade: instrumentos de som grave, instrumentos de som médio, instrumentos de som agudo. O agrupamento por características é chamado "naipe" em grupos musicais numerosos.

5. A turma deve ser organizada em grupos, cada um responsável por um naipe, e experimentar tocar em conjunto. Vocês podem criar diferentes ritmos, alternando marcações grave, média e aguda, ou ainda tentar realizar ritmos de gêneros musicais que conheçam, como o samba, o *funk* carioca, a música eletrônica, entre outros. Entretanto, não há necessidade de reproduzir um ritmo conhecido: experimentem fazer variações e criar as próprias marcações rítmicas coletivamente.

No final da unidade, a turma vai realizar um cortejo. Assim, aqueles que se interessarem mais pelo trabalho musical podem usar os instrumentos e as sonoridades criadas na atividade da seção *#Multiplicar*.

Marcus Leoni/Folhapress

O grupo Embatucadores em apresentação na Casa Folha, em São Paulo (SP), improvisando com instrumentos como pedaços de cano, latas e garrafas PET. Foto de 2018.

Diário de bordo

Registre em seu diário de bordo as pesquisas realizadas nessa experimentação e como foi fazer o grupo de percussão.

Textos e espaços públicos (Língua portuguesa)

1. Você observa os textos espalhados pelos espaços públicos de sua cidade?

2. Em sua opinião, é possível haver poesia fora do livro?

O encontro do homem com a poesia possibilita o despertar de sua sensibilidade. O poeta francês Paul Celan (1920-1970), em um texto de agradecimento pelo primeiro prêmio recebido, em Bremen (Alemanha), em 1958, destacou:

> [...] o poema pode ser uma garrafa lançada ao mar, abandonada à esperança – decerto muitas vezes tênue – de poder um dia ser recolhida numa praia qualquer, talvez na praia do coração. Também neste sentido os poemas são um caminho: encaminham-se para um destino [...] para um lugar aberto, para um tu intocável...

CANTINHO, Maria João. A neve das palavras. *Revista Caliban*, 18 nov. 2016. Disponível em: https://revistacaliban.net/a-neve-das-palavras-b3d667ac9583. Acesso em: 21 maio 2022.

Ao pensarmos no espaço da cidade, as manifestações poéticas destinam-se para esse "tu", que pode ser qualquer transeunte, mesmo aquele mais distraído que para e chega mais perto para tentar decifrar as palavras que ali se apresentam.

Nesse sentido, é possível encontrar em diferentes cidades intervenções poéticas que buscam alcançar esse "tu intocável", funcionando como as garrafas jogadas ao mar, de que fala o poeta francês Celan. Essas manifestações ganham as ruas da cidade e vão se incorporando ao espaço de convivência, buscando, dessa forma, capturar todos aqueles que estão absortos no cotidiano e romper com a rotina habitual deles pelos menos por um instante.

Lee Yiu Tung/Shutterstock

Garota caminhando ao lado de uma intervenção artística feita na parede de uma construção, em Hong Kong.

É importante lembrar que, segundo Bakhtin, as palavras estão sempre carregadas de "um conteúdo ou de um sentido ideológico ou vivencial"; assim, elas são capazes de despertar em nós alguma ressonância de nossa vida.

3. Reflita a respeito dos espaços que percorre em sua cidade e responda às questões a seguir no diário de bordo.

a) Você já deparou com palavras em espaços públicos que o fizeram refletir sobre algo de sua vida?

b) Se fosse registrar algumas palavras importantes para você, que palavras seriam? Por que as escolheria?

c) Que palavras você escolheria para representar o bairro em que vive?

d) Imagine que você vai produzir um cartaz com uma frase de alerta, esperança ou denúncia. Qual seria a mensagem?

Diário de bordo

Anote as respostas das questões em seu diário de bordo e outras reflexões e ideias que tenham surgido.

Lambe-lambe

Caracterizado como um cartaz com pequenos versos ou uma frase de impacto, que pode ser impresso por diversas técnicas, ou mesmo desenhado manualmente, o lambe-lambe ocupa diferentes espaços das cidades com o objetivo de alcançar os transeuntes. Algumas vezes, dependendo da distância em que se encontra o leitor, as palavras podem ganhar um novo sentido.

Tais intervenções poéticas ganham as ruas por meio de iniciativas individuais e coletivas. Os coletivos, como são chamados os grupos de artistas que se organizam em volta de uma temática, pensam e produzem discursos em diferentes mídias, considerando alcançar até os cidadãos mais distraídos. E os muros e os postes das cidades são os lugares onde geralmente podemos encontrar esse gênero textual.

Lambe-lambe do coletivo Paulestinos, 2020.

4. Quais seriam as leituras possíveis do lambe-lambe da imagem?

5. Considerando que o objetivo do lambe-lambe é propor que o leitor reflita sobre algo, qual seria o objetivo do cartaz?

6. Considere a tipografia utilizada, o tamanho das letras e a forma como o texto foi arranjado. Qual seria a intenção com essa composição? Você acha que a distância física que o leitor toma do cartaz interfere na leitura? Explique.

Esse lambe-lambe foi produzido pelo coletivo Paulestinos, formado por jovens nordestinos que vivem na cidade de São Paulo (SP). Segundo o grupo, a ideia principal de colar os cartazes no espaço urbano é usar as paredes como um suporte que pode espalhar poesia pela cidade.

A ação de intervir na cidade é não só ocupar um espaço que é de todos como também criar a possibilidade de as pessoas saírem, mesmo que por instantes, da rotina. Desse modo, há um interesse em fazer que quem passa pela rua e se depara com os lambe-lambes tenha seu caminho modificado, possibilitando ainda um vínculo de pertencimento com a cidade. Isso pois, apesar de os cartazes apresentarem o logo do grupo, ao serem colocados em um espaço público, passam a pertencer à cidade. Assim, a autoria passa a ser, de certa forma, coletiva, pois existe uma ideia de que cada leitor pode atribuir novos e diferentes sentidos ao que foi exposto.

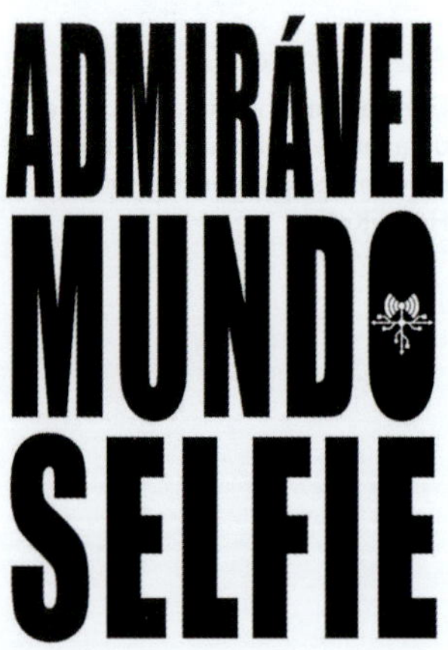

Lambe-lambe do coletivo Paulestinos.

7. Você acha que um poema pode mudar sua rotina? De que maneira?

8. Veja, ao lado, outro cartaz produzido pelos Paulestinos e responda ao que se pede.

a) O lambe-lambe faz referência a um importante clássico da literatura mundial: *Admirável mundo novo*, de Aldous Huxley (1894-1963). Você conhece essa obra?

b) A obra de Huxley apresenta uma sociedade **distópica**, em que os indivíduos são privados do livre-arbítrio e das individualidades. Sabendo disso, qual pode ser a crítica pretendida pelos autores do texto ao usar a palavra *selfie* no lugar da palavra **novo**? Qual mensagem é transmitida pelo lambe-lambe?

distópica: refere-se à distopia, uma antítese da utopia. Descreve o futuro caracterizando a organização social em condições negativas, em geral de opressão e de privação.

Saiba+

O grupo Paulestinos é formado por Átila Fragozo (1981-) e Renoir Santos. Eles decidiram se unir e utilizar as linguagens artísticas e os questionamentos filosóficos a fim de trazer poesia para a vida urbana. Trabalham com o lambe-lambe, a videoarte, o grafite e o estêncil, adotam técnicas contemporâneas e associam o analógico ao digital. Os artistas buscam promover discussões sobre a ideia de pertencimento social, trazendo personagens da cultura brasileira.

Para ir mais longe — A expressão "lambe-lambe"

Os cartazes lambe-lambes levam esse nome por causa do procedimento usado para afixá-los pelas paredes e pelos postes da cidade: para colar os lambe-lambes em uma superfície, como um poste ou um muro, primeiro se aplica cola líquida no suporte com um rolo ou uma brocha, por exemplo, para então colar o cartaz, que ainda recebe uma nova camada de cola por cima. Cada uma dessas aplicações de cola são como "lambidas", por isso se usa o termo "lambe-lambe". Mas essa expressão não se restringe a esse tipo de cartaz.

Por volta de 1920, surgiu um novo ofício: o dos fotógrafos que circulavam pela cidade oferecendo retratos. Antes dessa época, a fotografia era somente produzida em estúdios, por conta dos equipamentos utilizados. Por isso, os retratos ficavam restritos às classes sociais mais abastadas. Mas, naquele momento, houve o advento de um modelo de câmera fotográfica portátil que permitia a revelação da foto na própria estrutura, que servia também como laboratório de revelação. Isso possibilitou que os profissionais montassem seus "estúdios" em espaços públicos, como jardins, praças e parques, e oferecessem os serviços aos transeuntes, popularizando o acesso à fotografia. No processo de revelação das fotos, os fotógrafos precisavam lamber uma placa de vidro e, por isso, passaram a ser chamados "lambe-lambes".

Os lambe-lambes desapareceram aos poucos, entre 1950 e 1970, quando as máquinas fotográficas compactas começaram a se tornar comuns. Os registros que esses profissionais fizeram são considerados, hoje, importantes documentos históricos da vida nas metrópoles no século XX.

L. GEVAERD/Estadão Conteúdo

Fotógrafo lambe-lambe faz fotos para documento no Jardim da Luz, em São Paulo (SP), 1985.

Saiba+

Para conhecer mais do trabalho dos fotógrafos lambe-lambes, acesse o conteúdo produzido pelo Museu da Imagem e do Som de São Paulo (MIS-SP) com imagens do acervo da instituição. *Lambe-lambe: fotógrafos de rua em São Paulo nos anos 1970*, publicado em Google Arts & Culture. Disponível em: https://artsandculture.google.com/story/KgWhczTDBudLLw (acesso em: 21 maio 2022).

Outros registros no espaço da cidade

9. Que palavras poderiam ser compartilhadas no espaço em que você vive?

O coletivo espanhol Boa Mistura, formado por Javier Guerra, Juan Fernández, Pablo Mederos, Pablo Carrillo e Rubén de Lucas, vem buscando criar vínculos entre as pessoas e os espaços por meio da arte. Em 2012, o grupo realizou um projeto em São Paulo (SP) chamado *Luz nas vielas*, cujo objetivo era destacar palavras que representassem a Brasilândia, bairro localizado na Zona Norte da cidade.

O Boa Mistura passou um mês na casa de uma família da região e, por meio dessa convivência, os artistas escolheram cinco palavras que refletissem a experiência que tiveram ali.

Depois, em conjunto com os moradores, foram pintadas nas paredes palavras que representavam a comunidade. "Firmeza", "beleza", "doçura", "orgulho" e "amor" foram escritas em perspectivas para que, dependendo do ângulo, pudessem ser lidas nos becos da Brasilândia, com o intuito de trazer mais orgulho daquele espaço pelos moradores.

Fotos: Reprodução/Arquivo Boa Mistura

Reprodução/Arquivo Boa Mistura

Luz nas vielas, do coletivo Boa Mistura, 2012. Os registros mostram o antes e o depois da intervenção do grupo em uma viela do bairro Brasilândia, em São Paulo (SP).

Saiba+

Acesse o *site* oficial do coletivo Boa Mistura, que traz imagens de *Luz nas vielas* e mostra mais sobre o processo de criação do projeto. Disponível em: www.boamistura.com/en/proyecto/luz-nas-vielas-en/ (acesso em: 21 maio 2022).

10. Considere a definição da palavra **orgulho** e responda:

a) Ao escolher a palavra **orgulho** para compartilhar com os moradores do bairro, o que você imagina que o coletivo Boa Mistura desejou manifestar?

b) Observando as fotos da intervenção do coletivo Boa Mistura, você acredita que as cores e a palavra podem despertar nos moradores esse sentimento?

orgulho: sentimento de satisfação e apreço por algo, por alguém ou por si mesmo.

Experimentação Produção de lambe-lambe

Você estudou que o lambe-lambe é um cartaz com uma mensagem que pode ser poética, trazer reflexões ou chamar a atenção para algo. Agora é sua vez de criar um lambe-lambe. Para isso, forme um grupo com três colegas e, juntos, sigam as orientações.

Material

- papel sulfite A3 ou A4 e fita adesiva;
- impressora a *laser* ou canetas hidrográficas pretas;
- cola branca e água;
- rolinho ou esponja de espuma.

Pensem em uma frase para constar no lambe-lambe. Vocês podem elaborar algo que estimule uma reflexão, como fez o coletivo Paulestinos, ou criar uma mensagem positiva. O importante é considerar que essa mensagem interfira de alguma maneira na rotina de quem for ver o cartaz.

Para organizar o processo de seleção da frase, o grupo pode montar uma lista com as ideias. Vocês podem, por exemplo, levantar palavras-chave que se relacionem com o objetivo do grupo e, depois, imaginar como usá-las em uma frase.

1. Após a escolha da mensagem, estudem a maneira de compor a frase no cartaz, considerando o tipo e o tamanho das letras, quebras do texto, etc. Vocês também podem elaborar um logotipo para usar como assinatura do grupo, se quiserem.

2. Para produzir o lambe-lambe, use uma folha de papel sulfite A3 ou duas folhas de tamanho A4 unidas com fita adesiva. O cartaz pode ser impresso, se houver disponibilidade; outra opção é escrever à mão com caneta hidrográfica e fotocopiar. No caso da impressão, é preciso usar uma impressora a *laser*, e não do tipo jato de tinta (ou o texto manchará na hora de colar).

3. Com os cartazes prontos é hora de escolher onde serão colados, junto com o professor. Pensem nos espaços possíveis, como na fachada externa da escola ou em postes e muros do entorno. Lembre-se de que, para colar o lambe-lambe em lugares privados, é preciso obter autorização do proprietário.

4. Para colar, é preciso usar cola branca, que pode ser diluída em duas partes de água para render mais. Assim, para cada litro de cola branca, é possível preparar 3 litros de cola para o lambe-lambe, o suficiente para colar cerca de duzentos cartazes. A mistura pode ser armazenada em uma garrafa ou pote plástico.

5. Para aplicar, é preciso usar um rolinho ou uma esponja de espuma. Espalhem a cola no local em que será afixado o lambe-lambe e no verso dele. Depois de fixá-lo, passem o rolinho ou a esponja em cima do cartaz com mais cola para finalizar.

6. Faça registros fotográficos ou em vídeo das intervenções feitas pela turma e do resultado da experimentação. Arquive em seu **Portfólio** os registros assim como os estudos e rascunhos realizados durante o processo.

Diário de bordo

Registre o processo de elaboração das frases do lambe-lambe de seu grupo no diário de bordo.

Literatura de cordel

Os textos podem circular de outras maneiras pelas cidades. No caso dos cordéis, as palavras nascem na oralidade, ganham forma em folhetos e tomam conta de feiras populares pelo país. A literatura de cordel recebeu esse nome pelo suporte em que é veiculada: os exemplares são pendurados em varais de barbante, ou seja, cordas finas ou cordéis. O primeiro registro que se tem desse gênero literário é datado do século XVI, sendo considerado uma herança dos portugueses. Em 2018, o cordel foi reconhecido como patrimônio cultural imaterial brasileiro.

11. Considere as imagens e responda às questões a seguir.

a) Ao olhar para os folhetos, o que mais se destaca para você?

b) Observe os títulos dos cordéis. É possível inferir os temas de cada um?

Varal de cordéis, em Olinda (PE), 2018.

Marcio Jose Bastos Silva/Shutterstock

Varal de cordéis em feira, em Cabedelo (PB), 2017.

Kleber Cordeiro/Shutterstock

Venda de literatura de cordel, em Aracaju (SE), 2019.

Abrahao do Carmo Bonfim/Shutterstock

Saiba +

Veja o vídeo, do grupo Nóis na Mala, que traz parte de um cordel interpretado por João Alves. *Proezas de João Grilo 1/3* (vídeo, 1 min 32 s). Disponível em: https://youtu.be/TVTHyuQmy5o (acesso em: 21 maio 2022).

Leia, a seguir, o trecho de uma história de João Grilo, personagem do folclore brasileiro e português, contada pelo pernambucano João Ferreira de Lima (1902-1972).

Proezas de João Grilo

proezas: atos admiráveis, difíceis de realizar; façanhas.

(1)
João Grilo foi cristão
que nasceu antes do dia
criou-se sem formosura
mas tinha sabedoria
e morreu depois da hora
pelas artes que fazia

E nasceu de sete meses
chorou no bucho da mãe
quando ela mostrou um gato
ele gritou não me arranha
não jogue neste animal
que talvez você não ganhe

Na noite em que João nasceu
houve um eclipse na lua
e detonou um vulcão
que ainda hoje continua
naquela noite correu
um lobisomem na rua

Porém o Grilo criou-se
pequeno, magro e sambudo
as pernas tortas e finas
a boca grande e beiçudo
no sítio onde morava
dava notícia de tudo

(2)
João perdeu o pai
com 7 anos de idade
morava perto dum sítio
ia pescar toda tarde
um dia fez uma cena
que admirou a cidade

O rio estava de nado
vinha um vaqueiro de fora
perguntou dará passagem
João Grilo disse ainda agora
o gadinho do meu pai
passou com o lombo de fora

O vaqueiro bota o cavalo
com uma braça deu nado
foi sair muito embaixo
quase morria afogado
voltou e disse ao menino
você é um desgraçado

João Grilo foi ver o gado
para provar aquele ato
vinha trazendo na frente
um bom rebanho de patos
os patos passaram na água
João provou que era exato

LIMA, João Ferreira de. *Proezas de João Grilo*. Edição do próprio autor.

Reprodução/Coleção particular

Capa do cordel *Proezas de João Grilo*, de João Ferreira de Lima.

12. Considerando o significado da palavra **proeza**, responda:

a) O que podemos pressupor sobre a história de João Grilo?

b) Inicialmente, a história escrita por João Ferreira de Lima em 1932 recebeu o nome de *Palhaçadas de João Grilo*. De que maneira isso mudaria a interpretação que se faz do título?

13. Na primeira estrofe, o eu lírico apresenta dois importantes eventos na vida de João Grilo que se opõem. Quais são eles?

14. A antítese é uma figura de linguagem em que dois elementos contrastam entre si. Geralmente, ao utilizá-la, deseja-se evidenciar uma construção de opostos, mostrando a força das duas partes. O que se quis destacar sobre a vida de João Grilo ao usar essas antíteses?

15. Como o eu lírico caracteriza João Grilo?

16. Releia as quatro últimas estrofes. Temos ali uma das ações de João Grilo que fez que a cidade toda ficasse admirada. Qual foi essa proeza?

17. A história de João Grilo mistura causos (peripécias) do personagem e certas anedotas (breve relato cujo objetivo é motivar o riso) para causar o riso de quem recebe a narrativa. É possível reconhecer isso no trecho lido? Justifique sua resposta.

João Grilo se tornou personagem do paraibano Ariano Suassuna (1927-2014), no livro *Auto da Compadecida*, de 1955. Além desse personagem, Suassuna retoma outros cordéis de Leandro Gomes de Barros (1865-1918) para compor seu auto. Importante notar que o personagem João Grilo chegou ao Brasil pelo folclore português, mas, nas histórias lusitanas, ele é retratado como um tolo; já aqui ele se transforma e ganha a astúcia e a sabedoria do povo nordestino.

Características do cordel

Segundo a antropóloga Ruth Terra, o marco inicial do cordel no Brasil data de 1893, com a publicação dos primeiros poemas do paraibano Leandro Gomes de Barros.

É importante lembrar que, antes de registrados nos folhetos, os versos nasciam primeiro oralmente e depois eram impressos no papel. Os cordelistas, para chamar a atenção de compradores, contavam as histórias que ali estavam registradas.

A literatura de cordel é amplamente cultivada no Nordeste brasileiro, sendo uma forma viva de comunicação. Segundo o estudioso Câmara Cascudo, alguns fatores relacionados à formação social da região contribuíram para que essa literatura continuasse viva. Entre esses fatores estão a formação dos cangaceiros, a penúria causada pela seca, a luta entre famílias, as manifestações messiânicas, a organização patriarcal. Isso tudo contribuiu para o surgimento de grupos de cantadores, cujo trabalho apresentava a memória coletiva desse lugar e trazia a construção de pensamento coletivo que alimentou várias histórias e cantares. Os folhetos de cordel foram meios importantes de difusão cultural e de fatos cotidianos, tendo quase a função de um jornal.

métrica: ou versificação, é a contagem de sílabas dos versos.

O cordel segue uma regra fixa para que **métrica** e rima juntas auxiliem na memorização do texto e na marcação do ritmo. A métrica mais utilizada é chamada sextilha, composta de seis versos de sete sílabas. Além dessa, há as septilhas (sete versos de sete sílabas), as décimas (dez versos de sete sílabas) e as métricas conhecidas como "martelo agalopado" (dez versos de dez sílabas) e "galope à beira-mar" (dez versos de onze sílabas).

Reveja uma estrofe do texto *Proezas de João Grilo*. Note que há a elisão nos encontros vocálicos intervocabulares, mostrando o ritmo de cada verso.

1 2 3 4 5 6 7
O/rio/es/ta/va/de/**na**/do

1 2 3 4 5 6 7
vi/nha um/va/quei/ro /de/**fo**/ra

1 2 3 4 5 6 7
per/gun/tou/da/rá/pa/**ssa**/gem

1 2 3 4 5 6 7
João/Gri/lo/di/sse ain/da a/**go**/ra

1 2 3 4 5 6 7
o/ga/di/nho/do/meu/**pai**

1 2 3 4 5 6 7
pa/sso/u o /lom/bo/de/**fo**/ra

Hoje o cordel ocupa diversos espaços, inclusive nas redes sociais. As letras mudaram, mas as rimas e a oralidade estão marcadas nos textos produzidos por esses poetas digitais.

Saiba+

Assista ao filme, adaptação da obra literária de Ariano Suassuna, que conta as proezas dos personagens João Grilo e Chicó em um vilarejo no sertão da Paraíba. *O Auto da Compadecida*, dirigido por Guel Arraes (Brasil: Lereby Produções, Globo Filmes, 2000,104 min).

Cidades sustentáveis (Educação Física)

O uso massivo do carro e de meios de transporte movidos a combustíveis derivados do petróleo ou a álcool é responsável pelo aumento dos congestionamentos e da poluição atmosférica nas grandes cidades no mundo todo. Os veículos automotores emitem partículas e gases que agravam o efeito estufa (que causa aumento da temperatura e alterações climáticas no planeta) e trazem riscos à saúde das pessoas, como irritação nos olhos e narinas, alergias e danos às estruturas internas do sistema respiratório, como traqueia, faringe, laringe, brônquios e alvéolos pulmonares.

1. Observe os dados dos gráficos elaborados pelo Instituto de Energia e Meio Ambiente (Iema).

Emissões de poluentes atmosféricos locais: material particulado total (em kg)

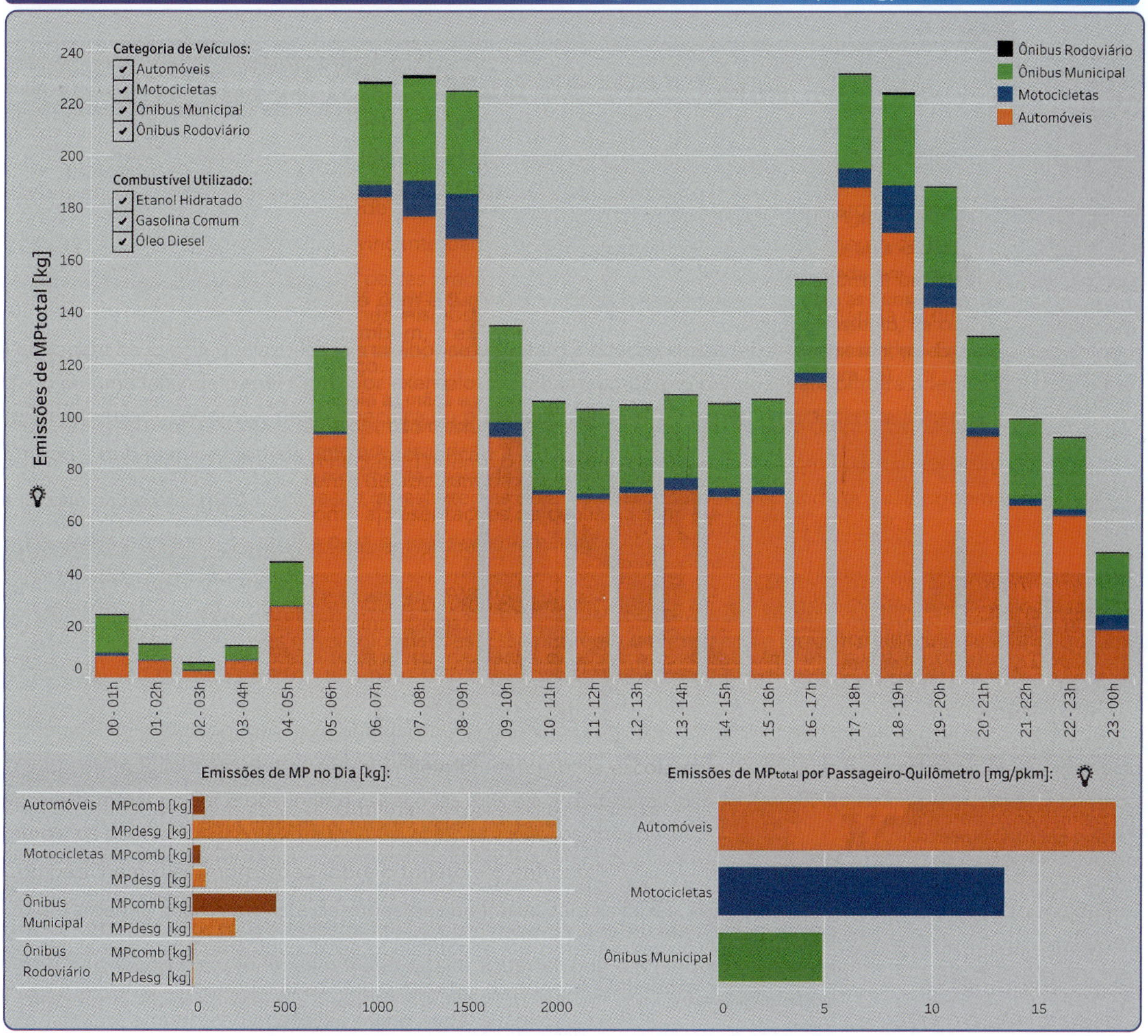

Fonte: INSTITUTO DE ENERGIA E MEIO AMBIENTE. *Inventário de emissões atmosféricas do transporte rodoviário de passageiros no município de São Paulo*. São Paulo: Iema, 2017. Disponível em: http://emissoes.energiaeambiente.org.br/graficos. Acesso em: 21 maio 2022.

a) De acordo com os dados do gráfico, qual é a relação entre circulação de veículos automotores e poluição atmosférica?

b) Que modalidade de veículo oferece mais riscos à qualidade do ar?

c) Qual é a modalidade de deslocamento menos poluente por quilômetro rodado por passageiro?

2. Agora converse com os colegas sobre os meios de transporte que utiliza.

a) Como você se desloca pela cidade? E de casa para a escola? De que outra forma você viria até a escola além do modo habitual?

b) Que meios de transporte as pessoas utilizam mais frequentemente em sua cidade?

c) Você acha que esses meios de transporte convivem em harmonia?

d) Em sua opinião, qual é a relação entre saúde, mobilidade urbana e meio ambiente?

e) Ao analisar a mobilidade urbana da sua cidade, qual meio de transporte você iria acrescentar ou modificar para melhorar a mobilidade e o meio ambiente?

Wang Zhao/AFP

Pessoa pedala sob nuvem de poluição, em Beijing, China, 2015.

No Brasil e no mundo, as bicicletas são muito populares. Seus usos são variados, mas tem crescido nos últimos anos a discussão sobre a bicicleta como uma alternativa limpa para a mobilidade urbana, pois seu uso não emite gases e partículas nocivas ao meio ambiente e à saúde. Para que a prática seja segura e realmente traga benefícios, o convívio entre bicicletas e veículos automotores e a melhoria da qualidade do ar precisam estar previstos na organização das cidades.

Há pesquisas que avaliam as consequências de pedalar ou correr em locais poluídos, mostrando que as partículas poluentes inaladas podem gerar ou agravar problemas respiratórios, especialmente entre pessoas que já apresentam doenças pulmonares ou cardíacas. Estudos em andamento avaliam se o uso de máscaras traz benefícios nesse sentido. No entanto, as melhores alternativas são a implementação de ciclovias e a diminuição do uso do automóvel como meio de transporte, por ser poluente.

Políticas e programas socioambientais

A preocupação com os problemas ambientais, de mobilidade urbana e de qualidade de vida nas cidades levou à criação de mecanismos legais, como as leis federais do Estatuto da Cidade, de 2001, a lei da Política Nacional de Mobilidade Urbana, de 2012, e de convenções e associações não governamentais que visam induzir o aperfeiçoamento de políticas públicas para as cidades, como o Programa Cidades Sustentáveis; a Agenda 2030, da Organização das Nações Unidas (ONU), cuja meta 11 define a necessidade de tornar as cidades e os assentamentos humanos inclusivos, seguros, resilientes e sustentáveis; e a Associação Internacional de Cidades Educadoras (Aice), cuja carta de intenções indica o compromisso de seus associados com o ordenamento do espaço público visando a uma maior aproximação com a natureza e mais espaços de convívio e aprendizagem em grupo.

Em suas diretrizes, o Estatuto da Cidade descreve o direito de os cidadãos usufruírem de cidades sustentáveis, cuja infraestrutura urbana garanta acesso ao trabalho e ao lazer. Determina também que as decisões sobre o planejamento urbano devem ser compartilhadas com representantes dos diferentes setores da cidade, como os jovens, os ciclistas, as pessoas com deficiência, os idosos. Nessa lógica, a oferta de ciclovias e ciclofaixas para deslocamento seguro e de espaços de lazer para práticas corporais deve fazer parte dos investimentos públicos das cidades.

Michele Ursi/Shutterstock

Transporte sustentável.

A lei da Política Nacional de Mobilidade Urbana inclui entre seus princípios e diretrizes o desenvolvimento sustentável das cidades e a segurança no deslocamento das pessoas. O Plano de Mobilidade Urbana é obrigatório para todos os municípios com mais de 20 mil habitantes e deve ser elaborado, fiscalizado e avaliado com a participação da sociedade civil por diferentes mecanismos, como órgãos colegiados (conselhos), assembleias públicas, ouvidorias e outras formas de divulgação e comunicação. O objetivo é que o plano sirva para elaborar ações a curto, médio e longo prazos, a fim de orientar as ações e os investimentos da cidade no modo como as pessoas se deslocam. O plano deve ter como base a cultura local e as reais possibilidades de investimento e financiamento de cada cidade.

Uma das funções dos gestores das cidades é dar condições de mobilidade, garantindo a função social e o crescimento econômico da cidade, simultaneamente buscando limitar o crescimento de veículos motorizados e seus impactos sobre todos os seres vivos.

Saiba+

- Acesse o *site* do Programa Cidades Sustentáveis. Disponível em: www.cidadessustentaveis.org.br/institucional/pagina/pcs (acesso em: 21 maio 2022).
- Conheça os Objetivos de Desenvolvimento Sustentável da Agenda 2030. Disponível em: https://brasil.un.org/pt-br/sdgs (acesso em: 21 maio 2022).
- Visite o *site* da Associação Internacional de Cidades Educadoras. Disponível em: www.edcities.org/pt/ (acesso em: 21 maio 2022).

Fundada em 1994, a Associação Internacional de Cidades Educadoras (Aice) também tem contribuído para o debate sobre mobilidade urbana e uso de bicicletas. A associação sem fins lucrativos reúne cerca de quinhentas cidades de 36 países que se comprometeram com a adoção dos princípios da Carta das Cidades Educadoras em suas políticas públicas. O Brasil tem 21 cidades associadas e elas se comprometeram, entre outras coisas, a desenvolver políticas atentas às necessidades de acessibilidade e à promoção da qualidade de vida, entendendo a cidade como espaço de trocas e de convívio harmonioso com o meio ambiente.

Joa Souza/Shutterstock

Homem anda de bicicleta próximo à avenida Luiz Viana, em Salvador (BA), 2019.

Perceba que o uso de bicicletas e outros meios de transporte não motorizados não significa apenas jeitos de fazer exercícios ou se divertir com os amigos, mas pode representar escolhas pessoais comprometidas com a construção de um mundo mais equilibrado e saudável e de uma cidade mais acolhedora para todos.

Vale destacar a importância de as políticas de mobilidade incluírem condições para o deslocamento de pessoas com deficiência, como previsto na Lei Brasileira de Inclusão da Pessoa com Deficiência (lei n. 13 146/2015). De acordo com a legislação, o planejamento das cidades deve garantir acessibilidade, equipamento e materiais desenhados para uso de todas as pessoas, tecnologia assistiva ou ajuda técnica, como sinais sonoros em faróis de trânsito, e diminuição de barreiras arquitetônicas, de comunicação ou informação para a pessoa com deficiência.

Saiba+

- Assista ao vídeo *De que forma educam as cidades?* (vídeo, 2 min 30 s). Disponível em: www.youtube.com/watch?v=LBfT4FIEKtE (acesso em: 21 maio 2022).
- Veja também *Agenda 2030: uma década de ação pelas pessoas e pelo planeta* (vídeo, 1 min 24 s). Disponível em: www.youtube.com/watch?v=Z9WxRHtxUjo (acesso em: 21 maio 2022).

3. Reflita sobre as questões, registre suas ideias e, depois, compartilhe com os colegas em uma roda de conversa.

a) Você acha que sua cidade é acessível para todas as pessoas? Justifique.

b) A cidade oferece condições para qualidade de vida e saúde de seus habitantes? Quais são as disputas em jogo?

c) Quem tem sido priorizado nos planos de mobilidade da sua cidade: veículos, pedestres ou bicicletas?

d) Como as práticas corporais, como o uso da bicicleta ou de outros meios de transporte e deslocamento pela cidade, podem contribuir para que sua cidade seja mais sustentável e educadora?

e) O que poderia ser feito para ampliar os espaços de lazer e uso de meios de transporte limpos em sua cidade?

Os usos da bicicleta

Por ser um meio de transporte limpo, a bicicleta tem sido cada vez mais usada em diferentes contextos. Veja, a seguir, alguns exemplos e suas implicações.

- **Lazer:** a bicicleta pode ser utilizada por pessoas de diferentes faixas etárias em situações de passeios, parques e viagens.

Syda Productions/Shutterstock

Família anda de bicicleta em um momento de lazer.

- **Prática de exercício:** visando ao condicionamento físico, especialmente à resistência cardiovascular, muitas pessoas adotam o ciclismo como atividade física.

Cavan-Images/Shutterstock

Ciclistas pedalam em uma estrada do estado de Alagoas, 2020.

- **Esporte competitivo:** em diferentes modalidades, como ciclismo em velódromo e corridas ciclísticas de rua.

Ratno Prasetyo/Shutterstock

Atletas participam do Campeonato Asiático de Ciclismo no velódromo internacional de Jacarta, Indonésia, 2019.

- **Meio de transporte:** inicialmente vista como meio de transporte para pessoas sem condições de arcar com custos de outros modais, foi associada às pessoas de menor renda. Atualmente, ganha adeptos por questões tanto econômicas como socioambientais.

Alf Ribeiro/Shutterstock

Pessoas pedalam em ciclovia da cidade de São Paulo (SP), 2018.

- **Fonte de renda:** é comum o uso da bicicleta por trabalhadores que fazem transporte de materiais e produtos para vendas. Um exemplo é o caso dos entregadores conectados a aplicativos de entrega de comidas e demais produtos.

Daisy Daisy/Shutterstock

Entregador utiliza bicicleta como fonte de renda.

Com relação especificamente ao uso da bicicleta como fonte de renda, vale ressaltar alguns pontos. O crescimento do número de jovens – sobretudo pobres, negros, moradores das periferias das cidades – que trabalham longas jornadas diárias, sem descanso semanal, e recebem uma renda menor que um salário mínimo tem gerado muitos debates sobre a necessidade de regulamentação dessa atividade, com contrapartidas mais efetivas das empresas que gerenciam os aplicativos. Os representantes dos entregadores afirmam que as empresas têm crescido tanto que pararam de divulgar seus faturamentos; no entanto, esse crescimento não dá retorno para eles, o que caracteriza a precarização do trabalho e das condições de vida desses jovens. Em entrevista a uma reportagem divulgada em um portal de notícias *on-line* em 2020, Paulo Lima (conhecido como Galo), um dos representantes dos entregadores, conta:

> "Tem entregador que pedala, pedala, pedala o dia inteiro. O cara está tão preocupado em sobreviver, que quando chega 23h ele esquece que tem que voltar pra casa. Sabe o que ele faz? Ele dorme na rua porque não aguenta pedalar 30 km pra voltar pra casa!".
>
> CARVALHO, Diana. Quais as reivindicações de entregadores que entram em greve nesta quarta. *UOL Ecoa*, 26 jun. 2020. Disponível em: www.uol.com.br/ecoa/ultimas-noticias/2020/06/29/brequedosapps-promove-mobilizacao-e-pede-apoio-a-greve-dos-entregadores.html. Acesso em: 21 maio 2022.

4. Após observar as imagens e ler o depoimento do representante dos entregadores, compartilhe com os colegas sua opinião sobre o trabalho de jovens que usam bicicletas.

a) Em sua opinião, o trabalho sobre bicicletas é seguro? Por quê?

b) Você já realizou trabalhos usando sua bicicleta ou conhece alguém que faz isso?

c) Qual sua opinião sobre a qualidade de vida e a saúde das pessoas que trabalham levando cargas, vendendo produtos ou fazendo entregas por aplicativos?

Compreendida como meio de transporte, segundo o Código de Trânsito Brasileiro (CTB), a bicicleta é definida como "um veículo de propulsão humana, dotado de duas rodas, não sendo similar à motocicleta, motoneta e ciclomotor". Dessa forma, tanto para lazer, transporte ou como fonte de renda, alguns itens de segurança são obrigatórios e há recomendações de alguns comportamentos para aumentar a segurança dos usuários.

Os itens obrigatórios de acordo com o artigo 105 do CTB são: campainha, sinalização noturna dianteira, traseira, lateral e nos pedais e espelho retrovisor do lado esquerdo. Apesar de não obrigatórios, são recomendados capacete, luvas, roupas claras ou chamativas e óculos para proteger os olhos contra insetos e possíveis detritos sólidos.

Além de utilizar equipamentos para sua proteção, ao pedalar, especialistas em segurança recomendam que você procure:

1. Sinalizar suas intenções

Sinalizar suas intenções em mudanças de trajeto, de faixa, como viradas à esquerda ou à direita e em cruzamentos.

2. Observação do entorno

Observar atentamente o entorno, por exemplo, carros parados em que as pessoas podem abrir as portas repentinamente; pedestres e animais cruzando a via; obstáculos como postes, galhos de árvores, buracos, degraus, etc.

3. Escolha de ciclovias

Escolher preferencialmente rotas em ciclovias ou ciclofaixas. Na falta delas, opte por ruas mais calmas, com menos tráfego de carros e ônibus.

4. Regra de como andar nas ruas

Andar na mão correta da via, parar em faróis e redobrar a atenção em cruzamentos.

5. Velocidade segura e sons ao redor

Manter velocidade segura e nunca utilizar fones de ouvido, pois tiram sua capacidade de perceber sons a sua volta.

6. Roupas apropriadas para serem visualizadas

Utilizar roupas de cores que possam ser visualizadas facilmente e que não possam ficar presas nas partes da bicicleta, incluindo calçados. Evite pedalar descalço.

7. Trajetos na cidade

Durante o trajeto pela cidade, não tirar a mão do guidom nem realizar manobras e acrobacias com a bicicleta.

8. Leis e sinalizações de trânsito para bicicleta

Conhecer e respeitar as leis e sinalizações de trânsito para bicicletas de sua cidade; nunca andar segurando em outros veículos ou sob efeito de álcool ou drogas.

9. Manutenção e revisão na bicicleta

Fazer manutenção e revisões periódicas das correntes, dos freios e dos pneus para evitar acidentes por falhas mecânicas.

Saiba +

Conheça o *site* oficial do Bike Anjo para saber mais do projeto. Disponível em: www.bikeanjo.org (acesso em: 21 maio 2022).

Experimentação Trajeto de bicicleta

Com o professor e os colegas, se for possível, combinem uma atividade na escola ou no entorno dela para vivenciarem o uso de bicicletas. Se não for possível fazer isso coletivamente, cada estudante pode organizar o passeio com os familiares ou responsáveis e relatar a experiência na escola. Para isso, observe as condições da cidade para o trajeto, o sentimento dos praticantes, o uso de equipamentos de segurança e o comportamento responsável.

Uma opção é realizar uma atividade de apoio a quem quer aprender a andar de bicicleta. Um exemplo que podem pesquisar é o trabalho realizado pelo grupo Bike Anjo, que forma uma rede de ciclistas que ajuda pessoas a aprender a andar de bicicleta.

Técnicas para Ajustar sua bicicleta adequadamente

Um elemento fundamental para o uso de bicicletas é o correto ajuste ao seu tamanho corporal, o que previne lesões e problemas posturais e torna a pedalada mais eficiente e confortável.

O crescente uso das bicicletas exige atenção à ergonomia e à saúde dos seus usuários, por isso é importante que você saiba ajustar corretamente a bicicleta ao seu corpo. Esses ajustes podem variar conforme o uso e o tipo de bicicleta que você tem, mas considere alguns pontos básicos.

1. Escolha o tamanho do quadro:

Em primeiro lugar, você deve medir o tamanho do seu cavalo, ou seja, a distância entre seus pés e a região do osso pubiano, que apoia no selim ao sentar-se. Com os pés descalços, encoste em uma parede e faça uma medida com lápis logo abaixo do púbis. Depois, pegue uma fita métrica e meça a distância.

Para calcular o tamanho do quadro, use a fórmula de Wilfried Hüggi, um engenheiro suíço que criou uma estratégia para avaliar adequadamente a relação entre o tamanho do cavalo e do quadro da bicicleta. Para isso, multiplique o tamanho do seu cavalo em centímetros pela constante 0,65. Por exemplo, se seu cavalo mede 85 cm, você precisará de um quadro de 55 cm.

2. Ajuste a posição horizontal (mais para a frente ou mais para trás) e vertical (altura) do selim:

Há muitos fatores para determinar a altura do selim. A estratégia mais simples é se posicionar do lado da bicicleta e colocar o selim na mesma altura de sua crista ilíaca (o osso do quadril que você tem na parte anterior do corpo). Fazendo isso, ao subir na bicicleta para pedalar, seus joelhos não poderão ficar totalmente estendidos, mas em um ângulo de 23 graus a 30 graus de leve flexão.

O posicionamento vertical do selim também é importante, pois, se ele estiver muito para trás ou para a frente, você terá sobrecarga nas articulações da coluna e dos joelhos. Coloque-o em uma posição de modo que, ao manter os pedais na posição horizontal, seus joelhos não passem a linha do pé.

3. Ajuste a posição do guidom:

Para ajustar a distância do guidom, posicione o cotovelo na ponta do selim e veja se você consegue tocar a base do guidom. Essa é a posição mais adequada.

Saiba +

Leia o artigo "Andar de bicicleta... mas bem medida!", de Basil Ribeiro (*Revista de Medicina Desportiva InForma*, ano 11, n. 3, p. 22-23, maio 2020). O texto aborda algumas das lesões ocasionadas pelo mau uso da bicicleta e apresenta informações completares sobre os ajustes do equipamento. Disponível em: https://viewer.joomag.com/revista-de-medicina-desportiva-informa -maio-2020/0208772001590336663?short& (acesso em: 21 maio 2022).

5. Quais outras alternativas de mobilidade urbana as pessoas usam na sua cidade?

Alternativas de mobilidade urbana e apropriação dos espaços da cidade: *skate* e *parkour*

Outras práticas corporais que podem ser exploradas nos espaços da cidade são aquelas conhecidas como práticas corporais de aventura urbana, como patinetes, patins, *skate* e *parkour*. Essas práticas também se relacionam com a ocupação da cidade pelas culturas juvenis e representam alternativas de mobilidade urbana. As práticas corporais de aventura podem ser definidas como:

> [...] expressões e formas de experimentação corporal centradas nas perícias e proezas provocadas pelas situações de imprevisibilidade que se apresentam quando o praticante interage com um ambiente desafiador. [...] As práticas de aventura urbanas exploram a "paisagem de cimento" para produzir essas condições (vertigem e risco controlado) durante a prática de *parkour*, *skate*, patins, *bike* etc.

BRASIL. *Base Nacional Comum Curricular*. Brasília: MEC, 2018. p. 218-219.

As práticas que compõem a cultura de aventura urbana surgiram e se desenvolveram em contextos históricos e culturais diferentes, sendo cultivadas por grupos de jovens com características distintas. Têm em comum a ocupação do espaço urbano e a busca por legitimidade das culturas juvenis, já que, muitas vezes, as políticas públicas não consideram os interesses dos jovens e o modo como suas culturas se integram ao espaço urbano. Vamos conhecer um pouco sobre o *parkour* e o *skate*.

Parkour

O *parkour* foi criado na década de 1990 por jovens franceses que treinavam força e acrobacias em um parque e começaram a buscar formas mais rápidas de se deslocar pela cidade e ultrapassar obstáculos. Usando saltos, rolamentos, equilíbrio e corrida, os praticantes desenvolvem capacidades físicas e motoras para percorrer o trajeto rapidamente. Passou a ser conhecido também como *free running* (em português, corrida livre), termo que facilitou o intercâmbio dos praticantes do mundo todo.

Para aprender o *parkour*, inicialmente é interessante usar movimentos naturais que você já conhece, observando o espaço e os obstáculos e interagindo com eles. Uma dica de muitos praticantes é escolher um pequeno trajeto e repeti-lo várias vezes com movimentos novos. Equilibrar-se nas diferentes superfícies do espaço, usar movimento em quadrupedia (com apoio de joelhos, pés e mãos na superfície de deslocamento) para a frente, para trás e de lado, explorar giros, acrobacias e saltos são típicos do *parkour*. Também é importante ter bastante cuidado e não explorar movimentos arriscados que podem machucar. Se quiser começar a treinar, não faça isso sozinho; busque apoio e orientação de um profissional de Educação Física.

areporter/Shutterstock

Veja a seguir algumas técnicas:

- Escalar paredes: comece a treinar em muretas baixas nas quais você possa apoiar as mãos no topo partindo da posição em pé ou saltando. Agarre o topo com as duas mãos, depois utilize os pés como apoio para empurrar o corpo para cima.

areporter/Shutterstock

- Saltar, mantendo-se agarrado ao obstáculo: apoie o braço no obstáculo e gire o corpo sobre ele.

Standret/Shutterstock

- Saltar obstáculos: esse movimento pode ser realizado com saltos diretos ou com o apoio de um dos pés no obstáculo. É importante começar com obstáculos baixos.

HASPhotos/Shutterstock

- Saltar com precisão: movimentos de salto para baixo, para a frente, para cima ou para os lados com aterrissagem precisa.

HASPhotos/Shutterstock

- Mudar de direção com velocidade: no *parkour* você faz muitas mudanças rápidas de direção usando giros do corpo.

Olexa/Shutterstock

- Rolar para amortecer a queda: um importante recurso para amenizar impactos de saltos; comece treinando rolamentos para a frente, para os lados e para trás em um colchão, depois combine o rolamento com corridas e saltos.

Experimentação Praticando o *parkour*

Combine com o professor e os colegas uma vivência de *parkour* na escola.

1. Observem na escola os possíveis obstáculos presentes no pátio, na entrada, na quadra e nos demais espaços amplos.
2. Agreguem outros materiais para criar desafios, como pneus, colchões ou equipamentos de ginástica, cordas, entre outros.
3. Criem um circuito e, depois, explorem o percurso por meio de saltos, rolamentos, mudanças de direção ou velocidade, etc. Faça o percurso mais de uma vez, buscando variar as sequências.
4. Ao final, conversem sobre a vivência com os colegas.
   - Que movimentos foram mais desafiadores?
   - Seria interessante modificar algo no percurso para facilitar ou criar desafios ajustados às necessidades da turma?
5. Faça desenhos no diário de bordo para registrar os trajetos e os movimentos explorados na prática de *parkour*.

Skate

Frenzel/Shutterstock

Homem praticando manobras de *skate*.

Há diferentes pontos de vista sobre a origem da prática de *skate*, mas a corrente é que ele se popularizou junto a surfistas da Califórnia, Estados Unidos, nos anos 1960, que utilizavam a prática em dias de mar sem ondas. No Brasil, chegou a ser proibido e marginalizado, até que conquistou espaço nas mídias e em campeonatos mundiais.

O *skate* mais praticado nas cidades é o estilo *street*, isto é, que explora obstáculos com escadas, corrimões, bancos de concreto, rampas e paredes na cidade ou em pistas preparadas para a prática. Para começar a praticar, você precisa avaliar como se sente mais confortável sobre o *skate*, que perna fica mais fácil na frente e, em seguida, você começa a treinar habilidades básicas e manobras simples.

Conheça as manobras mais conhecidas e utilizadas no início da prática:

- **Remada**: empurrar o *skate* estando com o pé da frente apoiado no *shape* (prancha) enquanto o outro empurra o solo.
- ***Slide***: trata-se de deslizar sobre o *skate* e realizar curvas e derrapadas para frear os movimentos e mudar de direção. O movimento exige que você distribua o peso conforme a direção que quer dar ao *skate*.
- ***Footbreak***: movimento de tirar o pé de trás do chão e apoiá-lo na parte de trás do *skate* para frear a prancha.

- ***Ollie***: movimento base para todas as manobras nas quais os pés perdem momentaneamente contato com a prancha. Nessa manobra o praticante gira o *skate* no próprio eixo no ar, enquanto salta, depois aterrissa na prancha sem cair.

gutekskr7/Shutterstock

Skatista executa uma manobra aérea.

O *skate* ainda é uma prática corporal urbana mais praticada por meninos, mas nos últimos anos tem crescido o número de meninas desempenhando a modalidade. Isso se deve a maior divulgação e organização de eventos com categorias femininas. Para muitas meninas, o *skate* integra ações em defesa da liberdade de escolha das mulheres sobre a própria vida e de reconhecimento de suas habilidades físicas em todos os esportes.

A.RICARDO/Shutterstock

Atleta brasileira, Rayssa Leal, 13 anos, durante as Olimpíadas de Tóquio, Japão, em julho de 2021. Ao garantir a medalha de prata, ela tornou-se a atleta brasileira mais jovem a receber uma medalha em uma olímpiada.

Experimentação Vivência com *skate*

A proposta é que você e os colegas experimentem andar e se movimentar com o *skate*. Para isso, siga as etapas.

1. Converse com os colegas da turma e avalie quem tem ou pode conseguir alguns *skates* emprestados.
2. Organizem-se em grupos de forma que cada grupo tenha ao menos um *skate* disponível para ser explorado.
3. Comece explorando como você se sente sobre a prancha. Lembre-se de trabalhar no seu limite: você pode brincar apenas sentado no *skate* e pedir ajuda aos colegas para manter o equilíbrio se estiver receoso.
4. Se possível, use itens de segurança, como capacete, joelheira e cotoveleira, e não se arrisque em manobras ousadas, caso esteja iniciando o contato com a modalidade. O importante é que você possa criar um momento de exploração lúdica da prancha e de suas possibilidades de interação com o corpo.
5. Acesse vídeos e tutoriais na internet se tiver dúvidas e se quiser explorar mais manobras.

Saiba+

Assista ao filme *Learning to Skateboard in a Warzone (If You're a Girl)* – em português, "Aprendendo a andar de *skate* em uma zona de guerra (se você é uma menina)" –, dirigido por Carol Dysinger (Reino Unido: Grain Media, A&E Indie Films, 2019, vídeo, 39 min).

#EnemVestibular

Responda às questões a seguir para treinar seus conhecimentos sobre o que estudou nesta unidade.

1. (Enem – 2017)

ERNESTO NETO. **Dengo**. 2010. MAM-SP, 2010.
Disponível em: http://espacohumus.com. Acesso em: 25 abr. 2017.

A instalação **Dengo** transformou a sala do MAM-SP em um ambiente singular, explorando como principal característica artística a

a) participação do público na interação lúdica com a obra.
b) distribuição de obstáculos no espaço da exposição.
c) representação simbólica de objetos oníricos.
d) interpretação subjetiva da lei da gravidade.
e) valorização de técnicas de artesanato.

2. (UEL – 2018)

Leia os textos e observe as figuras a seguir.

Para realizar Anotações a partir de Caspar David Friedrich, Renata De Bonis, ao invés de focar-se na imensidão atemporal das paisagens, capturou a sonoridade dos ambientes, a parte que existia apenas como imaginação projetada sobre a visualidade enquadrada. As faixas de som gravadas nas locações de Friedrich, então, tornaram-se substrato para esta sinestésica instalação sonora.

(Adaptado de: MIYADA, P.; ARDUI, O. Texto curatorial - Arte Atual Festival - Quadro, Desquadro, Requadro. Instituto Tomie Ohtake: São Paulo, 2016. Disponível em: <http://www.institutotomieohtake.org.br/curadoria/post/arte-atual-quadro-desquadro-requadro>. Acesso em: 27 mar. 2017.)

(Renata De Bonis, Vista geral da instalação *Monge Diante do Mar* [da série Anotações a partir de Caspar David Friedrich], 2015/2016. Captação sonora realizada à beira mar na Ilha de Rügen em paisagem retratada por Friedrich, instalação sonora composta por dez canais e diversos elementos coletados no local.)

(Caspar David Friedrich, *Der Mönch am Meer / Monge Diante do Mar*, óleo sobre tela, 171 × 110 cm, 1809. Disponível em: <http://www.smb.museum/ausstellungen/detail/dermoench-ist-zurueck.html>. Acesso em: 27 mar. 2017.)

É magnífico, na infinita solidão de uma beira-mar, sob um céu velado, levar o olhar até uma imensa extensão de água deserta. É necessário, para isso, uma pretensão dirigida pelo coração e uma privação, se posso me exprimir assim, imposta pela natureza. [...] Mas diante do quadro isso é impossível, e o que eu supunha encontrar no próprio quadro encontrei-o de antemão entre o quadro e mim mesmo - ao mesmo tempo uma pretensão que meu coração dirigia ao quadro e uma privação que o quadro mesmo me impunha. E é assim que me tornei, eu mesmo, o monge, o quadro tornou-se a duna [...]. Não há nada de mais triste e mais penoso do que uma tal situação no mundo: ser a única flâmula de vida no imenso império da morte, o centro solitário de um círculo solitário.

(Adaptado de: KLEIST, H. V. Impressões diante de uma paisagem marinha de Friedrich. *Petitis écrits.* Paris: Le Promeneur, 1999. p. 199-200. (1ª. edição 1810).

Com base nos textos, nas figuras e nos conhecimentos sobre arte contemporânea, considere as afirmativas a seguir.

I. Ao construir a instalação por meio dos sons e da reprodução da imagem da pintura de Caspar David Friedrich, Renata De Bonis reitera sentidos, dialoga com a obra do artista romântico e atualiza o conceito de paisagem.

II. A grandiloquência do texto de Heinrich von Kleist se transfigura na ação da artista; embora o procedimento seja o de apropriação e de citação, isso está para além do plano da imagem: De Bonis empreendeu um conjunto de ações no tempo e no espaço.

III. O que caracteriza o trabalho de De Bonis como instalação é o conjunto de procedimentos e de deslocamento que a artista adota, assim como as materialidades que coleta para constituir, como obra, o próprio ambiente.

IV. O tempo entre a pintura de Caspar David Friedrich e a instalação de Renata De Bonis, assim como as diferenças técnicas entre ambas, indicam o sentido da evolução da arte e, do mesmo modo, da compreensão do homem acerca da vida.

Assinale a alternativa correta.

a) Somente as afirmativas I e II são corretas.
b) Somente as afirmativas I e IV são corretas.
c) Somente as afirmativas III e IV são corretas.
d) Somente as afirmativas I, II e III são corretas.
e) Somente as afirmativas II, III e IV são corretas.

3. (UEL-PR – 2020)

Analise a figura abaixo e responda à(s) questão(ões) a seguir.

Figura 1: BARNEY, M. *Lama Lâmina*, 2009. viagemegastronomia.com.br

A obra "Lama Lâmina" (figura 1) apresenta uma leitura de interação entre ecologia ambiental e arte, resultando na escultura/instalação, em que os planos interior e exterior são elementos fundamentais. Com base na obra e nos conhecimentos sobre arte contemporânea, considere as afirmativas a seguir.

I. Utiliza a especificidade de relação entre o objeto artístico e o espaço arquitetônico, preservando a mensagem estética da escultura/instalação em que o objeto e o espaço são fundidos numa realidade significativa.

II. Apresenta uma escultura/instalação complexa que agrega procedimentos técnicos e manifestações artísticas no espaço. O trabalho é a essência da própria obra e a intenção do artista passa pelo contexto da arte conceitual.

III. Traz o espaço e seus elementos, como a máquina e a árvore, na composição escultórica, congelando um instante de instabilidade do movimento, de modo a relacionar espaço e forma com a ideia.

IV. Transmite noção de realismo, busca aproximar-se ao máximo da natureza e contém recursos e detalhes hiper-realistas, como a materialidade, cenários, objetos e a bidimensionalidade da matéria no espaço.

Assinale a alternativa correta

a) Somente as afirmativas I e II são corretas.
b) Somente as afirmativas I e IV são corretas.
c) Somente as afirmativas III e IV são corretas.
d) Somente as afirmativas I, II e III são corretas.
e) Somente as afirmativas II, III e IV são corretas.

4. (UEL-PR – 2019)

Analise a figura a seguir.

Reprodução/UEL-PR, 2019.

Cildo Meirelles 1984 – inhotim.org.br

Com base nas características da obra *Zero Dollar* e na trajetória de Cildo Meirelles, considere as afirmativas a seguir.

I. A obra apropria-se da produção artística para expressar e contestar a política então vigente, propiciando a circulação de informações e opiniões críticas.
II. O artista abandona a figuração expressionista em sua produção, dedicando-se à intervenção de caráter político expresso em objetos banais.
III. Cildo Meirelles, representante do *ready-made*, apropria-se de objetos do cotidiano para expressar sua criticidade e subversão à política vigente.
IV. A obra de Cildo tem o poder de copiar a realidade e resgatar a força expressiva da natureza e da representação, retomando princípios do movimento realista do século XIX.

Assinale a alternativa correta.

a) Somente as afirmativas I e II são corretas.
b) Somente as afirmativas I e IV são corretas.
c) Somente as afirmativas III e IV são corretas.
d) Somente as afirmativas I, II e III são corretas.
e) Somente as afirmativas II, III e IV são corretas.

5. (Enem PPL – 2018)

TEXTO I

Reprodução/Enem, 2018.

ERNESTO NETO. *Dancing on the Cutting Edge*. Instalação interativa, 2004.

TEXTO II

Os artistas, liberados do peso da história, ficavam livres para fazer arte da maneira que desejassem ou mesmo sem nenhuma finalidade.

Essa é a marca da arte contemporânea, e não é para menos que, em contraste com o Modernismo, não existe essa coisa de estilo contemporâneo.

DANTO, A. **Após o fim da arte**: a arte contemporânea e os limites da história. São Paulo: Odysseus, 2006.

A obra de Ernesto Neto revela a liberdade de criação abordada no texto ao

a) destacar o papel da arte na valorização da sustentabilidade.
b) romper com a estrutura dos referenciais estéticos contemporâneos.
c) envolver o espectador ao promover sua interação com a obra.
d) reproduzir no espaço da galeria um fragmento da realidade.
e) utilizar a linearidade de estilos artísticos anteriores.

6. (Ucam – 2019)

QUESTÕES DE LÍNGUA PORTUGUESA E PROVA DE REDAÇÃO

Texto 1

O que é a mobilidade urbana?

A mobilidade urbana é basicamente a condição que nos permite se deslocar dentro de uma cidade.

Literalmente, se você procurar no dicionário, verá que mobilidade significa "facilidade para se locomover", **logo**, o conceito principal de mobilidade urbana é ter facilidade para se locomover na cidade, de maneira simples e prática.

Dentro desse conceito então podemos adequar todos os meios de transporte utilizados nos centros urbanos, ônibus e outros transportes coletivos, metrô e trem, carros particulares, bicicletas e muito mais.

Mas, os meios de transporte não são os únicos responsáveis por permitir que nos locomovemos.

Sendo assim, as vias públicas, no que diz respeito ao asfaltamento, sinalização e iluminação, assim como também as condições de terminais de ônibus, e estações de metrô e trem, ciclovias e tudo o mais, devem ser incluídas nesse conceito.

Não há como abordar apenas os meios de transporte, sem mencionar os espaços disponíveis e os acessos existentes para eles.

O que é o plano de mobilidade urbana e como ele funciona?

O plano de mobilidade urbana é um conjunto de condutas a serem pensadas e tomadas para a promoção de melhorias na locomoção das pessoas dentro das cidades.

Sempre buscando o bem-estar da população **e** soluções sustentáveis e realmente eficientes.

A ideia principal do plano de mobilidade consiste em conscientizar as pessoas a preferirem transportes públicos e meios alternativos de locomoção, deixando de lado o uso constante de carros particulares. Entenda a ideia melhor na ilustração a seguir:

Reprodução/Ucam-RJ, 2019.

No entanto, para que as pessoas tomem essa atitude é preciso que elas tenham acesso a bons transportes públicos. E **isso** é algo praticamente utópico em muitas cidades brasileiras.

Não existem investimentos suficientes, planejamento assertivo nem mesmo uma maior preocupação em promover as pessoas algo que **lhes** é direito, qualidade nos seus deslocamentos diários.

É preciso que o poder público se comprometa **mais** na garantia de um direito básico a todas as pessoas e desenvolva planos mais eficientes, de modo a transformar a tarefa de se movimentar em um grande centro em algo simples e mais rápido do que atualmente é.

Cada cidade brasileira pode desenvolver seu próprio plano de mobilidade urbana. E é assim que eles devem ser criados, voltados para as necessidades de cada população e baseados nos espaços públicos disponíveis em cada município.

Vale lembrar que, além de preocupar com a locomoção da população é preciso também encontrar meios de melhorar a mobilidade urbana, sem causar nenhuma agressão ao meio ambiente.

As propostas de um plano de mobilidade urbana devem garantir a todas as pessoas, mais acessibilidade com segurança, dinamismo, eficiência e inclusão social, além da preservação do meio ambiente.

Só assim será possível desfrutar de uma maior qualidade de vida.

ELAINA, Jeniffer. A mobilidade urbana, seus desafios e as novas tecnologias. Disponível em: https://www.smartia.com.br/blog/mobilidade-urbana-desafios-novas-tecnologias/. Acesso em: 12 jun. 2019.

Texto 2

Quer mais tempo, dinheiro e saúde? Vá de *bike*

Estudo inédito aponta que ciclistas economizam até 451 reais ao mês, tem 90 minutos livres a mais por semana e são menos estressados

Que diferença faria para você ter 451 reais a mais na conta todo fim do mês? Do que você abriria mão para ter 90 minutos livres a mais toda semana? Como ajudar a reduzir em até 10% as emissões de dióxido de carbono (CO_2) na cidade de São Paulo? A resposta para estas perguntas é pedalável. Para milhões de paulistanos, deixar o carro em casa ou trocar o ônibus pela bicicleta oferece benefícios financeiros e mais tempo para o lazer – além dos ganhos para a saúde. Os dados fazem parte do estudo Impacto Social do Uso da Bicicleta em São Paulo, realizado pelo Centro Brasileiro de Análise e Planejamento (Cebrap), com patrocínio do banco Itaú, que opera um dos sistemas de aluguel de bicicletas da capital.

O estudo é considerado inédito por mensurar pela primeira vez o impacto da bicicleta "como elemento transformador da realidade social em três áreas centrais (...) Meio Ambiente, Saúde e Economia". Ele usa como base o conceito de viagens pedaláveis, ou seja, sem um alto grau de dificuldade para serem feitas de *bike*. São considerados pedaláveis os deslocamentos de até 8 km de distância realizados entre 6h e 20h por pessoas com até 50 anos. Segundo o documento, do total de viagens realizadas de ônibus diariamente em São Paulo, 38% delas poderiam ser feitas de bicicleta (aproximadamente 3 milhões de viagens por dia) por se encaixarem neste perfil acima. Já dos trajetos feitos de carro, 43% poderiam ser realizados sem dificuldade sobre duas rodas. "De acordo com essa perspectiva, 42% das viagens poderiam ser realizadas de bicicleta, sendo que mais de um terço do total de viagens seria facilmente pedalável", diz o texto.

Para as pessoas cujos deslocamentos se enquadram nesse perfil, a economia mensal média seria de 138 reais para quem usa ônibus e 451 reais para que[m] usa automóvel. Estes valores foram calculados com base no valor da tarifa à época do estudo (3,80 reais) multiplicada por 20 dias úteis, e do gasto mensal com automóvel no mesmo período.

A designer Laila Karina Fujimura Rodrigues, 36, é uma destas pessoas que têm mais tempo livre e dinheiro no bolso graças à bicicleta. "Comecei a testar a *bike* no lugar do carro em 2011, aos poucos. Hoje meu carro fica mais tempo dentro da garagem do que circulando", afirma. Ela se lembra sem saudades da época em que precisava lidar com o alto custo dos estacionamentos na cidade ou de quando perdia tempo procurando vaga na rua. "De bicicleta é tudo mais fácil. Chegou, embicou, passou o cadeado e pronto. Se eu for para a avenida Paulista de carro ou terei que pagar uma fortuna no estacionamento ou ficarei rodando um tempão até conseguir parar", diz. "Sem falar no preço da gasolina...".

EL PAÍS. Quer mais tempo, dinheiro e saúde? Vá de *bike*. Disponível em: https://brasil.elpais.com/brasil/2018/05/09/politica/1525876469_167766.html. Acesso em: 12 jun. 2019.

Em relação aos textos 1 e 2, pode-se afirmar, EXCETO:

a) Ambos os textos relacionam mobilidade urbana à questão ambiental.

b) O texto 2 utiliza, sobretudo, argumentos numéricos a favor do uso da bicicleta.

c) Ambos os textos defendem a existência de transportes coletivos e meios alternativos de locomoção.

d) O texto 1 apresenta um gráfico correspondente ao uso atual dos meios de locomoção no Brasil.

e) Embora o texto 1 defenda o uso de transportes públicos, reconhece que a falta de investimentos pelo poder público torna essa opção inviável em várias cidades brasileiras.

7. (Ibade – 2020)

A Agenda 21 é um instrumento de planejamento para a construção de sociedades sustentáveis, em diferentes bases geográficas, que concilia métodos de proteção ambiental, justiça social e eficiência econômica. Com base no conceito de cidades sustentáveis e suas aplicações, pode-se afirmar que:

a) melhorar a mobilidade urbana e a poluição sonora não contribui para tornar uma cidade sustentável.

b) para a construção de sociedades sustentáveis, em diferentes bases geográficas, deve-se considerar apenas métodos de proteção ambiental.

c) a Política Nacional de Resíduos Sólidos tem como pilar o princípio da responsabilidade individual, isto é, a indústria tem a responsabilidade pelos resíduos sólidos gerados e deve garantir que eles tenham uma disposição final adequada.

d) o planejamento das cidades brasileiras através de instrumentos urbanísticos de regulação de solo, como os Planos Diretores, não afeta o desenvolvimento urbano sustentável.

e) buscar um melhor ordenamento do ambiente urbano primando pela qualidade de vida da população é trabalhar por uma cidade sustentável.

8. (Enem PPL – 2015)

Ai se sêsse

Se um dia nois se gostasse
Se um dia nois se queresse
Se nois dois se empareasse
Se juntim nois dois vivesse
Se juntim nois dois morasse
Se juntim nois dois drumisse
Se juntim nois dois morresse
Se pro céu nois assubisse
Mas porém se acontecesse
De São Pedro não abrisse
A porta do céu e fosse
Te dizer qualquer tulice
E se eu me arriminasse
E tu cum eu insistisse
Pra que eu me arresolvesse
E a minha faca puxasse
E o bucho do céu furasse
Tarvês que nois dois saísse
Tarvês que nois dois caísse
E o céu furado arriasse
E as virgi toda fugisse

ZÉ DA LUZ. *Cordel do Fogo Encantado*. Recife: Álbum de estúdio, 2001

O poema foi construído com formas do português não padrão, tais como "juntim", "nois", "tarvês". Essas formas legitimam-se na construção do texto, pois

a) revelam o bom humor do eu lírico do poema.

b) estão presentes na língua e na identidade popular.

c) revelam as escolhas de um poeta não escolarizado.

d) tornam a leitura fácil de entender para a maioria dos brasileiros.

e) compõem um conjunto de estruturas linguísticas inovadoras.

9. (Enem PPL – 2013)

História da máquina que faz o mundo rodar

Cego, aleijado e moleque,
Padre, doutor e soldado,
Inspetor, juiz de direito,

Comandante e delegado,
Tudo, tudo joga o dinheiro
Esperando bom resultado.

Matuto, senhor de engenho,
Praciano e mandioqueiro,
Do agreste ao sertão
Todos jogam seu dinheiro
Se um diz que é mentiroso
Outro diz que é verdadeiro.

Na opinião do povo
Não tem quem possa mandar
Faça ou não faça a máquina
O povo tem que esperar
Por que quem joga dinheiro
Só espera mesmo é ganhar.

Assim é que muitos pensam
Que no abismo não cai
Que quem não for no Juazeiro
Depois de morto ainda vai,
Assim também é crença
Que a dita máquina sai.

Quando um diz: ele não faz,
Já outro fica zangado
Dizendo: assim como Cristo
Morreu e foi ressuscitado
Ele também faz a máquina
E seu dinheiro é lucrado.

CRUZ, A. F. Disponível em: www.jangadabrasil.org. Acesso em: 5 ago. 2012 (fragmento).

No fragmento, as escolhas lexicais remetem às origens geográficas e sociais da literatura de cordel. Exemplifica essa remissão o uso de palavras como

a) cego, aleijado, moleque, soldado, juiz de direito.
b) agreste, sertão, Juazeiro, matuto, senhor de engenho.
c) comandante, delegado, dinheiro, resultado, praciano.
d) mentiroso, verdadeiro, joga, ganhar.
e) morto, crença, zangado, Cristo.

10. (Unesp-SP – 2014)

A questão a seguir aborda um poema de Raul de Leoni (1895-1926).

A alma das cousas somos nós...

Dentro do eterno giro universal
Das cousas, tudo vai e volta à alma da gente,
Mas, se nesse vaivém tudo parece igual
Nada mais, na verdade,
Nunca mais se repete exatamente...

Sim, as cousas são sempre as mesmas na corrente
Que no-las leva e traz, num círculo fatal;
O que varia é o espírito que as sente
Que é imperceptivelmente desigual,
Que sempre as vive diferentemente,
E, assim, a vida é sempre inédita, afinal...

Estado de alma em fuga pelas horas,
Tons esquivos e trêmulos, nuanças
Suscetíveis, sutis, que fogem no Íris
Da sensibilidade furta-cor...
E a nossa alma é a expressão fugitiva das cousas
E a vida somos nós, que sempre somos outros!...
Homem inquieto e vão que não repousas!
Para e escuta:
Se as cousas têm espírito, nós somos
Esse espírito efêmero das cousas,
Volúvel e diverso,
Variando, instante a instante, intimamente,
E eternamente,
Dentro da indiferença do Universo!...

(Luz mediterrânea, 1965.)

Embora pareça constituído de versos livres modernistas, o poema em questão ainda segue a versificação medida, combinando versos de diferentes extensões, com predomínio dos de doze e dez sílabas métricas. Assinale a alternativa que indica, na primeira estrofe, pela ordem em que surgem, os versos de dez sílabas métricas, denominados decassílabos.

a) 1 e 5.
b) 3 e 4.
c) 1, 2 e 3.
d) 2 e 3.
e) 1, 3 e 5.

Cortejo

Yves Talensac/Photononstop/AFP

Cortejo de estudantes que celebra o fim das atividades do ano letivo, em Porto, Portugal, 2008.

Os cortejos se integram a um cerimonial ou ritual no qual um grupo de pessoas percorre um trajeto para homenagear uma pessoa, objeto ou símbolo. Pode ocorrer em festas, atividades religiosas, cívicas ou fúnebres. No Brasil, está presente em muitas manifestações culturais, como os cortejos de maracatu, bumba meu boi, blocos de carnaval, blocos afro e de afoxé. Muitas vezes, é possível observar elementos do cortejo também em marchas e paradas diversas.

Leanne Vorrias/Shutterstock

Carnaval na cidade do Rio de Janeiro (RJ), 2012.

Assim, os cortejos podem ser organizados de diferentes maneiras e com objetivos diversos: podem ter um caráter mais festivo e lúdico, ou mais engajado em uma causa social e questões da vida pública. Um cortejo é geralmente liderado pelos músicos, compondo uma banda, que pode ter um mestre de cerimônias ou cantor que comanda o ritmo e o deslocamento dos participantes pelo percurso definido. Os participantes podem se organizar em alas, grupos, representar papéis ou personagens – tudo depende da inspiração e dos desejos dos organizadores.

Agora, você e os colegas vão integrar as experiências que tiveram ao longo do estudo desta unidade para organizar um cortejo. A ideia é que vocês realizem o cortejo nas proximidades da escola, em uma volta no quarteirão ou em uma praça do bairro, por exemplo. Se não for possível, o cortejo pode percorrer os espaços internos da escola. Vocês também podem integrar o cortejo a um evento cultural que já aconteça na cidade.

Lembrem-se de que o trabalho é coletivo e colaborativo; portanto, o envolvimento de todos é fundamental. E organizem-se para fazer registros de todas as etapas do trabalho.

Procedimentos

Para organizar o cortejo é preciso que você e os colegas, com apoio do professor, organizem papéis e funções.

1. Definam o objetivo do cortejo; ele pode sensibilizar as pessoas para problemas do bairro, para questões de mobilidade urbana, ou ter um viés festivo.
2. Lembrem-se de definir como as produções das atividades de experimentação da unidade vão contribuir na composição do cortejo. É possível incluir:
   - a faixa produzida em **Intervenção urbana**;
   - uma apresentação do grupo de percussão formado em **Intervenção urbana**;
   - uma ação de colagem dos lambe-lambes elaborados em **Textos e espaços públicos**;
   - o uso de meios de mobilidade experimentados em **Cidades sustentáveis**, como o *skate*, a bicicleta e o *parkour*.

3. Decidam com o professor as estratégias para organizar o cortejo nas ruas do entorno da escola. Pode ser necessário, por exemplo, redigir cartas para solicitar autorização, apoio e/ou mobilização das autoridades locais (subprefeitura, agentes de trânsito e guarda municipal).
4. Elaborem cartazes e convites para pessoas do bairro e avisem os moradores sobre o local de realização e o trajeto do cortejo. Se possível, convidem artistas da comunidade para participar, especialmente músicos e lideranças do bairro.
5. Avaliem o que é preciso preparar para o cortejo – figurinos, adereços, cartazes e faixas são algumas possibilidades. Considerem também como o percurso será feito: a pé, de bicicleta ou *skate*, fazendo *parkour*, etc. Lembrem-se de que a turma pode optar por uma organização geral para todos ou em características específicas para cada ala/grupo do cortejo.
6. É importante definir um grupo de pessoas para documentar o evento em foto e vídeo. Assim vocês podem resgatar os registros posteriormente.
7. Durante a realização do cortejo, vocês podem precisar de uma equipe de apoio para garantir a organização, cuidar da oferta de água, apoiar a segurança. Avaliem se há colegas da turma que gostariam de participar desse apoio.
8. Decidam em conjunto como será a organização final para guardar os materiais, cuidar do lixo e auxiliar no retorno para a escola ou para casa.

Após realizar o cortejo, façam uma avaliação de todo o processo. Marquem uma conversa com todos aqueles que se envolveram com sua produção, pensem se as etapas aconteceram como previsto e avaliem como foi a interação com o próprio espaço público. Como foi a articulação para a autorização do poder público? Houve participação de agentes de segurança? Como foi a interação com os pedestres e transeuntes? Se havia alguma mensagem a ser passada, perceberam se ela foi transmitida? Como foi o diálogo entre os colegas da turma? Todos foram ouvidos e os eventuais conflitos foram solucionados?

Meu portfólio

Nesta unidade, você e os colegas puderam estudar questões de acessibilidade, mobilidade e ocupação dos espaços públicos, refletindo sobre a importância da equidade e do cumprimento dos direitos dos cidadãos. Em **Intervenção urbana**, você estudou a presença da linguagem musical nas ruas no trabalho dos músicos de rua e dos blocos afro e de afoxé do carnaval de Salvador (BA), conhecendo um pouco do trabalho do Olodum. Também participou da organização de um grupo de percussão, explorando o uso de instrumentos convencionais e não convencionais. Pôde ainda refletir sobre as manifestações e as intervenções artísticas que compõem o espaço público, além de desenvolver uma intervenção coletiva na escola.

Em **Textos e espaços públicos**, você estudou os gêneros lambe-lambe e cordel, conhecendo outras formas de circulação da poesia fora do suporte livro. Dessa forma, pôde estudar as linguagens presentes na cidade sob diferentes ângulos. Já em **Cidades sustentáveis**, pôde discutir a relação entre as práticas corporais de aventura urbanas, especialmente a bicicleta e suas relações com mobilidade urbana e qualidade do ar. E conheceu modos de usufruto da cidade pelas culturas juvenis com práticas como o *parkour* e o *skate*, que experimentou em processos coletivos e de inclusão de todos.

Para montar seu portfólio, vocês deverão retomar todas as produções realizadas na unidade, desde rascunhos e projetos até registros em fotos e vídeos de apresentações. Lembrem-se de que todo o processo criativo é importante, e não apenas o produto final, por isso aqui não podem faltar as diversas versões de uma mesma produção.

Retomem também todas as anotações que fizeram no diário de bordo: vão ajudar muito na construção do portfólio. Não deixem de colocar a data em que cada produção foi realizada; assim, ao consultar o portfólio, vocês terão condições de verificar sua história de aprendizagem. Essa consulta poderá ajudá-los a perceber quais aspectos foram desenvolvendo e aperfeiçoando ao longo do trabalho.

UNIDADE 4
(Des)equilíbrios

Registro do projeto Yoga na Rua, de Ciro Castro, São Paulo (SP), 2014.

Stefano Maccarini/Acervo do fotógrafo

#TáNoFeed

1. Observe atentamente a imagem e descreva-a: quem está no plano de frente? O que faz e como se veste? O que há no plano de fundo? Que sons você imagina que estejam presentes na cena?

2. Como o plano de frente e o plano de fundo se relacionam? Você acha que eles se integram ou se opõem? Por quê?

3. No projeto Yoga na Rua, o professor de ioga Ciro Castro propõe intervenções urbanas por meio dessa prática corporal.

a) O que você sabe sobre a ioga?

b) E sobre o que é uma intervenção urbana?

c) Em sua opinião, o que o professor de ioga quis provocar ao realizar intervenções como a da imagem em locais públicos de uma metrópole?

4. Agora é sua vez! Combine com a turma e o professor uma data para realizar uma intervenção como a do projeto Yoga na Rua durante o intervalo, a entrada ou a saída do turno escolar. Provavelmente, nesses momentos a escola estará movimentada, com estudantes e professores se deslocando rapidamente.

- No dia combinado, pare em um local de passagem dentro da escola e encontre uma posição confortável: em pé, sentado, agachado ou deitado e, de preferência, procure usar os braços e as mãos para compor uma forma com o corpo. Mantenha-se na postura por alguns minutos e trabalhe a respiração de forma consciente: inspire e expire devagar e profundamente. Se possível, feche os olhos por alguns momentos e procure se conectar consigo mesmo.
- Você também pode criar posturas em conjunto com os colegas, seja em dupla, seja em trio, seja em grupos maiores. Mesmo coletivamente, o importante é que cada um busque aquietar os pensamentos e conectar-se consigo mesmo. Durante a permanência, perceba o tônus muscular, ficando atento às partes do corpo envolvidas na postura.
- Ao final da experiência, converse informalmente com os colegas e os professores que estavam de passagem e viram a ação. Depois, reflita com a turma sobre como foi para cada um ter um momento introspectivo e de concentração no próprio corpo: O que sentiram? Que comentários escutaram de quem os observou?

Nesta unidade, você vai estudar como os desequilíbrios ambientais e socioeconômicos afetam a vida humana, sobretudo as populações que vivem nas grandes metrópoles. Ao longo de *Textos jornalísticos*, você vai ampliar a leitura crítica de textos da esfera jornalística sobre o assunto e vai refletir sobre a visão homem-natureza de outros povos por meio da leitura da palestra-ensaio do líder indígena Ailton Krenak (1953-). Já em *Consciência corporal*, vai conhecer e experimentar a ioga como prática corporal pautada em uma visão holística do ser humano e da vida em sociedade. Ao final, a proposta é que você construa um diário em tópicos, fazendo um exercício de autoconhecimento e buscando atividades e decisões que levem em conta o bem-estar comum e a consciência socioambiental.

Para ir mais longe Difusão da ioga

Na década de 1960, diversos artistas e celebridades da música e do cinema passaram a se conectar com as práticas corporais alternativas. Mestres indianos de ioga viajavam o mundo divulgando essa cultura, despertando o interesse de pessoas de diferentes nacionalidades, que, por sua vez, foram à Índia com o objetivo de estudar a ioga. Ao voltarem para seus países de origem, criaram escolas, cursos de formação e associações.

Um exemplo da força desse movimento foi a temporada que os músicos ingleses da banda The Beatles passaram na Índia. Considerada fenômeno musical até hoje, a banda fez um retiro espiritual para aprender meditação transcendental, chamando a atenção do mundo para a cultura indiana.

A ioga começou a interessar a cultura ocidental como forma de reequilibrar o corpo e a mente para lidar com o estresse da vida moderna e tornar a vida mais harmoniosa, mais saudável e com maior respeito à natureza.

Hulton Archive/Getty Images

A banda inglesa The Beatles com o guru indiano Maharishi, em Rishikesh, na Índia, em 1968.

Conheça a unidade

Objetivos

Língua Portuguesa

- Relacionar notícias publicadas aos propósitos de diferentes editoriais jornalísticos.
- Identificar arranjos da frase (seleção de termos, ordem das informações, uso de advérbios, adjetivos ou conjunções) que indicam o posicionamento implícito ou explícito do autor do texto.
- Identificar visões de mundo e confrontá-las, buscando posicionar-se. Conhecer o conceito de interdiscursividade.
- Conhecer a estrutura das orações subordinadas adjetivas, seus usos e efeitos no texto.

Educação Física

- Refletir sobre as relações entre práticas corporais, bem-estar e visões de mundo.
- Compreender o conceito de ginástica de consciência corporal e suas relações com visões de mundo pautadas na integralidade do ser humano, reconhecendo-as como possibilidades de desenvolver o autoconhecimento e o equilíbrio da mente, do corpo e das emoções.
- Reconhecer a importância da democratização de acesso às práticas corporais de consciência corporal como direito à saúde.
- Experimentar e significar práticas de ioga.

Justificativa

Saber se posicionar e analisar de maneira crítica os caminhos que trilhamos coletivamente são habilidades fundamentais para a participação ativa no mundo. Como jovem em formação, você pode contribuir com a busca de alternativas para vivermos melhor. Os desequilíbrios ambientais e socioeconômicos, anunciados com frequência nos veículos de comunicação, além de gerar impactos negativos em nosso corpo, nossa saúde e qualidade de vida, destroem as diferentes formas de existir de povos que dependem da integração com a natureza. A qualidade de vida das pessoas tem sido afetada devido à poluição, aos níveis altos de estresse, à insegurança econômica, à falta de atendimento em áreas prioritárias, como educação e saúde, entre outros fatores.

Quais são as alternativas possíveis? Ao ampliar suas capacidades de leitura crítica em textos da esfera jornalística e acadêmica e ao refletir e experimentar práticas da cultura corporal preocupadas com a integralidade do ser humano e com a defesa da saúde e do bem-estar para todos, você poderá encontrar pistas para responder a essa questão.

A BNCC nesta unidade

Nesta unidade são desenvolvidas as competências e habilidades da BNCC indicadas a seguir.

Competências gerais da Educação Básica: 1, 4, 8.

Linguagens e suas Tecnologias no Ensino Médio: competências específicas e habilidades

Competência específica 1 (EM13LGG101, EM13LGG102); competência específica 2 (EM13LGG201); competência específica 3 (EM13LGG301, EM13LGG302, EM13LGG303, EM13LGG304); competência específica 4 (EM13LGG402); competência específica 5 (EM13LGG501, EM13LGG503).

Língua Portuguesa no Ensino Médio: campos de atuação social, competências específicas e habilidades

Todos os campos de atuação social

EM13LP01 (competência específica 2); EM13LP03 (competência específica 1); EM13LP05 (competência específica 3); EM13LP06 (competência específica 1); EM13LP07 (competência específica 1); EM13LP08 (competência específica 1); EM13LP15 (competências específicas 1, 3).

Campo da vida pessoal

EM13LP20 (competências específicas 2, 3).

Campo jornalístico-midiático

EM13LP37 (competência específica 2).

Ciências Humanas e Sociais Aplicadas no Ensino Médio: competências específicas e habilidades

Competência específica 5 (EM13CHS501); competência específica 6 (EM13CHS601).

Textos jornalísticos (Língua Portuguesa)

Quais são os critérios adotados por uma editoria jornalística para a seleção das notícias que serão publicadas em seu jornal ou sua revista? O que determina quais conteúdos deixarão de ser publicados? Como essas perguntas se relacionam com a importância da leitura crítica de reportagens e notícias?

O jornalismo é o conjunto de publicações com notícias, reportagens, entrevistas, opiniões, entre outros, que circula em diferentes lugares e setores sociais. É composto de meios como: jornais diários, que veiculam notícias relacionadas a áreas diversas; revistas semanais, que abarcam uma variedade de temas; revistas quinzenais ou mensais e agências de notícias, portais *on-line* e mídias sociais. Existem as publicações jornalísticas ligadas a grandes grupos midiáticos, que constituem o chamado "jornalismo tradicional", assim como o jornalismo independente e o jornalismo institucional, que selecionam notícias e publicam reportagens ligadas à área de atuação da instituição.

Para ir mais longe Jornalismo

Jornalismo tradicional: é aquele ligado aos grandes grupos de comunicação que mantêm sua estrutura jornalística por meio de anúncios publicitários.

Jornalismo independente: é aquele que não está atrelado aos grandes grupos de comunicação e que, portanto, não tem compromisso com anunciantes, grupos políticos ou organizações governamentais.

Jornalismo institucional: está relacionado às editorias nas organizações que não têm o jornalismo como finalidade, mas que se beneficiam da produção e da publicação de conteúdos de relevância para o propósito institucional.

Todos esses elementos combinados influenciam as escolhas de uma editoria jornalística, que deve conciliar na composição de seu jornal ou revista o compromisso com a verdade, os princípios editoriais do grupo, os interesses do público leitor e o recorte temático, no caso das revistas especializadas. Nesse sentido, não será incomum encontrar certas notícias em diferentes veículos ou o mesmo assunto sendo abordado de formas diferentes por diferentes jornais, o que não significará que um deles não seja verdadeiro.

Para experimentar esse processo, você lerá a descrição fictícia de editorias jornalísticas com diferentes objetivos:

- **Editoria A:** responsável por um jornal originalmente impresso, mas com página na internet, publicado diariamente e de circulação nacional.
- **Editoria B:** responsável pela publicação de uma revista especializada na área de negócios, destinada a empresários, executivos e demais interessados em administração de empresas. Circula em todo o país e é publicada quinzenalmente.
- **Editoria C:** responsável pelo jornalismo institucional de uma ONG ligada à defesa do meio ambiente e à denúncia de crimes ambientais. Publica notícias diariamente pela internet.
- **Editoria D:** responsável pela editoria de um jornal digital que tem como propósito publicar notícias acompanhadas da razão dos fatos.
- **Editoria E:** responsável pela publicação de um jornal digital com foco na relação entre meio ambiente e bem-estar.

1. Crie um critério para a seleção de notícias que seriam publicadas em cada uma das editorias descritas.

Os títulos e os subtítulos de notícias que você vai ler agora estavam nas áreas destinadas ao tema da sustentabilidade em veículos jornalísticos de diferentes editorias. Elas foram publicadas entre os dias 23 e 26 de junho de 2020, no contexto da pandemia de covid-19 (por isso, o emprego de termos como "pandemia", "quarentena", "covid" e "isolamento social"). Cada editoria publicou duas das matérias entre as apresentadas.

2. Considerando essas informações, reúna-se com um colega e, com base nos critérios formulados no exercício anterior, selecionem dois títulos de notícias que seriam publicadas em cada uma das editorias descritas.

Como ter contato com a natureza, mesmo no isolamento social

Confinamento reduziu acesso a luz do sol, ar fresco e áreas verdes para quem vive nas cidades. Estudos mostram impacto de experiências com o mundo natural para o bem-estar

VICK, Mariana. Como ter contato com a natureza, mesmo no isolamento social. *Nexo*, 26 jun. 2020. Disponível em: www.nexojornal.com.br/expresso/2020/06/26/Como-ter-contato-com-a-natureza-mesmo-no-isolamento-social. Acesso em: 22 maio 2022.

Quarentena faz aumentar coleta de lixo

Recolhimento de recicláveis em casa cresceu 28%, mas suspensão de atividades em centrais prejudica o reaproveitamento dos produtos.

HONORATO, Ludmila. Quarentena faz aumentar coleta de lixo. *O Estado de S.Paulo*, 26 jun. 2020. Disponível em: https://sustentabilidade.estadao.com.br/noticias/geral,quarentena-faz-aumentar-coleta-de-lixo,70003345246. Acesso em: 22 maio 2022.

Economia circular gera oportunidade de renda para informais na pandemia

Empresário desenvolve projeto de dispensador de álcool gel automático a partir de materiais reciclados. Projeto pode ser baixado sem custo

CAETANO, Rodrigo. Economia circular gera oportunidade de renda para informais na pandemia. *Exame*, 24 jun. 2020. Disponível em: https://exame.com/pme/economia-circular-gera-oportunidade-de-renda-para-informais-na-pandemia/. Acesso em: 22 maio 2022.

Riscos climáticos são ignorados pelas empresas, diz estudo

Mais da metade das empresas reconhece que as mudanças climáticas representam riscos financeiros, mas apenas 10% traçam cenários

CAETANO, Rodrigo. Riscos climáticos são ignorados pelas empresas. *Exame*, 23 jun. 2020. Disponível em: https://exame.com/mercados/riscos-climaticos-sao-ignorados-pelas-empresas-diz-estudo/. Acesso em: 22 maio 2022.

Frio e chuva no sul devem frear nuvem de gafanhotos no Brasil

Conforme imagens de satélite, a nuvem possui cerca de 10 km^2 com 400 milhões de insetos, que não são nocivos a pessoas e animais, mas podem causar danos no trânsito e na aviação de baixa altitude.

AZEVEDO, Lucas. Frio e chuva no sul devem frear gafanhotos no Brasil. *O Estado de S.Paulo*, 25 jun. 2020. Disponível em: https://sustentabilidade.estadao.com.br/noticias/geral,frio-e-chuva-no-sul-devem-frear-nuvem-de-gafanhotos-no-brasil,70003345021. Acesso em: 22 maio 2022.

Por que o Ártico vem batendo recordes de calor

Cidade na Sibéria chegou a 38 °C, temperatura mais alta desde o início dos registros, em 1885. Incêndios, prejuízos animais e derretimento do permafrost são algumas das consequências

NOVELLI TU, Natan. Por que o Ártico vem batendo recordes de calor. *Nexo*, 26 jun. 2020. Disponível em: www.nexojornal.com.br/expresso/2020/06/26/Por-que-o-Ártico-vem-batendo-recordes-de-calor. Acesso em: 22 maio 2022.

Em meio à Covid, 72% do garimpo na Amazônia foi em áreas "protegidas"

Apesar da atividade ser ilegal em terras indígenas e em diversas unidades de conservação, garimpeiros foram flagrados em intensa atividade em plena pandemia; dados do Inpe confirmam aumento do garimpo na Amazônia

EM MEIO à Covid, 72% do grimpo na Amazônia foi em áreas "protegidas". *Greenpeace Brasil*, 25 jun. 2020. Disponível em: www.greenpeace.org/brasil/blog/em-meio-a-covid-72-do-garimpo-na-amazonia-foi-em-areas-protegidas/. Acesso em: 22 maio 2022.

As Árvores Somos Nozes 31 – Parque Ricardo Franco, um lugar que o brasileiro precisa descobrir antes que seja destruído

Neste episódio, vamos falar de uma região de natureza exuberante na Amazônia Mato-Grossense, ameaçada por gado e desmatamento.

AS ÁRVORES Somos Nozes 31 – Parque Ricardo Franco, um lugar que o brasileiro precisa descobrir antes que seja destruído. *Greenpeace Brasil*, 26 jun. 2020. Disponível em: https://www.greenpeace.org/brasil/podcast/as-arvores-somos-nozes-31-parque-ricardo-franco-um-lugar-que-o-brasileiro-precisa-descobrir-antes-que-seja-destruido/. Acesso em: 22 maio 2022.

3. Agora, você e o colega devem se reunir com outra dupla e debater a seleção das notícias para cada editoria. Acompanhem os passos indicados a seguir e respondam às questões propostas.

  a) Retomem os critérios observados na resolução do exercício 2 e escrevam-nos. Eles devem servir de orientação para a seleção de novas notícias.
  b) Entre as notícias, há temas comuns. Destaquem dois deles e expliquem em que eles se diferenciam.
  c) Como você explica a publicação de diferentes notícias dentro do tema sustentabilidade no mesmo período?
  d) O que isso sugere sobre a importância da existência de diversos veículos jornalísticos e abordagens editoriais?

4. As escolhas linguísticas são reveladoras do posicionamento do enunciador do texto. Reveja o item "Em meio à Covid, 72% do garimpo na Amazônia foi em áreas 'protegidas'".

  a) Que avaliação do fato o jornalista demonstra ao iniciar o título da notícia com a expressão adverbial "Em meio à Covid"?
  b) Que outra expressão empregada no subtítulo recupera e reforça esse sentimento?
  c) Esse tipo de manifestação está alinhado ao propósito discursivo da editoria que, de acordo com a hipótese do grupo, publicou a notícia?

Diego Cervo/Shutterstock

Jovens lendo e trabalhando juntos. É importante sempre buscar as fontes das notícias que se lê, observar se foram publicadas em veículos confiáveis e por profissionais reconhecidos.

5. Releia o item "Quarentena faz aumentar coleta de lixo".

a) Reescreva o subtítulo, invertendo a ordem das orações. Comece por "suspensão de atividades..."

b) Que diferença de sentido você observa entre a frase original e a frase reescrita? Qual das duas informações apresentadas tem mais relevância em cada caso?

c) O título apresenta uma informação de valor positivo: ele sugere que a coleta de lixo aumentou com a quarentena. O subtítulo sustenta o valor positivo da notícia? Explique sua resposta.

d) Qual é a palavra da frase responsável pelo realce a uma das informações? Formule uma regra para esse emprego.

Experimentação Comparando abordagens editoriais

Você e os colegas, em um grupo formado por quatro integrantes, vão pesquisar como diferentes veículos jornalísticos abordam a mesma temática. Para isso, siga as orientações propostas.

1. Determinem uma seção de jornal ou revista (como sustentabilidade, economia, política, mundo ou cultura) e um tema de interesse, que pode ser, por exemplo, um fato relevante e recente. O grupo deve pesquisar como o assunto repercutiu em quatro editorias jornalísticas diferentes. Estabeleçam, também, um período para pesquisa: durante os últimos quinze dias, durante a última semana e a próxima, etc.
2. Anotem o nome do veículo e o título, o subtítulo e a data da notícia.
3. Relacionem as notícias aos veículos pesquisados, comparando a abordagem: Há notícias semelhantes? Elas tratam do assunto da mesma forma? Em que diferem? Quais parecem ser mais neutras e quais demonstram o posicionamento do autor? Justifiquem as análises, destacando os termos linguísticos (verbos, adjetivos, advérbios, conjunções, substantivos, etc.) que comprovem as afirmações do grupo.
4. Preparem uma apresentação dos resultados da pesquisa para a turma. Dividam-na em partes:
    - Primeiro, informem à turma o recorte de pesquisa: o tema, o período pesquisado, os veículos e a seção selecionada.
    - Justifiquem a escolha dos veículos jornalísticos, por exemplo: são jornais de diferentes estados; buscaram uma comparação entre mídias tradicionais e independentes; pretendiam verificar o posicionamento de veículos de informação ligados a instituições privadas e governamentais; entre outros. Apresentem o perfil de cada um desses veículos.
    - Depois, mostrem os títulos e os subtítulos das notícias, seguidos de uma comparação deles. Expliquem quais são as razões das semelhanças e diferenças, de acordo com a análise do grupo: estão relacionadas à região em que o jornal circula, ao propósito informativo da editoria, à defesa de algum interesse mais específico, aos valores assumidos pela empresa jornalística, entre outras possibilidades.
    - Em seguida, apresentem para a turma elementos linguísticos que, na opinião do grupo, evidenciaram o posicionamento do autor do texto.
    - Concluam a apresentação, descrevendo aos colegas o que o grupo aprendeu com o trabalho.
5. Arquive em seu **Portfólio** as anotações e a pesquisa feitas durante essa experimentação.

Discursos e interdiscursos

O livro *Ideias para adiar o fim do mundo* (2019) reúne duas palestras e uma entrevista do escritor Ailton Krenak e traz as percepções dele sobre diversos desafios da contemporaneidade, entre os quais a ausência de maior integração dos seres humanos com o planeta, o que pode acarretar a própria destruição.

Reprodução/Editora Companhia das Letras

Capa do livro *Ideias para adiar o fim do mundo*, de Ailton Krenak (São Paulo: Companhia das Letras, 2019).

Saiba+

Ailton Krenak é filósofo, escritor, jornalista, ativista e uma liderança do povo Krenak. Em 1987, na Assembleia Nacional Constituinte, pintou o rosto com jenipapo como forma de protesto na luta pelos direitos dos povos indígenas no Brasil. É autor de diversos livros, entre os quais *Ideias para adiar o fim do mundo*, publicado em 2019.

Cesar Borges/Fotoarena

Diário de bordo

1. Considerando o título do livro *Ideias para adiar o fim do mundo*, de Ailton Krenak, responda às questões a seguir em seu diário de bordo.
   a) Que ideias você imagina que o líder indígena daria para adiar o fim do mundo?
   b) Você já pensou sobre a maneira como a Terra tem sido tratada?
   c) Sabe quais são os problemas ambientais, sociais e humanos que ameaçam o planeta?
   d) Anote suas ideias para adiar o fim do mundo.

Ideias para adiar o fim do mundo

Li uma história de um pesquisador europeu do começo do século XX que estava nos Estados Unidos e chegou a um território dos Hopi. Ele tinha pedido que alguém daquela aldeia facilitasse o encontro dele com uma anciã. Quando foi encontrá-la, ela estava parada perto de uma rocha. O pesquisador ficou esperando até que falou: "Ela não vai conversar comigo, não?". Ao que seu facilitador respondeu: "Ela está conversando com a irmã dela". "Mas é uma pedra." E o camarada disse: "Qual é o problema?".

Tem uma montanha rochosa na região onde o rio Doce foi atingido pela lama da mineração. A aldeia Krenak fica na margem esquerda do rio, na direita tem uma serra. Aprendi que aquela serra tem nome, Takukrak, e personalidade. De manhã cedo, de lá do terreiro da aldeia, as pessoas olham pra ela e sabem se o dia vai ser bom ou se é melhor ficar quieto. Quando ela está com uma cara do tipo "não estou pra conversa hoje", as pessoas já ficam atentas. Quando ela amanhece esplêndida, bonita, com nuvens claras sobrevoando a sua cabeça, toda enfeitada, o pessoal fala: "Pode fazer festa, dançar, pescar, pode fazer o que quiser".

Assim como aquela senhora hopi que conversava com a pedra, sua irmã, tem um monte de gente que fala com montanhas. No Equador, na Colômbia, em algumas dessas regiões dos Andes, você encontra lugares onde as montanhas formam casais. Tem mãe, pai, filho, tem uma família de montanhas que troca afeto, faz trocas. E as pessoas que vivem nesses vales fazem festas para essas montanhas, dão comida, dão presentes, ganham presentes das montanhas. Por que essas narrativas não nos entusiasmam? Por que elas vão sendo esquecidas e apagadas em favor de uma narrativa globalizante, superficial, que quer contar a mesma história para a gente?

Os Massai, no Quênia, tiveram um conflito com a administração colonial porque os ingleses queriam que a montanha deles virasse um parque. Eles se revoltaram contra a ideia banal, comum em muitos lugares do mundo, de transformar um sítio sagrado num parque. Eu acho que começa como parque e termina como *parking*. Porque tem que estacionar esse tanto de carro que fazem por aí afora.

É um abuso do que chamam de razão.

Enquanto a humanidade está se distanciando do seu lugar, um monte de corporações espertalhonas vai tomando conta da Terra. Nós, a humanidade, vamos viver em ambientes artificiais produzidos pelas mesmas corporações que devoram florestas, montanhas e rios. Eles inventam kits superinteressantes para nos manter nesse local, alienados de tudo, e se possível tomando muito remédio. Porque, afinal, é preciso fazer alguma coisa com o que sobra do lixo que produzem, e eles vão fazer remédio e um monte de parafernálias para nos entreter.

Para que não fiquem pensando que estou inventando mais um mito, o do monstro corporativo, ele tem nome, endereço e até conta bancária. E que conta! São os donos da grana do planeta, e ganham mais a cada minuto, espalhando shoppings pelo mundo. Espalham quase que o mesmo modelo de progresso que somos incentivados a entender como bem-estar no mundo todo. Os grandes centros, as grandes metrópoles do mundo são uma reprodução uns dos outros. Se você for para Tóquio, Berlim, Nova York, Lisboa ou São Paulo, verá o mesmo entusiasmo em fazer torres incríveis, elevadores espiroquetas, veículos espaciais... Parece que você está numa viagem com o Flash Gordon.

Enquanto isso, a humanidade vai sendo descolada de uma maneira tão absoluta desse organismo que é a terra. Os únicos núcleos que ainda consideram que precisam ficar agarrados nessa terra são aqueles que ficaram meio esquecidos pelas bordas do planeta, nas margens dos rios, nas beiras dos oceanos, na África, na Ásia ou na América Latina. São caiçaras, índios, quilombolas, aborígenes – a sub-humanidade. Porque tem uma humanidade, vamos dizer, bacana. E tem uma camada mais bruta, rústica, orgânica, uma sub-humanidade, uma gente que fica agarrada na terra.

Parece que eles querem comer terra, dormir deitados sobre a terra, envoltos na terra. A organicidade dessa gente é uma coisa que incomoda, tanto que as corporações têm criado cada vez mais mecanismos para separar esses filhotes da terra de sua mãe. "Vamos separar esse negócio aí, gente e terra, essa bagunça. É melhor colocar um trator, um extrator de terra. Gente não, gente é uma confusão. E, principalmente, gente não está treinada para dominar esse recurso natural que é a terra." Recurso natural para quem? Desenvolvimento sustentável para quê? O que é preciso sustentar?

A ideia de nós, os humanos, nos descolarmos da terra, vivendo numa abstração civilizatória, é absurda. Ela suprime a diversidade, nega a pluralidade das formas de vida, de existência e de hábitos. Oferece o mesmo cardápio, o mesmo figurino e, se possível, a mesma língua para todo mundo.

Para a Unesco, 2019 é o ano internacional das línguas indígenas. Todos nós sabemos que a cada ano ou a cada semestre uma dessas línguas maternas, um desses idiomas originais de pequenos grupos que estão na periferia da humanidade, é deletada. Sobram algumas, de preferência aquelas que interessam às corporações para administrar a coisa toda, o desenvolvimento sustentável.

O que é feito de nossos rios, nossas florestas, nossas paisagens? Nós ficamos tão perturbados com o desarranjo regional que vivemos, ficamos tão fora do sério com a falta de perspectiva política, que não conseguimos nos erguer e respirar, ver o que importa mesmo para as pessoas, os coletivos e as comunidades nas suas ecologias. Para citar o Boaventura de Sousa Santos, a ecologia dos saberes deveria integrar nossa experiência cotidiana, inspirar nossas escolhas sobre o lugar em que queremos viver, nossa experiência como comunidade. Precisamos ser críticos a essa ideia plasmada de humanidade homogênea na qual há muito tempo o consumo tomou lugar daquilo que antes era cidadania. José Mujica disse que transformamos as pessoas em consumidores, e não em cidadãos. E nossas crianças, desde a mais tenra idade, são ensinadas a serem clientes. Não tem gente mais adulada do que um consumidor. São adulados até o ponto de ficarem imbecis, babando. Então para que ser cidadão? Para que ter cidadania, alteridade, estar no mundo de uma maneira crítica e consciente, se você pode ser um consumidor? Essa ideia dispensa a experiência de viver numa terra cheia de sentido, numa plataforma para diferentes cosmovisões.

Davi Kopenawa ficou vinte anos conversando com o antropólogo francês Bruce Albert para produzir uma obra fantástica, chamada *A queda do céu: Palavras de um xamã yanomami*. O livro tem a potência de mostrar para a gente, que está nessa espécie de fim dos mundos, como é possível que um conjunto de culturas e de povos ainda seja capaz de habitar uma cosmovisão, habitar um lugar neste planeta que compartilhamos de uma maneira tão especial, em que tudo ganha um sentido. As pessoas podem viver com o espírito da floresta, viver com a floresta, estar na floresta. Não estou falando do filme *Avatar*, mas da vida de vinte e tantas mil pessoas – e conheço algumas delas – que habitam o território yanomami, na fronteira do Brasil com a Venezuela. Este território está sendo assolado pelo garimpo, ameaçado pela mineração, pelas mesmas corporações perversas que já mencionei e que não toleram esse tipo de cosmos, o tipo de capacidade imaginativa e de existência que um povo originário como os Yanomami é capaz de produzir.

Nosso tempo é especialista em criar ausências: do sentido de viver em sociedade, do próprio sentido da experiência da vida. Isso gera uma intolerância muito grande com relação a quem ainda é capaz de experimentar o prazer de estar vivo, de dançar, de cantar. E está cheio de pequenas constelações de gente espalhada pelo mundo que dança, canta, faz chover. O tipo de humanidade zumbi que estamos sendo convocados a integrar não tolera tanto prazer, tanta fruição de vida. Então, pregam o fim do mundo como uma possibilidade de fazer a gente desistir dos nossos próprios sonhos. E a minha provocação sobre adiar o fim do mundo é exatamente sempre poder contar mais uma história. Se pudermos fazer isso, estaremos adiando o fim.

KRENAK, Ailton. *Ideias para adiar o fim do mundo.* São Paulo: Companhia das Letras, 2019. p. 9-14.

6. O texto lido foi extraído de uma palestra: exposição oral de um conteúdo previamente preparado pelo orador. Que recurso próprio de uma exposição oral pode ser identificado no texto?

7. O texto de Ailton Krenak é o discurso de um escritor e líder indígena para uma plateia de não indígenas. Verifique de que formas isso orienta sua fala.

a) Que assunto é introduzido pela história da senhora hopi, da serra Takukrak, na região dos Andes, e da defesa dos Massai de um sítio sagrado, no Quênia?

b) Qual é a importância de fazer referência a essas histórias na construção do discurso?

c) Para organizar o discurso, que realidades e conhecimentos o autor pressupõe que a plateia tenha?

8. A construção do discurso de Ailton Krenak se articula com outros discursos que circulam entre diferentes grupos sociais. O autor demonstra concordar e discordar de outros. Releia os trechos do texto reproduzidos a seguir e, sempre que necessário, volte ao texto principal para resolver as questões propostas.

> Por que essas narrativas não nos entusiasmam? Por que elas vão sendo esquecidas e apagadas em favor de uma narrativa globalizante, superficial, que quer contar a mesma história para a gente?

a) A quais narrativas Krenak se refere?

b) Por meio dessas perguntas, que ponto de vista o autor defende?

c) Explique a equivalência entre abuso e razão nesta frase: "É um abuso do que chamam de razão". O que é considerado abuso e quem o considera dessa forma? E com relação ao que é chamado de razão?

d) Que visão essa falsa equivalência revela sobre a relação entre os grupos em questão?

> Para que não fiquem pensando que estou inventando mais um mito, o do monstro corporativo, ele tem nome, endereço e até conta bancária. E que conta!

e) Ao enunciar "para que não fiquem pensando", Krenak está pressupondo uma reação ao seu discurso. Nesse contexto, a palavra "mito" é empregada em seu sentido polissêmico. Que efeito esse jogo com o duplo sentido da palavra "mito" tem para a validação das afirmações do autor?

> Recurso natural para quem? Desenvolvimento sustentável para quê? O que é preciso sustentar?

f) A qual discurso Krenak se refere por meio dessas perguntas?

g) O que ele questiona?

Precisamos ser críticos a essa ideia plasmada de humanidade homogênea na qual há muito tempo o consumo tomou o lugar daquilo que antes era cidadania.

h) Qual é a visão de mundo criticada nessa afirmação?

9. Além dos discursos não identificados e sugeridos em sua fala, há outros citados diretamente e cuja autoria Ailton Krenak informa. Volte ao texto e identifique duas passagens em que isso ocorre.

10. Os discursos aos quais o autor é contrário não são identificados, mas aqueles que contribuem para a defesa de seu ponto de vista são.

a) De que forma essas citações apoiam a argumentação de Krenak?

b) Por que você acha que as ideias contra as quais Krenak se coloca não têm autoria explicitada?

11. Qual é a proposta do texto para "adiar o fim do mundo"? O que você compreendeu dessa ideia? Explique, citando um trecho do texto.

12. A proposta de Krenak para adiar o fim do mundo é coerente com o desenvolvimento do texto? Explique sua resposta, destacando frases e expressões empregadas pelo líder indígena para referir-se à humanidade homogênea de um lado e à diversidade das formas de viver dos povos indígenas de outro.

13. Você concorda com a proposta de adiar o fim do mundo que o autor apresenta? Como viabilizá-la?

14. Releia as sentenças a seguir, observando o que há de comum entre os termos destacados.

I. Li uma história de um pesquisador europeu do começo do século XX que estava nos Estados Unidos e chegou a um território dos Hopi.

II. Assim como aquela senhora hopi que conversava com a pedra, sua irmã, tem um monte de gente que fala com montanhas.

III. No Equador, na Colômbia, em algumas dessas regiões dos Andes, você encontra lugares onde as montanhas formam casais.

IV. Espalham quase que o mesmo modelo de progresso que somos incentivados a entender como bem-estar no mundo todo.

V. um desses idiomas originais de pequenos grupos que estão na periferia da humanidade, é deletada.

VI. O livro tem a potência de mostrar para a gente, que está nessa espécie de fim dos mundos, como é possível que um conjunto de culturas e de povos ainda seja capaz de habitar uma cosmovisão, habitar um lugar neste planeta que compartilhamos de uma maneira tão especial, em que tudo ganha um sentido.

a) Identifique, em cada sentença, com qual termo a oração destacada se relaciona.

b) Que papel as orações cumprem na associação com o termo com o qual se relacionam?

c) Com um colega, analise os sentidos das orações destacadas em sua relação com o período de que fazem parte. Os efeitos de sentido para o discurso como um todo são os mesmos entre as orações destacadas?

d) Com base nos efeitos de sentido dessas orações para o discurso de Krenak, como vocês agrupariam as diferentes orações?

e) Algumas delas se destacam por revelarem de maneira clara os posicionamentos do autor do texto. Identifiquem-nas, justificando a escolha.

Interdiscursividade

Interdiscursividade é a admissão de que todo discurso contém ou está relacionado a outros discursos. Todo conteúdo dito ou escrito ocorre em relação a conteúdos que foram ou serão enunciados, retomando-os e atualizando-os de modo a refutar ou reforçar pontos de vista, crenças, conceitos, ideologias e valores.

Os interdiscursos podem ser apenas sugeridos e, para que sejam reconhecidos, dependem do conhecimento de mundo do interlocutor. Assim, podem ser identificados por meio de referências diretas, com citação, ou não, que o produtor do discurso reportado usa.

São diversos os expedientes implicados nos interdiscursos: a reação a um texto, o comentário, a citação direta, a paráfrase estão entre eles. Há enunciados que de tão citados ou parafraseados tornam-se senso comum e, distantes do contexto em que foram elaborados, passam a fazer parte do sistema de crenças de quem os enuncia, que se esquece do contexto que o gerou.

O leitor ou ouvinte, quando ciente dessa propriedade inerente a qualquer discurso, tem condição de verificar nas interações quais são as vozes e as concepções de mundo que circulam no discurso de seu interlocutor e confrontá-las com as próprias concepções. Isso exige um movimento de revisão constante dos sentidos construídos, o que implica, diante de um texto, levantar algumas questões: Quem diz? Em que momento social e histórico? Com quais concepções de mundo os discursos dialogam? Que efeitos isso tem sobre o sistema de crenças do interlocutor? Essas considerações permitem interações e diálogos mais empáticos, na medida em que se admite a existência de uma pluralidade de ideias e conceitos circulando entre diferentes grupos que, baseados em suas experiências, aderem ou rejeitam tais ideias.

Meninos indígenas da etnia kamayura brincando em água da lagoa Mauaiaca, na aldeia Ypawy Ipavu, Parque Indígena do Xingu, Gaúcha do Norte (MT), 2019.

Cassandra Cury/Pulsar Imagens

O texto de Ailton Krenak mobiliza diferentes vozes, destacando as tensões entre valores próprios dos grupos indígenas e valores que orientam grandes corporações no que concerne à forma como é compreendida a natureza. Revelando essa tensão, ele constrói seu argumento para uma plateia também beneficiária dos valores vendidos e difundidos por grandes corporações. Ao receber essa fala, a plateia é provocada a aderir ou não ao que o autor defende. Em um movimento empático, isso implica, por parte da plateia, admitir os conhecimentos, as histórias e a experiência humana que criam esse discurso.

Saiba+

Ailton Krenak idealizou para o YouTube uma série de vídeos intitulada *Flecha selvagem*, em que relaciona os mitos indígenas a descobertas científicas.
Assista ao episódio 1, "A serpente e a canoa" (16 min 17 s), que, com base em alguns mitos sobre a origem do mundo e dos humanos, recupera a representação e o formato da serpente presente tanto nas narrativas, símbolos e imagens de diferentes culturas, quanto em formatos observados na composição humana, como a do desenho do nosso DNA. Disponível em: www.youtube.com/watch?v=Cfroy5JTcy4 (acesso em: 22 maio 2022).

A especificação com as orações subordinadas adjetivas

Veja as seguintes possibilidades de redação de uma frase, que foi extraída do texto de Ailton Krenak:

I. Todos nós sabemos que a cada ano ou a cada semestre uma dessas línguas maternas, um desses pequenos grupos periféricos da humanidade, é deletada.

II. Todos nós sabemos que a cada ano ou a cada semestre uma dessas línguas maternas, um desses pequenos grupos de periferia da humanidade, é deletada.

III. Todos nós sabemos que a cada ano ou a cada semestre uma dessas línguas maternas, um desses pequenos grupos que estão na periferia da humanidade, é deletada.

Observe que a especificação atribuída ao termo "pequenos grupos" pode ser preenchida por um adjetivo, por uma locução adjetiva ou por uma oração.

No caso da oração (toda construção em torno de um verbo), para ter sentido, precisa estar encaixada em outra oração e, logo, não pode ser considerada uma oração independente. Seu papel é agregar informação relevante ao antecedente. E é introduzida por um dos seguintes pronomes relativos: que, o qual, os quais, a qual, as quais, quem, onde, cujo. Esse conjunto de elementos caracteriza uma oração subordinada adjetiva. Trata-se de oração, por girar em torno de um verbo; subordinada, por manter relação de dependência com outra oração na qual está encaixada; e adjetiva, por conter a propriedade de especificador, própria dos adjetivos.

Mas, se na língua já existe o adjetivo e a locução adjetiva para cumprirem a função de especificadores, qual é o papel da oração subordinada adjetiva? Ao comparar as três ocorrências, observa-se que a oração "que estão na periferia" acrescenta, por meio da forma verbal "estão", a ideia de tempo, que não está contida nas demais construções. Além disso, as orações adjetivas permitem a construção de especificações mais complexas, que não seriam possíveis com o emprego de um adjetivo ou de uma locução adjetiva apenas.

15. Leia a frase a seguir e tente reduzir a oração destacada a apenas um adjetivo. O sentido se perde ou se mantém com a alteração? Por quê?

> No Equador, na Colômbia, em algumas dessas regiões dos Andes, você encontra lugares onde as montanhas formam casais.

As orações adjetivas podem ser restritivas ou explicativas. Saiba mais a respeito de cada uma delas a seguir.

Restritivas

> Assim como aquela senhora hopi que conversava com a pedra, sua irmã, tem um monte de gente que fala com montanhas.

As orações adjetivas restritivas cumprem papéis semânticos (relativos aos sentidos, aos significados do material linguístico) na frase em que são empregadas. Desse modo, podem:

- Especificar o antecedente, adicionando a ele uma informação relevante.

Ao enunciar "tem um monte de gente que fala com montanhas", ao antecedente "gente" é adicionada uma especificação decisiva para a construção da informação a ser transmitida pelo enunciador. Nessa especificação, são excluídas todas as que não têm o atributo de falar com montanhas.

- Contribuir para a coesão do texto por meio de retomada referencial.

Em "Assim como aquela senhora hopi que conversava com a pedra", a especificação adquire nova função, a de fazer referência a algo já informado.

Explicativas

> O livro tem a potência de mostrar para a gente, que está nessa espécie de fim dos mundos, como é possível que um conjunto de culturas e de povos ainda seja capaz de habitar uma cosmovisão [...].

Separadas por vírgulas da oração na qual estão encaixadas, as orações subordinadas adjetivas explicativas expressam esclarecimentos ou comentários do enunciador sobre o antecedente. No exemplo "que está nessa espécie de fim dos mundos", é um comentário que engloba a totalidade das pessoas a quem o enunciador se refere. Não se trata de uma forma de especificar o antecedente, mas de explicitar uma observação acerca dele.

Para compreender um pouco melhor as diferenças de sentido entre orações adjetivas restritivas e orações adjetivas explicativas, compare as frases a seguir:

> **I.** O livro tem a potência de mostrar para a gente, que está nessa espécie de fim dos mundos, como é possível que um conjunto de culturas e de povos ainda seja capaz de habitar uma cosmovisão [...].

Nessa frase, como a oração subordinada explicativa está entre vírgulas, trata-se de um comentário que recai sobre todos os que pertencem à categoria do antecedente, nesse caso, "gente".

> **II.** O livro tem a potência de mostrar para a gente que está nessa espécie de fim dos mundos como é possível que um conjunto de culturas e de povos ainda seja capaz de habitar uma cosmovisão [...].

Já nesse segundo exemplo a ausência de vírgulas indica que a oração adjetiva restritiva tem a propriedade de destacar do conjunto mais amplo de gente apenas aquelas que estão "nessa espécie de fim dos mundos". Como especificador, ela separa um conjunto com o atributo de outro sem esse atributo.

O produtor do discurso pode ser mais objetivo, classificando o antecedente por aquilo que ele realmente é ou pelo estado em que se encontra, como neste exemplo:

> Li uma história de um pesquisador europeu do começo do século XX que estava nos Estados Unidos e chegou a um território dos Hopi.

Ou expressar seu posicionamento avaliando o antecedente:

> [...] como é possível que um conjunto de culturas e de povos ainda seja capaz de habitar uma cosmovisão, habitar um lugar neste planeta que compartilhamos de uma maneira tão especial, em que tudo ganha um sentido.

Observe que, com o emprego do verbo "compartilhamos" na oração subordinada adjetiva, o autor apresenta um planeta habitado especialmente por povos cuja cultura permite que todos os elementos naturais tenham sentido.

O conceito de bem viver

Você lerá a seguir o excerto de um artigo científico intitulado "O direito socioambiental ao bem viver no contexto do constitucionalismo latino-americano: caminhos para o redimensionamento da ideia de dignidade e para a proteção da vida em geral".

Seguindo uma organização comum em diversos artigos do gênero, que partem dos temas mais amplos para os mais específicos, esse texto inicia abordando o papel de Estados e Constituições na adoção de novos objetivos de proteção humana e ambiental. Discorre, em seguida, sobre o constitucionalismo latino-americano e finaliza com uma compreensão da mudança do sentido de sustentabilidade para o de bem viver. O estudo está centrado na explicação do conceito de bem viver adotado nas constituições da Bolívia e do Equador.

Guilhermo Granja/Reuters/Fotoarena

Mulheres indígenas da Confederação dos Povos Indígenas do Equador cantam *slogans* enquanto marcham com manifestantes em Guamani, na periferia de Quito, Equador, 2015.

Diário de bordo

Antes da leitura, reflita: O que significa bem viver para você? Registre no diário de bordo seu conceito de bem viver, assim como as ideias dos demais colegas da turma. Ao término do estudo do texto, volte a essas anotações e verifique quais aspectos culturais fundamentam as concepções apresentadas.

[...]

2.2 A concretização de projetos de vida coletivos por meio da retomada do ideal de bem viver

Na linguagem quéchua, o bem viver, *el buen vivir*, traduz-se na expressão *sumak kawsay*, que revela a concepção andina da vida pelo próprio sentido da expressão: *sumak* significa "o ideal, o belo, o bom, a realização"; *kawsay* significa "a vida, em referência a uma vida digna, em harmonia e equilíbrio com o universo e o ser humano". Desse modo, o *sumak kawsay* representa a plenitude da vida, como explica Kowii (s/d, p. 06).

Para que o *sumak kawsay* possa ser alcançado, o povo quéchua compreende a necessidade de que seja observado um conjunto de princípios. Dentre eles, Kowii (s/d, pp. 04-06) destaca o equilíbrio (*pakta kausay*), a harmonia (*alli kausay*), a criatividade (*wiñak kausay*), a serenidade (*samak kawsay*), e o saber ser (*runakay*).

Zaffaroni (2010, p. 120) indica que o *sumak kawsay* identifica-se com a ética que deve reger a ação do Estado, e que deve direcionar também a relação das pessoas entre si e com a natureza. Para o autor, não se trata do conceito já consagrado de "bem comum", que é reduzido aos seres humanos, mas do bem de todo ser vivo, o que exige complementaridade e equilíbrio, e, por isso, não pode ser alcançado individualmente.

O ideal de bem viver da comunidade quéchua tem relação também com a cosmovisão dos *aymara*, para os quais o *bien vivir* traduz-se na expressão *suma qamaña*. O bem viver, para os povos *aymara*, guarda intensa relação com a ideia de vida harmoniosa (*ñandareko*), vida boa (*teko kavi*), terra sem males (*ivi maraei*), e caminho ou vida nobre (*qhapaj ñan*). Ao transpor esses princípios para uma forma de vida, Burgoa (2010, p. 45) destaca que isso implica "olhar o passado, viver o presente, para projetar o futuro como sonho de vida plena".

Clavero (s/d, p. 14) indica, então, que o bem viver não significa somente uma alternativa ao desenvolvimento, em contraposição a outra expressão como, por exemplo, o bem-estar. O bem viver "traduz *sumak kawsay*, *suma qamaña* ou *ñandareko*, expressões que se vinculam a uma determinada concepção da natureza", concepção esta que é "tão inclusiva que a humanidade guardaria com ela [a natureza] uma relação de dependência por filiação".

Nota-se que o bem viver remete a uma ideia de convivência harmoniosa, capaz de conduzir à vida em plenitude. Tal forma de viver/ conviver abrange tanto as relações dos seres humanos entre si, quanto suas interações com todas as demais formas de vida. Em suma, consiste em uma relação de equilíbrio com a natureza, que não exclui o ser humano dessa visão; trata-se de uma verdadeira complementaridade, por meio da qual se reconhece o direito de todos os seres vivos a uma existência digna e o papel de todos para a manutenção da vida no planeta.

Como bem observa Stavenhagen (s/d, p. 04), o bem viver se apresenta como algo distinto do crescimento econômico, ou mesmo de algumas formas mais sofisticadas do conceito de "desenvolvimento". O bem viver deriva das tradições culturais da vida em comunidade, da proximidade com a natureza, da ideia de equilíbrio, harmonia e bem-estar coletivo, e não da mera prosperidade individual.

Está claro que o bem viver não guarda relação de sinonímia com os conceitos de "bem-estar" e "qualidade de vida", que permeiam a cultura ocidental e pressupõem o alcance de níveis satisfatórios de bem-estar para a continuidade da vida do ser humano, sendo as outras formas de vida um meio para que se alcance esse fim. Essa perspectiva utilitarista e reducionista não condiz com a proteção de uma realidade digna para todas as formas de vida; tal objetivo, contudo, é contemplado por essa perspectiva culturalmente diferenciada dos povos indígenas, relacionada ao bem viver.

Cabe, ainda, ressaltar que bem viver não coincide com "viver melhor [que]". A ideia de viver melhor, própria da sociedade de consumo, pressupõe um aspecto quantitativo, no sentido de buscar "sempre mais e melhor". Implica uma competição, em que o aumento de bem-estar de um ser humano acarreta a perda de bem-estar por parte de outro, seja em uma perspectiva intrageracional, seja em uma perspectiva intergeracional. Ao contrário, viver bem requer cooperação, respeito e harmonia. Esta última noção é, portanto, compatível com a garantia da dignidade de todas as formas de vida, e com a sua durabilidade. [...]

RODRIGUES, Saulo Tarso; RODRIGUES, Eveline de Magalhães Werner. O direito socioambiental ao bem viver no contexto do constitucionalismo latino-americano: caminhos para o redimensionamento da ideia de dignidade e para a proteção da vida em geral. *Juris – Revista da Faculdade de Direito*, Rio Grande (RS), v. 24, p. 216-218, 2015. Disponível em: https://periodicos.furg.br/juris/article/view/6338. Acesso em: 22 maio 2022.

16. Além de conceituar o bem viver, os autores do artigo citam um pesquisador que verifica no sentido do termo *sumak kawsay* uma forma de implementação da prática. Identifique-a.

17. Em que essa proposta se diferencia da concepção de bem-estar difundida na sociedade de consumo?

18. Por ser parte de um artigo científico, ao contrário da palestra-ensaio de Ailton Krenak, todas as informações desse texto precisam conter as marcas do discurso reportado e citações. Veja alguns exemplos:

> Zaffaroni (2010, p. 120) indica que o *sumak kawsay* identifica-se com a ética que deve reger a ação do Estado, e que deve direcionar também a relação das pessoas entre si e com a natureza. Para o autor, não se trata do conceito já consagrado de "bem comum", que é reduzido aos seres humanos, mas do bem de todo ser vivo, o que exige complementaridade e equilíbrio, e, por isso, não pode ser alcançado individualmente.

a) Identifique no texto mais dois exemplos de marcas de citação.

b) O que elas têm em comum?

Experimentação O conceito de bem viver

Explique o conceito de bem viver, agregando as definições que a turma estabeleceu antes da leitura do trecho do texto. Retome, também, a lista de "ideias para adiar o fim do mundo" que fez e, inspirado pelo estudo dos textos desta unidade, inclua novas ideias que contemplem o conceito de bem viver.

Diário de bordo

Ao redigir o texto, garanta o emprego das estruturas de citação e das formas de reportar o discurso. Registre o conceito no diário de bordo. Essas ideias, assim como as listas que elaborou, serão retomadas na proposta da seção *#Multiplicar*.

Consciência corporal (Educação Física)

Observe a imagem do projeto Yoga Marginal, criado pela professora fluminense Tainá Antonio. Em seguida, leia os depoimentos de estudantes do Ensino Médio da cidade de Cuiabá (MT), que também participaram de um programa de consciência corporal que incluía práticas de meditação e ioga.

Aula de ioga do projeto Yoga Marginal em uma escola pública de Duque de Caxias (RJ), 2018.

Trazendo dados novamente numa perspectiva qualitativa, no quadro 3 são explicitadas literalmente algumas respostas que os investigados descreveram após participarem de todas as etapas desse estudo, utilizando o codinome "P", seguido de um numeral, para não os identificar.

[...]

P6: "Foi uma excelente experiência, com ótimos resultados, que farão a diferença na caminhada de vida de todos que decidirem aderir a prática. Mesmo realizando as práticas poucas vezes a mudança no meu sono e até mesmo no meu próprio corpo foi nítida".

[...]

P8: "Eu amei! Me ajudou a me manter focada e a não me estressar por tudo".

P9: "Me auxiliou nas minhas crises de ansiedade, principalmente na respiração".

RIBEIRO, Anderson Augusto. *Influência de um programa de consciência corporal em estudantes do ensino médio.* 2019. Dissertação (Mestrado em Ensino) – Universidade de Cuiabá, Cuiabá, 2019. p. 108. Disponível em: http://repositorio.pgsskroton.com/browse?type=author&value=RIBEIRO%2C+ANDERSON+AUGUSTO. Acesso em: 22 maio 2022.

"[...] nosso corpo é sempre colocado sob pressão o tempo todo e nunca tem um tempo pra relaxar, então acho superinteressante esse tipo de prática" (P_1).

[...]

"Nos dias atuais, com os afazeres do cotidiano, muitas das vezes nos esquecemos de cuidarmos do nosso corpo e mente. Lembrar os jovens adolescentes (especialmente os que estão em fase de mudança de ciclo e tomada de decisões) o quão importante é cuidar de si, olhar pra si mesmo, conhecer seu corpo, sua mente, seu potencial e limitações é de extrema importância para que decisões e atitudes sejam tomadas de forma mais consciente e eficaz, colaborando para uma vida mais plena e mais feliz no presente e no futuro" (P_3).

RIBEIRO, Anderson Augusto *et al*. A prática do yoga na escola: elementos preliminares e percepções de estudantes de ensino técnico integrado ao nível médio. *Profiscientia*, Cuiabá, n. 12, p. 88-103, 2019. Disponível em: www.profiscientia.ifmt.edu.br/profiscientia/index.php/profiscientia/article/view/233. Acesso em: 22 maio 2022.

1. Responda às questões oralmente e discuta as respostas com os colegas e o professor.

a) Identifique os problemas para os quais as práticas de ioga e meditação trouxeram benefícios.

b) Você já vivenciou algum desses problemas? Como lidou com eles?

c) Você já experimentou meditação, ioga ou outra prática corporal semelhante? Ouviu falar delas? Ou conheceu essas práticas em algum local ou na mídia?

d) Que imagem você faz de uma pessoa praticando ioga? E meditação?

e) Em sua opinião, quem são as pessoas que buscam práticas como a ioga e a meditação?

2. Em sua opinião, qual é a importância em praticar ioga?

Experimentação — Experimentar para conceituar a ioga e seus benefícios

A ioga é uma prática cultural indiana de origem milenar. Associa a cosmovisão pautada na busca do equilíbrio entre o ser humano e a natureza. Defende a necessidade de integrar as dimensões física, cognitiva, emocional e espiritual. Envolve a prática de posturas corporais, exercícios de respiração e meditação.

Zdenka Darula/Shutterstock

Prática de ioga ao ar livre.

A ioga tem se popularizado como prática de cuidado de si, educação e reabilitação física, acessível a todos os públicos: crianças, adolescentes, jovens, adultos e idosos.

Agora você vai mobilizar, por meio da experiência, o desenvolvimento do pensamento computacional, a capacidade de construir conceitos por meio da observação de padrões que integram os efeitos da prática de ioga em seu corpo. O objetivo é responder a duas questões centrais:

- Quais são os benefícios da ioga para a experiência corporal?
- E para o estado mental?

Fase de decomposição

Para começar, decomponha as duas questões centrais em questões menores. Por exemplo:

- Que movimentos a ioga propõe?
- Que conhecimentos sobre as partes do corpo precisam de atenção durante a prática?
- Que sensações esses movimentos provocam?
- De que forma a mente trabalha para executar os movimentos?
- O que há de comum entre os movimentos?

Durante a prática, procure prestar atenção nessas questões, buscando encontrar pontos comuns e padrões que a prática dos movimentos apresenta.

Observe que os nomes das posturas da ioga vêm do sânscrito, língua indiana na qual a cultura da ioga foi escrita. As posturas geralmente fazem referência a elementos da natureza ou a personagens da cultura indiana, como você verá ao longo da experimentação.

Tadásana: a postura da montanha

Como o nome da postura indica, o objetivo do *tadásana* é colocar-se em pé, firme, estável, com atitude altiva e centrada.

A postura trabalha a distribuição do peso de forma equilibrada e consciente nos pés. O tônus para manter-se de pé, com o olhar fixo e a respiração controlada, exige foco e quietude da mente. Na tradição da ioga, essa postura representa a ligação do ser humano com o céu e a terra.

fizkes/Shutterstock

1. Fique em pé, com os pés paralelos e aproximados, sem ultrapassar a largura do quadril.
2. Posicione os braços na lateral do corpo, com as mãos viradas para dentro, os dedos unidos e apontados para baixo.
3. Posicione a cabeça de modo que o queixo fique paralelo ao solo. Estenda os dedos dos pés, tirando-os do solo enquanto percebe toda a planta dos pés bem firme no chão.
4. Ative a musculatura das pernas, contraindo as coxas e levantando as patelas. Procure sentir como os músculos

envolvem os ossos, respire de forma lenta, inspirando e expirando pelo nariz. Mantenha os quadris encaixados e alinhados, de forma que o sacro (osso posterior do quadril) aponte para baixo.

5. Alongue toda a coluna, relaxe os ombros procurando afastá-los das orelhas. Imagine um fio sobre o centro da cabeça, puxando você para cima e, ao mesmo tempo, empurre o chão com os pés. Sinta essa conexão entre o solo e o alto da cabeça.

Talásana: a postura da palmeira

A referência à palmeira no nome da postura o ajuda a pensar na intencionalidade dos movimentos. Imagine que você é essa grande palmeira crescendo.

LightField Studios/Shutterstock

1. Com base na posição de *tadásana*, eleve os braços lateralmente e fique na ponta dos pés enquanto inspira. Preste atenção no apoio dos pés e, se tiver dificuldade com o equilíbrio, mantenha os pés inteiros no chão.
2. Abaixe os braços ao expirar e repita o movimento, erguendo os braços novamente. Mantenha a posição enquanto conseguir ficar com os pulmões cheios. Contraia os músculos do assoalho pélvico e das nádegas, afaste os ombros e imagine que o alto da cabeça é puxado para cima por um fio.
3. Ative o tônus muscular dos dedos, unindo as palmas das mãos acima da cabeça. Sinta a contração dos músculos das pernas e mantenha o queixo paralelo ao solo e os olhos direcionados a um ponto fixo. Imagine uma grande palmeira.

Vrikshasana: a postura da árvore

A postura da árvore exige equilíbrio em um pé. Aqui a referência é uma grande árvore bem estabilizada, como o nome da postura revela.

fizkes/Shutterstock

1. Parta da postura *tadásana*.
2. Flexione um dos joelhos e apoie a sola do pé na parte interna da coxa oposta, o mais alto possível. Se não puder, posicione o pé em um ponto mais baixo, na altura que conseguir. Evite apenas apoiar o pé na altura do joelho, para não forçar a articulação.
3. Posicione as mãos à frente do osso esterno (no centro do peito) com as palmas das mãos encostadas.
4. Empurre o chão, acionando a musculatura da coxa da perna que está apoiada no solo. Sinta o apoio da planta do pé, empurre o chão e procure não deslocar o quadril lateralmente.
5. Respire de forma consciente, mantendo a postura até o ponto que for confortável. Mantenha o olhar em um ponto fixo para facilitar o equilíbrio.
6. Lembre-se de manter o queixo paralelo ao solo e os ombros relaxados e afastados da direção das orelhas.

7. Retorne o pé ao chão e inverta a postura, trocando de perna.
8. Continue imaginando um fio que puxa o alto da cabeça para cima. Traga para a mente a imagem de uma árvore imponente, que se mantém estável ao vento.

Fase de identificação de padrões

Após a experimentação, converse com os colegas e o professor, a fim de identificar os pontos comuns, isto é, os padrões que você reconhece nas três posturas de ioga que experimentou.

Fase de abstração

Após identificar os padrões, busque responder às duas questões centrais apresentadas no início da experimentação:

- Quais são os benefícios da ioga para a experiência corporal?
- E para o estado mental?

Fase de desenvolvimento do algoritmo

algoritmo: sequência lógica e definida de instruções que devem ser seguidas para realizar uma tarefa ou resolver um problema.

Com base na experimentação e na abstração, o que você poderia dizer sobre o passo a passo da prática sistematizada da ioga para o equilíbrio físico e emocional?

A fase de desenvolvimento do algoritmo é o momento em que você sistematiza as etapas do que aprendeu, ou seja, como praticar ioga para buscar equilíbrio físico e mental.

Arquive as suas anotações e respostas em seu **Portfólio**.

Consciência corporal e valores da ioga

Ao realizar as primeiras experimentações, a fim de construir conceitos sobre a ioga por meio de estratégias de solução de problemas e abstração, você deve ter notado que a prática da ioga exige que você desenvolva atenção e consciência para as estruturas internas que organizam seu sistema esquelético e muscular. Você se recorda desse tema em suas aulas de Ciências da Natureza? Observe a imagem e as legendas e toque as partes de seu corpo indicadas nelas.

Conhecer as estruturas internas do sistema esquelético ajuda a executar movimentos sutis de alinhamento dos ossos e das articulações, conforme você pôde experimentar. Você deve ter percebido que, ao colocar atenção na parte interna do corpo, no tônus muscular, nas imagens associadas às posturas da ioga e na respiração, os pensamentos ficam focados nas sensações do corpo, acalmando o fluxo de ideias e sentimentos. Os praticantes de ioga atribuem a isso os benefícios da prática para a concentração e o relaxamento.

Life science/Shutterstock

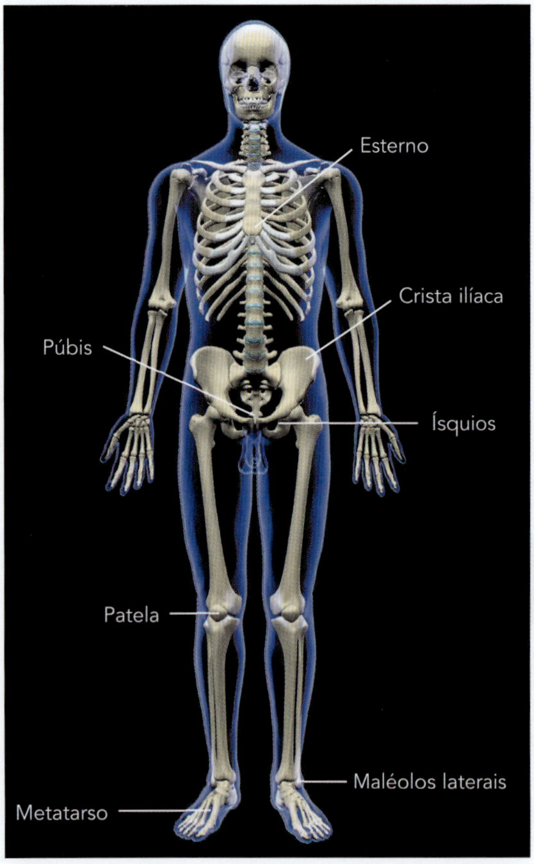

Esqueleto humano, com destaque para alguns ossos fundamentais para a estruturação de grande parte das posições de ioga.

Na área de Educação Física, a ioga se enquadra no conjunto de práticas das ginásticas de conscientização corporal, como o método Pilates, a antiginástica e o *tai chi chuan*. Conhecidas também como práticas corporais alternativas, são originárias de diferentes culturas ou da fusão entre elementos das culturas orientais, como a indiana, no caso da ioga, e a chinesa, no caso do *tai chi chuan*. Outras se relacionam aos estudos modernos sobre o funcionamento do corpo, como o método Pilates e a antiginástica.

- **Método Pilates:** foi criado pelo alemão Joseph Pilates (1883-1967), no início do século XX, integrando as experiências do autor com diferentes práticas corporais, incluindo a ioga. Com base em estudos sobre anatomia do aparelho locomotor humano, Pilates defendia que a ginástica tradicional não considerava os elementos de alinhamento postural fundamentais para restaurar e promover a vitalidade do corpo.

tommaso lizzul/Shutterstock

Praticante em exercício de aparelho do método Pilates.

- **Antiginástica:** é uma prática corporal criada pela fisioterapeuta Thérèse Bertherat (1931-2014) na década de 1970. Com exercícios lentos e foco no autoconhecimento e na percepção sobre como as partes do corpo agem e se conectam para produzir movimentos, a antiginástica pretende promover a mobilidade articular, o equilíbrio do tônus muscular e o fortalecimento da musculatura profunda. A antiginástica é uma prática corporal que busca o autoconhecimento do corpo e o entendimento de que várias partes diferentes se conectam. Fundamenta-se nos estudos sobre cadeias musculares e envolve exercícios de alongamento e equilíbrio tônico.

Let Geo Create/Shutterstock

Prática de exercício de antiginástica.

- ***Tai chi chuan:*** trata-se de uma arte marcial chinesa que utiliza movimentos circulares, lentos e conscientes, muitas vezes inspirados em movimentos de animais e personagens da cultura chinesa. Pretende promover a conexão interna, o equilíbrio mental e físico; por isso, a prática é vista como uma meditação em movimento. Tornou-se popular no Brasil por meio da oferta gratuita de aulas em grupo em parques e praças públicas.

Ulza/Shutterstock

Aula de *tai chi chuan* ao ar livre em um espaço arborizado.

A pesquisadora Leila Albuquerque elenca características que identificam essas práticas corporais alternativas.

- **Hibridismo cultural:** combina os conhecimentos oficiais da área da saúde física e mental com os conhecimentos ancestrais das culturas orientais.
- **Nostalgia do antigo:** valoriza os saberes tradicionais milenares.
- **Orientalização:** resgata atributos do universo sagrado das culturas orientais.

- **Holismo:** propõe uma visão unitária e global do ser humano. Corpo e mente, sujeito e natureza, físico e psicológico são vistos como partes indissociáveis da existência humana.
- **Autonomia ou automonitoramento:** sustenta a autonomia do indivíduo por meio da valorização de capacidades regeneradoras e autorreguladoras do ser humano.
- **Reencantamento:** desperta a atenção para os elementos naturais, como a água, a terra, o ar, o sol e o fogo, e o contato com a natureza.

A busca por modos alternativos de compreender o ser humano foi impulsionada pelo movimento de contracultura da década de 1960. Os jovens da época questionavam tabus, normas e padrões culturais impostos pelo modo de vida vigente, calcado no consumo, nas aparências e no sucesso profissional, em detrimento da realização pessoal, do bem-estar e da conexão com a natureza. A defesa da espontaneidade (em oposição à racionalidade técnica), a valorização da vida comunitária (em oposição ao individualismo), o equilíbrio entre o corpo e a mente (em oposição à valorização apenas da mente) fomentaram a busca de novas práticas corporais.

Syda Productions/Shutterstock

Estilo de vida saudável, em equilíbrio no parque durante prática de ioga.

Nas civilizações orientais, ao contrário das ocidentais, corpo e mente, razão e emoção, cultura e natureza são polos indissociáveis do desenvolvimento humano. O corpo é visto como um dos caminhos de autoconhecimento pelos quais se pode acessar as próprias emoções e direcionar a mente para estados de equilíbrio. Nessa perspectiva, a atividade corporal é vista como a chave para o autoconhecimento. A cosmovisão ocidental tradicional valoriza os elementos externos do corpo, sua forma muscular, funcional e a percepção dos elementos internos do corpo que levam à consciência de si.

Naquele mesmo período, o processo de racionalização científica que orientava a prática de ginástica como forma de disciplinar o corpo não considerava os aspectos subjetivos que muitas das práticas corporais orientais traziam. Assim, as práticas corporais alternativas emergiram em contraposição à cultura ocidental, que colocava a razão como controladora da emoção e do inconsciente, como forma de autocontrole e repressão das ações espontâneas.

No Brasil, a ioga começou a ser conhecida no final da década de 1940, mas foi nos anos 1960 que os primeiros instrutores fundaram escolas e centros de prática de ioga. Os primeiros livros sobre ioga publicados no Brasil foram escritos por Caio Miranda: *Hatha Yoga – a ciência da saúde perfeita*, em 1962, e *A libertação pelo yoga*, em 1963.

A tradição da ioga

Não existe consenso quanto à origem da ioga: há versões mitológicas e arqueológicas. Nas versões mitológicas, há duas vertentes; na primeira, a ioga foi criada pela divindade Shiva, que executou movimentos harmoniosos e belos que compõem a prática. Na segunda, a divindade Krishna ensinou ao arqueiro Arjuna os preceitos da ioga e seu objetivo de união com o divino. A palavra ioga tem origem na palavra *Yuj*, que em sânscrito significa "união" – entre todos os elementos do sujeito e entre o sujeito e o coletivo, a consciência universal. Embora as vertentes da origem mitológica da ioga sejam diferentes, sua prática carregou tradicionalmente elementos de sacralidade.

Heritage Images/Getty Images/Coleção Particular

Manuscrito indiano do século XII mostra divindade em postura de ioga.

aforismos: sentenças que exprimem em poucas palavras um princípio moral, uma regra ou um princípio filosófico, condensando ideias complexas em frases sucintas.

A ioga era cultivada na Índia 5 mil anos antes da era cristã. Um dos primeiros registros arqueológicos relacionados à ioga são os "Yoga Sutras", cuja autoria é atribuída ao do sábio indiano Patanjali, em 150 d.C. O *Yoga Sütra*, como escrito em sânscrito, é composto de 196 **aforismos**, divididos em quatro capítulos que apresentam os valores da prática. A ioga compõe parte das diferentes correntes filosóficas indianas, as quais definem cosmovisões e concepções do ser humano e de suas relações com a natureza.

Os aforismos escritos por Patanjali foram objeto de tradução e análise de pesquisadores de diferentes áreas. No Brasil, o pesquisador Léo Fernandes Pereira, em sua dissertação de mestrado defendida em 2018, *Do yoga para a atenção psicossocial na atenção primária à saúde: um estudo hermenêutico sobre o Yoga Sütra de Patañjali*, analisa os significados dos escritos do Yoga Sutra para o resgate dos valores e da ética que permeiam a cultura da ioga, mas que têm sido esquecidos pela transformação da prática em mera ginástica. O autor defende que o trabalho com os princípios éticos definidos no **Yoga Sutra** pode beneficiar programas de ioga para a saúde física e mental. Dentre os valores propagados nos aforismos de Patanjali estão: o combate à hostilidade e à violência, o desapego material, a purificação da mente e o cultivo a sentimentos positivos como concentração nas coisas simples que trazem autorrealização e harmonia interior como princípio de vida.

3. Converse com os colegas e o professor sobre os sentidos que vocês atribuem aos valores presentes nos aforismos.

   a) Esses valores estão presentes no mundo contemporâneo?

   b) Que relações vocês estabelecem entre esses valores e a vida moderna?

Veja como Patanjali descreveu os oito caminhos da ioga:

1. **Yamas:** princípios éticos como a não violência, o desapego ao acúmulo de bens, dentre outros.
2. **Niyamas:** refere-se ao que devemos cultivar, isto é, princípios de conduta, como a autopurificação pela disciplina, a pureza interna e externa, o contentamento, o autoestudo.
3. **Asanas:** são as posturas físicas que permitem circular a energia vital e integrar corpo e mente.
4. **Pranayama:** trata-se da respiração consciente.
5. **Pratyahara:** é a abstração dos sentidos.
6. **Dharana:** refere-se à concentração e ao foco.
7. **Dhyana:** é o estado de meditação.
8. **Shamadhi:** é o estado de meditação profunda.

Ao longo da História, surgiram diferentes linhas ou tipos de ioga, como:

***Hatha* ioga**: é uma das mais conhecidas no Ocidente, valoriza desde a origem até a dimensão física da prática.

***Ashtanga* ioga:** com posturas dinâmicas, é considerada a prática mais intensa em termos físicos.

***Iyengar* ioga:** tem o nome de seu criador, B. K. S. Iyengar (1918-2014), considerado o embaixador da ioga no Ocidente a partir dos anos 1960. Caracteriza-se pela forte preocupação com o alinhamento corporal durante a execução das posturas, as quais são mantidas por tempo maior. Em geral, utiliza materiais de apoio para que o alinhamento postural seja garantido. As práticas experimentadas nesta unidade são dessa corrente.

***Power* ioga:** desenvolvido em academias de ginástica que agregaram música e foco no condicionamento físico. É uma variante da *ashtanga* ioga.

***Raja* ioga:** é uma prática mais focada no desenvolvimento espiritual.

Embora muitas pessoas pensem que a ioga é apenas uma prática corporal, é importante destacar que essa é uma cultura composta de muitos elementos associados ao autoconhecimento e ao desenvolvimento humano, individual e coletivo. A cultura da ioga busca integrar e equilibrar corpo, mente e espiritualidade e apresenta um conjunto de preceitos morais, fundamentados em uma cosmovisão própria, como você pôde ver. Por essa razão, a ioga pode ser definida como um estilo de vida. O autoconhecimento é um ponto comum nesse olhar filosófico indiano sobre o ser humano. Sem conexão consigo mesmo, com seu equilíbrio corporal, psíquico e energético, não é possível alcançar a plena existência humana.

Adnan Abidi/Reuters/Fotoarena

O primeiro-ministro da Índia, Narendra Modi, pratica ioga com outras pessoas para celebrar o Dia Internacional da Ioga, em Nova Délhi, Índia, 2015.

4. Em *Textos jornalísticos*, você leu um texto que apresentava a cosmovisão de povos indígenas da América Latina, os Quéchuas e os Aimarás. Observe se há pontos comuns entre essa cosmovisão e os princípios da ioga descritos até aqui. Em sua opinião, o modo de os Quéchuas e os Aimarás compreenderem o ser humano e o fundamento da filosofia que embasa a ioga se diferenciam da visão de mundo das sociedades em que vivemos? Por quê?

Diário de bordo

Registre suas reflexões no diário de bordo e converse com os colegas: Vocês se identificam com os pontos de vista trazidos por essas outras visões de mundo?

Ioga postural moderna

A filosofia subjacente à ioga entende a prática corporal como instrumento para olhar para si mesmo. As posturas, ao trabalharem a consciência, o alinhamento postural e a respiração consciente, permitem que a mente se conecte com o presente, liberando o sujeito das tensões. No entanto, nas práticas contemporâneas, observa-se o processo de **aculturação**, pois a cultura complexa da ioga acabou se transformando em mais uma prática de ginástica a ser consumida em academias e estúdios. A apropriação da atividade física pelas ciências trouxe novas e contraditórias formas de compreender essa prática corporal milenar.

aculturação: conceito antropológico que designa o processo pelo qual duas culturas se fundem a ponto de uma delas perder suas características originárias.

Estudiosos da ioga, como Paulo Alexandre Guedes da Silva Hayes, consideram a prática um fenômeno cultural transnacional, ou seja, os conhecimentos ancestrais originários da Índia foram assimilados em diferentes países e culturas. Com isso, a filosofia subjacente à proposta de prática corporal foi se adaptando ao estilo de vida moderno e sendo assimilada por novos valores. Por essa razão, há críticos que consideram a transformação da ioga em ginástica como uma apropriação limitada dos benefícios da prática.

A apropriação ocidental da ioga se reconheceu mais fortemente na vertente mais física da prática, buscada hoje como forma de aumento da flexibilidade, da força, do alinhamento postural, tratamento de dores e problemas ortopédicos, combinados a melhorias nos níveis de estresse físico e mental. Esse direcionamento pode se opor aos textos tradicionais indianos, que propõem as posturas como forma de alcançar formas mais elevadas de concentração e transcendência da mente. A dimensão ética integrada à ioga foi deixada de lado, e sua prática passou a estar associada mais fortemente aos benefícios físicos. No entanto, a dimensão ética da busca pelo equilíbrio, respeito, não violência, integração com a natureza é uma herança que, se integrada à prática, pode contribuir para novos caminhos sociais do mundo contemporâneo. Cabe aos praticantes e professores continuar integrando essas duas dimensões.

Yvan Chudakov/Shutterstock

A ioga postural moderna surge da hibridização de referenciais da cultura oriental e ocidental.

Para diferenciar a ioga ancestral do modo como ela foi sendo apropriada globalmente, foi criado o conceito de ioga postural moderna. O conceito compreende a inserção da prática em processos de mercantilização, apropriação do uso terapêutico ou medicalização, com a mistura de tradições orientais, ocidentais e da ciência moderna. Em sua origem indiana, ioga é um sistema filosófico que define um conjunto de valores éticos, práticas corporais e meditativas, atitudes e hábitos de vida. A apropriação dessa tradição milenar pelo Ocidente faz da chamada ioga postural moderna um fenômeno globalizado e massificado.

A ioga postural moderna preservou características mais marcantes da tradição da *hatha* ioga, que já trazia a ideia de que o desenvolvimento corporal constitui o caminho espiritual. Essa vertente surgiu, ainda na Índia, com a entrada do **movimento ginástico europeu** nas escolas indianas no início do século XX e, depois, com as influências do fisiculturismo e da associação entre a disciplina corporal e o desenvolvimento moral cultivados no Ocidente. Por isso, a ioga postural moderna não pode ser entendida como mera importação da tradição indiana, mas como uma nova prática que surge da hibridização de referenciais da cultura oriental e ocidental.

Para ir mais longe **Movimento ginástico europeu**

Surgido na Europa durante o século XIX, sistematizou sequências de movimentos fundamentadas em conhecimentos científicos sobre o corpo humano, visando à saúde e ao disciplinamento. Iniciou-se por meio de instituições médicas e militares, cujas técnicas preconizavam sequências fixas, ordenadas, com determinações precisas sobre como se movimentar. Também é conhecido como ginástica calistênica.

A ioga é definida por Léo Fernandes Pereira como:

> o conjunto de ferramentas que tem como finalidade preparar o sujeito para a assimilação do conhecimento sobre o si-mesmo. Essas ferramentas acabam por realizar uma transformação integral no indivíduo: nos seus comportamentos, ações e processos cognitivos; na sua relação com o próprio corpo, mente, órgãos dos sentidos e objetos sensoriais; na sua relação com os semelhantes e com o ambiente.

PEREIRA, Léo Fernandes. *Do yoga para a atenção psicossocial na atenção primária à saúde:* um estudo hermenêutico sobre o Yoga Sutra de Patañjali. 2018. Dissertação (Mestrado em Saúde Coletiva) – Universidade Federal de Santa Catarina, Florianópolis, 2018. Disponível em: https://repositorio.ufsc.br/bitstream/handle/123456789/198475/PGSC0212-D.pdf?sequence=1&isAllowed=y. Acesso em: 22 maio 2022.

O autor compreende a ioga como uma ferramenta para o empoderamento psicológico, cultural e político do sujeito. E considera que a melhoria da saúde física, isoladamente, não foi objetivo da ioga tradicional, mas a busca do equilíbrio entre o sujeito e o mundo externo, o que envolve a adoção de um estilo de vida consciente de si e dos outros. Defende, ainda, que a retomada dos valores da "cultura *yogue*" potencializa a consciência e a participação cidadã, na medida em que não é possível professar os valores da ioga sem criticar as desigualdades sociais, a violência estrutural, a falta de condições de moradia, de relações afetivas e de alimentação equilibrada, dentre outros aspectos que envolvem a esfera coletiva.

Nesse sentido, além do desenvolvimento da integração entre corpo, mente e emoção, a ioga possibilita ao sujeito se conectar com a busca de justiça social e bem-estar para todos. No entanto, a prática no Brasil ainda é considerada privilégio de pessoas com melhores condições socioeconômicas, que conseguem pagar aulas de estúdios, escolas de ioga ou academias. Em busca de democratizar o acesso aos benefícios da prática para todos, iniciativas de professores engajados têm levado a prática para grupos tradicionalmente excluídos. Um exemplo são as aulas gratuitas oferecidas pelo projeto Treino na Laje, da professora Sophia Bisilliat, em comunidades da periferia de São Paulo.

A democratização do acesso à ioga, dentre outras práticas de medicina tradicional, também tem sido preocupação de organismos internacionais e de políticas de saúde pública no Brasil.

Eduardo Knapp/Folhapress

Aula do projeto Treino na Laje em Capão Redondo, bairro da Zona Sul da cidade de São Paulo (SP), 2019.

A ioga é reconhecida pela Organização Mundial da Saúde (OMS) como prática de medicina tradicional desde 2002, ano de publicação da primeira versão do documento de estratégias de medicina tradicional (2002-2005), que foi atualizado para o período 2014-2023. O documento visa incentivar os Estados-membros, como o Brasil, a incorporar nas políticas públicas de saúde estratégias de acesso e valorização da medicina tradicional, integrando-as às práticas e aos programas da medicina moderna.

Saiba+

Para conhecer um pouco mais o projeto Treino na Laje, acesse o *site* oficial, disponível em: www.treinonalaje.com (acesso em: 22 maio 2022).
Acesse o *site* do projeto *Cultura da paz*, que leva ioga e meditação para a periferia de Olinda, e conheça outras iniciativas realizadas com crianças em Pernambuco. Disponível em: https://culturadapaz.com.br/yoga-meditacao-criancas-periferia (acesso em: 22 maio 2022).

No Brasil, a ioga compõe a regulação da presença das Práticas Integrativas e Complementares (PIC) no Sistema Único de Saúde (SUS), definida na Portaria n. 971, de 3 de maio de 2006, do Ministério da Saúde. O documento define que os principais benefícios da prática de ioga são:

> Prática corporal e mental de origem oriental utilizada como técnica para controlar corpo e mente, associada à meditação. Apresenta técnicas específicas, como hatha-yoga, mantra-yoga, laya-yoga, que se referem a tradições especializadas, e trabalha os aspectos físico, mental, emocional, energético e espiritual do praticante com vistas à unificação do ser humano em si e por si mesmo. Entre os principais benefícios obtidos por meio da prática do yoga estão a redução do estresse, a regulação do sistema nervoso e respiratório, o equilíbrio do sono, o aumento da vitalidade psicofísica, o equilíbrio da produção hormonal, o fortalecimento do sistema imunológico, o aumento da capacidade de concentração e de criatividade e a promoção da reeducação mental com consequente melhoria dos quadros de humor, o que reverbera na qualidade de vida dos praticantes.

PRÁTICAS Integrativas e Complementares (PICS): quais são e para que servem. *Ministério da Saúde*. Disponível em: https://www.gov.br/saude/pt-br/assuntos/saude-de-a-a-z/p/praticas-integrativas-e-complementares-pics. Acesso em: 22 maio 2022.

Experimentação Práticas de ioga para ansiedade e cansaço mental

Nessa atividade, você e os colegas, com o professor, vão vivenciar posturas da ioga voltadas para o controle da ansiedade e do cansaço mental. Durante a prática, lembrem-se de manter-se em conexão com os movimentos, respirando profundamente.

Posturas para ansiedade

Ustrasana: postura do camelo

1. Sente-se com joelhos, canela e peito do pé no chão. Os joelhos devem estar afastados na distância do quadril.
2. Recomenda-se usar uma parede como apoio: encoste coxas e púbis na parede.
3. Posicione as mãos na cintura, estenda a coluna para trás, mantendo as coxas e o púbis ainda encostados.
4. Leve as mãos em direção aos pés, buscando alcançá-los, se puder.

fizkes/Shutterstock

Janu sirsasana: postura da cabeça nos joelhos

fizkes/Shutterstock

1. Sente-se com as pernas esticadas.
2. Flexione um dos joelhos, dobrando-o para o lado, e use as mãos para auxiliar o calcanhar a encostar no glúteo e o joelho no chão.
3. Erga as duas mãos e alongue o tronco. Então flexione o tronco para a frente em direção ao pé da perna esticada, até que as mãos alcancem o pé. Se não puder alcançá-lo, use um cinto, lenço ou uma faixa elástica como auxílio.
4. Em um primeiro momento, estenda a coluna, peito aberto, apontando para a frente, e ombros direcionados para baixo, distantes das orelhas.
5. Em um segundo momento, flexione a coluna o máximo que puder, levando o peito e a cabeça em direção à perna estendida.

Paschimottanasana: postura da pinça

fizkes/Shutterstock

1. Sente-se com a duas pernas esticadas e eleve os braços em direção ao teto, com o intuito de esticar o tronco.
2. Flexione o tronco para a frente, até as mãos alcançarem as laterais dos pés, com uma mão segurando cada um dos pés. Caso não consiga alcançar os pés, use um cinto ou uma faixa de tecido para entrelaçar nas solas dos pés e realizar a tração do movimento. Novamente, use um material de apoio se não puder alcançar os pés.
3. Em um primeiro momento, estenda a coluna, peito aberto, apontando para a frente, e ombros direcionados para baixo, distantes das orelhas.
4. Em um segundo momento, flexione mais ainda o tronco; se possível, dobre os cotovelos lateralmente e aproxime a cabeça dos joelhos.

Ardha uttanasana: meia postura do alongamento intenso

fizkes/Shutterstock

1. Posicione-se de pé, com os pés unidos, e erga os braços para o alto de forma vertical.
2. Flexione o tronco até a altura do quadril, mantendo os braços estendidos até essa altura, formando um ângulo de 90° com o corpo. O ideal é que a postura seja feita em frente a uma parede, cadeira ou qualquer objeto em que seja possível apoiar as mãos.

Posturas para cansaço mental

Adho mukha vajrasana: postura do diamante com os braços de cachorro olhando para baixo

1. Posicione joelhos, canela e peito do pé no chão. Sente-se nos calcanhares unidos.
2. Leve a testa ao chão, sem descolar os calcanhares dos ísquios. Caso a testa não alcance o chão, utilize um apoio, como um bloco de ioga ou uma pilha de almofadas.
3. Estique os braços para a frente, o mais longe possível, mantendo-os separados na distância dos ombros (dedos médios paralelos).
4. Empurre as palmas das mãos no chão, relaxe o pescoço.

rukxstockphoto/Shutterstock

Adho mukha svanasana: cachorro olhando para baixo

Prostock-studio/Shutterstock

1. Posicione-se em *adho mukha vajarasana*.
2. Levante os quadris e fique em uma posição de quatro apoios: apoie os dedos do pé no chão, eleve os joelhos, empurrando o quadril para cima e para trás; estique os joelhos, contraia e gire a coxas para dentro, leve os calcanhares em direção ao chão.
3. Empurre o chão com as mãos e leve as escápulas em direção ao peito. Relaxe pescoço e cabeça.
4. Para retornar, leve os joelhos para o chão, sente nos calcanhares, voltando à postura *adho mukha vajarasana*.
5. Traga as mãos à frente do rosto, encoste o queixo no peito, empurre o chão com as mãos e suba o tronco, desenrolando-o.

Uttanasana: postura do alongamento intenso

Prostock-studio/Shutterstock

1. Comece fazendo a posição *tadásana*, que você conheceu na experimentação anterior, neste tópico.
2. Eleve os braços para o alto, estendidos verticalmente ao lado da cabeça, com as palmas da mão voltadas para dentro.
3. Flexione o tronco para a frente e para baixo, mantendo os braços esticados para a frente.
4. Aproxime o tronco das pernas e a cabeça, dos joelhos. Se possível, sem flexionar os joelhos ou flexionando-os levemente, toque o chão com as mãos, posicionando-as ao lado dos pés, ou segure nos tornozelos ou na canela. Coloque o peso do corpo no metatarso.
5. Para retornar à posição inicial, estique novamente os braços para a frente e, depois, para cima, desenrolando o tronco lentamente.

Prasarita padotatanasana: postura das pernas abertas e cabeça tocando o chão

11A Fotografie/Shutterstock

1. Em pé, separe os pés ao máximo, mantendo-os paralelos.
2. Apoie as mãos na cintura e olhe para cima, com o tronco alongado.
3. Flexione o tronco para a frente, com o peito aberto, e posicione as pontas dos dedos no chão, alinhados aos ombros, com os braços esticados.
4. Em seguida, flexione o tronco para baixo, se possível permitindo que o topo da cabeça toque o chão. Apoie a palma das mãos no chão e flexione os cotovelos.
5. Para voltar à posição inicial, apoie as pontas dos dedos no chão, eleve o peito para a frente. Retorne o tronco para a posição vertical e apoie as mãos novamente na altura do quadril.

Saiba +

Leia a tese de doutorado *Análise do impacto da prática yoga na autoestima, autoconceito, bem-estar psicológico e satisfação com a vida nos adolescentes em ambiente escolar*, de Carmen Gabriela Mitroi, publicada pela Universidade da Madeira em 2018. Disponível em: https://repositorio.uma.pt/handle/10400.13/1915 (acesso em: 22 maio 2022).

Responda às questões a seguir para treinar os seus conhecimentos sobre o que estudou nesta unidade.

1. (Prefeitura Municipal de Aracaú – 2019)

Yoga

Yoga é uma antiga filosofia de vida que se originou na Índia há mais de 5.000 anos. Não obstante, figura ainda hoje em todo o mundo como o mais antigo e holístico sistema para colocar em forma o corpo e a mente. Literalmente, Yoga significa união, pois ele une e integra o corpo, a mente e nossas emoções para que sejamos capazes de agir de acordo com nossos pensamentos e com o que sentimos. O Yoga nos induz a um profundo relaxamento, tranquilidade mental, concentração, clareza de pensamento e percepção interior juntamente com o fortalecimento do corpo físico e o desenvolvimento da flexibilidade.

[...]

O Yoga atua em todos os níveis do nosso ser: físico, mental e emocional. Mas o que torna o Yoga único é o fato de ele não apenas alongar todas as partes do corpo, mas também massagear os órgãos internos e as glândulas. Ele coordena o sistema respiratório com o corpo físico, relaxa os músculos e a mente, estimula a circulação e aumenta a provisão de oxigênio em todos os tecidos. As costas, peito, sistema digestivo e pulmões são os mais beneficiados pelos exercícios e o resultado é que o processo de enrijecimento devido à inatividade, o cansaço, a postura incorreta e o envelhecimento é revertido. A prática regular do Yoga garante uma qualidade de vida muito melhor, livre dos efeitos nocivos da correria e da tensão do cotidiano.

Disponível em: http://www.yogasite.com.br. Acesso em: 21 dez. 2021.

Pode-se afirmar que o objetivo do texto é

a) divulgar a história do Yoga.
b) conceituar o termo Yoga.
c) Explicar os muitos benefícios à saúde, advindos da prática do yoga.
d) contestar a prática e os benefícios do Yoga.

2. (Prefeitura Municipal de Aracaú – 2019)
Sobre o texto, **NÃO** se pode afirmar que

a) a origem do Yoga é desconhecida.
b) o Yoga equilibra todos os níveis do nosso corpo.
c) o Yoga é uma fonte de juventude.
d) o Yoga também traz benefícios internos, agindo sobre diversos órgãos.
e) Todas as pessoas podem praticar Yoga.

3. (Enem – 2ª Aplicação – 2016)

A educação física ensinada a jovens do ensino médio deve garantir o acúmulo cultural no que tange à oportunização de vivência das práticas corporais; a compreensão do papel do corpo no mundo da produção, no que tange ao controle sobre o próprio esforço, e do direito ao repouso e ao lazer; a iniciativa pessoal nas articulações coletivas relativas às práticas corporais comunitárias; a iniciativa pessoal para criar, planejar ou buscar orientação para suas próprias práticas corporais; a intervenção política sobre as iniciativas públicas de esporte e de lazer.

Disponível em: www.portal.mec.gov.br. Acesso em: 19 ago. 2012.

Segundo o texto, a educação física visa propiciar ao indivíduo oportunidades de aprender a conhecer e a perceber, de forma permanente e contínua, o próprio corpo, concebendo as práticas corporais como meios para

a) ampliar a interação social.
b) atingir padrões de beleza.
c) obter resultados de alta performance.
d) reproduzir movimentos predeterminados.
e) alcançar maior produtividade no trabalho.

4. (Enem – 2021)

Um asteroide de cerca de um mil metros de diâmetro, viajando a 288 mil quilômetros por hora, passou a uma distância insignificante – em termos cósmicos – da Terra, pouco mais do dobro da distância que nos separa da Lua. Segundo os cálculos matemáticos, o asteroide cruzou a órbita da Terra e somente não colidiu porque ela não estava naquele ponto de interseção. Se ele tivesse sido capturado pelo campo gravitacional do nosso planeta e colidido, o impacto equivaleria a 40 bilhões de toneladas de TNT, ou o equivalente à explosão de 40 mil bombas de hidrogênio, conforme calcularam os computadores operados pelos astrônomos do programa de Exploração do Sistema Solar da Nasa; se caísse no continente, abriria uma cratera de cinco quilômetros, no mínimo, e destruiria tudo o que houvesse num raio de milhares de outros; se desabasse no oceano, provocaria maremotos que devastariam imensas regiões costeiras. Enfim, uma visão do Apocalipse.

Disponível em: http://bdjur.stj.jus.br. Acesso em: 23 abr. 2010.

Qual estratégia caracteriza o texto como uma notícia alarmante?

a) A descrição da velocidade do asteroide.
b) A recorrência de formulações hipotéticas.
c) A referência à opinião dos astrônomos.
d) A utilização da locução adverbial "no mínimo".
e) A comparação com a distância da Lua à Terra.

5. (Enem – 2021)

Reaprender a ler notícias

Não dá mais para ler um jornal, revista ou assistir a um telejornal da mesma forma que fazíamos até o surgimento da rede mundial de computadores. O Observatório da Imprensa antecipou isso lá nos idos de 1996 quando cunhou o slogan "Você nunca mais vai ler jornal do mesmo jeito". De fato, hoje já não basta mais ler o que está escrito ou falado para estar bem informado. É preciso conhecer as entrelinhas e saber que não há objetividade e nem isenção absolutas, porque cada ser humano vê o mundo de uma forma diferente. Ter um pé atrás passou a ser a regra básica número um de quem passa os olhos por uma primeira página, capa de revista ou chamadas de um noticiário na TV.

Há uma diferença importante entre desconfiar de tudo e procurar ver o maior número possível de lados de um mesmo fato, dado ou evento. Apenas desconfiar não resolve porque se trata de uma atitude passiva. É claro, tudo começa com a dúvida, mas a partir dela é necessário ser proativo, ou seja, investigar, estudar, procurar os elementos ocultos que sempre existem numa notícia. No começo é um esforço solitário que pode se tornar coletivo à medida que mais pessoas descobrem sua vulnerabilidade informativa.

Disponível em: www.observatoriodaimprensa.com.br. Acesso em 30 set. 2015 (adaptado).

No texto, os argumentos apresentados permitem inferir que o objetivo do autor é convencer os leitores a

a) buscarem fontes de informação comprometidas com a verdade.

b) privilegiarem notícias veiculadas em jornais de grande circulação.

c) adotarem uma postura crítica em relação às informações recebidas.

d) questionarem a prática jornalística anterior ao surgimento da internet.

e) valorizarem reportagens redigidas com imparcialidade diante dos fatos.

6. (Enem – 2020)

Mulher tem coração clinicamente partido após morte de cachorro

Como explica o The New England Journal of Medicine, a paciente, chamada Joanie Simpson, tinha sinais de infarto, como dores no peito e pressão alta, e apresentava problemas nas artérias coronárias. Ao fazerem um ecocardiograma, os médicos encontraram o problema: cardiomiopatia de Takotsubo, conhecida como síndrome do coração partido.

Essa condição médica tipicamente acontece com mulheres em fase pós-menstrual e pode ser precedida por um evento muito estressante ou emotivo. Nesses casos, o coração apresenta um movimento discinético transitório da parede anterior do ventrículo esquerdo, com acentuação da cinética da base ventricular, de acordo com um artigo médico brasileiro que relata um caso semelhante. Simpson foi encaminhada para casa após dois dias e passou a tomar medicamentos regulares.

Ao Washington Post, ela contou que estava quase inconsolável após a perda do seu animal de estimação, um cão da raça yorkshire terrier. Recuperada após cerca de um ano, ela diz que não abrirá mão de ter um animal de estimação porque aprecia a companhia e o amor que os cachorros dão aos humanos. O caso aconteceu em Houston, nos Estados Unidos.

Disponível em: https://exameabril.com.br. Acesso em: 1 dez. 2017.

Pelas características do texto lido, que trata das consequências da perda de um animal de estimação, considera-se que ele se enquadra no gênero

a) conto, pois exibe a história de vida de Joanie Simpson.

b) depoimento, pois expõe o sofrimento da dona do animal.

c) reportagem, pois discute cientificamente a cardiomiopatia.

d) relato, pois narra um fato estressante vivido pela paciente.

e) notícia, pois divulga fatos sobre a síndrome do coração partido.

7. (Unesp – 2004)

A Rodolfo Leite Ribeiro

(...) Noto nas poesias tuas, que o Vassourense tem publicado, muita naturalidade e cor local, além da nitidez do estilo e correção da forma. Sentes e conheces o que cantas, são aprazivelmente brasileiros os assuntos, que escolhes. Um pedaço de nossa bela natureza esplêndida palpita sempre em cada estrofe tua, com todo o vigor das tintas que aproveitas. No "Samba" que me dedicas, por exemplo, nenhuma particularidade falta dessa nossa dança macabra, movimento, graça e verdade ressaltam de cada um dos quatorze versos, que constituem o soneto. / Como eu invejo isso, eu devastado completamente pelos prejuízos dessa escola a que chamam parnasiana, cujos produtos aleijados e raquíticos apresentam todos os sintomas da decadência e parecem condenados, de nascença, à morte e ao olvido! Dessa literatura que importamos de Paris, diretamente, ou com escala por Lisboa, literatura tão falsa, postiça e alheia da nossa índole, o que breve resultará, pressinto-o, é uma triste e lamentável esterilidade. Eu sou talvez uma das vítimas desse mal, que vai grassando entre nós. Não me atrevo, pois, a censurar ninguém; lastimo profundamente a todos!

/ É preciso erguer-se mais o sentimento de nacionalidade artística e literária, desdenhando-se menos o que é pátrio, nativo e nosso; e os poetas e escritores devem cooperar nessa grande obra de restauração. Não achas? Canta um poeta, entre nós, um Partenon de Atenas, que nunca viu; outro os costumes de um Japão a que nunca foi... Nenhum, porém, se lembrara de cantar a Praia do Flamengo, como o fizeste, e qualquer julgaria indigno de um soneto o Samba, que ecoa melancolicamente na solidão das nossas fazendas, à noite. / Entretanto, este e outros assuntos vivem na tradição de nossos costumes, e é por desprezá-los assim que não temos um poeta verdadeiramente nacional. / Qualquer assunto, por mais chilro e corriqueiro que pareça ser, pode deixar de sê-lo, quando um raio do gênio o doure e inflame. / Tu me soubeste dar uma prova desse asserto. Teus formosos versos é que hão de ficar, porque eles estão alumiados pela imensa luz da verdade. Essa rota que me apontas é que eu deveria ter seguido, e que, infelizmente, deixei de seguir. O sol do futuro vai romper justamente da banda para onde caminhas, e não da banda por onde nós outros temos errado até hoje. / Continua, meu Rodolfo. Mais alguns sonetos no mesmo gênero; e terás um livro que, por si só, valerá mais que toda a biblioteca de parnasianos. Onde, nestes, a pitoresca simplicidade, a saudável frescura, a verdadeira poesia de teus versos?!

(CORREIA, Raimundo. Correspondência. In: *Poesia completa e prosa*. Rio de Janeiro: José Aguilar, 1961.)

Todos Cantam sua Terra...

(1929)

[...] Acha Tristão de Ataíde que a literatura brasileira moderna, apesar de tudo, enxergou qualquer cousa às claras. Pois que deu fé que estava em erro. Que se esquecera do Brasil, que se expressava numa língua que não era a fala do povo, que enveredara por terras de Europa e lá se perdera, com o mundo do Velho Mundo. Trabalho deu a esse movimento literário atual, a que chamam de moderno, trazer a literatura brasileira ao ritmo da nacionalidade, isto é, integrá-la com as nossas realidades reais. Mais ou menos isso falou o grande crítico. Assim como falou do novo erro em que caiu esta literatura atual criando um convencionalismo modernista, uma brasilidade forçada, quase tão errada, quanto a sua imbrasilidade. Em tudo isso está certo Tristão.

Houve de fato ausência de Brasil nos antigos, hoje parece que há Brasil de propósito nos modernos. Porque nós não poderíamos com sinceridade achar Brasil no índio que Alencar isolou do negro, cedendo-lhe as qualidades lusas, batalhando por um abolicionismo literário do índio que nos dá a impressão de que o escravo daqueles tempos não era o preto, era o autóctone. O mesmo se deu com Gonçalves Dias em que o índio entrou com o vestuário de penas pequeno e escasso demais para disfarçar o que havia de Herculano no escritor.

[...]

Da mesma forma que os nossos primeiros literatos cantaram a terra, os nossos poetas e escritores de hoje querem expressar o Brasil numa campanha literária de "custe o que custar". Surgiram no começo verdadeiros manifestos, verdadeiras paródias ao Casimiro e ao Gonçalves Dias: "Todos dizem a sua terra, também vou dizer a minha". E do Norte, do Sul, do sertão, do brejo, de todo o país brotaram grupos, programas, proclamações modernistas brasileiras, umas ridículas à beça. Ninguém melhor compreendeu, adivinhou mesmo, previu o que se ia dar, botando o preto no branco, num estudo apenso ao meu primeiro livro de poesia em 1927, do que o meu amigo José Lins do Rego. (...)

Dois anos depois é o mesmo protesto de Tristão de Ataíde: "esse modernismo intencional não vale nada!". Entretanto nós precisamos achar a nossa expressão que é o mesmo que nos acharmos.

E parece que o primeiro passo para o achamento é procurar trazer o homem brasileiro à sua realidade étnica, política e religiosa.

[...] No seio deste Modernismo já se opera uma reação anti-ANTISINTAXE, anti-ANTIGRAMATICAL em oposição ao desleixo que surgiu em alguns escritos, no começo. Nós não temos um passado literário comprido (como têm os italianos, para citar só um povo), que nos endosse qualquer mudança no presente, pela volta a ele, renascimento dele, pela volta de sua expressão estilística ou substancial. A nossa tradição estilística, de galho deu, na terra boa em que se plantando dá tudo, apenas garranchos.

(LIMA, Jorge de. Ensaios. In: *Poesias completas*, v. 4. Rio de Janeiro: José Aguilar/MEC, 1974.)

As orações subordinadas adjetivas se identificam por se referirem, como os adjetivos, a um substantivo antecedente, integrando-se, desse modo, ao sintagma nominal de que tal substantivo constitui o núcleo. De posse desta informação:

a) indique as duas orações adjetivas que aparecem no período seguinte do texto de Raimundo Correia e identifique o sintagma nominal a que se integram: "Canta um poeta, entre nós, um Partenon de Atenas, que nunca viu; outro os costumes de um Japão a que nunca foi."

b) aponte dois termos de orações desse período que estejam ocultos, isto é, não expressos na superfície da oração, embora implícitos em sua estrutura.

#Multiplicar

Diário em tópicos

Nilnanni200/Shutterstock

Exemplo de diário em tópicos, também chamado de *bullet journal*.

O diário em tópicos é um caderno que reúne agenda, diário e lista de afazeres. Além de um organizador, pode ser uma importante ferramenta para o autoconhecimento, pois, em meio a metas, tarefas e compromissos, você pode acrescentar reflexões, sensações e ideias.

A proposta é a produção de um diário em tópicos baseado em propósito, bem-estar e autoconhecimento. Dessa forma, você retomará reflexões importantes sobre a promoção de equilíbrio e buscará espaços de atuação, para que a ideia de equilíbrio em diferentes âmbitos possa ser levada a mais pessoas.

Procedimentos

1. Esse é um exercício de autoconhecimento. Para escolher o caderno que vai usar, pergunte-se como as características dele podem ser relevantes para seu sistema de anotação: Você gosta de detalhar as informações? Sente que se organiza melhor quando escreve em folhas pautadas? Prefere folhas sem pauta para desenhar? Acredita que um caderno dividido por blocos de folhas coloridas ajudará na identificação das áreas da vida que você pretende registrar? Prefere um caderno grande ou pequeno para ser levado na mochila e ser facilmente acessado?

2. Se preferir fazer o próprio caderno, pense no material que será usado, no desenho da capa, na costura. Na internet, você encontrará diferentes tutoriais para a produção de cadernos completamente autorais.

3. Na primeira página de seu diário em tópicos, crie um índice e indique as áreas que serão contempladas. Em função das reflexões realizadas ao longo das unidades, deve constar em todos os diários:

Plano de práticas corporais para manter o equilíbrio: para o registro das atividades realizadas, conforme o que você conheceu em *Consciência corporal*.

Ideias para adiar o fim do mundo: levantadas em *Textos jornalísticos*.

Além das obrigatórias, inclua, no mínimo, mais duas áreas de seu interesse. Seguem algumas sugestões:

- Metas: para os próximos três meses, para o próximo ano e para os próximos cinco anos.
- Livros que deseja ler, filmes a que deseja assistir, hábitos que deseja cultivar.
- Ações que deseja realizar para beneficiar sua família ou sua comunidade.
- O que deseja para o futuro?
- O que deseja para o futuro de sua cidade?
- O que você realiza a cada dia para se aproximar disso?

4. As páginas do diário em tópicos devem ser organizadas e registradas de acordo com as especificidades de cada área que escolheu.

5. Para começar a preparar a seção, determine uma página apenas para colocar o título da área. Ocupe toda a página, faça um desenho ou uma moldura, use fontes variadas ou simplesmente escreva da forma que lhe parecer mais fácil de visualizar. Você pode usar canetas coloridas e desenhos para destacar elementos da estrutura do registro.
6. Na página seguinte, no verso do título, anote o mês em que você iniciará os registros. Ocupe uma linha da página para cada dia do mês e identifique o dia da semana entre parênteses. Na outra página, coloque todos os tópicos ou as metas relativas a esse título.
7. Se optar por anotar metas de curto, médio e longo prazos, faça uma separação das metas por categorias. Você pode anotar códigos na lateral dos tópicos, diferenciar as cores ou criar subtítulos.
8. Ao concluir os registros de um mês, reinicie o processo, refazendo o índice e distribuindo os tópicos nas páginas seguintes.
9. Garanta espaço em seu diário em tópicos para o registro de frases, trechos de livros e textos de que você gosta, etc. A ideia é que possa documentar as reflexões advindas de suas experiências nesse processo de busca de propósito, autoconhecimento, de uma vida mais equilibrada e implicada com o entorno.

O conteúdo de um diário é pessoal, mas isso não o impede de selecionar passagens para compartilhar com a turma. Ao término de um mês de registros, em pequenos grupos, compartilhe com os colegas o que fez: seus planos de atividade física, suas ideias e ações para adiar o fim do mundo, trechos de anotações que julgar inspiradoras ou mobilizadoras de mudanças de atitudes. Relate sua experiência de registro e acompanhe as próprias metas. Se conseguiu cumprir seu plano de atividades físicas ou se se engajou em alguma ação de relevância para seu entorno, conte como foi essa nova rotina, se isso melhorou sua sensação de bem-estar e de compromisso com o futuro.

Saiba +

Leia o artigo "Como adotar o método do *bullet journal*", de Isabela Moreira, publicado na *Revista Galileu*, que apresenta algumas etapas para a montagem de um diário em tópicos, ou *bullet journal*. Disponível em: https://revistagalileu.globo.com/Life-Hacks/noticia/2017/01/como-adotar-o-metodo-do-bullet-journal.html (acesso em: 22 maio 2022).

Meu portfólio

Nesta unidade, você e os colegas puderam refletir sobre os equilíbrios e desequilíbrios nas dimensões da vida em sociedade e pessoal. Em *Textos jornalísticos*, você aprendeu a observar as estratégias discursivas que marcam o posicionamento editorial ou do autor do texto. Pôde, também, refletir sobre visões de mundo presentes na cosmovisão indígena. Em *Consciência corporal*, analisou as relações entre práticas corporais, bem-estar e visões de mundo, além de experimentar e significar práticas de ioga como forma de autoconhecimento e estratégia de bem-estar e qualidade de vida. Agora chegou a hora de retomar o percurso e avaliar suas aprendizagens.

Para montar seu portfólio, você deverá retomar todas as produções realizadas na unidade, desde rascunhos e projetos até registros em fotos e vídeos de apresentações. Lembre-se de que todo o processo criativo é importante, e não apenas o produto final, por isso não podem faltar as diversas versões de uma mesma produção.

Retome, também, todas as anotações que fez no diário de bordo: elas o ajudarão muito na construção do portfólio. Não deixe de colocar a data em que cada produção foi realizada: assim, ao consultar o portfólio, você terá condições de verificar seu histórico de aprendizagem. Essa consulta poderá ajudá-lo a perceber quais aspectos você desenvolveu e aperfeiçoou ao longo do trabalho.

Respostas #EnemVestibular

Unidade 1

1. (Enem PPL – 2012): A
2. (Enem PPL – 2012): C
3. (Unespar – 2017): A
4. (Enem – 2013): E
5. (Enem – 2014): C
6. (Uerj – 2001): B
7. (UFRGS – 1996): C
8. (Enem PPL – 2018): E
9. (FMP – 2017): B
10. (Enem – 2021): B

Unidade 2

1. (Enem – 2019): E
2. (Enem – 2019): A
3. (Enem – 2019): C
4. (Enem – 2019): E
5. (Enem PPL – 2019): A
6. (Enem – 2020): D
7. (Enem – 2018): C
8. (Enem PPL – 2016): D
9. (UFSM – 2015): D

Unidade 3

1. (Enem – 2017): A
2. (UEL – 2018): D
3. (UEL – 2020): D
4. (UEL – 2019): D
5. (Enem PPL – 2018): C
6. (Ucam – 2019): D
7. (IBADE – 2020): E
8. (Enem PPL – 2015): B
9. (Enem PPL – 2013): B
10. (Unesp – 2014): A

Unidade 4

1. (Prefeitura Municipal de Aracajú – 2019): C
2. (Prefeitura Municipal de Aracajú – 2019): A
3. (Enem – 2016): A
4. (Enem – 2021): B
5. (Enem – 2021): C
6. (Enem – 2020): E
7. (Unesp – 2004):

   a) A primeira oração subordinada adjetiva é "que nunca viu" e a segunda, "a que nunca foi".

   b) Há zeugma dos termos "canta" e "poeta".

Lista de siglas das atividades extraídas de provas oficiais

Enem – Exame Nacional do Ensino Médio

Enem PPL: Exame Nacional do Ensino Médio Para Pessoas Privadas de Liberdade e Jovens Sob Medida Socioeducativa

Fatec – Faculdade de Tecnologia de São Paulo

FMP – Fundação Escola Superior do Ministério Público

IBADE – Instituto Brasileiro de Apoio e Desenvolvimento Executivo

Ucam – Universidade Candido Mendes

Uel – Universidade Estadual de Londrina

Uerj – Universidade Estadual do Rio de Janeiro

UFRGS – Universidade Federal do Rio Grande do Sul

UFSM – Universidade Federal de Santa Maria

Unesp – Universidade Estadual Paulista

Unespar – Universidade Estadual do Paraná

PROJETO MÚLTIPLO

LINGUAGENS e suas Tecnologias

Celso Melo Filho
Bacharel em Música pela Universidade Federal de Uberlândia (UFU-MG)
Mestre em Artes pela Universidade Estadual Paulista "Júlio de Mesquita Filho" (Unesp-SP, São Paulo)
Músico, ator, escritor e educador, com experiência em programas de ação cultural da cidade de São Paulo, como o Programa de Iniciação Artística (PIÁ) e a Escola Municipal de Iniciação Artística de São Paulo (Emia)
Redator da Base Nacional Comum Curricular (BNCC) do Ensino Fundamental

Gerson Rodrigues
Mestre em Artes (Pedagogia do Teatro) e licenciado em Artes Cênicas pela Escola de Comunicações e Artes da Universidade de São Paulo (ECA-USP)
Especialista em Artes Visuais, Intermeios e Educação pelo Instituto de Artes da Universidade Estadual de Campinas (Unicamp-SP)
Membro do grupo de pesquisa da Escola Currículo e Conhecimento (ECCo) da Faculdade de Educação da Universidade de São Paulo (USP)
Ator, diretor teatral, gestor cultural e docente na rede municipal de ensino de Guarujá (SP)
Fez parte da Comissão de Especialistas da Base Nacional Comum Curricular (BNCC) do Ensino Fundamental (2ª versão)

Gláucia Luiz
Mestra em Letras na área de Estudos Comparados de Literaturas de Língua Portuguesa pela Faculdade de Filosofia, Letras e Ciências Humanas da Universidade de São Paulo (FFLCH-USP)
Bacharela em Letras pela FFLCH-USP
Licenciada em Letras (Português) pela Faculdade de Educação da Universidade de São Paulo (USP)
Bacharela em Psicologia pelo Centro Universitário Padre Anchieta
Pós-graduanda em Dependência Tecnológica: Intervenções Multidisciplinares na Universidade Caxias do Sul
Professora de Língua Portuguesa na rede particular de ensino em São Paulo e formadora de professores na rede pública

Isabel Filgueiras
Licenciada em Educação Física, mestra e doutora em Educação pela Universidade de São Paulo (USP)
Docente do Programa de Pós-Graduação *Stricto Sensu* em Educação Física da Universidade São Judas Tadeu (USJT-SP)
Redatora da Base Nacional Comum Curricular (BNCC) do Ensino Médio

Silvia de Andrade
Bacharela em Letras pela Faculdade de Filosofia, Letras e Ciências Humanas da Universidade de São Paulo (FFLCH-USP)
Licenciada em Letras (Português) pela Faculdade de Educação da Universidade de São Paulo (USP)
Professora de Língua Portuguesa, coordenadora da área de Linguagens e suas Tecnologias e coordenadora pedagógica de Ensino Médio na rede privada de ensino em São Paulo (SP)
Especialista em Computação Aplicada à Educação pelo Instituto de Ciências Matemáticas e de Computação da Universidade de São Paulo (ICMC-USP)

Simone Lima
Mestra em Artes pelo Instituto de Artes da Universidade Estadual Paulista "Júlio de Mesquita Filho" (Unesp-SP, São Paulo)
Licenciada em Educação Artística com Habilitação em Artes Plásticas pela Universidade Estadual Paulista "Júlio de Mesquita Filho" (Unesp-SP, Bauru)
Artista visual, escritora e professora, com experiência em programas de ação cultural da cidade de São Paulo, como o Programa de Iniciação Artística (PIÁ) e a Escola Municipal de Iniciação Artística de São Paulo (Emia)
Redatora da Base Nacional Comum Curricular (BNCC) do Ensino Fundamental e do Ensino Médio

Valeska Figueiredo
Doutora em Artes Cênicas pela Universidade Estadual de Campinas (Unicamp-SP)
Mestra em Educação e graduada em Psicologia pela Universidade Federal de Santa Catarina (UFSC)
Diretora, coreógrafa, bailarina, artista-professora e pesquisadora em dança
Atua em psicologia na área clínica integrando sua prática psicoterapêutica com conhecimentos da dança

ENSINO MÉDIO

VOLUME ÚNICO | PARTE E

Mundo do trabalho

editora ática

Sumário

Sean Gallup/Getty Images

Monkey Business Images/Shutterstock

Unidade 3: Mulher, trabalho e sociedade 758

África Filmes/Globo Filmes

Unidade 4: Trabalho e sociedade 798

UNIDADE 1

Trabalho e tecnologia

FilmPublicityArchive/United Archives/Getty Images

Chaplin/United Artits/Album/Fotoarena

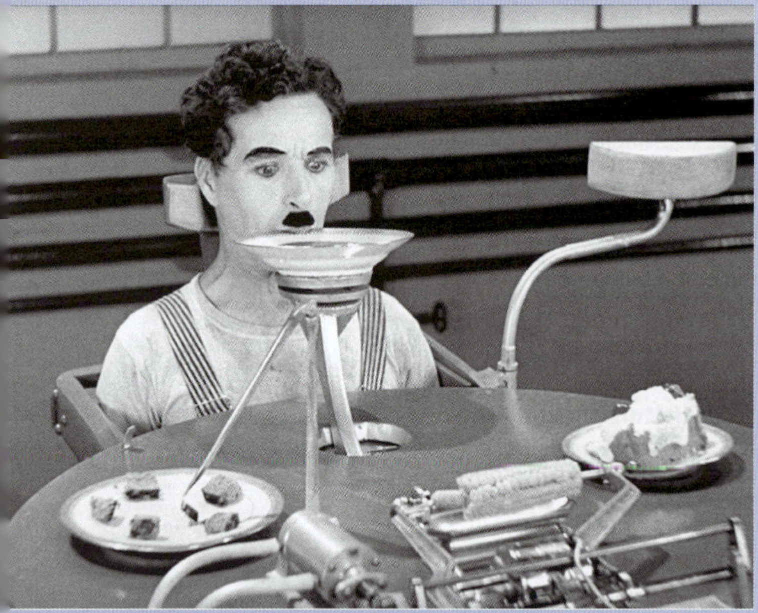

United Artits/Alamy/Fotoarena

Frames do filme *Tempos modernos*, de Charlie Chaplin. Estados Unidos, 1936.

#TáNoFeed

O filme *Tempos modernos*, do britânico Charlie Chaplin (1889-1977), é um filme de 1936 que aborda de modo caricatural a automação das indústrias, com uma visão crítica das relações de trabalho na modernidade.

1. Você conhece Charlie Chaplin e seu personagem, que no Brasil é conhecido como Carlitos? Já assistiu ao filme *Tempos modernos*?
2. Com base nas imagens das cenas do filme, como você percebe a representação das relações entre corpo e máquina?
3. Como você avalia o impacto de novas tecnologias no mercado de trabalho atual?
4. Como você pensa ser a sua inserção no mundo do trabalho?

Saiba+

Tempos modernos (Estados Unidos: Charlie Chaplin Film Corporation, 1936. 87 min). Disponível em: https://libreflix.org/i/tempos-modernos (acesso em: 19 mar. 2022). Assista ao filme *Tempos modernos*, de Charlie Chaplin, e conheça a história vivida pelo personagem Carlitos no filme, que é um marco do cinema mudo.

Tempos (ainda) modernos, 80 anos depois?, de Lorena Holzmann, publicado em *Democracia e Mundo do Trabalho em Debate*, 15 fev. 2016. Disponível em: http://www.dmtemdebate.com.br/tempos_ainda_modernos_80_anos_depois/ (acesso em: 19 mar. 2022). O texto aborda como a temática das significativas mudanças no mundo do trabalho, retratada no filme *Tempos modernos*, ainda se mostra atual nos dias de hoje, décadas depois de seu lançamento.

Diário de bordo

Após observar as imagens, responda às questões individualmente no seu Diário de bordo e compartilhe as respostas com os colegas.

Nesta unidade você vai estudar as relações entre trabalho e tecnologia. No tópico de Educação Física, *Corpo, tecnologia e trabalho*, vai conhecer os impactos da tecnologia no corpo a partir da Revolução Industrial, assim como a relação com o surgimento da ginástica laboral e os cuidados com o corpo em ambientes de trabalho, incluindo as práticas de alongamento e os cuidados com ergonomia.

No tópico de Arte, *Tecnologias musicais*, pelo viés da música, você vai estudar como as mudanças de tecnologia influenciam o mercado de trabalho musical, especialmente com as inovações de distribuição dos últimos anos por meio de plataformas de *streaming*. Poderá também conhecer a obra de uma compositora que se vale de novos recursos em suas criações. No tópico de Língua Portuguesa, *Romance*, conhecerá os gêneros romance e reportagem no contexto de um fenômeno: o do sujeito-máquina. Além disso, estudará a prática de pesquisa de análise documental sobre profissões, para que na seção *#Multiplicar* organize uma apresentação oral utilizando infográficos.

Conheça a unidade

Objetivos

Educação Física

- Compreender as demandas corporais de diferentes atividades profissionais, analisando o impacto das tecnologias no uso do corpo no trabalho.
- Identificar as relações entre a Revolução Industrial e o surgimento dos sistemas ginásticos europeus, analisando os modelos de corpo e visões de mundo associados ao uso da ginástica no trabalho.
- Conhecer e utilizar parâmetros de ergonomia e conforto e exercícios de alongamento, refletindo sobre o uso do corpo no trabalho e no cotidiano.

Arte

- Compreender o impacto das mudanças tecnológicas nos modos de produção e difusão musical, assim como no trabalho profissional de músicos.
- Fruir e conhecer o uso de novas tecnologias na obra de uma artista internacional da atualidade.
- Analisar *playlists* e reconhecer padrões estéticos, refletindo acerca de hábitos de escuta musical.

Língua Portuguesa

- Conhecer e apreciar a literatura da Geração de 1930 e suas características e temáticas, reconhecendo o romance como gênero.
- Conhecer o gênero reportagem de divulgação científica.
- Experimentar a análise documental, diferenciando a pesquisa qualitativa da quantitativa, para selecionar informações e documentos, produzir análises e divulgar resultados.
- Relacionar textos à sua condição de produção e ao contexto sócio-histórico, ampliando a construção de sentido e a análise crítica.
- Compreender os efeitos de sentido decorrentes da seleção lexical e dos usos expressivos da linguagem.

Justificativa

As relações entre trabalho e tecnologia acompanham o desenvolvimento humano desde que os primeiros hominídeos criaram ferramentas para mediar suas relações com a natureza. Desde as diferentes etapas da Revolução Industrial até os dias de hoje, em que a convivência entre robôs, seres humanos e a internet está cada vez mais presente no trabalho, o ser humano e seus modos de construir e explicar a realidade por meio das linguagens se transformaram. Por isso, especialmente no século XXI, é importante estudar as relações entre corpo e trabalho, analisar as mudanças nos modos de produção e circulação da música e compreender criticamente aspectos do romance, da reportagem de divulgação científica e da pesquisa de análise documental.

A BNCC nesta unidade

Nesta unidade são desenvolvidas as competências e habilidades da BNCC indicadas a seguir.

Competências gerais da Educação Básica: 1, 2, 3, 4, 5, 6, 8.

Linguagens e suas Tecnologias no Ensino Médio: competências específicas e habilidades: Competência específica 1 (EM13LGG101, EM13LGG102, EM13LGG103, EM13LGG104); competência específica 2 (EM13LGG201, EM13LGG203, EM13LGG204); competência específica 3 (EM13LGG301, EM13LGG302, EM13LGG303); competência específica 4 (EM13LGG401, EM13LGG402); competência específica 5 (EM13LGG501, EM13LGG503); competência específica 6 (EM13LGG601, EM13LGG602, EM13LGG604); competência específica 7 (EM13LGG701, EM13LGG702, EM13LGG704).

Língua Portuguesa no Ensino Médio: campos de atuação social, competências específicas e habilidades

Todos os campos de atuação social: EM13LP01 (competência específica 2); EM13LP02 (competência específica 1); EM13LP06 (competência específica 1); EM13LP07 (competência específica 1); EM13LP15 (competências específicas 3, 7).

Campo das práticas de estudo e pesquisa: EM13LP28 (competências específicas 2, 3); EM13LP30 (competência específica 1); EM13LP31 (competência específica 7); EM13LP32 (competência específica 3); EM13LP33 (competência específica 3); EM13LP34 (competência específica 7); EM13LP35 (competência específica 2).

Campo jornalístico-midiático: EM13LP35 (competência específica 2).

Campo artístico-literário: EM13LP46 (competências específicas 3, 6); EM13LP49 (competência específica 6); EM13LP52 (competências específicas 1, 2).

Matemática e suas Tecnologias no Ensino Médio: competências específicas e habilidades: Competência específica 4 (EM13MAT405, EM13MAT406).

Ciências Humanas e Sociais Aplicadas no Ensino Médio: competências específicas e habilidades: Competência específica 2 (EM13CHS202); competência específica 4 (EM13CHS401, EM13CHS403, EM13CHS404).

Corpo, tecnologia e trabalho

O fenômeno da industrialização iniciado na Revolução Industrial, que se deu na Europa a partir do século XIX, modificou as relações de produção e trabalho e afetou profundamente as demandas corporais exigidas dos trabalhadores.

Bloomberg/Getty Images

Pedreiros constroem paredes com blocos de concreto.

Sean Gallup/Getty Images

Operários trabalham em linha de produção em indústria automobilística.

Hraun/Getty Images

Operadores de *call center*.

Na Primeira Revolução Industrial (1750-1850) se estabelece a passagem da produção artesanal, caracterizada pelo domínio das técnicas e da execução de todas as etapas de produção pelo artesão, para a produção industrial, em que as máquinas otimizam o tempo, e cada operário é responsável por uma função. Nesse primeiro momento, os trabalhadores são treinados para cumprir tarefas específicas na linha de produção, que são repetidas em jornadas de mais de doze horas de trabalho diário. O corpo dos trabalhadores é totalmente exposto à exploração e levado à exaustão. Não há leis trabalhistas que regulem as jornadas de trabalho e as férias ou diretrizes que garantam o bem-estar e a qualidade de vida dos trabalhadores. A máquina a vapor, advento dessa revolução, diminui a necessidade de trabalho físico, mas, ao ampliar a escala de produção, são necessários muitos operários e longas jornadas.

1. Observe as imagens e registre, em uma folha avulsa, as demandas corporais que podem ser observadas nos trabalhadores retratados e os possíveis pontos de atenção que cada um deles precisa ter com o corpo no trabalho. Organize as informações em formato de tabela, como o modelo a seguir e guarde no **Portfólio**.

Profissão	Posturas exigidas no trabalho	Gestos exigidos no trabalho	Pontos de atenção
Pedreiros	\\\\\\\\\\\\\\\\\\\\\\\\\\\ \\\\\\\\\\\\\\\\\\\\\\\\\\\	\\\\\\\\\\\\\\\\\\\\\\\\\\\ \\\\\\\\\\\\\\\\\\\\\\\\\\\	\\\\\\\\\\\\\\\\\\\\\\\\\\\ \\\\\\\\\\\\\\\\\\\\\\\\\\\
Operário da indústria automobilística	\\\\\\\\\\\\\\\\\\\\\\\\\\\ \\\\\\\\\\\\\\\\\\\\\\\\\\\ \\\\\\\\\\\\\\\\\\\\\\\\\\\	\\\\\\\\\\\\\\\\\\\\\\\\\\\ \\\\\\\\\\\\\\\\\\\\\\\\\\\ \\\\\\\\\\\\\\\\\\\\\\\\\\\	\\\\\\\\\\\\\\\\\\\\\\\\\\\ \\\\\\\\\\\\\\\\\\\\\\\\\\\ \\\\\\\\\\\\\\\\\\\\\\\\\\\
Operadores de *call center*	\\\\\\\\\\\\\\\\\\\\\\\\\\\ \\\\\\\\\\\\\\\\\\\\\\\\\\\ \\\\\\\\\\\\\\\\\\\\\\\\\\\	\\\\\\\\\\\\\\\\\\\\\\\\\\\ \\\\\\\\\\\\\\\\\\\\\\\\\\\ \\\\\\\\\\\\\\\\\\\\\\\\\\\	\\\\\\\\\\\\\\\\\\\\\\\\\\\ \\\\\\\\\\\\\\\\\\\\\\\\\\\ \\\\\\\\\\\\\\\\\\\\\\\\\\\

Métodos ginásticos: eficiência e compensação do trabalho

Jovem praticando levantamento de peso, gravura de Firmin-Didot e Cie, 1897, França.

Na Segunda Revolução Industrial (1870-1960), amplia-se o uso de variadas fontes de geração de energia: a eletricidade, os combustíveis fósseis e, por fim, a energia nuclear. Com isso, aumenta-se a automatização da força de trabalho. Nesse período, surgem os sistemas de racionalização do trabalho com o conceito de linha de montagem de Henry Ford (1863-1947). No filme *Tempos modernos*, cujas imagens você apreciou no início da unidade, Charlie Chaplin expõe essa nova condição do trabalho.

É também durante a Segunda Revolução Industrial na Europa que se desenvolvem os primeiros sistemas de ginástica de condicionamento físico. Nessa época, a ginástica é vista como uma forma de neutralizar ou compensar as demandas corporais do trabalho, bem como de fortalecer e preparar o corpo do trabalhador, trazendo para a prática um sentido utilitarista. Ou seja, o discurso oficial da saúde e do bem-estar começa a negar e a substituir o valor da cultura corporal popular e passa a defender a cultura corporal "científica" da ginástica.

Para a professora Carmen Lúcia Soares, especialista no estudo da história da ginástica, os sistemas ginásticos europeus representam a primeira forma de sistematização científica da Educação Física, cujos sentidos estão plenamente associados às preocupações com disciplinar o corpo do trabalhador: a ordem, a disciplina e o método. Realização pessoal, encontro social, divertimento e criatividade, elementos típicos das práticas culturais dos jogos e das danças das culturas populares, perdem valor na lógica da mecanização de gestos eficientes preconizada pelas ginásticas. Os métodos ginásticos ganhavam nomes referentes aos seus países de origem — Alemanha, Suécia, França e Inglaterra — e funcionavam como um instrumento de fortalecimento do sentimento nacionalista, do povo forte e saudável da nação, o que influenciou o movimento higienista.

O higienismo foi um campo de estudos da Medicina que se estabeleceu para controlar a propagação de doenças infectocontagiosas com a adoção de medidas sanitárias e padrões sociais. Incluía a recomendação da prática de ginástica para tornar o corpo saudável e o indivíduo moral e fisicamente forte. É criticado na atualidade por seu caráter prescritivo e por não considerar a diversidade cultural nem o valor das práticas corporais das culturas populares.

Para ir mais longe — Higienismo

O higienismo é uma doutrina de origem médica que surgiu na Europa durante o século XIX. Inicialmente embasado em avanços da microbiologia, tinha o objetivo de fornecer bases científicas para a adoção de hábitos de higiene, saúde e promoção de melhores condições de vida nas cidades e em ambientes de trabalho, a fim de controlar surtos, epidemias e a propagação de doenças infectocontagiosas.

Entretanto, o movimento não considerava as condições de vida adequadas para a adoção das recomendações. Com isso, passou-se a defender que a propagação de doenças era culpa de pessoas pobres, sem, contudo, questionar o impacto da pobreza e da dificuldade de manter hábitos de higiene em condições de vida insalubres, resultantes de falta de saneamento básico, espaço de moradia adequado, acesso à água limpa e produtos de higiene.

O movimento higienista inaugurou um processo de medicalização da vida social em que a saúde é vista como uma questão exclusivamente do plano individual. Assim, as importantes descobertas sobre o contágio e a proteção contra doenças infectocontagiosas acabaram se transformando em uma interpretação que levou à discriminação social.

No Brasil, o movimento higienista deparou com a diversidade étnica da população brasileira e se associou ao movimento eugenista, de raízes extremamente racistas. Esse movimento defendia a "melhoria da raça humana", de um lado, por meio do controle de casamentos inter-raciais e pela esterilização da população, de outro, pela prática de exercícios e hábitos saudáveis que "melhorariam geneticamente" as futuras gerações.

Embora não tenha sido homogêneo, o pensamento higienista buscava oferecer ao Estado e às empresas soluções científicas para melhorar a saúde do trabalhador e torná-lo mais produtivo no trabalho e no desenvolvimento da nação.

A ginástica foi um dos instrumentos dos movimentos higienista e eugenista no Brasil. Tida como uma ferramenta de desenvolvimento da "raça brasileira" para fortalecer a nação, a própria Educação Física é introduzida na escola com a denominação de ginástica. A ginástica seria capaz de fortalecer os cidadãos, "depurando a raça brasileira" nas gerações seguintes.

Essa concepção permanece por muitos anos no ideário da Educação Física escolar e está presente no Decreto n. 69 450, de 1º de novembro de 1971, que regulamentou a Educação Física no sistema educacional brasileiro da época. A legislação define que o papel da educação física é aprimorar as forças físicas e morais dos estudantes e designa a melhoria da aptidão física como principal objetivo da prática da ginástica e do esporte na escola. O Ministério da Educação enviava às escolas testes físicos a serem aplicados pelos professores, e a avaliação dos estudantes dependia do desempenho deles nos testes. Os estudantes também eram submetidos a exames médicos durante as aulas.

A Educação Física foi influenciada pelos métodos ginásticos e se desenvolveu adotando as funções pedagógica (a ginástica como forma de educar crianças disciplinadas e saudáveis), médica (a ginástica como forma de promover a saúde e prevenir doenças), militar (voltada ao treinamento de soldados) e estética (voltada a apresentações em eventos, incorporando elementos da dança e grandes figuras com grupos de pessoas). Assim, os métodos ginásticos estiveram a serviço das instituições médicas, militares e educacionais.

Os métodos ginásticos se caracterizam por movimentos em sequência predeterminada, realizados de forma síncrona, homogênea e coordenada por grupos de pessoas, assim como pela precisão nos gestos, como você pode observar nas imagens. Os métodos ginásticos europeus influenciaram toda a tradição de ginástica que conhecemos hoje, como as ginásticas calistênica e localizada e a musculação.

No início do século XX começam a surgir os primeiros questionamentos sobre os impactos da produção industrial no meio ambiente e na saúde dos trabalhadores. Os movimentos repetitivos das linhas de montagem e a insalubridade dos ambientes de trabalho começam a causar prejuízos ao Estado e às empresas.

Saiba+

Projetos de formação humana eugenista e higienista: prescrições para a educação física em periódicos (1932-1960), de Juliana Cassani e colaboradores. Publicado em *Educação em Revista*, v. 36, 2020. Disponível em: https://www.scielo.br/scielo.php?pid=S0102-46982020000100236&script=sci_arttext (acesso em: 19 mar. 2022). Leia o artigo que apresenta relatos sobre as orientações higienistas e eugenistas para a Educação Física na primeira metade do século XX no Brasil.

Keystone-France/Gamma-Rapho/Getty Images

Professor ensina ginástica a crianças na França, em 1900.

Topical Press Agency/Getty Images

Apresentação de ginastas dinamarquesas na Olimpíada de Londres, na Inglaterra, em 1908.

Nesse período, fortalecem-se ainda os discursos sobre a importância da ginástica para a saúde do trabalhador, e iniciam-se as primeiras ofertas de programas de ginástica durante a jornada de trabalho, o que ficou conhecido como ginástica laboral. A primeira iniciativa do tipo ocorreu na Polônia em 1925, e ficou conhecida como ginástica de pausa. No entanto, foi no Japão que a ginástica laboral se intensificou e se disseminou para o mundo. No Brasil, a prática foi introduzida em 1969 pelos japoneses.

Ullstein bild/Ullstein Bild/Getty Images

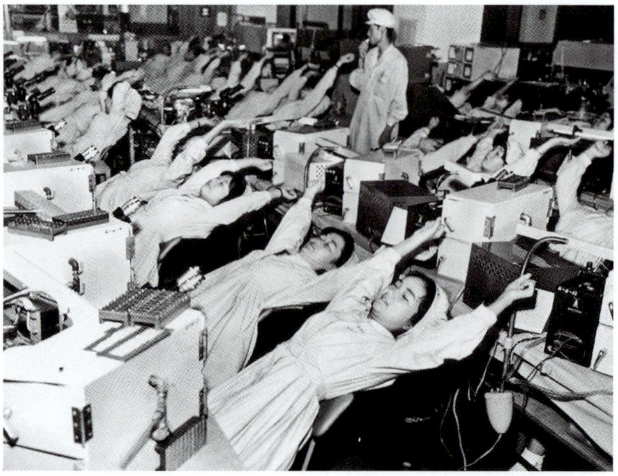

Mulheres praticam ginástica laboral em fábrica no Japão, em 1960.

Syda Productions/Shutterstock

Aplicativos com recomendações de exercícios físicos de acordo com o perfil do usuário.

A entrada dos computadores nos processos de produção industrial marca a Terceira Revolução Industrial (1960-1990). Nessa fase, aumenta o interesse pelo desenvolvimento de sistemas de controle da eficiência, da produtividade e da racionalização do trabalho. A melhoria da gestão do trabalho e o uso de novas tecnologias resultam na perda de postos de trabalho e no aumento do desemprego. Os programas de ginástica laboral e a prática de exercícios nas empresas crescem na mesma proporção que crescem os problemas de saúde associados à vida sedentária de muito trabalhadores.

Já a Quarta Revolução Industrial (1990-), que ainda está em curso, caracteriza-se pela influência das redes de computadores e da internet no mundo do trabalho. O aperfeiçoamento de robôs controlados por internet tornará possível, em um futuro muito próximo, automatizar carros e outros veículos de transporte de pessoas. A internet permite estruturar uma enorme rede de criação de aplicativos que substituem atividades humanas, tornando as relações de trabalho mais fluidas.

Um exemplo é o uso de aplicativos de entrega de comida por entregadores de bicicleta. O corpo do trabalhador é mobilizado para o serviço de entrega, mas ele não tem nenhum vínculo com a empresa que produz o alimento, com a empresa de aplicativo nem com o cliente que pediu a comida. Outro exemplo são os aplicativos voltados para a prática de atividades físicas: em vez de receber orientação de um profissional de Educação Física, cada vez mais pessoas compram serviços de aplicativos que oferecem programas de exercícios controlados por algoritmos que cruzam dados do usuário (objetivo do treinamento, sexo, idade, peso, estatura).

A questão é que os benefícios das tecnologias no trabalho não têm sido bem distribuídos. Em vez de garantir que todos tenham mais tempo para outras atividades, já que as máquinas executam muitas tarefas, em certos casos com mais eficiência que a ação humana, eles se concentram nas mãos de quem domina as tecnologias digitais. Contudo, uma grande massa de trabalhadores vive à margem das conquistas tecnológicas. A crescente automação do trabalho poderia gerar mais tempo livre e mais oportunidades para que os trabalhadores se envolvessem em atividades de lazer e produção cultural. No entanto, em grande parte dos sistemas produtivos mundiais a substituição do trabalho humano por tecnologias não tem sido capaz de distribuir melhor a qualidade de vida. O que se observa é a ocorrência de grandes concentrações de riqueza, causando desigualdades sociais, aumento dos índices de desemprego ou de dificuldade de acesso ao trabalho formal e precarização nas relações de trabalho.

2. De acordo com os avanços da tecnologia e da internet citados anteriormente, responda às seguintes questões:

a) Com o avanço desses fatores, como eles podem interferir no desenvolvimento físico dos indivíduos? Cite um benefício e um malefício.

b) Como a tecnologia e a internet podem se tornar aliadas na promoção da saúde e prevenção de doenças?

Experimentação Alongamento e automassagem durante o uso do computador

Rido/Shutterstock

Alongamento é uma das atividades que podem ser feitas em casa.

O alongamento é uma das atividades ginásticas mais recomendadas para a rotina de trabalho e o uso de tecnologias digitais. Ele pode ser praticado por pessoas de todas as idades, sedentários ou atletas, e contribui para melhorar a flexibilidade. O alongamento proporciona o afastamento do músculo de um ponto ao outro, aumentando a amplitude do movimento muscular e da elasticidade, com o intuito de desenvolver mais agilidade. Tais exercícios preparam a musculatura para exercer quaisquer movimentos, sem tensões desnecessárias. Existem diferentes tipos de alongamento: estáticos, dinâmicos, específicos, passivos, entre outros.

Nesta proposta, a ideia é experimentar alongamentos que possam ser realizados no próprio ambiente de trabalho ou estudo na frente do computador.

Realize a sequência de movimentos respirando de forma tranquila para relaxar a musculatura.

1. Sente-se confortavelmente na cadeira, procurando manter os pés apoiados no chão.

- Comece esfregando uma mão na outra para aquecê-las.
- Esfregue uma palma na outra, depois passe a palma de uma mão no torso (parte de cima) da outra mão e vice-versa.
- Abra e feche as mãos simultaneamente, enfatizando a abertura da palma e dos dedos.
- Faça rotações dos punhos para um lado e para o outro.
- Junte as palmas das mãos e compare a altura dos dedos

2. Inicie a massagem.

Galileo30/Shutterstock

Dedo polegar pressiona suavemente a mão: umas das maneiras de realizar a automassagem.

- Com movimentos do polegar e do indicador da mão direita, toque com pressão os ossinhos do punho e realize círculos, empurrando levemente os tecidos como se quisesse afastar a mão do punho, mas de leve, suavemente.
- Percorra a palma da mão com o polegar e o dorso com o indicador; para isso, utilize os mesmos movimentos até chegar à base dos dedos.
- Então, comece a massagear a base do dedo mínimo, até chegar ao topo.
- Repita os movimentos com cada um dos dedos, sempre direcionando-os para fora, como se quisesse descolar os dedos da mão. Finalize com o polegar.
- Em seguida, deslize rapidamente a outra mão, do punho até a ponta de cada dedo, com a intenção de abrir espaço nas articulações do punho, do metatarso e das falanges dos dedos.
- Ao final, junte as mãos novamente e compare-as. Provavelmente, a mão que recebeu a massagem terá os dedos mais alongados que a outra.
- Repita todo o processo, massageando a mão oposta e compare novamente o tamanho dos dedos.
- Você também pode realizar a massagem em duplas, trocando as funções depois de finalizar a massagem.

Realize essa massagem nas mãos e pernas para alongar e relaxar a musculatura e articulações.

3. Estenda um dos braços à frente do corpo com a palma da mão virada para baixo. Com a outra mão puxe as pontas dos dedos de forma a estender os punhos em direção ao antebraço; depois, faça o mesmo movimento empurrando os punhos para baixo, em movimento de flexão dos punhos. Proceda do mesmo modo com o outro braço.

Kunlanan Yarist/Shutterstock

Extensão dos punhos.

Kunlanan Yarist/Shutterstock

Flexão dos punhos.

4. Entrelace os dedos das mãos, faça uma rotação do punho de forma a apontar as palmas das mãos entrelaçadas para a frente do corpo e estenda os braços.

Andrey_Popov/Shutterstock

5. Estenda os braços com as mãos entrelaçadas acima da cabeça. Procure crescer os braços em direção ao teto.

wavebreakmedia/Shutterstock

6. Sentado com os braços soltos ao longo do corpo, gire o tronco e a cabeça para o lado direito com a intenção de apontar o peito em direção à lateral do corpo. Gire para o outro lado.

Maurice Fitzgerald/Photobucket

7. Realize rotações do pescoço para um lado e para o outro lentamente, procurando respirar. Em seguida, flexione o pescoço lateralmente para um lado, permaneça na posição por 10 a 15 segundos. Alterne o lado. Durante o movimento, empurre o ombro oposto para baixo.

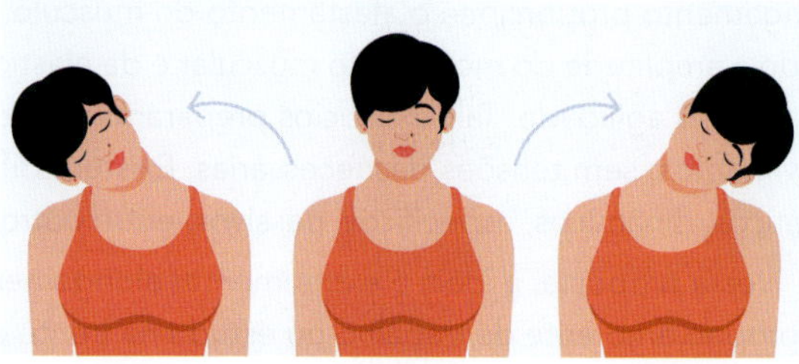
Vips_s/Shutterstock

Flexão de pescoço lateral.

8. Levante-se e fique em pé, então flexione o joelho até que seu pé encoste nos seus glúteos, permaneça nessa posição por 10 a 15 segundos e depois troque a perna. Procure se manter em equilíbrio enquanto realiza o exercício.

Andrey_Popov/Shutterstock

Alongamento de membros inferiores, principalmente quadríceps.

9. Esse exercício pode ser realizado em pé ou sentado. Estenda toda a sua perna buscando segurar na ponta do pé; caso não consiga, tente chegar o mais próximo possível. Se sentir um grande desconforto, procure flexionar levemente o joelho.

Andrey_Popov/Shutterstock

Exercício para posterior de coxa e panturrilha.

Ergonomia e uso de celulares e computadores

Na imagem que abre este tópico de Educação Física, você observou operários da indústria automotiva na atualidade. Mesmo analisando uma imagem estática, é possível inferir que esses trabalhadores passam horas exercitando os punhos em movimento de rotação para apertar uma peça, com a cabeça voltada para baixo e os ombros deslocados para cima, sustentando o peso do braço. Eles trabalham de pé. Esse fenômeno evoluiu para processos cada vez mais intensos de automação do trabalho com o desenvolvimento das tecnologias digitais.

Hoje, robôs estão integrados às linhas de produção de fábricas e até atendem a clientes por mensagens de texto ou voz. Além disso, cada vez mais tecnologias são usadas para, com a ajuda de máquinas, construir prédios de forma mais veloz. No entanto, o corpo dos trabalhadores ainda é exigido e precisa ser cuidado conforme as exigências de cada trabalho: as demandas corporais de trabalhadores que carregam peso, abaixam e se levantam, e usam técnicas corporais para exercer o trabalho, como os pedreiros, são bem diferentes das de uma pessoa que atua em um *call center*, o dia inteiro sentada diante de um computador.

asharkyu/Shutterstock

Máquina de inteligência artificial na fábrica de manufatura industrial de lâmpadas. Cada vez mais a tecnologia é usada na indústria.

Essa preocupação com as demandas corporais exigidas nas situações de trabalho ocasionou o desenvolvimento de conhecimentos teóricos e práticas de segurança e bem-estar no trabalho, pois muitos trabalhadores começaram a pedir licenças médicas por apresentarem lesões por esforço repetitivo. Um deles é a ergonomia, que pode ser definida como a ciência que analisa a adequação dos ambientes, dos materiais e dos equipamentos às características anatômicas e fisiológicas do ser humano.

Há ergonomia no desenho de móveis, objetos do cotidiano, carros, motos, bicicletas e nos mais variados objetos do cotidiano e dos espaços que utilizamos. O estudo dessas adequações visa tornar a atividade humana mais econômica e adequada para o conforto, a segurança e a saúde do usuário. Muito aplicada a ambientes de trabalho, a ergonomia visa prevenir que erros na relação entre o trabalhador, o espaço, os materiais e os equipamentos que ele utiliza causem danos à saúde ou riscos de acidentes. A ergonomia também pode ser definida como uma atitude profissional, pois pode permear diferentes atividades: é possível um médico ergonomista, um fisioterapeuta ergonomista ou um *designer* ergonomista.

Observar e adequar as situações cotidianas e de trabalho aos conhecimentos da ergonomia exige analisar as diferentes interfaces presentes na atividade e como causam impacto nas dimensões: sensorial (nível de ruído, qualidade do ar, da temperatura, do tato, dos cheiros no ambiente), postural (tamanho, altura, posição dos equipamentos/objetos em relação ao corpo), cognitiva (nível de desgaste cognitivo que o ambiente da atividade demanda), psicológicos e sociais (possibilidades de interação, acolhimento e contato humano dos ambientes de trabalho). Existem quatro formas de atuar com a ergonomia:

Ergonomia de concepção: usada para produzir objetos, espaços e equipamentos e para construir ambientes.

Ergonomia de correção: como o próprio nome diz, visa corrigir um ambiente que não foi concebido adequadamente, por exemplo, usar suportes para subir a altura da tela de *notebooks*.

Ergonomia de conscientização: promove a conscientização do usuário da importância de adequar o ambiente às suas necessidades ergonômicas.

Ergonomia de participação: aquela na qual o usuário participa ativamente das decisões para ajustar o ambiente às suas necessidades. Ao analisar a problemática do corpo, tecnologia e trabalho, precisamos considerar tanto a melhoria de condições de trabalho, com aplicações práticas da ergonomia e da segurança do trabalho, como ressignificar os sentidos atribuídos à ginástica e às demais atividades corporais que os trabalhadores podem usufruir em seu tempo livre. As preocupações com a ergonomia também afetam nossas atividades cotidianas.

3. Agora, responda às questões propostas a seguir:

a) O que é ergonomia?
b) Qual é o principal objetivo da ergonomia para os seres humanos?
c) Quais profissionais podem trabalhar na área de ergonomia?
d) Quais são as dimensões das interfaces impactadas pela ergonomia?
e) Quais são as formas de atuação com a ergonomia?

4. Observe a seguir uma imagem da série *Sur-fake*, do artista franco-suíço Antoine Geiger (1995-), que faz uma crítica à excessiva presença dos dispositivos móveis em nossa vida. Na atualidade, o uso de telefones celulares e *tablets* parece dominar o tempo livre de muitos jovens. Depois, reflita sobre as questões e compartilhe as respostas com os colegas.

Antoine Geiger/www.antoinegeiger.com

Sem título, da série *Sur-fake* [Super-falso], de Antoine Geiger, 2015.

a) Que sensações a imagem desperta em você?

b) Observe a postura dos jovens. O que aconteceria no corpo deles caso permanecessem horas nessas posições?

c) Você sente dores nas costas, nas mãos, no pescoço ou em outra parte do corpo ao utilizar aparelhos de celular, *tablets* ou computadores?

5. Agora, observe a imagem de duas crianças usando um computador.

a) Como você avalia a ergonomia nessa cena? O computador está posicionado de forma adequada ao tamanho das crianças?

b) O que você modificaria para melhorar a ergonomia da cena?

c) Você considera que sabe como cuidar de sua postura, seja durante o uso de tecnologias, seja em outras atividades diárias?

Per-Anders Pettersson/Getty Images

Crianças usando computador, em Botswana, 2008.

Hábitos sedentários e associados ao uso extensivo de celulares, *tablets* e computadores têm aumentado os problemas posturais na população em geral, especialmente nos jovens.

Embora existam parâmetros biomecânicos para a postura corporal, admite-se que não há um padrão para todos, pois a boa postura depende de como cada corpo usa o equilíbrio muscular e o alinhamento dos ossos e das articulações. Isto é, a postura corporal é única para cada indivíduo e depende de como cada um sustenta o próprio corpo em equilíbrio com a ação da gravidade, sem sobrecarregar articulações, ossos, músculos e tendões, gastando a menor quantidade de energia possível. Por isso, a boa postura é aquela na qual você se sente confortável e para a qual gasta menos energia. Fique atento ao modo como você se senta, se desloca, realiza atividades cotidianas. Até na hora de dormir é importante cuidar da postura corporal.

Observe, na imagem ao lado, os diferentes ângulos e posições da cabeça dos jovens utilizando celulares. Uma das consequências do uso prolongado de celulares é o aumento de dores e lesões da região cervical da coluna vertebral. Essa região é responsável pelos movimentos e pela sustentação da cabeça. Estima-se que, na posição anatômica da cabeça, olhando para a frente, a coluna cervical precisa sustentar cerca de 10 a 12 quilogramas; com a cabeça inclinada 15 graus para a frente, o peso sobe para cerca de 27 quilos. Conforme o ângulo de flexão aumenta, mais peso recai em ligamentos, vasos sanguíneos, ossos e cartilagens da região.

fizkes/Shutterstock

Jovens ocupados com os próprios celulares, com diferentes posturas corporais.

Saiba+

Cuidado: uso do celular pode estar modificando a curvatura da sua coluna. Saúde iG, 2017. Disponível em: https://saude.ig.com.br/2017-04-20/uso-do-celular-pode-mudar-a-curvatura-da-coluna.html (acesso em: 20 mar. 2022). Leia a matéria que mostra as consequências do uso do celular para a coluna. Segundo pesquisadores estadunidenses, crianças de 8 anos que usam celulares podem precisar de cirurgia na região cervical quando estiverem com 28 anos – e é difícil recomendar boa postura no uso de celulares, pois, se os colocamos na altura dos olhos para não inclinar a cabeça, acabamos demandando muito esforço do braço.

Alterações posturais na adolescência, de Tainara Silva Lopes da Silva. *Perspectiva*: Ciência e Saúde, v. 5, n. 1, 2020. Disponível em: http://sys.facos.edu.br/ojs/index.php/perspectiva/article/view/378 (acesso em: 20 mar. 2022). Leia o artigo da pesquisadora Tainara Silva Lopes da Silva, que discute os riscos específicos para essa faixa etária.

Técnicas para usar computadores com postura adequada

O uso de computadores também exige atenção à postura. Um bom ajuste da altura do monitor, da cadeira, do teclado e do *mouse* pode evitar dores e futuras lesões musculoesqueléticas.

SurfsUp/Shutterstock

1. Ao sentar-se, garanta que seus pés estejam bem apoiados no chão e que o assento esteja levemente abaixo da altura das patelas (ossinhos à frente dos joelhos). A coxa e a perna precisam estar em ângulo de 90 graus.
2. Preste atenção à posição do braço, ele deve estar a 90 graus em relação ao antebraço.
3. O centro da tela do monitor deve estar à frente do seu olhar, com a cabeça na posição anatômica natural.
4. Procure usar uma cadeira com assento para apoiar a coluna lombar.
5. Os punhos também devem receber sua atenção; cuide para que não fiquem flexionados e que você possa apoiar as mãos confortavelmente no teclado.
6. Se usar *notebook*, procure ter um teclado e um *mouse* separados e apoiar o equipamento em um suporte para subir a tela. O *notebook* foi projetado para oferecer mobilidade, e não para longos períodos de uso.

Experimentação Ergonomia dos espaços da escola

Em grupos de quatro a seis integrantes, você e os colegas vão aplicar seus conhecimentos para analisar a adequação ergonômica dos espaços da escola.

1. Observe as demandas corporais dos estudantes e dos profissionais que trabalham na escola ao longo da jornada escolar. Registre as informações em uma tabela como a que usou no início do tópico de Educação Física. Você pode se valer também de registro fotográfico ou em vídeo.
2. Da mesma maneira, observe a ergonomia e a adequação dos mobiliários, dos ambientes e dos equipamentos que estudantes e trabalhadores da escola usam: sala de aula, secretaria da escola, cozinha onde as refeições são preparadas, estações de trabalho com computadores na sala dos professores ou na sala de informática (se a escola dispuser desses espaços), altura de degraus de escadas, etc.
3. Realize uma entrevista com um estudante e outra com um trabalhador da escola sobre como sentem as demandas corporais do trabalho no ambiente escolar e de que maneira lidam com elas.
4. Selecione um espaço e elabore ajustes simples na ergonomia, segundo suas observações e as entrevistas, e guarde no **Portfólio**.

Tecnologias musicais (Arte)

Em 2015, a cantora e compositora islandesa Björk (1965-) se negou a disponibilizar seu álbum *Vulnicura* nas plataformas de *streaming*. Na época, em entrevista à revista *Fast Company*, a artista declarou:

Santiago Felipe/Acervo do fotógrafo

A cantora e compositora islandesa Björk em *show* da turnê do álbum *Utopia*, em Luxemburgo, em 2019.

> "Quer saber? Essa coisa de *streaming* não parece estar certa. [...]
>
> Trabalhar em algo por dois ou três anos e então: 'Oh, aqui está, de graça'. Não é pelo dinheiro. É uma questão de respeito, sabe? Respeito pelo que foi conquistado e pela dedicação dada a isso."

NOVO disco de Björk não chega aos serviços de *streaming*: "É uma questão de respeito". *Rolling Stone*, 28 fev. 2015. Disponível em: https://rollingstone.uol.com.br/noticia/bjork-novo-disco-nao-chega-aos-servicos-de-streaming-e-uma-questao-de-respeito/. Acesso em: 22 mar. 2022.

1. O que você pensa sobre esse posicionamento de Björk? Você sabe o que são plataformas de *streaming*? Você acessa alguma para escutar música?
2. Na sua opinião, se você fosse compositor(a), disponibilizaria seu álbum em alguma plataforma de *streaming*?

Cantora Björk durante apresentação na Dinamarca, em 2018.

Avalon Photoshot/Easypix Brasil

Atualmente, todos os álbuns de Björk estão disponíveis em serviços de *streaming*. No *site* oficial da artista há, inclusive, um *link* direto para acessar seus álbuns na plataforma que hoje lidera o mercado e o consumo de música no mundo. Esse exemplo ilustra como as mudanças tecnológicas atuam sobre o trabalho artístico, de tal modo que, mesmo com certa resistência inicial por parte dos artistas, muitos acabam se submetendo e adaptando o seu trabalho a essas mudanças.

Neste tópico de **Arte** você vai estudar de que maneira as mudanças de tecnologia impactam o modo como os músicos trabalham. A forma como consumimos música e como esse consumo se modificou nas últimas décadas está relacionada às mudanças tecnológicas nos modos de gravação e distribuição de produções musicais. Consequentemente, a profissão de músico também passa por constantes transformações em seus padrões.

O trabalho musical sempre esteve vinculado a mudanças tecnológicas, de modo que as invenções que hoje podem parecer já banalizadas (e até ultrapassadas), como os aparelhos de toca-discos e as ondas de rádio, modificaram profundamente a maneira como os artistas atuavam profissionalmente ou conseguiam vender seu trabalho.

BrAt82/Shutterstock

Gramofone, invenção de 1887. Reproduzia o som gravado utilizando um disco plano.

BrAt82/Shutterstock

Rádio portátil com gravador dos anos 1980.

Se tomarmos como exemplo o desenvolvimento da indústria fonográfica no decorrer do século XX, podemos perceber que a profissão de músico assumiu outra dimensão, na qual as obras não se limitavam mais às apresentações ao vivo dos artistas, mas expandiam as possibilidades de alcance para além de suas próprias cidades e países.

Para aqueles que alcançavam o sucesso profissional, apresentar-se em concertos ou *shows* tornou-se secundário diante da perspectiva de que um disco vendesse milhões de cópias. A música se tornava um produto, lançada em álbuns que contavam com um projeto gráfico, fotos e textos.

Reprodução/Arquivo da editora

Capa do disco de vinil *Caetano*, do cantor e compositor Caetano Veloso, lançado em 1987.

A invenção da fita cassete permitiu fazer gravações caseiras nos anos 1960, mas a popularização dela ocorreu com os aparelhos portáteis, os *walkmans*, nos anos 1980. Nessa década, o surgimento do CD possibilitou melhoria na qualidade da gravação e diminuição nos custos, favorecendo o crescimento da indústria fonográfica. Nos anos 1990, o formato MP3 (compressão acústica) dispensou a necessidade de uma mídia física e facilitou a distribuição pela internet. Nesse contexto, a indústria fonográfica não conseguiu impedir a distribuição informal de música, e, no começo do século XXI, predominavam os *downloads* ilegais de músicas.

Com o predomínio do acesso digital aos álbuns, perde-se o contato com a materialidade das capas e dos encartes dos discos e dos CDs. A cantora Björk, que abriu esta seção, explorou novas plataformas em seu álbum *Biophilia*, criando o primeiro álbum musical lançado como aplicativo. Desde seus primeiros álbuns, Björk trabalha com uma mistura de tendências musicais, que inclui referências a gêneros como o *jazz*, a música experimental, a música eletrônica das pistas de dança, além de uma constante exploração tecnológica.

Everett Collection/Shutterstock

Björk na cerimônia de premiação do Oscar, em 2001.

Experimentação Escuta da música "Crystalline", de Björk

Inez e Vinoodh/Acervo do fotógrafo

A cantora Björk em ensaio fotográfico de 2011. A imagem também foi usada como capa de seu álbum *Biophilia*.

1. Agora, você vai conhecer e experimentar a fruição de uma das canções de *Biophilia*. Ouça com atenção a música "Crystalline", de Björk, para realizar a atividade 1 da página 697 no início do tópico de Arte. Disponível em: https://www.youtube.com/watch?v=MSV3ujF5uuc (acesso em: 20 mar. 2022).

2. Escute a música em silêncio, prestando atenção ao máximo de detalhes possível e nas mudanças que acontecem na sonoridade da obra. Depois, responda às questões registrando as respostas em seu diário de bordo.

a) Você identifica os instrumentos e as fontes sonoras?

b) Em qual gênero musical você classificaria essa música?

Em *Biophilia*, foram desenvolvidos instrumentos musicais especificamente para o álbum. O instrumento que você pode notar em "Crystalline", cuja sonoridade se assemelha a sinos, é o *gameleste*, uma celesta modificada de modo a soar como um gamelão e que é controlada remotamente por um *tablet*. A celesta é um instrumento similar a um piano, mas com os martelos percutidos em placas de metal em vez de cordas. Já o gamelão, ou *gamelan*, é um conjunto de metalofones, xilofones e gongos usado na música das ilhas de Bali e Java, na Indonésia.

3. Agora, experimente caminhar escutando a música. Para isso, o espaço da sala de aula deve ser preparado afastando mesas e cadeiras.

Você e os demais colegas da turma devem se organizar em três grupos: um vai reagir corporalmente aos sons rítmicos do acompanhamento, outro ao som do gameleste, e outro às vozes. Preste atenção na música deixando que seu corpo reaja aos elementos sonoros.

4. Após a vivência, converse com os colegas e o professor para compartilhar suas percepções.

a) Como foi a experimentação para você?

b) Há um momento em que a percussão eletrônica se intensifica. Como vocês se movimentaram nesse momento da música?

Saiba +

Björk Guðmundsdóttir é uma cantora e compositora da Islândia. Aos 11 anos, Björk como a estudar piano clássico e, antes dos 20 anos, fez parte de duas bandas, Kukl e Sugarcubes. Em 1993, lançou o álbum *Debut* que se caracterizou por ter um estilo eclético, com elementos do *jazz* e da música *techno* e *pop*. Björk aprofundou diversos experimentalismos musicais, destacando-se como uma das mais influentes musicistas da atualidade. Atuou no filme *Dançando no escuro* (2000), que tem trilha sonora de sua autoria e, por sua atuação no filme, ela recebeu o prêmio de melhor atriz no festival de Cannes de 2000.

Jamie McCarthy/WireImage/Getty Images

O álbum-aplicativo *Biophilia* teve ainda finalidades educacionais com o *Biophilia Educational Project*, e contou com o apoio da cidade de Reykjavík e da Universidade da Islândia. O projeto envolveu cientistas e educadores para o desenvolvimento de uma interação criativa para crianças com as músicas e as sonoridades do álbum. No aplicativo, a música "Crystalline" torna-se um jogo com o objetivo de recolher cristais e criar outras possibilidades de combinar os elementos da música.

Saiba +

Conheça o *Biophilia Educational Project* acessando o *link* (em inglês) https://www.faena.com/aleph/biophilia-a-revolutionary-educational-project-by-bjork (acesso em: 19 jul. 2022).
Acesse também o *site* oficial de Björk para conhecer mais sobre a cantora, disponível em: https://bjork.com (acesso em: 20 mar. 2022).

Para ir mais longe **In rainbows**

Em 2007, a banda inglesa Radiohead aproveitou o fim de um longo contrato com uma gravadora para lançar seu novo álbum de forma independente. A banda teve o álbum anterior, *Hail to the thief*, vazado na internet antes do lançamento. Assim, para o novo trabalho, *In rainbows*, a banda disponibilizou o álbum inteiro para *download* pelo preço que o consumidor quisesse pagar, podendo até ser menos de um dólar. Essa estratégia foi controversa na época. O Radiohead recebeu muitas críticas de outros artistas, enquanto alguns críticos consideravam a ação revolucionária, pois estava mudando definitivamente a indústria fonográfica, antecipando-se à violação dos direitos autorais do novo disco. O álbum foi lançado também em CD nas lojas três meses depois do lançamento digital e foi uma das melhores vendas de estreia da carreira do grupo.

Bob Berg/Getty Images

A banda inglesa Radiohead em fotografia de 1993.

Saiba +

***Site* oficial do Radiohead.** Disponível em: www.radiohead.com (acesso em: 20 mar. 2022). Acesse o *site* oficial do grupo Radiohead para assistir a trechos de *shows* e videoclipes da banda, que trabalha com muita tecnologia em suas criações, misturando instrumentos convencionais a sintetizadores e programação eletrônica.

A era do *streaming*

Nos últimos anos, o *streaming* passou a ser o modo predominante de consumir música. Trata-se de uma tecnologia de transmissão instantânea de dados de áudio ou vídeo por meio da internet, sem a necessidade de que os dados fiquem armazenados nos dispositivos, como acontecia antes com os *downloads* de arquivos no formato MP3. As principais plataformas de *streaming* têm catálogos imensos, que englobam grande parte da produção musical mundial de diversas épocas. Tudo acessível com alguns cliques.

algoritmo: sequência de procedimentos precisos para realizar alguma ação ou resolver um problema; trata-se da base da programação nas Ciências da Computação.

A principal forma de consumo dessas plataformas é por *playlists*, coleções de faixas musicais reunidas por gênero musical, estado de humor ou seleção afetiva do ouvinte. As *playlists* em si não são uma novidade, eram feitas já na década de 1980 em fitas cassete e depois em CDs. Entretanto, muitas das *playlists* hoje oferecidas nos serviços de *streaming* são feitas por **algoritmos**, e não necessariamente elaboradas pelos usuários.

bagussatria/Shutterstock

Tabelas de aplicativos para as músicas mais populares.

Assim, os algoritmos dessas plataformas oferecem sugestões de músicas ou *playlists* aos consumidores com base no perfil de preferências que demonstram, isto é, identificando artistas de gêneros similares aos que o usuário costuma ouvir. Existem *playlists* preparadas por profissionais, havendo uma curadoria humana, entretanto as plataformas têm o interesse de desenvolver de modo cada vez mais assertivo seus algoritmos automáticos, para potencializar a experiência de escuta.

Essa preponderância das grandes plataformas de *streaming* tem gerado muitas discussões sobre o modo como influenciam o gosto musical dos ouvintes e, também, o trabalho dos músicos. Existem vídeos e textos na internet ensinando como um músico pode fazer com que suas gravações sejam reconhecidas pelos algoritmos e entrem nessas *playlists*. Alguns músicos têm ainda adaptado sua música para que ela se torne compatível com o máximo de *playlists* possível e, dessa forma, seja mais divulgada. Isso pode influenciar a produção musical de modo que o objetivo principal dos artistas não seja a expressão de suas ideias ou a exploração da arte musical, mas o encaixe em padrões genéricos determinados pelos algoritmos.

Jaturaput/Shutterstock

Lista de reprodução de tipo de música.

Com as *playlists* e as curadorias dos algoritmos, o consumo de massa se tornou mais centrado nos nichos, geralmente de gêneros musicais, intensificando que os usuários permaneçam em "bolhas" de gostos musicais similares. Outro problema apontado por pesquisadores diz respeito à ideia de isenção, isto é, se essas plataformas seriam imparciais na indicação automática de músicas para os usuários ou se atuariam segundo interesses comerciais.

2. O que você pensa sobre isso? Com base nos aspectos que foram abordados na seção, converse com os colegas sobre os princípios éticos envolvidos no modo como a música é disseminada e consumida na atualidade.

3. Na sua opinião, quais fatores influenciam os jovens na formação de *playlists* pessoais?

Experimentação Analisando nossas *playlists*

Você estudou que os algoritmos das plataformas de *streaming* analisam os dados dos padrões de consumo dos usuários, de modo a identificar o perfil das preferências musicais e oferecer outros artistas e *playlists*. Você costuma ouvir as *playlists* prontas indicadas por alguma dessas plataformas? Ou prefere criar suas próprias *playlists*? Já parou para pensar se o seu hábito de escuta segue um padrão restrito a artistas e gêneros semelhantes?

Nesta experimentação, você vai usar um modo de resolução de problemas do pensamento computacional para que conheça mais dos seus próprios padrões e possa trocar experiências musicais com os colegas.

O pensamento computacional não está somente relacionado ao uso do computador, mas também à aplicação dos fundamentos das Ciências da Computação para solucionar problemas de diversas áreas.

Para compreender melhor, você deve partir de duas perguntas para a definição de um problema:

- O que há de similar e o que há de divergente em nossas *playlists*?
- O que essas *playlists* podem revelar de nossas próprias personalidades?

Fase de decomposição

1. Em grupo, cada um deve apresentar uma *playlist* de que gosta; pode ser uma que tenha criado ou selecionado em aplicativos de *streaming*. Caso não utilize esse tipo de serviço, faça uma lista de dez a vinte músicas que você gostaria de ouvir enquanto realiza atividades cotidianas, como no trajeto de casa para a escola, para compartilhar com os colegas.

2. Em seguida, separe as músicas de sua *playlist* por gêneros musicais.

3. Em seguida, decomponha-as em outras subdivisões. Por exemplo: artistas homens, artistas mulheres, artistas de carreira solo, grupos ou bandas, música instrumental, música eletrônica, músicas lançadas nos últimos cinco anos, músicas de décadas passadas.

4. Nesse momento, você perceberá que cada música pode se encaixar em mais de um parâmetro. Organize as informações em uma tabela ou em outro formato que preferir.

Fase de reconhecimento de padrões

1. Depois de separar as músicas de sua *playlist* em diferentes classificações, observe quais são os padrões que mais se repetem.

- Há algum gênero musical que se destaca?
- Existe predominância de músicas lançadas mais recentemente?
- Há mais bandas e grupos ou artistas de carreira solo?
- Há mais músicas nacionais ou internacionais?

2. Em seguida, compare os padrões de sua lista com os padrões das listas dos colegas do grupo.
   - Quais padrões se repetem? E quais padrões se diferem?
   - Quantas músicas e artistas estão presentes em mais de uma *playlist*?

Fase de abstração

Depois de reconhecer os padrões dominantes nas listas do grupo, faça a filtragem e a classificação desses dados.

1. Você pode começar separando todas as músicas em padrões repetidos daquelas que não se encaixam em muitas classificações.
2. Após essa primeira separação, você e o grupo podem ainda aplicar subclassificações aos grupos maiores, identificando outras variáveis e padrões que não haviam sido reconhecidos na etapa anterior.

Fase de análise

1. Com as músicas separadas e categorizadas, analise com o grupo por que alguns padrões se repetem. Avaliem se tal repetição se dá porque são músicas mais disseminadas pela mídia, ou se se trata de algum estilo que é mais presente na cultura de sua região. Questionem também se são músicas que fazem parte dos ambientes sociais mais comuns dos envolvidos.
2. Em seguida, analisem as músicas que saem dos padrões. Vejam se elas também apresentam algum tipo de padrão entre si e se há gêneros ou artistas desconhecidos por algum participante do grupo.
3. Depois conversem sobre os motivos de algumas categorias musicais se repetirem mais do que outras.
4. Por fim, questionem-se, com a ajuda do professor, se há variantes e características que eventualmente não entraram na análise. Por exemplo: música instrumental, músicas lançadas há mais de trinta anos, músicas de países a que temos menos acesso, entre outras.

Finalização

Por fim, retomem e respondam às perguntas iniciais:

- O que há de similar e o que há de divergente em nossas *playlists*?
- O que essas *playlists* podem revelar de nossa própria personalidade?

Ao final, guarde em seu **Portfólio** as anotações, os rascunhos e os registros que fez das respostas e das reflexões que surgiram durante a experimentação.

A internet permite acessar livremente a produção musical de vários lugares e épocas. Aproveite a experiência dessa análise para conhecer artistas diferentes, de modo a expandir suas vivências musicais. Procure conhecer outros músicos do gênero de que você gosta, assim como novos repertórios.

Wikipedia/Wikimedia Commons

A internet permite o acesso à produção musical de vários lugares, épocas e artistas diferentes.

Romance (Língua Portuguesa)

O texto que você lerá a seguir é um trecho do romance *Navios iluminados*, do escritor sergipano Ranulfo Prata (1896-1942). A obra foi publicada em 1937, na segunda fase do Modernismo, conhecida como Geração de 30. Nesse período foram produzidos muitos romances de temáticas sociais relacionadas à realidade do país e às denúncias das mazelas sofridas pelo povo em diferentes regiões.

A obra de Prata mostra a vida portuária de Santos, cidade localizada no litoral do estado de São Paulo e um dos principais eixos de circulação de mercadorias de 1926 a 1930. Como médico, o autor teve contato com a miséria que atingia os trabalhadores daquele local. Nesse sentido, ele se coloca como testemunha dos fatos e se sente impelido a registrar o que vê pela literatura.

Trabalhadores carregam pesadas sacas de café para as embarcações no porto de Santos, Santos (SP), década de 1920.

O romance *Navios iluminados* conta a história de José Severino, um migrante do sertão da Bahia que busca trabalho no porto de Santos. Atraído por melhores condições de vida, o personagem encontra vários obstáculos até conseguir a tão desejada vaga nas docas do porto. Foram meses até que estivesse empregado e conseguisse pagar as dívidas feitas durante o período em que ficou sem ocupação. A atividade pesada e as péssimas condições de trabalho acarretaram diversos males ao corpo, mas Severino acreditava que, esforçando-se cada vez mais, conseguiria superar as dificuldades, o que não aconteceu.

O romance é dividido em 23 capítulos, nos quais o autor apresenta ao leitor as crenças e as motivações de José Severino. É possível perceber que a saudade da terra natal nunca o abandona, bem como o desejo de melhorar de vida, que vai se contrapor à tarefa pesada que encontra no cais. Aos poucos o excesso de trabalho, nenhuma condição de lazer e divertimento, depois o casamento e a chegada de gêmeos tornam Severino cada dia mais obstinado a ganhar mais.

Saiba +

Acesse o livro de ensaios e artigos sobre o trabalho portuário *As metamorfoses do trabalho portuário*, de Maria de Fátima Ferreira Queiróz e Carla Regina Alonso Diéguez (org.) (São Paulo: Sociologia e Política, 2019). Disponível em: www.fespsp.org.br/publicacoes/editora/as-metamorfoses-do-trabalho-portuario-mudancas-em-contextos-de-modernizacao (acesso em: 20 mar. 2022).

grab: garra do guindaste.
Cardiff: cidade do País de Gales que, na época em que se passa a narrativa (início da década de 1930), era o principal porto de embarque de carvão no mundo.
impar: ofegar.
peremptório: que é terminante, definitivo, decisivo.

Capítulo XII

O "palmeira" botou toda a sua eletricidade, esticou o cabo possante e levantou a **grab** que lá se foi pelos ares do cargueiro inglês Amberton, que trazia carvão de **Cardiff**.

O barco vinha de barriga cheia, a **impar**, a carga beijando a boca da escotilha. A máquina escancarou as mandíbulas medonhas, enterrou os dentes na massa negra e derramou na galera três toneladas de carvão de uma só vez. Chegara recentemente e eram as primeiras experiências que se faziam. O pessoal da turma 65 espiava, curioso, o manejo da bicha. E ante os seus olhos surpresos, o porão foi se esvaziando rapidamente. O demônio da máquina, sozinha, fazia o serviço de muitos homens, que ali estavam a olhá-la de braços cruzados e faces apalermadas.

Como tudo corria bem, indo à experiência além da expectativa, Malhado veio despedir os trabalhadores. Podiam ir, serviço só na manhã seguinte. Que ficassem satisfeitos com o meio-dia. Os homens, porém, não se conformaram, nascendo entre eles um zum-zum de abelhas irritadas, que foi aumentando com rapidez, até se transformar num protesto firme **peremptório**.

— Fora com a máquina, fora! Não pode, não pode! — gritavam.

Turmas de outros armazéns, largando o trabalho, correram para o 23, atraídas pelo tumulto que crescia cada vez mais. O guindaste parou e a *grab* ficou largada no chão do cais, inerte, como um dragão morto.

Malhado, a suar no meio da multidão, açodado, gesticulava com desespero, descartando-se:

— Não é comigo, não tenho nada com isto, vou ao feitor geral.

Desapareceu, voltando dali a instantes em companhia do feitor geral que, por felicidade, foi encontrado ali por perto. O geral tentou convencer a turma da necessidade daquela inovação para maior rapidez da descarga. Mas ninguém quis ouvi-lo, e os protestos continuaram. O homem encrespou-se, esboçando um leve desejo de fazer valer a sua autoridade. Foi pior. A turba, agora já crescida e densa, reagiu, inchando como uma jiboia. Quem estava de longe, não sabia do que se tratava: mas ouvindo os companheiros gritarem "não pode", fazia o mesmo e o coro aumentava sempre. O geral varou a custo os agrupamentos e foi dar parte ao chefe da seção. Este veio furioso, querendo dominar os exaltados com gritos e caretas. Os trabalhadores acharam graça naquela infantilidade e romperam numa vaia estrondosa. O chefe sumiu num relance, sem se saber como nem por onde. A notícia do incidente chegou, então, ao conhecimento do chefe do tráfego, que se comunicou com o superintendente e este, finalmente, com o inspetor, a autoridade máxima. Reuniram-se para deliberar. Os boatos que vinham do cais eram alarmantes, exagerando-se as notícias do modo mais estranho. O que corria pelos escritórios era que estourara uma greve violenta em toda a faixa do cais; milhares de homens enfurecidos avançavam contra os armazéns, incendiando-os; a polícia interviera; havia mortos e feridos. Enquanto se tomava uma resolução, o Amberton esperava, paciente, de porões abertos. Os trabalhadores, em torno, conversavam e discutiam, formando grupos imensos, todos serenos, gostando da folga inesperada.

Uma hora mais tarde chegou a ordem de encostar a *grab*, (logo batizada de "grife" pelo pessoal) e a descarga começou a ser feita pelo processo antigo, com os homens no porão, enchendo as caçambas, paulatinamente. Foi água na fervura. A multidão se dissolveu num minuto, voltando cada um para o seu lugar.

Quando descia para o porão Amberton, Perigo comentou:

— Bom negócio este da gente cortar o dia pelo meio, por causa da peste de uma máquina que não tem filho nem mulher para sustentar.

Felício ajuntou:

— A **dala** já foi aquela morte pra nós, e agora esta grife do inferno que vale por não sei quantos homens. Daqui a tempos não se precisa mais de braço, a gente miúda morre toda de dente na pedra.

E Riesco:

— É mesmo uma luta de vida e de morte. Severino, também:

— Eu só quero ver o que o governo faz deste povo, quando os maquinismos tomarem conta de tudo.

— Reúne na ilha de Barnabé, como gado em curral, e toca fogo nos tanques de gasolina e de óleo. É a providência mais acertada que eu acho — disse Felício, com ares cínicos. — De minha parte até agradeço o benefício.

As pás começaram a cavar em torno das caçambas. Quando alguma se abarrotava, o guincho de bordo, vagaroso e lerdo, a bufar vapor, pegava-a e arriava no convés onde o guindaste do cais agarrava no dente, como um cão, a presa fácil e leve, e ia depor na galera. Ali outros homens a recebiam, destravavam a lingueta e a vasilha descomunal emborcava com ruído, esvaziando-se. A bordo o buraco se aprofundava cada vez mais. E os trabalhadores, lentamente, se sumindo nele. Como estivesse uma tarde sem sol, de nuvens escuras, foi preciso descer sem demora a lâmpada elétrica, protegida por uma rede de ferro, para guiar o movimento das pás que, incansáveis, mal a caçamba pousava, entravam a trabalhar febrilmente. A lâmpada, logo enegrecida do pó fino que pairava no ar, iluminava pouco. Olhando-se de cima, só se distinguia, através de uma nuvem espessa, um círculo de claridade apagada e mortiça. Por sua vez, o portaló (o homem da boca da escotilha) enxergava mal os camaradas embaixo, e manobrava as caçambas com cuidado, aos gritos de advertência.

À medida que a profundidade aumentava, o serviço tornava-se mais fácil, as barreiras de carvão, com a trepidação do guincho, iam cedendo, escorregando para o fundo, onde as pás trabalhavam. Os carvoeiros, só tendo de branco os olhos e os dentes, **tressuavam**, castigados pelo calor e de sede que constantemente os levavam a apojar os beiços na ancoreta, refrescando as goelas ardidas.

Depois de quatro e meia, o trabalho continuou como especial, o ambicionado extradionadiário que tanta alegria dava a todos. Às seis horas arriou-se um pouco para o jantar.

[...]

PRATA, Ranulfo. *Navios iluminados*. São Paulo: Com-Arte/Edusp, 2015. p. 169-173.

dala: calha ou tubo por onde escoam mercadorias.

tressuavam: suavam abundantemente.

Saiba +

O escritor **Ranulfo Prata** formou-se em Medicina em 1919. Em Santos (SP) trabalhou como médico radiologista. Atendeu muitos trabalhadores portuários que buscavam tratamento para a tuberculose. A experiência contribuiu para que o autor desenvolvesse um olhar mais humano para as mazelas da população, o que se tornou material para sua escrita. É autor de outros romances, como *O triunfo* (1918) e *O lírio na torrente* (1926) e outros gêneros.

1. Por que a chegada da máquina causa curiosidade e temor nos trabalhadores?

2. Em um ambiente em que o ser humano era responsável por todo o trabalho que viria a ser substituído pela máquina, o narrador faz uso da personificação, uma figura de linguagem, para atribuir às máquinas características humanas. Releia o trecho:

> O barco vinha de barriga cheia, a impar, a carga beijando a boca da escotilha. A máquina escancarou as mandíbulas medonhas, enterrou os dentes na massa negra e derramou na galera três toneladas de carvão de uma só vez.

   a) Ao usar características humanas para descrever o guindaste, que palavras o narrador escolhe para descrever a máquina e os atributos dela? Justifique.
   b) Qual pode ser a intenção do narrador com essa escolha de palavras?

3. O narrador leva o leitor a acompanhar o movimento da máquina, como faziam os empregados naquele momento. Em contrapartida, chama a atenção para os braços cruzados dos trabalhadores que estavam lá "apalermados". Ao usar essa oposição, o que o narrador destaca?

4. Os trabalhadores foram dispensados assim que se comprovou que a máquina faria todo o serviço deles. Como eles reagem?

5. O encarregado dos trabalhadores se eximiu da responsabilidade pela substituição. Com isso, foi preciso que os trabalhadores recorressem à autoridade máxima, o inspetor, passando antes por outros "chefes". O que o narrador pretende mostrar ao apresentar essa sequência de ações em busca de uma decisão?

6. Considere o trecho a seguir.

> Quando descia para o porão Amberton, Perigo comentou:
>
> — Bom negócio este da gente cortar o dia pelo meio, por causa da peste de uma máquina que não tem filho nem mulher para sustentar.
>
> Felício ajuntou:
>
> — A dala já foi aquela morte pra nós, e agora esta grife do inferno que vale por não sei quantos homens. Daqui a tempos não se precisa mais de braço, a gente miúda morre toda de dente na pedra.

   a) Qual é a crítica presente na fala do personagem Perigo?
   b) A dala era uma calha por onde era possível carregar o navio, evitando que os trabalhadores levassem sobre a cabeça volumes de mercadoria que pesavam mais de 70 kg. O equipamento, portanto, preservaria a saúde dos trabalhadores, mas por que foi visto por eles como a "morte"?

7. Além da personificação, o narrador utiliza outra figura de linguagem: a comparação, que consiste em relacionar as semelhanças entre dois termos, transferindo as características de um para o outro. Um exemplo disso é o trecho "o guindaste do cais agarrava no dente, como um cão". Observe que o ato de agarrar próprio de um cão é transferido para o guindaste. Nessa frase, o conectivo "como" é fundamental para o estabelecimento dessa relação.

   a) Selecione no texto dois exemplos de comparação: um relacionado à máquina e outro às pessoas.
   b) Indique, nesses exemplos que selecionou, qual é a característica do segundo elemento que é transferida para o primeiro. Em sua opinião, que efeitos essas comparações produzem nas cenas?

8. Após toda a revolta dos trabalhadores, a ordem do inspetor foi, naquele momento, parar a máquina e mandar os homens de volta ao trabalho. Como se davam as condições desse trabalho?

9. Ao narrar o trabalho exaustivo, o narrador conta apenas o que vê, sem acrescentar julgamento ou intromissão. Observe o trecho:

> As pás começaram a cavar em torno das caçambas. Quando alguma se abarrotava, o guincho de bordo, vagaroso e lerdo, a bufar vapor, pegava-a e arriava no convés onde o guindaste do cais agarrava no dente, como um cão, a presa fácil e leve, e ia depor na galera. Ali outros homens a recebiam, destravavam a lingueta e a vasilha descomunal emborcava com ruído esvaziando-se. A bordo o buraco se aprofundava cada vez mais. E os trabalhadores, lentamente, se sumindo nele.

a) Apesar de não haver intromissão do narrador, a seleção de palavras apresenta um efeito de sentido intencional. Quais palavras causam esse efeito expressivo? Dê exemplos.

b) Na primeira oração, o narrador coloca "as pás" como sujeito. Trata-se do uso de uma figura de linguagem conhecida como metonímia, cuja característica é substituir um nome por outro tendo em vista a relação semântica entre ambos. Assim, no trecho, o instrumento "pá" substitui e se refere aos trabalhadores que usam as pás. Que efeito de sentido essa substituição traz para o texto?

Com uma narrativa mais longa que o conto, o romance é organizado em torno de um conflito principal, que, por sua vez, também tem conflitos menores em torno de si. Os personagens podem estar em maior número e ser mais complexos nesse gênero do que nos demais gêneros narrativos. Quanto à narração, pode ser feita em primeira ou terceira pessoa, determinando o foco narrativo. O conflito desenvolve-se em tempo e espaço bem delimitados.

O romance produzido no Brasil a partir da década de 1930 dividiu-se em dois caminhos: o romance social ou proletário, também de caráter regionalista, cuja narrativa, em alguns casos, pode se aproximar de um estudo sociológico; e o romance psicológico, voltado para o sofrimento do indivíduo e seus conflitos pessoais perante o mundo. Em ambos, a linguagem expressiva do autor traduz uma parte da realidade do país desse período.

Navios iluminados narra o impacto da chegada da máquina no trabalho portuário. O narrador, em terceira pessoa, volta o olhar para o trabalhador, pautando-se nos acontecimentos que afetam os personagens, mostrando como eles reagem e quais são as consequências da automação na vida deles: corte de salário ou falta de trabalho. O leitor é levado a acompanhar a vida de José Severino e a cada capítulo conhece as ambições, os medos e o sofrimento. Nesse sentido, o romance de Ranulfo encaixa-se no chamado romance social, pois a vida de Severino é a representação de inúmeros trabalhadores portuários daquele período.

Reportagem de divulgação científica

Por meio da leitura de um trecho da obra de Ranulfo, foi possível reconhecer as dificuldades vividas pelos trabalhadores do início do século XX, como as condições insalubres do trabalho, a pobreza, a doença e a substituição do trabalho humano pela máquina. O olhar do autor mostra-o como um observador daquela realidade, de um médico que presenciou essas pessoas doentes. Nesse sentido, o texto literário serve de documento histórico desse e de outros períodos.

O próximo texto também aborda a substituição do ser humano pela máquina. Nesse caso, trata-se de uma reportagem de divulgação científica, cujo objetivo é trazer dados de pesquisas sobre a substituição do trabalho agrícola por máquinas.

Com aumento da mecanização, agropecuária perde 1,5 milhão de trabalhadores

Lícia Rubinstein/Agência IBGE Notícias

O número de estabelecimentos com tratores vem aumentando desde 1975.

A mecanização alterou o perfil do trabalho no campo e influenciou a diminuição de mão de obra no setor nos últimos 11 anos. De acordo com o Censo Agropecuário 2017, divulgado hoje pelo IBGE, o número de estabelecimentos com tratores aumentou 50% em relação ao último Censo, realizado em 2006. Durante esse mesmo período, o setor agropecuário perdeu cerca de 1,5 milhão de trabalhadores. O pessoal ocupado nos estabelecimentos agrícolas diminuiu 8,8%, indo de 16,6 milhões de pessoas em 2006 para 15,1 milhões em 2017. Esse número inclui a perda de 2,2 milhões de trabalhadores na agricultura familiar e aumento de 703 mil na agricultura não familiar.

Além de tratores, aumentou também o número de estabelecimentos com outras máquinas, como semeadeiras ou plantadeiras, colheitadeiras, adubadeiras ou distribuidoras de calcário, e também meios de transporte como caminhões, motocicletas e aviões. É possível verificar a tendência do aumento de uso de máquinas nos estabelecimentos agrícolas na série histórica, em que a utilização dos tratores apresenta crescimento desde o Censo Agropecuário de 1975.

De acordo com o gerente técnico do Censo Agropecuário, Antonio Carlos Florido, o processo de mecanização é algo crescente e contínuo. "Quanto mais automação, menos gente na produção. Isso tem acontecido em todos os setores da economia, não é algo restrito ao setor agropecuário", afirmou.

O trabalho braçal vem sendo substituído pelas máquinas agrícolas, cenário que, de acordo com Florido, obriga os trabalhadores do campo a buscar qualificação para operar a maquinaria. "Até uns três anos atrás, a colheita de cana em São Paulo era manual. O pessoal colocava fogo no canavial e depois vinha um monte de gente cortando cana. Depois veio uma lei ambiental que proibiu a queima da cana, o que impossibilitou o corte na mão. Então tivemos a substituição dessa mão de obra por uma máquina de colher cana", explica Florido.

Kelvin H. Haboski/Shutterstock

Colheitadeiras trabalhando na colheita da soja no estado de Mato Grosso.

Fotokostic/Shutterstock

Trator pulverizando pesticidas em campos de soja.

De acordo com o gerente técnico, uma máquina como essa substitui em média 100 pessoas. “Quem não se qualifica tem que fazer trabalho braçal e o trabalho braçal está terminando. Se você tem uma máquina que faz o serviço de 100 pessoas, para aquela pessoa que sabe operar essa máquina tem emprego”, ressalta.

Outro dado apresentado pelo último Censo Agropecuário é o envelhecimento dos produtores. O percentual de produtores com mais de 65 anos aumentou de 18% para 23% nos últimos 11 anos, enquanto o de produtores entre 25 e 35 anos caiu de 14% para 10%. “O produtor está envelhecendo, a média de pessoas está diminuindo. A pessoa entra na fase de ganhar dinheiro para se manter e acaba buscando outra atividade. Então está tendo um envelhecimento sem uma sucessão, né? Não está havendo troca”, conclui Florido.

Reprodução/IBGE – Instituto Brasileiro de Geografia e Estatística

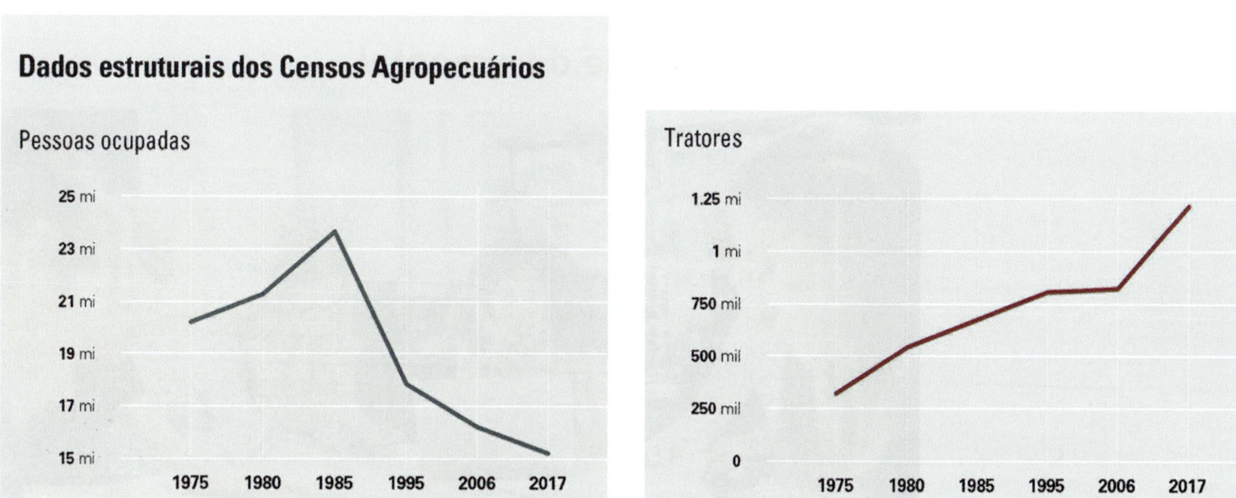

Com aumento da mecanização, agropecuária perde 1,5 milhão de trabalhadores. *Agência IBGE Notícias*, 25 out. 2019. Disponível em: https://censos.ibge.gov.br/agro/2017/2012-agencia-de-noticias/noticias/25791-com-aumento-da-mecanizacao-agropecuaria-perde-1-5-milhao-de-trabalhadores.html. Acesso em: 20 mar. 2022.

10. O texto que você leu é uma reportagem de divulgação científica, cujo objetivo é compartilhar os dados do trabalho no campo apresentados pelo Instituto Brasileiro de Geografia e Estatística (IBGE).

a) Ao compararmos os gráficos, o que é possível perceber em relação ao número de pessoas que trabalhavam no campo entre 1975 e 2017 e o número de tratores inseridos no campo no mesmo período?

b) Observe novamente os gráficos. Verifique que há uma queda bastante acentuada no número de pessoas ocupadas entre 1985 e 1995. Ao compararmos com o número de tratores, é possível ver um crescimento, mas não na mesma proporção. Como se explica essa diferença?

11. Segundo a reportagem, o número de pessoas ocupadas em estabelecimentos agrícolas diminuiu 8,8%, havendo perda de trabalhadores na agricultura familiar (2,2 milhões de pessoas) e aumento na não familiar (703 mil). Qual pode ser o motivo para haver maior perda na agricultura familiar?

12. O texto fala da qualificação profissional, mostrando que os trabalhadores deveriam buscar se qualificar para dirigir máquinas. Se isso acontecesse, a perda de mão de obra seria menor?

13. Além da automação da mão de obra, que outro problema existe no campo?

14. É possível dizer que tanto a reportagem quanto o texto literário apresentam temática semelhante? Ao compararmos os textos, de que forma se aproximam e se distanciam?

Saiba +

Leia a matéria "Volta do manejo manual pode abrir até 60 mil postos em quatro anos", de Mônica Scaramuzzo, no portal de *O Estado de S. Paulo*, 28 jul. 2019, sobre a retomada do plantio manual da cana-de-açúcar, disponível em: https://economia.estadao.com.br/noticias/geral,volta-do-manejo-manual-pode-abrir-ate-60-mil-postos-em-quatro-anos,70002941201 (acesso em: 20 mar. 2022).

A reportagem de divulgação científica é um gênero da esfera jornalística usado para apresentar resultados de pesquisas científicas e acadêmicas. Pode ser acompanhada de gráficos ou infográficos, cujo propósito é aproximar o leitor dos dados apresentados no corpo do texto. Na reportagem em estudo, foram apresentados números e gráficos baseados em uma pesquisa desenvolvida pelo IBGE, que mostra quais máquinas foram colocadas no campo e dados sobre a capacitação profissional.

A linguagem é objetiva e direcionada ao leitor leigo na área de conhecimento da pesquisa, a fim de informá-lo. O conteúdo é pautado na coleta de dados e na análise de pesquisas já realizadas. Em geral, esse tipo de reportagem é veiculado em revistas da área científica ou em seções específicas em jornais. Assim, a leitura de reportagem de divulgação científica possibilita ao leitor o acesso a dados fundamentados que auxiliam na formação de uma visão crítica da realidade.

Práticas de análise documental

Monkey Business Images/Shutterstock

Grupo de estudantes realizando pesquisa.

Neste momento, você vai realizar uma pesquisa com os colegas. O objetivo será analisar os impactos das novas tecnologias em profissões de seu interesse. Para isso, você vai usar a prática da análise documental, cujo objetivo é o levantamento de materiais e informações a respeito do tema em fontes primárias.

O conceito de fontes primárias corresponde à não utilização de pesquisas já organizadas e publicadas. Um exemplo disso é a reportagem de divulgação científica lida anteriormente, na qual são divulgados dados já coletados e analisados; por isso, ela não é uma fonte primária. Um exemplo de fonte primária são as notícias, que correspondem ao que se pode chamar de "original", ou seja, por meio da notícia é possível publicar artigos de opinião, editoriais, pesquisas, entre outros materiais que se enquadrem como fontes secundárias. Estas últimas podem trazer discussões e reflexões baseadas na primeira fonte, a notícia.

Então, para começar, é preciso compreender os tipos de pesquisa:

Tipos de pesquisa	
Pesquisa qualitativa	**Pesquisa quantitaviva**
• Pesquisa de caráter subjetivo. • Pautada na coleta e análise de opiniões, impressões e narrativas sobre determinado produto ou assunto. • No caso da análise documental, envolve coletar dados qualitativos presentes nos documentos e apresentá-los de forma a contemplar uma descrição densa, que aborde a complexidade das informações tratadas nos documentos. • Exemplos: depoimentos de estudantes explicando as profissões que querem seguir e as razões da escolha, relatos de profissionais que enfrentaram problemas de saúde diversos e relacionados à profissão que exercem.	• Pesquisa de caráter objetivo. • Pautada em números, dados estatísticos e cálculos matemáticos. • No caso da análise documental, trata-se de analisar dados quantitativos presentes nos documentos consultados, como índices de desemprego, número de documentos que abordam a temática do estudo, taxas de ocorrência de determinado termo no texto dos documentos. • Exemplos: quais profissões são mais procuradas na atualidade e ao longo da História (pode ser um dado útil para perceber se e como a tecnologia interferiu nos campos de atuação profissional), número de profissionais em atividade hoje em diferentes áreas, porcentagem de ocorrência de problemas de saúde nos profissionais pesquisados.

Como vocês vão investigar o impacto da tecnologia nas profissões, os dois tipos de pesquisa podem ser aplicados. Busquem documentos que abordem as áreas de interesse e descrevam os achados da pesquisa de forma qualitativa (descritiva) e de forma quantitativa (usando números, porcentagens, cálculos de ocorrência, gráficos, médias).

1º passo: análise documental de fontes primárias

Após compreender o que são fontes primárias e quais são os tipos de pesquisa possíveis, a turma deve se dividir em grupos de quatro integrantes. Cada grupo deve se organizar, com a mediação do professor, nos seguintes papéis:

- Dois integrantes do grupo devem ser responsáveis pela pesquisa em documentos de caráter jornalístico, buscando referência sobre o impacto da tecnologia nas profissões escolhidas pelo grupo. É importante definirem coletivamente quais serão essas profissões: as de interesse pessoal ou as que estão em destaque hoje? Verifiquem em mídias tradicionais, sejam jornais impressos, sejam digitais. No acervo histórico dessas mídias, é possível procurar dados sobre o tema em edições passadas.
- Outros dois integrantes do grupo serão os responsáveis por buscar registros dessas profissões em órgãos oficiais, como o *site* do Ministério do Trabalho. Uma possibilidade é pesquisar como se dá o reconhecimento da atividade de determinadas profissões, como o profissional de Tecnologia da Informação (TI), dados sobre setores com maior ou menor relação de oferta e procura de postos de trabalho, etc. Algumas áreas possuem órgãos reguladores, como Engenharia (Crea), Enfermagem (Coren), Psicologia (CRP) e Medicina (CRM), que também podem ser analisados, assim como os sindicatos responsáveis pelas profissões estudadas.

2º passo: entrevista

Para conhecer mais acerca do impacto da tecnologia nas profissões escolhidas pelo grupo, além da análise documental de fontes primárias vocês também podem entrevistar um profissional da área e, assim, produzir um dado original, ou seja, sua fonte primária de dados.

Será preciso elaborar um questionário como método de coleta de dados, assim o grupo poderá analisar e cruzar o que for coletado na entrevista com a pesquisa em outras fontes que já fizeram. Para elaborar o questionário, leve em conta os seguintes critérios:

- **Definição do objetivo da pesquisa**: o que especificamente vocês desejam saber sobre o tema "impacto da tecnologia na profissão". Vocês podem definir diferentes objetivos, como compreender o impacto das tecnologias na rotina de trabalho, nos níveis salariais, na oferta de vagas de trabalho, nos problemas de saúde decorrentes de uso de tecnologia, nas facilidades e nos avanços que ela trouxe para o profissional da área, entre outros.
- **Seleção do profissional a ser entrevistado**: ou seja, qual é o público-alvo da pesquisa? Podem ser estudantes universitários, profissionais recém-formados ou mais experientes.
- **Elaboração das questões com base no objetivo da pesquisa**: se desejam saber a experiência e as impressões de determinado profissional sobre o impacto da tecnologia em seu trabalho, organizem questões para verificar o grau de satisfação pessoal dele, o tempo de formação e de atuação no mercado de trabalho, como sua remuneração variou ao longo do tempo, os conhecimentos fundamentais para o exercício daquela profissão, entre outras possibilidades.

3º passo: análise do material coletado

Com base no material coletado, na análise documental e no resultado da entrevista, chegou a hora de produzir uma reportagem de divulgação desses dados.

- Para iniciar, organizem uma introdução em que apresentem todas as informações coletadas sobre a profissão pesquisada: data de regulamentação, campo e área de atuação e outras informações recolhidas nas fontes primárias, trazendo elementos para que o leitor conheça a problemática de que a pesquisa trata.
- Para o desenvolvimento do texto, descrevam o tipo de pesquisa escolhida: quantitativa, qualitativa ou ambas. Em seguida, relate os documentos consultados (por exemplo, notícias publicadas entre 1980 e 2020, legislações, convenções coletivas de sindicatos). Inclua os depoimentos coletados na entrevista, com a organização do questionário, considerando o objetivo e as questões aplicadas. Se possível, relacionem os dados coletados nas duas etapas: a de análise de fontes primárias e a de produção da pesquisa.
- Para finalizar o texto, elaborem um comentário com a conclusão do grupo, argumentando com base nas informações e nos dados coletados. A que conclusão é possível chegar? Quais reflexões podem ser feitas por meio desses dados? A pesquisa respondeu ao objetivo traçado? Como?

4º passo: produção de infográfico

Para complementar a apresentação dos dados da reportagem, o grupo vai produzir um infográfico. Para isso, considerem:

- **O objetivo do infográfico**: qual enfoque sobre o impacto da tecnologia na profissão vão apresentar?
- **Como o infográfico será feito**: que ícones ou imagens indicarão cada informação?
- **As informações que o infográfico vai mostrar**: haverá um pequeno histórico sobre a profissão? Quais são os dados mais relevantes? É importante apresentar a conclusão do grupo?

Saiba+

No *link* a seguir é possível visualizar um exemplo de infográfico no texto "Avanço da tecnologia influencia cada vez mais as relações de trabalho", publicado em FecomercioSP, 29 out. 2015. Disponível em: www.fecomercio.com.br/noticia/avanco-da-tecnologia-influencia-cada-vez-mais-as-relacoes-de-trabalho (acesso em: 20 mar. 2022).

#EnemVestibular

Responda às questões a seguir para treinar os seus conhecimentos sobre o que estudou nesta unidade.

1. (Enem – 2018)

TEXTO I

Disponível em: http://revistaiiqb.usac.edu.gt. Acesso em: 25 nov. 2021 (adaptado).

TEXTO II

Imaginaremos um cidadão, residente na periferia de um grande centro urbano, que diariamente acorda às 5h para trabalhar, enfrenta em média 2 horas de transporte público, em geral, lotado, para chegar às 8h ao trabalho. Termina o expediente às 17h e chega em casa às 19h para, aí sim, cuidar dos afazeres domésticos, dos filhos etc. Como dizer a essa pessoa que ela deve praticar exercícios, pois é importante para sua saúde? Como ela irá entender a mensagem da importância do exercício físico? A probabilidade de essa praticar exercícios regularmente é significativamente menor que a de pessoas da classe média/alta que vivem outra realidade. Nesse caso, a abordagem individual do problema tende a fazer com que a pessoa se sinta impotente em não conseguir praticar exercícios e, consequentemente, culpada pelo fato de ser ou estar sedentária.

FERREIRA, M.S Aptidão Física e Saúde na Educação Física Escolar: ampliando o enfoque. *RBCE*, n.2, jan. 2001(adaptado).

O segundo texto, que propõe uma reflexão sobre o primeiro acerca do impacto de mudanças no estilo de vida na saúde, apresenta uma visão

a) medicalizada, que relaciona a prática de exercícios físicos por qualquer indivíduo à promoção da saúde.

b) ampliada, que considera aspectos sociais intervenientes na prática de exercícios no cotidiano.

c) crítica, que associa a interferência das tarefas da casa ao sedentarismo do indivíduo.

d) focalizada, que atribui ao indivíduo a responsabilidade pela prevenção de doenças.

e) geracional, que preconiza a representação do culto à jovialidade.

2. (FGV-RJ – 2017)

Nos últimos anos, o mercado musical foi impactado pelo aumento do *streaming*, que garantiu menor incidência de pirataria e permitiu ampliar a arrecadação de artistas, gravadoras e distribuidoras. Segundo pesquisas recentes, o *Spotify* teria rendido US$ 5 bilhões para a indústria musical desde a sua criação, em 2008. Mais do que uma revolução no mercado da música, o *streaming* introduziu uma série de rupturas e mudanças no comportamento social.

A respeito das mudanças comportamentais decorrentes da "revolução do *streaming*", assinale V para a afirmação verdadeira e F para a falsa.

( ) A indústria fonográfica reassumiu o controle do mercado da música, criando as playlists de sucesso das rádios e TVs.

( ) O *streaming* permitiu aos usuários acessar músicas que expressem sua identidade ou seu estado de espírito.

( ) A conexão entre os usuários criou bibliotecas musicais em constante transformação, personalizando sugestões.

As afirmações são, respectivamente,

a) F – V – F.
b) F – V – V.
c) V – F – F.
d) V – V – F.
e) F – F – V.

3. (MPE-GO – 2017)

Recurso da internet muito utilizado nos dias atuais para a transmissão de dados e informações é o *streaming*.

Sobre a mencionada tecnologia e o respectivo conceito, é correto afirmar que:

a) O *streaming* é o recurso responsável por possibilitar a comunicação através de ligações gratuitas via internet, como ocorre no Skype.

b) O *streaming* é uma ferramenta de busca, que possui opções avançadas que permitem refinar a pesquisa a qualquer uma das palavras, todas as palavras ou até sem uma palavra digitada pelo usuário.

c) O *streaming* é um meio que permite que o usuário acesse diversos dados, tais como áudios e vídeos, sem necessitar da realização de *download* para a sua execução. A referida tecnologia permite a transmissão em tempo real, sendo prescindível a preservação de cópia do arquivo digital em seu dispositivo.

d) É denominada *streaming* a mensagem enviada sem a solicitação do usuário.

e) O *streaming* é usado pelos sites, em regra, para identificar e armazenar informações sobre os respectivos visitantes.

4. (UFTM-MG – 2011)

Nos tribunais, quando as evidências são enormes contra o réu e a condenação parece questão de tempo, os advogados de defesa sempre podem recorrer a uma derradeira tática: fomentar uma dúvida qualquer, às vezes sobre um aspecto secundário do delito, para turvar o raciocínio dos membros do júri e, assim, evitar ou ao menos postergar o quanto for possível a sentença. A partir do final dos anos 1980, uma versão desse clássico estratagema judicial – que, dentro e fora das cortes, fora usado eficazmente pela indústria do cigarro durante décadas para negar e minimizar os conhecidos malefícios do tabagismo – passou a ser empregada nos Estados Unidos para questionar a existência do aquecimento global e a contribuição das atividades humanas, em especial a queima de combustíveis fósseis emissores de gases de efeito estufa, no desencadeamento das mudanças climáticas.

(*Pesquisa Fapesp*, setembro de 2010.)

O assunto central que norteará a reportagem, conforme apresentado no parágrafo transcrito da revista, é

a) a negação dos malefícios do tabagismo, o que se conseguiu com o procedimento jurídico da dúvida.

b) o procedimento jurídico que fomenta a dúvida do júri, utilizado para amenizar a responsabilidade da indústria do cigarro.

c) a analogia entre o procedimento jurídico da dúvida e o questionamento da ideia de aquecimento global.

d) a indústria do cigarro na mira dos tribunais, o que se consegue pelo descarte do procedimento jurídico da dúvida.

e) a ineficácia da utilização do procedimento jurídico da dúvida, quando a questão é aquecimento global.

5. (Unicamp-SP – 2019)

Na opinião de Klaus R. Mecke, professor no Instituto de Física Teórica da Universidade de Stuttgart, Alemanha, o uso da linguagem da física na literatura obedeceria ao seguinte propósito:

Uma função literária central da fórmula seria simbolizar a violência. A fórmula torna-se metáfora para a violência, para o calculismo desumano, para a morte e para a fria mecânica - para o golpe de força. Recorde-se também *O Pêndulo de Foucault*, de Umberto Eco, em que a fórmula do pêndulo caracteriza o estrangulamento de um ser humano. Passo a citar: "O período de oscilação, T, é independente da massa do corpo suspenso (igualdade de todos os homens perante Deus)...". Também aqui a fórmula constitui uma referência irônica à marginalização do sujeito, reduzido à "massa inerte" suspensa.

(Adaptado de Klaus R. Mecke, A imagem da Física na Literatura. *Gazeta de Física*, 2004, p. 6-7.)

Segundo Mecke, a função literária de algumas noções da Física, presentes em determinados romances, expressa

a) a falta de liberdade do sujeito nas relações sociais, mas o uso da independência do período do pêndulo simples com a massa do corpo suspenso, feito por Umberto Eco, está incorreto.

b) a revogação parcial das leis da natureza, e o uso da independência do período do pêndulo simples com a massa do corpo suspenso, feito por Umberto Eco, está correto.

c) a concordância quanto ao modo como representamos a natureza, mas o uso da independência do período do pêndulo simples com a massa do corpo suspenso, feito por Umberto Eco, está incorreto.

d) a privação da liberdade do ser humano, e o uso da independência do período do pêndulo simples com a massa do corpo suspenso, feito por Umberto Eco, está correto.

6. (Enem – 2020)

— O senhor pensa que eu tenho alguma fábrica de dinheiro? (O diretor diz essas coisas a ele, mas olha para todos como quem quer dar uma explicação a todos. Todas as caras sorriem.) Quando seu filho esteve doente, eu o ajudei como pude. Não me peça mais nada. Não me encarregue de pagar as suas contas: já tenho as minhas, e é o que me basta... (Risos.)

O diretor tem o rosto escanhoado, a camisa limpa. A palavra possui um tom educado, de pessoa que convive com gente inteligente, *causeuse*. O rosto do Dr. Rist resplandece, vermelho e glabro. Um que outro tem os olhos no chão, a atitude discreta.

Naziazeno espera que ele lhe dê as costas, vá reatar a palestra interrompida, aquelas observações sobre a questão social, comunismo e integralismo.

MACHADO, D. *Os ratos*. São Paulo: Círculo do Livro, s/d.

A ficção modernista explorou tipos humanos em situação de conflito social. No fragmento do romancista gaúcho, esse conflito revela a

a) sujeição moral amplificada pela pobreza.
b) crise econômica em expansão nas cidades.
c) falta de diálogo entre patrões e empregados.
d) perspicácia marcada pela formação intelectual.
e) tensão política gerada pelas ideologias vigentes.

7. (Falbe-SP 2019)

– Meu coração está apertado de ver tantas marcas no teu rosto, meu filho; essa é a colheita de quem abandona a casa por uma vida pródiga.

– A prodigalidade também existia em nossa casa.

– Como, meu filho?

– A prodigalidade sempre existiu em nossa mesa.

– Nossa mesa é comedida, é austera, não existe desperdício nela, salvo nos dias de festa.

– Mas comemos sempre com apetite.

– O apetite é permitido, não agrava nossa dignidade, desde que seja moderado.

– Mas comemos até que ele desapareça; é assim que cada um em casa sempre se levantou da mesa.

– É para satisfazer nosso apetite que a natureza é generosa, pondo seus frutos ao nosso alcance, desde que trabalhemos por merecê-los. Não fosse o apetite, não teríamos forças para buscar o alimento que torna possível a sobrevivência. O apetite é sagrado, meu filho.

– Eu não disse o contrário, acontece que muitos trabalham, gemem o tempo todo, esgotam suas forças, fazem tudo que é possível, mas não conseguem apaziguar a fome.

– Você diz coisas estranhas, meu filho.

(*Lavoura arcaica*, 2001.)

No trecho do romance, o filho

a) acusa o pai por tê-lo impedido de abandonar a casa.
b) é censurado pelo pai por ter partido em busca de uma vida pródiga.
c) discorda da opinião do pai de que o apetite é sagrado.
d) repreende o pai por ter sacralizado o apetite.
e) é repreendido pelo pai por não ter se empenhado o suficiente no trabalho.

8. (Enem PPL – 2018)

E fui mostrar ao ilustre hóspede [o governador do Estado] a serraria, o descaroçador e o estábulo. Expliquei em resumo a prensa, o dínamo, as serras e o banheiro carrapaticida. De repente supus que a escola poderia trazer a benevolência do governador para certos favores que eu tencionava solicitar.

— Pois sim senhor. Quando V. Exª vier aqui outra vez, encontrará essa gente aprendendo cartilha.

RAMOS, G. *São Bernardo*. Rio de Janeiro: Record, 1991.

O fragmento do romance de Graciliano Ramos dialoga com o contexto da Primeira República no Brasil, ao focalizar o(a)

a) derrocada de práticas clientelistas.
b) declínio do antigo atraso socioeconômico.
c) liberalismo desapartado de favores do Estado.
d) fortalecimento de políticas públicas educacionais.
e) aliança entre a elite agrária e os dirigentes políticos.

9. (Enem – 2018)

O trabalho não era penoso: colar rótulos, meter vidros em caixas, etiquetá-las, selá-las, envolvê-las em papel celofane, branco, verde, azul, conforme o produto, separá-las em dúzias... Era fastidioso. Para passar mais rapidamente as oito horas havia o remédio: conversar. Era proibido, mas quem ia atrás de proibições? O patrão vinha? Vinha o encarregado do serviço? Calavam o bico, aplicavam-se ao trabalho. Mal viravam as costas, voltavam a taramelar. As mãos não paravam, as línguas não paravam. Nessas conversas intermináveis, de linguagem solta e assuntos crus, Leniza se completou. Isabela, Afonsina, Idália, Jurete, Deolinda – foram mestras. O mundo acabou de se desvendar. Leniza perdeu o tom ingênuo que ainda podia ter. Ganhou um jogar de corpo que convida, um quebrar de olhos que promete tudo, à toa, gratuitamente. Modificou-se o timbre de sua voz. Ficou mais quente. A própria inteligência se transformou. Tornou-se mais aguda, mais trepidamente.

REBELO, M. *A estrela sobe*. Rio de Janeiro: José Olympio, 2009.

O romance, de 1939, traz à cena tipos e situações que espelham o Rio de Janeiro daquela década. No fragmento, o narrador delineia esse contexto centrado no

a) julgamento da mulher fora do espaço doméstico.
b) relato sobre as condições de trabalho no Estado Novo.
c) destaque a grupos populares na condição de protagonistas.
d) processo de inclusão do palavrão nos hábitos de linguagem.
e) vínculo entre as transformações urbanas e os papéis femininos.

10. (Enem – 2019)

Na semana passada, os alunos do colégio do meu filho se mobilizaram, através do Twitter, para não comprarem na cantina da escola naquele dia, pois acharam o preço do pão de queijo abusivo. São adolescentes. Quase senhores das novas tecnologias, transitam nas redes sociais, varrem o mundo através dos teclados dos celulares, iPads e se organizam para fazer um movimento pacífico de não comprar lanches por um dia. Foi parar na TV e em muitas páginas da internet. GOMES, A. A revolução silenciosa e o impacto na sociedade das redes sociais.

Disponível em: www.hsm.com.br. Acesso em: 31 jul. 2012. O texto aborda a temática das tecnologias da informação e comunicação, especificamente o uso de redes sociais.

Muito se debate acerca dos benefícios e malefícios do uso desses recursos e, nesse sentido, o texto

a) aborda a discriminação que as redes sociais sofrem de outros meios de comunicação.
b) mostra que as reivindicações feitas nas redes sociais não têm impacto fora da internet.
c) expõe a possibilidade de as redes sociais favorecerem comportamentos e manifestações violentos dos adolescentes que nelas se relacionam.
d) trata as redes sociais como modo de agregar e empoderar grupos de pessoas, que se unem em prol de causas próprias ou de mudanças sociais.
e) evidencia que as redes sociais são usadas inadequadamente pelos adolescentes, que, imaturos, não utilizam a ferramenta como forma de mudança social.

Seminário de pesquisa

GaudiLab/Shutterstock

Jovens se reúnem para estudar.

Chegou o momento de socializar a reportagem de divulgação científica e os infográficos com os colegas em um seminário. Nos dicionários de língua portuguesa, o seminário é definido como o lugar em que se origina ou se propaga algo, um encontro científico ou cultural em que se debatem assuntos de interesse de determinado público, um grupo de pesquisa no qual se compartilham os resultados de um estudo. Em latim, a origem da palavra *seminário* está relacionada à palavra *semente*, no sentido de semear. Assim, o seminário pode ser compreendido como uma estratégia para semear ideias.

Como você pôde perceber, trata-se de um momento de sistematização de conhecimentos e de discussão do tema. Procure torná-lo rico para que possa ampliar os conhecimentos sobre o impacto das tecnologias nas profissões, considerando as informações que os colegas devem apresentar.

Procedimentos

1. Definam o tempo disponível para a fala de cada grupo e para os turnos de perguntas.
2. Levando em conta esse tempo, cada grupo pode construir um roteiro da apresentação que quer fazer.
3. Preparem também um material de apoio à apresentação, que pode ser impresso ou feito para ser projetado. O objetivo é que o material auxilie na compreensão dos colegas que vão assistir à apresentação.
4. Escolham quem será responsável por cada parte da apresentação, explicando a reportagem ou o infográfico. Lembrem-se de que o preparo antes da apresentação é fundamental, para que não haja interrupções e nada de importante deixe de ser comentado.

Rawpixel.com/Shutterstock

Apresentação de seminário.

5. Para começar as apresentações, na data combinada com os colegas e o professor, organizem a sala de aula em círculos compostos de dois grupos em cada, ou seja, com um total de oito participantes em cada roda.

6. Comecem fazendo uma breve apresentação dos participantes do grupo. Depois, mostrem o objetivo da pesquisa, as fontes utilizadas, os resultados encontrados e finalizem com uma conclusão. Cuidem para que a fala seja em ritmo confortável para a compreensão de todos.

7. Terminada a apresentação do grupo, reservem alguns minutos para que o outro grupo apresente dúvidas, colocações ou complementações. Em seguida, os colegas se apresentam.

8. Após essa primeira rodada nos círculos, os grupos devem trocar de rodas, formando novos pares de grupos. O objetivo é que os círculos sejam rearranjados até que todos os grupos tenham se apresentado uns aos outros.

9. Finalizadas as rodadas de apresentações em pequenos grupos, escolham um lugar da sala para afixarem os infográficos produzidos, se houver algum no suporte papel.

10. Por fim, a turma deve formar uma grande roda de conversa, com todos os grupos, para expor considerações finais e dúvidas que ainda possam restar sobre o impacto da tecnologia nas profissões apresentadas. Veja a seguir algumas sugestões de perguntas para discussão:

- Quais foram as profissões que mais se destacaram ao pensarmos no impacto da tecnologia?
- Quais mudanças foram mais significativas e em que profissões? Há profissões que tendem a desaparecer? Quais?
- Alguma profissão tende a ser mais reconhecida do que é atualmente?

Meu portfólio

Nesta unidade você e os colegas puderam estudar as relações entre o trabalho e a tecnologia, compreendendo como a relação sujeito-máquina vem ocorrendo desde a Revolução Industrial. No tópico de Educação Física, *Corpo, tecnologia e trabalho*, você pôde analisar demandas corporais de diferentes profissões, compreender a relação entre o surgimento dos métodos ginásticos e as revoluções industriais, reconhecer a necessidade de ajustar espaços e materiais de trabalho e de uso cotidiano à ergonomia, evitando lesões corporais. Aprendeu também a refletir sobre hábitos posturais no uso de celulares e computadores e a utilizar alongamentos para buscar conforto corporal.

No tópico de Arte, *Tecnologias musicais*, você estudou os impactos das tecnologias nos modos de produção e consumo de música. Nesse processo, pôde conhecer um pouco do trabalho da artista Björk e analisar os padrões de *playlists* que escuta. Já no tópico de Língua Portuguesa, *Romance*, estudou esse gênero e pôde conhecer a obra de um autor da Geração de 30. Além disso, conheceu o gênero reportagem de divulgação científica. Por fim, produziu uma pesquisa de análise documental, uma reportagem e um infográfico, compartilhados com a turma em um seminário.

Consulte as explicações sobre a organização do portfólio. Para montá-lo, você deverá retomar todas as produções realizadas na unidade, desde rascunhos e projetos até registros em fotos e vídeos de apresentações. Lembre-se de que todo o processo criativo é importante, e não apenas o produto final, por isso aqui não podem faltar as diversas versões de uma mesma produção.

Retome também todas as anotações que fez no diário de bordo, elas vão ajudar muito na construção do portfólio. Não deixe de colocar a data em que cada produção foi realizada. Assim, ao consultar o portfólio, você terá condições de verificar sua história de aprendizagem. Essa consulta poderá ajudá-lo a perceber quais aspectos desenvolveu e aperfeiçoou ao longo do trabalho.

UNIDADE

2 Trabalho e escolhas

Bernardo Emanuelle/Shutterstock

Bernardo Emanuelle/Shutterstock

Jovens portando carteira de trabalho, em São Paulo (SP), 2015.

#TáNoFeed

1. Observe as imagens e responda oralmente às questões.

a) Em sua opinião, que situações essas imagens representam?

b) Você sabe o que é a carteira de trabalho? O que significa tê-la?

c) Por que, em sua opinião, a posse da carteira de trabalho está associada à expressão de alegria, de satisfação dos jovens da imagem?

2. Leia a notícia publicada em 2017, no *Diário do Sudoeste da Bahia*, e, em seguida, responda às questões propostas. Depois, compartilhe as respostas com a turma.

Programa Primeiro Emprego busca jovens

A coordenação do programa Primeiro Emprego está buscando jovens em diversos municípios para que eles possam ser encaminhados para seus postos de trabalho. Aqueles que se formaram na rede estadual de Educação Profissional desde 2015 e obtiveram as melhores notas foram classificados em um ranking feito pela Secretaria da Educação do Estado. [...]

A meta do programa é oferecer o primeiro emprego para nove mil jovens oriundos da rede estadual de Educação Profissional. São 4.500 vagas entre novembro de 2016 e novembro de 2017, e outras 4.500 entre novembro de 2017 e novembro de 2018, no setor público. A oportunidade pode surgir em secretarias e órgãos do governo estadual, ou ainda empresas públicas e privadas, parceiras do programa. Para mais informações, acesse o site do Primeiro Emprego.

PROGRAMA Primeiro Emprego busca jovens. *Diário do Sudoeste da Bahia*, Vitória da Conquista, 16 abr. 2017. Disponível em: http://www.dsvc.com.br/2017/04/programa-primeiro-emprego-busca-jovens/. Acesso em: 27 jan. 2022.

a) Com base na leitura do texto, quem promoveu o programa Primeiro Emprego?

b) Para quem o programa foi destinado?

c) Qual é o objetivo do programa Primeiro Emprego?

d) Quais foram os critérios de seleção para participar do programa?

3. Junte-se a dois colegas e conversem sobre as questões propostas a seguir.

a) Vocês acham que programas de incentivo ao primeiro emprego são necessários? Por quê?

b) Como vocês avaliam a iniciativa do programa Primeiro Emprego, implementado entre os anos de 2016 e 2018 no estado da Bahia?

c) Que sentimentos a fase que antecede a escolha da carreira e o ingresso no mercado de trabalho desperta em vocês? Cada integrante do grupo deve explicar sua resposta.

d) Se você já trabalha ou já trabalhou, compartilhe com os colegas como foi ou como tem sido a sua experiência: como chegou ao primeiro emprego? Precisou passar por algum tipo de entrevista ou teste? Que conhecimentos você tinha antes de começar a trabalhar? Quais passou a ter? Você recebeu ou recebe auxílio de pessoas mais experientes no dia a dia de trabalho?

e) Se você nunca trabalhou, conte aos colegas: como acha que deva se preparar para o primeiro trabalho? Quais são suas expectativas em relação ao ingresso no mercado de trabalho?

f) Na opinião do grupo, como imaginam que uma empresa deva se preparar para receber um jovem que está iniciando a vida profissional?

Nesta unidade, você vai refletir sobre as escolhas profissionais e a inserção do jovem no mercado de trabalho brasileiro. Em *Juventude e trabalho: discussões em três atos*, vai conhecer o tema por meio de textos, reportagens e dados, construindo coletivamente uma *wiki* de profissões. Já em *Teatro das escolhas*, vai analisar uma peça teatral que trata das condições de trabalho e conhecerá algumas técnicas do Teatro do Oprimido, do dramaturgo Augusto Boal (1931-2009).

Diário de bordo

Registrem no diário de bordo as conclusões sobre a conversa que tiveram a respeito das questões que foram propostas.

Ao final, você e os colegas serão convidados a criar cenas teatrais usando as técnicas que conheceram e a apresentá-las aos demais estudantes da escola. O objetivo será ampliar o debate sobre os desafios dos jovens nessa fase de escolhas para o futuro, contribuindo para a tomada de decisões responsáveis e que transformem progressivamente a realidade do mercado de trabalho do país.

Saiba+

Obter a Carteira de Trabalho. Brasil, 2022. Disponível em: https://www.gov.br/pt-br/servicos/obter-a-carteira-de-trabalho (acesso em: 22 mar. 2022). Após a sanção da Lei n. 13 874/2019, a Carteira de Trabalho e Previdência Social (CTPS) passou a ser emitida preferencialmente em meio eletrônico, em um aplicativo oficial. Acesse o *link* e saiba como obter a sua.

Conheça a unidade

Objetivos de aprendizagem

Língua Portuguesa

- Compartilhar sentidos construídos por meio da leitura de um relato pessoal sobre a busca do primeiro emprego.
- Posicionar-se criticamente diante das diversas visões de mundo relativas ao tema da escolha profissional e do mundo do trabalho.
- Formular propostas para o tema do trabalho na juventude, considerando as diferentes realidades de jovens no Brasil e a legislação do país.
- Comparar tópicos de linguagem na gramática descritiva e na gramática normativa, analisando variações gramaticais na língua.
- Construir e atualizar *wikis* de profissões de forma colaborativa.

Arte

- Refletir sobre as condições de trabalho por meio de montagens teatrais de diferentes tempos.
- Conhecer os métodos do Teatro do Oprimido, de Augusto Boal.
- Debater questões do mundo do trabalho por meio das técnicas do Teatro Imagem e do Teatro Fórum.

Justificativa

Nesta unidade, você vai conversar com os colegas sobre a fase de escolhas profissionais em que se encontram e sobre os anseios com relação ao mundo do trabalho. O compartilhamento inicial de conhecimento e experiências sobre esse tema aos poucos dará lugar a discussões baseadas em dados e fatos apresentados nos textos, nas peças teatrais e nas técnicas do Teatro do Oprimido estudadas.

Serão destacados alguns fatores que tornam a fase de escolha da carreira e a busca pelo primeiro emprego momentos de grande incerteza para os jovens, para que se busque conhecer algumas de suas causas. Por isso, as práticas artísticas propostas, o compartilhamento de pontos de vista, o conhecimento das profissões, bem como de seus direitos como jovem (a ser) inserido no mundo do trabalho, contribuirão para você se conhecer um pouco mais e tomar decisões responsáveis e conscientes, alinhadas com a sua realidade e o seu projeto de vida, de forma ética e cidadã.

A BNCC nesta unidade

Nesta unidade são desenvolvidas as competências e habilidades da BNCC indicadas a seguir.

Competências gerais da Educação Básica: 1, 3, 4, 5, 6, 7, 8.

Linguagens e suas Tecnologias no Ensino Médio: competências específicas e habilidades

Competência específica 1 (EM13LGG102, EM13LGG103, EM13LGG104); competência específica 2 (EM13LGG202, EM13LGG204); competência específica 3 (EM13LGG301, EM13LGG302, EM13LGG303, EM13LGG304, EM13LGG305); competência específica 4 (EM13LGG401, EM13LGG402); competência específica 5 (EM13LGG501); competência específica 6 (EM13LGG602, EM13LGG603, EM13LGG604); competência específica 7 (EM13LGG703).

Língua Portuguesa no Ensino Médio: campos de atuação social, competências específicas e habilidades

Todos os campos de atuação social

EM13LP01 (competência específica 2); EM13LP08 (competência específica 1); EM13LP09 (competência específica 7); EM13LP10 (competências específicas 1, 7).

Campo da vida pessoal

EM13LP20 (competências específicas 1, 6); EM13LP22 (competências específicas 1, 7).

Campo de atuação na vida pública

EM13LP26 (competência específica 3).

Campo das práticas de estudo e pesquisa

EM13LP32 (competência específica 3); EM13LP34 (competência específica 7); EM13LP35 (competência específica 2).

Campo artístico-literário

EM13LP46 (competências específicas 3, 6); EM13LP49 (competência específica 6).

Ciências Humanas e Sociais Aplicadas no Ensino Médio: competências específicas e habilidades

Competência específica 4 (EM13CHS402, EM13CHS404); Competência específica 6 (EM13CHS602).

Juventude e trabalho: discussões em três atos (Língua Portuguesa)

Motivado por uma pesquisa realizada pela filha, quando era estudante universitária, sobre jovens e o primeiro emprego, o escritor e cronista paulista Ignácio de Loyola Brandão (1936-) se propôs a escrever o livro *O primeiro emprego: uma breve visão*, publicado em 2011. Alternando relato pessoal com trechos de reportagens e de resultados de pesquisa de sua filha, o autor discorre sobre a experiência dele na busca por emprego nos anos 1950. Ao longo do livro, o leitor é levado a uma reflexão sobre as dificuldades e oportunidades dessa fase na vida do jovem em qualquer época. O trecho selecionado para leitura relata o momento em que o escritor, recém-chegado à cidade de São Paulo, inicia sua jornada na busca por um emprego após ter contribuído com críticas cinematográficas e reportagens em um jornal de Araraquara, cidade interiorana onde nasceu.

1. E você? Já parou para pensar em trabalho, profissão, carreira? Como acredita ter sido o processo de busca por emprego de Ignácio de Loyola Brandão no ano de 1957, numa cidade completamente desconhecida?

Saiba+

Fábio Guinalz/Fotoarena

O escritor e jornalista paulista **Ignácio de Loyola Brandão** é autor de variada obra, incluindo romances, contos, crônicas, biografias, peças de teatro e relatos pessoais. Sua produção literária lhe rendeu diversos prêmios ao longo da vida. Desde 2019, é membro da Academia Brasileira de Letras.

Uma oferta de emprego irreal

Desembarcar na Estação da Luz, numa manhã de março de 1957, trouxe medo e deslumbramento. Não seria possível voltar para trás. Eu tinha lido uma frase de Ernest Hemingway que me impressionara: "Nunca volte derrotado para sua cidade natal". São Paulo foi como uma explosão de barulho, movimento, grandiosidade. Os edifícios me encantavam. Luzes acesas durante o dia? Só mesmo em cidade grande. E o trânsito? Pesado, barulhento. Em Araraquara, podia-se dormir no meio da rua. Os primeiros dias foram de reconhecimento, tomada de ar, respiração. Como eu invejava aquela gente em torno de mim. Via garotos com pasta, garotos de terno, entrando e saindo de prédios, adolescentes entrando em táxis (em São Paulo se dizia táxi), pegando bondes, ônibus, levando marmitas. Eu conseguiria emprego? Trazia algumas cartas do Paulo Silva para jornais e agências; cartas de Dona Olga Ferreira Campos – professora de português (Celso Lafer foi aluno dela, certa época), líder do grupo teatral – para conhecidos de algumas firmas comerciais. Meu pai me dera tudo o que podia, Cr$ 3.000. Economizara, sabendo que eu ia precisar. Mas alertara: "Nem pense em mesada, como vão ter alguns colegas seus".

Primeira etapa. Agência de publicidade Santos e Santos, que trabalhava com imprensa do interior. Demorei a encontrar o endereço, não sabia andar na cidade. Era próximo ao viaduto Santa Ifigênia. Fiquei uma hora na sala de espera e finalmente entrei, entreguei a carta do Paulo. Nervoso. Roberto Santos leu a carta, sorriu:

– Me diga uma coisa! Toda sua família é ferroviária. Um bom emprego, tanto a Companhia Paulista, quanto a Estrada de Ferro Araraquara, ou a Sorocabana, são empresas sólidas. Aquele é o futuro. Por que não quis continuar a tradição?

– Vejo o mundo diferente, tudo está mudando, meus sonhos são outros.

– Sonhos? E a segurança?

– Segurança? E o sonho?

Ele sorriu, parecia um homem bom:

– Então, vamos ver. Lugar de redator não tenho. Fazer layout você sabe?

Não sabia nem mesmo o que era *layout*. Para não demonstrar ignorância respondi que não.

– Nossos anúncios são muitos simples, tudo feito aqui mesmo, mandamos os clichês prontos para o interior. Quem sabe você possa ser contato!

Também não sabia o que era contato, mas fiquei na minha.

– Quem sabe. Posso tentar.

– Tem alguma experiência?

– Não.

– Nunca foi contato n'*O Imparcial*?

– Não!

Estava me mordendo de curiosidade para saber o que seria contato.

– Na verdade não posso te dar um lugar de contato, já que não tem experiência.

– Posso tentar.

– Tem uma carteira de clientes?

Não sabia o que era uma carteira de clientes, todavia, fosse o que fosse, eu não tinha.

– Se não tem, vai procurar quem?

– O senhor não pode me ceder uma?

– A minha?

– Quem sabe?

– Entrego a você meus clientes e você ganha a comissão que é da agência. Acha justo?

Eu não sabia do que ele falava. Completo mistério. Concordava com medo de parecer tolo. Ele deve ter percebido, de maneira que explicou.

– Cada contato tem uma carteira, ou seja, uma lista de clientes habituais, aos quais vende os anúncios a cada mês, a cada semana, ou temporada.

– Acabei de chegar em São Paulo, nem sei andar na cidade, não conheço ninguém.

– E como pensa trabalhar?

– Alguém tem de me dar uma chance.

– Lamento, não posso fazer nada, não aceitamos estagiários por falta de espaço.

Saí da agência nem animado nem desanimado. Aos 21 anos, era a primeira recusa. Não ia me abalar, tinha no bolso um monte de cartas. Fui procurar o Correio Paulistano. Era na Líbero Badaró, perto do mosteiro de São Bento. Um prédio decadente, me causou má impressão, eu estava acostumado a redações de filmes americanos, tipo Cidadão Kane. Não me lembro o nome de quem me atendeu em lugar do Nabor Caires de Brito, uma figura legendária.

– Qual é a sua experiência?

– Fiz jornal no interior. Tenho os recortes.

Alertado por um amigo, Sebastião Campos, um ator que também estava tentando fazer teatro e cursava a Escola de Arte Dramática, EAD, eu tinha levado uma pasta com as melhores matérias e críticas.

– Recortes? Quem prova que foi você que escreveu?

– Está tudo assinado.

– Bem, o que interessa é que eu não tenho nada a te oferecer. Preciso de um secretário de redação.

Eu sabia o que era o cargo, era uma coisa que não existia em Araraquara, onde todo mundo fazia de tudo. Fui dispensado sumariamente; decidi almoçar e prosseguir. Sabia que pela frente existia um obstáculo, a tal experiência. [...]

BRANDÃO, Ignácio de Loyola. *O primeiro emprego:* uma breve visão. São Paulo: Global, 2014. *E-book*.

Um texto não é uma sequência de frases e parágrafos cujas palavras, ao serem decodificadas, compõem um sentido único apreendido da mesma forma por todos os leitores. Para a compreensão do texto, observamos o material linguístico e sobre ele fazemos recair nosso conhecimento de mundo, nossas experiências, para construirmos possibilidades de interpretação. Esse exercício, quando realizado de maneira compartilhada, é muito mais significativo, uma vez que a visão do outro favorece a ampliação da nossa própria percepção crítica do texto.

O trecho do livro de Ignácio de Loyola Brandão traz uma série de indícios sobre a visão de mundo, a percepção de si e as expectativas sobre o futuro de um jovem em início de carreira. É possível traçar o retrato escrito desse personagem acompanhando seu relato, suas reflexões e os diálogos de que participava.

No primeiro parágrafo, por exemplo, o narrador fala de medo e deslumbramento. Sua descrição da cidade e das reflexões feitas diante daquela paisagem esclarece sobre em que que recaía seu medo e sobre em que que recaía o deslumbramento. Conseguimos fazer essa associação porque o narrador explicita dois campos de sua percepção: um ligado a aspectos mais físicos (luzes, barulho, movimento, grandiosidade) e outro, a aspectos mais morais (como a frase de Hemingway citada: "Nunca volte derrotado para sua cidade natal"). Com base nessa divisão, é possível concluir que o autor fica deslumbrado por todos os elementos da cidade grande, que se opõem aos conhecidos por ele em sua cidade natal. O medo que sente é o de não conseguir êxito nesse lugar.

2. Em grupo com dois colegas, conversem sobre as perguntas propostas a respeito do narrador do relato: sua visão de mundo, seus medos, suas esperanças, seus valores. Há diferentes possibilidades de resposta para cada pergunta. Em todas as situações, sua defesa deve estar baseada nos elementos do texto. Criem um registro que sintetize a discussão do grupo para, no final, compartilharem com toda a turma.

a) A preparação do narrador para buscar um primeiro emprego na nova cidade contava com algumas antecipações, que revelam as ideias dele sobre esse processo. Que ideias são essas? Elas ainda são condizentes com a realidade atual no Brasil? Trata-se de uma forma inclusiva de se alcançar o primeiro trabalho?

b) Releiam os parágrafos 2 a 8. Comparem as visões de trabalho e futuro do narrador e de Roberto Santos, da Agência de Publicidade Santos e Santos. Em que elas se assemelham e em que se diferenciam? Essas diferenças de percepção com relação ao trabalho e ao futuro são comuns entre os jovens hoje? Contem para o grupo com qual delas você concorda.

c) Releiam os parágrafos 9 a 11. O que, na opinião do grupo, explica a atitude do narrador de esconder seu desconhecimento do assunto? Que reação ele pressupunha do interlocutor caso dissesse a verdade? O que isso revela da visão do narrador sobre as possibilidades de contratação para um primeiro emprego? Vocês concordam com essa visão?

d) Releiam os parágrafos 12 a 33. Que comportamentos e que formas de enfrentar os problemas o narrador revela ter ao longo desse trecho? No lugar dele, na mesma situação, como reagiriam e se sentiriam em relação a cada evento?

e) Releiam o último parágrafo. O narrador constata a necessidade de experiência como o primeiro obstáculo a ser enfrentado na busca pelo primeiro emprego. Considerem a seguinte afirmação: para conseguir um trabalho é preciso ter experiência, mas sem fazer nenhum trabalho não se adquire experiência. Com o grupo, imaginem-se responsáveis por programas de apoio ao primeiro emprego. Que sugestões vocês dariam para resolver o problema destacado na afirmação?

Saiba+

O primeiro emprego: uma breve visão, de Ignácio de Loyola Brandão (São Paulo: Global, 2014).

No livro, o cronista descreve os anseios próprios de um jovem de qualquer época com as escolhas profissionais e as dificuldades para conseguir o primeiro emprego.

Relata, ainda, suas experiências, na década de 1950, nos jornais por onde passou, e fala do trabalho mal remunerado, passando pelos conhecimentos adquiridos no exercício da profissão até alcançar o reconhecimento na carreira.

Jovem brasileira com carteira de trabalho, feliz por ter conquistado o primeiro emprego.

cesarvr/Shutterstock

O texto a seguir, publicado no *site* da Câmara dos Deputados, foi escrito para uma reportagem especial radiofônica sobre políticas para a juventude.

3. Antes da leitura, converse com a turma:

a) O que vocês entendem por "políticas para a juventude"? Por que se espera que um tema como esse seja tratado por um veículo de comunicação da Câmara Legislativa brasileira?

b) Retomem as respostas ao item **e** da questão **2** sobre o texto "Uma oferta de emprego irreal". Entre as sugestões do grupo, havia alguma proposta envolvendo **políticas públicas** para os jovens? Se não, quais vocês sugeririam? Montem uma lista e afixem as propostas no mural.

políticas públicas: ações, metas e planos das esferas de governo com vistas a solucionar os problemas da sociedade.

Especial Políticas para a juventude – Educação e trabalho: os grandes desafios para os jovens

Rebeldia, sonhos, alegrias, descobertas, medos e muita energia. Todas essas palavras acompanham a juventude, parcela da população que deve chegar a 51 milhões de brasileiros neste ano. Provavelmente, será o maior número de jovens já registrado na história do país, pois as projeções demográficas apontam uma tendência de queda no crescimento da população entre 15 e 29 anos pelo menos até 2050.

Alguns analistas veem nessa "onda jovem" uma grande oportunidade para o Brasil, como o doutor em saúde pública, Miguel Fontes.

"É o maior número de jovens que já tivemos nos nossos 510 anos. Essa afirmativa não seria tão surpreendente se a gente não olhasse pro futuro e constatasse que é o maior número de jovens que provavelmente nós teremos na história futura do Brasil. Alguns países, até da América do Sul, se prepararam para esta onda jovem criando um ministério pra juventude, como a Colômbia. Eu faço até uma equivalência à questão do meio ambiente, porque é algo que a gente tem que fazer hoje no Brasil, pra não perder essa grande oportunidade." Um exemplo dessa oportunidade foi dimensionado por uma pesquisa coordenada por Miguel Fontes. Ao avaliar um projeto cultural desenvolvido na cidade-satélite de Sobradinho 2, voltado ao público entre 18 e 24 anos, constatou-se que cada real aplicado voltou quase em dobro para a sociedade como riqueza econômica.

De acordo com o estudo, feito ao longo de um ano, as intervenções sociais que trabalham com conceitos como valores de paz tornam o jovem mais produtivo, ficando mais apto para os estudos e para o mercado de trabalho.

Educação e trabalho são os grandes desafios quando o público é jovem. Para se ter uma ideia, 44% dos meninos e meninas entre 15 e 17 anos não concluíram o ensino fundamental. E na faixa entre 18 e 24 anos, apenas 13% estão em cursos superiores.

Para o diretor do Instituto de Pesquisa Econômica Aplicada, Jorge Abrahão, é preciso retardar a entrada dos jovens no mundo do trabalho, para garantir a eles melhores oportunidades no futuro.

"Se você observar uma família de classe média pra cima, eles estão entrando no mercado depois de terminar a graduação, auferindo as melhores remunerações. Eles retardam, mas entram em situação melhor. O outro jovem pobre é o que está entrando cedo, aos 15 anos no mercado. Em que trabalho ele está entrando? Ele está entrando pra recompor uma renda familiar que às vezes não tá conseguindo segurar a família, e aí ele tá aceitando qualquer coisa, um trabalho sem qualificação nenhuma, com baixa remuneração, uma relação de trabalho altamente precária. A maioria abandona a escola, ou seja, nós não estamos garantindo igualdade de oportunidade para esses jovens pobres."

Educação e preparo para o mundo do trabalho são apontados como fundamentais não apenas nas pesquisas acadêmicas. Os próprios jovens reconhecem que os bancos escolares podem lhes garantir um futuro melhor.

Com muita dificuldade, a pernambucana Roseane dos Santos, de 18 anos, acaba de concluir o ensino médio. Sua primeira filha nasceu quando Roseane tinha apenas 13 anos. Aos 16, veio o segundo.

A jovem avalia que a tarefa de cuidar das crianças acabou lhe tirando várias oportunidades, como a de fazer cursos que hoje poderiam ser um diferencial na hora de procurar emprego. Ela e o marido, de 21 anos, estão desempregados.

"Porque tá difícil mesmo. A dificuldade eu acho que é porque você vai arrumar trabalho, as pessoas falam, ó, é com experiência. Outra dificuldade que eu tenho é que se eu conseguir um trabalho, eu tenho que arrumar uma pessoa pra ficar com os meninos."

Atualmente, Roseane participa dos programas de profissionalização oferecidos pela Casa de Passagem, uma ONG que atua em 16 comunidades do Recife, com foco em crianças e adolescentes de baixa renda e em situação de vulnerabilidade social.

A jovem não conta com atendimento de nenhuma esfera de governo. Ela, o marido e os dois filhos moram com a mãe de Roseane, que sustenta a casa trabalhando como manicure e com a ajuda do Bolsa Família.

Entidades da sociedade civil, como a Casa de Passagem, ocupam uma lacuna deixada pelo Estado no atendimento a jovens, principalmente os mais carentes.

Os especialistas observam evoluções significativas nas políticas públicas voltadas para a juventude nos últimos anos, mas afirmam que ainda há muito a fazer, principalmente na melhoria da gestão e na integração das ações em curso.

Uma ajuda nesse sentido pode vir do Judiciário. É cada vez mais comum juízes e promotores exigirem que os direitos assegurados a crianças e adolescentes saiam do papel, como explica o presidente da Associação Brasileira de Magistrados e Promotores de Justiça da Infância e da Juventude, Eduardo Melo.

"O Ministério Público tem por incumbência garantir os direitos sociais da criança e adolescente, educação, por exemplo. Numa cidade se tem crianças em situação de rua, que tenha programas de educador social de rua. Se não houver, o promotor pode instaurar um inquérito civil, tentar fazer um acordo com as prefeituras municipais para que elas criem essas políticas, sob pena de multa, e se não o fizerem, eles podem entrar com ações judiciais pra exigir o cumprimento. Isso é muito frequente, muitas questões que hoje estão se tornando correntes, como creches, começaram muito por exigência da justiça."

Um dos problemas já detectados pela Associação Brasileira de Magistrados e Promotores da Justiça da Infância e da Juventude é a falta de varas especializadas.

Em todo o país, apenas 92 cidades contam com juízes atuando exclusivamente na área. O Conselho Nacional de Justiça finaliza um estudo sobre o tema.

Entre as medidas práticas que são esperadas, estão a presença de juízes especializados pelo menos em todas as cidades que tiverem unidades de internação de adolescentes infratores, além de localidades de fronteira, onde a exploração sexual e o tráfico de crianças e jovens costumam ocorrer com mais frequência.

MONTENEGRO, Mônica. Especial Políticas para a juventude – Educação e trabalho: os grandes desafios para os jovens. *Rádio Câmara*, 14 mar. 2010. Disponível em: https://www.camara.leg.br/radio/programas/333559-especial-politicas-para-a-juventude-educacao-e-trabalho-os-grandes-desafios-para-os-jovens-06-44/. Acesso em: 29 mar. 2022.

4. De acordo com o texto, por que educação e trabalho são os grandes desafios enfrentados pelos jovens? Quais são os dados e os exemplos apresentados para justificar essa afirmação?

5. Ao longo do texto, há a descrição de alguma política pública? O que, em sua opinião, justifica isso?

6. Você conhece alguma política pública de apoio ao jovem? Faça uma pesquisa e identifique ao menos uma delas. Verifique se a proposta é federal, estadual ou municipal. Descreva-a.

Antes de resolver a próxima questão, leia o artigo 6º da Constituição da República Federativa do Brasil e os artigos 68 e 69 do Estatuto da Criança e do Adolescente.

Constituição da República Federativa do Brasil de 1988

Art. 6º São direitos sociais a educação, a saúde, a alimentação, o trabalho, a moradia, o transporte, o lazer, a segurança, a previdência social, a proteção à maternidade e à infância, a assistência aos desamparados, na forma desta Constituição.

BRASIL. [Constituição (1988)]. *Constituição da República Federativa do Brasil de 1988*. Brasília, DF: Presidência da República, [2019]. Disponível em: http://www.planalto.gov.br/ccivil_03/Constituicao/Constituicao.htm. Acesso em: 29 mar. 2022.

Estatuto da Criança e do Adolescente

Art. 68. O programa social que tenha por base o trabalho educativo, sob responsabilidade de entidade governamental ou não governamental sem fins lucrativos, deverá assegurar ao adolescente que dele participe condições de capacitação para o exercício de atividade regular remunerada.

§ 1º Entende-se por trabalho educativo a atividade laboral em que as exigências pedagógicas relativas ao desenvolvimento pessoal e social do educando prevalecem sobre o aspecto produtivo.

§ 2º A remuneração que o adolescente recebe pelo trabalho efetuado ou a participação na venda dos produtos de seu trabalho não desfigura o caráter educativo.

Art. 69. O adolescente tem direito à profissionalização e à proteção no trabalho, observados os seguintes aspectos, entre outros:

I – respeito à condição peculiar de pessoa em desenvolvimento;

II – capacitação profissional adequada ao mercado de trabalho.

BRASIL. *Lei n. 8 069, de 13 de julho de 1990*. Dispõe sobre o Estatuto da Criança e do Adolescente e dá outras providências. Brasília, DF: Presidência da República, [2019]. Disponível em: http://www.planalto.gov.br/ccivil_03/LEIS/L8069.htm. Acesso em: 29 mar. 2022.

7. Volte ao texto "Especial Políticas para a juventude – Educação e trabalho: os grandes desafios para os jovens". Com um colega, façam uma tabela no diário de bordo e especifiquem, em uma das colunas, todos os desafios enfrentados pela jovem descritos ao longo da reportagem. Depois, discutam uma política pública que poderia minimizar esse problema e registrem a ideia na segunda coluna (vejam o exemplo). Na formulação da política, considerem o órgão governamental responsável, as formas de implementação da política pública, a forma de financiamento. Considerem os modelos apresentados no próprio texto.

Problema	Proposta de política pública para minimizar o problema
\\	\\
\\	\\
\\	\\
\\	\\
\\	\\

8. Releia o trecho:

"Uma ajuda nesse sentido pode vir do Judiciário. É cada vez mais comum juízes e promotores exigirem que os direitos assegurados a crianças e adolescentes saiam do papel, como explica o presidente da Associação Brasileira de Magistrados e Promotores de Justiça da Infância e da Juventude, Eduardo Melo."

a) Esse trecho sugere uma das formas como os direitos são tratados no Brasil. Qual?

b) Que medidas podem ser tomadas para que os direitos sejam assegurados?

9. Você já escolheu sua profissão? Se sim, o que motivou sua escolha? Se não, quais são suas dúvidas? Antes de ler o próximo texto, escreva, em tiras de papel, orientações que você julga importantes para auxiliar na escolha profissional. Escreva três ideias, uma em cada tira de papel. No mural da sala, afixe as tiras organizando-as por semelhanças com as dos colegas. Com a turma, dê um título para cada agrupamento.

O próximo texto é uma reportagem que trata da dificuldade dos jovens em escolher uma profissão.

Jovens têm dificuldade para escolher profissão

Neste ano, 5,5 milhões de pessoas vão fazer o Exame Nacional do Ensino Médio (Enem) e a maioria delas são jovens em busca de ingressar na faculdade. Esses adolescentes também terão que tomar a decisão mais séria e talvez a mais complicada de suas vidas: a escolha de uma profissão.

Para alguns, esse processo é fácil, como é o caso da estudante Vitória Alves. Ela conta que desde muito nova sempre quis ser médica veterinária. "Sempre convivi com animais e os adoro".

Após o ensino médio, a jovem fez um curso técnico de auxiliar de veterinária, o que aguçou sua vontade de seguir na profissão. "Aprendi ainda mais sobre os animais, principalmente os de pequeno porte. Estou tentando entrar na faculdade, mas é um curso caro e bastante concorrido".

Porém, essa vocação nem sempre é descoberta com tanta facilidade. A estudante Gabriela Almeida irá fazer o Enem e ainda não sabe qual área seguir. "Sempre fui uma aluna mediana na maioria das matérias, então estou com dificuldade em descobrir qual área tenho mais afinidade".

Ela relata que já fez alguns testes vocacionais, mas ainda não conseguiu chegar a uma conclusão.

Pressão na escolha

A psicóloga Thaliana Piovezana afirma que muitos jovens acreditam que a escolha profissional é definitiva e que dificilmente poderão mudar essa decisão ao longo da vida. "Na verdade, a possibilidade de mudança sempre estará presente. Ao pensarem que estão escolhendo uma profissão para o resto da vida, eles se sentem mais pressionados, intensificando o nível de ansiedade, conflito e insegurança. Ademais, é comum pensarem que devem escolher apenas o retorno financeiro, esquecendo que a satisfação pessoal também é importante".

Thaliana disse que esse processo não deve ser pensado como uma decisão isolada, pois envolve uma série de fatores internos e externos que estão relacionados, como a situação socioeconômica, os medos, anseios, valores pessoais, pressão social e familiar, disponibilidade do curso, mercado de trabalho etc. "Para fazer uma boa escolha é preciso refletir sobre todos os fatores que possam influenciar direta ou indiretamente sua decisão. Os pais podem ajudar, mas não devem escolher pelo filho. O ideal é oferecer apoio e abertura para o diálogo".

Além disso, a escolha profissional, geralmente, ocorre na adolescência, período de muitos questionamentos e mudanças. "Essa fase é marcada pela transição entre o mundo infantil e a entrada no universo adulto, o que por si só suscita grandes conflitos. Lidar com essas demandas não é fácil e a pressão por escolher uma profissão torna mais difícil".

A psicóloga dá dicas para os jovens que estão vivendo esse período: "É necessário buscar autoconhecimento. Refletir sobre seus interesses, habilidades, motivações, expectativas, desejos e objetivos. Identificar nossos aspectos pessoais é o principal critério para uma escolha profissional consciente. Deve-se buscar responder o porquê e para que seguir determinada carreira. O segundo aspecto refere-se ao conhecimento da realidade profissional. Somente ao se informar sobre o mundo das profissões que o indivíduo terá mais clareza de suas preferências. Realizar uma pesquisa sobre os campos de atuação, a grade curricular dos cursos de interesse, o mercado de trabalho, oportunidades de emprego, desafios, pontos fortes e fracos. Uma estratégia interessante é entrevistar profissionais que atuam nas áreas que lhe despertam interesse. Por fim, deve-se integrar esses dois aspectos para tomar uma decisão mais madura e consciente", finaliza.

ARAUJO, Loraynne. Jovens têm dificuldade para escolher profissão. *Edição do Brasil*, 10 ago. 2018. Disponível em: http://edicaodobrasil.com.br/2018/08/10/jovens-tem-dificuldade-para-escolher-profissao/. Acesso em: 29 mar. 2022.

10. A reportagem trata da dificuldade de escolha da profissão pelos jovens, encaminhando o leitor para determinada visão do tema. Isso se revela nos exemplos e na escolha dos depoimentos para garantir argumentação de autoridade. Identifique esses elementos respondendo às seguintes questões:

a) Que exemplo ilustra a dificuldade na escolha da profissão?

b) Que recurso o jornalista escolhe para explicar essa dificuldade? Qual a importância desse recurso para a construção de credibilidade do texto?

11. Recupere do texto "Especial Políticas para a juventude – Educação e trabalho: os grandes desafios para os jovens" os relatos acerca das dificuldades dos jovens em ingressar no mercado de trabalho.

Em sua opinião, as orientações sobre a escolha profissional também contemplam os jovens destacados nos exemplos?

Técnicas para produzir uma *wiki*

As dúvidas sobre carreira são muito comuns na adolescência. Conhecer-se e conhecer as possibilidades profissionais são passos importantes para quem deseja ingressar na faculdade ou adentrar o mundo do trabalho. Para contribuir com a ampliação do conhecimento sobre as profissões, a turma deverá montar uma *wiki* de profissões.

Mas você sabe o que é uma *wiki*? Trata-se de uma produção colaborativa de informações sobre qualquer conteúdo, um fenômeno possível por causa da internet. Há diversos exemplos na internet, como enciclopédias virtuais colaborativas, tutoriais de montagem de objetos, receitas culinárias, etc.

Para criar uma *wiki*, siga os passos:

Monkey Business Images/Shutterstock

Jovem estudando no computador.

1. Como o tema da unidade é trabalho e escolhas, a tarefa da turma será a construção de uma *wiki* de profissões que possam interessar a sua geração. Com a turma, faça uma lista de profissões que lhes interessem.
2. Por ser uma produção colaborativa, um estudante deve se responsabilizar por iniciar a apresentação de uma das profissões e, depois, outros dois devem revisá-la. Assim, um mesmo texto será escrito e revisto por três pessoas, e cada um colaborará com, ao menos, três profissões.
3. Veja dois exemplos de trechos de verbetes retirados de uma enciclopédia virtual colaborativa e responda às questões propostas.

Professor

Professor ou docente é uma pessoa que ensina ciência, arte, técnica ou outros conhecimentos. Para o exercício dessa profissão, requer-se qualificações académicas e pedagógicas, para que consiga transmitir/ensinar da melhor forma possível ao aluno.

É uma das profissões mais importantes, tendo em vista que as demais, na sua maioria, dependem dela. Já Platão, na sua obra *A República*, alertava para a importância do papel do professor na formação do cidadão. O *Dia Mundial dos Professores* celebra-se a 5 de Outubro. No Brasil, o *Dia do Professor* é dez dias depois, em 15 de Outubro. [...]

PROFESSOR. *In:* WIKIPÉDIA: a enciclopédia livre. Flórida: Wikimedia Foundation, 2020. Disponível em: https://pt.wikipedia.org/wiki/Professor. Acesso em: 29 mar. 2022.

Ator

Nas artes cénicas, atriz ou ator (AO 1945: actriz ou actor) é uma pessoa que interpreta e representa uma ação dramática baseando-se em textos, estímulos visuais, sonoros e outros, previamente concebidos por um autor ou criados através de improvisações individuais ou coletivas; utiliza-se de recursos vocais, corporais e emocionais, apreendidos ou intuídos, com o objetivo de transmitir ao espectador o conjunto de ideias e ações dramáticas propostas; pode utilizar-se de recursos técnicos para manipular bonecos, títeres e congéneres; pode interpretar sobre a imagem ou a voz de outrem; ensaia procurando aliar a sua criatividade à do encenador; atua em locais onde se apresentam espetáculos de diversões públicas e/ou nos demais veículos de comunicação.

[...]

ATOR. *In:* WIKIPÉDIA: a enciclopédia livre. Flórida: Wikimedia Foundation, 2020. Disponível em: https://pt.wikipedia.org/wiki/Ator. Acesso em: 29 mar. 2022.

- Em sua opinião, essas informações são suficientes para compreender as profissões descritas?
- Que outros dados deveriam ser acrescentados a fim de colaborar com a decisão de quem deseja escolher uma dessas profissões?

Saiba +

"26 carreiras que têm tudo para fisgar os jovens da geração Z", de Camila Pati e Claudia Gasparini, publicado em *Exame*, 5 nov. 2015. Disponível em: https://exame.com/carreira/26-carreiras-que-tem-tudo-para-fisgar-os-jovens-da-geracao-z. Acesso em: 1º ago. 2022.

Leia a reportagem que destaca carreiras que podem interessar à geração Z – isto é, aos jovens nascidos depois de 1995, considerados críticos, dinâmicos e familiarizados com a internet.

"*Wiki* é um sucesso. Mas o que é *wiki*?", de Sérgio Rodrigues, publicado em *Veja*. Disponível em: https://veja.abril.com.br/blog/sobre-palavras/wiki-e-um-sucesso-mas-o-que-e-wiki. Acesso em: 22 mar. 2022.

Leia a reportagem que conta a história da criação do verbete *wiki*.

***WikiHow*, como fazer de tudo**. Disponível em: https://pt.wikihow.com. Acesso em: 22 mar. 2022.

Acesse o *site* colaborativo *WikiHow*, de tutoriais diversos.

Wikipédia, a enciclopédia livre. Disponível em: https://pt.wikipedia.org. Acesso em: 22 mar. 2022.

Visite a maior enciclopédia colaborativa disponível na internet, em sua versão em português.

WikiArte, enciclopédia de artes visuais. Disponível em: https://www.wikiart.org/pt. Acesso em: 22 mar. 2022.

Veja a apresentação de um vasto catálogo de obras de artes visuais, bem como de informações sobre os artistas, gêneros, estilos e movimentos.

Wikiaves. Disponível em: https://www.wikiaves.com.br. Acesso em: 22 mar. 2022.

Conheça uma comunidade brasileira de observadores de aves, com informações e fotos de diversas espécies reunidas de forma colaborativa.

Experimentação *Wiki* de profissões

Wiki de profissões

Com os textos prontos, seguindo as orientações dadas em *Técnicas para produzir uma wiki*, decidam inicialmente se a *wiki* circulará apenas entre os colegas da turma ou se ficará disponível na *web*. Caso escolham a primeira opção:

1. Iniciem um documento compartilhado.

2. Determinem um responsável pela diagramação inicial do documento.

3. Definam os espaços para as imagens, quais estilos serão usados (fonte, tamanho, cor) para títulos e corpo de texto e se haverá ou não plano de fundo, molduras ou outros elementos que criem uma identidade visual para o documento. Ao fazer escolhas, considerem o que pode tornar a página visualmente compatível com o propósito de informar sobre as profissões.

4. Atribuam um título ao documento.

5. Ao elaborar o verbete, coloquem o nome da profissão, descrevam as atividades a serem realizadas por esse profissional e indiquem quais conhecimentos, habilidades e interesses são exigidos de quem opta por essa área. Indiquem universidades e outros espaços formativos onde são oferecidos os cursos que encaminham para a profissão descrita.

6. Revisem o texto:

- Com relação ao conteúdo, observem se todos os tópicos apontados no item 5 foram contemplados.
- Com relação à linguagem, observem se foi empregada, predominantemente, a variedade-padrão da língua. O texto deve ser escrito de forma simples, objetiva e clara (com vocabulário de fácil reconhecimento, predomínio de períodos simples ou de períodos coordenados e frases escritas na ordem direta: sujeito + verbo + mais complementos). Lembre-se de que o propósito do texto é ser informativo.

7. No final do texto, anotem as fontes consultadas na pesquisa e deixem sugestões de *links* que possam complementar as informações apresentadas.

A *wiki* de profissões da turma pode ser publicada na *web*, de forma aberta à colaboração. Se a opção for compartilhá-la assim, desenvolvam uma página usando uma plataforma para criação de *sites* tipo *wiki* que esteja disponível gratuitamente na internet.

Diário de bordo

Elabore uma tabela no diário de bordo, como o exemplo a seguir, e complete-a com as informações adequadas.

Diferenças entre textos e propósitos comunicativos

12. Os três textos estudados tratam da mesma temática – a juventude e seus desafios –, mas com abordagens distintas. Identifique as diferenças de gênero e de recorte temático e a relação entre essas diferenças e a situação de produção de cada texto (quem fala, para quem, em que contexto, com qual intencionalidade).

Texto/Elementos	Quem fala e por qual meio	Leitores potenciais	Intencionalidade	Sobre o que fala	De que forma (especificidades do texto)
Uma oferta de emprego irreal	\\\\\\\\\\\\\\\\	\\\\\\\\\\	\\\\\\\\\\\\\\\\\\\\	\\\\\\\\\\	\\\\\\\\\\\\\\\\\\\\\\\\\\\\\\\\
Políticas para a juventude: educação e trabalho	\\\\\\\\\\\\\\\\	\\\\\\\\\\	\\\\\\\\\\\\\\\\\\\\	\\\\\\\\\\	\\\\\\\\\\\\\\\\\\\\\\\\\\\\\\\\
Jovens têm dificuldade para escolher profissão	\\\\\\\\\\\\\\\\	\\\\\\\\\\	\\\\\\\\\\\\\\\\\\\\	\\\\\\\\\\	\\\\\\\\\\\\\\\\\\\\\\\\\\\\\\\\

Marta Sher/Shutterstock

Gêneros textuais são a materialização de situações comunicativas recorrentes. Isso significa que os humanos criaram padrões de comunicação mais ou menos estáveis que favorecem certa economia de esforço para a expressão de uma ideia. Por isso, é possível apreender e diferenciar um cartaz de uma notícia, uma notícia de uma fofoca, uma fofoca de um artigo científico, e recebê-los de forma completamente diferente, considerando suas intencionalidades específicas. Os arranjos textuais e as escolhas linguísticas são os elementos responsáveis por essas diferenças, daí a importância de um vasto repertório de gêneros e de textos dos mesmos gêneros para uma atuação mais significativa nos diversos meios em que se produz linguagem, e uma leitura mais crítica dos textos que circulam socialmente.

Nesta unidade, você estudou o relato pessoal e duas reportagens que tratam do mesmo tema: o jovem, a escolha profissional e a inserção no mercado de trabalho. Apesar da mesma temática, a forma de recepção às abordagens teve de ser diferente. O texto literário retrata um momento da vida de personagens em um contexto histórico bastante específico e suscita reflexões. Esse retrato é afetado pela visão de um narrador, cujos propósitos estão para além de simplesmente informar um fato; existirá sempre um jogo entre o dito e o sugerido, além de um uso da linguagem que pode transitar entre o objetivo e o ambíguo. Deve-se considerar, ainda, que a experiência com o texto literário é também estética.

O texto jornalístico, mesmo que seja parcial (existem linhas editoriais com visões de mundo, valores e ideologias diversas), deve apresentar informações baseadas em dados recolhidos de fontes confiáveis (dados estatísticos, entrevistas a especialistas, apuração de fatos no local dos acontecimentos), principalmente porque um jornalismo sério se torna também fonte de informação relevante para a sociedade.

É importante notar que essas diferenças estão marcadas na materialidade dos textos. O relato pessoal de Ignácio de Loyola Brandão, por exemplo, usa recursos narrativos, descreve fatos, sensações e impressões, reproduz diálogos. Por meio dele, acessamos a visão de mundo de um personagem vivendo uma realidade situada em um tempo específico. As duas reportagens trazem elementos diversos, como dados estatísticos, contribuições de especialistas ou de pessoas relacionadas à temática representada; tudo isso com o objetivo de dar credibilidade ao conteúdo.

Entre as duas reportagens também há diferenças em função do recorte temático (acesso à educação e trabalho de um lado; dificuldades para a escolha profissional de outro) e dos objetivos editoriais de cada grupo jornalístico. Observe que a *Rádio Câmara*, da Câmara dos Deputados, focaliza o tema educação e trabalho da juventude da perspectiva dos direitos a serem assegurados aos jovens cidadãos, o que é coerente com uma de suas finalidades. A reportagem da *Edição do Brasil*, por outro lado, trata da escolha profissional como um processo individual, que envolve o autoconhecimento e o conhecimento das profissões que existem.

Diante de um texto, o leitor proficiente é capaz de articular conhecimentos acerca do gênero, do veículo de comunicação, dos recursos textuais empregados e do material linguístico a fim de reconstruir sentidos e reagir diante das informações recebidas.

Gramática normativa e gramática descritiva

Você deve saber que a língua é muito mais que a variedade-padrão. Daí a necessidade de estudá-la considerando suas ocorrências reais e os sentidos que essas ocorrências ajudam a construir para a comunicação. Por isso, a variedade-padrão é mais uma dentre as variáveis a serem estudadas, a qual deve ser considerada sempre em seu contexto de uso.

13. Os textos estudados nesta unidade foram escritos predominantemente em variedade-padrão. Por quê?

14. Em sua opinião, que relação existe entre o estudo da gramática e o emprego da variedade-padrão?

15. Para você, o que é gramática? De que maneira ela deve ser estudada?

Verifique se a sua definição de gramática se assemelha a uma das definições a seguir:

I. Livro que reúne generalizações por meio da observação, gravação, documentação e descrição de manifestações da língua, quaisquer que sejam.

II. Livro que reúne as regras sobre como falar e escrever corretamente, considerando sempre o padrão culto da língua.

Esses dois tipos de gramática existem, e cada uma recebe um nome. A primeira definição se refere à gramática descritiva, que identifica e classifica sons, sílabas, palavras e sentenças e os organiza em estruturas fonológicas, morfológicas e sintáticas. A segunda é a gramática prescritiva ou normativa, que tem como objeto a variedade-padrão da língua, apresentando a forma como se acredita que as pessoas escolarizadas devam falar e escrever.

16. Por que você acha que a gramática normativa considera apenas a variedade-padrão da língua?

Veja a resposta proposta pelo professor Ataliba Teixeira de Castilho, um estudioso de gramática da língua portuguesa do Brasil.

> Por que apenas a variedade padrão é considerada nesse tipo de Gramática? Isso se deve ao fato de que as sociedades humanas são restritivas a respeito da variação linguística, promovendo uma das variáveis, a culta, e discriminando a outra, a popular. O Estado e seu aparato de ensino são sensíveis a esse fato, por isso a escola – que é uma das representações do Estado – privilegia em suas práticas a chamada variedade padrão. Acredita-se que a promoção da cidadania assenta em seu domínio do padrão privilegiado socialmente.
>
> Essa prática, em princípio sensível a um dado antropológico, tem tido, infelizmente, um efeito perverso em nosso país: a consideração nada razoável de que, dentre as diferentes variedades que convivem numa língua, só tem interesse a variedade culta.

CASTILHO, Ataliba T. de; ELIAS, Vanda Maria. *Pequena Gramática do Português Brasileiro*. São Paulo: Contexto, 2012. p. 43.

17. Os trechos a seguir foram transcritos das duas reportagens estudadas nesta unidade. Estão misturadas as versões originais com as reescritas possíveis, aceitáveis em outros contextos.

a) Compare as duas colunas em cada linha e aponte as diferenças que identificar.

Coluna 1	Coluna 2
"Sempre convivi com animais e os adoro."	Sempre convivi com animais e adoro eles.
Sempre fui uma aluna mediana na maioria das matérias, então estou com dificuldade em descobrir com qual área tenho mais afinidade.	"Sempre fui uma aluna mediana na maioria das matérias, então estou com dificuldade em descobrir qual área tenho mais afinidade."

b) Em qual das duas colunas estão as ocorrências de acordo com a norma gramatical?

18. Para cada ocorrência, será apresentada a regra que orienta o emprego do termo destacado, de acordo com a gramática normativa. Sua tarefa é descrever a outra possibilidade de ocorrência na língua. Veja um exemplo.

Quadro 1. Análise de ocorrência	
Material linguístico	"Sempre convivi com animais e os adoro."
O que diz a gramática normativa	Os pronomes pessoais do caso reto – eu, tu, ele/você, nós, vós, eles/vocês – representam o singular e o plural das três pessoas gramaticais (1ª, 2ª e 3ª) e funcionam como sujeito da frase. Exemplos: Eu sou feliz. Eles caminham no parque. Tu gostaste do filme?
	Os pronomes pessoais do caso oblíquo, que são: 1ª pessoa – me, mim, comigo; nós, nos, conosco; 2ª pessoa – te, ti, contigo; vós, vos, convosco; 3ª pessoa – o, a, lhe, se, si, consigo; os, as, lhes, também representam o singular e o plural das três pessoas gramaticais e funcionam como objeto da frase. Exemplo: Que bom que trouxe brinquedos hoje. Você nunca os traz para a escola.
Analisando a frase	Observe a reelaboração dessa frase: Sempre convivo com animais. Adoro animais. Observe que a palavra "animais" funciona como complemento do verbo "adoro", logo é seu objeto. Assim, em "Sempre convivi com animais e os adoro", o pronome oblíquo "os" foi empregado de acordo com a gramática normativa.

Quadro 2. Análise de uma variação dessa ocorrência e de outras construções semelhantes	
Material linguístico	Sempre convivi com animais e adoro eles. Chama ela para ir lá em casa. Os meninos já estão aí. Leva eles para a casa da Maria.
Gramática descritiva: qual é a variação à regra?	De acordo com a gramática normativa, o pronome pessoal do caso reto funciona como sujeito da frase. Mas é comum o uso do pronome pessoal reto também como objeto, como ocorre na frase "Sempre convivi com animais e adoro eles".

Agora é a sua vez. Leia no quadro 1 a explicação da gramática normativa para a frase destacada. Em seguida, proponha uma descrição para a variação apresentada no quadro 2.

Diário de bordo

Resolva essa atividade no seu diário de bordo reproduzindo o quadro 2.

Quadro 1. Análise da ocorrência	
Material linguístico	"Sempre fui uma aluna mediana na maioria das matérias, então estou com dificuldade em descobrir a área com a qual tenho mais afinidade."
O que diz a gramática normativa	O pronome relativo pode exercer a função de: • Sujeito "A psicóloga dá dicas para os jovens que estão vivendo este período". Observe que o pronome relativo "que", ao substituir "jovens", funciona como sujeito da forma verbal "estão vivendo". • Complemento verbal (objeto direto, objeto indireto) "É o maior número de jovens que já tivemos." Observe que, ao substituir "jovens" nessa frase, o "que" funciona como objeto direto do verbo "tivemos". "As anotações de que precisávamos ficaram sobre a mesa." Observe que, ao substituir "as anotações", o pronome relativo "que" funciona como objeto indireto do verbo "precisávamos". Observe que o verbo "precisávamos" se conecta ao seu complemento por meio da preposição "de" (pois quem precisa, precisa de algo ou de alguém). Por isso, de acordo com a gramática normativa, antes do pronome relativo com função de objeto indireto, deve-se colocar a preposição que acompanha o verbo cujo complemento esse pronome substitui. • Complemento nominal "...estou com dificuldade em descobrir a área com a qual tenho mais afinidade." Observe que, ao substituir "a área", o pronome relativo "a qual" funciona como complemento nominal do substantivo "afinidade". Observe, ainda, que o substantivo "afinidade" se conecta ao seu complemento por meio da preposição "com" (quem tem afinidade, tem afinidade com algo ou com alguém). Por isso, de acordo com a gramática normativa, antes do pronome relativo com função de complemento nominal, deve-se colocar a preposição que acompanha o nome cujo complemento esse pronome substitui.
Analisando a frase	Ao empregar a preposição "com" antes do pronome relativo que substitui o complemento do substantivo "afinidade", a frase foi escrita de acordo com a gramática normativa.

Quadro 2. Análise de uma variação dessa ocorrência e de outras construções semelhantes	
Material linguístico	Acrescente outras ocorrências desse fenômeno.
Gramática descritiva: qual é a variação à regra?	\\

Experimentação Comparando regras e usos

Para a experimentação, a turma deve se organizar em oito grupos. Cada grupo deverá ser responsável pelo estudo de um dos seguintes tópicos gramaticais.

Concordância verbal

Concordância do verbo com o sujeito simples e do verbo com o sujeito composto.

Concordância verbal

Concordância dos verbos ser, haver e fazer e concordância do verbo no infinitivo.

Regência verbal

O que é transitividade verbal e o emprego do pronome oblíquo objeto.

Regência verbal

Regência dos verbos assistir, ir/chegar, obedecer/desobedecer, pagar/perdoar, preferir e visar.

Regência verbal

Regência dos verbos agradar, aspirar, assistir, informar e querer.

Emprego da crase

Regras gerais.

Colocação pronominal

Regra geral (ênclise e mesóclise).

Colocação pronominal

Fatores de próclise.

A tarefa de cada grupo será apresentar a regra de acordo com a gramática normativa, seguida de exemplos e das variações dessa regra presentes na língua. Para a realização do trabalho, considerem as seguintes etapas.

Etapa 1

1. Recorram a duas fontes confiáveis, no mínimo. Os livros de gramática disponíveis na biblioteca podem ser suas principais fontes. Se vocês precisarem consultar os conteúdos na internet, acessem *sites* ligados a universidades ou a grandes grupos jornalísticos.
2. Anotem as regras relativas ao seu tópico de estudo e apresentem ao menos dois exemplos para cada regra.
3. Verifiquem quais regras vocês já conheciam, se essas regras foram aprendidas na escola ou se vocês sempre as adotaram, mesmo sem nunca ter falado sobre elas.
4. Identifiquem também quais são as regras completamente novas para o grupo. Em que situações vocês acreditam ser necessário usá-las?

Etapa 2

1. Selecionem diversos textos falados (transcrição de conversas) e façam a gravação em áudio de, no máximo, cinco minutos dessa conversa. Ou selecionem um trecho de algum programa de TV ou rádio.
2. Dividam os textos selecionados em formais e informais.
3. Descrevam a(s) variação(ões) da regra presente(s) nos textos pesquisados.
4. Indiquem as fontes de seus exemplos (reportagens de jornais e revistas, contos, poemas, letras de música, falas de pessoas conhecidas).

Etapa 3

1. Preparem uma apresentação do trabalho. Observem que, para essa atividade, vocês terão feito o papel de pesquisadores. Lembrem-se de descrever, no início da apresentação, o percurso realizado para chegar aos resultados. Organizem uma apresentação visualmente atraente, usando tabelas com as comparações e os exemplos. Lembrem-se de diferenciar a língua formal da variedade informal.
2. Comuniquem as conclusões preliminares a que chegaram por meio da observação das variações da língua. Por exemplo, pode ser que vocês não encontrem a mesóclise em textos tanto informais quanto formais recentes, que a concordância do verbo com o sujeito seja muito comum em textos escritos e falados formais e, ainda, que a não concordância seja comum em textos falados e escritos informais. Descrevam as variações identificadas e verifiquem se ocorrem também em outras línguas latinas.
3. Elaborem colaborativamente o material de apoio à apresentação, que pode ser feito em um programa para criação e edição de apresentações. Utilizem adequadamente essa ferramenta: selecionem fontes em tamanho adequado para a visualização, que sejam legíveis e despertem o interesse dos colegas para o conteúdo.

É importante que a apresentação tenha um *slide* introdutório, com o título, e um *slide* com os principais tópicos do processo de pesquisa: fontes consultadas, processo de gravação, quantidade de textos formais e informais analisados. Vejam um exemplo ao lado.

Skeleton Icon/Shutterstock/Montagem Fernanda Crevin

Se o grupo for apresentar mais de uma regra, pode usar um *slide* de transição para anunciar cada uma delas.

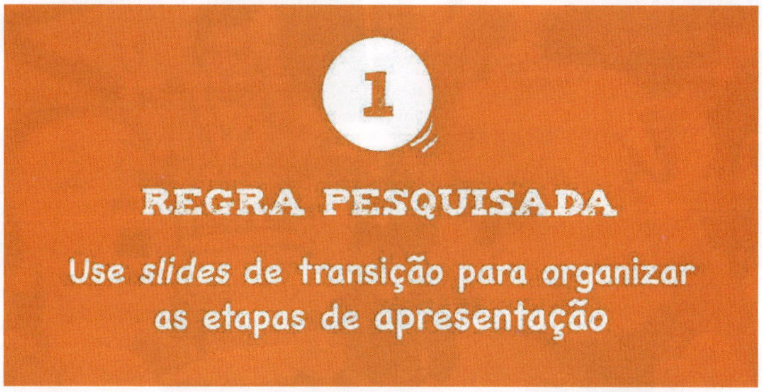

Reprodução/Arquivo da editora

A fim de garantir maior compreensão, coloquem poucas informações por *slide*. Reservem um para a regra segundo a gramática tradicional e outro para a regra encontrada nos textos escritos e orais pesquisados. Façam um *slide* apenas para os exemplos.

Creative icon styles/Shutterstock/Montagem Fernanda Crevin

Ao apresentar as comparações, considerem o uso da página como um todo. Uma opção é inserir tabelas.

Reprodução/Arquivo da editora

Reservem um *slide* para apresentar comentários e conclusões, porque se trata de um trabalho de pesquisa.

Vocês podem finalizar a apresentação com um *slide* de agradecimento.

Ao final de todas as apresentações, façam uma roda para avaliar os trabalhos uns dos outros. Comentem os pontos positivos das apresentações, com base nos seguintes critérios: clareza na exposição, organização dos *slides*, coerência entre a exposição oral e o conteúdo dos *slides*, fala complementar ao conteúdo exposto. Sugiram pontos que possam ser melhorados para as próximas apresentações.

Arquive em seu **Portfólio** as anotações e os textos produzidos durante a experimentação.

Teatro das escolhas (Arte)

Reprodução/Cia. Buraco d'Oráculo

Cena do espetáculo *Ópera do trabalho*, do grupo Buraco d'Oráculo, com direção de Adailton Alves. São Paulo (SP), 2012.

Diário de bordo

Anote suas reflexões no diário de bordo; elas poderão ser utilizadas na seção *#Multiplicar*, em que você e os colegas vão criar cenas teatrais com base no tema "Desafios do mercado de trabalho para os jovens".

1 Observe a imagem do espetáculo *Ópera do trabalho*. A quais tipos de trabalho a cena remete?

2. Como você acha que são as condições de trabalho dessas profissões que reconheceu na imagem? Considere tanto as leis que as regulamentam quanto os aspectos materiais e estruturais para realizá-las.

Um dos principais aspectos que influenciam as condições de trabalho é o fato de ele ser formal ou informal. Em geral, o trabalho formal, aquele com registro de acordo com a Consolidação das Leis do Trabalho (CLT), isto é, a chamada "carteira assinada", oferece circunstâncias mais adequadas para ser realizado, pois há legislação que define os requisitos para exercer a atividade e protege os direitos do trabalhador.

G-Stock Studio/Shutterstock

Pessoas no escritório em um trabalho formal.

Por outro lado, o trabalho informal não possui registro ou vínculo empregatício, conforme as convenções da CLT (também chamado de "bico" ou frila). Muitas vezes, é desprovido de remuneração fixa, férias, benefícios previdenciários ou assistenciais, como aposentadoria, pensão e seguro-desemprego.

O espetáculo *Ópera do trabalho* conta a história de Mazé e João, um casal de trabalhadores, e da "luta na labuta" diária deles, que envolve pegar conduções lotadas até o trabalho e as rotinas de produção em uma fábrica. Entre as situações próprias do ambiente de trabalho, a peça mostra as dinâmicas de grupo, a competição entre as equipes, o cumprimento de metas e a ginástica laboral oferecida como meio de prevenção contra os movimentos mecânicos e repetitivos. Tudo leva a um processo de conscientização dos personagens sobre suas condições de vida e trabalho.

Travelpixs/Shutterstock

Colaborador em trabalho informal (frila).

Essa peça de teatro de rua é uma criação coletiva do grupo Buraco d'Oráculo, companhia criada em 1998, em São Paulo (SP), com o intuito de debater artisticamente os problemas do sujeito urbano contemporâneo. A pesquisa da companhia se baseia na cultura popular, no cômico, na farsa, no teatro de rua, no **realismo grotesco**, propondo uma interação direta com o público.

Ópera do trabalho aborda os modos de produção e as condições do mundo do trabalho de forma crítica e cômica, por meio do que eles chamam de "musical épico-narrativo" de gêneros populares que sustentam a dramaturgia. Destaca-se a opção do grupo pela referência à ópera, gênero musical que surgiu na Europa do período Barroco (século XVII) para ser apresentado em teatros com condições acústicas adequadas para a projeção das vozes dos atores e dos sons dos instrumentos, o que não é o caso de espetáculos realizados na rua. Contudo, o canto individual ou em coro e a forma como a música é articulada nas cenas constroem a referência que a peça faz à ópera, em sua dramaturgia composta de momentos recitativos, diálogos entre personagens e árias (canções) interpretadas por um único ator ou cantor. Isso pode ser observado no vídeo indicado em *Saiba+*.

realismo grotesco: conforme definição do teórico Mikhail Bakhtin (1865-1975), trata-se do princípio material e corporal que existe na cultura cômica e festiva popular em que não há separação entre características universais, sociais e corporais e os elementos espirituais e abstratos são rebaixados e incorporados ao plano material da vida. O Carnaval é um exemplo de realismo grotesco.

Saiba+

Ópera do trabalho, do grupo Buraco d'Oráculo (vídeo, 54 min). Disponível em: https://vimeo.com/70519725. Acesso em: 23 mar. 2022.
Assista ao registro em vídeo do espetáculo *Ópera do trabalho*.

Site oficial do Buraco d'Oráculo. Disponível em: www.buracodoraculo.com.br. Acesso em: 23 mar. 2022.
Acesse o *site* oficial da companhia teatral Buraco d'Oráculo para conhecer mais sua história e seus trabalhos.

Experimentação Entrevista de emprego

Nesta experimentação, você e um colega vão criar uma cena que simule uma entrevista de emprego. Para isso, acompanhe as seguintes etapas.

fizkes/Shutterstock

É importante se preparar para a entrevista de emprego.

1. Imagine que você se formou na profissão que escolheu e foi convidado a participar de uma entrevista de emprego para uma vaga nessa carreira profissional.
2. Pense nas qualidades necessárias para ocupar a vaga. Considere que você já se formou na área. Se for preciso, busque informações sobre o perfil que as empresas esperam desses profissionais, quais aspectos você precisa desenvolver ou aperfeiçoar e de que maneira pode contribuir para a empresa com sua formação e experiência. A *wiki* que a turma criou em *Juventude e trabalho: discussões em três atos* pode ser um ponto de partida.

3. Você também pode pensar em quais perguntas gostaria de fazer ao entrevistador, como faixa salarial, benefícios (férias, participação nos lucros da empresa, vale-refeição, etc.), jornada de trabalho, entre outras que considere importantes.
4. Pesquise uma empresa dessa área de formação onde você gostaria de trabalhar. Busque saber características gerais sobre essa instituição (missão, valores, campos de atuação) e o que a empresa espera dos candidatos às vagas (o que pode ser verificado em anúncios de vagas, por exemplo).
5. Em dupla com um colega, vocês devem simular as entrevistas. A ideia é que você seja o entrevistador da empresa indicada pelo colega e que ele seja o entrevistador da empresa que você escolheu.
6. Para fazer o papel de entrevistador, veja as informações sobre a empresa que o colega levantou e elabore um roteiro com cinco perguntas. Não as mostre ao colega antes do momento de encenação.
7. Combinem com o professor um dia e horário para que as cenas das entrevistas sejam apresentadas. Você entrevistará seu parceiro de dupla e vice-versa, enquanto o restante da sala os observa. Como o entrevistado não sabe as perguntas que o entrevistador elaborou, a cena será uma improvisação simulando uma entrevista real.
8. Após todas as duplas apresentarem suas cenas, a turma deve organizar uma roda de conversa para compartilhar as sensações e as impressões que tiveram com a experiência de simular uma entrevista de emprego.

Diário de bordo

Anote no diário de bordo suas conclusões, indicando o que reconheceu como pontos fortes e quais pontos você precisa melhorar.

Eles não usam black-tie: retrato do mundo do trabalho

Historicamente, as companhias teatrais que tratam do mundo do trabalho abordam o tema por um viés crítico-reflexivo, cujo intuito é promover o debate e a conscientização das relações de trabalho na sociedade. Conhecer as práticas de alguns grupos de teatro sobre o assunto é importante para ajudar você a pensar e fazer as escolhas para seu projeto de vida, como qual profissão pretende seguir.

Um dos textos mais representativos da história da dramaturgia brasileira sobre relações sociais e trabalho chama-se *Eles não usam black-tie*, peça escrita por Gianfrancesco Guarnieri (1934-2006) e encenada pela primeira vez em 1958, no histórico Teatro de Arena, em São Paulo (SP), sob direção de José Renato (1926-2011) e músicas de Adoniran Barbosa (1910-1982).

Os atores Oduvaldo Vianna Filho (conhecido como Vianinha, 1936-1974) e Eugênio Kusnet (1898-1975) em cena na primeira montagem da peça *Eles não usam black-tie*, no Teatro de Arena, em São Paulo (SP), 1958.

Montagem contemporânea de *Eles não usam black-tie*, com direção de Julio Angelo e canções de Caetano Veloso e Gilberto Gil. Rio de Janeiro (RJ), 2018.

O texto mostra o cotidiano de moradores de uma favela em meio a seus problemas socioeconômicos. Em vias de acontecer uma greve na fábrica em que trabalham, organizada por Otávio, um líder da comunidade, e outros operários que buscam melhores condições de trabalho, Tião, filho de Otávio, faz a escolha mais importante de sua vida ao recusar participar da manifestação, pois teme perder o emprego que tanto necessita em função da gravidez da noiva.

A peça teve grande sucesso ao retratar trabalhadores urbanos como sujeitos históricos preocupados em construir uma sociedade justa e democrática, usando diálogos cotidianos que mostram a linguagem própria dos operários. Marcou o início da retomada das atividades do grupo Teatro de Arena, fundado em 1956, após sua quase falência, e o fortalecimento da proposta do grupo de realizar seminários de dramaturgia voltados para a criação de textos sobre o cotidiano das camadas populares brasileiras.

Em 1981, o texto virou filme, dirigido por Leon Hirszman (1937-1987), com o próprio Gianfrancesco Guarnieri e Fernanda Montenegro (1929-) no elenco, e foi premiado em vários festivais internacionais, inclusive no Festival de Veneza, em que recebeu o Leão de Ouro de melhor filme. Em novembro de 2015, entrou para a lista da Associação Brasileira de Críticos de Cinema (Abraccine) como um dos cem melhores filmes brasileiros de todos os tempos.

Saiba+

TEATRO de Arena. ENCICLOPÉDIA Itaú Cultural. São Paulo: Itaú Cultural, 2022. Disponível em: http://enciclopedia.itaucultural.org.br/grupo399339/teatro-de-arena. Acesso em: 23 mar. 2022. Leia o texto que apresenta um resumo da história desse teatro, hoje chamado Teatro de Arena Eugênio Kusnet.

3. E você, já teve que fazer escolhas profissionais importantes para sua vida, como fizeram os personagens Tião e Otávio da peça *Eles não usam black-tie*?

Diário de bordo

Compartilhe com os colegas as escolhas profissionais importantes que já fez para sua vida e registre a resposta no diário de bordo, para utilizá-la nas experimentações que virão.

Augusto Boal e o Teatro do Oprimido

Augusto Boal promoveu grandes mudanças na forma de atuar na dramaturgia brasileira nas décadas de 1950 e 1960.

Entre os artistas que atuaram no Teatro de Arena estava Augusto Boal (1931-2009). Recém-chegado de Nova York, Estados Unidos, após cursar dramaturgia, foi contratado em 1956, aos 25 anos, como diretor artístico para transmitir as técnicas do diretor russo Constantin Stanislavski (1863-1938) ao elenco do Teatro de Arena e criar um curso prático de dramaturgia. Em parceria com Gianfrancesco Guarnieri, montou o espetáculo *Arena conta Zumbi* (1965), em que utiliza pela primeira vez o "sistema coringa", no qual os atores se revezavam para interpretar os personagens. Em 1971, cria o *Teatro Jornal – 1ª edição*, espetáculo no qual os atores improvisam notícias de jornal de modo a mostrar diversas soluções para os temas das reportagens, sendo esse procedimento uma das bases do Teatro do Oprimido, que tornou Boal um dos maiores nomes do teatro mundial.

O diretor, dramaturgo, teatrólogo e ensaísta **Augusto Boal** formou-se em Engenharia Química, em 1950, e mudou-se para os Estados Unidos a fim de se especializar em plásticos e petróleo. Paralelamente, em Nova York, estudou dramaturgia com o crítico e historiador de teatro estadunidense John Gassner (1903-1967).

Em 1956, Boal retornou ao Brasil e entrou para o grupo de artistas do Teatro de Arena, promovendo mudanças profundas na forma de atuação e nos temas abordados na dramaturgia brasileira nas décadas de 1950 e 1960. Foi preso no início da década de 1970 pelo regime militar, por seu trabalho com improvisações com notícias de jornal (teatro jornal) no Teatro Arena, o que o levou a se exilar em países da América Latina.

Nesse período, conheceu Paulo Freire (1921-1997) e sua pedagogia do oprimido e realizou uma série de experimentos teatrais que embasaram a estrutura teórica e prática de seu Teatro do Oprimido, que foi complementada posteriormente, quando viveu na Europa.

Após voltar ao Brasil, recebeu um convite de Darcy Ribeiro (1922-1997), na ocasião secretário da Educação do estado do Rio de Janeiro, para criar o Centro de Teatro do Oprimido (CTO), em 1986, cujo objetivo era tornar a linguagem teatral acessível a todos, como incentivo ao diálogo e à transformação da realidade social.

Boal foi diretor artístico do CTO por 23 anos. Em 2009, foi nomeado embaixador mundial do teatro pela Unesco, já reconhecido mundialmente como um dos mais respeitados homens de teatro do Brasil e do mundo.

Saiba+

Site Oficial de Augusto Boal. Disponível em: http://augustoboal.com.br. Acesso em: 23 mar. 2022.

Visite o *site* Oficial de Augusto Boal para saber mais sobre a vida e a obra do artista.

Funarte_Homenagem a Augusto Boal (vídeo, 10 min). Disponível em: https://www.youtube.com/watch?v=3Ch90chv0Fg. Acesso em: 23 mar. 2022.

Assista ao vídeo da Fundação Nacional de Artes (Funarte) que faz uma homenagem a Augusto Boal (vídeo, 10 min).

4. Observe ao lado o desenho da árvore, que mostra os principais conceitos do Teatro do Oprimido de Augusto Boal. Quais palavras aparecem na árvore (copa, tronco, raízes)? Já ouviu falar delas?

Árvore do Teatro do Oprimido

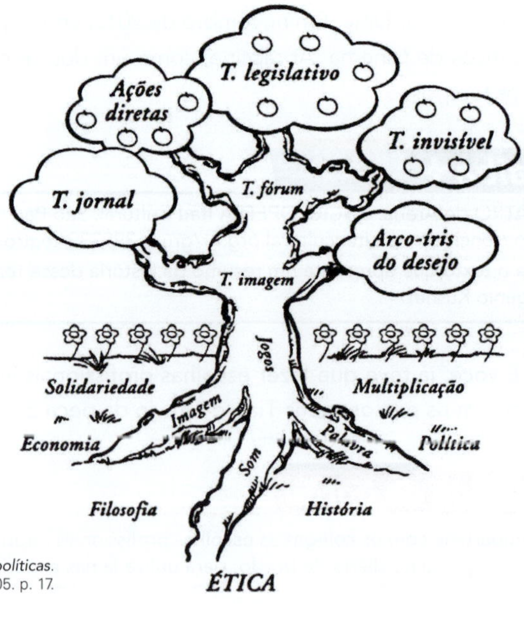

BOAL, Augusto. *Teatro do Oprimido e outras poéticas políticas*. Rio de Janeiro: Civilização Brasileira, 2005. p. 17.

Diário de bordo

Veja os temas que estão no solo, ao redor da árvore. Como eles podem ser articulados para promover oportunidades de atuação dos jovens na sociedade? Converse com a turma e anote as reflexões suscitadas no diário de bordo.

5. Após analisar os principais conceitos do Teatro do Oprimido de Augusto Boal, qual tema você escolheria para fazer uma atuação com a turma? Selecione os temas levantados para a discussão e escreva uma reflexão sobre ela.

Como dito, o Teatro do Oprimido é um conjunto de técnicas criadas por Augusto Boal e outros artistas que com ele trabalharam durante os anos em que passou exilado na América Latina e na Europa. Essas técnicas continuaram a ser aperfeiçoadas após seu retorno ao Brasil, no início da década de 1980, e seu objetivo era fazer com que, por meio do diálogo, pessoas que sofrem algum tipo de opressão se tornem protagonistas e criadoras de conhecimento e cultura para se libertar de seus opressores. Atualmente, o Teatro do Oprimido é praticado em mais de 70 países ao redor do mundo.

Por meio da observação dos assuntos contidos na sociedade (base da árvore do Teatro do Oprimido), os sujeitos utilizam encenações teatrais para analisar e compreender as estruturas e relações de poder por trás das situações. As trocas de experiências e de reflexões entre atores e espectadores têm o intuito de encontrar formas de resolver questões sociais por meio da intervenção e modificação direta da ação teatral e, com isso, pensar formas de atuação que promovam a transformação da realidade. Segundo o próprio Boal, ao transformar as relações sociais e humanas apresentadas em uma cena de teatro, o sujeito se transforma em cidadão.

Vitalii Karas/Shhutterstock

Grande multidão de pessoas ouvindo o monólogo do artista.

Os jogos e exercícios teatrais sustentam a preparação dos sujeitos para que possam atuar e transformar as cenas e, por consequência, a realidade. Por isso, estão no tronco da árvore, sintetizam palavras, imagens e gestos em possibilidades criativas de representar e modificar o mundo, de promover o diálogo, o autoconhecimento e a autoestima dos participantes.

Experimentação Jogos e exercícios do Teatro do Oprimido

Você vai praticar, com os colegas, alguns exercícios e jogos do Teatro do Oprimido. Eles são divididos em cinco categorias:

- sentir tudo o que se toca;
- escutar tudo o que se ouve;
- ativar os vários sentidos;
- ver tudo o que se olha;
- ativar a memória dos sentidos.

Na sequência, há uma proposta de atividade para cada categoria.

Hipnotismo colombiano (sentir tudo o que se toca)

1. Em duplas, você e um colega devem decidir quem será o hipnotizador e o hipnotizado.
2. O hipnotizador coloca a mão a alguns centímetros do rosto do hipnotizado. A distância entre a mão e o rosto deve se manter igual enquanto o hipnotizador faz movimentos lentos com o braço em diferentes direções (para cima, para os lados, etc.)
3. O hipnotizado deve acompanhar os movimentos sugeridos usando o corpo todo.
4. Depois, os jogadores trocam as funções e recomeçam o exercício.
5. Por fim, os dois assumem os papéis de hipnotizadores e hipnotizados ao mesmo tempo.
6. Se quiserem, experimentem uma variação em um grupo de três participantes, na qual um hipnotiza os outros dois ao mesmo tempo e, depois, todos hipnotizam todos.

Reprodução/Centro de Teatro do Oprimido

Grupo realiza o exercício hipnotismo colombiano, no Centro de Teatro do Oprimido, Rio de Janeiro (RJ), 2018.

A máquina de ritmos (escutar tudo o que se ouve)

1. Forme um círculo com a turma.
2. Um de vocês vai ao centro do círculo e inicia um movimento rítmico e um som repetitivo, como se fosse uma peça de engrenagem de uma máquina. Os demais prestam atenção ao som e ao movimento.
3. Em seguida, um segundo participante entra no círculo e propõe outro movimento e som, que complemente o primeiro, que ainda está sendo realizado. Agora são dois movimentos e sons que se completam, como se fossem partes da mesma máquina.
4. Depois, entra um terceiro participante, propondo mais um movimento e som, e assim por diante até que todos componham uma grande máquina, complexa, múltipla e harmônica.
5. Durante o exercício, o professor ou um dos estudantes pode dizer ao primeiro participante que entrou em cena para acelerar ou diminuir o ritmo do movimento e de seu som; os demais devem acompanhar as variações propostas.

Floresta de sons (ativar os vários sentidos)

1. Em duplas, um será o cego; o outro, seu guia.
2. O guia escolhe o som de um animal e começa a reproduzi-lo. Por sua vez, o cego (de olhos fechados ou vendados) deve identificar o som de seu guia e acompanhá-lo.
3. Todos os guias da turma passam a emitir sons ao mesmo tempo, enquanto cada cego deve acompanhar apenas a direção do som do próprio guia. Da mesma forma, se o guia parar de emitir o som, o cego deve parar de se movimentar imediatamente.
4. Cada guia é responsável pelo seu cego; portanto, deve parar de emitir som se ele estiver prestes a esbarrar em outro participante ou bater em algum objeto.
5. Os guias devem mudar de lugar constantemente no espaço, procurando se manter distante de seu cego. O cego deve se concentrar em reconhecer e acompanhar apenas o som de seu guia.
6. Depois de um tempo, as duplas invertem as funções.

O grande jogo do poder (ver tudo o que se olha)

Esse jogo deve ser feito com pouca fala ou sons, pois o objetivo é desenvolver a capacidade de criar imagens que "falam por si sós", sem auxílio da palavra, e aprimorar sua capacidade de observar, analisar e refletir sobre o mundo à sua volta. Utilizem objetos da sala de aula ou da escola para realizar o jogo. O professor conduzirá a atividade na função de mediador (ou coringa, como se diz nas atividades do Teatro do Oprimido) e convidará os participantes para entrar em cena, um de cada vez.

1. Vocês vão precisar de uma mesa, seis cadeiras, colocadas lado a lado na mesa, e, em cima dela, uma garrafa.
2. No começo, organizem os objetos de maneira que uma das cadeiras fique numa posição de destaque, de maior poder ou evidência em relação aos demais objetos que estão em cena.
3. Seguindo as instruções do professor, cada participante que entrar deve mudar os objetos de lugar para criar outras imagens de poder, colocando-se em destaque e assumindo o poder na cena.
4. O próximo a entrar deve mudar os objetos de lugar até tomar o poder para si. As imagens formadas podem ser congeladas ou vocês podem fazer pequenos movimentos.
5. Os participantes podem, ainda, permanecer ou não em cena para compor a imagem, mas não devem utilizar a fala e nenhum dos objetos pode ser retirado do jogo, somente mudado de lugar.
6. Vocês devem experimentar o maior número possível de variações com os objetos para verificar como uma estrutura espacial contém pontos fortes e fracos que sempre representam relações de poder, mesmo que os arranjos propostos mudem constantemente as configurações anteriores.
7. Ao terminar uma série de mudanças nos objetos, façam uma roda de conversa com o professor para debater as imagens e relações de poder que foram criadas e como essas relações estão presentes na sociedade.

Lembrando ontem (ativar a memória dos sentidos)

1. Toda a turma deve se espalhar pelo espaço e escolher uma posição para se acomodar, sentados ou em pé. Mantenham certa distância entre si, para que possam se movimentar.
2. Então, fechem os olhos e ouçam as instruções do professor (coringa), que vai solicitar que se lembrem do que fizeram em momentos específicos do dia anterior.
3. Para cada momento, procurem lembrar dos sons, das cores, dos cheiros, das imagens e das ações realizadas.
4. Ainda de olhos fechados e em seus lugares, reproduzam os gestos que se lembram de terem feito em cada momento.
5. Sigam as orientações do coringa até relembrar de todo o dia anterior.

Registrem em fotos ou vídeos alguns dos jogos e dos exercícios dessa experimentação. Arquive os registros que fizeram no seu **Portfólio**.

Diário de bordo

Anote os seus comentários e as reflexões feitas durante a experimentação no diário de bordo.

As técnicas do Teatro do Oprimido

O Teatro do Oprimido tem seis modalidades: o teatro jornal, o teatro invisível, o teatro fórum, o teatro imagem, o teatro legislativo e o arco-íris do desejo. A seguir, você vai conhecer cada uma delas.

Teatro jornal

Surgiu ao longo do trabalho de Boal no Teatro Oficina (entre 1956 e 1971) em função da censura militar. Consiste em utilizar notícias de jornal como estímulo para a criação de improvisações e cenas teatrais, a fim de proporcionar reflexões e entendimentos sobre as construções de narrativas feitas pelos meios de comunicação. Divide-se em formas diferentes de leitura e improvisação das reportagens.

Estudantes de Artes Cênicas da Universidade de Brasília encenando o teatro jornal, Brasília (DF), 2009.

Leitura simples

A notícia é lida sem considerar a fonte e a ideologia do veículo de comunicação que a produziu. Analisam-se apenas as informações dispostas, com o intuito de debatê-las, em busca do que Boal chamou de sua verdade objetiva.

Leitura cruzada

Duas fontes da mesma informação são lidas simultaneamente, de maneira que possam ser comparadas e debatidas.

Leitura complementar

Informações e dados omitidos são acrescentados à notícia de modo a dar um novo entendimento ao leitor/espectador.

Leitura com ritmo

Escolhe-se um gênero musical para cantar a notícia de acordo com a intencionalidade que se pretende transmitir e, com isso, revelar o verdadeiro conteúdo omitido na redação da matéria.

Ação paralela

Os participantes criam imagens e ações físicas que são mostradas enquanto a leitura da notícia acontece. O objetivo é que essas ações demonstrem a verdadeira essência dos fatos, afirmando ou contrapondo-se ao que é dito.

Improvisação

Experimentam-se as mais variadas formas de improvisação sobre a notícia.

Histórico

A notícia é encenada e apresentada ao público com outros momentos históricos em que um fato semelhante tenha acontecido. A comparação entre os momentos históricos é base para a reflexão crítica da plateia.

Reforço

Recursos como músicas, *jingles*, materiais publicitários ou outros meios tecnológicos são utilizados para reforçar detalhes da reportagem lida.

Concreção da abstração

Mostram-se visualmente, com imagens ou com outros recursos, aspectos da notícia que estão implícitos, como a fome, o desemprego, entre outros.

Texto fora do contexto

Cria-se uma cena com a notícia fora de seu contexto inicial.

Teatro invisível

Consiste em intervenções teatrais iniciadas por Boal na Argentina, em 1971, em lugares comuns, como a rua, a praça, o supermercado, a feira, a fila do ônibus e outros, sem que as pessoas que ali estão saibam que se trata de um acontecimento teatral. Seu objetivo é dar visibilidade a atos e atitudes opressoras que geralmente passam despercebidos nas ações diárias. Coloca as pessoas presentes no interior da encenação, de modo que eles passam a ser coautores da cena de forma involuntária, reagindo e dando suas opiniões espontaneamente. Em geral, ao final da intervenção, não se revela que se tratava de teatro.

Teatro imagem

A prática do teatro imagem se dá pela substituição da palavra pelo gesto e uso expressivo do corpo. Os "espectatores" (termo usado por Boal para se referir ao espectador que é também agente ativo) criam imagens com o próprio corpo ou com o corpo de outros participantes, podendo utilizar objetos, de maneira a retratar o pensamento ou a opinião coletiva sobre determinado tema. Em seguida, outro participante propõe a modificação da imagem, com o intuito de apresentar uma solução para o problema apresentado. Ao final, há a transformação da situação de opressão para a situação de superação da opressão.

Augusto Boal em um *workshop* sobre técnicas do teatro imagem, em Paris, durante seu exílio, em 1975.

Teatro fórum

Essa modalidade do Teatro do Oprimido é a mais utilizada no mundo. Teve início no Peru, por onde Augusto Boal passou durante o exílio, e foi desenvolvida com o intuito de debater e buscar soluções coletivas para diversos tipos de situações de opressão.

Consiste na apresentação de uma cena em que o problema é retirado da vida real e do cotidiano das pessoas presentes. Os atores conduzem a apresentação até o ponto em que é necessária uma solução para o assunto. Nesse momento, a encenação é interrompida e perguntas são direcionadas à plateia em busca de possibilidades de resolução do conflito. Então, os "espectatores" são convidados a assumir o lugar dos atores para mostrar suas propostas de solução.

Nessa técnica, a figura de um mediador (como já visto, chamado por Boal de coringa) é fundamental na interação com o público e na condução das propostas. É ele quem explica as regras do jogo e as formas de intervenção da plateia, questiona as situações de opressão contidas na cena, auxilia no debate e estabelece limites para as improvisações dos "espectatores".

Encenação de peça de teatro fórum, intitulada *No es un Problema Menor*, apresentada pela companhia No a la Baja, no Uruguai, em 2013.

Arco-íris do desejo

Trata-se de um conjunto de dinâmicas teatrais criadas por Boal durante seu exílio na Europa com base nos relatos de pessoas sobre solidão, tristeza, depressão e outros problemas subjetivos. Tais demandas de opressões internalizadas são trabalhadas em sessões de teatro fórum com o objetivo de ser debatidas em grupo para se chegar a propostas coletivas de solução. São feitas dramatizações em que os participantes se colocam no lugar de outras pessoas com o intuito de demonstrar soluções para momentos traumáticos da vida da pessoa, fazer indicações de ações práticas para a realização de desejos e sonhos reprimidos e propor resoluções coletivas para situações de caráter psicoemocional.

Teatro legislativo

O teatro legislativo surgiu entre 1993 e 1996, quando Augusto Boal foi vereador na cidade do Rio de Janeiro (RJ). Traz parte do conceito do teatro fórum de buscar soluções por meio do debate e da coleta de propostas junto com os "espectatores", mas suas práticas visam à formulação de projetos de lei que possam ser encaminhados para votação e aprovação das casas do Poder Legislativo (Câmara dos Vereadores, Assembleia Legislativa Estadual, Assembleia Legislativa Federal ou Senado).

As propostas sugeridas pela plateia são sintetizadas por uma comissão, chamada por Boal de "célula metabolizadora", composta de um advogado, um representante do terceiro setor (organizações da sociedade civil, associações, entre outras) e de um assessor parlamentar, que formulam a proposta de lei ou a ação concreta de modificação de alguma legislação já existente.

Estética do oprimido

Na década de 2000, Augusto Boal trabalhava em sua última pesquisa antes de falecer, em 2009: a estética do oprimido. A ideia central dessa proposição é de que todo ser humano é um artista em si e os grupos podem levar suas formas de fazer teatro (estética) à cena para contar suas histórias, debatê-las e encontrar formas de solucionar situações ou estados de opressão, sejam eles sociais, sejam coletivos, sejam psicológicos e individuais.

Segundo Boal, na estética do oprimido, caem os muros entre o palco e a plateia, entre o espetáculo teatral e a vida real, entre artistas e não artistas. Todos podem usar o poder da cena; somos todos gente, somos todos humanos, artistas de todas as artes. Todos podemos pensar por meios sensíveis e usar a palavra, o som e a imagem como ferramentas para a transformação da realidade.

Thehero/Wikipedia/Wikimedia Commons 3.0

Boal em uma apresentação do Teatro do Oprimido em uma igreja em Riverside, na cidade de Nova York, Estados Unidos, 2008.

Responda às questões a seguir para treinar os seus conhecimentos sobre o que estudou nesta unidade.

1 (Enem – 2016)

Centro das atenções em um planeta cada vez mais interconectado, a Floresta Amazônica expõe inúmeros dilemas. Um dos mais candentes diz respeito à madeira e sua exploração econômica, uma saga que envolve os muitos desafios para a conservação dos recursos naturais às gerações futuras.

Com o olhar jornalístico, crítico e ao mesmo tempo didático, adentramos a Amazônia em busca de histórias e sutilezas que os dados nem sempre revelam. Lapidamos estatísticas e estudos científicos para construir uma síntese útil a quem direciona esforços para conservar a floresta, seja no setor público, seja no setor privado, seja na sociedade civil.

Guiada como uma reportagem, rica em informações ilustradas, a obra Madeira de ponta a ponta revela a diversidade de fraudes na cadeia de produção, transporte e comercialização da madeira, bem como as iniciativas de boas práticas que se disseminam e trazem esperança rumo a um modelo de convivência entre desenvolvimento e manutenção da floresta.

VILLELA. M.; SPINK, P. In: ADEODATO, S. et al, Madeira de ponta a ponta: o caminho desde a floresta até o consumo. São Paulo: FGV RAE, 2011 (adaptado).

A fim de alcançar seus objetivos comunicativos, os autores escreveram esse texto para

a) apresentar informações e comentários sobre o livro.

b) noticiar as descobertas científicas oriundas da pesquisa.

c) defender as práticas sustentáveis de manejo da madeira.

d) ensinar formas de combate à exploração ilegal de madeira.

e) demonstrar a importância de parcerias para a realização da pesquisa.

2. (Enem – 2009)

Texto I

O professor deve ser um guia seguro, muito senhor de sua língua; se outra for a orientação, vamos cair na “língua brasileira”, refúgio nefasto e confissão nojenta de ignorância do idioma pátrio, recurso vergonhoso de homens de cultura falsa e de falso patriotismo. Como havemos de querer que respeitem a nossa nacionalidade se somos os primeiros a descuidar daquilo que exprime e representa o idioma pátrio

ALMEIDA, N. M. *Gramática metódica da língua portuguesa. Prefácio.* São Paulo: Saraiva, 1999 (adaptado).

Texto II

Alguns leitores poderão achar que a linguagem desta Gramática se afasta do padrão estrito usual neste tipo de livro. Assim, o autor escreve *tenho que reformular*, e não *tenho de reformular*; *pode-se colocar dois constituintes*, e não *podem-se colocar dois constituintes*; e assim por diante. Isso foi feito de caso pensado, com a preocupação de aproximar a linguagem da gramática do padrão atual brasileiro presente nos textos técnicos e jornalísticos de nossa época.

REIS, N. Nota do editor. PERINI, M. A. *Gramática descritiva do português.* São Paulo: Ática, 1996.

Confrontando-se as opiniões defendidas nos dois textos, conclui-se que

a) ambos os textos tratam da questão do uso da língua com o objetivo de criticar a linguagem do brasileiro.

b) os dois textos defendem a ideia de que o estudo da gramática deve ter o objetivo de ensinar as regras prescritivas da língua.

c) a questão do português falado no Brasil é abordada nos dois textos, que procuram justificar como é correto e aceitável o uso coloquial do idioma.

d) o primeiro texto enaltece o padrão estrito da língua, ao passo que o segundo defende que a linguagem jornalística deve criar suas próprias regras gramaticais.

e) o primeiro texto prega a rigidez gramatical no uso da língua, enquanto o segundo defende uma adequação da língua escrita ao padrão atual brasileiro.

3. (IFSP – 2017)

Texto I

Um fenômeno natural vai iluminar ainda mais o céu e deixar os apreciadores da Lua encantados. É que, na véspera do dia 14 de novembro, será possível observar a maior Superlua já vista em 70 anos – quando a Lua Cheia coincide com o ponto mais próximo da Terra. Para se ter uma ideia, o satélite não chegava tão perto de nós desde 1948, e não voltará a fazê-lo até 2034.

Guia da Semana São Paulo – 9 nov. de 2016. Adaptado.

Texto II

São demais os perigos desta vida
Para quem tem paixão, principalmente
Quando uma lua surge de repente
E se deixa no céu, como esquecida.

E se ao luar que atua desvairado
Vem se unir uma música qualquer
Aí então é preciso ter cuidado
Porque deve andar perto uma mulher.

Deve andar perto uma mulher que é feita
De música, luar e sentimento
E que a vida não quer, de tão perfeita.

Uma mulher que é como a própria Lua:
Tão linda que só espalha sofrimento
Tão cheia de pudor que vive nua.

Vinicius de Moraes

Os Textos I e II apresentam o mesmo tema em comum, porém com intencionalidades distintas, portanto, pode-se inferir que

I. o Texto I apresenta informações técnicas e alguns dados concretos e científicos.
II. o Texto I propõe ao interlocutor assistir ao espetáculo, já que o fenômeno só acontecerá novamente daqui a setenta anos.
III. o Texto II apresenta a comparação entre a beleza da mulher e aparição da lua.
IV. o Texto II complementa a ideia apresentada pelo Texto I.

É correto o que está contido em

a) I e IV, apenas.
b) II e IV, apenas.
c) III, apenas.
d) I e III, apenas.
e) I, II, III e IV.

4. (Enem – 2009)

Teatro do Oprimido é um método teatral que sistematiza exercícios, jogos e técnicas teatrais elaboradas pelo teatrólogo brasileiro Augusto Boal, recentemente falecido, que visa à desmecanização física e intelectual de seus praticantes. Partindo do princípio de que a linguagem teatral não deve ser diferenciada da que é usada cotidianamente pelo cidadão comum (oprimido), ele propõe condições práticas para que o oprimido se aproprie dos meios do fazer teatral e, assim, amplie suas possibilidades de expressão. Nesse sentido, todos podem desenvolver essa linguagem e, consequentemente, fazer teatro. Trata-se de um teatro em que o espectador é convidado a substituir o protagonista e mudar a condução ou mesmo o fim da história, conforme o olhar interpretativo e contextualizado do receptor.

Companhia Teatro do Oprimido. Disponível em: www.ctorio.org.br. Acesso em: 27 jun. 2022 (adaptado).

Considerando-se as características do Teatro do Oprimido apresentadas, conclui-se que

a) esse modelo teatral é um método tradicional de fazer teatro que usa, nas suas ações cênicas, a linguagem rebuscada e hermética falada normalmente pelo cidadão comum.

b) a forma de recepção desse modelo teatral se destaca pela separação entre atores e público, na qual os atores representam seus personagens e a plateia assiste passivamente ao espetáculo.

c) sua linguagem teatral pode ser democratizada e apropriada pelo cidadão comum, no sentido de proporcionar-lhe autonomia crítica para compreensão e interpretação do mundo em que vive.

d) o convite ao espectador para substituir o protagonista e mudar o fim da história evidencia que a proposta de Boal se aproxima das regras do teatro tradicional para a preparação de atores.

e) a metodologia teatral do Teatro do Oprimido segue a concepção do teatro clássico aristotélico, que visa à desautomação física e intelectual de seus praticantes.

5. (UnB-DF – 2010)

Temos que repudiar a ideia de que só com palavras se pensa, pois que pensamos também com sons e imagens, ainda que de forma subliminar, inconsciente, profunda! Temos que repudiar a ideia de que existe uma só estética, soberana, à qual estamos submetidos – tal atitude seria nossa rendição ao pensamento único, à ditadura da palavra – e que, como sabemos, é ambígua. O pensamento sensível, que produz arte e cultura, é essencial para a libertação dos oprimidos, amplia e aprofunda sua capacidade de conhecer. Só com cidadãos que, por todos os meios simbólicos (palavras) e sensível (som e imagem), se tornam conscientes da realidade em que vivem e das formas possíveis de transformá-la, só assim surgirá, um dia, uma real democracia.

Augusto Boal. *A estética do oprimido*. Rio de Janeiro: Garamond, 2009, p.16.

Augusto Boal, um dos expoentes do Teatro de Arena de São Paulo, atuou como diretor, dramaturgo e pesquisador, e notabilizou-se com a criação do Teatro do Oprimido, um método dinâmico que visa à democratização dos meios de produção teatrais. Considerando essas informações e o texto acima, assinale a opção correta.

a) O Teatro de Arena desenvolveu-se em um momento de estabilidade política, tendo sua atuação centrada na realização de comédias leves.

b) Bastante rígido, o método elaborado por Augusto Boal caracteriza-se por priorizar a execução de exercícios de preparação corporal e vocal de atores profissionais.

c) Como dramaturgo, Augusto Boal ganhou notoriedade internacional com a peça *Eles não usam Blacktie*.

d) A estética do oprimido prevê a atuação direta dos cidadãos – todos potencialmente atores (espect-atores) – no sentido de encontrarem, coletivamente, alternativas para a transformação de uma realidade opressora.

6. (UnB-DF – 2018)

Acerca do teatro de Augusto Boal e do Teatro do Oprimido, assinale a opção correta.

a) No teatro de Augusto Boal, a divisão entre atores e público é bem rígida: aos atores é conferido o poder de fala e de ação, enquanto o público deve se manter somente na esfera da observação.

b) O teatro de Augusto Boal vale-se da abertura proporcionada pelo palco italiano para promover a conscientização social e a transformação da realidade.

c) No teatro-fórum, o público é convidado a interagir diretamente, participando de ensaios e treinamentos prévios à apresentação.

d) Augusto Boal criou o Teatro do Oprimido na década de 70 do século XX, com o objetivo de fazer dessa metodologia uma ferramenta de engajamento para a conscientização política, social, ética e estética.

e) Augusto Boal, por meio de seus jogos teatrais, defendia a substituição do ensino formal por práticas cênicas capazes de promover o senso político.

Intervenções teatrais

Retomando o espetáculo da companhia Buraco d'Oráculo, que trata das relações das pessoas com o mundo do trabalho, agora você e os colegas de classe terão a oportunidade de fazer a própria "ópera do trabalho", ou seja, promover uma reflexão pública sobre as relações dos jovens com o mercado de trabalho. Para isso, vocês utilizarão duas técnicas do Teatro do Oprimido: o teatro imagem e o teatro fórum. O objetivo é que criem cenas e as apresentem para os demais estudantes da escola.

Romison Paulo/Acervo do fotógrafo

Cena do espetáculo *Ópera do trabalho*, da companhia Buraco d'Oráculo, realizado na praça do Patriarca, em São Paulo (SP), 2014.

Será uma oportunidade para você ampliar seu ponto de vista, as possibilidades de pensamento e de atuação na construção de seu plano de vida profissional. Da mesma forma, as cenas criadas ajudarão outros estudantes a pensar também nesses aspectos.

Procedimentos

Teatro imagem

1. Decidam se apenas um membro do grupo fará a função de coringa ou se vão revezar o papel. Lembrem-se de que, com o professor, o coringa facilita e faz a mediação, apresenta o grupo, explica o que será feito, a temática abordada, como os demais estudantes podem participar e conduz a realização da atividade e do debate.
2. Com base no que estudaram ao longo da unidade, escolham algumas situações e problemas ligados ao mundo do trabalho: oportunidades, trabalho formal e informal, desemprego, legislação, entrevistas de emprego, formação, entre outros.
3. A ideia é que vocês transformem essas temáticas em imagens congeladas, como fotografias, criadas com o próprio corpo. Com o grupo, estude algumas possibilidades.
4. Depois, conversem entre vocês sobre as imagens que criaram e se elas representam situações-problema interessantes para serem debatidas com os demais estudantes da escola. Façam as alterações necessárias na imagem até julgarem que ela está pronta para ser apresentada.
5. No dia e horário combinados para a apresentação, o coringa dá início explicando à plateia que se trata de uma intervenção teatral com imagens que visam trazer reflexões sobre a relação dos jovens com o mercado de trabalho. Ele deve dizer que são imagens "congeladas", como fotografias, que representam situações relacionadas aos percursos da vida profissional.
6. Montem a primeira imagem congelada e aguardem um tempo para que os colegas possam analisá-la.
7. Em seguida, o coringa deve orientar a plateia a analisar as cenas, identificar qual é a situação em questão e propor formas de resolvê-la.
8. Ao receber uma proposta, o coringa deve dizer que a cena será remontada de acordo com o que foi dito e pedir aos estudantes que fizeram as sugestões que assumam o lugar dos atores, para mostrar como deve ficar a nova cena.
9. Com a imagem refeita, o coringa deve conduzir a reflexão com a plateia no sentido de saber se a nova cena resolve a situação-problema inicialmente apresentada.
10. Se todos concordarem que a situação foi resolvida, o coringa agradece os voluntários e uma segunda rodada se inicia, com outra imagem que vocês prepararam antecipadamente. Todas as etapas realizadas com a primeira cena, então, se repetem.
11. Ao longo do processo, o coringa pode orientar a plateia para que perceba os detalhes dos gestos e das expressões dos atores, assim como o contexto geral de cada imagem. Isso ajudará na melhor compreensão da situação que a imagem quer transmitir.

Teatro fórum

1. Como no teatro imagem, decidam se apenas um membro do grupo fará a função de coringa ou se vão revezar o papel.
2. Escolham uma situação-problema sobre a relação dos jovens com o mundo do trabalho. Vocês podem utilizar reportagens de jornais ou trechos de livros, como os textos que estudou em **Língua Portuguesa**, coletar relatos de experiências de outros jovens ou se inspirar em vídeos, filmes ou outras fontes de estímulos para a criação da cena.
3. Com essa seleção, criem um roteiro que contenha a situação-problema a ser resolvida e as ações que os personagens terão que realizar durante a cena até o ponto em que o conflito chegue ao auge, mas ainda não tenha sido resolvido.
4. Ensaiem várias vezes esse roteiro, sem escrever e decorar as falas antecipadamente. O objetivo é que o roteiro apresente um encadeamento coerente, mas que as falas possam ser improvisadas e, inclusive, alteradas a cada nova improvisação.
5. Durante os ensaios, conversem sobre a cena. Avaliem se ela mostra claramente a situação-problema de que estão tratando e se há uma progressão de acontecimentos até chegar ao auge do problema, sem resolvê-lo. Façam as adaptações que julgarem necessárias.
6. A cena deve ser interrompida no clímax, quando a situação está clara e os personagens que vocês criaram precisam tomar uma decisão para resolvê-la. Nesse momento, o coringa deve solicitar ao público sugestões de como solucionar a situação.
7. No dia e horário combinados com o professor para a apresentação, o coringa dá início explicando à plateia que se trata de uma cena teatral com o propósito de debater a relação dos jovens com o mercado de trabalho. Ele deve orientar que a cena será interrompida em determinado momento para que o público dê sua opinião de como resolver a situação-problema.
8. Após as orientações iniciais, apresentem a cena conforme vocês a ensaiaram.
9. Então, o coringa interrompe no ponto combinado e solicita as sugestões da plateia.
10. Como no teatro imagem, o coringa deve explicar que a cena será reapresentada de acordo com as sugestões e pedir à plateia que assuma o lugar dos atores para mostrar como deve ficar a nova cena. Caso a plateia não queira entrar em cena, o grupo deve improvisar a solução.
11. O grupo pode experimentar várias sugestões de solução da cena, sempre que possível, com o coringa convidando a plateia a entrar em cena e demonstrar a ideia sugerida.

Ao final das apresentações, façam uma roda de conversa com a plateia para falar dos temas abordados nas cenas e das soluções propostas, trazer mais dados que ajudem na reflexão e no conhecimento sobre o assunto, ouvir e trocar ideias sobre outros pontos de vista e possibilidades de ação e relatar o processo de pesquisa e construção das imagens.

Diário de bordo

Lembre-se de registrar no diário de bordo todo o processo de criação do grupo e as reflexões despertadas pela apresentação e pelo debate com os colegas.

Meu portfólio

Nesta unidade, você e os colegas estudaram as relações dos jovens com o mercado de trabalho. Em **Língua Portuguesa**, pôde entender as diferentes áreas de atuação profissional, a classificação dos tipos de trabalho e as leis que asseguram a proteção e as condições para os jovens iniciarem a vida profissional. Em **Arte**, pôde ainda continuar a pensar em caminhos para seu projeto de vida, refletir e praticar ações que visavam auxiliar nas escolhas e nas situações comuns da dinâmica do mercado de trabalho, como as entrevistas de emprego. A unidade ainda contribui para estender as conversas sobre esses assuntos para uma parcela de sua escola, com a construção de uma *wiki* de profissões e as apresentações das cenas teatrais seguidas dos debates.

Para montar seu portfólio, você deverá retomar todas as produções realizadas na unidade, desde rascunhos e projetos até registros em fotos e vídeos de apresentações. Lembre-se de que todo o processo criativo é importante e não apenas o produto final, por isso aqui não podem faltar as diversas versões de uma mesma produção.

Retome também todas as anotações que fez no diário de bordo; elas vão ajudar muito na construção do portfólio. Não deixe de colocar a data em que cada produção foi realizada: assim, ao consultar o portfólio, você terá condições de verificar sua história de aprendizagem. Essa consulta poderá ajudá-lo a perceber quais aspectos você desenvolveu e aperfeiçoou ao longo do trabalho.

UNIDADE 3

Mulher, trabalho e sociedade

Cena do filme *Que horas ela volta?*, dirigido por Anna Muylaert. Brasil, 2015.

África Filmes/Globo Filmes

#TáNoFeed

A imagem desta seção é uma cena do filme *Que horas ela volta?*, de Anna Muylaert (1964-), que conta a história de Val, uma mulher que sai de Pernambuco à procura de trabalho na cidade de São Paulo (SP) e deixa a filha, Jéssica, na terra natal com parentes. Na grande metrópole, Val trabalha para Bárbara e sua família, morando com eles para cuidar da casa e do filho da patroa em tempo integral. A dinâmica das relações começa a mudar quando a filha de Val vai para São Paulo a fim de prestar vestibular e fica com a mãe na casa dos patrões. A chegada da jovem evidencia as relações de trabalho da empregada doméstica, considerada "quase" da família, com os donos da casa. Jéssica questiona os papéis sociais e vai rompendo com uma subordinação já consolidada. O filme de Anna Muylaert também se destaca por colocar como protagonistas três mulheres (Bárbara, Val e Jéssica) e denunciar a exploração do trabalho e as pequenas violências, até então normalizadas, nessa relação patroa-empregada.

Saiba+

Assista com os colegas ao filme *Que horas ela volta?*, dirigido por Anna Muylaert, e conheça a história de Val e Jéssica. (Brasil, 2015, 114 min. Classificação indicativa: 12 anos.)

1. Você conhece pessoas com histórias parecidas com a de Val, que precisam migrar em busca de trabalho?
2. A diretora Anna Muylaert afirmou em uma entrevista que o filme pode ser interpretado como social, mas não se resume a isso, pois apresenta a realidade de maneira crua, ou seja, algo que acontece no dia a dia. Você acredita que essa relação de subordinação entre patrão e empregado é como o filme retrata ou tem se modificado?
3. Um dos destaques do filme é o fato de as protagonistas serem mulheres. Nos últimos filmes a que você assistiu, havia personagens femininas? Elas contracenavam entre si? Quais papéis ocupavam? O que isso parece indicar?
4. Há um teste, chamado teste de Bechdel, criado pela quadrinista estadunidense Alison Bechdel (1960-), usado para avaliar a presença feminina em filmes e obras de ficção em geral. De acordo com o teste, há três regras que devem ser observadas: se há no filme duas ou mais personagens femininas, se elas têm nome e se conversam entre si sobre assuntos que não sejam relacionados a homens e romances. Você se lembra de algum filme que possa ilustrar essa pesquisa?
5. Jéssica, a filha de Val, muda-se para São Paulo com o objetivo de prestar vestibular para o curso de Arquitetura, assim, acaba concorrendo com o filho da patroa. A dedicação da adolescente e sua aprovação incomodam a família. O que podemos inferir dessa atitude dos patrões?
6. O trabalho doméstico no Brasil, apesar de essencial e responsável por empregar inúmeras pessoas, carrega uma invisibilidade social.
   a) Você conhece pessoas que trabalham nessa área?
   b) Esse trabalho doméstico só foi regulamentado em 2013. Você sabe quais direitos trabalhistas os empregados domésticos passaram a ter?

Nesta unidade, você vai estudar o direito fundamental à igualdade entre homens e mulheres. Para isso, serão abordadas questões relacionadas à mulher no mercado de trabalho e nas artes visuais. As atividades propostas buscam evidenciar a importância da equidade de direitos, principalmente no mercado de trabalho, para garantir a autonomia dos indivíduos. Em **Língua Portuguesa**, você e os colegas vão estudar a Constituição federal, especificamente os princípios fundamentais e os direitos individuais e coletivos. Além disso, vão analisar textos cuja temática é a mulher e o mercado de trabalho, para, ao final, produzir uma dissertação argumentativa sobre o tema.

Em **Arte**, você vai conhecer a fotomontagem por meio da análise dos trabalhos de artistas de vanguarda e identificar elementos da poética e do contexto histórico-social deles. Também poderá conhecer alguns movimentos de vanguarda europeia e sua reverberação na arte moderna brasileira. E vai refletir, ainda, sobre as produções artísticas de mulheres e o processo de silenciamento de suas produções e importância na história da arte, com exemplos de produções feitas desde o século XIX até as contemporâneas. Ao final, você vai produzir uma exposição com fotomontagens ou colagens com base na temática "mulher e trabalho".

Conheça a unidade

Objetivos de aprendizagem

Língua Portuguesa

- Reconhecer as relações textuais, considerando a estrutura composicional e as características do gênero estudado.
- Reconhecer e utilizar os elementos e recursos coesivos, que contribuem para a progressão textual.
- Reconhecer posicionamentos e estratégias de defesa de ponto de vista em textos argumentativos.
- Reconhecer e explorar os mecanismos de modalização do discurso para a compreensão e produção de textos.
- Conhecer as competências exigidas na prova de redação do Exame Nacional do Ensino Médio (Enem).
- Conhecer e experimentar o texto dissertativo-argumentativo, reconhecendo e utilizando estratégias para apresentação de um ponto de vista.

Arte

- Conhecer os movimentos de vanguarda: Construtivismo russo, Dadaísmo e Surrealismo.
- Conhecer a fotomontagem e desenvolver pesquisa e criação nessa forma de expressão artística.
- Produzir uma escultura em argila.
- Conhecer e refletir sobre contextos históricos da produção artística feminina.
- Refletir sobre os contextos atuais da representatividade feminina em acervos de museus.
- Desenvolver e compartilhar uma pesquisa sobre artistas mulheres, de modo coletivo e colaborativo.

Justificativa

As atividades propostas nesta unidade buscam evidenciar as questões socioculturais relacionadas aos direitos individuais e coletivos, ao mercado de trabalho, à maternidade e à paternidade. Para isso, são estudados os gêneros discursivos: texto normativo, reportagens e artigo de opinião, possibilitando a ampliação do olhar para aspectos essenciais da vida em uma sociedade democrática. Além disso, apresentam as produções artísticas de mulheres representantes de movimentos artísticos do século XIX até a contemporaneidade. Esse estudo em Arte discute a representatividade das mulheres na arte brasileira e ocidental, algo importante para conhecer e refletir sobre a participação feminina nas artes visuais e os aspectos históricos e sociais que permeiam essas conquistas no mundo do trabalho.

A BNCC nesta unidade

Nesta unidade são desenvolvidas as competências e habilidades da BNCC indicadas a seguir.

Competências gerais da Educação Básica: 1, 3, 4, 6, 7, 10.

Linguagens e suas Tecnologias no Ensino Médio: competências específicas e habilidades

Competência específica 1 (EM13LGG101, EM13LGG102, EM13LGG103, EM13LGG104); competência específica 2 (EM13LGG201, EM13LGG202, EM13LGG203, EM13LGG204); competência específica 3 (EM13LGG301, EM13LGG302, EM13LGG303); competência específica 4 (EM13LGG401); competência específica 6 (EM13LGG602, EM13LGG603, EM13LGG604).

Língua Portuguesa no Ensino Médio: campos de atuação social, competências específicas e habilidades

Todos os campos de atuação social

EM13LP01 (competência específica 2); EM13LP02 (competência específica 1); EM13LP05 (competência específica 3); EM13LP07 (competência específica 1); EM13LP12 (competência específica 1); EM13LP15 (competências específicas 3, 7).

Ciências Humanas e Sociais Aplicadas no Ensino Médio: competências específicas e habilidades

Competência específica 4 (EM13CHS401, EM13CHS402); competência específica 5 (EM13CHS502, EM13CHS503, EM13CHS504).

Texto normativo (Língua Portuguesa)

A Constituição federal de 1988, conhecida como Constituição Cidadã, trouxe grandes avanços, principalmente ao declarar as mulheres iguais aos homens, assegurando seus direitos e reconhecimento na sociedade. Isso foi alcançado com anos de luta que pressionaram os congressistas a incluir a mulher na pauta. Para alcançar esse direito, houve um movimento formado pelo Conselho Nacional dos Direitos da Mulher, que conseguiu garantir, pela Constituição, o reconhecimento da mulher também como chefe de família, além de garantir sua proteção contra a violência intrafamiliar.

Mauricio Simonetti/Pulsar Imagens

Mulheres em manifestação no Dia Internacional da Mulher, na avenida Paulista, em São Paulo (SP), 2020.

Leia o preâmbulo da Constituição federal de 1988 e os artigos 3º, 5º, 6º e 7º do texto.

Constituição da República Federativa do Brasil de 1988

Preâmbulo

Nós, representantes do povo brasileiro, reunidos em Assembleia Nacional Constituinte para instituir um Estado Democrático, destinado a assegurar o exercício dos direitos sociais e individuais, a liberdade, a segurança, o bem-estar, o desenvolvimento, a igualdade e a justiça como valores supremos de uma sociedade fraterna, pluralista e sem preconceitos, fundada na harmonia social e comprometida, na ordem interna e internacional, com a solução pacífica das controvérsias, promulgamos, sob a proteção de Deus, a seguinte CONSTITUIÇÃO DA REPÚBLICA FEDERATIVA DO BRASIL.

Título I

Dos princípios fundamentais

Art. 3º Constituem objetivos fundamentais da República Federativa do Brasil:

I – construir uma sociedade livre, justa e solidária;

II – garantir o desenvolvimento nacional;

III – erradicar a pobreza e a marginalização e reduzir as desigualdades sociais e regionais;

IV – promover o bem de todos, sem preconceitos de origem, raça, sexo, cor, idade e quaisquer outras formas de discriminação.

Título II

Dos direitos e garantias fundamentais

Capítulo I

Dos direitos e deveres individuais e coletivos

Art. 5º Todos são iguais perante a lei, sem distinção de qualquer natureza, garantindo-se aos brasileiros e aos estrangeiros residentes no País a inviolabilidade do direito à vida, à liberdade, à igualdade, à segurança e à propriedade, nos termos seguintes:

I – homens e mulheres são iguais em direitos e obrigações, nos termos desta Constituição;

II – ninguém será obrigado a fazer ou deixar de fazer alguma coisa senão em virtude de lei;

III – ninguém será submetido a tortura nem a tratamento desumano ou degradante;

IV – é livre a manifestação do pensamento, sendo vedado o anonimato;

[...]

Art. 6º São direitos sociais a educação, a saúde, a alimentação, o trabalho, a moradia, o transporte, o lazer, a segurança, a previdência social, a proteção à maternidade e à infância, a assistência aos desamparados, na forma desta Constituição.

(Redação dada pela Emenda Constitucional nº 90, de 2015)

Art. 7º São direitos dos trabalhadores urbanos e rurais, além de outros que visem à melhoria de sua condição social:

I – relação de emprego protegida contra despedida arbitrária ou sem justa causa, nos termos de lei complementar, que preverá indenização compensatória, dentre outros direitos;

II – seguro-desemprego, em caso de desemprego involuntário;

III – fundo de garantia do tempo de serviço;

IV – salário mínimo, fixado em lei, nacionalmente unificado, capaz de atender a suas necessidades vitais básicas e às de sua família com moradia, alimentação, educação, saúde, lazer, vestuário, higiene, transporte e previdência social, com reajustes periódicos que lhe preservem o poder aquisitivo, sendo vedada sua vinculação para qualquer fim;

[...]

XVIII – licença à gestante, sem prejuízo do emprego e do salário, com a duração de cento e vinte dias;

XIX – licença-paternidade, nos termos fixados em lei;

XX – proteção do mercado de trabalho da mulher, mediante incentivos específicos, nos termos da lei;

XXI – aviso prévio proporcional ao tempo de serviço, sendo no mínimo de trinta dias, nos termos da lei;

XXII – redução dos riscos inerentes ao trabalho, por meio de normas de saúde, higiene e segurança;

XXIII – adicional de remuneração para as atividades penosas, insalubres ou perigosas, na forma da lei;

[...]

BRASIL. [Constituição (1988)]. *Constituição da República Federativa do Brasil: promulgada em 5 de outubro de 1988*. Brasília, DF: Presidência da República, [2020]. Disponível em: http://www.planalto.gov.br/ccivil_03/Constituicao/Constituicao.htm. Acesso em: 31 mar. 2022.

1. Qual é a finalidade da Constituição federal de 1988, de acordo com o preâmbulo?

2. Considerando que a palavra "princípio" significa "base", "fundamento" ou "origem" e que "direito" se refere àquilo que está de acordo com as leis, responda: Por que diferenciar "princípios fundamentais" de "direitos fundamentais"? Explique com exemplos.

3. No artigo 3º, assegura-se a promoção do bem-estar de todos. Por que você acha que foi necessário especificar "sem preconceitos de origem, raça, sexo, cor, idade e quaisquer outras formas de discriminação"?
4. No artigo 5º, institui-se que todos são iguais perante a lei, com garantia do direito à vida, à liberdade, à igualdade, à segurança e à propriedade. Mesmo com essas garantias, o inciso I reforça que homens e mulheres são iguais em direitos e obrigações. Em sua opinião, por que houve a necessidade desse detalhamento?
5. Com base na leitura dos artigos 5º e 6º, como você explicaria a diferença entre os direitos individuais e coletivos?
6. Retome o artigo 7º, que se refere aos direitos relacionados ao trabalho, e note que há dois incisos que tratam especificamente do trabalho das mulheres. A que se referem e por que são específicos às mulheres?
7. Você deve ter notado, também no artigo 7º, que o inciso XIX trata da garantia à licença-paternidade, mas não apresenta por quantos dias. Por que há essa diferença?

A Constituição federal de 1988 é um exemplo de texto normativo, gênero textual cujo objetivo é apresentar as leis, os direitos e os deveres que regem determinada instituição ou país. Nele, faz-se uso da linguagem formal e impessoal, que deve ser clara e objetiva.

O texto normativo pode ser dividido em seções e capítulos, que têm por objetivo indicar a área específica de abrangência da lei ou norma.

> Na Constituição, as seções são identificadas pela nomenclatura "título", como "Título II – Dos direitos e garantias fundamentais", seguido pela identificação dos capítulos que integram a seção, como: "Capítulo I – Dos direitos e deveres individuais e coletivos".

Logo em seguida, nas seções e nos capítulos, há os artigos, que são os termos da lei em si. Os artigos detalham os pontos de cada grande área especificada pelas seções ou pelos capítulos. De acordo com a finalidade do documento, um texto normativo pode apresentar vários artigos, que podem ainda ser subdivididos em parágrafos, incisos e alíneas. Cada uma dessas subdivisões tem o objetivo de sugerir formas possíveis de aplicação dos artigos, destacando aspectos importantes que não estão explicitamente apontados neles.

> Na Constituição, isso pode ser visto, por exemplo, no artigo 7º, que trata de forma geral dos direitos dos trabalhadores urbanos e rurais. Em seguida, os incisos abordam ponto a ponto o que são esses direitos — às férias, ao décimo terceiro salário —, ou seja, apresentam-se formas de aplicação da lei em si.

Em relação à forma dos textos normativos, os capítulos e as seções são organizados em números romanos. Já para os artigos, é usada a abreviação **art.** acompanhada de um sequenciamento em números ordinais: art. 1º, art. 2º e assim por diante. Os incisos são identificados por números romanos, enquanto os parágrafos recebem o símbolo **§** antes do número ordinal. Já as alíneas são ordenadas por letras minúsculas do alfabeto.

A luta para que os direitos fundamentais da Constituição sejam garantidos é contínua. Houve muitos avanços, como a garantia de segurança, por meio da promulgação da Lei Maria da Penha (2006), considerada pelo Banco Mundial uma referência no mundo todo em relação ao combate à violência doméstica. Além disso, a violência contra a mulher passou a ser reconhecida como crime pela Lei do Feminicídio, promulgada em 2015. E, no campo do trabalho, o reconhecimento do trabalho doméstico pela "PEC das domésticas" também é um avanço no campo dos direitos das mulheres, já são elas que exercem majoritariamente essa profissão, bem como a garantia dos incisos do artigo 7º da Constituição federal de 1988.

Reportagem: a lei no dia a dia

Após conhecer alguns artigos da Constituição de 1988, você agora vai ler uma reportagem sobre a real condição das mulheres no mercado de trabalho, considerando os direitos que estariam garantidos na lei, mas que, ainda assim, não fazem parte do dia a dia de muitas pessoas. Acesse a reportagem "**Mulher, mãe e sem trabalho**", de Andréa Fernandes Martinelli, leia-a, veja o gráfico em destaque e, depois, responda às questões a seguir.

Mulher, mãe e sem trabalho

Como a maternidade pode impactar a vida das mulheres no mercado de trabalho

"Não tem como trabalhar e cuidar das duas", desabafa a cabeleireira Adenilda Ramos da Silva, de 37 anos. É apenas fora do mercado de trabalho que ela consegue conciliar os cuidados das filhas Jennifer e Lorena.

Há pelo menos 3 anos ela tenta uma vaga em uma escola para a mais velha, de 21 anos, que tem paralisia cerebral – e há quase 6 meses espera uma vaga em creche para a mais nova, de 2 anos.

Por causa do tempo que dedica às filhas – e sem poder contar com o ensino público –, Adenilda deixou a profissão de lado e as despesas de casa recaem todas sobre o marido, que trabalha como zelador. "Hoje faço doces e bolos para ajudar a pagar as contas. Mas só quando tem encomenda, o que é bem raro", conta.

Adenilda está entre as milhares de brasileiras que vivenciam o impacto da maternidade no mercado de trabalho, em um cenário em que a divisão dos cuidados com os filhos – seja com familiares ou com o Estado – ainda é um problema.

A pouca presença dos pais nesse papel e a forma como os cuidados domésticos ainda são divididos na maioria dos lares brasileiros são algumas das causas que levam as mulheres a ainda pagar um alto custo pela maternidade. Esse é o diagnóstico de Adriane Reis, procuradora regional do Trabalho de São Paulo (MPT-SP).

"A falta de mulheres no mercado de trabalho em geral não está restrita só à maternidade. Ela entra como mais um elemento do problema, desse conjunto de preconceitos e estereótipos que a gente observa", afirma Reis, que destaca a diferença salarial entre homens e mulheres. Elas ocupam menos da metade dos postos de diretores e gerentes no mercado de trabalho e ganham quase 30% menos que eles, segundo dados mais recentes do IBGE.

Uma pesquisa da consultoria IDados com base em informações do IBGE (Instituto Brasileiro de Geografia e Estatística), de 2018, mostra que o salário médio de uma mulher sem filhos é de R$ 2.115,39 no Brasil. Este valor cai em cerca de 1/4, para R$ 1.560,50, quando ela tem filhos.

Para os homens, é menor a diferença, quando observada a relação entre remuneração e paternidade. Enquanto pais ganham, em média, R$ 2.003,28, o brasileiro sem filhos recebe R$ 2.228,77 (11% a mais).

"Essa situação diz respeito, principalmente, a uma compreensão patriarcal da sociedade brasileira que coloca os homens como 'mais capacitados' para o desempenho de uma função fora de casa, fora do ambiente doméstico. Assim, as mulheres ficam vinculadas à vida privada, aos cuidados dentro de casa", aponta a procuradora. "Enquanto mães, elas desempenham um trabalho que é invisível, não remunerado, mas que atende a um interesse público."

patriarcal: refere-se ao patriarcado, isto é, uma forma de organização social ou familiar em que prevalece a autoridade do homem.

Com filhos, mas sem emprego

Um estudo publicado pelo IBGE em 2017 mostra que a geração de filhos tem impacto diferente na empregabilidade de homens e mulheres no Brasil.

Segundo a pesquisa "Aspectos dos cuidados das crianças com menos de 4 anos de idade", no grupo em que as mulheres foram identificadas como as principais responsáveis pelas crianças nessa faixa etária, apenas 42% estavam empregadas. Quando são os homens os principais responsáveis, 89% deles continuam empregados.

O estudo "Licença-maternidade e suas consequências no mercado de trabalho do Brasil", da Escola Brasileira de Economia e Finanças da Fundação Getúlio Vargas (FGV), traz resultado semelhante. Segundo a pesquisa, entre brasileiros de 25 e 44 anos, a taxa de emprego é de 41% para mães de crianças de até 1 ano, e de 92% quando são pais na mesma situação.

O mesmo estudo ainda aponta que, embora a licença-maternidade garanta estabilidade no emprego por um certo período de tempo, não é o suficiente para manter a empregabilidade feminina a médio prazo. Segundo o levantamento, do total de mães pesquisadas entre 2009 e 2012, 48% saíram de seus empregos nos primeiros 12 meses após ter seus filhos.

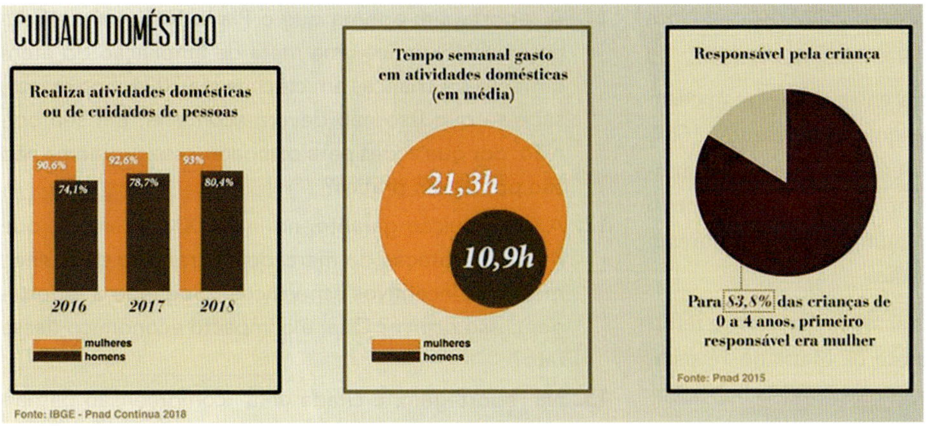

Divisão do trabalho doméstico e sobrecarga feminina

Entre 2005 e 2015, o número de famílias compostas por mães solo subiu de 10,5 milhões para 11,6 milhões, de acordo com a Pnad (Pesquisa Nacional por Amostra de Domicílio) 2017. Para Glaucia Fraccaro, no entanto, o crescimento do número de lares chefiados por mulheres revela também uma maior presença feminina em situações de sobrecarga.

"Esse critério de empoderamento esconde um pouco uma grande massa de trabalho que é quase exclusiva das mulheres", diz. O impacto é visto na renda: do total de famílias desse tipo, 57% está abaixo da linha da pobreza, de US$ 5,5 (cerca de R$ 22) por dia, segundo a pesquisa.

A divisão do trabalho doméstico ainda é desigual entre gêneros. Em 2018, 93% das brasileiras disseram realizar tarefas do lar ou de cuidados com pessoas no domicílio, segundo a Pnad 2018. Entre os homens, o indicador era de 80,4%, e chegava a 73,1% no Nordeste. Quanto ao número de horas gastas nessas funções, a média delas é de 21,3 horas semanais – quase o dobro das 10,9 horas para eles.

O cuidado com familiares está diretamente relacionado à dificuldade de acesso à creche. Em 2016, 3,4 milhões de brasileiros entre 0 e 3 anos tinham esse direito garantido, o equivalente a 32% dessa faixa etária. Especialistas avaliam que a meta do Plano Nacional de Educação (PNE) de atingir 50% da cobertura em 2024 não deve ser cumprida devido a cortes de gastos em programas sociais.

Além do ritmo lento de aumento da rede pública, a iniciativa privada também falha. Marilane Teixeira, pesquisadora do Centro de Estudos Sindicais e de Economia do Trabalho da Unicamp, afirma que muitas empresas não cumprem a previsão de pagar auxílio-creche ou de oferecer um espaço físico para que as mães deixem o filho de 0 a 6 meses no horário do expediente. A obrigação é para organizações com mais de 30 funcionárias com mais de 16 anos.

"Objetivamente a maioria das mulheres está à margem do acesso à creche pública ou do auxílio oferecido pelas empresas e auxílio-maternidade", afirma a professora.

Na avaliação de especialistas, a redução de serviços públicos ligados a cuidados, como creches, escolas e sistema de saúde transfere o ônus dessas atividades para as mulheres.

"Se o projeto político é diminuir os equipamentos públicos – o que inclui creches, hospitais, escolas, saúde pública –, há por trás dele, nitidamente, a ideia de que as mulheres vão desempenhar todas essas tarefas que o Estado vai estar desobrigado", afirma Fraccaro.

Para a historiadora, não só o poder público, mas a sociedade como um todo deveria compreender que "produzir a vida é fundamental para produzir riqueza, para que o Estado funcione, para que o trabalho aconteça, para que a sociedade se desenvolva", e que isso é feito por meio da valorização dos cuidados domésticos e com grupos que precisam de ajuda, como crianças e idosos.

A pesquisadora alerta ainda para possíveis impactos dessas decisões na redução da autonomia financeira feminina, que pode agravar a situação da violência doméstica. "[Com a redução dos serviços públicos], essas 24 horas semanais de trabalho doméstico não remunerado vão explodir de uma forma que nós vamos ter nossa autonomia muito reduzida a ponto de não conseguir decidir sobre o nosso próprio destino. Isso soa como um capricho, mas, para os homens, é o sinônimo de humanidade. Ser humano é poder decidir o próprio destino."

Os impactos da reforma trabalhista e previdenciária para as mães

A diferença dos rendimentos mensais entre homens e mulheres é também refletida na aposentadoria. O valor médio do benefício pago pelo INSS (Instituto Nacional do Seguro Social) para mães é de R$ 1.229,79, enquanto aposentadas sem filhos ganham R$ 1.602,20, segundo a pesquisa "Diferenças na legislação à aposentadoria entre homens e mulheres: breve histórico", publicada pelo Ipea com base em dados de 2015 da Previdência Social.

Elas também são maioria entre as que se aposentam por idade, segundo a pesquisa. Representam 64% desse grupo, com benefícios em torno de um salário-mínimo. Na modalidade de aposentadoria por tempo de contribuição, em que os rendimentos são maiores, a presença feminina cai para 30%.

Essa lacuna pode aumentar ainda mais com a reforma da Previdência, na avaliação de Marilane Teixeira, da Unicamp. De acordo com a professora, as brasileiras que chegam aos 60 anos contribuíram, em média, por 18 anos com o INSS. "Quando se amplia para 40 anos o tempo de contribuição, está se condenando a absoluta maioria das mulheres a nunca se aposentar ou aposentar com valor mínimo", afirma.

Na avaliação da especialista, uma série de fatores diminui a capacidade contributiva das mulheres para a Previdência. "Elas passam boa parte da vida laboral na intermitência do desemprego, do trabalho precário, por conta própria, informal. São elas que ficam mais tempo desempregadas, demoram mais para retornar ao trabalho, eventualmente têm que se ausentar por conta de licença-maternidade", pontua Teixeira.

"Muitas vezes quando voltam ao trabalho, são demitidas ou pedem demissão porque não têm com quem deixar os filhos. Ficam 2, 3 anos fora do mercado de trabalho. Voltam para o mercado informal. Essa é a trajetória de trabalho das mulheres", completa.

Ainda sobre o sistema de Seguridade Social, a pesquisadora lembra que as mulheres são 57% dos beneficiários do BPC (Benefício de Prestação Continuada), amparo no valor de um salário-mínimo pago a pessoas com mais de 65 anos.

[...]

MARTINELLI, Andréa; FERNANDES, Marcella. "Mulher, mãe e sem trabalho", originalmente publicado no HuffPost em 12/05/2019.

8. De que maneira os três fatores identificados no título da reportagem — mulher, mãe, sem trabalho — impactam a vida das mulheres com relação aos direitos previstos na Constituição? O que se busca evidenciar? Explique.

9. Quais são as dificuldades encontradas para a inserção da mulher no mercado de trabalho? Qual é o resultado disso?

10. A Constituição trata tanto do direito à educação como da garantia às condições de trabalho. De acordo com a reportagem, como isso ocorre na prática nos cuidados para as crianças de até seis meses?

11. A reportagem aponta que o Plano Nacional de Educação (PNE) indica uma meta de ampliação do atendimento de crianças em creches até 2024. Entretanto, sabe-se que isso não deverá acontecer. Em sua opinião, por que ações para combater esse problema não são postas em prática?

12. A Constituição garante, no inciso XX do art. 7º, que haverá "proteção do mercado de trabalho da mulher, mediante incentivos específicos". Segundo a reportagem, isso ocorre? Qual é o impacto econômico desse fato?

13. Na reportagem, é citada uma "compreensão patriarcal" sobre o lugar da mulher na sociedade. Como você explicaria isso? Você concorda com essa visão?

14. Considerando a definição da palavra "empoderar", que é o ato ou efeito de delegar poder ou autoridade, responda ao que se pede.

a) Ao apontar que o número de mães solo (aquelas que criam os filhos sozinhas, sem a participação paterna) cresceu no país, a reportagem questiona se esse dado é um critério de empoderamento feminino. Você acha que as mulheres que chefiam as famílias sozinhas estão mais empoderadas?

b) De acordo com o infográfico "Cuidado doméstico", além de chefiar a família, que outros fatores indicam a sobrecarga de tarefas?

15. A previdência social é um seguro social para o qual o trabalhador contribui mensalmente com uma parte de seu salário. Esse seguro garante um rendimento quando o empregado não puder trabalhar, seja em caso de doença, maternidade, invalidez ou aposentadoria. Ao observar os dados sobre os salários na aposentadoria, é possível notar que a mulher tem um salário menor que o do homem. Elas também se aposentam mais por idade do que por tempo de serviço. O que explica isso?

Saiba +

Escolas fechadas: mais trabalho doméstico para as meninas, de Sara Oliveira, publicado em *Nexo Jornal*, 10 jul. 2020. Disponível em: https://www.nexojornal.com.br/ensaio/debate/2020/Escolas-fechadas-mais-trabalho-dom%C3%A9stico-para-as-meninas. Acesso em: 3 abr. 2022.

O texto conta sobre a carga de trabalho em decorrência da pandemia do coronavírus e do fechamento das escolas na vida das meninas, que têm, desse modo, de cuidar da casa e dos irmãos para que os pais possam trabalhar.

16. De acordo com a avaliação de Marilane Teixeira, pesquisadora da Unicamp, citada na reportagem, quais problemas podem ser agravados com a reforma da previdência, aprovada em 2017, de modo a impactar a vida das mulheres?

17. Releia este trecho:

> A pesquisadora alerta ainda para possíveis impactos dessas decisões na redução da autonomia financeira feminina, que pode agravar a situação da violência doméstica. "[Com a redução dos serviços públicos], essas 24 horas semanais de trabalho doméstico não remunerado vão explodir de uma forma que nós vamos ter nossa autonomia muito reduzida a ponto de não conseguir decidir sobre o nosso próprio destino. Isso soa como um capricho, mas, para os homens, é o sinônimo de humanidade. Ser humano é poder decidir o próprio destino".

a) Por que é importante que a mulher consiga garantir uma autonomia financeira, segundo a pesquisadora?

b) Por que escolher o próprio destino, apesar de ser "sinônimo de humanidade", poderia ser considerado um capricho?

c) A reportagem tem o objetivo de apresentar os fatos sem um posicionamento direto dos autores, porém, pela seleção de palavras, é possível reconhecer uma modalização do discurso. Quais palavras nesse trecho poderiam indicar um ponto de vista?

Artigo de opinião

Você estudou o gênero normativo e a reportagem. No primeiro, conheceu alguns direitos fundamentais da Constituição de 1988. Já no segundo, conheceu algumas pesquisas que mostram a realidade vivida pelas mulheres e pelas mães no país.

Agora, estudará como esses textos podem ser utilizados na produção de textos dissertativo-argumentativos. Mas o que seria argumentar? Segundo Charaudeau (citado por Ingedore Koch e Vanda Elias), por meio de argumentos, busca-se influenciar o interlocutor com ideias organizadas e um raciocínio estruturado cujo objetivo é defender um ponto de vista ou uma tese.

E como influenciar o leitor? Como convencê-lo a considerar, concordar ou refutar um texto? Para isso, são fundamentais a organização e a progressão textual. A primeira condição refere-se à seleção de ideias e de argumentos que apoiem seu ponto de vista. Já a segunda está relacionada ao desenvolvimento do texto, apresentando novas ideias diretamente ligadas às anteriores.

Leia um artigo de opinião publicado no jornal *O Estado de S. Paulo* sobre as mães e o mercado de trabalho.

As mães estão cansadas, mas a 'culpa' não é das crianças

Pesquisa aponta que maiores desafios das mães nada têm a ver com o bebê

Não é porque eles não dormem direito ou mamam de uma em uma hora. Não é porque eles ainda usam fraldas e choram sempre que precisam se comunicar. As mães de crianças de até dois anos estão cansadas porque não podem contar com a parceria do pai do seu filho, com o olhar mais condescendente de suas famílias (e até de quem nunca a viu na vida) e com a compreensão do mercado de trabalho, que a descarta na primeira oportunidade. E quem diz tudo isso não sou eu, mas sim uma pesquisa feita pela Cinematerna, uma organização sem fins lucrativos pioneira em sessões de cinema amigáveis para mães e bebês de até 18 meses – o que em tempo de estabelecimentos *'child free'* e olhares tortos para quem amamenta em público pode ser a única opção segura de interação social dessas mães de bebês pequenos, principalmente nas grandes cidades. Cerca de 2090 mães foram convidadas a preencher um questionário sobre as principais dificuldades da maternidade – e é bom fazer um recorte social e geográfico aqui: como 70% das mulheres ouvidas têm ensino superior e moram no sudeste do país, a pesquisa não retrata a realidade de todas as mães brasileiras. E agora a provocação é minha: se está difícil para essas mulheres tão privilegiadas, imagina para aquela sem formação, sem emprego, sem internet, sem rede de apoio e que mora lá do interiorzão do Brasil?

Zivica Kerkez/Shutterstock

Mulher cuida de criança enquanto trabalha.

Os dados são bem interessantes: Apesar de 88% das pesquisadas serem casadas ou estarem em um relacionamento estável, apenas 67% afirmaram ter o apoio do pai do bebê. "A vida do pai do meu filho não mudou um fio de cabelo, quanto a minha virou de ponta-cabeça. Amo meu filho, renasci, queria que os pais em geral tivessem essas experiências, mas sabemos que não é assim", desabafa uma mãe. É bom lembrar que essa também é uma questão social: o cuidado com o bebê é um trabalho visto como essencialmente feminino, basta comparar a licença-maternidade de quatro a seis meses das mulheres que trabalham sob o regime CLT à licença-paternidade de cinco a vinte dias dos homens que trabalham sob o mesmo regime. Claro que isso não pode ser desculpa para a falta de parceria, mas a mensagem que a sociedade passa ao fazer essa distinção é clara: cuidar do bebê é uma tarefa da mulher.

Também existe essa ilusão social coletiva de que trabalhar "fora" é que cansa enquanto ficar "só em casa" é de boas: até onde eu sei as roupas e a louça não se lavam sozinhas e o almoço e o jantar não se materializam sobre o fogão em um estalar de dedos. Como pouco mais de um terço das mulheres pesquisadas afirmou que fica sozinha a maior parte do tempo, podemos aferir que elas acumulam todo esse serviço doméstico além dos cuidados com quem acabou de chegar ao mundo, o que não é pouca coisa.

Os maiores desafios não estão ligados aos cuidados com o bebê, afirmam as mães pesquisadas. O mais difícil para elas é conciliar a maternidade com a vida pessoal e profissional. Uma em cada duas mulheres relata que muitas vezes não tem tempo de sequer ir ao médico, que dirá de fazer uma atividade física. "Tudo está muito difícil. Principalmente, encontrar tempo pra cuidar de mim e da minha saúde. Minha autoestima está em baixa", desabafa uma das que responderam ao questionário.

Mais de dois terços das mulheres sente-se julgada e/ou cobrada e nem sempre esses questionamentos estão vinculados aos cuidados com o bebê. Segundo uma mãe ouvida pela pesquisa, família e amigos são os quem mais cobram. E quem mais julga? "Qualquer pessoa, inclusive desconhecidos", afirma. Pode perguntar para qualquer mulher em seu círculo de amigos quantas vezes ela já ouviu uma "dica" ou um palpite totalmente sem noção de alguém que nunca viu na vida. Todas nós temos pelo menos meia dúzia de histórias invasivas para contar.

As mulheres têm, ainda, várias preocupações com a educação e o bem-estar dos filhos: 70% delas gostariam de evitar que eles tenham acesso a celulares e *tablets*, por exemplo, mas pelo menos 10% das mães pesquisadas liberam o uso desses dispositivos com frequência para ter tempo para algumas tarefas básicas como trabalhar (alô, empreendedorismo materno!), comer, alimentar o bebê, tomar um banho. Então antes de jogar pedra em uma mãe que oferece o celular para uma criança pequena (sim, eu sei que a OMS recomenda que crianças até dois anos não devam ter contato algum com telas), pense que esse pode ser o único recurso de algumas mulheres, pense duas vezes antes de fazer cara feia ou condená-la, por favor. Aliás, não seja nunca essa pessoa.

O estudo ainda trata de outras questões interessantes como a relação das mulheres com o mercado de trabalho: sete em cada dez afirmam terem sido questionadas sobre maternidade no último processo seletivo que participaram (você já ouviu algum entrevistador perguntando a um homem se ele quer ser pai? Você já viu uma empresa deixar de contratar um homem porque ele afirma que quer ser pai?). Metade das mulheres estão fora do mercado de trabalho após 24 meses da licença-maternidade e essas mães, em média, ganham 79% da remuneração de um homem que está na mesma posição que ela. O estudo é muito interessante, muito real (e até dolorido de ler).

LISAUSKAS, Rita. As mães estão cansadas, mas a culpa não é das crianças. Ser mãe é padecer na internet. *Estado de S. Paulo*, 29 nov. 2019. Disponível em: https://emais.estadao.com.br/blogs/ser-mae/as-maes-estao-cansadas-mas-a-culpa-nao-e-das-criancas/. Acesso em: 31 mar. 2022.

18. Ao ler o primeiro parágrafo, você deve ter notado que o texto começa com uma sequência de orações negativas, iniciadas por "não é porque...", para chegar à causa do cansaço das mães: elas estão cansadas porque não podem contar com a colaboração paterna, com a compreensão da própria família e com o mercado de trabalho. Qual parece ser o objetivo da autora ao propor essa organização do texto?

19. Para validar seu ponto de vista, a autora coloca que essa afirmação sobre o cansaço não é dela, mas de uma pesquisa, e os dados são então apresentados. Qual é o objetivo de citar a pesquisa?

20. Ao apresentar o número de pessoas pesquisadas, a autora aponta que esses dados não correspondem à realidade brasileira. Quais são a razão e a importância da ressalva?

21. Ao longo do texto, a autora também apresenta citações diretas de mães que participaram da pesquisa. Qual é a contribuição desse recurso para o texto?

22. Observe que a autora vai acrescentando elementos para construir a progressão textual: a cada dado da pesquisa, traz uma citação direta, sempre retomando a ideia inicial. Ao mesmo tempo, também acrescenta alguns trechos que indicam uma apreciação. Volte ao texto e retire dois exemplos disso.

23. Considere o seguinte trecho para responder às questões propostas.

Também existe essa ilusão social coletiva de que trabalhar "fora" é que cansa enquanto ficar "só em casa" é de boas: até onde eu sei as roupas e a louça não se lavam sozinhas e o almoço e o jantar não se materializam sobre o fogão em um estalar de dedos. Como pouco mais de um terço das mulheres pesquisadas afirmou que fica sozinha a maior parte do tempo, podemos aferir que elas acumulam todo esse serviço doméstico além dos cuidados com quem acabou de chegar ao mundo, o que não é pouca coisa.

a) No começo do trecho, a autora aborda algumas ideias que são do senso comum e que ela chama de "ilusão social coletiva". Com que intenção ela traz essa informação?

b) É possível perceber se a autora se inclui ou não entre as pessoas que acreditam nessa "ilusão social coletiva"? Justifique.

c) O mecanismo de evidenciar o posicionamento do autor nos discursos é chamado de modalização. Como isso é evidenciado nesse trecho?

24. A pesquisa aponta que existem julgamentos e cobranças tanto da família quanto da sociedade em relação aos cuidados com a criança. De que forma isso impacta a mulher?

25. Ao final, a autora afirma que o estudo completo é "muito real (e até dolorido de ler)". O que se pode inferir do uso dos parênteses e da expressão "e até"?

Redação do Enem

Como parte do Exame Nacional do Ensino Médio (Enem), é solicitado que o candidato elabore uma redação do tipo dissertativo-argumentativo, que tem características similares às de um artigo de opinião. Veja a seguir algumas dicas que podem ajudar na preparação para essa tarefa do exame.

wavebreakmedia/Shutterstock

No Enem, os candidatos devem elaborar uma redação do tipo dissertativo-argumentativo.

Técnicas para produzir um texto dissertativo-argumentativo para o Enem

Para a avaliação da redação do Enem, consideram-se cinco competências dos candidatos:

- dominar a escrita formal;
- desenvolver o tema em estilo dissertativo-argumentativo;
- relacionar, organizar e interpretar informações e argumentos em defesa de uma opinião;
- conhecer mecanismos linguísticos para construir a argumentação;
- elaborar proposta de intervenção para o problema proposto, com respeito aos direitos humanos.

INEP disponibiliza material inédito sobre correção da redação do Enem. MEC, 26 maio 2020. Disponível em: http://portal.mec.gov.br/index.php?option=com_content&view=article&id=90611. Acesso em: 31 mar. 2022.

Cada uma dessas competências é avaliada em uma escala de 1 a 5, com os critérios: precário, insuficiente, mediano, bom e excelente. Há também a nota zero, que indica desconhecimento total de determinada competência.

Nesse sentido cabe destacar ponto a ponto o que se espera em cada competência:

1. Domínio da escrita formal: refere-se ao uso formal da língua, considerando os conhecimentos relacionados à sintaxe e à ortografia das palavras.
2. Desenvolvimento do tema em estilo dissertativo-argumentativo: está relacionado à abordagem do tema, ao gênero textual e ao repertório apresentado pelo candidato. Nesse sentido, os níveis de avaliação indicam a abordagem superficial ou o desvio do

tema (precário), estrutura embrionária de uma dissertação, com cópia dos textos motivadores (insuficiente), repertório baseado apenas nos textos motivadores, não se mostrando produtivo (mediano), repertório legitimado com bom conhecimento da estrutura dissertativa (bom) e repertório cultural consistente que extrapola o tema e demonstra domínio da estrutura dissertativa (excelente).

3. Relacionar, organizar e interpretar informações e argumentos em defesa de uma opinião: exige que o candidato selecione, relacione, organize e interprete fatos, informações e argumentos em defesa de um ponto de vista.

- Selecionar: significa saber escolher, dentre o repertório oferecido pelos textos motivadores e pelo próprio repertório cultural, o que for mais importante de ser utilizado para o desenvolvimento do texto.
- Relacionar: significa estabelecer um sentido semântico e sintático entre os argumentos previamente selecionados, o que demonstra um raciocínio que indica um encadeamento progressivo das ideias.
- Organizar: significa hierarquizar fatos, informações e argumentos, indicando o grau de importância para a defesa de um ponto de vista.
- Interpretar: significa indicar a compreensão dos argumentos apresentados, sendo importante trabalhá-los produtivamente, ou seja, os fatos, as informações e os argumentos são analisados pelo candidato, não sendo apenas citados ou mencionados.

Para essa competência, os níveis de avaliação estão relacionados à defesa de um ponto de vista, ao projeto textual e ao desenvolvimento dos argumentos. Para ser considerada excelente, deve apontar um indício de autoria, ou seja, o uso de mecanismos textuais que evidenciem um posicionamento no texto embasado em argumentos.

4. Conhecimento de mecanismos linguísticos para construir a argumentação: avalia os conhecimentos responsáveis pela coesão e coerência de um texto, observando o uso adequado dos operadores argumentativos, responsáveis pela ligação entre as partes do texto (inter e intraparágrafos). Nesse sentido, os níveis aqui se relacionam ao conhecimento desses operadores utilizados no texto, ou seja, a escolha adequada de elementos coesivos referenciais, que retomam partes do texto, ou sequenciais, cujo objetivo é ligar as partes do texto utilizando repetição de uma estrutura sintática, repetição de conteúdo semântico ou termos do mesmo campo lexical.

5. Elaboração de proposta de intervenção para o problema proposto, com respeito aos direitos humanos: é uma das competências que exigem maior cuidado para que o candidato apresente uma proposta de intervenção plausível, ou seja, possível de ser executada e que respeite os direitos humanos. Essa competência espera que o candidato apresente cinco componentes fundamentais: a ação, o agente, o modo ou meio de execução da ação, seu efeito e um detalhamento.

Cabe destacar que o respeito aos direitos humanos faz parte do Plano Nacional de Educação e é um dos princípios das Bases Nacionais da Educação. Segundo *A redação no Enem 2019 — Cartilha do Participante*, publicada pelo Inep em 2019, os princípios norteadores dos direitos humanos são:

- Dignidade humana.
- Igualdade de direitos.
- Reconhecimento e valorização das diferenças e diversidades.
- Laicidade do Estado.
- Democracia na educação.
- Transversalidade, vivência e globalidade.
- Sustentabilidade socioambiental.

BRASIL. Instituto Nacional de Estudos e Pesquisas Educacionais Anísio Teixeira (Inep). *A redação no Enem 2019: cartilha do participante*. Brasília, 2019. Disponível em: https://download.inep.gov.br/educacao_basica/enem/downloads/2019/redacao_enem2019_cartilha_participante.pdf. Acesso em: 31 mar. 2022.

Saiba +

Instituto Nacional de Estudos e Pesquisas Educacionais Anísio Teixeira (Inep). Disponível em: http://portal.inep.gov.br/web/guest/enem-outros-documentos. Acesso em: 3 abr. 2022.

Acesse o portal do Inep, que disponibiliza todos os materiais detalhados para o estudo de cada competência e os manuais de correção da redação, que podem auxiliar na preparação para o exame.

Redação nota mil

Agora você vai estudar uma redação nota mil do ano de 2015, cujo tema foi "A persistência da violência contra a mulher na sociedade brasileira". Considere a seguinte estrutura:

Introdução: apresentam-se a **ancoragem** (o recorte do tema) e a **tese** (ponto de vista) a ser defendida.

A persistência da violência contra a mulher na sociedade brasileira é um problema muito presente. Isso deve ser enfrentado, uma vez que, diariamente, mulheres são vítimas desta questão. Neste sentido, dois aspectos fazem-se relevantes: o legado histórico-cultural e o desrespeito às leis.

Desenvolvimento: fatos, dados e argumentos que desenvolvam a ancoragem. Nesse caso, se apoia em aspectos do recorte temático do legado histórico-cultural.

Segundo a História, a mulher sempre foi vista como inferior e submissa ao homem. Comprova-se isso pelo fato de elas poderem exercer direitos, ingressarem no mercado de trabalho e escolherem suas próprias roupas muito tempo depois do gênero oposto. Esse cenário, juntamente aos inúmeros casos de violência contra as mulheres corroboram a ideia de que elas são vítimas de um histórico-cultural. Nesse ínterim, a cultura machista prevaleceu ao longo dos anos a ponto de enraizar-se na sociedade contemporânea, mesmo que de forma implícita, à primeira vista.

Conforme previsto pela Constituição Brasileira, todos são iguais perante a lei, independente de cor, raça ou gênero, sendo a isonomia salarial, aquela que prevê mesmo salário para mesma função, também garantidas por lei. No entanto, o que se observa em diversas partes do país, é a gritante diferença entre os salários de homens e mulheres, principalmente se estas forem negras. Esse fato causa extrema decepção e constrangimento a elas, as quais sentem-se inseguras e sem ter a quem recorrer. Desse modo, medidas fazem-se necessárias para corrigir a problemática.

Conclusão: proposta de intervenção que apresente a ação, o agente, o modo/meio de execução dessa ação, seu efeito e um detalhamento.

Diante dos argumentos supracitados, é dever do Estado proteger as mulheres da violência, tanto física quanto moral, criando campanhas de combate à violência, além de impor leis mais rígidas e punições mais severas para aqueles que não as cumprem. Some-se a isso investimentos em educação, valorizando e capacitando os professores, no intuito de formar cidadãos comprometidos em garantir o bem-estar da sociedade como um todo.

I.P.F. REDAÇÃO nota mil 2015. 10 exemplos de redação nota mil no Enem aprovadas pelo MEC. *Blog do Enem*, 4 nov. 2018. Disponível em: https://blogdoenem.com.br/redacao_enem_nota_1000/. Acesso em: 31 mar. 2022.

Depois de compreender a estrutura do texto, é fundamental reconhecer como a autora estabelece uma relação entre os parágrafos e entre os períodos. A coesão textual é responsável por essa ligação, ocorrendo inter e intraparágrafos. Nesse sentido, são utilizados conectivos para interligar todas as ideias. Veja, na tabela, os elementos coesivos utilizados pela autora.

Localização	Interparágrafos	Intraparágrafos
1º parágrafo	\\\\\\\\\\\\\\\\\\\\\\\\\\\\\\\\\\	Nesse sentido / segundo / isso / esse cenário / nesse ínterim
2º parágrafo	Conforme (apresenta o argumento referente à Constituição)	No entanto / esse fato / desse modo
3º parágrafo	Diante de (retoma os argumentos para a conclusão)	\\\\\\\\\\\\\\\\\\\\\\\\\\\\\\\\\\

26. Procure, na internet, outro exemplo de redação nota mil. Considerando o que estudou, faça uma análise do texto preenchendo uma tabela como a do modelo a seguir.

Introdução	
1º parágrafo	Tese: Ancoragem:
Desenvolvimento	
2º parágrafo	Fatos, dados e argumentos organizados progressivamente
3º parágrafo	\\\\\\\\\\\\\\\\\\\\\\\\\\\\\\\\\\
4º parágrafo	\\\\\\\\\\\\\\\\\\\\\\\\\\\\\\\\\\
Conclusão	
Último parágrafo	Proposta de intervenção em que conste: Ação: Agente: Modo/meio de execução: Efeito: Detalhamento:

LStockStudio/Shutterstock

Domínio da escrita formal é um dos pontos avaliados em uma redação do Enem.

Saiba+

Especialistas analisam sete redações nota mil do Enem, de Dyelle Menezes. Publicado no *Portal MEC*. Disponível em: http://portal.mec.gov.br/component/tags/tag/40141-redacao-nota-mil. Acesso em: 3 abr. 2022.

Confira o *link* publicado no Portal MEC. É possível ver algumas redações que receberam nota mil no Enem 2018, cujo tema foi a "Manipulação do comportamento do usuário pelo controle de dados na internet", com comentários de especialistas do Inep e dicas para praticar a escrita.

Experimentação Produção de texto dissertativo-argumentativo

Agora, com base na leitura dos textos motivadores e nos conhecimentos construídos ao longo de sua formação, você vai produzir um texto dissertativo-argumentativo sobre o tema "As condições de trabalho da mulher no Brasil". O texto deve ser escrito na variedade-padrão da língua portuguesa e apresentar uma proposta de intervenção que respeite os direitos humanos. Selecione, organize e relacione, de forma coerente e coesa, argumentos e fatos para defesa de um ponto de vista.

Considere os seguintes textos como base para a proposta. Você também poderá utilizar os dados apresentados em outros textos ao longo deste tópico.

Aumenta desigualdade salarial entre brancos e pretos, diz IBGE Mulheres

A pesquisa do IBGE mostrou que permanece grande a desigualdade salarial [...] entre homens e mulheres. Os dados de 2019 indicam um recuo no processo de redução da diferença de rendimentos entre gêneros no país. No ano passado, a renda média das mulheres foi de R$ 1.985, enquanto a dos homens foi de R$ 2.555.

Isto é, a renda média das mulheres era equivalente a 77,7% da dos homens. A diferença é maior do que os 78,8% de 2018, mas mostra evolução em relação aos 73,6% de 2012.

As mulheres representavam 43,2% da população ocupada em 2019, também uma evolução em relação aos 41,6% de 2012.

PAMPLONA, Nicola. Aumenta desigualdade salarial entre brancos e pretos, diz IBGE Mulheres. *Folha de S.Paulo*, 6 maio 2020. Disponível em: https://www1.folha.uol.com.br/mercado/2020/05/aumenta-desigualdade-salarial-entre-brancos-e-negros-diz-ibge.shtml. Acesso em: 31 mar. 2022.

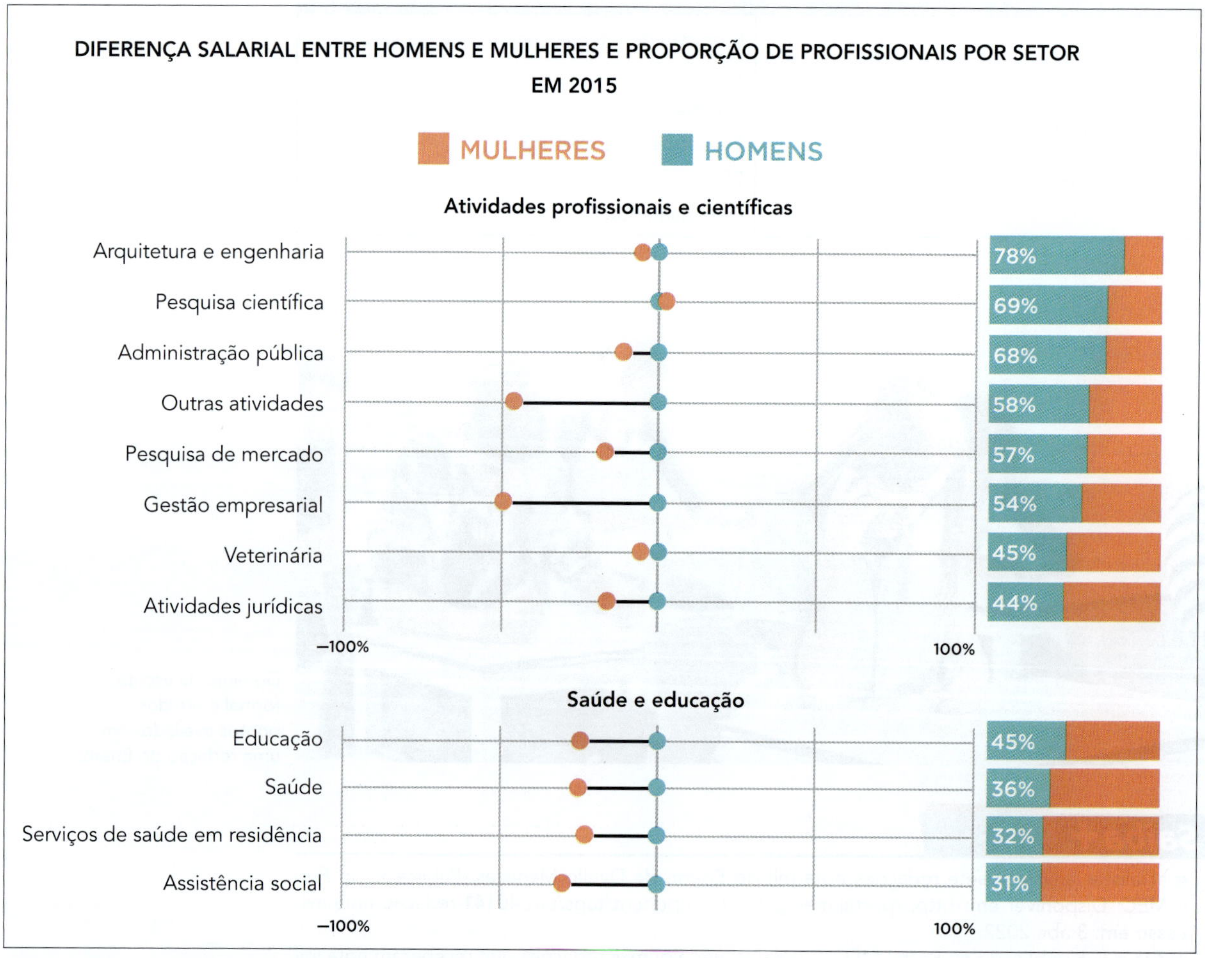

Fonte: ALMEIDA, Rodolfo; ZANLORENSSI, Gabriel. A diferença entre os salários de homens e mulheres em 13 setores. *Nexo Jornal*, 1º nov. 2017. Disponível em: https://www.nexojornal.com.br/grafico/2017/11/01/A-diferen%C3%A7a-entre-os-sal%C3%A1rios-de-homens-e-mulheres-em-13-setores. Acesso em: 7 ago. 2020.

1. Para planejar o texto, organize uma tabela com os elementos estruturantes e as informações principais que devem constar na redação. Use o mesmo modelo que preparou para analisar um exemplo de redação nota mil.
2. Prepare uma primeira versão do texto e a leia para verificar se os pontos da tabela foram contemplados.
3. Depois, faça os ajustes necessários e leia mais uma vez a fim de assegurar que está de acordo com a variedade-padrão da língua portuguesa, pois, do contrário, será preciso fazer correções.

Arquive a tabela, a primeira versão do texto e o texto final no seu **Portfólio**. O texto será usado ao final da unidade, na proposta do *#Multiplicar*.

A mulher nas artes visuais (Arte)

Após o trabalho desenvolvido em **Língua Portuguesa** com as questões contemporâneas que permeiam as relações sociais da mulher no mundo do trabalho, você vai conhecer a produção de artistas visuais mulheres. O ponto de partida será a participação delas em diferentes movimentos artísticos, em especial os de vanguarda do século XX. Com isso, poderá refletir sobre a representatividade da mulher na história da arte ocidental e brasileira.

Grete Stern (1904-1999) foi uma das artistas visuais que abordou em suas produções a temática da mulher no mundo do trabalho. Artista e fotógrafa germano-argentina, Grete Stern foi convidada para ilustrar uma coluna na revista argentina feminina chamada *Idílio — La Revista Juvenil e Femenina*, lançada em 1948. Tratava-se de uma revista conservadora e popular, destinada a um público amplo de mulheres, principalmente às "donas de casa" ou futuras mulheres dedicadas ao lar, de classes baixa e média. A revista era famosa pelas fotonovelas, dicas de culinária e pelos conselhos amorosos. Porém, entre os anos de 1948 e 1951, a publicação criou a coluna "A psicanálise te ajudará", em que as leitoras relatavam seus sonhos e pesadelos mais curiosos para serem interpretados pelo professor Rest, pseudônimo criado pelo filósofo e psicólogo Enrique Butelman (1917-1990) e pelo sociólogo Gino Germani (1911-1979). Como nessa época a revista era um importante meio de comunicação, a coluna possibilitava que as leitoras revelassem, por meio de seus sonhos, seus medos, inseguranças e conflitos.

Para ilustrar as interpretações publicadas nessa coluna, Grete recebia o material selecionado e, muitas vezes, já interpretado por Butelman e Germani, para produzir uma imagem que acompanhasse o texto. Como os textos tratavam de sonhos, a artista escolheu o gênero e a técnica da fotomontagem surrealista para dialogar com o tema. A coluna e as fotomontagens eram apresentadas na primeira página da revista, criando, às vezes, até mesmo uma contradição com a imagem da capa, que costumava mostrar mulheres estereotipadas e romantizadas. Grete rompeu com esses padrões em suas fotomontagens, que se tornaram mundialmente conhecidas pelo seu valor artístico e por questionar o papel social da mulher, representando-as em diferentes contextos e em seus universos oníricos repletos de significados e metáforas.

Saiba +

Grete Stern nasceu na Alemanha, em uma família de origem judaica. Estudou artes gráficas, tipografia e fotografia. Foi aluna da escola Bauhaus, onde conheceu seu marido, o fotógrafo e cineasta argentino Horacio Coppola (1906-2012). Em 1933, com a ascensão de Adolf Hitler e a perseguição cruel contra os judeus que se instaurou, o casal teve de deixar a Alemanha. Grete chegou em 1936 à Argentina, onde permaneceu até o fim da vida.

Veja as fotomontagens de Grete Stern e conheça a obra dessa artista acessando o *site* do Museu Lasar Segall: http://www.mls.gov.br/exposicoes/temporarias/mls_236/. Acesso em: 8 ago. 2022.

Para a criação das fotomontagens, Grete realizava primeiro um estudo do que pretendia fazer, com um desenho a lápis. Depois de concluir essa etapa, pesquisava em seu acervo de negativos fotográficos as imagens que poderiam ser utilizadas para compor a fotomontagem. Então, realizava as fotografias com a modelo na posição planejada.

Depois, acrescentava os outros elementos à imagem, mesclando negativos de diferentes imagens, testando variações de tonalidades e de tamanhos, às vezes finalizando com elementos gráficos, destacando as sombras ou as bordas, por exemplo, até chegar à composição desejada.

Nessa época, as fotografias eram analógicas e os negativos fotográficos permitiam a reprodução de uma mesma imagem pela ampliação e revelação em papel fotográfico. Nos laboratórios fotográficos também era possível manipular esses negativos de modo a criar uma fotomontagem. E era comum que os profissionais da fotografia tivessem os próprios laboratórios para produzirem seus trabalhos.

Outro exemplo de atuação das mulheres nas artes visuais é o trabalho de Letícia Parente (1930-1991), artista brasileira, nascida em Salvador, Bahia, que se destacou como pioneira na videoarte ao desenvolver uma série de videoperformances na década de 1970. Videoartista, gravadora, pesquisadora e professora, também usou em suas criações fotografia, audiovisual, fotocópia, arte postal, instalação, gravura e pintura. Em suas obras, os temas que mais se destacam são o corpo e a casa. A artista também discute em seus trabalhos o papel e os conflitos da mulher no espaço doméstico.

Em suas produções em fotocópia, Parente usa grafismos em imagens preexistentes, com os quais criou algumas séries, sendo "Mulheres", de 1975, a mais conhecida delas. Nessa série, a artista mostra as condições de vida da mulher na sociedade, trazendo, entre as suas abordagens, assuntos como a emancipação feminina e a crítica à busca da beleza.

1. Observe as imagens produzidas por Letícia Parente para a série "Mulheres" e responda às questões.

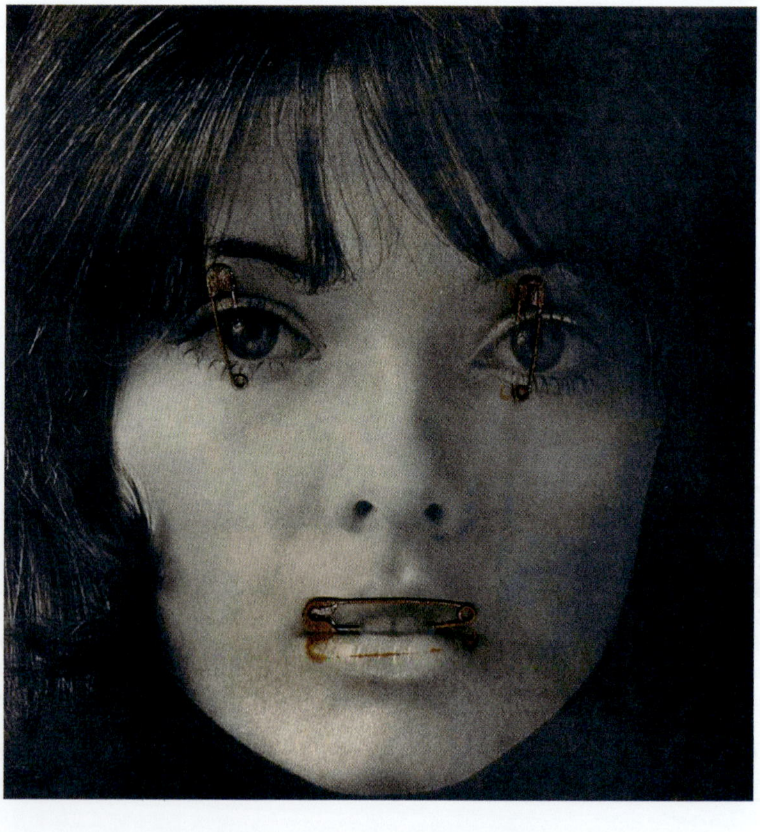

Letícia Parente, Sem Título, série "Mulheres", corte de revista e metal s/papel, 31,5 cm × 21,5 cm.

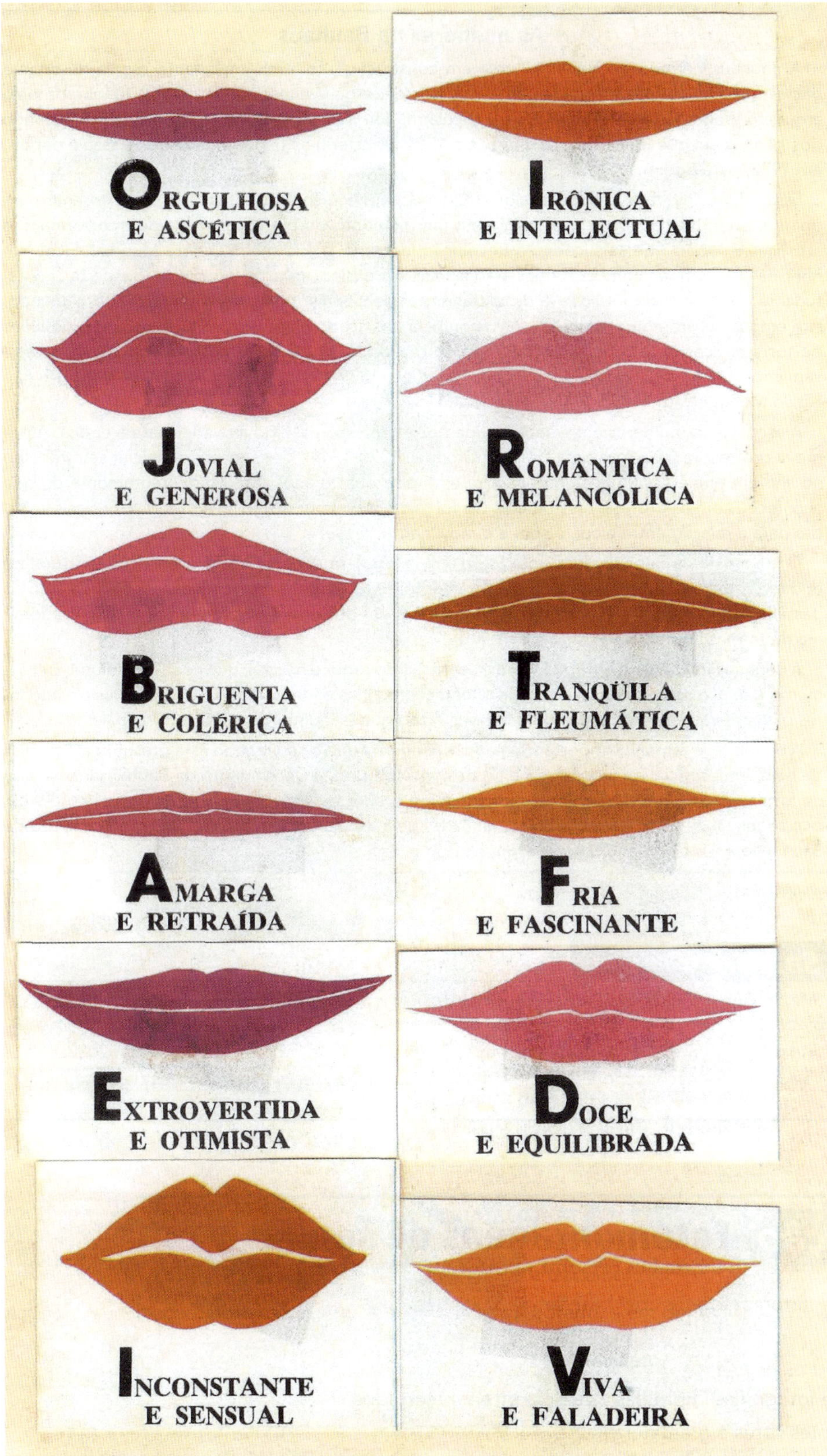

Letícia Parente, Sem título, série "Mulheres".

a) O que você vê nas imagens?

b) Que sentidos você atribui as essas imagens?

c) Que sentimentos e sensações essas imagens despertam em você?

d) É possível relacionar essas imagens com questões do cotidiano? Quais?

Para ir mais longe As mulheres na Bauhaus

A Bauhaus, termo que significa "casa em construção", foi uma importante escola de artes e ofícios que iniciou suas atividades em 1919 na cidade de Weimar, na Alemanha. Idealizada pelo arquiteto Walter Gropius (1883-1969), a escola mudou a localização da sede duas vezes ao longo dos 14 anos em que funcionou: primeiro, em 1925, transferiu-se para a cidade de Dessau e depois, em 1932, para Berlim.

Essa foi a primeira escola de *design* do mundo e precursora ao articular artes, artesanato, arquitetura e indústria. A Bauhaus surgiu em um momento de efervescência e de transformações artísticas e sociais que se sucedeu à Revolução Industrial e à Primeira Guerra Mundial. Ficou conhecida por romper com as formas tradicionais do ensino da arte, propondo despertar no estudante, por meio da intuição e de experiências sensoriais, maneiras de interpretar o mundo. Até então o ensino de arte tradicional acontecia nas academias e era voltado para reproduções de técnicas, cópias e representações fiéis da realidade. Entre os professores da Bauhaus estavam importantes artistas da época, como Paul Klee (1879-1940), Wassily Kandinsky (1866-1944) e László Moholy-Nagy (1895-1946).

A escola teve mulheres entre seus estudantes e professores, algo inovador para a época. A primeira professora foi a musicista Gertrud Grunow (1870-1944), que, apesar de iniciar seu trabalho no ano em que a escola inaugurou, só foi efetivada quatro anos depois, diferentemente do que aconteceu com os professores homens. Ela foi responsável por desenvolver teorias musicais voltadas para a relação entre a cor, o som e o movimento.

Outra artista da Bauhaus foi Gunta Stölzl (1897-1983), que ingressou na escola como estudante e, depois, tornou-se professora do departamento de tecelagem. Proveu inovações nessa área ao passar a usar composições abstratas e geométricas nas peças, antes caracterizadas pelo predomínio de formas figurativas.

A Bauhaus foi fechada em 1933, com a ascensão do regime nazista, que negava qualquer pensamento que não se enquadrasse em sua orientação política e ideológica. Os professores e estudantes passaram a ser perseguidos pelo Estado, razão que levou muitos a deixarem o país.

A escola teve tamanha importância na Arte Moderna que o seu legado está presente até os dias de hoje, em especial na arquitetura e no *design*. No Brasil, o pensamento da Bauhaus influenciou na formação de diversos arquitetos, assim como a obra da arquiteta Lina Bo Bardi (1914-1992), que seguiu as tendências modernistas lançadas pela escola em seu projeto do Museu de Arte de São Paulo Assis Chateaubriand (Masp).

Saiba+

Site de Gertrud Grunow. Disponível em: https://www.gertrud-grunow.de. Acesso em: 3 abr. 2022.

Site de Gunta Stölzl. Disponível em: https://www.guntastolzl.org. Acesso em: 3 abr. 2022.

Veja mais informações sobre Gertrud Grunow e Gunta Stölzl e conheça as obras dessas duas artistas.

Experimentação Fotomontagens de sonhos

Nesta atividade, você vai criar fotomontagens com base em seus sonhos.

Material

- livros, revistas, catálogos e fotografias impressas que possam ser recortados;
- papéis diversos (de diferentes cores e gramaturas);
- lápis de cor;
- canetas hidrográficas;
- cola em bastão;
- tesoura com pontas arredondadas;
- régua;
- fita adesiva.

Experimentação

1. Escreva no diário de bordo algum sonho recente, distante ou recorrente que você lembre. Durante a escrita, busque detalhar as imagens que recorda e as sensações que teve com esse sonho.
2. Pesquise imagens em diferentes fontes (livros, revistas, catálogos), inclusive fotografias de seu acervo pessoal, que se relacionem com esse sonho. A ideia é que elas possam compor sua fotomontagem, representando seu sonho ou fragmentos dele. Se quiser, tire fotos para incluir no trabalho.
3. Após selecionar as imagens e recortar os elementos que quer usar, inicie o exercício de composição, agrupando as partes até chegar ao resultado final esperado. É importante que você explore as diferentes possibilidades de composição antes de finalizar.
4. Quando definir como será a composição, cole tudo em uma folha de papel.
5. Lembre-se de que você pode fazer acréscimos sobre a composição, como pintar ou realçar algo e adicionar elementos gráficos.
6. Depois que a fotomontagem estiver pronta, crie um *passe-partout*, um tipo de moldura geralmente feita com papel, muito utilizada em exposições e no momento de enquadrar uma imagem.
   - Escolha um tipo de papel para o *passe-partout*. O ideal é que seja de gramatura mais espessa, como papel-cartão, *color plus* ou cartolina. Defina também a cor que vai usar. Busque escolher uma cor que se relacione com a fotomontagem que fez.
   - Com a régua, marque as dimensões do seu *passe-partout*, que deve ser maior que a fotomontagem. Você pode considerar, por exemplo, de 2 a 5 cm de margem para cada lado.
   - Centralize a imagem sobre o papel e marque a área que a fotomontagem vai ocupar. Depois, trace a área que será recortada e destacada. O ideal é que a área vazada seja cerca de 0,5 cm menor de cada lado do que a dimensão da fotomontagem, para que ela fique pregada à moldura por essas bordas. Para que o recorte fique preciso, se possível e com cuidado, use um estilete.
   - Depois, encaixe a fotomontagem no *passe-partout* e fixe-a pelo verso com fita adesiva.
7. Dê um título para o seu trabalho, assine e coloque a data.
8. Ao finalizar, compartilhe sua produção com os colegas. Para isso, se for possível, vocês podem organizar uma exposição das fotomontagens em um mural. Aprecie a sua produção e a dos colegas, e compartilhem suas impressões e experiências.
9. Registrem a exposição fotografando os trabalhos e relatando como foram expostos e apreciados. Ao final, arquive os registros e a sua fotomontagem no **Portfólio**.

Diário de bordo

Registre, no diário de bordo, como se deu o processo de criação bem como reflexões, aprendizagem e ideias que a experimentação possa ter fomentado.

Saiba +

Passe-partout – Curso de Especialização em Ensino de Artes Visuais – Escola de Belas Artes – UFMG (vídeo, 5 min 38 s). Disponível em: https://www.youtube.com/watch?v=qpmn_lssviE. Acesso em: 3 abr. 2022.

Assista ao vídeo para conhecer um exemplo de construção do *passe-partout*.

A fotomontagem e os movimentos de vanguarda

A fotomontagem se tornou tão popular em meados da década de 1920 que muitos artistas e movimentos de vanguarda se voltaram para essa técnica. Foi amplamente utilizada e difundida pelos dadaístas como forma de expressão que se conectava à visão de antiarte desse movimento, e também pelos artistas ligados ao Construtivismo russo, que a usavam como um método artístico e político.

A fotografia era combinada com outros tantos materiais, tais como recortes de revistas e jornais, desenhos e escritos. Por ser moderna e documental, ela tinha potencial para um efeito propagandístico poderoso e, ao integrar a tecnologia e a indústria com o mundo da arte, sua produção poderia ser feita em massa. Assim, naquele momento, além das obras artísticas, muitos cartazes, jornais e revistas passaram a adotar a fotografia e a fotomontagem como meios de expressão e comunicação.

Em geral, os movimentos de vanguarda na Europa, desde a década de 1910, estiveram ligados às premissas sociais, muitos proclamando ou negando a ideia de arte pura e a defesa de certas ideologias. Nas artes, ao que tudo indica, o termo "vanguarda" passou a ser adotado na França, em 1912, na ocasião de uma exposição do movimento futurista.

Dinamismo de um ciclista, de Umberto Boccioni, 1913. Coleção Peggy Guggenheim, Veneza, Itália.

Esse conceito pode ser atribuído a grande parte dos movimentos artísticos que surgiram, em especial na Europa ocidental, na primeira metade do século XX (como Expressionismo, Cubismo, Futurismo, Dadaísmo, Construtivismo, Suprematismo, Surrealismo e outros), uma vez que foram precursores e pioneiros de sua época e carregavam em si ideias relacionadas à modernidade, pesquisa, experimentação, novidade e inovação.

O Construtivismo russo

Dentre esses movimentos de vanguarda estava o Construtivismo russo, que surgiu na Rússia entre as décadas de 1910 e 1920. Trata-se de um movimento artístico que envolveu fotografia, pintura, escultura, arquitetura, poesia, literatura, cinema, entre outros exemplos. Ligado às dimensões políticas e sociais de cunho **materialista**, buscava novas formas de expressão e produção, considerando a construção da obra mais importante do que a sua composição e defendendo a arte como instrumento propício de ação para a reconstrução da sociedade.

materialista: refere-se ao materialismo, corrente de pensamento filosófico que admite apenas a realidade física (material), sem nada que a transcenda (espiritual).

Em meio às mudanças sociais que culminaram na Revolução Russa, em 1917, a ideologia construtivista considerava que, para haver comunicação, ela deve ser precisa. Não basta o sentimento; ela precisa ser exata e dialogar com todos os meios de expressão de todos os campos da criação humana. Foi um dos primeiros movimentos artísticos a declarar a aceitação da era científica.

A artista russa Liubov Popova (1889-1924) foi uma das poucas mulheres a participar dos movimentos de vanguarda na Rússia. Sua produção seguia os preceitos da época: o desejo de que a indústria estivesse atrelada à criatividade e à produção artística no desenvolvimento de materiais para a vida cotidiana. Para isso, além de pinturas, produziu uma série de estampas para arte têxtil e também, assim como grande parte dos artistas da época, participou da criação de cartazes para revistas.

Liubov Popova/Coleção particular

Design para capa da edição número 3 da revista russa *Questões de estenografia*, feito por Liubov Popova, em 1924.

O Dadaísmo

O Dadaísmo foi um movimento artístico que se iniciou em Zurique, na Suíça, em 1916, como meio de protesto contra a Primeira Guerra Mundial. Em uma busca por reformular a linguagem da arte, os artistas estavam ligados a ideias anárquicas e **niilistas**, e defendiam a chamada antiarte, sem fundamentos estabelecidos e com um processo de criação marcado pelo "não método". Usavam materiais comuns do cotidiano e técnicas inovadoras e contestadoras, como os *ready-mades*, as colagens e as fotomontagens, rompendo com as técnicas convencionais das artes visuais. Tais obras eram feitas com recortes, pedaços ou restos de objetos, reciclados e combinados em uma criação supostamente movida pelo acaso e pela espontaneidade. Dessa maneira, o movimento pretendia criticar os cânones e a tradição acadêmica na arte e a sociedade burguesa.

niilista: refere-se ao niilismo, corrente de pensamento filosófico de visão cética, que nega e aniquila todos os valores e convenções do campo religioso, político e social.

Em muitos trabalhos, ainda, abordaram as manifestações do inconsciente, defendendo o mundo onírico, dos sonhos, como a realidade verdadeira. Mais tarde, as ideias dadaístas formaram e impulsionaram o surgimento do movimento surrealista.

2. Uma das obras conhecidas do movimento Dadaísmo é a obra *Fonte*, de Marcel Duchamp. Uma de suas características é a ruptura com os modelos de arte tradicionais e envolvem críticas ao capitalismo e ao nacionalismo. Quais outras características estão presentes nesse movimento?

As fotomontagens dadaístas de Hannah Höch

Umas das precursoras da fotomontagem, a alemã Hannah Höch (1889-1978), conquistou um espaço predominantemente masculino e, apesar de não ter recebido o devido valor em sua época, a partir da década de 1970 seu trabalho ganhou notoriedade por meio de exposições em museus. Hoje, é considerada uma das mais importantes artistas do Dadaísmo.

Suas fotomontagens e colagens ficaram também conhecidas pela crítica ao conceito de beleza e aos estereótipos e arquétipos da mulher na sociedade. Em suas obras, ela mostrou outra forma de ver o corpo da mulher, de um modo **andrógino**, mesclando imagens na criação dessas figuras humanas.

andrógino: que mistura características masculinas e femininas.

Die Sufle (The sweet one), da série *From an ethnographic museum*, de Hannah Höch, c. 1926 (fotomontagem e aquarela, 30 cm × 15,5 cm). Museu Folkwang, Essen, Alemanha.

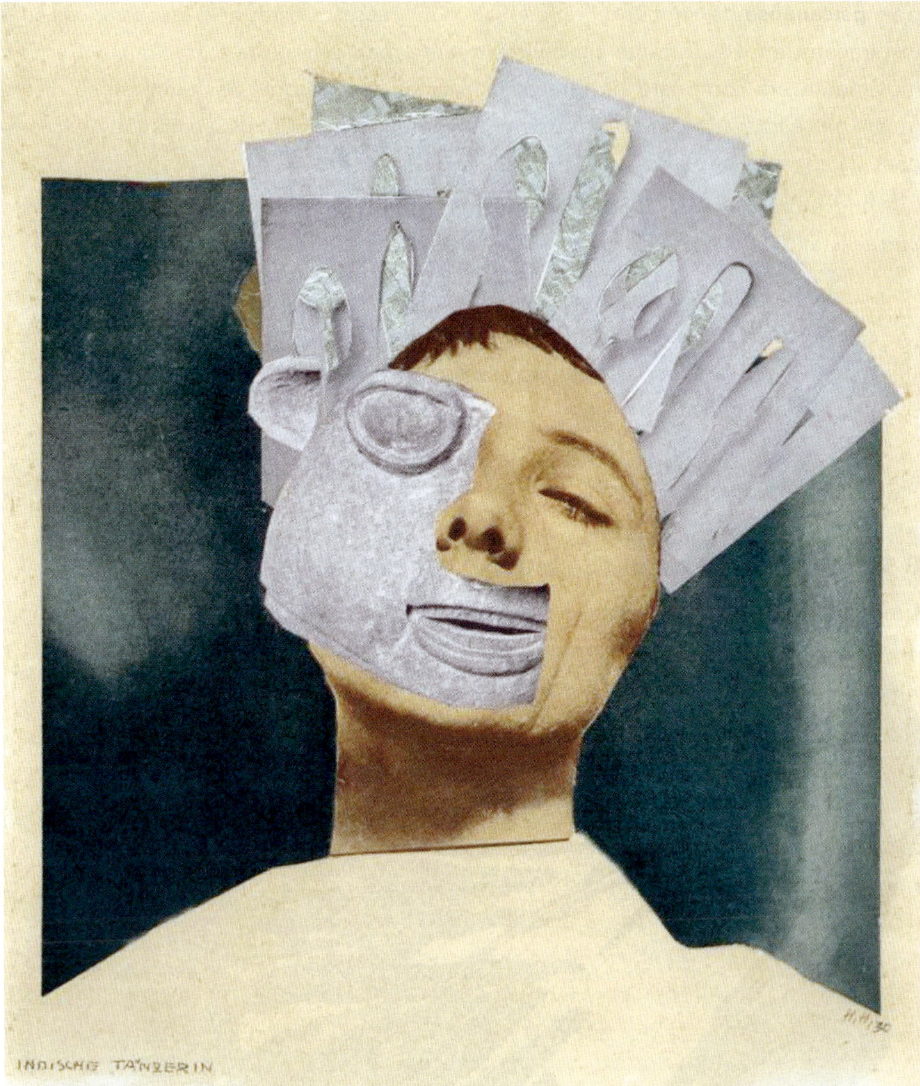

Indian dance, da série *From an ethnographic museum*, de Hannah Höch, 1930 (fotomontagem com colagem sobre papel, 25,7 cm × 22,4 cm). Museu de Arte Moderna de Nova York, Estados Unidos.

3. Observe as imagens das obras de Hannah Höch e reflita:

a) Que ideias essas imagens transmitem a você?

b) O que há de comum entre elas?

c) Com base nas imagens, como você descreveria a poética da artista?

O Surrealismo

O Surrealismo é um movimento de vanguarda que nasceu em meio a uma crise social instaurada na Europa após a Primeira Guerra Mundial. Seu desenvolvimento se deu a partir do Dadaísmo e do desejo de produzir uma arte libertária, que não reproduzisse a racionalidade da sociedade moderna. Nesse sentido, pretendia uma abordagem e teoria do inconsciente ou do irracional para as produções artísticas, contrapondo as tendências formalistas e construtivas da arte moderna então em vigor.

Iniciado primeiro em Paris, França, na década de 1920, e formado por um grupo de diferentes linguagens (poesia, pintura, escultura, cinema, fotografia, entre outras), o movimento apostava na libertação do inconsciente e no mundo onírico como caminho para chegar ao que há de mais profundo e real no pensamento. Influenciados

psicanálise: método formulado por Sigmund Freud que investiga os processos mentais humanos dos sentimentos e do inconsciente.

pela **psicanálise** de Sigmund Freud (1856-1939), esses artistas se baseavam, nas suas inspirações, em visões tanto simbólicas quanto mais primitivas e irracionais. Como o movimento era composto de diferentes artistas, suas produções também se distinguiam entre formas hiper-realistas de representações de sonhos, abstrações, explorações da cor, realismo, etc.

André Breton (1896-1966), poeta, escritor francês e autor do primeiro Manifesto Surrealista, de 1924, definiu o termo nesta declaração como:

> SURREALISMO, s.m. Automatismo psíquico puro pelo qual se propõe exprimir, seja verbalmente, seja por escrito, seja de qualquer outra maneira, o funcionamento real do pensamento. Ditado do pensamento, na ausência de todo controle exercido pela razão, fora de toda preocupação estética ou moral.

BRETON, André. *Manifesto Surrealista*. Disponível em: http://www.dominiopublico.gov.br/pesquisa/DetalheObraForm.do?select_action=&co_obra=2320. Acesso em: 31 mar. 2022.

Saiba +

Maria Martins foi uma das mais importantes escultoras modernas brasileiras e atuava no campo do desenho, da pintura, da gravura, da música e da escrita. Estudou escultura na Bélgica e nos Estados Unidos. Conheceu o poeta André Breton, que a introduziu no círculo de artistas dadaístas e surrealistas europeus. Em 1950, colaborou com a fundação do Museu de Arte Moderna do Rio de Janeiro e com as primeiras edições da Bienal Internacional de São Paulo.

Reprodução/Arquivo Nacional, Rio de Janeiro, RJ.

O Surrealismo na escultura brasileira de Maria Martins

Reprodução/Museu de Arte Moderna do Rio de Janeiro, RJ.

O impossível, de Maria Martins, 1945 (escultura em bronze). Acervo do Museu de Arte Moderna do Rio de Janeiro (RJ).

O movimento surrealista e suas premissas não se limitaram somente à Europa; suas ideias se espalharam pelo mundo e foram apropriadas, ressignificadas e abordadas por diferentes artistas. A escultora mineira Maria Martins (1973) trouxe para o seu trabalho e sua pesquisa a abordagem surrealista, e foi considerada um dos mais importantes expoentes desse movimento no Brasil e precursora ao tratar de questões do feminino em suas criações.

4. Observe com atenção a imagem da obra *O impossível* e responda:

a) Que formas você vê e percebe?

b) Que associações, leituras e sentidos você atribui à imagem?

Nesse trabalho, a artista aborda a ideia de impossível com a imagem de duas figuras que podem ser interpretadas como duas figuras humanas, talvez amantes, em um jogo de aproximação e troca, tenso e atraente. Desse modo, ela trata do amor e das questões que permeiam o impossível nessa relação, seja pela finitude, seja pelo desejo de continuidade. Há várias versões dessa escultura feitas pela artista, e as leituras da obra, que são diversas, costumam ser associadas a imagens ou ideias de água-viva ou plantas carnívoras.

Saiba +

Maria Martins: metamorfoses no MAM (vídeo, 5 min). Disponível em: https://www.youtube.com/watch?v=WfxOWZgA3IA. Acesso em: 3 abr. 2022.

Veja o vídeo que mostra a curadora Veronica Stigger apresentando a obra e a trajetória de Maria Martins em uma exposição sobre a artista.

Experimentação — Criação de uma escultura com base em fotomontagens criadas

Material

- meio quilo de argila;
- jornal;
- palito de madeira;
- base de madeira ou papelão;
- cola branca;
- pincel;
- pote com água.

Retome a fotomontagem que criou inspirado em um sonho. Com base em um fragmento da imagem ou de sentidos e sensações causados por ela, você vai criar uma escultura. Lembre-se de que, assim como a fotomontagem, a sua escultura partirá de princípios surrealistas, em que a realidade, o inconsciente, o mundo onírico e o impossível se mesclam.

1. Forre a mesa com jornal e pegue um pote com um pouco de água.

2. Soque a massa de argila sobre a mesa, em todos os lados, até que fique uniforme.

3. Com a massa sobre uma base de madeira ou papelão, inicie a modelagem da escultura. Você pode fotografar o processo de criação e produção da sua escultura.

4. Se precisar, você pode retirar e recolocar pedaços da massa. Para isso, faça riscos na junção das partes, técnica chamada de costura e importante para "grudar" a massa.

5. Depois que a escultura estiver pronta, alise a peça com a mão até deixá-la uniforme. Se estiver muito seca, umedeça as mãos com um pouco de água antes de alisá-la. Quando estiver pronta, deixe secar por duas semanas.

6. Depois de seca, cubra a peça com cola branca, espalhando-a com um pincel como se estivesse "pintando" a escultura. A cola serve para dar acabamento e para proteger a argila da umidade.

Experimentação

7. Ao terminar sua escultura, dê um título a ela ou, se quiser, utilize o mesmo título da fotomontagem.
8. Compartilhe com a turma sua produção. Vocês podem planejar um modo de expor as peças em conjunto com o painel de fotomontagens.
9. Fotografe a sua escultura pronta. Arquive em seu Portfólio as fotos da escultura finalizada assim em um registros feitos durante a criação e produção do trabalho.

Diário de bordo

Registre, no diário de bordo, o processo de realização da escultura, quais foram as dificuldades e aprendizagens, se surgiram outros desejos de pesquisa e aprofundamento, entre outros aspectos que considerar importantes.

Produções de mulheres ainda são minoria nos acervos de museus

As mulheres sempre participaram e tiveram um papel importante na história da arte ocidental e brasileira, porém é mais comum vermos, em acervos de museus ou coleções de arte, sejam eles públicos, sejam privados, mais trabalhos de artistas homens. Esse aspecto colaborou com o apagamento da história das mulheres na arte.

A partir do século XX, as artistas mulheres começam a ter um pouco mais de visibilidade. No Brasil, isso ocorre principalmente a partir do Modernismo. Porém, quando se trata dos cânones da arte, é comum que os nomes de artistas homens sejam os mais lembrados. De acordo com a historiadora e antropóloga paulista Lilia Schwarcz (2019), isso se dá porque os livros mais representativos e atuais de história da arte estão centrados em trabalhos de homens, deixando de lado as artistas mulheres, assim como artistas negros e indígenas. Para Schwarcz, isso também se reflete na compra e venda das obras, mencionando que até o século XX, salvo alguns casos, as obras de mulheres possuíam um valor bem mais inferior.

André Moreira/Fotoarena

Os autores Steven Levitsky e Lilia Schwarcz (à esquerda e à direita, respectivamente) o jornalista Marcelo Lins (ao centro) participaram de debate sobre autoritarismo e democracias durante a Bienal do Livro no Riocentro, Rio de Janeiro. 2019.

A professora e pesquisadora Ana Paula Simioni Cavalcanti (2004) conta que há arquivos e registros da participação de artistas mulheres no século XIX. Neles, há mais de duzentos nomes de mulheres que tiveram trabalhos expostos em mostras oficiais, porém seus nomes foram apagados da história ao não serem divulgados ao longo dos anos. Para Cavalcanti, isso também está relacionado ao fato de que no século XIX os trabalhos das mulheres eram considerados amadores e a mulher era vista como sensível e desprovida de habilidades criativas, por isso eram estigmatizadas quando desenvolviam trabalhos criativos e artísticos, além de não poderem seguir seus estudos, como na principal escola de formação artística da época, a Academia Imperial de Belas Artes do Rio de Janeiro, em que somente homens eram matriculados.

A artista brasileira Abigail de Andrade (1864-1890) é um exemplo dessa situação. Sua produção artística foi pouco divulgada mesmo sendo premiada com medalha de ouro em 1884 no Salão Imperial. Filha de donos de lavoura de café, mudou-se para a cidade do Rio de Janeiro para estudar no Liceu de Artes e Ofícios, escola que apenas após 25 anos de funcionamento abriu vagas às mulheres de baixa renda, a fim de que pudessem ter uma formação que contribuísse para o orçamento do lar. Pouco voltado para um aprofundamento nas artes visuais, o curso oferecia em seu currículo para as mulheres aulas como prendas do lar. Abigail buscou formação complementar e se tornou uma importante artista, porém silenciada. Seus temas demonstram interesse pela vida cotidiana, como é o caso da pintura *A hora do pão*.

A hora do pão, de Abigail de Andrade, 1889 (óleo sobre tela, 70 cm × 50 cm). Coleção particular.

Diário de bordo

O que você pensa desse apagamento da participação da mulher nas artes visuais? Organize uma roda de conversa com os colegas para debater essa questão. Depois, registre no diário de bordo os argumentos que foram levantados e discutidos.

Para ir mais longe Guerrilla Girls

O coletivo Guerrilla Girls iniciou as atividades em 1985 na cidade de Nova York, Estados Unidos, e desde então mais de 55 artistas já passaram pelo grupo.

Formado por mulheres anônimas, o grupo busca promover ações ao redor do mundo a respeito da desigualdade entre mulheres e homens no universo da arte. Para ocultar a própria identidade, as integrantes do grupo utilizam uma máscara de gorila, como maneira de protesto, a fim de mostrar não sua aparência, mas seus ideais.

O cartaz *As mulheres precisam estar nuas para entrar no Met. Museum?*, de 1989, é um marco da produção do grupo, que já foi adaptado em outras versões. Em 2017, o Guerrilla Girls produziu uma versão em português para a exposição que realizaram no Museu de Arte de São Paulo Assis Chateaubriand (Masp), mostrando dados sobre a diferença de representação de homens e mulheres no acervo dessa instituição. A exposição abordava a representação e a representatividade da mulher nas artes visuais, além da trajetória do grupo.

As mulheres precisam estar nuas para entrar no Museu de Arte de São Paulo?, do coletivo Guerrilla Girls, 2017 (cartaz, 150 cm × 340 cm).

O corpo nu da mulher sempre foi abordado nas artes visuais, seja em pinturas, fotografias, seja em esculturas de diferentes épocas e lugares, assim como já foi e ainda é bastante explorado na mídia. A obra do grupo Guerrilla Girls, apresentada acima, traz um dado relevante sobre a coleção do Masp: apesar de 60% das obras de nu serem de mulheres, há apenas 6% de obras de artistas mulheres que integram o acervo do museu.

5. Com base nas reflexões propostas na unidade, por que você acha que isso acontece? Quais impactos sociais isso causa? Que ações são necessárias para que essa realidade se transforme? Converse com a turma a respeito dessas questões.

Saiba+

O protagonismo feminino é foco no Masp com a história das mulheres | Exposição (vídeo, 3 min 24 s). Disponível em: https://www.youtube.com/watch?v=uz81RzkTVYc. Acesso em: 3 abr. 2022.

Assista ao vídeo em que as curadoras Isabella Rjeille e Lilia Schwarcz contam sobre exposições que tratam da presença de artistas mulheres ao longo da história da arte.

Experimentação Pesquisa sobre as mulheres nas artes visuais

Agora, você e os colegas vão investigar mais sobre a presença de artistas mulheres nas artes visuais e compartilhar as descobertas com a turma.

1. Formem um grupo de três a cinco integrantes.
2. Pesquisem na biblioteca ou em *sites* confiáveis (universidades, museus, instituições e jornais) uma artista mulher das artes visuais que gostariam de conhecer mais. Pode ser uma artista brasileira, da região em que vivem ou mesmo de outros países, tempos e contextos.
3. Pesquisem sobre a produção artística dessa mulher e detalhes sobre a vida dela que se relacionem com sua trajetória como artista: onde nasceu, ano, como se deu sua formação, em que contexto histórico e social está inserida.
4. Busquem saber também as características e o contexto de movimentos artísticos de que ela faça ou tenha feito parte.
5. Escolham uma obra da artista para desenvolver análise, leitura, reflexões e trocas com a turma no momento da apresentação.
6. Busquem estabelecer relação entre as partes da pesquisa: Como as características da trajetória dessa artista, do movimento artístico a que está associada e do contexto histórico e social em que viveu aparecem na obra dela?
7. Preparem uma apresentação para a turma. Primeiro, mostrem a obra que escolheram e façam questões para motivar os colegas a observarem e perceberem diferentes aspectos da obra. Podem ser perguntas como: O que você vê? Que elementos percebe (cores, formas, traço, textura)? Que sentidos atribui a esses elementos? Que sensações a obra lhe causa?
8. Apenas depois desse momento inicial de contato com a obra, compartilhem com a turma as informações que colheram na pesquisa, de modo a dialogar com as percepções previamente levantadas.
9. Não se esqueçam de incluir na apresentação uma relação das fontes que o grupo consultou na pesquisa.
10. Quando todas as pesquisas forem apresentadas, dialoguem com a turma sobre os conhecimentos e as aprendizagens alcançados. Vocês podem contar como foi a organização, a elaboração, o diálogo e os acordos no trabalho em grupo.
11. Guarde em seu **Portfólio** uma imagem da obra apresentada com o grupo, textos e anotações da apresentação.

Diário de bordo

Registre, no diário de bordo, como foram as etapas da pesquisa desenvolvida pelo grupo, assim como as ideias levantadas pelo compartilhamento e pela análise geral dos trabalhos apresentados pela turma, e as discussões que fizeram com base neles.

Responda às questões a seguir para treinar os seus conhecimentos sobre o que estudou nesta unidade.

1. (Enem – 2019)

Texto I

O Estatuto do Idoso completou 15 anos em 2018 e 56 no primeiro semestre o Disque 100 recebeu 16 mil denúncias de violação de direitos dos idosos em todo o País.

Para especialistas da área, o aumento no número de denúncias pode ser consequência do encorajamento dos mais velhos na busca pelos direitos. Mas também pode refletir uma onda crescente de violência na sociedade e dentro das próprias famílias.

Políticas públicas mais eficazes no atendimento ao idoso são o mínimo que um país deve estabelecer. O Brasil está ficando para trás e é preciso levar em consideração que o País envelhece (tendência mundial) sem estar preparado para arcar com os desafios, como criar uma rede de proteção, preparar os serviços de saúde pública e dar suporte às famílias que precisam cuidar de seus idosos dependentes.

Disponível em: www.folhadelondrina.com.br. Acesso em: 9 dez. 2018 (adaptado).

Texto II

Disponível em: www.brasil.gov.br. Acesso em: 9 dez. 2018.

Na comparação entre os textos, conclui-se que as regras do Estatuto do Idoso

a) apresentam vantagens em relação às de outros países.

b) são ignoradas pelas famílias responsáveis por idosos.

c) alteram a qualidade de vida das pessoas com mais de 60 anos.

d) precisam ser revistas em razão do envelhecimento da população.

e) contrastam com as condições de vida proporcionadas pelo País.

2. (UFSM – 2015)

Uma revolução em cinco minutos

Usar a tecnologia para construir um mundo melhor tem seu lado frívolo. [1]Mas, [11]felizmente, [2]também tem um lado bem sério. Principalmente na política. A tecnologia [10]pode ajudar governos a adotar medidas que [3]beneficiam a população.

Avanços tecnológicos facilitaram a criação de ferramentas que ajudam não só a promover a cidadania, mas também a vigiar, a reportar e a agir contra a restrição dos direitos civis. Por isso, pode-se argumentar que está cada vez mais difícil manter um governo injusto e cada vez mais fácil se rebelar contra regimes antidemocráticos.

[6]Se você quiser monitorar os países onde há desrespeito à democracia, uma das 4melhores ferramentas é o projeto ChokePoint. Inspirado nos acontecimentos no Egito e na Líbia, o ChokePoint (chokepointproject.net) é uma plataforma que expõe o intercâmbio de informação entre países. Se houver uma parada súbita no tráfego de dados, o sistema alerta sobre um provável corte da liberdade de expressão naquele país. [...]

E [7]se você quiser organizar um protesto? Aqui entra a tecnologia também. Em agosto, manifestantes contra o governo usaram em Londres o API do GoogleMaps para mostrar, em tempo real, por quais ruas a polícia estava se aproximando. [...]

Mas [8]se você não mora em áreas de conflito e protesto não é seu estilo, há várias maneiras de usar a tecnologia para [12]facilitar o engajamento. Em sites como o Change.org (change.org) é possível reunir milhares de pessoas para assinar uma petição. Em sites locais, como o FixMyStreet (fixmystreet.com) ou eDemocracy (forums.e-democracy. org/about), é possível discutir problemas da comunidade e acionar as autoridades.

É claro que a tecnologia também pode ser usada para terrorismo, mas a maioria da população é contra esse tipo de atividade. É [13]gratificante saber que [9]podemos contar com a tecnologia para engajar grupos que vão provocar mudanças, sejam para a denúncia de buracos na sua rua ou a derrubada de regimes ditatoriais. O mundo conectado é capaz de construir uma sociedade mais [5]justa.

Fonte: LARIU, Alessandra. Uma revolução em cinco minutos. INFO, Nov. 2011, p. 52. (adaptado)

O texto é um artigo de opinião que apresenta recursos linguísticos típicos de estruturas dissertativo-argumentativas. Assinale a alternativa em que o elemento linguístico está corretamente analisado no contexto em que ocorre.

a) "Mas" (ref. 1) associado a "também" (ref. 2) ressalta o lado "sério" da tecnologia e elimina o lado "frívolo".

b) Os elementos "beneficiam" (ref. 3), "melhores" (ref. 4) e "justa" (ref. 5) sinalizam avaliações positivas à sociedade.

c) O elemento "se" (refs. 6, 7 e 8), introduz possibilidades de ações que prescindem do uso de recursos tecnológicos.

d) O emprego de "podemos" (ref. 9), em 1ª pessoa, marca inclusão da autora e dos leitores na possibilidade de uso da tecnologia para engajamento de grupos sociais.

e) O emprego de "pode" (ref. 10), em 3ª pessoa, marca convicção da autora sobre o uso da tecnologia para a prática de terrorismo.

3. (Enem – 2021)

Devagar, devagarinho

Desacelerar é preciso. Acelerar não é preciso. Afobados e voltados para o próprio umbigo, operamos, automatizados, falas robóticas e silêncios glaciais. Ilustra bem esse estado de espírito a música Sinal fechado (1969), de Paulinho da Viola. Trata-se da história de dois sujeitos que se encontram inesperadamente em um sinal de trânsito. A conversa entre ambos, porém, se deu rápida e rasteira. Logo, os personagens se despedem, com a promessa de se verem em outra oportunidade. Percebe-se um registro de comunicação vazia e superficial, cuja tônica foi o contato ligeiro e superficial construído pelos interlocutores: "Olá, como vai? / Eu vou indo, e você, tudo bem? / Tudo bem, eu vou indo correndo, / pegar meu lugar no futuro. E você? / Tudo bem, eu vou indo em busca de um sono / tranquilo, quem sabe? / Quanto tempo... / Pois é, quanto tempo... / Me perdoe a pressa / é a alma dos nossos negócios... / Oh! Não tem de quê. / Eu também só ando a cem".

O culto à velocidade, no contexto apresentado, se coloca como fruto de um imediatismo processual que celebra o alcance dos fins sem dimensionar a qualidade dos meios necessários para atingir determinado propósito. Tal conjuntura favorece a lei do menor esforço – a comodidade – e prejudica a lei do maior esforço – a dignidade.

Como modelo alternativo à cultura fast, temos o movimento slow life, cujo propósito, resumidamente, é conscientizar as pessoas de que a pressa é inimiga da perfeição e do prazer, buscando assim reeducar seus sentidos para desfrutar melhor os sabores da vida.

SILVA, M. F. L. Boletim UFMG, n. 1749, set. 2011 (adaptado).

Nesse artigo de opinião, a apresentação da letra da canção Sinal fechado é uma estratégia argumentativa que visa sensibilizar o leitor porque

a) adverte sobre os riscos que o ritmo acelerado da vida oferece.

b) exemplifica o fato criticado no texto com uma situação concreta.

c) contrapõe situações de aceleração e de serenidade na vida das pessoas.

d) questiona o clichê sobre a rapidez e a aceleração da vida moderna.

e) apresenta soluções para a cultura da correria que as pessoas vivenciam hoje.

4. (Uece – 2021)

As mulheres negras e a ciência no Brasil: "E eu, não sou uma cientista?"

O título deste texto é uma adaptação do emblemático discurso da militante negra ex-excravizada Sojouner Truth em 1851, numa conferência feminista em Ohio, Estados Unidos. Neste antológico discurso, Sojouner problematizava a opressão das mulheres negras nos Estados Unidos, buscando explicitar os graus de desumanização dessas mulheres a ponto de não lhes serem conferidas as características socialmente construídas do gênero feminino.

Mas o que que um discurso do século XIX de uma feminista negra ex-escravizada estadunidense tem a ver com o histórico das cientistas negras brasileiras? Acontece que cientistas negras são mulheres que estão imersas nos segregadores processos de subjugação racial que o racismo estrutural nos impõe em qualquer lugar do mundo. Mulheres negras, assim como todas as pessoas oriundas do processo diaspórico de escravização brasileira, só tiveram a sua liberdade legal a partir de 1888, quando a pressão exercida secularmente pelo movimento quilombola articulada à necessidade de expansão mercantil do capitalismo inglês intensificaram o movimento abolicionista no Brasil, o último país da América Latina a abolir a escravatura.

Nesse sentido, cabe refletirmos: tendo o Brasil abolido a escravidão no final do século XIX, é plausível imaginarmos que pessoas negras brasileiras tiveram um processo tardio de acesso a direitos sociais tais como educação, saúde e moradia, dentre outros. Assim sendo, a universidade brasileira, que teve a sua fundação com a Escola Baiana de Medicina em 1808, foi por muito tempo uma instituição branca, criada no contexto da escravização para suprir as necessidades de uma elite intelectual branca colonizadora e imperialista.

Pouquíssimas pessoas negras tiveram acesso à escolarização básica, quem dirá àquela de nível superior.[2] No contexto da primeira metade do século XX, enquanto mulheres brancas lutavam pelos direitos sufragistas e de trabalharem fora de casa, mulheres negras trabalhavam nas casas destas tomando conta dos seus filhos e filhas, lavando roupa, sendo empregadas domésticas; sustentavam famílias vendendo quitutes nos tabuleiros... em um presente bem distante de um futuro emancipado academicamente. Nesses termos, mesmo sabendo dos processos de alterização negativa que mulheres em geral sofrem na sociedade, há um descompasso histórico entre a ausência de privilégios das mulheres brancas comparadas às mulheres negras que se perpetuam até os dias de hoje mesmo com todos os direitos alcançados nos últimos anos como a PEC das domésticas, como as cotas raciais, como os programas de combate à miséria no Brasil.

Infelizmente, essa é uma realidade que persiste aos dias atuais, mesmo com os avanços dos últimos anos. De acordo com uma pesquisa realizada pelo Instituto Brasileiro de Geografia e Estatística (IBGE) em 2018, apenas 10,4% das mulheres negras com idade entre 25 a 44 anos concluem o ensino superior. De acordo com uma pesquisa realizada pelo Instituto Nacional de Estudos e Pesquisas Educacionais Anísio Teixeira (Inep), o percentual de mulheres negras (pretas e pardas) doutoras professoras de programa de pós-graduação é inferior a 3%. Segundo uma pesquisa realizada pelo Conselho Nacional de Desenvolvimento Científico e Tecnológico (CNPQ) em 2015 apenas 7% das bolsas de produtividade são destinadas a mulheres negras.

A marginalidade supracitada no ambiente científico não versa sobre a baixa capacidade intelectual de mulheres negras, nem tampouco sobre uma ausência de propensão genética de mulheres negras à produção epistêmica, mas sim sobre um brutal processo social de produção e reprodução de padrões de subalternidade cognitivamente e materialmente a nós impostos.

Nos contaram acerca de uma história de inferioridade programada da população negra no mundo nos últimos quatro séculos e "esqueceram" de nos contar sobre os milênios de pioneirismo intelectual desses nossos e nossas ancestrais nas ciências, na matemática, na filosofia, no desenvolvimento da escrita, na arquitetura, na medicina etc. Nos ensinaram uma história negra que ontologicamente remonta à escravidão, entretanto "deixaram passar" informações relevantes, como o fato de a humanidade ter nascido em África – o verdadeiro velho mundo –; de uma mulher negra africana, Merit Ptah (2700 a.C.), ser a primeira médica de que se tem conhecimento; como o fato de não conhecermos grandes impérios africanos como Axum, Meroé, Núbia, Numídia, a Terra de Punt, o Império de Kush, o Império Ashanti e o Império de Gana, dentre outros.

Concluo informando que é preciso revisitarmos os porões da nossa história para darmos vez e voz a narrativas históricas invisibilizadas, que nos propiciarão uma descolonização dos padrões do que vem a ser ciência e do que vem a ser cientista. É preciso um olhar atento para a história para compreendermos os passos que nos conduziram até aqui e para termos sensibilidade e empatia com essas existências negadas e inferiorizadas.

Pinheiro, Bárbara Carine Soares. *As mulheres negras e a ciência no Brasil: "e eu, não sou uma cientista?"*. Disponível em https://www.comciencia.br/as-mulheres-negras-e-ciencia-no-brasil-e-eu-nao-sou-uma-cientista/. Acesso em 5 de abril de 2021. Texto adaptado.

Quanto ao gênero textual, o texto é classificado como

a) artigo de opinião, porque nele há a defesa de um ponto de vista, de alguém ou de um grupo, por meio de argumentos.

b) crônica, porque nele há a narrativa de um acontecimento corriqueiro do cotidiano com personagens e um enredo.

c) notícia, porque nele há informações sobre acontecimentos e demonstra imparcialidade dos fatos.

d) relato, porque nele há uma narrativa de alguém discorrendo sobre a discriminação racial.

5. (Enem PPL – 2018)

Deserto de sal

O silêncio ajuda a compor a trilha que se ouve na caminhada pelo Salar de Atacama.

Com 100 quilômetros de extensão, o Salar de Atacama é o terceiro maior deserto de sal do mundo. De acordo com estudo publicado pela Universidade do Chile, o Salar de Atacama é uma depressão de 3 500 quilômetros quadrados entre a Cordilheira dos Andes e a Cordilheira de Domeiko. Sua origem está no movimento das placas tectônicas. Mais tarde, a água evaporou-se e, desta forma, surgiram os desertos de sal do Atacama. Além da crosta de sal que recobre a superfície, há lagoas formadas pelo degelo de neve acumulada nas montanhas.

FORNER, V. Terra da Gente, n. 96, abr. 2012.

Os gêneros textuais são textos materializados que circulam socialmente. O texto Deserto de sal foi veiculado em uma revista de circulação mensal. Pelas estratégias linguísticas exploradas, conclui-se que o fragmento apresentado pertence ao gênero

a) relato, pela apresentação de acontecimentos ocorridos durante uma viagem ao Salar de Atacama.

b) verbete, pela apresentação de uma definição e de exemplos sobre o termo Salar de Atacama.

c) artigo de opinião, pela apresentação de uma tese e de argumentos sobre o Salar de Atacama.

d) reportagem, pela apresentação de informações e de dados sobre o Salar de Atacama.

e) resenha, pela apresentação, descrição e avaliação do Salar de Atacama.

6. (Instituto AOCP – 2020)

Ao longo da história da Arte, muitas mulheres começaram a ter reconhecimento nas mais variadas linguagens, até que passaram a ocupar posições de destaque. Em relação ao assunto, analise as assertivas e assinale a alternativa que aponta as corretas.

I. Durante todo o Renascimento, o ofício das Artes era integralmente vetado às mulheres. Como herança dos preceitos Medievais, muitas mulheres que demonstravam interesse pelas Artes ou pela ciência eram acusadas de bruxaria.

II. Artemísia Gentileschi (1593-1653) foi uma importante artista que começou a aprender o ofício da pintura com seu pai. Posteriormente, ficou conhecida por vingar-se pictoricamente de seu abusador, o artista Agostino Tassi (1578 – 1644).

III. A única linguagem artística dominada pelas mulheres é a Dança. A artista Pina Bausch (1940-2009) foi responsável por acrescentar ao balé passos e gestos relacionados ao cotidiano, porém sem deixar de lado a delicadeza.

IV. O movimento Modernista no Brasil, divulgado por meio da Semana de Arte Moderna, abriu espaço para alguns nomes de destaque, tais como a pintora Anitta Malfatti (1889-1964) e a reconhecida pianista Guiomar Novaes (1874--1979).

a) Apenas II e IV.
b) Apenas I, II e IV.
c) Apenas III e IV.
d) Apenas II, III e IV.
e) Apenas I e III.

7. (Enem – 2018)

Texto I

Também chamados impressões ou imagens fotogramáticas [...], os fotogramas são, numa definição genérica, imagens realizadas sem a utilização da câmera fotográfica, por contato direto de um objeto ou material com uma superfície fotossensível exposta a uma fonte de luz. Essa técnica, que nasceu junto com a fotografia e serviu de modelo a muitas discussões sobre a ontologia da imagem fotográfica, foi profundamente transformada pelos artistas da vanguarda, nas primeiras décadas do século XX. Representou mesmo, ao lado das colagens, fotomontagens e outros procedimentos técnicos, a incorporação definitiva da fotografa à arte moderna e seu distanciamento da representação figurativa.

COLUCCI, M. B. Impressões fotogramáticas e vanguardas: as experiências de Man Ray. **Studium**, n. 2, 2000.

Texto II

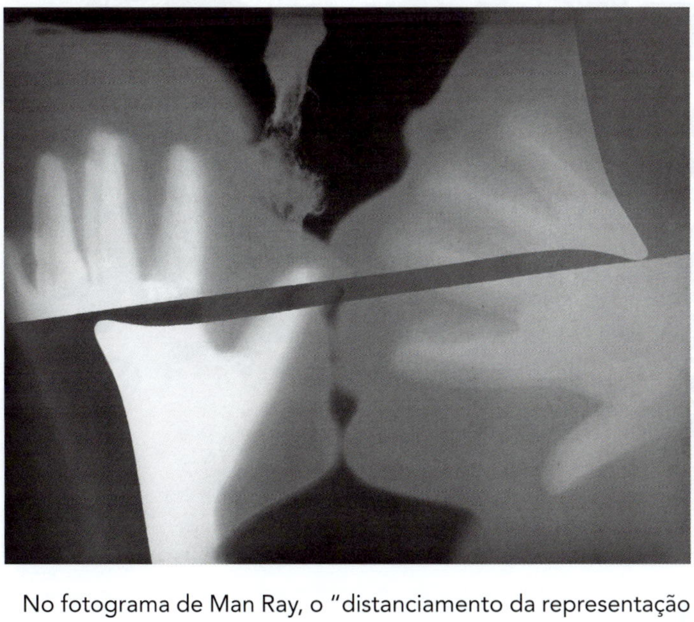

RAY, M. *Rayograph*, 1922. 23,9 × 29,9 cm. MOMA, Nova York.

No fotograma de Man Ray, o "distanciamento da representação figurativa" a que se refere o Texto I manifesta-se na:

a) ressignificação do jogo de luz e sombra, nos moldes surrealistas.
b) imposição do acaso sobre a técnica, como crítica à arte realista.
c) composição experimental, fragmentada e de contornos difusos.
d) abstração radical, voltada para a própria linguagem fotográfica.
e) imitação de formas humanas, com base em diferentes objetos.

Cartazes: as condições da mulher no trabalho

Observe o trabalho de Hannah Höch a seguir e retome as outras obras da artista que você conheceu em **Arte**. Atente-se ao modo espontâneo como ela combina elementos diversos de recortes de imagens, fotografias e palavras na criação de uma obra. Pense a respeito da maneira como esse trabalho se relaciona com os ideais dadaístas — uma antiarte livre de procedimentos e que, ao mesmo tempo, apresenta o caos vivido no período pós-Primeira Guerra Mundial.

Com base nessas ideias e considerando o contexto histórico em que você está inserido, você e os colegas vão criar cartazes utilizando a técnica de colagem e de fotomontagem. O objetivo é que possam expressar as múltiplas relações entre a mulher e o trabalho nos dias atuais.

Para isso, retome o texto dissertativo-argumentativo sobre o tema "As condições de trabalho da mulher no Brasil" que você produziu em **Língua Portuguesa**.

Strauss, de Hannah Höch, 1965 (colagem sobre papel).

Procedimentos

1. Formem grupos de até quatro integrantes e compartilhem as reflexões e os argumentos propostos nos textos que fizeram.
2. Organizem os seguintes materiais: revistas, livros, fotografias e catálogos que possam ser recortados, papéis diversos, tesoura, cola branca ou em bastão, caneta hidrográfica, tinta guache e pincel.

3. Com base nos textos, selecionem imagens que possam ser utilizadas no cartaz. Lembrem-se de que a ideia com a colagem ou fotomontagem é criar uma nova imagem por meio da junção de fragmentos de várias imagens e outros elementos. Se quiserem, para facilitar o processo, o grupo pode organizar um banco de imagens recortadas.
4. Recortem também letras, palavras ou frases para incluir um texto no cartaz.
5. Reflita com o seu grupo sobre que palavras ou mensagens podem utilizar. Uma sugestão é anotar as palavras que vêm à mente quando pensam nos argumentos elaborados nos textos. Se ajudar, faça essa lista de possibilidades no caderno.
6. Durante a colagem, explore as múltiplas possibilidades de combinações e agrupamentos. Quando estiverem satisfeitos com o resultado, colem os recortes em uma folha de papel.
7. O grupo pode ainda finalizar o cartaz acrescentando elementos com caneta hidrográfica e/ou tinta guache, se achar necessário.
8. Quando o cartaz estiver pronto, deem um título a ele e o compartilhem com a turma.
9. Reservem um momento para fruição e apreciação dos trabalhos criados pelos demais grupos.

Durante o processo, lembrem-se de que, em um trabalho coletivo, é importante que todos sejam respeitados e acolhidos para que possam chegar a acordos e entendimentos mútuos.

Ao término, em uma roda, conversem com a turma sobre os cartazes e textos produzidos e de que modo eles refletem e apresentam o tema proposto. O debate pode ser norteado por questões como: Qual é a relevância dessas questões para a sociedade? É importante compartilhar esse trabalho com a comunidade escolar? Por quê? Se sim, elaborem juntos um modo de o expor na escola.

Meu portfólio

Nesta unidade, você pôde refletir e estudar sobre questões relacionadas à mulher no mundo do trabalho e nas artes visuais, assim como sobre a representatividade feminina nesses espaços. Percebeu a importância da equidade de direitos entre mulheres e homens e compreendeu os aspectos históricos e sociais que permeiam essa realidade. Para isso, em **Língua Portuguesa**, estudou pontos da Constituição federal, especificamente dos direitos individuais e coletivos relacionados ao mercado de trabalho, reconhecendo o direito à igualdade entre os indivíduos. Além disso, a leitura de reportagens e artigo de opinião possibilitou o trabalho com a argumentação e a progressão textual. Conheceu ainda as competências da redação do Enem, a fim de se preparar para essa importante etapa da vida escolar.

Em **Arte**, pôde refletir sobre produções de mulheres em alguns movimentos artísticos de vanguarda modernos, como o Construtivismo russo, o Dadaísmo e o Surrealismo, no Brasil e no mundo. Também estudou e compreendeu o processo de apagamento da participação das mulheres no mundo da arte anterior ao século XX e refletiu sobre como essa questão se desenvolveu ao longo da história da arte. Pôde ainda desenvolver processos de pesquisa e criação artística. Todas essas reflexões contribuíram para pensar em modos de propor uma sociedade mais igualitária e justa.

Para montar seu portfólio, você deverá retomar todas as produções realizadas na unidade, desde rascunhos e projetos até registros em fotos e vídeos de apresentações. Lembre-se de que todo o processo criativo é importante e não apenas o produto final, por isso aqui não podem faltar as diversas versões de uma mesma produção.

Retome também todas as anotações que fez no diário de bordo; elas vão ajudar muito na construção do portfólio. Não deixe de colocar a data em que cada produção foi realizada, assim, ao consultar o portfólio, você terá condições de verificar sua história de aprendizagem. Essa consulta poderá ajudá-lo a perceber quais aspectos você desenvolveu e aperfeiçoou ao longo do trabalho.

UNIDADE

4 Trabalho e sociedade

Teófanes Silveira, o palhaço Biribinha. Foto de 2019.

Paulo Pinto/Estadão Conteúdo

#TáNoFeed

> "Meu pai foi meu grande professor. Ele me ensaiava, me dirigia. Antes de ser o Palhaço Biribinha, fiz dois espetáculos com ele. Então, meu pai chegou e disse: Você acaba de testar os dois lados diferentes da mesma moeda. Quem consegue fazer rir e fazer chorar, tem que ser palhaço, então me jogou no picadeiro e no palco, as minhas duas escolas, conta o artista."
>
> Palhaço Biribinha Silveira, em entrevista ao jornal *GZH*, 23 out. 2019. Disponível em: https://gauchazh.clicrbs.com.br/geral/noticia/2019/10/a-vida-de-teofanes-silveira-o-palhaco-biribinha-patrimonio-vivo-de-alagoas-ck22ryhyx00kc01phb9serjue.html. Acesso em: 6 abr. 2022.

O relato que você acaba de ler é do palhaço Biribinha (1951-) e trata do modo de aprendizado e de inserção no mundo do trabalho que o artista vivenciou na infância, em um circo de propriedade de seu pai, Nelson Silveira. Teófanes é originário da cidade de Jequié, na Bahia, e se identifica mais por seu nome de palhaço. Ele faz parte de um modo de organização do trabalho conhecido como circo-família, no qual a formação e a atuação profissional se dão pela transmissão oral dos saberes familiares das gerações anteriores. Assim, a criança participa da rotina do trabalho circense e dá continuidade ao legado da família.

Com base nessas considerações, converse com a turma sobre as questões propostas.

1. O que você pensa sobre as relações de trabalho em nossa sociedade?

2. Como você percebe a vida profissional de um artista, levando em conta o comentário de Biribinha?

3. O circo, assim como outras produções artísticas, costuma receber um público que busca momentos de lazer. Como você percebe as relações entre tempo livre e trabalho em nossa sociedade?

4. Como você e as pessoas que conhece equalizam o tempo de trabalho e o tempo de lazer? Em sua opinião, qual é o papel do lazer na vida das pessoas?

Nesta unidade, você vai estudar aspectos do mundo do trabalho em nossa sociedade, refletindo sobre o direito ao lazer e ao tempo ocioso. Em Arte, vai conhecer as mudanças dos modos de organização do trabalho nas artes circenses e como tais relações se refletem na produção estética dos espetáculos. Pela perspectiva da dança, vai identificar e pesquisar espaços de ensino e formação, bem como experimentar algumas áreas de atuação de profissionais da dança.

Em Educação Física, você vai estudar o conceito de lazer e as políticas públicas de lazer de nosso país, inclusive as opções para pessoas com deficiência, reconhecendo o papel da cultura corporal nos momentos de lazer em nossa sociedade. Além disso, vai experimentar práticas de esportes e paradesportos e desenvolver uma proposta de lazer esportivo na comunidade escolar.

Em Língua Portuguesa, vai conhecer a estrutura de um ensaio filosófico. Por meio da leitura de dois excertos, vai aprender a concepção de trabalho para o filósofo alemão Friedrich Hegel (1770-1831) e a forma como o trabalho e o ócio foram compreendidos ao longo da história. O estudo das estruturas dos textos vai ajudá-lo no planejamento de um ensaio filosófico sobre a temática da unidade, que será compartilhado em uma revista eletrônica de ensaios filosóficos que a turma produzirá na seção *#Multiplicar*.

Diário de Bordo

Registre no diário de bordo as conclusões sobre a conversa que tiveram a respeito das questões propostas e as reflexões que surgiram durante as discussões.

Conheça a unidade

Objetivos de aprendizagem

Arte

- Analisar os processos de mudanças nos modos de aprendizagem e na organização do trabalho nas artes circenses do circo-família ao circo contemporâneo.
- Compreender a dança como uma área de conhecimento e profissão.

Educação Física

- Compreender a evolução histórica do conceito de lazer e suas relações com as conquistas históricas dos trabalhadores.
- Atuar como agente protagonista do lazer ativo na comunidade.
- Compreender a dança como uma área de conhecimento e profissão.

Língua Portuguesa

- Conhecer o gênero ensaio filosófico.
- Identificar o processo de apresentação de informação, retomada e ampliação como forma de esclarecimento da tese na organização de um texto filosófico.
- Diferenciar premissas, argumentos e conclusão.
- Produzir um ensaio filosófico.

Justificativa

Refletir sobre a experiência humana do trabalho e suas relações com a sociedade é fundamental para que você possa compreender suas futuras escolhas e para que desenvolva competências para problematizar a realidade. Ao discutir e formular argumentos sobre os temas desta unidade – como o impacto das mudanças sociais no mundo do trabalho, o significado do lazer e do esporte como direitos sociais e as discussões filosóficas sobre o assunto nas Ciências Humanas – você estará mais bem preparado para se posicionar em seu projeto de vida e em sua inserção no mercado de trabalho. Além disso, vai poder compartilhar os seus posicionamentos pessoais sobre os significados do trabalho, do lazer e do impacto das mudanças sociais no mundo do trabalho.

A BNCC nesta unidade

Nesta unidade são desenvolvidas as competências e habilidades da BNCC indicadas a seguir.

Competências gerais da Educação Básica: 1, 2, 4, 6, 7, 9, 10.

Linguagens e suas Tecnologias no Ensino Médio: competências específicas e habilidades

Competência específica 1 (EM13LGG101, EM13LGG103, EM13LGG104); competência específica 2 (EM13LGG201, EM13LGG202, EM13LGG203, EM13LGG204); competência específica 3 (EM13LGG301, EM13LGG302, EM13LGG303); competência específica 4 (EM13LGG401, EM13LGG402); competência específica 5 (EM13LGG501, EM13LGG502, EM13LGG503); competência específica 6 (EM13LGG601, EM13LGG602, EM13LGG603, EM13LGG604); competência específica 7 (EM13LGG701, EM13LGG703, EM13LGG704).

Língua Portuguesa no Ensino Médio: campos de atuação social, competências específicas e habilidades

Todos os campos de atuação social

EM13LP02 (competência específica 1); EM13LP05 (competência específica 3); EM13LP11 (competência específica 1); EM13LP12 (competência específica 1); EM13LP15 (competências específicas 3, 7); EM13LP18 (competência específica 3).

Campo das práticas de estudo e pesquisa

EM13LP28 (competências específicas 2, 3); EM13LP32 (competência específica 3).

Ciências Humanas e Sociais Aplicadas no Ensino Médio: competências específicas e habilidades

Competência específica 1 (EM13CHS103); competência específica 4 (EM13CHS401, EM13CHS404); competência específica 5 (EM13CHS502); competência específica 6 (EM13CHS605).

O trabalho nas artes circenses (Arte)

Cenas do espetáculo *Casa de ar*, do grupo Linhas Aéreas. Concepção e direção de Ziza Brisola e Carla Candiotto. São Paulo (SP), 2013.

1. Observe as cenas do espetáculo *Casa de ar*, do grupo Linhas Aéreas. e assista ao vídeo indicado no boxe *Saiba+*. Depois, responda ao que se pede.

a) Qual ou quais linguagens artísticas você reconhece nas imagens?

b) O que você compreende por meio da expressão representada na cena?

c) Como você imagina que é a trajetória de estudos e profissionalização desses artistas?

2. Ao analisar as imagens de artistas circenses, a quais tipos de espetáculos de circo você relaciona? Quais outros tipos de apresentações artísticas podemos encontrar no circo?

Saiba+

Casa de ar – Cia. Linhas Aéreas (vídeo, 3 min). Disponível em: https://www.youtube.com/watch?v=U9tgVV8O3Pw. Acesso em: 6 abr. 2022.

Assista ao vídeo que mostra o espetáculo Casa de ar, da Cia. Linhas Aéreas.

Site oficial da companhia Linhas Aéreas. Disponível em: https://linhasaereas.art.br. Acesso em: 6 abr. 2022.

Saiba mais sobre o trabalho do grupo, acessando o *site* oficial da companhia Linhas Aéreas.

A companhia Linhas Aéreas se vincula a uma tendência das artes circenses conhecida como circo contemporâneo, no qual as modalidades circenses não estão mais restritas ao espaço do picadeiro e da lona e as criações exploram narrativas e sentidos que não focam apenas a apreciação das habilidades do artista por si só. Nesse caso, são espetáculos com temáticas e enredos, além de outras características da arte contemporânea, como o hibridismo, a intertextualidade, a metalinguagem e a fragmentação.

Cabe destacar, também, que grupos como o Linhas Aéreas desenvolvem processos de trabalho similares ao dos grupos de teatro e de dança contemporâneos, participando de editais públicos de fomento à cultura e definindo-se em mais de uma linguagem artística. Esse tipo de trabalho circense é resultado de uma série de mudanças nos modos de organização do trabalho nos circos ao longo do século XX.

Você vai conhecer, neste tópico, os contextos sociais que contribuíram para tais modificações nos modos de aprendizagem e inserção no mercado de trabalho para os artistas circenses e os da dança.

O circo-família

Desde o século XIX, prevalecia na Europa um tipo de organização do trabalho dos circos centrado nos núcleos familiares, que se associavam pelo casamento para a criação de "dinastias circenses". No Brasil, os circos deram continuidade a esse modelo, no qual os modos de aprendizagem e socialização estavam ligados a uma "tradição familiar".

Nessa estrutura dos circos-família, o trabalho não se limita às apresentações e aos ensaios, mas abrange todas as atividades necessárias para que um circo se mantenha. Isso inclui a montagem e a desmontagem da lona, a manutenção de equipamentos e aparelhos, a limpeza, a divulgação, o trabalho de bilheteria, entre outras atividades. Trata-se de um contexto em que todos estão inseridos nos cuidados, não sendo uma empresa convencional, com finalidades únicas de lucro, mas um tipo de negócio que também é sustentado por vínculos familiares e de parentesco.

Família de artistas circenses do final do século XIX.

Essas famílias circenses tinham uma estrutura rigidamente patriarcal, sendo a propriedade de um circo passada ao filho homem mais velho. Às mulheres, cabiam os trabalhos domésticos, mas não só isso, pois elas também se inseriam no trabalho artístico e em seus aprendizados.

Parte dos circos-família tinha um corpo artístico apenas do núcleo familiar. Assim, além dos pais e dos filhos, os grupos eram constituídos de tios, sobrinhos, primos e outros parentes. Um indivíduo que não tivesse crescido nesse meio também poderia se tornar um circense "tradicional", desde que se submetesse ao mesmo processo de aprendizagem e o passasse adiante para seus descendentes.

Em caso de circos de maior porte, uma família inteira podia ser contratada e, por meio de um acordo verbal, eram definidos os trabalhos a serem realizados e o pagamento de um ordenado. Já os membros da família proprietária do circo nem sempre recebiam um salário, pois os rendimentos das apresentações deviam primeiro suprir as necessidades de manutenção da estrutura e, também, os gastos com a alimentação do grupo, que era realizada coletivamente.

A estrutura de trabalho do circo-família começou a passar por mudanças à medida que a sociedade e a indústria de entretenimento também se modificavam. Com o surgimento de novas mídias, como a TV, as empresas circenses passaram a adotar outras formas de garantir a viabilidade econômica. Assim, na década de 1970, surgiram as primeiras escolas de circo na França, criadas por artistas de notórias dinastias circenses, como a escola de Annie Fratellini.

No Brasil, a Escola Nacional de Circo foi fundada em 1982 no Rio de Janeiro e, atualmente, é mantida pelo governo. Apesar de os primeiros professores continuarem a adotar o modo de ensino oral, como aprendido no modelo tradicional, as artes circenses passaram por transformações, até não se limitarem mais aos espaços dos próprios circos, mas explorarem trânsitos diversos com outras linguagens e espaços, constituindo novas relações de trabalho.

O novo circo e o circo contemporâneo

Guillermo Granja/Reuters/Fotoarena

Artistas da companhia Cirque du Soleil, em cena do espetáculo *Corteo*, em Quito, Equador, 2015.

Thiago Ribeiro/AGIF/AFP

Cena do espetáculo *Ovo*, do Cirque du Soleil, Rio de Janeiro (RJ), 2019.

Ververidis Vasilis/Shutterstock

Artistas de circo da companhia Cirque du Soleil, em 2014.

O termo "novo circo" surgiu para remeter aos artistas que se formaram nas escolas e passou a ser incorporado pela mídia. É um termo controverso, pois, em outros momentos da história do circo, existiram experiências que também se valiam do termo "novo". De todo modo, as relações de trabalho do final do século XX não estavam mais centradas nas famílias nem mesmo nas empresas circenses. Assim, os artistas formados nas escolas passaram a levar suas apresentações para as ruas, muitas vezes em espetáculos que mesclam as linguagens do circo e do teatro e trazem uma ruptura das artes circenses com o picadeiro e com a lona.

O espetáculo no circo de lona geralmente é construído por uma sucessão de números independentes, intercalando números acrobáticos com entradas de palhaço e a condução de um apresentador (mestre de pista). Os partidários do movimento do "novo circo", por sua vez, passam a questionar esse modelo e buscam modos de unificar os números, muitas vezes criando uma dramaturgia, ou mesmo uma unidade temática representada também em outros elementos cênicos, como os figurinos, a iluminação ou uma unidade coreográfica.

Além do termo novo circo, muitos trabalhos se definem como circo contemporâneo, que aproxima as artes circenses das ideias e dos conceitos da arte contemporânea. O circo contemporâneo expande os modos de trabalho para a criação coletiva, com base na improvisação e nas pesquisas, contribuindo com a ruptura também com a representação dos corpos "perfeitos" e admitindo corpos diversos, sensíveis, de diferentes características e valorizando a ambiguidade.

Saiba +

Canal oficial do Cirque du Soleil. Disponível em: https://www.youtube.com/c/CirqueduSoleil. Acesso em: 6 abr. 2022.
Acesse o canal do Cirque du Soleil para assistir aos vídeos de diferentes espetáculos do grupo.

Experimentação Pesquisando o Cirque du Soleil

O espetáculo *Corteo*, da companhia canadense Cirque du Soleil, traz muitas características do circo contemporâneo apresentadas neste tópico. Todo o enredo é centrado no personagem Mauro, um palhaço que sonha com o próprio cortejo fúnebre. Aparelhos cênicos, como o trapézio e a cama elástica, adquirem outras representações, assumindo o papel de cenário em uma narrativa repleta de referências visuais ao circo do século XIX.

- Realize uma pesquisa no *site* oficial do grupo (Disponível em: https://www.cirquedusoleil.com/. Acesso em: 8 fev. 2022) e em reportagens disponíveis na internet para entender como os criadores da companhia, uma dupla de artistas de rua, conseguiram transformar o trabalho artístico que faziam em uma das maiores companhias de entretenimento da atualidade.

Diário de bordo

Registre no diário de bordo as informações encontradas durante a pesquisa.

Dança como profissão

A dança é uma profissão que vem se instituindo ao longo do tempo de forma integrada aos seus contextos históricos e sociais. Tanto a regulamentação da atuação quanto as ocupações dos profissionais dessa área vêm se transformando ao longo dos anos. Para ter um panorama, a primeira coisa a entender é onde se dá a formação de seus profissionais. Há três espaços possíveis: o informal, o não formal e o formal. Trata-se de contextos muito diferentes, com diversidades e conflitos que marcam as relações étnico-raciais, sociais, econômicas e culturais de uma sociedade.

Os espaços informais referem-se àqueles em que as experiências se dão pela transmissão oral e corporal de geração em geração. Eles acontecem nas ruas, em festividades, em rituais, nas variadas manifestações culturais brasileiras, em grupos sociais, familiares, etc. São de extrema importância para a formação profissional, embora desvinculada de entidades de ensino e formação. Um exemplo são as festividades do maracatu, uma dança de Pernambuco.

A dança nos espaços não formais acontece em estúdios, academias, escolas de dança, cursos livres, centros culturais, projetos sociais, oficinas, residências artísticas, casas de cultura, associação de bairros, entre outros. Em algumas escolas, há também oficinas extracurriculares de dança, que são optativas para os estudantes. Há uma infinidade de ambientes com processos e intenções diferentes. Por exemplo, as academias e escolas de dança geralmente estão mais voltadas a preparar os dançarinos e os coreógrafos em determinadas técnicas específicas. Já os projetos sociais podem apresentar um objetivo mais voltado para a integração social de determinada população por meio da dança. As escolas livres oferecem formação artística, técnica (cenografia, iluminação) e teórica.

As instituições de ensino voltadas para a Educação Básica, técnica e superior são os espaços formais de ensino-aprendizagem da dança. No ensino básico, é mais comum a dança ser trabalhada para fins recreativos, festivos e para o relaxamento. Alguns fatores limitam o desenvolvimento da dança de forma mais aprofundada, como pouco espaço e recursos, ou mesmo escassez de contratação de profissionais qualificados.

Há, ainda, o ensino técnico de dança, que pode estar integrado ao Ensino Médio, aplicado à formação de profissionais que atuarão no mercado profissional de dança, como em companhias, espetáculos de musicais e na publicidade.

Ricardo Teles/Pulsar Imagens

Apresentação de maracatu rural em Aliança (PE), uma manifestação cultural de matrizes afro-indígenas oriunda de Pernambuco. Foto de 2015.

Reprodução/Vivadança

Oficina de dança contemporânea na Fundação Cultural do Estado da Bahia (Funceb).

Quanto às faculdades de dança no Brasil, há algumas com cursos de bacharelado e licenciatura. O primeiro deles forma artistas da cena para pesquisa e criação, produção e difusão. Já o segundo forma professores de dança e pesquisadores, com ênfase no campo educacional. Cabe ressaltar que, embora haja essa distinção, muitos profissionais de dança atuam em ambos os campos. Aliás, um potencializa o outro. No ensino superior, a dança é compreendida como área de conhecimento, sistematizando estudos mais avançados que correlacionam teoria e prática, assim como possibilitam pesquisas acadêmicas que relacionam conhecimentos provenientes de diferentes áreas, contextos sócio-históricos e pensamentos sobre corpo, movimento e dança em variadas culturas.

Jovens em aula na Faculdade de Dança da Universidade Federal do Rio de Janeiro (UFRJ), Rio de Janeiro (RJ), 2012.

Experimentação Cadê a dança?

Formem grupos de cinco integrantes e realizem uma pesquisa na escola para, com base nisso, mapear alguns espaços em que acontecem aulas de dança na cidade em que vivem. Busquem informações sobre o que é ensinado e aprendido nesses espaços e como ocorrem as aulas. O objetivo é que possam conhecer um pouco mais sobre como se dá a formação em dança perto de vocês.

1. Primeiro, em grupo, preparem um questionário que contemple as informações que precisam obter.
2. Façam uma pesquisa prévia na internet, se possível, para identificar espaços de ensino de dança na região em que vocês moram e no entorno da escola. Verifiquem as aulas que são oferecidas.
3. Depois, saiam em grupo para realizar a pesquisa de campo na própria escola. Conversem com os estudantes de faixas etárias variadas e com os professores e os funcionários. O que eles sabem sobre aulas de dança na região? Anotem as informações coletadas.
4. Reúnam-se com a turma e compartilhem a pesquisa. Relacionem com o que aprenderam sobre os principais espaços de formação em dança. Vocês descobriram algo que não conheciam?
5. Cruzem os dados obtidos na internet, as informações provenientes das entrevistas e dos outros grupos e, então, criem um mapeamento dos espaços formais, informais e não formais da cidade. Se possível, divulguem em um mural da escola. Outros estudantes podem ter interesse em iniciar aulas de dança e conhecer os espaços.
6. Arquive em seu **Portfólio** o mapeamento que realizou assim como o questionário e as anotações produzidas durante a experimentação.

Diário de bordo

Registre no diário de bordo as informações a que você teve acesso durante a pesquisa em grupo e ao conhecer a pesquisa dos demais grupos da turma.

Profissionais da dança

Anteriormente, foram citadas algumas ocupações da dança. Agora, cabe detalhá-las. Como a dança está em movimento de acordo com seu contexto histórico, cultural e social, as funções e os papéis dos profissionais também sofrem mudanças. O Projeto de Lei do Senado (PLS) n. 644/2015, que foi aprovado em 2016, prevê o reconhecimento do exercício profissional das pessoas que atuam na área de dança.

Pressmaster/Shutterstock

Profissionais de dança em ensaio.

É complexa a distinção das ocupações profissionais de dança, pois, algumas vezes, os limites entre uma e outra são muito tênues. Em suma, a dança apresenta quatro principais dimensões de atuação profissional: criação e pesquisa; formação; difusão; produção. Cada uma abrange diversas funções, as quais são desenvolvidas de inúmeras maneiras. Não há um único modo de realizar cada função, pois depende do contexto em que acontece e das formas de organização que se constituem.

Criação e pesquisa

Conta com diversas funções. Às vezes, os termos que nomeiam algumas delas variam, pois a diferença entre cada campo de ocupação pode ser sutil. Veja algumas principais possibilidades de ocupação profissional em dança na dimensão da criação e da pesquisa:

- **Dançarino**: pode ser intérprete da criação de outrem, intérprete-criador com o coreógrafo ou ainda ele mesmo um criador-intérprete da sua composição em dança. Os termos intérprete, bailarino e dançarino são muitas vezes utilizados como sinônimos, pois se referem ao profissional que interpreta a dança em cena. Porém, cada termo apresenta particularidades, ligadas a aspectos históricos, culturais e estéticos, sobretudo em relação à diferenciação entre o balé clássico e outras técnicas de dança.
- **Coreógrafo**: é aquele que desenvolve uma escrita do corpo e do movimento no espaço e no tempo, criando, assim, uma composição coreográfica em dança. Ele pode coreografar outras pessoas ou fazer parte diretamente da cena.
- **Assistente de direção**: opera em parceria com o diretor, auxiliando-o em sua ampla demanda.
- **Ensaiador**: trabalha no sentido de aprimorar a proposta de corpo e movimento integrados a outros componentes de uma dança.

- **Dramaturgista**: dedica-se a compreender mais profundamente e relacionar conceito e coreografia, com o objetivo de analisar, refletir e buscar estabelecer uma coerência entre o que se pretende e o que se constrói.
- **Diretor artístico**: é quem coordena os elementos da cena e da integração entre as diferentes funções para pesquisa, criação, preparação, difusão e produção de trabalho.

Formação

É composta dos professores de dança que atuam em espaços formais e/ou espaços não formais.

Difusão

Constituída pelas assessorias de comunicação e divulgação e pelos críticos de dança que escrevem e discursam sobre o tema, propondo análises, reflexões e discussões que integram áreas do conhecimento, arte e sociedade, teoria e prática.

Produção

Marcada por várias funções. Por exemplo, o produtor e os assistentes de produção são aqueles que organizam e gerenciam os materiais e os recursos, preparam os espaços, articulam os envolvidos e outras tarefas

Divulgação/Lia Rodrigues Companhia de Danças

Cena do espetáculo *Piracema*, de Lia Rodrigues Companhia de Danças, 2011.

Saiba+

Site oficial da companhia de dança Lia Rodrigues. Disponível em: http://www.liarodrigues.com. Acesso em: 6 abr. 2022.

Acesse o *site* oficial da companhia para conhecer mais do trabalho desenvolvido pelo grupo Lia Rodrigues Companhia de Danças.

Na Lia Rodrigues Companhia de Danças, os intérpretes atuam, também, como criadores em um processo colaborativo com a coreógrafa Lia Rodrigues (1956-). A ideia ganha corpo por meio de intensas trocas e negociações. Além disso, a dramaturgista Silvia Soter tem um papel fundamental no processo. Geralmente, as criações contam com assistentes de criação, que tecem a dança com todos os envolvidos.

O espetáculo *Piracema* é um exemplo disso. Ele parte de solos criados pelos intérpretes da companhia. O trabalho deriva de encontros e atritos dos diferentes caminhos desses solos, que compartilham uma mesma cena. Embora os dançarinos não se relacionem de forma direta, as afetações mútuas acontecem por meio da coabitação da cena, em que o ambiente provoca reações e modificações no corpo e no movimento.

Para ir mais longe Ficha técnica

Você sabe o que é uma ficha técnica? É um texto que expõe as funções e o nome de quem as desenvolveu em determinado trabalho artístico. Por exemplo, o espetáculo *Piracema*, da Lia Rodrigues Companhia de Danças, apresenta a seguinte ficha técnica:

- Criação: Lia Rodrigues
- Dançado e criado em estreita colaboração com: Amália Lima, Ana Paula Kamozaki, Lidia Larangeira, Calixto Neto, Thais Galliac, Jamil Cardoso, Leonardo Nunes, Gabriele Nascimento, Paula de Paula, Bruna Thimotheo, Francisco Cavalcanti
- Dramaturgia: Silvia Soter
- Colaboração artística: Guillaume Berardi
- Luz: Nicolas Boudier
- Assistente de figurino: Astrid Toledo
- Projeto gráfico: Mônica Soffiatti
- Fotos: Sammi Landweer
- Produção: Claudia Oliveira
- Assistente da companhia e de coreografia para o repertório: Amalia Lima
- Secretaria: Gloria Laureano

PIRACEMA. Lia Rodrigues Companhia de Danças. Disponível em: http://www.liarodrigues.com/page2/styled-8/styled-13/index.php. Acesso em: 6 abr. 2022.

Experimentação Funções na dança

Agora você vai criar e produzir uma apresentação de dança colaborativamente, ocupando algumas das funções apresentadas neste tópico.

Um grupo vai ficar encarregado da criação, isto é, preparar a coreografia, e todos os demais elementos que compõem o espetáculo: trilha sonora, figurino, objetos de cena e outros que quiserem. Não cabe reproduzir algo que já existe, pois a ideia é que a turma crie.

Outro grupo pode ficar responsável pela produção, ajudando o grupo de criação a preparar e organizar seus materiais. Esse grupo deve, também, decidir onde e em que horário a apresentação será realizada, se é preciso pedir autorização ou reservar espaços e equipamentos, entre outras ações necessárias.

Já o grupo de difusão vai preparar materiais e estratégias para divulgar o evento, comunicar os convidados, etc. Pode, ainda, ficar encarregado de fazer os registros fotográficos e em vídeo dos ensaios e da apresentação.

Se houver interessados, pode haver um grupo de críticos de dança, que vai assistir à apresentação e escrever uma reflexão sobre o trabalho, relacionando-o com outras áreas e experiências.

1. Para começar, a turma deve se organizar em grupos de trabalho: de criação e pesquisa, de difusão, de produção e, se for o caso, de críticos. Escolha o grupo que lhe interessa mais.

2. Decida com o grupo qual função você ocupará. Se tiver mais de um interessado na mesma função, vocês podem trabalhar em conjunto. Lembre-se de que há muitas possibilidades de exercer cada função.

3. Depois, de acordo com as atribuições de cada grupo, a turma deve:

- Preparar uma apresentação de dança, que pode ser constituída de intérpretes, intérpretes-criadores, coreógrafos, dramaturgistas, etc. O tema deve ser "Vida e trabalho".
- Organizar e produzir o evento, definindo data e horário, além de convidar outras turmas.
- Preparar um programa do trabalho composto de um texto que sintetize a ideia da criação e que seja acompanhado da ficha técnica. Se puder, inclua nesse documento algumas imagens, como fotos ou desenhos.
- Realizar a apresentação de dança. Não se esqueçam de registrar tudo em fotos e vídeos e de escrever uma reflexão crítica sobre o espetáculo. Arquive em seu **Portfólio** a reflexão crítica que você escreveu, assim como os registros fotográficos e em vídeo.

Diário de bordo

Ao término, converse com todos os grupos para avaliar como foi o processo. Anote no diário de bordo o que você percebeu que lhe interessa em termos de atuação profissional. Com base na experiência de dança, observe suas características, vontades e facilidades ao realizar um trabalho.

Lazer e práticas esportivas (Educação Física)

Gustavo Andrade/AFP

Crianças jogam futebol em um campo pintado em rua da favela Aglomerado da Serra, na comunidade Vila Marcola, Belo Horizonte (MG), 2014.

Rubens Chaves/Pulsar Imagens

Jovens praticam basquete em quadra de esportes, São Paulo (SP), 2017.

1. Observe as imagens, leia as legendas e responda oralmente às questões propostas.

a) Você conhece as modalidades esportivas que as imagens mostram? Se já as praticou, onde foi e com quem?

b) Descreva como são os materiais, o espaço, o número de praticantes e a maneira como estão dispostos. Que espaços são esses?

c) Procure se recordar de transmissões oficiais de partidas de futebol e basquetebol. Quais são as diferenças e as semelhanças entre suas experiências esportivas, a prática retratada nas imagens e o esporte oficial?

O esporte como conteúdo cultural do lazer

O esporte tal como conhecemos hoje, organizado por regras oficiais definidas nacional e internacionalmente por federações e confederações, é considerado um fenômeno de massa que começou a se definir no final do século XIX, tendo alcançado grande relevância cultural ao longo do século XX. No entanto, práticas de jogos com bola e outras formas de cultura corporal que se tornaram esportes estão presentes em registros arqueológicos e históricos desde civilizações anteriores à Era Cristã. Muitas dessas práticas se relacionavam a aspectos religiosos ou sagrados, como rituais e festas para divindades. A evolução cultural do esporte proporcionou o desenvolvimento de outras dimensões sociais da prática esportiva.

Leia trechos da Lei n. 9 615/1998, que regula o esporte no Brasil:

> 1º – A prática desportiva formal é regulada por normas nacionais e internacionais e pelas regras de prática desportiva de cada modalidade, aceitas pelas respectivas entidades nacionais de administração do desporto.
>
> 2º – A prática desportiva não formal é caracterizada pela liberdade lúdica de seus praticantes.
>
> Art. 3º – O desporto pode ser reconhecido em qualquer das seguintes manifestações:
>
> I – Esporte educacional, praticado nos sistemas de ensino e em formas assistemáticas de educação, evitando-se a seletividade, a hipercompetitividade de seus praticantes, com a finalidade de alcançar o desenvolvimento integral do indivíduo e a sua formação para o exercício da cidadania e a prática do lazer;
>
> II – Esporte de participação (recreação e lazer), praticado de modo voluntário, compreendendo as modalidades desportivas praticadas com a finalidade de contribuir para a integração dos praticantes na plenitude da vida social, na promoção da saúde e educação e na preservação do meio ambiente;

III – Esporte de rendimento, praticado segundo normas gerais de prática desportiva, nacionais e internacionais, com a finalidade de obter resultados e integrar pessoas e comunidades do País, e estas com as de outras nações. O desporto de rendimento pode ser organizado e praticado: a) de modo profissional e b) de modo não profissional.

BRASIL. Lei n. 9 615/1998. Disponível em: www.planalto.gov.br/ccivil_03/leis/l9615consol.htm. Acesso em: 6 abr. 2022.

A legislação também define princípios do desporto, como o direito à democratização das condições de acesso e à liberdade de prática e o dever do Estado em prover o acesso ao desporto.

2. Reflita e responda às questões a seguir.

a) Com base na leitura da legislação, como você classifica as práticas esportivas retratadas nas imagens anteriores?

b) Cite exemplos de esporte educacional, esporte de participação e esporte de competição. O que diferencia cada um deles?

c) Você acha que a prática esportiva é democrática, isto é, que todos têm as mesmas condições de acesso e liberdade para praticar?

d) O Estado tem suprido o direito ao esporte, conforme promulgado na lei?

e) Qual é a relação entre esporte e lazer, segundo o texto da lei?

Diário de bordo

Anote as respostas e as suas reflexões no diário de bordo. Compartilhe as suas anotações com a turma e veja as respostas dos colegas.

Recentemente, tem-se usado, também, a expressão "esporte social", voltada para o papel do esporte em projetos de desenvolvimento social. Outra forma de designar o esporte foi desenvolvida no âmbito dos programas do Fundo das Nações Unidas para a Infância (Unicef), entidade internacional que estuda, defende e protege os direitos das crianças e dos adolescentes: o esporte para o desenvolvimento, considerado um direito das crianças e dos adolescentes, é uma forma de promover a saúde, a autoestima, a criatividade e o desenvolvimento físico, cognitivo, afetivo e social, além da promoção de valores humanos.

O esporte apresenta múltiplos sentidos, sendo que um deles é o lazer. O sociólogo francês Joffre Dumazedier (1915-2002) define lazer como o uso do tempo livre do trabalho e das responsabilidades sociais e familiares em ocupações de livre iniciativa, com o objetivo de descansar, divertir-se, investir na própria formação e desenvolvimento pessoal ou em atividades sociais voluntárias. Para esse autor, o lazer envolve interesses diversos: culturais físico-esportivos (prática de esportes, danças, lutas, ginásticas, jogos); culturais artísticos e manuais (artesanato, pintura, arte); culturais intelectuais (estudo de diferentes assuntos, cinema, teatro); e culturais sociais (festas, eventos). Posteriormente, no Brasil, Luiz Otávio de Lima Camargo incluiu o interesse turístico, e Gisele Maria Schwartz, o interesse virtual.

Interesses físico-esportivos:

Estritamente ligados às práticas corporais, principalmente o esporte; também estão relacionados ao uso do lazer para melhorar a saúde, a qualidade de vida e o bem-estar. Atividades como corrida de rua, caminhada, esportes coletivos, práticas corporais de aventura urbanas e na natureza podem ser compreendidas nessa categoria de interesses do lazer.

Interesses manuais:

Práticas relacionadas à manipulação, à exploração e à transformação de objetos ou da natureza, como produzir objetos de cerâmica, fazer tricô, crochê, bordado ou pintura sem obrigação ou interesse profissional.

Interesses artísticos:

Envolve a escolha por atividades de lazer relacionadas à fruição estética e à arte. Pode ser assistir a apresentações em diferentes linguagens artísticas, como ir a um sarau, ao cinema, a um *show* de música, a uma peça de teatro ou a um espetáculo de dança, assim como visitar uma exposição de arte.

Interesses intelectuais:

São aqueles nos quais as atividades de lazer estão associadas ao desenvolvimento do intelectual, como ler um livro, participar de um grupo de estudos, praticar jogos de tabuleiro, participar de palestras e cursos sem a obrigação de desempenho ou avaliação.

João Prudente/Pulsar Imagens

Crianças jogando xadrez em tabuleiro gigante na Praça dos Imigrantes, em Poços de Caldas (MG), 2018.

Interesses sociais:

São atividades de lazer que dão ênfase à sociabilidade, como encontros de diferentes segmentos, festas, passeios e outras ações coletivas.

Interesses turísticos:

São as práticas de deslocamentos para outros espaços, como viagens para diferentes destinos, um *tour* pela própria cidade ou uma visita a um ponto turístico, com a finalidade de ampliar seus conhecimentos acerca do território.

Interesses virtuais:

Relacionados às diferentes formas de atividades de lazer que utilizam a tecnologia, como o uso da internet, para diversão e entretenimento, como jogos e redes sociais.

Identificar a diversidade de interesses é fundamental para a compreensão do papel do lazer na sociedade. No entanto, para reconhecer que há tempo livre, é preciso compreender que há tempo não livre. Pode parecer óbvio, mas, nas sociedades pré-industriais, não havia fragmentação nítida entre atividades de lazer e de trabalho, ambas se intercalavam no cotidiano, e o próprio controle do tempo não obedecia à lógica do trabalho tal como conhecemos hoje.

A oposição entre lazer e trabalho foi inaugurada com o advento da Revolução Industrial. Desse ponto de vista, o lazer é um fenômeno relativamente jovem, surgido por meio das sociedades modernas, em que ocorre uma distinção entre tempo dedicado à jornada de trabalho e tempo livre do sujeito. Vale ressaltar que a pausa na jornada para repouso semanal é uma conquista da classe dos trabalhadores, assegurada na Constituição Federal de 1988 como um direito social fundamental no país.

Sensvector/Shutterstock

A imagem ilustra diversas situações de lazer concentradas em um mesmo espaço: pessoas em um parque público, sentadas em um banco, lendo livros sob uma árvore, caminhando e alimentando cisnes na lagoa.

As relações entre lazer e trabalho foram objeto de reflexões filosóficas e sociológicas. No livro *O elogio do lazer*, o filósofo Bertrand Russell (1872-1970) defende que, se todos os trabalhadores comuns se dedicassem ao trabalho quatro horas por dia, não haveria desemprego e seria possível produzir bens de consumo que atendessem às necessidades de todos. O restante do tempo seria utilizado para atividades culturais e de realização pessoal e comunitária. Entretanto, segundo ele, as elites nunca aceitaram a ideia de distribuir o tempo de lazer. Russell argumenta que a privação do tempo de lazer não seria mais necessária para garantir o avanço social; ao contrário, permitiria que as pessoas desenvolvessem seu potencial criativo.

Na Sociologia, mais recentemente, Domenico de Masi (1938-) defendeu o conceito de ócio criativo, questionando a fragmentação entre trabalho e lazer. Para o autor, o ócio criativo é essa capacidade humana de encontrar sentido nas diferentes atividades da vida e do trabalho relacionadas à cultura, aos cuidados com a casa e a família.

Saiba +

O sociólogo italiano **Domenico de Masi** propõe que se rompa a dicotomia entre tempo livre e de trabalho para viver em conexão mais estreita com atividades que não precisam ser pagas ou não geram riqueza, como cultivar os amigos, o amor, participar social e politicamente de um movimento coletivo, poder escolher trabalhos que tragam maior realização pessoal e alegria de viver, e não apenas o sustento.

GIO_LE/Shutterstock

Diário de bordo

Em **Língua Portuguesa**, você também vai discutir o conceito de ócio e suas relações com o lazer e com o trabalho em autores das Ciências Humanas. Registre no diário de bordo como essas aprendizagens se conectam, pois isso vai ajudá-lo a construir o ensaio filosófico previsto como produção final da unidade.

Do ponto de vista de De Masi, o lazer não é apenas um momento de recuperação das atividades laborais, mas também a possibilidade de produzir cultura e encontro social.

O lazer pode ser compreendido do ponto de vista das atitudes do sujeito que busca prazer e realização pessoal em atividades livres e do tempo que ele dispõe fora de suas obrigações de trabalho, da família e dos cuidados pessoais; ou seja, o lazer integra interesses culturais e tempo disponível para usufruir desses interesses.

O lazer tem um componente de subjetividade ou de interesse, pois o que pode ser considerado lazer para uns pode não ser para outros. Foi com o intuito de atender à diversidade de interesses e considerando a subjetividade de tais escolhas que Dumazedier definiu os conteúdos culturais do lazer ou interesses culturais do lazer. Mas a categorização criada pelo autor não deve ser entendida como uma fragmentação das escolhas, uma vez que os diferentes interesses estão interligados, ou seja, uma atividade de lazer pode estar conectada a mais de um conteúdo.

Uma atividade por si só não caracteriza lazer. Para um atleta profissional, por exemplo, jogar futebol é trabalho, pois, ainda que seja prazeroso, não pode ser considerado um momento de lazer. Porém, para outras pessoas que jogam futebol sem compromisso profissional, a prática do esporte pode ser considerada lazer.

Outro ponto é a relação que o indivíduo estabelece com o lazer: ele apenas consome produtos de lazer de forma passiva? Ou interage com os conteúdos e as atividades de lazer como forma de se desenvolver, ampliar redes comunitárias e cultivar sua subjetividade?

O tema do lazer também tem sido associado à crescente preocupação com a qualidade de vida e a emancipação cultural dos cidadãos. Com mais opções de lazer, os jovens podem se autoformar, tomando consciência dos mecanismos de alienação cultural.

Leia trechos da letra da canção "Comida", lançada em 1987 pelo grupo de *rock* Titãs, no álbum *Jesus não tem dentes no país dos banguelas*.

Comida

Bebida é água
Comida é pasto
Você tem sede de quê?
Você tem fome de quê?

A gente não quer só comida
A gente quer comida
Diversão e arte
A gente não quer só comida
A gente quer saída
Para qualquer parte

A gente não quer só comida
A gente quer bebida
Diversão, balé
A gente não quer só comida
A gente quer a vida
Como a vida quer

COMIDA. Intérprete: Titãs. Compositores: A. Antunes, M. Fromer, S. Britto. *In: JESUS não tem dentes no país dos banguelas*. Intérprete: Titãs. [S.1]: WEA, Brasil, 1987. 1 LP, faixa 2.

Diário de bordo

Registre no diário de bordo as reflexões feitas com base na conversa com os colegas sobre as questões propostas. Você poderá retomar essas anotações quando realizar a produção que será solicitada na seção *#Multiplicar*.

3. Converse com colegas sobre as questões propostas a seguir e registre as reflexões no diário de bordo. Você poderá retomar esses pontos adiante, na produção prevista na seção *#Multiplicar*.

a) É possível estabelecer relações entre a letra da canção dos Titãs e o ponto de vista de Bertrand Russell e de Domenico de Masi? Quais?

b) Em seu projeto de vida, como você busca ou pretende equalizar lazer e trabalho?

O lazer como conquista dos trabalhadores

NicoElNino/Shutterstock

Software de calendário mostrando uma agenda com tarefas.

A vida moderna está cada dia mais corrida. Com o advento da tecnologia, é possível ter contato com pessoas de diversas regiões do planeta, conhecer diferentes lugares e culturas, mas também realizar tarefas, trabalhos e obrigações em momentos que antes eram impossíveis. O mundo do trabalho se modificou. A automatização e o uso de tecnologias digitais e da internet permitiram mais rapidez na execução do trabalho, mas a sociedade ainda está pautada na valorização maior do tempo de trabalho se comparado ao tempo livre para as atividades familiares, sociais e de lazer.

Parece que a cada dia se torna mais difícil encontrar tempo livre para realizar atividades que não sejam trabalho ou simplesmente ter o direito de não fazer nada. Em oposição às atividades de trabalho, encontram-se as atividades de lazer, mas compreender o significado de lazer não é tarefa das mais fáceis, haja vista a polissemia do termo.

Desde a Antiguidade, os povos gregos já valorizavam o ócio, um termo associado ao lazer, entendido como o desprendimento das tarefas servis, ou seja, representava uma condição favorável à contemplação, à reflexão e à sabedoria. Porém, tal condição não era acessível para todos, pois, como dependia de condições políticas e socioeconômicas, apenas os filósofos tinham esse privilégio. Assim, as demais classes sociais – escravizados, artesãos, lavradores e guerreiros – deveriam se dedicar a uma vida ativa para ter condições de produzir e combater durante as guerras. A valorização do ócio como forma de produzir conhecimento só foi possível na Grécia antiga porque as camadas sociais dominantes contavam com o trabalho das demais classes sociais.

Universal History Archive/Universal Images Group/Getty Images

Representação do interior de uma casa na Grécia antiga, por volta do século IV a.C., ilustração publicada originalmente no livro *Hutchinson's History of the Nations*, em 1915.

Já na Idade Média, com uma forte influência da Igreja católica, o trabalho e o lazer são ressignificados. O lazer passa a ser condenado por representar um risco à alma, enquanto o trabalho passa a ser visto como um meio de purificação do ser humano; ou seja, como pecador, o ser humano deveria se dedicar ao trabalho árduo, como forma de se redimir de seus pecados. Para os momentos de repouso, orientava-se a busca da conexão divina por meio da prática religiosa. No entanto, o clero e os senhores feudais, grupos sociais dominantes, continuavam desfrutando do poder e do ócio. Nessa época, tanto o trabalho quanto o lazer eram mecanismos de controle moral e social. As expressões populares "o trabalho dignifica o homem" e "cabeça vazia, oficina do diabo" têm relação com essa concepção.

No fim do século XVIII, na Europa, com a implantação do modo de produção industrial, ocorreu uma verdadeira revolução que influenciou a organização da sociedade, da política, da economia, do trabalho, do lazer e do ser humano. Nesse modelo capitalista industrial, o trabalho passou a ser o centro da vida social; no entanto, os trabalhadores das fábricas expostos a jornadas de trabalho de mais de 15 horas começaram a se manifestar sobre o direito ao descanso e ao lazer.

O movimento por redução da jornada de trabalho se iniciou no final do século XIX e se estendeu até as primeiras décadas do século XX em todo o mundo. Um dos marcos desse movimento foi a paralisação de trabalhadores nas ruas de Chicago, nos Estados Unidos, em 1896, que deu origem ao 1º de Maio, feriado internacional que homenageia os trabalhadores. O movimento lutava pelo equilíbrio no uso do tempo: em um dia de 24 horas, 8 horas seriam dedicadas ao trabalho, 8 horas ao descanso e 8 horas a atividades de livre iniciativa, como você pode observar no cartaz.

C. Nettleton/Hulton Archive/Getty Images

Comemoração do 3º aniversário da jornada de 8 horas na Austrália, em 1858. A faixa diz *8 hours labour, 8 hours recreation, 8 hours rest* [8 horas de trabalho, 8 horas de recreação, 8 horas de descanso].

Foi nesse período que surgiu o lazer como fenômeno histórico-cultural estritamente ligado às questões de trabalho, pois, enquanto uma classe privilegiada busca a acumulação de mais riqueza e a manutenção de seus privilégios, a classe operária luta por melhores condições de vida e trabalho, salários dignos, distribuição de renda justa, redução da jornada de trabalho, entre outras necessidades, inclusive tempo livre e condições para o próprio lazer.

Cabe ressaltar que nem todo tempo livre pode ser considerado lazer, em razão das diferentes responsabilidades sociais atribuídas a cada ser humano na sociedade, como os cuidados com a casa, a educação dos filhos, as atividades educacionais e religiosas. A primeira função atribuída ao lazer foi compensação do corpo e da mente das exigências do trabalho. O lazer era considerado apenas uma forma de reposição das energias utilizadas nas tarefas de trabalho mentalmente desgastante, insatisfatório e/ou alienante.

Mais recentemente, o significado do lazer passou a ser a possibilidade de vivência de valores que possam contribuir para mudanças tanto de ordem moral quanto cultural, capazes de fomentar novas formas de organização da sociedade para que ela seja mais justa e humanizada. Segundo esse ponto de vista, é necessário educar as pessoas para o lazer e pelo lazer, respeitando e valorizando a diversidade cultural, favorecendo o acesso e criando condições para que possam exercer suas escolhas com autonomia.

Para ir mais longe **A origem do dia do trabalhador em 1º de maio**

Em 1º de maio de 1886, inúmeros trabalhadores se manifestaram nas ruas de Chicago, nos Estados Unidos, para reivindicar melhores condições de trabalho e redução da jornada diária de 13 para 8 horas. Nos dias seguintes, os protestos continuaram e o movimento foi duramente reprimido, muitos operários foram presos, feridos e mortos em confrontos com a polícia, e os líderes do movimento foram condenados à forca.

Photo12/Universal Images Group/Getty Images

Intervenção policial em Chicago, nos Estados Unidos, em 1886, após a explosão de uma bomba durante manifestação em defesa da redução da jornada de trabalho para 8 horas.

Lazer e esporte como direitos sociais

De acordo com a Constituição Federal (BRASIL, 1988), no art. 6º do título "Direitos Fundamentais", o lazer está previsto como um direito social ao lado da saúde, da educação, da alimentação, do trabalho, da moradia, entre outros. Ou seja, assim como é dever do poder público construir hospitais e prover funcionários para cuidar das pessoas nos equipamentos de saúde pública, é obrigação dele, em todas as esferas, garantir meios para que todas as pessoas da sociedade possam usufruir e gozar do lazer, como construir espaços públicos e desenvolver políticas públicas que favoreçam o acesso e a fruição ao lazer.

Além disso, o esporte é um dos direitos sociais garantidos pela Constituição, pelo Estatuto da Criança e do Adolescente (BRASIL, 1990), pelo Estatuto da Juventude (BRASIL, 2013) e pela Convenção dos Direitos da Criança (ONU, 1989), da qual o Brasil é signatário.

Para que os direitos da população sejam assegurados, é necessário que o Estado (municípios, estados e país) formule e desenvolva políticas públicas: conjunto de programas, ações e decisões tomadas pelos governos com a participação, direta ou indireta, de entes públicos ou privados que visam assegurar determinado direito de cidadania para todos os grupos da sociedade. No entanto, leis e convenções não definem as formas de financiamento e execução de políticas públicas de lazer e esporte, dificultando a garantia de tal direito.

Rido/Shutterstock

O lazer no espaço urbano.

Ainda que prevaleçam dificuldades orçamentárias e desigualdade na distribuição de recursos, os municípios brasileiros têm sido os maiores responsáveis por políticas públicas de esporte e lazer no país. O objetivo é promover o direito de acesso ao lazer e à prática esportiva para toda a população, independentemente de marcadores sociais, como classe social, gênero, etnia ou presença de deficiência. Você conhece as políticas de esporte e lazer da cidade onde mora? Como sujeito das políticas públicas de lazer e esporte, é importante que você possa tanto compreender como participar da construção de propostas e da fiscalização e avaliação do que é feito.

As políticas públicas de lazer e esporte envolvem a construção e a manutenção de espaços e equipamentos públicos de lazer, programas e atividades de lazer, incluindo as políticas que interferem indiretamente no direito ao lazer, como: política de redução da jornada de trabalho que oferece ao cidadão mais tempo livre para usufruir do lazer, ampliação das linhas de ônibus aos fins de semana, favorecendo o deslocamento para diversos lugares nos dias em que a maioria da população está de folga, ou mesmo a melhoria da iluminação das cidades para encorajar a prática de atividades noturnas.

Um eixo fundamental de uma política pública de lazer que contempla diferentes conteúdos culturais é o uso do espaço urbano e a construção e a animação dos equipamentos de lazer. Ressalta-se que os espaços de lazer podem ser compreendidos como suporte dos equipamentos, enquanto os equipamentos são os objetos que organizam o espaço de acordo com determinada atividade. Dessa forma, é possível ter atividades de lazer sem um equipamento, mas não é possível o lazer sem a existência de um espaço.

Nesse sentido, uma ação que visa democratizar o lazer implica democratizar o espaço. Assim, no contexto atual, as cidades acabam sendo grandes espaços e equipamentos de lazer para a maioria da população, como você pôde observar na abertura de *Lazer e práticas esportivas (Educação Física)*. Entretanto, há de considerar que não basta a construção de equipamentos de lazer, é necessário, também, fazer a integração de equipamentos públicos específicos e não específicos.

Gerson Gerloff/Pulsar Imagens

Meninos guarani brincam em escorregador no pátio da escola, aldeia Tekoá Koenjú, São Miguel das Missões (RS), 2019.

Pode-se compreender que os equipamentos específicos são aqueles que foram projetados e construídos para a prática de atividades de lazer, como quadras, parques, ginásios poliesportivos, pistas de corrida e caminhada, *playgrounds*, cinemas, teatros, entre outros. Já os equipamentos não específicos são aqueles que, originalmente, não foram construídos para a prática das atividades de lazer, mas, depois que tiveram seu uso adaptado de forma parcial ou total, tornaram-se espaços polivalentes e propícios para atividades de lazer diversos, como ruas, escolas e praças.

Dessa forma, a democratização do lazer e do esporte necessita de políticas públicas que vão além de uma política de atividade que, geralmente, materializa-se em eventos isolados sem fomentar um processo de construção e o desenvolvimento de uma cultura de animação dos equipamentos. Assim, ações como a reordenação do uso do espaço urbano, a formação e o desenvolvimento de pessoal para atuação em equipamentos e espaços de lazer que considera os interesses, as faixas etárias e a cultura dos frequentadores, junto com uma política de educação para e pelo lazer, são algumas das possíveis ações de política pública que favorecem a fruição do direito ao lazer.

No Brasil, existem diferentes exemplos de políticas públicas de lazer, desde as políticas federais, passando pelas estaduais até as municipais. Os formatos, as abrangências, os públicos, os objetivos, os recursos e outras características se diferenciam em função da necessidade das pessoas e da intencionalidade das instituições. Assim, são comuns tanto políticas públicas que duram muitos anos, superando até mesmo trocas de gestores públicos, como aquelas de pouco prazo. Conheça algumas iniciativas de políticas públicas nessa área.

Brincando com Esporte (antigo Programa Recreio nas Férias):

Oferece a crianças e adolescentes de diversas regiões do Brasil, em períodos de férias, opções de esporte e de lazer por meio de atividades lúdicas, esportivas, artísticas, culturais, sociais e turísticas. Tem como objetivo democratizar o acesso aos eventos de esporte e lazer para pessoas de todas as idades.

Programa Esporte e Lazer da Cidade (PELC):

Criado em 2003, proporciona a prática de atividades físicas, jogos e brincadeiras, de modo a envolver pessoas de todas as faixas etárias com ou sem deficiência. Estimula a convivência social, a formação de gestores e lideranças comunitárias, fomenta a pesquisa e a socialização do conhecimento, contribuindo para que o esporte e o lazer sejam tratados como políticas públicas e direito de todos. Busca, ainda, de forma democrática, privilegiar comunidades menos favorecidas, estimular a gestão participativa, promover a ressignificação e a qualificação de espaços e equipamentos públicos de lazer e de esporte recreativo.

Vida Saudável:

Visa oportunizar a prática de exercícios físicos, atividades culturais e de lazer para o cidadão idoso, estimulando a convivência social e garantindo a apropriação do direito ao lazer e ao esporte recreativo, reconhecendo e valorizando a cultura local.

Ruas de Lazer:

Criado em 1970 e modernizado em 2014, o projeto permite o fechamento de algumas vias da cidade de São Paulo aos domingos e feriados como apoio para a prática de atividades físicas aos moradores do entorno. Tem como objetivo ampliar os espaços de lazer para os cidadãos e, em especial, para as crianças, já que muitos não moram perto de um parque e não têm a oportunidade de brincar na rua com segurança.

Experimentação — Espaços para práticas esportivas de lazer na comunidade: criando uma intervenção de lazer

Nesta atividade, você vai compartilhar com os colegas possibilidades de uso de espaços públicos de lazer para práticas esportivas no bairro em que mora ou nas proximidades da escola, criando propostas de intervenção para a melhoria desses espaços.

Etapa 1:

Faça uma lista de praças, parques, centros esportivos públicos ou outros locais que você conhece.

Etapa 2:

Se possível, em seus deslocamentos próximos de casa e da escola, faça fotos e uma descrição escrita desses espaços: quais são os locais disponíveis para a prática de esportes; qual é o estado de conservação desses espaços; que tipo de usos você observa neles; que esportes podem ser praticados no local.

Em um grupo de quatro a seis participantes, compartilhem as imagens e as anotações que cada um preparou. Discutam o que poderia ser feito para incrementar as condições de prática esportiva nos locais observados, considerando uma das práticas que as pessoas costumam realizar nesses espaços.

Combine com o professor um momento para que a turma possa compartilhar e experimentar essas práticas, discutindo os ajustes necessários para adaptar o esporte ao espaço. Inclua observações sobre a acessibilidade desses espaços para pessoas com deficiência.

Crie com os colegas e o professor outras possibilidades de uso dos espaços observados. Por exemplo, se você notou que, na praça perto de sua casa, não há uma quadra esportiva, que ideias você poderia propor para intervir e enriquecer as possibilidades de lazer na praça? Podem ser ações como demarcar uma área para prática esportiva com pintura no chão, fixar tabelas de basquete em cantos da praça, melhorar a limpeza. Lembre-se de que as propostas precisam contemplar a participação de todos.

Se possível, combine com o professor e os colegas uma forma de colocar a ideia em prática. Se for o caso, não se esqueçam de verificar quais são as autorizações que devem ser solicitadas.

Diário de bordo

Registre no diário de bordo as etapas para a construção da proposta. Se possível, faça registros em fotos e vídeos do evento de lazer na comunidade. Arquive em seu **Portfólio** os registros da experimentação que foram feitos.

Saiba+

Onde usar quadras esportivas de graça em Curitiba, publicada no jornal *Gazeta do Povo*, em 9 de novembro de 2017. Disponível em: https://clube.gazetadopovo.com.br/noticias/outros/onde-usar-quadras-esportivas-de-graca-curitiba. Acesso em: 6 abr. 2022.

Leia a reportagem sobre o uso de espaços de lazer em Curitiba.

Ruas de Lazer, publicado pelo Instituto Alana. Disponível em: https://criancaenatureza.org.br/wp-content/uploads/2018/10/ruas_de_lazer.pdf. Acesso em: 6 abr. 2022.

Consulte o material produzido pelo Instituto Alana com dicas importantes sobre como criar uma rua de lazer. Será interessante para desenvolver a proposta da experimentação.

Lazer e esporte para pessoas com deficiência

Friedemann Vogel/Getty Images

Atletas da seleção brasileira de vôlei sentado em partida dos Jogos Paralímpicos do Rio de Janeiro, 2016.

De acordo com o último levantamento de dados do IBGE (2010), há, no Brasil, mais de 45,6 milhões de brasileiros com alguma deficiência; ou seja, quase 24% da população do país declara alguma incapacidade para andar, ouvir ou enxergar, de forma parcial ou total, ou, ainda, uma deficiência intelectual.

As pessoas com deficiência (PCD) que realizam atividades de esporte e lazer regularmente ampliam suas oportunidades na vida uma vez que se sentem mais seguras e se percebem mais satisfeitas com a vida, o que melhora a autoestima e potencializa suas relações sociais.

Dessa forma, o lazer é um espaço de relações sociais que favorece as interações e mudanças tanto na pessoa quanto em seu meio social, ou seja, é um aspecto da vida que potencializa a inclusão social da pessoa com deficiência. Conheça alguns projetos de garantia de condições para o lazer e o esporte para pessoas com deficiência.

A cadeira "anfíbia" é uma tecnologia que permite o acesso ao mar e à praia à pessoa com deficiência. Na foto, jovem é levado para tomar banho de mar na praia de Boa Viagem, em Recife, Pernambuco, em 2015.

Carlos Ezequiel Vannoni/Fotoarena

Praia Acessível: criado em 2010, o programa tem como objetivo oferecer equipamentos e tecnologia para que pessoas com deficiência possam usufruir da praia, do banho de mar e de rios com segurança e dignidade. Dessa forma, são disponibilizadas as cadeiras "anfíbias", fabricadas com um pneu especial que permite superar a dificuldade da areia e, também, não afunda dentro da água.

Foi no final da Segunda Guerra Mundial que o movimento internacional de esportes para pessoas com deficiência ganhou impulso. Segundo registros divulgados no *site* do Comitê Paralímpico Brasileiro, a primeira iniciativa de competição esportiva para pessoas com deficiência aconteceu na Inglaterra, em 1948, seguida dos primeiros Jogos Paralímpicos na Itália, em 1960.

Celso Pupo/Shutterstock

Paralimpíada Rio 2016, realizada no Estádio Olímpico (Engenhão).

Pensando no valor do paradesporto para a educação de todos, organizações internacionais criaram o conceito de Educação Paralímpica, que está comprometida com objetivos como conhecer e respeitar os esportes paralímpicos e seus atletas, ganhar conhecimento sobre as pessoas com deficiência, tornar-se consciente e respeitar diferenças individuais, experimentar ser diferente, colocando-se no lugar de pessoas com deficiência, reconhecer a prática esportiva como um direito humano, ampliar conhecimentos sobre maneiras de praticar educação física inclusiva.

Nos últimos anos, a questão da inclusão e dos direitos das pessoas com deficiência se tornou objeto de leis e de políticas públicas; no entanto, a equidade de oportunidades e a garantia de direitos das pessoas com deficiência no esporte e no lazer ainda são um desafio.

A divulgação dos paradesportos e os bons resultados de atletas brasileiros nas Paralimpíadas têm contribuído para vencer os preconceitos e proporcionar a garantia de direitos desse público, mas ainda há muitos desafios para assegurar a prática esportiva com fins educacionais, de lazer ou competitivos para pessoas com deficiência quando comparamos com as chances de pessoas sem deficiência.

Saiba +

We're The Superhumans | Rio Paralympics 2016 Trailer (vídeo, 3 min 12 s). Disponível em: https://www.youtube.com/watch?v=IocLkk3aYlk. Acesso em: 6 abr. 2022.
Assista ao *trailer* da Paralimpíada do Rio e reflita sobre o lema "Yes, I can" [Sim, eu posso], da canção, e sobre seu significado para pessoas com deficiência.

Site oficial do Comitê Paralímpico Brasileiro. Disponível em: www.cpb.org.br. Acesso em: 6 abr. 2022.
Visite o *site* oficial do Comitê Paralímpico Brasileiro para saber mais sobre as modalidades e os atletas brasileiros do paradesporto.

Reflexões sobre o trabalho (Língua Portuguesa)

1. O que é o trabalho para você? Em sua opinião, é uma forma de satisfazer as necessidades mais básicas de sobrevivência ou tem outros sentidos? Se há outros sentidos, quais seriam?

A seguir você conhecerá a concepção de trabalho do filósofo alemão **Georg Wilhelm Friedrich Hegel** (1770-1831), a partir da apresentação do conceito pelo doutor em Filosofia Política Giovanni Semeraro, em um excerto do ensaio filosófico "A concepção de 'trabalho' na filosofia de Hegel e de Marx". Durante a leitura, identifique a tese e os argumentos selecionados pelo autor para a sustentação da tese do filósofo. Ao final do estudo do texto, retome sua reflexão inicial sobre o trabalho e verifique se você acrescentaria novas ideias a ela.

A concepção de "trabalho" na filosofia de Hegel e Marx

Para Hegel, o trabalho não é só satisfação das próprias necessidades individuais e imediatas, mas é a expressão de um valor maior: nele se forma a consciência pessoal e social, se manifesta o caráter público e universal do ser humano. Tal atividade não ocorre mecanicamente, mas é realizada por sujeitos que ao lidar com a natureza lhe conferem um significado, de maneira que "a ação cega da natureza é transformada em uma ação conforme a um fim" (Hegel, 1971, p. 126). Diante da **inércia** e da **indistinção** existentes na natureza, o homem cria ferramentas, meios duráveis e socialmente significativos. Pelo trabalho, o homem imprime uma intencionalidade ao simples "em si" da natureza. Por meio do seu operar, de fato, o homem extrai os objetos da circularidade fechada da natureza e os insere no mundo vivo da sua existência, no processo

inércia: propriedade dos corpos de não alterar seu movimento retilíneo uniforme ou seu estado de repouso, a não ser quando submetidos a uma força externa.
indistinção: indeterminação, incerteza, confusão.

de **subjetivação** e na esfera da universalidade que só ele é capaz de desenvolver. Quando lasca uma pedra ou fabrica uma enxada, quando arquiteta um utensílio ou constrói uma máquina sofisticada, o ser humano sai do movimento repetitivo da natureza e redireciona, altera, transforma os objetos em "instrumentos", em obras tecnicamente elaboradas que se traduzem em cultura, em elementos concretos de socialização, em materialização viva do espírito humano. Nesse processo, há uma transformação e humanização da natureza e, ao mesmo tempo, a criação de uma história coletiva que se expressa na linguagem, na qual a consciência se firma como memória. Para Hegel, a relação do homem com a natureza nunca é uma operação exterior, de mera apropriação e exploração, como resulta das modernas concepções que apresentam o "homem como senhor e dominador", mas é uma atividade **simbiótica** e **simbólica** que "humaniza" e interioriza a natureza, que revela, educa, conscientiza, torna "cultivado" o ser humano. A educação pelo trabalho torna-se, assim, a mais alta expressão de "cultura" e de socialização do ser humano que se torna consciente da sua liberdade de criar e busca o reconhecimento do outro pela linguagem e as instituições sociais (Santos, 1993, p. 10-11).

SEMERARO, Giovanni. A concepção de "trabalho" na filosofia de Hegel e de Marx. *Educação e Filosofia*, v. 27, n. 53, Uberlândia, 2013, p. 90-92.

subjetivação: tornar subjetivo, que é "aquilo que pertence ao sujeito pensante e a seu íntimo"; relativo ao sujeito do conhecimento, à consciência humana.
simbiótica: interação entre organismos de diferentes espécies que vivem juntos.
simbólica: que tem caráter ou que serve de símbolo; metafórico, alegórico.

Saiba +

O alemão **Georg Wilhelm Friedrich Hegel** foi um dos filósofos mais importantes de seu tempo. Por meio da publicação de *A fenomenologia do espírito*, em 1808, Hegel propôs respostas aos desafios sociais e políticos de seu tempo, aderindo à lógica racionalista, base do idealismo alemão, o qual propunha um princípio unificador e universalizante por meio da razão autônoma.

FPG/Hulton Archive/Getty Images

2. Releia a primeira frase do texto de Semeraro. Nela, o autor apresenta a ideia de que o trabalho pode ser compreendido como satisfação das necessidades individuais e imediatas, mas não apenas isso. A esse dado, é acrescentada uma informação nova, por meio da qual o texto vai se desenvolvendo.

a) Qual é a informação nova?

b) A informação nova é esclarecida de que forma? Qual é seu sentido?

3. O autor inicia a segunda frase do trecho com a expressão "Tal atividade não ocorre mecanicamente".

a) "Tal atividade" retoma que palavra?

b) Ao afirmar que "tal atividade não ocorre mecanicamente", que ideia apresentada anteriormente está sendo desenvolvida e ampliada?

c) Que tipo de ação humana é usada para exemplificar essa ideia? Explique-a brevemente.

4. Em seguida, o autor afirma:

> Diante da inércia e da indistinção existentes na natureza, o homem cria ferramentas, meios duráveis e socialmente significativos.

a) Qual é o sentido de "inércia e indistinção existentes na natureza"?

b) Que ações humanas por meio do trabalho são usadas para ampliar a ideia apresentada nessa frase?

5. Considere este trecho:

> Nesse processo, há uma transformação e humanização da natureza e, ao mesmo tempo, a criação de uma história coletiva que se expressa na linguagem, na qual a consciência se firma como memória.

a) A que processo o trecho se refere?

b) Nesse trecho são recuperados e ampliados três elementos que são parte da argumentação a favor dessa concepção de trabalho: a relação do homem com a natureza, a dimensão pessoal e a dimensão social do trabalho. Identifique os termos referentes a cada um desses elementos.

6. No final do excerto, outra concepção da relação do homem com a natureza é apresentada.

a) Que concepção é essa?

b) Em sua opinião, por que essa informação foi trazida para o ensaio? Qual é sua importância?

c) Ao apresentar outra concepção da relação do homem com a natureza, o autor esclarece um pouco mais a concepção adotada por ele no desenvolvimento do texto. Explicite-a.

7. Ao longo do desenvolvimento, ao opor a ação intencional do ser humano por meio do trabalho à da natureza em sua espontaneidade e inércia, o autor está argumentando em favor de que tese?

8. Como o último parágrafo do excerto retoma essa tese e que nova ideia é apresentada na conclusão?

9. Monte um esquema com o levantamento das afirmações apresentadas no excerto e que encaminham para a conclusão expressa na última frase.

10. Você concorda com a concepção de trabalho de Hegel? Escreva um parágrafo com uma breve argumentação para sua tese.

A organização do texto e a lógica implicativa da argumentação

A apresentação das informações em um texto filosófico deve ser objetiva e esclarecer diversas afirmações que são combinadas para a construção do argumento. Além disso, a fim de evitar ambiguidades, o autor se ocupa de esclarecer ideias apresentadas, inicialmente, de forma sucinta, ampliando os conteúdos que possibilitam sua compreensão.

No texto em estudo, para conceituar trabalho como expressão de um valor maior para o ser humano, inicialmente foi exposta a ação intencional do sujeito sobre a natureza inerte e indistinta para, em seguida, detalhar as ações e seus resultados na formação da consciência pessoal e social. Esse processo de detalhamento com exposição e ampliação das ideias é um artifício importante para tornar aceitável o raciocínio proposto, uma vez que, ao ampliar cada informação, novas considerações, novos esclarecimentos acerca dela são apresentados, até alcançar a conclusão desejada, que é aquilo de que se deseja convencer o interlocutor.

Assim, o encadeamento das informações se dá por meio da sucessão de sentenças relacionadas entre si, de modo a encaminhar as afirmações a uma conclusão.

O esquema argumentativo que predomina no excerto é de implicação, que, segundo José Luiz Fiorin (2015), é um tipo de operação da argumentação por causalidade. A implicação segue a lógica "se A, então B". Isso significa que a conclusão apresentada será decorrente das informações que a precedem.

O excerto estudado tem sua argumentação estruturada por meio da lógica implicativa, que pode ser resumida da seguinte forma:

Se pelo trabalho o homem imprime intencionalidade na natureza;

Se por meio de seu operar extrai os objetos da circularidade fechada da natureza e os insere no mundo vivo da sua existência;

Se, ao construir utensílios e máquinas sofisticadas, o homem transforma os objetos em obras tecnicamente elaboradas traduzidas em cultura;

Se nesse processo há a criação de uma história coletiva que se expressa na linguagem;

Se a relação do homem com a natureza não é de apropriação e exploração, mas uma atividade simbiótica e simbólica que revela, educa, conscientiza e torna "cultivado" o ser humano;

ENTÃO a educação pelo trabalho pode ser considerada a mais alta expressão de "cultura" e de socialização do ser humano.

O trabalho é associado à ação criadora e transformadora do ser humano sobre a natureza, e tal ação é vinculada à criação de consciência e de cultura no próprio sujeito. Entendido o trabalho dessa forma, a ideia de educação pelo trabalho faz sentido.

O ensaio filosófico

O ensaio filosófico é um texto argumentativo por meio do qual o ensaísta reúne argumentos para confirmar ou refutar uma tese. Embora trabalhos filosóficos discutam temas com base nas teses de filósofos, não precisam estar baseados apenas nelas. A clareza sobre as perguntas levantadas e o encadeamento de raciocínios lógicos consistentes o bastante para convencer o leitor das premissas e dos argumentos é fundamental.

Premissas são as ideias iniciais de um raciocínio, trata-se de afirmações que servem de base para a construção de conclusões, que serão aceitas como verdadeiras, caso as premissas também sejam aceitas como tais.

Pode-se afirmar, por exemplo:

João, por ser médico, é uma pessoa sensível às fragilidades humanas.

Para julgar verdadeira essa conclusão, é preciso considerar verdadeiras as seguintes premissas:

- João é médico;
- todo médico é sensível às fragilidades humanas.

A questão é que João até pode ser sensível às fragilidades humanas, mas não por ser médico, uma vez que nem todo médico carrega em si essa sensibilidade. A afirmação, portanto, pode ser invalidada, por causa da falha em uma das premissas.

O rigor de um ensaio filosófico exige, então, que sejam apresentadas as bases de uma premissa para que os argumentos sejam considerados verdadeiros, e o texto como um todo seja convincente.

Victoria 1/Shutterstock

O argumento é uma reunião de sentenças articuladas entre si por meio de conectivos lógicos.

Os argumentos, por sua vez, são formados por um conjunto de sentenças declarativas articuladas por meio de conectivos que exprimem a passagem das premissas às conclusões. Trata-se, portanto, de uma ação inferencial. Segundo Fiorin (2015), inferência é a operação pela qual se admite como correta uma proposição em virtude de sua ligação (por implicação, por generalização ou mesmo, segundo alguns autores, por analogia) com outras proposições consideradas verdadeiras.

Para admitirmos, por exemplo, a validade da conclusão de que a educação pelo trabalho se torna a mais alta expressão de cultura e de socialização do ser humano, precisamos admitir como verdadeiras as sentenças anteriores que relacionam a intencionalidade das ações humanas na comparação com a natureza, com a liberdade criadora, o potencial de transformação e de tradução de suas obras em cultura. Admitidas essas proposições, a conclusão é considerada válida.

O lazer, o ócio e a dedicação ao bem público

Peera_stockfoto/Shutterstock

Mulher relaxa em rede na praia.

Você acompanhou, ao longo da unidade, a importância do lazer na vida das pessoas e a contribuição de diferentes trabalhos artísticos para a possibilidade de encantamento nos momentos de pausa dos trabalhadores, assim como das práticas esportivas. O tema do ócio e do lazer foi tratado por diversos filósofos ao longo da história, principalmente por sua oposição a uma ideia de trabalho, que vigora até hoje, como uma obrigação para suprir a necessidade de subsistência. A verdade é que o trabalho nem sempre foi visto de forma positiva. É o que apresenta o ensaio "Trabalho, a essência do homem?", no qual o professor Eugène Enriquez (1931-) se pergunta se o trabalho é a essência do ser humano. A resposta a essa questão é negativa. Para ele, atributos como linguagem, amor e amizade, religião, lazer e ócio, jogos e guerra também entram na constituição do ser humano. O excerto que você vai ler agora trata do lazer e do ócio e é parte da argumentação que procura comprovar que o trabalho não é a essência dos seres humanos.

> Durante muito tempo, o trabalho foi considerado uma obrigação, um ônus (vamos deixar de lado sua origem, *tripalium*, continuamente relembrada por inúmeros autores) provocado pela necessidade (*Ananké*) de comer e se abrigar. No entanto, as sociedades "arcaicas" (a dos caçadores-coletores) trabalhavam pouco. Até mesmo as últimas sociedades desse tipo, que restaram e que passaram pela "revolução neolítica" (agricultura e criação de animais), consagraram pouco tempo a essa atividade. [...]

Esse pouco gosto pelo trabalho é encontrado (seremos breves a respeito desse assunto bem conhecido) nas sociedades que formaram a base da civilização ocidental. São muitos os estudos que destacam a falta de interesse dos cidadãos atenienses pelo trabalho. Em primeiro lugar, o cidadão (daí seu nome) é um homem que cuida dos negócios da cidade e que decide, com os outros cidadãos, a melhor maneira de geri-los. Os outros (camponeses, artesãos, apátridas, escravos) são obrigados a trabalhar. Basta que nos lembremos das queixas que Hesíodo (que era camponês, ainda que poeta) formulou em seu texto *Os trabalhos e os dias*. Sem dúvida, os "apátridas" às vezes tinham importantes cargos públicos, mas eram considerados "fora da lei". O trabalho não era nada valorizado nessa polis que, no entanto, nos deu as primeiras lições de democracia. O cidadão tem por tarefa (nobre) atuar para que a democracia funcione bem, indo à ágora ou à ecclesia quando há decisões a serem tomadas. Já os não cidadãos têm a tarefa (mais ou menos vil) da produção e da comercialização de bens e serviços.

Como sabemos, esse estilo de vida não era reservado somente à sociedade ateniense. Também foi predominante nas sociedades europeias e asiáticas. Basta nos lembrarmos da divisão entre as três funções essenciais evidenciadas por Dumézil (1940), que caracterizaram nossas sociedades até a Revolução Francesa. A força (os homens de guerra – os nobres de Espada em nossa sociedade), a soberania espiritual (os homens de oração – os padres) e a fecundidade (os homens que penavam — camponeses, artesãos, comerciantes, que se alimentavam como podiam e eram obrigados a alimentar as duas primeiras categorias, aquelas que consideravam o trabalho uma atividade degradante). [...]

No entanto, a atmosfera havia mudado muito desde o início do século XIX. Saint-Simon (notável antecipador dos tempos modernos, ainda muitas vezes desvalorizado) proclamava a necessidade para todos de, enfim, ingressar na Idade Industrial e de começar a trabalhar. Daí vem a famosa fábula das abelhas (os produtores) e das vespas (os ociosos, nobres, padres, aqueles que vivem de renda) exaltando a vitória das abelhas. Os saint-simonianos (apesar de sua ênfase e sua atitude muitas vezes ridícula) levaram muito a sério a mensagem de Saint-Simon e muitos deles foram notáveis construtores (Ferdinand de Lesseps) ou homens de negócios (os irmãos Péreire).

[...]

Infelizmente, ainda estamos na Idade Industrial, que ficou mais complexa e à qual se acrescentaram a Idade Comercial (consumo exagerado) e a Idade Financeira (a especulação). O mundo fica alternativamente obcecado pelo crescimento ou pela crise e se pergunta se não está correndo ingenuamente em direção ao abismo (a visão do apocalipse se revela ser menos "alegre" que a visão que os Vienenses tinham durante os anos que antecederam a "Grande Guerra").

No entanto, não faltaram gritos de alarme ou em defesa de outro estilo de vida. [...]

No século XIX, Thoreau, seguido de Lafargue (genro de Marx), Nietzsche e Stevenson, e, no século XX, Russel, Malevitch e Bataille também elevaram-se contra a mística do trabalho e deram letras de nobreza à ociosidade. [...]

Lafargue, em *O direito à preguiça* (1888), destaca a degenerescência da classe operária, obrigada a trabalhar de 12 a 14 horas por dia, e das crianças de 6 a 8 anos que sofrem "a mesma tortura", e incita os operários a se livrar da "paixão moribunda pelo trabalho". Ele aponta, bem antes dos economistas e politólogos clássicos, os riscos do excesso de produtividade, do desperdício e do colonialismo indispensável para escoar a mercadoria excedente. E mostra que o capitalismo, para continuar, tem de criar necessidades fictícias e, portanto, "descobrir consumidores". Ele destaca, bem antes de Althusser e seus "aparelhos ideológicos de Estado", a necessidade que os burgueses têm de desenvolver "profissões ideológicas" para conseguir lidar com as possíveis revoltas do "inimigo interno". Zomba dos burgueses "condenados à preguiça, ao gozo forçado e ao excesso de consumo", o que só faz "crescer a barriga". Reivindica a jornada de trabalho de 3 horas e entoa loas à preguiça, lembrando estes versos bucólicos de Virgilio O Meliboe, Deus nobis hoec otia fecit (Ô Melibeu, Deus nos deu essa felicidade [a ociosidade]) e escrevendo: "Ô preguiça, tenha piedade de nossa longa miséria! Ô preguiça, mãe das artes e das nobres virtudes, seja o bálsamo das angústias humanas".

Bertrand Russell (1932) também evoca as crises de excesso de produtividade, a vontade que as classes dirigentes têm de fazer que os operários trabalhem e o fato de reservarem para si os lazeres às vezes mais estúpidos (caça à raposa!). Ele celebra o espírito lúdico e a importância da cultura (e não da civilização – e nisso ele tem razão, pois a civilização inclui, ao mesmo tempo, cultura e violência – a dominação). [...]

ENRIQUEZ, Eugène. O trabalho, essência do homem? O que é o trabalho? *Cadernos de Psicologia Social do Trabalho*, São Paulo, v. 17, n. spe, p. 163-176, jun. 2014. Disponível em: http://dx.doi.org/10.11606/issn.1981-0490.v17ispe1p163-176. Acesso em: 6 abr. 2022.

Saiba +

Resumo do Livro O Ócio Criativo (Domenico de Masi) (vídeo, 10 min 18 s). Disponível em: https://www.youtube.com/watch?v=glRoM2Ew-Es. Acesso em: 6 abr. 2022.

Em seu livro *O ócio criativo*, o sociólogo italiano Domenico de Masi, defende uma nova forma de organização da relação do indivíduo com o trabalho e o tempo dedicado a ele, baseando-se sobretudo nos avanços tecnológicos que permitiram o aumento da produtividade. Nesse vídeo, você encontra um resumo das ideias do livro. Acompanhe-o atentamente, confronte as ideias do livro com as ideias de outros estudiosos do mundo trabalho e identifique seu próprio posicionamento.

Diário de bordo

Use o diário de bordo para fazer essa atividade. Copie as tabelas no diário de bordo e complete-as com base no texto.

11. Para a construção desse trecho do ensaio, o autor recorreu a dados históricos e filosóficos, referenciados ou não. Todas as escolhas foram organizadas de modo a garantir uma compreensão do lugar ocupado por trabalho, ócio e lazer ao longo da história. Copie as tabelas a seguir no diário de bordo e complete-as com dados retirados do texto.

Dados históricos sobre a relação do homem com o trabalho	
Fases históricas e sociedades citadas	Relação com o trabalho
\\	\\

Reflexões filosóficas acerca da relação do homem com o trabalho	
Filósofos citados	Reflexões
\\	\\

12. Tanto Lafargue quanto Bertrand Russell, citados no texto, destacam os riscos do excesso de produtividade. Converse com o professor de Filosofia ou de Sociologia e pergunte a ele qual é a relação entre o excesso de produtividade e o "colonialismo indispensável para escoar a mercadoria excedente".

13. Compare os dois excertos estudados neste tópico: o primeiro defende a concepção de que o trabalho expressa um valor maior do que a simples satisfação de necessidades imediatas; o segundo defende que o trabalho não é essência do ser humano e que o lazer e o ócio também o constituem.

a) Explique a diferença de abordagem dos dois textos.

b) Em que se diferenciam os recursos para a construção dos argumentos em defesa de cada uma das teses?

14. Em sua opinião, qual é o impacto de argumentos baseados em dados históricos e reflexões filosóficas sobre o leitor?

Saiba+

Utopia, de Thomas More, Editora Universidade de Brasília, Brasília, 2004. Disponível em: http://funag.gov.br/biblioteca/download/260-Utopia.pdf. Acesso em: 6 de abr. 2022.

Conheça *Utopia*, de Thomas More (1478-1535). Publicado em 1516, o livro é considerado um romance filosófico. O autor descreve uma ilha imaginária com um sistema social diferente do mundo em que vivia.

Experimentação Ensaio filosófico

Você discutiu, ao longo desta unidade, diversas dimensões do trabalho e do lazer. Sua tarefa, agora, é elaborar um ensaio filosófico sobre o trabalho, o direito ao lazer, o direito ao ócio ou qualquer outro recorte relativo às abordagens do tema desenvolvidas nesta unidade.

E+/Getty Images

Estudante faz anotações em caderno.

Esta tarefa deve ser realizada em etapas.

Pesquisa

1. Pesquise a tese de um filósofo que trate desse tema. Por exemplo, a concepção de trabalho para Hegel, Marx, Lafargue ou Russell, ou a concepção de ócio para Montaigne ou Bataille. Faça uma busca de livros e artigos em *sites* que publicam artigos acadêmicos ou em repositórios de dissertações e teses. O importante é que o conceito pesquisado venha de uma fonte confiável. De preferência, do livro do próprio autor.

- No portal Domínio Público (Disponível em: http://www.dominiopublico.gov.br/. Acesso em: 6 abr. 2022), é possível encontrar os originais de grande parte dos filósofos cujas obras se encontram em domínio público.
- No *site* da *Scientific Eletronic Library Online* [Biblioteca Científica Eletrônica On-line] (Disponível em: https://scielo.org/. Acesso em: 6 abr. 2022), é possível pesquisar artigos científicos de diferentes campos do conhecimento.

2. Analise todos os pontos da tese dos textos que estudar, levantando os argumentos do autor, o encadeamento do raciocínio, as formas como as afirmações vão sendo retomadas e ampliadas, os esclarecimentos que se acrescentam nesse processo. Verifique se você julga verdadeiras as premissas e, consequentemente, as conclusões.

3. Posicione-se. Analisada a tese e seus argumentos, decida se você vai sustentar a afirmação ou a teoria do autor ou se vai refutá-la, isto é, fazer uma objeção a ela.

4. Siga pesquisando. Ao sustentar ou refutar a tese selecionada, pesquise outros filósofos que possam apoiar sua argumentação; recorra a dados históricos e selecione exemplos plausíveis, a fim de ilustrar suas considerações.

5. Elabore a estrutura de seu ensaio. Se um argumento filosófico, partindo de premissas julgadas verdadeiras, deve conduzir o leitor a uma conclusão não óbvia por meio de raciocínios lógicos, é importante que o texto seja cuidadosamente estruturado para que a conclusão seja aceita como verdadeira.

6. Produza seu texto, considerando as etapas a seguir:

Escrita do ensaio: o parágrafo inicial

1. Apresente o tópico filosófico a ser discutido, explicitando de forma objetiva o pensamento que você discutirá.

2. Em seguida, apresente sua tese, destacando se pretende sustentar ou refutar a afirmação destacada.

- Veja um exemplo, observando o elemento destacado, o qual contribui para a identificação da tese da qual se parte na articulação com a objeção a ser feita.

Os gregos da Antiguidade já pensavam como nossos contemporâneos que é bom desejar, que desejo é uma coisa bela e boa. Diziam, em sua linguagem florida, que Eros, o deus do desejo e do amor, é o mais belo dos deuses. Podemos refutar isso com uma análise simples efetuada por Platão: deseja-se apenas o que não se tem, e não o que já se possui.

BOSCH, Phillippe van den. *A filosofia e a felicidade*. Trad. Maria Ermantina Galvão. São Paulo: Martins Fontes, 1998. p. 65.

Escrita do ensaio: desenvolvimento

1. Relacione os argumentos que, de forma lógica e fundamentada, vão sustentar sua tese.

2. Lembre-se de que argumento é uma reunião de sentenças articuladas entre si por meio de conectivos lógicos. As premissas são as afirmações de que partimos para a construção da argumentação, e a conclusão é a afirmação a que chegamos. Na composição de cada argumento, esteja atento à conexão entre essas afirmações.

- Veja um exemplo que dá sequência à tese apresentada no exemplo anterior. Neste bloco, são exemplificadas situações de falta como parte da argumentação.

Aquele que deseja a felicidade não a tem ainda, senão não a desejaria mais; aquele que deseja a riqueza sente-se pobre demais; aquele que deseja ser amado não o é na ocasião; aquele que deseja comer está carente de calorias etc.

BOSCH, Phillippe van den. *A filosofia e a felicidade*. Trad. Maria Ermantina Galvão. São Paulo: Martins Fontes, 1998. p. 65.

- No bloco seguinte, são destacados os conectivos de conclusão: "logo" conclui a rede de exemplos; "portanto" é a conclusão de todo o argumento.

Logo, só há desejo em um ser porque há carência, lacuna, indigência nele. Falta-lhe alguma coisa, para sobreviver e para sentir-se bem, e que ele então deseja. O desejo, o amor, o eros não são em si plenitude de ser, satisfação, posse da beleza ou da felicidade, mas justamente o contrário. Portanto não é imediatamente bom em si amar, no sentido de desejar, uma vez que é carecer.

BOSCH, Phillippe van den. *A filosofia e a felicidade*. Trad. Maria Ermantina Galvão. São Paulo: Martins Fontes, 1998. p. 65.

3. Esclareça pontos da premissa, para que se compreenda a veracidade de sua conclusão.

- Veja, neste exemplo, que o autor retoma a premissa para confirmar sua tese. A premissa está na ideia de que, para algo ser considerado bom e belo, é preciso que isso gere satisfação; se desejar, é parte de uma falta, e uma falta não gera satisfação; logo, desejar não pode ser considerado nem bom, nem belo.

Mesmo que fosse possível que encontrássemos depois uma utilidade para o desejo ou um valor moral para o amor, não podemos afirmar que são imediatamente bons do ponto de vista de nossa felicidade. Há nisso uma ilusão proveniente da confusão entre o que é o estado de desejo e o que sua satisfação promete.

BOSCH, Phillippe van den. *A filosofia e a felicidade*. Trad. Maria Ermantina Galvão. São Paulo: Martins Fontes, 1998. p. 65.

4. Escreva sempre imaginando que está falando com alguém que não entende nada do tema. Assim, quando precisar empregar um termo específico de uma área, um termo ambíguo ou tratado com diferentes significados por autores diferentes, esclareça o sentido a ser empregado em seu trabalho.

5. Lembre-se de explicar o argumento da tese que vai abordar. Leia-o atentamente até ser capaz de apresentá-lo com as próprias palavras.

6. Antecipe contestações a seus argumentos e escreva contra-argumentos para eles, finalizando o ensaio.

Escrita do ensaio: conclusão

1. Concluída a redação de seu ensaio, responda às seguintes questões sobre o próprio texto e, em seguida, peça a leitura crítica de dois colegas, que deverão responder às mesmas questões.

- O ensaio parte da tese de um filósofo?
- Essa tese é explicada?
- A tese do ensaio é apresentada claramente logo no primeiro parágrafo?
- As afirmações em favor da tese são apresentadas e ampliadas ao longo do desenvolvimento?
- São apresentados exemplos que esclarecem certas afirmações?
- Os argumentos são lógicos?
- As premissas são explicadas?
- Há antecipação de discordâncias ou refutações?
- As proposições realmente encaminham para a conclusão apresentada?
- O texto está revisado gramaticalmente e escrito de acordo com a variedade-padrão da língua?

2. Considere as análises dos colegas e elabore a segunda versão de seu texto.

3. Arquive o seu ensaio no seu **Portfólio**. Você vai utilizá-lo na seção *#Multiplicar*. Além da versão final do ensaio, você pode guardar os rascunhos e as anotações que fez durante a experimentação.

Responda às questões a seguir para treinar os seus conhecimentos sobre o que estudou nesta unidade.

1. (Enem PPL – 2009)

> A mostra Largo do Paissandu – Onde o Circo se Encontra reúne tudo o que de mais sagrado ocorreu em quase dois séculos de picadeiro brasileiro. Foi um trabalho que teve início há pouco mais de dez anos, graças à iniciativa da ex-acrobata e atual pesquisadora da arte circense, Verônica Tamaoki, e cujo incentivo tem sido fundamental para preservar a memória do circo, tão importante quanto relegada pelos poderes públicos. Da chegada das primeiras famílias circenses europeias, em 1831, que iniciaram um processo de mestiçagem com os artistas locais e nossa cultura popular, aos figurinos e registros fotográficos de artistas que se consagraram sob as lonas, como o palhaço Piolin, o visitante pode ter uma ideia muito clara da importância que o circo, especialmente o de origem familiar, já teve no país.
>
> O Estado de S. Paulo. Caderno 2, 16/7/2008 (com adaptações).

A mostra Largo do Paissandu – Onde o Circo se Encontra ressalta a importância que o circo já teve no passado e demonstra que

a) a cultura popular e a arte circense são manifestações artísticas que apresentam origens distintas uma da outra.

b) o patrimônio histórico do circo é atualmente irrelevante para a preservação da cultura popular brasileira.

c) a preservação da memória do circo no Brasil independe da contribuição das famílias que participaram de sua criação no país.

d) as famílias circenses europeias, juntamente com os artistas e o ambiente de nossa cultura popular, foram responsáveis pelo surgimento do circo no Brasil.

e) a transmissão oral da tradição circense, passada de família a família, apesar de historicamente importante, impede que essa memória seja devidamente preservada.

2. (Uece – 2018)

Observa-se que a arte circense tem passado por inúmeras transformações ao longo dos anos. Com base nessa colocação, analise as seguintes afirmações:

I. Se por um lado houve uma diminuição de circos de lona, por outro há, atualmente, uma significativa ampliação da presença da linguagem circense no interior das sociedades, por meio das escolas de circo e de projetos sociais que utilizam essa linguagem como uma ferramenta pedagógica.

II. A arte circense passou por inúmeras transformações; entretanto, essas transformações não foram significativas do ponto de vista da economia circense.

III. Na relação com a sociedade em que a arte circense está inserida, a tradição é colocada constantemente à prova e, por isso, o circo tenta incluir os novos modos de comunicação.

Está correto o que se afirma em

a) I, II e III.

b) I e II apenas.

c) II e III apenas.

d) I e III apenas.

3. (Uece – 2018)

Na segunda metade da década de 1980, juntamente com as primeiras experiências de escolas de circo no Brasil, surgiram propostas de desenvolvimento de projetos sociais – de iniciativa de grupos governamentais e de organizações não governamentais

– que viam, no aprendizado circense em geral e não somente nas técnicas, uma forma de educação, recreação e cidadanização. Em sua maioria, essas ações eram e são destinadas a crianças e adolescentes em situação de risco, vulnerabilidade social, desvinculadas ou não de processos educacionais, sociais e culturais, sem oportunidades de acesso a lazeres e entretenimentos. Tais experiências foram denominadas de

a) Circo Social.
b) Circo Popular.
c) Circo Público.
d) Circo Inclusivo.

4. (Uece – 2021)

> A partir da Constituição de 1988, o lazer passou a ser direito social de todos os cidadãos brasileiros, ficando, assim, assegurado pelas constituições estaduais e leis orgânicas de municípios.

Considerando o conceito de lazer, assinale a opção que NÃO corresponde à definição de atividade de lazer.

a) Atividade de lazer é aquela desenvolvida no tempo em que se está trabalhando ou no tempo livre, não só das obrigações profissionais, mas também das familiares, sociais e religiosas.
b) Trata-se de um conjunto de ocupações às quais o indivíduo pode entregar-se de livre vontade para repousar, divertir-se, recrear-se e entreter-se.
c) Diz respeito a uma dimensão da cultura constituída pela vivência lúdica de manifestações culturais no tempo/espaço conquistado pelo sujeito ou grupo social.
d) A atividade de lazer se traduz em uma dimensão privilegiada da expressão humana dentro de um tempo livre conquistado.

5. (Uerj – 2011)

Ética para meu filho

[...] Veja: alguém pode lamentar ter procedido mal "mesmo estando razoavelmente certo de que não sofrerá represálias por parte de nada nem de ninguém". É que, ao agirmos mal e nos darmos conta disso, compreendemos que já estamos sendo castigados, que LESAMOS a nós mesmos - pouco ou muito – voluntariamente. Não há pior castigo do que perceber que por nossos atos estamos boicotando o que na verdade queremos ser...

De onde vêm os remorsos? Para mim está muito claro: de nossa LIBERDADE. Se não fôssemos livres, não nos poderíamos sentir culpados (nem orgulhosos, é claro) de nada e evitaríamos os remorsos. Por isso, quando sabemos que fizemos algo VERGONHOSO procuramos afirmar que não tivemos outro remédio senão agir assim, que não pudemos escolher: "cumpri ordens de meus superiores", "vi que todo o mundo fazia a mesma coisa", "perdi a cabeça", "é mais forte do que eu", "não percebi o que estava fazendo", etc. Do mesmo modo, quando o pote de geleia que estava em cima do armário cai e quebra, a criança pequena grita chorosa: "Não fui eu!". Grita exatamente porque "sabe que foi ela", se não fosse assim, nem se daria ao trabalho de dizer nada, ou talvez até risse e pronto.

Em compensação, ao fazer um desenho muito bonito essa mesma criança irá proclamar: "Fiz sozinho, ninguém me ajudou!".

Do mesmo modo, ao crescermos, queremos sempre ser livres para nos atribuir o mérito do que realizamos, mas preferimos confessar-nos "escravos das circunstâncias" quando nossos atos não são exatamente gloriosos.

(SAVATER, Fernando. *Ética para meu filho*. Trad. Mônica Stahel. São Paulo: Martins Fontes, 1997. Tradução de: Ética para Amador.)

O texto anterior faz parte de um ensaio filosófico sobre ética, no qual o autor expõe seus argumentos em tom de conversa.

Essa estratégia tem o seguinte objetivo:

a) provocar a resposta direta do interlocutor.

b) ressaltar uma discussão teórica entre iguais.

c) diminuir a assimetria entre o filósofo e o leitor.

d) revelar opiniões compartilhadas pelos interlocutores.

6. (Uerj – 2001)

Silogismo

Um salário mínimo maior do que o que vão dar desarrumaria as contas públicas, comprometeria o programa de estabilização do Governo, quebraria a Previdência, inviabilizaria o país e provavelmente desmancharia o penteado do Malan. Quem prega um salário mínimo maior o faz por demagogia, oportunismo político ou desinformação. Sérios, sensatos, adultos e responsáveis são os que defendem o reajuste possível, nas circunstâncias, mesmo reconhecendo que é pouco.

Como boa parte da população brasileira vive de um mínimo que não dá para viver e as circunstâncias que o impedem de ser maior não vão mudar tão cedo, eis-nos num silogismo bárbaro: se o país só sobrevive com mais da metade da sua população condenada a uma subvida perpétua, estamos todos condenados a uma lógica do absurdo. Aqui o sério é temerário, o sensato é insensato, o adulto é irreal e o responsável é criminoso. A nossa estabilidade e o nosso prestígio com a comunidade financeira internacional se devem à tenacidade com que homens honrados e capazes, resistindo a apelos emocionais, mantêm urna política econômica solidamente fundeada na miséria alheia e uma admirável coerência baseada na fome dos outros. O país só é viável se metade da sua população não for.

(VERISSIMO, L. F. *O Globo*, 24/03/2000.)

SILOGISMO. 5.m Lóg. Dedução formal tal que, postas duas proposições, chamadas premissas, delas se tira uma terceira, nelas, logicamente implicada, chamada conclusão

(FERREIRA, A. B. de Holanda. *Novo dicionário da Língua Portuguesa*. Rio de Janeiro: Nova Fronteira, 1986.)

Considerando essa definição, pode-se concluir que o silogismo a que se refere o título do texto é encontrado em:

a) Boa parte da população sobrevive com apenas um salário mínimo, e o salário mínimo não dá para viver; então, há circunstâncias que impedem o salário de ser maior.

b) Precisamos manter nosso prestígio com a comunidade financeira internacional; temos homens honrados e capazes; então, é preciso resistir a apelos emocionais da sociedade.

c) Um salário mínimo maior prejudicaria o país; o salário mínimo impõe miséria a grande parte da população; então, o país necessita da miséria de grande parte de sua população.

d) O salário mínimo não garante vida digna para a maioria da população; o salário não aumenta mais por exigência do mercado internacional; então, é preciso alterar esse modelo econômico.

7. (Uerj – 2009)

Herói na contemporaneidade

1Quando eu era criança, passava todo o tempo desenhando super-heróis.

Recorro ao historiador de mitologia Joseph Campbell, que diferenciava as duas figuras públicas: o herói (figura pública antiga) e a celebridade (a figura pública moderna). Enquanto a celebridade se populariza por viver para si mesma, o herói assim se tornava por viver servindo sua comunidade. [2]Todo super-herói deve atravessar alguma *via crucis*. Gandhi, líder pacifista indiano, disse que, quanto maior nosso sacrifício, maior será nossa conquista. Como Hércules, como Batman.

Toda história em quadrinhos traz em si alguma coisa de industrial e marginal, ao mesmo tempo e sob o mesmo aspecto. Os filmes de super-herói, ainda que transpondo essa cultura para a grande e famigerada indústria, realizam uma outra façanha, que provavelmente sem eles não ocorreria: a formação de novas mitologias reafirmando os mesmos ideais heroicos da Antiguidade para o homem moderno. O cineasta italiano Fellini afirmou uma vez que Stan Lee, o criador da editora Marvel e de diversos heróis populares, era o Homero dos quadrinhos.

Toda boa história de super-herói é uma história de exclusão social. Homem-Aranha é um nerd, Hulk é um monstro amaldiçoado, Demolidor é um deficiente, os X-Men são indivíduos excepcionais, Batman é um órfão, Super-Homem é um alienígena expatriado. [3]São todos símbolos da solidão, da sobrevivência e da abnegação humanas.

Não se ama um herói pelos seus poderes, mas pela sua dor. Nossos olhos podem até se voltar a eles por suas habilidades fantásticas, mas é na humanidade que eles crescem dentro do gosto popular. Os super-heróis que não sofrem ou simplesmente trabalham para o sistema vigente tendem a se tornar meio bobos, como o Tocha-Humana ou o Capitão América.

Hulk e Homem-Aranha são seres que criticam a inconsequência da ciência, com sua energia atômica e suas experiências genéticas. Os X-Men nos advertem para a educação inclusiva. Super-Homem é aquele que mais se aproxima de Jesus Cristo, e por isso talvez seja o mais popular de todos, em seu sacrifício solitário em defesa dos seres humanos, mas também tem algo de Aquiles, com seu calcanhar que é a kriptonita. Humano e super-herói, como Gandhi.

[4]Não houve nenhuma literatura que tenha me marcado mais do que essas histórias em quadrinhos. Eu raramente as leio hoje em dia, mas quando assisto a bons filmes de super-heróis eu lembro que todos temos um lado ingênuo e bom, que pode ser capaz de suportar a dor da solidão por um princípio.

FERNANDO CHUÍ. Adaptado de: http://fernandochui.blogspot.com.

O método dedutivo organiza-se por meio de premissas gerais que são confirmadas por premissas particulares para se chegar a uma conclusão.

A frase do texto que evidencia uma premissa geral é:

a) "Quando eu era criança, passava todo o tempo desenhando super-heróis." (ref. 1).
b) "Todo super-herói deve atravessar alguma *via crucis*." (ref. 2)
c) "São todos símbolos da solidão, da sobrevivência e da abnegação humanas." (ref. 3)
d) "Não houve nenhuma literatura que tenha me marcado mais do que essas histórias em quadrinhos." (ref. 4).

8. (Uerj – 2017)

Vivemos num mundo confuso e confusamente percebido. De fato, se desejamos escapar à crença de que esse mundo assim apresentado é verdadeiro, e não queremos admitir a permanência de sua percepção enganosa, devemos considerar a existência de pelo menos três mundos num só. O primeiro seria o mundo tal como nos fazem vê-lo: a globalização como fábula. O segundo seria o mundo tal como ele é: a globalização como perversidade. E o terceiro, o mundo como ele pode ser: uma outra globalização.

Este mundo globalizado, visto como fábula, constrói como verdade um certo número de fantasias. [1]Fala-se, por exemplo, em aldeia global para fazer crer que a difusão instantânea de notícias realmente informa as pessoas. [2]A partir desse mito e do encurtamento das distâncias – para aqueles que realmente podem viajar – também se difunde a noção de tempo e espaço contraídos. [3]É como se o mundo houvesse se tornado, para todos, ao alcance da mão. [4]Um mercado avassalador dito global é apresentado como capaz de homogeneizar o planeta quando, na verdade, as diferenças locais são aprofundadas. O mundo se torna menos unido, [5]tornando também mais distante o sonho de uma cidadania de fato universal. [6]Enquanto isso, o culto ao consumo é estimulado.

[7]Na verdade, para a maior parte da humanidade, a globalização está se impondo como uma fábrica de perversidades. O desemprego crescente torna-se crônico. A pobreza aumenta e as classes médias perdem em qualidade de vida. O salário médio tende a baixar. A fome e o desabrigo se generalizam em todos os continentes. Novas enfermidades se instalam e velhas doenças, supostamente extirpadas, fazem seu retorno triunfal.

Todavia, podemos pensar na construção de um outro mundo, mediante uma globalização mais humana. As bases materiais do período atual são, entre outras, a unicidade da técnica, a convergência dos momentos e o conhecimento do planeta. É nessas bases técnicas que o grande capital se apoia para construir a globalização perversa de que falamos acima. Mas essas mesmas bases técnicas poderão servir a outros objetivos, se forem postas a serviço de outros fundamentos sociais e políticos.

MILTON SANTOS. Adaptado de: **Por uma outra globalização**: do pensamento único à consciência universal. Rio de Janeiro: Record, 2004.

Na verdade, para a maior parte da humanidade, a globalização está se impondo como uma fábrica de perversidades. (ref. 7)

No terceiro parágrafo, as frases posteriores ao trecho citado desenvolvem a argumentação do autor por meio da apresentação de:

a) hipóteses.
b) evidências.
c) digressões.
d) discordâncias.

9. (FGV-RJ – 2017)

Pensar no envelhecimento é algo que costuma incomodar a maior parte das pessoas. Herdamos das gerações passadas a ideia de que a idade inexoravelmente sinaliza o fim de uma vida produtiva plena e que o melhor a fazer é aceitar a decadência física, almejando contar com o conforto proporcionado por uma boa aposentadoria. Mas o mundo mudou. Hoje, uma nova geração descobre que, se tomar decisões sábias na juventude, pode tornar o tempo futuro uma genuína etapa da vida e, mais do que isso, uma fase áurea da nossa existência.

Estudos demográficos apontam que as gerações nascidas desde a década de 60 podem contar com, pelo menos, mais 20 anos em sua expectativa de vida. Na verdade, se recuarmos um pouco mais, vamos constatar que esse bônus de longevidade é maior ainda. No início do século 20, mais ou menos na mesma época em que a aposentadoria foi criada, a expectativa de vida ao nascer do brasileiro era, em média, de 33 anos. Hoje estamos quase chegando aos 80. Em pouco mais de 100 anos o bônus de longevidade foi de quase 50 anos!

Você S/A – Previdência, setembro de 2016.

No texto, a frase "Mas o mundo mudou." (1º parágrafo) relaciona diferentes informações da argumentação do autor.

a) Que tipo de oração coordenada o autor empregou? Que sentido ela estabelece no texto?

b) Qual é o ponto de vista do autor sobre o assunto de que trata e que tipo de argumento ele usa para sustentá-lo?

Revista eletrônica de ensaios filosóficos

Os ensaios filosóficos produzidos pela turma em **Língua Portuguesa** poderão ser publicados em uma revista eletrônica, de modo a compartilhar essas reflexões com o maior número possível de pessoas. A produção de uma revista implica várias decisões. Uma delas já está tomada: a revista será de ensaios filosóficos. As demais dependem de respostas da turma a questões como: Qual será o nome da revista? Qual será sua identidade visual (imagem da capa; cores, fontes e tamanhos das letras do título de capa, dos títulos de abertura de seções, dos textos gerais; entre outros aspectos)? Como os textos serão dispostos na página (uma coluna apenas, duas ou mais colunas, texto e imagem ou apenas texto)? Qual será o espaçamento entrelinhas, de modo a tornar a leitura confortável? Haverá seções temáticas na revista? Entre as diferentes temáticas, haverá uma página de abertura? Ela será ilustrada?

Lembrem-se da importância de uma discussão organizada, em que se respeitem os turnos de fala e as opiniões, quaisquer que sejam. Busquem sempre a conciliação de ideias para que todos se sintam, de alguma forma, contemplados em suas proposições.

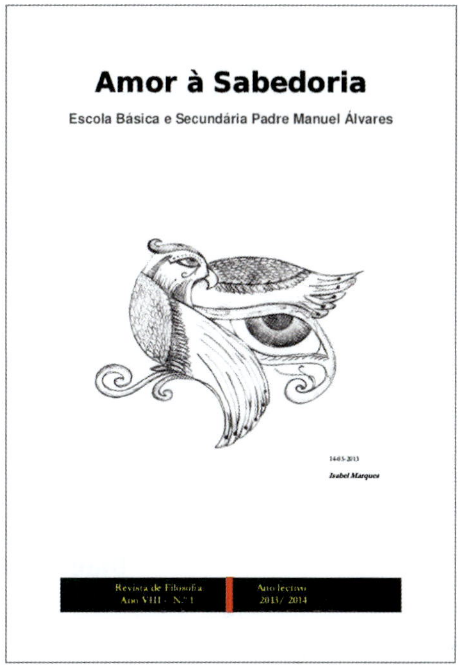

Capa da *Revista de Filosofia*, ano VIII, n. 1, 2013/2014, da Escola Básica e Secundária Padre Manuel Álvares, de Funchal, Portugal.

Procedimentos

Capa da *Lampejo – Revista Eletrônica de Filosofia*, ano 4, n. 9, jun. 2016, do Apoena – Grupo de Estudos Nietzsche-Schopenhauer.

Capa de *Aprender – Caderno de Filosofia e Psicologia da Educação*, ano XIII, n. 22, jul./dez. 2019, da Universidade Estadual do Sudoeste da Bahia (Uesb).

As decisões sobre a revista precisam ser tomadas coletivamente, afinal a produção será a tradução da imagem que a turma deseja mostrar de si. Mas nem todas precisam ser pensadas pela turma em conjunto, por isso organizem comissões, dividindo as tarefas em grupos que se encarregarão de aspectos específicos. Cada uma das comissões deverá pensar em uma ou duas propostas relativas à sua tarefa para apresentar para toda a turma. Assim que as decisões estiverem tomadas, cada equipe finaliza o trabalho pelo qual ficou responsável.

Curadoria

- **Tarefa**: reunir os textos da turma e agrupá-los com base em critérios preestabelecidos. Criar um nome para cada agrupamento e escrever uma breve apresentação para cada um deles. Entregar esse material organizado para os diagramadores.
- **Propostas a serem levadas para a turma – pensem nos critérios de agrupamento dos textos a serem propostos para a turma**: por tema (será preciso conhecer os textos antes), por tamanho (ensaios breves, ensaios longos), por nível de complexidade, etc. Levem duas ou três propostas e deixem que os colegas elejam uma delas. Com base nesses critérios é que realizarão a tarefa.

Diagramação

- **Tarefa**: diagramar os ensaios a serem publicados na revista, o texto de apresentação, o índice e as páginas de transição das seções, se houver. Para isso, é necessário decidir tipo e tamanho das diferentes fontes (títulos, entretítulos e texto), espaçamento entrelinhas, uso ou não de fontes com cores, número de colunas para a disposição do texto, abertura ou não de espaço para imagens ou ilustrações, etc. Levem em conta que todas as decisões devem considerar o tipo de sensação que se deseja produzir no leitor (mais conforto, surpresa, etc.).
- **Propostas a serem levadas para a turma**: elaborem duas ou três propostas de diagramação, explorando diferentes fontes, cores e modos de disposição de texto na página. Selecionada a melhor diagramação, aplique-a nos textos recebidos pela equipe de curadoria.

Ilustradores ou pesquisadores de imagens

- **Tarefa**: responsabilizar-se pela ilustração ou pela seleção da imagem da capa; ilustrar ou selecionar imagens para a inserção em partes específicas solicitadas pelos diagramadores (se a turma decidir que cada ensaio deve conter uma imagem, cada autor dará sugestões a essa equipe sobre o tipo de imagem que pode ser usada para ilustrar seu texto).
- **Propostas a serem levadas para a turma**: apresentar para a turma duas ou três propostas de capa para serem votadas. Solicitar a aprovação da turma para as imagens selecionadas. Considerar que as imagens precisam coincidir com os temas dos ensaios, devem ser ilustrativas dos conceitos e não podem conter preconceito de qualquer ordem.

Revisores de texto

- **Tarefa**: revisar títulos e subtítulos, informações colocadas na capa e no sumário e o texto de apresentação da revista. Os revisores de texto não podem deixar passar erros ortográficos ou de concordância verbal ou nominal. Devem garantir que não estejam faltando letras ou palavras nas áreas de sua revisão.

- **Propostas a serem levadas para a turma**: com o professor, destaquem os principais problemas que identificaram nos textos durante a revisão e expliquem aos colegas da turma a razão dos ajustes e das correções.

Divulgadores e compartilhadores

- **Tarefa**: criar uma estratégia para divulgação e compartilhamento da revista. Para isso, podem pensar em contagem regressiva, o que significa determinar um período que anteceda o lançamento da revista para publicar e realizar as ações de divulgação anunciando o lançamento. Nesse período, espalhar cartazes pela escola e nas redes sociais para contar um pouco do projeto e incentivar que todos o conheçam.
- **Propostas a serem levadas para a turma**: apresentem para a turma uma ou duas propostas de divulgação da revista. Aprovada uma delas, iniciem a implementação do projeto.

Estabeleçam uma data para o lançamento da revista e, em função dessa data, organizem um cronograma realista.

Finalizado o projeto e lançada a revista, façam uma roda para compartilhar o processo vivido em cada comissão. Para isso, formem grupos com um componente de cada comissão e contem uns para os outros quais foram os principais desafios, as descobertas e as aprendizagens. Se houver tempo, contem uma curiosidade vivida durante o processo de trabalho com a equipe.

Concluída essa etapa, voltem para as comissões de trabalho e discutam o que vocês fariam de forma diferente e por que mudariam.

Meu portfólio

Nesta unidade, em **Arte**, você conheceu aspectos profissionais que envolvem as artes, particularmente o circo e a dança. Assim, pôde perceber que, ao mesmo tempo que um trabalho artístico representa momentos de lazer para o público, demanda investimento de tempo e esforço por parte dos profissionais envolvidos. Com isso, reconheceu que fazer arte é um processo que precisa de uma formação e de comprometimento. Além disso, foi possível compreender e experimentar algumas funções profissionais do campo artístico.

Em **Educação Física**, você estudou o esporte de participação como prática de lazer, o significado do lazer como conquista dos trabalhadores, autores que defendem o lazer como espaço de criação e realização pessoal. Viu, ainda, que o trabalho e o lazer conectam os âmbitos pessoal e social, bem como a subjetividade e a objetividade. Pôde, também, experimentar e analisar o esporte e o lazer como direitos, incluindo pessoas com deficiência.

Em **Língua Portuguesa**, você estudou aspectos da estrutura de um ensaio filosófico: premissas e conclusões e o raciocínio implicativo da argumentação. Por meio das leituras propostas, conheceu a concepção de trabalho para diferentes pensadores, reconhecendo a percepção do trabalho ao longo da história e a importância do ócio e do lazer na constituição do ser humano. Por fim, exercitou a escrita de um ensaio filosófico para publicá-lo na revista preparada pela turma na seção *#Multiplicar*.

Para montar seu portfólio, você deverá retomar todas as produções realizadas nesta unidade, desde rascunhos e projetos até registros em fotos e vídeos de apresentações. Lembre-se de que todo o processo criativo é importante, e não apenas o produto final; por isso, aqui não podem faltar as diversas versões de uma mesma produção.

Retome, também, todas as anotações que fez no diário de bordo; elas vão ajudar muito na construção do portfólio. Não deixe de colocar a data em que cada produção foi realizada; assim, ao consultar o portfólio, você terá condições de verificar seu histórico de aprendizagem. Essa consulta poderá ajudá-lo a perceber quais aspectos você desenvolveu e aperfeiçoou ao longo do trabalho.

Respostas #EnemVestibular

Unidade 1

1. (Enem – 2018): B.
2. (FGV-RJ – 2017): B.
3. (MPE GO – 2017): C.
4. (UFTM-MG – 2011): C.
5. (Unicamp-SP – 2019): D.
6. (Enem – 2020): A.
7. (Faculdade Albert Einstein-SP – 2019): B.
8. (Enem PPL – 2018): E.
9. (Enem – 2018): E.
10. (Enem – 2019): D.

Unidade 2

1. (Enem – 2016): A.
2. (Enem –2009): E.
3. (IFSP – 2017): D.
4. (Enem – 2009): C.
5. (UnB-DF – 2010): D.
6. (UnB-DF – 2018): D.

Unidade 3

1. (Enem – 2019): E.
2. (UFSM-RS – 2015): D.
3. (Enem – 2021): B.
4. (Uece – 2021): D.
5. (Enem PPL – 2018): D.
6. (Instituto AOCP – 2020): A.
7. (Enem – 2018): C.

Unidade 4

1. (Enem PPL – 2009): D.
2. (Uece – 2018): D.
3. (Uece – 2018): A.
4. (Uece – 2021): A.
5. (Uerj – 2011): C.
6. (Uerj – 2001): C.
7. (Uerj – 2009): B.
8. (Uerj – 2017): B.
9. (FGV-RJ – 2017):

   a) Foi empregada uma oração coordenada adversativa. Seu sentido no texto é fazer uma oposição aos modos como se pensava (no passado) e como se pensa (no presente) a questão da velhice.

   b) O autor se posiciona de modo favorável à longevidade do brasileiro e argumenta que as decisões prudentes que se tomam na juventude podem interferir positivamente na velhice.

Lista de siglas das atividades extraídas de provas oficiais

Enem: Exame Nacional do Ensino Médio
Enem PPL: Exame Nacional do Ensino Médio para Pessoas Privadas de Liberdade e jovens sob medida socioeducativa
Unicamp-SP: Universidade Estadual de Campinas
UFTM: Universidade Federal do Mato Grosso
IFSP: Instituto Federal de São Paulo
MPE-GO: Ministério Público do Estado de Goiás
Uece: Universidade Estadual do Ceará
Uerj: Universidade do Estado do Rio de Janeiro
UnB-DF: Universidade de Brasília
UFSM-RS: Universidade Federal de Santa Maria
Uece: Universidade Estadual do Ceará
Instituto AOCP: Assessoria em Organização de Concursos Públicos
FGV-RJ: Fundação Getúlio Vargas